住まいの事典

●編集●

梁瀬 度子
中島 明子
岩重 博文
上野 勝代
大森 敏江
北浦かほる
長澤由喜子
西村 一朗

朝倉書店

はじめに

　多くの種類の事典が出版されている中で，住まいに関するものは比較的少ない．他方，住居すなわち住まいの生活に関しては，住宅雑誌やインテリア雑誌など非常に多くの種類のものが出版されており，また，住まいに関する専門書も多く出版されているが，住まいの中での生活が主体で，限られた範囲についての知識，技術に偏っている．

　ところで近年，情報化，少子・高齢化が急速に進展し，生活がめまぐるしく変化しているが，とくに人間生活の根幹をなしている住まいの生活においては，その様式や意識，要求が非常に多様化してきている．そのような中で，人間らしい生活，安心して住める環境づくりをするためには，広い範囲の事象を学び，それらの知識や技術を統合・再編成してトータルな視点を持つことが必要である．本書はそのような目的から，住む側，使う側の視点で単に住まいの中の事象にとどまらず，地域・コミュニティとの関わりをも重視して住まいを考えることに主眼をおいている．

　本書の内容は，18章および付録を含む全19章で構成されている．第1章～第3章は，日本の住まいの変遷や住文化と住様式について，社会的背景を基盤に住まいの歴史と文化の発展過程をまとめ，いわば住まいの意味について世界の住まいや住文化も視野に入れて項目だてをしている．第4章から第9章は主として住宅内部の事象について記述している．すなわち，住宅を建てる場合に必要な知識や技術，方法など住宅計画（第4章），室内環境，設備環境やインテリアデザインなど，主として住居内部の生活に関わる事項についての知識や技術（第5章～第7章），さらに住まいの維持管理や安全防災計画に関する事項（第8,9章）について広く取り上げている．第10章以降では主として住居を取り巻く周辺の生活に関わる事項として，エクステリアデザインと町並み景観（第10章），近隣の生活とコミュニティやまちづくり，少子・高齢社会の現状を踏まえて子どもと住環境，高齢者と住まいについて章だてをしている（第11章～第13章）．そして住宅問題や住宅政策，環境保全やエコロジーの問題を消費者の立場から取り上げる（第14章～第16章）とともに，住宅関連法規（第17章）を掲載したが，さらに，住教育に関する問題を家庭教育と学校教育の立場から取り上げた（第18章）．最後の付録においては住に関連する資格や職種を掲載し，住まいに関連した職種がいかに多様かが理解されよう．

　上記のように，住まいに関するあらゆる分野を網羅している関係上，執筆者もそれぞれの分野ごとに精通している研究者に執筆を依頼したため，200名を

はじめに

超す執筆者となった．発刊が当初の予定より大幅に遅れてしまったが，ご執筆いただいた方々に心から感謝したい．

冒頭にも述べたように，生活の変化につれて住に関する内容もこれまでとは異なりかなり広範囲に広がっており，そのため住居学事典という名称では充分内容を言い得ていないきらいがある．また，本書は専門家や関連分野の学生だけでなく，広く一般の消費者にも利用していただきたいという意図から，住まいという言葉を含んだ名称にする方が内容をより明確に表していると考え，企画段階での名称を変更し『住まいの事典』とすることにした．

なお，本書の企画の段階から編集に参画し，新しい住まい学の視点から精力的に取り組んでいただいた当時の兵庫教育大学教授 菊澤康子先生が，突然の不慮の事故で他界されるという悲しい出来事が起こった．事典の出版を菊澤先生に感謝を込めてご報告申し上げるとともに，先生のご冥福を心よりお祈りいたします．

2004 年 10 月

編集者を代表して　梁　瀬　度　子
中　島　明　子

編集委員

委員長	梁瀬 度子	武庫川女子大学教授
	岩重 博文	広島大学教授
	上野 勝代	京都府立大学教授
	大森 敏江	甲南女子大学教授
副委員長	中島 明子	和洋女子大学教授
	北浦 かほる	帝塚山大学教授
	長澤 由喜子	岩手大学教授
	西村 一朗	奈良女子大学教授

執筆者（五十音順）

秋山 哲一	東洋大学
浅見 雅子	前 山梨大学
浅見 泰司	東京大学
東 孝次	山口県土木建築部
阿南 透	江戸川大学
阿部 祥子	佛教大学
荒川 千恵子	茨城大学名誉教授
在塚 礼子	埼玉大学
安齋 俊彦	住宅金融公庫
ホルヘ・アンソレーナ	ラテンアメリカ・アジア住居奉仕団
五十嵐 由利子	新潟大学
生田 顕	県立広島女子大学
石川 孝重	日本女子大学
磯田 憲生	奈良女子大学
一棟 宏子	大阪樟蔭女子大学
井上 容子	奈良女子大学
今井 範子	奈良女子大学
伊村 則子	武蔵野大学
入江 建久	新潟医療福祉大学
岩城 穣	あべの総合法律事務所
岩重 博文	広島大学
岩見 良太郎	埼玉大学
上野 邦一	奈良女子大学
上埜 武夫	前 静岡大学
上野 真城子	大阪大学
上野 義雪	千葉工業大学
内田 勝一	早稲田大学
内田 青藏	文化女子大学
内田 雄造	東洋大学
海老塚 良吉	都市再生機構都市住宅技術研究所
延藤 安弘	NPO法人まちの縁側育くみ隊
大井 絢子	アトリエ群・大井建築設計室
大垣 直明	北海道工業大学
大野 庸子	名古屋女子大学名誉教授
大野 秀夫	椙山女学園大学
大村 璋子	IPA（子どもの遊ぶ権利のための国際協会）日本支部
大森 敏江	甲南女子大学
岡 秀一	東京都立大学
岡 俊江	九州女子大学
岡本 祥浩	中京大学
小川 正光	愛知教育大学
沖田 富美子	日本女子大学
尾関 徹	兵庫教育大学
戒能 通厚	早稲田大学
片木 篤	名古屋大学
片山 勢津子	京都女子大学

執 筆 者

加藤　　　力	宝塚造形芸術大学	桜井　康宏	福井大学
加藤　仁美	東海大学	佐々井　　司	国立社会保障・人口問題研究所
加藤　由利子	山梨英和大学	笹岡　隆平	京都造形芸術大学
神川　康子	富山大学	佐々木　貴子	北海道教育大学
苅谷　勇雅	文化庁文化財部	佐々木ひろみ	松山東雲短期大学
川崎　衿子	文教大学	定行まり子	日本女子大学
川島　平七郎	東横学園女子短期大学	澤田　和也	澤田和也法律事務所
川嶋　幸江	前 共栄学園短期大学	塩崎　賢明	神戸大学
菊池　貴美江	芸術教育研究所	重永　真理子	世田谷区立砧総合支所
菊地　るみ子	高知大学	島田　裕子	名古屋経済大学短期大学部
岸田　蘭子	京都市立西院小学校	志水　暎子	名古屋文化短期大学
岸本　幸臣	大阪教育大学	進士　五十八	東京農業大学
北浦　かほる	帝塚山大学	菅原　作雄	三菱電機㈱
北口　照美	奈良佐保短期大学	菅原　文子	郡山女子大学
木下　　　勇	千葉大学	鈴木　　　浩	福島大学
木村　千博	横浜国立大学	関川　千尋	京都教育大学
桐敷　真次郎	東京都立大学名誉教授	瀬渡　章子	奈良女子大学
國嶋　道子	京都女子大学短期大学部	瀬戸口　剛	北海道大学
久保　加津代	大分大学	仙田　　　満	東京工業大学
久保　妙子	聖母女学院短期大学	髙田　光雄	京都大学
久保　博子	奈良女子大学	髙野　　　陽	東洋英和女学院大学
藏澄　美仁	京都府立大学	髙橋　啓子	愛知江南短期大学
小伊藤　亜希子	大阪市立大学	高橋　儀平	東洋大学
高阪　謙次	椙山女学園大学	高橋　康夫	京都大学
古賀　紀江	前橋工科大学	竹田　喜美子	昭和女子大学
小澤　紀美子	東京学芸大学	竹林　　　寛	(社)建築研究振興協会
古瀬　　　敏	静岡文化芸術大学	竹山　清明	京都府立大学
児玉　善郎	日本福祉大学	田嶋　淳子	法政大学
後藤　　　久	日本女子大学	多田　千尋	芸術教育研究所
小林　今朝夫	前 日本住宅設備システム協会	田中　恒子	大阪教育大学
小林　綏枝	前 秋田大学	田中　智子	兵庫県立大学
小谷部　育子	日本女子大学	田中　峯子	港共同法律事務所
齊藤　広子	明海大学	田辺　邦男	関東学院大学
酒居　淑子	兵庫県立嬉野台生涯教育センター	谷田　正弘	(株)資生堂
相良　二朗	神戸芸術工科大学	崔　　在順	仁川大学校自然科学大学

執筆者

辻野 増枝	(有)爽朴舎
寺内 定夫	(財)文民教育協会 子どもの文化研究所
寺尾 仁	新潟大学
外山 義	元 京都大学
外山 知徳	静岡大学
鳥飼 香代子	熊本大学
中川 順子	兵庫県立高砂高等学校
長澤 由喜子	岩手大学
中島 明子	和洋女子大学
中島 喜代子	三重大学
中野 迪代	岐阜女子大学名誉教授
永福 より子	神戸文化短期大学
中山 徹	奈良女子大学
西島 芳子	高知大学
西村 一朗	奈良女子大学
西村 幸夫	東京大学
布田 健	独立行政法人建築研究所
野口 文雄	公正取引委員会事務総局
野村 みどり	東京電機大学
橋本 都子	千葉工業大学
初見 学	東京理科大学
林 知子	前 目白大学
阪東 美智子	国立保健医療科学院
疋田 洋子	奈良女子大学名誉教授
久木 章江	文化女子大学
久 隆浩	近畿大学
檜谷 美恵子	大阪市立大学
平井 聖	昭和女子大学
平田 道憲	広島大学
平田 陽子	京都光華女子大学短期大学部
平山 洋介	神戸大学
福島 駿介	琉球大学
福田 光完	兵庫教育大学
福原 安洋	呉工業高等専門学校
藤井 健	呉工業高等専門学校
藤井 敏信	東洋大学
冨士田 亮子	岡山大学
藤本 佳子	千里金蘭大学
堀田 明裕	千葉大学
本多 昭一	福井大学
前田 昭彦	都留文科大学
前田 邦江	(株)三伸建築事務所
曲田 清維	愛媛大学
槇 究	実践女子大学
正岡 さち	島根大学
増井 正哉	奈良女子大学
町田 玲子	京都府立大学
松井 静子	奈良佐保短期大学名誉教授
松原 小夜子	椙山女学園大学
松原 斎樹	京都府立大学
松本 恭治	高崎健康福祉大学
松本 光平	明海大学
松本 滋	兵庫県立大学
松本 暢子	大妻女子大学
水沼 淑子	関東学院大学
水野 弘之	京都府立大学
光田 恵	大同工業大学
三宅 醇	東海学園大学
宮沢 モリエ	大阪青山短期大学
宮野 道雄	大阪市立大学
宮前 保子	(株)スペースビジョン研究所
宮本 雅子	滋賀県立大学
宮本 昌彦	大阪市立デザイン教育研究所
麦倉 哲	東京女学館大学
宗田 好史	京都府立大学
村田 あが	跡見学園女子大学短期大学部
室﨑 生子	平安女学院大学
森 千恵	前 川村短期大学
森本 信明	近畿大学
八木 幸二	東京工業大学

安 永 一 典	宝塚造形芸術大学	
梁 瀬 度 子	武庫川女子大学	
山﨑 古 都 子	滋賀大学	
山 崎 寿 一	神戸大学	
山 田 智 稔	相模女子大学短期大学部	
山 中 俊 夫	大阪大学	
山 本 善 積	山口大学	
吉 岡 和 弘	吉岡法律事務所	
吉 原 崇 恵	静岡大学	
吉 見 靜 子	岐阜女子大学	
吉 村 彰	東京電機大学	
リ ム ボ ン	立命館大学	
若 井 正 一	日本大学	
渡 辺 光 雄	岐阜大学	

目次

1. **住まいの変遷** ……………………………… 1
   - 1.1 古代の住まい ……………… [浅見雅子]…1
     - 1.1.1 住居の原型 ………………………… 1
     - 1.1.2 竪穴住居の変遷 …………………… 2
     - 1.1.3 貴族の生活と寝殿造り …………… 3
   - 1.2 中世の住まい ……… [髙橋康夫・笹岡隆平]…5
     - 1.2.1 鎌倉時代の住まい ………………… 5
     - 1.2.2 室町時代の住まい ………………… 6
     - 1.2.3 戦国時代の住まい ………………… 7
   - 1.3 近世の住まい ……………… [上野邦一]…8
     - 1.3.1 生活と住まい ……………………… 8
     - 1.3.2 文化と住まい ……………………… 10
     - 1.3.3 環境と住まい ……………………… 10
   - 1.4 近代から現代の住まい …………………… 11
     - 1.4.1 上流層の住まいの様子 …[内田青藏]…12
     - 1.4.2 中流層の住まいの様子 …………… 13
     - 1.4.3 戦前期に完成された1つの住まい …… 15
     - 1.4.4 第2次世界大戦後の住宅の近代化
       …………………………… [初見 学]…15
     - 1.4.5 現代日本住宅の3つの型 ………… 16
     - 1.4.6 現代日本住宅の課題 ……………… 17
   - 1.5 西洋の住居史 ……………… [後藤 久]…17
     - 1.5.1 ねぐらから住まいへ ……………… 17
     - 1.5.2 中庭型住宅の成立 ………………… 18
     - 1.5.3 都市から農村へ …………………… 18
     - 1.5.4 都市型住宅の展開と新世界の住宅 … 19
     - 1.5.5 近代住宅の形成と機能主義の終焉 … 20
   - 1.6 都市の発達の国際比較 ……[桐敷真次郎]…21
     - 1.6.1 古代都市 …………………………… 21
     - 1.6.2 中世都市 …………………………… 23
     - 1.6.3 近世都市 …………………………… 24
     - 1.6.4 近代都市 …………………………… 25

2. **住文化** …………………………………… 27
   - 2.1 住文化論 …………………… [平井 聖]…27
   - 2.2 起居様式 …………………… [今井範子]…28
     - 2.2.1 起居様式とは ……………………… 28
     - 2.2.2 起居様式と関連・派生すること …… 28
     - 2.2.3 床座文化と日本住居の特性 ……… 29
     - 2.2.4 バリアフリーと起居様式 ………… 29
     - 2.2.5 今後の課題 ………………………… 29
   - 2.3 住宅の地域性 ……………… [西島芳子]…30
     - 2.3.1 住宅外観,住宅材料の地域性 …… 30
     - 2.3.2 住宅規模の地域性 ………………… 30
     - 2.3.3 住宅平面,住生活の地域性 ……… 30
     - 2.3.4 住宅の地域性と住宅政策 ………… 30
     - 2.3.5 住宅・住環境づくりと住教育 …… 31
   - 2.4 日本の気候風土と住居 …………………… 31
     - 2.4.1 日本の気候風土と住居
       ………………………… [五十嵐由利子]…31
     - 2.4.2 北方地域の住居 ………[大垣直明]…32
     - 2.4.3 多雨・温暖/亜熱帯地域の住居
       ……………………………… [福島駿介]…34
   - 2.5 世界の気候風土と住居 …………………… 36
     - 2.5.1 気候風土と住居 ………[岡 秀一]…36
     - 2.5.2 東南アジアの住居 ……[藤井敏信]…37
     - 2.5.3 中国の住居 ……………[佐々井司]…40
     - 2.5.4 韓国の住居 ……………[崔 在順]…43
     - 2.5.5 中近東の住居 …………[八木幸二]…45
     - 2.5.6 南ヨーロッパの住居 …[宗田好史]…46
     - 2.5.7 北アメリカの住居 ……[川嶋幸江]…48
     - 2.5.8 アフリカの住居 ……[阪美智子]…52
   - 2.6 住まいと年中行事 ………… [阿南 透]…54
   - 2.7 習俗・宗教と住居 ………… [村田あが]…55
   - 2.8 日本の住居のデザイン様式 … [小川正光]…56
   - 2.9 近代における欧米の住宅様式 [片木 篤]…58
     - 2.9.1 近代住宅の源泉 …………………… 58
     - 2.9.2 近代住宅の確立 …………………… 58
     - 2.9.3 近代住宅の継承 …………………… 59
     - 2.9.4 近代住宅の再考 …………………… 60
   - 2.10 ジェンダーと居住環境…[小伊藤亜希子]…60
     - 2.10.1 フェミニズムにおける居住環境改善 60
     - 2.10.2 女性の生活様式を規定してきた都市
       と「夢の住宅」……………………… 61
     - 2.10.3 コレクティブハウス,サービス付き
       集合住宅 …………………………… 61
     - 2.10.4 女性の視点を取り入れたまちづくり… 62
     - 2.10.5 住宅・まちづくりの主体者としての
       女性 ………………………………… 62
   - 2.11 民家再考 …………………… [吉見靜子]…63

2.11.1	伝統的な民家の魅力 ……………63	3.8.1	便所, 洗面所, 化粧室 ……………80
2.11.2	住まいと家族 ……………………64	3.8.2	浴室 ………………………………80
2.11.3	現在に活かす民家の特性 ………64	3.9	家族形態と住様式 …………[鳥飼香代子]…82
2.11.4	科学技術の果たす役割 …………64	3.9.1	夫婦と子どものいる世帯 ………82

3. 住 様 式 …………………………………65
3.1 生活様式と住様式 …………[渡辺光雄]…65
- 3.1.1 「くらし」の概念と生活様式 …65
- 3.1.2 生活様式の構造 …………………65
- 3.1.3 住様式への関心 …………………65
- 3.1.4 住様式をみつめる視点 …………66
- 3.1.5 住様式とライフスタイル ………66

3.2 住意識, 住要求, 住居観 …[久保加津代]…67
- 3.2.1 住意識, 住要求, 住居観とは …67
- 3.2.2 住居観の型 ………………………67
- 3.2.3 住居観研究と住様式の発展 ……68
- 3.2.4 持ち家政策と持ち家主義 ………68
- 3.2.5 住宅の商品化と住居観 …………68
- 3.2.6 これからの住居観研究 …………68

3.3 食寝分離とダイニングキッチン
　　　　　　　　　　　…………[中島明子]…69

3.4 住空間とプライバシー ……[中島喜代子]…71
- 3.4.1 住空間にとってプライバシーとは ……71
- 3.4.2 プライバシーとテリトリー ……71
- 3.4.3 日本におけるプライバシー空間確立の歴史 ……………………71
- 3.4.4 プライバシー空間の現状 ………72

3.5 家族共有空間 ………………[松原小夜子]…73
- 3.5.1 食事室 ……………………………73
- 3.5.2 居間とリビングルーム …………73
- 3.5.3 リビングルームの成立 …………73
- 3.5.4 リビングルームの普及 …………74
- 3.5.5 リビングルームの使われ方 ……74

3.6 接客様式 ……………………[竹田喜美子]…74
- 3.6.1 接客は人間的な営み ……………74
- 3.6.2 接客は「ハレ」意識 ……………75
- 3.6.3 気軽な接客 ………………………75
- 3.6.4 西欧文化への窓である接客空間 …75
- 3.6.5 接客空間の消失 …………………76
- 3.6.6 アメリカの接客様式 ……………77
- 3.6.7 これからの接客 …………………77

3.7 家事様式 ………………………[町田玲子]…77
- 3.7.1 家事様式の定義・規定要因 ……77
- 3.7.2 家事様式の特性 …………………77
- 3.7.3 家事様式の変容 …………………77
- 3.7.4 家事様式の今後の課題 …………79

3.8 排泄・入浴様式 ……………[川崎裕子]…79

- 3.9.2 高齢者同居世帯 …………………83
- 3.9.3 一人親家族 ………………………83
- 3.9.4 障害者 ……………………………83
- 3.9.5 高齢者世帯 ………………………84
- 3.9.6 単身世帯 …………………………84

3.10 就労形態と住様式 ……………………85
- 3.10.1 共働き世帯 ……………[田中智子]…85
- 3.10.2 自営業世帯の住様式 ……[林 知子]…86

3.11 協同・共生型集住 …………[小谷部育子]…90
- 3.11.1 コ・ハウジングとは ……………90
- 3.11.2 住まい方, 住まいの形としてのコレクティブハウジング …………90
- 3.11.3 住まいづくりの手法としてのコーポラティブハウジング ………93

4. 住 居 計 画 ……………………………………95
4.1 住居計画の基礎 ……………………………95
- 4.1.1 住居計画とは ……………[島田裕子]…95
- 4.1.2 住居計画の歴史 …………………96
- 4.1.3 住居計画における人間関係
　　　　　　　　　　　…………[志水暎子]…97
- 4.1.4 環境条件と住居の形態 …[大野庸子]…98
- 4.1.5 ライフスタイルと住居 …[大森敏江]…99

4.2 住居の空間構成 ………………[髙田光雄]…100
- 4.2.1 空間構成の概念 …………………100
- 4.2.2 近代住居の空間構成 ……………100
- 4.2.3 住まい手と生活の変化 …………101
- 4.2.4 住戸の空間構成 …………………102
- 4.2.5 集住体の空間構成 ………………104

4.3 平面計画の考え方と各室の計画
　　　　　　　　　　　…………[荒川千恵子]…104
- 4.3.1 住み方と間取り …………………104
- 4.3.2 集合住宅の平面計画 ……………105
- 4.3.3 各室の計画 ………………………107
- 4.3.4 間取りの型 ………………………107

4.4 住居の構造と構法 ……………[本多昭一]…108
- 4.4.1 構造・構法の種類と特徴 ………108
- 4.4.2 架構式構造 ………………………109
- 4.4.3 一体式構造 ………………………110
- 4.4.4 組積式構造 ………………………110
- 4.4.5 プレハブ住宅の構法 ……………110
- 4.4.6 ツーバイフォー構法 ……………111
- 4.4.7 輸入住宅 …………………………111

4.5 住居の構造・内外装材と諸設備
　　　　　　　　　……………［石川孝重・久木章江］…111
　　4.5.1 構造材 ………………………………… 111
　　4.5.2 内装材 ………………………………… 112
　　4.5.3 外装材 ………………………………… 113
　　4.5.4 断熱材，吸音材，遮音材 …………… 113
　　4.5.5 住居設備・装備 ……………………… 114
4.6 住居設計 …………………［永福より子］…115
　　4.6.1 住居設計の進め方 …………………… 115
　　4.6.2 計画の手法 …………………………… 116
　　4.6.3 設計図書の種類と図面表現の基本 … 117
　　4.6.4 住宅設計事例 ………………………… 118

5. 室内環境 ………………………………………122
5.1 室内環境要因と感覚 ………［藏澄美仁］… 122
　　5.1.1 光環境要因と感覚 …………………… 122
　　5.1.2 音環境要因と感覚 …………………… 123
　　5.1.3 熱環境要因と感覚 …………………… 124
5.2 環境要素の測定 …［光田　恵・岩重博文］…125
　　5.2.1 室内気候の測定 ……………………… 125
　　5.2.2 空気清浄度の測定 …………………… 125
　　5.2.3 照度・輝度の測定 …………………… 126
　　5.2.4 音響・振動の測定 …………………… 126
　　5.2.5 電磁波の測定 ………………………… 127
5.3 熱・湿気環境 ………………［大野秀夫］…127
　　5.3.1 温熱環境 ……………………………… 127
　　5.3.2 構造による環境調整 ………………… 129
　　5.3.3 結露 …………………………………… 131
5.4 空気環境 …………………［山中俊夫］…132
　　5.4.1 空気汚染と人体影響 ………………… 132
　　5.4.2 室内空気質の評価 …………………… 133
　　5.4.3 室内空気質の維持 …………………… 134
5.5 光環境 ……………………［井上容子］…135
　　5.5.1 光環境要素による影響 ……………… 136
　　5.5.2 光環境の快適条件 …………………… 137
　　5.5.3 構造や設備による環境調整 ………… 139
5.6 色彩環境 …………………［槙　究］…140
　　5.6.1 色の印象と表色系 …………………… 140
　　5.6.2 生活を包む色 ………………………… 141
　　5.6.3 色彩調和論と配色 …………………… 141
　　5.6.4 色とその他の属性の関連 …………… 141
　　5.6.5 生活行為との関連 …………………… 142
　　5.6.6 その他の考慮事項 …………………… 142
　　5.6.7 照明の色 ……………………………… 142
5.7 音響・振動環境 ……………［藤井　健］…143
　　5.7.1 音と振動の基礎 ……………………… 143
　　5.7.2 音と振動の人間への影響 …………… 143

　　5.7.3 許容条件 ……………………………… 144
　　5.7.4 遮音による環境調整 ………………… 145
　　5.7.5 吸音による環境調整 ………………… 145
　　5.7.6 床衝撃音・固体音の調整 …………… 145
　　5.7.7 障壁による環境調整 ………………… 145
　　5.7.8 サウンドスケープ …………………… 146
5.8 電磁環境 …………………［生田　顕］…146
　　5.8.1 電磁波とは …………………………… 146
　　5.8.2 電磁波障害 …………………………… 146
　　5.8.3 電磁波の吸収 ………………………… 147
　　5.8.4 電磁波のシールド …………………… 147
　　5.8.5 住環境における電磁波対策 ………… 148
5.9 香気環境 …………………［谷田正弘］…148
　　5.9.1 香気環境の快適条件 ………………… 148
　　5.9.2 基本的な匂い環境の整備 …………… 149
　　5.9.3 TPOに合わせた香りの選定 ………… 149
　　5.9.4 機能的・効果的な発香方法 ………… 150
5.10 室内環境の評価 ……………［松原斎樹］…151
　　5.10.1 環境の評価とは ……………………… 151
　　5.10.2 環境の生理的評価と心理的評価 …… 151
　　5.10.3 複合環境の評価 ……………………… 151
　　5.10.4 住居学における温熱環境と行動的
　　　　　評価 …………………………………… 152
　　5.10.5 快適空間のマネジメントとデザイン
　　　　　………………………………………… 153
5.11 人工的住環境とその限界 ………………… 154
　　5.11.1 住環境と生体リズム …［神川康子］…154
　　5.11.2 現代の住環境 …………［入江建久］…157
5.12 住まいと健康 ……………［菅原文子］…160
　　5.12.1 室内空気環境 ………………………… 160
　　5.12.2 換気の必要性 ………………………… 162
　　5.12.3 空気清浄器 …………………………… 163

6. 住まいの設備環境 ………………………………164
6.1 給排水設備 ………………［髙橋啓子］…164
　　6.1.1 給水設備 ……………………………… 164
　　6.1.2 排水設備 ……………………………… 164
　　6.1.3 給湯設備と方式 ……………………… 165
　　6.1.4 衛生設備器具 ………………………… 165
6.2 暖冷房，換気設備 …………［菅原作雄］…167
　　6.2.1 暖冷房装置 …………………………… 167
　　6.2.2 暖冷房装置の種類 …………………… 167
　　6.2.3 エアコンの構造 ……………………… 168
　　6.2.4 エアコンの機能 ……………………… 169
　　6.2.5 換気装置 ……………………………… 170
　　6.2.6 換気の種類 …………………………… 170
　　6.2.7 換気装置の種類と構造 ……………… 171

6.2.8　家屋，生活とのかかわり …………171
　6.3　電気設備 ………………［磯田憲生］…171
　　　6.3.1　住宅の配電設備 ………………171
　　　6.3.2　電源の種類と使用電力容量 …………172
　　　6.3.3　電力の安全利用 ………………172
　　　6.3.4　深夜電力の利用 ………………172
　6.4　照明設備 ………………［宮本雅子］…172
　　　6.4.1　光源の種類と特徴 ………………172
　　　6.4.2　照明器具の種類と特徴 …………175
　　　6.4.3　各室の機能に合わせた照明法 ………176
　　　6.4.4　照明器具のメンテナンスと効率 ……177
　6.5　キッチンの設備環境（Ⅰ）…［正岡さち］…177
　　　6.5.1　住まいにおけるキッチンの位置づけ
　　　　　　　……………………………………177
　　　6.5.2　キッチンのタイプ ………………177
　　　6.5.3　システムキッチンの特徴と構成 ……179
　6.6　キッチンの設備環境（Ⅱ）…［國嶋道子］…181
　　　6.6.1　排気設備 …………………………181
　　　6.6.2　ごみ処理方式 ……………………183
　　　6.6.3　照明計画 …………………………184
　　　6.6.4　インテリア計画 …………………185
　6.7　サニタリー設備 …………［大井絢子］…189
　　　6.7.1　浴室の位置づけ …………………189
　　　6.7.2　浴槽の種類と材質 ………………189
　　　6.7.3　浴室の給湯・換気設備 …………189
　　　6.7.4　浴室の安全性 ……………………190
　　　6.7.5　浴室の新しいスタイル …………190
　　　6.7.6　洗面所の設備 ……………………191
　　　6.7.7　便所の衛生と安全性 ……………191
　　　6.7.8　ユニットバスルーム（システムバス
　　　　　　ルーム）……………………………191
　6.8　集合住宅の設備 …………［田辺邦男］…192
　　　6.8.1　概　要 ……………………………192
　　　6.8.2　屋外設備 …………………………193
　　　6.8.3　住棟内（屋内）設備 ……………196
　　　6.8.4　住戸内設備 ………………………201
　6.9　情報・通信設備 …………［平田道憲］…202
　　　6.9.1　住生活における情報・通信環境の
　　　　　　変化 ………………………………202
　　　6.9.2　情報・通信設備の進歩が住生活に
　　　　　　与える影響 ………………………203
　　　6.9.3　情報・通信設備とライフスタイル …203
　　　6.9.4　情報・通信設備の規格の統一 ………204

7. インテリアデザイン …………………………206
　7.1　インテリアデザインとは …［山田智稔］…206
　　　7.1.1　インテリアデザインの起源 …………206
　　　7.1.2　インテリアデザインの必要性 ………208
　　　7.1.3　インテリアデザインの計画 …………209
　7.2　日本のインテリアと家具の変遷 ………210
　　　7.2.1　原始住居の内部………［辻野増枝］…210
　　　7.2.2　寝殿造りと調度 …………………210
　　　7.2.3　書院造りと装置 …………………212
　　　7.2.4　数寄屋造りの意匠と素材 …………212
　　　7.2.5　農家や町家の室内と収納具 ………213
　　　7.2.6　西洋意匠の導入 …………………214
　　　7.2.7　第2次世界大戦後の住まいと
　　　　　　インテリア ………………………215
　7.3　西洋のインテリアと家具様式の変遷 ……218
　　　7.3.1　古　代………………［片山勢津子］…218
　　　7.3.2　中　世 ……………………………219
　　　7.3.3　近世から19世紀まで ………………220
　　　7.3.4　近　代………［加藤　力・安永一典］…223
　　　7.3.5　戦　後 ……………………………225
　7.4　人間工学の意味と人体寸法
　　　　　　………………………［上野義雪］…227
　　　7.4.1　人間工学とその考え方 …………227
　　　7.4.2　人体寸法 …………………………228
　　　7.4.3　設計と人体寸法 …………………230
　　　7.4.4　作業域と動作寸法 ………………231
　　　7.4.5　動作空間 …………………………231
　7.5　家具，設備への人間工学の応用
　　　　　　………………………［堀田明裕］…232
　　　7.5.1　椅子，ベッド ……………………233
　　　7.5.2　デスク，カウンター ……………233
　　　7.5.3　室内の高さ寸法 …………………235
　7.6　形・色・テクスチャーの心理
　　　　　　………………………［北浦かほる］…236
　　　7.6.1　デザインの3要素 …………………236
　　　7.6.2　見え方の心理 ……………………236
　　　7.6.3　形と空間構成の心理 ……………238
　　　7.6.4　色彩の心理 ………………………240
　　　7.6.5　テクスチャーの心理 ……………240
　7.7　人間的尺度と空間の尺度 …［若井正一］…243
　　　7.7.1　人間的尺度と空間のモデュール ……243
　　　7.7.2　日本のモデュール ………………244
　　　7.7.3　人間の行動・動作特性 …………245
　　　7.7.4　対人距離 …………………………246
　　　7.7.5　空間の規模と心理 ………………247
　7.8　インテリアエレメントのデザイン
　　　　　　………………………［安永一典］…248
　　　7.8.1　家　具 ……………………………248
　　　7.8.2　テキスタイル ……………………250
　　　7.8.3　照　明 ……………………………250

7.8.4　サイン，グリーン，アート …………251
　7.9　材料と仕上げ ……………[古賀紀江]…252
　　7.9.1　木　材 ………………………………252
　　7.9.2　石　材 ………………………………252
　　7.9.3　プラスチック ………………………253
　　7.9.4　金　属 ………………………………253
　　7.9.5　タイル ………………………………257
　　7.9.6　ガラス ………………………………258
　7.10　インテリアの構法 ……[川島平七郎]…259
　　7.10.1　構法と構造 …………………………259
　　7.10.2　造　作 ………………………………259
　　7.10.3　床 ……………………………………261
　　7.10.4　壁 ……………………………………262
　　7.10.5　天　井 ………………………………262
　　7.10.6　階　段 ………………………………263
　　7.10.7　開口部 ………………………………264

8. 住居管理 ………………………………………267
　8.1　住居管理とは ……………[山﨑古都子]…267
　　8.1.1　住居管理の概念 ………………………267
　　8.1.2　住居管理の現代的課題 ………………267
　8.2　住宅の選択と取得 ………[加藤由利子]…268
　　8.2.1　住宅の種類 ……………………………268
　　8.2.2　住情報の入手 …………………………269
　　8.2.3　住まいの法律 …………………………269
　　8.2.4　住宅の選択 ……………………………270
　　8.2.5　住宅の取得 ……………………………271
　8.3　住宅資金と住生活経営費 …[関川千尋]…271
　　8.3.1　資金の調達 ……………………………271
　　8.3.2　住宅関連融資 …………………………272
　　8.3.3　住生活経営費 …………………………273
　　8.3.4　住まいの税金 …………………………274
　8.4　住宅の維持管理 ……………[疋田洋子]…274
　　8.4.1　住宅の損耗 ……………………………274
　　8.4.2　耐用年数と点検・修理 ………………275
　　8.4.3　清掃と手入れ …………………………275
　　8.4.4　リフォームと増改築 …………………276
　8.5　住生活の管理 ……………[沖田富美子]…277
　　8.5.1　住生活管理の意義とその変遷 ………277
　　8.5.2　暮らしの四季と住生活 ………………278
　　8.5.3　家事労働の合理化と外部化 …………279
　　8.5.4　居住関連施設とサービスの利用 ……280
　8.6　生活財の収納と管理 ………[一棟宏子]…282
　　8.6.1　生活財をめぐる諸問題 ………………282
　　8.6.2　収納計画と整理のルール ……………283
　　8.6.3　死蔵品と生活廃棄物の増大 …………283
　　8.6.4　生活財とスペースの有効利用 ………285

　8.7　集合住宅の管理 …………………………285
　　8.7.1　集合住宅管理の特徴 …[平田陽子]…285
　　8.7.2　管理の内容と形態 ……………………286
　　8.7.3　居住上の問題と生活ルール …………287
　　8.7.4　修繕計画と建替え ……………………287
　　8.7.5　管理への居住者参加 …………………288
　　8.7.6　諸外国の集合住宅管理 …[藤本佳子]…289

9. 住居の安全防災計画 …………………………291
　9.1　住居の性能と構造の安全性
　　　………………………………[布田　健]…291
　　9.1.1　住居の機能と性能 ……………………291
　　9.1.2　構造と安全性 …………………………292
　　9.1.3　構法と安全性 …………………………293
　　9.1.4　材料と安全性 …………………………297
　9.2　住宅室内における事故・災害と安全対策
　　　……………………………[北浦かほる]…297
　　9.2.1　安全とは ………………………………297
　　9.2.2　住宅内事故の防止策 …………………297
　　9.2.3　室内地震対策 …………………………300
　　9.2.4　室内防火対策 …………………………302
　　9.2.5　室内化学物質汚染対策 ………………304
　9.3　居住計画と防災・安全 ……[宮野道雄]…309
　　9.3.1　安全な立地条件 ………………………309
　　9.3.2　防犯対策と集合住宅の住棟計画 ……310
　　9.3.3　防災と平面計画 ………………………310
　　9.3.4　住居のセキュリティ …………………311

10. エクステリアデザインと町並み景観 ………313
　10.1　町並み景観とエクステリアのデザイン
　　　………………………………[西村一朗]…313
　　10.1.1　身近な3つの景観問題 ………………313
　　10.1.2　住宅本体の外観問題 …………………313
　　10.1.3　境界と塀 ………………………………314
　　10.1.4　庭並み景観 ……………………………314
　　10.1.5　町並み景観とエクステリアデザイン
　　　　　　コントロール …………………………314
　10.2　町並みのエクステリアデザイン
　　　………………………………[北口照美]…315
　　10.2.1　緑とエクステリアデザイン …………315
　　10.2.2　住宅庭園の計画 ………………………316
　　10.2.3　集合住宅の屋外空間の計画 …………317
　10.3　都市環境とエクステリアデザイン
　　　………………………………[宮前保子]…318
　　10.3.1　道と広場のデザイン …………………318
　　10.3.2　公園のデザイン ………………………319
　　10.3.3　水辺のデザイン ………………………321

- 10.4 歴史的町並み景観の形成 …[増井正哉]…322
  - 10.4.1 都市・集落の形成と町並み景観……323
  - 10.4.2 町家と町並み景観……………………324
  - 10.4.3 生業と町並み………………………324
  - 10.4.4 景観のコントロール…………………325
  - 10.4.5 都市の気風と嗜好…………………326
  - 10.4.6 ハレの日の町並み…………………327
- 10.5 町並み景観の整備 ………[苅谷勇雅]…327
  - 10.5.1 景観整備を取り巻く問題……………327
  - 10.5.2 景観整備の手法……………………328
  - 10.5.3 景観整備の実際……………………329
  - 10.5.4 景観整備の課題と展望………………331
- 10.6 歴史的町並みの保全とまちづくり
  ……………………………[西村幸夫]…332
  - 10.6.1 町並み保全の意義…………………332
  - 10.6.2 町並み保全の歴史…………………333
  - 10.6.3 歴史的町並み保全制度の概要………334
  - 10.6.4 欧米の場合…………………………335
  - 10.6.5 町並み保全とまちづくり……………336

11. コミュニティ……………………………337
- 11.1 コミュニティとは ……………………337
  - 11.1.1 向こう三軒両隣 ………[久保妙子]…337
  - 11.1.2 町　内…………………………………338
  - 11.1.3 近隣住区論 ………………[中山 徹]…339
  - 11.1.4 近隣住区と都市………………………340
- 11.2 コミュニティ生活とコミュニティ空間
  ……………………………………………341
  - 11.2.1 コミュニティ生活 ……[塩崎賢明]…341
  - 11.2.2 コミュニティ空間……………………342
  - 11.2.3 コミュニティ組織とコミュニティ
    文化 ……………………[西村一朗]…343
- 11.3 都市コミュニティと農村コミュニティ
  ……………………………………………344
  - 11.3.1 都市コミュニティ ……[延藤安弘]…344
  - 11.3.2 農村コミュニティ ……[山崎寿一]…346
  - 11.3.3 都市コミュニティ間の交流
    ……………………………[中山 徹]…348
  - 11.3.4 都市と農村の交流 ……[山本善積]…348
- 11.4 福祉とコミュニティ ……[リム ボン]…349
  - 11.4.1 「福祉国家」から「福祉社会」へ …349
  - 11.4.2 コミュニティの可能性………………350
  - 11.4.3 健康文化とまちづくり………………351
- 11.5 防犯・防災とコミュニティ
  ……………………………[児玉善郎]…352
  - 11.5.1 災害時におけるコミュニティの
    果たす役割……………………………352
  - 11.5.2 防犯・防災のコミュニティ活動
    の事例…………………………………353
  - 11.5.3 コミュニティによる防犯・防災
    マップづくりの意義と方法……………354
- 11.6 コミュニティの形成とまちづくり
  ……………………………[中山 徹]…355
  - 11.6.1 旧来型コミュニティから核家族型
    コミュニティへ………………………355
  - 11.6.2 核家族型コミュニティから新たな
    コミュニティ形成へ…………………355
  - 11.6.3 コミュニティに影響を与える今後の
    大きな変化……………………………356

12. 子どもと住環境………………………………357
- 12.1 現代住居と子ども ………[仙田 満]…357
- 12.2 子どもと住居……………………………358
  - 12.2.1 子どもの健康と住居 …[髙野 陽]…358
  - 12.2.2 家族と住まい ………[田中恒子]…360
  - 12.2.3 子ども部屋 …………[外山知徳]…362
  - 12.2.4 集合住宅と幼児期の子ども
    ……………………………[定行まり子]…363
- 12.3 子どもと地域・コミュニティ
  ……………………………[室崎生子]…365
- 12.4 子どもの福祉空間 ………[阿部祥子]…366
- 12.5 子どもの遊びと遊び場 …[大村璋子]…369
  - 12.5.1 遊びとは………………………………369
  - 12.5.2 遊び場づくりのおおまかな流れ……369
  - 12.5.3 「身近な場を遊びに活用する」実践例
    ……………………………………………370
  - 12.5.4 縁側やテラスの効用…………………371
- 12.6 子どもの安全と居住環境…[瀬渡章子]…372
  - 12.6.1 幼児に多い日常災害…………………372
  - 12.6.2 住宅の高層化に伴う問題……………372
  - 12.6.3 屋外空間における犯罪不安…………373
  - 12.6.4 求められる安全な遊び場……………374
- 12.7 子どもの心を奪う共感飢餓
  ……………………………[寺内定夫]…374
  - 12.7.1 親や自分を描かない子どもの現実…374
  - 12.7.2 裸眼視力の低下と自ら死を選ぶ孤独
    ……………………………………………375
  - 12.7.3 荒々しい言葉と表情不足……………375
  - 12.7.4 孤独な子育て…………………………375
  - 12.7.5 ユビキタス社会のコミュニケー
    ション…………………………………376
  - 12.7.6 四角四面にビオトープの風が吹く…376
- 12.8 子どもと自然環境 ………[進士五十八]…377
  - 12.8.1 子どもを取り巻く環境問題…………377

12.8.2　自然基調の原風景が感性をつくる…377
12.8.3　公園デビューから環境教育へ………377
12.9　子どもの空間 …………………………378
12.9.1　学　校 ……………[吉村　彰]…378
12.9.2　図書館 ……………[菊池貴美江]…380
12.9.3　子ども文化施設 ………[多田千尋]…382
12.10　障害児と居住空間 ……[野村みどり]…384
12.10.1　居住空間のバリアフリー化，ハウスアダプテーション …………384
12.10.2　障害児の居住空間，生活状況をめぐる実態 ………………384
12.10.3　居住空間と福祉用具活用の課題 …385
12.10.4　ハウスアダプテーションの基準と支援制度 …………………385
12.11　子ども参画のデザイン …[木下　勇]…386

13. 高齢者・障害者と住まい ……………………389
13.1　高齢者と高齢期の生活 ……[在塚礼子]…389
13.1.1　高齢者とは …………………………389
13.1.2　高齢期とは …………………………389
13.1.3　誰とどこに住むか …………………390
13.2　高齢者・障害者と居住福祉 ……………………[岡本祥浩]…391
13.2.1　高齢者・障害者の特徴 ……………391
13.2.2　人の暮らしを支える居住福祉 ……391
13.2.3　居住福祉を支える現実 ……………392
13.3　高齢者・障害者と住宅施策 ……………………[高阪謙次]…394
13.3.1　居住施策の考え方の歴史的展開 …394
13.3.2　在宅福祉と住宅 ……………………394
13.3.3　高齢者の家族生活と住宅施策 ……395
13.4　高齢者の障害特性とADL ……………………[相良二朗]…395
13.4.1　脳血管障害 …………………………395
13.4.2　パーキンソン病 ……………………396
13.4.3　骨・関節の変性 ……………………396
13.4.4　骨粗鬆症 ……………………………397
13.4.5　糖尿病 ………………………………397
13.5　高齢者と室内環境 ……………………397
13.5.1　光環境 ………………[井上容子]…397
13.5.2　音環境 ………………………………398
13.5.3　温熱環境 ……………[久保博子]…399
13.5.4　空気環境 ……………………………400
13.6　長寿社会における住空間の計画と改善 ……………………………………401
13.6.1　計画の基本的な考え方 ……………………[古瀬　敏]…401

13.6.2　建築物の計画 ………[高橋儀平]…403
13.6.3　地域の計画 …………[松本　滋]…405
13.7　高齢者・障害者対応の住まい ……………………[梁瀬度子]…407
13.7.1　高齢者向け住宅施策の現状 ………407
13.7.2　シニアコレクティブハウジング……408
13.7.3　シルバーハウジング ………………409
13.7.4　シニア住宅 …………………………409
13.7.5　グループホーム ……………………411
13.8　高齢者・障害者対応の居住施設 ……………………[桜井康宏]…411
13.8.1　居住施設の歴史的性格 ……………411
13.8.2　居住施設の計画的課題 ……………413
13.9　高齢者・障害者の住環境をめぐる国際的動向 …………[外山　義]…414
13.9.1　社会の高齢化と住環境施策の動向…414
13.9.2　高齢者住宅成立の背景 ……………415
13.9.3　高齢者住宅を越えて ………………416

14. 住宅問題，住居経済，住宅政策 ……………418
14.1　住宅問題 ………………[鈴木　浩]…418
14.1.1　居住水準問題としての住宅問題……418
14.1.2　貧困問題としての住宅問題 ………418
14.1.3　地域問題，社会問題としての住宅問題 ……………………………418
14.1.4　人権問題としての住宅問題 ………419
14.2　住宅事情と住宅問題 …………………419
14.2.1　住宅事情，住宅階層，住宅統計 ……………………[三宅　醇]…419
14.2.2　住宅の所有形態 ……[檜谷美恵子]…421
14.2.3　ホームレスの人々 …[麦倉　哲]…423
14.2.4　外国人居住 …………[田嶋淳子]…424
14.3　住居経済 ………………………………425
14.3.1　家　賃 ………………[関川千尋]…425
14.3.2　住宅金融 ……………[安齋俊彦]…426
14.3.3　住宅予算，住宅財政，住宅税制 ……………………[海老塚良吉]…427
14.3.4　住宅市場 ……………[森本信明]…429
14.3.5　住宅生産と流通 ……[秋山哲一]…430
14.3.6　住宅需要と住宅供給 …[三宅　醇]…431
14.4　住宅政策 ………………………………433
14.4.1　居住基準 ……………[松本恭治]…433
14.4.2　国の住宅政策 ………[浅見泰司]…434
14.4.3　自治体住宅政策 ………[前田昭彦]…436
14.4.4　日本の公共住宅 ……[瀬戸口剛]…437
14.4.5　非営利組織の住宅 …[平山洋介]…439
14.5　海外の住宅問題と住宅政策 …………440

14.5.1 欧州連合諸国の住宅問題と
　　　　 住宅政策　………[海老塚良吉]…440
14.5.2 アメリカの住宅：マーケットデモ
　　　　 クラシー社会の住宅問題と政策
　　　　 　………………[上野真城子]…442
14.5.3 アジア諸国の住宅問題と住宅政策
　　　　 　………………[内田雄造]…444
14.5.4 開発途上国の都市
　　　　 　………[ホルヘ・アンソレーナ]…446
14.6 居住の権利……………[岸本幸臣]…447
　14.6.1 概念としての権利………………447
　14.6.2 居住権の法的根拠………………447
　14.6.3 実定法化…………………………447
　14.6.4 現実のプロセス…………………448
14.7 住宅運動…………………………………448
　14.7.1 住宅運動と政策…………………448
　14.7.2 住宅運動のタイプ………………448
　14.7.3 運動の今日的課題………………448
　14.7.4 運動と政策の新たな担い手……449
14.8 研究動向…………………………………449
　14.8.1 住宅運動の特徴…………………449
　14.8.2 実践と研究………………………449
　14.8.3 研究運動組織としての日本住宅会議
　　　　 　…………………………………450
　14.8.4 今後の課題………………………450
14.9 土地問題，土地政策……[岩見良太郎]…450

15. 環境保全，エコロジー……………452
15.1 自然環境の悪化
　　　 　………………[岩重博文・宮沢モリエ]…452
　15.1.1 水質汚濁…………………………452
　15.1.2 大気汚染…………………………453
　15.1.3 騒音，振動………………………454
　15.1.4 ヒートアイランド………………455
　15.1.5 内分泌攪乱物質…………………455
15.2 世界的規模の環境変化……[尾関 徹]…456
　15.2.1 地球温暖化………………………456
　15.2.2 オゾン層破壊……………………457
　15.2.3 酸性雨……………………………457
　15.2.4 熱帯林減少と砂漠化……………458
15.3 住生活にかかわる資源
　　　 　………………[福田光完・岩重博文]…459
　15.3.1 水資源……………………………459
　15.3.2 鉱物資源…………………………459
　15.3.3 生物資源…………………………460
　15.3.4 エネルギー資源に対する認識…460
　15.3.5 枯渇するエネルギー資源………461

　15.3.6 再生可能な資源Ⅰ…………………462
　15.3.7 再生可能な資源Ⅱ…………………462
　15.3.8 資源のリサイクル…………………463
15.4 エネルギー資源の活用と住生活
　　　 　………………………[松井静子]…463
　15.4.1 エネルギーの有効利用……………463
　15.4.2 冷暖房における省エネルギー……464
　15.4.3 化石エネルギー……………………464
　15.4.4 自然エネルギーの有効利用………464
　15.4.5 新エネルギー利用の発電とその利用
　　　　 状況………………………………465
15.5 住宅生産にかかわる資源…[福原安洋]…466
　15.5.1 木　材………………………………466
　15.5.2 石　材………………………………467
　15.5.3 コンクリート………………………467
　15.5.4 鉄鋼，非鉄金属……………………468
　15.5.5 セラミックス………………………468
　15.5.6 ガラス………………………………468
　15.5.7 高分子材料…………………………469
　15.5.8 しっくい，ドロマイトプラスター，
　　　　 石膏………………………………469
　15.5.9 建設副産物や廃棄物の再利用，未利用
　　　　 木材の活用………………………469
15.6 都市生活と廃棄物…………[上埜武夫]…470
　15.6.1 廃棄物の分類と処分場の問題……470
　15.6.2 一般廃棄物の状況…………………470
　15.6.3 産業廃棄物の状況…………………470
　15.6.4 廃棄物処理にかかわる環境汚染…471
　15.6.5 廃棄物対策のための行政の施策…471
　15.6.6 廃棄物のリデュース・リユース・
　　　　 リサイクル（3R）………………471
　15.6.7 廃棄物のサーマルリサイクル……472
　15.6.8 諸外国における廃棄物の状況と対策
　　　　 　…………………………………472
15.7 住環境保全と住宅……………[久 隆浩]…473
　15.7.1 環境と住居の関係…………………473
　15.7.2 環境共生の意味を考える…………474
　15.7.3 環境共生技術の類型………………474
　15.7.4 資源循環を通して環境共生を考える
　　　　 　…………………………………474
　15.7.5 環境共生の手法……………………475

16. 住宅と消費者問題……………………478
16.1 現代の住宅と消費者問題…[酒居淑子]…478
　16.1.1 消費者問題の発生…………………478
　16.1.2 最近の住宅被害・トラブル………478
　16.1.3 震災関連トラブル…………………478

16.1.4 「建てる」場合のトラブル …………479
16.1.5 「買う」場合のトラブル …………479
16.1.6 「借りる」場合のトラブル …………479
16.1.7 住宅トラブルへの対応 …………479
16.1.8 欠陥・不良住宅発生の背景 …………479
16.1.9 業者の選び方 …………480
16.1.10 契約する場合の注意 …………480
16.1.11 住宅の被害・トラブルの防止 ……480
16.2 住宅の新改築・購入時のプロセスと消費者問題 ……[中野廸代・齊藤広子]…481
16.2.1 新改築・購入時のプロセス …………481
16.2.2 情報入手・契約時の問題 …………481
16.2.3 引渡し・入居後の管理上の問題……483
16.2.4 売却などの流通活性化の問題と今後の課題 …………484
16.3 賃貸住宅における消費者問題 ……………[森 千恵]…485
16.3.1 賃貸住宅に関する苦情の動向 ………485
16.3.2 賃貸住宅標準契約書 …………486
16.4 不動産の広告規制 …………[野口文雄]…487
16.4.1 不動産の広告規制の背景 …………487
16.4.2 景品表示法の規制 …………487
16.4.3 不動産の公正競争規約 …………490
16.5 住宅ローン …………[小林綏枝]…491
16.5.1 住宅ローンとは …………491
16.5.2 住宅ローン利用の現状 …………492
16.5.3 住宅ローンの延滞・破綻 …………492
16.5.4 住宅ローン問題の今日的様相 ………493
16.6 欠陥住宅 …………[澤田和也]…493
16.6.1 欠陥住宅の意味 …………493
16.6.2 欠陥住宅が生まれた背景 …………494
16.6.3 手抜きの対象と内容 …………495
16.6.4 欠陥住宅被害の本質 …………495
16.6.5 欠陥被害の救済 …………495
16.6.6 住宅の品質確保の促進等に関する法律 …………496
16.6.7 取壊し建替え損を認めた最高裁判決 …………497
16.6.8 今後の展望 …………497
16.7 住宅の価格 …………[岩城 穰]…498
16.7.1 住宅の価格設定方法の問題点 ………498
16.7.2 住宅の価格に対する規制 …………498
16.7.3 住宅の価格の見通しに関するセールストークの規制 …………500
16.8 住宅の相談・紛争処理システム ……………[田中峯子]…501
16.8.1 住宅の相談 …………501

16.8.2 紛争処理システム …………502
16.9 住宅保証制度 …………[松本光平]…503
16.9.1 住宅取得における消費者のリスク…503
16.9.2 住宅保証制度の構成 …………503
16.9.3 住宅保証制度の有効性 …………503
16.9.4 世界の住宅保証制度 …………504
16.9.5 住宅品質法 …………508

17. 住宅関連法規 …………509
17.1 総論：日本における住宅関連法規 ……………[東 孝次]…509
17.1.1 住宅政策と住宅関連法規 …………509
17.1.2 内容による分類 …………511
17.2 住宅品質確保促進法 ………[吉岡和弘]…514
17.3 建築基準法 …………[竹林 寛]…515
17.3.1 集団規定 …………515
17.3.2 単体規定 …………515
17.3.3 確認検査の手続き …………516
17.3.4 法の特色 …………516
17.4 都市計画法，大都市法，土地区画整理法，都市再開発法，新住宅市街地開発法 ……………[寺尾 仁]…516
17.4.1 都市計画法 …………516
17.4.2 大都市法 …………517
17.4.3 土地区画整理法，都市再開発法，新住宅市街地開発法 …………517
17.5 マンション管理に関する法律 ……………[岡 俊江]…518
17.5.1 法的にみたマンション管理の特徴…518
17.5.2 区分所有法 …………518
17.5.3 マンション管理適正化法 …………519
17.5.4 区分所有法と財産の管理 …………520
17.5.5 区分所有法と生活の管理 …………520
17.5.6 居住とマンション管理に関する法律 …………521
17.6 借地借家法 …………[内田勝一]…521
17.6.1 借地借家法の意義と沿革 …………521
17.6.2 借地関係 …………522
17.6.3 借家関係 …………523
17.7 宅地建物取引業法，建築士法 ……………[竹山清明]…524
17.7.1 宅地建物取引業法 …………524
17.7.2 建築士法 …………524
17.8 製造物責任法（PL 法）…[小林今朝夫]…526
17.8.1 製造物責任法（PL 法）の成立過程 …………526
17.8.2 PL 法の要点 …………526

17.8.3　住生活にかかわる被害の具体例……528
17.8.4　今後の課題……………………528
17.9　住宅部品化の進展…………[本多昭一]…528
　17.9.1　kj 部品（公共住宅部品）………529
　17.9.2　BL 部品（優良住宅部品）………529
　17.9.3　オープン部品のための規格………530
　17.9.4　日本工業規格（JIS），国際標準化機構（ISO）……………………530
　17.9.5　部品規格とシステム規格…………531
17.10　諸外国の住居法…………[戒能通厚]…531
　17.10.1　住居法とは何か………………531
　17.10.2　住居法の歴史…………………531
　17.10.3　住居法の現状…………………533

18. 住　教　育……………………………535
18.1　住教育とは………………[曲田清維]…535
　18.1.1　住教育の概念……………………535
　18.1.2　住教育の対象とステージ…………535
　18.1.3　住教育の歴史……………………536
　18.1.4　住教育の内容……………………536
18.2　住空間認識の発達………[長澤由喜子]…537
　18.2.1　ピアジェによる空間概念の発達理論……………………537
　18.2.2　日常生活空間の認識発達…………537
18.3　家庭教育と住教育………[菊地るみ子]…538
　18.3.1　家庭教育とは……………………538
　18.3.2　住生活と家庭教育の変容…………538
　18.3.3　住教育における家庭教育の役割……539
18.4　学校教育と住教育…………[田中恒子]…540
　18.4.1　住教育の前提……………………540
　18.4.2　家庭科と住教育…………………540
　18.4.3　学校での住教育の価値基準…………541
　18.4.4　住教育における教材開発…………541
18.5　生涯教育と住教育………[冨士田亮子]…542
　18.5.1　生涯教育としての住教育…………542
　18.5.2　生涯教育とは……………………542
　18.5.3　生涯教育として住教育に求められるもの……………………543
18.6　住居と安全・防災教育……[水野弘之]…543
　18.6.1　地震に対する安全…………………543
　18.6.2　高齢者の家庭内事故に対する安全…544
　18.6.3　防災教育…………………………545
18.7　住居と消費者教育……[佐々木ひろみ]…545
　18.7.1　住居と消費者トラブル………………545
　18.7.2　住居に関する消費者教育の必要性…546
　18.7.3　住居に関する消費者教育の実施主体，対象，内容，方法………………546
18.8　まちづくりと住教育………[久保加津代]…547
　18.8.1　生涯学習としてのまちづくり活動…547
　18.8.2　子どものまちづくり活動…………547
　18.8.3　学校教育と住まい・まちづくり学習……………………547
　18.8.4　「総合的な学習の時間」におけるまち歩き学習……………………548
　18.8.5　これからのまちづくり学習………548
18.9　環境教育…………………[小澤紀美子]…548
　18.9.1　なぜ環境教育が必要か……………548
　18.9.2　環境教育の目標……………………549
　18.9.3　環境教育推進の基本的な視点………549
　18.9.4　環境適応型技術としての住まい・まちづくり……………………550
18.10　住まいの教材と学習方法・評価………[吉原崇恵]…552
　18.10.1　教育実践にかかわる課題の整理…552
　18.10.2　戦後の住教育実践における教材・教具と学習方法……………552
　18.10.3　1990 年代の住教育にみられる教材と学習方法……………555
　18.10.4　教育実践の評価…………………555
18.11　住教育の実践例……………………556
　18.11.1　小学校における授業実践………[岸田蘭子]…556
　18.11.2　中学校における授業実践………[佐々木貴子]…556
　18.11.3　高等学校における授業実践………[中川順子]…557
　18.11.4　短期大学における教育実践………[松原小夜子]…559
　18.11.5　専門学校における教育実践………[宮本昌彦]…560
　18.11.6　社会人における教育実践………[前田邦江]…563

付録　住居関連資格・職種………………567
索　　引…………………………………599

1

住まいの変遷

1.1 古代の住まい

1.1.1 住居の原型

厳しい風雨を避けて洞窟や岩かげを寝ぐらとしてきた人間が，初めて自分の手でつくった住まいが竪穴住居である．

竪穴住居の平面は，隅丸の矩形か円形であるのが代表的なもので，直径は5～10 mくらいの大きさである．構造は，地面を50 cmほど掘り下げ周囲を盛り土にし，壁面とする．次いで先が二叉の支え柱を4本立て，支え柱に桁を井桁に架けて斜め材を土に差し込み，棟木を乗せる．垂木を放射線状に配列し下部を地中に埋める．そして斜材，垂木に棟木を結び，横木に茅を下から葺き上げる．竪穴住居の完成である（図1.1）．

竪穴住居の屋内は，仕切りのない土間で中央近くに炉が設けられ，採暖，照明，調理に使われた．そのため炉のまわりは暖かく，また明るく，食事，団らん，就寝などの場として使われていた．炉を建物の中心に設けたのは，棟木までの高さが高く，焰が屋根に燃え移る心配が少ないからである．

また地面を掘り下げることで，人工的な壁をつくることができる利点があった．冬季に冷気の吹き込みを防ぐうえで，住居が地上に露出しているよりも容易に快適さを得られたためであろう．大工道具の

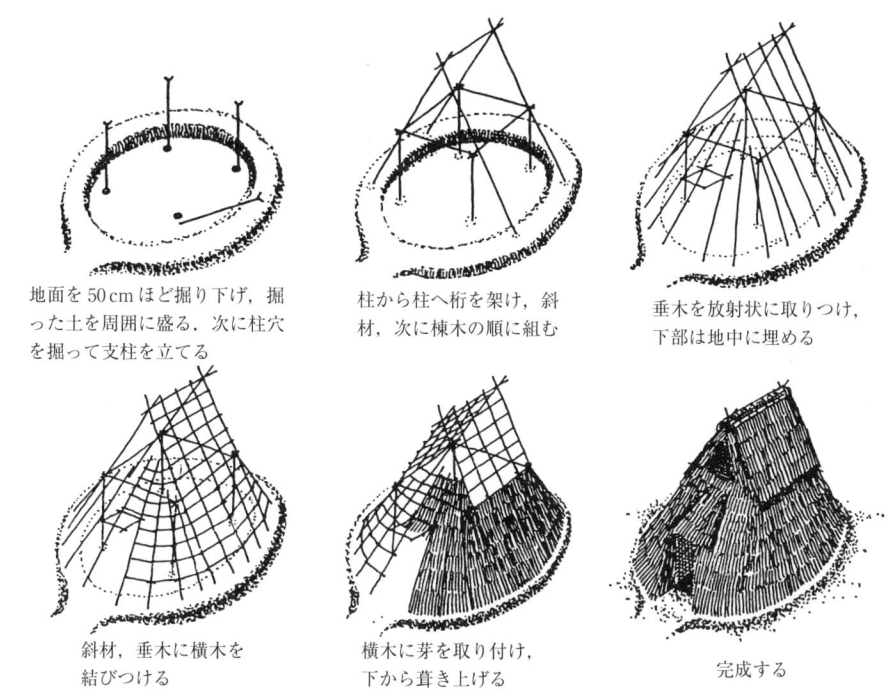

図 1.1 竪穴住居の建て方（稲葉和也，中山繁信：日本人の住まい 住居と生活の歴史，彰国社，1983）

未発達な時期に隙間風を防ぐ壁を構築することは困難であった．地中の竪穴住居は，大地を壁とすることで，その欠点を十分補ったものであった．

1.1.2 竪穴住居の変遷
(1) 竪穴住居の発展

炉が住居の中心にあった縄文時代が過ぎ，稲作文化が伝えられるとともに，内部に変化が現れる．弥生時代になると，中央に設けられた炉が入口と反対の柱側に移動した．貯蔵穴が炉の横につくられてそこに土器や穀物が収められ，料理する場所がつくられるようになった．

竪穴住居の住まい方は，炉のあった中央の部分が食事や家族の団らんの場所に変わり，その両側は家族の寝る場所として使われ，空間の機能分離が行われてきたことがうかがえる．

古墳時代後半になると，炉に代わってかまどが出現する．かまどは竪穴住居の周壁に接して造り付けにされたもので，屋外に煙を出すため土中に煙道がつくられていた．このかまどの脇には，穀物を入れた土器や食器などを収納する貯蔵穴がつくられていた．また，中央の土間のまわりが寝るための場所となり，ベッド状となっている（図 1.2）．

古墳時代になると平地住居や高床住居が現れ，その形態は，墳墓に副葬された埴輪や家屋文鏡に描かれた4棟の家の文様にみられる．

(2) 平地住居の形式と高床住居

竪穴住居から発展した平地住居は，床面を掘り下げず地表面をそのまま床としているが，柱は依然として掘立柱である．平面は矩形で竪穴住居より広く，屋根も大きく柱が屋根を支える構造となっている．すなわち，竪穴住居では屋根と一体化していた壁は独立し，窓がつくられている．住居内は，土間の部分と土座部分から構成される2室である．土座は土間に籾殻または稲藁を敷き詰めて，その上に莚，蓙で覆ったものである．土座部分が起居の場，生活の場であり，土間にはかまどが置かれ，調理な

どの作業の場に使われていた．

高床の住居の発生は，弥生時代に稲作とともに東南アジアから日本に入ってきた高床の建物である．穀類の収納，保存のための倉として利用されたのが始まりである．

古代の成立は支配階級の誕生であり，床の発生をみる．富を蓄えた豪族が高床住居を使い，身分の上下を床の高さで示し，一般の住居より立派につくられるようになる．

高床住居の形式は，屋根，壁，床による空間構成要素の独立であり，土器，銅鐸，家屋鏡，家形埴輪などによって知ることができる．家屋文鏡は奈良県佐味田古墳から出土した和鏡で，5世紀初めのころのものとされている．鏡の背面には，専政者になりつつあった日本の豪族の住まいが描かれている．竪穴住居，入母屋屋根をもつ平地住居，切妻屋根をもつ高床の住居，入母屋屋根をもった高床の住居の4棟の建物である．とくに入母屋屋根の高床住居は桁行3間で階段に手すりまでつき，階段の反対側には露台のようなものがあり，そのうえ日除けのきぬがさがさしかけてある．これらのことから，高床の住居には身分の高い人が住んでいたことがわかる（図 1.3）．

(3) 貴族住居の遺構

6世紀の終わりころ，仏教建築の様式が大陸より導入された．仏教建築は石の基壇の上に建てられ，これまでの地中に埋め込まれた掘立柱とは異なっている．また屋根は檜皮葺で床は低く，厚い床板を敷いた．さらに素木のままであった木部に朱，黄土，緑などで着色されていた．

大陸では仏教建築といわれていたが宮殿建築であり，日本の貴族の住居洋式として取り入れられた．その遺構として現存するものに，橘夫人邸と藤原豊成殿がある．橘夫人は光明皇后の母，橘三千代のことで，793（天平11）年，邸内の建物を仏堂として移築したもので，現在法隆寺東院の伝法堂として残っている．平面の間取りは，桁行3間，梁間4間の

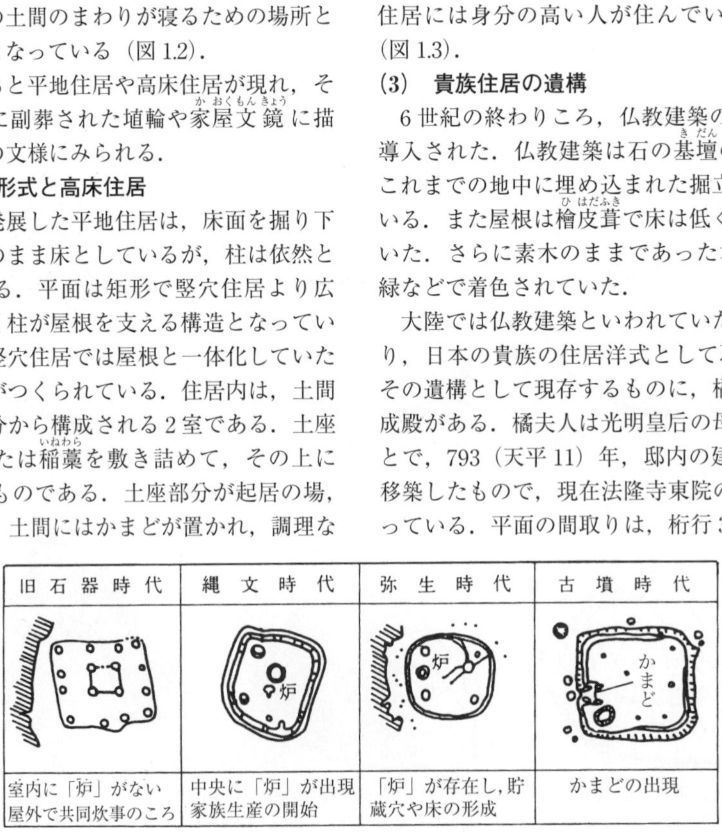

旧石器時代	縄文時代	弥生時代	古墳時代
室内に「炉」がない屋外で共同炊事のころ	中央に「炉」が出現家族生産の開始	「炉」が存在し，貯蔵穴や床の形成	かまどの出現

図 1.2 竪穴住居の内部変化（渡辺光雄編：くらしのための住居学，学術図書出版，1981）

1.1 古代の住まい

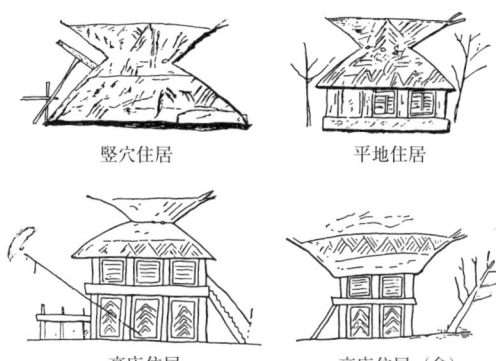

図1.3 家屋文鏡に描かれた原始住居（太田博太郎：図説 日本住宅史，彰国社，1971）

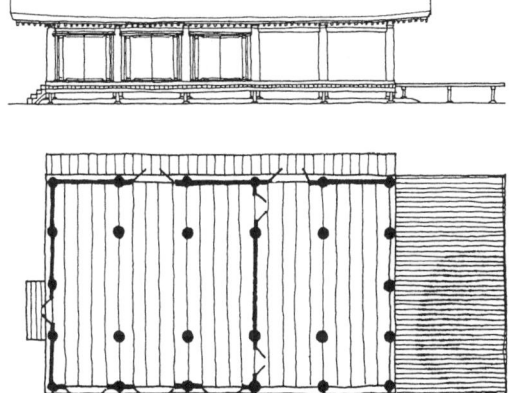

図1.4 法隆寺伝法堂前身建物の立面（側面）と平面（西 和夫・穂積和夫：日本建築のかたち，彰国社，1983）

壁と扉で囲まれた閉鎖的部分と，桁行2間の柱の間に建具のない吹き放ちの開放的部分とから構成されている．その前方に広い箕子敷きが設けられ，屋根のないテラス様の部分がついている．閉鎖的部分と開放的部分は，寝室と居間との2つの空間の出現となっている（図1.4）．

大陸建築の様式によりながら，土間をつくらず床全体を板敷きにしたのは，古くからの日本建築の起居様式に適するように考えられたものといえる．床板を間取り全体に敷き詰めていることは，生活に必要な空間，すなわち炊事その他のための付属屋が別にあったことを示すものである．ここに住む人は，多くの家人奴隷にかしずかれて初めて生活ができたのである．加えて，敷き詰めた床板が清浄で滑らかであることが要求されたのは，貴族たちの服装が優美な大袖，長裾に発展する前提として欠かせないことであったからである．当時としては，床の高さの高低よりも清浄な床での生活に関心が向けられ，橘夫人邸のような低い床がつくられたのであろう．

1.1.3 貴族の生活と寝殿造り

平安時代に成立した寝殿造りは，大陸の都城の制を範とした，平安京に建てられた貴族の住居形式である．碁盤の目のように大路，小路に区画された1町四方（約4500坪）の正方形の敷地に建つ建築群である．

寝殿造りは，主屋が寝殿と呼ばれたことから名づけられている．築地垣で囲まれた敷地の中心にあるのが寝殿で，南面して建ち，前面に広い庭があり，池が掘られ中島があり橋がかけられている．寝殿の東，西，北に副屋である対屋が配置され，透渡殿や二棟廊という廊下で連絡している．対屋は，位置によって東ノ対，西ノ対などと呼ばれる．東西の対屋から南に中門を開く中門廊が延び，先端に釣殿，泉殿が池に張り出している．

古代，寺院の回廊で囲まれた空間が神聖とされたように，中門廊で囲まれた広庭の神聖さを暗示している．全体的に左右対称の配置となるのを原則とするが，そのような住居が建てられた例は確認されていない．中門廊と表門の間には，牛車を入れる車宿と随身所，侍廊など警護者の建物が並んでいる．その北側奥には台盤所（台所），倉などの雑舎が配置されている．小路に面した正門は東西にとられ，四脚門がある．

寝殿へは，表門から入り牛車を降り，お伴をそこで待たせ中門をくぐり，寝殿前庭の南階を昇るのを正式とした．寝殿造りの全体については，藤原氏歴代の邸宅である『東三条殿復元図』（太田静六）によって知ることができる（図1.5）．寝殿や対屋は，板敷きで母屋の周囲に庇をめぐらせ，庇の外側には箕子縁をめぐらせ，勾欄（手すり）がついている（図1.6）．そして庇の外周に蔀戸か半蔀を建て込み，昼間は建具をはずし夜は閉ざしている．蔀戸は柱の間につり，半蔀は開閉に便利なように上下2枚で建て込まれている．蔀戸が除かれた昼間は，柱間に御簾と壁代が下げられる．

寝殿の内部は間仕切りのない広い空間で，寝室の塗籠，あるいは夜御殿だけが固定された閉鎖的部分である．その中に寝台である帳台が備えられている．屋根は入母屋造りで檜皮葺き，板葺き，藁葺きなどがある．

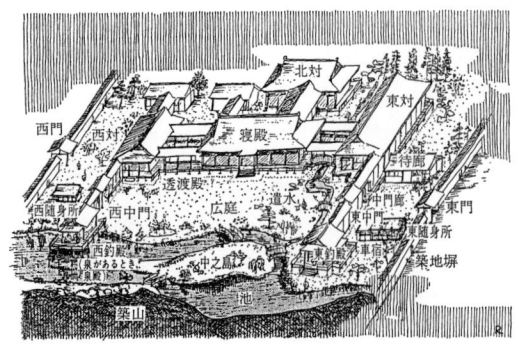

図1.5 寝殿造りの概念図（志賀 英他：住居学（日本女子大学家政学シリーズ），朝倉書店，1988）

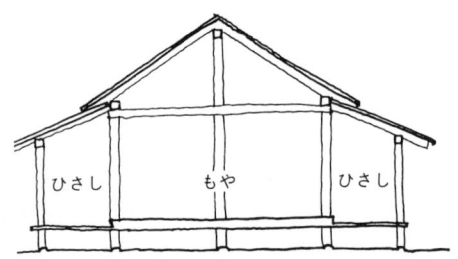

図1.6 もやとひさし（稲葉和也・中山繁信：日本人のすまい 住居と生活の歴史，彰国社，1983）

(1) 貴族の寝殿での生活

寝殿造りでは，主人が寝殿に住み，家族がそれぞれ1棟の対屋に住んで個人の生活空間としていた．しかし上流貴族では従属する家人にかしずかれての生活であり，間仕切りのない建物の内部では，別棟に住む親子の間の私室性は守られても，本当の意味での私室性には乏しかった．

就寝には寝殿にある塗籠が使われた．塗籠は三方を壁で囲んだ，板扉の入口のある空間である．しかし平安中期になると，塗籠から出て几帳で囲んだ寝室空間を仮設して就寝するようになる．昼の生活の場は昼御座で，塗籠の前に二階棚，厨子棚などを置き，身のまわりの品を収め，さらに屏風，衝立などの調度で空間を仕切った居間空間であった．

寝殿が間仕切りのない広い空間であったのは，公的な儀式や行事が行われていたためであり，寝殿内の生活については当時の日記や物語，絵巻物から知ることができる．

年中行事は，正月から始まり節句，盆など1年を通じて行われていた．これらの儀式は公的な行事であるが，このほか家族の行事として元服，着裳，結婚，出産など人生の節目に関するものもあった．多くは邸宅に人を招いて饗応をしている．人と人との絆を固める方法として，食事をともにすることが古くから行われてきた．東三条殿の大臣大饗の様子は，「年中行事絵巻」にみることができる．

内容が異なる種々の行事は，母屋を中心として行われるものから邸内の建物全体を使って行われるものがあった．屏風，衝立，几帳などの屏障具や円座，茵，置畳などの家什具をそのつど配置し，飾り付け行事に対応している．調度を配置することを室礼といった．室礼は，室内空間の転用を図る生活の技術でもあった．また，儀式行事が行われる寝殿は「晴（ハレ）」の空間として広い空間を必要とし，間仕切りができず，「褻（ケ）」（日常）の空間よりも儀式優先の性格の濃いものであった．

行事における座は，地位や身分に応じて定められ秩序を保っていた．寝殿造りの内部空間は，天井の設備はなく母屋の中心は庇の部分より屋根裏が高く頭上空間が大きいため，高貴な空間とされた．座具の一種である畳は貴人の座る場所に置かれ，畳の大きさ，縁の織り，色，厚さなどによって座る人の身分を明らかにしていた．

(2) 寝殿造りの室内環境

日本の気候の特徴は夏季に高温多湿であるため，古くから夏の暑さに対応した住居がつくられてきた．軒の出を深くして強い日差しを防ぎ，涼風が吹き抜けるよう建具をはずし柱だけとして，開放的な構造とした夏向きの住居であり，冬の寒さへの対応はほとんどみられなかった．

建具をはずしたとき柱間にかかる御簾，壁代を通して吹き込む寒風は厳しく，広い板敷きの室内で炭櫃や火鉢に頼るだけの採暖ではとても耐えがたい寒さであったに違いない．そのため防寒の手段として衣服を重ね着する方法がとられた．引きずるほどの長い裾の衣服を何枚も重ねて衣服の間の空気を着ることによって，じっと座っていなければならない儀式，行事の間，室内の寒さから身を守っていた．

暑い夏には衣服の枚数を減らし，大袖から風を入れることで涼しさを得たのであろう．生活上必要な衣服の大袖，長裾から十二単という衣服形態は，間仕切りのない広い空間と滑らかで清浄な床とがあって初めて着装が可能となっていた．

また三方を壁で囲まれた塗籠での就寝は，冬は暖かであっても，狭い密閉された空間は夏においては風通しが悪くまた暑さも厳しく安眠できないので，塗籠を出て就寝空間をつくった．寝室環境としての快適性を求めての対応とみられる．

(3) 寝殿造りの文化環境

寝殿造りの室内で行われた行事，儀式は，四季それぞれにふさわしく室礼されていた．屏風，衝立に

は華麗な大和絵が描かれ，几帳，壁代の布の色の組み合わせ，蒔絵や螺鈿が施された工芸品といえる調度で室内は飾られていた．

十二単の衣服の襲ねの色目と文様も四季に合わせ，あるいは各自の好みによって整えられ，動く装束として室礼の大きな要素となっていた．また夜の燈火のほの暗い室内で，黒い長髪は白粉と紅の化粧の顔を美しく浮き上がらせていた．女性たちの貝合わせ，歌合わせの遊宴に興じる姿は優美であったに違いない．また寝殿造りの前庭にある池では，楽人を乗せた竜頭の舟を浮かべ詩歌管絃の遊びが行われた生活から，当時の人々の美意識の高さがうかがわれる．

〔浅見雅子〕

1.2 中世の住まい

中世の時代は，政治史の時代区分に従い，鎌倉時代から南北朝，室町，戦国時代まで，つまり12世紀末から16世紀末にかけての400年間を指す．この時代には，茶湯をはじめとして立花，能，狂言など住まいを場とする生活文化や，自然と人工，歴史と文化を組み合わせて総合的な景観美を創造する環境デザインの理念が生み出され，さらに16世紀前半の京都，堺，奈良では，町衆の娯楽施設である路傍の茶屋を町家の奥へもち込み，この素朴な茶屋と町家の奥庭を「山里」という伝統の美意識によって造形することにより，「市中の山居」と新しい茶の湯が創出された．中世は，現代日本の生活文化の底流を形成した時代であった．

中世の住まいには，公家・武家，寺社などの支配階級の邸宅と，都市住民や地方農民などの被支配階級の住居という2つの類型がある．前者は，寝殿造りから緩やかに書院造りへと変容を遂げ，一方，後者も近世民家の原型を作り出していく．なお，書院造りについては，中世，近世を包括する住宅様式として，古代の寝殿造りと対立して捉える説と，書院造りを近世の住宅様式とし，中世には主殿造りと呼ぶ異なる住まいの型が成立していたとする説がある．

中世の諸権門の邸宅に共通する空間構造として，「晴（ハレ）–褻（ケ）」という観念がある．「晴」とは正装的・儀礼的・公式的な意味を表現し，「褻」とは「晴」の対義語で略装的・日常的・私的といった意味を表す．この両者の対照を強く意識してすべての行為を律していく考え方が「晴–褻」の概念であり，日本人の生活態度の上に無意識的に強く影響している．こうした生活観念が，左右対称を原則とした寝殿造りの邸宅に「晴–褻」の空間分化を生み出し，もっとも伝統的・保守的な内裏においても東西のどちらか一方がより重要視され，東西いずれかに重点をおいた配置となった．

1.2.1 鎌倉時代の住まい

平安時代末には，寝殿造りの小規模化，簡略化の傾向が現れていた．関白藤原基房邸や関白九条基通邸など摂関家の邸宅でさえ，従来の「一町家」から4分の1町宅へと規模を縮小し，また，晴面を「寝殿–二棟廊–中門廊–中門」とする簡略な構成が定った形式として用いられるようになった．鎌倉時代に入ると，「寝殿＋中門廊」という最小規模の構成が広汎にみられるようになり，中流公家や武士の新しい住空間の様式となった（図1.7）．この変化は，形式的には小規模化であるとともに，社会的には寝殿造りの住宅形式の普及と理解される．

ところで，寝殿造りの中心建物である寝殿でも，機能や用途に基づいて空間を固定して使う傾向が現れていた．「並戸」と呼ばれる一連の間仕切りで寝殿を南北に分割し，その北面を日常的空間，南面を儀礼的空間にあてた．先に述べた「晴–褻」の空間分化が，寝殿内部においても発生しているのであ

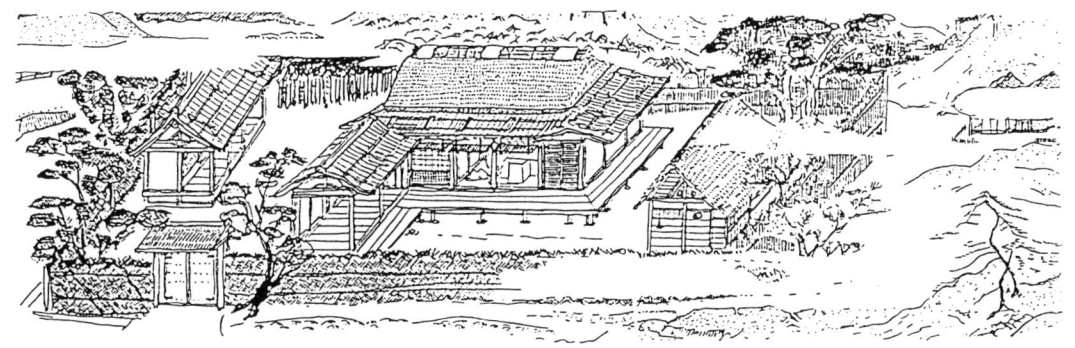

図1.7 源時国の屋敷：法然の実家（「法然上人絵伝」より．太田博太郎：図説 日本住宅史，彰国社，1971）

る．寝殿北面に設けられた独立した日常生活の空間は「常御所」と呼ばれた．

鎌倉時代後期の「春日権現験記絵」をみると，広い敷地の中に少なくとも主屋と土蔵をもつ裕福な家と，道に面して建つ貧しい庶民の家が描かれている．ともに都市民衆の住居のある典型を示したものといえよう．庶民の家は，大きな屋敷の築地の前，おそらく路上にあり，もともと道路であったところが宅地化した巷所の家のようである．正面は間口柱間3間，屋根は板葺き，切妻造り，壁は板壁である．正面中央の戸口から左側を板敷きの居室，反対側を土間とする．居室は表と奥の2室からなり，奥の部屋（寝室）は，表との境にも土間との境にも遣戸（やりど）を立てる．富裕な家は，門と塀で囲まれた広い敷地の中に建ち，土蔵をもつ．主屋の規模はかなり大きく，正面が3間，側面もおそらく3間あり，屋根は切妻造り，板葺きであった．間取りは前後左右に3分割され，9部屋からなるようであり，四周に榑縁をまわす．中央の部屋は寝室と貴重品を収納する場所を兼ね，頑丈な袖壁に施錠装置のついた板戸を備える納戸構えをもつ．この部屋の前が居間にあたる．表の部屋と外部との間仕切りには蔀（しとみ）が使われ，その他のところでは遣戸と土壁となるようである．室の境では襖（ふすま）が使われていた．

武家の首都，鎌倉では近年，発掘調査により中世都市遺構が姿を現し，その実像が明らかになってきている．今小路西遺跡では南北2つの武家屋敷と庶民の住区，道跡が見出された．およそ3600 m²を超える南側武家屋敷の敷地は大きく2つに分かれ，南3分の2を屋敷の主人の居住する中心部にあてる．主屋は南北5間，東西4間，北以外の3方に庇がつく礎石立ての建物であり，北西に土台立ての倉庫とみられる建物が建つ．東と南には広大な前庭があり，主屋と東門との間には目隠し塀や仕切塀が置かれる．塀で遮られた裏側，北3分の1の区画には掘立柱の建物が密集して建つが，郎従，下人の住居や，雑舎，厨などにあてたのであろう．井戸は裏との境の塀近くに掘られている．

庶民住居の遺構としては，長方形の柱を使った柱間6.6尺以下の小規模な掘立柱建築と方形竪穴建築址，境の塀，井戸の跡などがみつかっている．方形竪穴建築址は，掘込みが垂直で，床は平坦，上部構造を支えるために柱穴，礎石，土台などが使用される．倉庫や作業場として，あるいは住居として用いられたというが，明らかではない．

1.2.2 室町時代の住まい

中世における住空間の展開の大きな契機は，会所といわれる遊芸と対面の専用施設の発生である．中世の社会は，「執政」を任とする公家と，「護持」を任とする寺社，「守護」を任とする武家とが互いに補完し合うことによって支配を行う権門体制であった．そこで必要となったのが，諸権門間の私的会合，すなわち寄合いである．この寄合いの会場が会所である．

平安時代末から鎌倉時代において，和歌会や詩会など遊芸の寄合いが催されたところは，池水に臨んだ「釣殿」や「泉殿」などの部屋をそのつど室礼（しつらい）したものであり，専用の施設はなかった．支配階級である公・武・寺社の間の相互交流がいっそう必要となった南北朝期から室町時代にかけて，諸権門の邸宅に「会所」と呼ばれる施設が設けられた．初めは特定の建物の一部が常設の会所にあてられていたが，遊芸の寄合いが頻繁に行われるようになると，独立した建築として専用の会所が設けられるようになる．会所は，晴向きの立地ではなく，奥向きの庭に近いあたりにつくられており，泉殿の系譜を引いているとみられる．

こうして成立した会所は，和歌，漢詩，連歌，和漢連句，歌合などの文芸，また闘茶や花競べ，さらに貴人との私的な対面・接待の場として，重要な役割を果たすことになった．室町幕府6代将軍義教の室町殿には会所が3棟つくられたが，庭園との関連を重視しており，「山水向き」の建築であった．会所の間取りは全体として禅院の方丈に似ており，押板や違棚，付書院，床を備えた将軍の私的な居室が備えられていた．

室町時代には，「境致（きょうち）」あるいは「十境（じっきょう）」という環境造形の思想が，禅宗とともに招来された．それは禅寺のみならず，公武邸宅にまで大きな影響を与えた．将軍御所では奥向きの苑池をめぐって多彩な建築群が配置されていたが，そうした中から深い雅趣のある建築を10カ所ほど選んで象徴的な名称を与え，十境と称したのである．中国の禅林の制にならったものであるが，室町期以降の日本の造形文化を特徴づけることになった．

農家は，古代，中世を通じて少しずつ発達を続けた．鎌倉時代の1310（延慶3）年の伊勢国泊浦村江向村をみると，住居の規模は11.5～35坪のものがあり，そのうちもっとも多いものは2間×2間の4坪で，きわめて小規模といってよい．

室町時代の1397（応永4）年，平安京の右京の南端近くにあった植松荘の名主琳阿弥が東寺に寄進し

1.2.3 戦国時代の住まい

中世後期の武家や寺家などの住宅において中心的な建物は，主殿と呼ばれていた．これは寝殿造りの寝殿と中門廊のみが残された構成ともみることができるが，主殿では北半部を居住の場に，南半部を接客，対面の場にあて，形式的にもまた使い方でも寝殿とは異質なものとなっていた．戦国時代の将軍邸では，律令的儀礼が意味を失い，存在理由がなくなった寝殿が消滅した．8代将軍義政が晩年に営んだ小川殿と東山殿では，ともに寝殿が造営されなかった．小川殿では常御所兼会所を主殿と称し，東山殿では常御所を主殿とした．摂関家や門跡などにおいても，寝殿を営まずに住空間を構成するようになった．

主殿は，正規の寝殿ではない中心施設を指す言葉として南都の顕密寺院においては早くから使われていた．応仁の乱ごろの禅定院には，一条家（摂関家）出身の尋尊が居住していたが，1454（享徳3）年に再建されたときから寝殿がなく，寝殿に劣らぬ大きさの常御所を主殿とし，会所を兼ねていた．南面には東から西へ室が並び，仏事の道場や，南都に下向した将軍義政との対面，接待の座敷，猿楽，田楽，七夕会など遊芸の会所となった．

主殿造りの接客空間は，座敷飾りによって特徴づけられる．この座敷飾りは会所において成立したため，主殿造りの接客空間は，遊芸や接待，対面の場である会所が発展したものと捉えられる．会所の室礼は，初めは自由猥雑な座敷飾りであったが，しだいに整然とした座敷飾りが求められるようになり，飾り方が定型化する．また，飾るための設備自体が装飾となり，床の間や違棚，付書院として座敷飾り化する．これらが接客空間を規定する要素として固定されることで，主殿造りが完成するのである．

戦国時代には京の都市景観や生活風俗を描写した洛中洛外図屏風が制作され，戦国期の京の町と町家の姿を具体的に目にすることができる．町田本（歴博甲本）「洛中洛外図屏風」にみる建設中の町家は，切妻造り平入りで，正面柱間3間，側面柱間2間の規模をもつ町家である．内部は，おそらく片側が土間で，もう一方が1室もしくは2室の居室であろう．町田本や上杉本「洛中洛外図屏風」に描かれた多くの町家はこのような形式であり，この時代の町家の典型ということができよう．

摂津国山田荘（神戸市）にあった箱木家住宅（重要文化財）は，千年家ともいわれた古民家である（図1.9）．建立年代は明らかではないが，戦国時代と考えてよい．平面や構造，柱材の仕上げなど特異

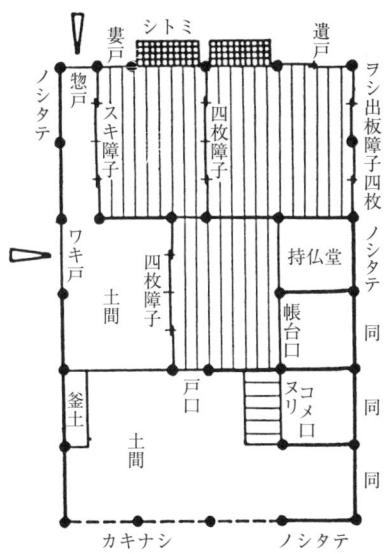

図 1.8 琳阿弥邸推定復元平面図（伊藤鄭爾：中世住居史，東京大学出版会，1958）

た住宅（図1.8）は，間口4間，奥行6間，南面，妻入りである．板敷きの居室は，南の2間四方の部屋と1間半×2間の部屋，中央の2間半×2間の部屋と1間四方の持仏堂，帳台，その北の方1間の塗籠とからなる．半間の脇戸以外は板壁で隔離された南面の2部屋が接客に，残りが居住に使われたのであろう．家財道具として花瓶，香炉，燭台があったので，接客空間には唐物飾りをしていたとも推定できる．あるいは押板が備わっていたかもしれない．このように，農家の中でも上層部の名主は，単なる農民ではなく住まいの中に接客の場をもっていたが，居住部分とははっきりと区別されていた．

中国山地のほぼ中央に位置する新見荘の政所屋敷の主屋は，地侍奈良殿の住居を移築したものであり，東西3間，南北5.5間の規模で，四方に下屋がつく．間取りは，1間幅の土間と板敷きの床上部からなる．居室は，ほぼ半分を占める広い板敷きと，襖障子を隔てた板敷きの4間，納戸および寝室と推定される小部屋からなる．外部との境仕切りは板戸が建てられる．東と南に縁がついた主室は，9間に匹敵する大きさをもち，政所の接客空間とみなされる．政所は武具や馬具のほか，花瓶や香炉などの装飾品，茶湯の道具，折敷や椀など数多くの什器，食器を所蔵していた．多人数の寄り合う茶会や宴会がたびたび行われていたようであり，押板が存在していたとも推定できる．

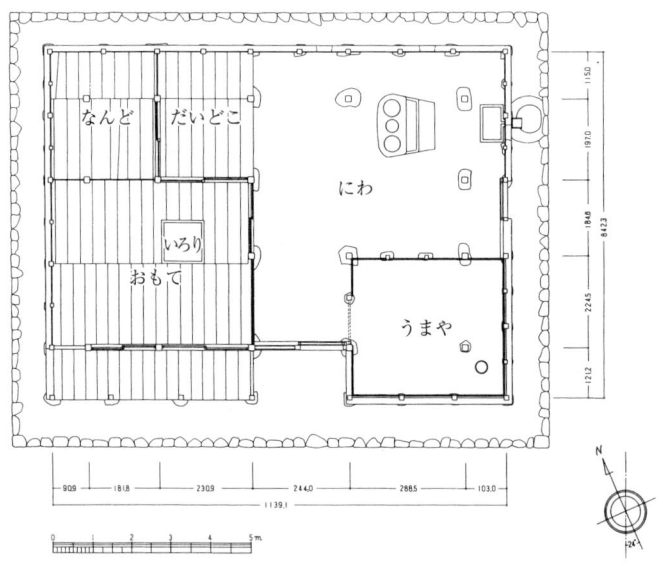

図1.9 箱木家平面図（文化財建造物保存技術協会編：重要文化財箱木家住宅（千年家）保存修理工事報告書，1979）

なものであり，年代の古さをうかがわせる．入母屋造り，茅葺きのいわゆる前座敷型3間取りで，正面に「おもて」，その裏側に「おいえ」と「なんど」があり，また主屋の半ば以上を占める広い土間をもつ．正面の柱間2間の開口部を除いて周囲を大壁とし，閉鎖的である．文献で知られる琳阿弥邸や奈良殿の住居に比べて簡明な間取りであるが，地侍層の住居として1つの類型を形作っていたようである．

〔髙橋康夫・笹岡隆平〕

1.3 近世の住まい

近世の住まいは，農家と町家に大きく2つに分けて記述されることが多く，このほかに神職が住む社家，漁業を生活基盤とする漁家があり，身分は武士でも下級武士層の住まいも庶民の住まいと構造，意匠が共通する．近世の住まいを考えるとき，地域性，歴史性，階層性という視点を欠かすことができない．どの地域にあるのか，どれくらい古いのか，どの階層に属していたのかを考えないと，一つひとつの住まいの特性を把握できないか，もしくは誤るからである．地域性，歴史性，階層性という特性が組み合わさって，江戸時代には各地に多様な住まいが現れた．とくに，屋根に地域的特徴が現れ，曲家，中門造り，合掌造り，兜造り，本棟造り，大和棟，土蔵造り，九度造りなどと呼ぶ各地の住まいがある．地域性を示す屋根の特徴が現れるのは江戸時代中ごろからである．棟飾りにも各地の特徴が現れる．

これまで，近世の住まいについて多くの入門書があるので，その概要や各地の住まいについては他書に譲り，ここでは生活，文化，環境という視点から，近世の住まいを再構成してみたい．

1.3.1 生活と住まい

近世の住まいの内部で展開していた日常生活は，現在のわれわれの生活に影響を与えている．布団や畳や床（トコ）などである．いずれも，江戸時代になって庶民の住まいに広く普及していった．

間取りは，ある住まいがどの地域に存在するかでほぼ定まっている．広間型，4間取型，前座敷型などが知られいる（図1.10）．それらの変形も多い．どの型であっても，家族が寝る部屋は納戸，部屋，寝間などと呼ばれ，江戸時代前期ころまでは布団はなく，綿打ちなどを重ね着して睡眠をとった．布団は綿の生産が増加した江戸時代中ごろから普及した．どの地域でも，家族が寝る部屋は，入口以外はほとんど壁か小窓が1つある程度で閉鎖性が強く，ここは貴重品を保持する部屋でもあった．

近世の住まいは30〜45cmほどの高さに床（ユカ）を張るのが普通である．床を地面からもち上げて生活面とした高床式の住まいは古代からずっと受け継いできている．しかし，土座（どざ）という床も広く分布していた．土座というのは土の上に籾殻（もみがら）などを敷き詰め，その上に筵（むしろ）を敷いた床であった．木地師の家では籾殻の代わりに木くずを用いていた．板の床のほかに

1.3 近世の住まい

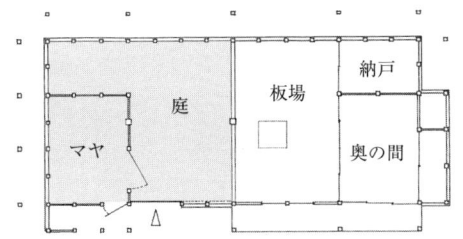

(a) 広間型（岡山県，森江家）

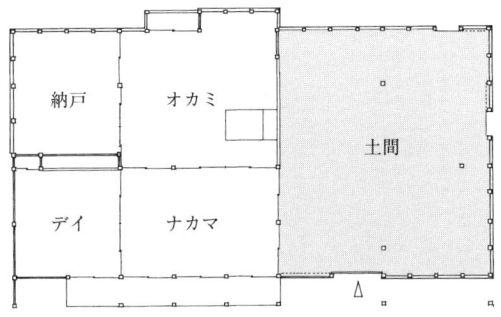

(b) 4間取型（宮城県，中澤家）

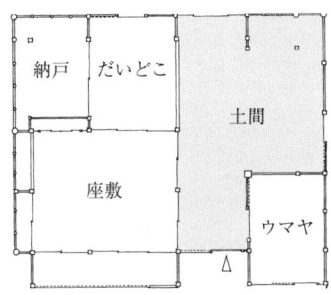

(c) 前座敷型（奈良県，菊家家）

図 1.10　住まいの典型的間取り

竹の床が広く分布していた．板の床や竹の床の場合，必要な箇所に円座などと呼ばれる畳に似たものや筵を敷いた．

床（トコ）は日本の伝統的な住まいに欠かせないものという印象が強い．床は江戸時代初期には限られた上層住まいの一部に見出せるが，一般の住まいに普及するのは，江戸時代末期から明治時代になってからである．座敷にみられる長押（なげし）は，座敷が定着したときでも庶民の身分には不相応という理由で一般の住まいには普及しなかった．江戸時代に，特別の許可を得た特権階層が長押を用いる以外には，一般庶民の住まいに長押が現れるのは江戸時代のごく末期や明治時代に入ってからである．

床，棚，書院という座敷飾りをもつ座敷は江戸時代の初期の住まいにはなかったといってよく，武士との対応が必要な特権的階層の住まいでは，別棟のいわば離れに座敷があった．江戸時代に入ってしばらくすると，上層階層の主屋内部に座敷が現れてきて，江戸時代末期には広範囲に普及した．

住まいの構造には，農家と町家とに違いがあり，これに加えて地域差もある．農家の大半は叉首（さす）構造かその変形であるのに対して，町家は和小屋組みが多く，登り梁構造，垂木構造などがある．農家と町家に共通して住まいの構造の特徴を示すものに，差物（さしもの）（差鴨居，指物とも記述する）がある．差物は建具が入る鴨居の役割も果たし，同時に構造上の役割をも担う近世の住まい独特の部材である．この部材を用いることによって，開口部を大きくし内部を明るくすることが可能となった．江戸時代初期や前期の古い住まいを訪れると，壁や建具での閉鎖する比率が高く，内部が暗いことに気づく．閉鎖性の強い暗い部屋から，より快適な空間の獲得の方向へ住まいは発達した．紙が普及して障子など従来の建具より明るい建具を生み出したことも背景にあろう．

町家の外観を特徴づけるものに，卯建（うだつ）がある．本卯建と袖卯建とがあり，卯建をつけない町家もある．大和棟も卯建を農家の切妻に取り入れたものと思われる．

便所，トイレはここ30年間ほどで激変している．江戸時代には，家畜の糞尿のみだけでなく人間の糞尿も貴重な肥料であったので，便所は南側にあることが多く，糞尿を蓄積して利用した．江戸時代はもちろん，昭和に入っても大半の住まいの便所には紙がなかった．変化は，まず便所に紙を置くことから始まりそして普及し，水洗便所とセットになってトイレットペーパーの普及も生活の様相を変え，糞尿を蓄えるタイプの便所は激減した．

相互援助は生活の原則の1つであった．岐阜県白川村の大屋根を葺く「結（ゆい）」は有名であり，各地の普請帳には，縄をもって集まる人々の名が手伝いとしておびただしい数が列記しているものがある．普請には大量の縄が必要であったのである．そして，棟上げの際には手伝いに参加した人々に振舞いがあった．相互援助だけでなく，生活の流れの中での楽しみでもあった．

いろりとかまどの分布にも生活様式の反映があると思われるが，その分布の意味は現時点ではわかっていない．一般的に山間部を除いた近畿圏と西日本はかまど文化圏であり，東日本と大半の山間部はいろり文化圏である．いろりとかまどを併用する地域もある．

長野県奈良井

石川県金沢

図 1.11　祭りを迎える町家

1.3.2　文化と住まい

　日本の祭りは農業にかかわるものが多い．春祭りは収穫の豊かなことを祈り，秋祭りは豊かな実りを感謝するものである．農作業の節目でもさまざまな行事があった．祭りは住まいにも影響を与えている．木曽の奈良井の町家は，表の部屋の道路側の開口部が，柱間いっぱいに開くのである．秋祭りの際に，御輿を迎えるのに家族が表第1室に集まり正座する．腰壁つきの窓ではなく，内法高さいっぱいに開口するのである（図1.11）．祇園祭りを楽しむ人々を描く絵画にも，行列を迎えるために住まいの表第1室の表側をめいっぱい開口している様子が描かれる．通行人が家の中までを見通せないように，奥まったところに屏風を立てて視線を遮っている．滋賀県日野町では，祭りに際して桟敷窓があり，祭りを見物する．非日常的な祭礼が，日常の町家の形，とくに町家の外観を決めている．

　江戸時代に人々の往来がかつてなく活発になったといっても，多くの人々の生活圏は限定されていた．どこまで買物に出かけるかといった生活圏域や，結婚相手の出身は近郷近在であることなどから，人々の移動は自由ではなく　生活の広がりはある範囲に限定されていた．しかし，江戸時代は人や物資の移動がそれまでになく頻繁になった．交通網の発達は人や物資だけでなく，文化をも運んだ．江戸と領地の文化の交流に，参勤交代が果たした役割は大きい．

　北陸から東北地方の日本海側に妻入り町家が分布する．西日本に広く分布する妻入り町家の文化を北前船が航路に沿った港町に伝えたと考えられている．紀行文，名所図会はみたことがない場所・ものへの関心を掻き立て，霊場巡りや参詣へと人々の往来を増幅させた．街道は五街道をはじめとして全国を網の目状に結び付けた．往来する人々に立脚した町，宿場町が繁栄し，町家の様式が確立していった．近代に入ってもしばらくは馬，徒歩が交通手段であったが，しだいに車，軌道車両が普及し始め，生活様式が変化していく．

　沖縄，南九州，愛知，静岡，千葉，茨城の太平洋側沿岸に，分棟型とか二棟造りなどと呼ばれる，2棟の建物を並べたり組み合わせて住まいとする一群がある．東南アジアの住まいのタイプを受け継いでいる住まいではないかという意見もあり，たしかに日本ではこのタイプの住まいは黒潮の潮流の範囲に分布している．

1.3.3　環境と住まい

　日本は南北に長く，南と北での気候の違いがあり，さらに四季の変化があり，海，野，川，山といった立地，環境も変化が著しく，日本の住まいの外観は変化に富む．形ももちろんであるが，柱材や屋根葺材も多様で，その土地その土地で入手しやすい材料を選択している．費用や運搬を考えれば，住まいはその土地の環境を反映しているともいえよう．

　近畿圏では柱に梅を使うことが多いし，杉，檜などの針葉樹種ばかりでなく，椎，栗といったいわゆる雑木や欅も使う．長押，床柱，竿縁など化粧材に使う材は，もっと多様である．水，湿気に強い栗を土台に，火に強く燃えにくい桜を「いろりかまち」に用いるなど木材の特性を熟知して利用していた．

　土壁，板壁の分布も全国一律ではない．土壁，瓦は北日本では少なかった．土壁は竹を下地とするのが通常なので竹が自生しない地域では土壁が少なく，その地域で土壁にする場合には下地は小枝などで編む．瓦は，冬季に凍結する地域では通常用いなかった．福井県丸岡城の石製瓦は凍結に対応する瓦の工夫であった．瓦の間隙に水が入ると，寒冷地では冬季に凍り，瓦が破砕したからである．桟瓦葺き

が中部地方より以北で広範囲に普及するのは第2次世界大戦以後であろう．

屋根は瓦葺き，草葺き，板葺きなどがある．瓦葺きには本瓦葺きと桟瓦葺きとの2種類があり，近畿とその以西の町家に本瓦葺きが散見でき，その他は桟瓦葺きで全国にある．板葺き屋根にも地域差がある．木曽谷などにみられる石置き板葺き屋根が各地にあるが，奈良県南部吉野地域の杉皮葺き，部分的には長い板を凹凸に組み合わせる流し板葺きの手法もある．また，厚板葺きもまれではあるが存在する．檜皮葺きは社寺建築に多くみられるが，民家にはほとんどない．草葺きの場合も茅，葭，藁などを使い，笹葺きがアイヌの住まいにみられる．

山間にある住まいには，宮崎県高千穂や奈良県十津川のように横長の平面がある．等高線に沿った敷地を得るために横長の敷地となり，結果的に住まいも横長になると考えられる．また山間の住まいには土間がなかったり，狭いものが多い．平野部に住まう人々が土間で行う作業が，山間部ではほとんどないためと思われる．平野部と山間部とでは，生活の基盤を，農業を主体とするか林業を主体とするかで異なるからであろう．

海岸線に沿った集落でも，平野部のような主屋，付属屋とオープンスペースを配置するような敷地は少なく，狭い平地に所狭しと立地する．自然の地形を利用し共存して生活が成り立つようにみえる集落であるが，ときどきは自然の脅威が襲った．すなわち，入り江深くに立地した漁村が，津波で悲劇的な被害を受けたことから明らかになっている．

雪の量が多い豪雪地帯には，各家の前面を通路として提供し屋根を覆った雁木と呼ばれる施設がある．新潟県高田，青森県黒石などに一部が残っていて，冬に道が積雪で通行不能になったときの往来の確保であった．都市の機能を維持する工夫といえよう．

奈良県南の山間部に位置する大台ヶ原は日本でも有数の降雨量の多い地域である．ここに近い奈良県南の山間部十津川村の民家には，霧除けと呼ばれる装置がある．軒先や妻側に下がった板のことで，降り込む雨を防ぐ装置である．

災害を及ぼす危険がある自然環境に対してさまざまな工夫がある．防風林に囲まれた家や低い石垣で囲まれた家々の集落が沖縄に多く，愛媛県外泊や香川県女木島の集落などにも独自の工夫がみられる．また，住まいが高台にあり，水が氾濫しても土手を築いて住まいを守る輪中という工夫が尾張平野にあった．

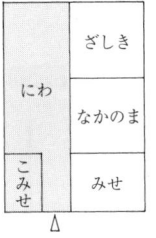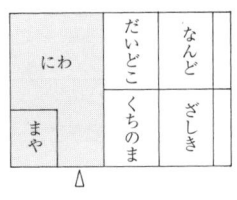

図1.12 町家（左），農家（右）の典型的な間取り

日本の農家は，一見すると入母屋根にみえるものも含めて寄棟屋根で草葺き平入りが圧倒的に多く，4間取型であるものが一般的である．古い間取りは広間型農家が全国的に分布し，その多くは4間取型に改造されるか，建替えのときに4間取型へと変わっていった．その結果，全国的に農家は4間取型が圧倒的に多い．妻入り農家が長野県松本盆地と大阪府北部などにある．その分布が意味するものを考察するのは今後の課題である．

町家は主屋の片側に通り土間をもち，通り土間に沿って居室を3室ないし4室並べるものが近畿一円をはじめ全国的に多い．しかし近年，通り土間をもたない町家が知られるようになり，各地の農家を前身とした町家の発展が考えられ始めている（図1.12）．

伝統的な建物と生活は昭和30年代までは生き続けていて，環境と共存してきた生活と住まいがあった．今でも住まいは環境や生活を教えてくれるし，ときには支配者の領域を示すことがある．住まいは，生活や文化や環境を色濃く反映している．

近世の住まいは，今日の日本人の日常的な生活を形作る場となっていたのである． 〔上野邦一〕

参考文献

1) 関野 克監修：日本の民家（全8巻），学習研究社，1980-1981.
2) 鈴木 充：民家 日本の美術37，小学館，1975.
3) 大河直躬：住まいの人類学，平凡社，1986.
4) 宮澤智士他：民家と町並み（日本の美術，No.286-290），至文堂，1990.
5) 宮澤智士：日本列島民家史，住まいの図書館出版局，1989.
6) 宮澤智士他：日本列島民家の旅1-9，INAX，1993-1997.

1.4 近代から現代の住まい

明治以降の住まいの変化の過程を，その住まいの中の生活の変化も含めた形でみていく視座の1つ

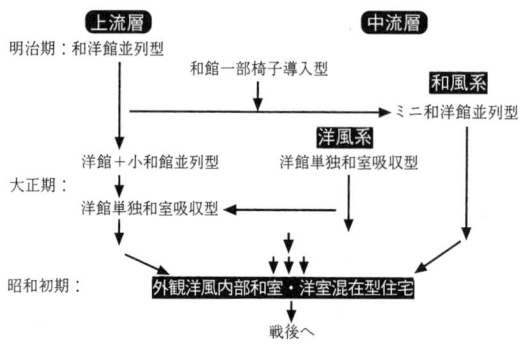

図1.13 日本の住まいの近代化の系譜

図1.14 和洋館並列型住宅（「建築世界」明治42年9月号）

に，起居様式の変化を挙げることができる．起居様式とは，床に座って生活するのか，あるいは椅子に腰かけて生活するのかという違いを意味し，前者を床座式生活様式（床座），後者を椅子座式生活様式（椅子座）と呼ぶ．今日のわれわれの生活を見渡すと，一見，椅子座式生活様式にみえるが，日本の伝統的な起居様式は床座で，明治以降，徐々に椅子座へと変化していったのである．この変化は，住まいそのものでみれば，おおむね畳敷き（床座）から板敷き（椅子座）への変化として捉えることができるのである．

このような見方を基に，住まいにおける各部屋の床座（畳敷き），椅子座（板敷き）に注目しながら，明治から昭和戦前期までの住まいの系譜を整理してみたものが図1.13である．この系譜に記されている各住宅形式の名称は，厳密な定義によるものではないが，変化の過程をわかりやすく捉えるために用いている．以下，この系譜を基に日本の明治以降から戦前期までの住まいの様子をみてみたい．

1.4.1 上流層の住まいの様子
(1) 和洋館並列型住宅の開始

明治政府は，新しい時代を担う意志表示として，それまで長く朝廷で用いられていた唐風の儀式をやめ，その一環として装束は洋服を中心とした新しい礼服を取り入れた．この天皇の洋装化に象徴されるように，役所，警察署などの政府関係の建物も進んで洋風の建物が建てられた．このような現象は，まさに制度としての洋風化の動きといえ，洋風化は明治政府の目指した新しい国づくりの象徴的動きであったといえる．

このような動きの中で，上流層の住まいには，明治初期から早くも洋風の波が押し寄せ，生活の場としての伝統的な書院造り系の住まいと並列して，本格的な西洋館を建てるという形式が誕生することになる．この形式は，和館と洋館を並列させていることから，一般に和洋館並列型住宅と称されることになる（図1.14）．

この椅子座の場である西洋館を設けた最初の住宅として知られているのが，1873（明治6）年竣工の毛利邸（東京都品川区）である．毛利邸において西洋館が設けられた理由は，天皇をお迎えするための行幸御殿を必要としたからである．すなわち，明治初期以降，天皇は明治政府の高官や明治政府との関係の深い上流層の間で行幸を繰り返した．行幸の際には，迎える側は天皇のために真新しい行幸御殿を用意することが求められたが，洋服姿の天皇を迎えるには伝統的な床座の住まいではなく，椅子座の西洋館（洋館）を用意することがふさわしいと考えられたのである．

そして，いつしか上流層の間ではこのような洋館の行幸御殿が増える中で，行幸の有無にかかわらず客を迎える場として，伝統的な住まいの脇に洋館を建設することが住まいの1つの形式として定着していった．ちなみに，1885～1886（明治18～19）年にかけてつくられた内務省官舎規定をみてみると，大臣官舎として「煉瓦造洋館及び和館」とあることから，明治20年代には，この和洋館並列型住宅は上流層の間ではすっかり浸透していたといえる．なお，この和洋館並列型住宅として現存する最古のものは，1896（明治29）年竣工の旧岩崎久弥邸（東京都文京区）で，洋館と和館の座敷・次の間部分が現存している．

(2) 和洋館並列型住宅から洋館単独和室吸収型住宅へ

明治後半になると，上流層の間では日常生活にまで洋風化が浸透し，また，洋行の経験者などの間では洋館を日常生活の場として使用し始めることになる．このような中で，上流層の住まいの様子も変化

1.4 近代から現代の住まい

していくことになる.すなわち,日常生活の場が洋館に移り始めても,和館はすぐに消滅することはなかったが,大正期に入ると洋館だけが建てられ,和館の代わりに座敷,次の間といった畳敷きの部屋が洋館内部に取り込まれた新しい形式が出現することになる.これが洋館単独和室吸収型住宅であり,和洋館並列型住宅の代わりに,1つの建物の中に和室と洋室の並存する住まいが新しい形式として普及し始めることになる.この洋館単独和室吸収型住宅の具体例が,1917(大正6)年竣工の古河邸(東京都北区)である.先の岩崎邸と同じJ・コンドルの設計になる邸宅であるが,岩崎邸とは異なり,和館はなく洋館の2階に居間・次の間,客間・次の間といった続き間形式の畳敷きの部屋が設けられている.

なお,上流層の間でも,洋風の生活をまったく導入しようとしなかった住まいも当然ながらみられた.また,住まいの形式は変えずに,伝統的な畳敷きだけの和館の内部にじゅうたんを敷いて洋家具を持ち込んで椅子座の生活を行うという住まいもかなり普及していたと考えられる.このような住宅が,和館一部椅子導入型住宅である.

1.4.2 中流層の住まいの様子
(1) ミニ和洋館並列型住宅の提案

和洋館並列型住宅が上流層の間で定着していたころ,中流層の間でもしだいに新しい住まいを求める動きが起こり始めていた.それは,最初は在来住宅批判という形で現れ,その後,具体的な新しい住宅の計画を伴う提案が行われることになる.

もっともまとまった最初の在来住宅批判は,1888(明治31)年に当時の新聞「時事新報」に連載された土屋元作の「家屋改良談」であった.土屋はその中で,在来住宅の欠点を改良するための方針を挙げ,たとえば実用を重んじることとして,戸締りをよくすること,暖房装置を設けること,またさらには,各部屋の配置として日当たりのよい南に設けられてきた客間と北に設けられてきた家族の常に使用する居間との位置を取り替えることといった,家族本位の主張を意味するものまで詳細に述べている.

この土屋の主張以降,在来住宅批判が恒常的に展開されることになる.これらの批判の内容は,土屋のものほど多岐にわたるものは少なく,おおむね明治期の批判は,①部屋の通り抜けの不都合,②部屋の声の筒抜けの不都合,③部屋の独立性のなさの不都合の3つで,明治末期から大正期になると,さらに④床座式の不都合,⑤接客本位の不都合の2つが加わることになる.そしてこの2点を中心に,大

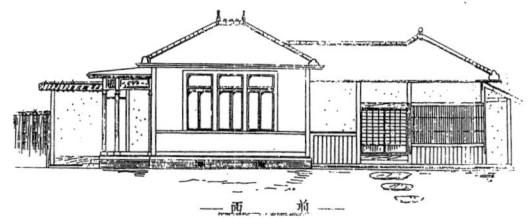

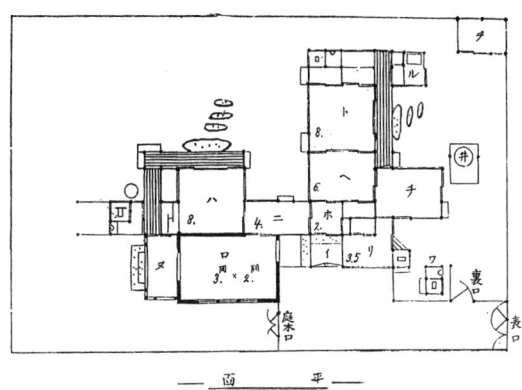

図 1.15 北田九一提案の「和洋折衷住宅」立面図・平面図
(「建築雑誌」明治31年12月号)

正期には声高に在来住宅批判が行われ,いっそう洋風化が促されることになる.

このような在来住宅批判を背景に,1888(明治31)年には中流層を対象とする新しい中小規模住宅の提案が行われている.1つは,中小規模の伝統的な住宅の玄関脇に洋室仕立ての応接室を設けるという提案で,その考え方は上流層の和洋館並列型住宅と同様であり,それゆえ,ミニ和洋館並列型住宅と称することができる(図1.15).もう1つの提案は,伝統的な住宅に暖炉を設けたもので,起居様式に関しては伝統的な床座としながらも,在来住宅の欠点である防寒対策として暖房設備である暖炉を導入したものであり,どちらかといえば,和館一部椅子導入型住宅に近い考え方による提案といえる.

また1908(明治41)年になると,通り抜けの不都合を解消するために,住宅内部に廊下を設けることの提案が行われている.これは,西オーストラリアの住宅の紹介を通して行われ,通路としての廊下を導入することにより,通り抜けの不都合を解消できるだけでなく各部屋の独立性も確保できるというものであった.この廊下の導入は,平面をコンパクト化できる明快な方法であったことから,このころから日本の中小規模の住宅には,椅子座の導入とともに中廊下を設ける平面形式が急増することになる(図1.16).

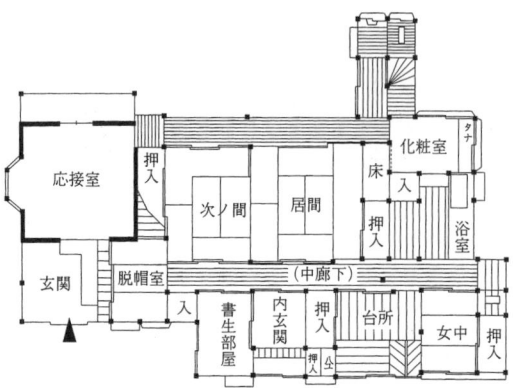

図 1.16　中廊下を採用したミニ和洋館並列型住宅（太田博太郎編：住宅近代史，雄山閣，1969）

図 1.17　橋口の持ち帰った輸入住宅（建築寫眞類聚 住宅の外観 1，洪洋社，1915）

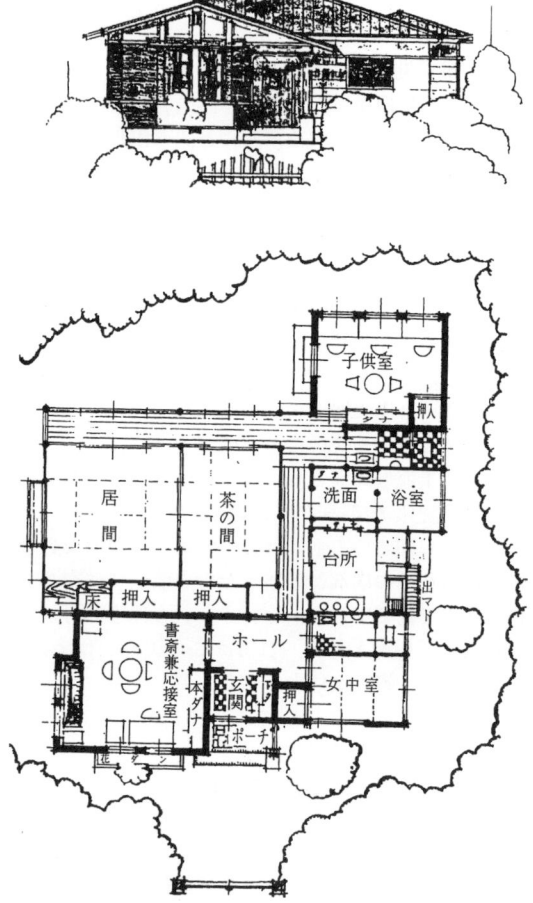

図 1.18　外観洋風内部和室・洋室混在型住宅の立面図・平面図（松崎留吉：設計の実際 住宅間取と外観，中央工学会，1932）

(2) 洋館単独和室吸収型住宅の提案

　一方，明治末期から大正期において，先の西オーストラリアの住宅の紹介にみるように，新しい住宅の範を海外に求めるという方法もとられた．これは，それまで伝統的な住まいを基本として新しい住宅を作り出すという方法とは異なり，欧米の住宅を基本に新しい住宅を考えるという別の道を開かせることになる．このような動きを主導的に担ったのが，住宅専門会社「あめりか屋」であった．

　「あめりか屋」は，1909（明治42）年にアメリカ帰りの橋口信助により設立された会社で，設立当初は橋口が帰国時に持ち帰った輸入住宅（図 1.17）の販売を主に行い，その後，設計施工会社へと発展している．

　橋口を中心にして当時日本にもたらされていたアメリカ住宅は，バンガロー様式の住宅で，この住宅は大きな家族共用の生活の場となる居間と数室の寝室からなるきわめて単純なものであった．この居間を中心とする独自の平面は，当時の在来住宅批判として指摘されていた接客本位の不都合を解消し，まさに家族本位の住まいを示すものとしても同時に注目され，大正中期にはアメリカ住宅のブームが起こることになる．

　このような洋風化の気運の中で，中流層の人々はアメリカ住宅を新しい時代にふさわしい理想的な住まいとして受け入れ始めるが，理念的にはアメリカ住宅を理解できても，実際に生活するとそれまでの伝統的な住まいとの違いにとまどい，結果的には，このアメリカ住宅に代表される欧米住宅の中に伝統的な生活の場を取り入れることにより，欧米住宅を現実の生活の場として作り替えていくことになる．この伝統的な生活の場への作り替えとは，多くは洋室に畳を敷いたり，また，一部だけ伝統的な和室仕立ての部屋に替えることによる伝統的な起居の場の確保を意味している．このような住宅は，上流層の住宅同様に洋館単独和室吸収型住宅と呼ぶことがで

きる．

1.4.3 戦前期に完成された1つの住まい
──外観洋風内部和室・洋室混在型住宅──

いずれにしても，明治末期ごろから中小規模の欧米住宅の導入を通し，日常生活の場として床座をやめ，積極的に椅子座を採用する住宅が出現することになる．この欧米住宅の導入という動きは，昭和初期になると急速に衰えるものの，むしろそのような機運の中で，外観は洋風で，内部はその家族の志向や住まい方に合わせて椅子座，床座を採用するという住まい，すなわち，外観洋風内部和室・洋室混在型住宅という中流層の1つの住宅形式として完成することになるのである（図1.18）．この形式の住宅では，住まい方からみれば椅子座が積極的に取り入れられたのは主に応接室（兼書斎），子ども室，食堂といった部分であり，家族の日常生活の場である居間が椅子座となるのは戦後を待たなければならなかった．

〔内田青藏〕

参考文献

1) 内田青藏：日本の近代住宅，鹿島出版会，1992.
2) 内田青藏，大川三雄，他：図説 近代日本住宅史，鹿島出版会，2002.

1.4.4 第2次世界大戦後の住宅の近代化

第2次世界大戦後，経済復興に伴う都市への人口集中，戦前の伝統的な封建的価値観から欧米の影響を強く受けた民主的な価値観への移行といった時代背景を反映して，夫婦と複数の子どもからなる核家族のための合理的な住まいの探求が建築家や研究者を中心に進められた．また戦前には少なかった集合住宅が庶民の住宅として普及したことも戦後の日本住宅の大きな特徴の1つである．

終戦直後，420万戸にものぼる住宅が不足し，建設資材も枯渇した状況下ではあったが，自由な空気は若い建築家たちを刺激し，新しい時代にふさわしい住まい，いわゆるモダンリビングを追求した小住宅が具体的な姿で提案され，その後の日本の庶民住宅の進む方向に大きな影響を与えた．そこでのテーマは，①床に座る生活から椅子式の生活へ（起居様式の変更），②個々の生活行為に対応した部屋の独立（機能分化），③動線の短い合理的な平面，④封建制を象徴する格式性の排除（接客中心から家族中心へ），⑤主婦の家事労働の軽減などであった．

図1.19は，そうした小住宅の1つで，1950年に池辺 陽が設計した「立体最小限住宅」と名づけら

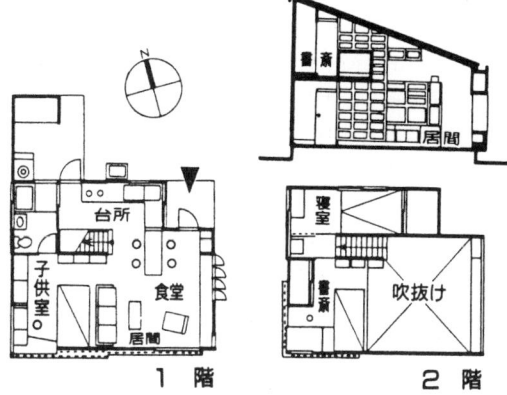

図1.19 「立体最小限住宅」（1950年）（日本建築学会編：コンパクト建築設計資料集成〈住居〉，丸善，1991）

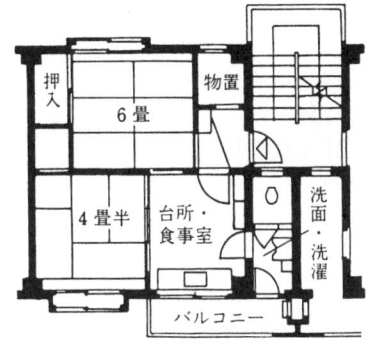

図1.20 公営住宅標準設計51C型（鈴木成文：住まいの計画 住まいの文化，彰国社，1988）

れた事例である．切り詰められた面積（47m^2）の中で，椅子式の生活のみによる生活の組み立て，食事の場と就寝の場の分離，廊下や玄関の排除，専用接客室の排除と家族のための居間の確保，台所に隣接した食事の場や家事室が実現されている．また平面的な狭さを立体的な空間のボリュームで緩和するため，居間，食事室の上部に，2階の夫婦寝室へと連続する吹抜けを設け，機能分化された「場」を立体的に連続させることで，家族や生活のつながりが保たれている．

都市へ集中する若いサラリーマン層の住宅として供給されるようになった集合住宅の計画には，実態調査を基にした建築計画研究の成果が取り入れられた．図1.20は，1951年に公営住宅の標準設計として提案された「51C型」と呼ばれる住戸平面である．食寝分離を実現するために2つの畳敷きの居室とは別に板敷きの台所兼食事室（ダイニングキッチン）を設け，2つの居室は独立性を保つために壁で仕切り，日常生活を支える用便，行水，洗濯，収納

などのサービス部分を充実させている．ここには，調査によって庶民生活の実態を把握し，それに基づき望ましい生活像を組み立て空間化しようとする合理的で近代的な手法が生かされている．

51C型は，日本住宅公団（現都市基盤整備公団）の2DK型へと引き継がれ，戦後日本の住宅の近代化に大きな役割を果たした．その後，日本の高度経済成長による耐久消費財の普及や生活水準の向上に合わせて，LDK型が開発されるようになった．戸建住宅の分野では住宅産業が台頭し，住宅が商品として供給されるようになった．集合住宅の分野でも，公的な供給から民間による供給へと供給主体が変化し，大量の「マンション」と呼ばれる集合住宅が出現する．ニュータウンの開発や民間の参入による集合住宅の大量供給は，戦前とは異なる形式の住まいの普及を促進させたが，地域性や家族の個別性といった視点を欠き，住まいの画一化を加速させた．

1.4.5 現代日本住宅の3つの型

生活が多様化しているといわれる現代の日本社会ではあるが，新しく建設される住宅は近年，画一化が進みつつあるようにみえる．特殊な例を除き細かな差異を捨象すれば，現代の日本の住宅はおおむね図1.21のダイヤグラムに示す「都市LDK型」「集合住宅型」「地方続き間型」の3タイプのいずれかに含まれるといってよい．

都市LDK型は，都市やその近郊に建つ戸建住宅に多くみられる型で，大手住宅産業による工業化住宅だけでなく，地元の工務店の建てる住宅にも多くみられる．1階は玄関に隣接して南側に床の間のある和室，その奥にLDK，廊下を挟んで北側に洗面所，浴室，便所と2階への階段，2階は3室前後の洋室主体の個室で構成される．一般的に家族は全員2階で就寝し，1階の和室は客間として空けておく．1階の和室とLDKは襖で間仕切られ，つなげても使えるようにつくられる場合が多い．1階平面は，昭和初期に都市の一般的な住宅として普及した「中廊下型」住宅と類似している．中廊下型住宅の玄関脇に設けられた洋風の応接間が都市LDK型では座敷になり，奥の続き間（座敷と茶の間）がLDKになった形で，同じ構成ながら和室と洋室が逆転した平面とみることができる．

集合住宅型は，公共・民間を問わず近年建設される集合住宅に多くみられる型で，戦後，公共集合住宅が住宅の近代化を目指して開発したDK型平面に，居間（L）が加わり，高密度化の要請で間口を切り詰め奥行きを深くした軀体の中に居室が配置される．玄関はアクセス形式によって異なるが，北側か住戸中央部に位置し，南側にLDKと，それと連続する和室，北側に1～2室の個室，開口部のない住戸中央部に水回りが配される．ある時期，LとDKを分節した形式が主流であったが，最近は台所を分離してLDを一体とする事例が増えつつある．またLDと台所を完全に分離しないで，低いカウンターで軽く仕切り，LDと台所の連続性に配慮したオープンキッチン形式もみられる．子どもが小さい間は，家族全員が南側の和室で就寝し，子どもが成長すると北側の個室を子ども部屋にあてる住み方が一般的である．

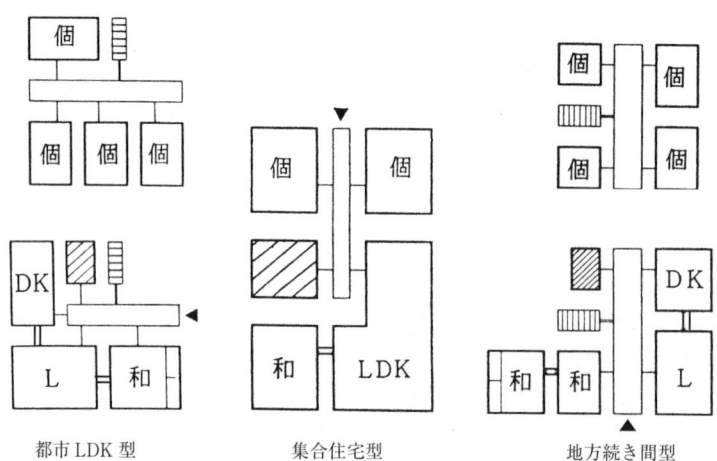

図1.21　現代日本住宅の型（ハウジング・スタディ・グループ：現代型住居の解釈―体験記述にもとづく日本住居現代史と住居論―，住宅総合研究財団，1992）

都市LDK型と集合住宅型は共通する原理で構成されている．すなわち，住宅内を公的な領域（LDK）と私的な領域（個室）とに大きく分ける構成である．都市LDK型では1階と2階が，集合住宅型では南と北がそれぞれの領域に対応する．

以上は都市部に多くみられる型であるが，農村部では地方続き間型とでも呼ぶべき住宅が近年多数建設されている．伝統的な農村住宅にみられる格式的な「晴（ハレ）」の空間をさらに充実させた続き間座敷と，近代的な生活の受皿となるLDKとを合わせ持つ住宅である．多くの場合，南側に立派な玄関が設けられ，1階は玄関正面に配置された2階への階段と廊下によって左右2つの領域に分けられる．片側には縁側をもつ伝統的な続き間が設けられ，床の間や仏壇，欄間などに趣向が凝らされる．特別な集まりのときにしか使用されないが，高齢者のいる場合にはこの部分が彼らの居室として使われることが多い．廊下を挟んで反対側に家族が日常的に使用するLDK的な部屋が配置される．LDK一体で計画されることもあるし，DKと茶の間的和室で構成される場合もある．都市LDK型住宅の居間は接客空間も兼ねているのに対し，地方続き間型住宅では改まった接客の場である続き間が別に確保されているため，家族の日常生活の場（LDK）は比較的コンパクトにつくられる場合が多い．2階には都市LDK型住宅と同じく複数の個室が用意される．

1.4.6 現代日本住宅の課題

高齢社会の到来，少子化，青少年犯罪，女性の社会進出，低成長経済，環境問題の顕在化など現代日本社会の抱える問題は，これからの住まいを考えるうえで避けることのできない現実である．そうした中でこれからの住宅に何が可能なのか．

糸口となるのは，プライバシーを偏重し，過度に閉鎖化してきた日本の住まいを考え直すことであろう．家族の生活の気配が伝わらないまでに壁で細分化された住宅内部，とくに集合住宅で顕著な近隣社会との断絶，人間関係を希薄化させるようなこのような空間のあり方を問い直す必要がある．高齢者や子どもを含めた社会的弱者を地域社会の中で支えられるようなコミュニティの醸成が求められている．そのために住宅の計画に携わる人々にできることは，個人やプライバシーを尊重しながらも，部屋を家族に，住まいを地域に「開く」バランス感覚を取り戻すことであろう．

限られた資源の有効利用を図り，地球環境への負荷を減らすためにも，これからの住まいは，スクラップ・アンド・ビルドを繰り返すのではなく，長期間使い続けられるように計画されなくてはならない．しっかりとした軀体（スケルトン）と，ある期間での更新や変更が想定される設備や間取り（インフィル）とを分けて住宅を組み立てる発想がこれからは必要となろう．また居住者自身の住まいへの強い関心がなければ，画一的な住宅から脱却し，個別の生活にふさわしい住まいの実現は困難である．人々の住まいへの積極的な働きかけが，住みこなしを誘発し，住まいへの愛着を高め，住み続けることを可能にする．人々の住まいへの愛着は，地域への関心を高め，町並みの形成や景観の継承，人々のネットワークの形成にもよい影響をもたらすに違いない．

〔初見　学〕

1.5　西洋の住居史

1.5.1　ねぐらから住まいへ（2室住宅の誕生：原始）
(1)　動物のねぐらから人間の住居へ

人間は，自然の脅威や外敵から身を守るためのシェルターとして，他の動物と大差なく洞窟に集団居住していたと推測されている．

しかし快適さに目覚めた氷河時代末期の原始住居は，トナカイなどの肉を食べた後の骨と皮でつくったテントの家や，地中に穴を掘って草木で屋根をかけた竪穴住居などへと発達，多様化し，動物のねぐらと隔絶していた．

氷河が後退した後の西洋では，水辺に原始農耕集落が営まれた．これらの湖村と呼ばれる集落の住居は，前庭があり，主室と前室の2間からなるもので，土間に木を敷いて湿気を防いでいた．やがて石器に代わって金属の道具が用いられるようになると，頑丈な校倉造りの家もつくられたが，西洋ではまだ原始的な要素が色濃く残っていた（図1.22）．

(2)　中庭型住宅の誕生

早くから農耕集落が生まれたメソポタミアなどの東方諸国では，雨が少なく木材が乏しいために，藁を混ぜた土や日干しの煉瓦など，手近な泥を建築材料とした．形はさまざまで，今日でもみられるドーム型の家は，数千年前からほとんど変わっていない．また雨が少ない地方では，家の屋根に勾配をつけず平らにできるため集合させやすく，また集まって住むことは，異民族の侵入に対する防御のためでもあった．ハッスーナ遺跡などにみる住宅の平面構成は初期集落の典型で，集まって複雑にみえるが，基本は台所と寝室の2部屋に前庭を有し，前述の湖村の住居やギリシアの古い住居形式であるメガロン

図 1.22 校倉造りの復元住宅（青銅器時代，南ドイツ）

（後述）と変わりない．

やがて村は，農業から離れる人たちが生まれて都市の性格をもち，街路に面して密集した住居は増築され，採光のために中庭が生まれた．すでにこのころ東方諸国では階級が分化して支配者が誕生し，古代社会へと到達していた．支配階級の住居，すなわち宮殿は，先の中庭中心の平面が繰り返し組み合わされ複合し，一般住宅とはかけ離れた巨大なものへと発展していた．

1.5.2 中庭型住宅の成立（古代）
(1) 中庭型住宅の展開

紀元前数千年ころ，ナイル川畔に定住農耕社会が出現し，彼らの住まいは，植物の枝や茎を縦横に組み，両面から泥を塗る乾泥工法でつくられた．そして紀元前1800年ころ，都市の文化が栄えたエジプトでは，中央広間を中心とした支配階級の上流住宅が飛躍的に発達した．アメンヘテプ3世のマルカタ王宮やアメンヘテプ4世のアマルナの宮殿など，王宮はパレスシティーと呼ぶにふさわしい多数の建物によって構成されていた．またピラミッド建設に従事する者を収容するため，その近くに町をつくった．テーベ西郊に設けられた職人街テル・エル・メディーナなどはその好例である．

(2) 中庭型住宅の完成

紀元前1600年ころエーゲ海一帯は既に都市の繁栄をみていたが，いったん農耕生活に戻り，再びギリシア人が古代都市文明を築いたのは紀元前5〜6世紀であった．ギリシアにおける最初の住居形式はメガロンと呼ばれ，その構成は石積みの壁に木造の屋根と柱で，前庭，ポーチ，前室，主室が前後に並んでいた．都市の密集に伴って増築され，前庭は囲まれて中庭となり，やがて中庭は屋根と柱がある歩廊に囲まれ，天窓つきのホールのようになる．これは中庭を中心に部屋が配置された都市型住宅の誕生であった．

古代ローマは，紀元前1世紀ころには地中海全域を支配する大帝国となった．裕福なローマ人の上流住宅はギリシア風に建てられた（図1.23）．これらは採光をすべて中庭に求め，街路の騒音から隔絶された快適な低層中庭型住宅（ドムス）であった．一方，都市の大多数の庶民は複合建築（インスラ）に住み，その多くは1階に店舗をもつ数階建ての集合住宅であった．

1.5.3 都市から農村へ（中世）
(1) 城から宮殿へ

古代の支配者が都市で生活していたのに対し，中

図 1.23 古代ローマの貴族住宅（ヴェッティーの家，紀元前2〜1世紀，ポンペイ）

世は封建的土地支配の時代で，支配者も農村で生活した．農民は2室住居であったが，領主などの支配者の本居は要塞であった．城は11世紀ころまで周囲に堀と木柵，土塁をめぐらせ，木造の塔のようなキープ（天守）を築いていた．やがて十字軍により東方の築城術が広まり，はね橋，矢狭間（やはざま）などを防備した城へと発達したが，あくまで防備優先で居住性は悪かった．

国王の権力が回復して領主間での戦いがなくなり，農村に平和が訪れるころ，こうした中世の城も，15世紀後半から火砲の発達により威力を失った．塔などの中世的防御要素はたくみに建築美の構成に利用され，美しく，しかし防備の機能をもたない城も誕生した．平和な時代になると，人を建物の中へ招き入れる機会が増し，ますます室内装飾に力が入れられ，城は近世的な支配者の権威を示す立派な宮殿へと変貌した．

(2) マナハウスと居住性の追求

一方，領主から領民の貢納の督促など，荘園の管理を任された騎士が営む住居であるマナハウス（荘園住宅）は，城と異なり居住性が追求された．領主裁判の場にも使われたが，初めは1室のホール建築であった．12世紀ころからホールと主人および家族の部屋であるソーラーの2部屋となる（図1.24）．13世紀ころにはホールを挟んでソーラーの反対側に貯蔵庫，食器庫，さらに台所が組み込まれるものもみられ，ホールを挟んで上手と下手のある空間ができ上がる．

マナハウスは防備よりも居住性が重視され，活発に間取りが変化する．16世紀になるとマナハウスの平面を保ちながらも，ルネサンスの様式を取り入れた左右対称の外観が目立つ．

新しい接客空間としてフランス風のサロンが取り入れられるなど機能が分散し，それまで中心となっていたホールは中世的機能を失い，玄関の客溜りとなった．

(3) 中世都市型住宅の成立

一般に中世の町は防御のために壁で囲まれた．町では市が開かれ農民も行商人も集まり，ますます人口が集中し，土地は細長く細分化された．隣家に囲まれ，増築しても採光のために中庭を残さざるをえなかった．ハンザ都市リューベックやクリュニーの町屋などはその好例である．また土地の有効利用から家は上に伸び，屋根を急勾配にして上階に倉庫スペースを確保した．最上階まで荷をつり上げるため，上階ほど迫り出すなど，町屋としての形ができ上がった．上述のリューベックやローテンブルグな

図1.24 マナハウス初期の典型（13世紀，イギリス）

図1.25 パラッツォ・ストロッツィ（1507年，フィレンツェ）

ど，ドイツ・ロマンチック街道沿いの町はその典型である．

1.5.4 都市型住宅の展開と新世界の住宅（近世）

(1) 都市型住宅の展開

近世的体制にもっとも早く入ったイタリアでは，ルネサンス時代に多くの豪商，名門のパラッツォ（邸館）が建てられた．一般に3階建てで，柱廊で囲まれた中庭がある．外観は厳格に左右対称とし，形の美しさに対する配慮が行き届いていた（図1.25）．ヴェネチアでは運河による交通のため，外観の装飾も正面だけに集中した．

17世紀のイギリスでは，コールズヒルハウスや18世紀のダービー卿邸に代表されるように，玄関ホールと主階段に続く応接空間に対し，裏階段と半地下に使用人の労働空間を備えるものであった．これは近世的住居の典型として，階級差と社交的性格の色濃いものであった．

また，同じくイギリスのテラスハウスは，広場を

連続住宅が囲んで1つの街区を構成し，独立住宅と集合住宅の長所を合わせ持ち，後のローハウスと呼ばれる街路に沿って立ち並ぶ，さまざまなグレードの都市型住宅の原点となった．テラスハウスは幅が窓3つ分で，半地下階から最上階までが1住戸単位を構成し，立面は古典主義を原則としている．

(2) 新世界の住宅

ヨーロッパの人々は，アメリカ大陸が発見されると次々と植民，移民し，各国の文化や伝統が織りなす住宅をつくっていった．プリマスに最初の永住移民が建てた家は，草葺きの粗末な小屋であった．17世紀から18世紀にかけて各地につくられたこれらの住宅は，コロニアル住宅と呼ばれている．入植者たちにより材料も工法もスタイルも異なるが，いずれも母国での知識を生かし，各々の建設される地域の気候風土に合わせて工夫されていた．屋根裏部屋を設けたソルトボックスと呼ばれるスタイルは，中でもその好例である．

またアメリカ全土でみられたジョージアンスタイルをはじめ，19世紀にかけてさまざまな様式の展開をみせたコロニアル住宅は，フランク・ロイド・ライトによるプレイリースタイルなど，インターナショナルなスタイルへと向かった．また，今日のプレハブ住宅にみる2×4（ツーバイフォー）工法を生み出したのもアメリカ住宅の特徴である．

1.5.5 近代住宅の形成と機能主義の終焉（近代）

(1) 近代建築の形成

イギリスの郊外住宅であるウイリアム・モリスの自邸・赤い家（1859年）は，住宅を住まいとして見直した点で画期的なものと評価されている．また，アール・ヌーヴォーやゼツェッションなど，新しい建築様式を模索する運動も，建築的実践の一環として住宅の意匠に取り組んだ．そして建築の表現からいっさいの装飾的要素を否定したシュレーダー邸など，20世紀初頭には近代住宅の方向を確かなものにした傑作が生まれた（図1.26）．

また，近代は産業革命と市民革命によって社会の構造や価値観が一変し，住宅にかかわる問題も変貌した．産業革命以後，急激に膨張し劣悪化する都市環境の中で，社会主義思想による労働者住宅の建設なども行われた．

1910年代はヨーロッパ各地に多様な建築理念が芽生え，1920年代の実践を経て近代建築が形成されていく．ここに，産業革命によってもたらされた工業化時代の建築が初めて確立された．近代建築では，機械時代を象徴するものとして幾何学的形態が

図1.26 シュレーダー邸（設計：G・リートフェルト，1924年，ユトレヒト）

図1.27 レイクショア・ドライブ・アパート（設計：ミース・ファン・デル・ローエ，1951年，シカゴ）

数多く採用されたが，住宅はその格好な実践の場であった．

(2) 機能主義の終焉，そして混迷と模索

ヨーロッパを戦場として争われた第1次世界大戦は，深刻な住宅不足をもたらし，小住宅が主要な建築的テーマとなった．近代主義を推進する組織であるCIAM（シアム：国際新建築会議）も，討議テーマに住宅を取り上げたほか，近代主義を目指す各グループがこぞって小住宅や集合住宅を手がけている．ル・コルビュジェは，都市的住環境への提案のほか，具体的な近代建築の設計理念を提案した．そこに提案された「4つの型」はすべて住宅で，また

図1.28 マルヌ・ラ・ヴァレの集合住宅
（設計：リカルド・ボッフィル，1992年，パリ郊外）

ロッテルダム派の幾何学的理念に基づく造形や，フランクフルトのマイの都市計画にのっとった集合住宅も実践されている．

このころすでにアメリカで独自な有機的建築を追求したフランク・ロイド・ライトの作品も見逃せないが，近代建築は第2次世界大戦後にアメリカを加えてその最盛期を迎えた．戦争を逃れてアメリカに渡ったヨーロッパ人が描いた理念は，アメリカの工業力を背景として開花した．ミース・ファン・デル・ローエの高層アパートなどがそれである（図1.27）．

ル・コルビュジェのユニテ・ダビタシオンも，彼が理想とした都市の居住空間を具現化したものであるが，近代建築は1970年代に入ると転換期を迎えた．すなわち，近代主義の意匠が人間性を無視しているという批判が強まり，その陰に潜在していたさまざまな建築的理念が表面化してきたのである．

住宅に関する考え方も多様化し，1970年代後半に起こった様式への回帰を契機とした新しい動きは，ポストモダニズムと呼ばれ，近代主義に転換を求める動きとなった（図1.28）．以後，都市や産業の構造が大きく変化する中で，さまざまな価値を併存させながら，真の住宅とは何かを今日なお模索し続けている． 〔後藤　久〕

1.6 都市の発達の国際比較

1.6.1 古代都市
（1） 古代エジプト都市

第12王朝のセンウセルト2世（在位紀元前1897-1878年ころ）が自己のピラミッドを建造するため建設した都市カフーンは，1辺約370 mの正方形の市壁に囲まれ，王の宿泊所，監督官の住居地区，中級・下級労務者の住居地区，外国人あるいは捕虜の住居地区に整然と区分されていた．第18王朝のアメンヘテプ4世（アケナーテン王，イクナートン王，在位紀元前1379-1362年ころ）が建設した新首都テル・エル・アマルナの中心部は，ナイル川の東岸に位置し，南北に走る「行列道路」の東側に大神殿，王の家，小神殿，倉庫群が並び，西側に儀式用の宮殿があり，中心地区の南北にはそれぞれ郊外地があった．トトメス3世（在位紀元前1504-1450年ころ）がテーベの王墓建造のために働く職人を住まわせた村落デール・エル・メディーナは，幅1～2 mの南北街路の両側に間口5 m，奥行き10 mほどの住宅が並んでいた．

（2） 古代メソポタミア都市

新アッシリア王国のサルゴン2世（在位紀元前722-705年ころ）が建設した首都ホルサバードは，1600×1750 mの市壁で囲まれ，その1辺の内側に300×650 mの内城が接続し，内城の奥に市壁にまたがるような形で王宮の基壇があった．王宮は間口260 m，奥行き380 mの規模で，3つの中庭があり，隣接してジグラットが建っていた．紀元前626～562年ころ建設された新バビロニア王国の首都バビロンは，ユーフラテス川を挟んで1.6×2.6 kmのほぼ長方形の内郭が堀と2重の市壁で囲まれていた．「行列道路」は，北のイシュタル門から入り，王宮の東側を通り，市の中心にあるジグラット広場の角で西に折れ，マルドゥク神殿の間を抜けてユーフラテス川を渡り西門に達していた．市内には，神殿53，祭壇369，祠堂900があり，3階建て，4階建ての住宅が建ち並び，道路はほとんど直線状に走っていた．

（3） 古代ギリシア都市

海外に建設された植民都市の多くは，自然の要害を利用して市壁を築き，市壁の内部に格子状の街区を配し，中心部にストア（柱廊）で囲まれたアゴラ（広場），マーケット，神域，公共施設を設け，市内の一部か市壁の外に物見台および要塞となるアクロポリスがあった．丘の斜面を削って劇場のスリ鉢状

の観覧席をつくり，競技場や体育館も設けられた．住宅は通例，簡素な中庭式2階建てであった．ミレトス（紀元前5世紀）やプリエネ（紀元前4世紀）は典型的な計画都市である（図1.29）．しかし，アテネのように古い歴史をもつ大都市は，自然発展的な不規則な街路網をもっていた．神域の建物配置ももともとは不規則であったが，ヘレニズム時代から整然と配置するようになり，都市の主要街路を列柱道路とすることが一般化した．

(4) 古代ローマ都市

ティムガド（紀元後100年ころ）のような新設の植民都市は，ローマ軍団の宿営地の形式にならい，方形の市壁の内側に格子状の街区を設け，東西道路をデクマヌス，南北道路をカルドと呼び，各方向の主要列柱道路をデクマヌス・マキシムス，カルド・マキシムスと呼んだ．中心付近にフォルム（広場），神殿，元老院，マーケット，バシリカ（裁判所・取引所），浴場その他の公共施設を配した（図1.30）．

劇場，競技場，闘技場の観覧席もヴォールト構造を用いて平地に建てた．住宅も高層化され，既に都市建築の条件を完備していた．水道および下水道を備える都市も多く，古代最高の都市文化を築き，帝政期のローマ市は人口100万を超える大消費都市を形成していた．

(5) 古代中国・日本

中国では，殷の時代から堅固な城壁で囲み，格子状の街区に分割した都城が建設され，隋，唐の長安や洛陽も同様の形式をとった．日本の平城京（710年），平安京（794年）は，古代中国の都城を模したものであったが，治安がよかったため大規模な城壁を築くことがなかった．元の大都を基にした北京（1271年）は，中央部の紫禁城のある内城に官庁と官吏の住居地区をおき，内城の南にある外城を漢民族の商工地区とした（図1.31）．

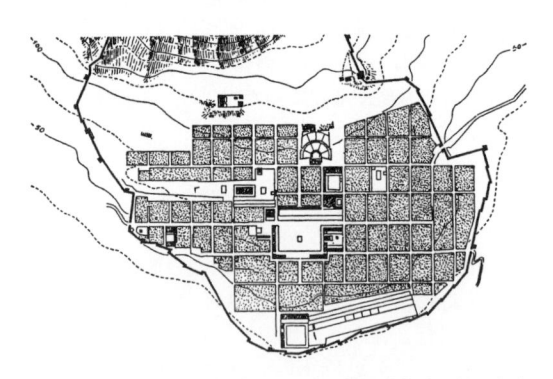

図1.29 古代ギリシア都市プリエネの格子状街路の植民都市（紀元前4世紀）（A. von Gerkan : Griechische Städteanlagen, Berlin and Leipzig, 1924）

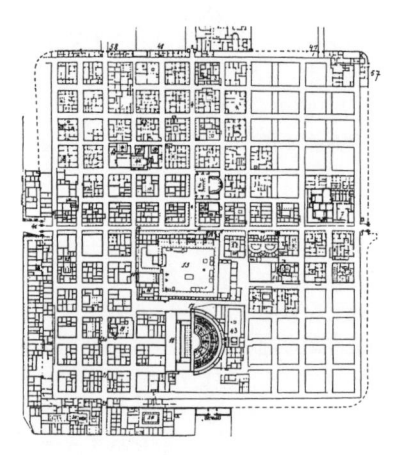

図1.30 古代ローマ都市ティムガドの軍団要塞型の植民都市（100年ころ）（A. Ballu : Les Ruines de Timgad, Paris, 1991）

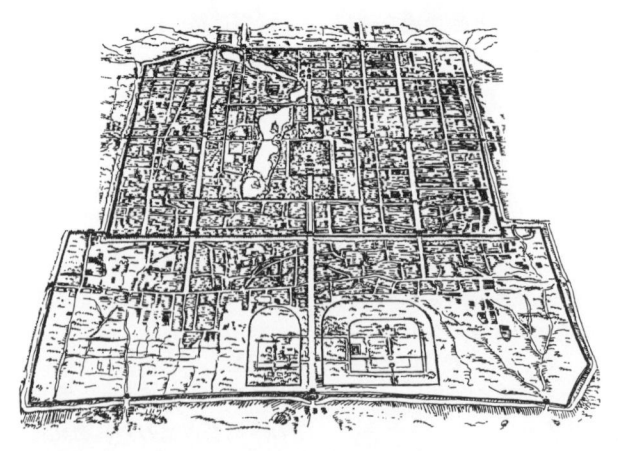

図1.31 中国都市北京の紫禁城と内城，外城（1271年以降）（S. E. Rasmussen : Towns and Buildings, Liverpool, 1954）

図 1.32 イスラム都市カイロ旧市街の迷路状の道路形成（カイロ地図，1945～1946年による）

図 1.33 西欧中世都市ブールジュの城壁と堀で隔離された市内と農村（ブールジュの鳥瞰図，1562年による）

1.6.2 中世都市
(1) イスラム都市

アッバス朝第2代カリフ，アル・マンスール（在位754-775年）が建設した首都バグダードは，堀と市壁に囲まれた直径約2.6 kmの円形都市で，市壁から約310 m内側に内壁があり，外壁と内壁の間の環状部分が市街地，直径約2 kmの内壁内はすべて宮殿区域という特異な計画都市であったが，9世紀には破壊されてしまった．通例のイスラム都市は，モスク，神学校，バザール，隊商宿のような中庭形式の公共施設の間に，中庭式平屋，あるいは2階建住宅が充満し，これらの建物の間に幅の狭い道路が不規則に迷路のように走り，いく本かの主要道路を除いて多くの小道は袋小路に終わっており，防備用の市壁と公共建造物以外にはほとんど配置に計画性がみられないのが特色である（図1.32）．

(2) 西欧中世都市

11世紀から急速に発達した西欧の自治都市は，通例，市壁に囲まれ，いくつかの市門から中心部に向かう屈曲した道路と市壁の内側に沿った環状の道路からなり，中心部に大聖堂，市庁舎，マーケット，裁判所などが建つ中央広場があった（図1.33）．市域が限られていたので，住宅は道路に面する間口の狭い敷地に建てられ，しばしば4階，5階以上の高さに及び，上階が次々に前方に張り出していくこともめずらしくなかった．商店や工房は住宅の1階に設けられた．他方，地方の封建領主の居城，大修道院などに付随して発達した小都市もあり，南フランスのカルカソンヌ（13世紀）はそうした要塞

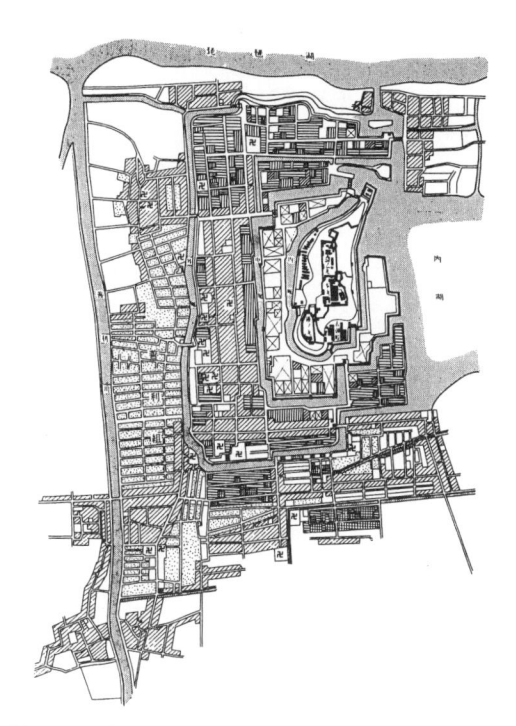

図 1.34 日本の城下町彦根の身分によって区分された町（1736年）（元文元年の絵図による）

都市の好例である．

(3) 日本中世都市

鎌倉時代には京都と鎌倉が政治都市として，奈良と宇治山田が門前町，大津と博多が港湾都市として栄えた．14世紀以降，商品経済と市場の発達に伴い，宿駅，市場町，港町，門前町，寺内町が各地で発展したが，自治権はなく，都市施設も乏しかっ

た．中世前期の城下町は山城が多かったため，家臣や商工業者は山麓に住んでいたが，中世後期にあたる江戸時代の城下町は城郭を中心に堀をめぐらし，内側に上級武士，中間に下級武士，外側に町人町，周辺に神社，寺町をおいた（図 1.34）．道路は直線的であったが，途中に屈折箇所を設けた．宿場町は，街道の両側に配置した本陣，脇本陣，旅籠，問屋を中心に構成され，人足，馬などが用意された．港町，門前町も中世前期に引き続き発展した．

1.6.3 近世都市
(1) ルネサンス都市

イタリアでは 15 世紀から，アルプス以北では 16 世紀から，古代ローマの文明復興を理想とする傾向が生まれた．集中形式の「理想都市」が多数提案されたが，都市の形態は既に中世に形成されてしまっていたので，実現されたものはパルマノーヴァ（1593 年）のような新設の要塞都市に限られた（図 1.35）．しかし，木造橋を石造橋にかけ替えたり，道路を直線化したり，古典的な広場を造成した．ヴェネチアのサン・マルコ広場，フィレンツェのアンヌンツィアータ広場，ローマのカンピドリオ広場，パリのドフィーヌ広場（図 1.36），ロンドンのコヴェント・ガーデン広場などが代表的なルネサンス広場の例である．

(2) バロック都市

ローマ教皇シクストゥス 5 世（在位 1585–1590）がローマの巡礼聖堂を広場で囲み，それらを広い直線道路で結んだローマ改造計画に始まり，17 世紀以降，強大な国王や君主の首都で広場を結ぶ放射状直線道路の都市計画が行われた（図 1.37）．ローマやヴェルサイユの庭園と町などが代表例であり，18,

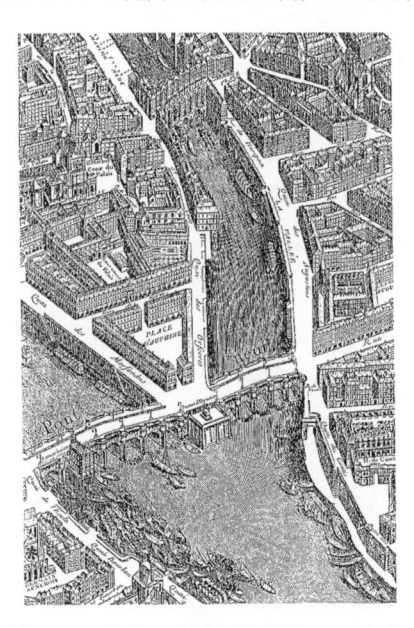

図 1.36 ルネサンス都市パリのポン・ヌフとドフィーヌ広場（1606 年）（Turgot のパリ地図，1731 年による）

図 1.35 ルネサンスの理想都市パルマノーヴァの星型要塞都市（1593 年起工）（Braun and Hogenburg の版画による）

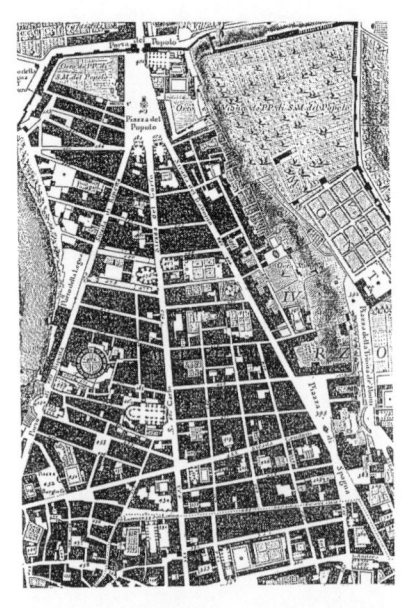

図 1.37 バロック都市ローマのポーポロ広場から市内に向かう 3 本の放射状道路（1589 年以降）（Nolli のローマ地図，1748 年による）

1.6.4 近代都市
(1) ネオ・バロック都市

ナポレオン3世（在位1852–1870）時代にオースマンが着手したパリ改造計画は，壮麗な記念建造物を囲む広場，それらを結ぶ古典様式で統一された直線街路，街路樹を列植した大通り，完備した上下水道と街灯によって，世界最美の模範とされ，ローマ，東京，シカゴ，ニューデリー，キャンベラなど，ほとんどすべての国々がその影響を受けた．1893年のシカゴ万国博覧会を機として，ネオ・バロックの都市計画を基本とした「都市美運動」が一時世界的な流行となった（図1.38）．

(2) 田園都市

19世紀以降の人口増大と工業化が大都市の住宅環境を悪化させた．その対策として，多くの企業家が自社工場の周辺に理想的な従業員住宅団地を造成したり，多くの都市が用途地域性を敷いた（図1.39）．1898年，エビニーザー・ハワード（1850–1928）は，緑地を介して住宅地と職場を一体化させた「田園都市」を提唱し，国際的な影響を与えた．

(3) モダニズム都市

第1次世界大戦後，ドイツに起こったモダニズム建築が，合理的な平面計画と技術主義的な構造に基づく抽象的な建築形態を推進するとともに，衛生，日照，交通に重点をおいた都市計画と住宅地計画を提唱して，戦後の困難で経済的な都市行政を強いられた各国に大きな影響を及ぼした．とくにアメリカの摩天楼建築とイギリスの田園都市を折衷したル・コルビュジエ（1887–1966）の都市計画案（1920～1930年代）が，多くの建築家から熱狂的な支持を受けた．しかしモダニズムの建築と都市計画は，伝統的な都市建築や都市景観と根本的に調和しなかったため，さまざまなトラブルを生み出し，とくに経済最優先の国策を推進した先進国（アメリカ合衆国，日本）および経済優先を余儀なくされた発展途上国の歴史的都市景観を大きく破壊する結果を生んだ．

(4) 西欧歴史都市の対応

フランスの建築家レオン・アンリ・プロスト（1874–1959）は，初代モロッコ総督リヨティ将軍と協力して，モロッコのカサブランカ，ラバト，メクネス，フェズ，マラケシュの都市計画（1913～1922年）を担当し，ヨーロッパ人と近代的な経済活動のための新市街と緑地を計画する一方，伝統的なイスラム住宅が密集する旧市街（メディナ）をそのまま保存するという基本方針を確立した．プロストは，ヴァール地方計画（1922～1923年）に次

図1.38 ネオ・バロック都市オースマンのパリ改造計画（1853年以降）（Pierre Lavedanによる）太線の道路が新設．

図1.39 田園都市ハンプステッド・ガーデン・サバーブ（1906年以降）（ロンドン地図，1935年による）

19世紀に多くの都市計画のモデルとされた．

(3) 初期アメリカ都市

政治的理想と利用の便からギリシアの都市計画が範とされ，ウィリアム・ペンのフィラデルフィア計画（1682年）のような格子状街区の都市計画が広く各地で行われた．ニューヨークのマンハッタン島は格子状街区が前例をみない規模で適用された例である．他方，ピエール・ランファン（1754–1825）のワシントン計画（1791年）は，公共建築の壮麗な配置を目的としたバロック的都市計画であった．

いでパリ計画（1923～1934年）を担当し，オースマンのパリを保存したうえで，周辺の交通網を整備改善した後，同じ方針でトルコのイスタンブール計画（1935～1951年）を策定した．大半のヨーロッパの著名都市はプロストの手法を範とし，歴史的中心地区をそのまま保存，新建築は郊外地のみ認めるという方針をとり，かつ全市に厳しいデザインコントロールを行い，見苦しい建物を建てさせないよう努力するようになった．

(5) 現代の状況

ル・コルビュジエの高層田園都市の構想は，各国の一部の住宅団地やアメリカ，日本，その他のビジネス地区の一部に応用された．モダニズム都市計画の都市全域にわたる適用は，インドのパンジャブ州の首都チャンディガール（1951年），ブラジルの新首都ブラジリア（1958年）で実施されたが，世界の範とはならなかった．またヨーロッパではプロスト方式が一般化したにもかかわらず，最新の工業地区が旧郊外地の外に進出し，田園風景の破壊を引き起こす段階に至っている．こうして20世紀の都市の発展は，資源・エネルギーの浪費，住宅不足，環境汚染，廃棄物処理，交通渋滞，犯罪増大，既存施設維持の困難から，現在の傾向をそのまま押し進めることが不可能となりつつあり，文明観の根本的な転換を迫られている．　　　　　　　〔桐敷真次郎〕

2

住 文 化

2.1 住文化論

　私たちは，快適な生活を望んでいる．住まいに関しても，例外ではない．

　人類が初めてシェルターをつくったのは，まだ土器をもっていなかった石器時代のことである．木の下や洞窟のような自然に頼っていた時代からみると，柱を立てて家をつくるということはたいへんなことであるが，都合のよいところに，雨風を防ぎ寝る場所をつくったということで，便利さや快適さを求めていたことの現れとみることができる．

　もっと新しい，現代に話題を求めることにしよう．現代のわれわれの住生活についてである．少し考える範囲を狭めて，快適さのうちでだれもが享受している，暖房を取り上げてみよう．近代的な何の暖房器具もないという生活は，第2次世界大戦前なら珍しくなかったかもしれないが，平成のいまでは考えられない．敗戦後しばらくすると，どんな家でも電気，ガスあるいは石油ストーブ1つくらいもっているのが当たり前という世の中になった．

　今では，それどころか都会の生活では，エアコンを個々の部屋に備えるのが当たり前，農村においてもめずらしくないのかもしれない．部屋の中だけでなく，廊下，便所なども含めて，冬の間，家の中すべてが快適という生活も当然ということであろう．

　暖房に比べ，冷房はまだそこまでいっていないが，それも時間の問題という勢いである．家庭で冷房を拒否している筆者でも，仕事場では冷房の恩恵に浴している．汗を流しながら製図をしたりコンピュータに向かうことなど考えられないが，50年くらい，いや10～15年くらい前には，汗をかきながら製図をするのが当たり前であった．

　暖房が普及してみると，かじかんだ手で製図をすることなど考えられない．冷房なしに，汗で伸びてしまったトレペに製図するなんて，ということにもなる．

　しかし，暖房や冷房は，人間の健康に影響を与えないのであろうか．冷房にあたったとか，冷房病だなどという声を聞く．ということは，冷房が人体に影響を与えているということにほかならない．

　暑いときに汗をかくのは，人間にとって必要な生理現象なのではないのだろうか．冷房に慣れて，体が温度の変化についていけなくなったらどうなるのであろうか．屋内だけでなく，地下道など屋外でも冷房がきいているところが多くなったとはいえ，都市全体がドームの中に入ってしまったわけではないので，暑い日差しの下にさらされたらどうなるのだろう．元気に活動できるのだろうか．

　いまのように技術万能の世の中が続くと，それこそ町全体にドームがかかる時代がくるのかもしれない．それでもドームの外に出たときには，暑さ・寒さに直接さらされることになる．体を鍛えていないと，ちょっとした温度変化にも風邪を引き，抵抗力がなくなっていると肺炎に進み，死に至るのも珍しくないということになる．

　人の能力について考えてみよう．いくら天才的なスポーツマンでも，トレーニングなしに能力を発揮することはむずかしい．マラソンの選手なら，走るためのトレーニングだけでなく，42.195 kmを走り切る強い精神力を養成することが必要である．数学なら，子どもに掛け算を教えるときに基本的原理を教えても仕方がないので，九九を掛け算の基本として覚えさせることになる．ににし，にさんろく，にしはち，…九九・八十一まで暗唱する．だれもが経験する過程である．いくら計算機が身近になっても，計算の基礎として有効であり，なくならない．

　音楽の場合も同様である．ものごころがつくかつかないころから，無味乾燥な練習曲を毎日何時間も弾かなければ，人並みになれないというのが常識

で，たまにそんなに練習時間をとらなかったという人がいると，本当のことをいっていないと思われるのが常である．プロになろうという人だけでなく，ちょっと弾けるようになりたい人でも，多かれ少なかれそのような過程を経るのが普通である．がまんを重ねることができた人だけが，後に少々ではあるが，優越感にひたることができることになる．

健康でいるためだけでも，健康で長生きするためであればなおさら，何かしなければならないということは誰でも知っている．それには，健康にいいことを続けなければならない．しかし，楽をしたいという相反する誘惑の中に私たちはいる．

住生活においても，同じことである．廊下やトイレが寒く，それぞれの部屋もストーブやエアコンのスイッチをひねらなければ暖かくならない我が家に比べて，館内隅々まで快適に冷暖房されているホテルにいると極楽である．人間は鍛えなければ退化するということを前提にしていたはずの筆者でも，誘惑に負けてはじめの覚悟が揺らいでくる．

住宅・住生活を考えるときは，極端な方がわかりやすい．例えば老人室である．出入りしやすく，階段の上り下りのない，日当たりのいい部屋として玄関近くにつくり，トイレや風呂にも近いのが理想的であるという．しかし健康であれば，2階につくって，1階の居間などとの間を日に何回も行き来する方が，老化を防ぐのに役に立つ．ウォーキングなど特別に考えなくても，簡単にできる日常的なトレーニングである．しかしこのようにすれば，世の中ではなんと親不孝なといわれるのは請合いである．

子ども部屋として，快適で居心地のよい個室をつくってはいけない．つくるなら居心地の悪い部屋にして，できるだけ共同の居間に出てくるように仕向ける．子どもの家庭教育として，しつけが大切なのはいうまでもない．しかし，それを補完するハードの役割を忘れてはいけない．ソフトとハードの役割が一致しないと，せっかくの親の毎日の努力がむだになってしまう．家族としての意識を大切にし，連帯感をもち，しつけをはじめとする家庭教育，言い換えると，親から子への文化の伝承を大切に思うのであれば，毎日顔を合わせて，親の姿をみせる必要がある．ものごころがつく前から，親の生活ぶりをみせる．堅苦しく考える必要はない．子どもたちが生活の一部を，勉強を，居間にもち込んできたら成功である．子どもから教えて，意見が聞きたいといわせるように仕向ける．くれぐれも，うるさがられないように．

親がくつろいでいる姿も，ボランティアや趣味に打ち込んでいる姿も，横になってテレビを見ているところでも，それがどのような意味をもっているかを認識できるよう積極的に仕向ける．いつも緊張していなければ，ということではない．しかし住まいは，次の世代に生き方を伝える場である，ということを忘れてはいけないと思う．そして，便利になればいいという根底について，考え直す時期なのではないかと思う．

〔平井　聖〕

2.2 起居様式

2.2.1 起居様式とは（床座・いす座）

起居様式とは"立ち居振る舞いに関わる生活様式"を指し，具体的には床座といす座がある．床座は"床に直接座る起居様式"であり，いす座は"椅子に腰かける起居様式"である．床にふとんを敷いて寝る，ベッドに寝るという寝床様式も，それぞれ床座，いす座の起居様式に含まれる．

床に座るか椅子に腰かけるかは，明治以来，住生活上の大問題であった．幕末の開国後，日本は欧米先進国に追いつくため，政治，経済，技術のみならず，生活様式の面でもその移植に努力した．住宅，住生活の面で，とりわけいす座の導入が目指された．大正期に結成された生活改善同盟1920（大正9）年の住宅改善調査委員会によって，「住宅改善の方針」が打ち出されたが，その第一項に「住宅は漸次イス式に改めること」とあるように，都市の中流住宅を対象に，いす座の採用が主張された．しかし結局，戦前に到達したイス化は，応接室と子どもの勉強机・椅子であった．食事，団らんという家族の主要な日常生活空間のイス化が本格的に進みはじめるのは，第二次大戦後，とりわけ高度経済成長期以後のことである．ダイニングキッチンの普及により食事空間のイス化が，リビングルームの普及により団らん空間のイス化が進み，さらに子ども室のベッド化，近年は主寝室のベッド化が進んできた．しかし，いす座が進行しても，くつろぎの居間空間などでは，自由な姿勢の可能な床座が併存し，履物を脱ぐ履床様式のもとでは，床座は今後も存続することが日本住居の特徴である．

2.2.2 起居様式と関連・派生すること

起居様式は，単に座る姿勢の問題にとどまらず，住空間の機能分化，住宅平面の洋室化など関連，派生する問題が多岐にわたっており，わが国の住宅，住生活の発展に重大な意味をもってきた．起居様式の洋式化，すなわちイス化やベッド化は，非畳床

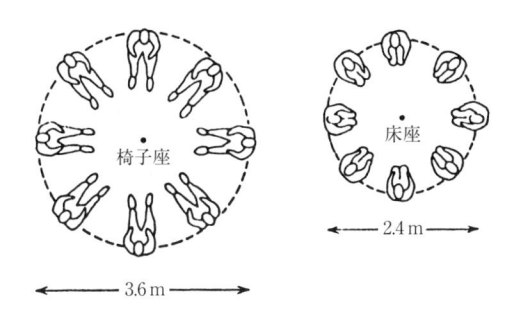

図 2.1 パーソナルスペース（日本建築学会編：コンパクト建築設計資料集成〈住居〉, p. 135, 丸善, 1991 より作成）

（フローリングやカーペットなど）である洋室の増加を促した．そして，畳室の多い平面から洋室の多い平面へと，住宅平面の洋室化が進んだ．それに伴い，引き戸で構成された開放的な平面からドアと壁で区切られた閉鎖的な平面へと変化し，住宅の平面構成の有り様に影響を与えてきた．

図 2.1 は，床座といす座ではパーソナルスペースの寸法が異なることを示している．床座の場合の寸法はいす座よりも短く，近づいても比較的気にならない「しばらくはこのままでよい」距離は 80 cm 程度の差がある．このことも単に，座るか，腰かけるかの姿勢のことだけでなく，空間計画やプライバシーのあり方にも影響を与えている．

さらに床座といす座とでは視線の高さが異なり，窓や天井の高さ，照明の仕方など，種々のインテリア計画に関係している．

2.2.3 床座文化と日本住居の特性

床座は，部屋に家具などのものを固定的に置かず，道具をしつらえて住むという生活と空間のシステムをもち，椅子やベッドを固定的に置くいす座とは根本的に異なる．空間の融通性，開放性が特徴であり，日本の伝統的な住文化を特徴づけていた．現代日本の住居の閉鎖的，機能固定的，機能分化しすぎた平面に対する反省が生まれ，床座文化を基底にもつ伝統的な日本住居，住み方を現代住居に継承していくことが求められている．

2.2.4 バリアフリーと起居様式

高齢期の住まいとしてバリアフリーの問題が重視されるが，起居様式との関連でこの問題を考えたとき，考慮すべき点を指摘しておきたい．椅子やベッドの方が起居動作がらくであることから，バリアフリーの視点からいす座が取り入れられてきている．その中で，日本の伝統的な部屋である畳室の取扱い方が問題となる．畳室の敷居の段差がつまずきの原因になることから，洋室と畳室との段差をなくすことが試みられるが，日本の住まいは，空間と生活の秩序づけが微妙な段差を通じてつちかわれてきた「段差の文化」をもつ．また，畳は床座の起居様式と相即不離の関係で発展してきたものであり，段差をなくすよりも，むしろ車いすの座席から畳床に移動可能な高さの 35～40 cm 程度の段差を積極的に設け，畳の上で自由にくつろいだ姿勢の可能な空間とするように，住文化の伝統を考慮したあり方が問われている．スリッパでも入らぬ畳室に，車いすで入るわけのないことは容易に理解できることである．その段差に腰かけて使うこともでき，床座といす座の共存する住空間の追求が必要とされる．

2.2.5 今後の課題

図 2.2 は座り方の姿勢であり，日本人が生活の種々の場面でよくとる姿である．現代日本の起居様式の有り様は，椅子座と床座が単に混在しているわけではない．これまでの住文化の摂取過程からみれば，床座を基本とする「床上の住居」に椅子座を併

図 2.2 座る・腰かける姿態

存しているのであって，履物を脱いで上がったその床に椅子やベッドを置いて暮らすという，特徴ある様式を作り上げている．その特性を生かした空間，生活づくりが大切である．

ソファの上に，ものを置かないというような欧米の椅子座文化のマナー，すなわち背後にある生活の決まりごとに，理解のないまま椅子生活を取り入れがちであるが，その背後にある椅子座文化の理解もまた必要である． 〔今井範子〕

2.3 住宅の地域性

住宅の原初的・基本的機能は風雨，寒暑や地震などの自然の脅威から人間の生命や生活を守ることである．したがって住宅は気候や風土の違いによって，その外観や建築材料，また住宅平面やそこで展開される住生活において，地域ごとに異なって発展してきた．全国各地の農家住宅や町家ではそれぞれ気候，風土，歴史を反映して特徴ある民家が存在している．しかし日本では戦後，とくに 1960 年代以降の高度経済成長期の都市化の進行により，農家住宅に代表される木造，一戸建住宅が減少し，地域固有の民家は相対的に減少した．非木造の集合住宅の増加とともに，一戸建住宅にもプレハブ住宅が増え，高気密・高断熱の住宅がしだいに増加している．これらの住宅事情は，全体として住宅の地域性をしだいに希薄なものにしている．しかし一方では，画一的で人工的な住宅・住環境ではその地域の住宅地景観を単調で潤いのないものにしたり，住宅の耐久性や経済的な効率の面や健康面などハード・ソフト両面において問題が指摘されるようにもなっている．現在の住宅や住環境のあり方が「地域性」の視点から問い直されている時代といえよう．

住宅の地域性を現代にいかに再生するかを，次のような視点から検討する必要がある．

2.3.1 住宅外観，住宅材料の地域性

南北に長い日本の地形により，気候，気象の地域的差異が大きい．積雪量，降雨量，気温，湿度，台風などの要因によって，一般的に少雪寒冷地域，多雪地域，温暖地域，多雨地域の 4 地域に区分される．現在の住宅においてもこれらの気候ともっとも関連するのは住宅外観を形成する屋根材料である．寒冷地域では鉄板などの金属屋根で，それ以外の地域では瓦屋根が一般的である．瓦は寒冷に弱いからである．また寒冷地域では窓を小さくしたり，2重窓にして開口部を閉鎖的にしているのに対し，とくに多雨地域では夏の通風を開放的な家構とし，台風に備えて棟を低くして風圧を避け，厳しい日射を遮るために軒の出を深くするなどの外観の特徴がみられる．

2.3.2 住宅規模の地域性

住宅規模の地域性も現在なお顕著である．住宅規模を居住室数，畳数，延べ床面積でみると北陸・東北・山陰地方すなわち多雪地域で大きく，大都市と多雨地域である九州・四国南部で小さい．現代でも多雪地域の住宅規模は大都市や多雨地域の 2～3 倍である．これは従来，多雪地域が冬期積雪により住宅内での生活を余儀なくされるのに対し，多雨地域では住居外での生活や労働が可能であったことや，台風のために低棟の家構であったことによるものと思われる．また世帯人数の差異も関連しているものと考えられる．住宅規模は住宅所有関係比率とも大きく関連しており，持ち家率の低い大都市圏域では規模が小さく，高地価，高密度と若年・少人数・低所得世帯比率の多さなどが影響している．

2.3.3 住宅平面，住生活の地域性

住宅平面は農家住宅の減少とともに戦後大きく変化した．公的集合住宅を中心に公私室分離型住宅（LDK 型）が増加したが，地方では農家住宅の田の字型が変形した和室 2 室の続き間が公室の核となる続き間型が根強く存在している．これは地方では接客空間を必要とする固有の生活様式を反映しているものである．ただし北海道と沖縄では早くから公私室型が普及していた．これは北海道の場合は冬期の暖房効率の点から居間中心の公私室型を採用していたことによるものであり，沖縄では暴風対策として鉄筋コンクリート住宅が増加したことと，戦後アメリカ統治と基地の存在が洋風化を促進させたことなど，気候と歴史的・政治的要因によるものである．しかし近年の地方における新築住宅でもプレハブ化が進み，続き間型平面は減少しつつあり，公私室型平面や続き間と洋室のリビングを両方もつ折衷型の平面型が増加している．

2.3.4 住宅の地域性と住宅政策

以上のような住宅，住生活の多様な側面から地域性が認識され，地域に根ざした住宅・住環境の創造につながる住宅政策や制度が創設されるようになった．とくに 1983 年から開始された地域住宅計画（HOPE 計画 = Housing with Proper Environment）は市町村が主体となって地域のもつ自然，伝統，文

化，産業などの特性を生かしながら，将来に継承しうる質の高い居住空間整備のための計画を策定し，地域の住まいや町並みの再生を図る施策である．2001年度までに全国で461市町村で策定され，推進事業が実施されている．そのほか，地域の住宅事情に即した地域高齢者住宅計画，克雪タウン計画，地域活性化住宅など多様な住宅施策が展開され，近年ではこれらの施策を総合した住宅マスタープランの策定が各市町村で取り組まれている．2001年度までにHOPE計画も含め，1234市町村で計画策定が進められている．これらの計画を実効性のあるものにするためには，住民，居住者の意識の高揚と参加が不可欠である．

2.3.5 住宅・住環境づくりと住教育

住民，居住者が住まいと町づくりに参加するために，住宅，住環境に関する知識を楽しく学べる機会や場をさらに多く提供することが教育・行政関係者に求められている．学校教育では生活科，家庭科，社会科などの教科で子どもたちに，また社会教育の各分野において専門家も含め子どもや居住者が自由に自分たちの住まいや町並みなどについて学べる機会が与えられることが重要である．〔西島芳子〕

2.4 日本の気候風土と住居

2.4.1 日本の気候風土と住居
(1) 気候条件の特徴と住居

日本列島は中緯度に位置するが，北緯24°の沖縄から45°30′の稚内まで南北に長く，本州中央部に山脈をもつことと周囲を海に囲まれていることが，各地の気候条件に大きく影響している．冬季，日本海で加湿された大陸からの寒冷な季節風により日本海側では雪が降り，太平洋側では乾燥した冷風が吹くため，同緯度のヨーロッパの各地に比べて寒く，日本海側では世界でも例の少ない豪雪地域となっている．一方，夏季は梅雨と台風の影響を受け，蒸し暑いのが特徴である．図2.3は各地の温度と相対湿度の各月の平年値（1971～2000年の平均値）をプロットしたクリモグラフ（気候図）である．夏季は湿度が高く亜熱帯気候区に属する地域が多いものの，冬季は湿度は異なるが寒冷な地域が多く，四季の変化に富んでいるという特徴を読み取ることができる．

図2.4は月別降水量と月間日照時間の平年値を示したものである．夏季に月別降水量は多くなっているが，これは梅雨や台風の影響を受けるためで，高

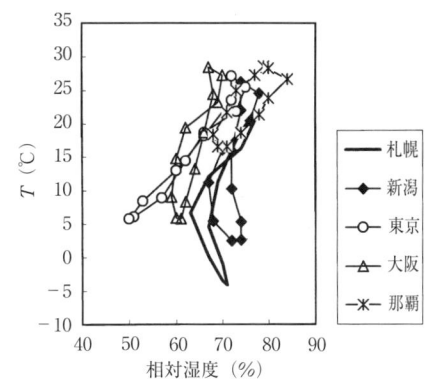

図2.3 各地のクリモグラフ（理科年表〈平成16年版〉，丸善，2003より作成）

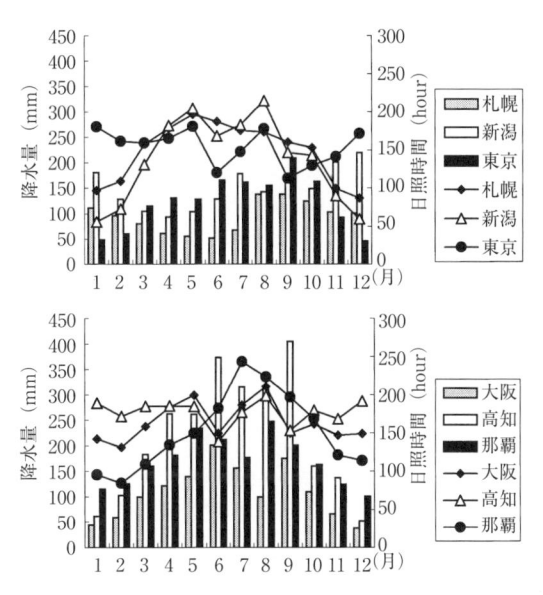

図2.4 各地の月別降水量と月間日照時間（理科年表〈平成16年版〉，丸善，2003より作成）
棒：降水量，折線：日照時間．

知は図に示した都市の中ではもっとも多い．ほとんどの地域で年間降水量が1000 mmを超えているが，高知をはじめ2000 mmを超えているところも多い．また，積雪地域では新潟にみられるように降雪により冬季にも多くなっている．一方，日照時間については夏季に多い傾向があるものの，緯度の違いだけでなく気象条件も影響し地域により異なっている．たとえば，東京は梅雨と台風の時期に日照時間が少ないが冬季は多い．これに対し，新潟は夏季の日照時間は多く，冬季は非常に少ない．

このような気候条件の違いは，各地の住宅のつくり方に影響してきている．その地域の厳しい気候条

件を緩和し，そこで営まれる生活のしやすさを求め，その結果，建築材料，工法，平面計画，外観などに特徴が現れた住宅を形成してきた．しかし各地で共通していることに，夏季の蒸暑気候から木造住宅の腐朽を防ぐため，室内，床下，屋根裏の通気をよくする開放的なつくりになっていることが挙げられる．また，深い軒の出や長い庇，高床は降雨と夏季の強い日射に対処した有効なつくり方である．兼好法師が徒然草に「住宅のつくりようは夏を旨とすべし……」と書いていたことから，現代のように冷房装置のない時代にあっては，人々の快適性の点からも夏季の居住性を第一に考えていたことがわかる．

しかし，近年，全国で大きな違いのみられない住宅が建設され，伝統的な地域性を有した住宅が減少してきている．この背景として，新しい建築材料と新工法，住宅産業の発展と，生活様式の地域性が薄れてきたことなどが挙げられる．また，前述したように各地域で夏季の蒸暑気候対策としての開放的な住居は，寒冷地においては冬季の厳しい寒さに耐える生活が強いられていた．1950年代ごろからストーブが普及し始め，それまで火鉢やこたつで体の一部を暖めていた生活から活動的な生活に変わり，イス座様式を取り入れる世帯も増えた．

(2) 気候条件と住宅の省エネルギー

1973年の第1次オイルショックを契機に，エネルギー消費量の削減のための方策が出され，住宅のつくり方についても地域の気候条件を勘案した断熱・気密性能の向上が提案された．表2.1は現在使用されている省エネ基準（エネルギーの使用の合理化に関する法律．1992年に改定されたため新省エネ基準と呼んでいる）で示されている地域区分である．全国を気候条件によって6地域に分類し，各地域区分ごとに熱損失計数などの基準値を設けている（なお，1999年に示された次世代省エネ基準は，地球温暖化防止を目的に，新省エネ基準より厳しいものとなっている）．したがって，壁などの断熱，気密化の状況は目にはみえないが各地域で異なる．一方，目にみえる違いとして開口部がある．Iの地域の窓には3重サッシや3層ガラスのものなどが提案されているのに対し，Ⅳ・Ⅴ・Ⅵの地域では単板ガラスのサッシである．なお，この省エネ基準は住宅金融公庫の融資基準に適用されている．

(3) 気候風土と住宅・まちづくり

省エネルギーという観点から地域の気候風土にあった住居をという動向のほかに，1980年代に入ると地方の時代といわれ，住居についても地域性を活かす方法が考えられるようになった．伝統的な民家や町家，木造の美しさが見直され始め，建設省は1983年にHOPE計画（地域住宅計画：前掲）を制度化した．このHOPE計画は，地域のもつ自然，伝統，文化，産業等の特性を活かしながら将来に継承しうる質の高い居住空間整備のための計画を策定し，地域固有の環境を具備した住まいづくり計画を可能とするものである．2001年度までにHOPE計画に取り組んだ市町村の数は461である．なかには計画段階にとどまっているところもあるが，岩手県遠野市，長野県小布施町，富山県八尾町，熊本県水俣市などをはじめ，多くの市町村で地域の気候風土に合った住宅づくりやまちづくりが行われつつある．

〔五十嵐由利子〕

2.4.2 北方地域の住居（雪と寒さへの対応）

北海道から東北，北陸，山陰地方にかけて人びとは冬期間の降積雪や寒さと戦いながら，それぞれの地域に合った住宅を工夫し，生活を展開してきた．しかし，一口に北国（雪国）といっても，気温や降雪量，雪質に大きな違いがあり，その対応は一様ではない．

(1) 北陸・東北地方の住居

北陸地方は北海道に比べ，冬季の気温が高いため（真冬日は年数日程度）湿度の高い雪質（湿雪）で，一度に大量の降雪があるのが特徴である．そのため重量のある積雪への対応が住宅の内外で多くの工夫を生んできた．東北地方は真冬日が20日前後で北陸地方より寒さは厳しいが，積雪量は少ない．

屋根形態は切妻，寄棟が中心であり，屋根に雪を留め，いっせいに雪下ろしをする習慣がある．その

表2.1 省エネ基準の地域区分

地域の区分	都道府県名
I	北海道
II	青森県，岩手県，秋田県
III	宮城県，山形県，福島県，茨城県，栃木県，群馬県，新潟県，富山県，石川県，福井県，山梨県，長野県，岐阜県，滋賀県
IV	埼玉県，千葉県，東京都，神奈川県，静岡県，愛知県，三重県，京都府，大阪府，兵庫県，奈良県，和歌山県，鳥取県，岡山県，広島県，山口県，徳島県，香川県，愛媛県，高知県，福岡県，佐賀県，長崎県，熊本県，大分県
V	宮崎県，鹿児島県
VI	沖縄県

平成4年通商産業省・建設省告示第2号

ため，建築密度の高い町屋では平入りが主要な形式となっている．屋根材は伝統的な瓦を使用するため，傾斜は5.5寸勾配以下とし，雪とともに瓦がずり落ちないよう針金で瓦を連結したり，雪止めを施す．屋根の積雪荷重に耐えるため，通常より太い構造部材を使用している．東北地方では屋根材として鉄板が採用されているが，これは自然落雪を意図している．近年，北陸地方でも鉄板の使用が始まりつつある．また，屋根に水道管をはわせ，散水して融雪する方式もみられる．大量の住宅まわりの積雪に対応するため，高床式住居や玄関へのアプローチ確保のための雪囲い，窓の防護柵の設置などの工夫が施されている．屋敷林などの防風林は防風雪効果とともに独特の景観を作り出している．気温が高いので雪を溶かして処理するという考え方が浸透しており，流雪溝や消雪パイプ（地下水を汲み上げ道路の中央から散水する方式）が各地で採用されているが，地下水枯渇の問題も抱えている．

内部空間の特徴の第一は全国的にトップレベルの住戸面積を確保していることであるが，冬期間の屋内生活の充実や冠婚葬祭などの諸行事を住宅内で実行する習慣による．開放的な住宅計画の伝統をもつため，冬季の寒さ対策は不十分であったが，近年では北海道の影響を受け，高断熱・高気密化が進んでいる．降雪期の屋外空間の代替となるさまざまな空間的工夫がみられる．土間は冬期間使えなくなる庭，作業場の代替として，商いや農作業空間として活用される．土縁は座敷と庭の間にしつらえた縁側的土間空間で，無雪期は深い庇をもつ外部空間として，降雪期はガラス戸などを建て込み内部空間として利用する．豪雪地ではアーケードに似た雁木（がんぎ）が商店街に設けられている．これは前面道路側に深く庇を張り出し先端部分を柱で支える構造で，夏場は開放し，降雪期には柱の間にガラス戸や戸板を建て込んで通路空間を確保するもので，雪国らしい景観を生んでいたが，近年では少なくなっている．

(2) 北海道の住居

北海道は東北・北陸地方に比べて冬季の気温が低く（真冬日が年平均90日を超える），雪質はスノーパウダーと呼ばれるように細かく乾いており（乾雪），降雪期間が長くしばしば吹雪に見舞われる．この気候条件の差に加えて歴史的経緯が異なるため，北方気候対応の独特の住居を生み出してきた．江戸から明治期にかけて主として北陸・東北出身者によって開拓，定住が進むが，住宅は大きく以下のようなプロセスを経て発展した．

①和風の出身地住宅様式は，北海道の気候条件に適合しなかったので早期にすたれた（瓦屋根，土壁，土間，縁側，障子など）．

②大正から昭和期にかけてストーブ，ガラスが住宅に導入され，洋風の住宅様式が普及するが，これは和風様式より防寒的であったことによる．柾（まさ）や鉄板の屋根材，洋風下見板張りの外壁，上げ下げ窓，洋間の居間，ドアの採用などに及んでいる．

③昭和30～40年代に防寒住宅の研究，開発が進み，「三角屋根住宅」として全道に普及する．これは急勾配の切妻屋根をもつブロック造で，中央に大きな居間をもち「居間中心型」プランと呼ばれた．ストーブの置かれた居間を中心としたワンルーム型の住戸で，生活も居間を中心に展開された．シンプルな切妻屋根の連続する町並みはリズミカルで，北海道らしい独特の景観を生んだ．また，雪処理上不利な塀を極力設置せず，オープンな庭を構成しているのも特徴であり，庭での「ジンギスカン」は北海道の生活文化として根づいている．

④昭和50年代以降，住宅の高断熱・高気密化が達成され，冬期間の快適な室内環境が保証された．これは壁・天井・床への断熱材の挿入，窓サッシ・玄関戸の多重化，勝手口・1Fベランダの消滅などを伴っており，内部空間における吹き抜けの設置や1つの熱源による全室暖房を可能にした．この時期に長尺鉄板が開発されさまざまな屋根形態を生み，さらに雪処理を目的とした「無落雪屋根」工法も開発され普及している．

このように，北海道の住宅は早期に和風の伝統的様式を廃し，防寒，防雪を目的として独自に開発された様式であり，北方型住宅というにふさわしい．しかし，高断熱・高気密化の必然として閉鎖型住居となり，外部（庭）との接続が切れたこと，個室化が進行し家族の交流が減少していることなどの問題が発生しており，今後の課題となっている．

(3) 雪文化の創造

雪国では多くの雪害をこうむってきたため，雪を敵視する思想，ハンディとする思想が根強く残っていた．技術革新の過程で徐々に雪害が克服されるに及んで，雪への対し方にも変化がみられる．初期には耐雪（耐える），克雪（克服する）といった消極的な対応であったが，近年では親雪（雪を親しむ），和雪（雪と共存する），利雪（雪を活用する）といった積極的な対応に移っている．

雪を生活の中に積極的に取り込み，雪国らしい生活文化を創造する取り組みも各地で行われるようになった．かまくらや雪まつり，氷雪まつりなどのイベントに加えて，住宅周辺でアイスキャンドル，ス

ノーキャンドル，イルミネーションなどを飾り，雪中の明かりを楽しむ生活文化が育ちつつある．今後も積極的に北国の条件を肯定したうえで，北国らしい住まいづくり，生活文化づくりが求められる．また，高齢化の進行に伴い，困難になる除雪作業を共同でカバーする除雪コミュニティづくりも課題である．

〔大垣直明〕

参考文献

1) 沼野夏生：雪害，森北出版，1982.
2) 日本建築学会編：建築教材 雪と寒さと生活Ⅰ〈発想編〉，彰国社，1995.
3) 大垣直明：北のすまい―「三角屋根」住宅再考―．建築雑誌，**104**(1287)：120, 1989.
4) 大垣直明：北海道における住宅生産のダイナミズム．住宅建築別冊，**37**, 1989.

2.4.3 多雨・温暖/亜熱帯地域（南西諸島）の住居

気候風土が住居形態に反映することを，世界の多くの住居にみることができる．亜熱帯，温帯，寒帯といった気候区分によって居住環境は異なるから，住居もそれに順応するようにつくられてきたのである．しかしこの気候区分は地球規模の平均的特徴を表すものであり，住居形態はより細分化された，局地的に異なる条件に影響されることが多い．もちろん気候風土条件は住居形態にとって深いかかわりをもっているが，しばしば近接する地域でかなり異なる住居集落をみることがあるように，住居形態の相違は局地的な気候条件だけでは説明できない．住居形態を決める支配的要素である気候風土に加え，生活，文化，生産様式や儀礼といった，その地域のさまざまな条件が総合的にかかわっているからである．それゆえ亜熱帯，寒帯といった極端な気候区分による居住の外形的な比較に加え，より快適な居住形態を獲得するために，各地域の周辺環境に対応した技術，知恵を人々がどのように蓄積してきたかにも注意すべきである．とくに亜熱帯の住居には気候的条件に加え文化風土による違いが顕著に反映され，その形態は寒冷地に比べ多様で変化に富むものとなっている．

亜熱帯地域の住居は一般的にかなり開放的である．それゆえ室内外の関係が連続的で曖昧にみえる．このような開放的な住居を可能にするのは，寒冷地に比べ室内外の気温差が小さく，熱的条件をある程度考慮をすれば比較的容易に居住可能な環境が得られるということがあるが，逆に亜熱帯地域の伝統的住居は完全に閉鎖的にできないということも忘れることができない．閉鎖的にすることによって室内に熱が蓄積され，その熱を排除するためにはクーラーなどの近代設備が不可欠である．近年気候区分に関係なく各地に類似した住居形態がみられる背景には，近代技術の存在がある．亜熱帯条件下の伝統的な住居では，開放的に周囲の自然条件を受け入れることが，経済的で快適な室内環境を獲得するための積極的な意味をもつということが重要である．

開放的につくられた住居には，外部環境の微妙な変化が直接室内に影響するという問題が伴う．それが生理的に居住可能な範囲にあるとはいっても，開放的な亜熱帯の住居には内外部の関係を段階的に調整，制御する何らかの工夫，装置が必要である．亜熱帯の住居が孤立せず集落の構成の中に位置づけられるのはこのためである．

日本の南西に位置する沖縄の住居は，亜熱帯地域の特徴を強くもっている．詳しくは亜熱帯海洋性モンスーン気候であり，年間 2300 mm の降雨量がある．さらに台風の常襲地域という厳しい環境下にある．最低でも気温は年間平均 10 度を下回ることは少ない．強い日射と 80% 前後の高い湿度が特徴である．住居，集落は亜熱帯に特徴的な段階的な構成がとられる．集落は海や農地に開放するが，その境界はこれも段階的な奥行きのある防風のための植栽

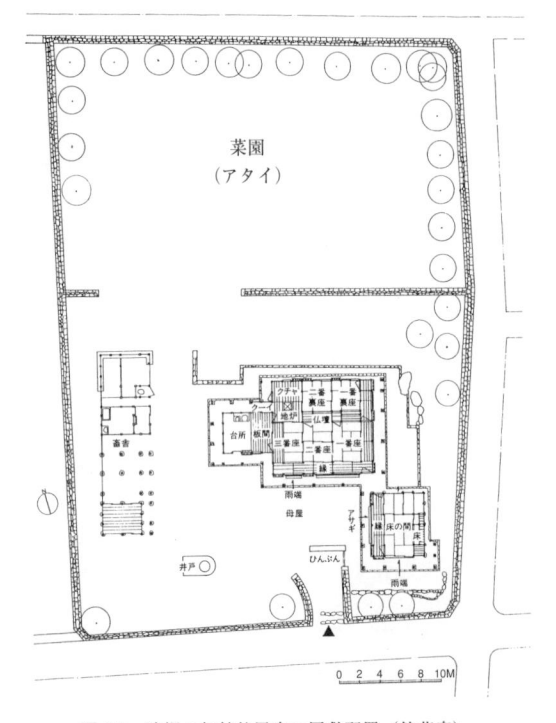

図 2.5 沖縄の伝統的民家の屋敷配置（銘苅家）

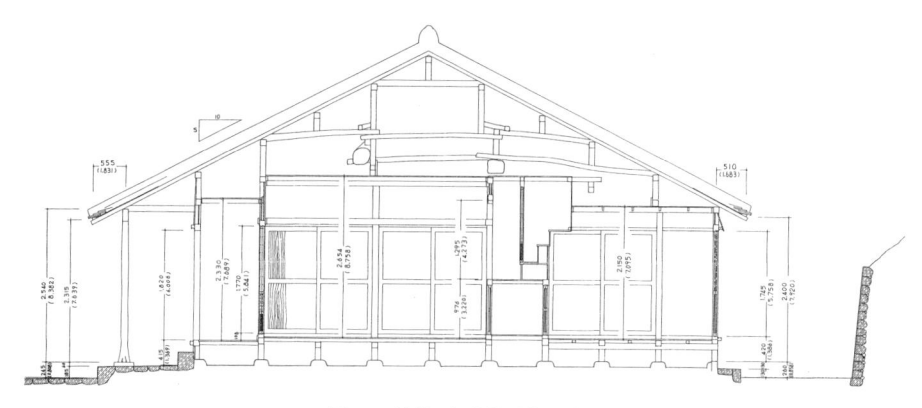

図 2.6 沖縄の伝統的民家の断面

図 2.7 渡名喜島の民家

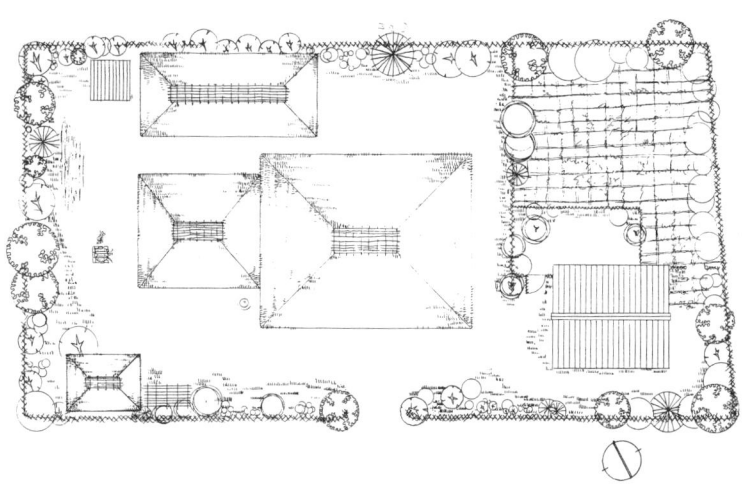

図 2.8 別棟形式の民家

によって囲まれる．さらに敷地割りに沿って屋敷林が取り囲む．冬期の風，台風時の強風さらに海からの潮風を，各敷地に至るまでに徐々に和らげる，いわゆる環境調整的な機能を果たしている．このように，沖縄の伝統的集落における住居は，強い日射や風をまともに受けることはない．一般的に亜熱帯の

住居は単独に孤立して建てられることはなく，群として一定の住居，集落環境を獲得している．この段階的集落構成を基本として，亜熱帯の住居形態はさまざまな文化，経済的条件を受けた多様な変化をみせるのである．

集落に囲まれた各住居はさらに段階的な平面，断面によって構成される．とくに外部と直接接する入り口や縁側などの開口部周辺は重要な空間である．日本の住居が夏を旨とすべしといわれ，冬の厳しい寒さにもかかわらず，比較的開放的な住居形態をとっており，縁側の配置や開放的な建具，さらに深い庇などは，亜熱帯の住居にとって欠かせない要素である．すなわち日本の住居は温暖，多湿な亜熱帯の気候の特徴を強く反映した造りになっているということである．亜熱帯地域にある沖縄では，基本的に年間を通して暖房の必要がなく，住居の造りは夏を旨とした開放的な日本の家屋に類似しているといってよい．

豊かな防風林，屋敷林によって軽減された強い風や日射は屋敷に接する道筋から住居へと導かれる．屋敷には門はなく，母屋正面に設けられたヒンプンと呼ばれる低い塀によって曖昧に区切られる．その背後には庭が，母屋の前面に置かれる．母屋の向きは南が一般的であるが，太陽高度の高い沖縄では集落の立地条件によってかなりの幅がみられる．沖縄の住居形態をみると，南面に開放された縁側は入り口を限定せず外部に開放される．それは単に熱を遮ったり風を室内に取り入れたりという機能だけでなく，集落の人々のコミュニケーションにとっても重要な空間を提供している．母屋の中心の座敷から前庭とヒンプン越しに道行く人の気配が見え隠れに感じられる．この基本的構成原理が，沖縄の集落全体を特徴づけている（図2.5）．

亜熱帯の住居の特徴はその開放性とともに奥行き方向の断面構成にみられる（図2.6）．沖縄の住居の場合，強い日射と台風時の強風対策が住居形態を決定する大きな要因となる．強い日射に対しては屋根の断熱，庭からの照り返しに対しては雨端（アマハジ）と呼ばれる縁側空間が用意され，影を提供する．その背後に続き間が置かれるが，いわゆる田の字平面の前後（南北）は床の間や仏壇によって区切られ必ずしも開放的になっていない．仏壇の配置は沖縄独特の祖先崇拝に関係する要素である．日射を遮蔽することによって獲得された建物周囲の日陰の空間を通して風を取り入れることによって，外部により近い熱環境を獲得しながら，同時に台風時の強風に対する装置としても機能させているのではないだろうか．強風時の対策として軒の高さを抑えた庇や，周囲の屋敷囲いの配置があるが，敷地を周辺道路より掘り下げた集落もみられる（図2.7）．

沖縄などいわゆる南西諸島の伝統住居の発生をたどると，別棟住居と呼ばれる母屋と台所が分離された形態がある（図2.8）．このように，敷地内に複数の居住空間が分離されるのも開放的住居を基本とする亜熱帯の特徴を受けたものであろう．

〔福島駿介〕

2.5 世界の気候風土と住居

2.5.1 気候風土と住居

人類の誕生の場は，熱帯あるいはその周辺域であると考えられている．その後の自然環境の変遷と人類の進化発展の中で，エクメネ（地球上での人間の居住地域）はごく限られた領域を残して地球全体に拡がった．その過程の中で，さまざまな人種が誕生し，それぞれの環境に適応した形質も形づくられていった．しかし，彼らは自然環境に応じ，みずからの体を形態的・生理的に変えただけではなかった．彼らは衣服を用い，住居を用いるに至った．これはある意味では環境改造，気候改造であった．そして，気候的側面からみれば，その求めるところは，人類誕生の場であるとされる熱帯あるいはその周辺域の気候環境への回帰であったとはいえないだろうか．

一方，今日のような広域交通輸送手段の発達や国際交流の進展は，ある特定の人種の生活空間をある特定の環境と結合させて議論するだけではすまなくさせている．人々の環境への順応は，好むと好まざるとにかかわらず進行せざるをえなくなっている．そして，そのかなりの部分は衣・住による気候改造によって支えられているといっても過言ではないのではなかろうか．

なお，気候風土といった場合，必ずしも気候環境のみでなく，当該地域における生産様式とそれに規定された生活様式，そしてその伝統あるいは習慣，すなわち，ある意味ではその土地の文化をも含む用語として用いられることがある．この視点はきわめて重要である．住居そのものが気候環境のみによって決定されているわけではなく，文化それ自身の所産でもあるからである．この点についての論究は各論に委ね，ここではひたすら住居の様式にかかわる世界の気候環境について述べることにする．

地球上における気候環境の空間配置の基本的特徴はその帯状性にある．これは地球が球形をしている

ことに由来し，さらに自転によって彩りが添えられる．結果として，寒帯，温帯，熱帯といった温度帯や，多雨帯，乾燥帯が形成される．しかし，この帯状性は海陸の分布や大地形，あるいは上空の気流の動向によって大きく乱されている．まず，住居に影響を及ぼすであろう気候環境の特質を，2〜3の気候要素でみてみよう．

気温分布は大局的には緯度に従うが，もっとも高温となるのは赤道ではなく，やや高緯度側にずれたところになる．雲の多発する収束帯の位置がかかわるからである．等温線の配列は陸地の多い北半球では南半球に比べ複雑に屈折する．とくに冬季には大陸の東岸で寒冷，西岸で温暖となり，同一緯度でも温度差が際立つ．気温年較差が大きくなるのは内陸度の大きいところで，シベリアなどでは60℃以上に達する．気温は季節的に変化するばかりではない．たしかに高緯度地方では日変化はほとんどなく，季節変化が卓越する．しかし，低緯度地方では季節変化はほとんどなく，日変化が卓越する．一日の中に夏と冬が凝縮されているかのようである．ここでは昼と夜の長さはいつでもほとんど均等である．この両者の間で，地球上の位置に応じ，さまざまな移行的な気温変化型が現れる．住居が寒暑をしのぐ手立てとしても重要な意味をもっているのだとすれば，気温環境の評価は地域に即してより具体的でなければならない．

地球上には年平均値でみても降水量が5000 mm以上に達する地域から50 mmに満たないような地域まで存在する．住居が「雨露をしのぐ」機能をもつ以上，この差は重要である．しかし，絶対値の差はもちろんのこと，その季節性や集中性の地域的差異にも注目する必要がある．暖候期に降るのか，寒候期に降るのか，あるいは降水の強度はどれほどなのか，これらによってもしのぐべき「雨露」の内容は異なる．

地に根を生やした樹木でさえ，その高さは風の強さに規定される．熱帯雨林の高い樹高は弱い風の象徴でもある．風によって，住居の様式はもちろん，その存否そのものまで支配されるのは自明である．風はスケールに応じてさまざまな内容をもつ．地球の形や自転に由来する気流は，大気の大循環に位置づけられる偏西風や偏東風である．これらの風の領域では低気圧の発達がいっそう激しい変化をもたらす．大陸スケールで季節的に変化するのは季節風である．さらに小規模なスケールのもとで発達する局地風がある．これらの空間スケールの違いは時間スケール，すなわち風の寿命にも対応する．時と場所に従って，風は重層的に振舞い，大地を吹き払う．風環境の吟味にはスケールの視点がことさら重要である．

気候環境は個々の要素ごとに決定されるわけではない．低温は他の要素と結び付いて土壌凍結や積雪を生み出し，地表面状態を大きく規定する．そもそも風はそれ自身で複合的である．力学的効果だけでなく，暖気や湿気などを運び，地形的効果も相まって大量の降雨をもたらし，洪水を引き起こすような場合もある．結果として，住居は単一の気候要素への対処ではすまなくなる．気候風土に適応した住居には，気候条件にかなう素材や構造の選択だけでなく，地形や地質まで含めた総合的な立地条件が加味されているのである．

ところで，科学技術や流通の進展は，住居に関して建築材の大量生産化，設計の均質化，室内環境への設備投資などを生み出した．このことは人工的な大気環境空間の創造を意味する．これは同時にエネルギーの大量消費と結び付き，結果として排気，排熱によって住居の置かれている空間の大気を汚染し，その集積はヒートアイランドの形成に寄与することになる．さらに，不完全な管理のもとでの室内の高い気密性は，室内空気の汚染の危険性をはらみ，シックハウス症候群を生み出している．たとえ人間にとって完璧な室内環境がつくられたとしても，外界とは隔絶され，いつでも均質性が保たれている宇宙服のような住居が，人間の生活のありようにとって，はたして望ましいものなのだろうか．住居を取り巻く大気環境まで含めた視点がぜひとも必要である．以下に述べられる世界各地の伝統的な家屋には，自然との一体化という観点からのさまざまな工夫が見出される．より豊かな暮らしのためには，科学技術に裏打ちされながらも，こうした気候風土に応じた住居の個性を尊重し，自然の理にかなう「家づくり」「まちづくり」をめざすことが，今日の新たな命題として重要性を増しているのではなかろうか．

〔岡　秀一〕

2.5.2 東南アジアの住居

東南アジア地域のほとんどは，高温多湿な自然環境にある．同時に世界人口の約8％，およそ4.5億人が住む多民族の混住地帯でもある．したがって伝統的な住居についていえば，同じ気候条件による共通の特性も指摘できるが，民族ごとに基本的にその形態も変わる．インドシナからパプアニューギニアに至る島嶼間では，従来から海を介した交流の中で，インドや中国から文化的な影響を受けながら，

多様な住居形態を作り出してきた.

　また東南アジアは,経済成長を続けている地域でもある.急速な市場経済化により産業構造も変化し,都市部を中心に伝統的な住居は減少し,近代的な集合住宅が建設されつつある.都市への人口の流入により形成されたインフォーマルセクター(公的な規制を受けない小規模な経済活動分野)に属する人々の住まいとして,スラムも発生・拡大している.農村部でも草葺き屋根がトタン屋根に,竹で編んだ壁がブロック造に変わりつつある.自力や共同組織で地域の建材を使用して建てることから,工業化部材による請負いへと建設方法も変化してきている.伝統的な高床式住居でも,高床の脚柱や建物全体のコンクリート造化が進み,屋根も波形鉄板や,瓦屋根も普及しつつある.このように広がりをもちながら,多様に変化する東南アジアの住居について,その特徴的な典型となる5つの住居形態を取り上げてみていこう.

(1) 高床式住居

　高床式住居は世界中に分布するが,とくに東南アジアに集中している.柱と梁による架構式の構法で,2階部分が居住の場となる.

　高温多湿な環境では,風通しのよい,家具や仕切りの少ない内部空間は湿気を防ぎ,猛禽や毒虫からの防御に適している.とくに稲作は,高床の米倉を必要とすることから,高床式の普及に多いに影響を与えた.

　形態的な特徴は,主に屋根にみられる.大量の雨や強い太陽光を防ぐために,屋根の架構や屋根葺きは重要であった.地域の素材を活用し,独自の工夫を重ねる中で,視覚的な固有の形態を生み出してきた.棟が両端で反り上がった,切妻破風をもつ鞍型の屋根は,インドネシア,北スマトラのバタック諸族,パプアニューギニア,パラオ,ヤップ島など各地域でみられる.スラウェシ島のサダントラジャの住居では,船形の屋根を支える独立した棟持ち柱が,外部に突出している.

　床下の空間は倉庫および家畜の飼育に用いられる.簡素な住居の内部は台所,寝室,ベランダで構成されるが,比較的大きな住居では寝室の数も複数となる.タイの伝統的な住居では,階段を上がったところが接客用の開放的な空間で,その奥を二分して広間と寝室がある.野天の露台が開放的な空間に接しており,ここで炊事をしたり,水浴をしたりする.寝室境には扉がなく,カーテンなどで仕切る.各空間は公私の領域に対応して,異なるレベルをもつ.もっとも高いのが寝室である.

　空間区分には一般的に次のような特徴がある.第1に,屋根裏,床上,床下の3つの垂直的な区分が認められる.屋根裏は収納庫,家産の貯蔵,床上は家族の居室,床下は家畜の飼育や作業場にそれぞれ利用する.これは上部を聖域とみなす伝統的な考え方と対応している.第2に,男/女の象徴的,2元的な領域区分がみられる.タイの伝統的な住居では,炉のそばの大黒柱は女柱,寝室の柱は男柱と呼ぶ.スマトラのアチェ族の住居では,男性と女性の領域が,住居の表の部分と裏の部分の区分と対応している.後部は私的で日常生活の場であり,表の前部は公的な行事の場となっている.ジャワ島西部のスンダでは,台所内部や近傍の倉庫で米が保管されるが,そこは女性のみの出入りが許される領域である.

　また,住居と外部空間に不可分な関係がみられることも特徴である.日中は住居外で過ごすことが多く,外部空間は食事,洗濯,水浴等の場となる.住居周辺の開放的なベランダや壁のない東屋が,住居の延長部分として補完的な機能を果たしている.図2.9に,ラオスの高床式住居を示す.

(2) 地床式住居

　地床式住居は,バリ島,ジャワ島,ベトナムの南シナ海沿岸部,タイ北部,ロンボク島,西イリアンとチモールの高地,モルッカ諸島などにみられる.建物は地上に直接か,あるいはさまざまな高さの石積みの基壇を設け,その上に柱を立てて放射状の小屋組を支え,草やテラコッタの瓦を乗せる.壁は竹の網代で固定するが,煉瓦や凝灰石を積む構法もみられる.簡素な住居は,泥を塗固めて床とした単一な空間であるが,大きな住居では内部に公私の領域があり,接客用の吹き放ちホールと屋内空間に分かれる.この住居と,家内工業の仕事場,個室,水浴場,厨房,畜舎など数棟が,中庭を中心に配置さ

図2.9　高床式住居(ラオス)

れ，屋敷地を構成している．

バリ島の伝統型住居も，同様な分棟型である．基本的には5つの領域（門，ベランダ付きの寝室，台所，水浴場，穀倉）に分けられるが，これら建物群の配置には次のような特徴がみられる．第1に，方位が重要な意味をもつ．山と海を結ぶ方位（神聖－不浄）と，東西の方位（日の出－日の入り＝未来－過去）の2つの軸に基づいており，これにより山－東の方位をもっとも価値のある場所とする空間秩序が定められている．第2に，身体のアナロジーに対応している．それぞれの建物は，頭は家族の祭壇，腕は寝室と応接室，臍は中庭，性器は門，足は台所と穀倉，肛門は後庭にある廃棄物処理用の穴のよう配置される．同様なアナロジーは，他地域でも単体としての住居内においてみられる．東インドネシアのサブ島では頭，尾，胸，肋骨など，チモールのテトゥム族では頭，背骨，眼，足，顔などが住居の空間構成と対応している．その理由は明確ではないが，住居をまとまった一つの生命体とみなすことで，これに包まれた住居内部で行われる生活の安定や安全を祈る意図があるといわれる．第3に，住居の寸法は，身体寸法に基づいた尺度に規定されている．バリ島では男性の世帯主の身体が寸法の基準となり，部材の寸法は細かく決められる．またロンボク島のササック族は世帯主の妻の身体を基準にする．

(3) 華人住居

都市部での特徴的な住居として華人住居がある．華人は19世紀初頭にはマレー半島全域に進出していたが，その後都市の産業活動の拡大に伴い，商業，サービス業など，主に第3次産業へ従事しつつ，定住の場を拡大してきた．彼らの住居は，高密度な都市内部にあって，特有の集合住宅地区＝華人街を形成している．それは間口が狭く，奥行きが長い短冊形の都市の地割に対応して，通りに開き，隣家と共有壁でつながり，家並みをそろえた連続的な集合住宅である．各住戸は1階が店舗，事務所等，2階以上が居住空間となる併用住宅で，ショップハウスともいう．

この高密度居住，多様な職種への対応などの特性は，都市における住居の典型的なあり方を示すもので，華人住居のみならず広く都市住居として一般化している．しかし，道路に面した柱内の私有地部分を，各戸が共通に1間ほど後退させて，連続的につなげた，騎楼と呼ばれる回廊状の通路空間の存在は，華人住居の大きな特徴をなしている．それは従来，家業の繁栄を目的としていたものであったが，日陰や雨よけの歩道などとして，共有の場を提供している．こうした用途の混在は，職住の近接により，市街に活気やにぎわいをもたらし，都市の個性的な景観を形成してきたが，今日では近代化に伴う，通りでの物売りや屋台の駆除，路肩の駐輪・駐車場化や，商業形態の変化により変容しつつある．

(4) 植民地建築様式の住居

19世紀前半以降東南アジアで植民地化が進むにつれ，西欧様式を基調にしつつ，気候条件に合わせた住居様式が生み出され，当時の支配階層を中心に普及するようになる．西欧から直接持ち込んだ，組積式の閉鎖的な住居は，高温多湿の気候では室内の換気が不十分であった．そこで，地域の建材を使用し，木造架構で通風を考慮した開口部の大きい開放型の長所を活かし，ベランダ，柱廊のギャラリーや，ガラリ付きの窓などが取り入れられた折衷様式が成立する．現在では郊外の戸建て住宅や，市街地の邸宅の建築様式として一般化している．

(5) スラム居住

都市では，急速な経済成長に伴う人口増加に，インフラ整備や住宅供給が対応できず，過密狭隘なスラムが発生している．そこでは，居住者の大多数が経済的にはインフォーマルセクターに従事し，未利用地を占拠して狭小過密な住居に住んでいる．

公有地の不法占拠であることが多く，上下水道や電気などのインフラはほとんど未整備の状態である．湿地を埋め立てた居住地では，雨期には浸水し，衛生上問題がある地域も多い．住居の多くは，ココランバーや竹やニッパヤシ，あるいは廃材を使った手作りの素朴なものである．

一方で，スラムは都市へ流入する人口の受け皿として，一定の機能を果たしており，経年的な蓄積の中で形成されてきた低層高密居住地区では，通りや路地の商店街などを中心として，活気とにぎわいにあふれている地区もみられる．そこでは，生活の自立を支援したり，住環境などの改善を働きかけるさまざまな組織が，海外からの資金援助などを基に活動している．インドネシアのスラバヤでは，こうした集住の質を活かし，開放的な路地や傾斜屋根，深い庇など，伝統的な住まい方を継承した集合住宅の建設が試みられている（図2.10）．

(6) まとめ

伝統的な住居の変容が現代に投げかけている課題は重い．気候への適応，ヒューマンスケールの貫徹，地域素材の活用による環境循環型の建築，自力建設など，いずれも今日的なテーマである．また人と環境の基本的な関係を，ミクロコスモスとして表現し集住のあり方を示す原型として，この歴史的・

図 2.10 スラバヤの集合住宅（インドネシア）

図 2.11 増築された集合住宅（ハノイ）

文化的な価値をどのように継承していくかも残されたテーマである．都市居住の典型として，アジアの都市の集住様式に影響を与えてきた華人住居も，変容が進む都市にあって，評価が急がれるであろう．一方，スラムの居住者による自律的な住環境改善の運動は，地域の状況に応じて多様な方法と展開をみせている．こうした中から，地域の風土に適応した今後の住まい・まちづくりへの新たな方途が生み出される可能性も指摘しておきたい．図 2.11 に，ハノイの増築された集合住宅を示す．〔藤井敏信〕

2.5.3 中国の住居

中国の住居は，人口の大半を占める漢族が及ぼしてきた影響を色濃く残している．

漢族特有の住居形態の原型は新石器時代末期に芽生えた．夏・商・殷・周時代を経て，内庭をもち，家屋を周辺に配し，壁で囲むという基本的要素を備えた住居形態が出現する．漢代になって，それまでの要素が結集，成熟し今日四合院といわれる定型ができ上がる．一般に入り口（大門）は東南隅にあり，前庭を通り中門（垂花門）を抜け，中心に分布する内庭（院子）へと導かれる．院子を囲むように家屋（堂屋）が配置され，南面する主屋（正房）は家長のために使われ，東西の側室（厢房）は他の家族成員や来客の居室，寝室とされた．北面に倒座と呼ばれる副房を配置し，そこに使用人を住まわせるものもあった．各堂屋は，通常 3 室からなり中央を居室とし左右を寝室とするものが多い．開口面はすべて院子に向かって開いており，外部に対しては窓のない厚い土壁で閉じられている．以上が中国住居の骨格を構成する基本ユニットである．地位の高低や財力の大小によってユニットの組合わせや全体的規模が異なってくる．北京の四合院はもっとも成熟度が高いといわれる．

このような住居特性をもたらした背景には，中国の特殊な社会環境と伝統思想の影響がある．

第 1 に，軍事上，政治の統治上の必要性による．絶え間ない外敵の侵入と頻発する戦乱により，中国の都市はそれらに対応できる城郭機能を有することになる．その中で住宅は防衛的役割の一翼を担ってきた．城壁が先に築造され，次いで住宅を含む内部空間が整備されていった．また，封建制度が敷かれ，都市構造あるいは家屋の配置が厳しく規定された．こうして皇帝を至上とする封建体制が強調され，さらには「君権神授」「天人感応」等の思想が象徴的手法で具体化された．居住区域では「坊里制度」が敷かれ，軍事目的で「坊壁」「里門」が設置された．住宅の高さ，面積，材料，仕上げ，色彩にも一定の規制が設けられた．

また，北方地域では容赦ない寒風と砂嵐を防ぐため，有史以来強靭な壁を構築することを余儀なくされていた．

第 2 は，中国の伝統的思想の具現化である．

中国の都市計画思想には，「風水」という陰陽の原理と法則が貫かれている．風水は中国古来の哲学の 1 つであり，人類が自然と宇宙の構造に適応する方法として信じられている．水の流れ，山々の勢い，建築の位置，城郭の計画，町の分布などには，必ず自然の影響が及んでおり，都市や建築は環境と調和をとらなければならないと考えられてきた．植木の配置や大門の方位からシンメトリックな家屋と院子の配列等に至るまで風水思想が反映している．

「礼」は，儒教思想による正統な指導原則として都市計画に長期間影響を与えたが，春秋戦国時代の後，「陰陽五行（象徳，四霊，四季，方向，顔色）」と結び付き，建築設計の中で体現化された．孔子や老子の哲学理念は住居のさまざまなディテールに反

2.5 世界の気候風土と住居

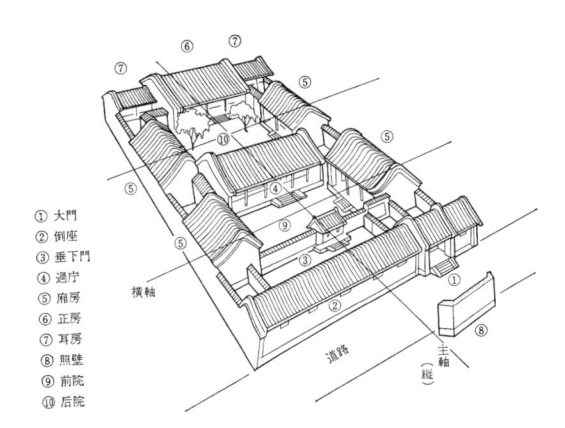

図 2.12 北京の四合院住宅（尾島俊雄：現代中国の建築事情，彰国社，1980）

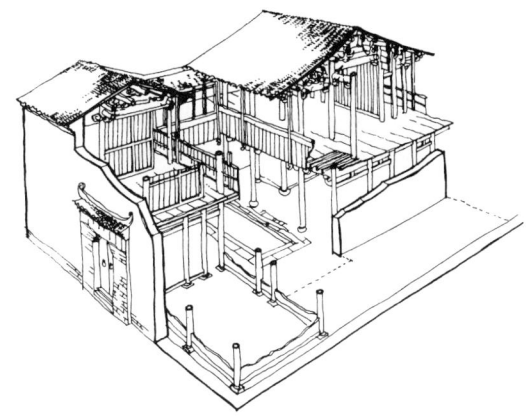

① 大門
② 倒座
③ 垂下門
④ 過庁
⑤ 廂房
⑥ 正房
⑦ 耳房
⑧ 照壁
⑨ 前院
⑩ 后院

図 2.13 安徽歙県西渓南郷の住宅（荊 其敏，張 麗安：世界伝統民居―生態家屋―，天津科学技術出版社，1996）

図 2.14 陝北高原窰洞の住宅（荊 其敏，張 麗安：世界伝統民居―生態家屋―，天津科学技術出版社，1996）

図 2.15 西双版納勐海景龍の竹楼住宅（荊 其敏，張 麗安：世界伝統民居―生態家屋―，天津科学技術出版社，1996）

図 2.16 チベットの楼閣式住宅（荊 其敏，張 麗安：世界伝統民居―生態家屋―，天津科学技術出版社，1996）

今日残っている四合院の多くは，明代，清代，中華民国時代に建設されたものである．共産党政権の成立とそれに伴う社会変革によって，四世同堂と呼ばれた大家族制が崩壊し，伝統的思想が社会に及ぼしてきた影響力も希薄化したことから，中国の伝統的住居形態を成立させていた基盤は失われた．都市人口の急激な増加と住宅不足により，かつて1つの大家族世帯が住むためにつくられた住宅に多世帯が混住するようになり，プライバシーや生活設備上の問題が深刻化していった．中華人民共和国政府は慢性的な住宅不足を解消すべく，老朽化した低層高密の居住地区を再開発し近代的な中高層集合住宅に建て替える事業を進めており，伝統的住居の数は急速に減少している．

総人口の約95％を漢族が占める状況にあって，四合院型住居が数のうえで他を圧倒しているのは当然のことといえる．しかし，漢民族の進出が比較的遅かった長江以南の地域や辺境地域，あるいはさまざまな理由から漢族以外の民族が多く住む地域では，それぞれの民族的・地域的特性を色濃く残した住居が少なからず存在している．

中国南部の住居は，四合院とは異なり日本家屋によく似た様式であり，木にほぞをあけ柱梁を組み，床板を敷き屋根をのせ，簡単な板壁や建具をはめ込み，外庭をもつ開放的形態をもつ．かつては長江を境にして，厳寒と強風に特徴づけられる北部では「壁・中庭型」住居，高温多湿の南部では「屋根型」住居と識別できたものが，漢族の南下などの原因により壁・中庭型が長江を越えて拡散し，屋根型が西南に押し込められると同時に両者の「折衷型」が存在し始めたとみられている．内部は柱上に築かれた高床と軒の深い庇をもつ木造軸組式の家屋である．採光，通風として家屋に囲まれた小さく深い吹き抜け状の内庭（天井）をもつ．中心の天井に向かっては開放的であるが，外部が高い壁によって覆われているため外からは中の構造がうかがい知れない構造になっている（図2.13）．

戦乱や政治不安などの理由から北方より南下してきた漢族・客家（ハッカ）が数世代にわたって住みついている華南の一部地域では，特殊な形式をもつ重層かつ大規模な集合住宅がみられる．姓を同じくする大家族が孤立して集団防衛，共同労働を営み，独自の文化を保持してきた独特の文化が今も息づいている．

乾燥した黄土地帯には，ヴォールトをもった洞穴住居（窰洞（ヤオトン）と呼ばれる）がみられる．自然崖の端部から突き出したものや，大地に四角い穴を掘りそれを院子としその側面に横穴を掘って居室としているものなどがある．黄土以外はほんのわずかな建築材料で造られており，夏に涼しく冬に暖かいつくりとなっている（図2.14）．

高温多雨の気候をもつ亜熱帯地域では，通風と防衛のために地面と床の部分をあけた高床住居が多くみられる．樹木の豊富なこの地方では，丸太組みの小屋に切り立った切妻，入母屋の屋根が架けられ，高床部分を露台と居室として用い，その下の空間で家畜の飼育や農作業を行っている．東南アジアの住文化の流れを汲む諸民族特有の住居形態で，古くは1000年以上前に遡る（図2.15）．

チベット族の住居は，雨の少ない気候のもと，石積みの壁と細く梁を並べた床や平屋根でつくられている．都市部では，小さな院子を取り入れた型通りに配列された2階建て住宅が一般的であるが，防衛上の理由から内庭をもたない2，3階建て住宅が丘陵上に建てられることも多い（図2.16）．

ウイグル族は，外壁を日乾し煉瓦で積み上げ，細く並べた木の梁の上に土の平屋根を備えた住宅を建てる．その多くは院子を有し，家屋前面を柱廊で囲んでいる．暑く乾燥した天候であるため，通風と断熱のための工夫がみられ，側壁の窓よりも天窓を用いることが多い．

モンゴル族やカザフ族の人々は，遊牧生活と風の強い気候に適応するため，移動用テント（包（パオ）と呼ばれる）をもって生活する．包は木の骨組みとそれを覆う毛のフェルトでつくられ，頂部に採光と通風の穴をあける．夏は外皮を一枚とし，冬は何層にも覆うことで外気の変化に対応する．

そのほか，天津，上海，武漢といった特定の都市では，19世紀に始まるイギリスをはじめとする外国による租界や租借地の建設に伴い，各国様式の住宅や里弄住宅という中国独自の都市住宅が数多く建設され，現在でもその一部が住宅として使用されている．

中国には55を超える少数民族が居住しており，各地域の歴史や風土，各民族の宗教，および生活習俗の違いによってさまざまな居住形態が残っている．しかし，いまだその全貌を把握するには至っていない．　　　　　　　　　　　　　　　〔佐々井司〕

参考文献

1) 茂木計一郎，他：中国民居の空間を探る，建築資料研究社，1991．
2) 伊原　弘：中国人の都市と空間，原書房，1992．
3) 張　在元：中国 都市と建築の歴史，鹿島出版会，1994．

2.5 世界の気候風土と住居

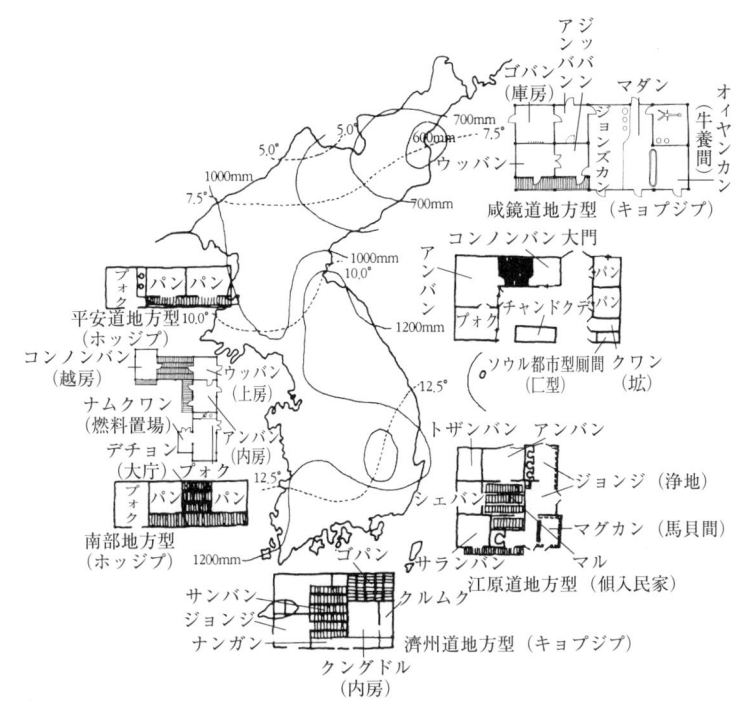

図 2.17 気候と地域による民家類型

4) ロナルド・ゲーリー・ナップ：中国の住まい，学芸出版社，1996.
5) 北原安門：中国の風土と民居，里文出版，1998.
6) 劉　致平：中国居住建築簡史，中国建築工業出版社，1990.
7) 汪　之力：中国伝統民居概論，山東科学技術出版社，1994.
8) 荊　其敏，張　麗安：世界伝統民居—生態家屋—，天津科学技術出版社，1996.

2.5.4 韓国の住居

韓国に居住している韓民族は，昔から中国大陸の影響を受けたが，大陸とは異なる韓国特有の独自的な文化をもっている．白頭山から流れる鴨緑江と豆満江が境界である韓国の全体面積は約 22 万 km² であり，そのうち約 70% が山地である．地形は東側と西・南側が海岸線の屈曲，地盤沈降などでずいぶん異なり，韓国の南と北，山脈の東と西とでは気温と雨量に差があって，地域による住宅のつくり方，使用材料，間取りが図 2.17 のように大きく 7 つに分けられる．韓国は日本にもっとも近く現在，南・北韓として分断されているが，昔から大陸と海洋を結び付ける役割を果たし，国民性は儒教哲学の影響を受け保守性，穏健性，勤勉性が強い．三国時代に中国から伝来された仏教は順朴な生活観をもたせたが，朱子学を中心とする儒教が栄えた朝鮮時代に

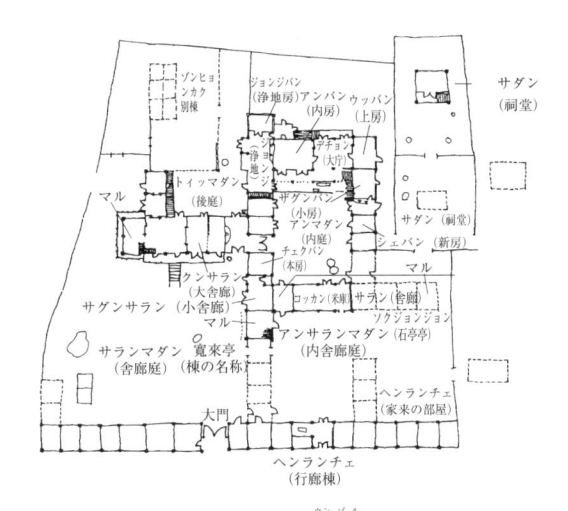

図 2.18 雲鳥樓

は，家父長権制，長幼有序，祖上崇拝の礼が住居空間配置の基本になった．また，厳しい身分制度は住宅の規模，装飾の制限，材料使用の制限にまで影響した．また儒訓は，家では男と女は夫婦であっても別々に生活するようにし，男性中心の生活空間であるサランチェ（舎廊棟）と女性中心の生活空間であるアンチェ（内棟）をアンマダン（内庭）とタムジャン（塀牆）で囲んで配置した（図 2.18）．小規模

2. 住　文　化

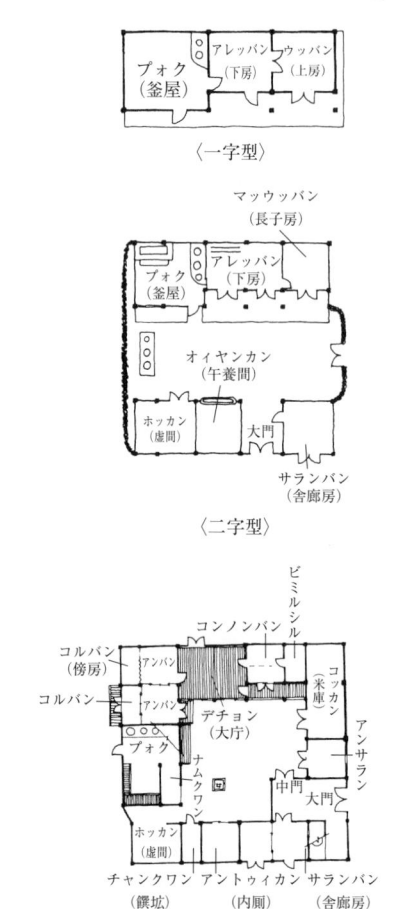

〈一字型〉

〈二字型〉

口型

図 2.19　南部地方の民家

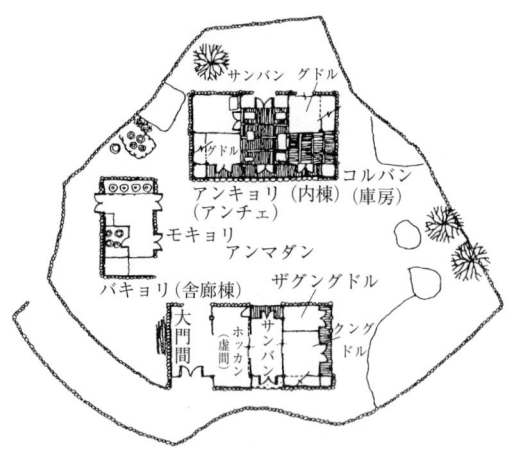

図 2.20　済州道地方の民家

の家でもサランバン（舎廊房）とアンバン（内房）の前に内外壁を立て，視線を交差することができなかった．

韓国に古代から発達した陰陽の原理と法則，または民間哲学としての風水思想は生者の「住まい」に関する陽宅風水と死者の「住まい」に関する陰宅風水として自然主義価値観をもたせた．これは，長い間国政から庶民生活まで影響することになり，都市，町，村，城郭建築，住宅の配置やさまざまなディテールまで反映されている．

朝鮮時代に定着した祖上崇拝思想は，祖上の位牌を置いて祭祀が行われるサダン（祠堂）を家の東北方向に他の建物より高く位置するようにした．

咸鏡道地方の民家　朝鮮半島の東北部地方である咸鏡南北道は，年平均気温が 4～8℃，年平均降雪量は 40～70 mm，年降水量は 500～600 mm であり，平野より山地が多い地型的条件をもっている．農業（水田耕作）より火田耕作が多いため，住居は複列 4 室型の田字型，山村型キョプジプ（オンドルパン（温突房）が 2 室ずつ並んでいる）になっており，外壁面積を最小化し熱効率を上げている．北部においては 2 室並んだオンドルパンの前にのみマル（板の間）をもつ住居があるが，南部と中部山間地域においてはそれに加えて 2 室のオンドルパンの間にもマルをもつ型がある．

ソウル都市型民家　宅地の中で大門，アンチェ（内棟）が 1 つの屋根になり家全体が 「型，二型，口型をなしている．アンチェにはアンバン（内房）とコンノンバン（越房）の中間にマル（大庁）を置いて，アンバンの隣りにプオク（釜屋）が位置している．大門の横にはサランバン（舎廊房）が位置している．

中部地方民家　中部地方は年平均気温 10～12℃，年間降水量 1000～1500 mm，年平均降雪量 40～1000 mm であり，プオクとアンバンが南向している 「型の間取りが多い．ソウル都市型とはプオクの位置が違う．

南部地方民家　年平均気温 13～14℃，年間降水量 1000～1500 mm である．民家では一番基本型であるオンドルパン（温突房）とマルおよびプオクが一列に並んだもっとも貧しい間取りから，バン（房）が多い中流の家まであるが，この一列型民家は附属建物の配置により二字型，L字型，口型になる．寒いところでありながらマルがない平安道地方型も一字型であるが，南部地方型は各バンの前にマルがあるのが違う（図 2.19）．

済州道地方の民家　年平均気温 13～15℃，1500～1700 mm の年降水量を示す島である済州道は風が強いところである．間取りは中央にある大庁（サンバン）を中心にして左右ともにオンドルパン

を置いて，その北側に物を収める板の間である庫房（ゴパン）が位置する．済州道は南方文化的要素である釜（かま）を内向き，外向き両方にかける方法と豚舎と便所が未分離の状態にあるのが特徴である（図2.20）．

また身分制度と男女区分，長幼有序による上流住宅の住棟配置は，外から大門があるヘンランチェ（行廊棟），サランマダン（舎廊庭），サランチェ，アンチェへと順番に中門とマダン（庭），タムジャン（塀）でつないでいる．

ヘンランチェには家来（下人）たちの家族の就寝，仕事，または作業空間として使われた．韓国の住居には床下に煙道を敷設し，薪をゆっくり燃やして煙を通すことにより床面全体を温めるフロアヒーティングをするオンドルという暖房設備と板張りの開放的な広間であるデチョン（大庁）またはマル（抹楼）が農村，都市を問わず存在し続け，他の国にはない住様式を形成している．韓国の北部に発生したものが高麗時代に至って全半島に普及したオンドルは，現代の戸建て，集合住宅まで熱源を変えながら発達し，住宅の間取り，家事作業空間の変化に大きく影響してきた． 〔崔　在順〕

2.5.5 中近東の住居

中近東はヨーロッパから見て東であり，むしろ西アジアといった方がよいのかもしれないが，トルコ，エジプトからイランまでを含む地域である．ノアの箱船が着地したといわれるアララテ山，エデンの園，バベルの塔など伝説的な場所を含めて，都市の起源と称する遺跡の多くがこの地域で発見されている．

住居についてみると，遊牧民のテントは別として，定住の民は日乾しれんがや石を積み上げて壁をつくり，屋根には丸太の梁を架けて土をのせた箱のような家が多かった．そして，動物を囲い込んだり，生活の場を風塵から守るための塀がつくられるようになり，都市と呼べるほどに密集してくると，いわゆる中庭型の住居となっていった．一部にみられるドーム屋根の住居は，貴重な木材を使わなくても屋根が架けられる方法として紀元前5800年ごろのキプロスですでにあったとされている．

こうした住居，都市の起源については建築史の本などに任せるとして，現在の住居について考えてみる．トルコ，イランの北部では雨が比較的多く木造住宅も多いが，シリア，イラク，イランからサウジアラビアにかけては乾燥地帯であるので，遊牧民のテント住居，定着農耕民の住居，都市の伝統的な住居，都市の現代住居に分けて考察する．

(1) 遊牧民のテント (図2.21)

どこでも遊牧できるのではなく，井戸や牧草地の権利によって行動範囲が限られているのと，現代では子どもを学校に通わせるために，基地となる村があることが多い．テントの風下側は昼間開け放していて，テントの前の屋外空間もいっしょに使うので，実質的にはテントの2～3倍くらいの部分が日常の生活の場となっている．テントの内部は男の空間と女の空間に分けられ，中間にふとんを積んだり，アシの衝立てを建てている．

料理は，女の空間の炉（地面の浅い穴）でつくり，男の空間の炉は社交に欠かせないコーヒーづくりに使う．隣のテントまでは少なくとも40mくらいは離れていて，プライバシーを保っていると同時に，コーヒー豆を挽く音が聞こえる範囲に集まって住んでいるので，リズミカルな音をたよりに近所の人が集まる習慣がある．

(2) 定着農耕民の住居 (図2.22)

冬の雨期が終わったころ，自宅周辺の土をこねて簡単にできるので，現在も日乾しれんがは壁や塀をつくるのに多く用いられている．屋根を架ける梁の太さによって梁間が決まるので，通常の細いポプラ材の場合3～4mの幅の部屋ができる．寝室，台所，倉庫などで庭を囲い込むように部屋を建て増していき，残りの部分は塀をつくって囲い込む．

昼間テントの風下側を開放しているのは，残り3面のテントで生活空間を囲い込んでいるのだが，定着民の住居では，風向きに合わせて開放面を変えることができないので，四周を建物と塀によって囲い，風塵から四季を通じて生活空間を守っているのである．

多くの場合，家畜の庭と，人の庭を塀で区切っていて，密集化，都市化の過程で2分割，3分割され家畜の空間がなくなっていく傾向にある．

(3) 都市の伝統的中庭住居 (図2.23)

ダマスカス，バグダッド，カイロなどの旧市街の住宅地を歩くと，道路の両側は土壁ばかりで窓もなく，2階が道の上に出ていて格子窓がついていたりする．農村での中庭に比べると，四周を2階建ての部屋で囲まれた都市の中庭住居は閉鎖的立体である．門をくぐってもすぐ中庭がみえないように折れ曲がったアプローチが多く，女性のプライバシーを守りながら豊かな家族生活ができるように，緑や噴水がある．

乾燥地の暑さは風通しを必要とせず，厚い屋根や壁からの熱伝達を押さえ，日陰をつくることが重要

図 2.21　ベドウィンのテント

図 2.22　都市の中庭型住居（ダマスカス旧市街）

図 2.23　ドーム屋根，陸屋根の家で囲む庭（アレッポ郊外）

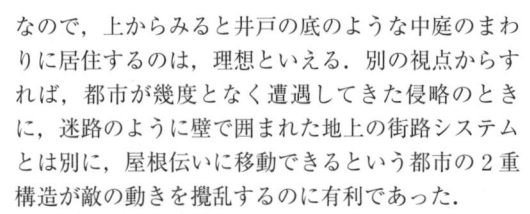

図 2.24　現代の都市住居（ダマスカス新市街）

なので，上からみると井戸の底のような中庭のまわりに居住するのは，理想といえる．別の視点からすれば，都市が幾度となく遭遇してきた侵略のときに，迷路のように壁で囲まれた地上の街路システムとは別に，屋根伝いに移動できるという都市の2重構造が敵の動きを攪乱するのに有利であった．

(4) 現代の都市住居（図 2.24）

城壁に囲まれたかつての都市や集落は，近代化の過程で拡大化の一途をたどっている．かつての日乾しれんがや木，石を使った建物に代わって，鉄筋コンクリートの柱梁にコンクリートブロック壁というのが定番となり，中庭住宅に代わって，いわゆる鉄筋コンクリート造の集合住宅が主流となってきている．

より多くの住居を効率よく積み上げるのには致し方のない手法のように思えるが，かつての中庭住居では居室よりも中庭が重要な生活の場であったことを考えると，ベランダを少しくらい広くしても，生活の中心的な場とはなりえない．

また，都市の構成という点では，集合住宅のまわりのオープンスペースは熱風や砂塵にさらされてしまうので時期によっては使いものにならず，かつて大家族や地域の人々の溜り場であった中庭を惜しむ声も強い．

中近東に限らず，文化的背景や気候風土の異なるところに，近代的・国際的と称する画一化した考え方を適用してきたことへの反省と見直しが重要になってきている．〔八木幸二〕

2.5.6　南ヨーロッパの住居

夏は中緯度高圧帯に覆われ乾燥した晴天が続き，冬は偏西風が北大西洋から低気圧を東進させ多雨となり，温帯でも地中海周辺のこのような気候を地中海気候という．この地域の住居，都市にはこの気候の影響があるといわれる．とくに組積造の中庭住居があり，広場，バザール（市場）等外部空間の利用が多いことが，気候の影響とされる．

温暖な気候は，地中海地域にさまざまな文明を生んだ．そのため古くから都市が発達し，集住の歴史的経験が蓄積された．これらの都市文明は，この地域の基層文化に影響を与え，多様に継承されている．この多様性は，各地の家族と社会の形態に顕著

に現れており，地中海地域の住居と都市生活をきわめて多様，複雑なものにしている．したがって気候の影響も多様な形態，様式によりさまざまであり，一概に地中海気候の影響を論じることはできない．とくに，南ヨーロッパとイスラム圏では，住居と都市生活は大きく異なっている．

(1) 南ヨーロッパの住居と都市生活

南ヨーロッパの都市には，一般に広場が多い．市民が戸外でさまざまな活動をするのは，夏季に晴天が続く気候にもよる．南ヨーロッパでは単室住居が多いが，農村でも単独でなく，壁を共有した集合住宅として街区・集落を形成している．一方，都市には比較的大きな中庭住居がある．この使い分けは，南ヨーロッパの家族と社会の歴史が影響している．

南ヨーロッパは産業革命以前には大規模な家族が多かった地域とされた（P.ラスレット著，酒田利夫・奥田伸子訳『ヨーロッパの伝統的家族と世帯』リブロポート（1992年）による1980年代までの歴史統計学的家族史研究による説）が，近年の研究でとくに南イタリアでは，歴史的に核家族世帯が支配的であるとされる[1]．イスラム圏と比べ，南ヨーロッパ全体でも家族規模は圧倒的に小さい．これは，中規模以上の中庭住居が地中海地域でもイスラム圏に多く，南ヨーロッパに少ないことと関係している．

南ヨーロッパでも都市文明がもっとも発達したローマ時代には，ドムス（domus）と呼ばれる大規模中庭住居と，インスラ（insula）と呼ばれる中庭集合住宅が多く建てられた．またルネッサンス期以降，この影響下に中庭をもつ宮殿（palazzo）建築も貴族の住居として発達した．スペインのアンダルシア地方の農家では，中庭（patio）がよく注目されるが数は少ない．近年の南ヨーロッパ民家研究では，庶民の住居のほとんどは中庭をもたないとされる[2]．

地中海式農業では，夏が農閑期のため農村でも戸外生活が盛んである．また核家族社会では，家族は同じ住居に暮らす共寝生活の代わりに，地域内で別居しながら，定期的に共食する習慣をもっている[3]．大勢で共食するため，最小限設備の単室住居の外に食卓を出す．このほかにも家族活動と社会的活動の大部分が戸外で行われ，戸外は半私的から公的まで段階的に分節された都市空間として認識されている[4]．都市の広場だけでなく，集落にも袋小路を発達させた．シチリア島の集落シャッカの例では，一袋小路に多くの単室住居の入口が，地階でまた階上には外部階段で取られている．イタリアのプーリア州チステルニーノでも，住居は少し大きいが，集合した住居が集合住宅の中庭のように袋小路を囲んでいる．これらの袋小路は半私的な空間として認識され，血縁外でも近隣居住者どうしの関係が強く，非居住者に対し閉鎖的である．

このように南ヨーロッパでは，中庭空間は少ない反面，半私的な戸外空間が発達していることが，住居と都市生活の特色である．この特色に地中海気候は影響しているが，その背景に，固有の家族と社会の生活の要素が強い．

一方，都市の中心広場は，南ヨーロッパの都市では古くから独特の形態で発達した．広場の原型はアテネのアゴラとする説が多い．都市（polis）は政治（politica）と同語源で，西欧文明の基盤でもある都市社会の原型をギリシア文明に求める説である．実際，ローマ時代を起源とする都市は，アゴラを継承したフォーラムがいまでも中心広場である．この広場を重視し，建築的に装飾する傾向は，その後の時代にも顕著にみられた．しかし，それは政治，宗教等，祝祭の場であり，庶民の生活空間ではなかった．中心の広場は，高度に公的な空間で，一般に庶民が日常的に出入りする場ではなかった．庶民の多くは，都市の中でも路地など半私的な空間に生活の場をおいていた．広場は生活空間でなく，政治，宗教の場であり，社会的意味をもつことを意味する．この意味は，地中海地域以外のヨーロッパ諸国にも継承され，近代都市の公的施設として定着した．つまり，南ヨーロッパの住居と都市生活には地中海気候の影響があるが，それは中庭でも広場でもなく，袋小路等の半私的空間により強くみることができる．

(2) イスラム圏の住居と都市生活

同じ地中海地域でもイスラム圏（本項で述べるイスラム圏とは地中海地域に限ったことであるが，北アフリカと中近東，いわゆるマグレブとマシュリークでは，住居も都市も異なった特徴をもつことが知られている．ここでは南ヨーロッパについては南イタリア中心に，イスラム圏では中近東を中心に検討した）には，南ヨーロッパとはまったく異なった特徴がある．都市の街路は狭く複雑で広場はほとんどない．一方，古代から中庭住居がよく発達した．紀元前2000年ごろのウルの住居群は，現代のイスラム圏の住居，都市空間とよく似ている．しかし，住居を使用した家族の形態は，ウルと現代都市とでは異なる．ウルでは奴隷を含む使用人を抱えた世帯が中心で，現代では血縁関係による構成員を中心に大家族が中心であったが，ともに1住居に同居する点

が共通する．イスラム法は，砂漠の遊牧民を通じて，都市商人の暮らしにも，家族の私的な場，住居を外部から守り，安全で快適な場所にする規範を伝えた．コーランには近隣とのトラブルや不要な接触を避ける規定がある[5]．このため現代でも中庭住居が多い．

中庭住居の外壁は窓も装飾も少なく閉鎖的だが，内部は泉と樹木を配した庭に居室が接する．この中庭を中心とした住宅に家族ばかりか，公的生活まで持ち込む習慣が普及している．世界のイスラム圏共通に，住居で親戚や友人，隣人を招き入れる習慣があるが，地中海地域の住居では，中庭でもてなす習慣があり，重要な特徴となっている．

中庭を重視する反面，都市は統合的構造をもたないようにみえる．これは生活を重視し，部分から全体をつくる発想によるもので，これが迷路のような空間にみえるといわれる[6]．しかし，イスラム商業都市では，街路が中心のバザールからハーラ（地区の道），袋小路まで段階的に構成され，都市生活のうえでは，この秩序は厳密に守られている．また，イスラムの都市の街路，広場は，ヨーロッパ近代都市と異なり，本来政治的意味はない．むしろ植民地時代につくられた広場が，戦後政治的に使われている．

(3) 地中海気候とその住居と都市生活

このように住居と都市空間は，地中海地域でも南北で異なる．それは2つ以上の文明圏に異なった宗教があり，それぞれが家族と社会を発展させてきたためである．別途に形成された住居に，夏季に少雨の地中海気候の影響がおのおのみられることはいうまでもないが，都市生活は物的環境以上に強く社会的要因があり，気候の影響はみえにくい．

〔宗田好史〕

参考文献

1) M. Barbagli : Storia Della Famiglia Italiana 1750-1950, il Mulino, Bologna, 1992.
2) E. Guidoni : L'architettura Popolare Italiana, Editori Laterza, Milano, 1980.
3) 宇田川妙子：イタリアの家族から見た家族の概念．ヨーロッパの基層文化（川田順造編），岩波書店，1995.
4) 陣内秀信，土谷貞雄，宗田好史編：南イタリアの集落，学芸出版社，1989.
5) ベシーム・S・ハキーム：イスラーム都市—アラブのまちづくりの原理—（佐藤次高監訳），pp. 7-62，第三書館，1990.
6) 陣内秀信：都市の地中海，pp. 117-122，NTT出版，1995.

2.5.7 北アメリカの住居

(1) 北アメリカの気候

合衆国の気候は大部分が温帯と亜寒帯（冷帯）からなり，熱帯がフロリダ南半島に少しある．

国の広さはアラスカ，ハワイを除いても，日本の約21倍もあり，大西洋から太平洋までの東西の距離は約4500 kmにも及ぶ．そのため，時差が存在する．また，北はカナダとの国境（北緯約49°）から南はフロリダ半島先端（北緯約24°）まで広範である．

日本には東西に時差はないが，緯度に関してはアメリカとそれほど違いはない．たとえば，北海道の稚内（北緯45°25′）はオレゴン州のポートランドとほぼ同じ位置に，沖縄の那覇はフロリダ州のマイアミ，青森はニューヨーク，東京はオクラホマシティ，大阪はアーカンソー州のリトルロック，熊本はカリフォルニア州のサンディエゴに対応する．このように大きな国土をもつ合衆国の気候風土は，8種類に分類（図2.25）されている．しかし，ここでは縦割りに東部，中部，西部，と大胆に気候を分けてみることにした．

1) 東部（季節風気候区）　東部大西洋岸からメキシコ湾へ続く平野部分から内陸部のアーカンソー州やオクラホマ州まで広範囲に及ぶ．大西洋岸はメキシコ湾流（暖流）が北上し，イギリス人が最初に入植したヴァージニア州辺りでは，アパラチア山脈に当たった海風の影響で高温多湿のうえ，雨が多く，ハリケーン（台風）もよくくる地域で，夏暑いモンスーン気候である．四季があり，大西洋岸中部は日本と似ている．とくに，仙台とニューヨークはほぼ同じ気候環境である．

2) 中部（北東部五大湖周辺の亜寒帯と南部のモンスーン気候）　東は北海道と似た気候のニューイングランドから始まる．西は気温の年較差，日較差が激しく降水量も少ない，大陸性気候の特性をもった内陸の大平原地帯までである．この亜寒帯は国土の1/4以上を占めている．しかし，南北方向では北のカナダから南のメキシコ湾まで激しい高低差がないため，冬は五大湖沿岸から中部内陸部まで，北極の寒冷気団が直接流れ込む．そのため内陸は寒さが厳しく，シカゴでは−20℃くらいは普通である．雪も多いがパウダースノーという乾燥した雪で，風に飛ばされることが多く，吹きだまりで1m前後になる．そのため，住宅の環境整備に関しては冬に備えての対策が不可欠になる．夏は大陸性気候のため日中かなり気温が上がる．ただし，乾燥しているため日陰では涼しく過ごしやすい．亜熱帯に近いメキ

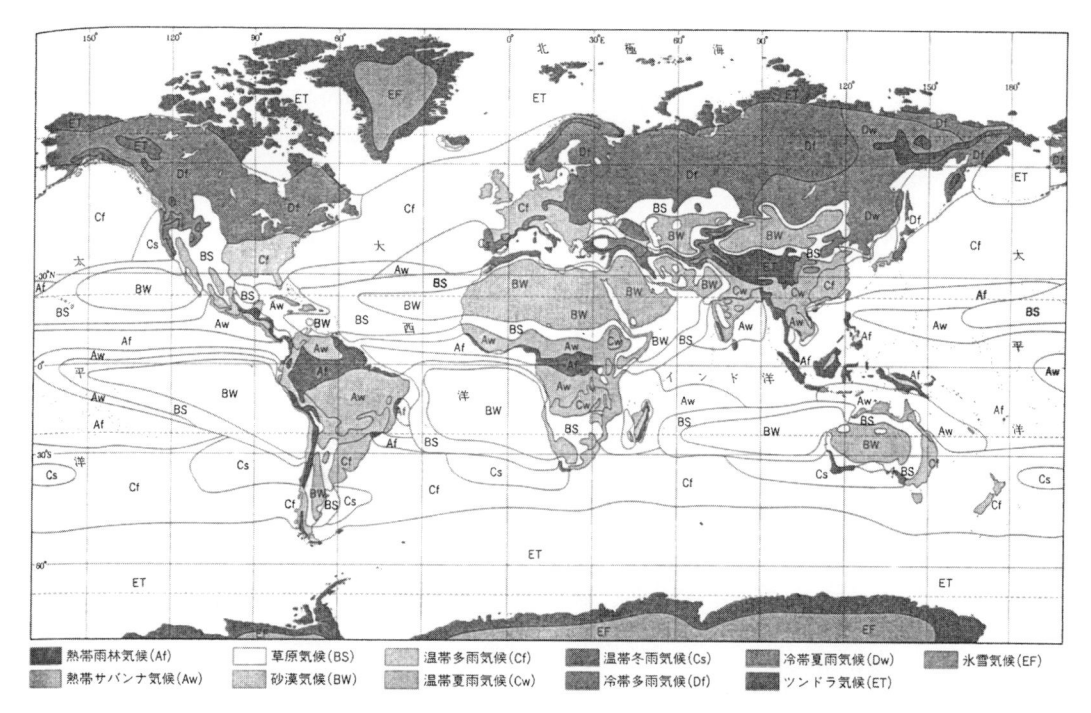

図 2.25 ケッペンの気候区分地図（日本大百科全書，p.442，小学館，2001）

シコ湾岸の内陸部は乾期，雨期がある．南部の夏は湿潤で気温が高い．夏はメキシコ湾からハリケーンとともに奥地まで湿った空気が北上して雨を降らせる．

3）西部（カリフォルニア州の地中海性気候と内陸部） 太平洋岸はカリフォルニア海流（寒流）が流れ，東海岸と同緯度であっても気温や降水量に差がある．温暖で，夏は雨がまれで，冬に雨が多い地中海性気候である．また，ロッキー山脈は高い山が多く，太平洋からの海の影響を押さえ，その内側は広い乾燥地帯になり，砂漠や放牧に適した大草原が広がっている．

(2) 北アメリカ住宅

1）住宅の形 世界各国の移民で成り立っている合衆国は，当初それぞれが本国の伝統的な住宅の形を持ち込んでアメリカの気候風土に合わせて住宅をつくった．しかし，本国の気候風土に似たような土地を求めて移民したとも考えられる．イギリスやドイツ系移民は石造の家，オランダ系は煉瓦，スペイン系はアリゾナやニューメキシコで暑さをしのぐ土の家，フランス系は東海岸の北部ではフランス農家，南部ではニューオーリンズでみられるような，手摺りを繊細なレース模様で飾った都会風である．

全体としては，イギリスの伝統をアメリカになじませたコロニアルスタイル（図 2.26）が主流となった．現在，とくに戸建独立木造住宅が中心で，西部開拓時代とともに機械による製材技術が発達し，運搬しやすく素人でもつくることができる，ツーバイフォー構法（プラットフォーム構法）による規格寸法の木材を使った木造住宅が主流である．

そのほか，大・中都市では鉄筋コンクリートの高層集合住宅，小都市ではコンドミニアムと呼ばれる2〜3階建ての木造低層集合住宅（図 2.27），モービルホーム（工場生産され，工場から自動車に牽引されて設置場所に移動できるアルミ製のトレーラー型住宅．図 2.28）は，暖かい地域（フロリダ・ノースカロライナ・カリフォルニア州など）や低所得者層（図 2.29），リタイア層の持ち家として増加し，この住宅だけ集めたモービルホーム団地もできている．

図 2.30 はミシガン州 Ann Arbor の中流階級の住宅街である．アメリカでは収入が増すと設備が充実し，暖炉つきの大きな戸建住宅を求める傾向が強い．そのため，住宅建設業界は安全で美的な環境の街造りを行い，将来さらに資産価値が上がる住宅街を造り分譲する（図 2.30 の中段）．

また，歴史の古い住宅は資産価値が高く，それらの住宅の入口には，"HISTORIC STRUCTURE C. 1848" などと銘打ったプレートを誇らしげに掲げ

50　　　　　　　　　　　　　　　　　　　　2. 住　文　化

図 2.26　コロニアルスタイルの戸建住宅（ミシガン州 Ann Arbor）
上は古い家.

図 2.27　コンドミニアム-団地（木造低層集合団地, ミシガン州 Ann Arbor）

トレーラーで運んで（半分ずつ）家の下から車輪をはずして, 土台に乗せ, これから2つを接合する状態（ダブルサイズ）

モービルホーム団地（ミシガン州 Ann Arbor）
図 2.28　モービルホーム

図 2.29　低所得者のトレーラーハウス住宅街（ミシガン州 Ann Arbor）

（図2.31），内部も外部も補修しながら愛情を込めて大切に住む気風がある．古い住宅ばかりでなく住宅のメンテナンスに対する気配りが行き届き，外壁のペンキ塗りや修理などを家族そろって頻繁に行っている．

2）北東部五大湖周辺の亜寒帯気候区を中心とする一般的住宅の特徴　通常は1階住宅平面の外周に沿って，地面の凍らない地盤面まで（地域によって多少の差があるが，1.2m程度）掘り下げる．建設費用に余裕があれば2m以上掘る．外から眺めると地盤面から続いたコンクリート壁が30～50cmくらい立ち上がり，その部分に窓や換気口を設け，フルベイスメント（総地下室）として，予備室，プレイルーム，工作室，洗濯室，機械室などの部屋を配置する．寒波や大雪で外出がままならないときのために，2週間〜1カ月程度の食料を確保できる食品庫もある．この地下室は夏に頻繁に発生する，竜巻のための避難所としても使われ，自然の脅威を避けるための必要不可欠な場所である．

冬の対策としては集中暖房を使用し全室の床に温風吹き出し口があり，外が零下でも，軽い服装で過ごせる．また，近年の住宅は窓面積が大きくとられるようになり，そのガラス面から熱が逃げないようにペアガラスやトリプルガラス（3層のガラス）を使っている．

夏は夏時間が採用されていて，夜の9時ごろまで明るく，外で活動する時間が多い．多少蒸し暑い日には道路に面した前庭に椅子やテーブルを出したり，蚊を防ぐため網戸で囲った広めの玄関ポーチに備え付けたブランコ椅子に座ったりして，涼をとっている姿が多くみられ，道を歩いたりジョギングしている人と挨拶を交わし，近隣どうしのコミュニケーションを密に図っている．また，夏の週末には広い裏庭で客を招待してバーベキューパーティがあちらこちらで盛んに開かれる．小さい子どものいる家では，裏庭にブランコや子どもプールを設置して遊ばせている．

一年中湿度が低く，日本のように湿気対策に苦慮することがない．ことに浴槽，トイレ，洗面が一部屋にまとめられたサニタリーの壁は，浴槽のまわりの壁はタイルを貼っているが，その他の壁はビニールクロス張りの仕上げが多くみられる．年間を通じて乾燥しているため，クロスの剝がれやかびなどを心配する必要がないのである．

3）気候風土と町並み　アメリカの住宅は，日本のように南北を意識して間取りを考えたりしない．そのため道路が北側にあっても，生活の中心となる居間はほとんど道路に面して配置される．日本のように南側に居間を必ず配置することはない．とくに，道路に面した前庭には隣地境界に高い塀はなく，美しく刈り込まれた芝生と四季折々に咲く花やりんごの木などが植えられ，遠目には地続きでつながり，解放感とともに目を楽しませてくれる．夏は芝生の手入れを怠ると刈り込まれた隣の芝生との高さの違いがはっきりする．芝生の手入れは広い裏庭にも及ぶ．裏庭はフェンスや生垣で囲い，隣地境界がはっきり区別されている．道路からはみえにくいため，怠けて刈り込まないでいるとタンポポが咲き出す．タンポポは根がしっかりしていて芝を傷めることと，綿毛が風に乗って手入れの行き届いた芝生の庭にも強い生命力で繁茂する．そのために，タンポポを咲かせてしまった芝生の持ち主は綿毛が飛ぶ前に伸びた芝を刈るように，芝刈り業者から芝刈り代行案内のチラシが入り，近隣からは芝を刈るよう注意を受けることもある．

各住宅の前庭と道路までの間には，歩道と落葉樹の並木を植えたゾーンが必ずある．秋になると枯葉がたくさん芝生に落ちる．そのまま放置すれば芝生を傷めるため，落ち葉掃きをしなくてはならない．枯葉をビニール袋に詰めて家の前の道路におくと，清掃車が持ち去ってくれる．道路に沿って並んだ家々の芝生がよく手入れされていることが，その道に面した住宅の資産価値を高めることになる．雪が降れば前庭に接している歩道の雪かきはその家の責任となる．雪かきを怠り，歩行者が家の前で滑って転んでけがをさせると賠償問題が発生することもある．

道路に面した居間の窓は，日常的に日中はレースのカーテンを開けて居間の飾り付けを誇らしげにみせている家が多い．10月末のハロウィンやクリスマスシーズンは圧巻で，居間に飾ったツリーはそれぞれの家が個性的な飾り付けを競っていて見事である．また，玄関から道路への出入り口までサンタやトナカイが引く橇やキリスト生誕の馬小屋などを飾る．また，屋根に大きな雪だるまやサンタの人形を飾り，夜になればイルミネーションで光らせるといった，舞台装置のように楽しくにぎやかな演出で道行く人たちを楽しくなごませてくれる住宅もある．

このような町並みに対する配慮はそこに住む一人ひとりが心地よく美しい環境をつくることを心がけているのである．また同時に，道路の所々に"NEIGHBORHOOD CRIME WATCH"（図2.30下段）という標識を立て，犯罪がなく安全で協力的な町であることをアピールする．その地域の良好なコミュ

中流階級

郊外にある中流階級の町並み

中流階級の町並みにある犯罪防止の標識

図2.30 中流階級の住宅街（ミシガン州 Ann Arbor）

図2.31 "HISTORIC STRUCTURE C. 1848" の表札プレートを掲げた住宅（ニューオーリンズにて）

ニケーションと細やかな美観への配慮は，住宅を売買するときに資産価値を高める重要な決め手になると考えているからである． 〔川嶋幸江〕

参考文献

1) 和田久士：アメリカン・ハウス—その風土と伝統—，講談社，1987.
2) 奥出直人：アメリカンホームの文化史，住まいの図書館出版局，1988.
3) 戸谷英世：アメリカの住宅生産，住まいの図書館出版局，1998.
4) 川嶋幸江：米国の住宅事情およびその暮らし．日本家政学会誌，**39**(12)：1353-1357，1988.
5) 川嶋幸江：モービルホームについての一考察．共栄学園短期大学研究紀要，No.6, pp.155-166，1990.

2.5.8 アフリカの住居

アフリカ大陸は東西 7400 km，南北 8000 km で，日本の 80 倍の面積をもち，現在 53 の国家が存在している．広大な大陸の気候風土は多様である．赤道付近は熱帯圏であるが，北にサハラ砂漠，南にカラハリ砂漠が広がり，砂漠の面積は大陸全体の 1/3 を占めている．南北の砂漠の外側は，北が地中海性気候，南が温帯性気候である．大陸の約 60 ％は海抜 500 m 以上の高地であり，20 ％弱が海抜 200 m 以下の平地で，高度差による気温差も大きい．また海流の影響によって，インド洋側と大西洋側では気候が異なる．

住居の形態は，各地の気候風土によって異なっているが，民族の伝統や慣習，宗教の違いによっても特色が現れている．また，都市部と農村部でも住居の形態は異なる．アフリカの都市はその成り立ちから大きく 2 つに分けることができる．1 つは，アフリカ人が中心になって形成した都市であり，もう 1 つは，植民地時代に植民者によってつくられた植民地都市や鉱山都市である．後者の都市の住居には，植民者が本国から持ち込んだヨーロッパ的スタイルのものがみられる．近年のアフリカの都市部の住宅は，コンクリートブロックを用いたローコスト住宅の建築が盛んである．

多様なアフリカの住居の中から，ここでは伝統的

な住居とイスラム風住居について，いくつか例をあげて説明する．

アフリカの伝統的な住居は，コンパウンド形式のものが多い．コンパウンドとは屋敷地のことで，この中に複数の小屋が配置され，1つの住まいを形成している．1つ1つの小屋は数m^2〜数十m^2程度で狭いが，寝室，厨房，便所，食糧庫，家畜小屋など，それぞれ単独の用途をもっている．

ケニア，タンザニアのマサイ族は，年間降雨量200〜1200 mmのサバンナに生活する遊牧民である．彼らの住まいは，戦士と呼ばれる青年男子のグループと，長老を中心とした一夫多妻制による家族のグループに分かれる．各グループとも，数十戸の小屋が集まって構成されている．小屋の配置は，2つのグループとも円環状で，家族のグループのコンパウンドの周囲には，内部の家族や家畜を守るためにとげのある植物でバリケードが築かれている．建築材料は現場で調達されるものが多く，軸組には木，壁と屋根には土，牛糞，植物などが使われている．小屋は扁平な円筒形で天井が低く，開口部は入り口の1カ所しかない（図2.32）．少ない開口部は，日中の強い日差しを防ぎ内部を涼しく保つ効果がある．また牛糞と土を混ぜた壁や屋根は，内部の熱の放出を妨げ夜間の冷え込みを防いでいる．家作りは女性の仕事であり，約2週間くらいで住居は完成する．住まいの移動は7〜8年ごとに行われている．

ザンビアのロジ族は，カラハリ砂漠の東に位置するザンベジ川のほとりに居住している．ロジ族は，乾季と雨季に伴うザンベジ川の水位の変動によって，高地と低地の居住を繰り返している．つまり，ロジ族は高地と川縁にそれぞれ1組ずつ住居をもっているのである．ロジ族の小屋の形態は，平面が正方形で方形の屋根がのったものと，平面が円形で円錐状の屋根がのったものの2種類に分かれる．円形の小屋は主として台所として利用される．ロジ族は一夫一婦制で，住居は数棟の寝室と台所などからなり，周囲をフェンスで囲って家族のプライバシーを守っているものが多い．建築材料は，軸組に木が少し使われるほかは草が主体である．壁や屋根材に3種類の草を使い分け，防水性の高い強固な屋根をつくっている．壁は粘土などで塗り固められることもある．ロジ族の住居も入り口が唯一の開口部であり，昼夜間の激しい気温差を和らげる工夫がなされている．

ザンビアのチェワ族は，ザンビア東部の湿地帯に住む部族である．ここでは，20〜40戸の小屋が集まって集落を形成しているが，敷地を分けるフェン

図2.32 ケニア・マサイ族の住居

図2.33 ケニアのラム島のマクティハウス

スなどはない．それぞれの家族単位で，小屋はたがいに入り口が向かい合うように配置されており，ベランダに立てば，たがいの小屋の内外が見通せるようになっている．集落の端には，家畜小屋や穀物庫がつくられている．寝室用の小屋は，竹を籠状に編みその上から泥を塗り込めてつくられており，屋根は草葺きである．また，屋根を大きくとって，外壁の周囲にベランダを巡らせている．穀物庫は湿気を防ぐために高床式になっている．

アフリカの東海岸に位置するケニアのラム島やタンザニアのザンジバル島では，イスラム文化の影響の強い住宅をみることができる．この地域の気候は高温高湿であるが，年間降雨量が900 mm程度で雨期に集中している．ラム島では，細く狭い道路が入り組み，町並みは一見迷路のようにみえるが，メインストリートはモンスーンの風向に沿って形成されており，風が通るように工夫されている．ラム島の住宅は基本的にコートハウス形式で，内部に中庭がある．伝統的な石造住宅はこの地方でとれるコーラル（珊瑚石灰岩）が建材に使われ，仕上げに漆喰を

塗って白壁にしている．壁厚は40～50cmであり，屋根もまた50cmほどの厚さがある．これは，日中の暑さを防ぎ，室内を快適な温度に保つのに役立っている．屋根が草葺きのマクティハウスと呼ばれる住宅もある（図2.33）．この屋根には，薄い天井を張ることで屋根裏換気ができ室内の温度上昇を抑えるという趣向が凝らされている．〔阪東美智子〕

参 考 文 献

1) 米山俊直：アフリカ学への招待，NHKブックス，1986.
2) 小倉暢之：アフリカの住宅，丸善，1992.
3) H. Schmetzer : Traditional Architecture in Zambia, Lund University, 1995.

2.6 住まいと年中行事

行事には，人の成長の節目に行う冠婚葬祭などの「人生儀礼」と，1年の節目に毎年繰り返す「年中行事」がある．どちらも人が集まるが，集まる場所が家であることも多かった．洋風化以前の日本の住まいは接客機能を重視してつくられていたが，こうした行事は，住まいが接客空間として用いられる最大の機会であった．

和風の住まいで接客の場となるのは座敷である．座敷は，接客専用空間とされ，普段はあまり利用されないが，行事の際にはここに人が集まった．そして地位の高い者ほど床の間の近くに座るため，参集者それぞれの地位が床の間を基点とした席次によって明確になった．隣接する和室を仕切っている襖を取り外せば，複数の部屋をつないで1つの空間として使用することが可能であったが，それでも座敷以外の部屋は「次の間」などと呼ばれ，座敷に対して劣位にあるとされた．

さて，民俗学の成果によれば，住まいは人間が生活を営む場であると同時に，仏壇に祖先が祀られ，神棚やカマドや便所などにさまざまな神が宿る，宗教性を帯びた空間でもあった．このため，年中行事の中には，単に人を招くだけでなく，神や先祖の霊を「他界」から招きもてなす祭りでもあった．たとえば，宮崎県の高千穂神楽や，長野，愛知，静岡の県境地帯の花祭や霜月神楽など，日本各地には住まいに神を招く「神楽」が伝わっている．これはくじで選ばれた民家の一室に注連縄を張るなどして聖域を設定し，そこを舞台にして村人が神を招き，神事を行い，夜通しさまざまな舞を舞うという行事であり，住まいへの神の来臨をまさに上演してみせる行事である．

これは特殊な例かもしれないが，より一般的な年中行事の代表が正月と盆である．まず正月には「歳神」などと呼ばれる神が来ると考えられた．年末のうちに住まいを清め，玄関等に門松を立てたり注連飾りをするが，民俗学では門松を神の依代とみなし，歳神を家に招く標と考えている．家の中で歳神を祀る場所はさまざまで，神棚に供物を供えたり，座敷の床の間に掛け軸をかけて供物を供えたり，あるいは歳神は特定の方角（「恵方」といい，年により変わる）からやってくるとして，その方角に特別の棚（年徳棚などという）を臨時にしつらえ，さまざまなお供えをして祀る地域もあった．

盆には，家で先祖の霊を供養する．墓など決まった場所から先祖の霊を迎え，数日間，供物を供えたり読経をしてもてなすのである．家の中で霊を祀る場所は，盆棚，精霊棚などと呼ばれる棚を臨時に設ける場合と，仏壇に祀る場合があった．このほか，他の霊のために餓鬼棚などと呼ばれる棚を縁側に別に設けるところもあった．

もちろんこれらの年中行事は，人が集まる機会でもあった．正月には年始の挨拶を交わし，盆には先祖を拝むために，親類や近隣の人々が訪れた．多人数を収容したり人の流動を容易にするため，部屋を仕切っている襖を取り払い，複数の部屋を1つの空間として利用することもあった．

さて，農家住宅をはじめとする「民家」では，神棚や仏壇以外の場所も神聖視され，さまざまな神格が宿っているとされた．福神である恵比寿や大黒などが台所などに祀られているほか，敷地の一角には稲荷などの屋敷神が鎮座していた．また，かまどやいろりには火の神，井戸には水の神，そのほか便所，納戸，倉，厩等にも固有の神が宿っているとされた．神棚に祀られる神が「天照大神」など神格がはっきりし，外からその家に持ち込まれたと考えられるのに対し，これらは名称や神格も定かでない，家に固有の土着の神であることが多い．そういった神々に対しても，多くは供え物をして祀る日が決まっていた．

ところが戦後，都市の住まいでは，接客専用空間より家族のための生活空間が重視された．とくにLDK型住宅では接客専用空間がなくなり，和室から床の間が消えていった．しかし地方では，和室が2間以上続く間取りが，接客や行事のために健在であった．いずれにしても，土間がなくなり，電気，ガス，上下水道が備わってかまどやいろりや井戸が姿を消し，便所は水洗化して，神棚と仏壇を別にすれば，住まいの中に宗教性を帯びた空間や，「他界」

とのつながりを意識させるような象徴性を帯びた場がなくなっていった.

さて,戦後盛んになった年中行事にクリスマスと誕生日がある.これらの行事の際に行われる,家族中心のパーティは,核家族の時代にふさわしい行事として都市部から爆発的に普及していった.

家庭で行うクリスマスは,クリスマスツリーなどを飾り付け,家族そろってごちそうとケーキを食べ,プレゼントを贈るのが主眼であった.誕生日については,日本では正月に年をとる「数え年」が一般的であったころには,1歳の「初誕生」を除いて誕生日を祝う習慣はなかったが,誕生日に年をとる「満年齢」が明治以後使われ始め,1951年に使用が制度化されたため,誕生日を祝う習慣が広く普及した.家庭では,家族が集まって会食し,ケーキに年齢の数だけ立てたろうそくを吹き消して「ハッピーバースデー」の歌で祝い,プレゼントを贈った.どちらの行事でも,学齢期の子どもがいる場合には,友だちを招いて祝うことも多い.

こうした行事をどの部屋で行うかは一定せず,来客の有無や人数,親しさの度合いにより決まるようである.というのも,接客専用空間をもたない都市のLDK型住宅では,リビング,ダイニング,キッチンの配置にいくつかのパターンがあり,そのうえ接客と団欒の場の使い分けもさまざまであるため,接客の場の設定には共通性がみられないからである.そのため,これらの行事の場もさまざまであり,行事の洋風イメージから和室が使われることは少ないが,ダイニングキッチンやリビングルームなどを片づけ,模様替えをして飾り立てることで,日常的な「ケ」の空間で「ハレ」の行事を演出しているのが現状である.

〔阿南 透〕

参考文献

1) 井上忠司,サントリー不易流行研究所:現代家庭の年中行事,講談社,1993.
2) 太田博太郎編:住宅近代史,雄山閣,1969.
3) 今和次郎:住宅の変遷(大間知篤三他編,日本民俗学大系6),pp. 3-20,平凡社,1958.
4) 高取正男:民俗のこころ(高取正男著作集3),法蔵館,1983.
5) 鈴木成文,小柳津醇一,初見 学:「いえ」と「まち」,pp. 53-91,鹿島出版会,1984.

2.7 習俗・宗教と住居

住居は,暑さ,寒さや雨露から身を守るシェルターという物理的な側面だけではなく,そこに暮らす人々の精神的なよりどころとしての役割も合わせもつ.それは家族が安泰に暮らせるように,目にみえない神仏の力が働いており,人はそれに日々感謝を捧げながら生活しているという発想であり,また,それに従わないと祟られるという禁忌の思想でもある.しかし,現代では,住居選定の際にそのようなことに配慮するゆとりもなくなり,しだいにすたれつつあるが,地域によってはいまなお習俗として語り継がれている.住居の中に神仏を祀る神棚や仏壇を設置する場合,その場所や向きにこだわることや,かまどや井戸,厠には神が宿ると考え,その場所を清浄に保ち,お札を貼ること,敷地や住居の鬼門の方向には造作をしないといった家相説にこだわることなどがその例として挙げられる.本節では家相と屋敷神,屋内神の信仰についてまとめる.

(1) 家 相

家相は,屋敷,住居の地勢や配置,間取りや構造などが居住者の吉凶禍福を左右するという説であり,近世以降現代にも続く習俗である.人相,手相,剣相,墓相,地相等の観相の一種であり,ものの形状による吉凶占いの住居版である.しかしその内容は日照,通風を考慮した間取りや庭の配置など,昔からの経験則による住居計画を教えるものが多く,それらを方位別に吉凶判断するという形式をとる.家相見や易者,陰陽師を媒介として広まり,江戸中期以降は多くの家相書が刊行され,民間に流布した.

代表的なものに鬼門の禁忌がある.北東(鬼門)と南西(裏鬼門)の2方位には,敷地や住居の形状に著しい凹凸をつけたり,開口部や厠を設けるなどの造作を行ってはならないという.敷地内のこの方位には祠を設けて鬼門除けとするなど,特定方位の禁忌の顕著な例である.鬼門を忌避する感覚は,江戸の家相説以前にも日本にあり,平安京の都市計画にも応用され,比叡山延暦寺を都の鬼門除けとするなどの言い伝えがある.江戸城にとって上野の寛永寺がこれにあたる.家相説では,この2方向のほかに敷地や住居の中央も重要であるとし,階段や地下蔵をつくることを禁じている.

ほかには,かまど,井戸,厠を家相をみる際の重要ポイントとし,次いで神棚,仏壇の場所や向きも問題とされる.かまど,井戸,厠は火,水,排泄という人々の生活に欠かせないものを扱う場所であり,これらをおろそかにしてはいけないという戒めである.

家相説は,古代中国の陰陽五行説に由来するものであり,天空の星の巡りをもとに,農耕を行う際の

目安となる暦を設定し，それらと人の営みとのかかわり，すなわち「天・人・地」のありようを一括りにして考えるという思想をベースにしている．風水説もここから発しており，中国の明・清時代の陽宅風水（都市，都城，住居など生ける人の住まう場所），陰宅風水（死せる人の住まう場所，墳墓）の思想は，当時の中国で環境形成の指針とされた．この陽宅風水をまとめた典籍が後に中国から日本に舶載され，江戸中期以降に，日本独自の畳の間取りの吉凶なども含めて再編成されたものがいまに続く家相説となったと考えられる．祖先を敬い，よい場所に墳墓を営むことを旨とした陰宅風水が主流であった本家の中国とは異なり，日本では墓相もあるが，それよりもむしろ，お家安泰のために現世の住居を難なくつくるという，陽宅風水の一部が転じた家相の方が大きく発展した点が特徴である．中国の風水も同様であるが，心地よく住まうための環境選びの指針から始まっており，当初は経験則を語るだけであったものが，時代が下るにつれて「どう祟るか」という瑣末な部分が誇張され，しだいに複雑化，神秘化し，単なる迷信に堕する傾向がある．

(2) 屋敷神，屋内神の信仰

一方，かまどや井戸，いろり，納戸，便所等に神が宿るとして住居の中で特別視する傾向は家相説とは別に存在するものであり，地方の旧家などでは竈神を祀るなど，信仰や年中行事に密接に結び付いて現代に残るものもある．また，屋外には敷地内に屋敷神や稲荷神を祀る例がみられる．いずれも生活に密着した祈願の場であり，家内安全や無病息災，一族の繁栄などを願って祀られる．火，水という，日々の生活に必要不可欠な要素を扱うかまどや井戸，いろりのほかに，昔は寝床であった納戸も重要視されている点は見逃せない．生命の誕生，多産と結び付く場所であり，一族繁栄には欠かせない条件である．

これらの神の祀り方は，祠や神棚を設けたり，お札や幣束などを貼ったり吊るしたりするなど方法はさまざまであるが，正月や節分，盆を機に，毎年新たに祀り直すなど，神の迎えと送りを繰り返してその霊験を新たにすることを心がける．

ほかにも，井戸や厠を埋める際の儀礼などもあり，人の生活に直接結び付いている部分をおろそかに扱わないという意識があり，これを怠ると祟られるという俗信が生きている地域もある．また，地鎮祭や棟上げという建築儀礼も昔からあり，神職を呼んで祈祷やお払いをする，さらにはそれらの日どりを暦で選ぶなどの習俗もいまなおすたれずにある．

以上のように，住居を巡る信仰や習俗には，現代では非科学的とみなされるものが多いが，そもそもは人が生きるために重要な火，水，そして土（地面，土地）を大切にするということから始まったものであり，生活に根づいたものであったことがわかる．

〔村田あが〕

2.8　日本の住居のデザイン様式

日本で行われてきた住居のデザインは，20世紀になって確立した，無駄な装飾を省き，構造体を明確に表す近代機能主義のデザイン原則と一致したため，世界的に大きな影響を与えた．その特徴とは，次に述べるような平面計画，構造，形態，材料，自然との関係などの諸側面を貫く秩序の概念である．

(1) 間取りを形成する秩序

住宅の間取りは，畳の寸法を基礎的単位としたグリッド上に展開され，平面全体にわたる秩序を生む．住宅の構成単位となる空間は，畳を矩形に敷き並べてつくった居室である．居室や設備空間を，屋内の生活にとって望ましい位置に配置し，相互間を廊下などの通路空間を挟んで結合する加算的な方法により，全体が計画される．この方法は，雁行型のような不整形の平面を形成しやすいが，どの居室にも十分な居住性と外部との連続性を確保できる利点がある．また，住宅の機能が変化した場合にも，居室を単位とした増改築を行い，対応するのが容易となる．

(2) 柱・梁構造の秩序

日本の住宅の構造は，木造をもとに発展した．木造住宅では，柱と梁を主要な骨組みとして大部分の荷重を支え，付属する部材を加えて構成される．垂直方向の荷重を受ける柱と，柱を結合して床の荷重を受ける水平方向の梁は，大きな力が働く主要な構成材で，単純な形態で太く，力強い印象を与える．小さい荷重を負担する部材の寸法は，柱や梁と比べると細く，視覚的な印象も弱くなるという段階的で有機的な構成がみられる．建物の荷重を分担して支える構造材が線として表現されるのに対し，荷重を受けない壁面，開口部は面として表現され，これらがバランスよく配置される．暗い色調になる木材の構造体と，白や淡い色調の壁面，開口部との対比は，無彩色の中における，明解な表現の秩序を形成する（図2.34）．

(3) 壁面の構成要素の段階性

建物の立面の中にも，段階的な秩序がみられる．柱と梁で囲まれ，区画された壁面の中には，共通し

た比率や意匠をもつ窓，格子，障子等の建具が組み込まれ，建物全体の構造的なリズムを繰り返し，調和のとれた雰囲気をつくる．壁面を構成する個々の要素は，季節や居住者の好みの変化に応じて他の種類の意匠に簡単に取り替えられ，建物全体の雰囲気も大きく変化するという特徴がある．

(4) 内と外の間にみられる段階性

日本の空間の魅力は，建具を開け放つと，内部から外部まで連続し，一体的に溶け合う開放性にある．また，この間には徐々に変化する段階的な構成もみられる．屋内は，家族が生活する人工的な場である．床を張った地面から離れた位置で，庇の深い屋根で覆われた暗い場所である．これに対し，屋外の塀に囲まれた庭は自然の縮小で，低い地上に展開する明るい対照的な場である．この両者の間に，次に述べる2つの中間的な領域が存在し，内と外の間に奥行きを形成する．1つは外部とは建具で仕切られているものの，居室から1段下がっている廊下，縁側等の半屋内の領域であり，もう1つは地面から1段高くなった敷石や濡れ縁などの半屋外の領域である（図2.35）．これらの中間的な場を挟むことにより緩衝の場が形成され，内と外の間に奥行きを与える視覚的効果も上げている．

(5) 非対称の構成

欧米の住宅は，玄関を中心とした対称形を形成することが多く，幾何学的で正面性を強く意識しているのに対し，日本の住宅は，一般的に非対称の構成をとる．非対称の構成は，親しみやすく近づきやすい印象を与える．住宅に接近しつつ，周囲を巡りつつ全体の形を把握する過程は楽しみを与える．自然が作り出す地形や樹木は，もともと非対称である．自由に成長，変化する非対称の住宅形態は，自然の景観の中によく調和する．

(6) 素材に対する尊重

自然の素材がもつ肌合い，色彩，形態を尊重し，それを生かした住宅のデザインが一般的である．伝統的な在来住宅は，地域で産する身近な木材，石材，紙，土等を材料につくられてきた．素材の特性を生かした住宅は，自然との連続性をもつ．現在の生活の中にも自然に産する材料が深く入り込んでいるのは，健康の点からも望ましい．木材に対する愛着が根強く，鉄筋コンクリートで建築する場合でも型枠の木目が表面に残る打ち放しの仕上げが好まれるのも，日本の特徴である．

(7) 時間の経過を考慮したデザイン

門の位置からは住宅の全容を把握できず，歩を進めるに従い徐々に姿を現してくるアプローチの構

図2.34 倉敷の町並み

図2.35 倉敷・大橋家

成，季節の移り変わりに応じて，床の間の飾付けを変更したり，過ごしやすい床材，建具にしつらえる住み方など，人の移動による時間の経過や季節の変化を組み込んだ構成が巧みである．表面を塗装しない素材のままの仕上げは，自然の風雨にさらされて徐々に変化していく．しだいにあせる色調や崩れていく形態の中に美しさを見出すのも，日本独自の感覚である．その結果形成される，居住者が長い期間大切に住みこなし，手を加えていく過程の中で住宅が完成されるという考え方は重要である．

(8) 型によるデザイン

日本の文化，慣習の継承方法の特徴は，現実の具体的な形態の骨組みだけを抽象化した「型」という概念を用いる点にある．型分けは，住宅の平面，構造ばかりでなく施工方法にまで及ぶ．地域や居住者の要望に適した型を選択し，状況に応じて変更を施しつつ繰り返し建築する方法は，設計の手間も省けて合理的である．類似した条件下では，同一型の住宅が集団的に建築され，町並みを形成する．微妙に

異なるデザインではあるものの、共通した原則に沿って計画された住宅が並んだ景観は、生き生きした快いリズムを生み、調和と秩序のある町並みを形成する。
〔小川正光〕

2.9 近代における欧米の住宅様式

近代では、蒸気機関の発明によって、かたや工場での大量生産、かたや鉄道による大量輸送が可能となり、職住分離が促進される一方、水、ガス、電気などの大量生産・輸送を行う都市基盤が整備された。その結果、住宅は「モノ」やエネルギーの生産-消費が循環する場ではなく、もっぱらそれらを消費する場へと変化し、また生産単位としての大家族が消費単位としての核家族へと分解された。このようにして消費に純化された近代生活を営むための住宅が、純粋な近代建築（Modernism）によって形作られたのである。

純粋な近代建築とは、「あらゆる他の諸芸術の要素や成分にとらわれぬ自由な存在」（H. ゼードルマイヤー）であり、建築からは、絵画的・彫塑的・演劇的・装飾的要素、象徴的・寓意的要素、擬人的要素が放逐された。建築は固有の「伝統」から切り離され、その代わりとして、一方で自然の「生命」に、他方で人工の「機械」に準拠するようになった。ここでは、近代建築の準拠枠を「伝統」「生命」「機械」に整理したうえで、それらの相関として「様式」の経年変化を捉え直すことにしよう。

2.9.1 近代住宅の源泉（19世紀末～第1次世界大戦前）

近代社会をいち早く築き上げたイギリスでは、1860年代以降、中流階級の住宅建設ブームが興った。アーツ・アンド・クラフツ（Arts & Crafts）運動の指導者、モリス（W. Morris, 1834-1896）は、伝統的民家にみられるような芸術と工芸の統合を理想とし、地方土着の素材・構法の復興を唱えたのに対し、ショウ（R. N. Shaw, 1831-1912）は、民家の要素を折衷したオールド・イングリッシュ（Old English）様式や町家の要素を折衷したクイーン・アン復興（Queen Anne Revival）様式を考案し、それらを使い分けた。さらに、ヴォイジー（C. F. A. Voysey, 1857-1941）やマッキントッシュ（C. R. Mackintosh, 1868-1928）は、それぞれイングランド北部やスコットランドの民家にみられるようなモルタル粗塗の白壁を応用して、独自の住宅様式を作り上げた。

図2.36 ロビー邸（シカゴ、1909年、ライト設計）

世紀末のヨーロッパは、アール・ヌーヴォー（Art Nouveau）に席巻された。狭義のアール・ヌーヴォーは、パリ、ナンシー、ブリュッセルで試みられた装飾芸術を指し、鉄、ガラスといった新素材を用い、生物を主題とした不規則な曲線で面全体を覆い尽くすという特徴は、オルタ（V. Horta, 1861-1947）やギマール（H. G. Guimard, 1867-1942）の住宅に体現されている。広義には、伝統からの「分離」を標榜したウィーンのゼツェッション（Secession）、カタルーニャ地方の伝統的構造・装飾の刷新を目指したバルセロナのカタルーニャ・モデルニスモ（Catalonia Modernismo）などが含まれる。前者は、ワグナー（O. K. Wagner, 1841-1918）の直線的で平面的なデザイン、後者は、ガウディ（A. Gaudi I Cornet, 1852-1926）の曲面が波打つ立体的なデザインで知られる。

19世紀後半のアメリカでは、ツー・バイ・フォー構法の原形となる木造壁式構法が開発され、杖のような骨組を強調したスティック（Stick）様式や、逆にこけら葺きの被膜を強調したシングル（Shingle）様式が生み出された。その過程で、住宅内部諸室のオープン化が進められたが、最終的には、ライト（F. L. Wright, 1869-1959）が箱形住宅を完全に解体し、中央に暖炉を配した十字形平面、2階の連窓と寄棟屋根の軒線により水平性を強調した立面によって、住宅内部を外部の大草原へと開放したプレーリー・ハウス（Prairie House）を完成した（図2.36）。

2.9.2 近代住宅の確立（第1次世界大戦後～第2次世界大戦前）

2つの世界大戦に挟まれた1920～1930年代のヨーロッパでは、一方で民族主義が、他方で社会主義が勃興するという流動的な情勢の中で、アヴァンギ

ャルドによるさまざまなデザイン実験が行われた．

イタリアの未来派（Futurism）が，工業化された都市のダイナミズムを謳い，ロシアの構成主義（Constructivism）が，社会主義の理想を幾何学形態の構成として表現した．フランスでは，スイス出身のル・コルビュジェ（Le Corbusier, 1887-1966）がエコール・デ・ボザールの古典主義建築に立ち向かい，純粋な幾何学形態からなる「住むための機械」としての住宅を提唱した．彼は，独立柱が床スラブを支える鉄筋コンクリート構造「ドミノ（Domino）」を用い，自由な平面，自由な立面，連窓，ピロティ，屋上庭園という「近代建築の5原則」に則った白い箱形住宅を作り上げた（図2.37）．そして，それがテラーニ（G. Terragni, 1904-1942）らの合理主義（Rationalism）に影響を及ぼした．

オランダでは，アムステルダム派（Amsterdam School）が，伝統的な素材・構法を用い，生物を思わせる彫塑的なデザインを行ったのに対して，デ・ステイル（De Stijl）のドゥースブルフ（T. van Doesburg, 1883-1931）らはライトの影響を受け，平坦な面を垂直-水平に風車状に組み合わせたデザインを試みた．ドイツでは，アーツ・アンド・クラフツ運動の紹介者，ムテジウス（H. Muthesius, 1861-1927）が中心となって，1907年にドイツ工作連盟（Deutcher Werkbund）を結成，展覧会開催等の活動を繰り広げたが，1914年ケルン展において，建築を建築家個人の表現とするヴァン・ド・ヴェルデ（H. Van de Velde, 1863-1957）と，部材の標準化を通じて建築の量産化を図ろうとするムテジウスとが激しく対立した．前者はタウト（B. Taut, 1880-1938）やメンデルゾーン（E. Mendelsohn, 1887-1953）らによる表現主義（Expressionism）へ，後者はベーレンス（P. Behrens, 1868-1940）の工業デザインへと結実していった．1919年にバウハウス（Bauhaus）を創設したグロピウス（W. Gropius, 1883-1969）は，1925～1926年のバウハウス移転に際して，白い箱を立体的に積み上げた校舎や教員宿舎を建て，ミース・ファン・デル・ローエ（L. Mies van der Rohe, 1886-1969）もまた，鉄骨造と間仕切りとを分離し，間仕切りを離散的に配したオープンな住宅を建てた（図2.38）．ミースは，1927年にヨーロッパ中のアヴァンギャルドによる実験住宅を集めたワイゼンホーフ・ジードルンクを組織したが，それらがアメリカで紹介される際に国際様式（International Style）という呼称が使われた．

2.9.3 近代住宅の継承（第2次世界大戦後～1960年代）

プレーリー・ハウス後のライトは，マヤ，アステカなどアメリカ土着の建築に興味を抱き，その装飾をあしらったコンクリート・ブロック造住宅を建てたが，落水荘（1936年）で国際様式を取り込むことに成功した後，L字形平面を入隅部のコアで分節したユーソニアン・ハウス（Usonian House）を発展させていった．第2次世界大戦中，ドイツを追われたユダヤ人建築家たちはアメリカに亡命し，アメリカに国際様式を移植した．ボストンに移ったグロピウスとブロイヤー（M. Breuer, 1902-1981）は，バウハウスで試みていたRC造箱形住宅を持ち込み，シカゴに移ったミースは，鉄骨造ガラス張りの空間をコアで仕切っただけのファーンズワース邸（1950年）を完成させた．カリフォルニアでは，シンドラー（R. Schindler, 1887-1953）やノイトラ（R. Neutra, 1892-1970）が，ヨーロッパのアヴァンギャルドとライトの影響とを融合させ，その試み

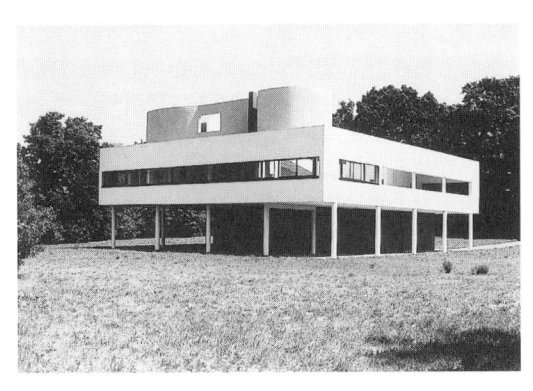

図2.37 サヴォワ邸（ポワシー, 1931年, ル・コルビュジエ設計）

図2.38 ドイツ・パヴィリオン（バルセロナ万国博覧会, 1929年, ミース・ファン・デル・ローエ設計）

がケーススタディ・ハウスへとつながっていった．フィラデルフィアでボザールの建築教育を受けたカーン（L. Kahn, 1901-1974）は，1950年代以降，求心性の強い単位空間を反復することで，古典建築の中心性と近代建築の均質性との統合を追求していった．

北ヨーロッパでは，ナショナル・ロマンチシズム（National Romanticism）によって自国の伝統が復興，刷新されたうえに，国際様式が持ち込まれた．マイレア邸（1939年）にみられるように，アアルト（A. Aalto, 1898-1976）は，木や煉瓦といった伝統的な材料を用いてうねるような曲線，曲面を作り出し，逆説的ではあるが国際様式の地域主義（Regionalism）的発展が実り豊かであることを例証した．

戦後のル・コルビュジエは，マルセイユのユニテ・ダビタシオン（1952年）にみられるように，抽象的な白い壁に代わって，荒々しいテクスチャーを刻んだ打ち放しコンクリートで彫塑的な建築をつくるようになり，そうした作風の変化がニュー・ブルータリズム（New Brutalism）に影響を及ぼした．他方，ル・コルビュジエを中心にして組織されていたCIAM（近代建築国際会議）の第10回大会（1956年）では，オランダ，イギリスの若手建築家が反旗を翻してチームX（Team X）を結成，バケマ（J. B. Bakema, 1914-1981）やスミッソン（P. Smithson, 1923- ）らがメガストラクチャーをもつ集合住宅を計画，実施した．その後，イギリスのアーキグラム（Archigram），日本のメタボリズム（Metabolism）のグループが，構造・設備を内包したメガストラクチャーに，カプセル形住宅を取り付けた集合住宅計画を多数提案した．

2.9.4 近代住宅の再考（1970年代～）

1970年代半ばのカーン，アアルトの死をもって，近代建築の巨匠時代は幕を閉じる．このことは，伝統を否定したはずの近代建築が伝統をもってしまったことを意味するが，ポスト・モダニズム（Post Modernism）とは，様式や運動ではなく，むしろそうした歴史性の認識であると理解すべきであろう．カーンの教えを受けたヴェンチューリ（R. Venturi, 1925- ）は，ミースの単純で均質な建築を否定して，建築を複雑性と多様性で評価すべきであると訴える一方，ムーア（C. Moor, 1925-1994）らとともにポピュリズム（Populism）をアメリカ土着のものとして受け入れ，住宅に取り入れた．それに対して，アイゼンマン（P. Eisenmann, 1932- ），マイヤー（R. Meier, 1934- ），グレイヴス（M. Graves, 1934- ）らのコルビュジアン（Corbusian）たちは，戦前のル・コルビュジエの白い箱形住宅を模範として，そこに複雑な形態操作を加えた住宅で脚光を浴びた．ヨーロッパでは，ロッシ（A. Rossi, 1931- ），クリエ（R. Krier, 1938- ）らが，伝統的な建築，都市の再評価を行っていたが，そこに古典主義に転じたグレイヴスが加わり，1980年代にはポスト・モダン・クラシシズム（Post Modern Classicism）が隆盛をみた．これに対して，アイゼンマンらはフランスの「脱構築」哲学を下敷きにしたデコンストラクティヴィズム（Deconstructivism）を推し進めたが，これによって近代建築は解体され尽くされたわけではなく，いまなおハイテク（High Tech）とミーシアン（Miesian）という形で継承されている． 〔片木　篤〕

2.10 ジェンダーと居住環境

戦後，日本の居住環境は大きく変容した．高度成長期を経て都市化が進行し，その後の都市膨張により職住の分離が進行した．欧米から輸入された新しい居住様式が浸透し，また商品化される中で住宅の大量生産，大量供給が実現した．しかし一方で，経済性，効率性を重視した都市空間の形成は，自然破壊と居住環境の悪化，家族の崩壊を伴っていた．1990年代に入り，こうした価値観の変革に迫る1つの視点として，ジェンダーの視点，女性の視点が注目されるようになっている．

2.10.1 フェミニズムにおける居住環境改善

ジェンダーの視点から居住環境を分析した代表的な人物は，ドロレス・ハイデン（Dolores Hayden）である．彼女は，フェミニズムにおける居住環境改善の理論を歴史的に考察し，居住環境が女性の生活を規定してきたことを明らかにした．彼女は『家事大革命』[1]の中で，1868～1931年に活躍したアメリカの最初のフェミニストたちをマテリアルフェミニスト（物的女権拡張論者）と呼び，その理論と実践を紹介した．マテリアルフェミーストは，女性のおかれている物的条件，すなわちアメリカの住宅，近隣，都市に関する空間計画や物的文化について，根本的な変革を提案していたところに特徴がある．彼女たちは，女性が受け持っている家事労働に対して経済的報酬が支払われるよう要求すると同時に，家事空間が公的空間から物理的に分離されていることを問題にし，台所のない住宅，保育所，協同キッチ

ン，協同食事クラブが付属した新しいタイプの住宅を開発した．そして，それを女性自身の手で運営するための生活協同組合を含む新しい形態の近隣組織を発展させた．

2.10.2 女性の生活様式を規定してきた都市と「夢の住宅」

しかし，マテリアルフェミニストの運動は，1931年，「フーバー委員会報告書」が1戸建て住宅所有を提唱したことによって幕を閉じた．その後，アメリカでは「夢の住宅」としての大量の郊外1戸建て住宅が建設されることになった．ハイデンは，続いて『アメリカンドリームの再構築』[2]を著し，いかにして「夢の住宅」が外で働く夫の憩いの場として労働を効率的にする性別役割分業の舞台装置になったかを明らかにした．夢の住宅は，男女の領域を空間的に分離することで女性を社会から隔離し，夫や子どもをいつくしみ世話をする専業主婦に仕立て上げた．

日本で「夢の住宅」を最初に演じたのは，戦後，郊外に大量に建設された公団住宅団地だったといえるであろう．都市へ集まってきた若い世代は，家父長制家族制度から解き放たれて核家族を形成した．彼らのあこがれの的であった郊外公団住宅のぴかぴかのステンレスの流し台のあるダイニングキッチンは，女性の家事労働をじめじめした土間から住宅の表舞台へと押し出した．ミセスコンシューマーとして家電製品を買いそろえ，住宅を美しく磨き上げる専業主婦の座は，女性の1つのステイタスとなったのである．広原は[3]，公団住宅が「国家的社宅政策」として推進されてきた面を指摘する．つまりそれが，企業の社会的コストを軽減しながら「銃後の妻」に支えられた「企業戦士」である高学歴，若年労働力を，超広域的に調達するきわめて効率的なシステムを作り上げたというわけである．高度成長期を経て郊外の自然を切り開いて建設されたたくさんの大規模なニュータウンも，その役割を引き継いだ．

1970年代以降，女性の社会進出は急速に進行したが，住宅を郊外に押しやり都心を商業業務に純化させてきた都市の形は，女性が働くことを許さなかった．広島清志は[4]，東京の出生行動から，住民が結婚，子の出産と成長に応じて居住地をしだいに郊外へ移さざるをえない状況にあることを明らかにしている．そして，東京に住む女性は，郊外マイホームで専業主婦になり子どもを育てるか，都心のマンションに住んでDINKSでいくかの選択を迫られている．共働きで子どもを育てようとする家族にとって，職と住，そして保育園の三者の近接した居住空間の形成は不可欠である．バブル崩壊後，近年では人口の都心回帰が進んでいるが，高層マンションが増加したところで子育てができる地域の居住環境が整備されない限り，都心での子育てが困難な状況は変わらないであろう．

2.10.3 コレクティブハウス，サービス付き集合住宅

マテリアルフェミニズムはアメリカでは夢の住宅に敗北したものの，その思想はヨーロッパの人々に影響を与え，サービス付き集合住宅やコレクティブハウスの建設につながっていった．上野は[5]，北ヨーロッパにおける住宅，町づくりが，女性解放理論と結び付いて発展してきたという視点から，これらの実践を紹介している．食事や清掃，洗濯サービス付きの最初の集合住宅が1903年デンマークで建設され，続いてスウェーデン，ノルウェーにも現われるようになった．そして大規模な食堂と共同台所，保育所がついたコレクティブハウスは1930年代にスウェーデンで初めて建設され，その後ノルウェーでは，これらの共用空間を地域コミュニティや団地計画の中に配置する計画へと発展していった．

さらに，1970年代後半から1980年代にかけては，新しいコレクティブの形が模索されるようになり，個々の家族のプライベートな空間と共用空間の両者を兼ね備えた住宅としてコ・ハウジング（または現代的コレクティブ）が登場する．これらの実践はその後，国の住宅政策にも取り入れられ，公共住宅や社会住宅，コープ住宅としても供給されるようになった．

野口は[6]，女性のライフサイクルを分析し，早い時期から家事労働の建築化，集約化の可能性について考察していたが，日本では現実にはなかなか進んでこなかった．コレクティブハウスでは，阪神・淡路大震災後の兵庫県で主に高齢者を対象にした公共住宅などが一部供給されたが，生活の協同化というよりは福祉住宅的な住宅供給を目指すものであった．最近，民間でもごくわずかであるが多世代型のコレクティブ住宅の試みがみられるようになっている．居住者主体でつくられたサービス付き集合住宅としては，保育付き住宅が比較的早い時期にみられる．1968年に建てられた芦屋市の「朝日ケ丘コーポ」はその1つである．これは公的保育が不十分な中で，女性が働き続けるために数家族がコーポラティブ住宅を建設し，共同保育所を併設した例であ

る．一方，最近では若い世代や共働き家庭をターゲットに，子育て支援施設（子どもの一時あずかりや子育てサークル，遊び指導等のサービスと空間）を付帯した集合住宅が商業ベースで供給され始めている．また横浜市に建設された「ビーコンヒル能見台」のように，都市基盤整備公団による「女性の社会進出及び子育てにやさしい街づくり」をテーマにした住宅地開発の例もある．しかし，これら最近のものは，女性解放のために居住者が家事や育児を協同化する流れというよりは，マンションの人気が薄れる中で供給者側が付加価値をつけて売り出したという意味合いが強い．ハイデンも指摘しているように，サービス付き住宅といっても，ファーストフードの店に始まり，チェーン店の保育所，時間貸しのレンタルワイフサービスまで，すべて家族やコミュニティから分離した商業的サービスに依存するようになると，家庭から家事や育児の機能までも削ぎ落とし，家族やコミュニティの崩壊を助長することになる危険をはらんでいる．

2.10.4 女性の視点を取り入れたまちづくり

一方，都市の環境に目を向けてみると，健康な男性にとっては便利で効率的な都市も，高齢者や障害のある人，子どもや女性にとっては，危険であったり不便であったりすることが多い．ベビーカーを押してまちに出れば，段差だらけの道に狭い歩道，エレベータのない駅舎，子連れで入れるレストランの少なさに気づくであろう．夜間に女性が1人で歩いてみると，見通しの悪い街角，街灯が少なく薄暗い道に不安な思いをするであろう．鉄道の駅に痴漢防止のポスターが張ってあるかと思えば，電車の中には痴漢を誘発するような猥褻な週刊誌の広告写真が吊られている．妊婦にはラッシュアワーの満員電車は耐えられない．

そうしたなか，自治体のまちづくりに女性の視点を取り入れようとする事業が1990年代に入って多数行われるようになった．これらは，単発的なイベントやシンポジウムなどで終わってしまったり，そこで期待されているのが，まちづくりの主体者ではなく単なるユーザーとしての女性の視点であったり，すなわち，その対象が，既存の都市計画の基本的枠組みには抵触しない範囲の，末端の問題だけに限定されていた面も大きい．しかし，なかには横浜市の「女性の目で見たまちづくりアドバイザー」制度（1991年創設）のように，提案されたもののうち一部には予算がついて事業化された例もみられる．事業化されたものの例を挙げると，「リフト付きバス，地下鉄駅へのエレベータの設置」「乳幼児医療費助成」「ゴミ減量化推進室の設置」「美しい河川の保全と有効活用」等，弱者保護や環境保全に関するものが多くみられる．女性の視点とは，中島が整理したように[7]，生活者の視点，弱者の視点，エコロジカルな視点である．

一方，こうした視点をあえて女性の視点といっている背景には，男性がこれらの視点をもてないでいることがある．それは現代社会において，長時間労働，長距離通勤を強いられている男性が地域社会から引き剥がされ，生活者として子どもや高齢者などと接したり，居住環境を見守る機会を奪われていることを意味している．マテリアルフェミニストが見落としていたのは，資本主義社会における階級構造であったとハイデンは指摘している．女性を従属させることによって，労働者である男性を十分搾取できることが資本家にとって経済的にきわめて有利であるという事実を見落としてはならないというのが，マテリアルフェミニズムの残した教訓であった．女性が真に解放され，男女が対等な立場で働き，家庭生活を営める社会と住宅・都市空間が実現したとき，女性の視点のもつ意味は，ずっと小さくなるに違いない．

2.10.5 住宅・まちづくりの主体者としての女性

女性の視点をまちづくりに取り入れようとする動きは，自動的にまちづくりの住民参加を促すことにつながっていく．これまでの日本の都市計画は，男であれ女であれ，住民参加を保障してこなかった．都市計画法で定められている説明会や縦覧，意見書の提出といった手続きは形骸化しており，都市計画は，経済計画，国土計画，地域計画，都市計画という順番で規定される「経済の論理」で上から押し進められてきた．女性の視点は，それに対置する生活者の視点として住民を代表し，主体者としてまちづくりにかかわっていく道を開くものであった．

室崎らは[8]，1980年代末から1990年代にかけて，京都で大きく発展していたまちづくり運動の中で活躍する女性たちの調査を通じて，まちづくりの主体者としての女性の姿を見出し，女性の視点に学ぶまちづくり原則を次のように整理している．

①生命の安全がま守られるまちであること
②日常の暮らしの快適性が保たれるまちづくり
③子どもたちがすこやかに育つまちづくり，高齢者が安心してくらせる温かい交流のあるまちづくり
④住む人びとが安全に気持ちよく暮らすために社会的ルールや秩序をつくり出す営みが保障され，そ

れを尊重し合うまちづくり

⑤民主主義が貫かれた住民主体のまちづくりの確立

これらは，上からの都市計画を押し進めてきた既存の価値観の転換を迫るものである．そして，そうしたまちは，ジェンダーを超えてだれもが暮らしやすいまちなのである．　　　　　　〔小伊藤亜希子〕

参考文献

1) ドロレス・ハイデン：家事大革命（野口美智子，藤原典子，他訳），勁草書房，1985.
2) ドロレス・ハイデン：アメリカンドリームの再構築（野口美智子，梅宮典子，桜井のり子，佐藤俊郎訳），勁草書房，1991.
3) 広原盛明：ポスト・モダンリビング再考―近代化論から現代化論へ―．建築雑誌，110(1371)：36-38，1995.
4) 広島清志：東京の人口再生産．巨大都市東京と家族（米田佐代子編），pp. 65-97，有信堂，1988.
5) 上野勝代：コ・ハウジングの展開．講座現代居住2 家族と住居（岸本幸臣，鈴木 晃編），pp. 181-204，東京大学出版会，1996.
6) 野口美智子：家事集約化協同住宅の建設へ向けて 女性の職業継続のために．現代ハウジング論（巽 和夫編），pp. 89-102，学芸出版社，1986.
7) 中島明子：女性と住まい・まちづくり．住宅問題辞典（住宅問題研究会，(財)日本住宅総合センター編），pp. 324-334，東洋経済新報社，1993.
8) 室崎生子，上野勝代，川越潔子，坂東亜希子：京に花ひらく 女性の視点に学ぶまちづくり，ドメス出版，1995.

2.11 民家再考

2.11.1 伝統的な民家の魅力

それぞれの地域にいまも生き続けている伝統的な民家は，周辺の自然景観と一体になった独特の形態を創出し，美しい景観を形成している．福井県の妻入民家は，棟を前面に張り出した堂々とした正面性を示し，滋賀県湖北の妻入り民家は白い麻殻や太い葦の妻飾りが印象的である．

平面構成も，地域の生業や生活に適した住空間を時間をかけて形成してきた．温暖な沖縄県では開放的で，寒冷な飛騨地方ではいろりのある部屋を中心に他の部屋が取り巻いてる．

空間構成は表向き・内向きの空間，接客・作業空間，開放的・閉鎖的な空間，光があふれる・陰影の深い空間，等が重層的に組み合わさっている．個々の室はそれぞれ固有の使用目的をもっているが，間仕切りは引違い戸を用い，取外しが可能で，2室あるいは3室，4室を開放して使用することもでき，使用目的に応じて融通無碍にしつらえられる．

滋賀県北部の農家での結婚式における夫婦と親子の盃事はねま（寝室）で行う．このことは寝室での行為が家族の結び付きの根源であることを示し，また，農業生産における豊穣を，ひいては，富を願うことにつながり，身体の休息の場であるとともに，心を癒す場であり，心のよりどころでもあったといえる．

日本の木構造において，木材は構造材であると同時に化粧材であった．木のよさを活かした真壁という手法や，縦横に組むための仕口，継手の技術を造り出していった．多様な試みを経て，木のよさを活かし続ける工法を創出してきたのである．木は建築になっても呼吸し，生き続けている．

作業空間である土間部分の構造材は野物をたくみに組み合わせた梁を用い，野趣的な趣を空間に与えている．町家にみられる束や貫が整然と並ぶ小屋組に，天窓から時とともに変わる光が射し，そこに現出する陰影は，素材と技術と光が織りなす美といえよう．

大黒柱は家を支える構造上の柱としてだけではなく，家の継続，繁栄の象徴としての柱でもあり，それゆえによい材を用い，必要以上に太くし，磨きをかけた．それが家への愛着を示し，家族の歴史を刻み，家人の心のよりどころになっていったのであろう．

滋賀県彦根城下町周辺の農家では炊飯にはかまどを用い，燃料は稲藁であった．藁を少しずつ輪に結び燃やす．すぐに燃え尽きるので，かまどの前で燃やし続けなければならない．そのときが，忙しい労働の毎日にあって，諸々のことを考える時間でもあり，家族や農作業のことだけではなく，火を通してあの世のことも考えるという．自分と向き合う時間である．

かつては朝夕に掃除をするのが日課であり，行事ごとに大掃除を行った．舗装道路が少なかった当時は砂埃が多く，拭き掃除をよくしたものである．木材は手入れをし，磨き込まれることによって材の魅力が引き出されていき，家人の誇りとなる．現在の新建材は新しいときはそれなりに美しいが時間が経ち，生半可な手入れをすれば，汚れになってしまう．有害物を発生するものもあるという．大掃除では日常的にできないところの掃除をするだけではなく，建築材が長持ちするように，油拭きや部分的な補修を行う．日常的な維持管理が住宅への愛着をもたらし，時間の経過が住宅に風格を与えてきたのである．

古い形式の土間を残す農家にはその一部に穴を掘り，そのまわりに石を積んだ厩がある．秋に藁を入れ，牛が排泄し，踏み付け，嵩が低くなると新たに藁を入れる．春には立派な肥料になっている．地域によっては風呂や小便所をその近くに設け，その排水を厩に流す．人間の垢も肥料とするのである．田畑でとれた作物を人間が食べ，家畜の餌にする．家畜や人間の排泄物を時間の経過も加えて無駄なく利用するリサイクルシステムである．

2.11.2 住まいと家族

住宅はその家族の生き方と深くかかわっており，住人の価値観や人生観を基盤としてつくられ，家族の生活や時間をある面では規定し，ある面では進展させる．また，子どもを育てる場であり，生活感情を育み，生活態度を身につけ，生き方を見出していく場である．また，人間には肉体的側面と精神的側面とがあり，両側面において常に健全であるとは限らない．心身が弱くなり，病におちいる場合もあり，それを癒すのは家族であり，住まいであることを忘れてはならない．

2.11.3 現在に活かす民家の特性

住環境は自然との共生を考え，建築材料は家族とともに同じ時を刻むことのできる素材で，心身に心地よい材料，想像力を刺激する素材を使用する．空間構成は機能性や利便性だけではなく，時には自分をみつめ，時には心を癒す空間があり，人を包み込み，心が自由にはばたく空間であることが望まれる．また，住宅の維持管理を単なる家事労働と捉えるのではなく，家族と住まいをともにいつくしんでいく手段という認識が必要であろう．

2.11.4 科学技術の果たす役割

現在の科学技術の恩恵を享受したいとの希望は当然である．科学技術の発達によって，肉体労働の軽減，家事労働に費やす時間の短縮などが実現してきたが，今後は自然との共生を意識し，人間もその構成員であることを認識し，リサイクルシステムの高性能化や，本来は自然の循環によって行われてきた水や空気の浄化作用のシステム開発などが期待される．

現在，全国的に伝統的建造物群保存地区の選定や古民家の再生が試みられている．それらの建築には，伝統的な民家のよさが活かされており，同時に現代的魅力も備えている．われわれは，現在の科学技術の恩恵を享受するとともに，心のよりどころになる住まいを創出していくうえで，伝統的な民家は多くのことを示唆している． 〔吉見靜子〕

3

住 様 式

3.1 生活様式と住様式

3.1.1 「くらし」の概念と生活様式

「くらし」という言葉は，「暮らし方」とか「暮らし向き」といって生活の状況や特徴をいう．この「くらし」とは辞典によると2側面の意味があり，「暮らし方」という場合は生活の仕方を，「暮らし向き」とは主に家計の状況や収入のレベルのことをいう．生活様式とはこの前者，生活の仕方（過ごし方）のことである．そしてよく，○○時代の暮らし，○○地方の暮らし，あるいは上層の（下層の）暮らしといわれるように，生活様式とは時代ごとの比較，地域（地方）ごとの比較，階層ごとの比較など，常にこの3つの観点から比較され特徴づけられる概念である．

3.1.2 生活様式の構造

生活様式の中身は多様であり，衣様式，食様式，住様式などはその代表的なものである．ほかに生活の過ごし方（生活の時間様式）や，金銭の消費の仕方（生活の消費様式）を問題とする研究もある．主に衣様式や食様式の研究は，生活文化の研究として文化人類学の分野で扱われてきた．住様式に関しては，古くは建築学の計画研究からはじまった．

一つひとつの「様式」はそれぞれに歴史的な背景と，地域的な，そして階層的な特徴を備えており重要な研究テーマである．しかし同時にそれぞれの様式と様式の間には相互関係（構造）がある．佐々木嘉彦博士（東北大学名誉教授）は，『生活方法論序説』の中で次のように述べている．「……生活様式には外部構造と内部構造がある．ある生活様式を成り立たせている内部的な仕組みが内部構造であり，それを支える外的諸条件の仕組みが外部構造である．このようにみると生活の仕組み，すなわち生活構造が把握できる．たとえば伝統食という食様式がある．その場合，伝統食がどのような食品によって構成されているか，それらはどう調理されるのか，誰がどんなときにどのようにして食べるのか，などの仕組みを解明することが内部構造を解明することであり，伝統食が生み出された地域農業の歴史，地域の気候，風土，社会的条件などの仕組みを解明することが外部構造を解明することである」．

3.1.3 住様式への関心

住様式の各詳細については，本節以下，詳しく説明される．ここでは住様式の中でこれまで注目されてきた側面について，少し歴史的に説明しておきたい．住様式への最初の関心は，明治時代に始まる洋風・和風の比較であった．いわゆる洋館での「土足・椅子座（イスザ）」の形式は各種の公共建築に採用され，しだいに個人の住宅の中にも洋間という形で影響していった．しかし，この変化を単に「座様式」としないで「起居様式」として抽象化したところに意味がある．起居とは日常の「立ち居振る舞い動作の全体」を指す言葉である．単に椅子に座る姿勢と座布団に座る姿勢のみに注目しこれを比較したのではなく，それぞれの座具に至る一連の動作，姿勢の変化の連続，行為の特徴にまで及ぶ，「立ち居振る舞い動作の全体」を比較した表現である．

欧米の土間（土足床間）での靴生活と，椅子，テーブル，ベッド，ソファなどの大型の固定家具で形成される住空間と，そこでの起居動作の特徴がある．これに対し一方で日本の畳間（上床間）での裸足の生活の特徴がある．座布団，座卓をはじめ，裁縫箱，茶道具箱，薬箱など小型の可搬（ポータブル）な箱家具の使用を中心とする，広く全般的な住様式との特徴の比較であったのである．江戸時代には箱（あるいは筥，筐，函ともいう）家具が実に100種類以上もあった．これを畳間に「もってきて

座って広げて使う」住様式と，これに対して洋風の土間床，大型家具が固定されて機能が定まった部屋に行き，目的に応じて「各種の家具の形態によって行為を展開する」住様式との根本的な違いを抽象化した概念である．この意味で，現在の住宅が「洋風化」したといっても，土足，土間での完全な洋風化とは異なる，日本独自の上床での部分的な「洋風化」現象であるといえる．

「起居様式」の相違は，「履床様式」の局面からくる相違として捉えられることもある．欧米や中国などの大陸を中心とした土間，靴足の様式に対し，日本や朝鮮半島などの（高床とは構造が異なる）低床，裸足の様式，さらに移動民族のパオ生活や西アジアにみられる土間（土座生活），敷物に座る様式，あるいは東南アジアや離島にみられる高床，裸足の様式などいつくかの興味深い「履床様式」がみられるが，まだ全体的な比較研究にはなっていない．

住様式として当初から注目されたのは冠婚葬祭などの様式である．これらは諸民族・地方でもっとも特徴を鮮明に現す「儀式・接客様式」ということができる．各地とも住空間の構成として接客空間は重要であり，接客の様式も特徴があった．日本でも農家研究における葬式と結婚式の様式と，このために形成される住空間の構造への研究は多くある．近年では冠婚葬祭などが公的空間に依存するようになりこの種の研究も少なくなってきたが，今後は新しい形での客，接客の方法，接客への家族意識の変化などから「接客様式」の変化を研究することも必要である．

「接客様式」に関係する「室礼様式」という言葉もある．これは平安時代からはじまる季節の変化，接客の種類などにより家具・調度などの室礼（飾り付けること，設け整えること）から始まった．日本では季節観が豊かであり，江戸時代から今日まで季節の調度や建具，家具を替える生活があった．これも前述した上床（履床様式）とも深い関係にあるが，床上での小道具，家具，建具の移動が容易であったことと関連する興味深い住様式の側面であるといえる．将来はパッシブシステムなど環境共生住宅が注目されて，季節と調和した新しい生活の展開，新しい様式も形成されていくであろう．

3.1.4 住様式をみつめる視点

以上みてきたように，住様式はその時代により注目される側面が異なってきた．しかし，将来の住宅，とくに住空間の計画にとってはどの側面の研究も重要であり，今後はますます研究が進められる必要がある．住様式をみつめる視点で基本的なことは，そこでの生活を支える生活物資（モノ）のすべてを全面的に詳細に捉えることである．そして第2にこれらを使用する人間（ヒト）の詳細な動作の形態に注目することである．たとえば日本の「入浴様式」は風呂桶の中で湯に肩までゆったりつかり，外で洗い流すという独特の様式である．ここには浴槽の形態と湯の量，温度から，洗い場という日本独特の作業スペース，汲み湯のための桶（洗面器）や風呂場の腰掛けなどという各種のモノが存在する．これらの形態，規模そのものが日本風呂の特有のモノであり，同時にこれを使用する湯の中での姿勢，湯の汲み出し動作，洗う姿勢などという独特の行為の連続が日本人独自の「入浴様式」を形成させている．そしてこの背後には，床や壁の仕上げ，スペースの広さ，明るさ，目線に応じた高さや，蛇口や鏡の場所および石鹸，シャンプーなどの収納の形態などがあり，これら各種のモノ全体に支えられて独特な様式が成立していることを注意深く見抜くことである．

つまり生活とは本来モノとヒトとがからむ無限の連鎖であるといえよう．その無限の連鎖の中の一こま一こまに展開される動作（モーションに分解されるアクション）が住様式を特徴づけるのである．一般に，生活のやり方とは時代，地域，階層を通じてかなり共通しているものであるが，その中で特徴ある部分のモノとヒトの関係が抽出されて，様式として注目されるものとなるのである．

3.1.5 住様式とライフスタイル

以上述べてきたように，住様式とは時代，地域，階層に特徴をもつものであり，決して個人ごとの生活特徴や「暮らし方」までを「様式」というものではない．しかし，個人や家族にも生活の型，ライフスタイルがある．これは個人や家族の生き方，生活信条などを中心とする「暮らし方」の個性といえる．当然，この個性は個人の住宅のあり方や，細かな生活行為の方法まで変えてくる．一方で，その個性はその時代，地域，階層の様式の範疇と影響の中にありながら，同時にこれにニュアンスをつけ，これを徐々に変化，発展させていく内部的な力を秘めているものである．

生活様式および住様式が時代とともに変化してきた原動力はここにあり，今後も発展していく可能性もここにある．しかし間違えてはならないことは，信条や意識，観念が簡単に住様式を変えたり，住空間を発展させるものではないことである．大切なこ

とは，前項で述べたようにモノとヒトとの関係を具体的に詳細にみつめ，そこでの内部矛盾（変化）を発見することである．そこには必ず現行の「様式」の細部で変化が生じてきている．現行の「様式」の一部が省略し始めたり，逆に付加され拡大し始めたりしているはずである．これが変化の芽であり，ここには外部からの時代と社会の反映があり，同時にこれらを受けた人間の複雑な意識の反映もあるのである．単に意識や観念，欲望などを部分的に注目することではなく，変化の萌芽を客観的に注意深く観察し，様式の変化，定着の過程をとらえることが肝要である．

〔渡辺光雄〕

3.2 住意識，住要求，住居観

3.2.1 住意識，住要求，住居観とは

住生活や住空間を発展させる原動力は，人々の住生活に対する想いや願いである．このことに着目して，住意識，住要求，住居観の概念を明らかにしたのは，西山夘三と扇田 信である．町屋や工場労働者の住まいをはじめ，サラリーマン家庭や農家や漁家など，いろいろな階層の住要求や意見や理想像を調査，分析し，住み方実態を大量に調査し克明に記録することの中から，人々の住生活に対する想いや願いを読み取り，これからの住生活の発展方向を模索したものである．

それぞれの用語の概念を整理しておこう．

〈住意識〉

人は，自分の住居や住み方について，それぞれの要求や意見や理想像をもつ．住意識は，その潜在的な精神基盤である．

〈住要求〉

人は，生活を発展させていくために，いろいろな要求をもつ．これらを総称して生活要求といっている．住要求とは，この生活要求の中で，とくに住生活の向上を目指して現れる要求をいう．

〈住居観〉

住まいや住み方を考えるときに，どんなことがいちばん大切だと考えるかということを住居観という．人生において，どんなことがいちばん大切だと考えるかということを人生観というのと似ている．住生活についてのさまざまな要求，意見，住宅の理想像の総称だということができる（図3.1）[1]．

3.2.2 住居観の型

住居観は人によって違い，それぞれの家族や個々人によってさまざまなようにみえるが，大きくみる

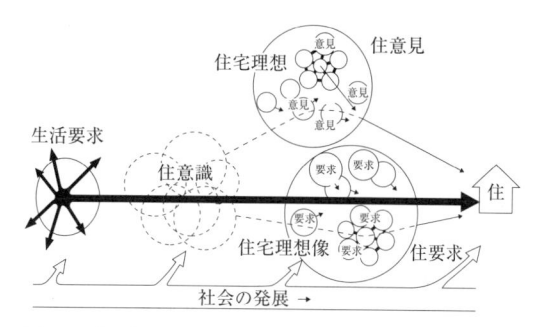

図 3.1 住居観の構成（文献1より作成）

と，時代により，また地域の気候，風土や歴史や文化，習慣などにより，そして職業や収入階層などによって，それぞれ特徴のある住居観をもっている．

たとえば，住居というものができ始めたころには，生活の大部分は戸外で行われ，住居は何よりもねぐらとして，自然や外敵から身を守る機能がもっとも強く求められたであろう．いわゆる「ねぐら」型の住居観である．

階級社会では，身分，格式に応じて家作の制限を受けていたので，住宅をみれば，そこに住んでいる人の身分や格式が一目瞭然であった．そのため，住宅には何よりも格式性が重んじられるようになった．「格式尊重」の住居観の原型である．

明治時代になると身分制度は廃止されたが，階級社会のなごりを受けて，立派な床の間や玄関構えをもつことが社会的な地位の象徴のように受け取られた．このように，家族の日常の生活のしやすさや合理性よりも，何よりも住宅に格式性を求め，そのことによってその家の主人の社会的な体面を図ろうとする考え方，住宅に社会的な地位の象徴としての性格を求める考え方を「格式尊重」の住居観という．

しかし，大正デモクラシー期には，都市の中流階層の人たちを中心に住生活の改善が進められ，本当の意味での和洋折衷住宅を求めていこうという気運がみられるようになってきた．家庭生活をテーマとする博覧会や展覧会が催され，建築の専門家だけではなく，都市「中流階層の主婦」たちの中にも住まいに関する関心が広まり，家族の日常生活を大切にしたいという願いが強まってくる．当時の女性雑誌には，「日本の伝統的な住宅は接客空間を重視しているが，もっと家族がよく使う居間や茶の間や食事室，台所などを大切にすべきである．日照や通風の点からも，これらの部屋を南向きにした方がよい」として積極的に食事室や台所を南側にとった「主婦」設計の間取りも提案されている[2]．

このように家族の日常生活を大切に考え，住まい

に何よりも家族の日常生活の快適性を求める考え方を,「家族本位」の住居観という.

3.2.3 住居観研究と住様式の発展

住居観研究の成果は,戦後の公営住宅や公団住宅の設計にも生かされ,人々の住様式の発展に大きな影響を与えた.たとえば,庶民の切実な住要求である食寝分離の考え方を取り入れて公営住宅の標準設計51C型が提案され,ダイニングキッチンが普及した.新しい都市の住様式をつくり出すことにつながったのである.

民主的で合理的な住生活を求めるサラリーマン層も多くなり,「団らん空間の確立」や「私室の確立」などの住要求もみられるようになってきた.扇田は,これを「たのしみ」型の住居観として,これからの住様式の発展の方向を示すものだと評価した.

3.2.4 持ち家政策と持ち家主義

高度経済成長期以降,持ち家志向が強まった.住宅メーカーが出現し,住宅は商品として大量につくられ,売られるようになった.銀行はいわゆる住宅ローンを準備した.住宅の大量生産システムとローンによって,分譲住宅が急速に増えた.1960年には全国で5000戸くらいであった分譲住宅(建売分譲住宅+分譲マンション)が,1964年には2万戸を超え,1970年には16万戸を超えている[3].皆が持ち家を志向するので,地価は高騰する.不安感をあおられて,皆がいっせいに持ち家取得に走る.地価も住宅価格もどんどん上昇する.悪循環である.玉置伸悟によれば,1955年に持ち家所有を願望する者は約52%であったが,1969年には約90%になっている[4].持ち家を手に入れることだけが目的となり,居住の質を問う余裕がもてなかった.持ち家主義と呼ばれる.

やっと入手したあこがれの持ち家住宅には,ピアノや電化製品が飾られ,洋風居間には応接セットが所狭しと置かれる.扇田は接客重視の住宅の「座敷」が「洋風居間」に変わっただけで,これは「みせびらかし」型の住居観であり,形を変えた「格式尊重」の住居観であると指摘した.

住居観の研究は,経済や産業構造が変化し,日本の住宅事情が様相を変え,家族のあり方や生活様式が大きく変容する社会にあっても,人々が住生活に何を求め,住生活をどのように発展させようとしているのかを分析するための大きな力になってきた.人々の意識が格式やしきたりに縛られ,合理性や革新性を十分には発露できなかった実態をあぶり出し,住生活の合理化,民主化を進めるために大きな役割を果たしてきた.

3.2.5 住宅の商品化と住居観

建売分譲住宅や分譲マンションは,それまでの住宅取得のシステムを変え,住居観を変えた.それまでの住宅は,家族の想いや住要求を出し合い,話し合って,設計して建てるものであったが,商品としての住宅は新聞の折込みチラシやモデルハウスをみて,その中から選んで買うものになった.商品としての住宅は,宣伝や広告に大きなエネルギーがかけられる.チラシやモデルハウスは,新しい建材や新しい設備類をふんだんに使って,夢とあこがれとを満載している.人々の住居観も少し複雑な様相を呈するようになる.多くの人々は,住宅広告やモデルハウスに描かれた住まいや住まい方が理想の住宅像,住生活像だと思い込み,これを手に入れることが住要求のように考えるようになる.

新商品にあこがれ,外観や設備やインテリアのデザイン性に目を奪われているうちに,地域の気候風土に根ざした住まいや住まい方が忘れられていく.ライフスタイルに対応して自分らしく暮らすことの心地よさを忘れていく.

3.2.6 これからの住居観研究

しかし,豊かさとゆとりと優しさを求めるこれからの住生活は,人々の住居観をも変えるであろう.

少子化が進み,住宅需要減が議論されている.人口問題研究所の推計によれば,「まもなくわが国の総人口は減少を始め,2100年にはおよそ6400万人にまで減少する」と見込まれている.三宅醇は住宅の"負"の需要圧に注目し,2010年を越えると地価が停滞し,持ち家需要も落ち込む可能性があるという[5].住宅に財産的価値を求める時代は終わり,利用価値を求め,居住の快適性を求めるようになる.住宅の広さや設備水準だけではなく,自分や家族のライフスタイルに合った住まいを求めるようになる.家族や血縁,地域の連帯だけではなく,気の合った人たちがいろいろな形で集まって住む住まい方も多様化し始めている.

若者や子どもたちの住生活力の低下に視点をあて,異世代間の交流によって地域の気候や風土に対応した住まいや住まい方を再評価していこうという活動も進んでいる.

かつて,住居観研究は,格式やしきたりに縛られた住生活を見直し,合理的で民主的な住生活を求めることに大きな力を発揮してきた.これからは,ラ

イフスタイルの多様化をふまえ，自分らしい暮らしとはどんなものか，ゆとりのある家庭生活とは何か，優しい生活の仕方とはどんなものかを主体的に思い描くことができるような住居観の育成が課題である．　　　　　　　　　　　　　〔久保加津代〕

参考文献

1) 扇田　信：住居観の研究（学位論文），1961.
2) 久保加津代：女性雑誌に住まいづくりを学ぶ，ドメス出版，2002.
3) 西山夘三：日本の住まいⅡ，p. 311，勁草書房，1976.
4) 玉置伸俉：持家指向と借家指向．現代の生活空間論（上），p. 287，勁草書房，1974.
5) 三宅　醇：住宅需要の構造と将来予測，転換期の地方の住宅政策を問う．日本建築学会大会・研究協議会資料，p. 10，1997.

3.3　食寝分離とダイニングキッチン

　食事の場と炊事の場が一体となった洋室をダイニングキッチン（DK）といい，多様な形態がみられるが，第2次世界大戦後の日本の住宅平面を特徴づけてきた．DKが普及する契機となったのは戦後の公共住宅に採用されてからであり，その理論的根拠には西山夘三の食寝分離論があった．しかし，北川圭子は日本独特のDKが登場したルーツはさらにいくつかの流れと背景があったとしている．一つは，戦前日本にも紹介されていた第1次世界大戦後のドイツに登場したヴォーン・キュッヘ（図3.2：食堂兼居間の一部に厨房をおいたもの）や生活最小限住宅の提案，また一つには戦前日本の生活改善運動と洋風化の流れがあり，これらが前後の民主化と物資不足の中で日本型DKを生み出したとしている．ここでは主として食寝分離論からDKに至る流れを追うことにする．

　DKの理論的根拠となった食寝分離論は，西山夘三（1911－1994）が，1930年代から40年代に取り組んだ庶民住宅の研究成果として発表した，1947年の学位論文「庶民住宅の研究」の中で展開している．

　西山は，京都，大阪，名古屋を中心とする5000あまりの庶民住宅の調査を行ったが，ここから当時住宅基準の根拠として有力であった東京工業大学の前田松韻教授（当時）による「住宅の転用性」理論に疑問をもつ．転用性によれば，畳を敷き詰めた部屋はどの用途にも転用でき，小住宅では寝室だけでもよいとしたもので，これに対して，小規模庶民住宅でももっとも重要な機能は「食」と「寝」であ

り，これは極小規模の住宅でも庶民が実行している「住み方」であり，住宅の大きさが圧縮されてもそれが残ることを主張した．さらにこれを実証するために西山は住み方調査を実施し，厚生省と日本建築学会の「国民住宅」の「住宅・敷地設計基準」に対する批判的論文を発表した．これらは戦時体制下にあって，庶民の居住水準の切り下げに対抗する一つの足がかりでもあった．

　住宅営団（1941～1946年）の調査部に移った西山は，食寝分離の原則を取り入れた規格住宅の平面計画について，「食事室とされるヘヤは炊事場と直接結びつける，食事室は公のヘヤであるから，通り抜けに使ってもよい」などの原則を立てた．

　しかし，食寝分離の原則に基づいた庶民住宅が実現するのは，第2次世界大戦終了後，1951年に公営住宅法の成立をみてからである．

　敗戦後の住宅難に対処するために，政府は国庫補助住宅，そして1951年には公営住宅法に基づく公営住宅を供給することになった．その標準設計にはいくつかのタイプがみられるが，その中で，東京大学建築学科の吉武泰水教授（当時）らによって提案された51C型の平面計画が，DKを採用した最初の公営住宅となった．

　1951年に吉武が公営住宅の平面計画を策定する標準設計委員会（建設省の依頼により設計監理協会に設置されていた）の委員となり，51年度のC型の平面計画を依頼された．吉武は50年2月に郭　茂林との共同案（図3.3）を作成しているが，同年8月に鈴木成文が，東京都に務める矢吹茂郎氏から依頼されてつくった私案（図3.4）を基に，11月に最終案51C型の原案をつくったのである（図3.5）．

　「食事のできる台所」の提案は，西山と併行して行っていた東京大学における庶民住宅の調査が基礎になっている．しかし，当時の庶民の大半は食事を床座（ユカザ）で行っており，台所で食事をしていたのは，木造小住宅の調査では1割程度の世帯であった．しかし，鈴木らはその1割の生活の中に，食事の場を確保したいという要求を捉え，それらの世帯の生活改善意欲を読み取り，その発展方向に計画を位置づけ提案したのである．食事の場を椅子座（イスザ）にすることによって，結果的に食事が他の生活から独立することになったが，鈴木によると，計画の当初は椅子座か床座かを意図したわけではなかったという．

　このようにして登場したDKは，1955年に発足した日本住宅公団の住宅において全面的に採用された．当初は流しは人造石研ぎ出しを使用していたが，公団は浜口ミホと後のサンウェーブにステンレ

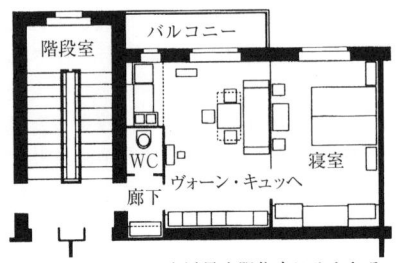

図 3.2 ウィーンの生活最小限住宅にみられるヴォーン・キュッヘ［国際建築, 1935. 3］[4]

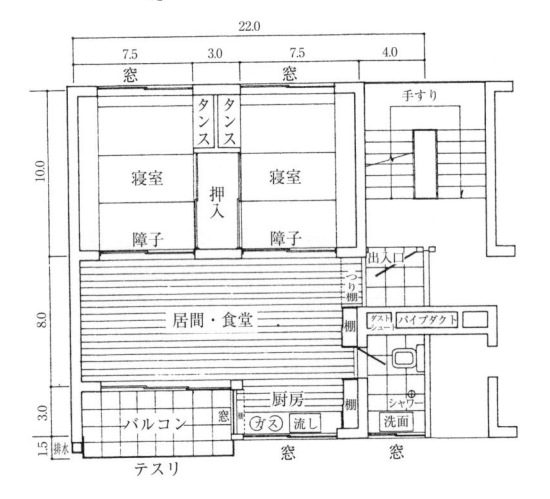

図 3.3 鋼筋コンクリート造共同住宅ユニットプラン[3]（設計：吉武泰水，郭　茂林．面積 12.83 坪（1 戸当たり，通路部分を含む））

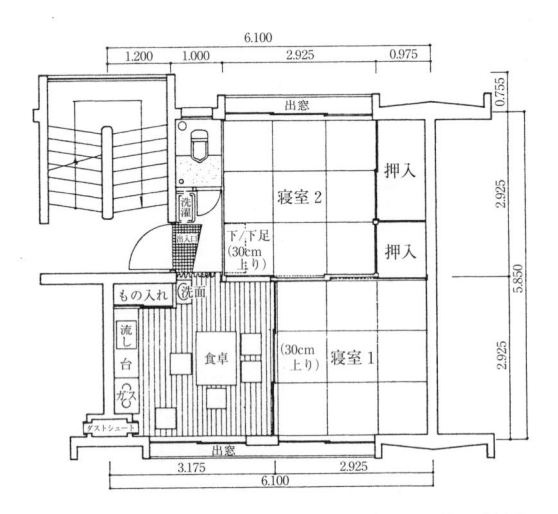

図 3.4 東京都営鋼筋コンクリートアパート案[3]（設計：鈴木成文．面積 36.63 m²（約 11.06 坪））

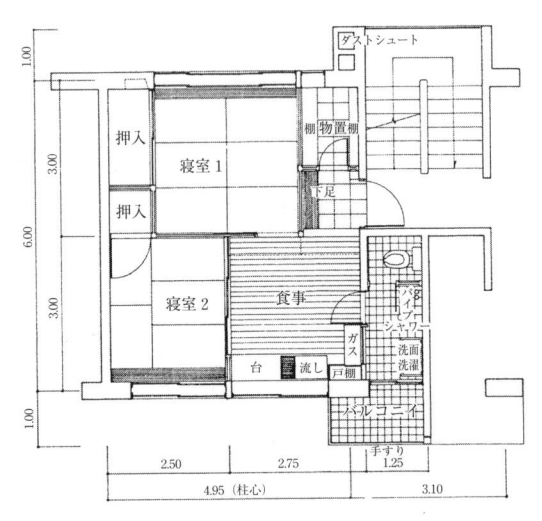

図 3.5 鋼筋コンクリートアパート設計図（最終案）[3]（設計：吉武泰水，郭　茂林．面積 6.00×6.50＝39.00 m²（約 11.8 坪））

スの流し台の開発を依頼し，1958 年の団地から採用した．DK とステンレスの流し台は「団地」とともに，新しい都市居住様式のシンボルともなった．

その後，台所と食事の場が一体となった DK は，民間住宅にも急速に普及していった．その理由は，第 1 に台所をそれまでの北向きの寒くて日当たりの悪い位置から，居室と同じ明るい場所に引き出すことによって，台所作業の快適性が高まったこと，第 2 に食事と炊事や片づけの動線を短縮したこと，第 3 に食事をする人と台所作業をする人とのコミュニケーションが確保できることなどの点が好まれたからであった．反面，DK 内に勝手口を設けたり，面積が 4 畳半かせいぜい 6 畳と狭く，また，多様な料理を行う日本の台所では油煙や蒸気などの換気が十分でなかったために，DK の居住性はあまり快適なものではなかった．何よりも，台所の汚れものや雑多なものがみえるため，食事の場を落ちつかないものにしていた．したがって，生活水準の向上とともに，DK は狭小な日本住宅の象徴としてたびたび批判され，女性の立場から，台所を独立させる要求も出るようになった．

そうした経過にもかかわらず，今日の住宅平面においても DK は根強く，前述した欠陥を改善した「対面式カウンター」なども登場している．

〔中島明子〕

参 考 文 献

1) 西山夘三：すまい考現学 現代日本住宅史，彰国社，1983.
2) 鈴木成文：鈴木成文教授東京大学最終講義，住まいにおける計画と文化．東京大学工学部建築学科高橋研究室，1989.
3) 藤森照信：昭和住宅物語，新建築社，1990.
4) 北川圭子：ダイニングキッチンはこうして誕生した 女性建築家第一号 浜口ミホは目指したもの，p.37，技法堂出版，2002.

3.4 住空間とプライバシー

3.4.1 住空間にとってプライバシーとは

プライバシーとは，他人の干渉を受けない，1人で放っておいてもらえる自由であり，個人の秘密性を容認することである．欧米における個人の尊重や人格の尊重の考え方と強くかかわる個人主義の考え方であり，他人も同じ権利をもっていると認めることである．これは，個人個人の考え方や生活の仕方は異なることが前提となるものであり，アジア的な共同体としての同質性が重んじられ，受け入れられるものとはまったく異なるものである．また，日本においては，まだ家族集団を内，他人を外と考える考え方が強く，家族個人のプライバシーが完全に確立するに至っていない．

しかし，近年情報社会の到来とともに，このプライバシーの捉え方が異なってきている．プライバシーの定義は，「自分のことについて何を他人に伝えるか，またある状況のもとで誰にそれを伝えるかを選ぶ個人の自由」[1]，「自分自身について，どの情報を，いつ誰に伝えるかをコントロールできる選択の自由の獲得」[2]とされており，単なる他人からの「隔離」という概念から，隔離されたいと自己が感じたときにそうすることができる「隔離」と「交流」との「選択の自由」という考え方への発想の転換が行われている．

3.4.2 プライバシーとテリトリー

プライバシーを空間の側面から捉えると，テリトリーとして表現されると考えられる．すなわち，プライバシーの確保された空間がテリトリーであり，自己の自由な選択が行使できる空間である．

テリトリーの概念は，元来動物行動学が先行的に研究してきたが，これを人間にも適用して「人間には誰でも自分だけのなわばりをもちたいという要求がある」[3]と考え，密接距離，固体距離，社会距離，公衆距離の4つの空間距離と人間関係の関連を示したのが，文化人類学者のエドワード・ホールである．

群れる動物は同種との接触を失うと不安に感じる「社会距離」があるとされるが，人間の場合その1つの重要な形態が家族であり，家族に属していないと不安であるが，その家族の中でも，「固体距離」が必要になると考えられる．これが住宅における家族個人のテリトリーとして捉えられよう．

住宅におけるテリトリーについて，「なわばり化された空間であるかどうかはその空間の所有者によって決まるのではなく，"防御的態度"と"自己表出化"によって決まる」[4]，「自分あるいは自分たちのものという"領有意識"と"空間の支配"の二つの要素からなっている」[5]という考え方があり，テリトリーには，「隔離，防御」「領有意識」「自己表出，空間の支配」が関係すると考えられる．すなわちテリトリーとは，ほかから隔離でき，自分のものであるという意識がもて，自分で自由に使用できる空間であるといえよう．

3.4.3 日本におけるプライバシー空間確立の歴史

プライバシーを保証する個人空間が一般的に確立するためには，2つの条件が必要である．1つは，個人を尊重する生活思潮が成熟していることであり，他の1つはその思想を具現化できるだけの空間条件が存在することである．

歴史的にみると，最上位の支配層では，寝殿造り成立の段階において，当時の妻問婚（つまどいこん）という結婚形態のもとで，対屋を個人空間として娘に与えていたときに，プライバシー空間は成立したといえる．しかし，一般庶民層にあっては個人空間確立の時代は，はるかに後の時代になる．封建時代は当然であるが，明治時代においても，プライバシーの考え方の基盤となる民主的な人間関係の確立の考え方が福沢諭吉によって主張されたが，封建的な家父長制度によって，この考え方は住空間に実態化されなかった．現実には，接客重視の空間構成がとられ，部屋の機能として平面図に明確に示されているのは，女中部屋，書生部屋，客間だけであり，家族のための空間は，居間，茶の間がみられるだけで，個人の部屋は用意されていない．これは，身分・格式的区分で空間が構成され，個人生活が確立されていないことを示すものであり，都市でも農村でも同様であった．大正時代には，一部の知識層の間では，個人尊重の思想が出現し，家父長制度の否定と家族員個人がプライバシーの保証される個室をもつことが主張

されたが，一般化するには至らなかった．関東大震災から第2次世界大戦後までの時間には，思想的にも封建的家父長制度重視の後退したものになっている．第2次世界大戦後は，家庭の民主化や個人尊重の思想が導入されたが，未曾有の住宅難の中で，個人空間の確立は実現せず，一般的な確立をみるのは，前に述べた2つの条件が一定程度満たされる高度経済成長期以後のことである．

3.4.4 プライバシー空間の現状
(1) 子どものプライバシー空間

1) 「子ども部屋不要論」の登場とその意味
子どものプライバシー空間の中心である子ども部屋の所有率は，日本において近年非常に高くなっており，種々の調査でも「専用子ども部屋」所有率は子どもの年齢とともに上昇し，高校生では7～8割に上る．また，「専用子ども部屋」の要求は，小学校5～6年生で8割という調査結果もある．こうした状況の中で，1980年代半ばから子どもの非行や家庭内暴力の増加現象に対して，子ども部屋を原因とする「子ども部屋不要論」(1983年に発表された，住まい文化推進委員会が行った「住まい文化に関する基本調査」によって，子ども部屋が家族の団らんを阻害することなどが指摘され，これがマスコミにセンセーショナルに報道された)が登場している．

その子ども部屋批判の論点は，第1には，子ども部屋が子どもの生活や子どもの精神面に悪影響を及ぼすと考えるもので，子ども部屋に子どもが閉じこもることにより家族の団らんが妨げられ親子断絶を招くこと，あるいは親の目が届かず子どもの生活把握がなされないために，子どもの夜更かしや非行の温床になることを指摘するものである．しかし，子ども部屋という空間が子どもの非行や親子断絶の問題を引き起こすのではなく，家族関係のあり方が空間の使い方を規定するのであり，もし，子ども部屋がなく逃避する空間がなければ，その子どもは住宅の外へ逃避の場を求めるか，心の奥に内向化し，より深刻な問題が起きることが考えられる．また，子ども部屋に閉じこもることによって登校拒否や家庭内暴力が起きるのではなく，逆に登校拒否や家庭内暴力が生じた結果，子ども部屋に閉じこもることになるのである．

第2は，子ども部屋自体のあり方の問題を捉えるもので，子ども部屋が勉強部屋化してしまい，管理も親任せというゆがんだ形になっていること，あるいは子ども部屋が早くから与えられすぎる結果，子どものための物置部屋にしかならず空室化し，有効に使われないことを指摘するものである．子ども部屋があっても，子どもの精神的自立が伴わず，家族の中で生活することの方を欲しているとすれば，子ども部屋はその子どもの物置部屋となる結果になる．また，むりに子ども部屋に追い込むと，その子どもの精神状態を極度に不安にさせ，動揺させることになる．しかし，子どもの成長に伴って子ども部屋の役割は変化し，拡大・発展していくものであり，その第1段階として子どもの物置部屋という機能から出発するのも意味のないことではない．

第3は，子ども部屋を優先することによって他の部屋が犠牲になり，住生活にゆがみを及ぼす問題を捉えるもので，狭い住宅においても子ども部屋を与えるため，夫婦寝室や居間がしわ寄せを受けることを指摘するものである．他の部屋を犠牲にしてまで子ども部屋を与えるべきだとはいえないが，むしろ，夫婦寝室や居間，子ども部屋が，すべて充足できるだけの空間がもてないことの方を問題にすべきであろう．

2) 子ども部屋の現状と問題点 日本の子ども部屋の現状には，欧米にみられない特徴と問題点があり，種々の調査により明らかにされている．それは，①子ども部屋の掃除や寝具，衣類の管理など，全般的に親の管理度が高い，②子ども部屋への他の家族の自由な出入りが普通に行われ，他の家族員の所有物が置かれるなど子ども部屋の確立度が低い，③親の個室よりも優先され，親より独立性の高い部屋を子どもに与える傾向がある．これは，親が子どもの生活を把握できにくい問題ともつながっている．④子どものプライバシーの尊重や自立の発達の面からでなく，親の対面や子どもへの気がね，あるいは子ども部屋さえ与えておけば子どもが勉強するだろうという発想で与えている傾向がある，⑤子ども部屋にテレビ，電話，冷蔵庫などをフル装備し，子ども部屋の居心地がよくなりすぎ子ども部屋への閉じこもりや家族コミュニケーションの減少につながる，などである．

3) 子ども部屋が与えるメリット 子ども部屋を与えることの積極的なメリットは，第1に，子どもの成長に伴い，子どもが所有物の管理から部屋の管理まで主体的に行うことにより生活用品の管理能力や生活能力を育て，さらに精神的自立性や主体性を育てることが可能になる．第2に，子どものプライバシーを保証し，思考の場，感情反省の場をもつことによって，自我の確立，個性の確立を促すことができる．第3に，親の生活を尊重し，プライバシ

ーを保証するためには，一方で，子ども部屋が確立していることが重要であり，これによって現在の異常な母子密着の弊害をなくし，子どもの自立とともに親の自立を促すことができよう．第4に，多様なストレスをもつ子どもにとって，ストレスからの逃避・回復の場となっており，これにテレビや電話が役立っている側面もある[6]．

(2) 親のプライバシー空間

子ども部屋の所有率の高さに対し，筆者の数度にわたる調査では，父母の「専用個室」所有率は父親で2～3割，母親で1割程度である．

この所有率の低さを決定している理由は，外的要因としては子ども部屋優先志向により，室数に余裕がないことがもっとも大きい．これは，「専用個室」を希望する父母がともに5～6割あることからもうかがえる．内的要因としては父母ともに家族のコミュニケーションを重視していることが大きく，1人になる必要性を感じていないことも多い．父親は在宅時間が短いために個室の必要性を強く感じておらず，母親は母親の役割意識の強さと住宅全体を母親が管理していることが多いため，どこでも自由と感じていることによるところが大きい．

しかし，「専用個室」所有者の評価は高く，プライバシーの確立や趣味，友人との交流，勉強，仕事など個人生活の充実につながっている．

〔中島喜代子〕

参考文献

1) W. H. イッテルソン：環境心理の基礎（望月 衛訳），彰国社，1977．
2) H. M. プロシャンスキー：環境心理学（広田君美編訳），誠信書房，1974．
3) ホール，エドワード：かくれた次元（日高敏隆・佐藤信行訳），みすず書房，1970．
4) 小俣謙二：個室の領域化とそれが青年の部屋の使用と心理的自立に及ぼす影響．日本家政学会誌，**47**(8)，1995．
5) 小林秀樹：現代住居における場の支配形態住居における生活領域に関する研究（その1）．日本建築学会計画論文集，No. 468，1995．
6) 中島喜代子：ストレスと子どもの「居場所」．家庭科教育，No. 5，2002．

3.5 家族共有空間

3.5.1 食事室

家族が集う共有空間は一般に，食事室と居間から構成される．日本の伝統的な住まいをふり返ってみると，食事室が家族の集まり部屋を兼ねてきたことがわかる．農家のいろり端，町家の「なかの間」，中流住宅の「茶の間」といった空間である．今日でも食事室（ダイニングルーム）に家族が集う家庭が多いのは，伝統的な生活習慣の現れだといえよう．

3.5.2 居間とリビングルーム

「居間」あるいは「リビングルーム」は，個々人のプライベートな行為を除くさまざまな生活，たとえば家族の団らん，家事，遊びや趣味，接客，時に食事など多目的に使われる空間である．居間は床面の仕上げからみて，畳敷きの和風居間と，板敷きやじゅうたん仕上げの洋風居間（いわゆるリビングルーム），両者を組み合わせた形式のものなどに分けることができる．和風，洋風いずれの居間が選択されるかは，都市化の度合いや住宅の広さと関係しているが，今日では洋風のリビングルームが主流となっている．

3.5.3 リビングルームの成立

明るく快適な家族共有空間としてのリビングルームは，19世紀末から20世紀はじめころにイギリスやアメリカで成立したものである．日本のリビングルームも，英米の住まいの影響を受けている．イギリスの中産階級の住まいでは，19世紀の末ころ，ホールと呼ばれる広々とした部屋を中心に平面を構成する設計手法が生み出された．ホールは「夕方家族が火の周りに集う場所」とされた[1]．今日いうところのリビングルームの原型である．一方，上下各2部屋程度のテラスハウスが一般的であった労働者階級の住まいにおいても，前面道路に面して明るく快適で家族生活にふさわしいリビングルームを確保する間取りが提案された．儀礼的な部屋であったパーラーに慣れ親しんだ人々には，新しい間取りはすぐには受け入れられなかったが，時代の流れとともに定着し，リビングルームは住まいに欠かせない部屋となっていった[2]．

アメリカでも，20世紀はじめころに，パーラーを廃して家族の生活や接客に多目的に使うリビングルームが生み出され広く普及した．その後1950年代に入ると，2つ目のリビングルームとしてファミリールームが登場する．リビングルームはかつてのパーラーのようなフォーマルな部屋，ファミリールームはテレビのある家族団らんの部屋となって今日に至っている[3]．

日本では，1922（大正11）年に東京や大阪で催された住宅展示会において，「居間中心型」と後に呼ばれる平面型の住宅が登場した．リビングルーム

を中心に据えた「居間中心型」の形式は，先に述べた英米のホールを中心とした間取りの影響を受けたものと考えられる．しかしこの間取りは，大正から昭和戦前においてはほとんど普及しなかった．

3.5.4 リビングルームの普及

第2次世界大戦後になると，社会全般の近代化の風潮のもとで住まいの近代化と洋風化が急速に進み始める．リビングルームはまず，建築家の設計による小住宅に現れた．個室とリビングルームから構成される住宅は「モダンリビング」と称され，しだいに普及していく．住宅金融公庫の融資を受けた住宅を例にとると，リビングルームをもつ間取りは，1960年代には既に関東で6割5分，関西で5割に達している．1958年に関西で行われた郊外戸建住宅の調査によれば，リビングルームには椅子セットや飾り棚，テレビなどが置かれ，家族の日常生活や接客に使われていることがわかる．

集合住宅においても1960年ころには，ダイニングキッチンの隣の部屋にテレビや椅子セットなどが置かれ，その部屋が家族の団らんに使われるようになる．テレビや洋風家具の普及，核家族化，生活洋風化といった時代背景の中で，リビングルームらしき空間はしだいに根づきつつあった．1967年には，個室とLDKから構成されるLDK型平面が公団住宅の標準設計に加えられることになる．民間部門でも，1967年の第2次マンションブームや1972年の大規模団地建設による第3次マンションブームによって，LDK型平面が大量に建設された．これらを通じて，リビングルームは急速に浸透していく．

3.5.5 リビングルームの使われ方

こうして今日ではすっかり定着したリビングルームであるが，その使われ方の特徴を整理しておきたい．戸建て住宅であれ集合住宅であれ共通する特徴は，リビングルームに隣接する和室がある場合には，和室とリビングルームとが一体的に「公室」として使われることである．床面積にゆとりがあっても，リビングルーム，接客室，家事室などと居室を専用化して独立させるのではなく，LDKと和室を一体化させて広がりをもたせ，その中を適宜使い分けて日常のさまざまな生活（食事，団らん，家事，趣味，子どもの遊び，勉強，着替えや身仕度，接客，場合によっては就寝など）を行う方式が好まれているのである．

こういった使われ方は，広々として気持ちがよいとか夏場の風通しや湿気対策などの効用のほかに，ふだんの暮らし方との関係も深い．たとえば起居様式の使い分けである．接客時やテレビをみるときは椅子やソファに座りたい，おもちゃを広げて遊んだり洗濯物を取り込んでたたんだりするのには広い床面がほしい，書きものをするには作業に適した高さの座机などが便利，たまにはゆっくり床に座って食事をしたい，冬にはこたつを置きたい，来客にも泊まってもらえるようにしたいなど，公室での住要求は実にさまざまである．LDKと和室の一体化は，こうした住要求に柔軟に対応する知恵なのであろう．また，「ながら団らん」の存在もある．生活時間がすれ違いがちな現代の多忙な暮らしでは，家族が対面してゆっくり語り合うゆとりはあまりない．現代の団らんとは，おのおのが思い思いの行為をしながら，たとえばアイロンがけをしながら，新聞を読みながら，テレビをみながら，遊んだり宿題をしながらの団らんなのである．「ながら団らん」のためには，家族が顔を合わせやすいように空間を一体化した方が好都合だといえる．

LとDとKのつながり方と使われ方との関係で特徴的な点は，各スペースが連続しつつも，必要に応じて視覚的に分節できるような間取りが好まれることである．この場合Dスペースが内向きに，Lスペースが外向きに使われる傾向があり，アメリカのファミリールームとリビングルームの使い分けに似ている．

こういった起居様式の使い分け，団らんのあり方，内と外との使い分けなどへの指向が，今後の家族共有空間のゆくえを左右していくであろう．

〔松原小夜子〕

参 考 文 献

1) 片木　篤：イギリスの郊外住宅，住まいの図書館出版局，1987.
2) アンソニー・クワイニー：ハウスの歴史・ホームの物語（花里俊廣訳），住まいの図書館出版局，1995.
3) 奥出直人：アメリカンホームの文化史，住まいの図書館出版局，1988.

3.6　接 客 様 式

3.6.1　接客は人間的な営み

人間の住まいと動物のねぐらとの大きな違いの1つは，前者が客を招じ入れる機能を有することであろう．すなわち，住まいは家族のみならず客のためにも用意された空間であることを意味する．家族と客（言い換えれば外の社会）との対応形式が接客様

式であり，これが住まいの型を大きく支配する．接客様式は，だれを（客種），何のために（接客目的），どこで（接客空間），どのようにもてなすか（接客内容）によって規定され，大別すると格式的な接客，「家」重視の接客，親睦を図る接客，普段の気軽な接客の4タイプに分類される．時代や階層により中核となる接客様式のタイプは異なっている．そのうえ客の身分に応じた接客空間の使い分けがあり，接客のヒエラルキーが存在する．

3.6.2 接客は「ハレ」意識

かつて日本人の生活は，晴れやかな儀式や行事が行われるハレの日と，日常生活が行われるケの日に区分され，住まいも接客空間を主体とする「オモテ」と，日常生活空間を主体とする「ウチ」とに分離された．

このオモテとウチの空間秩序の原理は，武家住宅に端を発している．古代の公家住宅は寝殿造りで，寝殿は富貴の象徴であった．一族の儀式，行事が華やかに繰り広げられていたが，公家社会では原則的に上位の者が下位の者を訪ねることはなかったという．しかし，武家社会になると将軍はその支配を強化するために配下の武将の住宅を訪れるようになった．いわゆる御成りである．中世の武家住宅は主殿造りであり，主殿の南側で接客，対面が行われた．近世に入ると武家住宅は書院造りになり，対面，儀礼の場として大書院，小書院が配され，書院には床を中心に違棚や付書院からなる座敷飾りが鋪設された．このころ将軍はじめ貴人を迎えるために饗応の作法が定型化し，飲食以外に能と茶は欠かせないものとなり能舞台や茶室が設けられた．さらに対面の場も上段の間から下段の間，三の間，四の間と拡大し，室ごとに格づけされ座る位置にも序列がつけられた．「オモテ」は，屋敷の御成御門から建物の玄関を経てしだいに奥まった書院に連なる構成をもち，空間の積み重ねが格式の高さを現す「格式空間」となっている．住まいで展開される「接客生活」が支配階級にとって生活の重要な部分であり，行事，接客のための場を有することが彼らの権威を示すシンボルであった．

一方，庶民階級である農民の中でも上層部（村方三役）の住宅には，農村を訪れる武士の休息や宿泊のために，「主座敷＋次の間」の続き間や式台を構えた玄関が設けられた．また「家」の継承のために一族内の冠婚葬祭の儀式や講，法事などの行事が重んじられ，それらは座敷を中心に行われた．同じ座敷へ通される客でも身分の違いにより，座敷への上がり方や対面の方法が異なった．農家の座敷は格式空間であり，普段は畳を上げて開かずの間とし日常生活の空間とは区別された．

3.6.3 気軽な接客
——土間と縁側，離れでのつき合い——

一般農民の生活では，地域共同体内でのまとまりが重視され，人々のつき合う範囲も地域の人と血縁関係の者に限られた．彼らの接待はいろり端，土間，縁側など日常生活の場で行われた．土間は普段の出入口であり，農作業や家事，炊事の仕事場として，また地域の協同作業，交際の場として利用された．土間は土足のままで用件をすませることができるので，主客双方にとって気軽な応対の場であった．他方，室の外周部に設けられた縁側は屋外と屋内の接点であり，夏の夕涼み，冬の日向ぼっこなどで家族がくつろぐ場として，また物干しや子どもの遊びの場として利用された．それに庭から出入りする近隣の人たちとの簡単な応対の場でもあった．ハレの日には縁側が僧侶や特別な客の出入口となった．土間や縁側は，外に対して開放的で出入りの自由性があり，「来る者拒まず」のおおらかな近隣関係を育んだ．

町家には，商売上の客など多種多様な客が出入りし，常に人の気配に満ちていた．客の立場，来訪の目的によって応対の場所が土間と床上，さらに表側と奥側に使い分けられ，応対の仕方も異なっていた．町家の座敷はハレの日の接待に使用されたが，普段は家長夫婦の寝室である．また，奥の庭に面して母屋と独立して建てられた離れは，遊びごとや芸事を楽しむために同好の士が集う，いわゆる冠婚葬祭ではない数寄の空間で，フランスのサロンにも似た知的交流の場であった．

3.6.4 西欧文化への窓である接客空間
——洋館，応接間——

明治以降，西欧の先進文化を受け入れる「文明開化」の風潮の中で，華族，官僚，軍人，富豪などはこぞって豪壮な洋館を建て，宴会，舞踏会，園遊会を催した．洋館は旧時代の表御殿に代わる住まいの公的・接客部分として導入され，支配階級の威光を示す最高のシンボルとして定着した．しかし，洋館は欧化した「オモテ」にすぎず，渡り廊下で連結された和風住宅が「ウチ」となり，実質的には和洋両館であった．やがて洋館の規模は縮小され応接間として姿を変える．応接間は和風住宅に接続され，座敷と応接間の接客空間を併存する和洋折衷住宅にな

った．

玄関から座敷に至る接客空間が住面積の過半を占め，とくに座敷は居住性のよい南面に設けられたので，家族の日常生活の場は圧迫されていた．大正期に入ると新興の中産階級を中心に「接客本位」の生活が見直され，「家族本位」の住宅思潮が起こってくる．それまでは格式的な接客が優位を占めていたが，これ以降は「家」重視の接客や親しい接客などが主体になる．しかし，家長の客が中心であることは不変である．そのような中，中廊下型住宅が出現する．平面の中心部に通路空間の廊下があり，玄関脇に接客空間である応接間が，南面に家族の日常空間である居間あるいは茶の間が配置された間取り形式で，気の張る客は奥の間に通さず応接間で接待した．家の奥は「ウチ」として意識され，客の侵入を許さない家族のプライバシー空間であり，玄関脇に隔離された応接間は欧風化されていく社会と対峙する「オモテ」であった．まもなく，居間が住まいの核になる居間中心型住宅が登場する．南面の中央に居間をとり，その周囲に書斎，台所，寝室，子ども室などを配した間取り形式で，専用の接客空間はなく居間で親しい客の応対が行われた．

3.6.5 接客空間の消失

戦前の日本の住まいでは，座敷（応接間）と茶の間という性格の異なる2つの公的な場が設けられていた．座敷は接客のための場であり，家長以外の家族が日常使用することがない改まった空間であった．一方茶の間は家族が食事をする室であり，主婦や子どもたちの居場所であった．

戦後，家父長制的生活原理が封建的だと非難されて座敷や応接間が追放され，客は日常生活の場である居間に迎え入れるべきだと主張される．戦後の貧困による住宅の狭小化がオモテの喪失に拍車をかけた．加えて，住まいの基本はプライバシーの確保にあるといった西欧の理念が全面的に受け入れられて，開放的な日本の住まいは閉鎖化を強めていった．

1970年代に入り，DKを中心とする食寝型住宅からLDKを中心とする公私室型住宅が登場する．公私室型住宅は，個人のプライバシーを守る私室と家族のコミュニケーションを図る公室から構成される．接客の場は，家族の団らんの場である居間に包括された．同時に接客機能の外化が進行し，戦前の家庭にあった「ハレ」の行為そのものが消滅した．改まった客が漸減するとともに接客頻度も減少し，接客はごく親しい客に限定され，居間で家族同様にもてなすというスタイルに変質した．

しかし，居間に客を招き入れる行為は，家族生活に緊張感を伴い十分くつろげないとか，逆に居間がほとんど使われず応接間と化しているという問題が指摘された．接客は客の種類や内容に多様性があり，現状の居間だけでは対応できないことが明らかになった．その解決策として接客空間を復活させるか，居間をさらに充実させるかの2つの方法が示されている．住宅規模が拡大するにつれて座敷を設ける傾向がみられるが，多くの場合その実態は親族や友人を泊めるための予備室にすぎない．座敷の本来的な使われ方とは大きな隔たりがあるといえる．新たな試みとして居間を複数のエリアに分節し，接客と家族の団らんを射程に入れて重層的に構成する手法が提案されている．

以上，接客様式を歴史的に概観すると表3.1のようになる．

表3.1 接客様式の変容

住宅の型	接客空間	接客の型	客　種		接客目的
寝殿造り	寝殿	「家」重視の接客	一族	血縁	行事
主殿造り	主殿	格式的な接客	将軍，上司	職縁	儀礼
書院造り	大書院，小書院	格式的な接客	将軍，上司	職縁	儀礼
農家	座敷（続き間）	「家」重視の接客	一族	血縁・地縁	行事・会合
	土間	気軽な接客	近隣の人	地縁	おしゃべり
	縁側	気軽な接客	近隣の人	地縁	おしゃべり
町家	離れ	親しい接客	友人，仲間	知縁	集い
洋館	応接室，大客室	格式的な接客	上司	職縁	宴会
和洋折衷住宅	応接間，座敷	「家」重視の接客	同僚，部下	職縁	会合，集い
中廊下型住宅	応接間	親しい接客	友人，仲間	知縁	会合，集い
居間中心型住宅	居間	家族同様の接客	友人，仲間	知縁	集い
公私室型住宅	リビングルーム	家族同様の接客	友人，仲間	知縁	集い

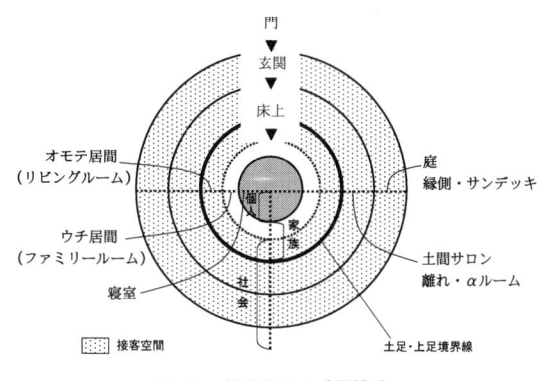

図3.6 接客空間の重層構造

3.6.6 アメリカの接客様式
――ホームパーティ――

パーティは形式的な集まりとは異なり自由な雰囲気にあふれている．アメリカ人はそんなパーティが大好きである．何かきっかけがあれば，友人または家族，あるいは仕事仲間を中心に10人くらい（多いときは20人前後）が集まり，もち回りでホームパーティを開く．飲食はパーティの楽しみの1つであるが，その主な目的は「おしゃべり」である．パーティという社交を通して家庭は社会に開かれ，外部との接触がはじまる．パーティは，家庭の場で夫婦共通の社交を営むことによって，家族のきずなを再確認する機能をもち，夫婦本位が原則であるが，時には家族ぐるみのつき合いになることもある．

アメリカの住宅の多くはファミリールームとリビングルームを別々に有し，ファミリールームは家族の日常空間として，リビングルームは接客空間として用いられる．パーティでは招かれた客はダイニングルームで飲食しリビングルームでおしゃべりやダンスに興ずるが，時にはキッチンに入って料理の準備や後片づけも手伝う．庭も接客の場として積極的に利用され，芝生でのバーベキューパーティやプールサイドでのパーティも活発である．

3.6.7 これからの接客
――住まいを地域に開く――

住まいの中での生活は，社会，家族，個人の3者が一体になって営まれるとき，均衡が保たれる．戦前は「ハレ」と「ケ」の生活秩序と，「オモテ」と「ウチ」の空間秩序の原理が符合し，個人の犠牲の上ではあるが社会，家族の2者でそれなりに安定した生活が展開されていた．戦後は住まいから接客空間が否定されるとともにプライバシーが優先され，生活は家族，個人の関係になり，社会の部分が欠落して不安定になった．さらに近年の情報革命によって個人はバーチャルな社会と直結し，家族は孤立し解体の危機に直面している．客を招じ入れ，他人や社会と接触することは住まいにとって本来的な重要な機能である．住まいの中に家族を再生するには，接客を媒体にして地域という身近な社会を取り戻すことである．すなわち，閉じた住宅を再度地域に開放することである．その試みが実現されている例として，門塀がない開放的な前庭，街路に面したガラス張りの離れ（αルーム），玄関から土足で入れる土間サロン，玄関から丸見えのオープンリビングなどがある．これらは昔の民家でみられたような気軽な交わりの場を再現している（図3.6参照）．

これからの住まいは，自由で知的な交流を生み出す可変性のある日常的な接客空間の創出が課題であるといえる．なぜなら，接客の形態は社会における人間関係を反映するもので，人間関係は年代とともに変化するからである．

〔竹田喜美子〕

3.7 家事様式

3.7.1 家事様式の定義・規定要因

「家事様式」の家事とは家事労働のことであり，家庭や地域における衣食住の生活を維持するために必要とされる準備，片づけ，保管に関する生活行為である．したがって家事様式とは，家事観，家事をする主体，家事を行う場所，家事処理の方法などがほぼ習慣的になった状態の家事労働のスタイルである．家事様式を規定する主たる要因には，家事観（考え方），行う場所（住空間），家事をする主体（担い手），家事処理法（手段）が挙げられる．

3.7.2 家事様式の特性

家事労働は，家族おのおのの健康維持と成長発達のために必要不可欠なものであり，家事労働を通じて，子どもの家庭教育や家庭における生活文化の伝承がより可能となる．また家事労働を家族や地域の人々が関与することによって，その人間関係を円滑にさせ，結束させる効果をもたらす．したがって家事様式は，このような家事労働の特性を維持しつつ，それぞれの社会経済体制のもとで変化してきた．

3.7.3 家事様式の変容
(1) 近世以前の家事様式

今日の家事労働に相当する行為はヒトとしての生活が始まった時点からあり，当初は火や水の確保の

3. 住様式

表 3.2 家事様式の変容

時代	考え方	住空間	担い手	手段
明治元～明治10年	都市では，火事や疫病に対する警戒心→水の便，水質の安全性を求める意識が高まる ・「衣服の乾場や洗濯に便利なる地所」（明治8年）	俸給生活者の家事空間の特徴 ・接客空間や便所と隔てる ・台所と湯殿は近接 ・女中室がある ・台所面積の住宅面積に占める比率が大きい	・行儀見習いや家事見習いのため ・口減らしのため ↓ 女中志願者が多い	社会化 ・学校給食 ・水道敷設 ・洗濯屋 作業過程の省力化 ・マッチの使用 既製品，半既製品の利用 ・缶詰 ・洋服
明治20年代	時間，労力，金銭の有効利用（＝資源活用）の意識が強まる	ガラス障子の家が増える ・障子紙に比べ，張り替え労力，時間の節約		
明治30年代	・「主婦労働の軽減」の必要性が学会誌「建築雑誌」に掲載される（明治37年） ・家事の社会化の提案「女中より水道を」「飯炊き配達会社」の提案	・1人用の膳に代わって飯台の使用が広がり始める ・東京でガスが炊事用に使用され始める	就労構造の変化，教育機会の漸増により， ・女中難が始まる ・女中の待遇改善の声 ・主婦の家事負担強まる	・冷蔵庫が第5回内国勧業博覧会に出品される ・「ガス竈」の広告
明治40年代～大正12年	主婦の家事負担意識や生活に対する自覚が高まる ・掃除の手間を省くため空室をつくらない ・主婦の居場所を中心とする間取り 住宅改良運動（民間主体）……… 生活改善運動（政府主体）………	女中室の条件の変化 ・出入り口が廊下に面する ・3畳程度で独立性が高まる もっとも望むこと（明治43年調査） 「竈（カマド）をやめてガスにしたい」 台所作業台の「立動式」化の提案：大江スミ（大正5年） →台所兼食堂の実践（三角錫子） →「ハッチ」形式の食器棚	女中の需給関係深刻化 アメリカの家政教育 →女子高等教育に影響 ・女中依存否定 ・性別役割分担強化 主婦の家事負担増大	家事能率化の試み ・「改良竈」の広告 上水道の普及 各地のガス会社の開業電化製品（イギリス製真空掃除機を岩崎邸で使用） 炊事機器（石油厨炉など） 合理化提案続出 ・「共同炊飯所」など
大正12年～昭和20年	生活の単純化 生活の共同化の奨励 ・各家庭で炊くより簡易食堂でよい ・洗濯はもっとも労力が大きく，数軒で連合してもよい 家事時間を短縮すべき 家事の簡略化によって得られた余暇の「正しき再組織を」	「文化アパート」の建設 炊事，洗濯，乾燥，ごみ処理，掃除，風呂沸かし，留守番，保管の共同化実施 「同潤会アパート」の建設 洗濯，乾燥，買物，保育，風呂沸かし，ごみ処理，炊事などの共同化	生活不安　戦争 ↓　　　↓ 婦人の労働力漸増　銃後の守り ↓　　　↓ 家事の社会化利用の漸増　家事担い手の社会的責任への要請	・家庭電化製品が市場に登場したが，昭和10年以後衰退し，生活の簡素化が奨励される ・設備，空間の共同利用 ・労力の共同化実施
昭和20～30年代前半	・「家庭労働の削減を主体とする」小住宅の競技設計（コンペ）（昭和23年） ・「住宅や団地を合理的に建設すれば家事労働は軽くなる」と，家事共同化方向に期待（昭和25年） ・「暮しの手帖」（26号）が最初の商品テストを紹介 ・「ローコスト住宅」の中で，最低の質として洗濯場の設置提案（昭和31年）	・「各室の交通量」の調査から 「台所と食事室の付近がもっとも動線が多い」 ↓ 「家事労働のうえからは台所の合理化を考慮しなければならない」（昭和25年） ・ステンレス流しの普及（昭和31年）	食糧難，生活難 →家族ぐるみの家事労働 ⇓ 生活の安定化 →主婦の負担増大	・学校給食始まる（昭和22年） ・家庭電化製品の販売（昭和30年ころより）噴流式洗濯機，自動式電気釜など ・3種の神器（洗濯機，冷蔵庫，掃除機） ・インスタント食品時代に入る（昭和33年ころより）
昭和30年代後半～	・既婚婦人の就労可能条件に関する研究（昭和40年代）において，家事負担軽減条件 ・生活問題（例：食品公害，老後の1人暮らし，環境破壊など）解決手段としての家事の見直し ・伝統的性別役割分担の見直し風潮（昭和50年～）	・集合住宅の旧式ダストシュートの廃止（昭和48年ころより） ・共同利用による洗濯乾燥機の集合住宅への導入 ・男性が参加できる家事空間の提案 ・家庭廃棄物の処理に関する地域間ネットワークの提案 ・保育所づくり運動が進む	・既婚婦人の就労志向の増大．都市家庭主婦の7割（昭和48年） ・合理化機器の普及により家族の家事参加が可能となる 子育て期の女性の専業主婦化が進行（M字型雇用のM字の谷間が最低値を示す）	・家庭電化製品の普及 電気掃除機普及率20%台，家庭用電子レンジ国産化 ・レトルト食品，冷凍食品の出現（昭和40年代前半～） ・通信販売の利用増大 ・家事代行業の普及
昭和50年代後半～	・共働き世帯から，帰宅後洗濯することが多いため騒音の出ない洗濯機や乾燥機を要望する声が出る	・HA化（セキュリティ機能，ホームショッピング，ホームバンキングなど） ・トータルHAシステム化（地域ぐるみのエレクトロニクス化）	・中高生の手伝いについての日米比較 手伝い「とくにない」 日本：男47.3%　女25.9% アメリカ：男1.4%，女1.4% （経済企画庁「日本の家庭」1980より）	・システムキッチン普及率36%（関東） ・電子レンジ普及率が30%を上回る
平成年代	・高校家庭科男女共修 ・高齢者にとっての使いやすさ追及（安全性，汚れにくく手入れのしやすさ）	・「ニーズが多様化する台所」の新聞記事（平成11年） ・洗濯機と台所が近い ・複数の人が同時に調理できるスペース	・12年4月より介護保険でヘルパーによる家事援助が始まる	・平成2年，システムキッチン用電磁調理器発売開始．11年度には関西での販売台数4万1000台を突破

方法がその様式の根底にあった．絵巻物からみられる近世以前の家事様式の特徴には，①高床住居では煮炊きの場が屋外から屋内へ移行している，②家事の担い手は，被支配者層では栽培，糸紡ぎ，洗濯，物干し，調理などは主として女性である，③支配者層では使用人が家事をしていたが，包丁さばきや掃除は男性がしている描写が多い，などが挙げられる．その背景には，①については，家屋の柱間を広げ，屋根を高くさせる建築技術の発達，②については，性別役割分業の考え方，③については，女性は不浄という女性蔑視の意識，などとのかかわりが考えられる．なお，火の扱い，水の供給にかかわる家事は，近世以前ではほとんど進歩がみられない．

(2) 近代以後の家事様式

明治期から大正期，昭和戦前期，戦後高度経済成長期，経済の低迷期を経て，今日の平成期に至るまで，表3.2のような家事様式の変容がみられる．3.7.1項に述べた要因（考え方，住空間，担い手，手段）を相互に関連させながら整理したものであるが，その特徴を以下に述べてみる．

①明治期の初め，都市では人口が集中して日々の暮らしにおいても火事や疫病の予防のための家事であった．②明治期半ば，「資源（時間，労力，金銭）活用」の意識が現れ，使用人の確保が困難になるにつれ，家事の負担軽減，能率化が問題にされるようになった．都市部では，水源，熱源の社会化がはじまる．③明治末から，主に米国の住宅や家政教育の影響を受けて住宅プラン面でも設備面でも合理化案が提示されるようになった．「女中難」，つまり家事使用人の確保が困難となり，一方「家事の女中依存は子どもに悪影響」の考え方も雑誌などで散見されるようになって，主婦への家事負担が増していく．④大正期半ば以後，『住宅』（住宅改良会発行の雑誌）にDK（台所に食卓をおき，食事室兼用とする）プランが紹介され，同潤会アパートでは，生活の合理化のために家事労働の共同化が実施された．戦時体制が強化されるにつれ，「栄養改善」，「時間・労力・金銭的節約」，「衛生」，「協力精神の涵養」などの目的で近隣間での生活の共同化が強制された．⑤第2次世界大戦後の食糧難，生活難のころは家族全員が家計維持のために働き，かつ家事の担い手でもあった．昭和20～30年代には公営，公団，公社による集合住宅が大量に建設され，ステンレス流しの導入，共同物干し場などの設置による家事の合理化が図られた．⑥高度経済成長期以後，家電製品をはじめとする家事合理化手段の開発，女性の就労意識の高揚，少子化などにより，既婚婦人の家事，仕事の両立がより可能となった．⑦既婚婦人の就労の一般化に伴い，夫の家事参加の考え方にも抵抗がなくなりつつあり，環境保全のための家庭ごみ問題，食品の安全性などに家族全員が関心をもつようになっている．⑧家事合理化製品の利用による省力化に対し，家事代行業の利用やホームショッピングなどみずから動くことなく家事処理する方法も今日定着しつつある．

3.7.4 家事様式の今後の課題

家事労働には，健康維持と成長・発達，子どもの家庭教育，生活文化の伝承，人間関係の円滑化などの特性がある．それを今後も持続させるためには次のような課題が考えられる．①老後の健康維持のために，家事労働が負担にならず，むしろ生きるばねとなるような家事様式のあり方，②社会化が進行する今日，子どもや男性成人も含む生活者が，生活の基本を学ぶ手段として，かつ家庭の文化を後世に伝えていく手段として家事様式をどのように活用させるか，③あふれる情報の中から必要な生活手段をどのように取捨選択し，家事様式として導入するかの判断方法，④個人主義化傾向にあって，家族関係や隣人関係の要（かなめ）としての家事様式のあり方，などを考える必要がある．〔町田玲子〕

3.8 排泄・入浴様式

今日では家の中で湯水を簡単に使用することができるが，歴史的にみると，水，火，湯の管理，それに伴う排水処理はかなり困難な問題であった．したがって，排泄，入浴の場は長年にわたって建物の外に配置された．近代に入ってそれらの空間は徐々に建物の内部に取り込まれるようになっても，給排水，熱源の確保や，衛生環境の配慮から一般的には建物の外周部に設けられた．近年の都市設備や建築技術の発達は，排泄，入浴の場をどこにでも自由に配置することを可能にさせた．一方でコアプラン（浴室・洗面所・便所などの水まわりを集中的に住宅の中心部に配した平面形式）にみられる窓のない密閉された空間，常に換気扇を使用しなければ臭いや湿気のとれない狭い空間，人工的な新素材に囲まれた緊張感などは，健康的な快適性や本来の生理的要求からはずれた状況をもつくり出している．

排泄，入浴を総称する今日のサニタリースペースの機能は，単に排泄や身体を洗うだけの衛生・生理的なものではなく，精神的なストレスを解消した

り，ヘルスケア，ボディチェック，気分転換の機能を加える方向へと進んできている．心身ともに健康的で豊かなゆとりある生活を望む意識は，より高級化，多目的化する傾向を強めており，快く，明るく，広く，清潔で，しかも自然を取り入れ，開放的な雰囲気をもつ場へと変容している．

3.8.1 便所，洗面所，化粧室
(1) 排泄の生理と洋便器

成人は，1日に2000 kcal前後の食物をとり，消化吸収を行い，生命体を維持し，不用物を排泄している．排泄のサイクルが狂うと，体内に老廃物や有害物質が蓄積し，さまざまな障害が引き起こされることになる．1日平均1回の排便と，7～8回の排尿が通常であるとされるが，食事や水分の摂取の仕方，生活環境条件により大きく左右される．

最近増えてきた過敏性腸症候群は現代社会のストレスが原因といわれ，心身の刺激によってすぐに下痢や腹痛，便秘を起こすものでもある．下痢を繰り返したり，下痢と腹痛，便秘を交互に起こす場合など症状はさまざまであるが，いずれも自律神経系の変調によると考えられている．したがって，ゆっくり，安心して完全に自分だけの時間と空間を得ることのできる快適な便所は，心身の健康にとって大切な条件となってくる．

腰かける姿勢が基本の洋便器は，使用中およびその前後の動作が楽であり，高齢者などにも使いやすい．また，男女兼用に使えるため省スペース効果があり，狭い日本の住宅には好都合でもある．さらに便器そのものの改善も進み，今日では高度に機能化されて和便器をしのいでいるのが現状である．

水洗化が進み，洋便器が普及した結果，便所と洗面所，化粧室はその機能は複合化しながら，全体の環境は飛躍的に進歩発展し，清潔で美しいインテリアデザインが実現されるようになった．

(2) 便所，洗面所，化粧室の一体化

洗面という言葉はもともと顔を洗う行為を指しているが，実際には言葉以上に多様化して使われている．基本的には衛生行為ではあるが，それに関係の深い行為を引き込みながら範囲を拡大化させている．

用を足すことと，洗面化粧，身づくろいはプライバシーの要求度が高い．用便後は手を洗う習慣から，便器周辺には小さな手洗い器が備わっていることがみられたが，これはしだいに使いやすく大型化していった．それに伴って周辺が整えられ，洗面化粧空間と排泄空間を重ね合わせることが一般化してきた．

また，最近の化粧事情では，洗顔剤や化粧品の区別は少なくなり，さらに整髪剤，歯磨剤，芳香剤など，多種多様なケア製品があふれ，男性も女性に劣らず身づくろいに気を使うことが普通になった．したがって，洗面化粧室が使われている時間は長くなり，いっそうその設計には関心が払われるようになってきている．

洗面化粧，便所をまとめて客用に設ける場合はパウダールームと称して，他人の目を非常に意識した気配りが感じられる．家に人を招くとき，気になるのは便所という人は多い．雰囲気よく常に清潔に美しく保つことで，もてなしの気持ちを表し，同時に見栄張り空間としての思い入れも強くなっているのが感じられる．

一方，外出先で用を足すとき，女性は同時に化粧を直し，身辺チェックを行う．また，男性であっても，ウィグ，入れ歯，その他人知れず手入れをしたい場合もあり，個室型便所の要求は高まっている．在宅時での使用状況と外出先での要求との差は小さくなってきており，自分1人で安心して使える洗面，化粧，便所は時代の要求に即したものといえる．これにより男女の区別をなくすことができる反面，維持管理の面でも安全性，出入りの視線を防ぐ方法，動線については配慮が必要である．

(3) 小便器の要求

洋便器の問題としては，男女兼用の不都合さをあげることができる．男性の小便用としては洋便器の高さが低すぎること，使用音，こぼし，はね返りなどの気使い，便座の上げ下げのわずらわしさなどが嫌われる原因となっている．便所特有の嫌な臭いはだいたいは尿臭といわれるが，男性の小便中の洋便器からの飛沫は床面にしみついて，その原因となりやすい．また，住宅において，小便器を設けても洋便器といっしょの部屋であると，混雑時の緩和になりえず，小便器設置の効果があまり明らかにならない．大便器と小便器は，分離して設ける方が効果が大きい．

3.8.2 浴室
(1) 浴する方式と効果

入浴の目的は，第1には皮膚の清潔保持である．それと同時に，身体を温め，血液循環をよくする．その結果，新陳代謝は促進され，内臓機能は活発となり，筋肉，関節の緊張はほぐれ，疲労は回復する．浴後は気分が爽快となり，心身ともにリフレッシュすることができる．一般に欧米人が36～38℃

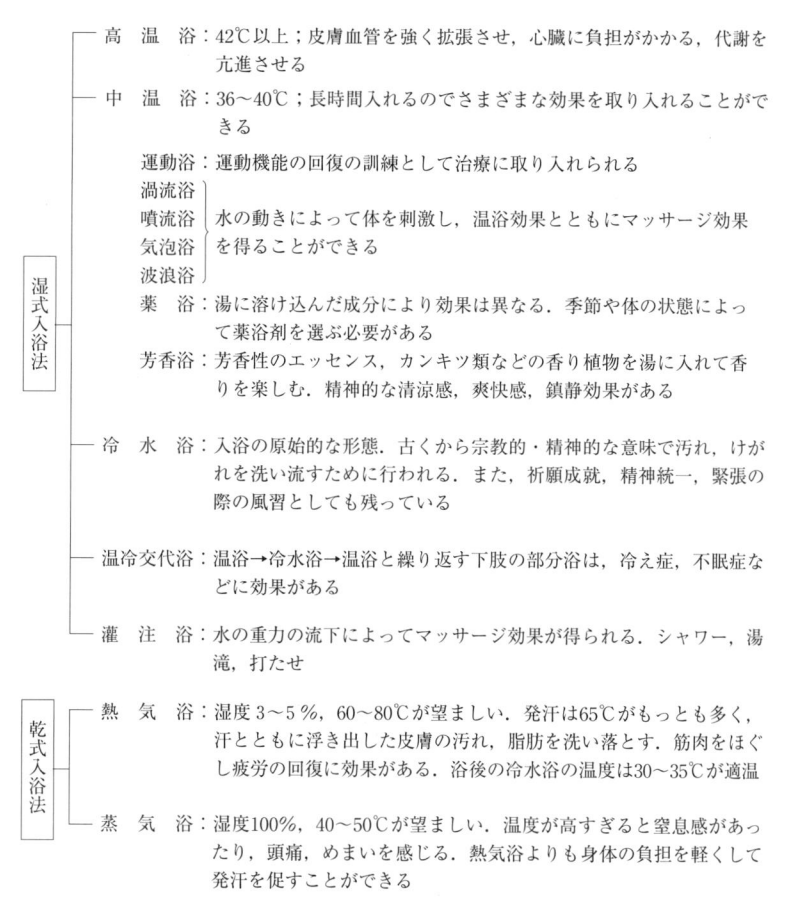

```
                ┌ 高 温 浴：42℃以上；皮膚血管を強く拡張させ，心臓に負担がかかる，代謝を
                │           亢進させる
                ├ 中 温 浴：36～40℃；長時間入れるのでさまざまな効果を取り入れることがで
                │           きる
                │  運動浴：運動機能の回復の訓練として治療に取り入れられる
                │  渦流浴
                │  噴流浴 ┐水の動きによって体を刺激し，温浴効果とともにマッサージ効果
        ┌湿│  気泡浴 ┘を得ることができる
        │式│  波浪浴
        │入├ 薬   浴：湯に溶け込んだ成分により効果は異なる．季節や体の状態によっ
        │浴│           て薬浴剤を選ぶ必要がある
        │法│  芳香浴：芳香性のエッセンス，カンキツ類などの香り植物を湯に入れて香
        │  │           りを楽しむ．精神的な清涼感，爽快感，鎮静効果がある
        │  │
        │  ├ 冷 水 浴：入浴の原始的な形態．古くから宗教的・精神的な意味で汚れ，けが
        │  │           れを洗い流すために行われる．また，祈願成就，精神統一，緊張の
        │  │           際の風習としても残っている
        │  ├ 温冷交代浴：温浴→冷水浴→温浴と繰り返す下肢の部分浴は，冷え症，不眠症な
        │  │           どに効果がある
        │  └ 灌 注 浴：水の重力の落下によってマッサージ効果が得られる．シャワー，湯
        │              滝，打たせ
 入浴 ─┤
        │乾┌ 熱 気 浴：湿度3～5%，60～80℃が望ましい．発汗は65℃がもっとも多く，
        │式│           汗とともに浮き出した皮膚の汚れ，脂肪を洗い落とす．筋肉をほぐ
        │入│           し疲労の回復に効果がある．浴後の冷水浴の温度は30～35℃が適温
        │浴│
        │法└ 蒸 気 浴：湿度100%，40～50℃が望ましい．温度が高すぎると窒息感があっ
        └              たり，頭痛，めまいを感じる．熱気浴よりも身体の負担を軽くして
                        発汗を促すことができる
```

図 3.7 入浴方法の分類

前後の湯に長くつかる「長時間微温浴」であるのと比べると，日本人は42℃前後の熱い湯の中に首までつかり，その入浴法は「短時間高温浴」である．前者は副交感神経を緊張させて鎮静的に作用し，血圧をあまり変動させず，消費エネルギーも少ない．後者は交感神経を緊張させ，皮膚血管を強く拡張させて，代謝亢進に強く働く．また後者は反射的に発汗が強く起こり皮膚からの放熱が盛んになるので，日本の夏の気候には適した方法で，これにより，浴後のさっぱりした感覚を得ることができる．寒冷な冬では熱い湯に十分つかって芯まで身体を温めることができる．

従来の湯につかる方式に対して，湯をかける方式のシャワーはその手軽さが好まれ，季節を問わず用いられるようになってきている．シャワーは浴槽に入るのと違い水圧の影響を受けず，また温度設定が自由にできるので身体にとっての負担は軽く，高齢者，病人などに幅広く使うことができる．冬でも浴室温度を22℃以上に保つことができれば，十分に身体を温めることができるが，たっぷりの湯量が必要である．

歴史的にみると，日本では一般的には蒸気浴，熱気浴の系統と湯浴の系統があったが，江戸時代にはこれらが合わさり，その後熱湯浴として一様に定着したものと考えられる．今日の多様な機器などの出現は，再び浴することの意味を再検討させる契機にもなり，それぞれの生活要求にふさわしい個別化傾向が進むものと思われる．図3.7に入浴方法の分類を示す．

(2) 入浴の楽しみ

入浴を楽しむ快適な環境の基本的な条件は，ゆったりしたスペースにあるとされる．広さが確保されれば，現実の浴室への不満はほとんど解決される．それを前提に望まれる浴室を挙げてみると，坪庭や池を眺められる浴室，音楽やテレビの楽しめる浴室，南向きの明るい浴室，サウナつきの浴室，気泡の出るジェットバスのある浴室，植物を置いたサンルーム風の浴室，アスレチックコーナーや美容機器

の使える浴室，読書の楽しめる浴室などである．これらの要素は，従来は温泉などがもっていた機能である．

温泉では第一義的な入浴の目的に加えて，めったに経験することのできないめずらしい遊び感覚でもって，非日常な興奮を味わうことができる．それらを今日，住宅の中に取り込もうとしている．浴室を取り巻く環境を健康，美容の観点から1つの生活圏に独立させることによって，住宅設計は大きく変化するものと感じられる．
〔川崎衿子〕

3.9 家族形態と住様式

私たちの1日の生活は，食べる，寝る，学ぶ，働く，休息するなど多数の生活行為の「繰り返し」で構成されており，これは食べる場所，寝る場所，働く場所というように空間的な「繰り返し」ももつ．このように，空間的な「繰り返し」を住様式という．生活行為だけでなく，空間的な「繰り返し」も，性別，年齢，職業や家族関係，地域などによって1つの類型的な傾向を示す．当然のことながら，これらの空間的な「繰り返し」の型は社会発展のもとでゆがみや矛盾をもち，絶えず変化していく歴史的な存在である．したがって住様式とは，階層的・地域的に類型化できると思われるが，歴史的にみることによって「繰り返し」の型を発展的に意味づけられる．住様式を発展的な目から意味づけていくことは，住居学の基本的な役割の1つと考えられる．

このように住様式をみつめるということは，住まいの中の人々の今日の生活を知ることであり，生活の仕方を知ることである．

日本の家族形態を2000年の国勢調査からみると，「単独世帯（高齢単独と若年単独に分けられる）」「夫婦のみの世帯」「夫婦と子どものいる世帯」「片親と子どものいる世帯」「3世代世帯」「その他の世帯」に分けられる．この家族形態の今日的特徴を過去20年間の推移からみると，「夫婦と子どものいる世帯」と「3世代世帯」という典型的な2つの家族形態の割合が減少し，その他の家族形態，なかでも「単独世帯」と「夫婦のみの世帯」，さらに「片親と子どものいる世帯」の増加が著しい．つまり家族形態は全体として多様化したといえる．これまで住様式の研究や住宅平面の提案のときに対象とされてきたのは，「夫婦と子どものいる世帯」であったが，上記のような多様な家族の形態が出現しており，研究の幅広い進展が要求される．

ここでは，これまでの研究の蓄積がもっとも多い，「夫婦と子どものいる世帯」での成果を基本としつつ，他の家族形態についても考察，推論する．

3.9.1 夫婦と子どものいる世帯

「夫婦と子どものいる世帯」での住様式は，就寝分離と食寝分離をほぼ完全に達成し，公私室分離に到達しつつある段階と位置づけられる[1]．ここでいう公私室分離とは，家族生活の場としての「公室」と個人生活の場としての「私室」を分けることによって，住生活を秩序化しようという規範である．「公室」とは，高度成長期に，ダイニングキッチンにプラスして，団らんのために家族が集まる専用の部屋をもちたいという要求が，サラリーマン家庭を中心に顕在化した結果形成された空間である．その裏には，3種の神器ともてはやされたテレビ，冷蔵庫，洗濯機の普及による家事の合理化や性別役割分担により生まれた専業主婦層の自由時間の増大，生活を楽しみたいという意識や，テレビ以外にもステレオ，ピアノ，応接セットなど，耐久消費財で公室をしつらえたい意識などの高度成長期以降の「豊かな消費生活形成志向」があった．また，「私室」とは，夫婦の寝室の主寝室と子どもの寝室のことであり，個人生活のためにはこれらが適切に確保されることが重要であるとされた．

しかし，今日ではいくつかの点で，当初設定した公私室分離型と現実の住様式はずれが出てきていることが指摘されている．その第1は，子ども部屋の確保はきわめて広範囲に浸透したにもかかわらず，主寝室の専用化が曖昧であること．曖昧さには2つの意味があり，1つは接客空間との転用がかなりみられること，もう1つは公室との境界がはっきりしない，すなわち公室が転用して主寝室に使われていることも多いということである．第2には，公室は確保されているが，家族で生活を楽しみたい意識の具体的な現れと考えられる団らんの実態が乏しいこと，その結果公室は雑居的空間となっている，あるいは増大した耐久消費財の置き場となっていることである．さらに，多くの細々とした生活を持ち込む空間となっていることが指摘されている．また起居様式についても，椅子座に統一化されたわけではなく，ダイニングルームには浸透したものの，リビングルームに関してはソファとともに電気こたつの浸透も根強く，ソファ類に座ったり，ごろ寝をしたりという姿勢の使い分けがみられ，椅子座と床座（ユカザ）の共存が志向されていると考えられる．

一方，公私室分離型と併存した形で，地方を中心に「続き間型住宅」がみられる．これは座敷と次の

間からなる続き間を住宅の中心に据えた平面型で，続き間にプラスして玄関，広縁などで接客空間を構成し，日常生活空間の居間やダイニングと空間を区別した，いわば接客重視型の住宅である．これは，地方に残る地縁，血縁に裏づけられた接客空間の要求が公私室分離型平面では満足されないためである．この平面型は3世代同居住宅で多く採用されているとの報告がある[2]．

3.9.2　高齢者同居世帯

「高齢者同居世帯」の住様式をみる視点は，老親と子夫婦の住み分けと考えられるが，これは地域と，同居の成り立ちに大きく影響される[3]．地方に多い相続型の同居（土地，建物だけでなく農地なども相続し，合わせて親の面倒をみる）では，老親室は子ども室や子夫婦室の確保の後にとられ，室不足のときは，続き間が転用的に老親室として使われるなど室確保意向が他の家族員よりも低い．

老親室は専用室であっても，就寝に使われる程度で，昼間老親は自室にいることは少なく，家族共用の居間かあるいは庭なども含め，住宅全体を自室のように使っている．

食事や団らんの大半は子世帯との共用室で子世帯といっしょに行われるが，子夫婦は自室に引き上げた後の子夫婦だけ2次団らんをもつことが多く，そのためのサブ団らん室を確保している世帯も出てきている．老親は，共用室で就寝直前まで過ごすことが多い．老親の家族共用の空間からの分離要求が低く，むしろ子夫婦が自室中心の生活をするという点が大きな特徴である．

一方，高度成長期以降に都市に流入した若年層が高齢化し，新しく3世代同居を開始した創設型の同居の場合，老親室の専用的な確保は，相続型よりもさらに少なくなり（1つには宅地や住宅の面積が相続型よりもかなり狭い），接客室などの転用的な利用がかなりみられることである．

食事については，子世帯といっしょが多いが団らんは別々が多く，老親は自室でテレビをみたりして過ごす．共用の団らん室には子夫婦が残り，就寝時まで過ごす．家族共用の空間を常用しているのは子世帯である点が大きな特徴といえる．

さらに両方の同居型に共通している住み分けとして，老親の高齢化に伴い，食事や団らん生活が非分離→分離→非分離と変化することが指摘できる．これは老親側がまだ十分に若く元気なうちは，子育ての子夫婦に代わって家事を担当するため非分離の生活を，その後，分離的な傾向の強い時期を経て，老親がかなり高齢になると，子夫婦が老親の日常生活を援助するため非分離の生活になるためである．

大都市圏や特定の地域においては，住み分けができるように2世帯型の住宅を建てる，あるいは別棟にする例もあることが報告されている．

3.9.3　一人親家族

「一人親家族」の住様式についての研究発表は，未だみられない．夫婦と子どものいる家族と基本的に同じであると考えられるが，主寝室の就寝者が1人となることから，子どもが幼少の場合，子ども就寝との未分化の長期化が予測される．さらに子どもが年長の場合，主寝室が1人親の就寝だけでなく，親の学習，趣味，交流などの多様な空間となる可能性をうかがわせる．さらに公室については，専業家事従事者がいない，来客などの訪問者が1人親のみ対象であることなどから，公室をDKやL，座敷などと細かく区切るよりも一体化して使う要求の方が強くなると考えられる．しかし就寝・食寝分離に次いで強い要求は家事の合理化であり，住空間への要求も家事のしやすい空間志向が強く出ると予想される[4]．

なお今日では，父子の1人親家族も少数現れてきている．ここでもほぼ同様の傾向と考えられるが，母親室以上に父親室の独立化が進むと考えられる．とくに家事援助者を自宅に入れる場合は父親室のプライバシー要求がかなり高くなるのではないかと予測される．

3.9.4　障害者

「障害者」の今日の療養環境は，施設療養から在宅へと大きな転換が行われており，ノーマライゼーションの理念に基づく住宅環境整備の必要性が述べられている[5]．障害者にとって在宅推進の積極的意味は，地域や家庭の中での生活体験にあると考えられる．したがって，障害者同居世帯が地域や友人の中から孤立化しないことがたいへん重要になってくる．住居内では人的交流，すなわち接客をスムーズに受け入れられる住環境が望まれる．研究によっては，同居世帯では人的交流に関する疎外感がとくに強いと指摘されている．つまり，不意の来客時でも基本的な生活行為（入浴，排泄も含めて）に支障をきたさないような住空間構成がきわめて重要となる．

部分的介助で生活可能な場合，大半の生活行為は他の家族員との共同利用ですまされるが，全面的な介助が必要な場合は，排泄，食事なども自室を行為

場所とする場合が多くなる．これらをトータルに配慮して，自室-便所の動線は玄関先を通らない，居間-便所の動線は玄関先を通らない，自室は居間に隣接する位置とするといった提案がなされている．車椅子の場合は洋間の居間とし，洋間の自室からの移動を容易にする．また，知的障害の場合，グループホーム以外は親族との同居が基本となっており，親が健在の場合の多くは，個室所有率が低く，親との同室寝が多いという特徴をもつ．

3.9.5 高齢者世帯

「高齢者世帯」にとっても食寝分離は住空間秩序化の基本であるが，高齢者特有の特徴がいくつか指摘されている[6]．まず，かなりの世帯で夫婦別寝が報告されている．高齢になると安眠確保のため，生活時間のずれ，さらには一方に介護が必要になったときなどに，夫婦別寝を選択する場合がかなりあるとのことである．食寝分離の要求は基本的なものとして存在するが，夫婦別寝の方が要求度が高く，狭い住宅の場合，食寝分離を無視しても夫婦別寝をしているとの報告がある．逆に，安心できるため年齢とともに同室寝に移行する例，隣室を使用する例などもあり，寝室確保の仕方に特徴があるといえる．次いで，高齢者は和風の起居様式志向だと思われているが，これについても健康状態との関係が強いことが指摘されている．寝室の家具との関係で布団かベッドかをみると，健康状態が良好な場合布団が多いが，そうでなくなると布団の敷きっぱなしやベッドへと移行し，さらに悪化してくると，介護側からの要望もありベッドの場合がきわめて多くなる．

食事，くつろぎ，休息の起居様式についての報告では，健康状態によって，良好なときは床座が多いが，そうでなくなると椅子座を余儀なくされることが示されており，これら全体を通して，起居様式に関してはきわめて流動的であり，床座から椅子座への変更を前提にしておくことが重要だといえる．

3.9.6 単身世帯

「単身世帯」については，これまでは「いずれ親元，あるいは子世帯といっしょに暮らす」のだからと1人暮らしは1つの住まい方として積極的に捉えられることはなかったが，晩婚，未婚，高齢者など，1人暮らしも恒常化してきており，1つの家族形態として位置づけることが重要と思われる．

さて単身世帯の住様式は，生活行為の外部への依存の度合いや住宅平面，家具保有の内容などの影響を受けつつも，同一の場所での複数の生活行為の重なりを基本とした生活を行っていることが多い．まず高齢者では，複数の生活行為の重なった空間というよりも起きている時間の大半を過ごす場所がみられること（日常の食事や接客も行っている場所，テレビもここでみることが多い），それ以外に仕事を行う机や趣味を行う場所のように，ある目的のために家具などと対応した個人的な活動の場所，動植物や仏壇の前など，楽しんだり精神的な支えとする以外に日常生活のリズムを形成するというための場所など，内容や過ごし方の異なる場所があり，複数の場所をもつ住まい方は生活そのものにめりはりをもたらし，豊かな生活を支えていくと評価されている[7]．

若年層はどうであろうか．若年層は高齢者に比べ，生活の多くを外部に依存しており，住宅内での生活行為の数が少ないという特徴をもつ．学生対象の調査では，生活行為の場が1か所に集中しており，家具のセットを替えることで生活行為を適応させていると指摘されている[8]．

今後は，多様な家族の形態に合わせた幅広い住様式研究が必要である．
〔鳥飼香代子〕

参考文献

1) 多くの文献や論文がある．代表的見解と思われるのは，住田昌二編：現代住まい論のフロンティア，pp.1-14，ミネルヴァ書房，1996．

2) 園田眞理子：高齢者同居家族の居住する戸建て住宅の特質．日本建築学会論文報告集，No.448, pp.48-58, 1993．

3) 近年，戸建高齢者同居住宅の研究がかなりみられる．地域性と同居の成り立ちに注目したものとして，鳥飼香代子，他：創設高齢者同居住宅における親世帯と子世帯の居住分離傾向．日本建築学会論文報告集，No.468, pp.121-131, 1995；鳥飼香代子，他：相続高齢者同居住宅における親世帯と子世帯の居住分離傾向．日本建築学会論文報告集，No.486, pp.117-127, 1996．

4) 家事の合理化要求を取り上げた報告は，橘田洋子，他：子どものいる共働きの暮らしについての調査．日本建築学会大会学術講演梗概集，pp.287-292, 1990．

5) 障害者についての研究はきわめて多い．片岡正喜他：公営住宅における身体障害者向け住戸と一般住戸との連続化に関する研究．日本建築学会論文報告集，No.378, pp.117-127, 1987；鈴木義弘，他：住生活における知的障害者の行動要因分析．日本建築学会論文報告集，No.503, pp.77-87, 1998；浅賀忠義，他：肢体不自由者における住居内の人的交流と来客時を考慮した動線形態に関する調査研究．日本建築学会論文報告集，No.482, pp.67-74, 1996．

6) 小野明らの一連の研究があるがその第1報は，高齢期の住生活拠点に関する研究．日本建築学会大会学術講演梗概集，pp.279-280, 1990．

7) 古賀紀江，他：一人暮らしの高齢者の常座をめぐる考

察.日本建築学会論文報告集, No. 494, pp. 97-104, 1997.
8) 鈴木ゆかり，他：学生のための賃貸住宅の住戸計画に関する研究.日本建築学会大会学術講演梗概集，pp.185-186, 1995.

3.10 就労形態と住様式

3.10.1 共働き世帯
(1) 共働き世帯の増加
高度経済成長期以降，家庭外で雇用される既婚女性が増え，夫婦ともに雇用者であるといういわゆる共働き世帯が増加した．1990年代には共働き世帯数は，専業主婦世帯の数を上回った[1]．しかしながら先進諸国の中で比較すると，日本の女性の労働力率は低く，とくに育児期に該当する30～34歳の年齢層で谷を形成するM字型をなしていることが特徴的である．女性の家庭役割と矛盾しない未婚期のフルタイム就労と，育児期終了後のパートタイム就労が多いためである．しかしながら，育児期の女性においても就労希望者は多いうえに，今後は少子化と高齢化の進展によって労働力人口の減少が予測され，育児期も含めた女性の労働市場への参加はますます必要とされており，共働き世帯の増加が見込まれている[2]．

(2) 性別役割分業の見直しと住環境
1975年の国際連合の「国際婦人年」以降，国連，国際労働機関（ILO）などにおける一連の国際文書の中では，「男は仕事，女は家庭」という固定的な性別役割分業を見直し，男女両性が職業，家庭，社会活動を両立できるよう制度や環境を変革していくことが提起されている．住環境に関しては，家事や育児に関連する施設，サービスを提供することや，女性のニーズを考慮して住宅，近隣，都市空間を改善していくことが提案されている[3]．ドロレス・ハイデンが指摘した[4,5]ように，性別役割分業を前提として計画された都市や住まいに対する見直しが開始されている．

日本では，年間労働時間が1600時間台の西ヨーロッパ諸国に比べて際立って長い男性の労働時間を短縮することが不可欠であるほか，就学前児をもつ母親の就労率がとくに低いことから，育児と両立しうる労働条件や住環境を整備していくことが重要な課題となっている．

(3) 共働き世帯の住要求
共働き世帯の住要求について，現状と課題をまとめると以下のようになろう[6]．

1) 都市圏レベルにおける現状と課題　共働き世帯では，職住近接を重視して居住地を選択している．しかしながら，都心部に業務施設が集積し，郊外に住宅が立地するという1極集中型の都市構造は，通勤時間と通勤に伴う労力を増大させている．また住宅機能に特化したベッドタウンは，住宅の近くで勤務したいという女性や高齢者に適切な就労機会を提供していない．都市郊外において重点的にファミリー向け住宅が供給されているため，職場近くにおいて適切な広さの住宅のアフォーダビリティが低くなっている．いわゆるDINKS（子どものいない夫婦のみの共働き世帯）では，夫婦の通勤の利便性を優先して都心部に住むことができるが，老親との同居世帯や子どものいる世帯では，都市郊外に住むことになる．

その他，保育所への送迎や親元までの距離や商店などの生活利便施設の利用のしやすさが居住地選択に影響しているが，住宅と職場，保育所，生活利便施設の配置や交通手段は，必ずしも共働き世帯の使いやすいものになっていない．

職住近接の都市構造を形成するには，いくつかの手法が考えられる．第1に，現在の放射状の鉄道に加えて環状の公共交通を整備し，その結節点に業務・管理機能をもつ核都市を形成する複核型の都市構造に転換する手法である[7]．第2に，電子通信機能の高度化を背景に，通信機器を備えた郊外のサテライトオフィスの設置や在宅勤務を進めることである．第3に，住宅地開発と同時に業務施設を合わせて供給することである．関西では，神戸ポートアイランドや六甲アイランド，関西文化学術研究都市などで研究施設や商業・業務施設を合せて開発しているほか，給与住宅の供給を行っている．

2) 近隣における生活施設，サービス　育児期には，保育所を利用するものが多いが，提供される保育サービスは必ずしも共働き世帯のニーズに合うものではない．入所定員が不足していること，0歳児や年度途中の入所が困難なこと，入所手続が煩雑なこと，保育時間が短いことのほか，病気の子どもの世話や通院の付き添い，出張，夜勤時の夜間の子どもの世話，学童保育所の不足や内容など，育児期の共働き世帯には，生活上の困難がとくに大きい．また，短期間の介護休暇制度などが整いつつあるが，老親の介護も重要な問題である．そのほか，留守時の配達物の受け取りや市役所などの行政サービスの利用上の不満，銀行，郵便局，買物施設などの営業時間に対する不満などがみられる．近隣において，家事や育児を支援する生活施設・サービスの整備が必要とされている．

図3.8 近畿圏における完成予定年別育児支援関連の共用施設・サービス付き分譲マンションの割合[8]
（　）内は，完成予定年別の全マンション件数．

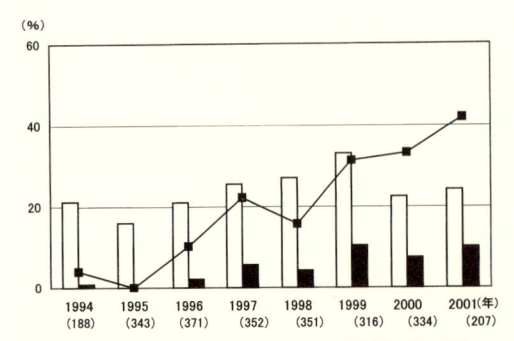

凡例：
□ 共用施設・サービス付きマンションの完成予定年別全件数に対する割合
■ 育児支援関連の共用施設・サービス付きマンションの完成予定年別全件数に対する割合
─●─ 共用施設・サービス付きマンションに対する育児支援関連施設・サービス付きマンションの割合

少子化，高齢化が進む現在，政府による1994年のエンゼルプラン（「今後の子育て支援のための施策の基本的方向について」），1989年のゴールドプラン（「高齢者保健福祉推進十か年戦略」）の策定は，育児支援，高齢者介護支援が，広範な社会問題となっていることを示している．これらの支援策が，既婚女性の働きやすさを支持する視点から実行されることが重要である．

共働き世帯の住要求に適合した住宅として，次の2つのタイプがある．1つは，主に北ヨーロッパで建設されているコレクティブハウジングである．協同の夕食づくりや住宅の自主管理を通じて，合理性だけでなく豊かなコミュニティが形成される面が評価されている．日本では，神戸の震災復興公営住宅である高齢者向けのコレクティブハウス（1998年）や，食堂などの共用施設の運用を居住者が行う賃貸集合住宅（2003年，図3.12参照）の供給が始まっている．もう1つは，生活サービスを購入するタイプのものである．共働き世帯向けに限定したサービスではないが，生活の利便性を高めるフロントサービスは，大規模な郊外型の集合住宅団地で付設されることが多い．保育所付き分譲マンションや，共働き世帯をターゲットにした保育所付き賃貸マンションの試みもある．キッズルーム（子どものための屋内遊び室）や共用施設での託児サービスなど育児支援のための共用施設，サービスを付設した分譲マンションの建設数は徐々に増加している（図3.8）[8]．

3）家族による人的支援　育児期には，老親からの支援を受けたいという要求が強いが，老親との隣居，近居を実現させつつ通勤の利便性の高い場所に居住することはむずかしい場合が多い．老親の隣居や近居を促進する住宅施策が講じられるのが望ましい．

夫の家事参加率は低いが，幼児のいる若年世帯や共働きを継続している世帯では，夫による育児参加や家事参加がみられる．夫の性別役割分業意識が強い場合，長時間労働や長時間通勤の場合には夫の家事分担は，困難である．

4）住宅設計における課題　限られた生活時間の中で家事労働を集約的に行いたいという要求が強い．キッチンと洗濯コーナーの動線の簡略化，日中留守時に洗濯物や布団を干しておけるサンルームないし奥行きの深いバルコニーの設置，適切な位置にわかりやすい収納スペースを設置すること，手入れの簡便な設備，内装材料の使用などを配慮すべきである．また，家族員全員が家事労働を分担することを前提とした新しい住宅モデルの提案が必要であろう．乳幼児をもつ共働き世帯では[9]，居間に各種の生活行為が集中する傾向が強く，一定の広さのLDKとそれに連続する部屋を確保したいという要求が強い．　〔田中智子〕

参考文献

1) 厚生労働省雇用均等児童家庭局編：女性労働白書（平成13年度版），働く女性の実情，21世紀職業財団，2002.
2) 労働省職業安定局編：労働力需要の長期展望，大蔵省印刷局，1992.
3) 国際女性法研究会編：国際女性条約・資料集，東信堂，1993.
4) ドロレス・ハイデン：家事大革命—アメリカの住宅，近隣，都市におけるフェミニスト・デザインの歴史—（野口美智子，他訳），勁草書房，1985.
5) ドロレス・ハイデン：アメリカン・ドリームの再構築—住宅，仕事，家庭生活の未来—（野口美智子，他訳），勁草書房，1991.
6) 田中智子：都市における生活支援的住環境に関する研究．奈良女子大学学位請求論文，1998.
7) 湯川利和：提言—疎外なき交通システム．21世紀の設計，第2巻，空間と環境（西山夘三編），pp.373-495，勁草書房，1971.
8) 大谷由紀子，他：子育てに関連する共用施設・サービス付分譲マンションの供給に関する研究—近畿圏を事例として—．マンション学，No.13, pp.96-105, 2002.
9) 坂東亜希子，他：乳幼児のいる共働き世帯の住み方．都市住宅学，No.27, p.37-42, 1999.

3.10.2　自営業世帯の住様式

自営業とは独立して自ら事業を営むことで，一般に家族ぐるみで家業に従事することの多い農林漁業や商業，家内工業などの小規模な事業者を指す場合が多い．したがってこれらの世帯では，住まいに結合させて作業場や店舗，事務所などの業務用の施設

を合わせてもつ場合が多い．農家住宅や店舗付住宅はその代表的なもので，これらを一般に併用住宅と呼んでいる．

農家住宅は日本の農業の長い歴史とともにあって，幾多の変遷を経ながら国民大多数の住まいとして今日に受け継がれてきた．しかし，戦後の急速な産業構造の変化の中で，農家人口は 1960 年の 3441 万人から 2000 年には 1017 万人に，農業就業人口は 2001 年に 382 万人で，1960 年には総就業人口の 27% であったものが 4% に激減した．農家といってもその多くが兼業であり，農業の機械化や生活の近代化に伴って生活様式も急速に変化していった．生活の場と作業場がこんぜんとした従来の住まいから，農作業空間の分離による住まいの専用化が進んだ．総務省の統計によると，「農林漁業併用住宅」とされているものは 1960 年の時点で 307 万戸あったものが，1998 年には 12.4 万戸に激減している．ただし，農家の場合，生活と農作業との間に区切りはつけがたく，かなり連続性をもった暮らしが展開されているものと考えられる．

同統計によると，「店舗その他の併用住宅」については 1968 年の 260 万戸が，1998 年には 205.4 万戸で，この間に約 55 万戸の減少になっている．商業，その他の職業でも住まいと仕事の場の分離は進んでいるが，農業人口のような就業人口の減少とはなっていない．

ここではまず，農家の住まいの変遷からその住様式をたどってみる．

(1) 農家世帯の住まいと住様式

稲作を中心に発達してきた日本の農業は，定住と集約的な労働を必要とした．家族は世代を超えて同じ土地に住み続け，家族ぐるみで生産に従事し，生活物資を自給する自然と共生する循環型の暮らしを営んできた．したがって，住まいも身近にある素材，樹木や草木，藁，土などを使ってきた．

日本全土に広く分布していた農家住宅の原型である竪穴住居は，直径 5〜6 m の土間の一室で煮炊きや暖を採るための炉や竈を中心に，睡眠や貯蔵の場として使われてきた．昼の生活の多くは屋外にあったと思われる．屋根を柱で支える掘立て式の架構に変わっても，生活の中心は依然として土間であり，農作業と一体となった生活が営まれていた．束立ての床上や間仕切りが普及して床上での生活が広がるのは近世以降であるが，農家にとって土間は農作業から家畜の飼育まで重要な空間であったといえる．住まいの発展過程は気候風土，生産様式の違いによって一様ではないが，間取りの変化をたどってみるとまず，土間と床上の分離があり，さらに床上部分も活動的な生活の場となる「ひろま」とそれの続く「ねま」や「納戸」と呼ばれる休息の部分に分かれてくる．土間に続く「ひろま」には神仏も祭られ，いろりを囲んでの団欒，食事，近所付合い，夜なべ仕事や農作業などのさまざまなことが行われた．広い土間は，炊事場であると同時に農作業，家畜の飼育場所ともなってきた．

江戸時代以降急速に発展した養蚕は，戦後に至るまで農家の主要産業であり，養蚕農家では住まいの造りを蚕の飼育に合わせて改良してきた．養蚕の時期には住まいのあらゆる場所が蚕室となって，家族の生活は犠牲にされた．

50〜60 年前に養蚕農家に嫁いだ女性たちは，当時の暮らしを「養蚕の時には家中の畳を上げて蚕室とし，家族は蚕棚の下に寝た」「嫁入り道具を部屋の中に置くことは許されなかった」「病気の子どもを寝かす場所が無かった」「蔵の中に入れた嫁入り道具は姑が管理した」「縫い物をする場所も一定せず，その都度姑の指示に従った」「暑ければ，夫婦の寝ている部屋でも襖を立てることが許されなかった」などと，開放的な間取りの農家住宅に暮らす世代家族の辛さを語っている．しかし，住まいの建て方はその土地にある材料を使って自然環境や社会環境と調和する工夫もあり，広い土間やそれに続く「ひろま」は大勢での食事や農作業をするのに適した間取りであったといえる．

(2) 生活改善運動と戦後の農家住宅

農家の住まいや住まい方が大きく変わるのは，第 2 次世界大戦以後，日本の経済社会が大きく進展する 1960 年代以降である．農地開放をはじめとする社会変動の中で，家族の民主化や合理的な暮らしへの志向も徐々に高まっていった．

1948 年には農林省（現農林水産省）で農業改良普及事業が発足し，全国に生活改良普及員が配置された．農村生活の改善は，まず，女性を過酷な労働から開放し，女性の地位の向上をはかることが大切であるという認識から，住まいの改善は重要として取り上げられた．まず，能率的でむだのない竈の改良や，働きやすい台所改善が進められた．すでに 1930 年，「生活改善運動」の流れの中で「農村生活改善指針」が出され，1933 年には今和次郎が『農村家屋の改善』を出版して農家住宅の改善の必要とその方向を示している．そこには，家族本位の間取りや衛生的・能率的な台所の改善，寝室の改善，農作業を附属舎に分離することの必要性，防災構造の必要から敷地の使い方など合理的な暮らしへの転換

重要性を示唆している．しかし，地主小作制度や古いしきたりを残す農村にあっては，生活改善は容易に受け入れられるものではなかったわけである．

戦後の社会変動に加えて，急速に普及する家電製品，ステンレス流しやプロパンガスの普及も手伝って台所改善は進み，土間を縮小して床上のダイニングキッチンや居間が実現した．農作業空間の分離や，外にあった浴室便所などの設備の内部化，設備化，子ども室や夫婦室の確立など住まいは家族のためのものに変わっていった．しかし，新しい建材の使用や細かい間仕切りなど，気候風土との調和や農業との連続性を失わせてきた．

高度経済成長期を迎えて，農家の改築ブームが起こり，椅子式生活様式の採用など洋風化傾向が強まった．これに住宅産業の農村への進出もあり，工業製品の多用した都市と変わらない住まいが建ち始めた．農業の形態と暮らし方は変わっても，その土地にはそれぞれ伝統や文化があり，家族を含めて生産と深くかかわり合う暮らしがあるはずである．自然を相手にする農家世帯では，農作業から生活への切替えのしやすさ，一度に採れる農産物の加工や貯蔵，近隣付合いなど環境を活かしながらの伸びやかな暮らし方の創造ができなければならない．

茨城県にあるりんご農家は，1903（明治36）年に建てられたものを1975年，生活改善運動によって台所改善を行い，土間部分を細かく分割したが，1993年，再度間仕切りを取り払って広い土間を復活させ豊かな空間を再現させた．

その土地にあって，自然を相手に営む農業や林業，漁業では生業と生活との調和をはかったもう一つの住まいづくりが今後の課題ではないだろうか．

(3) 都市自営業世帯の住まいと住様式

都市における自営業の種類は多岐にわたり，したがってその住まいと住様式もさまざまである．店舗を併用した商家や，製造業を営む住まいの歴史は古い．平安時代後期の京の街並みを描いた「年中行事絵巻」にもその光景をうかがうことができる．これは道路に沿って軒を連ねる狭い間口，奥に通じる通り庭の土間，これに沿って部屋が並ぶ形式は関西地方の町屋に受け継がれてきた．近年，悪化する都市環境と限られた居住空間の中での不自由な生活には見切りをつけて，家族の生活の場を郊外に移し，住まいと職場の分離をはかる自営業世帯の人々が増加してきた．それが前述の統計数字にもあるように，店舗，その他の併用住宅の減少となって現れている．

家族がともに住みながら家業に参加する職住一体の暮らし方は，仕事と生活の両面で助け合い補完し合える利点は大きいが，けじめをつけにくいという欠点もある．特に商店経営者にとって，庭付独立住宅は理想の住まいであったであろう．ただ，家族も参加する家業では，住まいを分離することで子育てや老人介護に支障をきたすという．また，家族ぐるみでの近隣との交流が疎遠になって，売上げにも影響するともいわれている．商業地域の夜間人口減少による空洞化は，商店街の衰退に拍車をかけてい

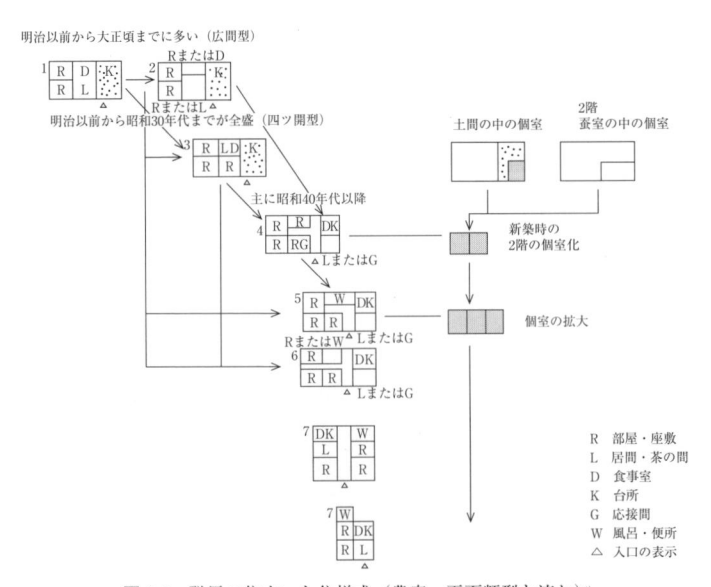

図3.9 群馬の住まいと住様式（農家，平面類型と流れ）[4]

3.10 就労形態と住様式

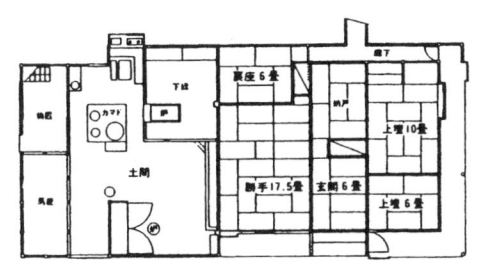

配置図

1975年以前の間取り

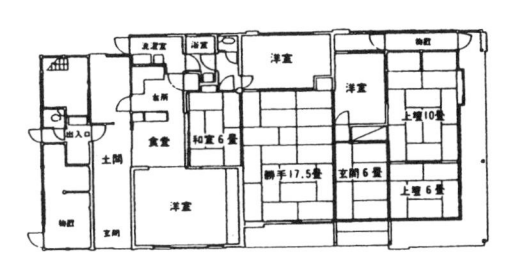

1975年の生活改善運動により改善した間取り

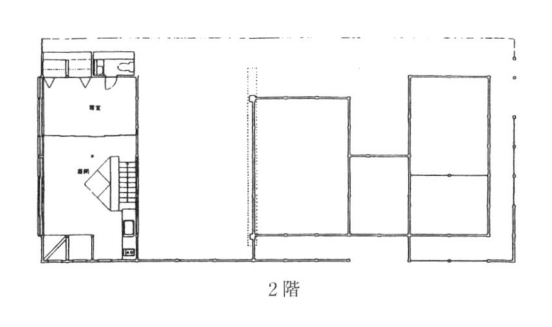

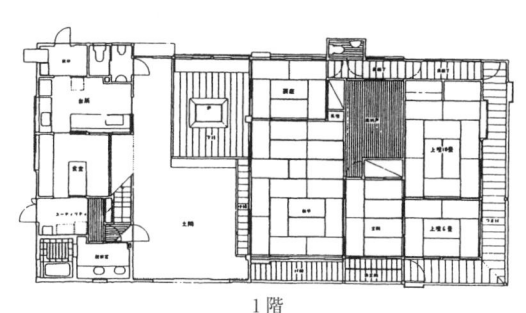

2階

1階
1993年に再度改造した現在の間取り

図 3.10 茨木県太子町にある農家[5]
1903（明治 36）年に建てられ，1975 年に生活改善運動によって改造，主に土間部分を間仕切る．1993 年再び土間の間仕切りをとって広くし，床暖房を入れる．台所の改造も行う．

る．

　その他，自営業は製造業，制作工房，アトリエ，小規模医療機関や土木，建築，設備関連のオフィスなど多種多様であるが，家族の参加や協力によって成り立っている場合が多い．それには職住近接の暮らし方の利点は大きく，その方向に向けての積極的な見直しが必要ではないだろうか．都市の再生にあたっては，商業地域に隣接した快適な住まいや住環境の整備が不可欠であり，子どもたちの遊び場や大人も憩える緑陰など，自然が身近に感じられるオープンスペース，豊かなコミュニティーライフを楽しめる地域施設（子どもや青年が使える集会室や娯楽室，老人介護や保育室）などの整備が必要であり，自営業世帯であっても豊かな住生活を可能にする新しい住様式の創造が期待される．　〔林　知子〕

参 考 文 献

1) 今和次郎：日本の民家，相模書房，1958.
2) 総務庁統計局編：日本の統計（2000 年版），日本統計協会・大蔵省印刷局．
3) 竹内芳太郎：野のすまい，ドメス出版，1986.

4) 林　知子：群馬の住まいと住様式．群馬大学地域論集，1983．
5) 鯨井　勇（設計）：住宅建築，10月号，1994．

3.11　協同・共生型集住
──コ・ハウジング──

3.11.1　コ・ハウジングとは

　社会の高齢化，世帯を構成する家族の小規模化，多様化，とくに単身居住や高齢世帯の増加，女性の就業の一般化，健康や環境意識の高まりなどの時代の流れの中で，家族概念の変容，福祉のあり方，保育環境，環境問題などが盛んに論じられている．生き方は，個人が選ぶ人と人，人と社会，人と自然との関係のとり方であり，住まいはその関係性を表現する物理的環境だといえる．近年，必ずしも既成の家族概念に捕われず，身近な隣人とともに，より便利で安心して暮らせる物理的・社会的環境をもった暮らしづくり，住まいづくりが，民間の草の根グループや公的な住宅，福祉の分野でとみに注目されるようになった．コレクティブハウジング，コウハウジング，グループハウジング，シェアーハウジングなどと呼ばれている新種の集住のスタイルである．既に日本で35年以上の歴史があるコーポラティブハウジングも，互助精神とコミュニティ思想においてルーツをともにするものであり，自然との共生を目指すエコハウジングも仲間である．ここでは，これらの集住形態を総称してコ・ハウジングと呼ぶこととする．
　コ・ハウジングの接頭語コは，「共同の，共通の」という意味であり，コーポラティブ（協同の），コレクティブ（集合的，共同の），コラボラティブ（協働の），コミューナル（共同体的）などのコである．それぞれの語意からコ・ハウジングとは，「住宅の住み手自身が，仲間や隣人，地域社会，身近な自然環境と何らかの形で積極的にかかわりながら実現する，協同，共生の理念をもった集住形態の総称」であると定義することができる．コレクティブハウジング，コウハウジング，シェアーハウジングは「住まい方」と「住まいの形」を，コーポラティブハウジングは「住まいづくりの手法」を，グループハウジングは住まい方やつくる手法は別にして「仲間が集まって住む」ことに焦点を当てた表現と捉えるとわかりやすい．
　ここでは主に，コレクティブハウジングとコーポラティブハウジングについてその理解と日本での現状を概説し，現代的な課題に対応したライフスタイルと住様式の選択肢の1つとして協同・共生型集住（コ・ハウジング）を位置づけることとする．

3.11.2　住まい方，住まいの形としてのコレクティブハウジング

　ヨーロッパには，コーポラティブハウジングと同様，ユートピア社会主義思想，建築の機能主義思想，フェミニズムなどを背景に，20世紀初頭からコレクティブハウジングの系譜がある．スウェーデンのヴェストブロ（Dick Urban Vestbro）は，初期のモデル（セントラルキッチンやレストラン，保育施設，ランドリーなどがあり，使用人による家事サービスつきの集合住宅）をクラシックコレクティブ（サービスモデル）と呼んでいるが，現在北ヨーロッパを中心に，コーポラティブでも賃貸の公共住宅の1タイプとしても定着してきているセルフワークモデル（居住者による自由運営）のコレクティブハウジングは，1970年代以降の脱物質主義的なライフスタイルに対応した住様式であるということができる（図3.11）．
　脱物質主義的なライフスタイルとは，「私的生活はシンプルに，社会的生活は豊かに」というコンセプトで，彼らが求める住まい方は，「個人や小さな家族では充足できないより合理的かつ便利で，多様な可能性」があり，「隣人を知っていることによる安心感と楽しみ」があり，結果として「個人の生活の幅を広げ，自立と自己実現を可能」にする住まい方である．具体的には「個人や家族の自由とプライバシーを前提としつつ，日常的な生活の一部やそのための生活空間を共同化，共用化し，それらを居住者の民主的合意によって成り立たせている」集住体ということができる．とくに日常の食事の共同運営は，程度の差はあれ中心的な存在とされている．そしてこのような住まい方を可能にする住まいの形としての特徴は，「1住棟あるいは1住宅団地内に，独立完備した複数の住戸のほかに，豊かな共用室や設備が組み込まれている」ことである．共用室の内容や規模は，プロジェクトの世帯数や，居住者が期待する生活の共同化の度合いによって異なる．たとえば食堂，厨房，居間，工作室，子ども室，ゲストルーム，図書室，サウナ，庭，菜園，ランドリーなどである．省エネルギー，健康や環境に配慮したつくられ方も参加する居住者により選択される．これらの豊かな共用室は各住戸の面積を基準（家族規模に対応した既定住戸室面積）から10〜15％縮小するという形で生み出すのが一般的で，個々の住戸の延長として捉えられていることがよくわかる．そし

3.11 協同・共生型集住

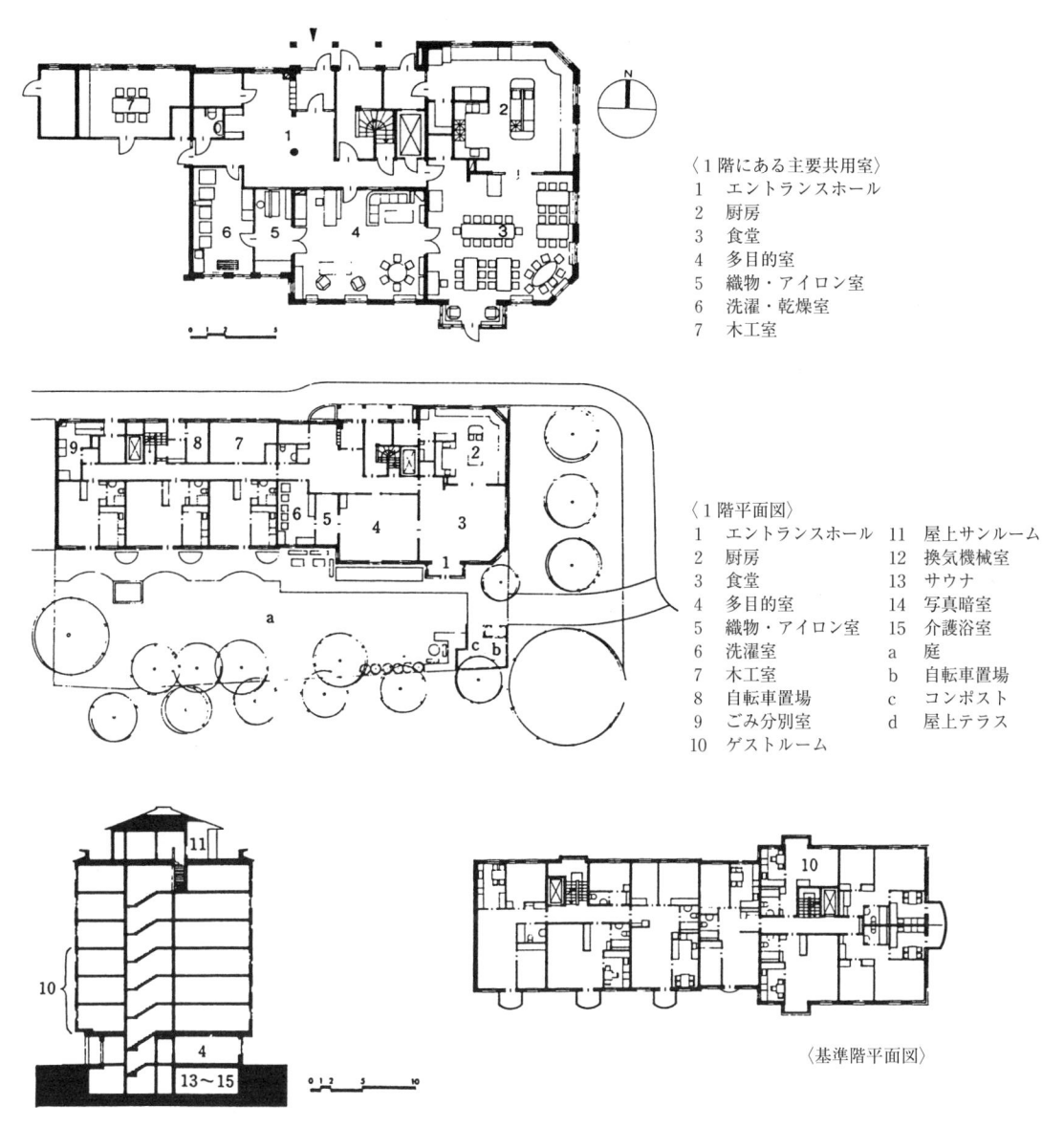

〈1階にある主要共用室〉
1 エントランスホール
2 厨房
3 食堂
4 多目的室
5 織物・アイロン室
6 洗濯・乾燥室
7 木工室

〈1階平面図〉
1 エントランスホール　11 屋上サンルーム
2 厨房　　　　　　　　12 換気機械室
3 食堂　　　　　　　　13 サウナ
4 多目的室　　　　　　14 写真暗室
5 織物・アイロン室　　15 介護浴室
6 洗濯室　　　　　　　a 庭
7 木工室　　　　　　　b 自転車置場
8 自転車置場　　　　　c コンポスト
9 ごみ分別室　　　　　d 屋上テラス
10 ゲストルーム

〈基準階平面図〉

図 3.11　ストックホルムにあるコレクティブハウス，フェルドクネッペン

て理念としてはすべての人に開かれた住コミュニティであるが，とくに小さな子どもをもつ共働き世帯や単親世帯に，また子どもが独立した後のシニア層にも支持され取り組まれている．

アメリカの建築家夫妻，キャサリン・マッカーマンとチャールス・デュレットは，デンマークタイプのコレクティブハウジングを彼らの著書 *Cohousing*（1987年）で紹介し，以降コウハウジングはコレクティブハウジングの英訳としても使われるようになった．アメリカでは彼らの主催するコウハウジング社が普及の推進役を務め，現在は全米コウハウジング協会が設立され北アメリカ全土にひろがりをみせている．筆者は，住まい方と住まいの形としてコレクティブハウジングと同義語と捉えている．

日本でも近年，コレクティブハウジングという言葉がメディアにも行政レベルでも登場するようになった．助け合いのある高齢者対応の住宅という間違った理解もみられるが，現実化もまずは，阪神・淡路大震災後の兵庫県で主に仮設住宅居住の高齢者を対象にした震災復興コレクティブハウジングとしてスタートした．シルバーハウジング（生活援助員（LSA）による生活支援や緊急通報装置などがある

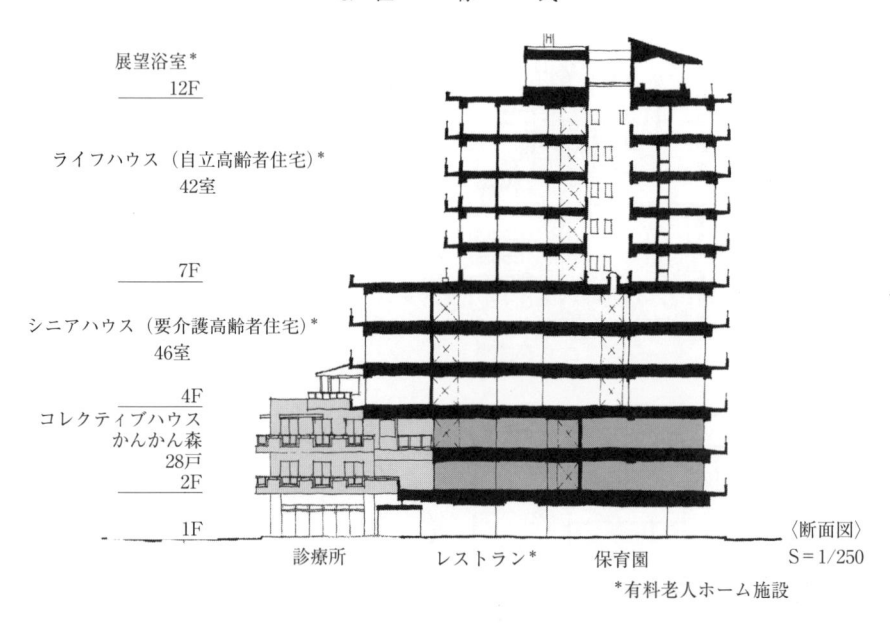

3. 住 様 式

展望浴室*
12F

ライフハウス（自立高齢者住宅）*
42室

7F

シニアハウス（要介護高齢者住宅）*
46室

4F

コレクティブハウス
かんかん森
28戸
2F

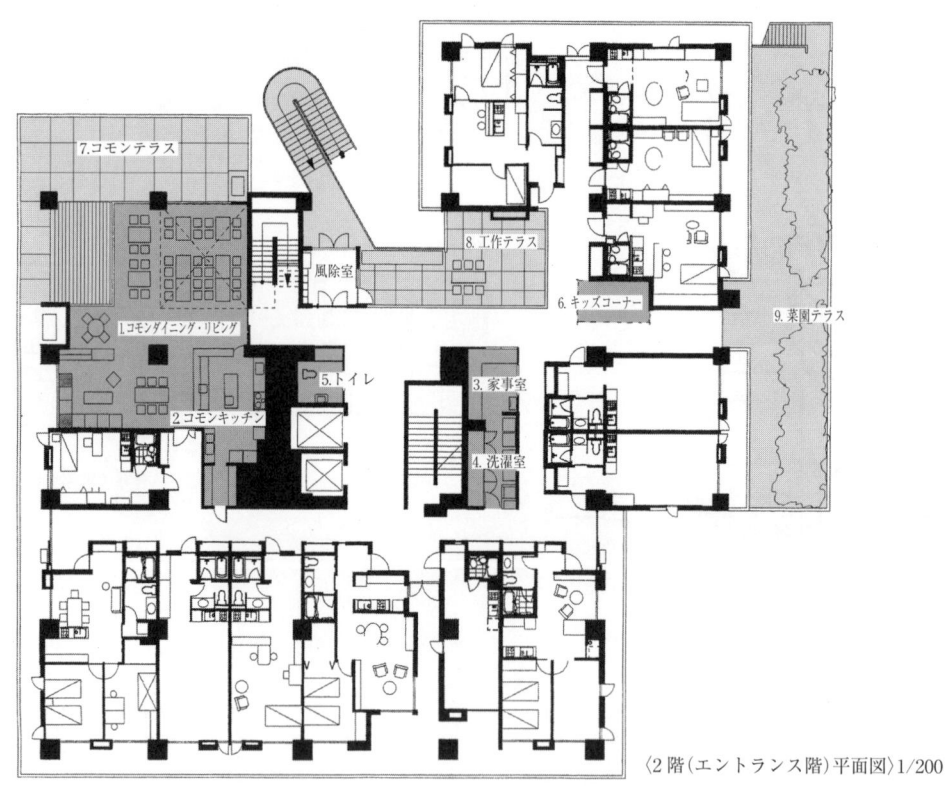

1F　診療所　レストラン*　保育園　〈断面図〉S＝1/250

*有料老人ホーム施設

〈2階(エントランス階)平面図〉1/200

主なコモンスペース
1. コモンダイニング・リビング
2. コモンキッチン
3. 家事室
4. 洗濯室
5. トイレ
6. キッズコーナー
7. コモンテラス
8. 工作テラス
9. 菜園テラス

各住戸面積から平均13%を供出した形でつくられたコモンルーム（3階に事務室，貸オフィス，貸倉庫がある）

屋外コモンスペース

図3.12 荒川区日暮里コミュニティハウス
（事業主体：(株) 生活科学運営，コレクティブハウスの居住者および設計コーディネート：NPO コレクティブハウジング社）

高齢者仕様の公営住宅）の中にコレクティブハウジングの考えを取り入れたものである．既に1997年夏には県営第1号（6戸）が入居し，1999年までに兵庫県営232戸，神戸市営87戸，尼崎市営22戸の計10団地341戸が供給された．仮設住宅での被災者の居住実態から居住者による主体的なコミュニティ形成の重要性を学び，いち早く公共主体で取り組み始めたことは画期的なこととして評価できる．しかし，必ずしも協同居住に対する十分な理解と動機をもって入居したのではない高齢居住者たちが，与えられた環境の中でいかに自分たちの家として住みこなしていくか，そして長期的に生き生きとした住コミュニティをどのように維持していくか，居住者，供給サイド双方の課題として今後の展開が注目されている．その後，公営住宅としては大阪府，長崎県，豊橋市，埼玉県での取組みがみられる．

一方東京では，1998年に民間ディベロッパーによる企画住宅として，食堂や24時間管理の共同浴室，保育園などを備え，そのほかにも図書室やゲストルームなど豊かな共用室をもったサービスモデルのコレクティブハウジングが（70戸，賃貸）供給され，民間のパイロット住宅として注目された．また必ずしも血縁にこだわらず，同じ目的をもつ仲間と住みたい，あるいは高齢期は気の合う友達と住みたい，という人たちによるコレクティブハウスやシェアーハウス（血縁関係にない数人がそれぞれプライバシーのある個室をもち，他の住宅機能を共同で使う家）づくりの草の根的な活動の輪や，それらの学習や実現を支援する専門家のNPO活動も広がりをみせてきている．そして，2003年6月には，日本で初めてといってよい，北ヨーロッパ型のセルフワークモデルのコレクティブハウスが荒川区に実現した（図3.12）．民間事業者が運営する複合居住施設の1部であるが，28戸の賃貸・多世代のコレクティブハウスである．共食運営を核とするコレクティブハウスが日本でどのように定着，普及していくか今後の展開が注目される．

以上，海外と日本でのコレクティブハウジングの現状を述べたが，いずれにしても重要なことは，コレクティブハウジングは住様式の1選択肢であるが，居住者によって選択された生き方，住まい方であり，居住者自身によりつくり育てられる住まいの形であるということである．したがって事業形態や所有形態にかかわらず，程度の差があるとしても，その計画過程や入居後の管理運営に主体的な居住者参加の仕組みをもつのが特徴である．

3.11.3 住まい（暮らし）づくりの手法としてのコーポラティブハウジング

一般的にコーポラティブハウジング（協同組合住宅）とは，組合員の互助組織である住宅協同組合により建設・管理運営される住宅である．建設を達成した時点で解散する短期型と，建物は組合の所有で組合が管理運営までする長期型に分けられ，欧米では後者が主流である．住宅協同組合は非営利の法人格をもち，集合住宅の場合は，組合員である居住者は居住権を所有し規約に基づいて売買する権利をもっているのが一般的である．主に北ヨーロッパでは第1次世界大戦後，他のヨーロッパの国々やアメリカでは第2次世界大戦後の住宅不足の中で，組織は経済的な住宅供給，勤労者の財産形成の1つとして位置づけられて普及した．スウェーデンのHSB (Hyresgaternas Spankassoch Byggnadsforeningar : 借家人貯蓄建設組合）のように大規模な事業組織もある．いずれの場合も入居者は出資金を出して組合員として事業に参加するわけであるから，個人やグループのニーズを反映しうる仕組みをもっており，設計段階からコレクティブや省エネルギーといったコンセプトの実現を目的にした事例も多くみられる．

日本のコープ住宅は短期型に分類され，住宅協同組合が法人として認められておらず，建設組合は建物完成後は解散して区分所有住宅の管理組合に引き継がれる．建設コープといわれるゆえんである．しかし特徴的なことは，欧米に比べると後発組であるが，1960年代半ばに自然発生的に取り組まれたのをきっかけに，住宅不足への対応としてではなく，経済大国への道のりの中で遠のいていく納得のいく住宅や町づくりへの問いからコーポラティブ思想が見直され，建築関係の専門家を中心に運動として展開されたことである．そしてコープ住宅推進協議会が推進役となり，住都公団のグループ分譲，住宅金融公庫の個人共同融資など，入居者グループによる住宅の共同建設事業を支援する制度がつくられ，現在約6000戸のストックがある．協同建設のプロセスと入居後の建物や維持管理やコミュニティ活動の自主運営を通して，住まいにいま求められる「人-地域社会-自然環境」の望ましい関係を先取りした事例を多くみることができる．しかしながら，「良質」「適正価格」「自由設計」，そしてつくらていくコミュニティ環境の魅力はあるものの，建設プロセスに多大のエネルギーを要するコーポラティブハウジングは，一部の熱心な専門家や居住者の取り組みにとどまっているのが現状である．また，現状ではあ

くまでも持ち家取得方式であるので,公的支援の意味づけもむずかしい.その意味で,定期借地権を利用したつくば方式(旧建設省建築研究所で開発された「建物譲渡付き定期借地権型分譲住宅」)は,手ごろな価格のコーポラティブ住宅と地域の良好なストック住宅づくりを目指すものであり,民間が取り組む協同と共生を理念とする住宅の計画,建設,管理の手法の1つとして,大いに期待される.

〔小谷部育子〕

参考文献

1) 神谷宏治,他:コーポラティブハウジング,NHK出版,1997.
2) 小林秀樹:新・集合住宅の時代,NHK出版,1997.
3) 小谷部育子:コレクティブハウジング(共生型集住)の研究.東京大学博士論文,1996.
4) 小谷部育子:コレクティブハウジングの勧め,丸善,1997.
5) 小谷部育子,他:共に住むかたち,建築資料研究所,1997.
6) 石東直子:コレクティブハウジングただいま奮闘中,学芸出版社,2000.
7) 特集 コレクティブハウジング.住宅,Vol.50,日本住宅協会,2001.

4

住 居 計 画

4.1 住居計画の基礎

4.1.1 住居計画とは

住居の計画は，公共（国，地方公共団体・公団・公社）の住居計画と民間の住居計画に分けられ，さらにそれらは，形態別に共同住宅，戸建て住宅に，所有別に借家，持ち家に分類される．

戦後復興期，高度成長期，低成長期を通して，公共の住居計画には政策的な側面が大きく，その時代によって計画の内容も大きく異なっている．かつて，日本住宅公団（現都市再生機構）が，都市サラリーマンの住宅を計画し，nDK 型といわれる平面が普及し，都市住宅のパイロット的役割を果たした経緯があるが，住居の計画はその時代の社会的背景に根ざしたものが多い．また「住宅建設 5 カ年計画」にみられるように，最低居住水準（1976 年），誘導居住水準（1986 年）など，日本の居住水準を表すモデルを提示し，近年では住宅のストックとしての向上（良質住宅，良質環境），長寿社会に向けての環境整備を課題としている．このように，国が計画目標を立て，それに沿って地方公共団体・公団・公社，民間ディベロッパーがその時代のニーズに合った住宅を提供し，国民の住生活の向上を図り現在に至っているが，あらゆる年齢層，所得層に応じた最大公約数的な面が計画に強く打ち出されているため，画一的なものになりやすい．

本来，個人の住居計画はかなり自由な発想で計画できるが，一般には，手軽さ，わかりやすさから，住宅産業主導の計画に便乗する場合が圧倒的に多い．独自で住居計画をするに当たっては，次の基本的事項を十分に把握して計画するとよい．

一般に，住居計画は ① 資金計画，② 敷地計画，③ 平面計画（設計），④ 構造・工法計画，⑤ 設備計画，⑥ 管理計画，⑦ 景観調和計画，⑧ 防災，防犯などのセキュリティ計画をその範疇と考える．まず，資金計画（予算）は住宅計画の基本となるため，綿密な計画が必要である．住宅資金は，自己資金のほかにローンを組むことが多いが，経済環境が変動することから無理なローン返済などによる日常生活の圧迫は避けなければならない．また，不動産取得にかかる諸経費も見込んでおく必要があり，経済的計画をしっかりしておくことが大切である．

住まいは地上に建てられるので，安全で健康な生活を保障する立地条件の敷地を選択することが大切である．敷地の諸条件（規模，形状，地盤の安全性，道路関係，日照，風向き，ガス・水道，隣地建物や近隣関係，交通の便，生活関連施設など）をよく把握し理解することは計画の前提条件となる．とくに地盤調査は十分に行い，地盤に不安がある場合はその改良や基礎の補強を行う．また敷地の形状や規模，法律的規制や建物協定などのルールは住宅デザインに関連してくるため，十分に認識，理解しておく必要がある．

平面計画をするに当たっては，まず，「住まいとは何か」という基本理念をしっかりもつことから始める．住居はいうまでもなく，安らぎの場，家族あるいは家族生活を支える場，生き生きと暮らせる場でなければならない．そこで住み手がどのような生活をしようとしているのか，どのような住居を求めているのか，住まいの目的，機能，性能を明確にすることが基本となる．設計作業は住み手のもつさまざまな要求（顕在的要求，潜在的要求）をあらゆる機会を捉えて把握し，要求条件を整理し，それを空間的に表現することである．同時に，住居空間で快適に過ごすための空気，光，熱，音などの環境工学的要素についての検討と環境共生のすり合わせをしなくてはならない．通風・換気，採光・照明をどのようにするのか，屋外環境の変化にどのように対応するか，冷暖房設備をどうするか．まわりの環境と

の調和をどのように考えるか．それらの中で，住居の規模，間取り，住居のデザイン，配置，建築全体のシステムとしての構造・工法計画，材料計画，設備計画，施工計画が可能になってくる．構造・工法については，その特徴をよく知り，安全性（耐震，耐火），耐久性を考慮し，資金・敷地・平面計画に合った構造・工法を選択する．

本来，住居計画は独自性の強い，個性的なものであるが，とくにこれからの住居計画は次の点に配慮することが大切である．①家族の変化，ライフスタイルの変化（女性の社会進出，少子化，高齢化など）に対応できるフレキシブルな計画，とくに高齢化を見込んだ，バリアフリー対応が可能な仕様，②エコロジカルで，地球環境に負荷を与えない省エネルギー型の計画，③日本の伝統的住居の特徴を正しく捉え，現代住宅に生かす工夫，④管理計画までを見越した計画，⑤地域の景観を形成する要素として，周辺環境との調和，⑥情報化への対応などである．これらの諸条件に加えて，「住まい方」というソフト面の充実がより必要であることはいうまでもない．

4.1.2 住居計画の歴史

住居計画は気候風土，その時代の歴史的背景，生業，年中行事，宗教行事などの地域の習慣，慣習などによって規定される．住居は古代から現代に至るまで，伝統的な形式を受け継ぎながらも，それぞれの時代の生活や考えを反映してきた．住居計画をする場合，そこで育まれた伝統を正しく捉えて，現代の住居計画に生かすことも大切である．

住まいの原点といわれる竪穴住居，支配者の住宅の流れをくむ高床住居，寝殿造り，書院造りも，その時代を反映している．平安時代の住様式，寝殿造りは開放的な寝殿（ワンルーム）を鋪設を使ってしつらえ，貴族生活で展開される儀式，行事に対応した．書院造りは，武家の住居にふさわしく，身分や格式を重んじ，身分の上下を空間的に表した接客中心の平面構成であり，この接客中心の流れは長い間，日本の住居計画の基本となった．庶民の住居は，風土，生業によって異なるが，農家住宅は農作業に必要な土間と田の字型平面が特徴である．その平面には，冠婚葬祭，宗教行事などを通して，家族と血縁の結束，地域のコミュニケーションを確認し合う意味があり，仏間，座敷，続き間，いろりのある部屋などがその役割を果たしている．これらは長い間，日本の農家住宅に伝統的に受け継がれた．町家住宅は敷地の制約から，間口が狭く隣地境界線いっぱいに家が建ち，店と細長い通り庭を特徴としている．このような町家の特徴は，現代の都市住宅として機能しているマンションの平面が，敷地制約の中で，室数を確保するために南面の間口が狭く，奥行きの長い間取りになっている点，非常によく似通っている．

明治以降になると，明治政府の欧化政策により，西洋の建築様式が導入され，一部の上流階級の大邸宅では，和風の邸宅に隣接して洋館（接客空間）をもつ和洋折衷住宅が誕生し，ステイタスシンボルとなった．この洋風化の流れは，明治から大正にかけて成長した旧中産階級の間で，洋室の居間，食堂を住まいの中心におき，個室を重視した洋風の外観をもつ住宅に受け入れられたが，大きな流れとなるには至らなかった．大正デモクラシーの風潮を受けて，当時，都市サラリーマン層の住居として注目されたのは，中廊下型のプランである（第3章を参照）．このプランは，東西方向の中廊下を挟んで南側に家族の居室となる続き間（座敷，中の間，茶の間），北側に台所，浴室，女中室を配し，玄関脇に洋風の応接間をもった和洋折衷の間取りで，中廊下による部屋の独立性の確保と家族と使用人のプライバシーを分離するねらいがあった．この住形式はその後，都市の中流住宅の一般的平面として定着した．

戦前の日本の住居のもつ伝統的な特徴は以下のように考えられる．

①木材を基本に土，紙，竹，藁の有機素材でつくられた木造住居である．②柱と屋根という骨組みに開閉，取外しのできる建具（引き戸）をはめこんだ開放的な住居である．③起居様式は畳を中心とするユカ座で，生活はわずかな家具による室礼によって自由に場面づくりができ，転用性に富んでいる．④縁側，軒，庭への一連の流れは内と外（自然）との調和，融合に配慮したものであり，縁側は人と人，人と自然とのコミュニケーションをはかるベンチの役割をもつ．⑤玄関で靴を脱ぐ上下足の区別がある．⑥住宅の構成が半間モジュールで成りなっている．⑦おおむね接客本意の間取りである．

本格的な住居計画は，戦後の民主化とともに進展する．戦後の都市の住宅難解消のために，新しい住形式として鉄筋コンクリート造の集住形式の住まいが誕生する．この集住プランは，核家族を対象とし，住秩序の最低基準として「食寝分離」の考え方（西山夘三），夫婦と子どもの就寝分離の確保を具現化した「nDK型」といわれるプランである．従来の慣習（格式性）に捕われない家族本位のプラン

で，部屋の機能を明確化し，台所と食事室を南側の同一空間に配置し（ダイニングキッチン），そこに「イス座」を導入した．これは，当時の都市生活者に合理的な生活を提案するプランとして大人気をもたらすと同時に，その後の日本の住居計画の基本となった．高度経済成長期を経て，購買力とさまざまな耐久消費財などの普及の中で，リビングルームと子ども室への住要求が高まり，洋室のリビングルームをもつ「nLDK型（公私室分離型）」住居計画が普及してくる．また住宅を個室圏，社会圏，労働圏の3つに分類，グループ化した（池辺陽），空間構成の理論も住宅の平面計画の基本となっている．しかし一方で，空間は確保されたものの，これらの空間が機能しているかどうかについては，子ども室の過剰重視や共用空間（リビング）の空洞化などの問題が指摘されている．バブル崩壊後，人々の価値観の多様化，ライフスタイルの変化などからも，画一的なプラン（nLDK）に捕われることなく，多様性のある，フレキシビリティに富んだプランが，いっそう求められている．建築家たちの提案を参考にする一方，日本の伝統的住居のもつ空間構成（続き間，縁側など）にも目を向けると，解決のヒントが見出せるのではないかと考えられる．〔島田裕子〕

参考文献

1) 小原二郎編：インテリア大事典，彰国社，1988.
2) 田中辰明編：住居学概論，生活工学シリーズ，丸善，1994.
3) 岡田光正，藤本尚久，曽根陽子：住宅の計画学—住まいの設計を考える—，鹿島出版会，1976.
4) 住文化研究会：住まいの文化，学芸出版社，1997.
5) 湯川聡子，井上洋右：住居学入門，学芸出版社，1993.

4.1.3 住居計画における人間関係

障子や襖の住文化から「気配コミュニケーション」が，ドアと壁の住文化からは「言語コミュニケーション」が発達したといわれている．ドアと壁の多い住居への変化にもかかわらず，言語によるコミュニケーションの努力をしない住まい方が人間関係を損ねる一因ともなっている．住まいづくりは設計者，施工者という第三者を交えて，住み手が家族のライフスタイルを言葉で確認する良い機会ともなる．

建築士の資格をもつ設計者は，住み手の希望や生活習慣，建設地の状況，環境などをチェックし，予算や建設地の法規制を解決しながら，住み手の希望や条件との調整をはかって設計図書を作成する．工事を担当する施工者に対しては，見積書をチェックし工事の内容を監理する．住み手との信頼関係で結ばれた設計者は，建築後も住み方のアドバイスからアフターケアまでフォローし，住まいづくりを通じて一生のパートナーにもなりうる．このように住居計画においては，住み手（施主），設計者，施工者相互の人間関係の構築が大切である．家族全員が計画段階から参加することを通して，住み手が主人公である住まいづくりが可能となろう．

1994年の国際家族年を機に，住居計画の見直しの機運が高まってきた．家族の養育，扶養，介護力の低下と家族の統合性の喪失などから，家族のみならず，近隣地域や血縁関係のない者どうしなどとの人間関係の醸成に配慮する視点が，ライフステージの変化を見越して計画することとともに重視されるようになった．

(1) 夫婦関係

家族の基本は夫婦であり，夫婦の居場所が第1に確保されなければならない．子ども室重視で夫婦室の視点が曖昧な住居が多い．しかも夫婦はそれぞれの体力や行動要求は異なる．寝るための機能ばかりでなく，夫婦でともに過ごす「場」とともに，夫の居場所（コーナー），妻の居場所（コーナー）も位置づけたい．

(2) 親子関係

子どもは親の状態に敏感であるから，夫婦が楽しく過ごせる住まいづくりが親子関係を円滑にする基本である．子どもが小学生くらいまでは，安心のためにすぐ近くに家族の存在を感じられる「場」が必要である．中学生以上になれば，親の干渉を嫌う時期とも重なり完備した個室を与えるとホテル家族になりやすい．親子は場所と時間を共有しぶつかり合いながら理解し合うために，団らん空間のみならず，日曜大工などの作業空間，趣味空間，調理などの家事空間にも共有の空間を確保したい．

(3) 兄弟関係

少子化にあって，兄弟で共有できる豊かな場づくりは子どもの成長発達に欠かせない．初めからそれぞれ独立した個室を与えるのではなく，小学生くらいまでは，十分兄弟で遊んだり，けんかしたりできる兄弟室がよい．個室の要求が強くなれば，小さくても自分だけの場所と感じられる独立した個室に改造できるように計画する．

(4) 子世帯・親世帯関係

高齢社会にあって，子世帯と親世帯の住み方が見直されている．養育，扶養，介護の外部依託化が進んだ現在，別居，近居，隣居，同居など選択肢が増

えている．同居の場合，子世帯と親世帯が生活を分けて同居する2世帯住宅も増えている．自立した2つの異なる価値観をもった世帯が1つ屋根の下で共同生活をするためには，玄関，台所，風呂，便所，サービスヤードなど何を共用にし何を専用にするか，住居の計画段階で率直な話し合いが必要である．

(5) 親戚，友人，隣人，地域関係

家族機能の低下した少子高齢社会において，親戚，友人，隣人や地域の人々との良好な人間関係は重要である．とくに隣人とは日照，通風し，電波障害，生活騒音，臭い，視線などに対する問題を，できれば設計者を交えて話し合う余裕がほしい．また家族機能の外部依託化に伴い，外部の人が住居に出入りすることもありうる．住居内の状況を「見る・聞く・嗅ぐ」などのプライバシーから，家族も外部の人も守られる住居計画が人間関係の醸成に大切である．

(6) 結縁関係

血縁ではない者どうしが共通の目的をもって1つ屋根の下にいっしょに住む住居がある．グループホームやコレクティブハウスといわれるもので，慣れ親しんだひとりまたは夫婦のみの暮らしを大切にしながら，食事や団らんなどを家族のように協同で行う住居である．痴呆や高齢者が多い場合は外部の人のサポートを必要とし，個人の尊厳を守りながら「住人」どうし，あるいは「住人」とサポーターのコミュニケーションが図りやすい協同空間の設計が大切である． 〔志水暎子〕

参考文献

1) 旭化成・二世帯住宅研究所：新二世帯住宅百科，1989.
2) 住まい15章研究会編：住まい15章，学術図書出版社，1990.
3) 袖井孝子：住まいが決める日本の家族，TOTO BOOKS，1994.
4) 松田妙子：家をつくって子を失う，住宅産業研修財団，1998.
5) 天野彰：家族関係をよくする家づくり，講談社，1998.
6) 杉原美津子：他人同士で暮らす老後，文藝春秋，1999.

4.1.4 環境条件と住居の形態

この項では立地にかかわる3つの環境，すなわち自然環境（詳しくは第2章参照），社会・文化的環境，人的環境と，それらに対応する住居の形態について述べる．

(1) 自然環境と住居の形態──立地条件と住居の型──

①環境との共生： 省エネルギー，資源の高度有効利用，地域の緑化・親水・町並みへの配慮および室内環境の健康・快適性などに優れた環境共生住宅を目指すものである．すなわち太陽熱を利用したソーラーシステム，雨水の再利用，生ごみの堆肥化など環境負荷を低減する構造で高耐久な軀体，そしてバリアフリー，今後普及促進が図られる住宅である．事前に計画地の気象，地形，水系などを十分把握する必要がある．

②敷地の規模，形状と住居の型： 広い敷地においては，自然環境に恵まれ，市街地の景観が美しく今後も良好な発展が期待できる立地ならば，日当たり，風通しをよくして，周辺の景観も取り込みながら，外観が町並みの質を高めるように融合する住居が望ましい．狭い敷地においては，コートハウス型やピロティ型が対応する．前者はプライバシーの確保，騒音防止対策の点から外壁で庭を囲む形に居室を並べ，その中庭から採光，通風を得る．後者は地上から地盤面を上げるので敷地の高度利用が図れる．視線防止，日照，通風，眺望も有利であるが，屋外との出入りには階段の昇降を伴う．

狭小間口は通り庭の中庭型，高低差のある敷地はスキップフロア型などが対応する．

半地下型には2つのタイプがある．1つは正面は地上レベル，裏は地盤面が高く地下となるものである．採光，通風，防湿に留意する必要があるが，吹抜けやトップライトはこれらに有効である．もう1つは下部が地下のもので，このタイプには必ずドライエリアを設け，そして敷地の排水処理を完全にする必要がある．

また不整形地においては，特色を活かして意外性のある構成をはかることもできる．

(2) 社会的・文化的環境と住居の形態──コミュニティの形成や技術革新と住居──

現代は情報機器で装備された住宅も必要であろうが，高齢社会を乗り越え，青少年を育成し，だれもが自立して心豊かに暮らすためには次のような地域の連帯と安定した環境が求められよう．

①町づくり： 従来は行政主導であった町づくりに，住民参加の要望が高まり，住民が自主的に「建築協定」や「緑化協定」を結び，住宅や生け垣のつくりなどを申し合わせて安定した地域景観を醸成したり，伝統を誇る町並みの住宅や店舗の新築・増改築の際に，単なる復元ではなく新しい建築様式で修築し，歴史的町並みと新しい町おこしを試みる商店

街などがみられるようになった．このような運動は近隣関係の連帯を深め，コミュニティとして調和のとれた住宅群を形成する．そのためには行政の経済的，実務的な支援が不可欠である．

② 仲間とつくる自分の住まい：有志が集まって計画段階から共同で事業を進め，おのおのの希望を反映して建設するコーポラティブハウスは，各自の意向を尊重するので外観が非対称であったり，住戸の壁も構造壁以外は自由に仕切ったりする自由度の高い住戸形態で，入居後も共同で運営管理をする．

③ 持ち家型都市居住：分譲マンションは区分所有者（住戸の所有者）が全員で組織する管理組合が必要であり，建物の維持管理，生活管理，居住地管理をする．階数，住戸数，住戸形式など形態はさまざまある．そのほかにもノーマライゼーションの視点からバリアフリーやユニバーサルデザインのもの，また100年以上高耐久の躯体に可動間仕切りを備え，柔軟に住みこなせるスケルトン住宅の形態も現れた．共同住宅は集まって住むことに特徴があるので，住み方のルールは必ず守る必要がある．

(3) 人的環境と住居の形態——住み手と直結する人や事柄と住まいの形態——

家族構成，親子関係，職業，住要求，住様式，住居観などによって対応する住居の形態は異なる．基本的には家族数，年齢，続柄によって必要な寝室数から決めていく．2世帯同居の場合は高齢者対応のペアハウスを取り入れる．同一棟に同居の場合は，トイレ，その他洗面，浴室など水まわりをできるだけ各世帯専用にする．職業によっては店舗などの併用型や，書斎などの職業専用室を設ける．住要求に応じて趣味重視，子ども重視，居間中心，個室中心など構成が異なってくる．外観や外構およびインテリアは和風か洋風か，どのような立地に住みたいのか，たとえば共働きで都市のマンションで簡便に暮らしたいのか，郊外の庭つき戸建てでゆったり暮らしたいのか，情報機器の装備はどの程度にするのか，セキュリティシステムや省エネルギーシステムはどのようにするのかなど，さまざまな要望や条件を把握し，それらを調整しながら家族のニーズに応え地域の環境にも寄与しうる形をつくっていくことが望ましい． 〔大野庸子〕

参考文献

1) 藤川寿男：現代住宅設計モデル集，新日本法規出版，1996．
2) 住環境の計画編集委員会編：住宅を計画する，彰国社，1993．
3) 清家　清，森下清子：新しい住居の科学，同文書院，1988．
4) 住田昌二編：現代の住まい，光生館，1988．

4.1.5 ライフスタイルと住居

(1) ライフスタイルの概念と住居

私たちの日常の生活行動は，各自の価値観や生活要求，ライフステージなどに対応した，生活時間，生活空間，社会関係，資力などに規定されており，これらが包括されて各自の生活様式が形成されている．このような行動における選択の基準となる価値観が包括的に表れた生活の形態を，ライフスタイルという．ライフスタイルは，住居に関していえば，だれと，どこで，どのように暮らすかという，住み方の問題であるといえる．従来，社会学やマーケティングの分野で用いられてきたライフスタイルの概念が，住宅，住生活など居住に関する分野でも注目されるようになってきたのは，住戸数が世帯数を上回り，住宅の質が問われるようになった1970年ころからである．オイルショックを契機に，高度経済成長の過程で確立してきた大量商品消費型の生活様式，国民の9割までもが「中流」意識をもった大衆消費社会が崩壊し，グローバル化，情報化，高齢化といった新しい経済社会の潮流の中で，価値観が多様化して，個人がそれぞれ自分らしい個性的な生活を求めるようになってきたのである．既存の，あるいは与えられた住宅，住環境に合わせて生活し住みこなしていくというのではなく，自分のライフスタイルに合った住宅，住環境を選択，あるいはつくり出していくことが望まれるようになってきている．

(2) ライフスタイルの多様化

住まいは家族生活の基盤であるといわれるが，近年，家族そのものが結婚観や家族観の変化や，少子化，高齢化などの進展によって急速に変容してきている．住み手は，夫婦と子どもという典型的な核家族だけではなく，多世代同居世帯，ひとり暮らし，DINKS（子どもをもたない共働き夫婦），兄弟姉妹などのほか，友人など血縁でないものどうしというようなケースも増えてきている．

また住む場所についても，自然環境の破壊や遠距離通勤など，郊外居住の拡大がもたらす問題点や限界が表面化してきたこともあって，利便性や選択性の高い都市居住や都心居住への回帰がみられる．

一方，技術の高度化，社会のソフト化，サービス化などの進展が，ニューメディアやホームオートメーションなどの装備を促し，多様な居住関連サービスを普及させ，選択肢を拡大して，住生活を大きく

変えようとしている．家事労働その他，これまで家の中で行われていた行為を外部のサービスや施設に依存する生活の外部化が進む一方で，SOHO など職住一体の住まいや住み手が好きなように使えるアルファルーム付きの集合住宅など，より多くの機能を取り込んだ住まいも増えてきている．

また，環境・資源問題の深刻化は，省資源，省エネルギーやリサイクル，環境との共生など，私たちのライフスタイルのあり方に多くの課題を生み出しており，自然エネルギーの活用，コジェネレーションなど次世代エネルギーの研究開発が進んでいる．

これからの住まいや町には，このようなライフスタイルの多様化と高度化に，柔軟に対応できることが求められてくるといえよう．

(3) ライフスタイル対応住宅の先進事例

近年は，個別のライフスタイルに適合した住まいを実現するために，さまざまな試みがなされている．2段階供給方式，SI 住宅などの普及によって，これまでむずかしかった不特定の居住者を対象とする集合住宅においても，個性的なライフスタイルに対応した間取りの実現が可能になってきている．

住宅・都市整備公団（現都市再生機構）では，ライフスタイルを10のクラスターに分けて類型化し，それに対応する住まいとしてたとえば，「都心生活感性重視たのしみ派」には大きなリビングルームのある住宅や眺望重視住宅など，「利便性重視割り切り派」には熟年夫婦向きの住宅や2世帯住宅など，「ファッショナブル派」には洋室指向のコンクリート打ち放しリビング，屋根裏にグルニエのある住宅，家具つき住宅など，「プライバシー尊重派」には夫婦がそれぞれの寝室をもつ住宅や DINKS 向け住宅など，「コミュニティ重視協調派」には趣味の部屋がある住宅など，「ナチュラル指向生活派」には木のもつ温かさや味わいを表現したウッディーリビングの住宅やリビングの中に和室を取り入れたジャパネスクリビングの住宅などを提案している．

また，21世紀の大きな課題である環境との共生をテーマに2段階供給方式に基づいて設計，施工された未来型実験集合住宅 NEXT 21 では，たとえば，家族を社会的に独立した個人の集合として捉え，立体街路に面した4つの個室にそれぞれの玄関をもつ「自立家族の家」（図4.2；後出）や，在宅勤務と家庭生活を両立させるために，空間の時間差利用に配慮した「仕事場のある家」，気軽にホームパーティを開く家族に対応し，パーティの中心となるプールバスや複数で調理できるキッチンを設置，デザイン性の高い室内空間をもつ「ホームパーティの家」，人と自然が共生する生活空間として屋外から連続させた形で植栽を室内に取り入れた「ガーデンハウス」など，未来を先取りした，より個性的なライフスタイル対応住宅が提案されている．

〔大森敏江〕

4.2 住居の空間構成

4.2.1 空間構成の概念

住居は住生活の場を意味する概念である．一般には，住宅とほぼ同義とされるが，厳密には住生活の場でさえあれば必ずしも住宅である必要はない．老人ホームなどの福祉施設，ホテルなどの宿泊施設，商業施設への住み込みといった，いわゆる非住宅居住の空間も住居の概念に含まれることになる．

一方，住生活は，就寝などの個人生活，団らんなどの家族生活，接客などの社会生活，清掃などの家事といった諸行為の総称である．これらの生活行為の内容や意味は，社会の変化とともに変化してきている．その結果，住生活を構成する諸行為の内容は多様化，複雑化してきている．さらに，住生活を構成する諸行為相互の関係性も多様化，複雑化してきている．これに伴って，住居の概念は，集住形態の多様化とも関連しながら，より広がりのあるものとなってきている．

こうした背景のもとで，住居計画の領域では，個々の要素空間だけでなく，要素空間と要素空間の関係性が重要な検討対象となってきている．また，その関係性の概念は住戸レベルで完結するものではなく，当然のことながら集合体レベルに広がっていくものである．空間構成という概念は，こうした関係性の総体として捉える必要がある．

4.2.2 近代住居の空間構成

現在の日本，とりわけ都市地域で建設され供給されている住宅の多くは，何 DK，あるいは何 LDK というように表現されているか，表現できる住宅が多い．一般に n LDK プランと呼ばれるこの形式は，20世紀後半に成立し急速に普及した住居の近代化モデルである．その第1号は，第2次世界大戦中から戦後にかけて日本の住居計画を先導した西山夘三の食寝分離論を基礎として，1951年に設計された公営住宅標準設計 51 C 型（基本設計：東京大学吉武研究室）であるといわれている．これは，後に 2DK と呼ばれる形式であった．その後，日本の集合住宅計画は，公営住宅や公団住宅などの公的集合住宅の標準設計を中心に展開し，その中で確立した

nLDKプランは，住み方調査の結果を基礎に改良が重ねられ，やがて民間集合住宅や戸建住宅を含めて広く普及するようになった．

nLDKプランの特徴を空間構成という視点から整理すると以下のようになる．第1に，nLDKプランは，核家族を中心とした世帯を単位とする居住を前提として，夫婦は同室就寝，他の家族構成員は分離就寝の必要を満足することを目的に，nつまり個室群とLDKつまり公室，および水まわりの組合わせとして計画されてきた．第2に，限られた面積の中で要素空間を確保することに重点がおかれ，私室と公室，さらに，それらと住戸外空間との関係性に計画の重点がおかれることは少なかった．第3に，要素空間の関係性は，公室の狭さを補うために私室の1つを公室に対して開放的な計画とする，私室のプライバシーを確保するために私室の通過動線を排除し，私室を公室や他の私室から独立させた計画とするといった視点からは考慮されてきたが，私室，公室，住戸外空間での生活の主体，あるいは主体間の多様な関係性を実現することに重点をおくものではなかった．

一方，こうした特徴をもつnLDKプランの住宅は集住体レベルでは住棟や団地，場合によってはニュータウンという集合形式の開発を通じて，これまで大量に建設，供給されてきた．それらに共通する計画原理は，住戸，住棟，団地，都市という整然とした段階構成の存在であった．各段階では，それぞれに必要なものがそれらの内部で充足され，サービスの効率性と公平性が確保されてきた．空間構成に着目すると，たとえば，住戸は住棟を介してのみ団地と結び付き，住棟は団地を介してのみ都市と結び付くという特徴をもっていた．

4.2.3 住まい手と生活の変化
(1) 生活単位の個人化

現代住居の空間構成を考える前提として，住生活の主体である住まい手とその生活の動きをみていくことにしたい．

まず，人口の高齢化が急速に進んでいる．高齢化率の増加の要因の1つは長寿化による高齢者の増加であり，いま1つは出生率の低下による子どもの減少，つまり少子化である．高齢者の増加は，高齢者のみ世帯の増加や介護ニーズの増大などの背景としてよく取り上げられる動向であるが，ここでは，むしろ長寿化を個人の生涯計画の多様化の背景として捉えてみたい．高齢化が進行すると，たとえば，定年後の期間や子育て終了後の期間，配偶者死別後の期間などがきわめて長くなる．この状況は，社会のシステムさえ整備されれば，就学，結婚，子育て，就業などの時期を個人の意思で選択できる自由が大幅に拡大することを意味している．つまり，長寿社会としての高齢社会は，個人がみずからの生涯計画，ライフコースを決定していく社会，個人の自立を促す社会であるということができるのである．また，これに伴って，生活単位の個人化が進行することが予想される．

次に，女性の社会参加が進行している．日本の年齢別女子労働力率は，戦後のサラリーマン家庭の増大に伴って，結婚，出産，育児に対応する年齢の労働力率が低くなるという，いわゆるM字型カーブを強めてきたが，今日ではM字の谷が上昇しつつある．専業主婦が減少し，女子の雇用労働者が増加することによって，夫婦の生活時間，交際範囲は当然乖離し，生活単位の個人化が進行していく．家庭内での役割分担も大きく変わっていくことになる．

このように，高齢化，少子化や女性の社会参加の進行に伴って，住まい手の生活単位の個人化が進行していくと考えられる．単独世帯の増加は当然のことながら生活単位の個人化につながるが，必ずしも単独世帯でなくても生活単位の個人化は進行するのである．個人化の進行は，従来の核家族世帯単位という住宅供給を，自立した個人を単位とした住宅供給に改めていく必要性を強めていくものと推測される．

(2) 家族・コミュニティの再編

生活単位の個人化が進行し，個人単位の住宅供給が推進されたとしても，必ずしも個人がばらばらで居住する社会が生まれるわけではない．家族や地域コミュニティは各個人のアイデンティティの対象として新たに再編されていくであろうし，さらに，自立した個人が多様な交流を求めたり，生活の一部を共同で行う新たな居住形態も生まれてくるものと考えられる．

まず，家族の再編について考えてみよう．現代は家族の概念が大きく揺らいでいる時代であるといわれる．第1に，拡大家族だけでなくいわゆる核家族世帯が減少し，単独世帯が急増している．第2に，婚姻や血縁関係，同居の範囲などにみる家族関係はきわめて多様化してきており，だれを家族の構成員であると考えるかというファミリーアイデンティティも一人ひとり異なるという状況が生じてきている．こうした状況のもとでは，仮に同居家族であっても個人の集合と捉える必然性が高まり，たとえば，住戸は個人の集住の一形態に対応した空間と理

解することが適当であるということになる．また，家族などの共同体を介さない個人と個人の多様な関係性の実現が求められ，住空間においても個人と社会の関係性が重視されてきている．しかし一方で，個人のアイデンティティの対象としての家族の意味が問い直され，個人と家族，個人の空間と家族の空間の関係性に着目することの重要性も指摘されている．さらに，単独世帯の割合の増加などを背景として，単身者どうしや単身者と他の家族による多様な集住形態の可能性も模索されつつある．

コミュニティの再編についても同様である．従来の強制的な地縁コミュニティの弱体化が進む一方で，選択的で多様な都市的コミュニティが生まれ，それらの重ね合わせとしての地域コミュニティの再編が進みつつある．これに伴い，個人と個人の多様な交流の機会と空間が求められるようになっている．交流空間としては，住宅だけでなく，公共施設や商業施設，あるいはさまざまなレベルの共用施設など，多様な空間が対応することになる．

以上のように，家族やコミュニティの再編を通して，個人の自立を支援するとともに，個人と個人の多様な交流を可能とするために，個人の空間，家族などの共同体の空間，社会の空間など，生活空間を構成する要素空間の再編が求められている．また，要素空間相互の多様な関係性の確保が必要とされている．

4.2.4 住戸の空間構成
(1) 脱 n LDK の住宅設計

生活単位の個人化や家族・コミュニティの再編を背景として，住宅設計の分野においては，従来の n LDK プランの再検討が求められている．ここでは，こうした視点から，空間構成上の提案として評価すべきであると考えられる住宅設計事例をいくつか紹介してみたい．

1） L ホール型住居 n LDK プランは本来，子どものいる核家族を念頭においた，子育てのための住居モデルとでもいえるものであった．しかし従来の設計では，空間構成という視点，つまり要素空間の関係性の視点から子育て空間が考えられてきたとはいえなかった．n LDK プランでは，その発展段階において，前述のようにプライバシーを確保することに重点がおかれたため，公室と私室の関係性を絶った公私分離型といわれる形式がしばしば採用され，さらに，住戸内部と住戸外部の社会的空間との関係性をも絶った閉鎖的な住居となることが多かった．

近年，子どもをめぐるさまざまな社会問題の発生を契機として，住居の空間構成は，教育論の視点からも関心を集めるようになった．たとえば，1998年6月に出された中央教育審議会答申は，子ども部屋の閉鎖性や子どもの孤立につながる住宅の間取りに言及している．この答申作成に助言を与えた友田博通は，住宅調査を基礎に，公私分離型の子育て空間としての問題点を指摘するとともに，空間構成上，居間（L）が各私室に直結し，私室と公室との多様な関係性を実現しうる「Lホール型住居」を積極的に評価し，自らの設計作品としても具体化している．

もっとも，子育てを主題とした住居から現代住居の空間構成の全体像を眺めるのには限界があるといわなければならない．自立した個人，つまり大人の生活空間としての住居の空間構成の検討はこれまでほとんど行われてこなかったことから，現代住居においては，自立した個人をベースとした空間構成がまず検討されなければならない．これを基礎として，子育てや高齢者の介護などを組み込んだ空間構成や家族の変化や住まい手の入れ替りに伴う空間構成の組換えなどが検討されるべきであろう．

2） 個室群住居 生活単位の個人化の流れを高度経済成長期の1960年代半ばに予測し，住宅設計のあり方をいち早く論じたのは当時20歳代の黒沢隆であった．黒沢は，近代住居の特質を単婚家族，私生活の場としての住居，および夫婦の一体的性格にあるとしたうえで，これらがくずれていく必然性を指摘し，現代を，近代に成立した社会−家族−個人というヒエラルキーが社会−個人という関係性に転化する時代であるととらえ，夫婦を1単位とするのではなく2単位とする住宅設計の正当性を主張し，現代住居としての「個室群住居」を提唱した．これは，公的住宅を中心に大きく展開してきた n LDK プランの計画原理を否定するものであり，家族と住居に関する鋭い問題提起であった．

個室群住居論およびそれに基づく具体的な住宅作品は，個人の自立と，自立した個人どうしの自由な交流を実現しようとしたものとして，黒沢の先見性とともにひとまず評価することができる．とはいえ，前述の住まい手と生活の変化に照らし合わせると，現代住居は，社会−個人という図式で説明できるほど単純なものにはなっていかないように思われる．家族はアイデンティティの対象として再編されていくとともに，家族以外のさまざまな共同体の模索も進んでいる．むしろ，現代住居の空間構成の課題は，個人，家族などの共同体，社会などの多様な

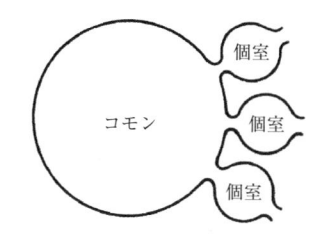

図 4.1 個室とコモンスペースの空間図式（山本理顕による）

関係性を実現していくことにあるとみるべきであろう．

3) **空間配列論**　個人と個人との関係性，あるいは交流空間（社会的空間）を含む空間の配列を主題として住宅設計を論じた建築家山本理顕は，家族を共同体内共同体として理解し，住居を個室とコモンスペースの配列問題として位置づけ，友田のLホール型とは異なる図式化を試みた（図4.1）．また山本は，性格の異なる空間を切断あるいは接続する空間装置を閾という概念でとらえ，住戸だけでなく集住体全体を組織化しようとした．

住居を家族の関係性の空間図式としてとらえることにより，山本は「岡山の家」などの作品において，たとえ拡大家族や核家族であっても多様な空間配列の可能性があることを示すとともに，この図式が集住体全体に拡張できることを「熊本県営保田窪第1団地」の設計を通じて具体的に明らかにした．山本の提案は，空間配列の組換え作業を通じて，黒沢が否定したコモンスペースに，現代的意味を与え直す試みであったと解釈できる．

「実験集合住宅NEXT21」（設計：NEXT21建設委員会）の1住戸である「自立家族の家」（住戸設計：シーラカンス）でも空間配列が主題とされ（図4.2），社会-家族-個人の配列を社会-個人とするのではなく，社会-個人-家族とすることが提起されている．

「岐阜県営住宅ハイタウン北方」でも，生活単位の個人化に対応した空間配列が試みられている．とりわけ，妹島和世設計の住棟では，個室を基本としながら，個室，DK，テラス，共用廊下に多様な関係性が与えられ，単調な住戸の集合とは異なる新たな空間構成の提案が行われている．

新しい空間配列の試みは，空間構成上は個人，家族などの共同体，社会の多様な関係性を実現する可能性を示すことに成功した．しかし，個々の住まい手の生活には必ずしも適合しない場合もあり，住まい手による利用の選択性，つまり住まい手参加による空間構成の組換え可能性の必要性を検証することにもなった．

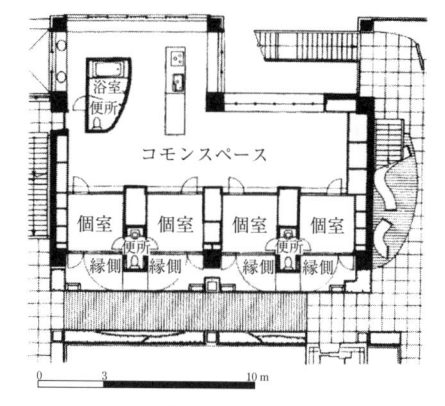

図 4.2 NEXT21「自立家族の家」（設計：シーラカンス）

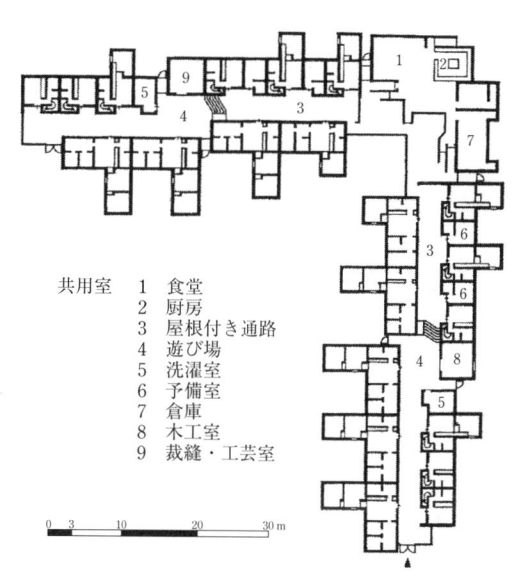

共用室
1 食堂
2 厨房
3 屋根付き通路
4 遊び場
5 洗濯室
6 予備室
7 倉庫
8 木工室
9 裁縫・工芸室

図 4.3 ヨーロッパのコレクティブハウジングの例

4) **シェアードハウジングとコレクティブハウジング**　日本の集合住宅の多くは，住戸という安定した閉鎖空間がまず存在し，これを上下左右に積み重ねてつくられてきた．その典型である家族向け住戸の集合体を単純に生活単位の個人化に対応させようとすると，単身者向け住戸の集合体としての，いわゆるワンルームマンションとなる．そこでは，多様な個人と個人の関係性や共同体の空間は考慮される余地がない．

しかし，日本よりも集合住宅の歴史の長い欧米では，自立した個人が集合して居住する多様な空間の形式が存在してきたといえる．1つの空間を複数の個人が分け合って利用するシェアードハウジングや，各戸の空間を少しずつ出し合って共同の台所や食堂をつくるコレクティブハウジング（図4.3）などはその一例である．これらの集合住宅において

は，個人の空間や共同体の空間は明確であるが，住戸や住棟という概念は相対的なものとなっているといえる．生活単位の個人化を前提とすると，日本の集合住宅の概念は，空間構成の検討に基づいて再定義される必要がある．

(2) 参加と相互浸透性

現代住居は，住まい手による利用の選択性，つまり住まい手参加による空間構成の組換え可能性が求められている．住まい手としての個人が，自らのライフストーリーに沿った自立した生活を実現するために，自らの意思決定によって住居の空間構成を選択したり変更することが可能な条件整備が必要なのである．初期だけでなく居住期間を通じて住まい手参加による空間構成の組換えが実現すれば，住居が住まい手に働きかけるとともに，住まい手が住居に働きかけるという相互浸透性（トランザクショナリズム）の成立可能性が高まり，住居の空間構成の自己組織的な展開を期待することができるようになる．

近年，集合住宅を，構造躯体などのスケルトン，戸境壁や外壁などのクラディング，内装などのインフィルに分けたうえで，それぞれの性質に合致した原理で供給しようとする新たな住宅供給方式が試みられている．住居の空間構成の組み換えを実現する技術としても，その普及が期待される．

4.2.5 集住体の空間構成

生活単位の個人化に対応した空間は，住戸や集合住宅の内部で完結するものではない．そもそも，都市居住の意義は，都市内の人，物，情報の集積を，それぞれの都市居住者個人が描くライフストーリーを実現するために自由に活用するところにあるはずである．都市居住は，私的な空間，コミュニティ空間，サービス施設など，「まち」の中のさまざまな要素空間を，一人ひとりがみずからのニーズに合わせて自由に選択し，ネットワーク化していくことによって支えられていなければならない．したがって，都市の集住体のデザインは，「いえ」ではなく「まち」に住むことを前提として行われなければならない．都市居住の生活空間を，「いえ」から「まち」に拡大するとともに，住宅計画を要素空間のデザインから関係性のデザインに広げていくことが必要なのである．前述の閉鎖的で静的な段階構成では，これに応じられないのは明らかである．

〔髙田光雄〕

参考文献

1) 髙田光雄編：日本における集合住宅計画の変遷，放送大学教育振興会，1998．
2) 住環境の計画編集委員会編：住環境の計画2 住宅を計画する，彰国社，1987．
3) 友田博通：心の住む家，理工図書，1994．
4) 黒沢 隆：個室群住居―崩壊する近代家族と建築的課題―，住まいの図書館出版局，1997．
5) 山本理顕：住居論，住まいの図書館出版局，1993．
6) 小谷部育子：コレクティブハウジングの勧め，丸善，1997．
7) K. A. Franck, S. Ahrentzen eds. : New Hoseholds New Housing, Van Nostrand Reinhold, 1989.

4.3 平面計画の考え方と各室の計画

4.3.1 住み方と間取り

「間取り」には，住まいにおける各室の配置という意味と，各室への機能または宿泊人の割当てという2通りの意味がある．後者は歴史的に日本では和室の機能が固定していなかったことから，たとえば，大名が宿泊する際の本陣のように，行事，儀式に応じて各室に臨時の機能が与えられたことに由来する．本節では，まず住み方との関連で前者の意味において，住まいの計画に当たっての室の配置，すなわち，いわゆる平面計画の考え方について述べることとする．

住まいの室の配置は，一般に住まい方の想定と，敷地の様相（立地，規模，形態，方位，日照，風向など）との2つの側面から検討される．

敷地の条件の1つとして，冬に晴天の多い太平洋側の地域における日光利用という観点から，南面に室を配置することの有利性は著しい．また夏の高温を通風によって軽減しようとする場合は，局地的卓越風を取り入れることを考慮した配置が望ましいとされてきた．このようなことについては，昨今では，住宅設備の改善，普及の結果，室内の環境を，敷地など外部条件の制約から自由に人工的に形成しようとする傾向がある．この傾向は，一面では都市に人口集中が進む時代の土地活用という観点からの，いわばやむをえない社会的制約として受け入れられてきたことである．しかしながら他方では，資源の節約についての対策と環境への負荷を軽減する必要から，将来的システムの一環として期待されている太陽光の，いっそうの活用という観点からの見直しが迫られることも考えに入れなければならないであろう．

住まい方の想定による間取りについては，家庭生

活を空間的に表現したものとして考えることができる．すなわち，私たちは住まいの間取りを見て，その住まい手の生活をイメージすることができるし，そのようにイメージできたとき，その間取りをわかったと思うのである．しかしながら，間取りがいつも常識的な意味でわかるものであるとは限らない．間取りがそこに住む人々の夢想や幻想の表現であってもよい．住まいの間取りは，そこに住む人の自分らしさを表現するものとして，しばしば衣服にたとえられることがある．現実的には，衣服は流行によってつくられたり選ばれたりすることが多いけれども，それは，流行がそれ以前の衣服へのレジスタンスとしての自己表現の手段であったからと考えられる．

住まいの間取りにも流行がありうる．住まいの場合の流行は，しばしばメーカーの主導でつくられてきたといえよう．すなわち，メーカーによってあらかじめ用意された間取りの中から，住まい手による選択という形で間取りの計画が進められる．選ばれた間取りは，新しい時代の要求を先取りされたものとして受け取られることがある．けれども結果としては，あらかじめ用意された空間に住まい手を当てはめ，機能や人を配置することになってしまっている．

旺盛な建設活動を可能にした経済的・社会的背景によって支えられたということもあって，戦後数十年の間にさまざまな新しい間取りの住まいがつくられた．システムキッチンで装備された美麗なダイニングキッチンや対面式キッチン，子ども室の個室化や玄関，居間の吹き抜けなどが，一見便利で快適なモデルルームや写真によって宣伝され広がった．住まいは衣服のように簡単に脱ぎ替えるわけにはいかないものであるのに，そのような流行を追う消費者心理の傾向は，住宅の社会的耐用年数が，先進諸国の中では著しく短くなるという結果を生み出している．そして，そのような変化を支えてきた外形的「近代化」があまりにも速く進み，たとえば，子育てに確信がもてない親が増えたり子どもの自立性が育たないままに個室化が進行し，親子の確執が重大な結果をまねくなどの問題が起きている．

しかしながら，本来の住まいの平面計画としての間取りは，住まい手側の可能性に信頼をおき，住まい方と敷地に配慮することから始まって，空間的・時間的な広がりを前提とした住まい手の意志を，住まいに反映していくことであると考えなくてはならないであろう．そのような意味で，町並みとのバランスや将来の生活の変化にも配慮しつつ，経済的にも技術的にも無理のない間取りを実現するためには，生活者の立場で働く建築家の支援を受けることが望ましい．けれども建築家の中には，ハウスメーカーや建築会社の下請けなどの立場で，企業の宣伝に使われる人たちも少なくはない．

それでは，情報の氾濫によって生活が乱され，あるいはゆがめられたりするというような心配をせずに，間取りの計画を進めるにはどのようにしたらよいのであろうか．住まいの設計家である山本厚生は，その経験から間取りの進め方について，次のような順序で家族の話し合いを行うことを勧めている．① 生き方，暮らし方を話し合う，② 暮らしの場面をイメージする，③ 可能な条件を分析する，④ 空間を配置する．

生活行為を思い浮かべる過程で，たとえば，玄関を入ったところで何が目に入るかを，その場でイメージスケッチとして示してくれる建築家の，専門的な技術や経験からの援助が欠かせない．そのようなスケッチから，居間にいる母親との間に「ただいま」の会話が交わされるとか，家事を家族が協力して能率よく進めるにはどのような動線の処理が望ましいか，というように，生活の一つひとつの場面づくりが行われていくことになる．そのようにして，家族の生活がおたがいの関係として，全員によって見直され，確認され，合意されることが大切なのである．

4.3.2 集合住宅の平面計画

住戸集合の形態として，1戸建住宅に対して，住戸が左右に連続する連続建住宅（長屋建て，テラスハウスともいう）と，それが上下にも重なる共同住宅を集合住宅という．さらに接地性に対して，連続建住宅は接地型，共同住宅は非接地型と準接地型がある[1]．

本項では主として，大都市を構成するもろもろの要素の中で，もっとも重要な役割を期待されてきた共同住宅に関して，まずその特色である共同空間について述べる．

戸建住宅における住戸まわりの空間や施設を共同化した空間としては，集合住宅においては，一般に階段，廊下，エレベーターなど，主として通行のための空間がある．そのほか，住戸群のためのコミュニティスペースや商店のような利便施設，電気，水道，ごみ処理などの公共施設までを，住棟の中に取り込むこともある．それらはしばしば，その棟の住まい手のための共同空間として，相互の出会いの機会となるものでもある．

それらの住棟の形式による分類としては，一般に，低・中・高層など，建築物としての高さによるものと，階段室・片廊下・中廊下・スキップフロアなどアクセス形式によるものなどがある．いずれも土地の利用，住戸の水準，建設費などの点で一長一短があるといわれているが，住まい手主体の観点からは，それらのほかに，維持保全を含めた共同社会としてのまとまりという観点をおろそかにはできない．そのことは反面では，出会いの空間が必ずしも期待されない空間になることがあるということであって，廊下から住戸の中がのぞかれるとか，エレベーターが犯罪の場になったりするという現実もある．

もともと隣人との出会いを好まないタイプの住まい手もいるはずである．そうでない住まい手においても，時には顔を合わせたくない場合もあって，2方向に出入りできる配慮が喜ばれることもあるし，そのような設計は，しばしば非常時のための安心感にもつながるものである．

一人ひとりが違った考え方，行動のスタイルをもった住まい手たちのことであるとすれば，出会いの場のつくり方としては，空間的に，そのまとまりの大きさについての配慮が必要となる．たとえば，自分の住戸の前の廊下を通行する人たちがあまりにも多すぎて騒々しいとか，その人たちの顔を覚える気にもならないということでは，幸せな出会いにはなりにくい．また，そのようなよそよそしい環境では，非常の場合に助け合うなどの関係もつくりにくい．特定の階の廊下を利用する住戸の数と，犯罪の危険性とは高い相関にあるといわれる[2]．共同住宅の設計においては，ヒューマンスケールを意識することがとくに求められる．あまりにも巨大な住棟を計画することは，社会的・心理的な限界があるし，棟と棟との間の空間についても，緑の緩衝地帯として計画されることが望まれる．このことは，とくに老人，障害者，子どもなどのための住環境への配慮の問題でもある．

老人，障害者などの場合に，階段の昇降の不自由はもちろん，たとえエレベーターがある場合でも，それを操作することに慣れることがむずかしいと感じて，つい家の中にとどまりがちになるということも報じられているし，また買い物に出かけるにしても，団地内の距離や勾配が障害になるということもある．

子どもについては，専用の庭をもつ連続建住宅と，高層の共同住宅とでは，子どもの遊び方に差がみられるという観察もある．接地性のある住まいが子どもの発達のうえで大きな意味があるとすれば，計画に当たって住棟形式の選択は，一時の経済的・社会的事情によって判断するべきではないということになる．

イギリスの公営住宅では，1970年以降，災害や犯罪に対する不安等の心理的影響の問題から高層住宅をつくらなくなっている[3]．それに対して日本の場合，これまでは空間の利用効率を高めることが，住宅事情の改善につながるとされることが多かった．狭い土地に多くの人や施設を詰め込むという計画手法は，都市に人口が集まってくる時代のものであり，少しでもまとまったスケールのオープンスペースを可能にする装置として，高層住宅がつくられる傾向があった．しかし，地価や人口が安定する時代には，ゆとりのある都市住宅の原型が見直されることになるであろう．

緑のオープンスペースの設け方についても，大公園があればよいというわけではない．老人，子どもの日常生活の場である住まいのまわりに，植木いじりのできるスペースや小さい遊び場を設けることは，都市の中心部であるほど必要なことである．それは場合によっては，屋根の上，廊下やピロティ，あるいは住戸のバルコニーの利用という仕方があるかもしれない．すべての住宅を接地型あるいは準接地型を前提にして計画することも，できない話ではないのである．

これまでの集合住宅における住戸内部の間取りにおいては，戸境の壁，床，それらを支える柱，梁などの構造体の計画によって，単純にコンクリート製の重箱の中のパズルとされることが少なくなかった．しかも土地の利用を高める要請が強くはたらいたので，重箱の間口（フロンテージ）は狭くなり，奥行き（デプス）の長い鰻の寝床型の，間取りの使いにくさもめずらしくはなかったのである．そのうえ，廊下側の開口部については消防の要請によって，法的に規制されるということもある．昔から日本の住まい方においては，夏の暑さに対して風通しを大切にしてきたものであるが，クーラーなしでは住むに耐えない集合住宅を大量に生み出してしまったのである．

多数の住まい手が，主体となって進めていくコーポラティブ方式は，それぞれの住まいに対する要求を形にしていく過程で，コミュニティの形成とともに，建築家の援助によって重箱の制約から解放される可能性を期待できる1つの方式である．

住戸の形は，単純な長方形である必要はないはずである．東南アジアも含めて，諸外国では凹凸のあ

る複雑な形が一般につくられている．また風通しのための光庭を縦に貫通させて設けることもむずかしいことではない．目先の工事費削減のために，質の低いストックを後世に残さないという見識が問われている．

4.3.3 各室の計画

和風住宅の各室は，かつては8畳，4.5畳など，規格化された寸法（モジュール）でつくられる畳の数で呼ばれることによって，8畳は座敷，4.5畳は茶の間といった機能までもが表現された．そのことは，子どもでも自宅の間取りを正確に描くとか，自分がイメージする住まいの間取りを描くことができることともなった．このようなシステムは，各室の選択とそれらの連結としての間取りの計画を，生活との関連で進めることが容易であったという点で，諸外国に比べてすぐれた可能性を含んでいるものであった．

しかしながら，和室の開放的構造や襖などの軽い間仕切りなどによって，室を流動的に使い，機能的な間取りを追求するというよりは，仏事など「ハレ」の際の接客中心の間取りが一般的であった．

その後，都市の核家族を主として，空間の用途別区分，洋風化などが進み，とりわけ子どもの性別就寝，食事室と寝室の分離などが，専門家の側から提唱され受け入れられてきた．

それはまず，公営住宅，公団住宅などの公的集合住宅の計画の中で顕著である．その計画目的，設計手法においては，当初は一定水準の住宅を全国的に大量に建設することが求められて，「標準設計」という形で設計が行われる．以降，標準設計の面積，平面の改善が積み重ねられ，1976年度に始まる第3期住宅建設5ヶ年計画では，量よりも質の改善が前面に打ち出され，家族構成に応じての供給が進められることになる．

また1960年代後半からは，民間のいわゆるマンション供給が盛んになり，各社それぞれの営業方針と，敷地の規模が小さい物件が多いことなどから，敷地形態にも左右されて，さまざまに工夫された間取りが用意されることになるが，住まい手の側からみると，それは重箱の中の間仕切りの選択ができるにすぎないものであることが多かった．

そのような中で，とくに注目したいことは夫婦寝室のありようと，子ども室の確保に関することである．これまでの住宅の木質壁における遮音性の弱点を踏襲していることで，寝室に問題があった．

すなわち，今日の日本における寝室は，夫婦寝室における遮音性能，さらに専用のトイレ，浴室の確保などという個人性（プライバシー）という点では，夫婦の寝室の名に値しないという指摘もある．そのことは親の側の個人性にかかわることであると同時に，子どもを小さいころから自律的に育てるために別の部屋で寝かせるという，欧米で広くみられる習慣を，どのように取り入れるかという課題ともなっている．

一方，個室が寝室と同じに受け取られる傾向があるが，子どもの寝室を親の寝室と離して別に設けることと，子どもがそこに閉じ込もって勉強するなど1日のほとんどを過ごす「個室化」とは別のことである．たとえばハウスメーカーが推奨している住まいの間取りをみるとき，一見，子どもの別室就寝に熱心な親が多いという錯覚に陥る．しかしそれは子どもの寝室とみえる部屋が実は勉強部屋としての個室であって，そこには過熱した受験戦争の戦士としての期待を子どもに背負わせている社会のゆがみが象徴されているのである．

勉強は専用の部屋を用意する必要があるのであろうか．むしろ親のみている前で，居間のコーナーなどで行われる方が自然なのではないか．また子どもが成長して，個別の部屋を必要とするような段階になっても，それは寝室と同じような閉鎖性をもったスペースである必要はないであろう．すなわち，寝室とは別の，居間や，昼間は主が不在である居室を子どもに使わせるというケースもあってよい．さらに成長した段階では，親元を離れて自立しても大丈夫という親子の信頼関係の前提のもとに，夫婦寝室と同じレベルの個人性を確保できる，そのような寝室を用意することこそ大切なのではないであろうか．

子育てに関連して，主婦が1日の大半を過ごすであろう居間あるいは家事室などは，住まいの中心近くにおく間取りが広くみられる．さらに，子どもが自分の部屋へ行くには，だれか家人がいるはずの居間を通り抜けるように動線を設ける，といった配置計画がしばしば取り入れられている．それらは，主婦や大人が家族全体の動き，とくに玄関からの子どもの出入りなどの動きに気を配る役割を担うということに着目してのことである．

4.3.4 間取りの型

生産構造がシンプルで，身分制度による規制が多かった時代では，それらの社会的事情が住まいの間取りに反映されて，いくつかの間取りの型が形づくられていった．すなわち，農家の間取り，物売り，

物づくりの人たちの町家，武士階級の武家屋敷である．それらの住まいの間取りの型には，それぞれ特有の空間構成がみられた．農家では農事作業のために，土間や厩(うまや)が人の居室と同じ重みをもって住まいに取り込まれ配置された．町家では都市を構成する原単位として，街路に連担して間口が狭く奥行きの深い都市住宅の型をつくり上げ，武家屋敷では「ハレ（外向き）」と「ケ（内向き）」の構成原理をもつことになった．

明治以降の急速な近代化によって職住分離，都市居住が増える中で，対外的な配慮をもちながらも住まいは家族のためのものとする近代的な考え方によって，中廊下型と呼ばれる間取りが生まれ，家族構成の変化や間貸しをするなどの場合も含めて，どのようにでも対応しやすいことと相まって，戦前の都市住宅の主流となった．

戦中，戦後の国民生活の疲弊の中で，小住宅においては食寝分離が重要な構成原理であるとした時代を経て，家族のまとまりのための公室空間と個人の私室空間を配慮した公私分離型の間取りが新しい都市住宅の間取りの型として人気を得た．しかし前項で述べた私室の不完全さは，同時に公私分離の曖昧さを露呈し，理念のみが先行して生活が伴わない不自然さが指摘され[4]ながら，個性化，多様化などと商業ベースに乗せられて，さまざまなバリエーションがつくられてきた．

近代化の中で当然の価値観となった家族重視の間取りの結果として取り残されたのが，住まいと地域との結び付きであり，産業，社会の構造変化の影響などに加えて，住まいのつくりが地域に対して閉鎖性を高めて，住まい方の共同性が失われていった．

都市への経済活動の集中により求められたのが，一定規模の土地に対して利用効率の高い高層の共同住宅であり，敷地や居住人口などの計画規模が拡大するほど，住まいの内と外との関係が希薄になった．また計画規模を拡大していくことが，必ずしも土地の高い利用効率を実現できるものでもない．棟の高さ，間口などの規模を拡大すると，隣地の日照や景観などに影響が出ることは避けられない．また反対に，棟の間口の規模を変えないで，居住人口を増やしていこうとすれば，住戸は鰻の寝床になってしまうのである．

しかしながら，都市住宅の原型である伝統的な町家は，その特徴をみると間口が狭いわりに奥行きが深いことが挙げられる．間口は広ければ広いほど商業的には有利であるかもしれないが，住環境として考えれば，むしろ間口は狭く奥行きが深いほど，静かで安心できる落ち着いた暮らしが実現できる．実際，奥行きが間口の10倍にもなる例がめずらしくなく，そこでは「離れ」がいくつも追加される．それは，かつては生計をともにした大家族のための家であった．それが今日では，「離れ」の1つひとつは独立した世帯の住まいともなりうるのであって，それぞれの間に小さな坪庭がつくられ，独立した寝室としての必要な個人性（プライバシー）と，通風，採光などの物的環境とが確保できる．この坪庭は小さくとも地面に接しているのであるから，池や緑を配置するなどして，生きた自然に触れる空間となりうる．

このような伝統的な町家の間取りの型は，安藤忠雄設計の「住吉の長屋」にみられるように，今後も構造，設備など装いを新たにしつつ，独居や3世代家族などを含む，それぞれ独立した多様な世帯が集まる都市住宅の原型として，豊かな空間の可能性がうかがわれるのである．このような町家は，これからの都市住宅として共同性と個人性を同時に実現する空間的要素を備えている．しかしながら現実は，これまでのところ人工環境を実現するための，主として住宅設備面の新しい技術によって可能になった，閉鎖的な住空間が都市に広がっている．その結果，主として若者の間に，内向きの，目先の快適を追求する住まい方を普及させてしまったといえるのではないか．このことは，これからの住まいに関する文化的な側面に関する課題ともいえる．

〔荒川千恵子〕

参考文献

1) 小沢紀美子編：豊かな住生活を考える—住居学—，彰国社，1987.
2) 湯川利和：不安な高層安心な高層，学芸出版社，1987.
3) 三村浩史：住まい学のすすめ，彰国社，1989.
4) 住田昌二編：現代住まい論のフロンティア，ミネルヴァ書房，1996.

4.4 住居の構造と構法

4.4.1 構造・構法の種類と特徴

住居の構造，構法には多種多様なものがあり，今後さらに新種のものが開発されるものと予想される．これを分類する方法もいくつか考えられるが，もっとも一般的な分類方法は，柱，梁(はり)などの主要構造部の材料による分類（木造，鉄骨造など）である．ほかに構造方式（架構式，組積式など）による分類，災害対策面（耐震構造，耐火構造など）から

4.4 住居の構造と構法

の分類がある.

(1) 構造，構法，工法の概念

従来，一般に「住居の構造」という用語で，柱，梁などのいわゆる「主要構造部」，あるいは「構造体」のみを指しているが，それは1つの見方であるにすぎない.「構造体」のみが重要で，それ以外の壁，床，屋根，天井などといった部分が重要でないとはいえない. 住居の生活環境としての性能を考えるうえでは，柱，梁よりもむしろ壁，床，屋根などの「面」的な部分の材料と組み立て方が重要になる. もちろん，耐震強度などを考えればわかるように，柱，梁も重要である. しかし，耐震面について壁，床，屋根などのつくり方も重要である. そういう意味から，現代（および将来）においては，柱，梁などだけを特別視するのでなく，住居（全体）をどのような材料で，どう組み立てればよいかを総合的に研究することが必要である. 材料と組み立て方をまとめて「構法（住居構法，建築構法）」という. また「工法」という用語もあり，これは施工方法というニュアンスが強い.「構法」は building system,「工法」は building construction method と訳されることが多いことからニュアンスの違いはわかるが，とくに区別しないで使われることも多い.

(2) 主要構造部の材料による分類

日本の住居の主要構造部の材料は，木材，鋼材，コンクリートのいずれかであることがほとんどである. コンクリートは単独で用いられることはなく，鉄筋コンクリートまたは鉄骨鉄筋コンクリートとして用いられる. したがって，構造の種類としては，（建設戸数の多い順に）木造，鋼構造（鉄骨造），鉄筋コンクリート造，鉄骨鉄筋コンクリート造がある. コンクリートブロック造は，施工方法の面からみれば異なるが，材料によって分類すれば鉄筋コンクリート造の一種である. 煉瓦造は，かつては用いられたが関東大震災の経験から耐震性不足という理由で現在はほとんど用いられない（煉瓦造のようにみえるものでも普通，別に鋼または鉄筋コンクリートの構造材が用いられている）. 世界的にみれば，土，石，竹，草，まれには氷塊なども用いられている.

(3) 構造方式による分類

大きく分類して架構式，組積式，一体式がある. 架構式は，木材や鋼材の柱，梁のような細長い部材を組み合わせてジャングルジムのような骨組みを構成（して，それに床や壁を付加）する方式である. 組積式は，石や煉瓦などを積み上げる方式であるが，ログハウスのような木材の組積式といえるものもある. 一体式とは，現場打ち鉄筋コンクリート造のように，柱，梁，床，壁などが一体の構造となって働く方式である. ただし，鉄筋コンクリートの柱，梁による構造は架構式に分類することもできる（その場合，純粋な一体式とは，コンクリートのシェル構造や壁構造など，ということになろう）.

架構式の中にも，ピン接合のもの（トラス構造）と剛接のもの（ラーメン構造）のものがある. 木造は特にトラス構造といわなくても普通，ピン接合である.

(4) 災害対策面からの分類

災害対策面から，耐震構造，免震構造，あるいは耐火構造，準防火構造，防火構造といった分類もある.

(5) その他の分類

生産方法，とくに工場生産の度合いからの分類も行われる. たとえば，鉄筋コンクリート造において，あらかじめ工場でプレキャストコンクリートの部品を製造して，現場で組み立てる方式がある. その部品の大きさによって，コンクリートブロック造，中型パネル式構法，大型パネル式構法などと呼ぶ. 木造，鉄骨造においても，壁パネル，床パネルなどを工場生産するパネル式構法，さらに立体ユニットを工場生産するユニット式構法がある（これらパネル式構法やユニット式構法による住宅がいわゆる「プレハブ住宅」である）.

ほかに，吊構法，折版構法，空気膜構法，カーテンウォール構法などもあるが，それらは建物の一部分（屋根など）の構造に着目した呼び方である. 鉄筋コンクリート構造と木構造といった2種以上の構造を（それぞれの長所を生かして）併用した混構造も最近注目されている.

4.4.2 架構式構造

木材や鋼材のような細長い材料を組み合わせて，柱，梁による構造体を構成し，その構造体によって住居全体を支えるような構造方式を架構式と呼ぶ. 木造と鉄骨造はほとんどがこの架構式である（木造にもログハウスのような架構式でないものも少しある. また鋼構造でもコンテナハウスのような一体式のものも少しある）. 鉄筋コンクリート造の現場打ちのものは見方により一体式ともいえるが，柱，梁によるものは架構式と分類してよいであろう. また，プレキャストコンクリートの柱，梁によるものはもちろん架構式といえる.

架構式の有利な点は，比較的自由に大きな開口部

が開けられることである．耐震的な意味である程度の壁や床が必要であるが，それ以外の部分は構造上は開放可能である．したがって，住居の空間的計画がかなり自由に行える．また，竣工後も必要に応じて，壁や床を一部抜いたり，新設したりすることもできる．

4.4.3 一体式構造

現場打ち鉄筋コンクリート造では，柱，梁，床・壁も一体的に凝固するので一体式と呼ぶことがある．一体式は現場施工が完全であれば構造的に非常に強靱である．

先に述べたように現場打ちコンクリート造でも，柱，梁によるラーメン構造のものは，架構式と共通の性格をもつと考えられるので，むしろ架構式とした方がわかりやすい．とくに一体式と呼ぶのがふさわしいのは，現場打ち鉄筋コンクリートによるシェル構造や壁構造などであるが，シェル構造は住宅にはあまり用いられない．壁構造は（柱型が室内に出てこないなどのメリットがあるので）中層アパートによく用いられる．4.4.5項で説明するプレハブ住宅の構法の中のパネル式のものの多くは，施工方法をみると一体的ではないが，組み立て完了後の構造システムからみると（柱はなく，壁パネルが組み合わさって全体として屋根を支えているので），一体式といえるかもしれない．

4.4.4 組積式構造

煉瓦や石などの比較的小型の部品を積み上げて構成する構造方式を組積式と呼ぶ．伝統的な石造，煉瓦造などにおいては，部品間にモルタルなどを充填し接着するとはいうものの，この接着は圧縮に耐えるだけで引っ張りやせん断には効かないと考えられるので，大開口を開けることは困難であり，また全体として地震には弱い．

コンクリートブロック造は，部品を積み上げる点で組積式に分類されるが，垂直，水平の目地の溝に鉄筋を入れ，コンクリートモルタルを充填することにより，構造力学的には鉄筋コンクリート造に準じたものとすることができるので，耐震的設計も可能である．開口部も（開口部の上に臥梁を用いることにより）かなり大きくすることも可能である．ログハウス（丸太小屋）は木材による組積式といえる．

4.4.5 プレハブ住宅の構法

プレハブ住宅は，在来構法の住宅と比較して，全体として工場生産化率が高いという点で共通しているとはいえ，構造方式は商品によりさまざまで，中型パネル式，大型パネル式，立体ユニット式などがある．主要構造部の材質でみれば，在来構法と同様に，木造，鉄骨造，鉄筋コンクリート造がある．

中型パネル式は，工場で製造するパネル（壁パネル，床パネルなど）の1辺が約1～2mのものである．伝統的な和風住宅が約3尺を基本モジュールとしていたことに対応して，プレハブ住宅ではメーカーにより多少異なるが960 mmとか1000 mmを基本モジュールにしている．たとえば壁パネルは幅1000 mm（基本モジュール），高さ2600 mm（階高）の形に製造すれば，この中型パネルの配置によって，さまざまな間取りの部屋をもつ住宅を組み立てることができる．つまり，中型パネル式は，規格品のパネルでさまざまな間取りの住宅をつくれるシステムである．このパネルは壁や床としての遮蔽性能のほかに構造耐力ももつが，その強度を支える骨組みの材質により木質系，鉄骨，鉄筋コンクリートと分類される．日本のプレハブ住宅にはこのシステムのものがもっとも多い．少数ではあるが，鉄骨の柱，梁を用いて，その骨組みに壁，床などの中型パネルを取り付けるシステムのものもある．

大型パネル式はパネルの1辺が数mかそれ以上もあるもので，1枚の壁パネルが1室あるいは2室以上の（1つの面の）壁を構成することができる．間取りが固定された住宅ならば，輸送可能な最大限の大型パネルで組み立てることが可能である．パネルが大型ならば，現場での接合部は少なくなり，省力化できるし，接合部の隙間なども少なくなる．大型パネルにも，木質系，鉄骨系，鉄筋コンクリート系のものがある．鉄筋コンクリートの大型パネルは公団アパートなどに用いられた．木質系，鉄骨系の大型パネルは，プラン固定型の1戸建て住宅あるいは低層アパートに用いられる．後述するツーバイフォー構法も，一種の大型パネル式である．

立体ユニット式は，小室程度の箱を工場で製造し，それを8個とか10個，現場で組み合わせて住宅とする方式である．工場で製造する箱は目的に合わせて壁，床，天井があらかじめ取り付けられていて，そのまま部屋となるので現場の労力は非常に少なくなる．箱の骨組みは鉄骨のものが多いが，鉄筋コンクリートでも可能である（旧ソ連で量産された．モントリオール万博の「アビタ67」も鉄筋コンクリートの箱を積み上げて建設された）．箱の大きさは，トラック輸送の制約から6畳間程度であるが，箱を2～3個つなげて（間に壁を入れないで）広い部屋をつくることも可能である．4.4.1項の分

類でいえば，このユニット自体は一体式であり，ユニットの組み立ては組積式である．

4.4.6 ツーバイフォー構法

2×4インチ（ほぼ5×10 cm）の断面をもつ木材を用いるので2×4（ツーバイフォー）構法と呼ばれる（法令上は「枠組壁工法」）．日本では比較的最近よく使われるようになったので，新構法かと思っている人も多いが，これは北アメリカで150年以上昔から使われていた木造住宅のポピュラーな構法である．1830年ころ，シカゴ付近で住宅需要が多く，大工職人が不足したことから発明された簡便な方法で，複雑な継手，仕口を使わず，釘打ちのみで住宅がつくれる方法である．

具体的には，2×4インチ断面の木材を骨として，その上に厚手の合板（構造用合板）を釘打ちしたものが壁や床になる．壁をつくる場合，現場で水平に壁パネルをつくってから，それを立てる方法もあるが，普通は2×4の部材を垂直に，間柱状に立て並べ，それに合板を釘で打ち付ける．釘は機械打ちである．柱材を用いないので，従来の木造軸組構法とはかなり異なる方法であるが，表面仕上げをしてしまえば，外見上ほとんど見分けることはできない．

木材の使用量は，軸組構法より多いが，北アメリカから輸入される2×4部材が比較的安いので，単位面積当たりコスト（坪単価）は同程度である．鋸による切断と機械釘打ちだけできればつくれるので，この方法であれば素人が住宅をつくることも可能で，北アメリカでは実際にかなり行われているが，日本では素人がつくる例は少ない．

2×4（ツーバイフォー）という名称ではあるが，部材には2×6，2×8などの断面のものもある．とくに大きな断面の材料を使っていることを強調する意味で「ツーバイシックス（2×6）構法の家」と称している商品もあるが，普通のツーバイフォー構法の家でも部分的に2×6，2×8などの部材を使っている．

4.4.7 輸入住宅

最近，輸入住宅がよく話題になる．輸入住宅といっても，乗用車などの輸入とは違って，住宅をそっくり輸入するものは少なく，多くは外国のデザイン，仕様で，日本国内の業者が建設するものである．窓や，特徴的な建材は輸入しているが，国内で調達する材料もある．これが普及したきっかけは貿易摩擦と円高といわれる．

日本の建築費は非常に高いので輸入の方が安いとよくいわれるが，実際には単位面積当たり（坪単価）でほぼ同じである．それに，輸入住宅は一般に部屋1つずつも広く，総面積も大きいので，総工費はかなり高くなる例が多い．もちろん，注文によって好みの規模にすることは不可能ではないが，あまり小規模にしては元のデザインのよさ，面白さが損なわれるおそれがある．

それらのことを総合して，ある程度の予算が必要と考えた方がよい．しかし，開口部はほとんどがペアガラス，壁の断熱材も非常に厚いので，断熱性能は非常に高い（日本の住宅の性能が低すぎるのであるが）など居住性能レベルは高いものが多い．予算については，住宅本体の費用だけでなく，住宅に合わせてカーテン，絨毯，家具などが（普通の住宅よりも）必要なので，その予算も考慮しておくことが肝要である．また，住宅は長年使うので，今後ずっと，修理などが可能な体制があるかどうかを確かめておくことも必要である． 〔本多昭一〕

4.5 住居の構造・内外装材と諸設備

4.5.1 構造材

住居に使用される構造材は構造種別によって異なるが，ここでは住宅に用いられることの多い木造，鉄筋コンクリート造（RC造），鉄骨造（S造），鉄骨鉄筋コンクリート造（SRC造）を対象とした木材，コンクリート，金属材料についてまとめる．おのおのの構造形式により，コスト，耐火性，遮音性などが大きく異なるため，敷地条件，予算などを考慮して，最適な構造や材料を選択する必要がある．

(1) 木 材

日本では，森林が多く，杉，檜，松などの良材が豊富で入手しやすいこと，また日本の風土と相性がよいことなどの理由により，古くから木材は建築に用いられてきた．近年では大規模建築は鉄筋コンクリート造，鉄骨造，その他の新たな構造形式が用いられており，戸建て住宅以外で木造建築が使用される例は少ない．

住宅に用いられる木材は杉，檜，松，樅，栂などの針葉樹が多く，広葉樹では楢，橅，欅などが造作材として用いられる．なお，日本は森林は多いものの，急斜面が多いため，材木として搬出する手間がかさみコスト高となることから，輸入材が大量に用いられている．とくにべいひ（米檜），べいつが（米栂）などの北洋材とラワンなどの南洋材が多い．

木材は加工が容易で，軽量のため施工性もよい．

また弾性もあり，引っ張りや圧縮に対する強度のバランスもよく，木目の美しさも楽しめるという長所もある．一方，湿気に弱く耐久性に乏しい点，耐火性の低いことなどが短所として挙げられる．

なお，材料の含水量によって強度の変化が大きく，また乾燥収縮によるひずみや割れなどが発生することもあるため，よく乾燥した材木を使用する必要がある．

木材は通常，丸太や角材，ひき割り材として構造材や下地材に用いられるが，近年では薄い単板を重ね合わせた合板や集成材（欠点を排除したひき板，あるいは小角材を接着剤で数層貼り合わせた部材．構造用と造作用がある）が狂いや割れのない廉価な材料として多用されつつある．なお，集成材はその軽量性を生かして大スパン構造に用いられる例もある．

(2) コンクリート

コンクリートは，砂，砂利などの骨材，セメント，水を混合して作成する．日本では原料となる石灰石が多量に入手できるため，比較的廉価で多用されている．

コンクリートは圧縮力に対しては強い強度を発揮するが，引っ張り力に対してはその1/10程度の強度しかない．そのため，構造材として用いる際には，鉄筋を用いてその弱点を補うことになる．なお，骨材，セメント，水の調合比率を変えることによって強度を調整し，柔らかさを調節して施工性をよくすることも可能である．

また，コンクリートは耐火性能が高く，強アルカリ性であることから，鉄筋の酸化を防ぐ役目を果たす長所がある．一方，乾燥や内部応力によってひび割れが発生し，強度の低下および耐火性，鉄筋の酸化防止などの機能が低下する可能性がある．

コンクリートは現場打ちされる場合と，工場生産による部材を現場で組み立てる場合がある．現場打ちの場合は，職人の技術，気候条件，他のさまざまな条件によって品質が左右されるため，均質で精度のよいコンクリートが必ず確保できる保証がないという短所がある．一方，工場生産によるプレキャストコンクリートは品質に対する信頼度はあるものの，組み立て時の接合が問題となり，接合強度の確保や鉄部の防錆の問題が重要になる．

(3) 金属材料

鉄骨，鉄筋などの金属材料は，木材よりも耐火性能がすぐれており，工場生産を主とするため品質の安定性と信頼度が高く，再生使用も可能である．強度のむらも少なく，粘り強い性質などから構造材としてすぐれている．また高強度のため部材の断面が小さく，軽量で接合も容易なために施工性もすぐれている．一方，酸化による錆の発生が避けられないため，防錆処理を十分に行う必要がある．また，鉄は不燃材料であるが，熱に対して強度が低下するため，耐火建築物にするためには不燃材を使用し，主要構造部を一定の厚みに被覆する必要がある．

鉄骨の材料は鋼鉄で，製鉄所で熱いうちにロールする圧延鋼材を使用する重量鉄骨と，薄鋼板を冷間加工した軽量鉄骨とがある．形もさまざまで，重量鉄骨にはL形，I形，H形，T形などがあり，軽量鉄骨には，軽溝形鋼，軽山形鋼，リップ溝形鋼などがある．

4.5.2 内装材

内装材は居住者にとってもっとも身近な材料であるため，使用性，快適性，健康性などの性能がとくに要求される．ここでは，床，壁，天井などに使用される材料についてまとめる．

(1) 床

床材は材料の中でもっとも過酷な使用に耐える必要があるため，耐摩耗性はもちろんのこと，耐水性，緩衝性，吸音性・遮音性，断熱性，防滑性，床スラブの収縮ひび割れなどに対応する伸縮性，メンテナンス性なども要求される．また，住宅においては居住者が常に素足で触れる部分でもあり，歩き心地や座り心地も重要となる．床が堅すぎたり，反対に柔らかすぎることにより，膝を傷め，疲れる要因になることもあるため，十分な注意が必要である．とくに，集合住宅においては高い遮音性能を確保することが要求される傾向にある．

主に，フローリング（木），ビニールシート・ビニールタイル，絨毯・カーペット，畳などが使用されているが，それぞれ汚れやすさや価格，遮音性，緩衝性などが異なるため，室の機能に応じた適切な材料を使用することが求められる．

(2) 壁

住まい内部の壁はもっとも目にしやすく，手に触れる身近な材料である．とくに居間や寝室などの居室は柔らかく親しみやすい材料が中心になる．また，手に触れる部分が汚れたり，痛んだりしやすいため，数年ごとに張替えや塗替えのできる材料を選んでおくと便利である．さらに防火性能も確認する必要がある．

また部屋の使用目的によって，熱や音，湿気を遮断することはもちろん，音や光の吸収・反射性なども考慮する必要がある．

主な種類としては，布系クロス，ビニールクロス，紙，プラスター，木などがある．とくに紙，クロス，木などの自然の材料は湿度調節ができるため，壁の結露が少ないなどの利点もある．

(3) 天井

天井は壁や床とともに部屋の明るさや雰囲気を決定する重要な部分である．部屋の用途，広さ，形および要求される性能に応じて，遮断性，吸音性，不燃性，軽量性などを満たす材料や工法を選ぶ必要がある．天井材は人の手が届きにくいため，比較的汚れはつきにくいが，ほこりや煙草のやになどで汚れる可能性があるので，色も含めて考慮する必要がある．

また，天井はもっとも一般的な平天井のほかに，傾斜天井，舟底天井，折り上げ天井，かけ込み天井などの変形天井があり，これらの形状や室の用途によっても使用材料が異なる．天井材に使用される主な種類には，ボード類，クロス，木などがある．

4.5.3 外装材

(1) 屋根

屋根材には，当然のことながら防水性が要求される．また，屋根面は雨，風，雪，太陽などの自然の影響をもっとも過酷に受けるため，耐候性も重要で，さらに防火地域に指定されている地区では，防火性能が要求される．

瓦（陶器瓦，セメント瓦），金属板，石綿スレート，アスファルトシングルなどの種類があるが，勾配屋根か陸屋根かなど，屋根の形態によって使用できる材料と使用できない材料がある．また，屋根は家の形を決定する大きな要素でもあり，都市の景観にも影響する場合があるため，色や材質感も重視したい．

(2) 壁

外壁には，屋根と同様，耐候性，断熱性，耐水性，防火性などの性能が要求され，また遮音性なども要求される．また，建物の美観にも影響が大きいため，色や風合いなども大切な要素となる．

外壁材には，モルタル塗りやタイル張りなどの湿式工法によるものと，ボード類のように釘や接着剤で貼る乾式工法のものがある．主な種類には，モルタル，タイル，プラスター，石，木などがあり，鉄筋コンクリート造の中にはコンクリート面をそのまま使用するコンクリート打ち放しもある．

4.5.4 断熱材，吸音材，遮音材

近年，住宅をはじめとするさまざまな建物に断熱性や吸音性，遮音性などが求められるようになっている．これらは主に壁材，床材に適用される．

(1) 断熱材

断熱材は建物の内部と外部を熱的に区分して，熱の流れをコントロールすることで室内環境やエネルギー効率を改善するための材料である．岩石やガラスなどを原料とする無機材系のものと，プラスチックや木質などの有機材系のものがある．無機材系の方が防火性，耐火性が高いが，有機材系は形状を比較的自由につくることができる．また，形状的には繊維質系と多孔質系とに，使用部位としては構造体に用いるものと，開口部用とに分類できる．

無機質系の断熱材にはグラスウール，ロックウール，ケイ酸カルシウム板があり，有機質系の断熱材としては軟質繊維板，ポリスチレンフォーム，硬質ウレタンフォームなどがある．

無機質系であるグラスウールはガラス系鉱物を，ロックウールは高炉スラグを原料としている．両者とも燃えにくく柔軟性があり，圧縮梱包が可能なので運搬性，施工性がよいなどの特徴がある．一方，圧縮されると有効厚が減少し，含水などによる性能低下の問題があるため，設計や施工の際に注意が必要となる．

有機質系のポリスチレンフォームはスチロール樹脂を原料とし，成形，加工が容易で，特殊な形状のものもつくりやすい．また，水や湿気を通しにくく，軽量で堅さもあるため，現場加工も容易である．硬質ウレタンフォームはポリウレタン樹脂を発泡成形したもので，現場で吹き付けて発泡施工するため，施工のやりにくい狭小部などに用いられる．

(2) 吸音材，遮音材

吸音材と遮音材は，室内の音響設計や遮音設計で相互に利用されるため混同されがちであるが，両者は根本的に異なる．吸音材は使用目的に応じて室内の響きの程度を調整したり，室内騒音の低減や遮音構造内の吸音に用いられ，遮音材は外部騒音や室内の界壁などの音の遮断に用いられる．

吸音材の種類には多孔質材，板（膜）状材，孔あき板材があり，おのおのの吸音する音の周波数の領域が異なるため，室の用途によって使い分ける必要がある．

遮音材は，単一の材料で構成される1重壁と，遮音性能を上げるために表裏の材料を独立させた2重壁がある．窓の場合は2重ガラスを使用すると遮音性が高くなる．また，重い材料ほど遮音性能は高いため，1重壁の場合は密実で厚い壁ほど遮音性能は高くなる．

なお，遮音性は材料特性のみでなく，その組み合わせや構造材によって大きく変化する．

4.5.5 住居設備・装備

建物の設備は時代の流れにより，これまでもさまざまに変化してきている．ここでは住宅で主に使用されている冷暖房設備，換気設備，給排水設備，電気設備についてまとめる．

(1) 冷暖房設備

快適な室内気候を機械力によって達成しようとする場合，冷暖房の概念が生まれる．日本では従来，暖房が主であり，歴史的に多くの方式が用いられてきた．冷房は通風やうちわ，扇風機などで対応していたが，今日では住環境や生活様式の変化により住宅においても冷房設備も必要不可欠なものになりつつある．

冷暖房の方法には，熱媒体を1カ所でつくり各室に供給する中央方式と，必要箇所に個別に設置する個別方式の2種類がある．戸建て住宅および小規模の集合住宅では個別方式，大規模の集合住宅では中央方式が多く用いられている．なお，中央方式における熱媒体は温水，温風，蒸気，輻射によるもので，近年，集合住宅で増えつつある床暖房なども中央方式の一種である．

また，近年ではアレルギーなどの問題も増えつつあるため，空気清浄機能付きの冷暖房機器も増加している．

(2) 換気設備

住宅の気密性が増したこと，住環境の変化などに伴い，従来の自然換気のみでは室内の空気を清浄に保ち，快適性を得ることがむずかしくなってきた．居住室内の空気を快適にするためには，人間の呼吸に必要な酸素の供給のみでなく，脱臭，除湿，除塵なども要求されるため，現在の住宅において換気設備は必要不可欠なものになってきている．

換気には自然換気と機械換気の2種類がある．自然換気とは風力と室内外温度差による浮力という自然力を原動力として室の空気が入れ替わることであり，自然換気設備とは吸気口と排気筒付きの排気口を有するものである．一方，機械換気とは機械力を原動力として行う換気のことであり，機械換気設備には，吸気口を機械化したもの，排気口を機械化したもの，両者とも機械化したものの3種類がある．また，部屋全体の空気を入れ換える全体換気方式と，汚れた空気だけを部分的に換気する局所換気方式がある．

住宅における空気汚染の最大の原因は暖房器具，厨房器具などの燃焼器具である．そこで，台所では排気のためのレンジフードや換気扇が，また浴室付便所にも窓あるいは換気扇などが設置されている．

(3) 給排水設備

給水設備は今日の住宅には必ず備わっており，生活に不可欠なものである．住宅における1人1日当たりの必要生活用水は160～200lであり，これらは上水道から各住宅に供給される．水の使用目的は，飲料用，洗浄用，搬送用，加温用などに分類できる．また，給水方式には水道直結式と高架水槽式，圧縮水槽式などがあり，2階建て以下の住宅では水道直結式を用いることが多い．

給湯設備については，給湯箇所ごとに給湯器を設置する個別方式と，1カ所から供給する中央方式があり，熱源はガス，石油，電気などさまざまで，近年では太陽熱を利用したソーラーシステムの導入も進められている．戸建て住宅では個別方式を用いることが多いが，これらの給湯器には瞬間式と貯湯式がある．瞬間式は水栓をあけると同時にバーナーが着火・燃焼し，水を熱して瞬間的にお湯を作り出す仕組みのもので，ガス・石油を熱源としている．一方，貯湯式は貯湯タンクにためた水をヒーターで沸かし保温しておくもので，電気を熱源とする．近年，住宅ではガスを熱源とした瞬間式が多く用いられている．

排水には汚水，雑排水，雨水などがあり，これらは建物内の排水管や敷地内の桝を通過して公共下水道，または道路の側溝へ放流される．

(4) 電気設備，情報設備

現代の住生活において，電力を使用しないことは考えられない．住宅には分電盤で分岐回路を構成し，安全装置として過電流遮断機（ブレーカー）と漏電遮断機が取り付けられ，屋内配線は1回路15Aまたは20A以下で照明用とコンセント用とは分離し，冷暖房のエアコンなどの大型機器は専用の回路となっていることが多い．

電気設備の大部分は熱・光・動力源である電灯やコンセントによるもので，コンセントは各種電気機器を使用する場合に必要となるため，ドアや家具の位置を設定しながら設ける必要がある．また，近年では電話，FAX，パソコン，インターネット，ISDN，ADSL，光通信，情報システム（ハウスオートメーション），テレビ共聴設備など，情報，通信を目的とする弱電設備も増加しつつある．さらに，防災設備や防犯システムなども設置される住宅が増加している．

また，住宅における照明器具は，現在さまざまな

種類のものが使用されている．これらは照明方法，光源，取り付け方などによって分類されている．JISにおいても室の種類や用途に応じた所定照度も定められているため，各室における作業内容に必要な照度を確保するよう，用途ごとに適切な照明器具を選択することが必要である．

照明方法は，大きくは部屋全体を明るくする全般照明と，手元などの必要なところだけを明るくする局部照明の2方式に大きく分かれ，また直接照明，間接照明などの分化もある．取り付け方法には直付け型，吊り下げ型，埋め込み型，壁付け型，床置き型などがあり，現在の住宅における照明器具の光源には，白熱灯（温かみのある赤みがかった色をもつ一般電球）や蛍光灯（青みがかった明るい色で全体を明るくする灯で，白熱灯より経済的である）が主に用いられている．

照明器具はそのデザインや形状，光源や照明方法によって室内の雰囲気を左右し，装飾効果も大きいため，ただ明るさを求めるだけでなく，場所に適した選択が求められる．　　　　〔石川孝重・久木章江〕

4.6 住宅設計

4.6.1 住宅設計の進め方

住宅を設計するにあたっては，設計の前提となる条件を分析することから始める．次に，設計条件を総合し，その住宅の構想を具体的な形に表現する設計である．設計には基本設計と実施設計の2段階があり，基本設計で概略の規模決定がなされ，間取りなどの住宅設計の骨子ができ上がる．実施設計は基本設計を基に，具体的に建築するための実施設計図面を作成することである．設計の進め方をフローチャートで示すと次のとおりである．

| a.設計条件の設定 | → | b.基本設計 | → | c.実施設計 | → | 建設 | → | d.設計監理 |

a.　設計条件の設定

設計の条件には下記のような各種の条件があるが，それぞれの条件を取捨選択したり，優先順位をつけたりすることで明確な設計条件を設定する．

a-1　建築主の設計条件
　・家族構成
　・ライフスタイル
　・住居観
　・生活様式
　・生活感覚
　・将来計画
　・所有物の量

a-2　敷地条件
　・敷地の規模，形状
　・道路（位置，幅員）
　・都市施設（電気，電話，テレビ，水道，下水，ガス）
　・近隣状況
　・自然環境（日照，風向き）
　・地質
　・公害（空気，騒音）

a-3　法的条件
　・敷地位置からくる法的条件（用途地域，建蔽率，容積率，斜線制限など）
　・建物単体に関する条件
　・住民協定

a-4　経済条件
　・敷地造成費
　・建築費
　・家具備品
　・造園
　・設計料

b.　基本設計

設計条件を基に，設計コンセプトを出しアイデアをねる．コンセプトやアイデアを住空間にまとめるといった，設計の中でももっとも重要な段階である．この段階での試行錯誤と十分な打ち合わせとが次の実施設計へと移行し，よい住まいをつくるといってもよい．基本計画は次の手順で行う．

b-1　設計コンセプトの確立
b-2　敷地利用と配置
b-3　平面・断面計画
b-4　住空間の規模設定
b-5　設計手法の検討
b-6　設計技術，建築技術の検討
　・構造計画（主体構造の決定，一般構造の検討，耐震）
　・設備計画（方式，コスト，省エネルギー）
　・立面計画（屋根勾配，壁と開口部のバランス，材料，色彩）
　・材料計画（テクスチャー，色彩，強度，施工性）
　・居住性能（安全，耐久，耐火，耐候，気密）
b-7　概算建築費の算出

c.　実施設計

基本設計でアウトラインの決まった設計内容に詳細な材料や下地の，仕様を決定していく段階である．また，建築（デザイン），インテリア，構造，設備等の関係を調整する．施工者はこの実施設計図

を基に工事を行う．

d. 設計監理

設計監理は建設工事が設計図のとおり実施されているかどうかを確認することであるが，施工図のチェックや工程監理，設計変更への対応など，監理を通して設計の意図を正しく伝えるために設計と監理は一体のものとして考える必要がある．

4.6.2 計画の手法
(1) ピロティ

建物を高床式にして，住空間を2階に上げ，1階を柱だけの空間にする手法である．2階は1階に比べて通風，採光，眺望がよい．1階のピロティは，車や自転車置場，子どもの遊び場として利用できる．また，将来の増築スペースとしても考えられる．しかし，生活空間がすべて2階にあるため，常時階段の上り下りが必要となり，独立住宅の接地性が少なくなる．

(2) スキップフロア

中2階を設けるなど，床の高さを半階分ずつずらして空間を構成する手法である．空間の連続性が高く，2階建てなどに比べて上下移動が楽な利点が挙げられる．敷地が傾斜地の場合には，土地の傾斜に沿った床レベルを設定することで接地性が高まる．

(3) 吹き抜け

2階の床を一部分なくして1階と2階を連続させる手法である．吹き抜けによって上下の空間は視覚的にも心理的にも距離が縮まる．また吹き抜けは従来の住宅にはなかった縦方向の広がりを感じさせ，空間を豊かにする．しかし一方，暖房時には暖まった空気が上の方へ上ってしまい，足下が寒いといった暖房効率の悪さがあるので，天井に扇風機を設けるなどの工夫が必要である．

(4) トップライト

天窓のことで，屋根に設けた明り取りから住空間の奥まった部分に自然の光を取り入れる手法である．奥行きの深い建物は中央部分が暗くなりがちで

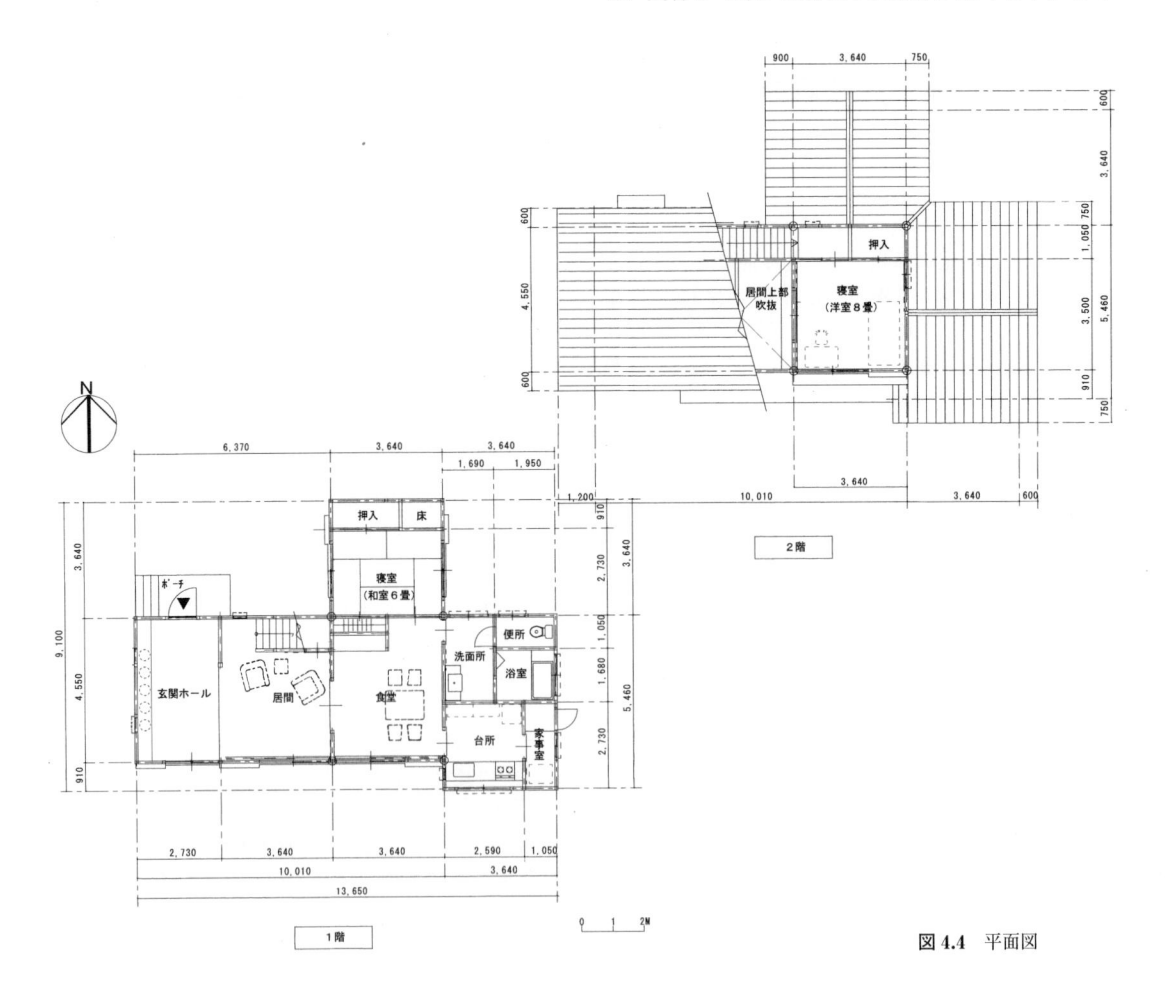

図 4.4 平面図

あるが，トップライトを設けることでプランニングの自由度が増す．雨漏りの原因になりやすかったが，最近では気密性能のよいアルミサッシやガラスに代わるプラスチックなどが普及してきており，見直されてきた手法である．

(5) 屋上庭

鉄筋コンクリートの屋上を庭として積極的に利用する手法である．市街地の狭い敷地では建物だけでいっぱいとなり十分な広さの庭が得られない場合が多く，屋上は唯一残された外部空間といえる．工夫しだいで木を植えることやプールをつくることもできるが，重量物を想定した構造設計と性能の高い防水工事を前提とする．

4.6.3 設計図書の種類と図面表現の基本

住宅をつくるに当たっては，建築主（住まい手），設計者および施工者（大工などの建設業者）の3者がかかわるが，設計図は設計者が建築主と計画の打ち合わせをするための基本設計図と，設計の意図を施工者に伝えるための実施設計図があり，設計図書には次の種類がある．

a．設計図

一般図：位置図，配置図，平面図，断面図，立面図，天井伏図，仕上表，建具表，矩計図，詳細図，外構図

構造図：基礎伏図，床伏図，小屋伏図，軸組図，鉄筋コンクリート造などの場合はほかに構造計算書，断面表，配筋図など

設備図：電気設備図（電灯，コンセント，照明など），情報通信設備図（電話，インターホン，テレビなど），給水排水衛生設備図，ガス設備図，冷暖房設備図，換気設備図

b．仕様書

c．模型・透視図など

d．工事費見積書

図面表現の基本（「郊外の小住宅」1989年，木造2階建て，設計：永福より子）

配置図：敷地内の建築物の位置や周辺の状況などを表す図面．記入事項：方位，建築物の平面および敷地境界からの距離，道路の位置および幅員

平面図：各階の間取りを表す図面．原則的に図面の上が北になるように描く（図4.4）．記入事項：方位，柱の位置，壁，開口部，壁の中心線寸法，室名，家具配置

断面図：建築物の地面との関係や基準高さを表す図面（図4.5）．記入事項：建物の最高高，軒高，階

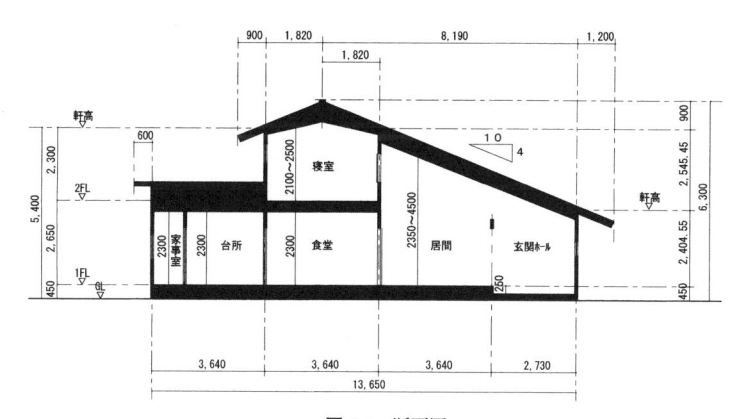

図 4.5 断面図

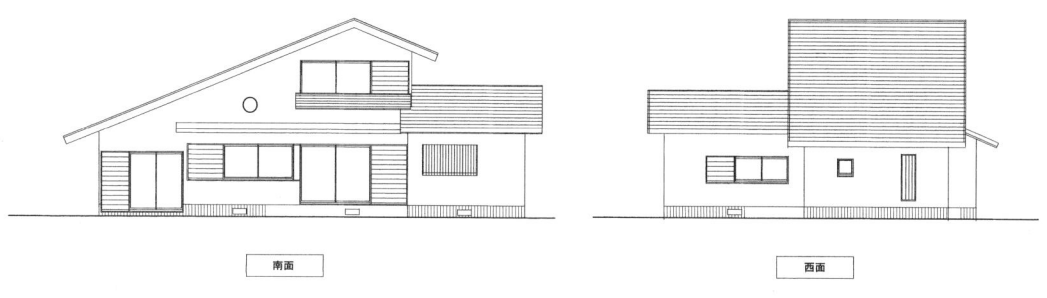

図 4.6 立面図

高，床高，屋根勾配，軒の出，天井高

立面図：建築物の外観を表す図面（図4.6）．記入事項：屋根，外壁，窓など開口部

矩計図：建築物の基準高さ，部材の大きさ，構造，材料などの断面を詳細に表す図面．記入事項：軒高，階高，床高，屋根勾配，軒の出，天井高，基礎，床，壁，天井，屋根，窓まわりなどの構造材や仕上げ材の形状，仕様

4.6.4　住宅設計事例

・「私の家」1956年，鉄骨造平屋建，設計：清家　清（図4.7）

ワンルーム形式の小住宅．室内は最小限の間仕切り壁で区切られているだけでドアもない．土足のままの生活や床暖房など新しい試みが随所にうかがえる．

・「傾斜地に建つ家」1956年，木造2階建，設計：林 雅子（図4.8）

傾斜地を利用したスキップフロアの住宅．敷地の高低差を利用して4つの床レベルがあり，それぞれの生活空間が立体的に，親しくつながっている．

・「南台町の家」1957年，木造2階建，設計：吉村順三（図4.9）

戦後のモダンリビングの典型といえる住宅．居間を中心とした音楽室や，食堂の広がりときめ細かい家事スペースの動線計画がこの家を心地よいものにしている．

・「スカイハウス」1958年，RC造2階建，設計：菊竹清訓（図4.10）

4枚の壁柱だけで地上からもち上げられたこの住宅の室内は，家具で仕切られており必要に応じて空間の変更ができる．将来，ピロティ形式の1階に子ども室を吊り下げることも考慮されている．

・「から笠の家」1961年，木造平屋建，設計：篠原一男（図4.11）

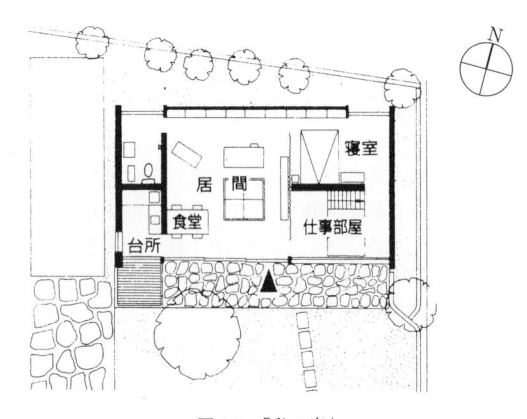

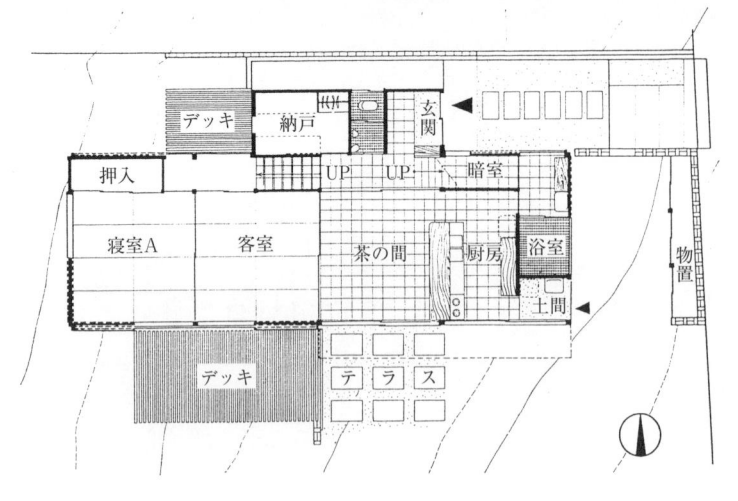

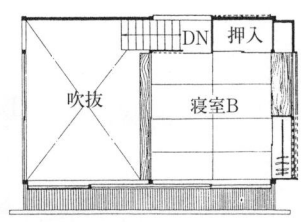

図4.7　「私の家」

図4.8　「傾斜地に建つ家」

4.6 住宅設計

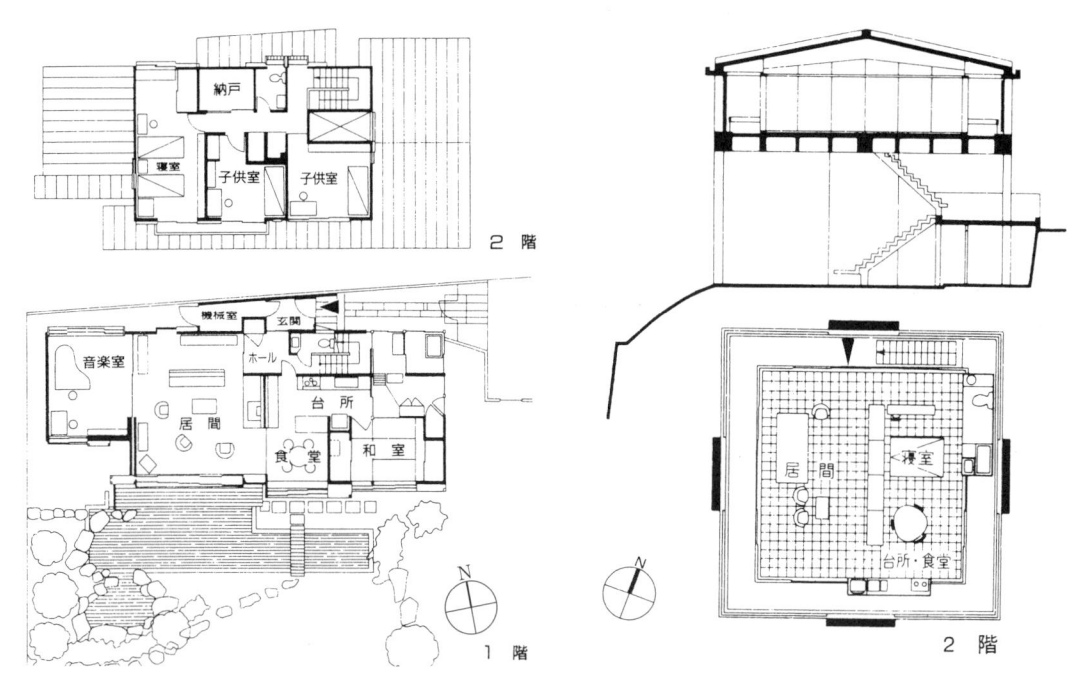

図 4.9 「南台町の家」

図 4.10 「スカイハウス」

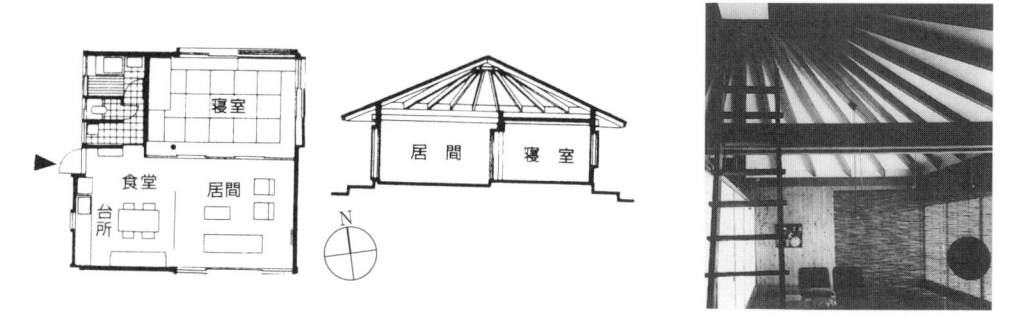

図 4.11 「から笠の家」

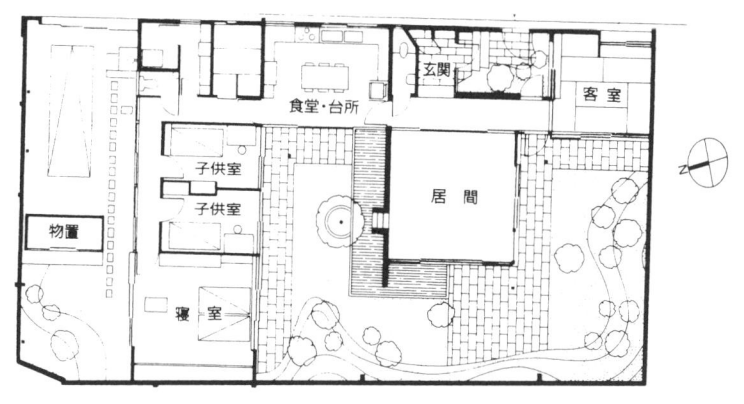

図 4.12 「正面のない家」

120   4. 住居計画

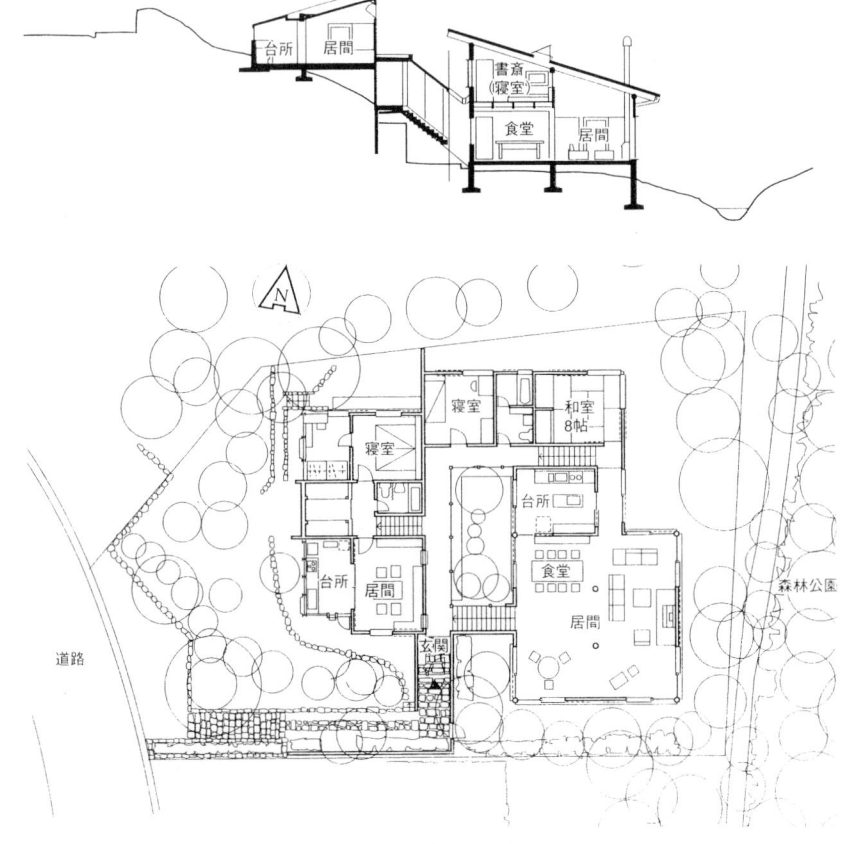

図 4.13 「目神山の家」

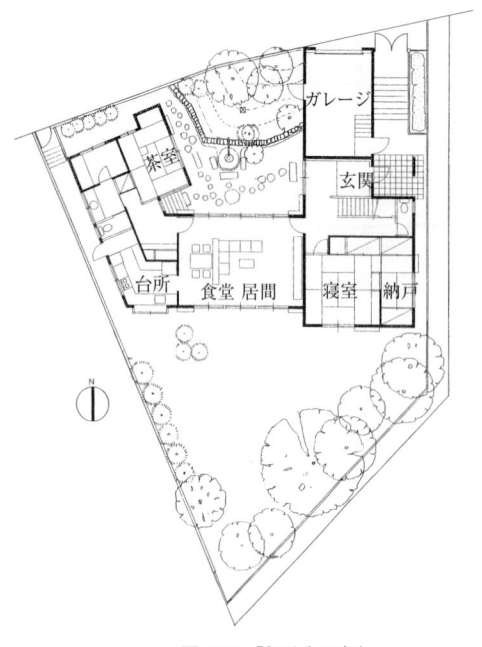

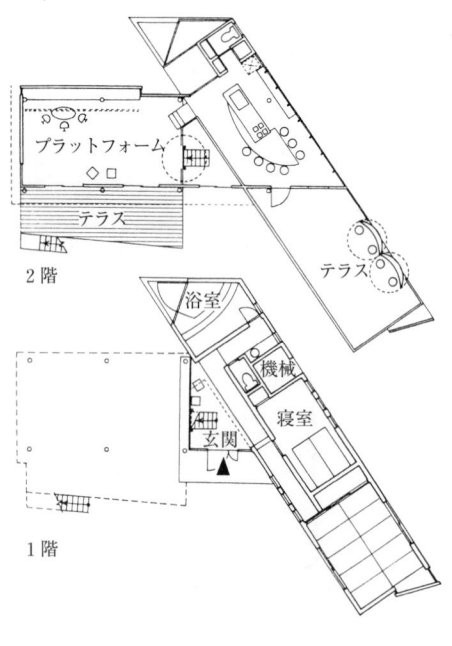

図 4.14 「舞子台の家」   図 4.15 「PLATFORM」

農家のような田の字形のプランをもつこの住まいは，唐傘型に開いた方形の屋根がかけられている．室内は傘の骨のような幾何学的な垂木と1本の丸柱が，日本的な簡素で力強い空間を作り出している．

・「正面のない家」1962年，RC＋木造平屋建，設計：坂倉準三建築研究所大阪支所（図4.12）

敷地の境界を高いコンクリートの塀と建物の外壁で囲み込んだコートハウス．外部に対しては閉鎖的であるが，各室は入り組んだ中庭と連続していて，敷地すべてを内部空間として感じさせる．

・「目神山の家」1976年，RC＋木造平屋建，設計：石井 修（図4.13）

地形の高低差に沿って建てられた住宅．屋上の緑が周辺の山と連続し，建物全体が風景に埋没して自然と一体となっている．

・「舞子台の家」1982年，木造2階建，設計：黒田公三（図4.14）

敷地に沿って伸びやかに配置された住宅．食堂，居間からは北と南の両方の庭に視野が広がり，外部空間を取り込んだ豊かな空間となっている．

・「PLATFORM」1988年，RC＋鉄骨造2階建，設計：妹島和世（図4.15）

軽やかな平面をもつ週末住宅．2階は駅のプラットフォームのように，内部の居間からスムーズな流れで屋根のかかった半外部空間の2つのテラスにつながっている．

〔永福より子〕

5

室 内 環 境

5.1 室内環境要因と感覚

人間が室内環境から受けるさまざまな影響は，光や音，熱などといった物理環境要因と人体反応という観点から検討されてきた．ここでは，人体の各環境要因に対する受容器と人体反応について述べる．

5.1.1 光環境要因と感覚

人体は，方向や体内機能の周期の調節などに光を利用している．それを利用する場合には，明るさや色として目から受容するか，エネルギーとして皮膚から受容するかの2つの経路がある．光を受容する場合には，その受容器によって人体へ与える影響は異なる．

明るさや色の受容器として目は機能し，目は眼球と副眼器とからなっている．眼球は網膜と脈絡膜，強膜で覆われ，副眼器は眼筋や結膜，涙器などで構成されている．光は角膜，前眼房，水晶体，硝子体を通り網膜に到達し，網膜の視細胞によって受容される．受容された光は，視神経により情報に変換され脳に伝達される．視細胞には桿体と錐体の2種類がある．桿体にはロドプシンと呼ばれる色素があり，とくに薄暗いところで光を受容するときに働く性質がある．その数は 1.2×10^8 程度といわれている．ロドプシンはレチナールとオプシンというタンパク質より合成されるが，その過程にはビタミンAの存在が欠かせない．錐体にも桿体のような視物質が存在すると考えられるが，いまだ特定されていない．錐体は比較的明るいところで機能し，とくに色として光を受容する．錐体は網膜の中心窩近傍に多く分布し，周辺部には桿体が多く分布する．明るい場所では錐体が主に機能することから，明所視（錐状体視），暗い場所では桿体が主に機能することから暗所視（桿状体視）と呼ばれている．

網膜の光に対する感度は入射光の波長によって異なる．明所視では560 nm付近の波長に最大の感度がある．一方，暗所視では510 nm付近である．また，明暗に対する順応も異なる反応をする．暗い場所から明るい場所に移ると，一瞬の間まぶしさを感じるが，入射光の調節と感受性の低下により，このまぶしさを感じなくさせている．この間に要する時間は数分であり，この過程を明順応という．一方，明るい場所から暗い場所に移ると，ほとんどみえない状態からしだいにみえるようになる．この間に要する時間は30分〜1時間程度であり，最初の状態より10000倍程度の感度の上昇がなされる．この過程を暗順応という．

眼が光を受けることによる障害もある．その多くは赤外線と紫外線とによるものである．赤外線は結膜と角膜とでその多くが吸収される．疲労を伴った光線眼病の発生や，長期にわたり強い刺激を受けた場合には白内障や網膜の障害も生じる．紫外線は水晶体でほとんどが吸収される．まぶしさ（グレア）の原因ともなり，視覚を低下させる．また同様に，赤外線でみられた光線眼病も引き起こす．

皮膚から光（太陽光）を受容する場合には波長によりその影響が異なる．大きくは紫外線による化学作用と赤外線による熱作用とである．皮膚は0.1 mm程度の表皮と1 mm程度の真皮，皮下脂肪からなっている．とくに表皮と真皮はたがいに血管や細胞により連結されており，太陽光に対する感覚器として作用している．表皮は基底細胞と有棘細胞，顆粒細胞，メラニン細胞よりなっている．これらの細胞のうち，核を失ったものは最表部で角質層を形成している．この層は人体に有害な環境要因から身体を保護したり，体内からの水分蒸発を防ぐ機能をもっている．真皮には血管や神経終末，リンパ管が多く分布している．これらのものが表皮に突起している．

波長が 380 nm 以下の光を紫外線と呼ぶ．その多くの波長域は成層圏のオゾン層などにより吸収され，地表に到達するものは 290 nm 以上の波長のものである．紫外線を受けて皮膚は日焼けを起こす．受光してより数時間後に，血管の拡張により皮膚に紅斑が現れ，8～29 時間後に最大に到達する．日焼けはかゆみや熱感を伴い，感覚閾値の低下を招き，ひどい場合には水泡が生じる．日焼けを生じた皮膚は表皮の角質層が厚くなる．これは紫外線から人体を保護する適応現象である．また皮膚の着色現象もある．これは色素が沈着するもので 2 種類ある．まず最初は，紫外線を受けて 10 秒程度で着色が強くなるものである．次に，2～3 日後に着色が発現するものである．前者を即時性着色，後者を遅発性着色という．いずれの現象ともメラニン細胞によるメラニンの生成が関与している．メラニンは紫外線を吸収することで紫外線を人体から遮蔽している．紫外線を長期にわたり受けると皮膚の剥離が発生し，遮蔽物であるメラニンが減少する．最終的には皮膚がんの発生へとつながる．

紫外線と皮膚との関係を障害作用の観点から述べてきたが，有益な作用も存在する．その作用にはビタミン D の生成があり，体内へのカルシウム（Ca）の吸収を促進する作用がある．すなわち，血液から骨へのカルシウムの移動に重要な働きをする．皮膚と紫外線によるビタミン D の生成は紫外線の吸収量が関与しており，季節による日射量の影響を受ける．太陽高度が高く日射量が多いほどビタミン D の生成が多い．上述にて紫外線防御のための角質層の厚さの増加とメラニンの生成について触れたが，メラニン色素が多くなり角質層が厚くなると紫外線の吸収が少なくなりビタミン D の生成が少なくなる．

波長が 780 nm～1 mm 程度の範囲の光を赤外線と呼ぶ．この範囲の光と皮膚との関係は主に皮膚に吸収されることによる熱的作用である．比較的短い波長域では赤外線の透過率は高く皮膚の深部まで到達する．一方，長い波長域では透過率が低く皮下 1 mm 以内でそのほとんどが吸収される．後述の皮膚の温度受容器は皮下 0.2～0.3 mm の深さの真皮内にあるとされていることからすると，長波長の赤外線が強い温熱感刺激を生成すると考えられる．さらに強い赤外線を受けた場合には，温熱性の紅斑が生じたり痛みを伴った火膨れが生じる．

波長が 380～780 nm 程度の範囲の光を可視光線と呼ぶ．この範囲の光と皮膚との関係は成人にはあまりなく，新生児黄疸の治療をする場合に利用されている程度である．黄疸症状がある新生児に 460 nm 近傍の青色光を照射すると，ビリルビンの分解が促進される．可視光線は主に生体機能のリズムを形成するのに利用されている．

これまで光の受容器として目と皮膚について述べてきたが，光を強く受けることによる 2 次的な影響も存在する．多くは消化器系や循環器系の障害である．消化器系では胃酸分泌の促進であり，胃炎を生じたりする．循環器系では血圧の低下を生じさせることなどである．

5.1.2 音環境要因と感覚

音は人体には振動として伝播されるが，音波で捉えるのか振動で捉えるのかで，その取り扱いは異なる．

音の受容器は耳であり，耳は外耳と中耳，内耳で構成されている．外耳は耳介と外耳道で構成される．耳介が音波を集め，外耳道はその音波を減衰させないように鼓膜に伝える働きをもっている．中耳には音を増幅させたり減衰させたりする構造をもつ槌骨と砧骨，鐙骨の 3 つの耳小骨があり，鼓膜の振動を耳小骨が前庭窓に伝える機能をつかさどっている．内耳への振動は外リンパ管のリンパ液の動きへと変化する．この動きが蝸牛管内のコルチ器官にある有毛細胞を刺激して，蝸牛神経により大脳皮質の側頭葉へと伝達され，音を感じるのである．多くは耳にある受容器で音や振動を感じているが，振動は皮膚面においても受容している．皮膚の振動受容器は神経終末にあるパチニ小体であり，これは圧力を受容するものである．この受容器は関節や筋肉，内蔵などにも存在している．

音や振動に曝された人体はさまざまな影響を受ける．強度の音に対しては聴力損失が生じる．これには音の強さと曝露時間とが関与する一時的な聴力損失と永久的な聴力損失とがある．一時的な聴力損失では受容器の損失はなく，一定時間経過後には回復する．一方，永久聴力損失は受容器にあるコルチ器官の有毛細胞が損傷することで生じる．これは加齢によっても起こり，とくにこれを老人性難聴と呼ぶ．さらに強い音の場合には鼓膜の剥離や耳小骨連絡の分離による障害が生じる．これを伝音性の聴力損失と呼ぶ．また前述のものを感音性の聴力損失と呼ぶ．その他，音が人体へ与える影響は循環器や消化器，視覚にも及ぶ．血圧や心拍数，酸素消費量の増加，ストレス反応としての副腎皮質ホルモンやグルカゴンといった内分泌の亢進などである．振動による循環器系の障害として白蝋病（レイノー症候

群）があるが，これは血管運動神経が損傷されて循環障害を起こしたものである．視覚障害としては低振動や低周波の音に曝露されることによる視力の低下である．

これまでは音や振動に対する負の面を述べてきたが，音による正の面もある．これは主に音に対する心理的な効果を利用したものであり，ミュージックセラピーなどとして心理療法などに応用されている．

5.1.3 熱環境要因と感覚

暑さや寒さといった人体の温度感覚は，皮膚表面に点在する皮膚温度受容器と身体の深部温度にかかわる温度受容器とがある．この受容器への刺激は，自律神経系の体温調節の信号となる．

皮膚温度受容器は知覚神経の自由神経終末である．皮膚温度受容器のうち冷たさに反応するものに冷点がある．冷点は腰と前額部付近に多く分布している．その位置は皮下 0.1 mm のところにある．温かさに反応するものに温点がある．温点は顔面部と指付近に多く分布している．その位置は皮下 0.3 mm のところにある．冷点はその数にして約 25 万個あり，1 cm^2 当たり平均で十数個である．しかし温点は総数で約 30000 個であり，1 cm^2 当たり平均で 1 個前後である．冷点に比較すると温点は非常に少ない数しか存在していない．このことは，温点は皮膚温よりも高い温度に対して反応することより，通常は冷点が温度受容器として体温制御に重要な役割を果たしていることを示す．

身体の深部温度受容器は主に間脳の視床下部にある．皮膚温度受容器と同様に，温度の上昇に反応するものには温受容神経細胞があり，温度の下降に反応するものには冷受容神経細胞がある．皮膚温度受容器では冷受容器が圧倒的に多かったが，身体の深部温度受容器では温受容神経細胞が多く存在している．温受容神経細胞は血管拡張や発汗などの熱の放散反応を促進し，血管収縮やふるえなどの熱の放散を抑制したり産熱を行う．一方，冷受容神経細胞は血管収縮による熱の放散を抑制したりふるえなどによる産熱を行う．その他，中脳や延髄，脊髄，内蔵にも温度受容器が存在しており，体温調節に関与している．これら温度受容器を通して受け取られた温度情報は，体温調節中枢から体温を制御する体温調節効果器へと伝えられ，身体からの産熱や放熱の制御が行われる．

産熱は体内へ摂取した食物の糖質や脂肪，タンパク質の化学エネルギーの代謝により熱に転換させられる現象である．代謝はさまざまな部位で行われる．たとえば，骨格筋や肝臓，脳，心臓などである．身体周囲の環境が温熱的中性域で身体の活動が安静のときには，脳や肝臓，骨格筋でそれぞれ全代謝量の 20% 程度を占めている．それに対して作業強度が強くなると，しだいに骨格筋での代謝割合が大きくなり，全代謝量の 80～90% を占める．摂取したエネルギーのうち 100～75% が物質の酸化過程で熱エネルギーとして産出される．

放熱は放射と対流，伝導，蒸発により身体から外部へ放散する現象であり，通常の室内空間では圧倒的に放射による熱の移動が多い．

放射は電磁波による熱の移動現象である．たとえば，反射式ストーブの前面では暖かいが，背面では前面と比べて冷たく感じたり，冬季の風がないときには太陽光線を浴びると暖かいが，それが遮られると寒く感じる現象は放射による熱の授受を如実に現している．室内空間ではその波長帯は長波長域の電磁波が卓越し，放射による熱の授受量は人体の姿勢が大きな影響を与えている．対流は物質の流れによる熱の移動現象である．室内空間では静穏な気流状態の場合が多く，機器を使用して強制的に風を身体に受けることは多くない．

伝導は身体と直接接触した物体との間で物質の移動を伴わない熱の移動現象である．通常の室内での生活では身体と室内構成面との接触面積は少なく，またその温度差も小さいことより，伝導による熱の移動は少ない．しかし，冬季の電気カーペットや床暖房設備を使用する空間や日本人の室内空間では，比較的平座位や臥位が多く床面との接触面積が多くなる姿勢では，伝導による熱の移動も考慮する必要がある．

蒸発は水の蒸発時の潜熱による熱の移動現象である．身体からの蒸発は皮膚表面からの発汗と気道からの蒸発がある．その量はおよそ 1 日に 1 l 程度であり，皮膚表面から 70%，気道から 30% の割合である．発汗は汗腺により行われ，汗腺のうちエクリン腺が体温調節に関与している．日本人では，発汗機能をもつ汗腺数はおよそ 180 万～270 万個程度である．とくに発汗は身体の深部温との関連が深い．

以上，4 つの経路による熱の放散があるが，身体の熱産生とのバランスにより人体の暑さ，寒さという感覚が発現する．　　　　　　　　〔藏澄美仁〕

5.2 環境要素の測定

5.2.1 室内気候の測定
(1) 温湿度の測定

温湿度の測定には，主にアスマン通風乾湿球湿度計と自記温湿度計を用いて測定する方法がある．アスマン通風乾湿球湿度計は，液体封入ガラス温度計2本と両方の温度計の球部に一定の気流を当てる通風装置よりなる．1本の温度計は乾球といい，室内の空気温度の測定に用いられ，もう一方の温度計は湿球といい，球部をガーゼで包み，水で湿らせて測定に用いる．湿度（相対湿度）は，乾球と湿球の温度を読み取り，その差より計算表で求められる．長時間連続して温湿度を記録する場合には，自記温湿度計を用いる．この温度測定には，熱膨張係数の異なる2枚の金属片バイメタルが温度変化により曲がることを利用しており，湿度測定には，毛髪十数本が吸湿時に伸縮する性質を利用している．また，小型で簡便な取り扱いやすいデジタル温湿度計も市販されている．温度計は電気抵抗やサーミスターを用い，湿度計はセラミックの酸化チタン，バナジン酸の半導体センサーを用い，表面に水分子が吸脱着するときの電気抵抗値の変化から湿度を計るようになっている．デジダル温湿度計ではデータを記録することができ，パソコンを用いてデータを読み取り，グラフ化などが容易にできる．

(2) 気流速度の測定

気流速度について，取り扱いやすく，簡便に計ることができる方法として，熱式風速計がよく使用されている．検出部の金属線を加熱しておき，これに風が当たると風速により温度変化が生ずるので，電気抵抗が変わるため回路に流れる電流に変化が生じ，これを測定することにより風速を求めるものである．室内の気流測定においては，熱式風速計は，微風速（0.5 m/s 以下）の測定精度に問題がある．そのため室内の気流測定用としては，0.1〜0.5 m/sが測定できるように検出部に改良を加えた室内用微風速計が用いられる．また，室内気流の平均風速を計るときは従来からの測定方法として指向性のない検出器であるカタ計が用いられる．カタ計がそのままわりの空気によって冷却され，温度計の表面から放出する熱量を計って気流速度を算出する．カタ計は上部標線が38℃，下部標線が35℃の常温用と同じく，上部55℃，下部52℃の高温用とがある．空気温が高くて，常温用のカタ計で冷却時間が2分以上になるときは，高温用のカタ計を使用する．カタ計には，それぞれカタ係数 F が記されており，係数で補正するようになっている．

(3) 放射熱の測定

室内で周囲の気温と異なった壁，天井，床，設備などの表面がある場合には，放射熱の影響を検討する必要がある．放射熱は，熱を吸収しやすい物体を用いて，その温度上昇を測定する．一般的に放射熱の測定にはグローブ温度計が使用される．グローブ球は，銅の薄板でつくった直径 15 cm の中空球体で，表面は反射のない黒塗りつや消しになっている．その中心に棒状温度計を挿入し，ゴム栓にて固定したものがグローブ温度計である．測定の際には，グローブ温度計を室内の測定点に設置し，15〜20 分後に温度を読み取る．

5.2.2 空気清浄度の測定
(1) 室内空気清浄度の基準

室内の空気汚染物質としては，一酸化炭素，二酸化炭素，粉塵，二酸化硫黄，窒素酸化物，細菌，臭気などさまざまなものがある．建築物環境衛生管理基準においては，浮遊粉塵の量が空気 $1m^3$ につき 0.15 mg 以下，一酸化炭素の含有率 10 ppm 以下，二酸化炭素の含有率 1000 ppm 以下と定められており，室内空気清浄度の目安とされている．

(2) ガス濃度の測定

室内に存在するさまざまなガス濃度を測定するときに，もっとも簡易である程度の精度をもった測定ができる方法として，検知管法がある．建築物環境衛生管理基準で示されている一酸化炭素，二酸化炭素の濃度を測定する場合にもこの方法を用いて測定できる．検知管方式は，サンプルの採取が測定そのものであり，分析などは不要である．測定の対象とするガスと反応して着色する検知剤を充填した検知管の一方から吸引ポンプで一定量のサンプルを吸引して，着色の度合いや長さによって濃度を決定する．測定においては，吸引ポンプの空気漏れをチェックし，検知管の両端をポンプ先端側面のカッターで切る．ポンプ内部の空気を完全に放出し，検知管を取り付け口に差し込む．ポンプのハンドルをいっきに引いて固定し，そのまま規定時間放置する．その後，検知管を外し，濃度を読み取る．検知管の濃度表は一般に，吸引サンプルの温度 20℃ を基準につくられており，0〜40℃ であれば補正は行わなくてよいとされているが，温度補正表がついている場合は，それに従って補正する．

(3) 粉塵濃度の測定

粉塵濃度の測定方法として，原理的に浮遊状態の

まま測定する浮遊測定方法と，いったん捕集して測定する捕集測定方法に分けられる．測定器としては，浮遊測定法のデジタル粉塵計が広く用いられている．空気をファンにより吸引口から導き，粗大粒子を除去した後，暗室中に導入し，光を当てると光は空気中の粒子により散乱する．この散乱光を光電子倍増管で光電流に変換し，光電流の積算光電量がある値に達したとき1個のパルスを発生させ，一定時間に発生するパルス数が計数器でカウントされ，この時間の粉塵濃度に比例した相対濃度が得られる．値は cpm (count per minute) で表示さるので，質量濃度への換算が必要である．デジタル粉塵計は，応答が速く，1分間で1個の測定値を得ることができるが，時間的な粉塵濃度の変動を避け，平均的な室内空気汚染の度合いを把握するためには，3〜5分間の測定を行って，1分間当たりの平均値を求めるのがよい．

5.2.3 照度・輝度の測定
(1) 照度の測定

単位時間当たりに流れる光のエネルギー量を，波長により異なる人の光感覚（視感度）に基づいて計るものを光束（ルーメン，lm）という．また受照面の明るさを表す量を，単位面積当たりの入射光束で示したものを照度（ルクス，$lx = lm/m^2$）と呼ぶ．照度は受照面上の微小面積が受けている光束の面積密度であり，光源に垂直な面において光源からの距離の2乗に反比例する．

一般的に用いられる照度計は光電池照度計であったが，徐々に乾電池式に変わっている．重要な照度測定には，JIS C 1609 に規定する等級の測定器を使用するとよい．受光部と測定部を離して使える照度計は，測定者による影響が少なく正確な値が得られる．照度測定面の高さは，とくに指定のない場合は床上 85 cm または机上面，日本間では畳上 40 cm または座机上，廊下では床上 15 cm 以内とする．室内に机，作業台などの作業面がある場合は，その面上または面上から 5 cm 以内で測定する．数台の照度計を用いて測定するとき，個々の測定器の指示値に差がある場合は相互の補正が必要である．

(2) 輝度の測定

点光源から発散され，ある方向への単位投影面積当たり，単位立体角（ステラジアン，sr）当たりの光束を輝度と呼ぶ．輝度の単位はカンデラ/平方メートル（cd/m^2）と書く．輝度は特定の方向について定まる量である．環境の明るさ感と直接関連があり，視環境の設計および評価において，照度だけでなく輝度を用いることも重要である．

輝度計は，ある限られた角度からくる光のみを受光素子に入射させて測定する計測器である．一般の輝度計では，測定視角は 0.1〜2°，測定範囲は 10^{-4}〜$10^6\,cd/m^2$ 程度である．一般的な照明の場合の輝度測定については，JIS C 7614 に規定されている．測定時の輝度計の基準点の高さおよび測定視角の大きさについては，①屋内照明の場合：基準点は床上 1.5 m，視角は 1°，また②屋外照明の場合：基準点は地上 1.5 m，視角は道路照明においては 0.1°，その他の照明においては 1° となっている．

5.2.4 音響・振動の測定
(1) 音の測定

人間の聞きうる音の周波数範囲は，約 20 Hz〜20 kHz といわれている．しかし，通常行われる音の測定範囲は 31.5 Hz〜8 kHz であり，測定に用いる指示騒音計の規格は JIS C 1502 において詳細に定められている．騒音計には，等ラウドネス曲線を参考にしてつくられた周波数補正回路があり，A特性，C特性，Flat などである．A特性は人間の聴覚の特性に合わせ，低周波数の音のエネルギーを受け入れる能力が低くなるよう補正されている．C特性は低周波数および高周波数の一部を除きほぼ平坦な特性を示す．これら音圧レベル（SPL）の単位はデシベル（dB；基準音圧は 2×10^{-5} [Pa]）であり，dB(A)，dB(C) のように後ろに測定した特性を明記する．A特性で測定したものをとくに騒音レベルと呼ぶ（dB(A) は法令などではホンと書かれていた）．また，騒音にかかわる環境基準は A特性を用いた等価騒音レベル L_{Aeq} で示されている．

音の周波数成分を確認するためには，騒音計の出力を周波数分析器に接続して読み，これを紙に記録する場合は次にレベルレコーダーを接続する．周波数分析器にはオクターブバンド分析器と 1/3 オクターブバンド分析器があり，後者はより詳細な分析が可能である．周波数分析を行うことにより，分割された各周波数帯域の音圧レベルがわかり，遮音対策，吸音対策などが容易になる．

(2) 振動の測定

振動測定に用いる振動レベル計の規格については，JIS C 1510 に定められている．測定する周波数範囲は，人間の感じる周波数 1〜90 Hz の範囲である．基本的には振動加速度を測定し，振動加速度レベル（VAL）で示す（単位：dB，基準加速度：$10^{-5}\,m/s^2$）．振動測定は水平方向（X方向，Y方向），および鉛直方向（Z方向）の3方向を行う．水平方

向と鉛直方向では人間の感じ方が異なるため，水平振動特性と鉛直振動特性を設け，振動レベルの周波数補正を行っている．これらの特性を用いて測定された値が，振動レベル（VL）である（単位：dB）．周波数範囲は異なるが，周波数分析および紙記録の方法は音の測定の場合と同様である．

5.2.5 電磁波の測定

家庭電気製品，携帯電話やオフィス機器など，日常生活で使用している多くの電子機器は電磁波を放出しており，身体への影響が懸念されている．電磁波には電界 E と磁界 H とがあり，これらの強さを測定する．電磁波は周波数範囲が広いため，いくつかの周波数に分割し，その周波数に対応した測定器を使用する．簡単な測定器としては，卓球のラケット状のセンサー下部にデジタル表示する計器がついており，電界および磁界の両方が測定できる．精度のよい測定器は，電界，磁界それぞれ別の測定器となっていることが多い．電界の強さの単位はボルト／メートル（V/m）である．また磁界の強さの単位はミリアンペア／メートル（mA/m）またはミリガウス（1 mG = 80 mA/m）を用いている．

日本における電磁波に対する安全基準としては，電力業界において，電界の基準値 3 kV/m 以下が最初にできた．これは高圧送電線の高さを設定するためのもので，かなり大きい値である．ヨーロッパではスウェーデンの VDT（visual display terminal，視覚端末）規制ガイドラインが 1987 年からあり，そのうち 1990 年に出されたスウェーデンの「VDT規制 MPR-II」（電界および磁界）を表 5.1 に示す．

表 5.1 スウェーデンの VDT 規制（MPR-II, 1990 年）

周波数	電界(V/m)	磁界（mA/m）
5〜2 kHz	25以下	200 （2.5 mG） 以下
2 k〜400 kHz	2.5以下	20 （0.25 mG）以下

距離：50 cm

表 5.2 日本での電波利用における人体の防護指針（1990 年）電磁環境が認識されておらず，管理されていない状況（たとえば一般家庭）．

周波数	電界(V/m)	磁界（A/m）
10 k〜30 kHz	275	72.8 （910 mG）
30 k〜3 MHz	275	72.8〜0.728
3 M〜30 MHz	275〜27.5	0.728〜0.0728
30 M〜300 MHz	27.5	0.0728 （0.91 mG）
300 M〜1.5 GHz	27.5〜61.4	0.0728〜0.163
1.5 G〜300 GHz	61.4	0.163 （2.04 mG）

平均 6 分間の環境の電磁界強度における安全基準値．

この数値は国際的に利用されており，日本の産業界でも VDT の輸出のために使用している．一方 1990（平成 2）年，旧郵政省より通信用電波に関する基準として「電波利用における人体の防護指針」（電界および磁界）が示された（表 5.2）．日本の防護指針には 10 kHz 以下が扱われていないため，スウェーデンの規制などを参考にし，日常生活の安全に役立てるとよい．

〔光田　恵・岩重博文〕

参 考 文 献

1) 日本建築学会編：建築設計資料集成 1，環境，丸善，1978.
2) 中原英臣，佐川　峻：いま，電磁波が危ない，サンロード，1996.
3) 天笠啓祐：電磁波の恐怖，晩聲社，1995.
4) 電気通信技術審議会（旧郵政省）：電波利用における人体の防護指針，1990.

5.3 熱・湿気環境

5.3.1 温熱環境

温熱環境の基本的 6 要素として気温，相対湿度，気流，放射，着衣，作業強度がある．体内で産生する産熱量と周囲へ放散する放熱量が平衡状態を保つとき，人は「暑くも寒くもない」，すなわち熱的中立な状態にあり，6 要素は人体からの放熱量に対して促進や抑制の原因となる．放熱には顕熱と潜熱があり，前者には気温と人体表面温度との温度差に比例する対流放熱，足と床の接触部分の温度差による伝導放熱，夏の日射を受けた屋根からの熱波として感じる放射などが該当し，後者は呼気気道からの蒸発と発汗以外の皮膚からの蒸発からなる不感蒸泄[1]や，暑熱下での発汗が空気中の水蒸気圧との差に比例して放散されるとき皮膚から奪う気化熱である．気流は，対流放熱と水蒸気拡散に対して促進効果を有する．人体からの放熱は気温上昇，作業強度の増加に伴い潜熱の割合が増す（表 5.3, 5.4）[2,3]．

以上は，安定した環境条件下に長時間滞在し身体が環境に順応している場合（定常状態）を対象にしたものであるが，われわれの実際の日常生活では，気温変化や人の出入りなど環境側や人体側が時間的に変化する，いわゆる非定常な状態が多い．この場合には第 7 番目の環境要素として時間が加えられる．在室者の温冷感や熱的快適性に着衣条件が及ぼす影響は大きい．着衣の保温力は着衣重量とほぼ相関を有し，単位にクロ［clo］値がある．着衣種類別や総重量当たりのクロ値は図 5.1[4] から求めるこ

表5.3 人体からの水蒸気発生量と室温の関係 (g/h)[3]

状態	室内温度 (℃)			
	10	20	25	35
静座	32	39	65	151
軽動作	52	125	175	298
普通動作	73	182	290	358
重動作	162	311	373	442

HPACによるアメリカ人の例. 日本人は約0.86倍.

表5.4 作業強度別にみた人体からの発生熱量 (室温26℃の場合)[3]

状態	顕熱 (kcal/h)	潜熱 (kcal/h)	水蒸気 (g/h)
静座	56	37	70
座業（事務）	56	66	117
起立（歩行しない）	56	52	90
中作業（店員）	56	94	164
金属工（座）	69	146	256
木びき（重作業）	148	303	530

W. H. Sevens, J. R. Fellows らの値による.

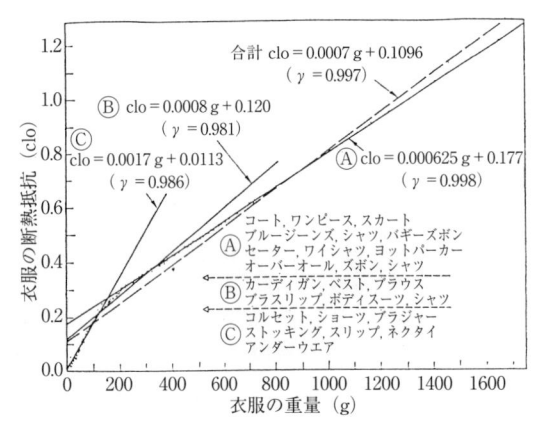

図5.1 衣服重量と断熱抵抗 (clo) 値の関係

とができる. 作業強度が増すと代謝量も増加するため, 筋肉労作には気温, 湿度ともに低めで気流も少しある環境が適する. 産熱の一部は仕事エネルギーとして放熱されるが, その割合はきわめて低い.

(1) 自律性体温調節

人体は環境の温度変化に対して深部温度がほぼ37℃と一定に保たれる恒常性ホメオステーシスを有しており, 外界の温度変化に対して皮膚温, とりわけ手や足など末梢部位の皮膚温変化により放熱量を調節し, 深部温度の恒常性を維持している. 温熱刺激に対する自律性体温調節反応は皮膚温, 発汗, シバリング, 心拍数, 血圧, 呼吸などにみられる. このうち皮膚温, 発汗, シバリングは温熱刺激に対するプリミティブな反応であるが, 心拍数, 血圧, 呼吸は快適, 不快といった情動系要素と関係が強い反応である[5].

体温調節機序を循環系についてみると, 低温曝露に対して放熱を抑えるため末梢血管が収縮し血圧は上昇するが, 末梢への血流減少の結果, 心拍数は減少する. 高温曝露の場合には末梢血管が拡張するため血圧は低下するが, 放熱促進用に末梢への血流増加に伴い心拍数は増加する. 環境の温度に対する体温調節は年齢により異なり, 一般に高齢者は体温調節を血圧に依存しやすく, 若者は心拍数に依存する傾向が強い[6].

(2) 血管運動調節域

末梢部血管の拡張や収縮による皮膚温の変化で体温調節が可能な範囲を血管運動調節域[7]といい, 裸体で気温28〜32℃の範囲にある. 気温が血管調節域より上昇すると, 体温を一定に保つための放熱が顕熱と不感蒸泄では不十分となるため, 発汗による潜熱放熱に依存する必要性が生じてくる（蒸発調節域）. 人の汗腺には発汗可能な能動汗腺と発汗機能を果たさない不能汗腺がある. 能動汗腺は生後2年以内の暑熱体験で増加するが, それ以後の生活様式では増加しない[8].

一方, 気温が血管運動調節域より下がると放熱が産熱を上まわり, 体温維持のための新陳代謝が増加するようになって（代謝調節域）, シバリングという末梢部筋肉のふるえも生じる. 血管運動調節域の上限, 下限をおのおの臨界温度といい, 発汗やシバリングが発現する環境は生理的緊張や心理的ストレスが強く, 不快な環境である.

(3) 快適温度

空調使用を前提とするオフィスの快適温度は夏季25℃, 冬季22℃が設計用室内温度であるが, 住居の場合, 夏季には自然通風や扇風機, 冬季には「こたつ」などの「採涼」あるいは「採暖」用の工夫や機器使用が前提となるため, 室温はオフィスと比べると夏季は高めに, 冬季は低めになる. また, 家族の年齢差, くつろぎ方, そして体調なども考慮すると, 住居の快適温度は簡単には決まらない. 夏季の通風は省エネルギー的にも積極的に取り入れたい「暑さ対策」であるが, 室温が26〜30℃の範囲にあることと, スカート姿の女性では背後や下半身へ1次気流が当たらないようにすることが, 室内気流から快適を得る条件である[9]. 人間本来の適応能を生かしながら健康かつ安全なレベルを維持でき, 省エネルギー的であることが望まれる.

(4) 快適温度の年齢差，性差，季節差

人は加齢とともに代謝が低下するため快適温度は高温側へ移行するが，一方，高齢者は皮膚の温熱受容器の1つである冷点の数が減少するため寒さに対して鈍くなり，暖房の必要性を感じにくく体温低下を招き，老人性低体温症[10]に陥る危険性もある．性差は冬型への順応にみられる．耐寒的生理反応には皮膚温低下に代表される放熱防止と代謝増加による産熱増加があり，女性では前者，男性では後者がより強く顕われる[11]．また，人の代謝リズムは最小レベルが8～10月の3カ月間続くのに対して，増加は11月ころから始まり最大は1～2月という季節差と冬型特有の厳格性がみられる[12]．夏型に順応した身体では，温熱刺激に対する発汗開始が早く汗の濃度も薄いため，放熱という意味からきわめて合理的である[13]．

5.3.2 構造による環境調整

住居でまず問題になるのが，熱貫流に対する断熱性である．住居の室内温熱条件が外界条件に左右される程度は，建物の方位，断熱・気密性によってかなり異なる．熱が壁などを通って建物の内外を出入りする現象を熱貫流（熱通過）といい，1℃の建物内外温度差に基づいて単位時間に単位面積当たり流れる熱量を熱貫流率 K（kcal/(m²·h·℃)）という．K 値が大きいと熱の出入りは多く暖冷房効果は低下するため，外壁部分にグラスウールやポリスチレンフォームなどの断熱材を入れる．断熱材の種類と厚さは地域，住宅の種類（木造，RC造，枠組み壁工法など），建物部位（天井，壁，床，土間床など）により異なる[14]．

(1) 貫流断熱性と窓ガラス

住居の断熱の弱点はガラス部分であり，通常の1重ガラス窓の K 値は壁の十数％の断熱性しかないため，冬季の窓際のドラフトは避けがたい．窓部の断熱対策として，複層ガラスを用いた単層窓枠方式と2重窓枠方式とがある．複層ガラスには6mmの空気層を3mmガラスで挟む簡単なペアガラス，ガラス表面に金属薄膜をコーティングして暖房室からの長波長放射は反射させるが日射からの短波長放射は透過させる低放射ガラス，あるいは中空層に低熱伝導度ガスを封入したガス封入式ガラスがある．

2重窓枠は空気の断熱性を利用するものであるが，熱伝導率が低い木製サッシやプラスチック製サッシの利用もある[15]．デザイン面の断熱対策としては，窓面積を不必要に大きくないことが夏の冷房負荷低減とも合わせて重要である．カーテンやブラインドの活用も，窓との間につくられた空気層により冬のドラフト防止や夏の日射防止，そして暖冷房効果向上にも役立つ．建設省のエネルギー基準[16]のガイドラインでは，2重窓や雨戸と合わせてカーテンやブラインドの活用を「住まいかたマニュアル」の中で考慮している．

(2) 気密性

気密性は断熱性とともに省エネルギー評価用語として使われる言葉である．代表的用語の相当隙間面積 αA（cm²/m²）は，自然換気時の換気量に相当する隙間面積を床面積1m²当たりで表した指標であり，いわゆる高気密住宅というのは αA が5以下を指すと考えてよい[17]．

デザイン性と省エネルギーの風潮から人気のある輸入住宅は，断熱化のために開口部割合をかなり抑え，さらに高気密化を目指した北方型住宅である．αA を築5～10年の各種構法の住宅について実測した1例[18]において，輸入住宅3戸では2.5～4.5，2×4住宅が5.1，在来木造住宅が11.6という数値が示されている．

気密性を評価するもう1つの指標に換気回数（回/h）がある．これは1時間当たりの換気量を室容積で除した数値であり，部屋の空気が外気との流出入により室内汚染状況が希釈される目安になる．気密化を主体とする近年の工業化住宅の換気回数は，おおむね0.5が目安とされている．換気回数は測定時の外気温や風向，風速などの外界条件によって相当影響される指標である．

住宅の気密化で注意すべきことは，外壁断熱が不十分な状態で気密化が進むと，室内で発生した水蒸気が逃げ場をなくし，冬季の冷えた外壁内側に表面結露を生じやすくなることである．

(3) 熱損失係数

住戸からの熱損失は，図5.2に示すように貫流による熱損失と換気に基づく熱損失からなる．前者は住戸と外界との熱的境界を構成する屋根，外壁，床などの各部位の熱貫流率と面積の積の総和 $\Sigma(K_iA_i)$（kcal/(h·℃)），後者は住戸の換気回数 n（回/h），容積 V（m³），空気の比熱 c（kcal/(kg·℃)），比重量 γ（kg/m³）の積 $c\gamma nV$（kcal/(h·℃)）として表されるので，熱損失係数は $[\Sigma(K_iA_i) + c\gamma nV]/S$[19]（kcal/(m²·h·℃)）のようになる．すなわち，建物の内部と外部の温度差が1℃のとき，貫流と自然換気により建物内部から外部へ，あるいは外部から建物内部へ流出入する熱量の時間当たり合計を住戸の延べ床面積 S（m²）で除したものである．また，熱損失係数は期間暖房負荷と強い相関があるの

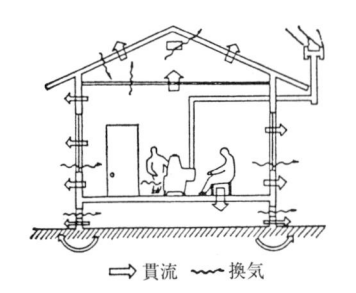

図 5.2 建物からの熱損失の種類

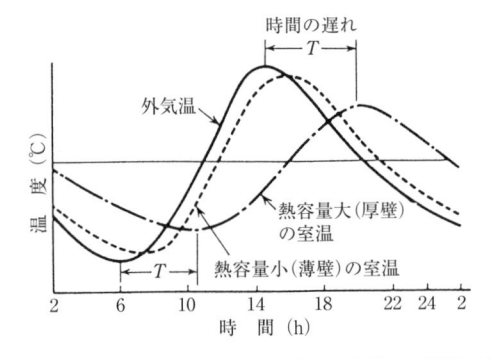

図 5.3 建築物の熱容量からみた外気温の室温への影響の違い

で，暖房に関する省エネルギーを評価するための指標として用いられる．

(4) 建物の熱容量

住居の住み心地に影響する因子に，建物の熱容量 C（kcal/℃）がある．建物構成材料の比熱 c（kcal/kg・℃），密度 ρ（kg/m³），容積 V（m³）を用いて $c\rho V$ で表される建物の熱保力である．RC造建築（厚壁）と木造建築（薄壁）を比較すると，RC造住宅では外気温の変化に対する時間的追随が遅れ，さらに1日の温度変化の振幅が小さく[20]（図5.3），RC造建築における夏の午前中の建物内の涼しさ，冬季の暖房時間が長い居室での明け方の室温低下の緩和などに現れる．しかし一方で，夏の夜の室内の暑さや，冬には晴れた日でも建物が温まりにくいという不都合もあるように，躯体への蓄熱効果の長所と短所が共存するため，熱容量の大きい住宅で快適な温熱環境を得るには，空調設備への依存度が高くなる．

(5) 室温変動率

室温変動率（1/h）は，外気温変動や冷暖房時の室への熱供給増減に対する室温変動の早さを示す指標である．建物の熱損失係数と建物の熱容量（＝壁の熱容量＋建物容積の熱容量）の比として表され，断熱性能が同等な建物でも，外気変動に対して室内環境の変動状況が必ずしも同じではないことを示す．住宅の暖房使用状況や夏の躯体蓄熱，外気温のピーク時刻などを考慮すると，住みやすい住居の室温変動率は 0.05～0.06 といわれている[21]．

(6) 日 射

太陽光線に垂直な単位面積当たり単位時間の日射熱量で太陽光線の強さを表すものとして，法線面日射量がある．地上と大気圏外の法線面日射量をそれぞれ J，J_0，太陽高度を h とすると，$J = J_0 P^{\mathrm{cosec}(h)}$（ブーガーの式）なる関係が成り立つ．ここで，$J_0$ は太陽定数 1164（kcal/(m²・h)），P は大気透過率である．大気透過率とは大気の澄みわたり程度を表す指標であり，大気中の水蒸気や塵などが少なく澄んだ空の大気透過率は大きく直達日射も多いが，逆に大気透過率が低いときには大気中の主として水蒸気によって散乱された天空日射が多くなる．大気透過率

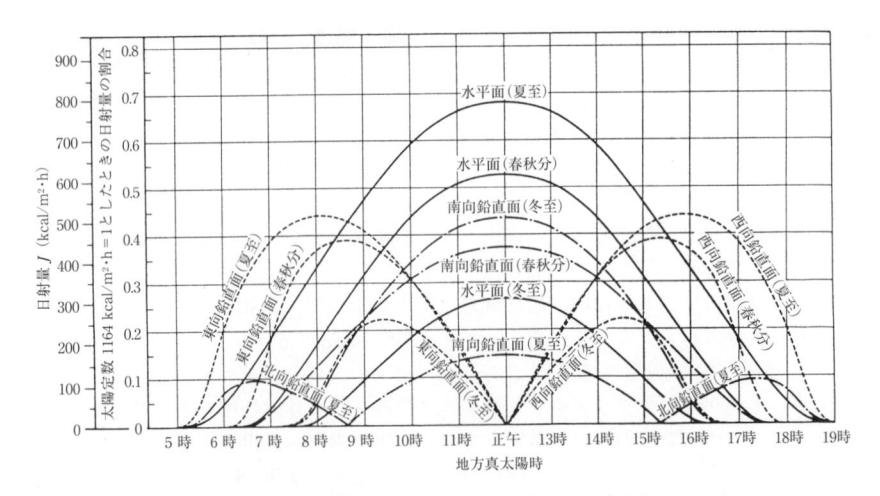

図 5.4 直達日射量の季節・方位別日変化（北緯 35°40′，東京．$p=0.7$）

5.3 熱・湿気環境

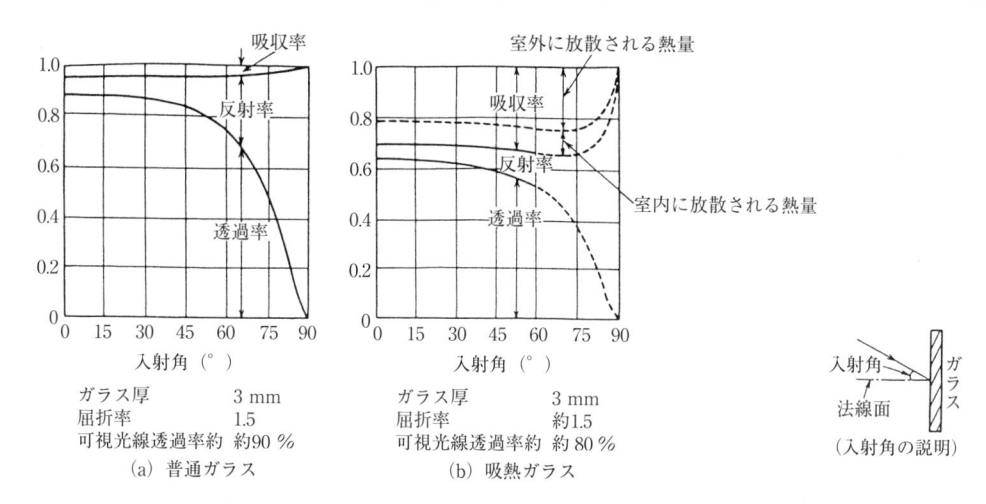

図 5.5 窓ガラスの種類別による日射吸収率および透過率の関係

(a) 普通ガラス： ガラス厚 3 mm，屈折率 1.5，可視光線透過率約 約90％
(b) 吸熱ガラス： ガラス厚 3 mm，屈折率 約1.5，可視光線透過率約 約80％

は通常，0.6～0.8[22]であり，冬に大きく，夏に小さい．

東京（北緯35°）の直達日射量の季節別日変化[23]は，図5.4に示すように夏季水平面がもっとも多く，次いで夏季の東西鉛直面と冬季の南鉛直面であり，夏季の屋根断熱と西日対策，冬季の南側開口部の意義が把握できる．夏季の午前に東壁が受ける日射が不快とされにくいのは，外気温が低いことと，明け方の建物躯体からの放熱後であることに起因する．

(7) 日射遮蔽と窓ガラス

建物の屋根，外壁，窓ガラスは日射の影響を受けるが，窓ガラスへの日射熱の蓄熱はない．窓ガラスに当たった日射は，表面での反射，通過中での吸収，透過の3つに分かれる．図5.5[24]をみると，普通ガラスの場合，透過率は入射角60°までは70～90％あるが，60°を超えると急激に低下する．吸収率，反射率は数％程度である．

冷房負荷となるのは透過成分であるため，その低減用ガラスとして熱線吸収ガラスと熱線反射ガラスがある．前者は入射角0～70°で吸収率30％，そのうち3割は吸収の後に室内へ放熱され冷房負荷になる．後者は反射角10～20％，吸収率20～40％であり，前者より日射遮蔽効果は大きい．これらと普通ガラスを組み合わせ，大きな熱遮断効果を目的としたものが複層ガラスである．

5.3.3 結露

結露には，物体の表面に生じる表面結露と壁体や材料の内部に生じる内部結露がある．結露とは室内の空気が室温より低い温度の壁面や窓ガラスに触れて冷却された結果，空気中の水蒸気が凝縮して露となりガラス面や壁面に付着する現象である．凝縮が始まる温度を空気の露点という．

表面結露には冬型結露と夏型結露がある．冬型結露は閉めきった室内に多数の在室者があったり，開放型ファンヒーター使用時に，ガラス面や北側外壁の室内側表面で生じやすい．対策は外壁内に断熱材を入れ室内側の表面温度が低くならないようにする，開放型暖房機器をFF式暖房機器に換える，適宜換気を行うことなどである．結露は熱流のむらや温度のよどみとも関係する[25]ので，建物の隅角部，窓のアルミサッシ部分，家具の裏側でも発生しやすい．夏型結露はRC造建築のような内部がひんやりとする熱容量の大きい建物に高温多湿の空気が流入したときに生じやすく，この場合には換気をするとさらに結露がひどくなる．

内部結露は壁体内の温度勾配と関係が深い．壁の熱抵抗が温度勾配を形成し，同時に壁内に飽和水蒸気分布も形成する．壁内の水蒸気は透湿抵抗に従って水蒸気分圧分布が構成され，この分圧が飽和水蒸気圧を上まわる部分に内部結露が生じるため，防湿層を断熱層より室内側に置き，断熱層以降の低温部の水蒸気分圧をあらかじめ下げるようにする．また，外壁外側からの雨水侵入には，壁内断熱層より室外側に通気層を設ける[26]．　　　〔大野秀夫〕

参考文献

1) 中山昭雄編：温熱生理学，p.161，理工学社，1983.
2) 山田由紀子：建築環境工学，p.53，培風館，1997.
3) 日本建築学会編：建築設計資料集成 2，p.105，丸善，1960.

4) 成瀬哲生：室内の温熱環境．空気調和・衛生工学，**54**(1)：46, 1980.
5) 苧阪良二編：心理学研究 3, pp.77-104, 東京大学出版会, 1973.
6) 日本建築学会編：高齢者のための建築環境, p.17, 彰国社, 1994.
7) 同 1), p.362.
8) 同 1), p.493.
9) 久保博子：夏期における室内気流の評価に関する実験的研究．奈良女子大学博士論文, 1996.
10) 同 6), p.52, 1994.
11) 新建築学体系編集委員会編：環境心理, p.27, 彰国社, 1985.
12) 同 1), p.85.
13) 同 11), p.29.
14) 建設省住宅局住宅生産課監修，住宅新基準解説書編集委員会編：住宅の省エネルギー基準と指針, p.99, 住宅・建築省エネルギー機構, 1997.
15) トクヤマ広報グループ監修：プラスチックサッシの本, p.134, トクヤマシャノン建材事業部, 1997.
16) 同 14), p.173.
17) 同 14), p.109.
18) 構法別に見る住宅の気密・断熱性に関する研究．椙山女学園大学大野研究室卒業論文, 1998.
19) 同 14), p.21.
20) 同 2).
21) 成瀬哲生：建築環境工学概論, p.282, 明現社, 1976.
22) 同 21), p.47.
23) 同 2), p.42.
24) 同 2), p.51.
25) 環境工学教科書研究会編著：環境工学教科書, p.61, 彰国社, 1996.
26) 土屋喬雄：湿気・結露．最新建築環境工学, p.279, 井上書院, 1992.

5.4 空気環境

5.4.1 空気汚染と人体影響

(1) 空気環境とは

人体の皮膚や粘膜のほとんどの部分は，直接，あるいは着衣を通して空気に接触していることから，人間にもっとも密接した環境は空気環境であるといえる．人は常に空気を呼吸しており，空気がなければ数分しか生きられないことから，一般的に空気環境という場合，空気は主として呼吸の対象として捉えられ，空気に含まれる汚染物質が空気環境評価の対象とされる．

建物の中において，人間が生活行為をはじめとするさまざまな活動を行うことによって種々の汚染物が発生し，空気は汚染される．新鮮な空気の組成を体積比で表すと，主として窒素 78%，酸素 21%，アルゴン 1% となり，その中に 0.03% 程度の微量の二酸化炭素が混在している．この空気は大気として地上のあらゆるところに存在するものであり，室内空気環境を論じる場合には，通常，大気の清浄度がもっともよいものとされる．したがって，建物の中の空気の汚染度は，周辺の大気に比べてどれくらい汚染物を含んでいるかどうかで評価される．言い換えれば，空気環境の評価に最適な汚染度というものは存在せず，どれほど汚れているか，どこまで許容されるかという観点で空気環境は語られるのである．ただし，ここでいう大気とは，公害などで汚染されていない空気を指すことはいうまでもない．近年では，自動車の排気ガスや工場の排煙などによって外気自体が汚染されていることも多く，外気を基準とはできない場合もある．

空気環境が空気の汚染度によって評価されるものである以上，空気の汚染度をどう評価するべきかが重要な課題となる．住居の主体が人間である以上，空気の汚染度はその汚染状況が人体に与える影響によって評価されるべきである．汚染物の人体影響はさまざまであるが，健康と快適性の両側面から評価されるのが望ましい．

(2) 各種汚染物質と人体影響

空気中に含まれる汚染物は，主として呼吸器系を通して人体にさまざまな影響を与える．鼻から吸い込まれた空気は，鼻孔→鼻腔→咽喉→喉頭→気管→気管支→肺胞道→肺胞という経路をたどって肺胞内に達する．空気中に含まれる汚染物は，その性質（空気力学的粒径）に応じてこの経路内で付着・残留し，人体にさまざまな影響を与えることが知られている．

汚染物は人間の活動に伴ってさまざまな場所で発生し，空気中に混在するが，発生した汚染物が大気に混入する現象を大気汚染と呼び，主として屋内で発生した汚染物が室内の空気を汚染する現象を室内空気汚染と呼ぶ．大気汚染は国，あるいは自治体レベルで取り組まなければならない問題であるが，室内空気汚染は建物の設計者，使用者，あるいは管理者の責任において取り組まなければならない問題である．ここでは住居学の立場から，住宅内の室内空気汚染の原因となる汚染物に焦点を当て，その概要を述べる．

空気中の汚染物は，空気中の浮遊状態によってガス状物質（気体）とエアロゾル（固体，液体）に分類される．ガス状物質は呼吸器系の最終地点である肺胞まで到達するが，エアロゾルは，粒子径の大きさに応じて経路中で付着する．一般に，エアロゾルは小さい粒子ほど気道の奥まで達し，問題となる粒

表 5.5[1]　住居内で発生する汚染物とその発生源

発　生　源	汚　染　物
■室内の機器から発生するもの	
ガスレンジ, ガスストーブ, ガスファンヒーター	一酸化炭素, 二酸化炭素, 窒素酸化物, アルデヒド類
石油ストーブ, 石油ファンヒーター	一酸化炭素, 二酸化炭素, 窒素酸化物, アルデヒド類, 二酸化硫黄
静電式空気清浄器, コピー機	オゾン
加湿器	真菌, 細菌（レジオネラ細菌など）
■内装, 仕上げ材, 家具から発生するもの	
パーティクルボード, ベニヤ	ホルムアルデヒド
天井タイル	ホルムアルデヒド
壁紙	モノ塩化ビニル
塗料	非メタン系炭化水素, 気化水銀
カーペット, カーテン	ホルムアルデヒド, 真菌, 細菌, かび, ダニ, 粉塵
コンクリート, 石膏ボード	ラドン
接着剤	ホルムアルデヒド, 揮発性有機化合物
■居住者の活動に伴って発生するもの	
人・動物の代謝	細菌, アレルゲン, アンモニア, 有機ガス, 臭気
掃除機による清掃	粉塵, 真菌, 細菌
洗剤使用の清掃	揮発性有機化合物
殺虫剤の使用	揮発性有機化合物
喫煙	粉塵, 一酸化炭素, 窒素酸化物, ホルムアルデヒド, シアン化水素, 放射性元素, 揮発性有機化合物, ほか
趣味, 工作	揮発性有機化合物, 粉塵, アスベスト
■その他	
土壌	ラドン, レジオネラ細菌

子径は 10 μm（0.01 mm）以下とされている．

表 5.5 に示すように，室内で発生する汚染物は，燃焼機器などの室内器具から発生するもの，内装材などから発生するもの，喫煙などの居住者の行為に伴って発生するものなどに分類することができる．汚染物としては，一酸化炭素のような単一の物質からなるものと，揮発性有機化合物のようにある性質を有する物質の総称で書かれるものとがある．それぞれの汚染物は，ある濃度以上で人体に健康上の悪影響を及ぼす．以下に，代表的な汚染物について人体影響などの特徴について記述する．

①浮遊粉塵：　住宅内ではアレルギーを引き起こす原因（アレルゲン）となる．アレルゲンとなる粉塵には，繊維状粒子（綿），ダニの糞や死骸，かび（真菌），花粉などがある．

②タバコ煙：　一般居室においてもっとも有害な汚染物．きわめて多種のガス状物質，エアロゾルからなり，肺がんのみならず全身部位のがんの発生に寄与する．タバコの煙はタバコの燃焼部から立ち上る副流煙と喫煙者がフィルターを通して吸い込む主流煙の2つに分けられ，受動喫煙（周辺の人の喫煙による間接的な喫煙）で問題となる副流煙は，主流煙の何倍も有害である．

③一酸化炭素：　無色無臭の気体で窒息性ガス．2000 ppm（0.2%）の濃度中に1〜2時間滞在すると死亡する．

④二酸化炭素：　一酸化炭素ほどの毒性はないが，7〜10％以上の高濃度では死亡する．通常の室内濃度は1％以下であり，人体から発生する体臭濃度の指標となる．1000 ppm では「微弱な体臭を感じる」程度の体臭強度に相当する．

⑤体　臭：　高濃度では頭痛や吐き気を生じさせる．もっとも基本的な室内空気汚染物であり，呼吸によって発生する二酸化炭素濃度を指標とすることができる．

⑥窒素酸化物（NO_x）：　二酸化窒素がもっとも有害で，肺機能，呼吸機能に悪影響を与える．燃焼部の高温によって空気中の窒素と酸素が結合して生成される．

⑦揮発性有機化合物（VOC）：　化学物質過敏症（化学物質への暴露が原因となって，きわめて微量な化学物質に対してアレルギー的反応を生じるようになる症状）やアレルギー反応の原因となる．

⑧ホルムアルデヒド：　目や鼻の痛み，頭痛，呼吸器障害などを引き起こす．本来は VOC の一種．

5.4.2　室内空気質の評価
(1)　室内空気質の評価方法

室内の空気環境は空気の質によって決まるという考え方に基づいて，室内空気質（indoor air quality, IAQ）という言葉が使われている．空気環境，すなわち室内空気質は空気中に含まれるさまざまな汚染物濃度に基づいて評価されなければならないが，室内空気の汚染物質は非常に多種多様であるため，空気中に含まれるすべての汚染物質の濃度を特定することはあまり実用的ではない．したがって，汚染物の種類に応じてさまざまな濃度表現方法が採用されている．もっとも基本的なのが成分濃度に基づく方法であり，ほかに，指標物質の濃度を用いる方法，人間の嗅覚による方法などがある．指標物質とは，

前述した体臭に対する二酸化炭素やタバコ煙に対する粉塵，一酸化炭素などのことである．人間の嗅覚に基づく方法（官能試験）は，臭気物質に適用されるもので，匂いの閾濃度（やっと匂いを感じる濃度）にするのに必要な希釈空気量などを，人間を用いて測定する方法のことである．近年では，無臭の物質（たとえば一酸化炭素など）を除くすべての汚染物に対して，人間が知覚する汚染質の濃度（単位：decipol）で定量化する方法（P.O.Fangerによる）が提案されており，実用的な手法として注目されている．

空気質の評価は，汚染物濃度を明らかにしたうえで，その汚染物の濃度と人体影響との関係に基づいて評価されなければならないが，室内で発生するすべての汚染物に対して濃度と人体影響との関係が明確になっているわけではなく，複数の汚染物の複合的な人体影響の解明もあまり進んではいない．したがって，室内の空気質を総合的に評価する方法は確立されたとはいいがたく，次に述べる経験的に定められた各種の法規制や学会基準を参考に，その基準を満足しているか否かの空気質の良否が判断されているのが現状である．

(2) 法令，学会基準

一般住宅の室内空気環境の設計や管理をするうえで重要となる法規制，各種基準としては，建築基準法，空気調和・衛生工学会換気規格（表5.6）などを挙げることができる．いずれも機械換気をしている場合についての基準であり，従来自然換気に頼っている住宅内の一般居室に関しては，換気に有効な開口面積を床面積の1/20以上確保することが義務づけられているのみであった．換気に有効な開口は，居住者によって開放されて初めて換気に有効に働くわけであり，冬期など室内外の温度差が大きい場合にはあまり開放されることはなく，気密性の高い住宅では十分な換気量が確保されない状況も起こりうる．このような法規制の不備が一因となって，近年の新建材，壁紙を多用した高気密住宅において，化学物質過敏症やアレルギーなどの室内空気汚染問題が生じていた．しかし，2002年の建築基準法の改正により，室内のホルムアルデヒド濃度を$0.1\,\mathrm{mg/m^3}$（80ppb）以下にすることを目標として，内装材のホルムアルデヒド放散量に基づく等級化や建材の使用制限および，事実上の機械換気の設置義務づけが行われ，今後住宅室内の空気汚染問題は解決の方向に進むものと考えられる．

表5.6 空気調和・衛生工学会換気規格（HASS 102）[2]

対象汚染質	設計基準濃度
二酸化炭素	1000 ppm　（総合的指標）
二酸化炭素	3500 ppm　（単独指標）
一酸化炭素	10 ppm
浮遊粉塵	$0.15\,\mathrm{mg/m^3}$
二酸化窒素	210 ppb
二酸化硫黄	130 ppb
ホルムアルデヒド	80 ppb
ラドン	$150\,\mathrm{Bq/m^3}$
アスベスト	10 本/l
揮発性有機化合物（TVOC）	$300\,\mu\mathrm{g/m^3}$

総合的指標：室内空気質全般の指標，単独指標：その汚染物質そのものの有害性を表す指標．

5.4.3 室内空気質の維持

(1) 空気浄化の手段

室内の空気が汚染物の発生によって汚染された場合には，室内空気質の保全のために空気の浄化を行わなければならない．空気を浄化する手法としては，換気と，空気清浄器を利用した空気浄化法があるが，住宅においてもっとも信頼性が高く，安価でかつ効果的なのが換気であることはいうまでもない．換気は，その原動力によって自然換気と機械換気に分けられ，換気される領域の大きさによって，局所換気と全般換気とに分けられる．自然換気には自然風の力による風力換気と室内外の温度差に起因する浮力による重力換気があり，機械換気は第1～3種に分類される．それぞれの換気方法の特徴を表5.7に示す．

近年，家電メーカーからさまざまな空気清浄器が販売されているが，すべての汚染物に対して有効なわけではない．たとえば，空気清浄器では一般に二酸化炭素や一酸化炭素のようなガス状汚染物は浄化できない．したがって空気清浄器への過信は禁物であり，換気の補助的な手段として位置づけるべきである．

(2) 必要換気量と換気の注意点

換気の有効性は，その換気量によって室内の汚染物濃度がどのくらいまで低減できるかによって決まる．いま，室内でガス状汚染物質が単位時間当たりM（$\mathrm{m^3/h}$）だけ発生するとき，外気濃度をC_0として，室内の濃度をC_rに保つために最低限必要な換気量Q（$\mathrm{m^3/h}$）は，次式で求めることができる．

$$Q = \frac{M}{C_r - C_0}$$

C_rが設計基準濃度であるとき，この換気量Qのこ

表 5.7 換気の種類と特徴

換気の種類			特徴
原動力による分類	自然換気	風力換気	風力を原動力とする．自然風の風向，風速，建物の向きなどによって変化する
		重力換気	室内外の温度差に基づく浮力を原動力とする．煙突効果とも呼ばれる．室内外の温度差によって変化する
	機械換気	第1種換気	給気，排気ともに機械力（ファン）を用いる．あらゆる用途の室に利用可能
		第2種換気	給気のみに機械力（ファン）を用いる方式．室内圧が隣室より高くなるので，手術室などの清浄度が要求される室に利用される
		第3種換気	排気のみに機械力（ファン）を用いる方式．室内圧が隣室より低くなるので，便所や厨房などの汚染室に利用される
換気領域による分類	局所換気		厨房のコンロなどのように，局所的に大量の汚染物が発生するところで，発生した汚染物を捕集し排出する．フードが併用されることが多い
	全般換気		室内で全般に発生する体臭やタバコ煙などの汚染物を希釈して濃度を下げるために用いられるもっとも一般的な換気方式

とを必要換気量と呼び，換気設計上重要な値である．この必要換気量は，対象室の体積には依存しないことに注意しなければならない．

機械換気の場合には，この必要換気量が満たされるような換気設備を室に取り付ければよいが，このとき空気が室内全体を流れるように，給気口と排気口位置を考えなければならない．たとえば，給気口と排気口が同一壁面に隣接しているような場合では，対向壁面に給気口と排気口が向かい合う場合に比べて空気浄化能力は劣る．

自然換気の場合には，十分な換気の原動力が得られるようにすることも考え，風力換気ならば風上と風下の壁面に複数の開口を設け，重力換気ならば高低差のある複数開口を設けるようにしなければならない．

機械換気はその原動力が安定しているため，必要な換気量を安定して得ることができるが，コストがかかり，騒音の問題も生じる．自然換気は安価で大風量を得ることができ静粛であるが，換気量が安定していないという欠点を有する．

台所の換気扇は局所換気設備として有効であるが，換気時には十分な空気が給気されるよう給気口を設けたり，窓を開けるようにしたい．なお，一般的にセパレート型のルームエアコンでは，換気はできないことを認識しておきたい．

(3) 住宅の気密性と換気

近年，住宅は気密化の一途をたどり，従来，室内空気質の保全に役立っていた隙間風による換気，いわゆる漏気が期待できなくなった．気密性は，単位床面積当たりの隙間面積の大小によって評価されるが，昔の木造住宅では $15\,cm^2/m^2$ 程度であったものが，近年の気密化住宅では $1\,cm^2/m^2$ 程度というのもめずらしくない．このような気密化の向上は，潜在的な室内空気汚染の危険性を増大させ，換気の重要性がますます高くなってきている．

そこで，住宅内での空気の流れとその流量をあらかじめ予測し，各居室内での汚染物濃度が許容濃度を超えないように換気設備の設計を行う，計画換気の重要性が認識されつつある．気密性が高くなり，隙間が少なくなれば，そのぶん空気流動が少なくなり，計画的な換気も行いやすい．計画換気は機械換気に限らず，自然換気でもよい．機械換気に比べて自然換気は流量が不安定であるが，気象データに基づいた精緻な自然換気シミュレーションを行うことによって，自然換気による計画換気も可能である．ただし，換気設備に頼るばかりではなく，室内での汚染物発生を防ぐ，こまめに窓を開けるなどといった住まい方が，良好な室内空気質の維持のために重要であることはいうまでもない． 〔山中俊夫〕

参 考 文 献

1) 池田耕一：室内空気汚染のメカニズム，p.3, 鹿島出版会，1992.
2) 空気調和・衛生工学会：空気調和・衛生工学会規格 HASS 102-1997 換気基準・同解説，p.7, 1997.

5.5 光 環 境

光環境は視覚を通しての環境であり，室内にその使用目的に適した光環境をつくり出すのは照明である．自然の光，すなわち太陽を光源とする場合を昼光照明，人工の光を光源とする場合を人工照明という．

光環境の良否は，目への光刺激，光センサーとしての目の感度および作業の内容と目的が総合されて決まる．

5.5.1 光環境要素による影響
(1) 昼光と居住環境

太陽からの放射線の光効果を住環境に利用するのが昼光照明であり，主に天空からの散乱光を利用する．

直射日光の光としての強さは非常に強く，法線面照度は数万 lx にも達する．この強い光が室内に射入すると照射面の照度が過大になり，室内の明るさに極度のむらを生じ，平行光であるため著しく影ができる．また，常時あるわけではなく変動するなど，照明光としては不適当な光であるため室内への直接の射入は防除すべきであり，照明光として利用する際には拡散させた上での室内への取り入れが肝要である．また，地上に到達する直射日光に含まれる紫外線は約 300 nm 以上のもので，その保健衛生的な効果が強く意識されているが，室内の家具，什器を退色，汚損させ，人体にも炎症，色素沈着などの障害をもたらす．

室内への昼光の取り入れは主に窓を介してなされるが，窓の機能には採光のほかに開放感，眺望などの屋外との心理的つながり，通風，換気，災害時の避難，救出などがある．とくに開放感や眺望は採光と関連が深く，日照が確保されることによって，窓前の各種の環境条件が良好に保たれるという間接的効果を併せ考えることが必要である．

(2) 光と視覚

光が目に入ると明るさを感じ，色や物の形がわかるようになる．これを視覚という．

1) 目の構造 目の構造の主要部分である虹彩，水晶体，網膜は，それぞれカメラの絞り，レンズ，フィルムにたとえられる．網膜には錐状体と杆状体の2種の視細胞がある．錐状体は中心窩と呼ばれる網膜の中心にあるくぼみ付近に密集し，普通の明るさのときに物の形や色を感ずる働きをする．杆状体は主として暗いときに働き，物の明暗だけを感ずる働きをする．

2) 順応 われわれが日常体験する光の量は月明かりから太陽直射光までと，数百万倍の範囲で変化する．目は視野の明るさに応じて瞳孔の大きさや網膜の感度を調節し，常にもっともみやすい状態で物をみるようになっている．瞳孔の面積の変化幅はおよそ 1：8 であるが，網膜の光感度は数万倍の範囲で変化する．暗くなり光感度が高くなる現象を暗順応，明るくなり光感度が低くなる現象を明順応という．また，暗順応，明順応での目の働きをそれぞれ暗所視，明所視という．明順応は比較的短時間に完了するが，暗順応には時間がかかる．図5.6[1]

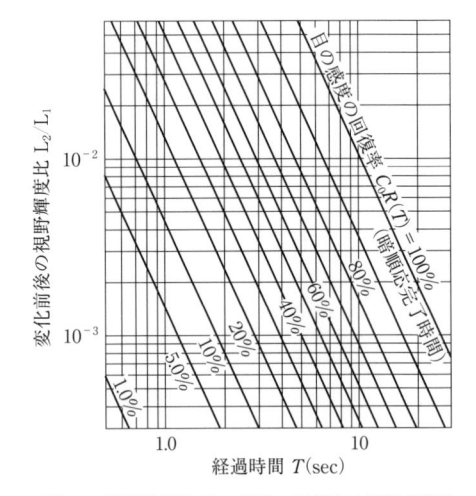

図5.6 経過時間と目の感度の回復率の関係（暗順応直線）[1]
回復率：$R(T)$ = 定常順応時の視認閾値/経過時間 T 時点での視認閾値．

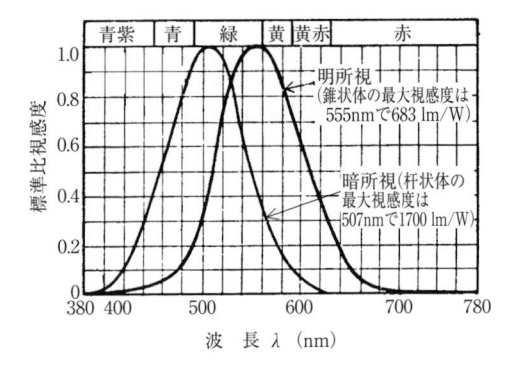

図5.7 標準比視感度[2]

に視野輝度が急激に変化してからの経過時間と目の感度の回復率との関係を示す．視野の明るさに十分順応していない状態では，みえ方が低下したり，まぶしさを感じたりする．

3) 視感度 明るさの感じ方は光の波長によって異なる．光を明るさとして感ずる能力の放射束に対する割合を視感度といい，国際照明委員会（CIE）では 555 nm に対する 683 lm/W を明所視の視感度の最大値とし[2]，この最大視感度に対する他の波長の視感度の割合を図5.7 に示すように定めている（標準視感度）．これに基づいて光束，光度，照度，輝度などの測光量（表5.8）が定められている．

4) 視力 物の形の細部を見分ける能力を視力という．視力はランドルト環による測定が一般的で，分離してみることのできる環の切れ目幅（単

表 5.8 基本的な測光量と単位[2]

測光量		定 義	単 位	単位略号	元
光束 F		$F = K_m \int \phi(\lambda) V(\lambda) d\lambda$ 単位時間当たり流れる光のエネルギー量	lumen ルーメン	lm	lm
光束の面積密度	照度 E	$E = \dfrac{dF}{dS}$ 単位面積当りの入射光束	lux ルクス	lx	$\dfrac{lm}{m^2}$
	光束発散度 M	$M = \dfrac{dF}{dS}$ 単位面積当りの発散光束	radlux ラドルクス	rlx	$\dfrac{lm}{m^2}$
発散光束の立体角密度	光度 I	$I = \dfrac{dF}{d\omega}$ 点光源からの単位立体角当りの発散光束	candela カンデラ	cd	$\dfrac{lm}{sr}$
光度の面積密度の投影	輝度 L	$L = \dfrac{dI_\theta}{dS \cdot \cos\theta}$ $= \dfrac{d^2F}{(dS \cdot \cos\theta) \cdot d\omega}$ 発散面の単位投影面積当り単位立体角当りの発散光束	$\dfrac{\text{candela}}{m^2}$ カンデラ毎平方メートル	cd/m²	$\dfrac{lm}{m^2 \cdot sr}$

$\phi(\lambda)$：放射束，S：発散面の面積，$V(\lambda)$：標準比視感度，ω：立体角，K_m：最大視感度（638 lm/W），sr：立体角の単位（ステラジアン，steradian）．

位：分）の逆数で表す．国際眼科学会では，5 m の距離から外円直径 7.5 mm で太さと切れ目がそれぞれ 1.5 mm のランドルト環視標の切れ目がかろうじて見極めることができる視力を単位とし，これを 1.0 と定義して，ランドルト環の輝度対比は 0.9 以上，背景輝度は，80～320 cd/m²（標準は 200 cd/m²）としている．視野を明るくすれば視力は上がるが，1000 cd/m² 付近で限界に達し，それ以上明るくなるとまぶしさを生じて視力が低下する場合もある[3,4]．同一環境条件下であっても，視力には個人差，年齢差が大きく，また環境条件の影響の受け方にも個人差が大きい．ただし，視力矯正が適正に行われている場合，視野の明るさの変化に対する視力の変化率には個人差，年齢差はなく，また視距離の影響は受けない．しかし，焦点調節能力が衰え，視距離ごとの矯正が不十分になると，視力は視距離の影響を大きく受けるようになる（13.5.1 項参照）[4]．

5.5.2 光環境の快適条件

在室者にとって望ましい光環境とは，視対象がみやすく，楽に作業できることはもちろん，室内全般の視野内に明視性を損なうものや不快を招くもののないことである．視作業を重視する場合を明視照明，快適性を主とする場合を雰囲気照明という．それぞれ異なる役割があるが，両者はともにどの場においても必要であり，計画に際しては主目的に重点をおきながら，他にも十分に配慮することが求められる．

(1) みやすさ

視対象のみえ方は主に順応輝度，視野の明るさ，視対象と背景との対比，大きさ，みる時間の 5 条件によって決まる．さらに，加齢などにより焦点調節能力が衰えると，視距離がみえ方に大きく影響するようになる[4]．JIS 照度基準（Z 9110-1979）に住宅内各室で推奨照度が定められている．図 5.8 は読書作業の場合について，所定の読みやすさとちょうどよい明るさ感の得られる照度を求めた例である[5]．適正照度は，視対象の大きさおよび作業者の年齢や視力によって異なる．

計画空間に提供する光（照明）のみに過度に依存

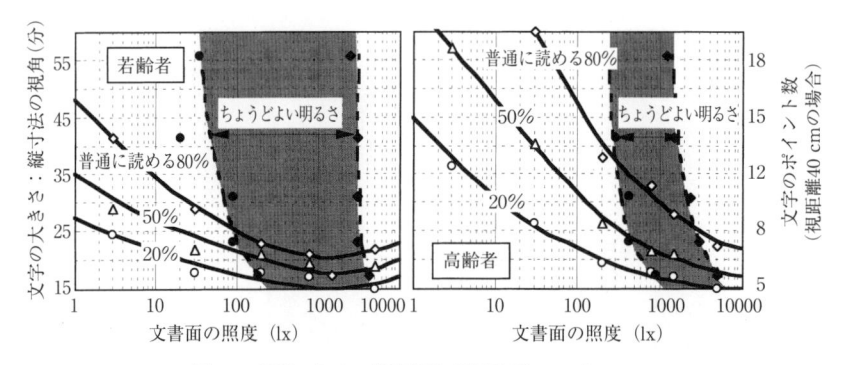

図5.8 読書のための必要照度（輝度対比 = 0.93）[5]

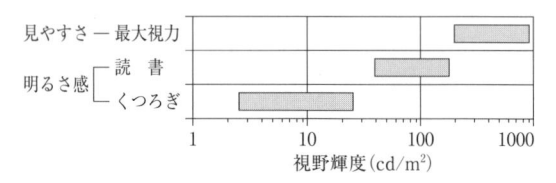

図5.9 目的別適正照度

した明視性の計画は，かえってグレアなどの生じやすい環境となるおそれがあり，視対象条件の調節と併行して計画を行うことが大切である．

(2) グレア

視野の中に他に比して著しく輝度の高い部分や強すぎる輝度対比があるとまぶしさを感じ，視環境の快適性が損なわれる．これを一般に不快グレアという．また，光源やその反射映像のような高輝度のものが視線の近くにある場合，それによる眼球内散乱光のために対比が低下してみえにくくなる．これを減能グレアという．光沢面の場合には高輝度面からの光の表皮反射光が像に重なり，色や対比が薄められさらにみえにくくなる．

グレアは視線から30°以内の視野で生じやすいといわれる[6]．高輝度の物を視線の近くにもってこないことや，光源の作業面での正反射光が眼の方にこないように光源を配置することが肝要である．窓からみえる天空の輝度はかなり高いため，一般に窓のある室内においては窓面が主たるグレア源であり，カーテンやブラインドを利用した窓によるグレアの軽減が求められる．

(3) 主光線の方向と分布

視線の動きや移動などによって視野輝度が変わると，これに追随して目は感度を変えるが，順応にはある程度の時間を要する（図5.6）．順応過度状態ではみえ方が低下したり，順応しているときには感じないまぶしさを受けたりする．照度分布が均斉であることは一般に輝度分布や入射光の方向性などにも問題が少ないことになり，順応の乱れによる視認性の低下，それに起因する不快感や疲労の防止につながる．快適に能率よく作業を行うためには，作業面の均斉度（＝最低照度/最高照度）が1/3から1/10以下であるのが望ましいとされている[7]．

人の顔や物の立体感，材質感のみえ方の総合的な評価をモデリングという．これは照度，主たる光線の方向および光の方向性と拡散性によって決まる．これにもっとも障害となるものが窓であり，窓からの方向性をもった強い昼光によって窓際にいる人の顔の表情がわかりにくくなる．この窓際でのモデリングを改善するためには，窓向きの鉛直面照度を高めることである．また，高輝度のものを背にした人や物をみる場合，逆光となってみにくくなるシルエット現象が生じるため，窓の配置や照明器具の取り付け位置に配慮が必要である．

(4) 雰囲気を重視する環境の照明

雰囲気を重視する室では，明視性よりも居住者の求める快適性，心地よさに応じた照明が要求される．

図5.9は目的別の適正視野輝度の例である．文書が読みやすい明るさが視力のもっとも高くなる場合であるとすると800～900 cd/m²である[4]が，読書作業においてちょうどよいとされる作業面輝度は50～150 cd/m²である[8]．作業を行わないくつろぎのためには，2～25 cd/m²というより低い輝度が好ましいとされ[9]，求められる照度は目的に応じて異なる．

また，雰囲気照明においては照度や輝度の時間的あるいは空間的な不均一，高輝度面も積極的に取り入れ，大きな明暗対比，輝く面など明視のためには本来避けられるべき視環境の形成によって特有の雰囲気が醸し出される．調光装置を利用することで照明に時間的変化を与えたり，休養のためには暗さの効用を利用したり，光源の色温度を変えることで暖

かみのある空間や涼しげな空間を演出するなど各種の工夫が必要である．

5.5.3 構造や設備による環境調整
(1) 日照調整
　日照計画では，建物が受ける日照と建物などが他に及ぼす日照障害の両者を検討することが必要である．検討用図表として，太陽位置図，日照図表[10]などがある．

　1) 隣棟間隔　建物，なかでも住宅の隣棟間隔について，太陽高度が低く日当たりの障害を受けやすい冬季，とくに冬至について考える．平行に住棟を配置する場合，北側の建物の日照を確保するのに必要な建物間隔は，その土地の緯度と棟の方向により決まる．図5.10は日本各地において，平行配置建物で冬至に4時間日照を得るための必要隣棟間隔比を示したものである[11]．北方の土地ほど大きな隣棟間隔が必要であり，建物の向きを正南から少し外すとそれが小さくてすむ．しかし，正南から30°以上外すと建物南側鉛直面の夏期の日射量が急増するため，防暑上好ましくない．

　2) 日当たり，採光　採光による室内の照度は，窓，室内，窓前の状態と天空の状態とによって決まる．後者はきわめて不安定なので，照度に代わる設計用の指標として，全天空照度と受照点の水平面照度の比である昼光率が用いられる．一般的には，鉛直窓では，その位置が高いほど，また，横長の窓より縦長の窓の方が室の奥まで光が届き，照度分布がよくなる．片側採光より両側採光の方が採光量や照度分布などでは有利である．側窓による採光よりも，天窓による採光の方が照度分布や採光の面で有利であるが，天窓を小さくすると天井面との輝度対比が大きくなり，グレアなどの障害を生じやすい．

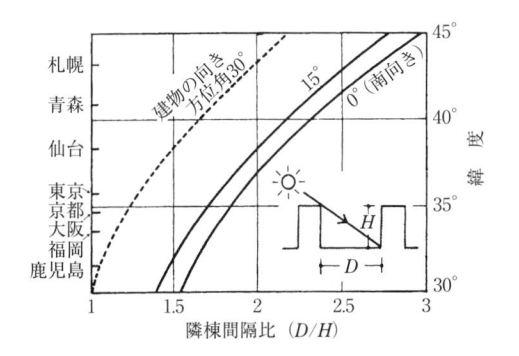

図5.10　冬至に4時間の日照を得るための隣棟間隔[11]
検討時刻：日出～日没．

3) 日照の遮蔽
住宅では冬，日照は必須であり，夏はない方がよい．視作業を重んずる室では，直射日光はグレアの原因となるので季節を問わず遮蔽できるようにしたい．遮蔽のための構造には，庇，軒，バルコニー，ルーバー，フィンがある．庇や軒は南面では夏の直射日光を遮り，冬は日照を入れるのに有効である．しかし，西あるいは東にある開口では日射遮蔽のためには庇を深くする必要があり，庇が採光の障害となる．西あるいは東，または北の面には縦型ルーバーや縦型フィンの方が有効であるが，遮蔽効果は十分でない．窓材料としてのすりガラスやその他の拡散ガラスは，日除けとしての効果はほとんどなく，直射日光が当たるとかえってグレアの原因となる．装備としてはパーゴラ，藤棚，すだれ，ベネシャンブラインド，縦型ルーバーブラインド，ローラーシェード，カーテン，紙障子などがある．ベネシャンブラインドは羽根の角度を適切に調節することで直射日光を遮り，室内の照度分布をよくし，天空のグレア防止にも役立つ．また，外の見通しもある程度確保できる．

(2) 人工照明
　照明器具は光の方向性や拡散性など光源の配光，光源の輝度や光の色などを変換制御し，目的に応じた望ましい光を空間に安定供給する装置である．明るさはもとよりデザイン，消費電力，操作性，掃除，ランプ交換の容易さや頻度などを多面的に考えた選択が必要である．

　照明器具には取り付け位置，取り付け方法，移動の可否などによって，天井灯，ブラケット，フットライト，埋め込み型，直付け型，吊り下げ型，ダウンライト，スポット，スタンドなどの名称がつけられている．また，まぶしさ（不快グレア）やCRTの画面への写り込み（光幕グレア）など，照明器具をグレアの程度に応じて分類したものにそれぞれG分類，V分類がある[12]．

　住宅で主に用いられる光源は蛍光ランプ，白熱電球，ハロゲン電球である．絵画のような演色性を要求する照明では，光源の演色性に加え室内反射光の演色への影響に対する配慮が必要である．

　必要な部分にだけ光を供給する局部照明は経済的であり，心理的に集中しやすいが，グレアや順応の乱れが生じやすく，疲労の原因となりやすい．一般に照明計画では空間全体に光を均等に供給する全般照明を考え，次いで，空間の使い分けに応じて局部照明を併用するのが望ましい．天井や壁面などで拡散反射させた光で照明する間接照明は，陰影をやわらげ，空間演出にも効果的に利用することができ

る．反面，光の損失が大きく，また拡散性が大きくなりすぎてモデリングが不適当となるという欠点をもつ．

〔井上容子〕

参 考 文 献

1) 井上容子，伊藤克三：順応過渡過程における目の感度，実効輝度を用いた視認能力の動的評価法（その1）．日本建築学会計画系論文集，No. 486, pp. 11-16, 1995.
2) CIE ed: Internationl Lighting Vocabulary, CIE Publication, No. 17.4, 1987.
3) 中根芳一，伊藤克三：明視照明のための等視力曲線に関する研究．日本建築学会論文集，No. 229, pp. 101-109, 1975.
4) 秋月有紀，井上容子：個人の最大視力に対する視力比の概念の導入―個人の視力に配慮した視認能力評価における背景輝度と視距離の影響の取り扱いについて―．照明学会誌，86(10)：819-829, 2002.
5) Y. Inoue, Y. Akizuki : The optimal illumonance for reading, effects of age and visual acuity on legibility and brightness. *J.Ligh & Vis.Env.*, 22(2) : 22-33, 1989.
6) 日本建築学会編：日本建築学会設計計画パンフレット23, 照明設計, p. 15, 彰国社, 1979.
7) 日本建築学会編：日本建築学会設計計画パンフレット30, 昼光照明の計画, p. 48, 彰国社, 1985.
8) 井上容子：やさしい照明技術，利用者の視力に応じた必要輝度の予測方法―利用者の最大視力と視力比曲線を用いて―．照明学会誌，86(7)：466-468, 2002.
9) 石田享子，井上容子：順応と順応時間がくつろぎの明るさと雰囲気に与える影響．日本建築学会大会学術講演梗概集，D-1, 2003.
10) 伊藤克三：日照図表の見方・使い方，オーム社, 1976.
11) 松浦邦男：建築環境工学Ⅰ，朝倉建築工学講座11, p. 17, 朝倉書店, 1991.
12) 照明学会編：オフィス照明新基準．オフィス照明新基準作成委員会報告書, p. 43, 46, 1991.

5.6 色 彩 環 境

室内空間では，天井や壁には白っぽい色が，床にはそれより若干濃いめの色が使われることが圧倒的に多い．室内配色の基本型といってよいであろう．本節では，このような配色がよく用いられるのはなぜかを論じながら，室内配色を決定するときに考慮すべき事項を整理していくことにする．

5.6.1 色の印象と表色系

白っぽい色が選ばれる理由の1つに，それが人々に好まれる色だということが挙げられる．白は，嗜好調査を行うと必ず上位にランクされる色である．純粋な白でなくても，白っぽい色は好まれ，黒っぽい色は嫌われる傾向がある．

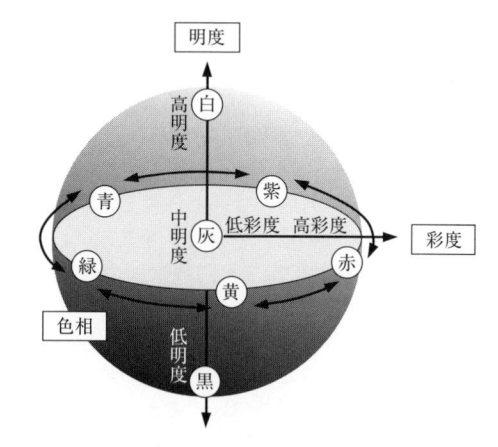

図 5.11 色彩の3属性

好み以外の感覚にも，色との対応関係があることが知られている．たとえば，赤っぽい色は暖かく，青っぽい色は冷たく感じられるし，明るい色は軽やかに，暗い色は重々しく感じられる．

このような対応関係を記述するには，色をいくつかの変数で記述する必要があるが，そのためには，どのくらいの変数が必要であろうか．実は，人間は数万色を見分けることができるにもかかわらず，すべての色を色相，明度，彩度という，たった3つの属性で表すことができる（図5.11）．

色相は，赤，黄，緑，青，紫というような色味の系統である．明度は明るさ，白さを表し，高明度色といえば白っぽい色のこと，低明度色といえば黒っぽい色のことである．彩度は色味の強さ，つまり鮮やかさを表す．高彩度色は鮮やかな色であり，低彩度色は色味の少ない灰色っぽい色である．

3属性は，ごく大ざっぱにいって，だいたい次のような印象に対応する．

色相：暖かい―冷たい（赤，黄が暖かく，青，緑，紫が冷たい）

明度：軽い―重い，好ましい―好ましくない（白っぽい色が軽くて好まれ，黒っぽい色が重くて好まれない）

彩度：色相の影響を強める働きをする．また，彩度の高い色は，派手で明るく感じられる．

天井に白っぽい色が多く，床にそれより黒っぽい色が用いられることが多いのは，天井に黒っぽい色を用いると重苦しい感じを与え，床に白っぽい色を用いると落ち着きのない軽い感じを与えるからだといわれることがある．これは，色が軽重感に及ぼす影響を踏まえた説明である．

5.6.2 生活を包む色

白やパステルトーンのような薄い色は万人に好まれるので、室内壁面に用いることが多い。しかし、それらの色と同様に好まれていても、純色のような鮮やかな色を室内壁面に用いることはためらわれる。これには2つの理由がある。

1つは、面積効果と呼ばれるものである。小さな色票（色紙）の段階で感じる印象と、壁面のような大面積になったときに感じる印象は異なる。純色のような鮮やかな色は、大面積になると圧迫感や威圧感を感じさせるであろう。

もう1つは、住居は普段の生活が行われる場所だということである。乾[1]が行った、種々の部屋のカラースライドを映写して、思い浮かぶ形容詞や形容動詞を書き出させる実験で、もっとも多く現れたのは「落ち着いた」や「落ち着きのある」であったという。長い時間を過ごす生活の場が刺激的であっては疲れてしまう。やはり、落ち着いた低彩度の色が無難なのである。

さて、生活の場である住居では、家具や電化製品などの生活財が置かれる。それらの色彩が統一されていることはまれであるから、放っておくと、色彩が氾濫することになりかねない。天井、壁、床の色は、どのような生活財に対しても許容できる色を選ぶことが基本となる。そうすると、無彩色（白、灰色、黒）に近い、低彩度の色を選ぶことになる。これは、さまざまな色の服装を引き立てるという意味でも好ましい。

5.6.3 色彩調和論と配色

われわれは、全体的な評価を行う傾向があるので、壁だけ、一つひとつの家具だけを取り出してみれば気に入っていても、全体としては気に入らないということは多い。したがって、前項のような無難なやり方をとるのではなく、色を使ったカラフルな部屋を望むのであれば、家具調度類を含めたトータルコーディネートが必要となる。そこで、色彩調和論の領域に踏み込むことになる。

しかし残念ながら、ムーン・スペンサーの色彩調和論をはじめ、多くの色彩調和論は役に立たない。数々の色彩調和論を生み出してきたヨーロッパやアメリカでは、色彩調和は哲学的なものとして扱われ、このような配色は調和しているはずだという主張にすぎないからである。戦後、日本で行われた印象評価実験のデータは、これまでの色彩調和論の多くを否定している。

そのような状況の中で、何とか実際の使用に耐え

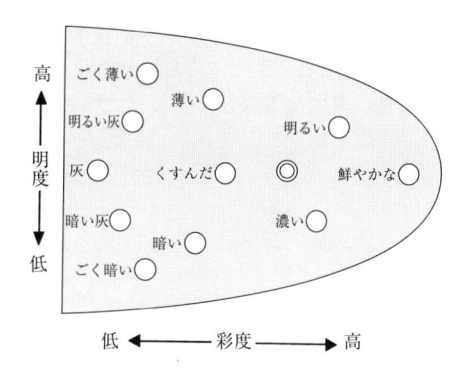

図5.12 系統色名に現れたトーン
◎には、「赤」「青」などの色相を表現する言葉が入る。

る指針として挙げられるのは、共通性を基にした配色は調和するというものである。色の3属性のうち、2つは変化させず、残りの1つの属性を変化させて、バリエーションをもたせるというようなやり方をとるのである。トーンを一定にして、色相を変化させる配色パターンはこの代表例である。トーンとは、明度と彩度の複合概念であり、高彩度色は派手な印象を与え、白っぽい色は薄い印象を与えるというように、似た印象を与える範囲のことである（図5.12）。

このほか、色相を一定にしてトーンを変化させる、類似した色でまとめる、白を基調にして高彩度の強い色をところどころに配置するというようなやり方も可能である。

しかし、室内の配色については、必ずしも共通性の優位を示すデータばかりではないから[2]、実際の色彩計画にあたっては、模型を用いたカラーシミュレーションを行うくらいの慎重さが求められるであろう。

5.6.4 色とその他の属性の関連

青は好まれる色の代表である。しかし、たとえば木肌に青を塗ると気持ちが悪い。このように、素材によっては、彩色の範囲が限られることがある。一般的には人工的な素材であるタイルやビニールクロスなどは色を選ばない。しかし、木や石などの自然素材は、われわれの頭の中に素材独自の色が記憶されているので、その色からかけ離れた彩色を施すことは避けた方が無難である。

光沢のある面は、光を反射する。このとき、黒っぽい色の面は、白っぽい面より周辺環境をくっきりと映し出す。浴室やトイレなどで光沢のあるタイルを用いる場合には、このような色使いは避けた方が無難である。

このように，素材や光沢など，さまざまな要因が色の選定にかかわってくる．色彩設計を行うときには，色以外の要因との関連をよく考える必要がある．

5.6.5 生活行為との関連

住宅の各部屋は，玄関，居間，台所，食堂，風呂，トイレなどのパブリックスペースと，寝室，子ども部屋などのプライベートスペースに大別できる．プライベートスペースでは，個人の趣味に応じた色を選ぶことも許容されるであろうが，パブリックスペースは家族全員が使う空間であるから，飽きのこない，共通に好まれる色を使うことが基本となる．

部屋と廊下，部屋と部屋の色のつながりを考慮する必要はあるが，部屋によって色に変化をつけることは不自然ではない．居間は落ち着いた中・低明度，低彩度の暖色を基調とするが，台所や食堂は明るく楽しい雰囲気にするために高明度，低彩度のソフトな色を基調にするといった具合である．

このように，部屋の機能を考えて色を決定することは大切である．たとえば，台所は食べ物の色が正確にみえるように白っぽい色を基調とすべきであろう．同様のことは，着替えを行う寝室などにもいえる．また，寝室では，天井の色が他の部屋より重要になってくる．同じ部屋でも平日か休日か，もしくは時間帯によって機能が変化することもあるので，各部屋で行われる生活行為を想定し，十分に検討する必要がある．

5.6.6 その他の考慮事項

これまでに触れられなかった事柄を2つ挙げる．

1つは汚れである．白は汚れが目立つので，手垢のつきやすいスイッチや床面には奨められない．壁面の場合でも，下部を少し濃いめの色にしたり，腰壁を用いるなどの措置がとられることは多い．黒も意外と汚れが目立つ．壁面下部や床面には，中低明度，低彩度の色彩を用いるのが無難である．

もう1つは時間的な変化である．これには物理的・生理的・心理的な変化がある．物理的な変化としては，直射日光などによる退色の問題が挙げられる．退色の過程では，色が褪せて薄くなる傾向があるので，直射日光の当たる場所などは，あらかじめ低彩度の色にしておくこと，変色しにくい材料を用いることなどが対策として考えられる．生理的な変化としては，加齢に伴う目の機能低下が挙げられる．高齢者は，特定の色相がみえにくくなる．段差のあるところなどは，明度に変化をもたせて注意を促す方がよい．心理的な変化としては，飽きの問題がある．年齢を重ねるにつれて，もしくは季節的な変化に伴って，好みの色彩が変化したときに対応できるような配色を考えるべきである．床，壁，天井などは無難な色にしておき，カーテンや小物などでアクセントをつけるというような対策が考えられる．

5.6.7 照明の色

最後に照明の色について触れる．

デパートでみたときには気に入っていた色の服が，家に帰って身につけてみると，イメージしていたのとは異なる色でがっかりしたという経験がないであろうか．これは，照明光が変化したために起こる現象である．われわれが目にする色は，照明光が物体表面で反射されたものであるので，照明光の色によって，知覚される色は変化するのである．

われわれが自然だと感じるのは，慣れ親しんだ自然光で照明された物体の色である．したがって，照明の色は自然光の色が基本である．自然光のような基準の光で照らされたときの色のみえ方にどれだけ近いかを，演色性という言葉で表す．日本では，蛍光ランプ（蛍光灯）が用いられることが多いが，蛍光ランプは演色性がよくなかった．しかし，最近は演色性が改善された蛍光ランプが出まわってきているので，化粧台や台所，食堂など，色のみえ方が重要な場所ではそれらを用いるとよい．

光色は，雰囲気評価にも影響を及ぼす．居心地や親しみの評価は光色の影響が大きく，赤っぽい白熱電灯の方が青白っぽい蛍光ランプよりも居心地がよいと感じられる．くつろぎが求められるオーディオルームや寝室などでは，白熱電灯を使用することが考えられる．

さて，照明の効率を考えると，壁は白っぽい色の方がよい．直接照明光だけでなく，壁などで反射された間接照明光も明るさ感に寄与することができるからである．部屋の大きさや照明器具の特性にもよるので具体的な数値は挙げられないが，白い壁と黒い壁では，明るさ感に相当な開きがある．

以上，室内の色の選定にかかわることを述べてきた．各部屋の使われ方や住まい手の好みなどを十分にリサーチしたうえで，室内配色を考えることが重要である．

〔槙　究〕

参 考 文 献

1) 乾　正雄：建築の色彩設計，鹿島出版会，1976．
2) 槙　究，澤　知江：室内の雰囲気評価に及ぼす色彩・照明・素材の複合効果．日本建築学会計画系論文集，No. 516, pp. 15‒22, 1999．

5.7 音響・振動環境

5.7.1 音と振動の基礎

空気中の発音源から疎密波（縦波）が発生し，この波動は常温で毎秒約 340 m の音速で伝搬する．音波の周波数 f（Hz）と波長 λ（m）および音速 c（m/s）との間には，$f = c/\lambda$ の関係があり，たとえば 1000 Hz の音波の波長は 0.34 m，250 Hz の音波の波長は 1.36 m である．

音波の強弱は音の強さ I（W/m²）あるいは音の圧力 p（Pa）を基準に表し，音の強さは伝搬方向に直角な単位面積当たりの単位時間のエネルギーの通過量を示し，音圧は単位面積当たりの力で表される．音の強さのレベル IL（dB）および音圧レベル SPL（dB）は，これらのある基準値に対する比を対数表示した式（5.1）および式（5.2）で表され，両者は通常はほぼ同じ値となる．

$$IL = 10 \log_{10}(I/I_0) \quad \text{(dB)} \tag{5.1}$$
$$\text{ただし，} I_0 = 10^{-12} \quad \text{(W/m}^2\text{)}$$
$$SPL = 10 \log_{10}(p^2/p_0^2)$$
$$= 20 \log_{10}(p/p_0) \quad \text{(dB)} \tag{5.2}$$
$$\text{ただし，} p_0 = 2 \times 10^{-5} \quad \text{(Pa)（実効値）}$$

騒音は「好ましくない音」とか「ない方がいい音」といわれ，指示騒音計の A 特性（40 phon の等ラウドネス曲線に近似させた特性をもつ聴感補正回路）を使って測定され，その値を騒音レベルと呼び，単位は dB（A）またはホンを使う．

一方，振動源や衝撃源からは，空気中に放射される音波だけでなく床や壁などに直接振動が伝わり，その一部は振動や固体音として構造体を伝搬していき，他の場所で振動を感じさせたり，再び音として空気中に放射される．構造体を伝わる振動は，媒体が固体であるため減衰が少なく，防止方法はもっぱら振動源や衝撃源での振動絶縁や衝撃吸収によって行われる．

振動も音と同じように，強さを表すために加速度を基準にした振動加速度レベル VAL（dB）や人間の振動感度を加味した振動レベル VL（dB）があり，これらはそれぞれ音の音圧レベルと騒音レベルに対応する．

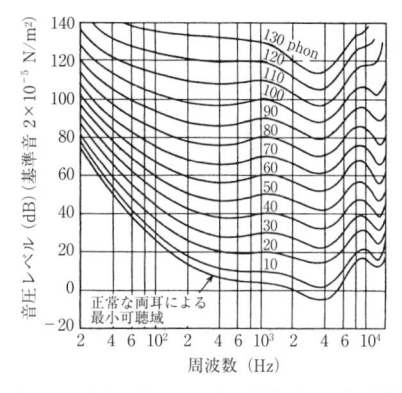

図 5.13 純音の等ラウドネス曲線（ISO 推奨値）[1]

5.7.2 音と振動の人間への影響

人間の聴感は，図 5.13 に示す等ラウドネス曲線で表される．この曲線は 1000 Hz の純音のある音圧レベルと聞き比べて，同じ大きさに聞こえる他の純音の音圧レベルを結んだものであり，曲線が上がっている周波数領域において耳の感度は鈍く，下がっている周波数領域でのそれはよいことを示している．そして 1000 Hz の純音の音圧レベルの値を大きさのレベル，あるいはラウドネスレベルと呼び，単位に phon を使う．

この図をみると，耳の感度のもっともよいのは 4000 Hz 付近であること，大きい音より小さい音ほど低周波に対する聴感が鈍いこと，最小可聴値は約 5 phon であること，最大可聴値は 130 phon 程度であることがわかる．また，周波数に対する可聴域は 20～20000 Hz であり，この周波数範囲を外れた音は耳には聞こえない．

20 Hz より低い周波数の音を超低周波音と称し，大型の送風機，エンジンなどの工場機械，高速道路の橋梁やトンネルなどから発生し，建物の窓や建具などをがたつかせ，2 次的騒音源となることがある．

騒音の生理的影響の最たるものは聴力障害で，約 90 dB（A）以上の騒音に 1 日 8 時間以上暴露されると永久難聴（permanent threshold shift；PTS）になるおそれがあり，ハイレベルの騒音環境下では耳栓によって障害を防止する方法もとられている．また，最近は高音量のヘッドホンステレオによる聴力障害も心配されている．その他騒音の影響は呼吸器，消化器，循環器，神経系統の機能にまで及ぶことがわかっている．

その他の騒音の影響は，作業能率の低下や，休息，安眠の妨害，マスキング効果（騒音の存在によって聞こうとする音が非常に聞きにくくなる現象）

に起因する会話，テレビ，ラジオの聴取妨害を引き起し，さらには騒音の存在による土地価値の低下を招くこともある．これら騒音の影響の程度は，強さ，周波数特性，発生時間率，衝撃性の有無，慣れ，発生源とのかかわりなどによっても異なる．

振動に対する人間の感度は，8 Hz 以上では水平振動の方が垂直振動に対する感度より 9 dB 低く，逆に 4 Hz 以下では水平振動に対する感度の方が高くなっている．振動源は交通振動，工場機械振動，地盤の常時微動，風圧力による振動などさまざまなものがあるが，閾値が高いことや発生パワーがそれほど高くないため，騒音に比べて問題は少なく，室内環境として問題になることはまれである．

5.7.3 許容条件

交通騒音，工場騒音および建設騒音などの外部騒音は，国民の健康と安全を保障する観点から定められた環境基準や騒音規制法による基準がある．この基準値は快適条件からはほど遠く，最低の許容条件と捉えた方がよい．この法律の施行後，工場騒音や建設騒音はかなりの改善が図られてきたが，幹線道路沿線の交通騒音は環境基準値を超えているところが多く，問題解決の道は険しいものがある．

室内騒音は，その部屋の用途によって設計目標値がある．騒音レベルによる目標値と騒音防止設計や改修計画に利用する周波数を考慮した NC 曲線や NR 曲線による目標値があり，これらを表 5.9 と図 5.14 に示す．

また，音環境の快適性は騒音レベルだけでなく，室内の残響時間（音響エネルギーが初めの 10^{-6} に減衰する時間，つまり 60 dB 減衰する秒数を規定残響時間という）によっても影響され，残響時間が長すぎる場合は会話が聞き取りにくい部屋となり，反対に短すぎると味気ない部屋となり音楽を楽しむ部屋には適さない．この残響時間は部屋の室容積に比例して長くなるため，大空間の設計時には留意すべ

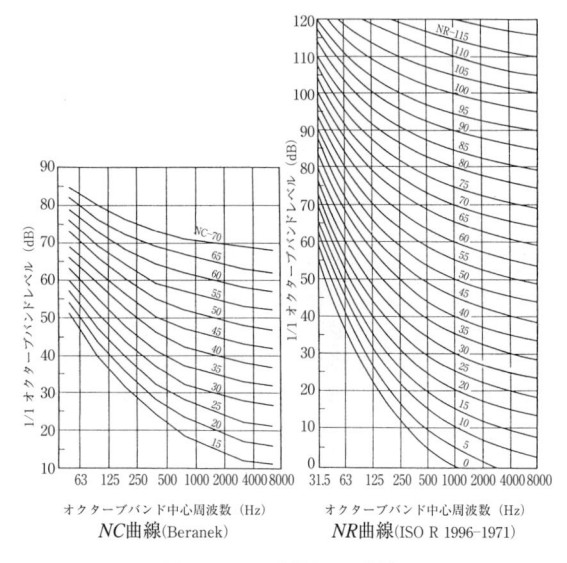

図 5.14 NC 曲線と NR 曲線

表 5.9 室内騒音の許容値[1]

dB（A）	20	25	30	35	40	45	50	55	60
NC〜NR	10〜15	15〜20	20〜25	25〜30	30〜35	35〜40	40〜45	45〜50	50〜55
うるささ	無音感 ──────── 非常に静か ──────── とくに気にならない ──── 騒音を感じる ── 騒音を無視できない							
会話，電話への影響	5 m 離れてささやき声が聞こえる ─── 10 m 離れて会議可能 ── 普通会話（3 m 以内） ── 大声会話（3 m） 電話は支障なし ──────── 電話は可能 ──────── 電話はやや困難							
スタジオ	無響室	アナウンススタジオ	ラジオスタジオ	テレビスタジオ	主調整室	一般事務室			
集会，ホール		音楽堂	劇場（中）	舞台劇場	映画館，プラネタリウム		ホールロビー		
病院		聴力試験室	特別病室	手術室，病室	診察室	検査室	待合室		
ホテル，住宅				書斎	寝室，客室	宴会場	ロビー		
一般事務室				重役室，大会議室	応接室	小会議室	一般事務室		タイプ，計算機室
公共建物				公会堂	美術館，博物館	図書閲覧	公会堂兼体育館	屋内スポーツ施設(拡)	
学校・教会				音楽教室	講堂，礼拝堂	研究室	普通教室	廊下	
商業建物					音楽喫茶店宝石店，美術品店	書籍店	一般商店銀行，レストラン	食堂	

5.7.4 遮音による環境調整

室内外への騒音の伝搬を防止するもっとも確実で安価な方法は，壁，床，天井・屋根などの建物の構成部材（便宜的に壁ということにする）によって音を遮断する方法である．壁の音の遮断の程度を表すには，音のエネルギー透過率 τ を使って，式 (5.3) で示す透過損失 TL（dB）を用いる．

$$TL = 10 \log_{10}(1/\tau) \quad \text{(dB)} \tag{5.3}$$

これによると，エネルギー透過率が 10^{-2} ならば TL は 20 dB，10^{-5} ならば 50 dB となり，いま仮に壁に 80 dB の音が入射した場合を考えると，壁の TL が 20 dB ならば 60 dB が反対側に透過し，50 dB ならば 30 dB が透過することになる．つまり，TL の大きい壁を使用して遮音すれば，静かな環境を得ることができる．

次に壁の透過損失は何によって決まるかを説明する．先にも述べたが，音は空気中を伝わる振動であり，壁に空気振動が到達すると壁も微小な強制振動を起こし，反対側の空気にその振動が伝えられる．単一壁の振動はその質量によって支配され，単位面積当たりの質量を示す面密度 m（kg/m²）と入射する音の周波数 f（Hz）によって決まり，これを遮音における質量則といい，式 (5.4) および (5.5) に示す．

$$TL_0 \fallingdotseq 20 \log_{10}(f \cdot m) - 42.5 \quad \text{(dB)} \tag{5.4}$$

$$TL \fallingdotseq TL_0 - 10 \log_{10}(0.23 TL_0) \quad \text{(dB)} \tag{5.5}$$

ここで，TL_0 は垂直入射に対する透過損失，TL はランダム入射に対する透過損失を示す．ただ，ある周波数で，コインシデンス効果と呼ばれる一種の共振現象による透過損失の低下が生じ，質量則より 10 dB 以上も遮音が悪くなる現象が生じるので注意を要する．

壁を 2 重にすると内部の空気層が振動絶縁の働きをし，低い周波数領域を除くと透過損失が向上する．低周波成分の少ない音を遮音するときは，この特性を生かし軽くて遮音効果の高い 2 重壁を採用するのは賢明な方法である．

壁の間に吸音材を挿入すると効果があるが，壁を傾斜させたり，間柱を互い違いに配置する工夫などでは目立って大きな透過損失の向上を期待することはできない．

5.7.5 吸音による環境調整

音を吸音する材料を吸音材といい，次の 3 タイプの吸音メカニズムをもっている．

①多孔質吸音材： グラスウール，ロックウール，フェルト，スポンジなどに代表される吸音材で，吸音のメカニズムは，音が繊維を振動させたり，空気と空隙をつくる壁の間に摩擦を生じさせてエネルギーを熱として消費するもので，中〜高周波数領域の吸音率が高い特徴がある．

②共鳴型吸音材： 有孔板やスリット構造に代表される機構で，孔と背後の空気層の共鳴によって空気と孔の頸部との摩擦熱によりエネルギーが消費され，中周波数領域の吸音率が高い．

③板状吸音材： 合板などの比較的薄いボードを背後空気層を設けて貼り付ける構造で，空気と板の共鳴によって板の内部摩擦によりエネルギーが消費され，低周波数領域の吸音率は上記 2 タイプに比べて高いが，その他の周波数領域では吸音率は低い．

このような吸音材の効果は，材料の吸音率とその面積を掛け合わせた吸音力によって定まり，残響時間の短縮や室内騒音レベルの低下が期待できる．ただ，室内騒音レベルの低下は吸音力を 2 倍にした場合でもわずかに 3 dB しかなく，吸音によってレベル低下を図ることは得策でない．

5.7.6 床衝撃音・固体音の調整

子どもの飛び跳ね音（重量床衝撃音）や廊下の足音（軽量床衝撃音），ドアや窓の開閉音などの固体音は，マンションなどの集合住宅においてもっとも気になる内部騒音である．

コンクリート床の重量床衝撃音の調整は，スラブの剛性を高め，質量を増やすために床を厚くする方法（住宅公団では厚さ 18 〜 20 cm に設定している）が一般的であり，さらに床の表面をじゅうたんやカーペットなどの弾力性のある材料を仕上げることにより，軽量床衝撃音に対しても効果を発揮する．また，大きな効果を上げるためには，コンクリートの上にたとえばロックウールなどを敷き，その上に 5 〜 6 cm のプレスキャスト板を敷き詰める「浮き床」構造にする方法もある．

ドアや窓の開閉による場合は，戸当たり部に弾力性のある材料を貼り付けて固体音の発生を抑えたり，ピアノの足から床に伝わる固体音はピアノの足にゴム系の緩衝材を履かせて，伝搬途中で振動を絶縁する手法が一般的な調整方法である．

5.7.7 障壁による環境調整

自動車道路や新幹線沿いの両側に防音障壁が設置されていることが多く，障壁による環境調整の具体例である．

音も波の一種であり，波長は光に比べて格段に長いため光のような明確な影はできず回折現象を起こすが，それでも波長の比較的短い高周波数領域では若干の「音の影」ができるため，これを利用して騒音低減を図る調整方法が障壁である．

減音効果は，音源を起点として障壁の頂部を回って受音点に達する距離から音源と受音点を直接結ぶ距離を差し引いた行程差と，対象の音の波長によって決められる．

もちろん室内でも同じことが考えられ，邪魔になる騒音源の前に吸音性の表面をもった衝立てを立て，直接音を低減させることもある．

5.7.8 サウンドスケープ

音環境アメニティの創生を目標として，「風景」という意味のランドスケープ（landscape）を模して，「音からみえる風景」という意味でサウンドスケープ（soundscape）という言葉が使われている．

われわれのまわりには昔から慣れ親しんでいる「心地よい音」があり，その多くは自然の音，小川のせせらぎ，虫の声，鳥のさえずり，木の葉の音などであるが，それ以外にも町の賑わいや子どもの声もある．このような「心地よい音」を保存したり，積極的に取り込んだ環境デザイン，つまりサウンドスケープがデザインされ，今後，都市環境，住環境のアメニティを向上させる手法として期待されている．

〔藤井　健〕

参考文献

1) 日本建築学会編：建築設計資料集成 1，環境，丸善，1978.

5.8 電磁環境

5.8.1 電磁波とは

人間と住環境とのかかわりについて考えるうえで，熱，光，音，振動などの環境要素に加えて，電磁波による影響が近年重要視されている．たとえば，家庭における電気製品やオフィスにおけるパーソナルコンピュータなどのOA機器の多くは多少の不要電磁波を発生することから，他の機器への影響を配慮する必要がある．とくに家電機器のマイコン化などのように，多くの電子機器のデジタル化は新たな電磁波障害をもたらした[1～5]．

電磁波とは，電界と磁界がたがいに作用しながら光の速度で伝搬する波である．音波が縦波であるのに対し，電磁波は図5.15のように，電界Eと磁界Hが電磁波の進行方向と垂直となる横波である．図中の矢印は，時間をとめたある瞬間における電界Eと磁界Hをベクトル表示したものである．電磁波は周波数によって，電波，光，X線，γ線などと呼ばれている．図5.16は，電磁波の波長と周波数についてまとめたものである．

5.8.2 電磁波障害

電磁波障害とは，電磁波がその発生を目的としないにもかかわらず放射されることにより生じる障害や，発生した電磁波が対象とする目的の機器以外に影響を及ぼすことにより生じる障害を意味する．たとえば，家庭で電気掃除機やドライヤーのスイッチを入れるとテレビ受信機の画像が乱れることはよく経験するところである．これは電気製品から発生した電磁波がテレビ受信機へ障害をもたらした電磁波

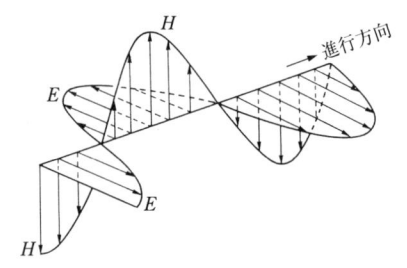

図5.15　ある瞬間の電界Eと磁界H[1]

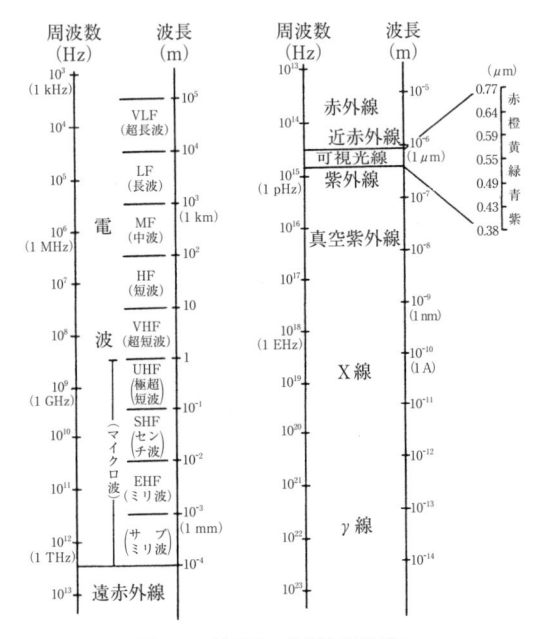

図5.16　電磁波の波長と周波数[2]

障害である．

　近年の情報化社会においては，あらゆる分野にコンピュータが導入されており，それだけ電子機器の果たす役割が大きくなっている．したがって，障害が発生したときの損害の大きさも深刻である．携帯電話からの電波により，病院内での点滴ポンプが停止した事例や，工場内のNC旋盤が，クレーンの電気火花からの電磁波で誤動作を起こし，人身事故を招いた事例も報告されている[2～4)]．

　このように最近，電磁波障害の発生件数が増加している背景には，機器のデジタル化，マイコン化に伴う電子回路の小型化，低電力化が一因となっている．すなわち，これらの機器は，わずかな電磁ノイズに対しても誤った情報に変わり，回路の誤動作を引き起こす原因となりうるのである．電磁波障害は，工場やオフィスだけにとどまらず，家庭や病院においても，エレクトロニクス機器の普及とともに急増している．

　オフィスビルにおける電磁環境に注目してみる．オフィス内部には各種コンピュータをはじめ，コピー機やFAXのような事務機，さらに無線LANや携帯電話，PHSなどの情報通信機器がある．一方，外部からは雷から発生する電磁波のような自然界における電磁波だけでなく，自動車やバイクのエンジンにおける点火回路からの火花放電に伴う電磁波，列車の走行中に生じるパンタグラフと架線との間の電気的な断続に起因する電磁波，さらに航空機の無線通信による電波，高圧線から発生する磁界など，われわれの住環境は電磁波に満ちており，電子技術が生活の中に取り入れられ便利になった一方で，電磁環境はますます悪化していることがわかる[4)]．

　さらに最近，電磁波が人体に与える影響について各方面からの研究結果が報告されている[3～5)]．X線やγ線のように高い周波数における電磁波は，エネルギーも強く生体の細胞を形成する原子に作用するため危険性が高い．また，マイクロ波領域の電磁波による影響は熱効果と非熱効果に分けることができる．熱効果とは，電磁波が生体に吸収され温度上昇する作用である．熱効果の有害性は認知されており，各国の安全基準の基礎となっている．一方，非熱効果に関しては，たとえば携帯電話からのマイクロ波が生体へ及ぼす影響が懸念されたり，高圧送電線からの商用周波数における磁界と，がんや白血病との因果関係について，スウェーデンのカロリンスカ研究所などの報告もなされている．しかしいまだ完全には解明されておらず，今後の調査，研究が必要とされる．

5.8.3　電磁波の吸収[1～5)]

　放射された電磁波エネルギーを吸収することができれば，電磁波対策として有効である．電磁波の吸収は，電磁波のエネルギーが熱エネルギーに変換されることによって生じる．電磁波を吸収する材料を電波吸収体という．電波吸収体は，①導電性材料，②誘電性材料，③磁性材料に大きく分けることができる．導電性材料とは抵抗体，抵抗線，抵抗被膜などであり，材料に電界を加えると，材料内部に電流が流れ熱エネルギーに変換される．誘電性材料における電磁波エネルギーの吸収も同様に，電磁波の電界によって高周波の電流が材料中に流れることによって起こる．誘電性電磁波吸収材料には，カーボンゴム，カーボン含有発泡ウレタン，カーボン含有発泡ポリスチロールなどがある．また磁性材料では，加えられた磁界による磁性損（うず電流損やヒステリス損など）によって電磁波エネルギーが熱に変換される．電磁波吸収特性を示す磁性材料としては，フェライトが広く用いられている．

　一般に，電磁波が媒質に入射すると，電磁波は媒質表面で一部反射され，残りは内部に吸収または裏面に透過する．電波吸収体では，反射と透過の両方を小さくし，入射した電磁波エネルギーをすべて内部に吸収して熱に変換する必要がある．したがって，電波吸収体は厚くなると同時に，広い周波数帯域にわたり良好な特性を達成するため多層構造となることが多い．

　電波吸収体の応用としては，テレビゴースト対策を挙げることができる．テレビゴーストは高層建造物による電波の反射が原因である場合が多いことから，フェライト電波吸収体が建物の外装材として用いられている．また，電磁環境の評価や対策を行う場合，部屋の内壁面に電波吸収体を貼って，周囲からの反射の影響をなくした部屋が用いられる．この部屋を電波無響室，または電波暗室という．

5.8.4　電磁波のシールド[1～5)]

　シールドとは，電磁波の発生源と受信側との電磁的な結合を遮断することである．その目的は，電磁波の外部への放射をなくすこと，また逆に外部からの電磁波に対して内部を保護することにある．電磁シールドの原理は，シールド材に電流が流れることにより電磁エネルギーを遮蔽することである．電磁波がシールド板に入射した場合，電磁波の一部はシールド板の表面で反射する（反射損失）．残りの電磁波はシールド板内で反射を繰り返しながら吸収され減衰する（吸収損失）．その残りがシールド板を

通過する透過波となる．

電波吸収体とシールド材の違いは，電波吸収体は電磁エネルギーをできるだけ内部で吸収しなければならず，そのため反射波をできるだけ小さくするのに対し，シールド材は透過波を小さくすることが目的であり，そのためには反射波をできるだけ大きくすることが要求される．

電磁波のシールド効果は，材料の厚さ，透磁率，導電率や周波数に依存しており，一般に高周波電磁波に対しては，導電率の大きい金属（銅，アルミニウム，ニッケルなど）をシールド材として用いることにより，電磁波の反射損失を高めている．これらの金属材料を用いることにより，かなり良好なシールド効果が得られる．したがって，実際のシールド対策では，シールド材料自身よりもつなぎ目や穴からの漏洩によってシールド効果が決定され，それに対して適切な処理が必要である．

5.8.5 住環境における電磁波対策[1,4]

実際の住環境では，さまざまな発生源からの電磁波が存在しており，その対策も建物内における個々の対象物について行うのでは不十分な場合が多い．このため，部屋や建物などの居住空間を電磁シールドする対策がしばしば必要となる．

建物の構造材であるコンクリートや窓ガラスは電磁波を透過させるため，シールド対策を施す必要がある．一般の建物で電磁波シールド特性を有する鉄筋，鉄骨，金属板などは，そのまま電磁波シールド材として使用し，内装部には金属メッシュや金属箔を利用する．また，導電性不織布や導電性モルタルも開発されている．シールド材料の接合部の処理としては，たとえば導電性テープが用いられている．

窓は住環境において重要な役割を果たしている．したがって採光などに留意しながらシールド対策を施す必要がある．金属コーティングや金属薄膜の塗布などにより，電磁波をシールドする特殊なガラスである電磁波シールドガラスが用いられている．

建物全体ではなく，対策が必要とされている部屋に限定して電磁波シールドを施す場合，このような部屋をシールドルームという．内装材として金属板，または金属メッシュを用い，電磁波シールドガラスを採用し，空調機の送風口にも金属メッシュでシールド対策を施す．

便利で快適な住環境をつくるためには，以上のような電磁波対策を効果的に施すことが必要である．

〔生田　顕〕

参考文献

1) 清水康敬，杉浦　行：電磁妨害波の基本と対策，電子情報通信学会，1995.
2) 清水康敬，杉浦　行，石野　健，乾　哲司編：電磁波の吸収と遮蔽，日経技術図書，1989.
3) 長谷川伸，杉浦　行，岡村万春夫，黒沼　弘：電磁波障害，産業図書，1990.
4) 岩井善弘：全解明　電磁波障害と対策，東洋経済新報社，1996.
5) 木下敏雄：EMC の基礎と実践―電磁波障害とノイズ対策―，日刊工業新聞社，1997.

5.9　香気環境

5.9.1　香気環境の快適条件

嗅覚は，五感の中でももっとも心理面に働きかける力が強いといわれ，快適な香気環境を整えることにより，はるかに心地よく彩りのある居住空間を実現することができる．図 5.17 には，住居空間の香気環境を整えるに当たって考慮すべき基本的な条件を示した．

住居内には衣食住にかかわるさまざまな生活臭があるため，どんなによい香りを漂わせても，もとから不愉快な匂いが強い場合には，快適な香気環境の実現は不可能である．したがって，嫌な匂いの少ない環境を整えることが快適な香気環境づくりの第一歩である．

基本的な匂い環境を整えた後，それぞれの家庭の生活サイクルおよび住む人や訪れる人を配慮して，住居に合った香りを選ぶ．香りの好みは，個人の記憶や経験，心身の状態とも深くかかわっているため，居間や台所など，複数の家族員が共有する空間や客間には，ほのかでだれにでも好まれるものを選

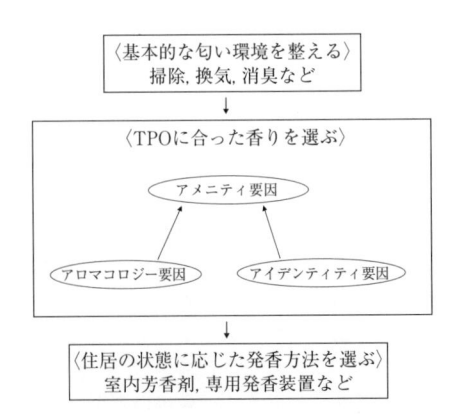

図 5.17　香気環境づくりのための快適条件

び，プライベートな部屋には，個性的でムードを重視した香りを選ぶのが基本である．部屋のTPO（time, place and occasion：時間，場所，状況）に合わせた香りを選ぶに当たっては，空間に適した快適性（アメニティ）に加えて，香りが心身に働き掛ける力（アロマコロジー）および香りを通じての自己表現（アイデンティティ）の3つのキーワードを考慮して行う．

住居での散香方法としては，室内芳香剤が一般的であるが，香りをカートリッジにより交換できる専用発香器やインテリア性を兼ね備えた香り商品も売られているので，部屋の配置や広さ，状態を考慮して選定する．

5.9.2 基本的な匂い環境の整備
(1) 住居の匂い

住環境にはさまざまな生活臭がある．1991（平成3）年に環境庁（当時）が実施した「においに関する意識調査」によれば[1]，自宅内で感じる匂いは，住居形態にかかわらずトイレの匂いが1位で，調理や生ごみ，排水口の匂いは，マンションやアパートなどの集合住宅で強いことがうかがえる．5位以下には壁材の匂い，タバコの匂い，ペット臭，エアコンの匂いなどが挙げられており，これらの中で強さが気になって我慢できない割合が高いものとして，タバコの匂い，ペット臭，排水や生ごみの悪臭が上位につけている．悪臭をとるには，掃除で原因を取り去るのがいちばんであるが，タバコの匂いや靴下の蒸れた匂いは，発生源を取り去っても数時間以上も許容レベル以上の匂いが残るとの報告もあることから[2]，快適な香気環境を保つためには効果的な換気が必要である．

(2) 匂いの換気

かつては一般居住でも窓を開ける習慣があり，また日本型の住居は比較的1室の面積が広く，戸や窓にも適度な隙間のある構造のため，常に新鮮な外気が取り込まれていたが，最近の住宅は気密性が高く面積は狭くなる傾向にある．気密性の向上は，外部の騒音や暑さ・寒さを防ぐには有利であるが，家屋内で発生する匂いの処置にはマイナスに働く．

アメリカで行われたある実験によると[2]，強い環境の匂いを抑えるためには，小学校のような広いスペースでは窓を開ければ足りるが，比較的狭い密閉環境に多くの人がいる場合（筆者の換算では，3～4人の家族が6畳程度の部屋にいるのに相当）では，窓を開け放した状態の2倍以上の換気能力がなければ，居住者の体臭だけでもかなり強く残ると報告しており，機械的な換気の必要性を訴えている．

最近，日本でも一般家屋にエアコンが普及しているが，このことが窓を開ける習慣をなくして家屋の密閉性を加速させ，住居全体の換気能力を低下させて匂いが籠りやすい環境になっている．局所的な悪臭を低減し，基本的な匂い環境を整えるためには，要所に空気清浄器を用いたり，消臭剤を使用する配慮が必要である．

(3) 消臭剤の種類と役割[3]

1) 感覚的消臭剤 より強い匂いによって悪臭をマスキング（覆い隠す）し，感覚的に感じなくさせるもの．他の消臭手段と組み合わせた芳香消臭剤の形で用いられることが多い．効果のある臭気が限定され，これ自体に強い匂いがあるので，トイレのように決まった臭気が強く匂う場所に適している．

2) 物理的消臭剤 悪臭の分子を物理的に吸着するもので，活性炭やゼオライトなどの表面を処理して，吸着力を高めたものが使用されている．匂い分子の吸着が増えるにつれて徐々に効果が低下する弱点があるが，冷蔵庫やクローゼットなど，匂いや化学物質が移っては困るものがストックされる場所に適する．

3) 化学的消臭剤 薬剤を悪臭分子と化学反応させて匂いを分解するもので，一般的にいう消臭剤はこれを指す場合が多い．ホルマリンやアンモニアなどの代表的な悪臭物質だけでなく，生ごみや糞便のような複雑な悪臭にも対処できる薬剤が開発されつつあり，さまざまな場所に適した商品が発売されている．

このほかに，微生物の力により生ごみの匂いを分解するなど生物学的消臭の試みも実用化されてきており，環境面から注目されている．

5.9.3 TPOに合わせた香りの選定
(1) アメニティ

住居で用いる香りは，居住者が快適と感じるものを使用することが基本であるが，使用者によって香りの好みが異なるため，居間や食事スペース，寝室など家族の何人かが共用したり多くの人が出入りする場所では，ほのかで優しく，あまり個性の強くない香りを選定することが重要である．あらゆる年齢層にも，また男女を問わず幅広く愛される香りとしては，フリージア，バラ，ライラック，ジャスミン，クチナシなどのフローラル香が無難であり，これらの花香の中から季節感やムードに合わせて好きなものを選んだり，部屋によって使い分けるとよい．勉強部屋や書斎，浴室，1人で使える居間や寝

室では，アロマコロジーやアイデンティティの考えも取り入れた個性的な香りを工夫して使うと，いちだんと華やいだものになる．

(2) アロマコロジー

アロマコロジーはいわゆるアロマテラピーとは一線を画して，香りの刺激のみが人間の生理・心理に及ぼすメリットを，脳波や心拍，ストレス関連ホルモンや免疫指標などを用いて実証する科学である．アロマコロジーの活用は，リラックス型の香りとリフレッシュ型の香りの使い分けが基本であり，勉強部屋や書斎などで目覚ましや神経の集中が必要な場合にはシトラス系やミント系の香りを用い，浴室や寝室などで休息や安眠が必要な場合にはバラやラベンダー，森林の香りなどを用いる．

図5.18には，アロマコロジー研究によって開発された，4香調の室内芳香剤の実使用テスト例を示した．こうした使用場面と効果に適したイメージをもつ芳香剤を活用することにより，たとえば朝にシャンプーをするときや1日を終えた後の入浴時の浴室空間，あるいは家事を始める前とゆっくりと休憩しながら家計簿をつける際の居室空間などを，異なる芳香でデザインすることも可能である．

最近では，眠れないときに寝室で用いるものや，いらいらしたりぼんやりしたときに生活リズムを調整するのに役立つようなさまざまな香りが開発されているので，目的に合わせ有効に活用したい．

(3) アイデンティティ

香水やオーデコロンなどのフレグランスにみられるように，香りは個性を表現するもっとも効果的な道具の1つである．町づくりのレベルでは，通りや地域に相応した香りを漂わせたり，ホテルや企業体のイメージに合った香り（コーポレートフレグランス）へのニーズも高まりをみせ，環境に用いる香りにも個性や自己主張を取り入れようとする気運がある．

住居においても，客が初めて入る玄関はその家の顔であるから，個性を表現したい．その方法はいくつか考えられる．たとえば日本の文化に現代的エコ感覚を取り入れて，季節感を感じさせる自然な香りを配するのも1方法である．香りは日本のものにのみこだわらず，春はウメ，ヒヤシンスやバラなどの香りを，夏にはラベンダーやユリ，秋にはモクセイの香り，冬にはスイセンというふうに工夫する．

だいじな招待客を通す客間や家族でゆっくりと過ごす和室で，ときに香をたいて風情を楽しむのも，格調の高い香りの活用法といえる．

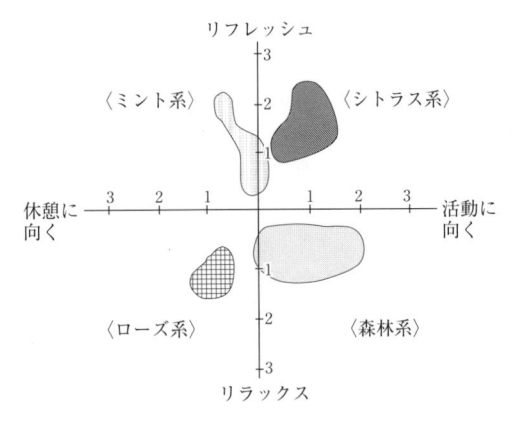

図5.18 室内芳香剤のアロマコロジーにおける位置づけ例（女性30名）

5.9.4 機能的・効果的な発香方法

住居の香りデザインを考える場合，通常，部屋単位での散香を考えることが基本である．もっとも一般的な方法は室内芳香剤の使用で，デザインや香調の異なるバラエティに富んだ商品が発売されている．価格が手ごろであり1カ月程度は香りを楽しめるが，比較的広い部屋では香りの拡散に限界がある．

広いスペースに香りを流し，あるいは時刻やムードによって香りを変えたい場合には，家庭用芳香器を使用する．香りカートリッジを交換できる数千円程度の芳香専用器から，加湿器や空気清浄ファンに芳香器を組み込んだ数万円程度のものまであるが，現在，香りの種類は芳香剤ほどバラエティがない．最近では，住居の空調システムに香りを組み込んで，温熱環境を制御する研究も進められている．

香りを変えて楽しむもう1つの手段として，アロマポットがある．加熱した陶板に，液体香料を数滴たらして漂わせるもので，以前はアロマテラピー系の香料に限られていたが，現在は高級感のある香料も発売されている．また，インテリアとしての美観や色彩を備えたものとして，ルームランプやクッションなどさまざまな家具に芳香をつけたものが販売されているため，好みの形状と香りのものを探し，積極的に活用するとよい．部屋全体を香らせる以外に，小さな空間を香らせる美しい香りの小物も利用できる．

ベッドサイドにはポプリを置いたり，机には香りのついた便箋やノート，クローゼットの中には香りのサッシェや匂い袋，カクテルグラスに入れた香りのビーズやフレグランスソープをちょっとした空間においてみるのも楽しいものである．またこうした

ポイントの香りを演出するに当たっては，香りのある生花を飾って楽しんだり，かごに入れた新鮮な果実やハーブの鉢を台所の脇におくなど，自然な香りを活用することも重要である．〔谷田正弘〕

参考文献

1) 藤倉まなみ：においに関する意識調査について．日皮協ジャーナル，No.29, pp.309-316, 1992.
2) W. S. Cain, L. G. Bergland : Role of odors in ventilation requirements for buildings. Proceedings of the Human Factors Society-23rd Annual Meeting, pp.139-143, 1979.
3) 西田耕之助：消臭・脱臭について．香料，No.168, pp.65-87, 1990.

5.10 室内環境の評価

5.10.1 環境の評価とは

環境評価とは，環境がよいか悪いかを判断することであり，本来はかなり広い範囲の意味をもつ言葉である．しかし，通常は何らかの環境の指標化を行うことによって，判断を容易にすることを意味する場合が多い．一方，評価を行うに当たっては，評価の主体，評価対象，評価規準を明確にする必要がある[1]．

評価の主体は，一般にはその空間で居住する人間（ユーザー）であることが多いが，場合によっては施主（クライアント）である場合もある．個人住宅のような場合には，施主と居住者が同一であることが多いが，公共建築，商業建築などの場合には，施主とユーザーが異なる場合が多い．このような場合に，設計者の意志決定には困難が伴うことがある[2]．

評価対象となるものはさまざまな環境要因である．長田によれば，環境要因は物理的要因，化学的要因，生物的要因，社会的要因に分類される[3]．通常，住居学で扱う室内環境要因としては，音，熱，光，空気などの物理的要因が中心である．しかし近年，建物の気密化が急速に進む中で，化学物質過敏症にみられるように，空気質に関する要因が注目を集めるようになってきている．室内空気汚染物質としては，タバコの煙，粉塵，アスベスト，花粉，ラドン，揮発性有機化合物（VOC）などが挙げられる[4]．

また，室内環境の評価に当たっては，評価の規準（クライテリア）となるものが必要である．住居環境学の伝統的視点として，温度や騒音レベル，照度などの物理量を重視する傾向があるが，基本的に住居が人間の生活の器である以上，「生物としてのヒト」「社会的存在としての人間」にとっての室内環境という視点が重要である．そのような視点から，人間の心理，生理，行動を評価のクライテリアとして捉える研究が進んでいる．環境心理学，環境行動学などと呼ばれる分野である．

5.10.2 環境の生理的評価と心理的評価

環境の生理的評価とは，評価規準に人間の生理的指標を用いるものである．生理的評価指標は心理的評価指標よりも客観的であることが特徴であるが，測定に当たってはポリグラフなど特殊な装置を必要とする場合が多く，また脳波などのデータの解釈にはかなりの熟練を要するといわれている．具体的な項目としては，体温，皮膚温，血流量，血圧，呼吸，皮膚電気活動，心電図，筋電図，脳波などが利用される[5]．

環境の心理的評価とは，評価規準に心理的な指標を用いるものである．温熱環境評価の場合に，温冷感（thermal sensation）や温熱的快適感（thermal comfort），気流感，放射感，乾湿感などを用いて指標とするようなことである．騒音評価の場合には，音の大きさ（loudness），やかましさ（noisiness），うるささ（annoyance）などを用いることが多い．光環境に関しては，グレア感などである．数量的な分析を行う場合には，5～7段階程度の順序尺度，ないしは距離尺度を用いて測定することが多い．心理的な評価は調査用紙への記入，パソコンのキーボードからの入力などにより測定されることが多い．

5.10.3 複合環境の評価

室内環境と一言にいっても，多数の要因から構成されているので，個々の要因を詳細に評価することとは別にそれらを複合的に評価することも重要である[6〜8]．心理学においては，異系感性相互作用（sensory interaction, inter-sensory effect）と呼ばれる分野に関係しているが，このようなミクロな心理学的課題と比較すると，通常の室内環境評価はもっとマクロ的な視点からの実用的な課題が多い．具体的には，色彩と温熱環境，景観と騒音，照明と騒音，温熱環境と騒音などに関する研究が多数なされている．

色彩と温熱環境に関しては，hue-heat仮説（暖色は暖かく感じ，寒色は寒く感じるという仮説）があるが，温度の制御を伴う実験では，必ずしもこの仮説を支持する結果は得られてはいない．石井と堀越は，蛍光ランプと比較して白熱電球の温冷感は暑い方向になる傾向が示され，hue-heat仮説と一致

することを報告している[9]．しかし，実験心理学者の立場からは，視覚的に色彩を与えて温度判断を求めるとhue-heat仮説に合う結果が得られるが，皮膚感覚的にも温度を感じるような実験では，結果がまちまちになるという指摘もなされている[10]．

一方，松原ら[11]は，「温熱環境条件を不快側に設定して色彩を呈示した場合，熱的な心理的負荷の軽減効果は高温側の寒色あるいは低温側の暖色がより大きい」という仮説に基づき，「涼暖の印象」の評価にもっとも典型的な結果が示されこの仮説を実証した．それまでの研究では色彩の提示による至適温度や温冷感の変化を検討したために，それほど明確な結果は得られなかったが，この研究では色彩と室温の複合環境を非特異的に評価させることによって明確な結果を示すことができたといえる．また，「寒暑の印象」と「涼暖の印象」という非特異的尺度での評価は，特異的尺度である"温冷感"に比べ色彩の影響を受けやすい．その理由は，室温よりも色彩により多く注意が配分されるためと考えられる．以上の結果は，「結果がまちまちになる」[10]という見解に対する有力な反論であるといえよう．

また，景観が美しいか醜いかということが騒音の評価に影響することを実験的に示した例もある[12]．すなわち，同じ騒音レベルの音を聞いた場合でも，スライドで提示された景観が美しい場合は，醜い景観が提示された場合よりも5dBほど小さく感じるという結果である．

しかし，たとえば騒音に特有な反応としてのやかましさやうるささの評価が，景観などの影響を受けて変化したという解釈には疑問がある．すなわち，騒音と醜い景観が同時に提示されることによってやかましさが増したのではなく，全般的な不快さが増したのであるが，その事実が騒音のやかましさの尺度に反映された，とも考えられる．この解釈の根拠として長野らは，環境音，室温，騒音の複合環境評価実験の結果から，以下の3つの可能性を指摘している[13]．すなわち，①各環境要因に固有な尺度に射し，直接には関係しないと思われる環境要因が影響すること，②ある単一の環境要因はその環境要因に特異的な尺度だけでなく，複数の尺度上で評価される，③ある環境要因に特異的な評価が，他の環境要因に特異的な評価に影響するという副次的な効果が存在する．たとえば室内が「暗い」から「涼しい」と感じるような場合を指す．

ところで，日常的な環境の中で生活する居住者にとっては，寒暑の感覚ややかましさ，あるいはまぶしさなど何か1つの環境要因の快適さや不快さが問題なのではない．いずれか1つの環境要因にこだわるのは研究者の専門性にすぎず，居住者にとってはその室内の環境がトータルにみて快適か，不快か，あるいはどの程度不快なのかが重要なのであって，要因ごとに細かく評価をする必然性はもっていない．言い換えれば，日常的な複合環境の中で生活している人間の気分，感情が快適か，不快かということを問題にすべきで，環境側の条件をこと細かに追いかける必要はないとも考えられる．そう考えると，環境要因の種類に特有の感覚，反応に捕われるのではなく，環境側の要因の種類は何であれ，環境全体をトータルにみた場合の人間の快適さや不快さを問題にすべきであるということになる．

堀江ら[14, 15]，Sakuraiら[16, 17]は複合環境評価の評価規準として，個別の環境要因に特異的でない総合的な「不快さ」を用いて，温度，騒音，照度の3つの要因の複合環境評価実験を行った．その結果，中等度の範囲内では，総合的な不快さは各環境要因の影響を重み付けしたスコアの加算によって表現されること，また，いずれかの要因が極端に不快な場合，総合的な不快さはその要因によって決定されてしまうことなどを明らかにした．Matsubaraら[18]，松原[19]は，このような複合環境評価における非特異的尺度と加算モデルの重要性について論じている．

5.10.4 住居学における温熱環境と行動的評価

室内環境要因の中でも，温熱的要素については実験室での被験者実験による評価が数多くなされている．しかし，実験室実験では厳しく条件を統制するため，実際に生活の場とはかけ離れた条件設定になってしまう場合も少なくない．そこで，実際に居住状態での居住者の行動を評価対象として研究することも重要である．

住宅の熱環境調査に関しては，伝統的民家に関する花岡ら[20]の一連の研究が有名であるが，ここでは居住者の行動的側面に注目する．

この種の研究では，絵内ら[21]による北海道の研究が注目される．基本的には室温の変化などに注目した研究ではあるが，1室暖房から2室暖房に移行しようとする居住者の志向などにも言及している．また佐藤[22]は，「住戸の温度環境が居住者の生活時間構造に影響を与える一つの因子になっている」と述べており，行動に与える温熱環境の影響の大きさを簡便な測定からではあるが実証的に示した．具体的には，「"家の中で過ごす時間"，"居間にいる時間"は住戸内の温度（中略）水準が低いほど長い」

としており,澤島ら[23]の関西における居間在室率の季節変化と類似の指摘となっている.

澤島ら[24]は,関東地方の住宅居住者を対象とした「生活行動」の調査研究において,「室内気候の決定要因として,(中略)外界気候と断熱特性(中略)要因に居住者の行動的要因を加味することによって,より実態に即した室内気候の成り立ちを議論できよう」と述べている.北海道などの寒冷地より比較的温暖な関西地方では寒さがそれほど重要な問題であるとは考えられてこなかったが,寒さが起居様式などの居住者の生活をかなり制約していることが明らかにされてきた[25].京都の町家の居住者の生活と温熱環境に関する調査研究[26]は,比較的早い時期に居住者の生活行動,時間と温熱環境についての分析を試みたものである.松原,澤島らの研究[23, 25~28]の特徴は,住居環境学の立場から住まい方という居住者の行動についての切り口を示そうと試みた点である.

川島ら[29]は,住宅熱環境評価指教(RTE index)を提案している.その物理的意味は,外部環境の暑さ・寒さを住宅によってどの程度防いだかという防護効果を指すものである.計算手順としては,対象住宅の間取り,家族構成を決めて,各人の1日の生活行動の標準を仮定し,各室の目標環境を時間関数として求めるというものである.この指標は,生活行動を評価指標の中に取り込んだという点が特徴的である.

近年は,温暖地においても各地域での研究が盛んになってきている.長野県における加藤ら[30, 31]の研究,北陸における垂水ら[32]の研究,栃木県における佐藤ら[33]の研究などである.これらは,いずれも主に気候条件の地域差を根拠として研究されているが,今後はもっと広い意味での地域差について考慮する必要が出てくるであろう.

5.10.5 快適空間のマネジメントとデザイン

快適な住環境をつくり出していくため,以上に述べた各種の評価方法が活用されるのであるが,最終的に重要なことは,環境をデザインするという行為に環境評価をうまく利用することである.

既に述べたように,室内環境要因を総合的・複合的に捉えることが1つの重要な視点である.もう1つの重要な視点は,居住者の心理,生理,行動を重視することである.そういった視点から環境を評価した結果を,室内環境のマネジメントとデザインにフィードバックすることが求められている.

デザインという行為については,視覚的側面のみが強調されがちであるが,複合環境のデザインが重要である[34, 35].ランドスケープにならった造語としてのサウンドスケープやスメルスケープという言葉があるが,音や匂いのみでなく,より多くの環境要因を総合的な評価対象とし,また評価主体である居住者の心理,生理,行動を合わせ考えることにより,環境評価の成果を環境のマネジメントと環境デザインに生かすことができることになるであろう.

〔松原斎樹〕

参 考 文 献

1) 松原斎樹:建築室内における室温・騒音・照度の複合環境下での総合的評価に関する研究.学位請求論文,1986.
2) ラング,J.:建築理論の創造(高橋鷹志,今井ゆりか訳),鹿島出版会,1992.
3) 長田奉公:環境への適応.新医科学大系11A,環境と人間,pp.143-166,中山書店,1984.
4) 田辺新一:室内化学汚染,講談社,1998.
5) 宮田 洋編:生理心理学の基礎,新生理心理学1,北大路書房,1998.
6) 松原斎樹:暑くてうるさい空間.快適環境の科学,pp.56-68,朝倉書店,1993.
7) 松原斎樹:人間環境学(日本建築学会編),pp.47-52,朝倉書店,1998.
8) 松原斎樹:複合環境の評価研究とそのフロンティア.都市建築空間の科学—環境心理生理からのアプローチ—(日本建築学会編),pp.197-208,技報堂出版,2002.
9) 大山 正:色彩心理学入門,中公新書,中央公論社,1994.
10) 石井 仁,堀越哲美:異なる作用温度,照度レベル,光源の組み合わせが人体の生理・心理反応に及ぼす複合的影響.日本建築学会計画系論文集,No.517,pp.85-90,1999.
11) 松原斎樹,伊藤香苗,蔵澄美仁,合掌 顕,長野和雄:色彩と室温の複合環境に対する特異的及び非特異的評価.日本建築学会計画系論文集,No.535,pp.39-45,2000.
12) J. Kastka, R. Hangartner: Do ugly streets make trffic noise more annoying? *arcus*, pp.23-29, 1986 (in Germany).
13) 長野和雄,松原斎樹,蔵澄美仁,合掌 顕,伊藤香苗,鳴海大典:環境音・室温・照度の複合環境評価に関する基礎的考察,特異的評価と非特異的評価の関係.日本建築学会計画系論文集,No.490,pp.55-61,1996.
14) 堀江悟郎,桜井美政,松原斎樹,野口太郎:室内における異種環境要因がもたらす不快さの加算的表現.日本建築学会計画系論文報告集,No.387,pp.1-7,1988.
15) 堀江悟郎,桜井美政,松原斎樹,野口太郎:加算モデルによる異種環境要因の総合評価の予測.日本建築学会計画系論文報告集,No.402,pp.1-7,1989.
16) Y. Sakurai, T. Noguchi, G. Horie, N. Matsubara: The additive model of the combined environment in a room. *Energy and Buildings*, 14: 169-173, 1990.

17) Y. Sakurai, N. Matsusbara, T. Noguchi, G. Horie : Extension of the additive model of uncomfortableness with the utilization of SET and application in the field. Proc. 3rd Int. Conf. Comb. Effec. Env. Fact., pp. 333-348, 1988.
18) N. Matsubara, K. Ito, A. Gassho, Y. Kurazumi : Importance of nonspecific scale and the additive model in the evaluation study of the combined environment. *Archives of Complex Environmental Studies*, **7** : 45-54, 1995.
19) 松原斎樹：個別環境要因の評価から総合評価への展望．第19回人間-生活環境系シンポジウム報告集，pp. 26-29，1995．
20) 花岡利昌，梁瀬度子，田中せつ子，藤井澄子：民家の微気候学的研究（第1報），奈良県添上郡月ヶ瀬村民家における一観察．家政学研究，**15**(1)，1968．
21) 絵内正道，荒谷 澄：居住室の温熱環境の実態（その1），寒さに応じた住まい方と室温変動パターンについて．日本建築学会論文報告集，No. 264，pp. 91-97，1978．
22) 佐藤勝泰：北海道の戸建て住宅計画に関する研究（その1），住宅の温度環境と生活行動・生活範囲．日本建築学会計画系論文集，No. 455，pp. 57-65，1994．
23) 澤島智明，松原斎樹：京都市近辺地域における冬期住宅居間の熱環境と居住者の住まい方の季節差に関する事例研究―住戸内での滞在場所選択行動に与える温熱環境の影響―．日本建築学会計画系論文報告集，No. 507，pp. 47-52，1998．
24) 澤地孝男，松尾 陽，羽多野健，福島弘幸：住宅の室内気候形成に寄与する居住者の行動に関する研究（その1），暖冷房行為生起の決定要因と許容室温範囲に関する研究．日本建築学会計画系論文報告集，No. 382，pp. 48-59，1987．
25) 松原斎樹，澤島智明：京都市近辺地域における冬期住宅居間の熱環境と居住者の住まい方に関する事例研究―暖房機器使用方法の特徴と団らん時の起居様式―．日本建築学会計画系論文集，No. 488，pp. 75-84，1996．
26) 松原斎樹，松田 彰：京都市の通り庭型町家における温熱環境実測例について（夏季）．第5回人間-熱環境シンポジウム報告集，pp. 54-57，1981．
27) 澤島智明，松原斎樹，藏澄美仁，松原小夜子，荒井麻里：関西地域におけるプレハブ住宅の冬期温熱環境と居住者の住まい方に関する事例研究．日本建築学会計画系論文集，No. 554，pp. 69-76，2002．
28) 澤島智明，松原斎樹，藏澄美仁：住宅の断熱性能による冬期居間の温熱環境と暖房の仕方の差異関西地域における住宅の温熱環境と居住者の住まい方に関する事例研究（その1）．日本建築学会環境系論文集，No. 578，pp. 9-15，2004．
29) 川島美勝，他：住宅熱環境の調査と評価方法．第17回人間-生活環境系シンポジウム報告集，pp. 210-215，1993．
30) 加藤友也，山岸明浩，山下恭弘：長野市を中心とした一戸建て住宅の冬季室内温熱環境に関する調査研究熱損失係数から見た室内温熱環境と居住者意識の違いについて．日本建築学会計画系論文集，No. 470，pp. 19-27，1995．
31) 加藤友也，山岸明浩，山下恭弘：長野市を中心とした一戸建て住宅の冬季室内温熱環境と居住者意識の冬季と夏季の差．日本建築学会計画系論文集，No. 481，pp. 23-31，1996．
32) 垂水弘夫，久保猛志，酒井健興：北陸の戸建て住宅における温冷感を中心とした居住者の意識調査―断熱仕様―，暖冷房等の実態と快適性評価の高い住宅の抽出．日本建築学会計画系論文集，No. 475，pp. 25-34，1996．
33) 佐藤 豊，郡 公子：栃木県における住宅の熱環境と住まい方に関する研究―戸建て住宅の冬期実態調査―．日本建築学会大会学術講演梗概集，pp. 149-150，1996．
34) 西應浩司，松原斎樹，合掌 顕，藏澄美仁，材野博司：都市景観評価に対する複合環境評価の視点からの実験的検討．日本建築学会計画系論文集，No. 522，pp. 107-113，1999．
35) 松原斎樹，河上由香里，合掌 顕，藏澄美仁，角谷孝一郎，大和義昭：温度と騒音の複合環境が景観評価に与える影響―京都らしい景観を対象として―．日本建築学会計画系論文集，No. 559，pp. 87-94，2002．

5.11 人工的住環境とその限界

5.11.1 住環境と生体リズム
(1) 生体リズムと人工環境

　人間が人工的な環境を創造してきたのは，人間にとって不都合で過酷な自然環境から身を守るためであり，また安全で快適な生活を享受するためである．ところが近年，自然と隔絶した空間をつくることによって，人間本来の健康な生活が損なわれつつあるさまざまな現象が起こっている．たとえば，昼夜逆転の生活による概日リズム性睡眠障害[1]や，生まれたときから一定の（狭い変動範囲の）快適な温湿度環境で育ち，耐寒性や耐暑熱性が養われていない場合などである．現代人は豊かすぎる環境の中で，あらゆる環境の変化をキャッチし生命を守るために重要な役割を果たす五感（視覚，聴覚，味覚，嗅覚，触覚）が鈍ってしまい，危険を察知し判断する力が低下しているとも考えられる．さらに，便利な人工的環境は，莫大なエネルギーを消費し，自然環境をも破壊してきた．

　人間は本来，地球環境を構成する一部の生物として，これからは人工的空間を創造するときも，できるだけ自然環境と調和して生活することを考えなければならない．そしてそのことが，みずからの生体リズムを維持し，健康な暮らしを実現していくためにも重要なことである．

　生物の体内には一定のリズムを繰り返す体内時計（生物時計）がある．体内時計は環境の変化と密接に関係し，花が開いたり，閉じたり，動物が休息し

5.11 人工的住環境とその限界

たり，活動したりする自然のリズムを形成している．

人体には脳波のリズム（0.1秒）や心臓の鼓動（1秒）からはじまって，呼吸のリズム（6秒）や睡眠，覚醒のリズム（24時間），女性の生理周期（28日）や，季節のリズム（1年）などさまざまなリズム現象がある．これらのリズムは，人工照明で夜も昼のように明るくなるというように環境が人工的になっても，そう簡単に変化し，すぐに適応できるものではない．何十万年もかかって受け継いできた遺伝子を近代文明の人工環境に自在に合わせていくことは困難であり，無理を強いることによる人体への悪影響も懸念される．

人体に組み込まれているさまざまな生体リズムには次のようなものがある．

1）フリーランリズム（free run rhythm：自由継続リズム）　同調因子のない，または曖昧な環境（時刻を知る手がかりのない地下室など）では，人の体内時計は24時間より長い約25時間の周期を示すことが知られている[2]．人はこのようなフリーランリズムをもっているが，社会時計や外界環境リズムの影響を受けて1時間あまりのずれを調整し，24時間生活に同調，適応できる．つまり，人は長い間，25時間のフリーランリズムを朝の光や温度，生活音に合わせて補正してきたが，近年は生活が不規則になり，朝の一定の時刻に（光や社会的環境によって）体内時計をリセットする（同調させる）ことも困難になり，さまざまなリズム障害といわれる症例もみられるようになってきた．

2）ウルトラディアンリズム（ultradian rhythm：超日リズム）　周期が20時間よりも短いリズムをウルトラディアンリズムといい，睡眠周期などがその例である．睡眠周期は図5.19に示すように1晩に深い眠りと浅い眠りを繰り返す4～5回の周期があり，各周期の終わりに，一般に夢をみているとされるレム（REM）睡眠が現れる．この周期が約90～120分である．レム睡眠は時刻に依存して明け方に持続時間が長くなる傾向があるが，これは脳の活動レベルを上げ，ウォーミングアップして朝の覚醒準備が行われていると考えられる．

もともと胎児期の睡眠は，睡眠と覚醒を1日のうちに何度も繰り返すウルトラディアンリズムとして発現するが，発育とともに生物時計が成熟し，社会生活とも同調するので，しだいに約24時間のリズムができてくる．

また，日中の生活においてもウルトラディアンリズムがあり，眠気の出現の仕方に約90分周期がみられる[4]ことから，仕事や勉強に90分程度集中したら，短い休憩を入れていくことが能率性や安全性からみても有効である．

3）サーカディアンリズム（circadian rhythm：概日リズム）　circaは「およそ」，dianは「1日」という意味を示し，約1日の周期をもったリズムをサーカディアンリズムという．生体リズムの中でも1日の睡眠・覚醒リズムや，時差ぼけ，交代制勤務と心身の健康とのかかわりでもっとも研究されているのがこのサーカディアンリズムであり，周期がおよそ24±4時間である．この約1日の生体リズムをつかさどる日周期発生装置（時計の役割をする場所）は，視交叉上核を破壊すると24時間リズムが消失するという動物実験から，哺乳類では視床下部の視交叉上核に存在することがわかってきている[5]．

サーカディアンリズムを示すものには，睡眠・覚醒リズムのほか，体温リズム，循環機能，副腎皮質ホルモンなどのリズムがある．図5.20に例を示したが，基本的に夜間は睡眠，日中は覚醒し，成長ホルモンは，夜間睡眠をとることによって最初の第1周期の安定した深い眠りのときにピークを示すので

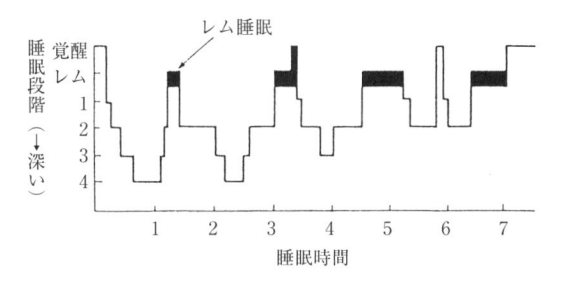

図5.19 睡眠脳波からみた1夜の眠りのパターン[3]

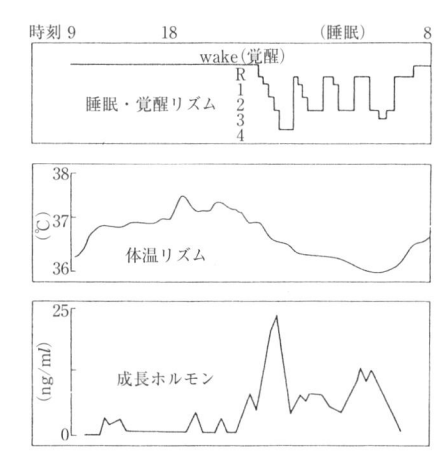

図5.20 睡眠リズムと体温，成長ホルモン分泌リズム[3]

「寝る子は育つ」といわれる．体温は昼間は上昇傾向，夜間は低下するというように，1日で約1℃変動するが，このリズムは昼・夜の太陽の光や環境温度とは関係なく，生体内部から発生している内因性のリズム[6]であり，睡眠・覚醒のリズムをつかさどる機構とは別の機構があると考えられ，夜ふかしや時差ぼけなどで睡眠・覚醒リズムと体温（直腸温）が同調しなくなると，睡眠・覚醒障害のみならずさまざまな心身への影響が現れるのではないかと考えられている．

(2) 生体リズムと社会生活

生体リズムと生活環境のずれが生じさせる心身の不調の代表的なものとして，交代制勤務やジェット機旅行による時差ぼけがある．

交代制勤務は，われわれのもつ本来の体内リズムに逆らって夜間に勤務，昼間に睡眠をとるという生活を余儀なくされるために，勤務中に眠く，昼間眠れないことが高じて睡眠障害に陥ったり，疲労感がとれない，胃腸の調子が悪いといったさまざまな症状が訴えられる傾向が認められる[7]．一般に交代制勤務には慣れが生じるかということが問われるが，体内リズムが社会的・環境的なリズムの影響を無視して昼夜逆転することは困難であるので，長期間昼夜逆転を続けることを避けて，定期的に本来のリズムに戻しながら継続することが望ましい．また交代制勤務への適性には個人差もあり，性差，性格の差，年齢差も考慮する必要がある[8]．さらに，夜間の勤務，昼間の睡眠時の照明や騒音などの環境を十分に整えることはたいへん重要である．

ジェット旅行による時差は，一時的に生体リズムと外部リズムの同調関係が乱れ，「時差ぼけ＝ジェットラグ」が起こるが，最終的には現地の外部環境リズムに同調する．時差ぼけは4時間以上の時差で起こりやすく，また，東京からロンドンのような西行きよりも，東京からサンフランシスコのような東行きの方が影響が大きい．時差ぼけの調整には，時差1時間につきおよそ1日を要するが，できるだけ早く体内時計を調整するためには，現地で太陽に当たり，積極的に行動することが有効である．

このようにみてくると，交代制勤務では社会環境や時刻が変わらないので，外部リズムとの同調はしにくく，混乱が生じ，睡眠障害などを生じやすいうえ，昼間に十分眠れないために疲労が残り，心身不調になりやすい．しかし時差ぼけは，出発国と昼夜反対でも現地に到着すれば太陽の光や社会生活に合わせて生活ができるため，自然光や社会の動きに逆らう交代制勤務の夜間勤務よりも同調が早い．いずれにしても時差ぼけにも個人差があり，50歳以上では若い人より影響が大きく，外向的な人は内向的な人より外部環境への同調が早い．

また，近年は時差ぼけのように体内時計が社会生活と合わなくなった人を治療するのに，睡眠リズムの矯正治療として，朝方に3000 lx以上の光を照射する高照度療法が効果を上げている．この治療法は，痴呆性老人，不登校児にも効果を上げていることがわかってきており，どんなに文明が発達し，環境を自由に変えられる社会になってきても，人間も光に左右される動物であることが再確認できる．

さらに人間は社会生活リズムと関連が強い，サーカセプタンリズム（circaseptan rhythm：1週間リズム）[9]や，女性の生理周期に代表されるインフラディアンリズム（infladian rhythm：1カ月リズム）[10]などによっても影響を受けている．

サーカニュアルリズム（circannual rhythm：概年リズム）　生体リズムは季節の変化によっても影響を受けている．餌が乏しい寒い冬に冬眠をする動物がいるように，人間の活動も詳細にみると1年の間で変化している．病気の発生率には季節による変動があることなどは統計的に調査されている．また睡眠促進効果をもつメラトニンの分泌は夜間に増加し，昼間に抑制されるが，日照時間の長さによって1年の間でも変化することがわかっている[11]．

近年注目されているものに季節性感情障害などがあるが，これは冬期，あるいは夏期に不眠とうつ病の症状が出現するもので，冬眠や夏眠との類似性が論じられ，とくに冬期については緯度や日照時間の低下との関連がいわれ[12]，ここでも人間が光環境から受ける影響の大きさが確認できる．

このように，人間はより快適な生活空間を創造することによって，便利な生活を手に入れることができたが，みずからがつくった人工的な環境によって，生体リズムを乱し，さまざまな現代病を発症させてきたともいえる．温湿度，明るさ，音，気流，香り，色など，ほとんどの環境を人工的に創造できたとしても，本来の生体リズムを無視して生活することによって，心身にさまざまな弊害を生み出すことにもなりかねないことを知っておく必要がある．

実際，ストレスや生活パターンの変化（とくに夜型化）によって，睡眠，覚醒などの生体リズムをめぐるトラブルが近年，年齢を問わずに表出していることも事実である．

とくに，青少年の生活の夜型化による心身の健康面への影響については，成長ホルモン分泌や体温リズム，神経伝達物質等との関連についても研究が始

まっており[13,14]，住環境や健康管理のあり方の早期見直しの必要性を示唆している．

私たちが，季節や昼夜の境界が曖昧になってきた人工的，白夜的な生活環境の中で，いかに自然環境と調和し，社会環境に流されずに生活を自己管理する能力を身につけていくかが，今後の大きな課題と考えられる．
〔神川康子〕

参 考 文 献

1) 山口成良，佐野 譲：睡眠障害―その診断と治療―，p.33，新興医学出版社，1992.
2) 日本睡眠学会編：睡眠学ハンドブック，p.130，朝倉書店，1994.
3) 佐々木三男：大脳が元気になる快眠の本，p.29, 53，講談社，1995.
4) 同2), p.521.
5) 竹内 均：NEWTON，別冊 からだのサイエンス，p.99，ニュートンプレス，1997.
6) 梁瀬度子：健康と住まい，p.9，朝倉書店，1997.
7) 中沢洋一：睡眠・覚醒障害―診断と治療ハンドブック―，p.217，メディカルレビュー社，1991.
8) 同7), p.226.
9) 同7), p.224.
10) 同7), p.72.
11) 同2), p.57.
12) 同7), p.67.
13) 神山 潤：子どもの睡眠―眠りは脳と心の栄養―，pp.5-11，芽ばえ社，2003.
14) 神川康子：児童・生徒の生活習慣の確立と心身の健康のために．富山教育学窓，Vol.28, pp.1-8, 2004.

5.11.2 現代の住環境

(1) シックビル（シックハウス）シンドローム

1970年代に起こった世界的なエネルギー危機を契機に，各方面で省エネへの関心が深まり，建物の維持管理分野では，主として取り入れ外気の減少による熱エネルギーの削減の形となって現れた．一方，徐々に進んできた人工的建材の多用，室内空間の気密化や居住者の生活様式の多様化がこれに組み合わさられて，室内における各種の空気汚染問題が顕在化してきた．

人間は暑さ，寒さには非常に敏感であるが，空気の汚れにはきわめて鈍感である．これは100万年とも200万年ともいわれる人類の歴史の中で，隙間だらけの（というより，外気そのものの中での）「住生活」を続けてきたために，暑さ・寒さの温熱環境への敏感な対応には慣らされても，もともと清浄な空気の中で，空気汚染質に対する身体的防御機構が発達してこなかったのは当然といえる．

旧来の住居に比べて気密性が高いといわれる鉄筋コンクリート（RC）造の構造物が発明されて百数十年，しかしRC造でも開口部を取り巻くサッシは木製，あるいはスチール製で，現在のアルミ製に比しはるかに気密性は劣っていた．いまは木造でもRC造でも気密性にきわめてすぐれたアルミサッシの普及で，現代の住居は構造のいかんを問わず，換気回数は毎時0.5回以下という，以前では考えられなかったほどの「人工空間」と化している．100万年という長スパンの中で，人類はたかだかここ数十年で，これまで経験したことがないような新しい種類の汚染物質に取り巻かれ始めたのである．現代に生きるわれわれはシックビルシンドロームの人体実験のモルモットにされているようなものである．の世代は始めたの出現と，の高濃度曝露により，いっそうの脅威にさらされつつあるといえる．

室内空気質（indoor air quality：IAQ）やシックビルシンドローム（sick building syndrome：SBS）という言葉が世界的に取り上げられるようになって10年以上になるが，日本でも1990年代後半より，世間的にかなり知られるようになってきた．

長時間建物の中にいると起こる，けだるさ，頭痛，鼻のぐずぐず，目やのどの痛みなどの症状はさまざまであるが，不良なIAQによってもたらされる不定愁訴と呼ぶ以外の，特定の病名はつけられないものに対してSBSなる名称が用いられるようになった．日本では「ビル病症候群」や「閉め切りビル症候群」，あるいは単に「ビル病」などと訳されて紹介されたが，ビルというと大きな建物を連想しがちであるため，SBSを住居に関連させていう場合には「シックハウスシンドローム」と言い換えるようになった．この症状は，軽いものは窓開け換気や，建物を出て外気を吸うことによりほとんど快復してしまうが，中には体力の弱い人など，汚染の種類によっては寝込んでしまうような危険な場合も起こりうる．この場合は，建物由来疾病（building related illness：BRI）と別の呼称を用いることもある．肺炎の1種であるいわゆる在郷軍人病（学名：レジオネラ症*）がこれに当たる．

SBSにしてもBRIにしても，原因は室内の空気汚染濃度が高レベル状態になること，その濃度は，後に述べるように，汚染された外気の侵入のほかに，室内での汚染発生量の増大と，外気の導入量の不足との2点が，同等の重みでかかわっていることがわかる．

* 1976年，アメリカのフィラデルフィアで全米在郷軍人大会開催の折，百数十人が肺炎様の病気にかかり，うち30人が死亡した事件があり，「在郷軍人病」，後に

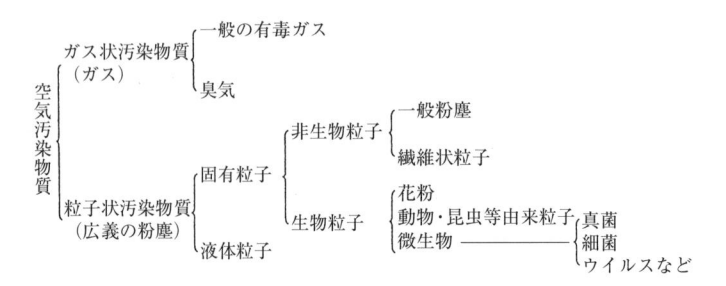

```
空気汚染物質 ┬ ガス状汚染物質 ┬ 一般の有毒ガス
         │   (ガス)      └ 臭気
         │
         └ 粒子状汚染物質 ┬ 固有粒子 ┬ 非生物粒子 ┬ 一般粉塵
            (広義の粉塵)  │         │           └ 繊維状粒子
                        │         └ 生物粒子 ┬ 花粉
                        │                   ├ 動物・昆虫等由来粒子
                        │                   └ 微生物 ┬ 真菌
                        │                            ├ 細菌
                        │                            └ ウイルスなど
                        └ 液体粒子
```

図 5.21 空気汚染物質の分類

「レジオネラ症」と名づけられたが，その原因は，通常は土中にいて毒性のほとんどないレジオネラという細菌が，ホテルの空調系統の冷却水の中で異常増殖し，室内に撒き散らされたため，抵抗力の弱い高齢者が犠牲になったもので，日和見感染の代表例として知られている．この事件以後，建物の中では何が起こるかわからないという疑惑が生じ，後のSBS位置づけの伏線となった．

(2) 室内空気汚染物質

室内汚染物質は図5.21のように分類される．各空気汚染物質の人体影響の現れ方は，おおむね相加的であるが，がんやアレルギー疾患などには2種以上の汚染物質が相乗的に作用する場合がある．たとえば，前者ではアスベスト暴露と喫煙とが肺がん死の危険を相乗的に高め，後者ではアレルゲンと化学物質汚染とがアレルギー発症に相乗的に関与することが知られている．

空気汚染物質には室内環境の法的基準値が定められているべきであるが，一般建築物環境におけるものとしては，大規模なビルに適用される厚生労働省所管の「建築物の衛生的環境の確保に関する法律」（1970年制定．通称「建築物衛生法」または「ビル管法」）に表5.10に示すような7項目が挙げられているのみである．このうち最後のホルムアルデヒドは2002年につけ加えられた．これはシックハウスシンドローム対策として，1998年厚生省（当時）が室内濃度のガイドライン（指針）値として提示したものが法制化されたものである．ホルムアルデヒドの基準値は同時に国土交通省所管の建築基準法にももり込まれた．厚生労働省はその後トルエン，キシレンなどのVOC（揮発性有機化合物）のガイドラインを順次提示し始めているが，簡易測定の困難さなどさまざまな制約があるものの，世の関心の深まりによって，シックハウスシンドローム問題は漸次減少に向うことが期待されている．

シックハウスシンドロームやレジオネラ症の発生は，建築物室内には予想もつかない汚染が出現する可能性があることを示すものであり，既にこれまで

表 5.10 建築物室内空気環境衛生管理基準

1.	浮遊粉塵の量	0.15 mg/m³ 以下
2.	一酸化炭素の含有率	10 ppm 以下
3.	二酸化炭素の含有率	1000 ppm 以下
4.	温度	① 17℃ 以上 28℃ 以下 ② 居室における温度を外気の温度より低くする場合には，その差を著しくしないこと
5.	相対温度	40% 以上 70% 以下
6.	気流	0.5 m/s 以下
7.	ホルムアルデヒド	0.1mg/m³ (0.08 ppm) 以下

累積した汚染被曝の影響を考えれば，室内にこれ以上の汚染を排出しない確固たる決意と，換気の重要性の認識とが室内空気環境の維持には不可欠の要素であるということができる．

(3) 高気密高断熱建築物の特徴

近年の建築物は，材料，構造，施工の変化などいわゆる「つくり」がよくなり，粗悪な建物＝隙間風という図式はみられなくなり，気密性は著しく向上してきた．とくに住宅においても，RC造，木造を問わず用いられるようになった気密なアルミサッシの開発とその普及に負うところが大きい．また内外の熱の遮断，すなわち冬は外部の寒さを防ぎ，内部の熱は逃さず，夏は日射熱や天空放射熱を遮り，室内を涼しく保つための断熱工法が普及してきた．断熱の主要な方法は，外壁，屋根面の部材を厚くすること，外皮内部に性能のよい断熱材を詰めおくこと，開口部の隙間を減らす（隙間風による熱の漏出入を絶つ）こと，窓面に複層ガラスを利用することなどである．

経済の高度成長と，住宅における気密性，断熱性の向上とが契機となり，暖冷房が普及し始めて，室内の居住性を高めるとともに，日本人のライフスタイルを欧風化させた．一方，省エネルギーの時代的要請は，さらに高気密高断熱技術を向上させ，その普及にいっそうの拍車がかけられることになった．

しかしながら，室内空間の温冷感を主眼とした快

適性の追求の中で，健康的な空気環境への配慮は置き去りにされ，シックハウスシンドロームなどの弊害を生み出したことは上述のとおりである．

国土交通省は住宅用の省エネルギー基準*で，地区ごとの断熱性能とともに，必要な換気・通風，空気汚染，住まい方などの関連事項の考え方や注意事項を示している．またメーカー側でも，ツーバイフォー住宅（断面2×4インチ角の部材を基本に組み立てる高気密・高断熱の木造住宅のことで，北アメリカで開発された）には24時間機械換気システムを取り入れるなど研究開発の努力は続けられている．

しかし，多かれ少なかれ有害化学物質汚染のおそれのある新建材の使用は不可避であり，建築後年数を経た建物でも新しい家具を購入すれば，それからの汚染発生も問題である．国，自治体，業界の手によるハウスメーカーへの指導書や，消費者向けのマニュアルがあるからといって，それで建築引き渡し後の室内の衛生的環境が問題なく維持されるという保証はなく，消費者，居住者自身の室内空気衛生に関する正しい知識や指導の徹底は不可欠といえよう．

* 1999年，建設省（当時）は住宅用の省エネルギー基準を7年ぶりに改正した．「次世代省エネ基準」と通称されている．1997年に開催されたCOP 3（地球温暖化防止条約に関する第3回締約国会議）での合意に基づき，2010年までに1990年比で6%の二酸化炭素排出削減を実施することが目標とされている．以前に比し，昨今の断熱・気密化のコストは大幅に低下し，費用対効果は格段に向上している．民生用省エネルギーのうち，とくに住宅暖房関連の消費量削減は容易であるといわれている[3]．

(4) 人工的住環境

現代の住環境は大規模のビル，住居を問わず，多かれ少なかれ「人工的環境」には違いないが，都市の過密化など社会的・経済的・政治的情勢の変化に基づく，「居住空間の拡大」への要請とそれに応えうる技術力とによっていっそうの人工的な空間創出の要請が強まっている．

通常の居住空間を，上に，下に，海に押し広げる意味で，それぞれスカイフロント，ジオフロント，ウォーターフロント（またはシーフロント）や，それらを総括するフロンティア空間なる用語が既に一般化してきているが，その内容は在来の人間居住の延長線上に考えられるレベルから，極地，海上・海中人工空間や，そのはるか先をいく地球外の宇宙空間や月，惑星への進出のレベルまで限りなく広がっている．

住居に関し，既に実施された小規模な例としては，木造3階建てや地下居室の設置が，所定の条件さえ満たされれば建築可能となったことが挙げられる．主として前者は構造耐力・防火上の，後者は温湿条件上の観点から，建築基準法では認められていなかったものであるが，現代では技術的に十分カバーされたことによる．

大規模な居住域の拡大の例として，以下では最先端の科学技術が可能ならしめたフロント開発実情と問題点を略述する．

1) スカイフロント 20世紀後半に始まった都市の高層化は，超高層とはいえたかだか数百mの規模であり，集合住宅としての超高層マンションも40階止まりのものであった．しかしながら，既に1980～1990年代の日本の好景気時代に示され始めたのは，高さ1000～2000mのウルトラ高層集合住宅群で，何層にもつくられた人工地盤上に広大な団地を立体的に造成していくという発想のものであった．

しかし高層住宅に住む居住者が抱える問題，とくに乳幼児，妊産婦，高齢者，障害者の健康と行動上の諸問題，コミュニティ形成の困難さなどから，既に高層居住の不適合性は早くから論じられており，現在においてもその否定的見解は補強されこそすれ，推進論はハウスメーカー側のもの以外見当たらない．

子どもの遊び場は母親の声の届く範囲に，という住居限定論がある．ヨーロッパでは中高層の集合住宅の高層部分をわざわざ取り壊して，3，4階に改造している現実をみれば，集合住宅の高さは3階が限度とする主張は，謙虚に聞き入れられるべきであろう．

高層建築物は，オフィス，ホテルなど主として成人が利用する用途のものに限定されるべきものである．

ちなみに1995年の阪神・淡路大震災以降，地震，火災には丈夫でも，災害時のガス，電気，水道などのライフラインの確保の問題が重要視されるようになり，超高層居住問題は景気の低落傾向も重なって影を潜めた感がある．また2001年，アメリカで発生した同時多発テロ問題は，危機管理問題という幅広い概念を生み出し，非人間的ともいえる居住問題に一石を投ずる結果となった．

2) ジオフロント スカイフロント開発と時を同じくして，地下空間の利用が真剣に論じられるようになった．既に大都市には，幾多の地下鉄網，地

下街が構築されているが，とくに交通機関への利用については地下鉄，地下自動車道の建設が常に話題となっている．主として土地利用権確保の観点から，大深度域については地上の土地所有権が及ばないとするいわゆるジオフロント法が2002年に制定された．これにより，地下40mより深部は，個人の地権の及ばない公共部分とされるようになった．

1980年代，政府各省が大深度地下開発問題に取り組んだとき，遅れて当時の厚生省は地下居住の健康の問題の検討を行ったが，当時建設関係者が常識的に問題とされる温・湿度と換気問題は技術的に解決ずみとされていたのに対し，空気環境問題として地下のラドン発生が憂慮されることを指摘した．

ラドンはウランの1壊変物質で，土壌・地下水中から多かれ少なかれ気体となって発生するもので，肺がん発生の要因として位置づけられているが，日本ではその認識が薄い．北ヨーロッパやカナダでは，岩石の建材としての利用や住居の気密性から危険な環境汚染物質としてその基準値が決められている．

地下は静かだから病院や老人ホームに向いているのではないかとか，採光・照明問題は光ファイバーの利用で解決できるとかいう短絡的な発想は，経済的・技術的視点のみで，人間の尊厳を重視しないものといえる．

少なくとも地下空間の利用に際しては，最低必要な要員の健康問題の保証のみにとどめ，一般利用者はごく短時間の滞在ですむよう細心の配慮がなされなければならない．

3） ウォーターフロント 海浜に面した大都市では埋め立てによる都市，敷地空間の利用が著しい．東京などでは通勤圏は内陸100km圏までに達しているが，新開発の臨海副都心であれば都心までたかだか10～20km圏内である．

しかしながら海面埋立て地の立地条件は，一般に居住地としての民生面よりも，経済的な開発面が重視され，交通路の確保とともに，健康的な居住地の確保としての視点が希薄といわざるをえない．

神戸には立派な2大埋め立て地があり，そこに立派な住宅団地や大病院が建設されたが，阪神大震災の折，ウォーターフロントに建つ大病院は内陸の大勢の罹災者や病人をケアすることが不可能であったという．岸壁が壊れ，船舶の接岸ができず，利用不能に陥ったためである．ちなみに震災時罹災者のケアにもっとも力を発揮したのは各地地元の診療所や老人ホーム，保育園であったという．

このことはさまざまな「開発」のありようを示すもので，住環境が単に箱ものではなく，とくにコミュニティの形成に関し，地域としての総合的なまとまりが必要であることを教えている．

シックハウス問題を含め，住居づくりや居住地の再・新開発に際しては，慎重な取り組みが必要である．「環境系－人間」問題は，現代人が初めて経験する多くの未知数と問題点を含み，真摯で謙虚な対応が必要で，とくにフロンティア開発のような巨大プロジェクトは，今後地球環境のあり方とも関係し広大な展望のもとに計画が進められなければならない．

〔入江建久〕

参考文献

1) 入江建久：健康に住まう知恵，晶文社，2002．
2) 紀谷文樹，入江建久他編：建築環境設備学，彰国社，1988．
3) 池田耕一：室内空気汚染の原因と対策，日刊工業新聞社，1998．
4) 大谷幸夫編：都市にとって土地とは何か，ちくまライブラリー，1988．
5) 尾島俊雄：千メートルビルを建てる，メチエ選書，講談社，1997．
6) 尾島俊雄，高橋信之：東京の大深度地下，建築編，早稲田大学出版部，2001．
7) 菊竹清訓編：メガストラクチャー，早稲田大学出版部，2001．
8) 坂本雄三：次世代省エネルギー基準に関して．建築雑誌，**114**(1438)：14–17, 1999．
9) 大深度地下構造物衛生問題研究会編：大深度地下構造物衛生問題研究．厚生省報告書，1989．

5.12 住まいと健康

5.12.1 室内空気環境

(1) 粉塵（タバコ煙，アスベストを含む）

室内の空気汚染の中で代表的な汚染物質である．粉塵は外部から侵入する砂や自動車のディーゼルエンジン排気の粉塵などと，室内で発生する繊維，あか，雲脂，タバコ煙などの人由来に加えて，猫，犬の毛などの飼育動物由来のもの，室内仕上げ由来の塗料の剥落くず，アスベストの繊維くずまで多種類にわたっている．この中で1～2μm以下の粒径の小さいものは，空中に浮遊し床面に落下してこない．一方，粒径の大きいもの，重いものは空中にとどまらず床面に落下する．空中に浮遊する粉塵の粒径は，人の呼吸により肺胞まで到達するので，呼吸器系の疾病の危険性をもっている．疾病の原因となる細菌，ウイルス，かびの胞子，アスベストの繊維，タバコ煙が代表的なものであるが，この中でタ

5.12 住まいと健康

バコ煙は喫煙者以外でも受動喫煙の影響を受けて肺がんのリスクをもっている．タバコ煙の粒径は小さく1～0.5μmで，空中浮遊塵埃のほとんどがタバコ煙であるといわれ，室内での禁煙，分煙は健康な室内空気環境にとって重要なことである．

アスベストは岩石繊維で不燃，耐熱性，断熱性，吸音性に富み，その特性から体育館の天井の吹付けや鉄骨の耐火被覆として多く用いられてきた．しかし，セメントと混合して吹き付けられたアスベストがセメントの劣化とともに剝落し，空中に浮遊する現象が起こる．アスベスト繊維は容易に肺胞に吸入され，健康への影響としては石綿肺，肺がん，悪性中皮腫などの原因となることがわかっている．現在は建築物には使用されていない[1]．

(2) 微生物

かびや細菌などの微生物は土壌中に生息し，風によって舞い上げられ，室内に侵入し温・湿度や栄養分の適した場所で増殖する．空中のかびはその増殖上の生態から胞子が単独で浮遊し，平均粒径は3.5μmである．細菌は単独では空気中を浮遊せず土壌などの粉塵に付着しているため，5.5～7μmの粒径をもつ．細菌は土壌からだけでなく人体からも発生し，垢や雲脂の脱落に付着して空中に飛散する．したがって在室者数および人の活動量に比例して細菌数は増加する．このような一般細菌は病原菌ではないが，室内の細菌数が多い環境では，この現場でいったん感染症が発生したとき病原菌の濃度も高いと考えられ，室内環境の清浄度の1つの指標となる．

かびは外気から室内に侵入すると貧栄養な環境でもよく増殖するので，湿度の高い浴室や厨房，通風のよくない納戸でよく増殖する．室内の内装材では畳や畳床にもっともよく増殖する[2]．最近，かびの増殖の原因の1つに挙げられるのが結露である．住宅が高気密になって自然換気が少なく，室内で発生した水蒸気が排出されないことや，室内の乾燥が不十分であることなどから結露の被害が多くなっているが，同時に湿っている結露箇所はかびにとって絶好の繁殖地である．室内のエアコンのフィルターに堆積する塵埃にかびが増殖し，送風とともに室内にかびを飛散させる[3]．フィルターの清掃を小まめにすることが大切である．かびは，アレルギー性体質の人にとってはアレルゲンとなって喘息やアトピーなどの症状を起こす原因となる．そのほか，体力の弱った人に肺真菌症がみられるが，かびと人とは細胞が似ているので治療薬がなく完治することが困難である．かびの増殖を抑えるには換気をよくし，結露を防ぎ，栄養となる汚れを清掃することであるが，アルコール消毒も効果がある．

かびの年間消長は従来考えられていた6月の梅雨時ではなく，外気の空中濃度は5月と9～10月が高い．1～3月の冬期には低い濃度を示している．

かびの増殖する環境は，湿気が多く日当たりや通風のよくない場所が多いことから，かびの多少は健康な住居の指標となる．

かびは室内の温・湿度の適した場所に増殖するが，人の活動や衝撃を与えなければ室内においては飛散しないので，一般に外気の空中濃度が高い．細菌は室内で人および人の活動から発生するので，室内濃度が高いのが一般的である．

(3) ダニ

近年，アレルゲンとして注目されているダニは，畳，じゅうたん，ソファー，寝具などの潜ることのできる材質の室内仕上げ材や家具などに生息し，温・湿度の適している箇所で増殖する．ダニの種類は多いが，アレルゲンとなるのはチリダニ科のダニである．チリダニ科のダニアレルゲン量の消長は住居の形式に関係なく9月にもっとも多く，2月にもっとも少ない傾向がある[4]．そのほか，ツメダニのように人を刺すダニもいるが，人の血を吸って生息しているわけではない．ダニとかびは増殖に適した温・湿度が似ていて，温度20～30℃，湿度70～90%で増殖する．どちらも湿度が55%で増殖が止まることから，水蒸気を抑制するなど室内の湿度を低く抑えることで増殖を抑制できる．寝具などに増殖するダニについては，根気よく掃除機をかけて除去することにより50%程度は除去できる[5]．また，寝具の丸洗いでもかびもダニも50%程度除去できる．

(4) ホルムアルデヒド

ホルムアルデヒド（HCHO）は水，アルコール，エーテルによく溶け，37%液はホルマリンとして防腐剤に使用されている．ホルムアルデヒドの人体への影響は顕著で，空中濃度2～5ppm程度で眼，気道に刺激を与え，流涙，咳，くしゃみなどの症状を呈する．10ppm以上になると症状が増し，50ppm以上になると肺炎，肺水腫を起こして死亡することがある[6]．ホルムアルデヒドの国内基準（厚生労働省）は0.1mg/m³以下である．ホルムアルデヒドは従来接着剤に含有され，合板や化粧板を使用した新築住宅で入居当時被害があったが，最近，国産の合板は接着剤から除去されたものの，輸入品の合板にはまだ含まれており，被害は後を絶たない．合板には等級を示す番号があって，ホルムアルデヒ

トを少ししか含まない製品があるので建築の際指定することでかなり被害を抑制できる．ホルムアルデヒドは室内の温度が高温になると放出が促されるので，室内の湿度を70%，温度を30℃に上げるとそれ以下の温度より3倍にも放出が増加するといわれ，ベークアウトとして実験されている[6]．室内で発生するホルムアルデヒド濃度は，換気により戸外に排出することが手近にできるが，新築時の締め切りの状態で高濃度の室内は開口部を3〜5cm開け，換気回数1〜2回/h程度の換気を常時行うことによってかなり減衰する[7]．このように，換気に心がければ約6カ月で人体への被害の自覚はほとんどなくなる．

ホルムアルデヒドは，ストーブやガスレンジなどの燃焼器具の使用によって発生し，灯油やガスが燃焼することによっても発生することがわかっている[8]．室内に排気ガスを出さないFF型ストーブ（給気と排気を1本の筒で外気に出し，室内の空気を汚染しないストーブ）を使用するなどして発生量を低くすると同時に，ガスレンジの使用に際して必ず換気扇を稼働させることが大切である．

(5) VOC

VOC（volatile organic compound）は揮発性有機化合物の総称で，TVOC（total VOC）はすべてのVOCをまとめた総揮発性有機化合物である．建築施工に伴って建築物に使用される建材や接着剤などから発生する内部発生性のものが主なものである．一方で人の生活に伴って後から室内に持ち込まれる殺虫剤や室内の清掃に用いられる洗剤，ワックスなどから発生する人為的なものと2種類が考えられる．

VOCは室内においても100以上の物質が定量され，その8割は室内外同じ濃度であり，人体影響を含めてどの物質が問題とされるかはいまだ定まっていない．第1には取り上げるべき物質は何かということである．第2には低濃度の複合曝露をどう考えるかであって，医学の分野で問題解決を待つ必要がある．第3には，アレルギーや化学物質過敏症のように固体差の問題をどう扱うかである．

室内で放散されるVOCは新築住宅ではデカン類，トルエン，防虫剤のパラジクロロベンゼン（PDCB），ピネンなどが高い値を示しており，その他，防蟻剤の有機リン系などが挙げられる．

基準としてはAIHCでは，一般室内環境を対象としたガイドラインを提案していて，合計のTVOCは300$\mu g/m^3$である[9]．

最近VOCによる化学物質過敏症といいままでの概念では考えられないきわめて微量の物質，しかも身近な物質によって症状の発症する例が報告されるようになった．アレルギー様症状と自立神経系の症状を主体としている．原因物質としては，ホルムアルデヒドや有機溶剤，食品添加物，大気汚染物質などが考えられる．

(6) 燃焼廃気ガス

ガスや灯油を燃焼させると，燃焼に必要な酸素の供給が必要であるのと同時に，燃焼することによって室内に放出される排気ガスを屋外に排出するための換気が必要である．燃焼器具を稼働させると初めは二酸化炭素（CO_2）が増加し，燃焼温度が低いと一酸化炭素（CO）が増加する．燃焼のための酸素の供給が不足すると不完全燃焼を起こし一酸化炭素を発生するようになる．一酸化炭素は酸素の200〜250倍で赤血球のヘモグロビンと結合して脳に必要な酸素を送れなくなるので，一酸化炭素中毒を起こす．一酸化炭素はごく少量でも短時間で死亡事故につながる．

そのほか燃焼に伴って廃気ガスに含まれるものには窒素酸化物（NO_x）がある．NO_xの濃度が150ppmに達すると致命的である．NO_xの大部分は二酸化窒素（NO_2）である．この健康への影響は，呼吸器系の感染症への抵抗力の低下である．室内における燃焼廃気ガスの影響を小さくするには，湯沸かし器は給気を外から直接とり排気も外部に排出するBF型を使用するか，煙突つきの器具を設置することである．煙突つきであっても，煙突内に鳥の巣など排気を妨げる排出妨害物があると中毒を起こすことがあるので，定期的な点検が必要である．暖房器具は室内に廃気ガスが放出される開放型ストーブを避け，煙突つきの半密閉型，またはFF型のような密閉型を使用することによって，一酸化炭素中毒による事故を防ぐことができる．調理に使用するガスレンジからの排気ガスは，使用時に必ず換気扇を稼働させて排気することが必要である．

5.12.2 換気の必要性

(1) 室内発生性の汚染物質の除去

換気に当たっては，室内に粒状物質やガス類の汚染物質が発生したとき新鮮な外気を取り入れ，室内の汚染空気と入れ替えることが原則であるが，従来，換気の必要性は室内で発生する汚染物質に焦点が当てられることが多かった．室内で発生する汚染物質は，人の呼吸による二酸化炭素をはじめとして，人から発生する細菌や水蒸気，臭気，燃焼廃気ガスなどがあるが，これらの汚染物質は換気量が適

性でないと直接・間接的にさまざまな人体影響を招く．オフィスビルの環境基準であるビル衛生管理法では二酸化炭素の室内濃度を1000ppmと定め，この値を基準として換気量を設定している．住宅では生活方法が多様で基準値としては示されていないが，二酸化炭素の濃度は室内の空気質の基準とされている．

最近，住宅の気密化に伴い，自然換気が少なくなって意識的に換気を行わないと室内の汚染物を排出して室内の空気を清浄にすることがむずかしくなってきている．自然換気が少なくなったことに伴い，機械による強制換気を併用しなければならない．とくに冬期の換気は隙間風にならないように間接的な方法が必要である．

(2) 室外から侵入する汚染物質の除去

汚染の発生源が戸外にあって，外気から汚染物が室内に侵入し室内空気を汚染した場合は，侵入する汚染物質の種類，粒径分布，換気量が関係してくる．屋外にのみ発生源があるスギ花粉，農薬，ディーゼルエンジン排気中の粉塵などは換気量との関係が大きく，侵入を抑制すれば室内発生性の汚染物質に比べて濃度は低いと思われていた．

外気からの汚染物を抑制するために開口部を締め切った場合でいうと，粒径の大きなものは戸外で落下し微細な粒子が侵入する．侵入した微細な粒子は室内で落下しないので空中濃度を高くし，換気によって排出する以外に室内の濃度を低くすることはできない．

スギ花粉を例にとってみると，$0.1\mu m$前後の粒径の花粉が締め切った（換気回数1回/h）室内で非常に濃度が高く，開口部からの侵入に限らず人体に付着して侵入した花粉もあると推察されるが，$1\mu m$前後と微小であるため室内で落下せず高い浮遊濃度を示している．これは，換気量が小さいために排出できないものと考えられる．同様にディーゼルエンジンの排気粒子も，該当する微小粒子は屋外より屋内濃度が高い傾向を示して，換気以外に室外に排出できない．換気量の小さい場合，外部からの侵入微細粒子の排出について1つの考え方を示した．

換気とは，室内の汚染物を，新鮮空気を取り入れることによって排出することであるが，外気の汚染物の侵入を抑制するために小さい換気量をとったとき，室内の微細粒子の排気という換気としては，室内発生性の汚染物とは異なった考え方をしなければならない．

5.12.3 空気清浄器

換気によって室内の空気汚染を防ぐとともに，空気清浄器の使用が有効な手段である．空気清浄器には，室内空気をフィルターを通して微細な粒状物質を濾過して吹き出す形式のものと，静電気式フィルターを利用して粒子を捕集する形式がある．捕集効率は濾過型がよいが，風速があるため寒さを感じることもある．

花粉，ダニ由来のアレルゲン物質はよく捕集され就寝時に寝具から発生するダニアレルゲンを除去して夜間の喘息発作を軽減する効果がある．しかし設置場所によっては風速による寒さを感じるので，体に風があたらないような配慮が必要である．

また，空気清浄器の使用は，アレルギー性の疾病をもつ患者にとってはアレルゲン除去の1つの方法である．アレルゲンの除去だけでなく，人体から放出される細菌や寝具の敷き畳みなどの室内細菌の高濃度を低減させる効果があるが，静電気フィルターの機器は汚染物の発生源と清浄器の距離が離れすぎると効率が悪くなる．室容積と汚染発生源に見合った大きさの器具を選び，適切な使用が望まれる．

空気清浄器はアレルギー患者のアレルゲン除去だけでなく，室内に喫煙者と非喫煙者が同室している場合にタバコ煙で室内空気が汚染され，非喫煙者の受動喫煙が増大するのを低減する効果がある．

〔菅原文子〕

参 考 文 献

1) 入江建久：平成5年度快適な暮らしのスタイル開発推進研究事業報告書．p.231，ビル管理教育センター，1994．
2) 菅原文子：建材上のカビの成長速度に与える温湿度の影響．日本建築学会論文集，No.441, pp.9-13, 1992．
3) 菅原文子：平成10年度日本家政学会大会報告集．
4) 菅原文子：床塵埃中のカビとダニアレルゲン量（第1報），集合住宅の場合．日本建築学会論文集，No.448, pp.9-14, 1993．
5) 菅原文子：住居内におけるアレルゲンとしての寝具中のダニの挙動．郡山女子大学紀要，Vol.26, pp.127-135, 1990．
6) 村松年郎：平成5年度快適な暮らしのスタイル開発推進研究事業報告書．p.202，ビル管理教育センター，1994．
7) 菅原文子：室内のホルムアルデヒド濃度と換気量．日本建築学会大会梗概集，pp.659-660, 1993．
8) 菅原文子：燃焼器具より発生するホルムアルデヒド．日本建築学会大会梗概集，pp.753-754, 1996．
9) American Industrial Hygiene Conference IAQ International Symp. May 21-26, ST Louis, 1989.

6

住まいの設備環境

6.1 給排水設備

6.1.1 給水設備
(1) 水 質

水は人間の生活に欠かすことのできないものである．水の使用量は1人当たり1日150～300 l くらいである．生活に使用する水の供給源は上水道と井戸があるが，井戸水にはいろいろな問題が発生しやすいので主として上水道を利用する．

上水道の水質基準に関しては，水道法第4条で次のように規定している．

①病原生物に汚染され，または病原生物に汚染されたことを疑わせるような生物もしくは物質を含むものでないこと．

②シアン，水銀，その他の有毒物質を含まないこと．

③銅，鉄，ふっ素，フェノール，その他の物質をその許容量を超えて含まないこと．

④異常な酸性またはアルカリ性を呈しないこと．

⑤異常な臭味がないこと．ただし，消毒による臭味を除く．

⑥外観は，ほとんど無色透明であること．

上水のほかに，資源節約を目的とし，水洗トイレや掃除に使用するために生活雑排水を高度処理した水として中水がある．上水道のきれいな水を使わなくてもよい消火，洗浄，冷却用補給水などに雑用水として使用する．かつて大規模建築物では雑用水として地下水を利用していたが，地盤沈下の原因となっており，現在では中水道システムがいろいろと工夫されている．

(2) 給水方式

給水方式には，①水道直結方式，②高架タンク方式，③圧力タンク方式，④タンクレス圧送（タンクレスブースティング）方式がある．

①水道直結方式：道路に埋設された水道本管の水圧を利用して，直接建物内に給水する方式である．低層の住宅や小規模の建物に使用する．

②高架タンク方式：水道本管からいったん受水タンクに貯水し，それを屋上の高架タンクにポンプで揚水し，ここから給水する方式である．高層建築で使用する．

③圧力タンク方式：水道本管より受水タンクに受けた水を，圧力タンク内の圧縮空気により水を高いところまで給水する方式である．高架タンクを設置できない場所に用いる．

④タンクレス圧送方式：高架タンクや圧力タンクを使用しないで，ポンプにより直接，受水タンクから給水栓へ加圧給水する方式である．規模の大きな建物や団地などで用いる．

6.1.2 排水設備
(1) 排水の種類

住宅における排水は生活排水と雨水排水に分けられる．さらに，生活排水は汚水排水と雑排水に区分される．また，工場などから出る特殊な排水は特殊排水として区分される．

特定事業所から出される排水には排水基準があり，国が定める一律基準と都道府県が条例で定める上乗せ基準とがある．これらの基準による規制の結果，河川の水質汚濁の因子は一般家庭から出される生活雑排水が主となってきている．

①汚水排水：大小便器から排出される汚物を含んだ排水．

②雑排水：台所，浴室，洗面所，洗濯場などから出る汚水以外の排水．

③雨水排水：屋根や敷地に降った雨水．

④特殊排水：工場，病院，研究所などから出る薬品や化学物質など特殊な物質を含む有害な排水．この排水は一般の排水系統，または下水道へ直接放流

することはできない.

(2) 排水の方式

排水方式には，合流式と分流式とがある．下水道では，雨水排水と汚水排水・雑排水をいっしょに流すかどうかで区別し，下水道が完備していない場合には，汚水排水と雑排水をいっしょに流すかどうかで区別する．

(3) 屋内排水設備

衛生設備器具から排水を受け，公共排水路に流すまでの設備で，主に排水管，トラップ，通気管よりなる．

1) トラップ トラップは大小便器, 洗面器, 流しなどの配管の途中に設置し，管の途中に水を貯留すること（封水という）により屋外の排水管や下水道から臭気，有毒ガス，虫類などが侵入するのを防ぐためのものである．その形により，図6.1のような種類がある．Sトラップは，洗面器などの排水を床下横走り排水管に，Pトラップは，洗面器などの排水を壁体内の排水管に接続する場合に用いる．Uトラップは，屋内排水管の末端の横走り排水管に用いる．ドラムトラップ，わんトラップ（ベルトラップ）は，排水と雑物がともに流れる床排水，厨房排水などに用いる．その他，特殊なトラップとして，グリース阻集器，ヘヤー阻集器，オイル阻集器，ランドリー阻集器などがある．トラップの封水が減少またはなくなり，排水効果が低下し臭気などが流通してしまうことを破封という．

2) 通気管 破封を防いだり，排水管の換気や排水を円滑に流通させるために，排水管のトラップ近くに大気中に開口している管をつける．これを通気管という．通気管の配管方式には，各個通気方式，ループ通気方式，伸頂通気方式などがある．

(a) Sトラップ　(b) Pトラップ　(c) Uトラップ

(d) ドラムトラップ　(e) わんトラップ

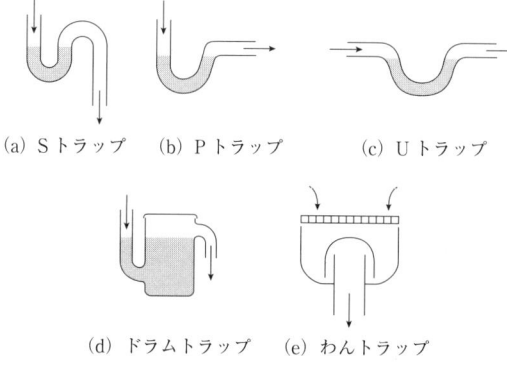

図6.1 トラップの種類

6.1.3 給湯設備と方式

(1) 給湯方式

給湯方式は次の2方式に大別される．

①局所式（個別式）：湯を使用する箇所に小型の加熱装置を設けて直接給湯する方式である．短い配管で分割給湯することもある．小規模の建築物で給湯箇所が少ない場合に使用する．

②中央式（セントラル式）：機械室に加熱装置，貯湯タンク，循環ポンプを設け，配管により必要箇所に給湯する方式である．事務所，ホテル，病院など大規模な建築物で給湯箇所が多く，多量の給湯が必要な場合に使用される．この方式には短管式と2管式とがある．短管式は給湯管だけで返り管がないため，給湯初期にぬるい湯が出る欠点がある．2管式は給湯管と返り管を設けて常に湯が循環するようにしたものである．この方式には，重力循環式と強制循環式とがある．

(2) 加熱方式

加熱方式には，瞬間式と貯湯式があり，貯湯式はさらに直接加熱式と間接加熱式に分けられる．瞬間式は貯湯機能がなく，給湯栓の開閉により湯を供給する方式である．貯湯式は一定量貯蔵した水を熱源により設定温度にする方式であり，直接加熱式は貯湯槽とボイラーとを直結して加熱するもので，間接加熱式はボイラーでつくられた蒸気，または高温水を貯湯槽内の加熱コイルを通して間接的に加熱するものである．熱源としては，電気（深夜電力），ガス，石油，太陽熱利用などがある．

(3) 配管方式

給湯，給水の配管方式には，分岐方式とヘッダー方式とがある．

①分岐方式：従来から一般に行われている配管方式で，給水源から給水先へ配管が枝分かれしていく方式なので，給湯の際，湯待ち時間が長くなる場合がある．また漏水事故が起こった場合，給水元で水を止めると全館断水となってしまうおそれがある．

②ヘッダー方式：ヘッダー（分岐口を多数もつ1種の分配器）から途中で分岐することなく，各給水・給湯栓まで1系統で配管する方式なので，給湯の場合は湯待ち時間を短縮しやすく，最近は採用が増えている．

6.1.4 衛生設備器具

衛生設備とは，建築物の内外部における給水や給湯および排水に関連する設備を総称するものであり，それらに使用される容器，用具，金具類を衛生器具という．

表 6.1 衛生器具の材質，特徴とその用途（「日本建築学会設計計画パンフレット13」より作成）

区分	陶　　器	ほうろう鉄器
材質	岩石鉱物と土壌鉱物を原料とし，成形された素地の表面にうわぐすりをかけ，窯内で高温焼成したもの 衛生陶器としては溶化素地質が使用されており，吸水率が非常に低い．以前は硬質陶器質，化粧素地質など吸水率の比較的高いものが使用されていたが，汚水を吸収して非衛生的なこと，また寒冷地では吸収された水が凍結膨張し，陶器を破損させたこともあり，現在では使用されていない	金属の表面にガラスを焼き付けたもので，衛生器具としては鋼板ほうろうと鋳鉄ほうろうが使用されている
長所	①吸水性が低く，汚水を吸収しない ②表面が平滑で，汚物が付着しにくく，掃除が容易である ③耐酸・耐アルカリなど耐薬品性があり，耐食性にすぐれている ④硬度，耐磨耗性が大きく，傷がつきにくい ⑤複雑な構造のものを一体にしてつくることが比較的容易にできる	①吸水性がなく，汚水を吸収しない ②表面が平滑で汚れが付着しにくく，掃除が容易である ③硬度，耐磨耗性が大きく，傷がつきにくい ④着色が自由である ⑤陶器に比べてもろさがなく強い
短所	①衝撃に弱く，割れやすい ②ヒートショックを起こしやすい ③熱膨張係数が小さいため，コンクリートに埋め込む場合，コンクリートの収縮による破損防止のための緩衝材が必要 ④重量が大きい	①衝撃を与えると，ほうろうが剥離することがある ②強酸・強アルカリ性のものをほうろう層に接触させると，表面が肌荒れする ③複雑な形状のものはできない ④ヒートショックを起こしやすい ⑤鋳鉄製は重量が大きい
用途	①衛生陶器として，大便器，小便器，洗面器，手洗器，実験用流し，浴槽などの水受け容器に使用される ②石けん入れ，化粧棚などのアクセサリーとしても使用される	浴槽，洗面器，流しなどに使用される
区分	ステンレス鋼板	プラスチック
材質	オーステナイト系（SUS 304），フェライト系（SUS 430）などが使用されている 耐食性では SUS 430 より SUS 304 がすぐれている	FRP（ガラス繊維強化ポリエステル），ポリプロピレン，ABS，ポリエチレン，塩化ビニールなどが使用されている
長所	①加工性がよい ②耐食性がよい ③軽量である ④寸法精度がよい ⑤衝撃で割れるようなもろさがない	①形状が比較的自由にできる ②軽量である ③感触が柔らかい ④加工性がよく，量産性が高い ⑤着色が自由である
短所	①表面に傷がつくことがある ②色彩が単調である ③複雑な形状のものはむずかしい	①表面硬度があまり大きくなく，傷がつきやすい ②経年変化で色が変色することがある ③汚れがややつきやすい ④耐酸・耐薬品性はあまりよくないので清掃には注意を要する ⑤熱に弱い
用途	①流しや浴槽に使用されている ②軽量であることが望まれる航空機，列車などの乗物には，大便器，洗面器として使用されている	①浴槽に使用されている ②洗面器に使用されることもあるが，汚れ，傷が目立ちやすく好ましくない ③便座，便蓋は大部分がプラスチックである ④給水・排水器具，付属品にも使用されることがある
区分	銅合金	鋳鉄
材質	鋳物原材料，伸銅品素材からなる．給水・排水器具としては，耐圧部分には青銅鋳物，非対圧部分には黄銅，その他の材質が使用されている とくに耐圧部は 17.5 kgf/cm²（17.2 MPa）の試験水圧に耐えるものとして，青銅鋳物（JIS H 5111）の BC6 が規定されており，外国とは異なっているところである	3％以上の炭素と 2％以上のケイ素を含む合金．鋳物用鉄鋼を主材料とし，古鉄鋼くず，合金鉄をキューポラおよび電気炉で溶解してつくる
長所	①衛生的である ②耐食・耐水性があり，耐久性がある ③加工性がよい	①金属材料のうちでは安い材料であり，非常に大型の，また複雑な形状のものでも容易につくることができる ②表面に非常に硬くて薄い黒皮があり，さびにくく，塗料ののりもよく，長期間の使用が可能である ③黒皮を除けば油をつけなくても削れるほど切削性がよい ④吸水性がなく，耐熱性にもすぐれている ⑤耐久性を必要とする浴槽，配管材料として最適である
短所	①黄銅は，水質によって脱亜鉛現象を生ずることがある ②給水，排水器具，付属品に使用される	①もろく衝撃に弱い ②重量が大きい
用途		浴槽，洗面ボウル，流し台などの母材，排水トラップ，配管材料に使用される

（1）衛生器具

衛生器具の材質としては，陶器，ほうろう鉄器，ステンレス鋼板，プラスチック，銅合金，鋳鉄などがある．表6.1はそれらの特徴や用途などをまとめたものである．

1）便器 大便器はしゃがみ込み姿勢の和式と腰掛け姿勢の洋式が主流であるが，中近東のしゃがみ込み姿勢の便器に近い形のものがJRの駅の公衆トイレにみられる（足置き台が便器の中に入ってしまうタイプのもの）．水洗式大便器の水洗方式には，大きく分けてサイホン式と洗い落とし式がある．代表的な水洗方式を表6.2に挙げる．また，大小便器の洗浄用の給水方式には洗浄弁（フラッシュバルブ）と洗浄水槽（フラッシュタンク）があり，洗浄水槽は取り付ける位置によってロータンク，ハイタンクに分けられる．水洗洋式大便器には，便座暖房，温水おしり洗浄，乾燥，脱臭などの機能をもったものがある．小便器には壁掛け型，壁掛けストール型，床置きストール型がある．

2）給水用器具 蛇口，カランともいわれ，用途や使い勝手により多くの種類がある．手で開閉栓をひねることにより吐水，止水をするものが主であるが，最近では，レバーで押す操作だけでよいものや，手を出せばセンサーが感知して自動で吐水，止水をするものなどが増えている．

（2）し尿浄化槽

建築基準法では，終末処理場を有する公共下水道以外に汚水排水を放流しようとする場合には，し尿浄化槽を設けなければならないと規定されている．し尿浄化槽には，単独処理浄化槽と合併処理浄化槽とがある．これらの浄化槽の設置・大きさの基準は，法令により定められているうえに各都道府県条例による規制がある．

1）単独処理浄化槽 生活排水のうち汚水排水のみを処理するもので，処理方法の違いにより，散水ろ床方式，分離ばっ気方式，分離接触ばっ気方式がある．

2）合併処理浄化槽 汚水排水と雑排水を合併して処理するもので，家庭用の合併処理浄化槽の処理方式には，嫌気性・好気性微生物を併用する嫌気ろ床接触ばっ気方式と，主として好気性微生物を利用する分離接触ばっ気方式がある．この合併処理浄化槽を設置するために，国や都道府県，市町村では，補助金を交付している．また，地域によっては環境事業団や住宅金融公庫による低利の融資も受けられる．

〔髙橋啓子〕

6.2 暖冷房，換気設備

暖冷房，換気装置を総称して空調装置と呼び，人が快適で健康に活動できる環境をつくるものである．空調装置（air conditioner）は，日本ではエアコンと略して呼ばれ換気装置と分離される場合が多いが，本来，同じ種類の機器である．暖冷房装置は，人の暑い寒いなどの感覚の制御をするもので，換気装置は，空気の質を制御するものである．

6.2.1 暖冷房装置

人体の体温調節機能は，体温を36～37℃に保つ機能であるが，体温を保つことを体温調節と定義すると，衣服，住宅や暖冷房装置も体温調節系の1つであり，過酷な自然環境を緩和するものである．人の暑い寒いなどの感覚は，人体の放熱量と産熱量のバランスにより決まり，暖冷房装置は，人のまわりの環境をコントロールして人体の放熱量を調整するものである．

6.2.2 暖冷房装置の種類

暖冷房装置はある目的に合わせて，室内の温熱環境を制御・調整するものである．室内におけるある目的とは，オフィスの業務効率，工場の生産性，家庭における快適な生活などさまざまである．ここでは，一般家庭で快適な生活をするための空調，エアコン（room air conditioner）を対象とする．

表6.2 便器の水洗方式

・洗い出し式 　水の押し出す力により汚物を排出する方式．水溜まり部が浅いため，水のはね返りがない反面，汚物が露出し臭気が発散しやすい
・洗い落とし式 　汚物を留水中に落下させ，水の押し出し力により汚物を排出する方式．流水面があまり広くなく洗浄力もサイホン式より劣るので，汚物が付着しやすい
・サイホン式 　排水管を曲げることによって，洗浄時に留水面の水位を上げてサイホン作用を起こし汚物を排出する方式
・サイホンゼット式 　サイホン作用を速くするため，ゼット噴流を加えて洗浄力を高めた方式．留水面積が広く封水が深いため，臭気が出にくく掃除がしやすい
・サイホンボルテックス式 　サイホン作用に渦巻き作用を加えて洗浄力を高めた方式．洗浄時に空気が混入しない構造となっているため，洗浄音がきわめて静かである

表6.3 エアコンの分類

分類			特徴・その他
形態	一体型	窓掛け型	圧縮機，室内外熱交換器など必要部品が一体化されているもの
		壁貫通型	壁の中に埋め込むもの．建物との兼ね合いが課題
	分離型	壁掛け型	もっとも普及しているもの
		床置型	床に設置するもの．家庭では少なくなってきている
		天井吊型	天井コーナーなどに天井上の梁などから吊る
		天井カセット型	吹出口と吸込口を配したパネルと室内本体が分離したもの
		天井埋込み型	室内本体を天井裏に配し，吸込口と吹出口を別途配置するもの
		壁埋め型	同上で，壁内部に入れるもの
機能	冷房専用機		クーラーと呼ばれ，冷房のみの機能
	冷暖房機		クーラーに暖房機能が付加したもので，エアコンと呼ばれる
圧縮機制御方法	一定速度		空調能力は，圧縮機のオンオフ，時間的に制御して調整する
	可変速度		回転数を変化させて能力調整する
その他	マルチエアコン		1台の室外機で複数台の室内機を接続する

エアコンは熱を運搬するもので，通常，熱を集める側に設置されている室外機と熱を利用する室内機に分離されている．エアコンの種類は，形態や機能，さらに圧縮機の制御方法により表6.3のように分類できる．

エアコンには，すべての部品を一体とし窓や開口部に設置する一体型と，室内機と室外機に分離し冷媒管，その他で接続する分離型があり，多様化し進化している．現在，もっとも多い形態は分離型の壁掛け型であり，これは床置き型から居住スペースの拡大のために変化したと考えられる．壁掛け型は，冷媒管を通す穴を開けるだけで，床から1.9～2.2 mの高さの壁に取り付けるもので，既築でも新築でも簡単に据え付けることができる．また，天井カセットや壁埋め型などは新築時に取り付けることが多く，ハウジングエアコンなどと呼ばれている．ハウジングエアコンは，据え付け工事費が若干高いものの部屋の雰囲気を壊すことなく室内の家具と調和する機器である．

以前のエアコンは冷房専用であったが現在は暖房機能が付加され，日本ではほとんどの機種が冷暖房機能をもち，ヒートポンプエアコンと呼ばれている．また，圧縮機のオンオフを行い室温を一定に制御するが，この圧縮機の回転数を変化させるインバーター機器が増えている．インバーター機器は，室内温度を精度よく制御できるほか，さらに高速で圧縮機を回転させることができるので，室温の立ち上がりのスピードが速くなるなど，室内環境の快適性に寄与する利点も多い．

近年のエアコンは，一家に1台から1部屋に1台へと需要が拡大し，室外機の設置スペースの不足を招くこともあることから，1台の室外機に2台以上の室内機を接続できるマルチタイプのエアコンが出現している．

室内外を分離している分離型に比較して，窓掛け型や壁貫通型の一体型は，機体内部に換気口を設けることができるので，換気ができるという特徴がある．

6.2.3 エアコンの構造

エアコンは，熱ポンプ（ヒートポンプ）と呼ばれており，熱を移動させるものである．室内の熱を汲み上げ室外へ移動，放熱するのが冷房であり，逆に室外の温かい熱を室内へ汲み上げているのが暖房である．

図6.2は，エアコンの構成を示している．図中，室内外の熱交換器は，冷房時の呼称で示している．すなわち，室内熱交換器は冷却器となる蒸発器，室外熱交換器は凝縮器であり，冷凍サイクル内を流れる冷媒の圧力が圧縮機と膨張弁により，室内熱交換器が低圧に，室外熱交換器が高圧になる．室内熱交換器では，液となっている冷媒が蒸発しガスになるとき熱を吸収し，室外熱交換器ではガスとなっている冷媒が凝縮し液になるとき熱を放散する．つまり，冷房は室内から熱を吸収し，室外に放散している．

冷房と暖房の切り替えは，四方弁と呼ばれる切り替え弁で冷媒の流れる方向を切り替えている．四方弁の切り替えにより冷媒流路が変わり，室内熱交換器は凝縮器となり，室外熱交換器は蒸発器となる．これにより，暖房運転時は室外の熱を吸収し，室内で放散するようになる．

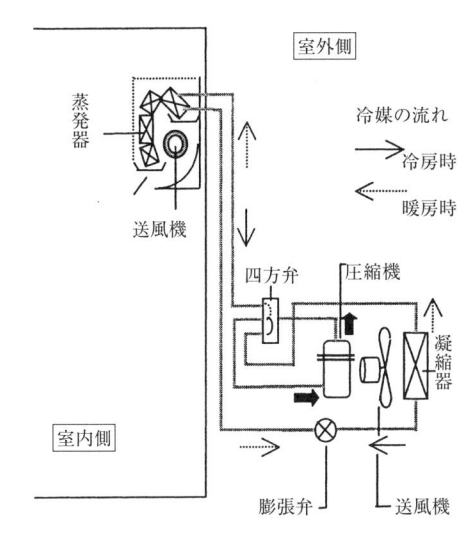

図 6.2 エアコンの構成

現在，冷媒にはフロン 22 を使用しているが，オゾン層の破壊につながるため代替冷媒の開発が行われている．しかし代替冷媒になると，若干の効率低下が予想される．

6.2.4 エアコンの機能

エアコンの機能は，人の暑い寒いなどの感覚を調節するものであるが，この機能を以下のような視点に分離することができる．また，このような視点で，メーカー間の競争があり，いろいろな機器の特徴を最大に利用することが望ましい．

(1) 室温制御性

空調機の最大の目的は，室温の制御機能である．制御機は室内の変化がないように圧縮機を制御するが，インバーター機種であると，1 deg 以下の制御性を有している．この場合，住宅の熱負荷とのバランスが課題であり，負荷が大きければ希望する温度に達しなかったり，逆に小さければ制御性が悪化することもある．住宅の熱負荷と機器の能力のバランスを考えることが重要である．

室内制御性の課題は，暖房時の上下温度差である．上下温度差とは，頭と足付近の温度差をいい，3 deg 以下が好ましいとされている（ISO 7730）．この上下温度差は，住宅の性能とエアコンの性能により決まるもので，外観では判断できず，カタログ，訴求データなどの吟味と信頼のおけるメーカーの選択が重要である．購入後に上下温度差が大きいと感じたら，隙き間風の除去，絨毯の敷設，カーテンの対策など生活上の工夫が必要である．もちろん，使用者側で靴下，下半身の断熱強化を図ることも改善方法の1つとなる．

(2) 湿度制御性

冷房すると，冷却面に結露し，この結露水（ドレン水と呼ばれる）を排水するので，室内は減湿される．冷房時の相対湿度は，およそ 55 ～ 65% となっている．室内の空気を冷却して水分を除去し，再び元の空気温度まで加熱するのがドライ機能である．快適な環境をつくるものの，電気入力が多くなり，また音が大きいなどの問題がある．

冷房すると減湿効果があるということと，日本の場合，夏期は高温多湿であることから，弱冷房で防湿効果を行う機種もある．これはソフトドライと呼ばれているもので，省エネで高効率の除湿ができるものの，若干室温が低くなるときがある．この場合も，使用状況を考えて，機種選択をすべきであろう．

最適な湿度は 40 ～ 60% RH であり，40% RH 以下では乾燥を強く感じ，60% RH 以上では多湿を感じる．40 ～ 60% RH の湿度は，湿度に対する感覚の変化が小さい範囲と考えることができる．日本の場合，冬期は低湿，夏期は高湿になることが多いが，冬期の過剰加湿も家屋への結露が問題となることもあり，設定湿度を冬期は 40% RH，夏期 60% RH を目標にするのが，感覚的にも省エネルギー的にも好ましいと考えられる．

(3) 気流制御性

冷房機の気流制御は，冷気を部屋の隅々まで届けるという考えで構成され，暖冷房機になると，暖房時と冷房時の最適吹き出し角度が異なるため以前より小型モーターを導入し，積極的に制御が行われていた．現在では，人の生活ゾーンを検知し，吹き出し方向を制御，さらに全域に吹き出すなど，より高度になっている．冷房時においては，従来は水平吹きが主流であったが，低下する冷気で不快を感じることもあり，さらに水平より上方に向けて吹き出すなど機能も拡大している．しかし使用時は，暖房時より冷房時の気流は曲がらないことが多いので，注意が必要である．

また，人の感覚を利用した制御方式も開発されている．これは，吹き出し風を積極的に利用するもので，吹き出し風をスイングさせて涼を与え，この涼の分だけ室温を上げ，省エネルギー化を図るものである．

(4) 省エネルギー性

エアコンの最大の特徴は，投入したエネルギーより利用するエネルギーが大きいことである．この比

率を成績係数（coefficient of performance, COP）と呼ぶ．冷房時のCOPはおよそ3.3～5.7であり，暖房時は3.8～5.9程度である．COPが5.0とは，100Wの電力入力で500Wの出力が得られるということを意味している．しかしCOPは，機種ごとに決められた定格能力時の値で示されているのが普通であり，通常，最高値で記載されていることが多いので，注意が必要である．

近年，首都圏の気象データを基に，あるモデル住宅で運転した場合の電気代で，省エネルギー性を訴えている広告が多い．これは，そのエアコンに合った住宅でしかもある条件下で計算されたもので，若干，安い電気代になるものの，定格以外の幅広い能力帯で評価しているので，機種比較をするにはよいデータである．

近年の省エネルギー化の動きは大きく，10年前のエアコンと比較すると1/3以下の消費電力になっている機種もある．当然ながら気流制御など他の機能も向上しているので，総合的な室内環境としても大幅に向上している．省エネルギー化の要素は，圧縮機の低入力化，熱交換器の高実装化，ファンモーターの低入力化であるが，今後は大幅な機器側での期待はできないと思われる．使用者の賢い使用，生活上の工夫に期待したい．

(5) 低騒音性

エアコンの音は，ファンの音が主体である．エアコンの風は，熱を移動させるためのものであり，ない方が望ましいが，空調能力を出すために必要である．また室内環境を形成するには，最低限必要な風量があり，風向の制御性，圧力損失の少ない風路構成などの開発が行われている．

(6) コンパクト性

市場にもっとも大きな影響を与えているのが，コンパクト化である．薄型化，高さ方向の低減などは他社との差別化が容易であり，わかりやすく，また購入者への訴求力がある．コンパクト化を図るには，省エネルギー性を確保する必要があり，コンパクト化は性能を犠牲にしている場合が多い．しかし，据え付け制約が少なくなることや，進んだイメージがあり，使用者や市場の評価は高い．コンパクト製品の購入時は，カタログなどで製品スペックを確認したい．

(7) 空気清浄性

エアコンの場合，換気，脱臭，集塵などの空気清浄機能は本質機能ではないが，搭載されることがある．たとえば，集塵機能，脱臭機能などを近年，家庭用空気清浄機の市場の拡大に伴い，各社とも新機能として搭載している．また，カテキンを応用した脱臭フィルター，静電式集塵フィルター，電気集塵フィルター，光脱臭ユニットまで搭載しているものもある．また，30 m^3/h程度の換気ができるエアコンも出現している．これらの機能が人間の生活に好ましい影響を与えることを願うが，各機器とも省エネルギー性を犠牲にし，さらにコンパクト性に逆行してコスト高となっている．脱臭，集塵などの空気清浄は重要な機能であり，温熱的環境形成機能との真の調和を期待したい．

6.2.5 換気装置

人が1日に体内へ取り入れる量は，水2 kg，食物1～2 kg，空気10 kg以上であり，このことからも空気が重要であることがわかる．換気は，この空気の確保を目的にしているものであり，汚れた空気の排出と新鮮な外気の供給を行う．汚れた空気とは，燃焼排ガスが含まれた空気，塵埃濃度の高い空気，温度が高く不快な空気など人の生活に不向きな空気である．しかし，暑い寒いなどの温熱感覚に比較して，空気の質に関する感覚は非常に鈍感であり，われわれの生活の中で換気の必要性を感じることは少ない．近年，住宅の高気密化が進み，従来の住宅に比較して密閉度の高い住宅が出現している．これらの住宅の場合，換気装置による計画的な換気が必要であるが，十分な換気量が確保できず，また住宅の建材や生活上から発生する物質によりさまざまな障害が発生し，大きな問題になっている．

6.2.6 換気の種類

換気は，自然の風や温度差による自然換気と，換気扇など機械による強制的な機械換気に分けることができる．従来の住宅の多くは，自然換気を利用した住宅と考えられるが，ここでは，住宅の高性能化に伴って必要となる機械換気について述べる．

送風機や換気扇などの機械力により空気の入れ替えを行う機械換気は，その方法により以下の3つに分類することができる．

(1) 第1種換気

外気を機械的に送入すると同時に，室内の汚染空気を機械的に排出する換気方法である．給気送風機と排気送風機の風量バランスを調節することで，室内の圧力バランスを変えることができる．また，給気側で温湿度調整や塵埃処理を行うことも可能であり，もっとも環境制御性の高い換気方法であり，ビル，オフィス，地下街，大空間などで用いられている．

表6.4 換気装置の分類

換気の種類1	換気の種類2	ハード	形 態
排気型	熱回収型	直接型	単体
給排気型	非熱回収型	ダクト型	システム

(2) 第2種換気

外気を機械的に送入し，機械装置のない換気口から自然排出する換気方法である．室内の圧力が高くなるので，隣室からの汚染空気，臭いなどの流入を防ぐことができる．給気側で温湿度調整や粉塵処理を行うことができ，室内空気を清浄に保つ必要がある手術室，食品工場，クリーンルームなどで用いられている．しかし排気口の位置により，排気性能が大幅に異なるという欠点がある．

(3) 第3種換気

室内の汚染空気を機械的に排出し，外気は機械装置のない給気口から自然給気する換気方法である．室内の局所から排気して室内の圧力を低くし，汚染空気が拡散するのを防ぐことができる．一般的な簡易換気であり，台所，浴室などで用いられるほか，機械室の排熱換気，駐車場の排出換気に用いられる．汚染空気発生位置と排気口位置，生活ゾーンにより，理想的な給気口の位置が異なる．

6.2.7 換気装置の種類と構造

換気装置は，台所やトイレなど汚染空気の排出を目的にしたものと，居間のように新鮮な空気の確保を目的にしたものに大きく分けることができる．台所・トイレ系のとくにキッチンの換気量は，調理時に排出される二酸化炭素などの燃焼ガスの排出のため，500 m³/h 程度の大風量排気である．居間の換気量は，1人 20～30 m³/h の換気が必要であり 100～150 m³/h 程度の風量である．換気装置は，その換気の種類，ハード的形態，システム形態などから，表6.4のように分類することができる．

換気装置には，排気のみを行うものと，排気と給気機能を合わせもつ装置がある．排気型では，適切な給気口の設置が必要であり，排気装置の運転に同期して開閉する給気装置が市販されている．キッチンのレンジ上に設置されるレンジフードには，給気口を一体に設け，排気ガスの拡散を抑制した高捕集型の機器がある．居間で使用されている換気装置の中では，給気が一体になり，そこで使用される空調機の負荷を低減するための熱回収型が主流である．熱回収型の換気装置はロスナイなどと呼ばれ，そこで使用される空調機の負荷を低減するほか，冬期に外気が直接進入することによる環境対策機能と考えることができる．このほかに，外壁に面しないところでも自由に設置することができるダクト型，住居全体を考慮したシステム換気装置などがある．

6.2.8 家屋，生活とのかかわり

人の酸素の消費，体温調節は，生きていくための必要な機能である．住宅は，厳しい外界から人を守るためにつくられたものと考えることができるが，同時に，豊富な酸素，きれいな空気から人を遠ざけたとも考えることができる．近年，とくに都心においては，車の排ガスなどで外気汚染が進んでいる．これらは，人の行動により空気汚染されたものであり，住宅内においても外気と同様に，生活により酸素を消費し空気を汚染している．人の感覚は，環境の危険告知信号であるが，暑い寒いなどの温熱に関する感覚は，年齢・性などに無関係に平等に与えられているものの，空気質に関する感覚はこれらに比較して非常に鈍感であり，まったく知覚できないものもある．したがって，室内の暖房，冷房に関する要求は大きいものの，換気に関する要求は非常に小さい．しかし，両者とも人に与える影響が大きいので，暖冷房，換気装置の性能向上とともに，生活する人々の工夫が必要である．ルームエアコンなどの暖冷房機の省エネルギー化は進んでいるものの，限界が近づいている．使用者側で，建物，生活に合った使い方を行うことで，大幅な省エネルギーが実現できる．と同時に，換気に関しても，外気の環境がよければ窓を開けることで新鮮な外気が確保できる．また，大きな能力をもった排気装置を設置しても適切な給気口がなければ十分な換気ができない．有効な換気を行うとき，空気の通り道を考える必要があろう．暖冷房，換気装置は，健康で快適に活動できる環境をつくるために必要な機器であり，これらの機能，性能をよく認識し，生活の中で生かすことが重要と思われる．

〔菅原作雄〕

6.3 電気設備

6.3.1 住宅の配電設備

一般住宅に供給される電気は，電力会社の発電所でつくられ，変電所，変圧器で高い電圧から低い電圧に交換されて，100 V または 200 V の低圧電力で屋外の配電線から引き込み線で積算電力計を経て屋内の配電盤に供給される．配電盤では使用設備に応じた分岐回路に配電され，過電流回路遮断器（ブレーカー）を通じて照明器具やコンセントに供給され

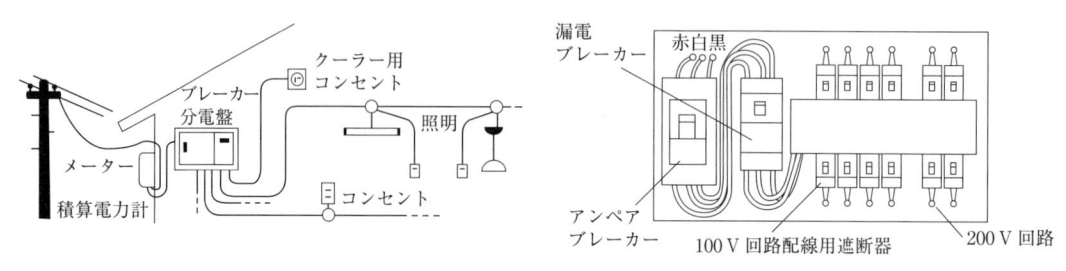

図 6.3

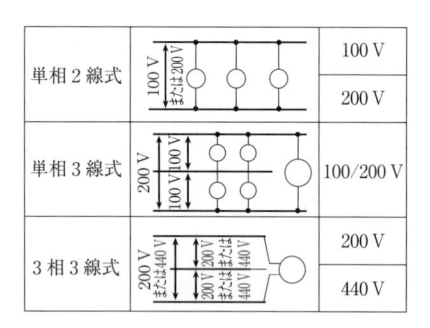

図 6.4 電気方式

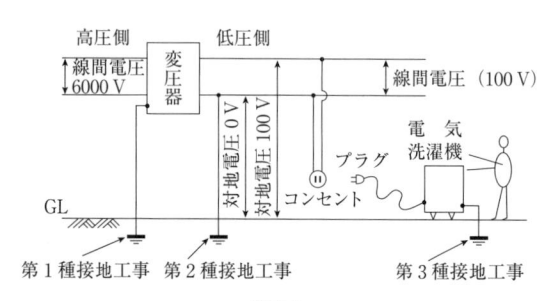

図 6.5

る．配線は一般には床，壁，天井に隠されて設置される．

6.3.2 電源の種類と使用電力容量

電源には電流の大きさおよび流れる方向が常に一定の直流（DC）と，大きさと方向が時間とともに周期的に変化する交流（AC）とがある．電気設備で使用される電源は主として単相および3相の交流電源である．単相電源には単相2線式100 Vおよび単相3線式100/200 Vがあり，単相2線式100 Vは照明およびコンセントなどの分岐回路に使用され，単相3線式100/200 Vは照明およびコンセントの幹線に用いられる．エアコン設備や電子レンジなどの電気容量の大きい電気器具を使用する場合には，専用回路，専用コンセントを用意し，200 V回路に接続することにより電線を細くすることができ経済的である．また3相電源は建築設備や動力用の電源として使用される．

住宅における照明およびコンセントなどの電気回路は，原則として15 Aごとに1回路とし，冷暖房機器などのように消費電力の大きなものには，30 A以上の専用の分岐回路が用いられる．

6.3.3 電力の安全利用

屋内配線においては，短絡や過負荷などにより電線および電気機械・器具などに過大な電流が流れて火災などの事故が起こるのを防ぐために，回路ごとに配線用遮断器（ブレーカー）を設けて保護する．また，電路は他の物から絶縁することが規定されているが，電路の絶縁が破られて，機器を通して大地に電流が流れるのを防ぐために，必要な箇所に漏電遮断機を設置して保護する必要がある．さらに，感電や漏電の危険を防止するために，人が触れると思われる電気機器の金属部分をあらかじめ接地配線（電圧が300 V以下の場合は第3種接地工事）を施す必要がある．

6.3.4 深夜電力の利用

電力の総容量が4 kVA以上の夜間蓄熱式機器（370 l以上の電気温水器など）を使用している住宅では，深夜電力の契約ができる．23〜7時の時間帯の電力を昼間の電気代の約1/3の低料金で利用でき，深夜電力で温めた温水を昼間に浴室や給湯用に供給する．また，給湯，厨房，冷暖房などのすべての熱源を電気でまかなうオール電化住宅では，電気料金が割引きとなる．　　　　　　〔磯田憲生〕

6.4 照明設備

6.4.1 光源の種類と特徴

住宅で主に使用される光源には，大きく分けて白熱電球と蛍光ランプがある．また，近年演色性を改良した高輝度放電ランプが開発され，屋内照明用と

表 6.5　各種光源の特性（「National ランプ '04 総合カタログ」pp. 238–239 より作成）

光源の種類		光色（色温度, K）	演色性 平均演色評価数 Ra	大きさ（W）	寸法（長さ）	効率（1m/W）	始動時間	寿命（h）	コスト（設備費など）	保守, 取扱いなど
白熱電球	一般照明用電球 小形（ミニ）電球 ボール電球 反射鏡付き電球	暖かい 2800	忠実 Ra 100	5～450	小さい 90 W… 110 mm	低い 約2～22（100 V 90 W, 一般照明用, 17）	瞬時	短い 1000～2000	設備は安いが維持費が比較的高い	きわめて容易
	ハロゲン電球 片口金形 反射鏡付き 片口金形 両口金形など	暖かい 2800 ↓ 3200	忠実 Ra 100	5～3000	非常に小さい 65 W… 67 mm	低い 約12～29（110 V 65 W, ミニハロゲン電球, 約24）	瞬時	短い 50～3000	比較的高い	普通
蛍光ランプ	直管形 環形 ツイン形 コンパクト形	暖かな光色から涼しげな光色まで多種 2700 ↓ 7200	忠実から良いまで多種 Ra 99～60	4～110	小さいから大きいまで多種 4 W… 134.5 mm 110 W… 2367 mm	高（一般照明） 約31～110	2～3秒（グロースタータ形）即時（ラピッドスタータ形, 電子点灯管）	長い 3000～12000	比較的安い	比較的繁雑
	電球形	2800 ↓ 6700	優良 Ra 84	7～22	小さい 13 W… 122 mm	中 約42～69	瞬時	長い 6000～8000	ランプは比較的高いが設備は電球用を使用可能	容易
高輝度放電ランプ	高圧ナトリウムランプ メタルハライドランプ 水銀灯	暖かな光色から涼しげな光色まで多種 2050 ↓ 6000	忠実から悪いまで多種 Ra 96～14	40～2000	中 400 W… 285 mm	高い ・高圧ナトリウムランプ：約31～147 ・メタルハライドランプ：約38～112 中 ・水銀灯：約9～63	約8～20分 ・高圧ナトリウムランプ 3～8分 ・メタルハライドランプ 約5分 ・水銀灯	長い 6000～24000	設備は比較的高いが維持費は安い	普通

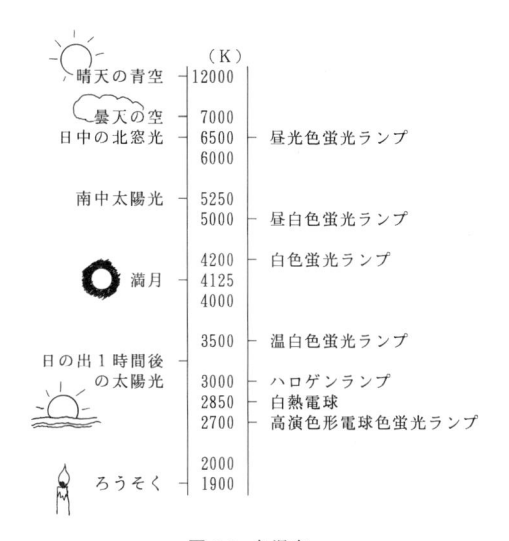

図 6.6　色温度

（K）
晴天の青空　12000
曇天の空　7000
日中の北窓光　6500　昼光色蛍光ランプ
　　　　　　　6000
南中太陽光　5250
　　　　　　5000　昼白色蛍光ランプ
　　　　　　4200　白色蛍光ランプ
満月　　　　4125
　　　　　　4000
　　　　　　3500　温白色蛍光ランプ
日の出1時間後の太陽光　3000　ハロゲンランプ
　　　　　　2850　白熱電球
　　　　　　2700　高演色形電球色蛍光ランプ
　　　　　　2000
ろうそく　　1900

しても使われるようになってきている．表6.5は各種光源の特性を示している．また，現在注目されている光源としてLED（発光ダイオード）がある．

(1) 光源の演色性

光源の演色性の指標となるものに，色温度，演色評価数があるが，色温度は光の色と主に関係し，演色評価数は物の色の見え方に関係する．

黒体を熱したときの色が光の色と同じ場合の黒体の絶対温度を色温度といい，単位はK（ケルビン）で表す．図6.6に各種光源と色温度の関係を示す．

演色評価数には，平均演色評価数Raと特殊演色評価数とがあるが，一般に平均演色評価数が用いられる．平均演色評価数が100に近いほど基準光源（色温度によって異なる）の色の見え方と等しくなる．表6.6にランプの平均演色評価数と使用用途，光源例を示す．

表 6.6 ランプの演色性と用途（国際照明委員会, 1986）

演色性グループ	平均演色評価数 Ra の範囲	使用用途		光源例
		好ましい用途	許容される用途	
1A	$Ra \geq 90$	色検査 臨床検査 美術館	—	高演色形蛍光ランプ メタルハライドランプ
1B	$90 > Ra \geq 80$	住宅, ホテル, レストラン, 店舗, 事務所, 病院	—	3波長域発光形蛍光ランプ
		印刷, 塗装, 織物, 精密な作業の工場	—	演色本位形高圧ナトリウムランプ メタルハライドランプ
2	$80 > Ra \geq 60$	一般的な作業の工場	事務所, 学校	普通形蛍光ランプ 演色改善形高圧ナトリウムランプ
3	$60 > Ra \geq 40$	粗作業の工場	一般的な作業の工場	水銀灯
4	$40 > Ra \geq 20$	—	粗作業の工場 演色性が重要でない作業の工場	効率本位形高圧ナトリウムランプ

(2) 白熱電球

白熱電球には一般によく使われる一般照明用電球, 家庭用小形電球, ボール電球, 反射鏡付き電球やハロゲン電球などがある.

消費電力に対する光量（効率）は蛍光ランプの約 1/5 と低く, 寿命は蛍光ランプの約 1/5 ～ 1/10 とかなり短い. 色温度は約 2800 K と低く, 赤みを帯びた暖かみのある光色で, 赤色を美しくみせる. 光源は点光源であるためランプそのものの輝度は高いが, 物に陰影をつくり, 立体感を出すことができる（モデリング効果）. また, 瞬時に点灯し, 点灯回数のランプの寿命への影響が小さいことから, 点灯回数の多いトイレ, 階段, 廊下などへの使用が多い.

(3) 蛍光ランプ

効率, 寿命ともに白熱電球よりすぐれており, 省エネルギーの点で有利である. 光源は, 線光源であるためランプそのものの輝度は比較的低い. また, 発光面積が広いため光が拡散しやすく, 部屋全体を明るくすることが可能である. ただし, 拡散性が大きい場合, 物に陰影ができないため平面的なイメージになりやすい. 近年では, 白熱電球に近い形状の小形ランプが開発され, 点光源に近い特徴をもつものもある. また, 明るさは周囲温度に影響され, 温度が低いと暗く感じたり, ちらついたりすることがある. さらに, 1 回の点滅で約 1 時間寿命が短くなるため, 頻繁に点滅するところでは不経済となる.

蛍光ランプの種類は表 6.5 に示したように多種多様で, ランプの色温度は約 2700 ～ 7200 K と幅広く, 赤みを帯びた暖かみのある光色から青みを帯びた涼しげな光色まである. Ra は 60 ～ 99 の比較的演色性のよいものからかなり忠実に色をみせるタイプまであり, 大きく普通形, 3波長域発光形（高効率高演色形）, 高演色形に分けられる. 近年, 効率, 演色性ともによいことから3波長域発光形蛍光ランプが主に使われるようになってきた.

(4) 高輝度放電ランプ

高輝度放電ランプ（high intensity discharge lamp：HIDランプ）は, 高圧ナトリウムランプ, メタルハライドランプ, 水銀灯を総称したものである. ランプ効率が高く長寿命で経済性にすぐれていることから, 工場, スポーツ施設などの大規模空間や道路, 駐車場などの屋外用として使用されている. 高効率で高演色の小形ランプが開発され, 店舗

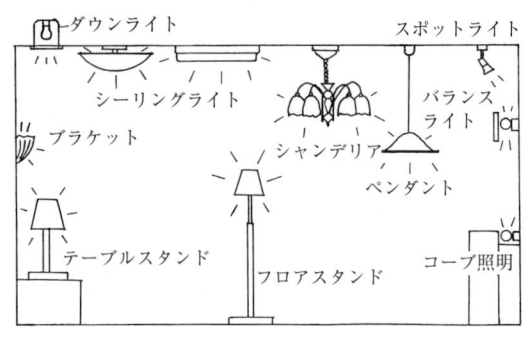

図 6.7 照明器具の例

照明方式	配光(%)	配光曲線	照明器具の例	
			白熱灯	蛍光灯
直接照明	上方向 0～10 下方向 100～90		ダウンライト 金属製シェイドのペンダント	金属製シェイドのシーリングライト
半直接照明	10～40 90～60		ガラス製シェイドのペンダント	半透明アクリルカバー付きシーリングライト
全般拡散照明	40～60 60～40		ガラスグローブのペンダント	バランスライト
半間接照明	60～90 40～10		ガラス製シェイドのペンダント ガラス製シェイドのシャンデリア	半透明アクリルシェイドのシーリングライト
間接照明	90～100 10～0		金属製シェイドのブラケット	コーブ照明

図 6.8 照明方式と照明器具

や文化施設などで屋内照明として使用されるようになってきており，今後注目される光源である．ただし，点灯時間に5分前後とかなり時間がかかる．

(5) LED

LED (light emitting diode) はさまざまな分野で利用されているが，信号機の光として親しまれている．

LED は，長寿命で消費電力が少ないため省エネルギーの点で非常にすぐれている．また光色が多種で比較的演色性もよいことから，照明用光源としての開発が進められている．

現在，住宅用としては，足元灯など限られた場所に利用されているが，今後注目すべき光源である．

6.4.2 照明器具の種類と特徴

照明器具には図 6.7 に示すようなものがある．また，コーブ照明やダウンライトのような建物と一体化した照明を建築化照明という．

(1) 配光による照明方式と照明器具

照明器具の配光による照明方式として図 6.8 に示すような直接照明，半直接照明，全般拡散照明，半間接照明，間接照明の5つの種類がある．

直接照明は光のほとんどが下方を照らすもので，たとえば不透明シェイドをもつペンダントやダウンライトなどがあり，作業面や物体のみを明るくしたい場合に効果的である．

半直接照明は主に下方を照らすが一部の光が上方を照らすもので，代表的な器具としてはシーリングライトや半透明シェイドをもつペンダントがある．部屋全体を明るくし活動的な空間を作り出すのには効果的である反面，平面的なイメージになりやすい．

全般拡散照明は半透明のカバー越しの光を全方向に広げるもので，球形に和紙の貼られたペンダントがその例である．

半間接照明は主に上方を照らすが一部が下方を照らすもので，シェイドが半透明で光源が上向きのシーリングライトがある．シェイド越しの光と天井面で反射した光が室内を照らし，柔らかな空間ができる．

間接照明は光のほとんどが上方を照らすもので，シェイドが不透明で光源が上向きのペンダントやシーリングライトがある．まず，天井面を照らし反射させた光で室内を照らすため，より柔らかで暖かみのある空間が演出できる．

以上のように，照明方法によってさまざまな空間を演出できるため，室の用途によって照明方式を選択するとよい．

(2) 蛍光灯の点灯方式

従来の家庭用蛍光灯の点灯方式はグロースターター式が一般的であったが，近年インバーター回路（高周波点灯高力率回路）をもった照明器具が普及してきている．グロースターター式はスイッチを入れてから点灯までに2～3秒かかるが，インバーター式では瞬時に点灯することや，ランプ効率が10%以上増加するのに加え，15～20%の省電力になる．また，これまで問題とされてきたちらつきはほとんどなくなった．

(3) センサー付き照明器具

近年，照明器具に人感センサーや光センサーが組み込まれたタイプが使われている．

人感センサーは人の出している赤外線に反応するセンサーであり，人が近づくと点灯，遠ざかると消灯するシステムになっている．不必要なときには自動的に消灯してくれるため，省エネルギーに役立つ．しかし，人が頻繁に通行するところでは点滅回数が多くなるため，ランプの寿命が短くなり不経済

表6.7 住宅の照度基準 (JIS Z 9110)

照度(lx)	居間	書斎	子ども室勉強室	応接室(洋間)	座敷	食堂	寝室	家事室作業室	浴室脱衣室	便所	廊下階段	納戸物置	玄関(内側)	門,玄関(外側)	車庫	庭
2000	—															
1500	手芸	—	—				—	手芸					—		—	
1000	裁縫							裁縫ミシン								
750		勉強	勉強	—					—							
500	読書化粧[1]電話[4]	読書	読書				読書化粧	工作	ひげそり[1]化粧[1]洗面				鏡		掃除点検	—
300		—				食卓調理台流し台				—						
200	団らん娯楽[3]		遊び	テーブル[2]ソファ飾り棚	座卓[2]床の間			洗濯	—				くつ脱ぎ飾り棚			
150															—	パーティー食事
100	—		全般					全般	全般				全般			
75		全般				全般				全般						
50	全般			全般	全般						全般			表札・門標郵便受け押ボタン	全般	テラス全般
30												全般				
20							全般									
10																
5														通路	—	通路
2							深夜		深夜	深夜				防犯		防犯
1																

注 1) 主として人物に対する鉛直面照度とする.
  2) 全般照明の照度に対して局部的に数倍明るい場所をつくることにより,室内に明暗の変化をつくり平坦な照明にならないことを目的とする.
  3) 軽い読書は娯楽とみなす.
  4) 他の場所でもこれに準ずる.
備考 1. それぞれの場所の用途に応じて全般照明と局部照明を併用することが望ましい.
  2. 居間,応接室,寝室については調光を可能にすることが望ましい.

になることもある.
　光センサーはある明るさになると反応するセンサーであり,自動的に点灯・消灯するものである.これら2つのセンサーを組み込んだ器具もあり,主に玄関ポーチや戸外の防犯用として,また廊下の足元灯など夜間の安全確保のために使われている.

6.4.3 各室の機能に合わせた照明法

　住宅は居間,食堂,台所,トイレ,浴室,寝室,書斎などさまざまな空間からなり,また,それらの空間で行われる行為はそれぞれ異なるため,望ましい明るさや室のイメージも異なってくる.したがって,照明計画はそれぞれの室の機能に合ったものでなければならない.表6.7にそれぞれの室における各行為に必要な照度基準 (JIS Z 9110) を示す.ただし,高齢者の場合は全般照明では照度基準の1.5倍,作業照明では2倍,屋外・通路照明としては,3〜5倍の明るさが必要とされる.

(1) 居間の照明

　居間は家族が集まって団らんをする場であり,住宅の中心的な場である.ここは,さまざまな行為が持ち込まれる場であり,さまざまなシーンに対応した明かりを考える必要がある.談笑したり,ゲームをしたりする場合には,室全体を明るくするシーリ

ングライトやシャンデリアのような全般照明を主体とした照明，新聞を読んだり，記帳をしたりといった視作業には，全般照明に加え手元を照らすスタンドなどの補助照明を用いる．また，お酒を飲んだり，くつろいだりする場合には，上品で落ち着いた雰囲気を醸し出す照明が望ましく，ブラケット，ダウンライトやスポットライトなどの局部照明を使用し，全般照明は調光器により明るさを抑えるとよい．最近は，1つの照明器具の中に何種類かの光源が組み込まれ，シーンに応じて照明方式を変えることができる器具がある．また，いくつかの器具を組み合わせ，シーンに応じた照明方式に設定できるコントローラーもある．

(2) 食堂の照明

食堂にはペンダント照明を器具の下部が食卓上60～80cmになるように設置し，食卓の中心部を十分明るくする．食事は目と舌で味わうといわれるように，食卓上の料理がおいしくみえるような光源を用いれば，より食事を楽しむことができる．光源には肉や刺身などの赤を美しくみせる白熱電球や赤色だけでなく，野菜などの緑も鮮やかにみせる3波長域発光形電球色蛍光ランプなどを用いるとよい．

(3) 寝室の照明

寝室は就寝の場であり，枕元で読書したり，化粧をしたりする場でもある．読書のために枕元用のスタンドを用い，また，しっとりとした落ち着いた雰囲気を出すためにブラケットなどで照明するとよい．さらに，夜間に目を覚ましたときのために出入り口のあたりに枕元から点灯できるダウンライトを設置したり，ベッド付近に足元灯をつけるなど安全にも配慮する必要がある．

(4) 学習の場の照明

子どもの勉強室や書斎は，本を読んだり物書きをしたりなど主に視作業を行う場であり，視力の低下や作業能率の低下を防ぐためにも照明には十分な配慮が必要である．まず，全般照明で室全体を明るくし，角度が自由に変えられるようなスタンドを併用し，作業に合った明るさにする必要がある．

(5) 和室の照明

座敷の照明としては室の中央に和風ペンダントを，床の間には掛軸や置物を照らすアクセント照明を設置する．また，日本の伝統的照明である行燈をイメージしたフロアスタンドなどを設置すると，落ち着いた格調の高い空間が得られる．

6.4.4 照明器具のメンテナンスと効率

照明器具は使用しているうちに明るさが低下していくが，これにはランプ自体から放射される光の量（光束）が低下することや，器具，ランプの汚れなどが影響している．

光束の低下の仕方はランプの種類により異なり，白熱電球は寿命期までほとんど低下がみられないが，蛍光ランプの光束は寿命期には20～30%低下する．

器具やランプの汚れの程度は，その種類，使用する場所によって異なるが，1年間清掃しないと約15%明るさが低下する．

照明の状態を良好に保つためには，照明器具およびランプを2～3カ月に1回程度定期的に清掃したり，蛍光ランプの場合は2年に1回くらい交換することが望ましい．

〔宮本雅子〕

6.5 キッチンの設備環境（Ⅰ）

6.5.1 住まいにおけるキッチンの位置づけ

キッチンの本来の目的は「調理」である．しかし近年，ライフスタイルの多様化に伴い，家族の食事やコミュニケーションの場としても活用されるようになり，調理以外の機能や視覚的な美しさも要求されるようになってきた．

それは，キッチンの流れに2つの方向をもたらすこととなった．すなわち，1つはキッチンを料理をつくる場としてその役割を限定し，調理機能を可能な限り高めていこうとする方向，もう1つは，キッチンに料理以外の役割，例えば主婦の安らぎの場，家族のコミュニケーションの場といった役割をもたせ，そしてその役割に見合う形でファッション性をもたせようという方向である．

キッチン自体の方向性を考え，各家庭の現状に即したキッチンの位置づけを行った上で，キッチンの設備環境を整えていく必要があろう．

6.5.2 キッチンのタイプ
(1) キッチンの分類

キッチンのタイプは，次の3種類に分類できる．

① 1種S型キッチン（縦割りタイプ）：従来型のキッチンセットのことで，セクショナルキッチンともいう．流し台，調理台，コンロ台などそれぞれ独立して完成されたものを，現場で配置する縦割り形式のキッチンである．ステンレス薄板の深絞り加工技術の完成によって一挙にブームとなり，1960年ころから爆発的な速さで生産量が増大し，厨房産業ができ上がった．価格は安いがそれぞれのユニットの継ぎ目から水が入りやすく，また寸法の調整にも

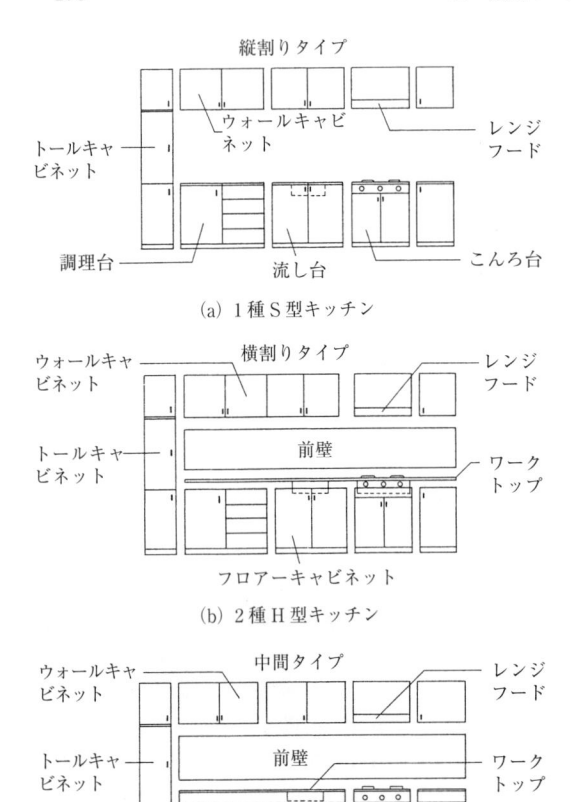

図 6.9 キッチンのタイプ[6]

表 6.8 キッチンのシステムの比較[6]

	セクショナルタイプ	ホリゾンタルタイプ
	縦割りタイプ	横割りタイプ
製品の形態	完成品	部品, 部材
構成	3点セット型	部品・部材単位
ワークトップ	制限される	原則的にフレキシブル
レイアウトプラン	制限される	原則的に自由
商品の仕様	制限される	部材表の範囲で選択
価格	製品表示価格	部品, 部材により積算
施工費の要否	ほとんど不要	別途積算
納期	原則的に数日	標準 2〜4 週間
設計	製品寸法優先	システム設計優先
コンサルティング	ほとんど必要ない	原則的に不可欠
扉, 面材の選択	限定される	カラー, デザイン豊富
ビルトイン機器	対応不可	対応範囲を明示する
寸法調整範囲	きわめて小	施工時調整可
現場施工の要否	ほとんど行わない	行うことが前提

限度がある.

② 2種 H 型キッチン（横割りタイプ）：1970 年代初期に西ドイツから輸入され普及し始めたもので，現場で部品や部材を組み合わせ，ワークトップで一体化して施工するシステムキッチンである．横割り形式の構造をもつ「システムキッチン部材型」で，輸入品のシステムキッチンに多い形式である．ホリゾンタルキッチンともいう．

③ 3種 M 型キッチン（中間タイプ）：輸入により始まったシステムキッチンは，1970 年代後半に入って国産化が始まった．しかし，国内の卸売組織は，部材が多いシステムキッチンのコンサルティングセールスの適応に苦慮した．そこで，日本の住空間に合うように改善，商品化され，誕生したのがこの 3種 M 型キッチンである．完成品のキャビネットを配置し，上部にワークトップをセットする「簡易施工型」で，2種の「システムキッチン部材型」と区別して「システムキッチン簡易型」と呼び，縦割り，横割りの中間の形式をもつ．部材型に比較し，パーツなどの選択数は限られるが施工が容易で安価である．国内向けにデザインされた国産型システムキッチンとして普及しており，販売比率も大きい．

図 6.9 に 3 種のキッチンのシステムの例を，表 6.8 にホリゾンタルキッチンとセクショナルキッチンとの比較を示す．

(2) キッチンと JIS 規格

セクショナルキッチンの規格化は早く，1961 年，JIS S 1005（家庭用炊事用具）にキャビネットの高さ 800 mm，奥行き 550 mm の製品として制定された．

その後，1980 年ころからシステムキッチン市場が確立されるに伴って，1992 年 3 月にはキッチンに関する規格が改正され，JIS A 0017「キッチン設備の寸法」として，セクショナルキッチンとシステムキッチンが共通の寸法概念の中で統一された．また，JIS A 4420（システムキッチンの構成材）に，キャビネットの性能や強度試験方法などが規定された．これらの規格は ISO 3055 と旧西ドイツの DIN (Deutsche Industrie Norm) 規格の DIN 68901 とほぼ同じ内容になっている．JIS A 0017 に定められている寸法を図 6.10 に示す．

6.5.3 システムキッチンの特徴と構成
(1) システムキッチンの特徴

「システムキッチン」は和製造語で，JIS A 4420では「調理作業に必要なキャビネット（ウォールキャビネット，フロアキャビネット，トールキャビネットなど）とこれに組み込む機器類（加熱調理機器，レンジフード，冷蔵庫，冷凍庫，食器洗機など）を有機的に結合させたキッチン設備」と定義されている．

具体的には，食品の貯蔵，加工，調理から洗浄，さらに排気までをひとまとめにしてシステム化を図るとともに，さまざまな条件に対応しうるシステムと豊富な部品を有する．外見的には，ワークトップに継ぎ目がないことや，設備のすべてが建築と一体となっていることなどが特徴である．機能的には，セクショナルキッチンからさらに調理の作業性や収納にも工夫が凝らされ，デザイン面でもいろいろな様式やカラーコーディネーションに対応できるようになっている．

したがって，デザイン，機能の両面で住まい手の細かなニーズに対応することが可能で，大きさ，色彩，配置なども統一がとれ美しいキッチンを実現できるとともに，他の空間とのトータルコーディネーションが可能である．

システムキッチンによって，キッチンの「インテリア化」の流れがもたらされるようになった．

(2) システムキッチンの構成

システムキッチンは，カウンター，シンク，こんろ，ベースキャビネット，トールユニット，ウォールキャビネット，フィラーから構成され，部屋の寸法，規模，目的や好みに応じて多様な組み合わせができる．また，棚板，引き出し，扉やオーブン，電子レンジ，冷蔵庫，皿洗い器など機器類をビルトインできるようにモジュール統一が行われている．一般的なシステムキッチンの部品，部材を図6.11に示す．

従来のシステムキッチンのウォールキャビネット・フロアキャビネットは開き戸の形であったが，最近では，キャビネット自体は開き戸であるが台輪部分を引き出し式収納にしたもの，フロアキャビネット全体を引き出し式収納にしたもの，昇降式吊り戸棚など新しい設備が登場し，キャビネットの構成に新しい流れが生じてきている．図6.12に引き出し式収納，昇降式吊り戸棚の例を示す．

(3) システムキッチンの今後の課題

システムキッチンの登場により，日本のキッチンは明るいイメージに変わった．また，統一のとれた

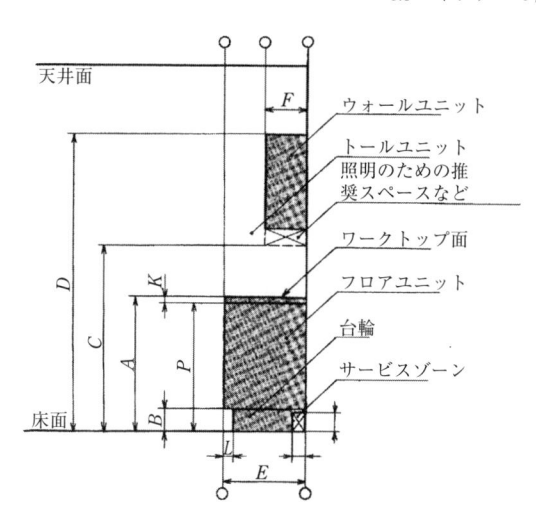

各部の寸法

記号	名称	寸法
A	ワークトップの高さ	8 M, 8.5 M, 9 M, 9.5 M
B	台輪の高さ	100 mm (8 M, 8.5 M) 150 mm (9 M), 200 mm (9.5 M)
C	床からウォールユニットの下端までの高さの呼び寸法	n×M, ただし，最小寸法は13 Mとする
D	トールユニットおよびウォールユニットの上端までの高さの呼び寸法	n×M, ただし，最小寸法は19 M, 優先寸法は21 Mとする
E	ワークトップ，フロアーユニットおよびトールユニットの奥行きの呼び寸法	6 M 以上
F	ウォールユニットの奥行きの呼び寸法	400 mm 以下
L	台輪のけこみの深さ	50 mm 以上

備考　1. $M = 100$ mm とし，n は正の整数とする．
2. ユニットの間口の呼び寸法は $n \times M$ とする．間口各部の優先寸法は次のとおりとする．機器は 6 M, ユニットは 3 M, 4 M, 5 M, 6 M, 8 M とする．シンクユニットは 6 M, 8 M, 9 M, 12 M, 15 M, 18 M とする．
3. ワークトップの高さ寸法 8 M の場合，台輪の高さは当分の間 50 mm としてもよい．

サービスゾーンの寸法

名称	寸法	概要
サービスゾーンの高さ	100 mm 以上	この部分には取り外しまたは開けることのできるふた（蓋）などを設けること
サービスゾーンの奥行き	70 mm 以上	

図6.10 住宅用キッチン設備の寸法（JIS A 0017）[5]

図 6.11　システムキッチンの構成[6]

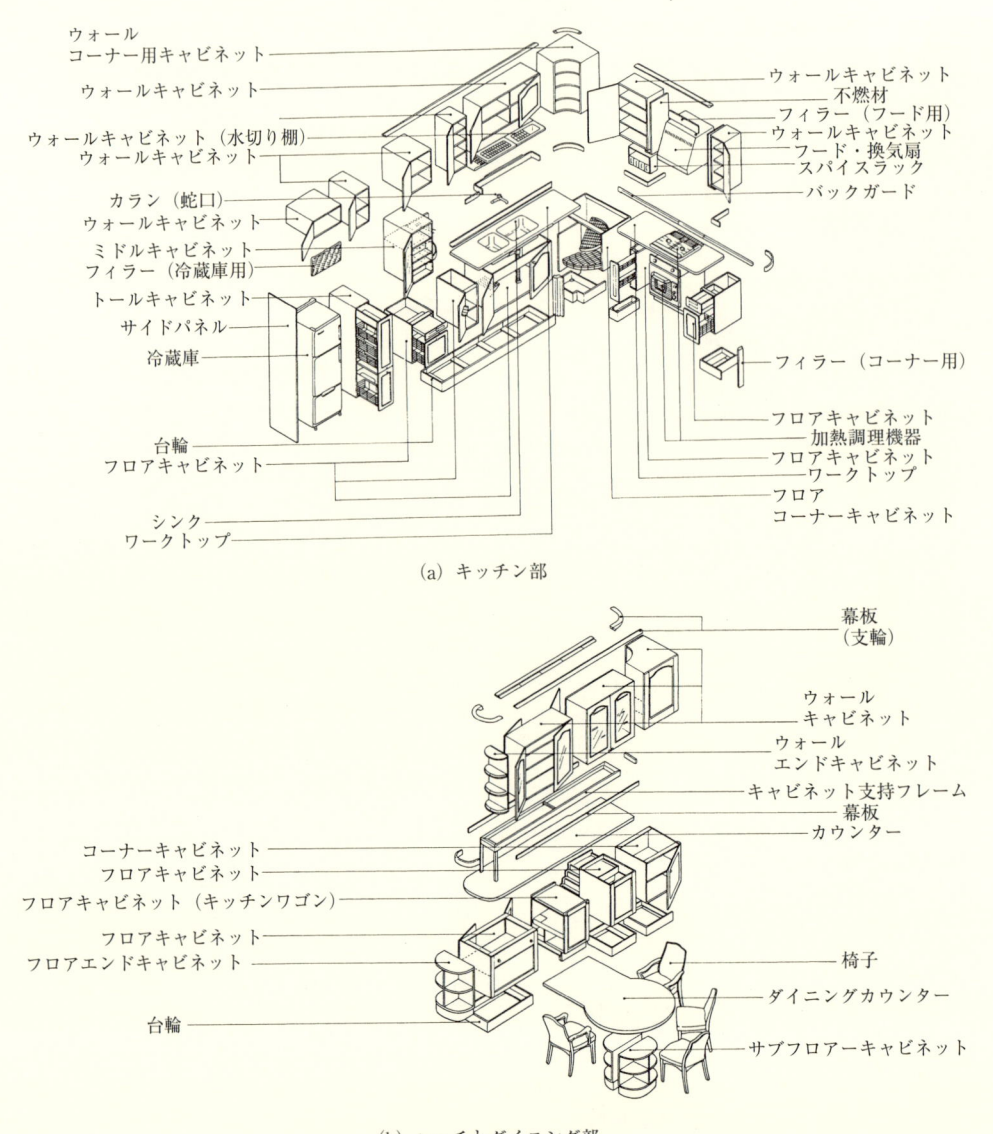

(a) キッチン部

(b) ハッチとダイニング部

美しいキッチンにできることから，他の空間とのコーディネーションが可能になった．

一方で，キッチンをあまりに整然と調えすぎたことが一因で，日本の伝統的な食生活や習慣を崩してしまったともいわれる．また，設備としてシステム化されたとはいえ，実用性とインテリア性という両面をねらうあまり中途半端な商品が多いこと，あくまでクローズドなシステムなため他社の製品を一部に使うことがむずかしいこと，ごみ処理などの設備の問題，ビルトインされた機器の故障時の補修が困難なこと，高価な製品が多いことなど，改善，研究されなければならない点も数多く残されている．

〔正岡さち〕

参考文献

1) 朝日新聞学芸部：台所から戦後が見える，朝日新聞社，1995．
2) 尾上孝一，大廣保行，加藤　力編：図解 インテリアコーディネーター用語辞典，井上書院，1993．
3) クリナップ「S.S.ステンキャビシステムキッチンパンフレット」．
4) 田口　明，長島恵子編：インテリアコーディネーターキーワード集，山海堂，1993．

引き出し式キャビネット

昇降式吊り戸棚

図 6.12 住宅用キッチンの新しい収納設備例[3]

5) 日本規格協会編：JIS ハンドブック 建築（設備・試験編），日本規格協会，1998.
6) 日本住宅設備システム協会：キッチンスペシャリストハンドブック，pp. 186-188, 190, 日本住宅設備システム協会，1992.
7) プロフェッショナルブック『インテリア』編集委員会編：インテリアの材料と商品，産調出版，1993.
8) 梁瀬度子，長澤由喜子，國嶋道子：住環境科学，朝倉書店，1995.

6.6 キッチンの設備環境（II）

6.6.1 排気設備

キッチンでは調理に伴い，水蒸気，煙，匂い，熱などが多量に発生する．多くの調理機器は開放型であり，燃焼廃ガスが室内に放出される．発生した汚染物質や廃ガスがいったん室内に拡散してしまうと排出しにくくなるので，必ず局所排気設備を用いて比較的少量の換気量で汚染物質を排出することが必要である．

キッチンの排気設備には換気扇がよく用いられるが，その種類には，直接排気型，直接排気＋フード型，レンジフード型，ダクト使用型などがある（図 6.13）．これらのうち，直接排気＋フード型とレンジフード型がキッチン用換気設備としては一般的である．

1) フード 加熱調理器の上方に設置し，排気の浮力を用いて水蒸気，煙，匂いなどを排出するためのものである．フードは不燃材料でつくられているが油が付着して火災の原因となることがあり，グリースフィルター，換気扇などを含め，常に清掃しておく必要がある．フードは，局部排気の効率に影響する．フードの高さ，大きさ，形状が最適のものであれば，比較的小さな能力の換気扇でも大きな排気効率となる．一般にフードは大きくて設置位置は低い方がよいが，作業性や収納性あるいはデザイン面などの条件も考慮して決める．

2) 直接排気型 外周壁にプロペラファン（表 6.10）を取り付け，室内側の空気を直接戸外に排出する．ファンの羽根径は，最低 25～30 cm はほしいが，大きくなりすぎると騒音の問題が生ずるので注意が必要である．

3) 直接排気＋フード型 直接排気用の換気扇とフードを組み合わせたもので，レンジフード型に比べて排気容量が大きく，フードも深いので漏れが少ない．グリスフィルターつきのフードや使い捨てタイプのフィルターをファンに取り付けると掃除がしやすい．本来調理用の局所換気扇であるが，深型フード全面上部のグリルから全体換気も合わせてできるものもある．

4) レンジフード型 フードファンをそのままガスレンジやガステーブルの上方，ウォールキャビネットの下部に取り付け，局所換気を行う．羽根の回転による風圧で自然にシャッターが開く風圧式シャッタータイプで，油滴の飛散を防ぐグリスフィルターつきなどがある．あくまで局所用で，空気の流れをあまりコントロールできないので，低位置に取り付ける必要がある．

5) ダクト使用型 キッチンの全体換気用や外気に面するところがないキッチンの局所換気用，または業務用厨房などに用いられる．天井裏に取り付けて排気を押し出すものと，屋外面に取り付けて排気を引くものとがある．排気がダクトを通って屋外に排出される場合や，高層住宅などで外気風によって圧力がかかる場合は，風量が設計値より極端に少なくなるので，静圧の高い強力型の換気扇か遠心力ファンを用いる．

6) 換気扇取り付け位置 局所換気方式における換気扇の取り付け位置の基本は，①ガス機器の廃ガス排気部より高い位置で，建築基準法では天井面

6. 住まいの設備環境

表 6.9 システムキッチンの構成部品・部材[5]

部品・部材名	用途
フロアキャビネット	床面に設置するキャビネットのことで，用途に応じてさまざまなタイプがある．棚板つき，引き出しつきのほか，網かご，米びつといった機能部品がセットされたタイプもある
ウォールキャビネット	壁面に設置するキャビネットのことで，いわゆる吊り戸棚のこと．棚板つき，水切り棚つきなどのタイプがある．トールキャビネットや冷凍冷蔵庫の上部に設置されるものは，トップキャビネットとも呼ぶ
トールキャビネット	床面に設置する背高のキャビネットで，高さ 1400～1800 mm が一般的．棚板つき，スライドラックつきなどのタイプがある
扉	キャビネットの前面に取り付けられる扉（ドア）のこと
ワークトップ	フロアキャビネットの上部に設置される天板のこと．ステンレス，人造大理石，メラミン化粧板などさまざまな材質がある
台輪，幅木	フロアキャビネットを支えるため床面に直に設置される幅木の一種
フィラー	キャビネットのモジュールでは調整できない隙間をカバーする間口調整部分．壁から壁までぴったり収めるには，フィラーが不可欠
サイドパネル	フロアおよびウォールキャビネットの側面を化粧する場合に用いるパネル
化粧パネル	フロアキャビネットの裏面に用いられるものや，冷凍冷蔵庫や食器洗い機の前面扉の化粧用パネルに用いられるものがある．本格派のシステムキッチンほど，この種の部材が豊富
幕板，支輪	天井面とウォールキャビネットの隙間を埋める横長のふさぎ板．支輪は装飾な部材で，キャビネット扉と同カラーのものが用いられるケースが多い
スナックカウンター（ダイネットカウンター）	ダイニング側のフロアキャビネットに取り付ける簡易カウンター
ハッチ	ダイニング側に設置する間仕切り用のキャビネットで，最近はオープン棚のタイプもある
機能部品（アクセサリー類）	キッチンでの細かい使い勝手に合わせてつくられた機能的な部品類のことで，キャビネットの内部・外部にセットして用いる．この種の部材が豊富なのがシステムキッチンの特徴
シンク	食器，野菜などの洗浄に用いる水槽のこと．材質別（ステンレス，ほうろうなど），形状別（楕円型，円型など），水槽個別（1槽型，2槽型など）にさまざまな種類がある
レンジフード	調理機器の上部に取り付ける換気用のフード．材質別（ステンレス製，銅製など），形状別（レンジフード型，ブーツ型など）にさまざまな種類がある
水栓金具	給水・給湯用の金具で，取り付け方法別（横水栓，立水栓），用途別（単水栓，混合水栓），操作方法別（回転式，レバー式）にさまざまなタイプがある
ビルトイン機器	キャビネットやカウンタートップに組み込むキッチン用の機器類で，ガスクックトップ，電子レンジ，食器洗い機，冷凍冷蔵庫などがある．ユーティリティーキッチンの場合は，洗濯機，乾燥機もある

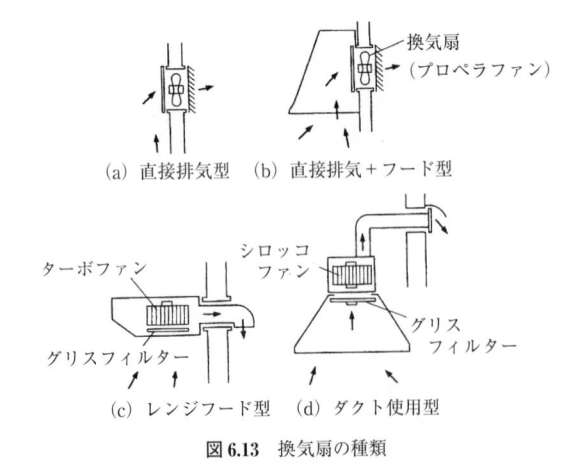

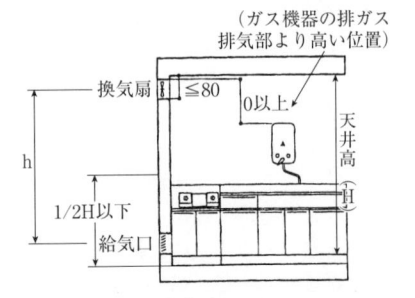

図 6.13 換気扇の種類
(a) 直接排気型　(b) 直接排気＋フード型　(c) レンジフード型　(d) ダクト使用型

図 6.14 換気扇の取り付け位置
h の差が大きいほど換気量は大．

6.6 キッチンの設備環境（Ⅱ）

表 6.10 換気扇に用いられるファンの種類と特徴

種類		特徴	形状	用途
軸流ファン	プロペラファン 	最も簡単な小型の軸流送風機．風量は多いが静圧が低く，ダクトなどの抵抗を受けると極度に風量は減少．ダクト接続可能な有圧換気扇，ダクト間に挿入可能なコンパクトな軸流ファンもある	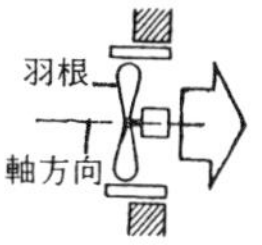 羽根／軸方向	一般 窓用 居間用 屋上全体換気用 産業用 有圧換気扇
遠心力ファン	ターボファン 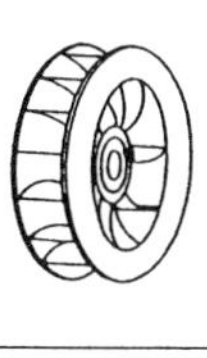	比較的幅広の後向きの羽根がついている．他のファンに比して最も効率が高く，高速ダクト方式の送風機に適す	 羽根	浅型レンジフード 天井用 便所用 屋上局所換気用 遠心送風機 小型中間用ダクトファン パイプファン
遠心力ファン	シロッコファン 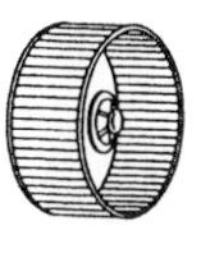	水車と同原理で図のように羽根車に幅の狭い前向きの羽根が多数ある．静圧が高く，あらゆる送風機に向く	 羽根	浴室用 天井用 空調換気扇 ダクト用 深型レンジフード 大型中間用ダクトファン

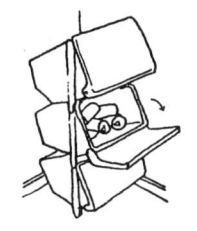

(a) ワークトップのそばに大型の容器をおく
(b) ワークトップの下を一部オープンにしてペダル式ごみ箱をおく 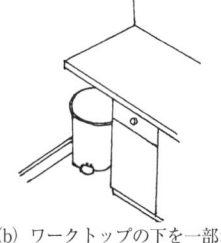
(c) キャビネット内に市販のごみ容器をおく 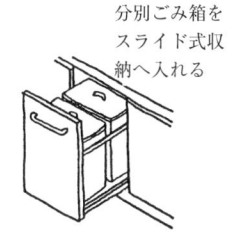
(d) キャビネット内にビルトイン　分別ごみ箱をスライド式収納へ入れる　可燃ごみ・不燃ごみ 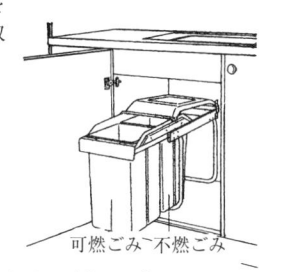
(e) 排水口に網かご（ストレーナー）を入れる
(f) ごみシューター　屋外側　キッチン側 

図 6.15 ごみの保管方法

より 80 cm 以内と定めている，②外気に通じていること，③ガス機器のできるだけ近くにあることなどである（図 6.14）．

7） 給気口　キッチンへの清浄空気が空調設備から給気されない場合は，キッチンの窓や開口部から，またはキッチンに続いた他室から給気される．給気口の位置は，炎の立ち消えなどガス機器への悪影響のない位置で，かつ室内がよく換気される位置でなければならない．給気口は，原則として屋外に面した壁に設けることとなるが，給気経路が確保されている場合には，隣室側の壁や，屋外と同じように換気上有効な玄関などと給気経路を結ぶ方式でもよい．鉄筋コンクリート造などの気密性の高いキッチンでは，窓，ドアなどの隙き間をパッキンでシールする仕様が多いので注意を要する．

6.6.2　ごみ処理方式

一般的なごみ処理法として，キッチン内で資源ごみ（ペットボトル，トレー，瓶，缶，プラスチック類など）と生ごみに分別して別々の容器に回収日まで保管しておくか，またはキッチン内の小さなごみ容器を一時置き場としこまめに戸外の大型容器に移し換えるか，いずれにしてもごみ回収日までキッチンのどこに保管するかが問題となる．ごみの保管には次のような方法が考えられる（図 6.15）．

①ワークトップの脇にコーナーをつくり大型の容器をおく．この方法は見た目が悪いのでオープンタ

図 6.16 手元灯の取り付け位置

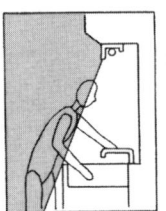

①棚下取り付け型：吊り戸棚などの下に取り付ける
②両面化粧型：両面が同じ仕上げなので，対面型キッチンに最適
③壁面取り付け型：吊り戸棚などがない場合に，壁面に直接取り付ける
④壁面・棚下兼用取り付け型：どちらでも取り付け可能な万能タイプ
⑤埋込み型：吊り戸棚などがなく，壁面も使えない場合に最適

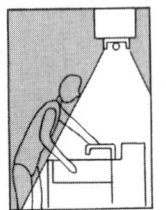

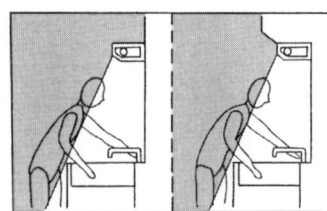

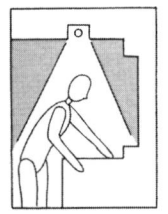

イプのキッチンには向かないが，簡単で掃除もしやすい．

②ワークトップの下を一部オープンにしてペダル式などのごみ容器をおく．もっとも単純でじゃまにならず目立たない．

③収納の使い道の少ないシンク用のキャビネット内に市販のふたつき容器をおく．ごみが容器ごと目に触れないのはよいが，ごみの出し入れがしづらく非能率的である．

④初めからキャビネット内へビルトインする．扉の裏にふたつきの収納容器を取り付けたり，引き出しや前倒しの扉などで，ごみ容器ごと手前へ引き出せ，自動的にごみ容器のふたが開くように工夫されている．内部に臭気や湿気がこもらないよう換気する必要があり，キャビネット内の掃除などにも配慮が必要である．

⑤シンク排水口に取り付けられる円筒状の大型ごみ容器（ストレーナー）．ほぼ1日分の生ごみはここに溜めておくことができるが，そのままにしておくと水にさらされ生ごみ臭がより発生しやすくなる．きちんとしたごみ入れと併用するのが原則である．

⑥ワークトップ前の壁や出窓の甲板に投入口（シューター）を設けて，外部のごみ保管庫にポリ袋や紙袋などに入れたごみを投げ入れる．キッチン内に一時的にもごみを置かずにすむが，内部の清掃についての配慮が必要である．既製品の中には投入口の扉を開けても悪臭がキッチン内に逆流しないように，換気扇を本体内部に組み込んだものがある．

その他，ごみ処理方法として以下のものがある．

①生ごみを加熱乾燥させ抗菌処理を行い，容積を減少させる生ごみ処理機を利用．処理した乾燥ごみを可燃ごみ回収日に出すか，または堆肥素材として利用できる．悪臭や汁だれがなくなるが，屋内，または屋外に生ごみ処理機をおくスペースが必要である．

②生ごみを微生物により水と炭酸ガスなどに分解する，屋外設置型の生ごみ分解処理機を利用．温度，水分，空気を適度に制御する装置や脱臭装置を備えている．微生物を効率よく育成するためのバイオチップは数カ月ごとに交換の必要がある．使用後のバイオチップは，可燃ごみ回収日に出すか，または堆肥素材として利用できる．

③ディスポーザーといい，高速回転するステンレスのカッターをシンクの排水口へ取り付け，その都度，生ごみを粉砕して下水へ流す方法．これは，生ごみのすべてに有効ではないこと，騒音を発生させること，さらには下水道の末端処理負荷を重くすることなどの欠点がある．アメリカでは広く使用されているが，日本では下水処理負荷などの理由から普及していない．

④コンパクターといい，空き缶，ガラス瓶，紙くず，プラスチック容器，アルミホイルなどの固型くずを原容積の数分の1まで圧縮して包み込んで溜める設備がある．ごみ回収の方法との関係もあり，一般家庭向きではない．

6.6.3 照明計画
(1) キッチンの採光

キッチンは居室ではないが，収納スペースの確保を優先したうえで，できるだけ床面積の1/7以上の有効採光面積を確保することが望ましい．外壁に沿って作業台が配置される場合，手の届く範囲は収納スペースを優先させ，あまった部分に採光窓を設ける．不足する場合は，効率のよい高窓やトップライトを設け，開放感が得られるようにする．その際，直射日光が入りすぎないように開口部の向きや大きさを十分に検討し，ルーバーを用いるなどする．複合型キッチン（DK, LDKなど）での採光はダイニングを含めた部屋全体として考える．サービスコ

ートへの出入口もガラス戸にするとよい．

(2) キッチンの全般照明

調理作業を快適に行うために照明はきわめて重要である．全般照明の器具や取り付け位置については次のようなことを考慮する．

①平均照度で 50～100 lx は必要である（天井高 2400 mm で 6 畳，グローブつきシーリングライトであれば 20 w 蛍光灯 3～4 本必要）．
②照明角度の小さいダウンライトは避ける．
③埋め込み型の器具は，熱のこもりに注意する．
④天井つけの場合，吊戸棚の扉を開けた折に照明器具と接触しないようにする．
⑤必ずしも部屋の中心でなく，作業の中心となるシンクの上につける方が効果的な場合もある．
⑥油や煙で非常に汚れやすいので，清掃が容易にできるようにする．

(3) キッチンの局部照明

シンク，加熱調理器を含むワークトップ面で，手元灯，流し元灯と呼ばれる器具が使われる局部照明は，調理作業を無理なく安全にかつ能率的に行うために重要な照明である．器具や取り付け位置について次のようなことを考慮する．

①ワークトップ面での照度は 200～500 lx が目安である．15 w の蛍光灯であればワークトップ上 800 mm 以内に取り付ける．作業面が長い場合は，必要に応じて複数設ける．ステンレス素材の流し台などは光が乱反射してちらつきを感じやすいので，インバータがよい．
②手元灯の取り付け位置は光源が直接みえないようにする（図 6.16）．既製の棚下灯を使ったり，蛍光灯を調味料棚や吊戸棚などに幕板をつけ，露出していても隠してある状態がよい．器具を埋め込むと放熱が妨げられ危険であり，器具の寿命を縮めることになる．
③器具はできるだけ壁から離し，手元を明るくする．
④加熱調理器の部分照明としては，料理の仕上り具合を判断するために，20～40 w の電球を 800 mm 程度の高さにつけるのがよい．既製品のフードには照明器具が組み込まれたものもある．手で触れずに点滅できるセンサーつきにすると使用しやすく経済的である．また掃除のしやすさを考え，虫やほこりが入りにくいシンプルな器具がよい．加熱調理器の真上は非常に高温になるので，燃えやすいものや熱に弱いもの（プラスチックや蛍光灯など）は使用してはならない．
⑤料理のでき具合いを確認したり，料理を皿に盛りつけたりするところでは，自然にみえる白熱灯か，3 波長域発光形蛍光灯などを食卓の照明に合わせて選ぶ．
⑥全般照明の器具か手元灯のどちらかに豆電球付きのものを採用すると，深夜に便利である．

(4) 複合型キッチンの照明

複合型キッチンでは，キッチンの照明によりダイニング側の雰囲気を壊さないようにする．キッチンの作業面だけが明るい片面照明器具を使ったり，方向性を調整できる器具を用いるなど照明方法，光源の種類，調光方法を考慮する．キッチンとダイニングスペースの明るさに差がありすぎると，目の疲れや不安感が生ずることがあるので，動線に合わせて滑らかに変化するよう，また暗がりができないようにする．

(5) ダイニングスペースの照明

部屋全体の明かり（全般照明）と食欲増進のための明かり（局部照明）の 2 つを設ける．テーブル上の部分照明には，温かみのある光色の白熱灯や料理の色を鮮やかに再現するネオピュア電球，演色性にすぐれた 3 波長域発光形蛍光灯が適している．ペンダントの場合，セードの下部がテーブルから 60～80 cm の高さにすると視線の妨げにならず，光量も十分となる（図 6.17）．またムードを高めるには，調光器を用いる．

6.6.4 インテリア計画

インテリア計画を行うに当たって，人体寸法はもっとも基本的なもので，生活行為を中心とした人間

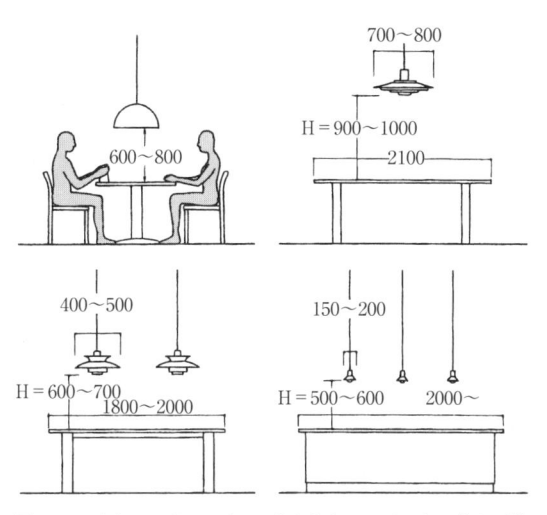

図 6.17 ダイニングテーブルの大きさとペンダントの高さ（単位：mm）

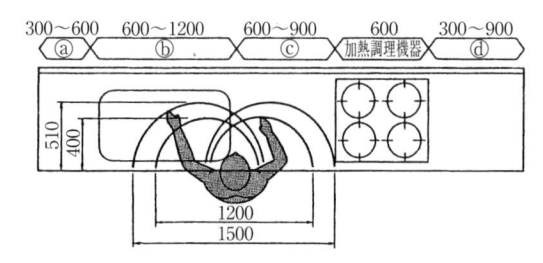

図 6.18 ワークトップ面での作業スペースの間口（単位：mm）
JIS A0017-1998 により基本モジュール IM=100 mm．

の移動や，人間とさまざまな生活用具，設備などの「もの」の組み合わさった空間との動的な関係が重要である．キッチン空間については，作業のしやすさ（作業性），収納のしやすさ・出しやすさ（収納性），気持ちよく快適な空間（情緒性）という3つの要素が大切である．

(1) 作業空間

1) 作業台の高さ　キッチンの作業性は，キッチン空間の広さ，ワークトップの配列，冷蔵庫や電子レンジ，オーブン，食器棚などの配列に左右される．とくにワークトップやウォールキャビネットの高さなど，立面寸法構成が重要である．

キッチンでは，ワークトップの前での立位姿勢が主である．正しい姿勢で作業ができることが重要で，これは疲労の度合いと深く関係する．現在のJIS規格（JISA0017：1998）は国際標準化機構（ISO）の規格に沿うもので，ワークトップの高さは 800 mm，850 mm，900 mm，950 mm である．ワークトップの高さは使用者の身長と深い関係にあり，身長が 150〜155 cm の成人で 800 mm，同じく 160 cm で 850 mm，170 cm で 900 mm とするのが疲労が少なくてよい．高齢者は，平均身長が低くまた姿勢が前かがみになりやすいので，670〜750 mm が使いやすいとされている．椅子に座って，あるいは車椅子で作業する場合には，作業台下は膝，あるいは足台が入るだけのスペースが必要がある．主に使う人の身長に合わせてワークトップの高さを決めるのがよい．

2) ウォールキャビネットの高さ　作業台前面に窓を設ける場合には窓を低く設け，1300 mm より上にはウォールキャビネットを設けると収納スペースも増え，よく使う調理器具類などをすぐ収納でき便利である．

3) 作業台の配列　キッチンの作業空間は，作業の流れに沿ったものでなければならない．キッチンの作業はいくつかの基本的作業（準備→下ごしらえ→洗浄，水きり→調理→加熱→盛り付け，配膳→食事→後片づけ）と道具類，機器類によって構成されるので，ワークトップやキャビネット，設備機器をどのように配列するかが重要である．ワークトップは準備スペース，シンク，調理スペース，加熱調理機器，配膳スペースが必要で，十分なスペースがない場合は，準備スペースを他のスペースで代用しても配膳スペースは確保したい（図 6.18）．

4) ワークトライアングル　調理作業動線を考える場合，冷蔵庫の中心，シンクの中心，加熱調理機器の中心を頂点とする三角形（ワークトライアングルまたは作業の三角形）を考え，各辺の長さ（図 6.19）が適当であればよいとされている．各辺の距離が長すぎると動線が長くなり疲労が増大し，短すぎると作業スペースが十分でなかったり作業効率が

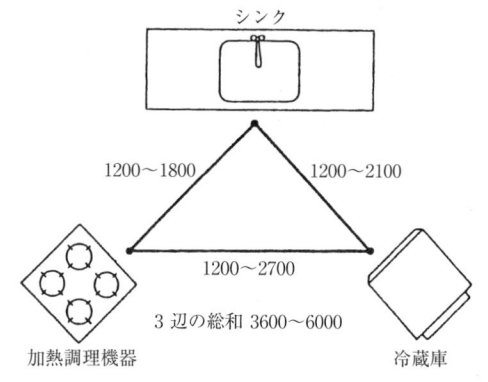

図 6.19 ワークトライアングル（単位：mm）

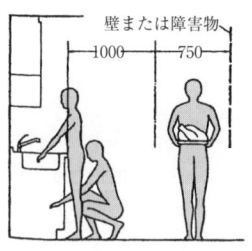

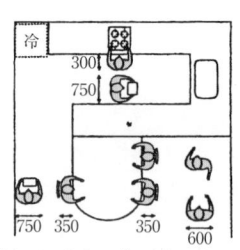

(a) 作業域と通路スペース
(b) ワークトップ，カウンターの周囲
(c) オーブン，レンジの作業領域
(d) 冷蔵庫の作業領域

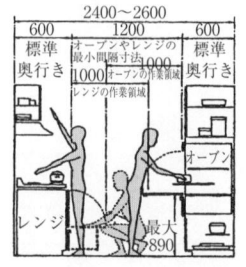

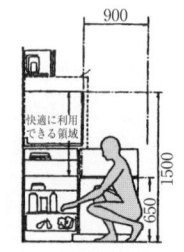

図 6.20 作業領域

低下する．各作業領域を図 6.20 に示す．

調理作業動線とともに，キッチン空間全体の動線も考慮しなければならない．キッチン⟷戸外・ダイニング・リビング・居室，ダイニング⟷リビング・居室，などよく行き来する空間と空間の動線を考え，やたら複雑に交差したりしていないか，作業動線と交錯したりしていないかをチェックする．動線は，できるだけ単純ですっきりしている方がよい．

5) キッチンレイアウト　図 6.21 に示すように，レイアウトには 4 種の基本型と 2 種のバリエーションがあり，それぞれに特徴がある．いずれも住まい手の食生活スタイルや住宅全体との兼ね合い，通風や採光なども含めた居住性を考慮してレイアウトを決めることが大切である．また，複合型キッチンではリビングダイニングスペースとの関係で，背を向けて作業をする背面型，横手にみながらの側面型，向かい合う対面型がある．幼少の子どものいる家庭，親しい来客とのコミュニケーションを大切にしたい，ホームパーティーをよく開きたい家庭など

型	プラン例	特徴	留意点
I 列型	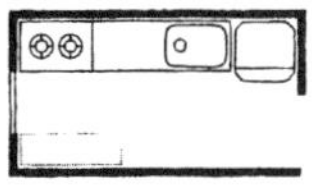	シンク，冷蔵庫，加熱調理機器を 1 列に並べたもっとも基本的な配置．全長が長すぎると 1 人作業では動線が長くなり，作業効率の低下とともに疲れる．小家族の場合や機能的でコンパクトなキッチン，DK に適する	冷蔵庫を含め全長 3.6 m くらいが限度．独立型キッチンでは，作業台と後ろの壁や食器棚との間隔を最低 1 m はとる．シンクと加熱調理器との間隔は 60 cm 以上確保する
II 列型	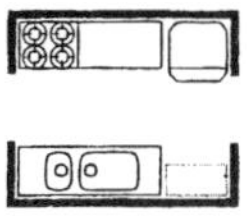	通路の両側にシンク，加熱調理機器などを配置するもので，細長い空間では合理的なプランである．I 型に比べると作業動線が短く作業がしやすい．収納スペースが多くとれる	2 列の間隔は最低 90 cm，できれば 1.2 m 程度が望ましい．シンクと加熱調理機器が対向しないように配置すると作業もしやすく危険が少ない．オープンキッチンでは，食卓に近い側にシンクや調理スペースを配置すると配膳や片づけ作業がしやすいし，排気も問題ない
L 型	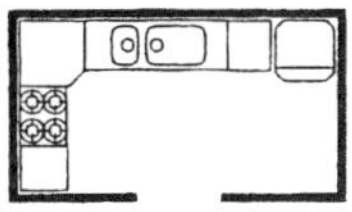	DK によく採用されるもので，シンク，調理スペース，加熱調理機器を L 字型に配置したもの	シンク，加熱調理機器をコーナーの両側にコーナーから少し離して配置すると調理スペースも確保され，作業がしやすい．コーナー部のワークトップ，キャビネットの奥行きが深くなり，デッドスペースとなりやすいので使い方を工夫する
U 型	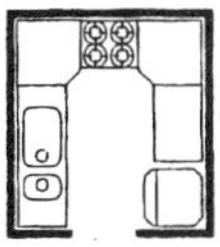	シンク，調理スペース，加熱調理機器を U 字型に配置したものでワークトップの延面積はもっとも大きく，作業がしやすく充実している．もっとも効率のよい配置は U 字の中心にシンクを，両側に加熱調理機器と冷蔵庫を配置したものである（配膳スペースが狭くならないよう，工夫を要する）	U 字の内側の間隔は 90〜120 cm 程度必要．2 人以上で作業することが多い場合には 1.2〜1.5 m 必要
アイランド型	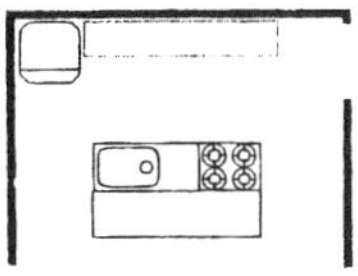	調理設備の一部をキッチンの中央部に島のように配置したもので，多人数で作業できる．家庭用キッチンでは I 型や L 型などと組み合わされ，アイランド部分だけということはない．アイランド部分にダイニングテーブルを接続することもある	一般的な形式ではない．料理教室やホームパーティーをよく行う場合に向く．アイランド部の周囲にある程度の広さが必要で，冷蔵庫の位置と距離に工夫を要する
ペニンシュラ型	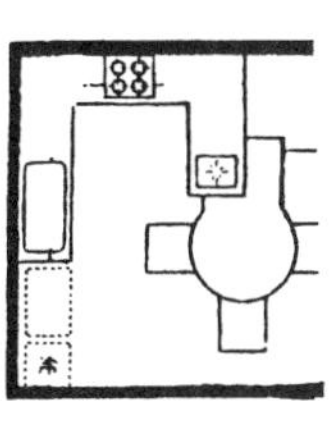	壁に沿って配置されずに壁面から室内に半島（ペニンシュラ）のように突き出して配置したもの．II・L・U 型などの一部が室内に突き出した形で，DK や LDK タイプでよく採用される．ペニンシュラ上部に天井からキャビネットを吊り下げることでダイニングスペースからの視野を遮ることができる．ペニンシュラ部を工夫することで，対面型キッチンスタイルや両側からの収納などが可能	ペニンシュラ部にシンクや加熱調理機器を配置した場合，水や油がはね飛ぶのでワークトップより 15 cm ほど高い腰壁を設ける

図 6.21　台所設備のレイアウトと特徴・留意点

では対面型志向が強い．

(2) 収納計画

キッチン用品の種類や数は，家族人数や家族構成，食生活観に影響される．家族人数に変化がない場合には，主婦の年齢が上がるほど，また主婦の料理づくりに対する関心が高いほど，所有品目やその数は多い傾向にある．その家庭の生活スタイル，食生活観に合わせた収納計画を行う必要があり，量的な側面と質的な側面から計画することが重要である．

1) 収納量 取り出しやすい，しまいやすい収納を考える場合，収納するものの実容積の数倍のスペースは必要とされている．新たに収納計画を行う場合には，「現在ある収納スペースの量＋収納されずにはみ出しているものの量＋今後新たに増加するであろうものに対する余裕」を見込んで，収納スペースを確保する必要がある．

2) 収納の位置づけ キッチンのスペースは限られており，収納するものの使用目的や使用頻度と収納スペースの関係が重要である（図6.22）．使用頻度の高いものや壊れやすいものは立った作業姿勢で手の届く範囲（640〜1840mmH）に，重いものや大きいものはフロアーキャビネットに，使用頻度の低いもの軽いものはウォールキャビネットに収納するのがよい．また，シンクの周辺には洗い作業に必要な用具やよく水で洗う器具を，調理台周辺には切る，こねる，味付けするのに必要な器具などを，加熱調理機器の周辺には煮る，炒める，焼く，揚げる，味付けなどに必要なものを，配膳台の周辺には食器類，食卓調味料などを収納すると作業動線にむだがなく使い勝手がよい．

窓の大きいキッチンは，明るく気持ちのよいものであるが，壁面が少なくなるとそれだけ収納スペースを確保することが困難になることにも注意を要する．また，キャビネット以外にも，冷凍冷蔵庫，食器洗い機，食器乾燥機も収納スペースとして有効であり，使いやすい位置に設置することを考慮しなければならない．

調理器具や食器類が，使いやすい位置に取り出しやすく収納でき，また食品類は容易に在庫や品質のチェックができるように収納できれば，キッチンの管理や清掃は非常に行いやすく，快適な状態を保持することが可能となる．

3) 電化設備 主婦の社会進出に伴う食品のまとめ買いや調理の合理化など，生活する人の暮らし方の変化と関係して，食器洗い機，食器乾燥機，電磁調理機も普及してきた．とくに電磁調理機は，火のない調理機として注目されており，スナックカウンターなどにセットして使われたり，また，高齢者家庭などとくに安全性の求められる場で採用されている．

ユーティリティ機能，すなわち洗濯機や乾燥機をシステムキッチンのフロアーキャビネットに組み込むことも可能であるが，維持管理を考えると，まだまだビルトインするより据え置きの方がよい．

(3) キッチンのインテリア

キッチンも，空間を具体的に構成する部材や機器などが個々によい物の「集合」であるだけでは不十分で，全体的な調和や統一がなされて初めて快適に過ごせるのである．

全体的な調和や統一を図るには，どんなインテリアスタイルでまとめるかを決めておくと，デザイン的な尺度が設定され，家具の選択の際も混乱を避けることができる．色の好みは千差万別であるが，テーマカラーを決めると使い出してからも統一感を保つことができる．テーマカラーは，ベースカラーとアクセントカラーとに分け強弱をつけるとよい．キッチンにはさまざまな設備や器具を持ち込むので，仕上げ材やシステムキッチン，ビルトイン機器は控えめでシンプルなものにする．

キッチンのインテリアスタイルも，他の空間のものと変わりはない．大きな分類としては，洋風（モダン，ナチュラル，コンテンポラリー，クラシック，エレガント），和風（モダン，ナチュラル，クラシック），和洋折衷などの漠然としたスタイルで呼ばれ使われることが多い．

〔國嶋道子〕

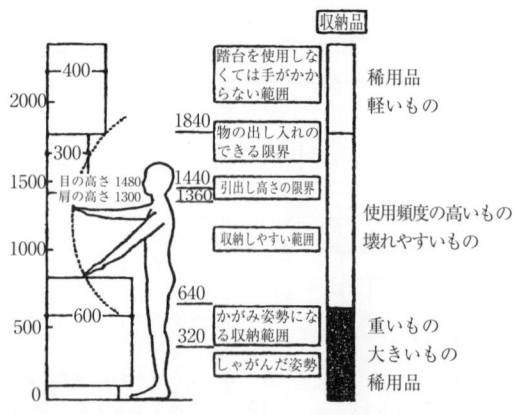

図6.22 使用頻度，大きさ，重さ，作業の種類を考えた収納位置
身長160cmの場合．

図版出典
1) 日本住宅設備システム協会編：キッチンスペシャリスト技術ハンドブック，日本住宅設備システム協会，1992.
2) キッチンスペシャリストハンドブック改訂編集委員会：キッチンスペシャリストハンドブック，日本住宅設備システム協会，1999.
3) JIS A0017-1998.

6.7 サニタリー設備

6.7.1 浴室の位置づけ

　今日の浴室は身体を清潔にするための衛生空間であると同時に，日々の生活によるストレスを解消し，また心身をリフレッシュし，安らぎを与えてくれる健康空間として捉えられるようになっている．入浴の時間帯は従来のように就寝前に家族が続けて入るということもなく，家族のおのおのがそれぞれの生活リズムに合わせて都合のよい時間を選ぶことも普通のこととなってきた．このような価値感や生活スタイルの変化と設備機器の技術的発達を背景に，浴室はゆとりのある広々としたスペースをもち，明るく，暖かく，さらに安全性やインテリアを配慮した楽しみ空間，くつろぎ空間として計画されることが多くなった．

　配置計画上の位置については，技術面をはじめ多くの制約に縛られることも少なくなり，日当たりのよい南面や，木造でも2階の個室の近くに設ける例も増えている．

6.7.2 浴槽の種類と材質

　既製品の浴槽の種類には一般浴槽として和風，洋風，和洋折衷の3タイプと洗い場付き浴槽があり，機能付き浴槽としては気泡浴槽がある．和風浴槽は深さが60 cm程度で肩まで湯につかることができ，足を曲げてしゃがんだ姿勢で入る．従来，住宅用としてはもっとも多く使われてきた．洋風浴槽は深さ40〜45 cm程度と浅く，肩までつかる深さはないが足を伸ばしてゆったりと入ることができる．標準的な使い方は，浴槽の中で身体を洗い，浴槽の外に湯水をこぼさないように注意し，使用者ごとに中の湯を捨てる方式をとる．日本では一般住宅での使用はあまり多くはない．和洋折衷浴槽は和風，洋風の両方の特徴を合わせ持っている．深さは50〜55 cm程度あり肩までつかりながら足も適度に伸ばせて入浴できるため，最近は住宅用の主流になっている．

　洗い場付き浴槽は洗い場と浴槽が一体成形されていて，防水工事の必要もなく2階の浴室づくりに適している．

　気泡浴槽は機能部のポンプで湯を循環させると同時に，浴槽に設けられたノズルから気泡を噴出させて身体の新陳代謝を促す．疲労回復の効果もあるため，健康志向の風潮の中で設置する家庭も増えている．設置に際しては階下や隣室への振動による騒音や，隣家への運転音の影響などを配慮し，対策を講じておく必要がある．とくに集合住宅では十分な配慮が求められる．

　浴槽の材質は，ほうろう，人造大理石，ステンレス，FRP（ガラス繊維強化プラスチック），木，天然石，タイルなどが一般的である．材質によって肌触り，デザイン，色彩，耐久性，保温性，手入れのしやすさなどが異なるため，実際にショールームなどでみて触れて選ぶことが大切である．

①ほうろう：鋳物や鋼板にほうろう質を焼き付けたものである．滑らかな肌触りや，重厚感，高級感があり，耐久性にすぐれ，手入れが容易であるが，傷をつけるとそこから錆が広がるためていねいに扱うことが大切である．

②人造大理石：ポリエステル樹脂系やアクリル樹脂系などがあり，大理石のような光沢，透明感，高級感がある．柔らかな肌触りで色，形，寸法の種類も多く，耐久性，保温性，耐熱性にすぐれている．

③ステンレス：耐久性にすぐれ，汚れがつきにくくかつ落としやすく，傷もつきにくい．浴槽内部はステンレス色で冷たい印象が強いが，エプロン（浴槽の浴室内での立上り部分）に色や柄をつけて冷たさを補う工夫がなされている製品が多い．

④FRP：柔らかな肌触りと色数の豊富さ，個性的な形の浴槽があることなどが魅力である．しかし，帯電して汚れが付着しやすいためこまめな手入れが必要である．

⑤木：檜，椹，槙などの樹種が使用され，独特の香りや肌触りが好まれてきたが，耐久性に劣り高価なものとなってしまった現在，一般的でなくなった．最近は木材に化学処理を行い，木材の欠点を補った製品が高級浴槽として開発されている．

⑥天然石・タイル：既製品でなく現場で，形，大きさなどの自由な浴槽をつくる際に用いられる．大理石，伊豆石，御影石などが使用されることが多い．

6.7.3 浴室の給湯・換気設備

　すばやく適温の湯がたっぷりと出ることやシャワーの圧力が十分あることは，入浴時の快適条件の1

つである．そのためにはゆとりのある給湯能力の機器を選ぶとよい．また安全性，操作性，静音性，メンテナンス性も望まれる．

熱源の主なものにはガス，電気，石油，太陽熱があるが，ガス給湯機は機種が豊富で取り扱いやすいため多く普及している．石油は燃料コストは安いがオイルタンクの設置スペースや，燃料補給の手間がある．電気は夜間電力利用の温水器がランニングコストが割安で音がなく静かであり，安全で清潔でもある．最近，夜間電力を利用し，省エネルギーと環境保全に配慮した次世代給湯システムとして CO_2 を冷媒とするヒートポンプ式給湯機（電力会社などがつけた愛称はエコキュート）が開発され期待されている．太陽熱利用は省エネルギーの面から今後普及が望まれるが，天候の影響を受けやすいため他の給湯機との併用が必要なことと，浴槽への給湯のみに使うタイプ以外は現在のところ高価である．熱源の選択は使いやすさ，生活スタイル，経済性，維持管理などの要素を総合的にみて決めるとよい．

給湯方式には中央式と局所式があり，住宅用では局所式が多い．局所式給湯機には貯湯式と瞬間式がある．瞬間式は湯を沸かしながら給湯するタイプで，給湯機のみのもの，風呂の追焚き機能付き給湯機がある．形は小型で設置場所を得やすい．貯湯式は一定温度の湯をタンクに貯めておくもので，瞬時に多量の湯を得ることができる快適さがあるが，使用量に見合った容量の機種を選ぶこと，貯湯タンクの設置スペースや荷重の問題をクリアする必要がある．

家族で浴槽の中の同じ湯につかるわが国の入浴様式では，浴槽内の湯温が下がったときに追焚きできると便利である．そのため，追焚き機能付き給湯機が主に使われている．最近は自動タイプが主流になり，スイッチを入れると設定温度の湯を設定量まで自動的に給湯したり，自動的に追焚きや足し湯をするなど便利な機能をもった機種が増えている．追焚き機能のない給湯機や電気温水器では，ぬるくなったときは 80 ℃ 前後の差し湯で対応できる．

浴室の湿気は建物を傷めかびの原因となるため，窓を開け風通しをよくすることや，天井近くの高い位置に換気扇を設置し，湿った空気を排出するようにする．タイマー付き換気扇を用いると便利である．最近は 1 台で洗濯物の乾燥，浴室の暖房，換気を行う浴室換気乾燥暖房機を設置することが多くなっている．

6.7.4 浴室の安全性

今日，住まいの計画に当たっては高齢者対応の視点が欠かせない．とくに浴室での事故は大きなけがや死につながることも多いため，計画時には細心の注意が必要となる．

床材にはタイルを使う場合が多いが，モザイクタイルなどの小口タイルや表面をざらざらさせたり凹凸をつけたノンスリップタイルが滑りにくい．それでも濡れた洗い場での移動や浴槽への出入りのときなどは身体が不安定になりがちである．転倒防止のためや安全な入浴のために，必要箇所に手すりをしっかりと取り付けておく．さらに転倒したときの危険性を考えると，浴室の扉には樹脂製品か安全ガラスを用い，普通ガラスの使用は避けなければならない．

浴槽の立ち上がり高さは 40 cm 前後のものがまたぎやすく，低すぎて幼児が浴槽内に転倒する危険も避けられる．水栓金具はサーモスタット式とし，適温の湯が出るように設定しておくと急に熱湯が出る危険もなく安全である．

また，脱衣室と浴室にも暖房設備を整え居間や寝室などとの急激な温度変化をなくすこと，脱衣室と浴室間の段差を解消すること，車椅子が通れる入口幅を確保すること，介助者のスペースを考えた浴室の広さなども考慮に入れておく必要がある．

6.7.5 浴室の新しいスタイル

健康への関心の高まりや楽しさ，開放感，高級志向に合わせてさまざまなスタイルの浴室が登場している．健康志向の浴室では気泡浴槽，多機能シャワー，スチームサウナを設置したり，健康器具を置いた部屋を隣接させたりする例がみられる．

開放感やリラクゼーション効果を求める場合，坪庭を設けて入浴しながら楽しめるよう計画したり，夜空の星を眺めたり，涼んだり，日中では日光浴をしたりと気軽に行き来ができるバスコートを設けそこを緑で飾ったりと，周辺空間も取り込んで計画された浴室が提案されている．

また，大きな窓やトップライトから自然の光がたっぷり入る清潔感のあふれる浴室や，テレビや音楽を視聴しながらくつろいで入浴できる浴室もある．こうした楽しくくつろげる空間づくりのアイテムとして，浴槽の形も従来の四角形だけでなく親子で並んでゆったり入れる幅広のものや，円形，扇形，その他ユニークな形が登場している．狭いイメージをなくすためには出窓を設けたり，浴室と洗面所や脱衣室の間を透明のガラスやアクリル板で仕切った

り，あるいは仕切りなしにしてシースルーにするなどの工夫もみられる．さらに省エネを考えた機器の選択や，高齢者対応のバリアフリーの考え方は，これから計画する住宅の浴室では基本的な条件となっている．

6.7.6 洗面所の設備

洗面所では洗顔，歯磨き，髭剃り，化粧，洗髪，整髪とさまざまな行為が行われる．浴室と隣接する場合は脱衣も行われ，さらに洗濯室を兼ねることも多い．そこでの行為が増えるにつれて，収納するものも増える．したがって，使い勝手よく快適な洗面所にするためには吊り戸棚，化粧品棚，ワゴンや引き出しなどの適切な収納スペースを計画しておく必要がある．洗面台，鏡，収納棚，照明器具をセットした洗面化粧台や，収納キャビネットも組み合わせたシステム洗面化粧台の利用も考えられる．

化粧，洗髪など1人が洗面所で過ごす時間が長くなっている今日，家族が多い場合には洗面ボールを2つ設けると混雑が緩和される．洗面ボールの形は大型で深めのものが洗髪や小物の洗濯にも使いやすい．混合栓はシングルレバー式が誰にでも使いやすく，洗髪も行う場合はシャワー水栓が適しており，サーモスタット式にしておくと安定した温度の湯が得られ，快適であり安全でもある．2階廊下などの洗面台に給湯する場合は，小型の電気温水器の設置が簡便で便利である．

照明は天井灯だけでなく，化粧や髭剃りなどを行うときに顔に影ができないよう，前面から顔を照らす位置，すなわち鏡の上などにも設けるようにする．光源は顔色を自然にみせる白熱灯が望ましい．浴室に隣接する場合は湿度が高くなるため，防湿型の照明器具を選ぶようにする．

脱衣室兼用の場合は，裸になるため高齢者対応としては暖房設備を設置することが望ましい．パネルヒーター，壁や洗面台の台輪に埋め込む温風ヒーター床暖房などがじゃまにならなくてよい．

また，ドライヤーやポータブルテレビなど電気製品を使用するためのコンセントを洗面台周辺に設けておく．

6.7.7 便所の衛生と安全性

水洗化と腰掛け式洋便器の普及とともに，住宅の便所環境は格段に衛生的で快適になった．そうした環境を維持するには，日常の清掃と適切な衛生器具の選定が大切である．従来の芯々91cm幅の空間に洋便器が設置された場合，壁がじゃまで奥の方の床や便器の後ろ側の拭き掃除は困難である．とくに幅広の温水洗浄便座がセットされている場合はまったく手が届かない．便所の必要スペースは動作寸法を基に考えられてきたが，掃除のしやすさという視点も必要である．洋便器は凹凸のないシンプルな形が掃除しやすく，最近普及してきた．汚れがつきにくく落ちやすい防汚技術対応の便器は手入れが楽である．さらに，梅雨時や冬の暖房時にはタンクや便器本体に結露した水滴が床を濡らしかびや腐朽の原因になるため，防露タンク，防露便器を採用することが衛生上望ましい．

洋便器を男女兼用で使用する家庭が多いが，これは使い方によっては，尿が便器周辺の床や壁に飛び散り悪臭の原因になり，衛生上からは好ましくない．男性の多い家庭では小便器を設けることが望ましい．小スペースタイプのふた付き小便器を選べば洋便器と同室にあってもじゃまにならず，視覚的にも不快感はない．

用便後の身づくろい前に手を洗える位置に手洗器を設け，石けんを置いておくなどの配慮も必要であろう．壁埋め込み型であればじゃまにならない．また，臭いや湿気を排出するためには換気扇と給気口が必要であり，窓があると明るく換気もできて気持ちよい空間となる．近頃，脱臭機能付き便座が登場しているので，臭い対策にはこれを採用すると効果的である．

安全面ではとくに高齢者への配慮が必要で，寝室近くに設置すること，廊下との段差がないこと，扉は外開きにすること，暖房，手すり，非常用ブザーを設置することなどを基本的に考えておく必要がある．

6.7.8 ユニットバスルーム（システムバスルーム）

工場生産された部材（床，壁，天井，ドア，窓，収納，浴槽，水栓など）を組み立ててつくる浴室をユニットバスルーム（システムバスルーム）という．在来工法に比べて工程の簡略化，工期の短縮化，防水性，保温性，耐久性などのメリットがある．便器や洗面器を含む洋風ユニットと，浴槽と洗い場だけの和風ユニットがある．

部材の寸法，形，色，材質などを用意された中から選択できるため，イージーオーダー感覚で希望にかなった浴室をつくることができる．また床暖房，気泡浴槽，浴室換気乾燥暖房機，多機能シャワー，スチームサウナ，AV機器などを取り入れて機能を充実させたものが次々と開発されている．また高齢者対応型では，出入口の段差の解消，腰掛けや手す

りの設置，滑りにくい床材の使用など細かな配慮がなされている． 〔大井絢子〕

6.8 集合住宅の設備

6.8.1 概 要

集合住宅の設備は，1戸建住宅とは異なり，その集合住宅の固有条件により要求される機能，性能にさまざまな違いがある．また，建設される地域により関連法規，地方条例などの制約を受け，さらに維持管理方式によっても設備内容・方式，性能水準が異なる．これらの要因・諸条件を表6.11に示す．集合住宅の設備は一般的に敷地内の屋外設備，住棟内（屋内）の共用設備，住戸内の専用設備に分けられる（図6.23）．

表6.11 集合住宅設備の外的条件と要因

外的条件	設備選択の要因
集合住宅の固有条件によるもの	供給方式…分譲住宅，賃貸住宅 住棟規模 ｛棟数…1棟型，複数住棟型（団地型） 　　　　　階数…低層，中層，高層，超高層 供給戸数…住戸数の大小 住宅規模…住居面積の大小 建物構造…S，RC，SRC，PC構造
地域条件・関連法規の制約	水，ガス，電力などのエネルギー供給方式 排水処理，公共下水道の普及・規制 各設備に関連する法規・地方条例などの制約
維持管理面による条件・制約	日常の保守管理方式 維持管理計画

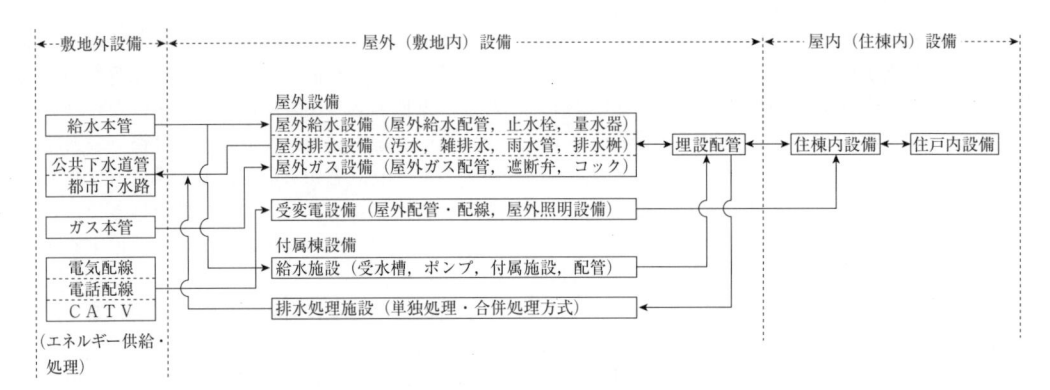

図6.23 集合住宅の屋外・屋内設備

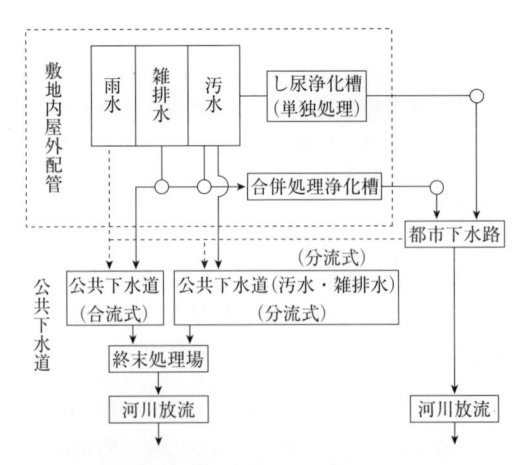

図6.24 敷地内排水と公共下水道

公共下水道：主として市街地における下水を排水・処理する下水道で，地方公共団体が管理を行い終末処理場を有するもの，または流域下水道に接続するもの．都市下水路：市街地の雨水処理を目的として設置され，主として既設の水路を整備したもの．

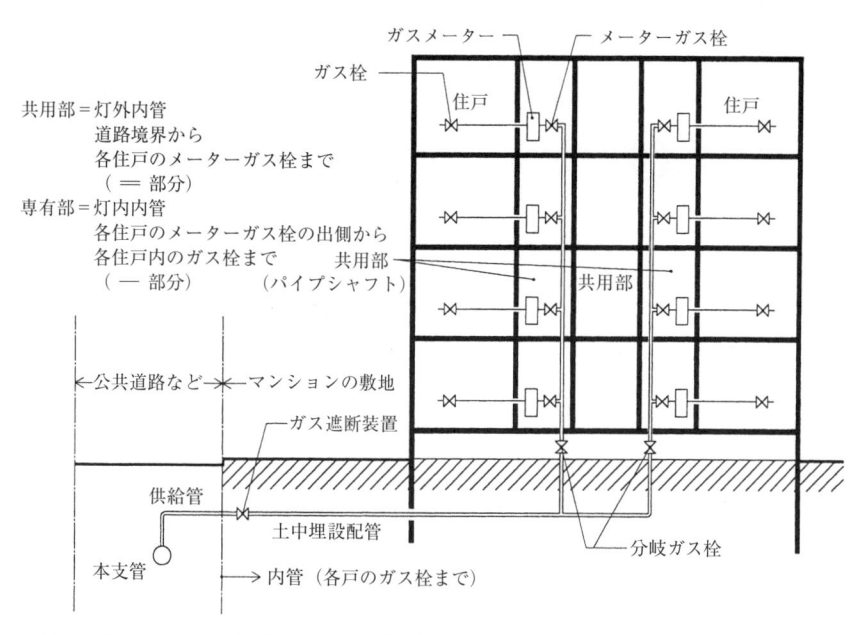

図 6.25 屋外・住棟内ガス配管（マンション管理センター「ガス配管の維持保全について」より作成）

表 6.12 集合住宅の受電方式

契約電力	電圧・引込み方式	受変電設備など
1棟1引込み 50 kW 以下	架空低圧引込み 200 V, 100 V	引込開閉器盤* （住棟外壁などに設置）
1棟 50 kW を超えるもの	高圧引込み 6000 V	借室方式 （建物内変圧器室設置） 借棟方式 （敷地内変圧器室設置） パットマウント方式 （敷地内に金属製変圧塔設置）

* 受変電設備（借室方式）は電力会社が設置するが，共用部が 50 kW を超えるものについては，受電者が自家用変電設備（変圧器室，キュービクル）を設置する．

6.8.2 屋外設備

集合住宅の給水・電気・ガス設備などは，ライフラインとして日常生活に欠かせない重要な役割をもっている．これらの設備は一般的に，公共道路より敷地内に引き込まれる．戸建て住宅では敷地内に設けられたメーターを通り，埋設配管で建物内に引き込み各器具に接続されるが，集合住宅の場合は建物の規模により屋外設備（一部は屋内の場合もある）を必要とするものがある．これらの概要を図 6.23 に示している．

(1) 屋外給水設備

一般的に公設水道本管より敷地内に埋設配管で引き込まれ，止水栓，量水器（親メーター）を経由して受水槽に給水される．直結給水の場合は，受水槽を設けず各給水栓に直結される．受水槽およびポンプ設備は，屋外設置型と住棟内（屋内の1階または地下）に設置されるものがある．複数棟の集合住宅団地では付属棟を設け，これらの設備が設けられる．この方式では受水・送水装置以降，屋外配管により各住棟に送水される．

(2) 屋外排水設備

住宅の排水は，汚水，雑排水，雨水に大別される．屋外排水は放流する公共下水道により配管系統が異なり，公共下水道の終末処理場の種類により，分流式または合流式に分けられる．終末処理場が設けられていない都市下水路では，敷地内にし尿浄化槽（大規模な集合住宅団地では，合併処理の汚水処理場）を設け，所定の水質に浄化した後に下水路に放流する．

敷地内の排水管路と公共下水道との関連を図 6.24 に示す．敷地内の屋外排水設備の排水方式は放流先条件によるもののほか，排水機能，臭気漏れ防止などの点から，分流式（汚水管＋雑排水系統と雨水系統）とするものが多い．屋外排水管路は同時に住棟内（屋内）排水系統とも関連する．

(3) 屋外ガス設備

都市ガスは，原料成分により種類が異なり発熱量も違うが，東京ガス，大阪ガス，東邦ガスなどは LNC（天然ガス）で，13 A と呼ばれる 11000 kcal/N・m³ である．この供給ガスの種類とガスの

6. 住まいの設備環境

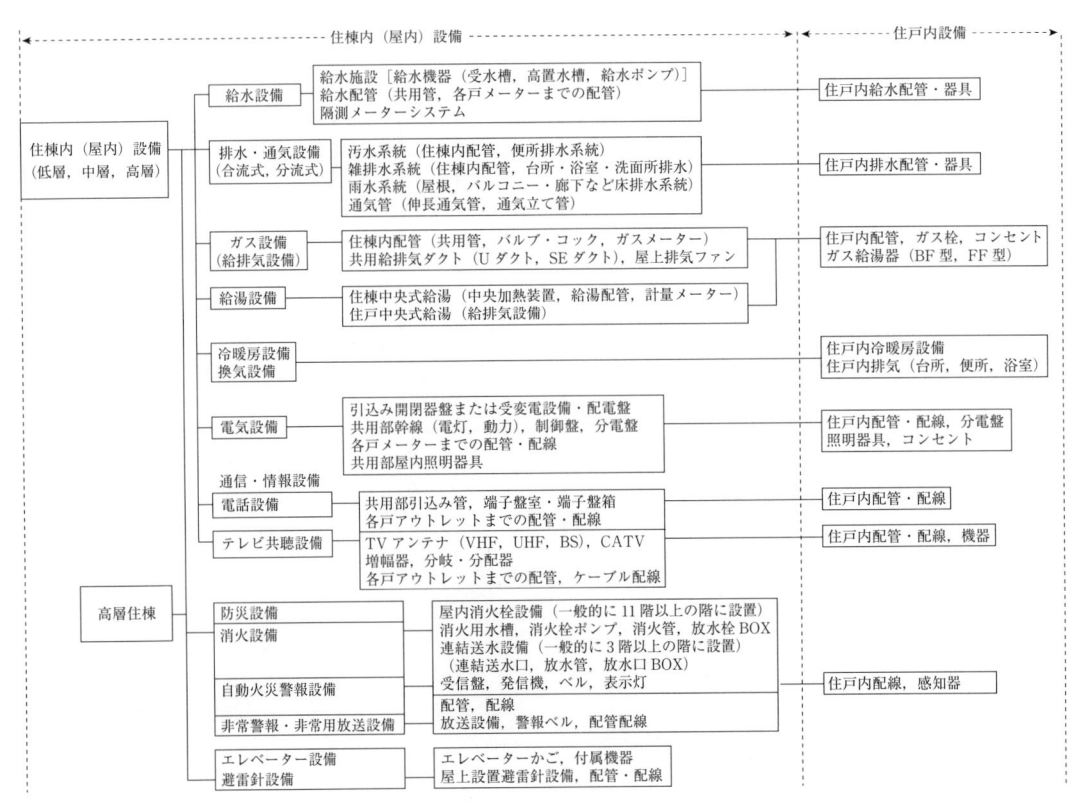

```
                    ┌─── 住棟内（屋内）設備 ───┐         ┌─ 住戸内設備 ─┐
                    ├ 給水設備 ─── 給水施設［給水機器（受水槽, 高置水槽, 給水ポンプ）］
                    │            給水配管（共用管, 各戸メーターまでの配管）         ─ 住戸内給水配管・器具
                    │            隔測メーターシステム
住棟内（屋内）設備  ├ 排水・通気設備  汚水系統（住棟内配管, 便所排水系統）
(低層, 中層, 高層)  │  (合流式, 分流式)  雑排水系統（住棟内配管, 台所・浴室・洗面所排水）─ 住戸内排水配管・器具
                    │            雨水系統（屋根, バルコニー・廊下など床排水系統）
                    │            通気管（伸長通気管, 通気立て管）
                    ├ ガス設備    住棟内配管（共用管, バルブ・コック, ガスメーター）  住戸内配管, ガス栓, コンセント
                    │ (給排気設備) 共用給排気ダクト（Uダクト, SEダクト）, 屋上排気ファン  ガス給湯器（BF型, FF型）
                    ├ 給湯設備    住棟中央式給湯（中央加熱装置, 給湯配管, 計量メーター）
                    │            住戸中央式給湯（給排気設備）
                    ├ 冷暖房設備                                              住戸内冷暖房設備
                    │ 換気設備                                                住戸内排気（台所, 便所, 浴室）
                    ├ 電気設備    引込み開閉器盤または受変電設備・配電盤
                    │            共用部幹線（電灯, 動力）, 制御盤, 分電盤    住戸内配管・配線, 分電盤
                    │            各戸メーターまでの配管・配線                照明器具, コンセント
                    │            共用部屋内照明器具
                    ├ 通信・情報設備
                    ├ 電話設備    共用部引込み管, 端子盤室・端子盤箱          住戸内配管・配線
                    │            各アウトレットまでの配管・配線
                    ├ テレビ共聴設備 TVアンテナ（VHF, UHF, BS）, CATV        住戸内配管・配線, 機器
                    │            増幅器, 分岐・分配器
                    │            各戸アウトレットまでの配管, ケーブル配線
     高層住棟       ├ 防災設備    屋内消火栓設備（一般的に11階以上の階に設置）
                    │ 消火設備    消火用水槽, 消火栓ポンプ, 消火管, 放水栓BOX
                    │            連結送水管（一般的に3階以上の階に設置）
                    │            （連結送水口, 放水管, 放水口BOX）
                    ├ 自動火災警報設備 受信盤, 発信機, ベル, 表示灯           住戸内配線, 感知器
                    │            配管, 配線
                    ├ 非常警報・非常用放送設備 放送設備, 警報ベル, 配管配線
                    ├ エレベーター設備 エレベーターかご, 付属機器
                    └ 避雷針設備  屋上設置避雷針設備, 配管・配線
```

図 6.26 集合住宅の住棟内設備と住戸内設備

表 6.13 集合住宅の給水方式

給水方式の分類	給水方式	適用建物	設備概要
水道直結方式	水道本管直結給水方式	1階建て以下の低層住宅	水道本管の水圧により給水する方式．受水・送水装置などの設備は不要．夏季の水圧低下，また使用器具の必要水圧の不足に注意を要する
	直結増圧給水方式	50戸以下の集合住宅などで10階建て程度の建物	水道本管の水圧により給水する方式と合わせ，増圧ポンプを設け水圧不足時に対応するもの．これにより3階以上の階にも給水可能となる
重力給水方式	高置水槽給水方式	1～2棟の中高層集合住宅	一般的に建物の屋上などの高位置に水槽を設け，重力により給水する．受水槽，揚水ポンプ，高置水槽などの設備を必要とする．高層住宅の場合は中間水槽を設ける場合もある
	高架水槽（給水塔）方式	数棟の団地型中高層住宅	大規模な団地型集合住宅に適用．独立した給水塔に水槽を設け，各棟に重力により給水する．給水塔，受水槽，ポンプ室などを一体として，屋外施設（付属棟）を設ける場合が多い
圧送給水方式	圧力タンク給水方式	比較的小規模の集合住宅	圧力タンクとポンプにより構成され，ポンプによって圧力タンク内に水を圧入する．圧縮された空気の圧力で給水する方式
	ポンプ直送給水方式（速度制御方式）	中規模・大規模集合住宅	ポンプ運転台数方式とモーター運転方式の2方式がある．ポンプの圧力で受水槽より各住戸に送水する方式

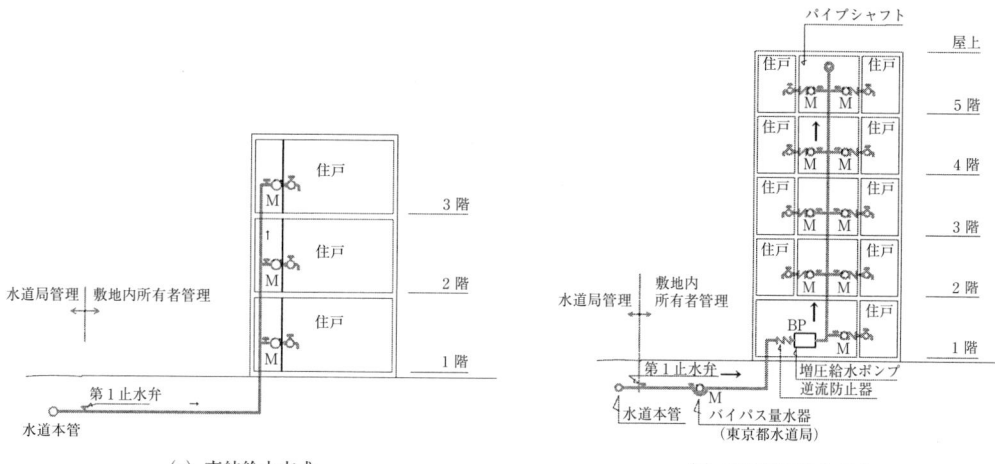

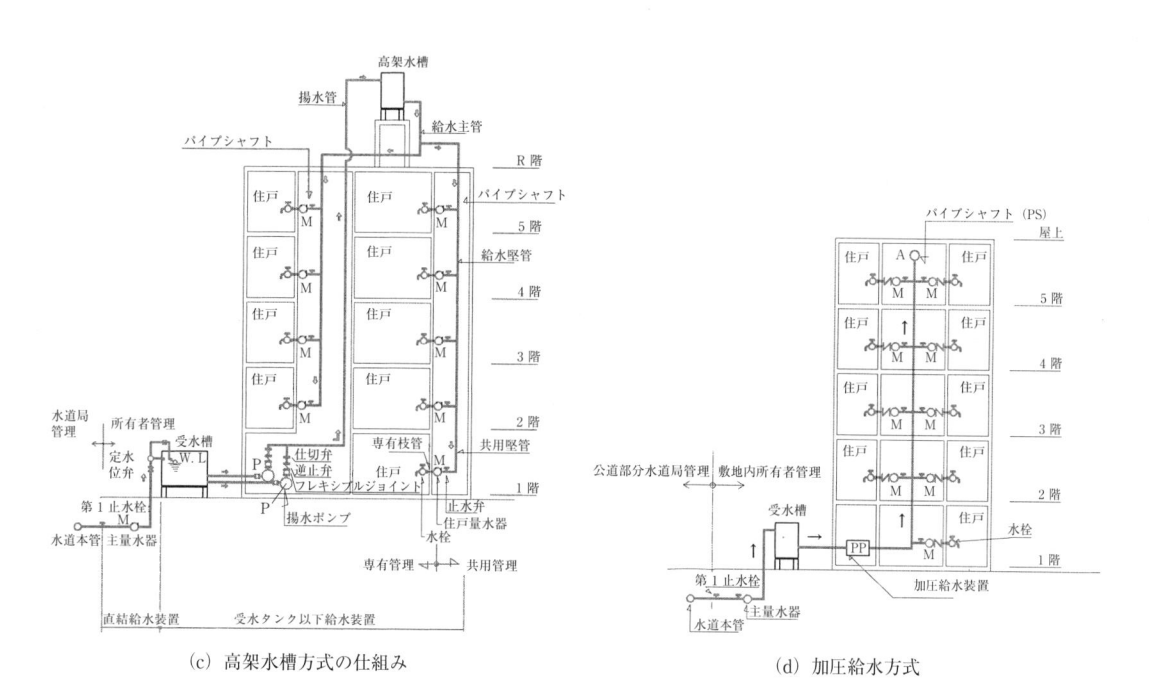

6.8 集合住宅の設備

図 6.27 集合住宅の給水方式[1]

(a) 直結給水方式
(b) 直結増圧給水方式
(c) 高架水槽方式の仕組み
(d) 加圧給水方式

熱量により，配管口径や接続機器が異なっている．

公道内に埋設されている導管（口径により本管または支管の供給管）から各建物の敷地内にガスが供給されるが，敷地境界まではガス事業者の施設となっている（図 6.25）．大規模な集合住宅（団地など）では，本管から引込み部分にガスの圧力を調整するガスガバナーを設けている．敷地内のガス配管を「内管」といい，ガスメーター以外は建物所有者の資産（管理）となるが，ガス事業法の安全供給規定により，ガス事業者の責任において供給されている．敷地内は埋設配管となるが，腐食防止対策，不動沈下防止対策が必要となる．また，管径（70A以上）によっては緊急の場合のガス遮断装置が設けられる．

(4) 屋外電気設備

電気設備は，電力会社より一定の方式で電力の供給を受け，建物内・外の各所に必要とする電力を供給すると同時に，建物全体の通信・防災機能も分担している．受電方式には，低圧・高圧の引き込み種別があり，契約電力（集合住宅では各住戸合計の契

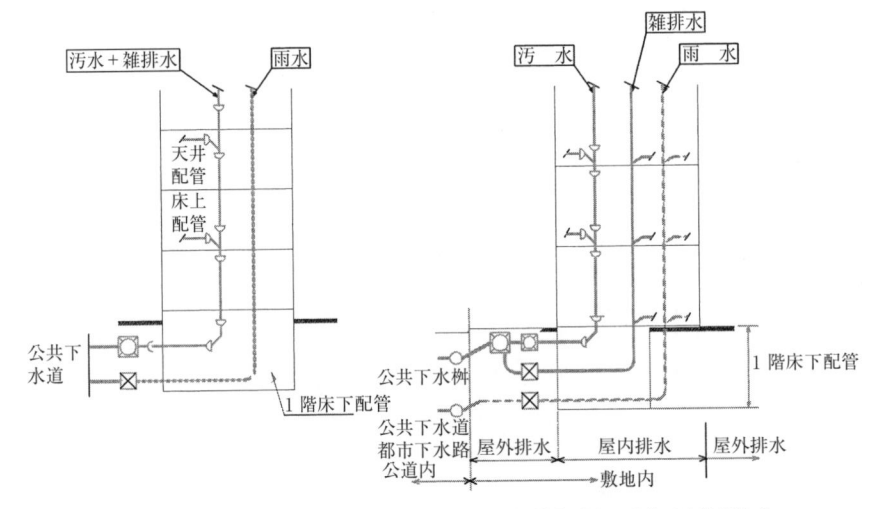

(a) 住棟内合流，公共下水道合流式　　(b) 住棟内分流，公共下水道分流式

図6.28　集合住宅の住棟・屋外排水系統概念図

約電力と共用部分の契約電力）によりその形態が異なり，表6.12のような方式となる．

集合住宅は，一般的に低層・中層住棟では50kW以下の「低圧受電」が多く，電柱からの架空引込みとなり，住棟外壁に引込み開閉器盤が設置される．高層住棟では1住棟の住戸数が多いことから「高圧受電」となる．受変電設備とは，高圧電力で電力会社から受電したものを低圧電力に変圧するもので，これ以降，幹線設備を通り，動力，照明，コンセントなどへ供給される．

6.8.3　住棟内（屋内）設備

住棟内設備は建物の規模により内容が異なる．とくに高層住棟では法律上の消防・防災設備などの適用を受ける．エレベーター設備は高層住棟のほか，近年ではバリアフリーとの関連で中層住棟にも設けられる場合がある．住棟内設備の概要を図6.26に示す．集合住宅の設備は屋外よりこれらの住棟内設備の機器，配管・配線，各戸メーターを経由して，住戸内の各器具に接続される．

(1) 給水設備

1) 給水方式　給水方式は，住棟の規模（階数，住戸数），建物構造，敷地の形状（高低）などによって異なる．表6.13，図6.27に給水方式の種類，集合住宅での適用範囲，設備の概要を示す．

2) 住棟内給水設備（高置水槽給水方式）の事例　集合住宅の給水方式にはさまざまな種類があるが，1～2棟の中高層集合住宅では高置水槽方式が広く採用されている．高置水槽方式の屋外設備および住棟内設備の概要を図6.27（C）に示し，その主要装置と役割を以下に概説する．

①受水槽：水道本管から供給された水は，量水器（親メーター）を通りいったん受水槽に溜められる．その容量は，通常集合住宅全体で1日に使用する量の40～60%程度となっている．受水槽は，鋼板製またはFRP（強化プラスチック）製のものが建物内部の機械室（1階または地下）もしくは屋外に設置される．受水槽，ポンプなどを住棟内に設置する場合には防音・防振処置が必要であり，また6面（天井・底，周壁）の保守点検が容易にできるように設置する必要がある．受水槽の大きさにより，簡易専用水道または専用水道に区分され管理の基準が異なるが，いずれにしても1年に1回の清掃と，決められた水質検査が法定点検として義務づけられている．

②揚水ポンプ：受水槽の水を，屋上などに設けられている高置水槽に上げるためのポンプで，地上設置型と水中型がある．これらは電気的に高置水槽の水位が下がることにより起動し，一定の水位になると停止する機能をもつ．また2台設置され，故障への対応と定期的に交互に切り替え運転がなされている．

③高置水槽：屋上の塔屋または給水塔（架台）の上に設置され，FRP製が一般的である．高置水槽に上げられた水は重力によって流下し，各住戸に供給される．受水槽と同様に年1回の清掃が必要である．

④給水管：高置水槽から住戸の水栓取り付け部ま

6.8 集合住宅の設備

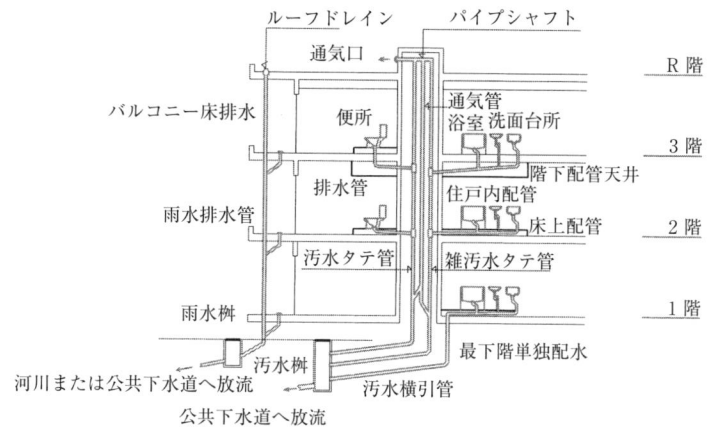

(a) 合流式

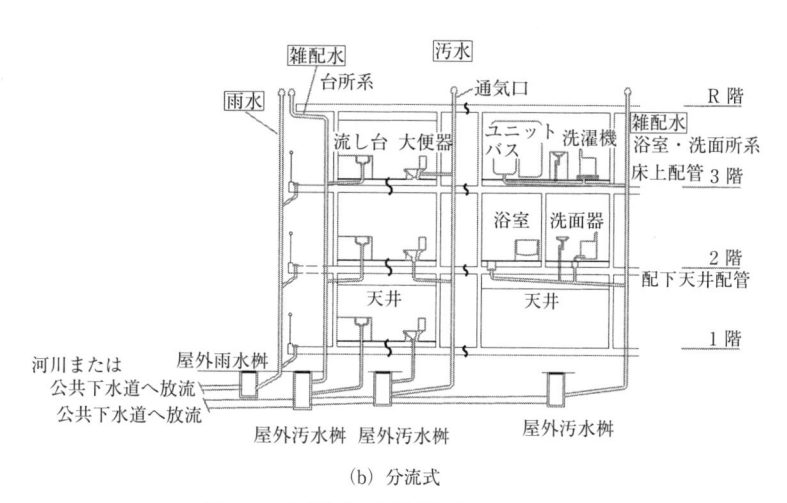

(b) 分流式

図 6.29 集合住宅の住棟内排水設備の仕組み

での配管をいう．給水管には通常，硬質塩化ビニールライニング鋼管（VLP）などが用いられ，防食対策がなされているが，メーター・バルブ回りなどで種類の異なる金属との接触箇所では（異種金属配管）とくに注意を要する．また，高層住宅における低層階で水圧が高すぎる場合には，配管途中で減圧を行う必要がある．減圧の方法としては，減圧タンク方式と減圧弁方式が一般的である．

(2) 排水・通気設備

1) 住棟内排水設備系統 住棟内の排水管経路は，汚水系統（便所），雑排水系統（洗面所，浴室，台所），雨水系統に分類される．これらの排水は排水立て管を通り，最下階で横引きされ屋外の桝に導かれる．住棟内の排水立て管では3系統を別々に流す方式と，汚水と雑排水を1本の排水管とする方式がある．前者を分流方式，後者を合流方式と呼び，雨水のみ分流式となる．近年では公共下水道の普及により後者の合流式が一般的となっている．ただし，これらの配管経路は住戸平面計画とも関連し，特に規模の大きい住戸では台所排水が別系統となることが多い．これらの排水方式を図 6.28 に示す．

2) 住棟内配管とパイプスペース 集合住宅の排水立て管は，全長にわたって垂直に配管することが必要で，このため水回り設備は平面計画上，上下階同一位置とすることが望まれる．これらの排水立て管のほとんどは共用配管で，廊下または階段室に面する部分にパイプシャフト（PS）が設けられ，この中に配管される．ただし，住宅の平面計画によっては，水回り設備が住宅の中央部にレイアウトされる場合もある．立て管より排水器具までの横枝管のスペースは，下階天井内あるいは床下に配管される．排水管は取換えが困難な場所に配管される場合

表 6.14 集合住宅の給湯方式

給湯方式		方式の概要	方式の特徴
局所式給湯	局所式	住戸内の給湯箇所に専用の過熱器を設置	給湯箇所ごとに必要な湯温が得られる 過熱器の機種によっては水圧の制限を受ける 給湯箇所ごとに過熱器が必要．熱源が点在する
中央式給湯	住戸中央式	各住戸内に設けた過熱器より給湯が必要な箇所へ配管で給湯	過熱器の設置場所が決められるため，ある程度の安全性が確保できる 暖房との兼用が可能 給湯箇所の同時使用時に湯温，湯量の変動が生じる 配管が長くなると適温使用の待ち時間が長くなる
	住棟中央式	集合住宅共用の過熱装置を機械室に設置各住戸へ配管により給湯する	機械室での過熱装置の集中管理が可能．安全性が高い 同時使用でも豊富な湯量が確保できる 住戸までの配管の熱損失が多い 使用料金徴収が必要．共用料金（維持管理費）を要する

が多いことから，耐久性に留意することが重要となる（図 6.29）．

3）排水立て管と通気管 排水立て管には通気管が設けられる．通気管は排水管内の気圧と外気圧の差をできるだけ生じさせないようにするために設けられ，排水器具トラップの封水切れの防止，排水管内の換気を行い，排水管内の自然流下による排水の流れを円滑にする役割をもつ．通気方式には，建物構造により主として伸長通気方式が採用されるが，高層住宅では通気性能を確保するため，通気立て管方式を併設したものが一般に設けられている．近年，通気立て管を設けない特殊継ぎ手を使用した単管式の排水通気方式を用いているものもある．

(3) 住棟内ガス設備

1）住棟内ガス配管

屋外ガス配管より住棟内への引き込み配管は1箇所を原則としている．屋内に引き込まれたメインの横引き管は1階床下ピット内に配管され，パイプスペース（PS）内で立て配管となり，上階の各住戸へ供給される．ガス配管が分かれる部分の要所には分岐バルブが設けられており，系統ごとにガスを止めることができる．

2）ガス機器類

各戸で使用するガス機器は一般的に次のようなものがある．

①調理用機器： 単体のガスコンロから，現在ではシステムキッチンなどでビルトインタイプが主流となり，オーブン付きも一般的となっている．立ち消え防止などの安全装置も発達しガス容量も大きい．

②暖房機器： 近年は従来の開放型ガスストーブに替わり，安全な密閉式のFF暖房機，セントラル方式で複数の部屋を暖房できる温水暖房，床暖房な

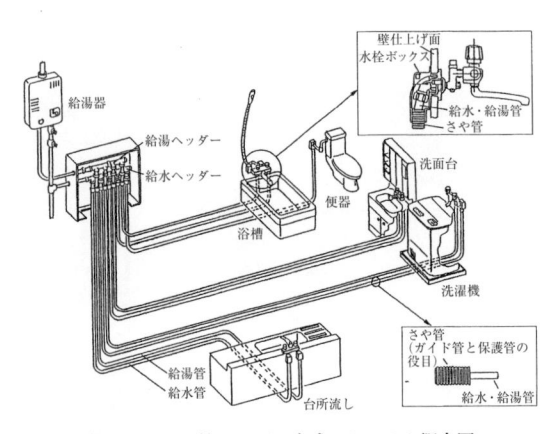

図 6.30 さや管ヘッダー方式のシステム概念図

どさまざまな機器がある．

③給湯器： ガスの安全装置の発達，機器の高性能化・小型化により，近年はガス給湯機が多く用いられている．風呂の追焚きやマイコンによる自動制御機能を備え，高性能化し容量も大きくなっている．

3）ガスの安全装置

ガスはガス漏れ事故により爆発・火災などの危険性があることはよく知られている．しかし，近年は配管の耐久性の向上，各種安全装置の発達と普及により安全性はかなり高まっている．ガスは無臭のものであるが，臭気を与えることでガス漏れの早期発見を高めているのも1つの方法である．

①緊急遮断弁： 超高層の建物では，建物の引き込み部分に緊急遮断弁（ESV）を設けている．ガス配管の各所にガス漏れ感知器や地震感知器を設け，異常時に中央監視室の集中監視盤に信号を送り遮断弁を閉じるシステムである．各住戸のマイコンメーターと接続して住戸内の異常も監視できるものもあ

②マイコンメーター: ガスの異常な流出，器具の消し忘れ，地震発生時などの異常時にガスを自動的に遮断する機能をもったもので，住戸のメーターと一体となったものである．住戸内に対しての安全装置であり，現在ではほとんどの住戸に設置されている．また，マイコンメーターとガス事業者の監視室とを電話回線で結ぶ集中監視システムもある．

③都市ガス警報機: 台所などのガスを使用する部屋に取り付け，ガス漏れを居住者に知らせるものである．壁または天井に取り付けられ，ガス漏れを感知するとランプとブザーが作動する．廊下などの共用部のブザーで知らせる戸外警報システムもあり，警報機をマイコンメーターと連動することにより，ガス漏れを自動遮断することもできる．

④過流出防止機構付きガス栓: 住戸内のガス栓には，接続するホースに異常が生じた場合の安全装置としてヒューズガス栓やコンセントが用いられている．ヒューズガス栓は一度に過大なガスが流れたときにガス通過孔を塞ぐ仕組みで，ホースが切れたり外れたりしたときにガスを止める．ガスコンセントは，ホースの接続器具を差し込むとガス栓が自動的に開き，接続器具を外すと閉じるもので，これもホースが外れたり，切れたりしたときのガス漏れを防止するものである．

(4) 住棟内給湯設備

1) 給湯方式

給湯方式は，建物の規模，熱源の供給と機器の選定，給排気方式，冷暖房方式との関連を検討し決定される．集合住宅での給湯方式は，局所式，住戸中央式，住棟中央式に分けられる．各方式の概要を表6.14に示す．近年の集合住宅では住戸中央式が一般的で，給湯用の単一機能のものから暖房機能を付加したものまである．

2) 給湯設備の熱源

給湯設備の熱源はガスが主流となっている．ガス給湯器には給気と排気が必要である．給気は外壁の給気口，または共用ダクトから取り入れ，排気も同様に外壁に直接，あるいは共用ダクトを通して排気される．外部のチャンバーや外壁に機器を設置する場合も多い．

電気を熱源としたものには，深夜電力を利用した貯湯式が多く，貯湯タンク置場は住戸内で300～500l程度のもので1m四方のスペースを必要とする．ガスに比べ危険性が少なく給排気の問題もないが，貯湯量に限りがあるため消費量が多い場合には足りなくなる不便さがある．また，タンクの固定が不十分だと地震時に破損事故につながる恐れがある．

3) ガス給湯機器類

①ガス瞬間湯沸器と出湯能力: ガス瞬間湯沸器は，給水圧力によりガス弁を開閉し，水が内部の熱交換器を通る間に加熱される構造である．湯沸器の構造により配管給湯ができない「元止め式」と，離れた場所にも配管給湯できる「先止め式」がある．台所の流しの上に設置し，その場所でしか使えない小型の瞬間湯沸器は元止め式であり，住戸内の数箇所に給湯できるセントラル方式（住戸中央式）は先

表6.15 ガス燃焼機器の種類と設置方式（密閉式）

	給排気方式	方式の概要
外壁・廊下・PS内設置	BF-W方式（自然給排気方式）	給排気筒を外壁を貫通させて屋外に出し，自然通気により給排気を行う．給排気トップ周囲の障害物，距離に制約がある
	FF-W方式（強制給排気方式）	給排気筒を外壁を貫通させて屋外に出し，ファンにより強制的に給排気を行うもの．給排気トップの周囲条件についてはBF型と同様
	BF-C方式（BF型機器の廊下設置型）	開放廊下に設置するため，チャンバーを設け高所に給排気トップを設けたもの．給排気トップは給排気面から突出すること，立上がりはできるだけ高くとることが必要
	FF-P方式（FF型機器の廊下チャンバー内設置型）	室外のパイプスペース内にチャンバーを設け機器を設置するもの．給排気トップを外に出して強制給排気するもの．機器設置まわりや開放廊下の形状に細かな規定がある
共用シャフト内ダクト設置	Uダクト方式	2本のダクトが下端で連結され，U字型となっているもの．給気ダクトと排気ダクトに分けられ，各階に設置されたBF型機器の給排気に利用する．給・排気ダクトの断面積の確保と，内部に突出物などがないことが条件
	SEダクト方式	建物下部の水平ダクト（給気）と垂直ダクト（排気）を連結し，垂直ダクトの各階にBF型機器を設置したもの．筒上部は風圧帯外に出すこと．水平ダクトの給気口の位置に注意を要する

止め式となる．すなわち，これらの構造の基本的な違いは，給湯器本体の入り口側水栓の開閉によりメーンバーナーが点・消火する元止め式か，出口側水栓の開閉による先止め式かである．セントラル方式では，給湯器を屋内または屋外の1箇所に設置し，各所の給湯栓を開くと出湯する．温度調整や口火の点・消火は本体で行うが，多くはリモコン操作となっている．

ガス瞬間給湯器の出湯能力は一般的に号数によって表記されており，給水を温度25℃上昇させた湯の1分当たり給湯量（l）を表す．現在24号程度が一般的と考えられるが，これは給水温度15℃の場合に40℃のお湯を1分間に24l供給できる能力で，冬季に2箇所同時使用が可能な能力である．

②複合給湯機器：　給湯用の単一機能のものから，最近では各種の機能を付加したもの，暖房機器と結合した熱源として複合機能化した機種が主流となっている．付加機能としては，風呂追焚き，高温さし湯，自動お湯はりなど，複合機能としては，暖房，床暖房，浴室暖房，乾燥，サウナなどがある．高機能のほか，複合化は今後も進むものと思われるが，マイコンの発達と情報機器との接続で，自動化と電話やインターネットによる遠隔操作が可能になってきている．

③給湯配管：　給湯器から各所への給湯用の配管は，床下や壁内部を通っている．床下の場合は床仕上げ材とその下のコンクリート版（スラブ）の間が10～15 cmある場合で，2重床の中に配管される．壁の場合は木造の軸組内部か，コンクリート壁表面の一部を溝状にした中に設置される．したがって給湯箇所を増やしたり変えたりする場合には，これらの床や壁の配管部分を解体する必要があり，仕上げ

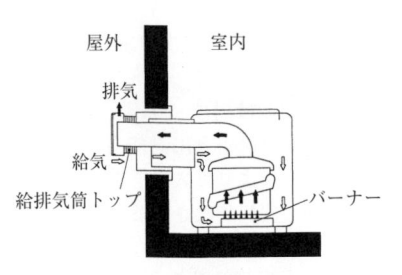

(a) BF-W（自然給排気方式）

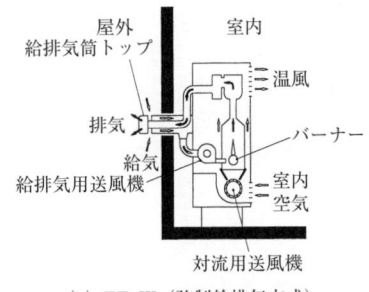

(b) FF-W（強制給排気方式）

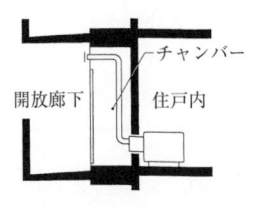

(c) BF-C（BF機器の廊下チャンバー設置型）

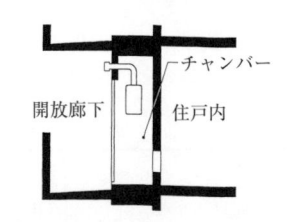

(d) FF-P（FF機器のパイプシャフト内設置型）

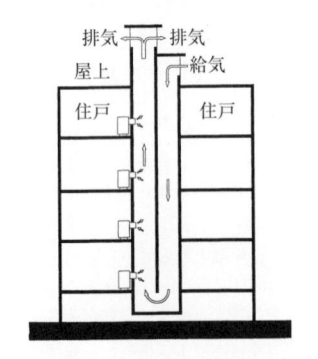

(e) Uダクト接続の機器（BF-D, FF-D）

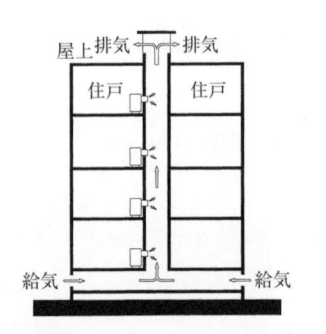

(f) SEダクト接続の機器（BF-D, FF-D）

図 6.31　ガス機器（密閉式）の種類と仕組み

を含めた改修工事が必要となる．

一方，あらかじめ床下や床コンクリートスラブ（または軽量コンクリートピット）内に配管ガイドとなる「さや管」を敷設した中に配管する「さや管ヘッダー方式」とする場合もある．この方式は熱源機まわりに設置したヘッダーから，途中で分岐することなく各器具へ配管するシステムである（図6.30）．

給湯器には，給排気用のダクトのほかにガス管，給水管，給湯管，温水管や追加機能に伴う配管類が多数接続される．これらの配管類を隠す専用カバーがあり，室内では美装性，屋外では配管の保護の面からカバーすることが望ましい．

4）ガス燃焼機器の種類と設置方式

ガス機器を安全に使用するためには，燃焼のための給排気を完全に行う必要がある．とくに近年の集合住宅は気密性が高いことから，給排気設備が不可欠なものとなっている．給湯や暖房に使用されるガス熱源機は，設置する場所と給排気の方式により以下の4方式がある．

①開放式：　特別な装置を設けず，設置した室内で給排気する．したがって室内には自然または機械による換気が必要となり，ガスストーブやガスレンジなどはこれに該当する．室内の換気は，機器のガス消費量が6kW以下であれば自然換気（窓，換気口など）でよいが，超える場合は機械換気（換気扇など）が必要となる．現在では，給湯，暖房には採用していない．

②半密閉式：　給排気の給気は室内から行い，排気は排気筒により屋外へ排出する．したがって機器を設置した室内には給気用の外気に面した給気口が必要となる．排気を自然に行うCF式と送風機によって強制的に行うFE式がある．排気を直接外部に排出するので開放式と比較して安全ではあるが，冬期は給気口から寒気が流入するため給気口を塞いでいることも多い．かつては広く採用されたが，現在では密閉式または屋外式に変更しているものが多い．

③密閉式：　ガス機器を設置した室内の空気を燃焼には使わず，給排気筒により屋外から給気，屋外に排気する．自然に給排気を行うBF式と，送風機によって強制的に行うFF式がある．安全性と小型化により現在では屋外式とともに主流となっている．設置場所や給排気の接続部分により，外壁側（W），チャンバー内（C），パイプシャフト内（PS），共用ダクト接続（D）の各方式がある．各方式の概要と仕組みを表6.15，図6.31に示す．

④屋外式：　機器本体を屋外に設置し，屋外の空気で給排気を行う．屋外の設置場所，取り付け方法によって各種のタイプがある．配管類は外壁を貫通することになるが，室内でのスペースが不要なことから，近年の集合住宅では広く採用され，ガス機器をバルコニーや開放廊下のアルコーブなどに設置している場合が多い．

屋外の設置場所により，据置き，壁掛け，天井付型，および壁面埋込設置式，PS（パイプシャフト）・RF（屋外型給排気方式）チャンバー設置式などがある．

バルコニーに設置する場合は壁掛け式が一般的である．天井付はバルコニーが狭い場合に使われるが，アルコーブなどの廊下側に設置する場合もある．据置き式は低層のテラスハウスやバルコニーが広いもので採用され，比較的大型機器が設置できる．

PS・RFチャンバー式は，開放廊下に面した壁面のパイプシャフトまたはチャンバー内にRF式機器を設置，前面パネルの開口部より給排気を行うもので，基本的には同方式であるが取り付け場所，設置機器によってバリエーションがある．

6.8.4 住戸内設備

屋外より引き込まれた給水，電気，ガスは，住棟内の装置，配管により各戸メーターを通り住戸内の機器，器具に接続される．給湯設備も機器類は住戸内に設置されるが，熱源と給排気装置との関連があるため，前節では住戸内設備を含め解説している．本節では住戸内の冷暖房設備を取り上げる．

(1)　冷暖房設備システムと熱源

1）暖　房

熱源には電気，ガス，石油があるが，暖房のみを単独で行う場合は熱量の高さと経済性からガスが主流となっている．従来は個別暖房として開放式の電気・ガス・石油ストーブが用いられていたが，現在では補助暖房としての小型電気ストーブ以外は，ガスを熱源とした安全性の高い密閉式暖房機器が多くなっている．また，近年採用されている床暖房はガス熱源機による温水を使用するものと，電気ヒーターを直接床に埋め込むものがある．

2）冷　房

冷房は電気を使用した家庭用ルームエアコンが一般的である．冷房を行う場合には，室内の熱を屋外に排出する必要があり，このためバルコニーなどの屋外に面した部位に屋外機を設置している．ヒートポンプ方式のエアコンは冷暖房の両方に使えるが，

寒冷地では外気温が低い場合は暖房能力が低下するため，真冬には他の暖房機との併用が必要となる．

(2) セントラル方式と冷暖房配管

　1) セントラル方式

熱源機を1箇所に設け，配管で温水や冷媒を各室の機器に送り冷暖房を行うとともに，給湯機能を一体化し複合化したものである．一般的には，ガス熱源機でつくられた給湯用と暖房用の温水を配管で各室の機器に送り，冷房は屋外機を設けそれぞれの室内エアコンと接続したもので，冷房の熱源は電気を使用している．マルチタイプでは1台の屋外機に4台までの室内機を接続することができ，屋外スペースが少なくてすむ．設置場所はバルコニーが多く，床置き・壁掛け・天井吊りなどのタイプがある．

暖房用温水は換気装置と連動することにより，暖房乾燥，暖房サウナ，衣類乾燥機などにも使用され，各種自動制御や遠隔操作も可能となっている．

　2) 冷暖房配管

熱源用としてのガス配管や電気配線以外に，セントラル方式では冷温水用の配管が必要となる．温水を使用する場合には，放熱機は任意の場所に取り付けられるが，熱源機からの配管ルートの制約を受ける．冷暖房では往復2本が必要となり，通常架橋ポリエチレン管が2本1組となったペアチューブが用いられ，床下配管される．また，給湯設備配管と一体化して「さや管ヘッダー方式」で配管される場合もある．

ルームエアコンの屋内外機を相互につなぐ冷媒配管は，屋外に露出される場合が多く，これらにはプラスチック製の配管カバーが取り付けられる．

〔田辺邦男〕

参 考 文 献

1) インテリア大事典編集委員会編：インテリア大事典，彰国社，1988.

6.9　情報・通信設備

6.9.1　住生活における情報・通信環境の変化

情報・通信に関する設備や機器は日進月歩であり，毎日のように新しい情報・通信設備が生まれている．今日では，ある意味で1年後の情報・通信設備を正確に予測することもむずかしいかもしれない．情報・通信設備の変化を受けて，住宅分野においても住宅の情報化，ホームオートメーションといった考え方が提案されてきている．初めに，住生活

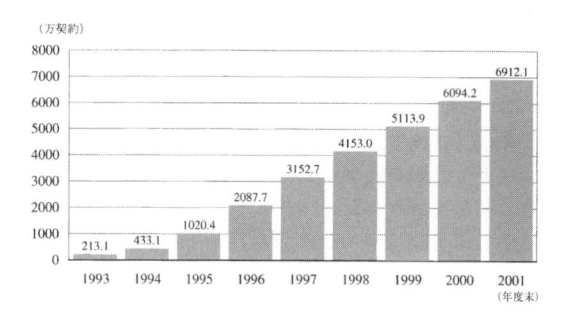

図6.32　携帯電話の加入契約数の推移（文献1）のデータに基づいて作成）

と関連する情報・通信設備の最近の変化について代表的なものに注目してみたい．

(1) 電話サービス

電話が日常生活に不可欠な設備になって久しいが，最近は多様な電話サービスが提供されるようになっている．日常生活に関連の大きいサービスとしてはポケットベルや携帯電話などの移動体通信サービス，ファクシミリ通信網などがある．『平成14年版情報通信白書』によって主要電話サービスの契約数の変化をみると，一般加入電話では1996年度末の6146万契約をピークに年々減少しており，2001年度末現在は5074万契約で，対前年同期比2.6%減となっている．これに対し，携帯電話の契約数は図6.32に示すとおり急速な伸びを示している．総契約数をみると，1993年度末に213.1万契約であったのが，1995年度末に1000万契約を超え，2001年度末には6912.1万契約に達している（対前年同期比13.4%増）[1]．

(2) 放送サービス

放送サービスとして代表的なものは，ラジオとテレビである．とくに日本人の生活に占めるテレビの影響は大きい．テレビ放送も，NHKなどいわゆる地上波放送に加えて，多様な放送形態が出現している．

新しい放送形態の1つはCATVである．CATVとは有線テレビジョンのことである．もともとはテレビ電波が届きにくい難視聴地域で，複数世帯が受信可能な1本の共同アンテナを設置し，そこから各世帯にケーブルで電波を分配することから始まった．その後，既存のテレビ局の放送ばかりでなくCATV局独自の自主放送も送信するようになった．さらにCATV局に番組を供給するプログラムサプライヤーが登場し，そのプログラムサプライヤーからの供給を受けて映画，スポーツ，教養など専門チャンネルを設け，多チャンネルを売り物にした都市

型CATVも全国各地で開局している[2].CATVの加入契約総数は，2001年度末では2125.4万契約で，対前年度比13.6%増となっている[1].

もう1つの新しい放送形態が衛星放送である．衛星放送というのは，放送衛星，あるいは通信衛星を利用した放送である．1992年にCS（通信衛星）アナログ放送が開始，1996年にはCSデジタル放送が開始された．衛星放送も画質の向上を含みながら，基本的には多様な放送サービスの提供をねらいとしている．NHKの衛星放送受信契約数は1999年度末に1000万契約を超え，2001年度末現在1116.4万契約（対前年比5.1%増）である[1].

(3) パーソナルコンピュータの普及

情報化社会を支えるもっとも基本的な機器といえばコンピュータであろう．前で述べた携帯電話や衛星放送が発展したのも，コンピュータの進歩によるものである．家庭電化製品の中にもコンピュータは組み込まれていて，われわれの生活はコンピュータと切り離せなくなっている．では，コンピュータそのもの，つまりパーソナルコンピュータの家庭への普及はどうであろうか．総務省の通信利用動向調査によれば，パーソナルコンピュータの世帯普及率は1995年度の16.3%から2001年度の58.0%へと急速に上昇している．こうした変化に伴い，インターネットの普及率も上昇している．同じ通信利用動向調査によると，インターネットの世帯普及率は，1997年6.4%，1998年11.0%，1999年19.1%，2000年34.0%，2001年60.5%と急上昇している[1].

6.9.2 情報・通信設備の進歩が住生活に与える影響

以上のような情報・通信環境の変化が，人間の生活に何らかの影響を与えるであろうことは想像がつく．実は，情報化社会の到来により，その影響は家庭生活にも及ぶであろうということは，既に1980年代半ばころからいわれてきていた．住生活という側面からみると，1980年代半ばころから住宅の情報化，ホームオートメーションといった考え方が登場している．

國井利恭は1984年の論文において，情報化時代の家庭生活の可能性について次のように述べている．「家庭情報システムは3つのレイヤー（層）に分けて考えるとわかりやすい．第1は機器（デバイス）のレイヤー，第2はワークステーションのレイヤー，第3はネットワークのレイヤーである．ワークステーションのレイヤーというのは，ある仕事，たとえば料理なら料理に必要な機器をまとめたものをいう．ネットワークのレイヤーというのは複数のワークステーションに共通の仕事のレベルのことをいう」[3]．國井は，家庭情報システムのワークステーションとして衣食住，勤務，消費生活，経済・金融，教育分野の例を挙げている．1例を挙げれば，ホームソーイングセンター（衣生活），ホームエネルギーセンター（エネルギーの有効利用），在宅勤務センター，ホームショッピングセンター，ホーム医療センター，ホームバンキングセンター，ホーム教育センターなどである．

こうしたもののいくつかは既に実現しており，いくつかは実現しないままである．とくに3つのレイヤーの考え方は，家庭ではほとんど実現していない．あいかわらず，個々の機器が独立に設置されていることが多い．いずれにせよ，情報・通信設備そのものの急速な進歩を勘案しても，國井が示した可能性については古いとはいえないように思う．

しかしながら，1980年代半ばと現在とでは，情報・通信設備そのものは急速な進歩を遂げている．福永健太郎は「デジタル化」と「マルチメディア」をキーワードとして，最近の技術動向を紹介している[4]．福永の著書を参考にしつつ，最新の情報・通信設備を利用した住生活に関連する機器およびサービスについて補足しておきたい．

第1はネットワークコンピューティングである．インターネットを通じての電子メールの交換やWWW（world wide web）システムにアクセスして必要な情報を入手することなどはビジネスの世界では以前から一般化していた．最近では，一般家庭においても，パーソナルコンピュータの普及に伴ってかなり一般化しつつある．ネットワークコンピューティングの中には電子図書館（コンピュータとネットワークを利用して読みたい本や雑誌が読める）や移動通信端末の世界統一規格（世界中で使える携帯電話）なども含まれる．

第2はデジタル放送である．衛星放送やCATVがデジタル化され，多チャンネルになる．画像品質が向上し，選択の多様性が広がる．

第3はマルチメディアを扱える端末である．パーソナルコンピュータのほか，家庭用ゲーム機，HDTV（高画質，高音質の映像を提供するテレビ規格），DVD（デジタルビデオディスク：文字，音声，映像などあらゆるメディアを取り込むことができる光ディスク媒体）などがある．

6.9.3 情報・通信設備とライフスタイル

情報・通信設備の科学技術上の進歩および住生活

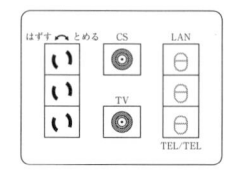

図 6.33 情報用コンセント[8]

に与える可能性と，実際の住生活においてそうした設備を取り入れて生活に役立てることの間にはかなりの距離があるように思う．日々進歩していく情報・通信設備を取捨選択する基準は何か．

これに対する具体的な答えを用意することはむずかしいが，1つの考え方は，われわれが，住生活，ひいては生活全般でどのようなライフスタイルを形成しようと考えるかということであろう．矢矧清一郎はホームオートメーションについての初期の著作の中で，「ホームオートメーションは，あくまで手段であって，決して目的であってはならない」と述べている[5]．このことは，住宅における情報・通信設備導入にも十分当てはまる．情報・通信設備をむやみに取り入れても結局自分たちのライフスタイルに合わない結果に終わってしまうかもしれない．

具体的には，家族構成員の性別や年齢，就業状態などによってどのような情報・通信設備を導入するかについて考え方は変わってくる．夫，妻，子ども，高齢者それぞれに必要な情報・通信設備が異なる側面と，家族全員に必要な情報・通信設備という側面がある．とくに，単身生活でない場合，家族の時間，空間，行動の個別化と共同化をどのようなバランスで作り出すのか．そのためにはどのような情報・通信設備が必要か，という観点から考えることが重要である．

6.9.4　情報・通信設備の規格の統一

情報・通信設備の利用による住宅の情報化が，より豊かな生活につながるという見通しのもとにおかれたとき，具体的に住宅の情報化が促進されるための条件を利用する側から考えると，多様な機器やその機器を接続するための住宅の側の規格が統一されていることが望ましい．しかしながら，規格の統一をめぐっては企業間の熾烈な競争が背景にあるため，ことはそれほど簡単ではない．したがって，規格の統一という仕事は，単一の企業だけでできるものではない．多数の企業の利害を調整しつつ，利用者にとっては便利になるような統一規格をつくっていかなければならない．情報・通信機器の規格の統一のむずかしさについては，ビデオテープのVHS方式とβ方式の併存，コンピュータとワードプロセッサーのフロッピーディスクの互換性の低さなど比較的よく知られた事例も多い．情報・通信機器の規格統一は，日本国内だけの問題ではなく世界共通の問題である．国際的な規格づくりを進めている国際機関も多数ある．

住宅の情報化については，1985年に多様な実務家を執筆者とする『情報化住宅設備設計実務便覧』が出版されている[6]．この本は，住宅の情報化において当時考えられていた多様な側面についての実務的な記述を中心としたハンドブックとなっている．

住宅の情報化を推進するための中核的な役割を果たしている組織として，住宅情報化推進協議会がある．同協議会は，通商産業省（現経済産業省），郵政省（現総務省），建設省（現国土交通省）の支援のもと，1988年に関係業界により設立された．ここでは，住宅の情報化のための規格を定め，通信，映像，電力などを各部屋に設置した情報用コンセントで取り出すという配線システムを，先行的に住宅に設置することを推進する活動をしている．さらに，国際的な情報通信基盤や日本における高度情報通信社会の構築の進展に対応して，住宅における情報インフラである住宅情報化配線をHII（home information infrastructure）とし，関連業界の応援を得てその普及促進に努めている[7]．

住宅情報化配線について，住宅情報化推進協議会のホームページにより紹介する[8]．住宅情報化配線とは，将来を考えた住宅内ネットワークシステムを構築し，集約した出入口に情報用分電盤・スペースを設け，各室に情報用コンセントを装備することである．情報用分電盤・スペースは，通信用機器や放送用機器で構成されている．情報用分電盤・スペースを設けておくと情報用機器の更新がしやすく，管理も便利である．図6.33は情報用コンセントを示したものである[8]．情報用コンセントは，通信系，放送系や電源のコンセントを1カ所にまとめた器具である．LAN端子をもち各部屋からのインターネット接続が容易にできるほか，一般電話回線，CS/BSデジタル放送や各情報機器への電力供給が行える．この情報用コンセントを使用することにより，住宅内の情報配線をすっきりまとめることができる．

〔平田道憲〕

参考文献

1) 総務省：平成14年版情報通信白書，ぎょうせい，2002.
2) 生活環境情報センター編：イラスト白書 地球・日本列島，ぎょうせい，1990.

3) 國井利泰：東京大学公開講座 39 情報化と社会，pp. 311-325，東京大学出版会，1984．
4) 福永健太郎：デジタル情報革命のキーワード，中央公論社，1997．
5) 矢矧清一郎：ホームオートメーションの時代，日本放送出版協会，1984．
6) 久保田誠之，酒井靖夫編：情報化住宅設備設計実務便覧，フジ・テクノシステム，1985．
7) 経済企画庁編：国民生活白書（平成 9 年版），大蔵省印刷局，1997．
8) 住宅情報化推進協議会のホームページ［http://www.alice-f.or.jp］

7

インテリアデザイン

7.1 インテリアデザインとは

7.1.1 インテリアデザインの起源
(1) 生活空間とインテリア

　動物の生活空間は，「食物と生殖をめぐる縄張り（テリトリー）と，睡眠，育児の拠点（巣）」より成り立つ．人間の暮らしの場も「経済活動とコミュニケーション」を軸に，縄張り（外部空間）と拠点（内部空間）により構成される．

　内部空間は，種々のレベルの囲繞装置（市壁・濠，塀・垣・付属屋，外壁，内壁など）により成立し，「室，住居，屋敷，都市」として入れ子式に構成されている．中庭，広場，都市空間，さらには地球までを内部空間の概念で捉えることが可能であり，「都市は大きな住居，住居は小さな都市」「宇宙船地球号」などと表現される．

　ところで，生活空間の構造を多重なものとみるとき，いずれかの位相にシェルター（shelter, 建築物）が現れる．狭義には，そのシェルターの内にある空間を「インテリア」と呼び，シェルターとその内部空間を合わせて「建築，車，船，…」という．

　たとえば，敷地，住戸のレベルで閉じるタンザニアのダトーガ族の家（図7.1），都市，住居，室のレベルで強く閉じるイタリアの都市（たとえばピサ；図7.2），集落，敷地，主屋のレベルで閉じる奈良盆地の環濠集落の農家（図7.3）などにみられるように，囲繞装置とシェルターはさまざまに構成された生活空間を形成する．

　この章では，狭義のインテリア「建築の内部空間」を中心に考える．

(2) デザインと表現様式

　デザインという語は，広くは「機能，性能と造形表現に意を払って生活に必要なものを作る」ことをいうが，狭くは（歴史的には）産業革命の後，「消費者として登場してきた大衆に対し，工業化，商品化を前提として，機能，コスト，形態を具体的に提示する生産と造形の方法論」を指す．デザインの出自が「機能主義，市場商品，モダンデザイン」にあることを忘れてはならない．その点ではインテリアデザインも同様である．

　また，人の行為や表現は，その特色の総体としての「様式」をもつ．空間表現であるインテリアも様

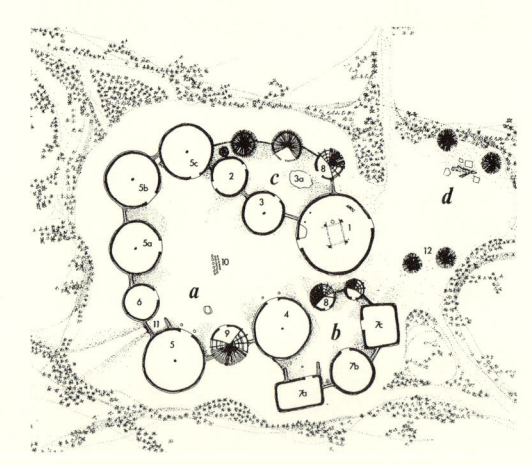

図 7.1　ダトーガ族の家[1]

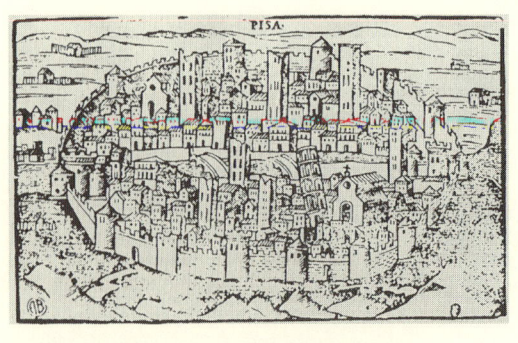

図 7.2　16世紀のピサの都市景観[2]

7.1 インテリアデザインとは

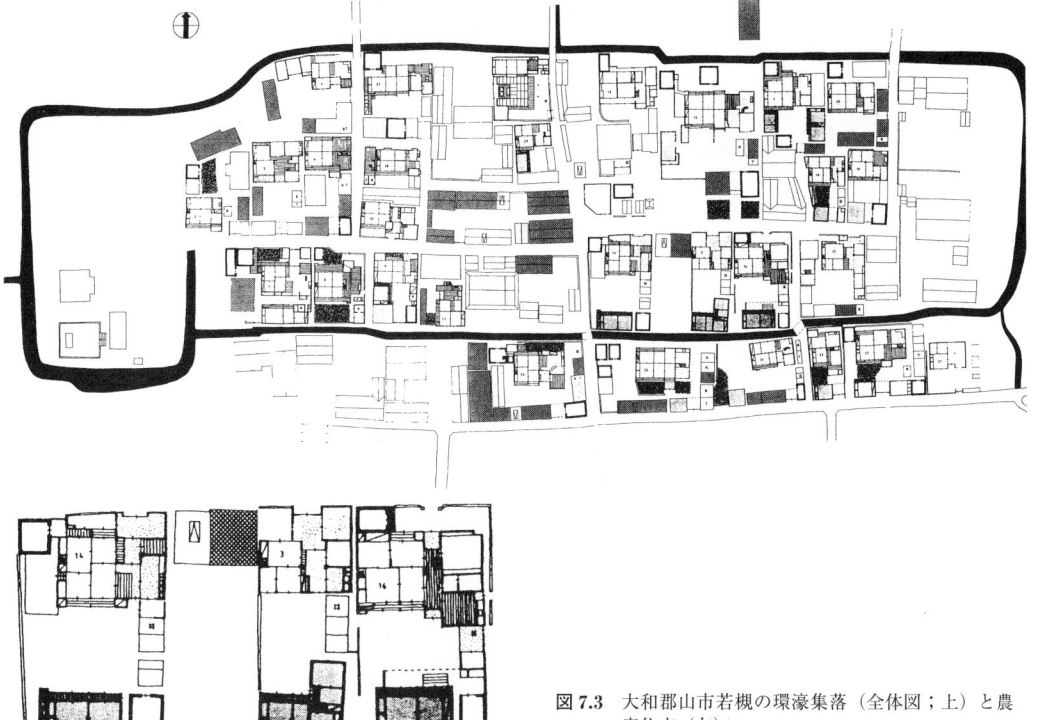

図7.3 大和郡山市若槻の環濠集落（全体図；上）と農家住宅（左）[3]

式性の点からみる必要がある．1例を14世紀初期のフィレンツェ（イタリア）の商人の邸宅にみてみよう．この食事室（図7.4(a)）では，窓は光を取り入れる必要のある随所に設けられている．次に同じ邸宅の正面外観（図7.4(b)）をみてみよう．ここには同形のアーチ型窓が等間隔に配され，積層している．その結果，正面の3層のサロンの窓は内外ともに様式性が卓越する．すなわち，生活の機能に素朴に適応する表現（段階）と，形態の様式性を配慮する表現（段階）があることが理解されよう．

(3) インテリアデザインとその系譜

インテリアデザインの系譜を大きくまとめると，以下のような3段階となる．注意しておきたいのは，A→B→Cは歴史的な展開の図式であるだけでなく，A＋B＋Cがインテリアデザインの現在を示す図式であるという点である．

1) インテリアデザインの基本かつ原初的段階：実体論 この部分は，住まいをもって以来の人間の住居へのかかわりを示すものである．
①内部空間を構築し，室内環境の快適さを実現する．
②建具，家具，用具，器具を配置し，日常生活の便利さを図る．
③光，色彩，形態を工夫し，儀式の場を中心に意味のある表現，装飾を行う．

インテリアの素朴な存在論として歴史の出発点であると同時に，生業と起居様式を通して常に基層部を形成するものである．すなわち，この内容は各時代のインテリアと家具の変遷に通底し，さらに現代の計画論の過半もここにかかわるといえよう．

この分野は広く生活文化史にかかわり，文化人類学・考古学あるいは民族学・民俗学などと交錯する．

2) インテリアデザインの様式の成立：空間様式論 地域と時代を限定してみると，上層階級のインテリア（建築）に表れた表現「様式」は，その時代のインテリアを先導する規範性をもつようになる．あるいは，他の地域から導入した様式や前の時代の上層階級の様式が，続く時代に影響を与える場合もある．前者は欧米の様式であり，後者は日本に特徴的である．

欧米における様式（スタイル，style（イギリス・フランス），Stil（ドイツ），stilo(e)（イタリア），は「古典，ロマネスク，ゴシック，ルネサンス，バロック，ロココ，新古典主義」などに展開し，一般には都市，建築，インテリア，家具，衣装，生活用具，装身具や美術にまで共通する造形芸術の表現形式とされる．

中国からの移入文物のかかわりのもとに成立し，庶民のインテリアの規範としての役割を果たしてきた．

この分野は，美術史，建築史，住宅史などとかかわる部分が大きい．

なお，現在につながるインテリアの様式は，欧米でロココ，日本で書院造りに始まる．

ロココの時代に入ると，家具，窓回り，壁装材などに現代につながる柔らかなインテリアエレメントが現れ，個人生活を軸にインテリア空間が構成される．

また，書院造りでは，敷き詰めの畳，明り障子，襖，天井，縁側などによるソフトな空間と，床，棚，付け書院による室内装飾が一体となったインテリアが形成された．この様式は「座敷」として，江戸・明治期（1600−1900）300年間をかけて庶民の上から下まで浸透し，日本の住空間を一変させた．

3）デザイン概念の成立段階：生産機能論 素材，部品，製品のすべての段階で工業化が進む中で，伝統的な様式を否定しつつさまざまな折衷様式が展開され，しだいに機械化の美学と機能主義の認識に至った．これらを大観すると，消費的な傾向としてアールヌーヴォー，アールデコ，ゼセッション，生産的な傾向としてのデ・シュティル，バウハウスを挙げることができよう．

バウハウスに至り，新たな「デザイン」の方法論，教育システム，創作活動の全体が姿をみせ，機械化の美学が暮しを再編成する近代の方法論としてのデザインが確立した．量産・規格化，商品化と広告，宣伝を前提とし，消費者としての大衆の需要を図りつつ製品（性能，コスト，形態表現）を計画するという，狭義のデザインが成立した．

すなわち，狭義のインテリアデザインはここに出発点をもつ．したがって，技術論，技術史，美術史，建築史，デザイン史などが関連分野である．

7.1.2 インテリアデザインの必要性

インテリアデザインは具体的で個別的な暮らしのさまざまな場面において，どのように生活を展開するか，展開させるかを念頭においてなされる．建築デザインが劇場を設計するとすれば，インテリアデザインは舞台装置や照明，小道具を担当する．上演される演劇と装置が一体であると同様に，生活とインテリアは一体である．

明治以降，大きく洋風を取り入れた日本では，インテリアは変化しやすいものと決めているきらいがある．確かに仕上げ材の老化や設備機器の老朽化は

図7.4 パラッツォ・ダヴァンツァーティ（筆者撮影）
上：食堂内観．窓の自由なデザインと相互の位置に注意．中：サロン（サローネ）内観．同形のアーチ窓の並列．下：建物正面外観．積層するサロンは，建築正面にアーチ窓の並列と積層により建築様式の成立をもたらす．

日本では，ジャンルあるいは時代により「造り，様，風，好み，式，型」などと称され，インテリアでは「寝殿造り，書院造り，数寄屋造りあるいは洋風」などがその典型であり，上層階級の住居様式と

取り替えを必要とするが，建築とインテリアを比較するとき，「寝，食，育児，コミュニケーション」の役割，身体や動作空間の寸法に基づく空間構成などを考えると，基本的な位置づけはインテリアの方が変わらないという指摘も重要である．

インテリアデザインは，住居を新設，改装するときだけでなく，広義の意味では日常生活でも絶えず求められるものである．役割と実際を考えてみよう．

1） 生活者のインテリアデザイン　インテリアデザインを辞典で引くと，室内装飾，室内調度や interior decoration, arrangement（英），arreddamento（イタリア）などが示され，前項3はまだ定着していないことがわかるが，同時に，現在あまり意識されていない別のポイントが浮かび上がってくる．それは，生活者の日常生活としての「室内装飾」が欧米の家庭で考えるインテリアデザインの主流ということである．小物，器物の扱いだけでも空間が豊かに生まれ変わること，それが生活者の自己表現でもあり，生活の重要な場面である．

2） 環境（都市，建物）を人間に適応させるインテリアデザイン　生活空間は「床，壁，開口部，天井」「家具，器具，生活用具，インテリアアクセサリー」「室内環境」より生まれ，これらは生活条件（時には生存条件）を具体的に示すものである．目指すところは，住みやすさ，すなわち「安全性＋快適性」である．内部仕上げの施されていない空間，家具や器物のない空間に生活することは不可能ではないが，不便であり苦痛である．

3） 生活設計の空間表現としてのインテリアデザイン　インテリアではもの（各エレメント）の選択と配置が生活そのものと対応している．ものの配置は静的であるが，動的な人と人との関係に応じ，かつ「人達ともの達が対応」するよう「ものとものの」の関係（つまりインテリア空間）がデザインされなければならない．インテリアは，居住者の生活設計を空間化したものである．

4） 自己表現としてのインテリアデザイン　かつて玉座が王を，宮殿が王室を象徴し表現していたように，椅子は座る人を，インテリア空間は生活を表現する．そうであるならば，自分の身の丈に合った表現，自分らしさの表現を積極的に行うのがインテリアデザインである．

建築の外観には景観を通じ公共物としての制約がある場合でも，内部空間はそこに住む人と生活を自由に表現することができる．

5） 建築と生活のサイクルの差を調整するインテリアデザイン　耐用年数に大きな差のあるスケルトン（構造軀体，主要配管など）と各住戸を構成するインフィル（仕切り壁，内装，設備機器など）を分離し，建物寿命の延長を図るSI（スケルトンインフィル）住宅，あるいは近年は産業としての成長も著しいリフォームの計画などは，インテリアと建築を分けて扱うことによって，生活空間の計画自由度を増し，建築の耐用年数を延ばし，建築をストック財として扱うことが可能となる．

7.1.3　インテリアデザインの計画（目的，対象，範囲，方法）

インテリアデザインというとき，その対象は生活の中で人が触れるものすなわち1次的に人を囲むものであり，人間の身体スケールに密接にかかわる生活空間である．空間タイプでいえば，住居，公共施設，商業施設それに交通機関などの内部空間である．

ここでは住居を中心とするインテリアデザインのあり方について考える．

● 目的
① シェルター（建築軀体）の内に，生活に相応した空間を構想し実現する．
② 空間は，安全性，機能性，快適性と表現性が満足されている．

● 対象：計画，デザインは次の3つの領域を対象とする．
① 生活：個と人間関係，フォーマルとインフォーマル，ゾーニングと動線．
② 空間：建築エレメント（床，壁，天井，開口），空間形態，室内環境．
③ 仕掛け：要素空間（基本の家具，機器），付加的な家具・器具・生活具，インテリアアクセサリー，収納．

● 範囲：人間の生活空間のレベルを想定すると，インテリアデザインの計画は「住居−室」を対象とするが，なおそのデザイン概念や手法は都市（たとえば広場，ストリートファーニチャーなど），および卓上（たとえばテーブルセッティング）に及ぶ．

● 方法：「計画から設計へ」の流れを骨子とし，フィードバックの中で両者の調整を図りつつ提案をまとめ提示する．かかわるサブシステムの分野を例示しつつ図7.5に示す．

〔山田智稔〕

参考文献

1) 泉　靖一編：住まいの原型 I，鹿島研究所出版会，1971.

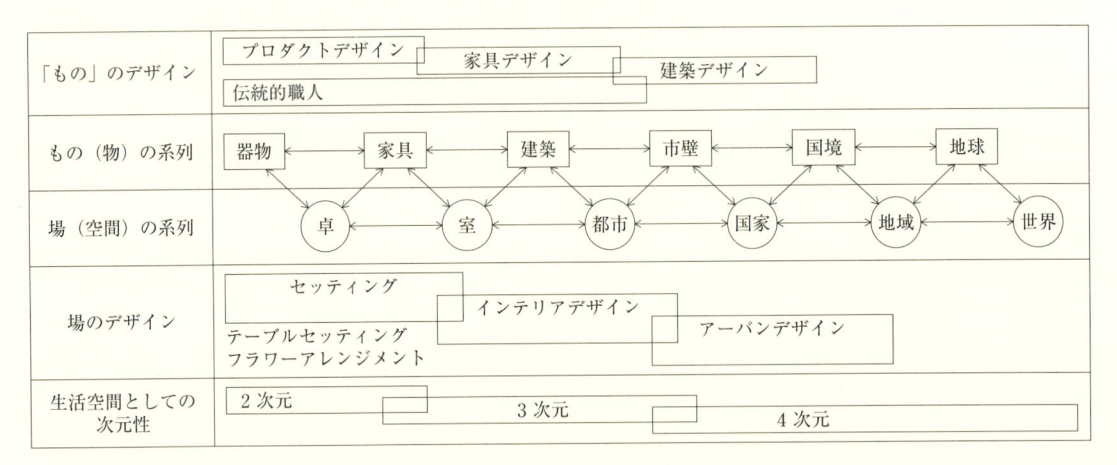

「もの」のデザイン	プロダクトデザイン　家具デザイン　建築デザイン 伝統的職人					
もの（物）の系列	器物 ↔	家具 ↔	建築 ↔	市壁 ↔	国境 ↔	地球
場（空間）の系列	卓 ↔	室 ↔	都市 ↔	国家 ↔	地域 ↔	世界
場のデザイン	セッティング　インテリアデザイン　アーバンデザイン テーブルセッティング フラワーアレンジメント					
生活空間としての 次元性	2次元　　3次元　　4次元					

図 7.5 空間と仕切りの階層構成
生活具から地球に至る，空間と遮蔽物．ものの系列，空間の系列，そして相互関係．

2) Cresti C. : I centri storici della Toscana II Silvana Editoriare d'Atre, 1977.
3) 東京大学工学部建築学科稲垣研究室：奈良盆地における住宅地形成の解析, 1982.

7.2 日本のインテリアと家具の変遷

7.2.1 原始住居の内部

竪穴式住居がつくられるようになるのは縄文時代に入ってからである．この時期の住まいはねぐらとしての役割が強く，調理や作業は主に外で行われたと推測される．自然の洞窟や岩陰に居住していた時代から火を調理に利用するために炉を築いていたが，この炉は屋外に設けられたファイアピット（炉穴）であり，竪穴式住居に定住するようになった初期においても同様であった．しかし屋内でも暖房や照明のために火は燃やされたであろう．しだいに竪穴式住居が改善されるにつれ，屋内炉が一般化した．床を掘り窪めた地床炉に埋甕炉や石囲炉などが後には加わった．炉は調理，暖房，照明以外に竪穴式住居の床面を乾燥させるうえでも重要な役割を果たしたに違いない．

6世紀初めには調理のための火の設備として，竈が竪穴式住居内の壁際に設けられるようになった．竈の近くに食料の貯蔵穴が掘られ，その周辺にはたくさんの土器が置かれており，竈の周辺を厨房として使っていたことが想定される．その後，外部へ煙を排出する工夫がされた煙道を伴った竈もみられる．竈の利用に適した胴の長い甕や把手のついた甑，粘土製の専用支脚などが使われていた（図7.6）．移動式の竈や粘土を盛り固めた竈なども使用されている．

また，住居内の床の硬さが場所によって違っていることや，柱と側壁との間にはすこし高くなったベッド状構造の遺構がみられることがある．これらのことから屋内は寝間，居間，あるいは物置，炊事空間などと使い分けされていたことがうかがえる（図7.7）．

弥生時代に稲作が本格化し，地面の湿気や鼠害を防ぐための高床式の倉庫がみられるようになった．古墳時代には，この高床の形式が貴族の住居に取り入れられた．この形式の建物をつくるためには多くの労力と進んだ技術が必要であり，財力のある支配者層の身分を示す住まいとしてふさわしいものであった．土間のない高床式住居の構造上，火の設備を屋内に設けることは困難であり，棟を別にして竈屋がつくられていた．居住，調理，貯蔵など機能に応じた建物が立ち並んでいた．

一方，庶民層の住居にはかなり長い間竪穴式のものがみられた．農家や町屋の源流である．

7.2.2 寝殿造りと調度

貴族層の高床式住居は当初，壁や戸で囲われた閉鎖的な空間と三方吹放しの開放的な空間から構成されていた．貴族的な生活が進んでくると，戸外や吹放しの空間で行われていた昼間の生活は屋内で行われることが多くなった．それにつれて母屋の四周にぐるりと廂がつき，建具も廂の柱の間に設けられるようになり，寝殿造りの平面に発展した（図7.8）．

寝殿の南半分は儀式のための晴の空間，北半分は日常生活のための褻の空間であった．寝殿の外部に面する建具の大部分は蔀戸であり，四隅には妻戸が設けられた．蔀戸は押し上げて開き，下がっている

金具に引っ掛けて止めるもので、半蔀戸のように上半分だけ上げるようにしたものもある。昼間は上げておき、その代わりに御簾がかけられ、その下には几帳を立てた。妻戸は両開きの扉で、中門廊や廂の出入口になるところに使われていた。母屋と廂の境には御簾がかけられるが、冬には壁代が重ねられた。壁代は一種のカーテンであり、巻き上げるときには幅ごとに下げた野筋と呼ぶ紐で結んだ。そしてこの内側にもまた几帳が立てられた。だが南廂との境以外は障子（現在の襖）が用いられることもあり、この障子には衝立式、はめ込み式、貼付け式、引違い式のものがあった。そのほか、屏風、衝立、軟障、引物などの空間を仕切る家具があり、必要に応じて使い分けられた。家具調度としては、物を納めるものに二階棚や厨子棚、照明具には灯台、灯籠、暖房具には炭櫃、火桶など、食事用には机や台盤がある。台盤はハレの儀式の際、テーブルとしても使われており、草墩、元子に腰掛けて宴会を行っている様子が絵巻物に描かれている（図7.9）。台盤を囲んで食事をする形式はこの期に特有であり、その後このような食事形式は近代まで姿を消した。

ユニバーサルスペース（丸柱と板床、化粧屋根裏からなるがらんとした空間）に以上のような調度が目的に応じてしつらえられて、初めて日常生活や各種の行事のための空間となるわけである。浴室や便所などはなく、たいてい渡廊に屏風で囲って浴槽を置いて風呂場となり、便器を置いて便所にもなり、夜などは便器を帳台の片隅に置いていた。板敷きの床に敷くものは莚（現在の茣蓙）で、人が座るところや寝るところには畳、上莚、茵を敷く。母屋の中央に畳2帖を並べた上に組み立てられた帳台が寝所兼プライベートルームであり、その前方に畳を敷き、上に茵を置いて昼の居所とした。帳台には帷帳と障子帳があり、後になると障子帳が多く用いられるようになる。

ハレの場である寝殿や対屋の様子については物語

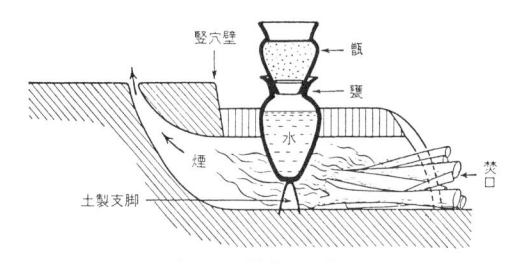

図7.6 竈とその周辺（神奈川県川崎市東神庭遺跡）[1]

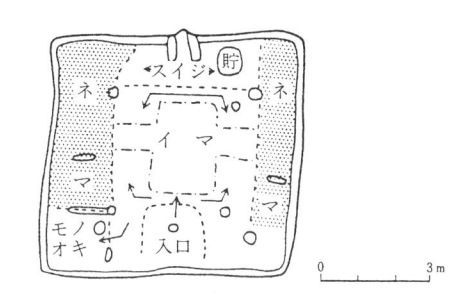

図7.7 竪穴式住居内の利用区分の復元[2]

図7.8 寝殿のしつらえ（「類聚雑要抄」、東京国立博物館蔵より）

図 7.9 草墩, 料理が準備された台盤 (「年中行事絵巻」, 田中家蔵より)

図 7.10 押板 (「慕帰絵詞」, 西本願寺蔵より)

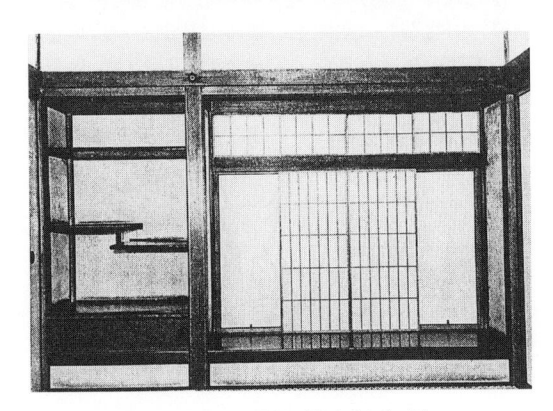

図 7.11 棚, 付書院 (東求堂同仁斎)[3]

や絵巻物などでうかがい知ることができるが, ケである日常生活の場の状態についてははっきりしない. 史料にみられた呼称などから, 敷地の裏側に竈屋, 厨屋, 井屋, 臼屋などの建物が配置されていたと推定される.

7.2.3 書院造りと装置

鎌倉時代になっても, まだ寝殿造りの形式が続いており, 武家の住まいや生活慣習はその影響を受けていた. しかし新しく中国からもたらされた禅宗文化や禅僧たちの生活形式など, これまでにはなかった要素がしだいに住まいの中に取り入れられ, 寝殿造りの形式も少しずつ変わっていった. さらに儀式のとき, 人の占める座に東西いずれかの上下ができており, その傾向がしだいに発展して, 建物の外形的意匠においても, 左右対称でないものが生まれてきた. それがしだいに定型化して, 近世初頭に書院造りの平面が生まれた. また, 主人より身分の高い客を迎える習慣の発生によって, 接客空間が重要視されるようになる.

複雑となっていく生活に対応するため内部の間仕切りが増え, それぞれの機能をもった部屋が出てくる. この間仕切りには襖, 明り障子, 舞良戸や杉戸などの引き戸が多く用いられ, そのため柱は丸柱から角柱に変わった. 畳は広い部屋では敷き回し, 狭い部屋では敷き詰められるようになった. また天井が発達し, 部屋の序列により二重折上げ格天井, 格天井, 棹縁天井と意匠が変えられた. さらに主室に床, 棚 (違棚), 書院が備えられることが重要な要素であった. 床は押板 (図 7.10) が発展したものであり, 棚は移動式の置棚が造り付けになったものである (図 7.11). 書院は机を造り付けにして出窓風に室外へ差し出した出文机が原形である. 引違い形式の建具である遣戸と明り障子 (現在の障子) の発達はもっとも大きな出来事であり, 暗かった室内の様相を明るく変えた. ここに現在までつながっている日本式建具が誕生した.

大規模な書院造りの居館では, 上段, 上々段が設けられ, 上段の右側には帳台構えがあった. 内部の装飾は絢爛豪華で, 見事な障壁画が描かれていた. また接客用空間の独立に伴って, 客を迎えるための色代 (式台) が立派なものになり, それが玄関となって来客用の表入口になった.

7.2.4 数寄屋造りの意匠と素材

数寄屋造りとは書院造りに草庵風茶室のもつ味わいを取り入れた形式であり, 桂離宮や修学院離宮に代表される. 特徴としては木割が細く, 自然木を柱や垂木に使用するなど非常に柔かみのある意匠であり, 室の格式を示す長押は省略された. 数寄屋造りは正式の接客空間には用いられず, 内向きの居室用のものであった (図 7.12).

座敷飾りにとくに定まった原則はなく, 形式にとらわれずに配置されることが多い. さまざまな形の違棚が現れ, 書院も形式が簡略化された突き出し部

図7.12 桂離宮松琴亭[4]

図7.13 「角屋」の障子[5]

図7.14 竈（京都）[6]

分のない平書院といったものもみられる．天井は棹縁天井を用いることが多く，部屋の格による厳格な区別はない．柱は面をとらない場合や丸太の柱，あるいは丸太面を残した面皮柱を使うことが多い．襖障子や張付け壁には唐紙を多用し，障壁画とする場合は水墨画が描かれ，土壁は色土仕上げとする．欄間，釘隠し，襖の引手にも斬新な工夫が施されている．建築資材として松，杉，栂など檜以外の材や竹が用いられ，土廂や竹縁が設けられている．格式張った書院造りとは違った雰囲気で，随所に自由な意匠の展開がみられる．

数寄屋風の意匠は裕福な農家や町屋の住まいにも取り入れられた．たとえば京都島原の「角屋」にはさまざまな創意ある意匠がみられる．障子の桟の割付け，釘隠し，襖や杉戸の引手，欄間，唐紙などどれをとっても目をひき，近世の町人文化の結晶である（図7.13）．

現代の和風住宅は数寄屋造りの系譜を引くものである．

7.2.5 農家や町屋の室内と収納具

古代および中世の農家については，絵巻物などにかいまみられるだけであるが，近世に入ると遺構などからその実態を知ることができる．農家は竪穴式住居から発展したものであり，当初は土間のみ，あるいは土間と土間に籾殻などを敷いた土坐床からなっていたが，その後しだいに板張りの床上空間が普及した．屋内の日常生活のほとんどは土間と土間に接する空間で行われ，床上の片隅が寝間に当てられた．しかし人々の生活方式や「もの」のあり方は気候，風土性や文化性の違いによって異なった姿をみせている．たとえば火や水の設備に特徴的な地域差がみられる．東日本では炉が中心的な位置を占め，炉のまわりでは調理だけでなく飲食や接客，あるいは農作業など，多くのさまざまな行為が行われた．床上に蹲居式の流しや流水を引き入れる水舟が設けられている場合もある．西日本では炉よりも土間の竈が調理の中心的な役割を果たし，立ち流しや貯水のための水瓶が竈近くに置かれている．近畿地方はとくに竈が発達した地域であり，5〜7口もある勾玉の形をした立派な竈がみられる（図7.14）．また南方諸島や太平洋沿岸地域には別棟の釜屋が点在している．

農家の収納設備は棚，戸棚，押入，物置，ネズミ入らずなどが一般的で，主に日常使用する食品や調理器具，食器などを入れておくものである．台所近くの頑丈な造り付け戸棚は，家具がほとんどない農家の台所にとっては重要な収納家具である．貯蔵のためには味噌部屋，味噌蔵，芋穴などがあり，比較的長期間まとめて食品を保存しておく所や設備である．炉あるいは竈のための設備として火棚，薪置き場，煙出し，荒神様などがみられる．

町屋は農家と同じ系譜をもち，その平面は土間と床上から成り立っている．古代末から中世にかけての町屋の様子が「年中行事絵巻」や「信貴山縁起絵

図7.15 京の町屋（「旧町田家本洛中洛外図屏風」，東京国立博物館蔵より）

巻」などに描かれている．道路に面した間口は2分され出入り口と窓になっている．通り庭の奥には竈などが置かれている．窓の部分は外に突き上げる蔀戸が入っており，窓台の高さに板を出して商品を並べている家もみられる．床上は板敷や土坐で，商売と就寝や食事が行われた．中世後期の「洛中洛外図屏風」（図7.15）にみられる京の町屋も大差のないものであるが，1町の周囲に町屋が立ち並び，中央部の空地に井戸や便所のような共同施設がつくられていた．床上の部分は時代が下がるにつれて表からミセ，ダイドコ，ザシキと3室に分かれ，関西風の町屋の典型的な間取りとなった．通り庭の壁際に竈，立ち流しが並び，内井戸が掘られている場合もある．江戸の町屋の平面も最初は京都のものと同じであったと考えられるが，後には通り庭でなくなり正面いっぱいが板敷や畳敷の店となった．店の奥に内向きの部屋を配し，いちばん奥が台所であった．一般的には，台所の土間に張り出した板の間に竈が据えられ，その側に水瓶を置いていたが，大きな家になると土間に竈が並んでいた．裏長屋では入り口土間に蹲居式の流しが設けられ，床上に竈が置かれていた（図7.16）．

経済力を伸ばしてきた町人たちは，生活様式に適した実質的な調度を生み出した．収納家具も木材の流通機構や生産技術の進展によって，葛籠（つづら），行李（こうり），櫃（ひつ），長持が引出し式の箪笥へと発展し，広く一般に普及していった．

7.2.6 西洋意匠の導入

明治維新によって封建的な社会から近代的な社会に変貌し，欧化政策を背景に生活の中にも洋風の技

図7.16 蹲居式流しと床上の竈（「絵本江戸紫」より）

術や風俗が取り入れられた．住宅に洋風が採用されたのは，まずは皇族，高官，富豪層においてであり，外国人を接待するため和風住宅とは別に立派な「洋館」を設けていた．しだいに洋服，洋食の普及に伴って，中流住宅にもそれを必要とする声が高まり，その要望に応えてできたのが応接間や書斎などの「洋館」を和風住宅の玄関脇に付設するものであった．この洋風客間の付加によって在来の客間の次の間の部分が家族の日常生活にも使用できるようになった．しかし台所は瓦斯（ガス），水道などの普及が十分でなかったことと相まって旧来のままで北側に位置し，流しはとくに関東では座って作業する蹲居式のものであり，煮炊きは薪，炭を使う竈，七輪が一般的であった．

明治の終わりごろになって在来和風住宅批判が起こり，家族生活におけるプライバシーや主婦の家事労働の軽減なども取り上げられるようになる．そこ

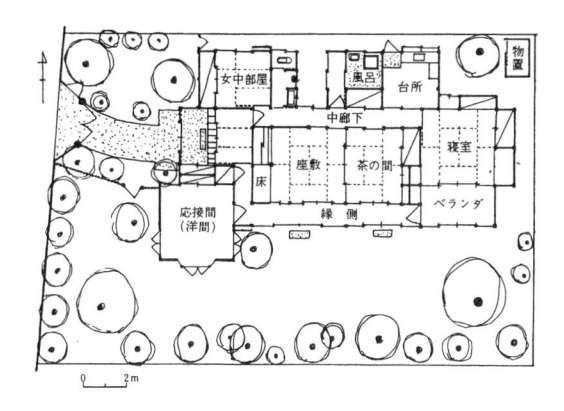

図 7.17 中廊下型住宅平面図[7]

図 7.18 理想の臺所（住宅改良会主催，懸賞募集1等當選案，大正7年）

で部屋の通り抜けを避けるために中廊下型住宅が考案された（図7.17）．中廊下の北側には台所，風呂場，便所，女中室，南側には客間や家族の居室である茶の間が配された．部屋の間仕切りが襖であるため家族間のプライバシーは保ちにくかったが，中廊下は使用人と家族の分離およびサービスのための役割を果たしていた．家族全員が1つの食卓——卓袱台（ちゃぶだい）——を取り囲んで食事をするという形がみられ始めたのもこのころである．

大正期に入って擡頭した文化主義思想を背景に，生活改善，台所改善が盛んに提案された．接客よりも家族の日常生活に重きをおいて，洋風の居間や食堂を中心とした居間中心型の住宅が住宅展示会，懸賞募集などにみられるようになり，大都市の郊外住宅地で建設されるケースも出てきた．中には食堂に隣接して台所がとられ，ハッチで連絡するような斬新な方式も見受けられるが，女中室は引き続き設けられている．電気，ガス，水道が徐々に普及したこともあって，立って調理する方式を取り入れるよう提唱された．明治時代の広い台所よりも狭くて用の足りることが重視され，出窓や明るくて大きな窓がとられ，勝手口も引違い戸よりもドアが多くなった（図7.18）．

昭和になると台所機器や道具類が発達し，さらに改良および合理化が進められた．また作業動線や流し台，ガス台，調理台，配膳台，レンジなどの配置が考慮され，働きやすさを追求している．関東大震災後設立された同潤会が，大正末から昭和初期にかけて鉄筋コンクリート造のアパートを建設して以降，アパートが一般の住宅として使われるようになった．同潤会のアパートにはエレベータ，ダストシュート，共同風呂，理髪店，屋上の共同洗濯場や物干しなどさまざまな試みが行われている．建てられた戸数は多くなく面積も小さなものであったが，このアパートの形式は集合住宅に住む経験を与え，都市化に対応する住意識を育てた．

単に欧米を模倣するだけでなく新しい日本の住宅が提唱されるようになった．よく知られているのが藤井厚二の5回にわたる自宅の設計である（図7.19）．メインテーマは住宅と風土性の関係を追求することであったが，坐式と椅子式の両方を一体に扱ったり，日本の風土に適している和風木造の壁を椅子式の部屋に使うなどの新しい試みがされている．

7.2.7 第2次世界大戦後の住まいとインテリア

戦後の大規模な住宅不足に対応するために戦災復興院が設置され，椅子座，食寝分離，電化，便所の水洗化などを採用した復興住宅建設案が作成された．しかしはかばかしい成果が上がらず，必要最小限の空間を確保したにすぎなかった．この時期，建築家は当時の住宅事情を受けて最小限住宅を試作し，また小住宅作品を建築ジャーナルに発表した．それらの住宅は生活の合理化，近代化を目指し，ソファ，テーブルのある居間，明るく便利な台所兼食堂，洋式の寝室，子供室，水洗便所などが盛り込まれた．1950（昭和25）年，浜口ミホはその著作『日本住宅の封建性』の中で，都市住宅の内にある封建的な生活空間を指摘し，とくに台所を食事室や居間と一体化する提案を行った．この提案はその後のダイニングキッチン（DK）の普及に大きな影響を及ぼしたといわれている．

1951（昭和26）年に公営住宅法が制定され，1955年に独立採算制の日本住宅公団が設立されて大都市周辺に団地が建設された．小規模な床面積で

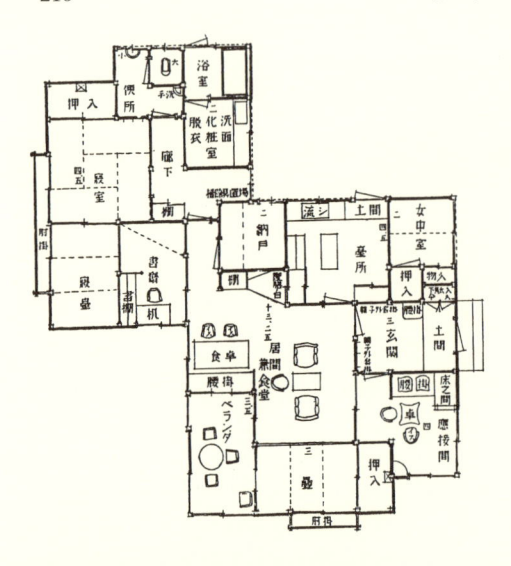

図 7.19 京都山崎の第4回実験住宅平面図（設計：藤井厚二）[8]

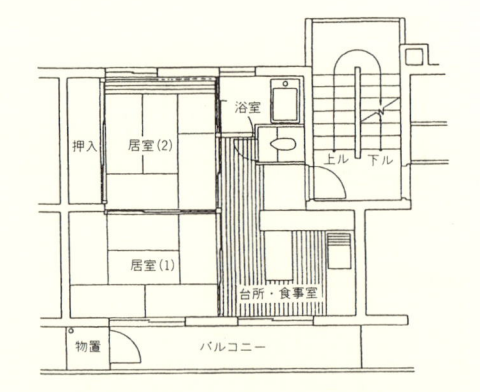

図 7.20 公団住宅の 2DK 平面図（55-4N）[9]

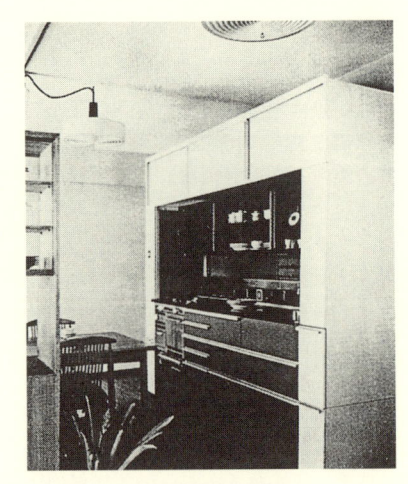

図 7.21 大阪ガス東豊中の実験住宅・キッチンユニット[10]

　食寝分離や公私室分離を達成させるために，面積節約も兼ねて，台所と食事室を一室にまとめた椅子式のDKが採用され，その後の公営住宅や公団住宅の原型となった（図7.20）．公団は1956年に民間企業のサンウェーブと共同でプレス加工のステンレス流し台・調理台の開発に成功し，DKに既製品のステンレス流し台を持ち込むことによって，主婦の家事労働が軽減されるとともに新しい団欒の形式を生み出した．このDKは椅子式生活によるモダンリビングの象徴として，あらゆる住まいに積極的に取り入れられた．

　経済は高度成長化していき，1957（昭和32）年には本格的な電化ブームが訪れ，3種の神器といわれた電気冷蔵庫，洗濯機，掃除機が全国の家庭に普及した．炊飯器やタイムスイッチなどさまざまな電気製品が台所に持ち込まれ，美しい台所をつくることに貢献した．昭和40年代には3C（カー，クーラー，カラーテレビ）が3種の神器に取って代わり，台所設備の機械化，HA化はより追求され，キッチンユニットの全盛期を生み出した（図7.21）．昭和30年代後半に工業化住宅（プレハブ住宅）が登場する．初期は規格型が主流であったが，その後ツーバイフォー方式や自由設計路線がとられ，住まい方やデザイン面に重点がおかれるようになる．

　1970（昭和45）年にプレキャストコンクリートパネルを用いたプレハブ公共中層住宅の標準設計（SPH）が完成し，躯体，内装，設備の工業化の下地が整った．部品化を手段として設計，生産の自由度を求める気運が強くなり，同年にパイロットハウス技術考案競技や住宅用設備ユニットの開発が行われた．台所や水まわりの設備をまとめてコア化し，製品化する動きも活発化した．キッチンコアにはエネルギーセンターを核として厨房系部分，浴室系部分を取り付けた多機能なものがみられる．

　1973年および1979年のオイルショックは，省資源に目を向けるきっかけとなった．自動化，省力化，高性能化された台所機器の普及は主婦を家事から解放した．台所は調理の場から食事の場と考えられるようになり，1975年にシステムキッチンが登場したことと相まって，台所の視覚的な美しさが求められインテリアが重視されるようになった．そして，狭小化する敷地や住環境の悪化が住戸を閉鎖的にしたことで，さらにインテリアデザインがクローズアップされた．また家族構成やライフスタイルの違いによって多様な設計の展開ができる可変住宅が考案された．生活の多様化，面積増大へのニーズなどに対応して，間取り，仕上げあるいは内装設計が

7.2 日本のインテリアと家具の変遷　　217

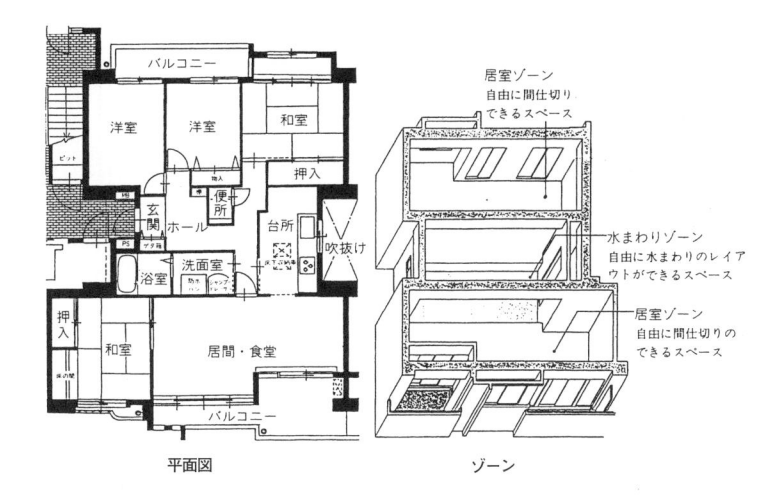

平面図　　ゾーン

図 7.22　CHS の平面図とゾーン[9]

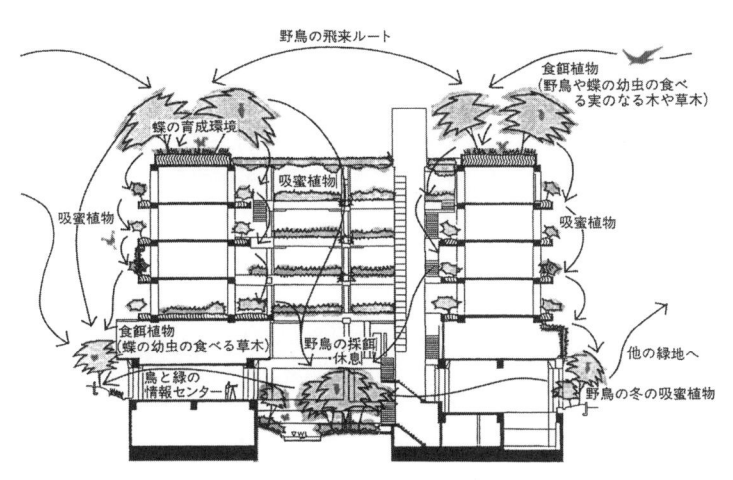

野鳥やチョウを誘致する建築緑化

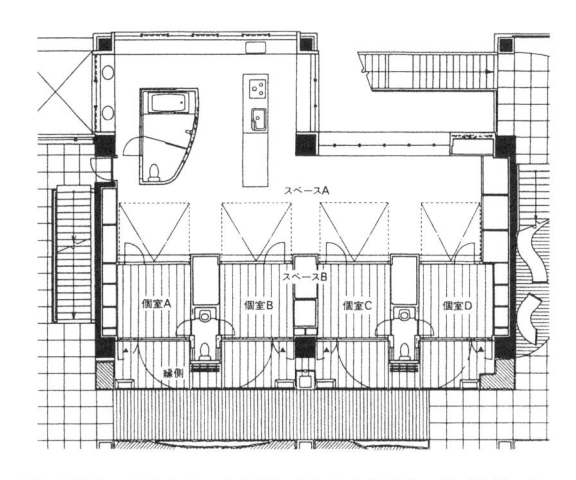

住戸の一例．家族像の変化をそのまま形に表した自立家族の家（設計：シーラカンス）

図 7.23　実験集合住宅 NEXT 21
（上図：「環境共生住宅」，2000.7，
下図：「日経アーキテクチュア」，
1994.12）

自由に選べるフリープラン方式やメニュー方式，躯体と内装を分けて供給する2段階供給方式などが提案された．公団でも1985年にフリープラン賃貸住宅が実施に移された．センチュリーハウジングシステム（CHS）が採用され，良質のストックが注目されるようになった（図7.22）．

台所は空間として美しくなったが，汚れとゴミ問題を解決する課題が残されている．水環境の汚染は台所排水が最大の汚濁源となっている．食器の拭き取り，ゴミをためないストレーナーの使用など生活上の注意が非常に重要であるが，生ゴミや米のとぎ汁の処理など居住環境上実施不能な場合もあり，トータルな取り組みが求められる．また近年，家事労働は機械化とともに外部化が急速に進みつつあり，住生活の内容もこれまでとは大きく違ってきている．そしてマルチメディアの発達，女性の社会進出，家族概念の変化，高齢化，少子化，晩婚化などの社会の変容が多様な生活スタイルを生み出し，家族のあり方にも変貌の兆しがみられる．それぞれの家族に合ったサービスやネットワークを導入しやすい空間，高齢者，障害者に対応した工夫などが要求される．また環境汚染の問題に直面する現代，快適な住生活の創造と地球環境の保全を両立させる環境共生住宅が提案されており，注目されている（図7.23）．

〔辻野増枝〕

参考文献

1) 門脇禎二，他編：庶民生活と貴族生活（日本生活文化史2），河出書房新社，1974.
2) 石野博信：古代住居のはなし，吉川弘文館，1995.
3) 太田博太郎：書院造（日本美術史叢書5），東京大学出版会，1966.
4) 伊藤延男編：住居（すまい）（日本の美術第38号），至文堂，1969.
5) 平井聖：図説 日本住宅の歴史，学芸出版社，1980.
6) 石原憲治：日本農民建築第3輯，南洋堂書店，1972.
7) 住宅史研究会編：日本住宅史図集，理工図書，1970.
8) 藤井厚二：日本の住宅，岩波書店，1928.
9) インテリアデザイン教科書研究会編：インテリアデザイン教科書，彰国社，1993.
10) 北浦かほる：台所空間学事典，彰国社，2002.

7.3 西洋のインテリアと家具様式の変遷

西洋では，時代とともに特徴あるインテリアや家具の様式が形成されてきた．このうち，近世のフランスやイギリスで形成された様式は，今日においても室内装飾に採用されている．ここでは西洋のインテリア様式の源泉である古代から，インテリアと家具の歴史の流れを概観する．

7.3.1 古 代

(1) エジプト

古代エジプト時代には，現世は仮の世で死後は永遠であると考えられていた．そのため，宮殿や住宅が日干しレンガでつくられたのに対し，神殿や墳墓は石造で精緻に造られ，墳墓には生活に必要な身の回りのものが埋葬された．遺跡や埋葬品から，当時の様子が確認できる．

室内の特徴は，パピルスやロータスをかたどった太い柱，スフィンクス等の神像や象形文字による装飾である．家具類は古王朝時代からみられ，第8王朝のころから質が向上する．家具を所有できたのは一部の支配階級に限られ，椅子を所有し座ることは権威の象徴でもあった．そのため家具は実用性よりも装飾性が重んじられ，材質や加工技術はきわめて高いが，ロクロ加工の技法はみられない．椅子は，身分によって装飾や形態に格差があり，ファラオの椅子は座面が高く足台を用いた．ライオンなどの動物脚が特徴である（図7.24）．寝台ではかつらの髪形を乱さないよう首枕が用いられた（図7.25）．

(2) ギリシア

古代ギリシア人は，後の建築や家具の様式の起源ともなる素晴らしい神殿をつくった．オーダーと呼ばれる柱のプロポーションと細部の断面形態であるモールディング（繰形）や紋様は，古典様式の造形の根幹となる．

邸宅は，中庭を巡る回廊に沿って諸室が配置される形式であった．日用品は壁に吊す習慣があったので収納家具は少なく，大型の蓋つきの箱キボトスや棚類が用いられた．食堂は壁際の床が高くなっており，そこに配置された寝椅子クリーネで食事や休息がとられ，食卓トラペザはクリーネの下にしまう方

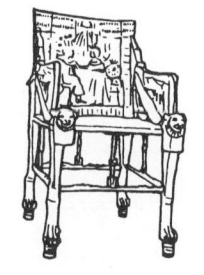

図 7.24 ツタンカーメンの椅子[1]

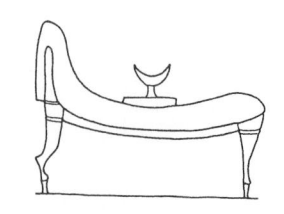

図 7.25 古代エジプトのベッドと髪型を乱さないためのヘッドレスト[2]

式であった（図7.26）．多用された椅子は，談話用スツールのディフロスと婦人用椅子のクリスモス（図7.27）で，いずれも合理的で美しい形態をなす．儀式用には折り畳み式のスツールであるディフロス・オクラディアスが用いられた．市民社会を反映して簡素で実用的な家具が造られたが，ヘレニズム期に入ると装飾性を帯びていく．

(3) ローマ

ローマ時代は建設技術が発達し，壮大な内部空間が築かれた．家具や装飾はギリシアのヘレニズム期の造形を踏襲し，壮大な様式を展開する．柱の形態は，ギリシア時代のドリス，イオニア，コリントの3様式を基礎に，トスカナ，コンポジットが加えられ，5つのオーダーが形成される（図7.28）．

都市の邸宅ドムスは，屋根のない2つの部分をもつコートハウスの構成をとる．1つは入り口付近のアトリウムを中心とした接客空間であり，奥には中庭であるペリスタイル（ペリステリウム）を囲む家族の生活空間が控える．アトリウムには雨水を受ける水盤があり，ペリスタイルには列柱が並ぶ．室内にはフレスコ画が描かれた．

家具の形式はギリシアのものを踏襲するが，装飾は華美に向かい，ブロンズや大理石製の豪華な家具がつくられる．寝椅子レクタスはギリシア時代と異なり，大型のテーブルのまわりにコの字型に配置される．座具としては，ベンチ式のスカムナや四脚式スツールのサブセリアが多用された．儀礼用の執政官の椅子セラ・クルリス（図7.29）は，オクタビアヌス（Gaius Julius Caesar Octavianus, BC.63-14, 在位 BC.27-14）が愛用したことから，帝政時代以降はセラ・インペラトリア（皇帝の椅子）と呼ばれる．その他，クリスモスの変形のカテドラや玉座のスノロス，動物三叉脚のテーブルが特徴的である．

7.3.2 中世

(1) ビザンチン

ゲルマン民族の大移動とローマ帝国の分裂，西ローマ帝国の滅亡により西欧は混乱の時代が続く．一方，東ローマ帝国は首都コンスタンティノープルを中心に，その後も15世紀ごろまで繁栄を続ける．家具はローマ時代の形式を継承するが，ヘレニズムとオリエント双方の文化の影響を受ける．家具は全体に直線形態となり，表面に東洋的な装飾技法が施される（図7.30）．

(2) ロマネスク

西欧は混乱の時代が続き，再び新しい文化が築かれるのは11〜12世紀からで，土着の文化にローマ風要素が加わっていることから，これをロマネスク様式という．造形の中心はキリスト教の教会や修道院で，様式の特徴はその柱の形とアーチ，素朴な装飾にみられ，家具にも建築形態が装飾として用いられた（図7.31）．

封建領主の住まいはキープという塔をもつ堅牢な城で，平炉のある広間を多用途に使った．壁は厚く窓は少なく，壁面にはタピストリーが掛けられた．主人の椅子は立派であったが，他の家具はスツール，ベンチ，架脚式デスク，チェスト等の簡素なものだった．領主はいくつかの城をもち，城間を移動

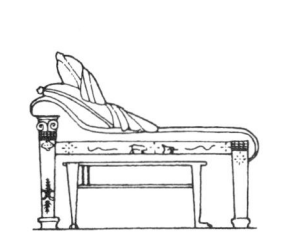

図 7.26 クリーネと食卓トラペザ[2]　　**図 7.27** クリスモス[2]

トスカナ　ドリス　イオニア

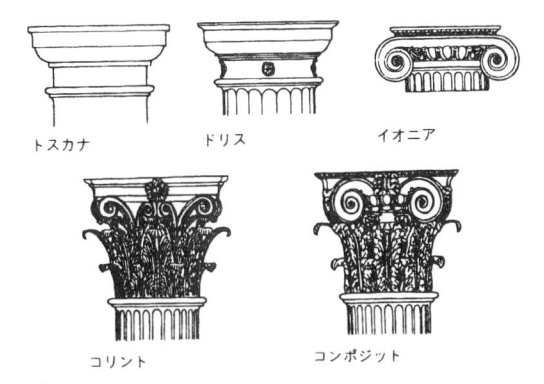

コリント　コンポジット

図 7.28 古典様式の5つの柱頭[2]

図 7.29 セラ・クルリス[2]　　**図 7.30** マクシミアヌスの玉座[1]

するときには，寝台以外の家具やタピストリーがともに運ばれた．厚板組みのチェスト（図7.32）は収納家具としてだけでなく，腰掛けやテーブル，寝台としても活用された．北欧では，特色ある椅子がつくられている（図7.33）．

(3) ゴシック

新しい建築工法の発達によって，教会建築では高い天井と尖頭アーチ形の大きな開口部が可能になり，洗練された壮大な内部空間がつくり出された．これをゴシック様式という．

生活の安定により生活環境もしだいに改善されていく．領主の住まいはマナーハウス（manor house）という邸宅に変わり，用途により部屋が分化し暖炉が設けられるようになった．チェストは框組み板張りに発達し，トレサリーやリネンフォールド等の装飾が家具にも施された（図7.34）．しかし家具の種類は少なく，椅子は座面部分が収納形式になっているものが多い（図7.35）．

7.3.3 近世から19世紀まで
(1) ルネサンス

15世紀に入ると，イタリアの商都フィレンツェを中心に，人間性の尊重されていた古代ギリシアやローマの文化を復興させようとする気運が高まる．

ルネサンス（再生）は，こうした西欧の文化刷新を示す．

メディチ家をはじめとする富豪は，パラッツォと呼ばれる豪華な邸宅を構えた．これは，円柱廊に囲まれた中庭をもつ3～4階建てのローマ風の建物で，室内もしだいに整備されていった．床は大理石や寄せ木で覆われ，天井が張られ，壁画が描かれた．2本の柱がペディメント（三角破風）を支える古典様式の構成が，室内の開口部や暖炉にも応用された．

広間の装飾用家具としては，カッソネと呼ばれるチェスト（図7.36）や座面が収納になった長椅子カッサパンカ（図7.37），板脚の小椅子スガベルロ

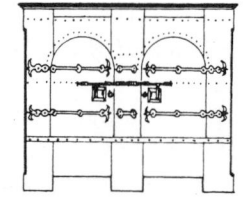

図 7.31 ろくろ加工の椅子[2)

図 7.32 スチールの装飾が施されたチェスト[2)

図 7.33 ノルウェー地方の椅子[2)

図 7.34 トレサリーの装飾のあるチェスト[2)

図 7.35 ハイバックチェア[2)
背もたれにトレサリーとバットレス，座部にリネンフォールドの装飾がある．

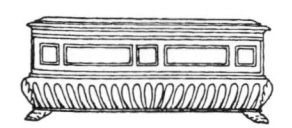

図 7.36 カッソネ[2)
広間の装飾用のチェスト．

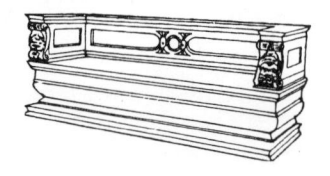

図 7.37 カッサパンカ[2)
広間の装飾用長椅子．

図 7.38 スガベルロ[2)
八角形の座面の下に引き出しがある．

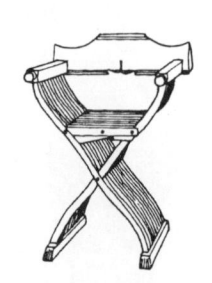

図 7.39 サヴォナローラ[2)
脚の形に特徴がある．

（図7.38）などがある．その他，古代ローマのセラ・クルリスの影響を受けた折り畳み椅子が流行した．愛用者の名を冠してダンテスカ（ダンテ・チェア）やサヴォナローラ（図7.39）と呼ばれる．

16世紀になると郊外に遊興のための館であるヴィラが多数建てられ，室内にはだまし絵などの遊びの要素がみられるようになる．この時期の建築家パラッディオ（Andrea Palladio, 1508-1580）の様式は，後のイギリスやアメリカに大きな影響を与える．

フランスでは，フランソワ1世（François I，在位 1515-1547）のころから，イタリアの様式を導入する．女性は大きな釣鐘状のスカートが流行したので，座りやすいように考慮した台形の座面の婦人用椅子カクトワール（おしゃべり椅子；図7.40）がつくられた．また，17世紀に入ると貴婦人が客を私邸に招くサロンが広まり，室内装飾は急速に発達した．イギリスでは，エリザベス1世（Elizabeth I，在位 1558-1603）からジャコビアン前期のころにルネサンスの影響が強まる．家具の支柱や脚に施された大きな球根飾りがエリザベス様式の特徴である（図7.41）．

(2) バロック

カトリック教会の勢力の増大に伴って，ローマを中心に大規模な都市改造が行われ，建物や家具には過剰な装飾が施された．バロックは「歪んだ真珠」を意味するポルトガル語が語源で，不規則で動きのある装飾が特徴である．17世紀には，ヨーロッパの絶対君主の宮殿を飾る様式として，各国独自の様式が形成される．

フランスでは，ルイ14世（Loui XIV，在位 1643-1715）のヴェルサイユ宮殿の造営（1682年）によって壮麗なルイ14世様式（図7.42）が形成された．椅子は貫部分に豪華な装飾が施され，女性用スツールのプリアン（図7.43）が活用された．

イギリスではジャコビアン後期に当たり，木材はオークに代わってウォールナットが使用される．家具は藤張りの椅子やオランダ風の家具が流行するが，アン女王（在位 1702-1714）の時代から，しだいに女性的で軽快なデザインになる（図7.44）．

(3) ロココ

フランスではルイ14世の死後サロンが復活し，自由で華やかな生活が好まれ，可憐で女性的なロココ様式が形成される．様式の名称はロカイユ（人工

図7.40 カクトワール[2]
座面が台形になった婦人用椅子．

図7.41 エリザベス様式の飾り棚[1]
大きな球根飾りが特徴．

図7.43 プリアン[2]
貴婦人用のスツール．

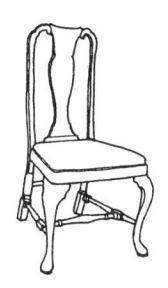

図7.44 クイーンアン様式の椅子[2]
花瓶型のオープンバックが特徴．

図7.42 ヴェルサイユ宮殿の鏡の間

図7.45 スービーズ邸の楕円のサロン[3]

岩）装飾に由来するが，ルイ15世（Loui XV，在位1715-1774）の治世であったことからルイ15世様式ともいう．室内空間はしだいに建築から遊離し独立した形で装飾されるようになり，壁面から柱や軒蛇腹などの直線的な装飾は消える（図7.45）．サロン生活を反映して，家具は小型化し種類が増え，女性好みの繊細で曲線的な形態で，脚はカブリオール（猫脚）になり貫がなくなる．椅子は，当時流行の女性の横広がりのスカートを配慮し，前縁が広がり肘掛けの位置が後退しパッドが肘掛けにつく（図7.46）．

イギリスでは，チッペンデール（Thomas Chippendale, 1718?-1779）がフランスのロココ様式をはじめゴシックや中国風（シノワズリ）など多様なデザインの家具を制作する（図7.47）．彼は家具デザインのカタログを作成し，中産階級にまで購買層を広げる．家具の材質は堅木のマホガニーに代わり，椅子の背もたれに透かし細工が施されるようになる．

（4） ネオクラシック

ルイ16世（Loui XVI，在位1774-1792）の時代になると，ローマやポンペイなどの古代遺跡の発掘を契機に古代への関心が高まり，造形は再びオーダーを基本とした古典様式にのっとったネオクラシック様式（図7.48）になる．フランスではこれをルイ16世様式という．曲線的だった室内装飾は直線に改められ，家具の脚は先細りの直線脚になる．女性のファッションも細身になるため，後退していた椅子の肘掛けが前方に戻り肘木は前脚に連続する．イギリスではパラッディオ様式が流行し，建築家アダム兄弟（Robert Adam, 1728-1792, James Adam, 1730-1794）は上流階級を対象に，建築から家具まで統一したデザインを展開した（図7.49）．また，ヘップルホワイト（George Hepplewhite, ?-1786）やシェラトン（Thomas Sheraton, 1751-1806）らが，中産階級向けの家具様式を提供した（図7.50, 7.51）．

（5） アンピール

フランス革命後，フランスの様式は一時混乱期に入るが，ナポレオン（Napoléon I，在位1804-1814）の登場により，帝政期のローマや古代エジプトの新王国時代の装飾が用いられることとなる．この様式はアンピール（エンパイヤー）様式と呼ばれ，ナポレオンの勢力増大とともにヨーロッパ各地に広まっていく．特徴はモニュメンタルな装飾にあり，マホガニーの褐色，青銅金物の金色，布地の赤や緑，青といったはっきりした色彩が使われる（図7.52）．

同時期，イギリスでは古代ローマやギリシアのデザインを模倣したリージェンシー様式（図7.53）が，またドイツではビーダーマイエル（ビーダーマイヤー）様式と呼ばれる市民階級を中心とした合理的な様式が形成された．

図7.48 マリー・アントワネットの私室[3]

図7.46 ロココ様式のフォトゥーユ

図7.47 チッペンデール様式の椅子[2] リボンバックが特徴．

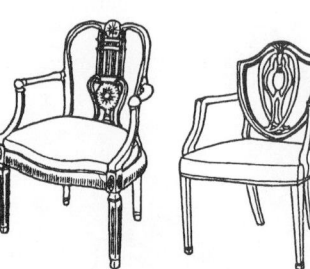

図7.49 アダム様式の椅子[2] 背もたれのメダリヨン（円形装飾）が特徴．

図7.50 ヘップルワイト様式の椅子[2] 楯形の背もたれが特徴．

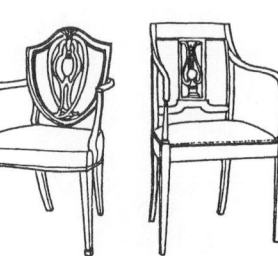

図7.51 シェラトン様式の椅子[2] 方形の背もたれが特徴．

図7.52 ナポレオンの玉座

図7.53 リージェンシー様式の椅子[2]　図7.54 ウィンザーチェア[2]　図7.55 シェーカー様式の椅子[2]

(6) コロニアル

植民地時代のアメリカの様式をコロニアル様式という．植民地時代初期は移民が祖国の様式をもたらしたため，ヨーロッパの様式が本国よりも少し遅れて簡素化した形で流行していった．また，イギリスのウィンザーチェアが製作しやすく丈夫であるため広く用いられた（図7.54）．

独立後のアメリカはヨーロッパと見劣りしない室内装飾や家具が自国で製作されるようになるが，19世紀の室内装飾はおおむね古典様式が基調である．特異なものとしては，シェーカー様式と呼ばれるシェーカー教団の自給自足の生活様式の中から生まれたインテリアと家具様式がある（図7.55）．

(7) ヴィクトリア

イギリスのヴィクトリア女王の時代（在位1837－1901）のデザインをヴィクトリア様式と呼ぶ．産業革命の影響で椅子張りのコイルスプリング等の技術的進歩はあったが，意匠的にはネオロココやフリールネッサンスといった過去の様式の模倣と折衷であった．豊かになった中産階級の住宅の室内には復古調の家具や調度品があふれ，統一性に欠ける結果となっていった．　　　　　　　　　　　〔片山勢津子〕

参 考 文 献

1) インテリアデザイン教科書研究会編：インテリアデザイン教科書，彰国社，1993.
2) 小原二郎，加藤 力，安藤正雄編：インテリアの計画と設計，彰国社，1986.
3) Jean Feray : Architecture Interieure et Décoration en France des Origins à 1875, Berger-Levrault, 1988.
4) 鍵和田務：西洋家具集成，講談社，1980.

7.3.4 近 代

(1) アートアンドクラフト運動

19世紀の中ごろ，イギリスでは産業革命の結果，機械化による低俗で，安易な工業化製品が市場に出回り，混乱をきわめていた．こうした状況を憂い，ウィリアム・モリスは中世ゴシック建築を評価していたジョン・ラスキンの思想に強く影響を受けて，手工業による良質な製品の生産販売を行うため，1961年，モーリス・マーシャル・フォークナー商会を設立した．これは機械生産に頼らない手工技術による良質な日用品の普及の啓蒙を目的としていた．この一連のデザイン活動はアート・アンド・クラフト運動と呼ばれ，20世紀のデザインの動向に大きな影響を与えた．

(2) アール・ヌーヴォー

モリスの運動に誘発されて，1890～1910年にかけて植物の形態をモチーフとした，流動的で有機的な曲線で構成されたアール・ヌーヴォー（新しい芸術）と呼ばれる装飾や様式がベルギーやフランスで流行した．ベルギーでは，ビクトール・オルタ，ヴォアン・デ・ベルデ，フランスではガラス工芸のエミール・ガレ，建築家のエクトル・ギマールらが活躍した（図7.56）．また，イギリスではマッキントッシュを中心とするグラスゴー派により直線構成の中に有機的な装飾を組み入れた独特のインテリア装

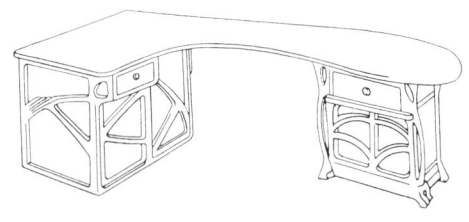

図7.56 アール・ヌーヴォーのデスク（ギマール）

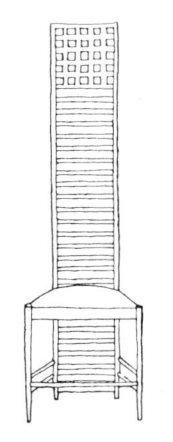

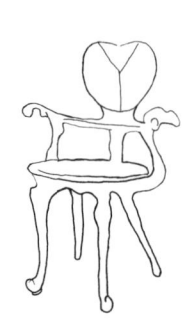

図 7.57 ラダーバックチェア（マッキントッシュ，1902 年）　　図 7.58 ガウディの椅子

図 7.59 レッド＆ブルーチェア（G・T・リートフェルト，1917 年）

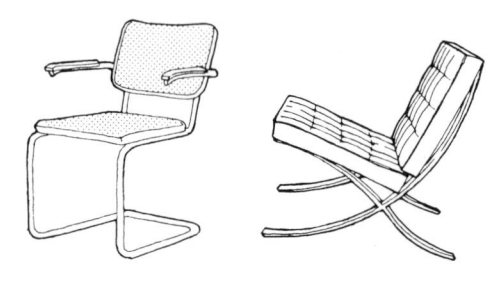

図 7.60 チェスカチェア（ブロイヤー，1928 年）　　図 7.61 バルセロナチェア（ファン・デル・ローエ，1929 年）

飾が生み出された．同じ時期，ドイツやオーストリアでも同じような動きがあり，これは，ユーゲント・シュティール（若い様式）と呼ばれた．さらに，スペインのアントニオ・ガウディなどに繋がっていった（図 7.57，7.58）．

(3) ゼツェッション

1897 年，画家グスタフ・クリムトを中心にオーストリア，ウィーンにおいて従来のアカデミズムからの分離を目指して芸術家たちにより分離派が結成された．この造形運動の形式は幾何学的構成を特色としたものであった．とくに建築，インテリアではオットー・ワグナーの用と美の調和を目指した「実用主義」がその思想の中心となった．ウィーンのワグナー設計の郵便貯金局，ブリュッセルのホフマンによるストックレー邸などがこの時代の代表作である．

(4) ドイツ工作連盟

ゼツェッションはまだ装飾の枠組みから抜け出ていないところを残していた．これに対しアドルフ・ロースは「装飾は罪悪」と非難した．1907 年にミュンヘンでドイツ工作連盟が結成された．これは機械と芸術の統一を目指し，デザインの指標として，簡潔性や合理性を意味するザッハリヒカイト（即物性）が唱えられた．鉄，ガラス，コンクリートの工業材料が用いられ，たとえば，ペーター・ベーレンスの AEG 電気会社のタービン工場，ブルーノ・タウトのガラスの家，フランスではオーギュスト・ペレのパリのアパート等が知られる．

(5) デ・スティル

第 1 次世界大戦の終了後，1917 年オランダでは画家モンドリアンらが加わった抽象芸術運動の機関誌「デ・スティル」が創刊された．この運動は徹底した直線的構成と赤，青，黄などの単純できわめて限定された色彩的要素によって住宅，インテリア，家具を表現することが試みられた（図 7.59）．

(6) バウハウス

アート・アンド・クラフト運動以降の流れを受け継いで，1919 年ドイツ，ワイマールの地に新しいデザイン教育の場として，バウハウスが設立された．これは写真，工業デザイン，装飾美術から建築に至るまで，さまざまな芸術・造形分野を学際的に追求して，それらと人間生活を融合させようとするものであった．工房活動を重視し，「芸術と技術の新しい統合」が目標とされ，装飾を排除した，合理的・機能的形態が追求された．建築家，ワルター・グロピウスをはじめとしてパウル・クレー，モホリ・ナギ，ヨハネス・イッテン，ワシリー・カンジンスキーらが教師として参加した．1923 年ワイマールの政治事情のためバウハウスはデッサウに移される．ここで，マルセル・ブロイヤーの鋼管椅子であるチェスカチェア（図 7.60），ミース・ファン・デル・ローエのバルセロナチェア（図 7.61）など近代を象徴するいくつかの椅子が生まれた．やがてナチスに追われたバウハウスはベルリンに移るものの，1933 年には廃校を迫られて，短い歴史を終え

た．しかしこのバウハウスの活動はアメリカをはじめとして20世紀の世界のデザイン界に大きな潮流となった．

(7) アール・デコ

アール・ヌーヴォーの衰退したフランスでは装飾の問題は近代デザイン運動とは一歩距離をおいたところで，建築家やデザイナーの間で第1次世界大戦後も議論されていた．この成果が1925年のパリの装飾博覧会で結実した．この独特の装飾スタイルは第1次世界大戦後から第2次世界大戦の間にたとえば，ニューヨーク，上海，モスクワなど世界の各都市の建築インテリアなどに華やかに取り入れられていった．この工業デザインから建築にいたる幅広い装飾スタイルを博覧会の名にちなんでアール・デコという．

7.3.5 戦後

(1) スカンジナビア

第2次世界大戦後，ヨーロッパ諸国の中ではデンマークを中心に北欧諸国がいち早く家具・インテリア産業を足がかりに産業復興をなし遂げた．北欧は戦前から，デンマークのコーレ・クリント，スウェーデンのブルー・マッソン，フィンランドの建築家アルバー・アールトなどの活躍があったものの，そうしたデザイン技術的蓄積と伝統的クラフト（手工芸）の技術を生かした北欧独特のモダンデザインが色濃く展開された．北欧デザインの特色は，北欧の人々の暮らしや国民性が製品に反映されたものであった．合理的で造形的には柔和で堅実，しかも高品質の家具や照明器具が生み出された．ハンス・J・ウェグナーの木製椅子（図7.62）のほか，アルネ・ヤコブセンの発砲スチロール，アルミ，合板の新素材でつくられた椅子（図7.63）などが有名である．

(2) アメリカ

1950年代よりデザインの流れはアメリカに移ることになる．これはバウハウスで活躍した多くのデザイナーが新天地アメリカに渡り，勝戦国アメリカの資本力を背景に大きなデザインの流れを生み出したことによる．ここでのテーマは工業材料を多用し，工業化，量産化を目指して，新しい家具・インテリア製品が生み出された．チャールズ・イームズ（図7.64），ジョージ・ネルソンのような工業デザイナーや，家具メーカー，ノル社を中心にハリー・ベルトイヤー（図7.65），ウオーレン・プラットナー，エーロ・サーリネンなどが活躍した．

(3) イタリア

1960年代から斬新な造形感覚をもつイタリアモダンが隆盛した．その礎を作り上げたのが，ジオ・ポンティで，デザイン誌「ドムズ」あるいはミラノ・トリエンナーレ展が活動の中心となった．イタリアデザインの特色は，デザイナー個人のもつ個性や感性がそのまま形態として直接現れ，ユニークな造形性をもつことであった．しかし，そのためか，短命なままで終わったものも少なくなかった．代表的デザイナーにトビア・スカルパ，マリオ・ベリーニ，ヴィコ・マジストレッティらがいる（図7.66）．

(4) ドイツ

1970年代後半からOA化（オフィスオートメーション）の波が世界的に押し寄せ，デザインはこの影響を強く受けることとなった．オフィス空間やそこで用いられる椅子やデスクの造形は新しい技術や素材の採用によって，従来のものから大きく変化し

図7.62 ザ・チェア（ウェグナー，1949年）

図7.63 エッグチェア（ヤコブセン，1958年）

図7.64 DAR-8（イームズ，1950年）

図7.65 ワイヤーチェア（ベルトイヤー，1952年）

図7.66 セリーネ（マジストレッティ，1969年）

た．この中心的な役割を担ったのが西ドイツであった．　　　　　　　　　　　　　　　　　〔加藤　力〕

(5) 日　本

戦後，連合軍司令部（GHQ）の指令により，その家族のための住宅（dependents house）が20000戸建設されることになった．家具類もすべて国内での製作対応が迫られた．当時の商工省工芸指導所編集による DEPENDENTS HOUSE によれば，アメリカ軍太平洋総司令部技術本部設計課の設計に基づき，司令部デザイン・ブランチ，クルーゼ陸軍大佐の指導のもと，工芸指導所の豊口克平氏，金子徳次郎氏らが中心となり1946年6月までに生産設計を完了させ，全国約80工場で30品種，100万個に近い家具が製作された（図7.67）．

当時アメリカ国内では1943年ノル社がサーリネン（Eero Saarinen, 1910-1961）をデザイナーとして迎え，ハーマン・ミラー社は伝統家具のコロニアル風な家具から脱却すべく1944年ネルソン（George Nelson, 1908-1986）やイームズ（Charles Eames, 1907-1978）を誘って，ともにアメリカ家具のモダニズムに先鞭をつけた．これらの家具はその後日本にも紹介されて大きな影響を与えた．しかし1950年以降デンマーク家具を中心とした北欧家具の紹介が，日本のデザイナーに大きな影響を与え，豊口克平（1905-1991）の「あぐらをかける椅子」（1962）等にみられる温かみのある木質の家具がつくられた．イームズの3次曲面の成形合板椅子は，日本の形態へと昇華され，柳宗理（1915-）の「バタフライ・チェア」（1956；図7.68）という名作を生んだ．1958年には日本室内設計家協会（現日本インテリアデザイナー協会）が設立され，家具，インテリア分野の質を向上させるためのプロ集団として，広く現代デザインの浸透に寄与した一方，産業工芸試験所は，雑誌「工芸ニュース」により良質なデザイン情報を流し，デザイナーの水準向上に寄与した．そのような時代の中，渡辺力（1911-）の「ひもの椅子」（1952），長大作（1921-）の「合板の椅子」（1961），剣持勇（1912-1971）の日本の伝統を感じさせる「藤いす」（1960），新居猛（1920-）の「折り畳み椅子」（1972）などが国際的に高い評価を得ている．ダイニングキッチンをはじめとする椅子式生活が定着し，これらの家具も抵抗なく受け入れられるものとなっていった．

その後，川上元美（1940-）は量産型の「折り畳み椅子」（1977）がサンディエゴ家具コンペで金賞を受賞し，喜多俊之（1942-）がイタリアのカッシーナ社から出した「WINK CHAIR」（1980；図7.69）はニューヨーク近代美術館の永久保存となっている．

建築の脱機能主義，美術界のポップアート等に呼応して，家具の世界もポスト・モダンの時代を迎え，イタリアのエットーレ・ソットサス（Ettore Sottsass, 1918-）が1981年，ポストモダニズムを中心としたメンフィスを結成し，倉俣史朗（1934-1991；図7.70），梅田正徳（1941-）がメンバーとして参加している．しかしポストモダンの運動も

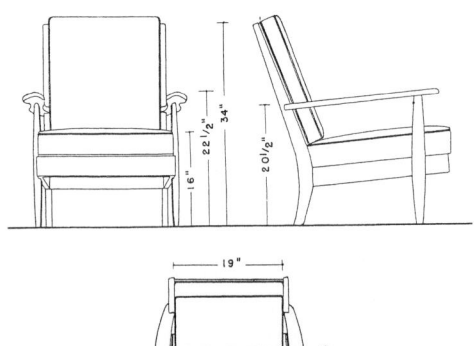

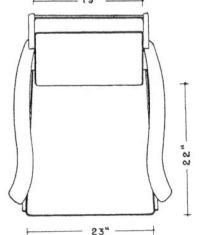

図7.67　ディペンデントハウス用アームチェア

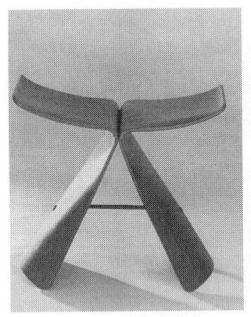

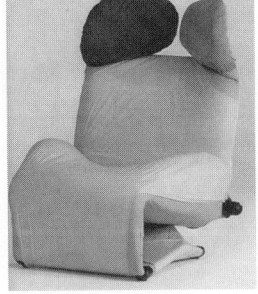

図7.68　バタフライ・チェア（柳 宗理，1954年）

図7.69　WINK CHAIR（喜多俊之，1980年）

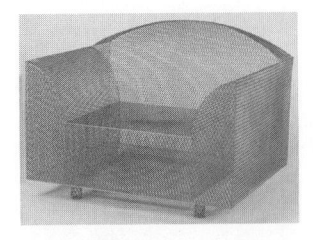

図7.70　How Hign the Moon（倉俣史朗，1986年）

終焉を迎え，ネオモダニズム，オランダのドローグデザイン等の影響と，PL 法や環境に考慮したデザイン，また日本独自の文化を基盤にした 21 世紀の新しいデザインが，若いデザイナーによりいま生まれ出ようとしているのが現状である．〔安永一典〕

7.4 人間工学の意味と人体寸法

7.4.1 人間工学とその考え方

人間工学が，学問として誕生したのは第2次世界大戦のころになる．その契機は，アメリカ空軍の戦闘機による頻繁な事故発生によるもので，その原因は，パイロットの操縦上のミスであるとされていたが，実はそうではなく，パイロットの命綱ともいえる高度計に問題のあることがわかった．ちょうどこのころは，戦闘機がプロペラエンジンからジェットエンジンに変わりつつある時期で，ジェット戦闘機の高速度化により高度計の役割がさらに重要視されているときでもあった．この高度計は，三針式の高度計といわれていたもので，1つの計器盤の中に長さと太さの異なる3本の指針があり，これらの3本の指針が示す高度（フィート）を必要に応じて読み取るものである（図 7.71）．ちょうど，アナログ式時計と同様に，長針，短針，そして秒針の3本の針から正確な時刻を読み取ることと一致しているが，大きく異なる点は，戦闘機の機体が少しでも上下すると3本のうち1本の針は，きわめて速く回転する影響で，他の指針が示す高度を正確に読み取りにくいということである．その後，三針式の高度計を一針式に変えることになるが，もっとも重要なことは，高度計の設計者は，使用者であるパイロットが生来もっている指針の読み取り能力をはるかに越える三針式高度計を設置したことにある．このように，読み取り能力を実験により心理的な立場から追求したことから，当時は，実験心理学といわれ，人間工学誕生の基礎になった．

図 7.71 三針式高度計

人間工学の考え方やその実践は，決して第2次世界大戦を契機に始まったものではなく，原始時代のころから，原住民は生活のためにいろいろな工夫を試み，使いやすさの追求を始終していたのである．たとえば，石斧の握り部分の太さや長さは，斧の使用目的によって変えてつくるなど，工夫がなされ機能的な道具へと進化していくことになる．また，茅葺き住居の入口の幅や高さは，人体寸法を目安にし，出入りの際に支障のない寸法を採用していた．

人間工学は，専門分野によってその解釈の仕方が異なるが，おおむね人間の諸特性について，その能力と限界を明らかにし，環境や物の条件をその範囲内に収めることと理解してよい．もっとも端的に定義すれば，小原二郎氏による「使いやすさの科学」といってよいであろう．「使いやすさ」と類似した言葉に「便利さ」があるが，両者は基本的に意味が異なる．便利な物は使いやすいかというと，決してそうではない．世の中には便利な道具であっても，使いにくい物が多く存在する．たとえば，シャープペンシルは，鉛筆が進化したものであるから，芯を削る必要がなく，芯の補充を容易に行うことができるため，便利な筆記用具であるといえる．しかし，筆記具として便利であるということ以上に，使用に際して書きやすいか，もちやすいかの方が重要になり，シャープペンシルの太さや長さ，重さや重心位置，材質などが使いやすさの要因として重要な因子になる．

われわれの生活環境は便利になっている反面，住みやすさの点では多くの問題をかかえていることを考えれば，便利さと使いやすさの意味の違いは明白であろう．

前述のように，人間工学の誕生は，三針式高度計が契機であったが，ここで重要なことは，設計者と使用者の両者において，物や環境に対する考え方の違いを，いかに少なくすることができるかということで，両者のギャップを埋めるためのツールが人間工学であるともいえる．物や環境の設計，改善に人間工学を応用すれば，使いやすく快適になるかといえば，必ずしもそうではない．人間工学を配慮したといわれる製品が身のまわりに多く存在するが，実際に安全性や使いやすさがどの程度確保されているか，多角的な目で観ることが重要になる．

一般的に人間は，進化していると考えられがちであるが，世の中の生活環境は便利さを追求するあまりに，健全な心と身体を維持していくために必要な筋肉を活動させる機会が年々，少なくなり，身体的には退化の一途をたどりつつあるとみなすことがで

きる．たとえば，社会からバリアを少なくするように，生活環境の整備が推進されつつあるが，バリアフリーは，大きな力や大きな動きを必要とせず，身体の老化や退化を助長するという盲点に気がつかないのが一般的である．トイレでは温水が肛門を洗い，温風が乾かしてくれるなど，ズボンさえ下ろせば，手を使わなくても用を足せる時代になった．便利さの追求には，機器などの製品を進化させる役割がある一方で，人間を退化させてしまう働きをもつことを人間工学の立場から明らかにしておく必要がある．われわれの生活環境には，ほどほどの不便さを残しておくことが，真の人間工学の応用と考えられる．

人間工学の観点から，物や空間を設計する場合，重要なキーワードの1つに「姿勢」がある．われわれは，生活の中で多用な姿勢を無意識のうちにとりながら，物や環境にうまく適合している．生活姿勢で重要なことは，不自然な姿勢や無理な姿勢をとらないで，多様な動作ができる環境をしつらえていくことが重要になる．姿勢とは，勢いのある姿を意味し，何をする場合でも，この勢いのある姿勢がとれるように環境条件を整えておくことが重要になる．

人間工学は，その応用範囲が広く，スプーンから家具，設備機器，都市空間，そして音，熱，光などの環境に至るまで，応用することができる．これらの応用は，設計以外に改善や改良，そして問題点の抽出などに有効である．

7.4.2 人体寸法

設計とは，寸法・形状，材質，色彩などを具体的に決めることであり，これらの中でもっとも重要になるものが，寸法・形状である．その理由は，物や空間の大きさ，形状などが使い勝手に大きく影響するため，使用者が人間であることから，人体寸法を拠りどころに物や空間の大きさを決める必要があるからである．

人体寸法を設計に応用する場合，人体計測値がどのような姿勢で測られたものかを明らかにして使用する必要がある．通常は，身長計の柱に後頭部と背中，臀部，踵の4カ所をつけた姿勢で測るが，この姿勢は，日常生活の中ではみられない姿勢であるため，設計に応用するには問題がある．そこで，設計データとして応用する場合には，リラックス姿勢による人体計測値を使用するのがよく，この姿勢のとり方や計測方法，項目等は，JISで決められているので，参考にするとよい．両者における身長の差は，身長計による身長に2〜3cm程度引いたもの

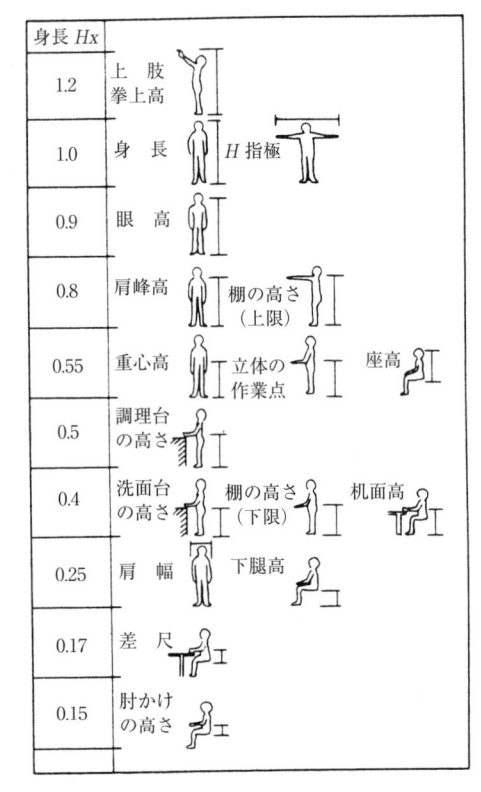

身長 H_x		
1.2	上肢拳上高	
1.0	身長	H 指極
0.9	眼高	
0.8	肩峰高	棚の高さ（上限）
0.55	重心高	立体の作業点　座高
0.5	調理台の高さ	
0.4	洗面台の高さ	棚の高さ（下限）　机面高
0.25	肩幅	下腿高
0.17	差尺	
0.15	肘かけの高さ	

図 7.72 人体寸法の略算値[1]

が，リラックス姿勢の身長になる．

人体寸法の計測部位には，身長をはじめとして座高，眼高，上肢長など多くがあり，設計対象物によって使用する計測項目が異なる（表7.1）．人体計測値の中でも多く使われる項目に身長がある．各測定部位の実測値について，その傾向をみると，人体の長さ方向の寸法は身長と比例し，また幅や厚さ寸法，そして周径は体重と比例する．このうち，人体の長さ方向における部位寸法は，身長を基に計算で求めることができる．たとえば，下腿長は身長のほぼ1/4で求めることができ，この寸法は，作業用椅子の座面高を明らかにする場合に採用される（図7.72）．

一般的な傾向として，身長は，生後から加齢とともに伸びていくが，20歳代に入るとこの伸びが止まり，その後，椎骨などの収縮や円背により身長が小さくなる．1年間でもっとも身長の伸びが多くみられる年齢は，中学校の1〜2年生のころで，このころは，男女ともに性差がみられ始め，以降は，身長についても男女差がみられるようになる．体重についても同様な傾向がみられる．

また，身長と体重について地域別の特徴をみる

7.4 人間工学の意味と人体寸法

表 7.1 人体計測値

身体部位	年齢(歳)		5	6	7	8	9	10	11	12	13	14	15	16	17	成人	60〜
1. 身　　　長 (mm)		男	1,107	1,167	1,215	1,281	1,336	1,391	1,453	1,529	1,600	1,655	1,686	1,701	1,708	1,714	1,589
		σ	47.1	49.6	51.4	54.5	57.4	61.3	71.4	80.6	76.9	64.9	58.9	57.9	58.3	62.6	42.0
		女	1,099	1,158	1,217	1,275	1,335	1,403	1,471	1,521	1,551	1,568	1,573	1,577	1,581	1,591	1,468
		σ	46.9	48.7	51.3	55.7	61.7	67.9	66.7	59.3	54.0	53.0	52.2	52.3	52.5	53.0	53.6
2. 眼　　　高		男	0.90	0.91	0.91	0.91	0.92	0.92	0.92	0.93	0.93	0.95	0.93	0.93	0.93	0.93	0.92
		女	0.91	0.91	0.91	0.91	0.92	0.92	0.92	0.93	0.93	0.93	0.93	0.93	0.93	0.93	0.92
3. 肩　峰　高		男	0.78	0.78	0.79	0.79	0.79	0.8	0.8	0.8	0.8	0.81	0.81	0.81	0.81	0.81	0.81
		女	0.75	0.78	0.79	0.79	0.79	0.8	0.8	0.8	0.8	0.81	0.81	0.81	0.81	0.81	0.81
4. 肘　頭　高		男	0.6	0.6	0.6	0.6	0.6	0.6	0.6	0.6	0.6	0.6	0.6	0.6	0.6	0.6	0.6
		女	0.6	0.6	0.6	0.6	0.6	0.6	0.6	0.6	0.6	0.6	0.6	0.6	0.6	0.6	0.6
5. 指先端高		男	0.37	0.37	0.37	0.37	0.37	0.37	0.37	0.37	0.37	0.37	0.37	0.37	0.37	0.37	0.37
		女	0.37	0.37	0.37	0.37	0.37	0.37	0.37	0.37	0.37	0.37	0.37	0.37	0.37	0.37	0.37
6. 上　肢　長		男	0.43	0.43	0.43	0.43	0.43	0.43	0.43	0.43	0.43	0.43	0.43	0.43	0.43	0.43	0.43
		女	0.43	0.43	0.43	0.43	0.43	0.43	0.43	0.43	0.43	0.43	0.43	0.43	0.43	0.43	0.43
7. 指　　　極		男	0.97	0.97	0.97	0.98	0.98	0.98	0.99	0.99	0.99	1.0	1.0	1.0	1.0	1.0	0.97
		女	0.97	0.97	0.97	0.98	0.98	0.98	0.99	0.99	0.99	1.0	1.0	1.0	1.0	1.0	0.97
8. 前方腕長		男	0.48	0.48	0.48	0.48	0.48	0.48	0.48	0.48	0.48	0.48	0.48	0.48	0.48	0.48	0.5
		女	0.48	0.48	0.48	0.48	0.48	0.48	0.48	0.48	0.48	0.48	0.48	0.48	0.48	0.48	0.5
9. 肩　　　幅		男	0.24	0.24	0.24	0.24	0.24	0.24	0.24	0.24	0.25	0.25	0.25	0.25	0.25	0.25	0.26
		女	0.24	0.24	0.24	0.24	0.24	0.24	0.24	0.24	0.24	0.24	0.24	0.24	0.24	0.24	0.26
10. 胸　　　幅		男	0.16	0.16	0.16	0.16	0.16	0.16	0.16	0.16	0.16	0.16	0.16	0.16	0.16	0.16	0.16
		女	0.16	0.16	0.16	0.16	0.16	0.16	0.16	0.16	0.16	0.16	0.16	0.16	0.16	0.16	0.16
11. 下　腿　高		男	0.25	0.25	0.25	0.25	0.25	0.25	0.25	0.25	0.25	0.25	0.25	0.25	0.25	0.25	0.24
		女	0.25	0.25	0.25	0.25	0.25	0.25	0.25	0.25	0.25	0.25	0.25	0.25	0.25	0.25	0.25
12. 座　　　高		男	0.56	0.56	0.56	0.55	0.55	0.54	0.54	0.53	0.53	0.53	0.53	0.53	0.53	0.54	0.54
		女	0.56	0.56	0.56	0.55	0.55	0.54	0.54	0.54	0.54	0.54	0.54	054	0.54	0.55	0.54
13. 座面肘頭距離		男	0.15	0.15	0.15	0.15	0.15	0.15	0.15	0.15	0.15	0.15	0.15	0.15	0.15	0.15	0.14
		女	0.15	0.15	0.15	0.15	0.15	0.15	0.15	0.15	0.15	0.15	0.15	0.15	0.15	0.15	0.14
14. 座位膝蓋骨上縁高		男	0.29	0.29	0.29	0.29	0.29	0.29	0.29	0.29	0.29	0.29	0.29	0.29	0.29	0.29	0.3
		女	0.29	0.29	0.29	0.29	0.29	0.29	0.29	0.29	0.29	0.29	0.29	0.29	0.29	0.29	0.3
15. 座　位　臀　幅		男	0.18	0.19	0.19	0.19	0.19	0.19	0.19	0.19	0.19	0.19	0.19	0.19	0.19	0.19	0.23
		女	0.19	0.19	0.19	0.19	0.19	0.2	0.2	0.2	0.19	0.21	0.21	0.21	0.21	0.21	0.23
16. 座位臀膝窩間距離		男	0.27	0.27	0.27	0.27	0.27	0.27	0.27	0.27	0.27	0.27	0.27	0.27	0.27	0.27	0.28
		女	0.27	0.27	0.27	0.27	0.27	0.27	0.27	0.27	0.27	0.27	0.27	0.27	0.27	0.27	0.28
17. 座位臀膝蓋骨前縁距離		男	0.32	0.32	0.32	0.33	0.33	0.33	0.34	0.34	0.34	0.34	0.34	0.34	0.34	0.34	0.35
		女	0.32	0.32	0.32	0.33	0.33	0.33	0.33	0.34	0.34	0.34	0.34	0.34	0.34	0.34	0.35
18. 座位下肢長		男	0.55	0.55	0.55	0.56	0.56	0.56	0.56	0.56	0.56	0.56	0.56	0.56	0.56	0.56	0.56
		女	0.55	0.55	0.55	0.56	0.56	0.56	0.56	0.56	0.56	0.56	0.56	0.56	0.56	0.56	0.56

身長×係数．σ：標準偏差（単位：mm），人体各部：寸法の略算係数．
5〜7歳の身長は文部科学省「平成12年度学校保健統計調査報告書」，成人・60歳以上は人間生活工学研究センター「設計のための人体寸法データ集」（1996）より．係数の算出は千葉工業大学上野研究室データによる．下の図は文献2）による．

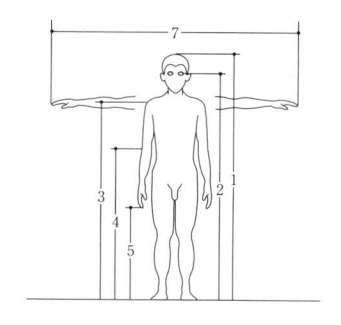

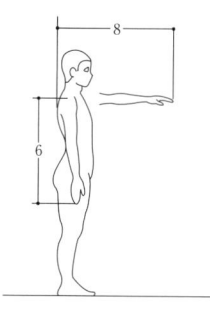

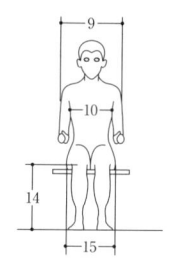

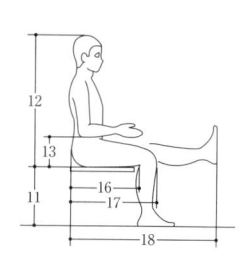

と，東京都とその周辺の県を除いて「北高南低」型をもつといえる（図7.73）．これは，身長と体重の平均値を都道府県別にみると，寒冷地では大きくなり，逆に温暖地では小さくなるということである．現在，身長と体重の大きい県は，東京都とその周辺の県で，これは，交通機関や食事など，生活環境の違いによるものと考えられている．

最近，子どもたちの体位がよくなり，とくに身長の伸びが速いといわれている．しかし，数年前からの文部省『学校保健統計報告書』のデータをみる

表 7.2　日本人成人の平均身長と標準偏差

成人男子		成人女子	
$+8\sigma$	205 cm		
$+7\sigma$	200		
$+6\sigma$	195		
$+5\sigma$	190		
$+4\sigma$	185	$+6\sigma$	185 cm
$+3\sigma$	180	$+5\sigma$	180
$+2\sigma$	175	$+4\sigma$	175
$+1\sigma$	170	$+3\sigma$	170
$\bar{x}$	165	$+2\sigma$	165
-1σ	160	$+1\sigma$	160
-2σ	155	$\bar{x}$	155
-3σ	150	-1σ	150
		-2σ	145
		-3σ	140

$1\sigma = 5$ cm, $\bar{x}$：平均身長．

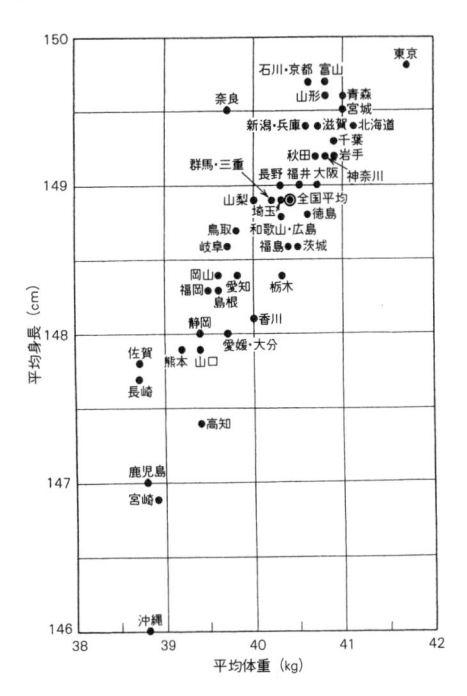

図 7.73　国内における体位の地域差（12歳，男子）[3]

と，その成長は，ほぼ横ばいになったといえる．欧米の子どもたちの場合には，すでに成長が停止している．ある人類学者は，これ以上に子どもたちの体位が向上すると，その結果，すべての負担が心臓にかかることになり，健全な日常生活に支障をきたすことになると説明している．

現在，日本における成人の平均身長は，男子が165 cm，女子が155 cm である．これは，60歳までの年齢層を含んだ場合の身長であり，成人であっても若年層の人の場合には，この身長に3 cm 程度を加えたものが，平均身長になる．成人の平均身長に対する標準偏差は，5 cm 程度とみなしてよい．たとえば，部屋の鴨居の高さを決める場合，平均身長にゆとり寸法を含めればよいわけであるが，$1\sigma = 5$ cm なので，3σ，すなわち 5 cm $\times 3$ の 15 cm を平均身長に加えればよいことになる．通常，3σ か -3σ の標準偏差が設計上使用されることが多い（表 7.2）．

これまでに説明をしてきた身長や座高などの人体寸法は，静的人体寸法といわれるもので，原則として人間は静止をした姿勢で計測することになっている．しかし，人間は，本来，動くことにより生活や行為，動作を行う動物であるから，これらの動きに必要な寸法が重要になる場合が多い．これが動的人体寸法で，具体的には，作業域や，動作域，動作寸法などが含まれる．

7.4.3　設計と人体寸法

設計に人体計測値を応用する場合の留意点の1つに，平均値を採用してはならないということがある．仮に平均値を採用して物や空間の寸法を決めてしまうと，使用者の半数の人が使えないことになる．そこで，この平均値にゆとり寸法を加えたり，場合によっては減じることにより，少しでも多くの人が使用できるように，寸法決めをすることが人体計測値の応用でもっとも重要になる．とかく寸法の大きいことはいいことのように思われがちであるが決してそうではない．とくに高さ寸法は，大は小を兼ねないので，注意が必要である．したがって，人体計測値の平均値を設計寸法として応用する場合，この平均値にマイナスのゆとり寸法を見込んだ方がよいのは，高さ方向の寸法である．高さ寸法は，高めにするよりも低めに設定した方が，多くの人が使用できることになる．プラスのゆとり寸法を多く見込んで差し支えないのは，幅方向の寸法で，奥行き寸法は，場合によってはプラスのゆとり寸法を見込んでもよい場合もある．

人体寸法には，実測値と略算値があり，どちらによるデータなのかを確認したうえで，使用することが必要になる．実測値は，実際に人体の測定により求められた寸法で，略算値は，身体各部の寸法を，身長に係数をかけて計算により割り出した寸法である．

物や空間寸法を決める場合，主たる使用者の属性によって，設計寸法が決まる．たとえば，小学校では，児童が教室で使用する机や椅子は，子どもたち

き寸法がある．前者の吐水口の位置は，シンクの前縁から通常作業域の 30 cm 前方に，そして後者のキッチンの奥行き寸法は，最大作業域の 50 cm にゆとりを見込んだ 60～65 cm となっている．垂直作業域は，垂直面についての範囲を示すもので，正面と側面の 2 方向がある．物を出し入れしやすい収納家具の棚板の割り付けや奥行き寸法の割り出しなどに使用される．立体作業域は，手の届く範囲を立体図として表されたものであるが，作業域の意味を理解しやすい図ではあるが，現状では，この立体図から寸法を読み取って設計に利用するには，まだ実用的ではないといえる．

足の場合の作業域は，椅子やシートに座った場合のアクセルやペダルなどの配置に参考になるものがある．建築や住居の分野では，その応用範囲は少ないが，最近のキッチンのように，水栓金具の操作をフットスイッチでも行えるようにしているが，スイッチの取り付け位置が操作性に影響するような場合には，足の作業域は有効なものになる．

足の動きに関連するものに下肢領域がある．これは，机やテーブルの甲板の下に膝や足を入れるために必要な領域を示したもので，事務用や学校用机のJIS にも盛り込まれている．椅子を使って机やテーブルで作業をする場合，われわれは無意識のうちに足を前後左右に動かし，苦しくなれば足を組むこともある．これは苦しさから自然に逃れようとする動きであり，この動きを吸収するためのあき空間が下肢領域になる．

建築の分野でいう動作域とは，手足以外に腰から上の上体や頭部などの動き，そして歩行の基本である歩幅なども含む．これは，建築の分野では，生活全般の動作を含めてこそ建築空間やこれに関連する家具・設備の計画が可能となるため，本来の人間工学でいう作業域とは大きく異なる理由である．

7.4.5 動作空間

静的人体寸法を動的に捉えたものが作業域や動作域，そしてこれらをさらに動的に捉えたものが，動作スペースや動作空間になる．これは，基本的には生活行為に対応する動作に要する必要スペースを意味するもので，動作スペースは平面寸法を表し，動作空間は平面寸法に高さ寸法を加えた立体的な寸法を表す．動作空間を床，壁，天井で構成したものが単位空間や室空間になる．一般的にいわれている動作空間は，1 人の人が単一の動作に対応する空間を意味するが，複数の人や複数の動作に対応するものをとくに複合動作空間という．動作空間や複数動作

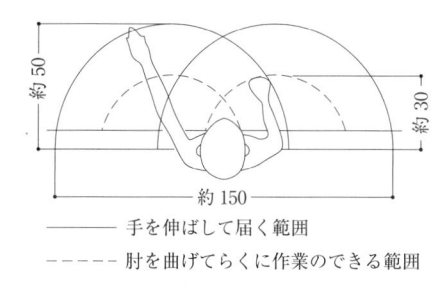

図 7.74 水平作業域[3]
成人の場合，単位：cm．

の人体計測値を応用するが，職員室の机や椅子は，成人の人体寸法をよりどころに決める．しかし，教室のドア幅のように，先生と子どもたちが使用する場合には，両者のうちで，最大体幅の大きい方の人体寸法を基にドアの幅寸法を決めることになる．人体寸法には男女差があるため，使用する物や空間によって，どちらの寸法をよりどころにすればよいかを的確に判断することが重要になる．一般的には，小学校の高学年までは，男女差がみられない．

7.4.4 作業域と動作寸法

人体寸法には，静的人体寸法と動的人体寸法がある．前者は身長や座高などのように人体を動かないものとした寸法で，後者は，人体を関節や椎骨を中心に動く領域として捉えたもので，作業域や動作域がこれに該当する．この動的人体寸法は，作業面の広さや作業面の下に設ける下肢領域などを決める場合に応用される．

本来の人間工学では，上肢の可動範囲を作業域といい，水平作業域，垂直作業域，そして立体作業域に分けている．建築学の分野では，この作業域の応用が広範囲になるため，とくに「動作域」といっている．作業域は，通常作業域と最大作業域の 2 つに分けて考える．水平作業域の場合の通常作業域は，肘をわき腹につけて手を前方に広げ，左右方向に円弧を描いて水平面にできた軌跡をいう（図 7.74）．この軌跡は，作業台の前縁から前方に 30 cm 程度の範囲になり，精密な作業や使用頻度の高い作業は，この通常作業域の範囲内で行うことが重要になる．次に最大作業域は，肘を曲げずに手を前方に伸ばし，手を左右方向に広げて描かれる軌跡である．実際には，作業台の前縁から 50 cm 程度前方の範囲になり，通常使用する操作具や道具は，どんなに遠くてもこの範囲内に配置しておくことが重要になる．

これらの応用例として，システムキッチンに使用されている水栓金具の吐水口の位置やキッチンの奥行

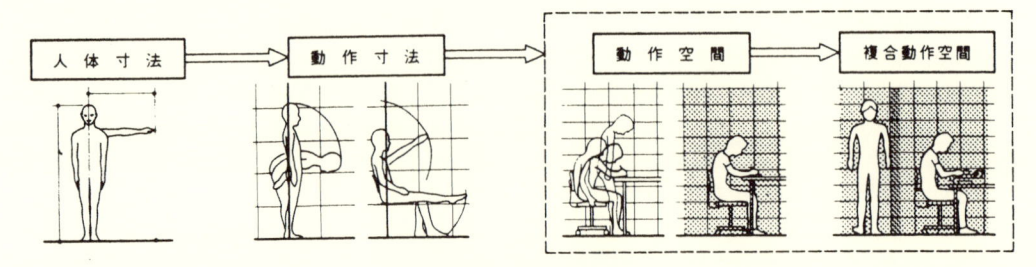

図 7.75 動作空間の概念[4]

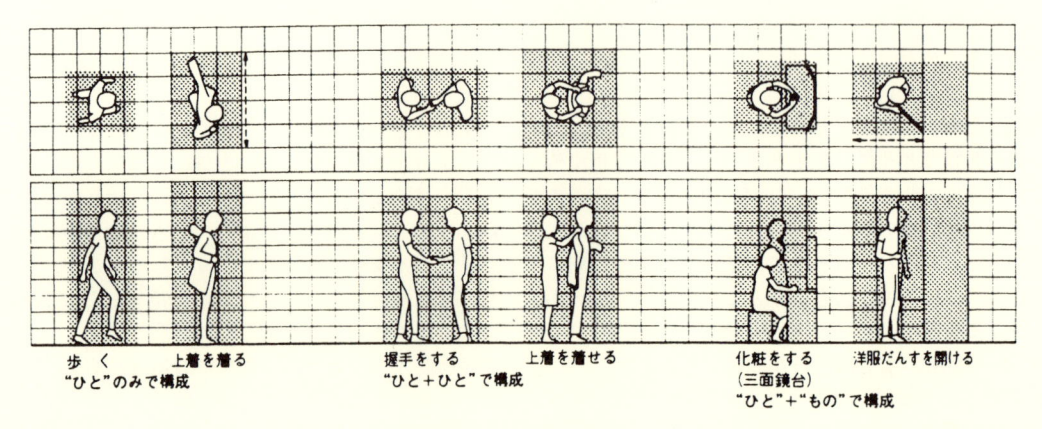

図 7.76 動作空間の例[4]

空間では，人のみの場合と人に物を含めた場合があり，いずれの場合も人・単数，人・複数，物・単数，物・複数，さらに単一行為，複合行為の組み合わせがある．そして，これらの条件により，必要スペースに違いが生じる（図 7.75）．

静的人体寸法から動作域，そして動作空間になるに伴い，それぞれの寸法に含めるゆとり寸法を，少しずつ大きく見込んでおくことが重要になる（図 7.76）．

1つの動作空間と別の動作空間を並べてスペースを求める場合，両者に必要な動作スペースを単純に加える必要はない．この場合は，両者のスペースをいくぶんか重ね合わせて求めても動作に支障は生じない．したがって，1つの部屋で複数の動作スペースを想定する場合，重なりのスペースをどの程度見込むかが，設計のでき具合に影響を与える．この重なりのスペースにバランスがとれている場合，有効なスペース設計ができたといえる．〔上野義雪〕

参考文献

1) 建築技術教育普及センター編：インテリアプランナー講習テキスト，建築技術教育普及センター，1988.
2) 小原二郎編：デザイナーのための人体・動作寸法図集，彰国社，1995.
3) 文部省大臣官房調査統計課：学校保健統計調査報告書，大蔵省印刷局，1977.
4) 日本建築学会編：建築設計資料集成 3，単位空間 I，丸善，1980.

7.5 家具，設備への人間工学の応用

われわれは生活の目的に応じたさまざまな家具や設備，あるいは機器を使用して日常生活を営んでいる．従来，これらの家具や設備の分類は使用目的や形態，あるいは材料や完成した製品の外観などで分類されてきた．しかし，人間工学の視点でこれらを検討するためには，家具，設備の特性と人間との関係によって分類する必要がある．その1つとして寺門[1]は人体との接触の度合いによって家具を分類することを提案している．この提案では，人体を中心として順に外側に衣服，椅子・ベッド，テーブル・机，作業台，戸棚・ロッカー，建具，間仕切り，室内，建築を配置し，人体に直接接触する椅子，ベッドを人体系家具，戸棚，ロッカー，間仕切りなど建築に近いものを建物系家具，この両者の中間にあるテーブルや机などを準人体系家具として位置づけている．さらに，テレビ，ステレオ，電機冷蔵庫などの家電製品はエネルギー系家具，バスユニットやトイレットユニットなどの設備ユニットはスペース系

家具として位置づけられている．この分類は，これらの家具や設備を使用するときの人体姿勢の変化にも関係する．生活の中で人間がとる姿勢は立位，椅座位，平座位，臥位の4つに大きく分類される．この姿勢分類は人体を支持する支持点の違いによる分類であるが，姿勢の違いによって支持具の種類が異なり，それに伴って人間の視線の位置，高さが変化し，また，設備などの操作位置，高さなどの対応を変えなければならない．わが国のように和式と洋式の2つのライフスタイルを併用した住まい方では，さまざまな姿勢と家具が存在する．

7.5.1 椅子，ベッド

先の分類では生活の中で使用される椅子，ベッドは人体系家具の中に位置づけられる．椅子は椅座姿勢を保持して作業や休息を行うための家具であるが，生活目的によって椅子の使用場所，使用時間，椅座姿勢が異なり，それに伴って椅子の形態や寸法も異なる．住生活の目的別に椅子を分類すると，学習用，食事用，休息用など，また同じ椅座姿勢をとる設備としては洋式便器なども挙げられる．椅座姿勢保持に影響する椅子の要因としては，座面の高さおよび奥行き寸法，座面の角度，座面の体圧分布，背もたれの角度，背もたれの体圧分布，肘掛けの高さなどが挙げられる．いずれにしてもこれらは相互に関連して，生活目的に合った姿勢を保持する椅子設計のもっとも重要な要因といえる．以下では小原ら[2]の家具の人間工学研究成果を基に，椅子設計の基本条件を述べる．

姿勢を保持する筋肉の活動を疲労の指標の1つとすると，背もたれや肘掛けのないスツールでは座面の高さが400 mmのとき腹筋と背筋の活動がもっとも大きくなるといわれている．これは背もたれがないことが原因であるが，背もたれがあっても座面が使用者の下腿高より高いときや座面奥行きが使用者の座位殿−膝窩距離（膝窩から殿部最後方点までの矢状面に平行な水平距離）より長いとき，あるいは，座面の後傾角度が大きいときは使用者の足が床面から浮いて姿勢が不安定になると同時に大腿部が圧迫され，この部分の血行が悪くなりしびれや痛みが生じてくる．また，無理な姿勢を保持するため疲労も生じやすい．椅座姿勢を保持するときの座面にかかる体圧は，座骨結節点を中心に，また，背もたれは腰椎を中心に体圧が分布するようにそれぞれの位置や角度を設計することがよいとされている．座面の形状でいえば，平面の座面の方が曲面のそれより体圧分布が上記の条件に対応する．また，人間は同じ姿勢を長時間保持すると疲労しやすいので，殿部の姿勢が固定されない変化可能な平面座面がよいとされている．

以上は椅子の一般条件であるが，学習や休息などの生活の目的によってとられる姿勢が異なるため，生活目的による姿勢の分類とそのときの人体寸法の関係で椅子の基本寸法を設定する必要がある．寺門ら[3]の研究による姿勢と人体寸法に基づいた椅子の提案では，座骨結節点を椅子設計の寸法の原点としている．座骨結節点を座位基準点としこの位置を基に目的に応じた上体や脚の傾きを決め，これに従って椅子の寸法を設定するという考え方である．図7.77には平均的な人間を基準に，作業用（Ⅰ型），一般作業用（Ⅱ型，事務用椅子対応），軽作業用（Ⅲ型），軽休息用（Ⅳ型），休息用（Ⅴ型），枕・足台つき休息用（Ⅵa型，Ⅵb型）の6タイプ椅子の基本寸法と支持面のプロトタイプが示されている[4]．これらは理想的な最終姿勢を確保するための基本寸法であるが，実際の設計でさまざまな寸法を有した使用者に対して高さ調節機構や角度調節機構などで対応することも可能であろう．

ベッドは臥位姿勢で就寝や休息を行うための人体系家具である．就寝時における臥位姿勢の最大寸法は身長と対応するから，ベッドの長さ方向は身長以上の寸法が必要となる．この場合身長は日本人全体の体位の変化の方向，あるいは日本人以外の使用者などを想定するとさらに大きなベッドの実用寸法を考慮しなければならない．一方，ベッドの横幅は就寝中の寝返りなどの動きに対応できる寸法が必要である．現在JIS（日本工業規格）では住宅用普通ベッドの長さ，幅寸法を，ベッドで使用するマットレスの基準面に与えられるモデュール呼び寸法で表している．一般的にはベッドの横幅寸法によってシングルベッド（900〜1100 mm），セミダブルベッド（1200〜1350 mm），ダブルベッド（1400〜1500 mm）に分類される．ベッドで他に重要なことは臥位姿勢の人体を支えるクッションの性能である．小原ら[5]の研究によれば，クッションが柔らかすぎると身体全体が沈み込み，寝返りなどの姿勢の変化がとりにくく，また堅すぎると直接人体の骨が接触し痛みを感じる．そのため，クッションに対するこれらの相反する要求に対して3層構造のクッションが推奨されている．

7.5.2 デスク，カウンター

デスクは事務作業や学習作業を椅座姿勢で行う机で，先の家具分類では準人体系に属する．椅座姿勢

7. インテリアデザイン

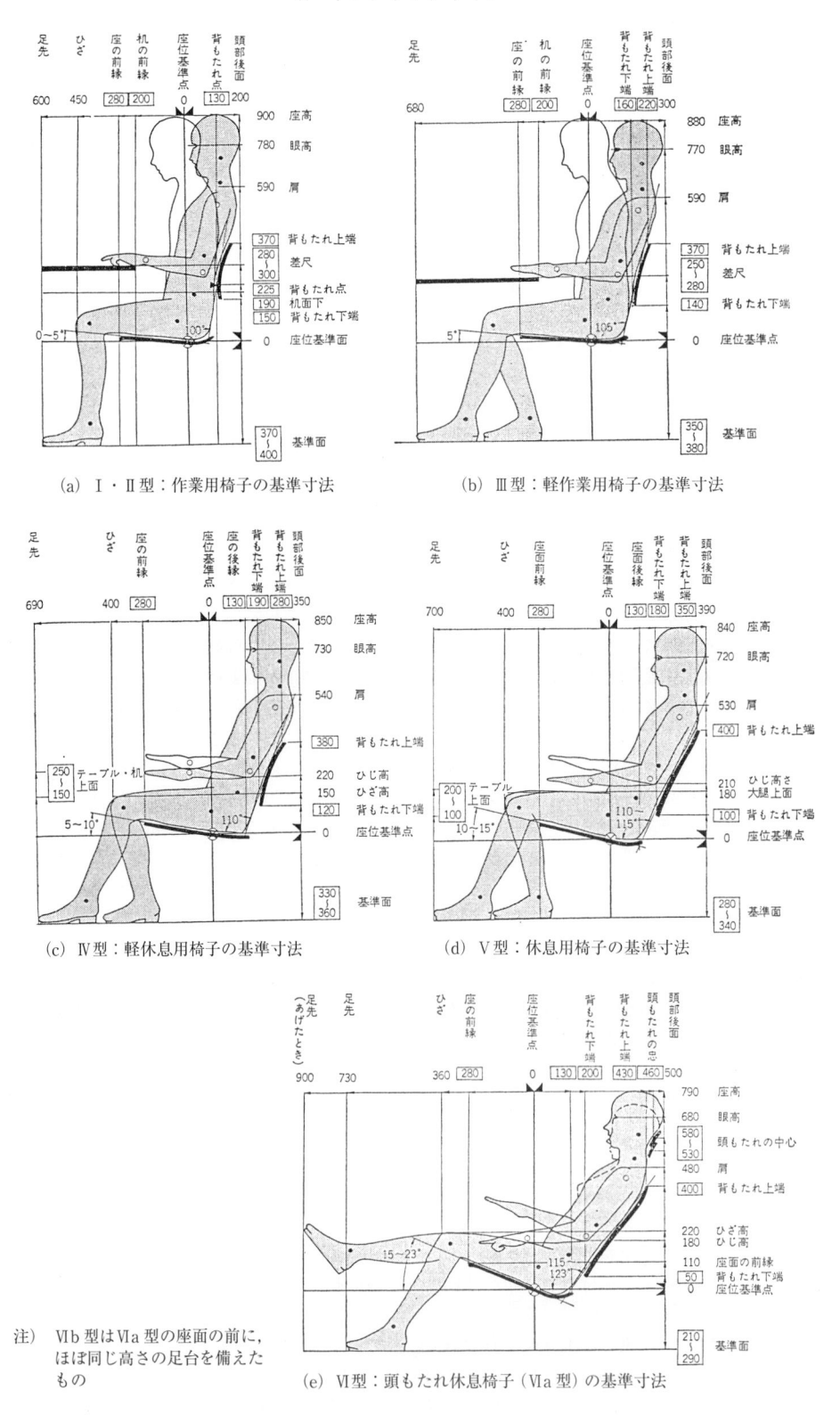

(a) Ⅰ・Ⅱ型：作業用椅子の基準寸法

(b) Ⅲ型：軽作業用椅子の基準寸法

(c) Ⅳ型：軽休息用椅子の基準寸法

(d) Ⅴ型：休息用椅子の基準寸法

注) Ⅵb型はⅥa型の座面の前に，ほぼ同じ高さの足台を備えたもの

(e) Ⅵ型：頭もたれ休息椅子（Ⅵa型）の基準寸法

図7.77 椅子の支持面プロトタイプ

によるデスク作業では，座骨結節点からデスクの甲板までの垂直寸法（差尺）の設定が重要といわれている．すなわち，デスクの高さは独立して決めるのではなく，まず，そのデスクで行う作業に適正な椅座姿勢から椅子の高さを決め，それとの関係でデスクの高さを決めなければならない．寺門ら[6]の研究結果では差尺の標準的寸法として成人男子では280～300 mm，女子では270～290 mmがよいとされている．また，高さ寸法では椅座姿勢における脚部の動きを確保するために，甲板下側の引出しなどの厚みは80 mm以内に収めること，デスク下の奥行き寸法を550 mm以上確保することなどが必要とされている．以上の条件から適切なデスクの高さは650～710 mmといわれ，JISの事務用デスクの高さは670 mmおよび700 mmの2段階に設定されている．

以上は書きものなどの一般的なデスク作業を想定したものであるが，現在一般的になったコンピュータ作業では，従来のデスクの上にキーボードやディスプレイを設置する場合が多く，その結果，作業面や作業中の視線の高さ，視距離が不適切になる場合がある．適切な高さを保持する椅座姿勢を決めた後，機器の大きさとの関係でデスクの高さを調整する必要がある．最近ではコンピュータ作業を配慮したデスクも多く普及し始めている．デスクの広さは作業内容や腕，手の動作域，その部屋の広さとの関係で決まってくる．現在JISでは事務用机の寸法として，モデュール呼び寸法で間口，奥行き寸法が決められている．

カウンターもデスクと同様準人体系家具に位置づけられ，カウンターを通して情報サービスやものの受け渡しなどの作業が一般的に行われる．そのためカウンターはサービスする人間とされる人間がこれを挟んで対面して使用される．住宅の中では調理する人間と食事する人間のコミュニケーションを図るために，台所とダイニングルームをつなぐ境界などに用いられる．公共空間では駅や郵便局，あるいは銀行など客に対するサービス作業の台として用いられる．対面する人間の姿勢は立位と立位，立位と椅座位，椅座位と椅座位などのパターンがみられる．客1人当たりに対するサービス時間が短い場合は，被サービス側の姿勢は立位が想定されるが，今後サービスの多様化によってさまざまな対面姿勢の関係パターンが想定される．小原の郵便局のカウンターに関する研究[7]では，カウンターの高さは950～1000 mm，カウンター奥行きはサービス部分（600 mm）と作業部分（450 mm）を合わせて1000～1100 mmを適当としている．この数値は被サービス側が立位姿勢の場合で椅座位のサービス側の姿勢は，椅子，あるいは床面の高さを上げることによって前述の作業面との差尺寸法を確保することが条件となる．一般に立位で対面するカウンターの高さはその用途によっても異なるが1000 mm程度が適当であろう．住宅のカウンター高さや奥行きは食卓をカウンターに設置したりするなどさまざまな設計が考えられるので一概には決められないが，基本的な立位姿勢，椅座姿勢の条件を確保することが重要であろう．

7.5.3 室内の高さ寸法

室内空間は先の家具の分類では，もっとも人体から離れて位置する建物系家具に属する．そのため，室内空間の寸法は，その空間の目的に必要な設備機器や家具などとそれらを使用する人間の動作域を含んだスペースの広さが寸法決定の目安との1つとなる．これは，寸法設計を主眼にしたモデュラーコーディネーション（寸法調整）に基づく寸法決定となるが，この場合寸法システムの中で人間要因に適合した数値の選択が重要となる．人体と室内垂直方向との関係ではスイッチなど壁面に設置された操作点の高さ寸法が重要となる．室内の高さ寸法は床面から天井までの寸法となるが，日常生活では身体部位と天井面の直接的な接触を避けることが第1の条件となる．そのため，日本人の最大身長寸法より高い高さが確保されていることや手を垂直方向に上げたとき天井に接しないこと，さらに，この寸法に歩行などによる身体の上下移動を考慮した寸法が室内高さ寸法の基本的な条件となるであろう．当然このような条件は現状では満たされており，現在住宅の室内高さ寸法（居室の天井高）は建築基準法では最低2100 mm以上と定められている．また，一般的には2400 mmが室内の高さ寸法の標準として採用されている．もちろん，この室内の高さ寸法は住宅，オフィス，店舗など室の性格や目的によっても異なるであろう．以上は人間の行動的側面からの条件であるが，室内高さに関係する人間要因は，視覚を通して感じる空間の開放感など心理的な側面が大きく影響する．しかし，この場合もその空間の表面仕上げや天井照明の処理，どのような生活姿勢をそこでとるかによっても眼の高さが変化し，室内の高さ寸法に対する心理的な評価が異なる可能性が高い．これらはその社会の生活の歴史や文化，あるいは，自然環境条件，住宅技術や室内を構成する材料によっても影響を受けるであろう．そのため，人間要因だ

けに基づいた機能的な寸法提示は困難である．人間行動や心理的な快適性に必要な高さ寸法の条件と，設計上や工法上の条件との総合判断が重要になるであろう．
〔堀田明裕〕

参考文献

1) 小原二郎編：インテリアデザイン 2, pp. 43-44, 鹿島出版会, 1976.
2) 壁紙材料協会編：インテリア大事典, pp. 187-206, 彰国社, 1988.
3) 同 1), pp. 46-47.
4) 同 1), pp. 52-53.
5) 小原二郎：家具と人間工学．室内インテリア事典 1・家具編（室内 7 月号臨時増刊), pp. 235-239, 工作社, 1979.
6) 同 1), p. 59.
7) 同 5), pp. 246-247.

7.6 形・色・テクスチャーの心理

7.6.1 デザインの3要素

色，形，テクスチャーは造形の基本的な要素である．形としての造形の多様性はいうまでもないが，インテリアエレメントが同じでもそこに配する色やテクスチャーによって，異なったデザインになる．色やテクスチャーのコーディネイトはデザインの重要要件である．色彩は明度，彩度，色相の3指標に分析して表現できるが，物の質感や表面性状は硬軟，軽重，粗滑，温冷，乾湿，光沢感，透明感などといった複雑で多様な指標に分かれるため，それらを総合して表現できる適切な指標はない．こうした「材質，表面構造等によって生ずる物質の表面の性質」(JIS) を総合してテクスチャーと呼んでいる．

デザインの3要素のうち，色と形は主に視覚で知覚される．テクスチャーは元来，触現象を基盤とした皮膚感覚で知覚されるが，触覚経験によって感覚転移された視覚的な触覚感を知覚するようになる．皮膚感覚はある表面積のものを瞬時に全部認識することができず，部分から全体に除々に触れていくしか方法がない．これに対して視覚は瞬時に全体を認知できる．そのため触覚は聴覚や視覚より後進的で未発達で，その影響は潜在意識化されやすい．それに対して高等感覚とみなされている視覚からの触覚への感覚転移は，視覚の高度化に伴って材質の視覚的意味づけを明確にしている．湿った滑らかな表面は，乾いて曇った表面よりも多くの光を反射し，粗い表面は滑らかな表面よりも平均に広く光を拡散する．テクスチャーは光の吸収，反射について色彩と直接的な関連をもっており，同じ黒いタイルの表面でも，濡れている方が乾いているよりも濃く，黒く光沢があるようにみえる．触覚の視覚への転移は日常の生活行動の場面で経験として蓄積されていく．

このように，空間やインテリアのテクスチャーについては通常視覚に転移させた触覚経験によって，直接手を触れず視覚だけで知覚している．人は視覚，触覚，聴覚，味覚，嗅覚の五感で外界の情報を得ているが，五感で得る全情報の 80 % は視覚によるものであるといわれている．視神経は耳の蝸牛殻神経の約 18 倍のニューロンを含み耳の約 1000 倍の情報を伝えている．このように触覚は情報量が少なく，部分的で曖昧なため全体像が捉えにくいが，本能的・原初的で私たちの心に直接触れる，やわらかさや落ち着きといった安らぎの感覚と大きくかかわっている．そのため触覚に訴えるデザインは「安息性」追求のデザインといえる．それに対して，視覚に訴えるデザインは，明るさやシャープさ，スピード感覚などのような「機能性」を追求するためのデザインである．

7.6.2 見え方の心理

(1) 大きさ知覚と距離知覚

人が物の大きさを知覚するのは，その物までの距離と位置や大きさによって網膜上に投影される像の大きさを基にしているからである．物をみたときの視角の大きさが，物の大きさ判断の知覚にかかわっている．しかし，視角の大きさが同じでも図 7.78

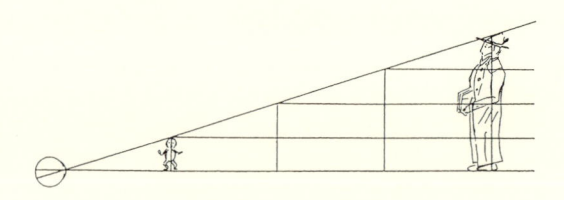

図 7.78 大きさの恒常性[1]
網膜の上には，4 m の距離にある 2 m の大きさの人と 1 m の距離にある 50 cm の新生児が同じ大きさに映っているが同じであるとはだれも気づかない．

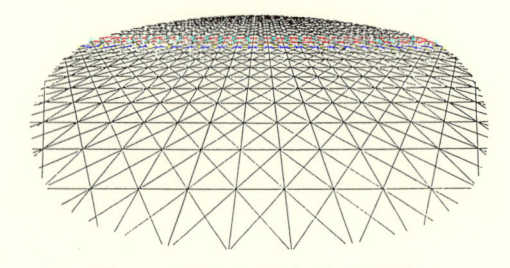

図 7.79 傾斜した表面を示す生地組織[2]

7.6 形・色・テクスチャーの心理

に示すように，新生児と大人を同じ大きさに判断しないのは，人の大きさが強く記憶に入力されているためである．視角の大きさの認識よりも，恒常性の知覚が働きやすいからである．対象物までの距離については，眼の焦点調整や輻輳のための外眼筋などの緊張，左右の眼の網膜像のずれによる両眼視差によって知覚される．上空にみえる飛行機のように広い環境では網膜に投影された視覚像からの情報に依存し，対象の既知のみかけの大きさ（視角）などで大きさと距離を知覚する．地上の視対象では，観察者の足元から対象まで徐々に遠ざかるにつれ減少してゆくテクスチャーの密度勾配（図7.79）が，空間にスケールを与えている．このテクスチャーのきめの勾配によって，対象物までの距離だけでなく，環境に点在する対象相互間の距離や，対象の大きさなどが直接知覚される．

(2) 視知覚の恒常性

物の大きさを視角で判断せず，経験や知識に基づいてその物の本来の大きさに修正して知覚することを視覚の恒常性という．形や大きさの恒常性の他にも色や明るさの恒常性，奥行・距離の恒常性，速度の恒常性，位置の恒常性などがある．ビレンによれば陽の当たる場所にいる灰色の鶏と暗がりの中にいる白色の鶏とを比べても，この2羽はおのおの灰色と白色に誤りなく知覚されている（図7.80）．このように照明の差で異なった光を知覚しているにもかかわらず，対象の色が変わってみえないことを色の恒常性という．知覚の恒常性は周囲の世界に関する知識によって，人の知覚内容が変化することを示す例である．煉瓦は物理的に同じ色であるはずがないが，どれも均一な煉瓦色として知覚してしまう色の恒常性にそれが現われている．空間知覚の恒常性についても同じことがいえる．空間知覚は，日常距離知覚に関連する手がかりを用いることで成り立っている．それは両眼視差（左右両眼の網膜像のずれ），距離の違いによるきめの勾配の差（図柄の密度が細かい方が遠く，粗い方が近くにみえる），平行線のみかけの収斂（線遠近法）などである．また，イッテルソンが指摘しているように建築では対象物としての恒常性とともに環境的な恒常性が存在する．図7.81は大きさの恒常性を失わせる実験である．観察者の前に静止した2人を立たせ，階段の上にいる人がちょうど，階段の下の人の肩の上に立っているように凝視すると，後ろの人が，突然前の人の肩から耳の上までしかない小人のようにみえるようになる．大きさの恒常性が失われ，視角の法則だけによって知覚している瞬間である．しかし，すぐ大きさの恒常性が復元し，階段の上にいる人も階段の下に立っている人も同じ大きさにみえてくる．

(3) 図形成の形態の法則

ゲシュタルト心理学によれば，まとまりをもった形態として知覚されるものが図であり，形の知覚は，背景となる地とそこから浮かび上がる図の相互関係によって知覚されるとしている．ルビンの謎の杯はよく知られている例である．図と地の区別がつかないと形のみえ方が不安定になる．図になりやすさについて，いくつかの法則がみられる．①距離がたがいに近い関係にあり面積の小さい領域，②閉じた輪郭をもつ領域，③内側・凸側に取り囲まれた領域，④垂直・水平の位置に置かれた領域，⑤左右対称に置かれた領域，⑥背景の明るさとの対比の大きい領域，⑦よき連続，繰り返された関係，一層分節された領域（群化，まとまり），⑧主体の条件で観

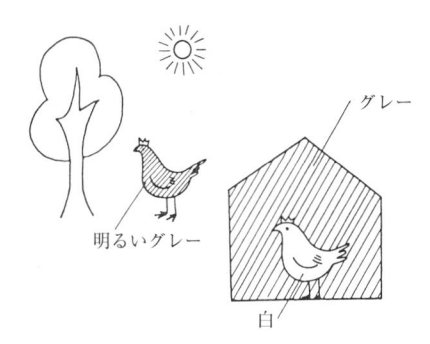

図7.80 明るさの恒常性[3]

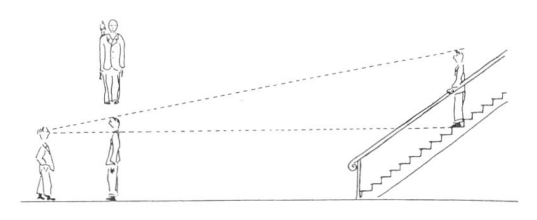

図7.81 大きさの恒常性が失われるとき[1]

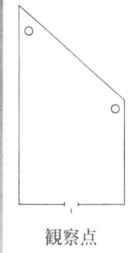

図7.82 エイムズの歪んだ部屋[2]

(a) 横線を強調　(b) 縦線を強調　(c) 大きなパターン　(d) 小さなパターン

図7.83　インテリア空間における錯視[4]

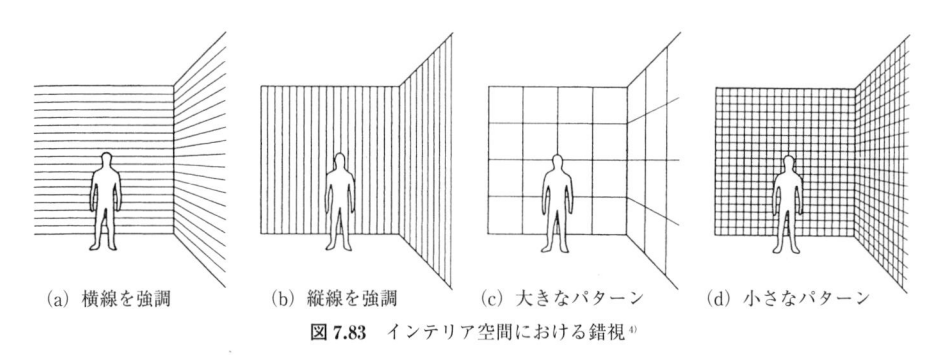

(a) 視線は縦に移動．高くみえる．
(b) 視線は横に移動．広くみえる．

図7.84　エレメントによる空間の錯視[4]

察者に記銘されたもの（経験），が図として知覚されやすい．

また，このような連続の仕方に無理のないものはたがいに1つにまとまり合い群化し，きわだち，みえの簡潔性（プレグナンツ）を生むのである．これらはゲシュタルト要因（形態のまとまり要因）といわれており，簡潔で秩序あるよい形態になる傾向がある．

(4) 錯視効果

ミュラーライヤーの矢印の錯視図形はよく知られているが，空間知覚を表す例としては「エイムズの歪んだ部屋」が挙げられる．アメリカの心理学者A・エイムズの実験で図7.82のような歪んだ部屋を一定位置ののぞき穴から覗くと，人が立つ位置によって巨人や小人にみえる．人は長方形の部屋に馴染んでいるため，歪んだ部屋を長方形であるとみなし，人の大きさが異なっていると知覚するためである．インテリアや空間においては，内装材料のパターンや色，壁面に配するパターンなどによってみえ方に同じような錯覚を生ずることがある．逆にそうした錯視を利用して，デザイン効果を高めることができる．内装材料の，横線や小さなパターンを強調することで（図7.83）部屋を広くみせたり，ある方向にパターンを配列することによって（図7.84）視線の動きを誘導できる．

7.6.3　形と空間構成の心理

人は空間を知覚するための特別な器官をもっていないが，目や耳や皮膚や鼻で空間の色や形や音や触感や匂いを感じるとともに身体全体で空間を感じている．空間秩序は諸現象の混合であり，それらが潜在意識的に総合されて空間感覚をつくり上げているゆえんであろう．

(1) アイレベル

生活姿勢に伴いアイレベルが変化し，それは空間構成にも影響を与える．和室では床座になるため目の位置が低くなり，立位や椅子式の生活が中心となる洋室ではアイレベルは高くなる（図7.85）．そのため和室では掃き出し窓を設けたり，窓台の高さを50〜60cmにしているのに対し，洋室の窓台は80〜90cm以上の高さに設計されている．模様や装飾の位置もおのずと異なる．椅子座の食事部分と，こたつなどの床座部分が混在する日本のインテリア空間では，このアイレベルの調整が基本的な空間構成のポイントになる．

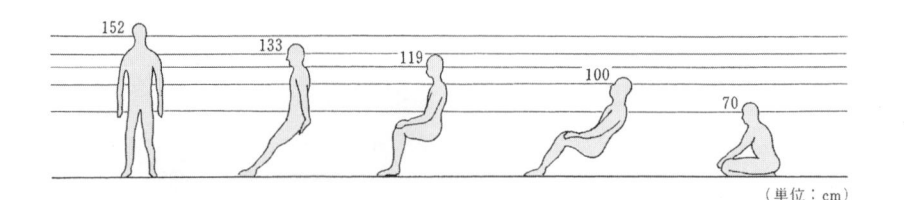

152　133　119　100　70

（単位：cm）

図7.85　姿勢とアイレベル[4]

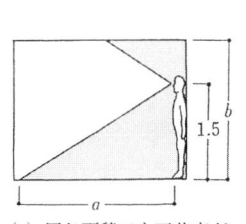

(a) 同じ面積でも天井高が低い．天井面が視野の中に入る．
(b) 同じ面積でも天井高が高い．壁面だけが視野の中にある．

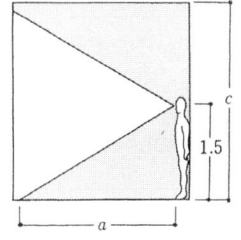

図7.86 天井高と室内のみえ方[1]

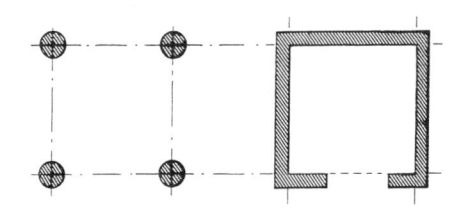

図7.87 空間の境界条件

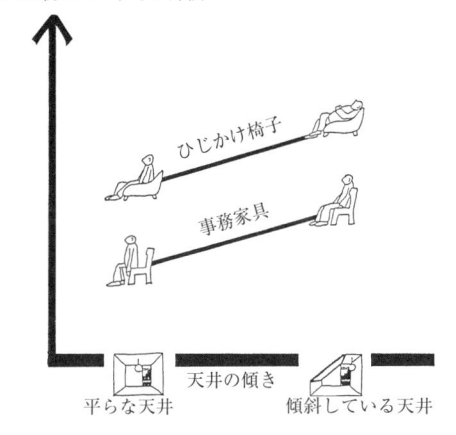

図7.88 部屋の親しみやすさの評価[5]

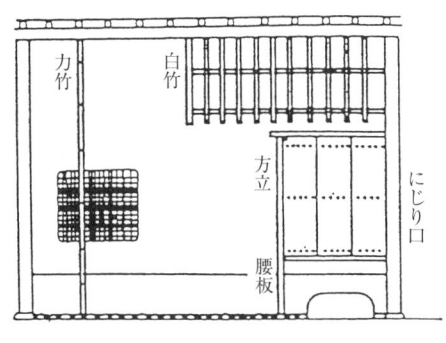

図7.89 茶室のにじり口

(2) 視野と視距離

視野を固定すると同じ床面積の部屋では天井高が高ければ壁と床面をみることになるが，天井高が低いと常に視野の中に天井面が入ってくる（図7.86）ため圧迫感を強く感じることになる．人間の視野は頭を固定したとき，上下130°，左右200°に限定される．しかし頭部を少し回転させることでその範囲は格段に広がる．対象物の大きさとその距離は，みえ方を左右する重要な要因である．内装材料のテクスチャーをどうみせるのか，色の調子でよいのか，細部の表面形状までみせたいのか，空間内の視距離がそれを決定している．

(3) 空間のスケール感

空間のスケール感は人との関係で決まる．しかし，空間の基準寸法が同じでも，その境界のつけ方によって部屋の大きさ感覚は異なる（図7.87）．境界面の広がりや人との近接性によって，空間のスケール感覚が規定されるためでもある．空間のスケール感覚は規模感覚（広さ），圧迫感覚（抵抗感），明瞭感覚（区切られ方）の3つに関係している．境界条件の大きさ，位置，プロポーション，かたち，意味などの形態的特性，たとえば頭のつかえそうな天井，真近に迫る高い壁，しみのある壁などは，圧迫感を発生させる要因となる．圧迫感に対立する概念である開放感は，窓面積やその形態・位置，窓の景色など外部との関係で規定される部分もあるが，圧迫感は室空間自体の形態や容積にかかわる問題である（図7.88）．

(4) 空間構成と心理

人は安定感を得るために空間をつくってきた．しかし，大空間の中では人は壁によりどころを求める．喫茶店やレストランで，壁ぎわや隅から席が埋まっていくのはそのためである．壁が凹み，交われればさらにその安定感は高まる．居間やラウンジ空間などに，ニッチやアルコーブをつくることは，落ちついた居心地のよい場所をつくるうえで重要なポイントである．空間と人の間に生まれている一定の関係，空間尺度をはずすことで新たな雰囲気を造り出し，狭い空間を広く感じさせたりすることができる．そうした心理効果の活用例に，にじり口（図7.89）をはじめとする茶室のインテリアがある．無の空間や空白面の引き起こす圧迫感や不安定感は大きい．原始の装飾や空間内の彫刻はその恐怖を取り除くためのものとして始まったといわれている．人の身体的スケールをはずれた空間がつくられると，高さや広さ，狭さなどによる不安定感を感じる．カプセルホテルの個室などのような最小限空間に入っ

たときの圧迫感や不安定感は閉所恐怖感といわれている．広域恐怖は平面的な広がりに対応するもので砂漠や水平線しかみえない海面で感ずる恐怖である．ホテルのロビーやラウンジなど広すぎて手がかりのない空間で感じる不安定感もある．ともに人間的スケールをはずれた大きさによる不安感である．また，高層や超高層の集合住宅で育った子どもは，常に鳥瞰的眺めに曝され，高所に不安感をもたないため，転落事故が多い．高所恐怖感の欠落が問題になっている．高所恐怖の心理は人間本来の正常な感覚である．

7.6.4 色彩の心理
(1) 面積効果，対比効果，同化効果，視認性

室内の色彩は一般に，① 明度：天井＞壁＞床，② 彩度：天井＜壁＜床，であれば安定した雰囲気である．色の面積効果の修得は経験を積まないと困難であり，大面積ほど高明度，高彩度に感じられる．2色以上で色相差，明度差，彩度差がある場合，たがいにその属性を強め合う方向で違いが強調されてみえる現象を対比効果といい，色相対比，明度対比，彩度対比がみられる．補色関係にある2色では補色対比がはたらく．囲まれた色が周囲の色に似てみえる同化効果は囲まれた色の面積が小さいとき，囲まれた色が周囲の色と類似しているとき，2つの色が縞模様のときに起こる．また，地色と図形の色の3属性の差が大きいほど視認性は高くなる．

(2) 色彩調和

色彩調和の原理として，明度，彩度，色相のいずれかに①秩序性，②親近性，③共通性，④明瞭性があることが挙げられる．現実の色彩計画ではそれを空間の性格に結び付け，配色の位置関係や面積関係，材質関係に反映することが重要である．不調和色が並んだ場合，間に金，銀，白，黒，灰色などを入れると，セパレーション効果で不調和感を取り除ける．

(3) 演色性

物の色のみえ方はインテリアの雰囲気を大きく左右する．それを決定づける光源の性質を演色性という．白色蛍光灯のような青っぽい光は色温度が高く，白熱灯の赤味を帯びた光は色温度が低い．同じ白色の壁が光源の色温度で黄味がかったり，青白くみえたりする．

(4) 色の感情効果

一般に，暖色は進出，膨張，興奮の傾向が強く，寒色は後退，収縮，沈静の傾向が強いといわれている．高明度高彩度の色は軽く，低明度低彩度の色は重く暗く感じられる．火事を体験した人が無意識のうちに赤に恐怖を抱くように，人は色に対して固有の時間，空間における体験の意味をかぶせてみる特徴がある．色は諸感覚の中でもとくに認識過程の最前線にあり，人間の深層心理や情緒，文化，風土にかかわっているといわれている．しかし，その根拠は明らかにされているわけではない．独房などでいわれる白の恐怖とは，何もない真っ白な壁面の空間に長時間曝されることに起因する心理的ストレスと説明できる．極度の緊張感や圧迫感が不安な感情を抱かせる．団地での白壁ノイローゼなどもこれに相当する．

7.6.5 テクスチャーの心理
(1) テクスチャーとは

テクスチャー（texture）は生地，地肌，肌理，感触などと訳されているが適切な訳語がない．テキスタイル（textile）を語源とし，元来は織物や布の風合いを表わす言葉で，織物の糸の配列の模様から起こったものである．建築材料の分野では材質感がもっとも近い．食品分野ではパンをこねる際の小麦粉の粘ばっこさやスポンジケーキ，チーズ，バターなどの生地の柔らかさを問題にするときに使われる．テクスチャーはカッツやモホリ・ナギによって抽象的・概念的に捉えられてきたが，感覚を指標とすると2つに分けられる．①タクチルテクスチャー（tactile texture）とは布，木，金属，畳などのように毎日の生活で接触するもので，触覚により知覚する．それに対して②ビジュアルテクスチャー（visual texture）は物の表面をみたり触れたりして育つうちに，みるだけで触れた感じがわかるものを指す．巨大な山肌，田園風景，波紋，苔庭などである．

建築空間は視覚で知覚されるため，建築材料のテクスチャーは触覚から転移した材料表面の視覚特性が重視される．そのため建築材料では視知覚と触知覚が一致しない偽のテクスチャーが使われる．本物のテクスチャーとは視知覚と触知覚が一致するものを指す．本物のテクスチャーはストラクチャーとファクチャーに分けて考えることができる．

①ストラクチャー（structure）は組織や構造が外部に現れたもので，金属，石，木材，繊維，プラスチックなど，各々のストラクチャーがある．木材の中にも杉，松，檜などと固有のストラクチャーがある．ガラスやプラスチックの透明性もストラクチャーの1種である．

②ファクチャー（facture）は加工によって生じた材料の外形的変化や様相を指す．人工的な材料の

表面処理もファクチャーの1種である．ストラクチャーは同じでもファクチャーによって異なった様相になる．小叩き，ビシャン，水磨きなどの石材表面の処理．石目，ちりめんじわ，結晶仕上げなど，工業製品の表面塗装仕上げ．雨だれに打たれた石，苔むした岩，小川の石，古建築物など自然環境にあって自然物との接触や衝撃でできたものなどがある．

偽のテクスチャーとは視覚で感じるテクスチャーと触覚で感じるテクスチャーが一致しないもので，①機械的なものとしては大理石，木材，布などのテクスチャーを紙や金属に印刷したもの，②手でつくられたものはフロッタージュや斜交平行線，剛毛での点描などによるものである．建築やインテリア材料のテクスチャーは足ざわりを除けば，触覚体験の記憶を基にした「眼で触る」ときの感触が重要である．

(2) テクスチャーの効果

①心理的緊張感をやわらげ安定感を与える：日常見慣れている壁の目地や天井の目地，コンクリート打ち放し面の型枠でつくられた木目のテクスチャーなどは重要な心理効果をもち，壁・天井面の大きさや，均質性からくる圧迫感を取り除いている．有孔ボードや有孔テックスなども，物理的吸音機能とともに，空間の心理的抑圧をやわらげている．

②むらや歪みを目立ちにくくする：工業製品の表面のむらや，全体の歪みのために起こる光沢のむらなどを目立ちにくくしたり，溶接による窪みを目立たなくするために，ちりめんじわ仕上げや結晶仕上げにする．金属やプラスチックなどの表面に梨地や皮革模様の型付けをするのも，同様の理由によるものである．事務機器などの金属部分も平滑面だと光沢や反射が強くなり使いにくくなるので，粗面のテクスチャーがつけられている．

③テクスチャー対比によるデザイン効果：インテリアデザインではテクスチャー対比の効用は大きい．粗面と滑面を対比させることで粗面はより粗く，滑面はより滑らかにみえ，特徴がさらに強調される．大理石の冷たい質感と毛深い絨毯の床，椅子の粗い織り地とシャープなガラスブロックの壁などエレメント間のデザイン効果は大きな役割を果たす．

④テクスチャーで色彩調和を高める：配色が不調和な場合にはテクスチャーをつけることでそれを補うことができる．同材質，同色でも表面形状を変えることで異なった色にみえる．滑面ほど色は濃くみえ，粗面になるほど白っぽくなる．明度が低いほど光沢が大きく感じられる．この傾向を利用すると強い色でも深めの型付けによる影の効果で，明度が低下し落ちついた上品な色にみえる．近似明度のときは明度の低い方を粗面にするとより明度差がつき調和しやすい．光沢法，粗面法，型付け法がある．繻子などはあくどい色でも光沢によって彩度を弱くみせ上品な感じにできる．モケットやベルベット，コーデュロイなどは彩度が強くても粗面の効果で調和しやすい．皮革模様や凹凸などの型付けでも，明度が落ち調和させやすくなる．型付けで手がすべらないようにという機能面の要求も達成できる．

(3) テクスチャーの相対性

テクスチャーは日本建築の主題で，伝統的な和風住宅は木，竹，紙，土などで構成された植物材を中心とする微妙なテクスチャーの組み合わせである．比較的同質な多種の素材によるにもかかわらず調和がとれているのは，色彩が素地の同一色相になっているからである．それに対して洋風のコンクリート造り住宅では，鉱物質の固さと安定感を生かし，それを相殺するやわらかな動・植物質の素材を配した，対立する異質なテクスチャー対比が魅力となっている．コンクリート造でインテリアの柔らかさを強調するためには，毛足の長いシャギーの床と固い石の壁の対比などが考えられる．テクスチャーの触感を総合して1～10段階に分けると，和風木造住宅では2～5の幅になるのに対し，洋風コンクリート造では2～9の幅がある．同様にテクスチャーの対比効果といっても，目指す対比効果の質がまったく違っている．対比効果の意図がたがいの質感を相殺している例もある．

(4) 材質とやすらぎ

ウィスコンシン大学霊長類研究所のH・ハーロー

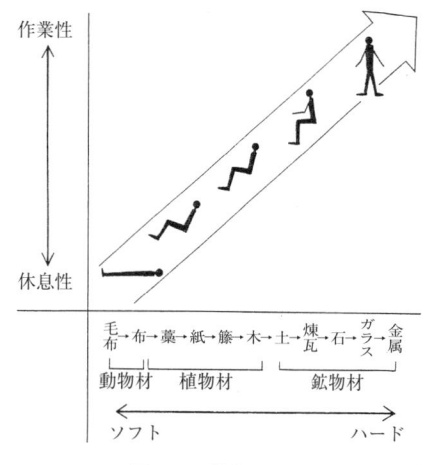

図7.90 材質とやすらぎ

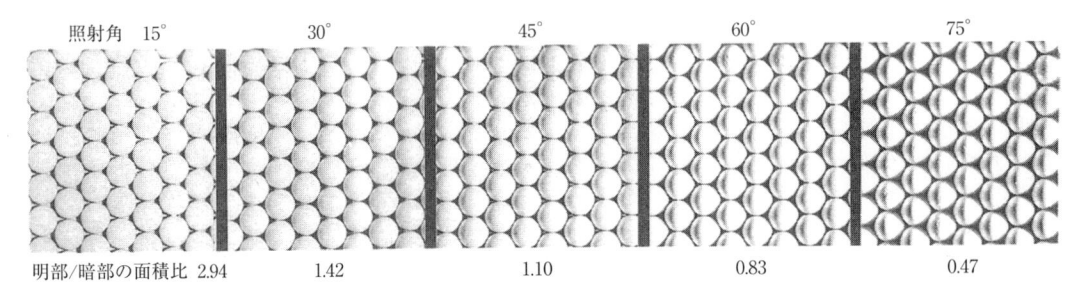

照射角	15°	30°	45°	60°	75°
明部/暗部の面積比	2.94	1.42	1.10	0.83	0.47

図 7.91　光の当て方と立体感

光線の方向で表面あらさのみえ方が大きく異なる．この粗さ判断には，明部をみている人と，暗部（影）をみている人があり，それは個人のもののみ方の心理的特性によっている．

表 7.3　建築材料の偽のテクスチャー

本　物	偽　物	本　物	偽　物
クロス	ビニールクロス	タイル	合成樹脂シート・クロス
和　紙	アクリル板		合成樹脂板
	プラスチックシート		化粧石綿板
	新鳥の子	石	人造石
ふすま	ダンボールふすま		結晶化ガラス
畳	スタイロ畳		セラミック
木	集成材，積層材，合板		タイル
	プリント合板		アルキャスト
	プリントボード		壁紙
	合成樹脂，化粧合板		布
	ビニールクロス（シート）		コンクリートブロック
	パスリブ（木目）		ビニールクロス
	合成樹脂板		合成樹脂板
	塩ビ鋼板	アルキャスト	樹脂吹付け材
木製建具	金属建具	金　属	メッキ材
竹，籐	合成樹脂製品		合成樹脂
芝　生	人工芝生	銅	銅箔
コルク	合成樹脂シート・クロス	銅板屋根	カラーベスト
砂　壁	ビニールクロス		カッポールーフ
	砂壁状吹付け材	ガラス	合成樹脂製品
塗　壁	サイディング	皮　革	ビニールレザー
吹付け材	ビニールクロス	レンガ	レンガタイル
かき落し	〃		合成樹脂製品
スタッコ	硅カル板	瓦	セメント瓦

の実験によると，生まれたての子ザルを，針金で造った針金ママとテリー織の布で被った布製ママの入れてある檻の中に入れると，いつも柔らかい布製ママにしがみついているという．針金ママにだけミルクがでるようにしても，針金ママを室温より 5～6℃ 上げて温かくしても，ミルクを飲むときや身の危険を感じたときには，布製ママを好むという．このことから子ザルは柔らかい感触を求めていることがわかる．毛皮や布といった暖かく柔らかい材質はやすらぎをデザインし，ガラスや金属のような冷たく硬い材質は機能性や作業性をデザインするのに適している．柔らかさは安息のためのデザインであり，それは触覚的デザインぬきには考えられない（図 7.90）．公害や錯綜した人間関係の充満したストレス社会では，外なる圧迫から守られ包み込まれたいという心理的欲求が空間に求められている．未来の建築は柔らかくて毛深いものになるだろうと予言したS・ダリの言葉どおりである．

(5) 仕上げ材料の物理的データと感覚的データ

テクスチャーはデザイン面だけでなく，材料の感覚面や心理面とも深く関連しているため（図 7.91），物理的データだけでの材料の選択は危険である．た

とえば，台所の床材料を選定する場合，熱伝導率は杉や檜板が0.08～0.09，リノリウム0.16，ニードルパンチカーペット0.08～0.11 kcal/mh℃ でこの3つの材料はほぼ同じである．しかし，実際の足触りとしてニードルパンチカーペットがもっとも暖かく感じられるのは，表面が粗く足の裏との接触面積が少ないためである．表面の滑らかなリノリウムは，夏はべたつき，冬は冷たく感じる．物理的データだけでなく感覚的データを考慮したテクスチャーの選択が大切になる．

(6) 建材の工業化と偽のテクスチャー

プリント合板は視覚的には木目を感じることができるが触れても木質特有の触感やエンボスは感じられない．ビニール表のスタイロ畳，プラスチックの大理石，塩ビシートの煉瓦，繊維質の砂壁も天然素材に擬した新建材である（表7.3）．建築材料は完成時に最大の効果を発揮し，経時変化で傷つき摩耗し価値が低減する．黒光りのする柱や磨き込まれ木目の浮き出た床板には，時の刻んだ風格が備わるが，偽のテクスチャーであるプリント合板などは表面が剝がれ，劣化する一方である．しかし他方，経済面，機能面，デザイン面における偽のテクスチャーの功績は無視できない．新しい建築材料を偽のテクスチャーとしてではなく，独自の新しいテクスチャーをもつ本物の建築材料として開発する必要がある．
〔北浦かほる〕

参 考 文 献

1) Metzger, W. : Gesetze des Sehens, Waldemar Kramer, 1953.
2) Gregory, R. L. : Eye and Brain : The Psychology of Seeing, Weidenfeld and Nicolson, 1966.
3) H-Bデザイン研究所：human & basic デザインカラー&テクスチュア，鳳山社，1966.
4) 壁装材料協会編：インテリア大事典，彰国社，1988.
5) Canter, D. : Psychology for Architects, Applied Science Publishers, 1974.

7.7 人間的尺度と空間の尺度

7.7.1 人間的尺度と空間のモデュール

古来，人体の各部寸法は，人間生活に必要な道具や空間の大きさを決める単位の基本的な尺度として使われてきた（図7.92）．たとえば，紀元前の古代エジプトでは「ひじの長さ（前腕の中指先端から肘まで）」を基にしたキュービット（cubit）という単位が使われていた．このキュービットの単位は，年代や地域によって寸法的な違いがあったようだが，石などに刻まれた長さはおおむね50 cm前後の範囲のもので，当時はピラミッドや船などの建造にも使われていたという[2]．その後の西欧の単位である1ヤード（yard）は，キュービットの2倍の長さに相当するという．さらに，両手を水平に伸ばした左右の指先間の長さを「尋（ひろ）」または「指極（しきょく）」というが，1ヤードとはこの半分の長さを意味する．この尋の長さは，年齢や人種の違いなどによって若干の差異はあるが，成人の場合ほぼ身長の寸法に近似する．また，フート（foot）とは，足の踵から爪先までの長さを意味し，その複数形がフィート（feet）である（図7.93）．ちなみに，イギリスのヤード・ポンド法によれば，1ヤードは3フィートで（約91 cm），1フートは12インチ（約30 cm）である．この1フートの長さは，古代中国や朝鮮半島からの影響を受けたといわれる日本の尺貫法における1尺（約30 cm）の長さとほぼ同じ寸法である．ただし，古代中国の度量衡における尺の長さは，時代や地域によって必ずしも一定ではなかった．この他にも，指や手の大きさをもとに，

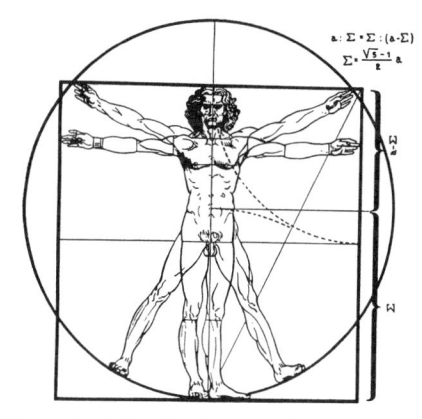

図7.92 レオナルド・ダ・ヴィンチの人体プロポーション[1]

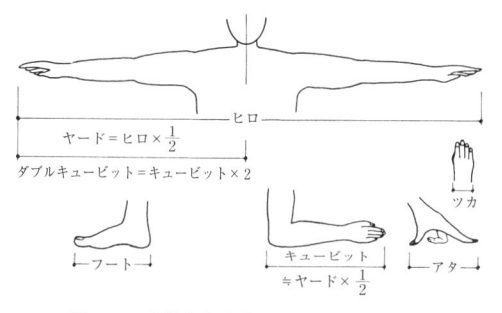

図7.93 身体各部を使った人間的尺度の例[3]

四指を並べた幅を「束(つか)」，親指と人差し指（または中指）を広げた長さを「咫(あた)」などという多様な尺度があった[3]が，国際的なメートル法の施行により現在ではあまり使われなくなった．

さて，機械文明が高度に発達した今日，東南アジアの少数民族の中には家の建造を，人体寸法を「ものさし」にして，完成させる工法があるという[4]．そこでは，柱や梁などの各部材間の寸法どりが両手を左右に伸ばした「尋」や肘の長さを基にした「肘尺」などを巧みに使って建造されるという．この人体寸法を使った手づくりの住居は，まさに「住まいは，人間を包む器である」という比喩を想起させてくれる．

近年，日本では工業化住宅の普及が著しい．従来，その規格化された「プレハブ住宅」は在来工法の住宅に比べて設計の自由度が少なく，デザインが画一的などといった消費者イメージがかなり強かった．しかし，最近の工業化住宅のデザイン性や品質は，在来工法の住宅をしのぐ勢いで大幅に向上してきた．今後，建築基準法の規制緩和等により，新素材を使った住宅や3階建などの新規格の住居が増えることが予測されるが，多くの度量衡の尺度が人体寸法から派生してきたことを考えると，これからの住居やインテリアの設計に求められることは，居住者にとっていかにゆとりある「ヒューマンスケール」を保持できるかが命題である．

7.7.2 日本のモデュール

さて，日本においてメートル法が導入されたのは，1921（大正10）年に従来の度量衡法（尺貫法）をメートル本位の内容に改正したことに始まる．その後，1951（昭和26）年に新たな計量法が公布され，本格的な施行は一般商取り引きの表示が1958（昭和33）年末まで，土地，建物の表示が1966（昭和41）年3月末限りで，メートル系に移行してからである．

このメートル法の施行によって，土地，建物の面積や長さは1坪を3.3m²に，1間を1.8mなどに換算して表示するようになり，施行直後にはやや混乱もみられたが，現在ではほぼメートル表示が定着した．しかし，尺貫法にみられる日本の伝統的モデュールは，多くの日本人の尺度感覚の中に生き続けているようである．たとえば，一般に部屋の広さを表す場合に，畳の枚数で6帖とか8帖などといえば，それによって建築の専門家でなくても，ほぼ共通した部屋の広さをイメージすることができる．もし，これを9.9m²とか13.2m²といわれても，なかなかピ

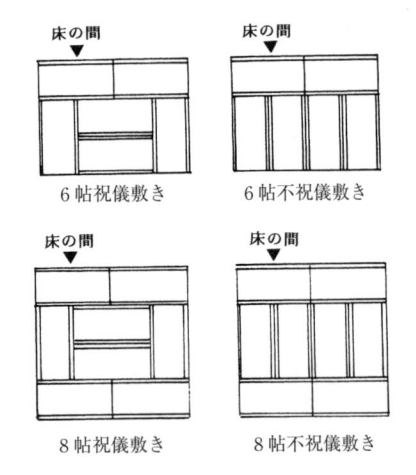

図7.94 畳の敷き方の例

ンとこないだろう．ただし，この畳数の表現は，必ずしも正確な寸法表示ではない．中には，不動産広告などに表示された部屋の畳の大きさが，実際にはいわゆる「団地サイズ」で，とても想像していた広さのイメージに合わないものも少なくない．

日本の畳は，「起きて半帖，寝て1帖」といわれるように，その派生は人体寸法と関係が深い．もともと，畳は「畳床」といわれるように，寝殿造りの貴族の住居において板張りの床の上に，人間1人が寝ころぶ大きさの敷物として使用されたことに始まるといわれる．畳の語源は，その収納方法を意味する「畳まり」からきたといわれ，初期の畳は乾燥した藁や藺草（いぐさ）など編んだ薄縁の素材であった．この畳が，庶民の住居に敷き詰められるまでには，かなりの年月を要した．その過程で，畳の種類には「京間（関西間）」「江戸間（関東間）」「中京間」などが出現した．中でも，京間の畳は大きさが規格化されていて，引っ越しのときに持って行けたという．これに対して，江戸間の畳は，部屋の内法寸法に合わせて畳を構成する現在と同様のもので，1枚ごとに大きさが異なる．一般に畳の大きさは，3尺（約91cm）×6尺（約182cm）といわれるが，実寸法は京間の畳がやや大きく，次いで中京間，江戸間の順に小さくなる．また，畳が敷き詰められるようになると，その敷き方に床の間などを基準とした祝儀敷きや不祝儀敷きなどの作法が生まれた．初期の畳の敷き方は，目地を揃えて「いも」にしたものが多かったが，一部を遣り違いに敷く作法は茶室建築の影響があったともいわれる（図7.94）．

これらの日本の伝統的モデュールは，木造建築の木割りという規矩術（きくじゅつ）に由来している

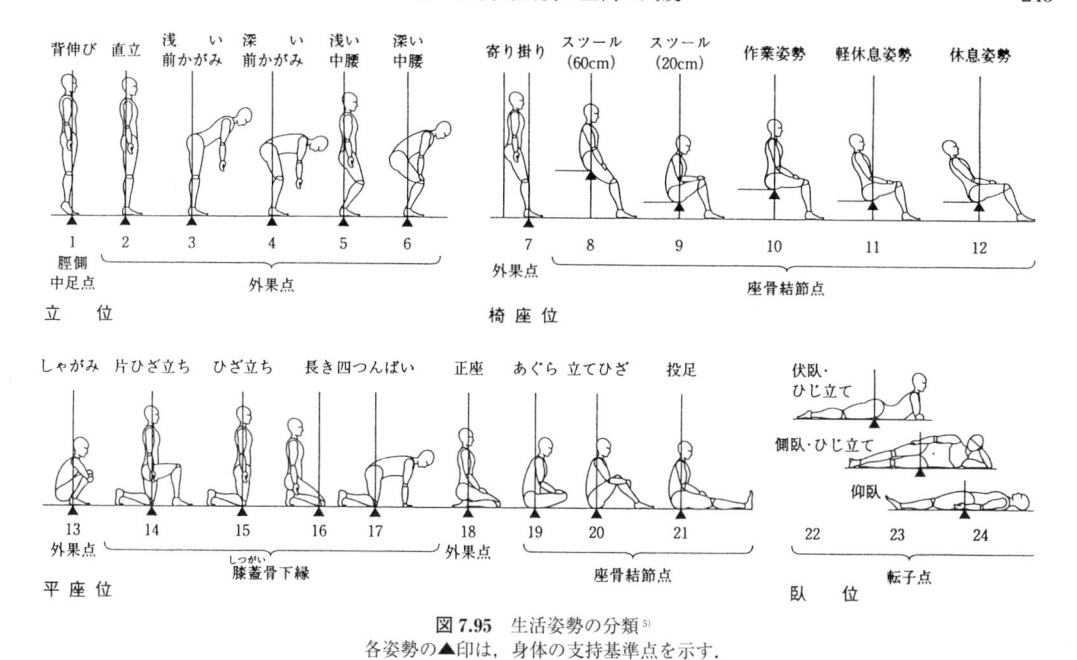

図 7.95 生活姿勢の分類[5]
　　各姿勢の▲印は，身体の支持基準点を示す．

が，最近の住宅メーカーの中には，「メーター(m)・モデュール」を使ったやや広めの設計仕様を強調するなど，新たなモデュールを模索する動きがみられる．

7.7.3 人間の行動・動作特性

　人間は，生体である限り生物学的には一時も休むことがない．睡眠中であっても心臓は鼓動し，無意識のうちに寝返りをしている．人間としてこの世に生を受けてから死ぬまで，時間という悠久の流れの中で，周囲の環境刺激に適応しながら意識的あるいは無意識的に多様な行動を繰り返す．それには，生まれて間もない乳児が本能的に母親の乳房を求める学習を必要としない行動もあれば，成長の過程で家族や地域社会から体験的に学ぶことによって何らかの意識をもって行動するものなど，人間の行動様式は実にさまざまに変容する．ただし，人間の行動を客観的にみて，何が本能的で，何が学習によって得られたものかを区別することは容易ではない．たとえば，喜怒哀楽の表現や身の危険に対するとっさの回避行動などには，本能的なものもあれば，学習によって体得したものもあると考えられる．

　ここで，日常生活場面における人間の行動は，静的な状況と動的な状況の大きく2つの側面に分けて考えることができる．それは，個人の行動に限ってみれば，姿勢を保持して停留（停止）する静的な状況と，歩行などにより移動する動的な状況である．

一見切れ目がないと思われる人間の行動も，身体的にはこの停留と移動を繰り返して行動している．この静的な状況下における姿勢は，身体の支持条件などによって分類することができる．一般的な大分類には，立位，椅座位，平座位，臥位があるが，これらをさらに細分化することもできる（図 7.95）．住居やインテリアスペースの策定には，この静的な姿勢を基に採寸された人体計測値が多く使われる．しかし，実際の設計寸法として適用するためには，姿勢を変えるための移行動作や歩行などの身体移動に必要な動作寸法，さらに心理的な余裕寸法などを加味しなければならない．

　ここで，人間の行動や動作特性は，体格，年齢，男女，人種などの違いによって個人差が少なくないことに留意しなければならない．「適材適所」という言葉があるが，いくら素晴らしいデザインのシステムキッチンを購入しても，それを使用する主婦の体格に適合していなければ機能的には意味がない．また，最近のハイテク機能を備えた電化製品などの中には複雑な操作マニュアルのものが少なくないが，これらは高齢者などにとって使いやすいものとはいえない．このような事象は，人間を取り巻く物質文明がますます高度化する中で人間の体型や動作特性などは相変わらず昔のままであることを意味している．

　また，人間の行動や動作特性には，一般に，右利き・左利きといった「利き勝手」や，「くせ」のよ

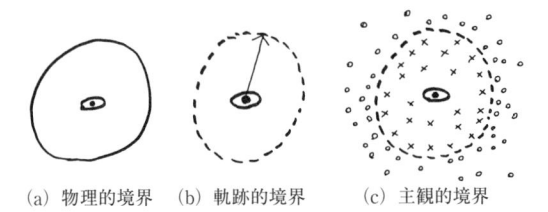

(a) 物理的境界　(b) 軌跡的境界　(c) 主観的境界

図 7.96 なわばりにおける境界の3態[6]

7.7.4 対人距離

人間の特性として対人距離を考える場合，その物理的な距離寸法だけで遠近感や親密さを判断することはできない．そのためには，まず対人関係に注目しなければならない．

たとえば，同じ対人距離であっても，その対人関係が個人か集団か，知人同士か他人同士かなどによって意味が異なってしまうのである．また，人間にはだれしも，対人や対物の関係で自己の領域を確保しようとする"なわばり"（テリトリー：territory）の意識があるといわれる（図 7.96）．このパーソナルスペース（personal space）の定義は，ソマー（Robert Sommer, 1929- ）によれば「人の身体を取り巻いている見えない境界をもったもので，その中に侵入者が入り込んではならない区域のこと」（"Personal Space : The Behavioral Basis of Design", 1969）と論じている[7]．一方，ホール（Edward T. Hall, 1914- ）は，「個々の動物は，一連の泡（bubble）のような不規則な形をした風船（balloon）状のもので囲まれており，それが個体間の空間の維持に役立っている」と比喩している．そして，その著書『かくれた次元』（"The Hidden Dimension", 1966）の中で，ホールは社会環境の観察調査から人間の対人距離を「密接距離」「個体距離」「社会距離」「公衆距離」という4つに分類し[8]，その各々を近接相と遠方相に区分した．さらに，この4つの距離帯は，人間の視覚や聴覚などの五感とも関係があることを指摘し，人種によっても異なることを考察している（図 7.97）．

ここで，対人距離について，日常生活の場面からいくつか事例をもとに考えてみたい．まず，人間が無防備な裸の状態で不特定多数が利用する場に公衆浴場があるが，その観察調査[10]によれば，男女を比較すると対人距離の構成の仕方に違いがみられる．たとえば，女性よりも男性の方が洗い場や浴槽で他人が接近することを嫌う傾向が強いようである．これは，公衆トイレに多数配列された男子小便器の使用者が，他人の接近を気にする心理にも少なからず関係があると思われる．やや特異な研究事例ではあるが，男子の小便排泄行為が，他人が隣接す

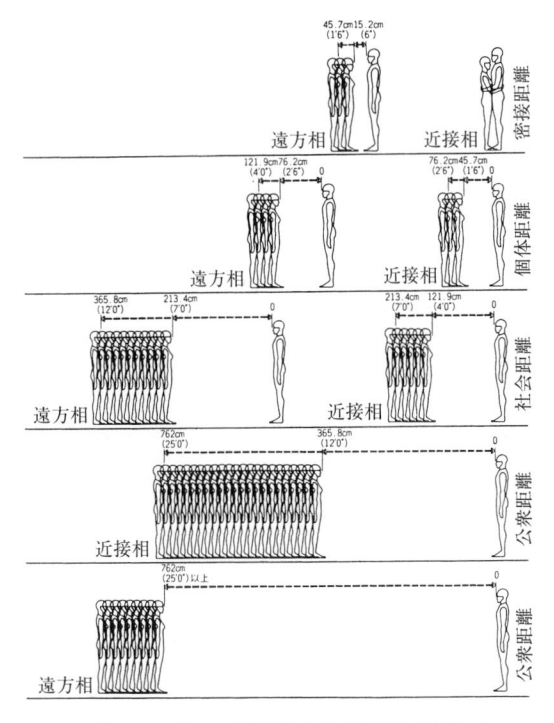

図 7.97 ホールが提唱した対人距離の分類[9]

ることによって排尿時間に変化が生じるという実験[11]などもある．

また，家族が日常的に集合する場として食卓があるが，この食卓まわりの着座位置の関係から対人距離を考察すると，家族の続柄や周囲の物的環境などの影響が少なくないようである．

なお，日本における食卓の現状は「床座」と「椅子座」が混在しているが，対人距離は目線の高さの関係などから「椅子座」の方が「床座」よりもやや大きくとる傾向がみられる．この他にも対人距離の関係を客観的に読み取ることできる場として，電車の車内，レストラン，駅や公園などのベンチ等々，多様な場面がある．ただし，オフィスなどの職場環境の中で対人距離を考える場合，役職などの上下関係によってヒエラルキー（hierarchy）の意識があることにも留意しなければならない．このように，

図 7.98 ライトの設計によるタリアセンの家のインテリア[4]

7.7.5 空間の規模と心理

ここでは，住居，インテリアの分野における空間規模という視点から，いくつかの事例を基にして，その空間規模が人間に与える心理的な意味について若干考察する．

かつて，池邊 陽（1920-1979）は，その著書『デザインの鍵』（1979）の中で「人間の生活の中の知恵には，空間の価値効用を発見することに大きな意味が存在している．むだが必要であるということばは，この段階で空間の価値効用が一つ高まったというプロセスであろう」と述べている[2]．この論理の背景には，空間の価値が単に「大が小を兼ねる」ものではなく，空間をいかに小さくすることで，人間的な価値感と対峙できるかということを示唆している．それは，空間が小さくなるほど身体の諸様相が周囲に近づき，人間と空間のかかわりが機能的にも心理的にもますます濃密になることを意味している．

第1次世界大戦（1914-1918）中，ロンドン市民は，ドイツからの空襲を避けるために地下鉄の構内を防空壕として使った．その風景を記録した写真の中に，プラットホームの床の上に整然と並べられた箱に入って横たわる多くの市民の姿が写っているものがある．その異様な光景は，まるで死者のための棺桶が並んでいるものと勘違いしそうであるが，その箱は，避難者が就寝するためのベッドとして用意されたものである．その写真から箱のサイズを知ることはできないが，ほぼ大人1人が横たわることができる大きさである．この就寝のために用意された「箱ベッド」は，まさに人間の必要最小空間の典型的なものであろう．この箱ベッドの存在は，高橋鷹志（1936-　）がその著書『建築規模論』（新建築学大系 13，1988）の中でも，19世紀末のロンドンの救世軍宿泊所を事例に指摘している[6]．日本でも，東北地方の寒冷地の民家で使用していたという箱状の寝具が残されているが（会津民俗館，福島県耶麻郡猪苗代町），それは木製の組み立て式の1人が寝られる大きさの箱で，就寝時の寒さ避けの道具として使用されたようである．

さて，住居やインテリアの空間が人間を包む器であるとすれば，その規模には人間的な尺度としての適度な領域，いわゆる「ころあい」が必要となる．人間は，時としてその与えられた空間の広狭に戸惑いを感じたり，恐れおののくこともある．また，人間はあまり過密な状態で長時間拘束されると攻撃的になり，そのストレスなどから健康に害を及ぼす場合もあるといわれる[13]．ただし，人間の環境への適応能力には個人差があり，必ずしも一様ではない．

さらに，インテリアの空間規模と人間の心理的なかかわりを考えさせてくれる事例には，日本の茶室の空間がある．その空間を可能な限り狭小化したことで，精神的な奥行をより鮮明にしてくれる．また，ライト（Wright, Frank Lloyd, 1867-1959）は，自邸の居間の一隅に天井が一段と低くなった「くつろぎの場」を設けることで空間の質を変えた（図 7.98）．このように，空間規模の把握には，その「量」の大小よりも，その空間の「質」にこそ意味がある．

〔若井正一〕

参 考 文 献

1) Panero, J. : Anatomy for Interior Designers (3rd ed.), p. 5, Whitney Library of Design, 1962.
2) 小泉袈裟勝：度量衡の歴史，pp. 91-92，原書房，1977.
3) 岡田光正：空間デザインの原点，p. 64，理工学社，1993.
4) 鳥越憲三郎，若林弘子：家屋文鏡が語る古代日本，pp. 44-60，新人物往来社，1987.
5) 日本建築学会編：建築設計資料集成 5，人間，p. 26，丸善，2003.
6) 岡田光正，高橋鷹志：建築学大系 13，建築規模論，pp. 111-116，彰国社，1988.
7) ソマー，ロバート：人間の空間（穐山貞登訳），鹿島出版会，1972.
8) ホール，エドワード：かくれた次元（日高敏隆，佐藤信行訳），みすず書房，1970.
9) Panero, J. & Zelnik, M: Human Dimension and Interior Space, p. 39, WHITNEY LIBRARY OF DESIGN, 1979.
10) 黒澤信之，若井正一：公衆浴場内における利用客の入浴行動について．日本インテリア学会第 3 回研究発表梗概集，pp. 70-71，1991.
11) Middlemist, D.R. *et al* : Personal Space invasions in the lavatory. *Journal and Social Psychology*, **33** : 541-546, 1976.
12) 池邊 陽：デザインの鍵（人間・建築・方法），丸善，1979.
13) インセル，P. M.，リンドグレーン，M. C.：混みあいの心理学（辻 正三，渋谷昌三，渋谷園枝訳），創元社，1987.
14) 建築技術教育普及センター編：インテリアプランナー講習テキスト，建築技術教育普及センター，p. 284，1988.

7.8 インテリアエレメントのデザイン

7.8.1 家 具

従来家具の種類別分類では，直接人体を支持する機能をもつものとして「人体系（エルゴノミー系）」，すなわちベッド，チェア，ソファ，スツール，座椅子，布団類がある．物をのせるという機能のものとして「準人体系（セミエルゴノミー系）」，すなわち作業台，カウンター，テーブル，デスク類がある．収納，間仕切りの機能のものとして「建物系（シェルター系）」は，掛具，物置き台，棚類，洗い台，タンス，サイドボード，間仕切りカーテンなどといったものである．またそれぞれその性能，試験方法，規格，材料，構造，加工等がある[1]．しかし本項においては，まったく視点を変えて，人が家具をつくってきた動機の面から，すなわち人間の行動の側面から家具というものを見直し，分類してみたいと考える．

(1) 権威的家具

この分野の家具は，各国，時代における権力または権威によりつくられたものである．すなわち人が人により支配されつくられたものであると考えることができる．人類の長い歴史からみれば，その国家，社会，宗教が，たとえどのような種類のものであっても，必ず支配者，指導者が輩出し，善し悪しに関係なくその権威を崇めさせ，権力を駆使または誇示することにより，建築やインテリア，家具に一つの様式をつくり出させることとなる．その権威者は，時には王族であり，宗教上の指導者であり，また政治家であることが多い．このような家具は，古代エジプトからナポレオンの時代まで続くが，現在は古典様式家具として残されている．それは家具の様式史の中でも非常に重要なものであり，その時代の支配者の盛衰，当時の技術，材料，構法などを知ることができる．それらがなお，現代家具に与える影響は大きなものがある（図 7.99）．

(2) 自然的家具

人類は一つのコミュニティをもつ以前から，自然の前には非力であった．そのため自然との共存や，脅威に対する防御の方策が，永い経験上生活の知恵となって現れ，人間の手の届かぬ部分に対する民俗の文化として定着していく．これらは主として，寒さや暑さ，風，地震，湿度などに対するものとして，建築に顕著に現れるが，家具もまた建築に関連したり，さらに別個の用途からつくられていく．それは農耕用，酪農用，日常生活用など，生活に根ざした自然発生的なものとしてつくられたものであり，とくにデザインを意図もしくは意識したりしない家具である．すなわち自然に支配され生み出されていくものであるが，その世界の隅々に残された家具は，もっとも素朴で単純，使用目的だけを考えた

図 7.99 ルイ 16 世様式フォテイユ型アームチェア　　図 7.100 ジェノバ地方のキャバリチェア

合理的なものである．国家が管理して，その価値や美術工芸品として保存することは少なく，伝承されていくものは非常に数少ないのが現状である（図7.100）．

(3) 進歩的家具

支配者の強い時代，国家にも必ずその圧力，搾取から逃れ，自分の生命，財産，生活を守り抜く努力を，常に被支配者層はしてきており，権力に抗い否定するときに革命，改革ひいては戦争が生じるため，歴史上各時代に進歩的家具はつくられるのであるが，それも現視点からみれば，歴史の中の一つの様式の一部として残されたものにほかならない．ここで述べる進歩的とは，現在の視点から現代をみたものである．すなわちもっとも新しい技術，構造，材料のもつ特性を生かしつつ，その機能を極限まで追求し，新しい形態の可能性を見出そうとする模索がなされたもののことである．それはある意味では時代が要求し，支配するものでもあるが，必ずしも一般大衆向けのものとして意図したデザインばかりではなく，禁欲的ともいえる徹底したデザイン姿勢のものであって，他の分野からの差別化をねらうことを意図したものである．デザイン分類としてはモダニズム，ミニマリズムの一部のものがこの分野に包含される（図7.101）．

(4) 啓蒙的家具

古代から中世にかけて，庶民は家具というものをほとんど所持していないが，その後も庶民が多少の豊かさを得るまで，これら庶民の家具が様式として残ることはない．ルネサンスで人間復興が叫ばれたときでも，家具は権力者，貴族のためのものであり，一般人が家具を手にするには17世紀，イギリスのジャコビアン後期まで待たねばならないが，これとても一部の富裕階級のためのものであった．しかしその後18世紀に至り，フランスのロココの影響を受けたものが，その機能性をより重視したものとなり，実用的なものに改良される．またこの時代に初めて，チッペンデール（Thomas Chippendale, 1718-1779）たちの，デザイナーの名を冠した様式が生まれることとなる．その後19世紀アンピール様式が発展してモダンアンピール，同じくドイツ，オーストリアでのビーダーマイエル様式と続き，中流階級において，現代に至っても使用されているものとなる．デザイン分野としては，上記の近世家具として分類することができる（図7.102）．

(5) 普遍的家具

民俗家具，すなわち民俗土着の家具が，洗練されデザイナーの手に委ねられるようになったとき，それらの家具は一般大衆性をもった普遍的なものとして生まれ換わる．それらは決して先鋭的なものを意図したり，奇をてらったりしたものではなく，生活のための安楽で素朴なもの，倦きのこない家具として現在も世界中で使用されているものである．従来コンテンポラリーという名称で親しまれている（図7.103）．

(6) 耽美的家具

デザイン運動は常に反動，反復を繰り返すのは歴史的にみても明らかなことである．産業革命による機械文明へのアンティテーゼ，機能主義，ハイテクといったある種の禁欲的デザインは，それからの脱出を試みるデザインが生まれくることとなる．それは人間味が高く，情緒的な面が強調されるが，一方では逃避的，また揶揄的な傾向も同時に現れることも多い．アール・ヌーヴォー，アール・デコ，ポス

図7.101　トレンダチェア（マリオ・ボック）

図7.102　アームチェア（チッペンテール）

図7.103　スーパーレジューラ（ジオ・ポンティ）キャバリチェアをデザインしたもの．

図7.104　小椅子（A.H.マクヌード）

ト・モダンなどのデザインの多くは，この傾向を強くもつものである（図7.104）．

家具は電気製品などとは異なり，基本的な形態が大きく変化することはない．それは約3500年も昔のツタンカーメンの椅子と，現代のたとえばポスト・モダンのミケーレ・デ・ルッキ（Mechele De Luchi 1951－　）の椅子を比較しても，4本の脚，背，肘など何ら変わることはない．当然のことながら，人間の形態が変化しない限り，その安楽性，機能性は変わることがないからである．その時代の思想，材料，構造，技術だけが家具の形態をつくり出す原動力となる．今後もそれは変わることのない基本原理であると思われる．

7.8.2　テキスタイル

インテリアで用いられるテキスタイルは，カーテン，カーペット，椅子類の裂地，テーブルクロス，ベッドスプレッドなどがある．ただし椅子類の裂地は，カーテン，カーペットとデザイン上深い関連があるので，トータルに考える必要がある．

カーテンの歴史はヨーロッパにおける15世紀のルネサンスのころからである．その後各時代においてインテリアと関連して各々様式が異なってきている．日本には明治以降，洋風建築に取り入れられ，第2次世界大戦後，本格的に使用されることとなったが，質，量ともに定着したのは1960年以降のことである．カーテンの機能には，①遮熱，②遮光，③遮音，④遮視，⑤装飾が考えられる．材質，色彩，柄，形態により空間の演出が異なることを考慮する必要がある．たとえ小さな窓でも，必要に応じて壁面全体をカーテンで覆うことも考えられ，反対に窓があるから必ずカーテンが必要であるということにはならない．必要なのはいかに美しいインテリアをつくり出すか，ということである．カーテンの機能をより生かすために，天井埋込型カーテンボックス，取付けボックス，同柄のカーテンバランスとの組合せ，また調整可能なカーテンレール，あるいは装飾的に見せるためのレール，プリーツの仕立て，すなわち2本，3本仕立て，ギャザープリーツ，ボックスプリーツなどの組合せにより各種の演出が可能である．また特殊な場合には時代様式を考慮する必要がある．カーテンは横引きだけではなく，ローマンシェード，ロールブラインドのような縦引きのものも，出窓などのデザインに応じて必要となるであろう．いずれにせよ，裂地のもつ温かさ，柔らかさは室内空間に安らぎを与えるものとして不可欠のものであり，その選択には十分な配慮が求められる．

日本では，カーペットとしては，中国緞通の技術が天保年間（1830～1844年）に輸入され，堺，山形緞通が有名なものとなったが，ヨーロッパにおいては，中央アジア遊牧民により織られた技術が，ペルシャ，トルコを経て，16世紀に伝えられている．石造り建築が主であったヨーロッパでは，靴と床が触れる音を消去するためにも重要な意味をもった．直接的吸音性と間接的吸音性と同時に，歩行性のよさ，保温性，装飾効果がインテリアにおけるカーペットの重要な機能である．元来ヨーロッパにおける家具の配置は，壁際に椅子類を並べることにより部屋のセンターは広くあけるのが通例であり，そのためカーペットも装飾効果を発揮したのである．

①手織りのものとしてペルシャ，トルコ，堺などの緞通，また綴織，三笠織などの重ね織のものがある．機械織のものとして，イギリスの地方名を冠したウイルトン・カーペットがあり，品位の高い質感が特徴で耐久性が非常に高いもの，同じくイギリスのカーペット産地名のアキスミンスターは，多色模様が特徴で華やかな高級品である．

②機械による刺繍のものとしてタフテッド・カーペットがあり，安価で手軽な使用に適している．手刺繍のものにフックドラグ・カーペットがあり，フックマシンにより手動で刺繍できるため，特別なパターンも比較的安価に製作が可能である．

③ニードルパンチ・カーペットはパイルのない不織カーペットで，硬く弾力性には乏しいが，施工が簡単で安価が特徴である．コード・カーペットは縮れたフェルト繊維を基布に接着した不織カーペットで，安価で吸音効果が高いものである．

また，カーペット表面の仕上げとして，パイルのあるものにブラッシュ，シャギー，ハード・ツイスト，サキソニーなどのカットタイプ，レベル・ループ，マルチ・レベル・ループ，ハイ・アンド・ロー・ループなどのループタイプ，両者を混合したカットアンド・ループタイプがあり，パイルのないものはフェルト状のものと平織りのものがある．

7.8.3　照　明

照明には発光色と温度との関係を表す色温度，物体を照射したときに如何にみえるか，という光源の演色性があり，一般の照明はもとより，店舗デザイン，ディスプレイに重要な意味をもたらすものである．照明方式としては，①直接照明は光源から直接光を得るもので，埋込型，直付型，吊下げ型，壁付型がある．またそれをシェードで覆うことにより，

半直接あるいは全般拡散照明にすることができる．②半間接照明では光の一部は直接被照明に投射され，大部分は天井，壁などに投射され柔らかい光を得るものである．③間接照明では天井，壁に光源を反射させて柔らかな光を得ることができる．そのほか，以上の方式の組合せ，また卓上，フロアスタンドなどの局部照明を使用することにより，インテリアのデザイン効果を高めることができる．

7.8.4 サイン，グリーン，アート
(1) サイン
サインは公共施設，大型店舗にはとくに重要となる．スムーズな人の流れ，アイキャッチとしての宣伝効果にも大きな役割を果たす．サインは主に視覚によるものが多いが，点字などの触覚，アナウンス，音楽などの聴覚，香り，臭いなどの嗅覚によるものも含まれる．本項は視覚表現によるものについて述べる．その機能，情報の性格による分類は以下のようになる．

①定点サインは，ピクトグラフ（絵文字），文字，ロゴタイプ（特定の書体）などにより表示され，場所，商品の名前の表示，表札，ホテルなどの室名表示が主なものである．②誘導サインは，人を目的の場所まで誘導するものであり，文字やピクトグラフ以外にも矢印，距離表示などの指示で表現されるが，老人，身障者への配慮も考え，床，壁面に色，パターンで連続表現することも，特に病院などでは必要である．③案内サインは，配置図による建物内施設の表示，現在位置との関係を示す表示，また地図，図式，建物断面などによる全体案内板フロア案内板などである．④説明サインは，商品や物の内容，使用法，注意などを表示するもので，掲示板，告知板などもこれに含まれる．⑤規制サインは，安全や秩序を保つためのもので，非常口，危険マーク，立入禁止，禁煙マークなどがある．

(2) グリーン
ポンペイの遺跡にも，室内に植物の図が描かれていたように，グリーンと人間との関係は古代から切っても切れないものである．また心のケア，目の疲労回復などにも重要な役目を果たしている．住宅はもとより，オフィス内の効果はとくに高く，リースによって手間も省ける便利さも利用すべきであろう．部屋の性格，大きさ，天井高などの相互関係であり，そのためには床置きのもの，またその中でも大型種，中型種の選定，吊下げのもの，これは蔓性のものが多いが，これらのよき組合せがインテリアのデザイン効果を高めるであろう．さらに自然光の少ない場所での人工光，植物用ライトの使用も考慮すべきである．

(3) アート
アート，すなわち絵画に代表されるタブローや，彫刻に代表されるオブジェをインテリアに設置するにあたっての，一般的な理論や常識を述べることは不可能である．アート自体が超一流作家の価値の高いものである場合は，アートのための空間になるおそれもあり，市場での価値の低いものであっても，空間のためのアートとなりうるからである．壁や床にスペースがあるからアートを置けばよい，というものでは決してない．

日本の床の間は，日本間という褻の中の晴の空間であり，精神的にも独立したスペースであるため，四季に応じ，また客を迎えるにあたっても各々に適応した掛軸なり生花で，アート空間としての機能を十分に果たすことができる．ヨーロッパの住宅におけるホールに続くギャラリーは，完全に独立したアートのためのアート空間であり，ここに和と洋の精神文化の差が感じられる．

また現代における美意識の変化と嗜好の多様性は，アートに対する概念に一般性をもたせることが困難であるが，人間にとって限りない価値をもち，文化の根源たるアートを日常の生活空間に取り入れることは，これからの生活を豊かにする上でも非常に重要である．

〔安永一典〕

参 考 文 献
1) 剣持 仁，川上信二，垂水健三，藤盛啓活編：家具の事典，朝倉書店，1992．
2) 豊口克平監修，インテリアデザイン事典編集委員会編：インテリアデザイン事典，理工学社，1972．
3) 安永一典：人間行動の側面から見た家具の分類 Part I. 宝塚造形芸術大学紀要，pp.55-57，1992．

図版出典
1) C. Payne ed. : Sotheby's Concise Encyclopedia of Furniture, Harper & Row, 1989.
2) K. Mang : Geschichte Des Modernan Möbels, Verlag Gerd Hatje Stuttgart, 1989.
3) V. Fischer : Design Now, Prestel, 1989.
4) J. Aronson : The Encyclopedia of Furniture, Crown Pub., 1965.
5) K-J. Sembach : Neue Möbel, Verlag Gard Hatje Stuttgart, 1982.

7.9 材料と仕上げ

7.9.1 木材

木材は日本人にとってもっとも親しみ深い建築材料の1つであろう．もっとも手に入りやすく，気候，風土に適したものである．古来より建築の用材として用いられており，縄文時代の遺跡からは，柱の材料とみられる木材片も出土している法隆寺は現存する世界最古の木造建築として広く知られ，法隆寺一帯の寺院とともに「法隆寺地域の仏教建造物」として1992年から世界文化遺産に登録されている．

木材のもととなる樹木は針葉樹と広葉樹の2種に大別される．日本で建築の用材として使用されている針葉樹は杉，松，檜，広葉樹は欅や楢などである（図7.105）．

針葉樹は主として水分の通り道であり，樹体の支持を兼ねる「仮導管」という組織の部分が全体の90％以上を占めている．広葉樹は水分を通す導管と樹体を支える木繊維とから構成されている．以上の生態的な特質から針葉樹は軟材とされており，同時に通直性と加工の容易さを合わせもつことから，主として柱や梁などに利用される．広葉樹は硬材と呼ばれ，その硬さや表出する目の多様さは造作材，建具，家具などに多く利用される．

建築の用材としての利用価値の高い樹木の中心部は，木を支える役割をしており「心材」と呼ばれ，赤味があり，硬質で腐りにくい．心材の周辺部は「辺材」と呼ばれる．なお，建築の用材とするためには十分な乾燥が必要である．

丸太から材をとる取り方を「木取り」という（図7.106）．板材の場合は板目，柾目に大別され，角材の場合は四方柾と二方柾に分けられる．樹木の育った自然環境によって表面に木理，木目などと呼ばれる模様が現れる．なお，木材には膨張，収縮する性質があるので，用材は気乾状態に乾燥して使用する必要がある．

木材は，地球にある有限の資源ではあるが，植林という手段によって計画的に人間が手に入れることのできる資源としての性質をもつ．たとえば，吉野の杉などは，遠く江戸時代に計画植林が始められている．「山を守る」ことはさまざまな面で重要である．

7.9.2 石材

日本は地震が多く木材が豊富であった上に，石材の産地が人々の居住地域から遠く離れていたことから石材を積極的に構造材に取り入れた建築物はほとんどみられない．石材は主として基礎や石垣として使用されてきた．ヨーロッパで組積造の建築物が多くつくられたのは石灰岩や砂岩の産地が人々の居住する地の近くにあって容易に入手できたことが大きな理由とされている．板状で内外装用としての使用も多くみられる．

岩石は地球内部のマグマが冷えてできた火成岩，水の流れや風などによって岩や土壌，有機体が沈降・堆積した堆積岩，火成岩，堆積岩が長期間の熱や圧力の作用によって変質，再結晶化した変成岩に

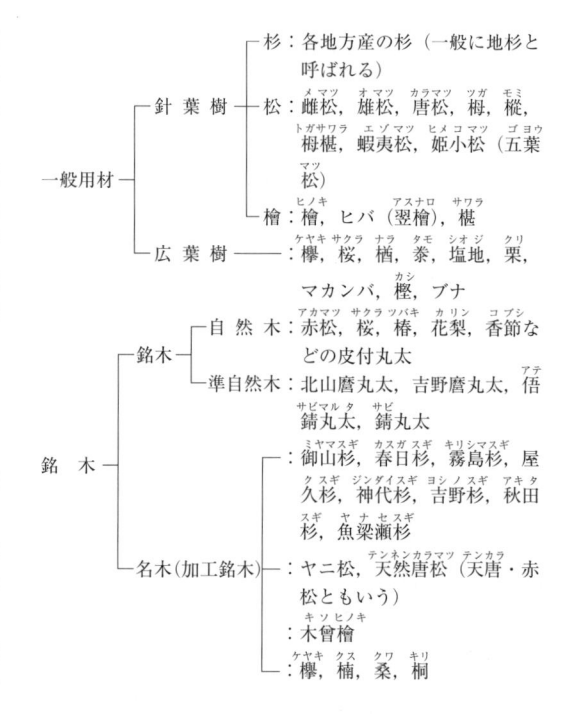

図7.105 用材の種類[1]

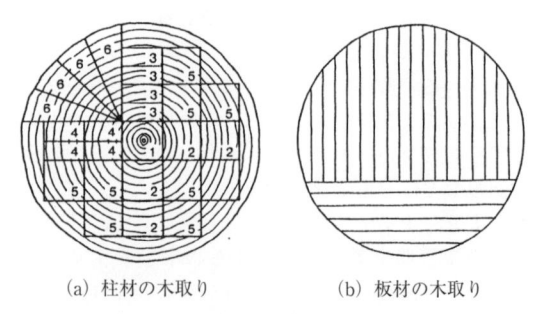

図7.106 木取り[2]
(a) 柱材の木取り．1：四方柾目，2：二方柾，3：二方柾，4：二方柾，5：四方柾，6：柾材．
(b) 板材の木取り．インチ板と呼ばれるものなどの木取り方法で，厚さ1インチ（2.54cm）を標準としている．

表7.5 石材の仕上げの種類概要[3]

	仕上げの種類	仕上げ概要
粗面仕上げ	割り肌	原石のくさび割り表面
	こぶ出し	げんのうによる荒い凹凸
	のみ切り	原石表面にのみ跡を表す
	びしゃん叩き	工具びしゃんで平滑に
	小叩き	小叩き用のみで平面に
	挽き肌	大のこ機械びきのまま
	ジェットバーナー	バーナー加熱後急冷剝離表面
	ジェットポリッシュ	ジェットバーナー仕上げ後バフ磨き
	サンドブラスト	金剛砂高圧吹き付け
磨き仕上げ※	粗磨き	#24～#300
	水磨き	#400～#800
	本磨き	#800～#2000
	つや出し本磨き	本磨きのうえ,つや出しワックスバフ磨き

※:カーボランダムまたはダイヤモンドと石で研磨,#:カーボランダムの荒さ番号.

分類される.建築用材としてよく利用されるのは花崗岩,砂岩,大理石である.ただし,これは鉱物学的な分類というよりも,通称であることに注意する必要がある.これら石材は仕上げによって異なったテクスチャーや風合いを得ることができる.仕上げの方法には叩き仕上げ,磨き仕上げ,ジェットバーナー仕上げなどがある(表7.5).

石材の利用にはその物理的な性状の把握が必要である(表7.6).石材は一般に圧縮強さが大きく,引張り強さや曲げ強さは小さい.その強度はたいていの場合比重に比例し,強度が大きければ耐久性も大きいとされている.しかし,薄板に加工して用いる場合には,圧縮強度ではなく曲げや衝撃時の強さが問題になってくる.石材として十全な活用を図るためには,板状とした際の厚さを考慮する必要がある(表7.7.ただしこの表は「磨き仕上げ」の場合であり,粗面仕上げの場合は仕上げ代を加える必要がある[5]).そのほか,吸水率の大きい石材は吸水時の強さが弱いなど注意を要する.耐火性も種類によって大きく異なっており,高いものは凝灰岩,安山岩,砂岩で,900～1200℃に十分耐えられる.ただし,砂岩の中で石英粒でなるものは耐火性が低い.花崗岩は500～550℃以上で強度が著しく低下してしまう.

日本工業規格では形状,寸法によって角石,板石,間知石,割石というように石材を分類している.

7.9.3 プラスチック

プラスチックの歴史は1846年,スイスのシェンパインによって偶然から発見されたニトロセルロースから始まる.石油などからつくられる合成高分子化合物であるプラスチックには,加熱によって柔らかくなり冷却すると堅固な状態に戻る「熱可塑性樹脂」と,加熱によって堅固になり再加熱してももとに戻らない「熱硬化性樹脂」とがある.前者は有機溶剤に溶け,後者は溶けない.このプラスチックの種類は非常に多い.

熱可塑性樹脂にはルーフィングやコーティング材として利用されるポリエチレン樹脂や,硬質の場合にはパイプ,波板,雨どい,壁紙に,軟質の場合には室内の床材などに利用されるポリ塩化ビニル樹脂,透光性のよさから照明器具やトップライトに利用されるほか,接着剤や塗料として利用されているアクリル樹脂などがある.熱硬化性樹脂には内装用化粧板や塗料,接着剤などに利用されている無色透明で表面硬度の大きいメラミン樹脂や,繊維強化プラスチック(FRP)として使用されている不飽和ポリエステル樹脂などがある.FRPとは,ガラス繊維などで強化したプラスチック複合材料の総称で,エポキシ樹脂なども母体とされ,母体の材料の性質によって熱可塑性にも熱硬化性にもなる.不飽和ポリエステル樹脂が母体となっているものは主として波板や平板,天窓,間仕切り,浴槽や設備ユニットなどの大型の成形品として使用されている.一般にプラスチックの用途は成形法と密接な関係がある(表7.8).

プラスチックは形,色,テクスチャーなど人間主体でコントロール可能な材料である.その性質はさまざまなデザインを生み(図7.107),工業製品へ応用されてきた.しかし同時に,劣化しやすいという短所も合わせ持っている.劣化を進める要因としては,酸素,水,熱,紫外線,微生物などがあげられている.材料として耐火・耐熱性の小さいことや,伸縮性があり静電気を帯びやすいことは,耐候性,耐久性への問題と合わせて考えるべきである.また,使用に際してはプラスチックが燃焼の際に塩化水素,アンモニア,シアン化水素などの有毒なガスを発生すること,一度合成されたプラスチックは土に還りにくいなどといった性質についても配慮すべきである.材料としての優れた点とともに,これらの欠点を考慮して使用する必要がある.

7.9.4 金属

鉄は建築でもっともなじみ深い金属の代表格であ

表 7.6　日本産主要石材の性質 [4]

岩種	通称	学名	石質 組織	石質 色調	石質 風化	比重	吸水率 (%)	摩耗量 (cm^3)	圧縮強さ (kg/cm^2)
花崗岩	稲田みかげ	黒雲母花崗岩	粗粒	白	並	2.66	0.34	0.99	1450
	筑波 〃	〃	〃	〃	〃	2.69	0.55	0.62	1482
	甲州 〃	〃	中粒	〃	〃	2.72	0.39	1.09	1676
	大島 〃	〃	粗粒	淡桃	易	2.62	0.36	0.48	2043
	万成岩	〃	〃	〃	〃	2.62	0.33	0.66	1687
	北木みかげ	〃	〃	白	〃	2.64	0.17	0.68	1675
	議院石	〃	〃	紅桃	難	2.64	0.18		1623
	小豆島みかげ	〃	〃	白	易	2.64	0.40	2.15	1317
安山岩	里見石	輝石安山岩	粗粒	淡灰緑	難	2.49	3.82	9.47	680
	白丁場	黒雲母角閃安山岩	緻密	淡灰白	〃	2.57	2.44	5.08	1035
	本小松石	輝石安山岩	〃	淡褐淡灰	〃	2.53	3.24	4.68	1228
	新小松石	〃	粗粒	灰	〃	2.59	1.82	6.44	1166
	横根沢石	〃	緻密	白灰	〃	2.48	3.07	5.59	910
	日出石	〃	〃	〃	〃	2.50	2.97	5.70	1039
	白河石	凝灰岩質安山岩	粗粒	淡灰	並				
	須賀川石	角閃安山岩	中粒	〃	〃	2.23	7.17		450
浮石	抗火石	石英粗面岩	軽石状	淡灰	並	0.68	26.20		21
凝灰岩	大谷石	石英粗面岩質凝灰岩	粗鬆	白緑	易	1.98	18.20	12.62	87
	沢田石	安山岩質凝灰岩	緻密	緑	並	2.43	13.53	13.32	372
砂岩	立棒石	凝灰質砂岩	緻密	灰緑	並	2.48	13.22	15.49	365
	日出石	砂岩	中粒	黄褐	〃	2.02			450
	多胡石	〃	粗粒 緻密	淡褐 淡紅		2.12	6.8		694
粘板岩	天然スレート	粘板岩	緻密 板状	黒灰	難	2.75	0.244	2.74	1889
大理石	霞	灰白色海百合フズリナ大理石	緻密	淡鼠	並	2.70	0.12	12.43	1868
	黒	黒色シュバゲリナ大理石	〃	黒	難	2.71	0.18	8.52	2192
	本更紗	雑色石灰角礫岩	角礫質結晶	白黒紅斑	〃	2.71	0.037	3.10	1182
	白	白色微晶質石灰岩	結晶質緻密	白	〃	2.72	0.081	3.03	1366
	寒水石	白色結晶質石灰岩	中粒	〃	〃	2.71	0.090	20.81	956

1：組織は長石平均直径を以って次のように区分する．微粒 1 mm 以下，中粒 2〜3 mm，細粒 1〜2 mm，粗粒 3 mm 以上．
2：強さは供試体の自然位置に直角に力を加えた場合のもの．
3：摩耗量は 5 cm 立方の供試体をベーメ氏摩耗試験機にかけて求めた摩耗容積を示す．

るが，鉄が構造材として積極的に用いられたもっとも早い時期のものは，1851 年のロンドン万国博覧会で庭師のサー・ジョーゼフ・パクストンが鉄（鋳鉄）とガラスによって試みたプレファブリケーションのクリスタルパレスである．今日，建築材料として用いられる主な金属素材には，炭素鋼，ステンレス鋼，アルミニウム，銅などがある．構造材料には鉄骨，鉄筋としてもっぱら炭素鋼が使用される．鉄骨は耐久性を付与するために塗装するが，一部に亜鉛めっき材も用いられる．鉄筋はコンクリートが健全である限り，腐食しない．

屋根，外装材には，耐食性，美観を重視して，塗装した亜鉛めっき鋼，ステンレス鋼，アルミニウムなどが用いられる．海岸では飛来塩分によってステ

7.9 材料と仕上げ

表 7.7 石材の板厚設定の目安（磨き仕上げ）[5]

適用区分		石材の最小厚み (mm)			だぼ穴・裏面間の最小厚み (mm)		
		G, Sl	Mw, T, Ss	Mb	G, Sl	Mw, T, Ss	Mb
外壁	高さ 4m 未満の壁面	30	30	30	12	12	12
	高さ 4m 以上の壁面	35	35	—	12	12	—
	上げ裏材，その他の役物	40	40	—	17	17	—
	GPC 用	35	—	—	12	—	—
内壁	高さ 4m 未満の壁面	20	20	30	7	7	12
	高さ 4〜7m 未満の壁面	30	30	30	12	12	12
	高さ 7m 以上の壁面	30	40	—	12	17	—
	上げ裏材，その他の役物	40	40	—	17	17	—
床		25	25	30	—	—	—

G：花崗岩，T：トラバーチン，Sl：スレート（薄層化しない種類），Mw：大理石（再結晶化した白色系），Ss：砂岩（インド産），Mb：大理石（有色の石灰岩系）．

表 7.8 成形法によるプラスチックの用途（文献 6 より作成）

成形法	用途（使用プラスチックス）
圧縮成形品	キャビネット，建具，照明器具，家具付き付属品（メラミン，ポリエステル，フェノール樹脂）
射出成形品	壁タイル，壁用ブロック（アクリル，ポリエチレン，ポリスチレン，塩化ビニル樹脂）
圧延成形品	床タイル，シート状壁仕上げ材，ルーフィング（塩化ビニル，ポリエチレン樹脂）
押出し成形品	水道管，パイプ，雨樋，波形板，止水板（アクリル，ポリエチレン，ポリスチレン，塩化ビニル樹脂）
積層成形品	壁仕上げ板，化粧板，建具，合板，強化プラスチック（ポリエステル，エポキシ，メラミン，フェノール樹脂）

図 7.107 プラスチックを利用した最初の家具[7]「チューリップチェア」，エーロ・サーリネン／ノル社（アメリカ），1956 年（埼玉県立近代美術館蔵）．

図 7.108 プラスチック，金属，ガラス材料を用いたインテリアデザイン（「T2 Bldg.」吹抜け部分．設計：石田敏明，1995〜1997 年．平面図は次ページ）[8]
吹抜け部分と 1 階のスペースの可動仕切りに半透明プラスチック材料を，吹抜け部分の壁は外壁と同素材のガルバリウム鋼板，吹抜け部分の天井は複層ガラスで光を取り入れている．床の仕上げには石材が使用されている．

ンレス鋼も錆びるので，耐食性の高いステンレス鋼や塗装ステンレス鋼を用いる．アルミニウムの使用は外装材のほかにサッシに多いが，耐久性向上や色彩の多様化のため，表面を陽極酸化処理し，塗装した製品を使用するのがふつうである．銅は一部の屋根に使用されるが，飛来塩分や酸化硫黄を含む臨海地域や工業地帯では，自然に生成する緑青が独特の美観を与える．地域によっては緑青の生成が遅いか

7. インテリアデザイン

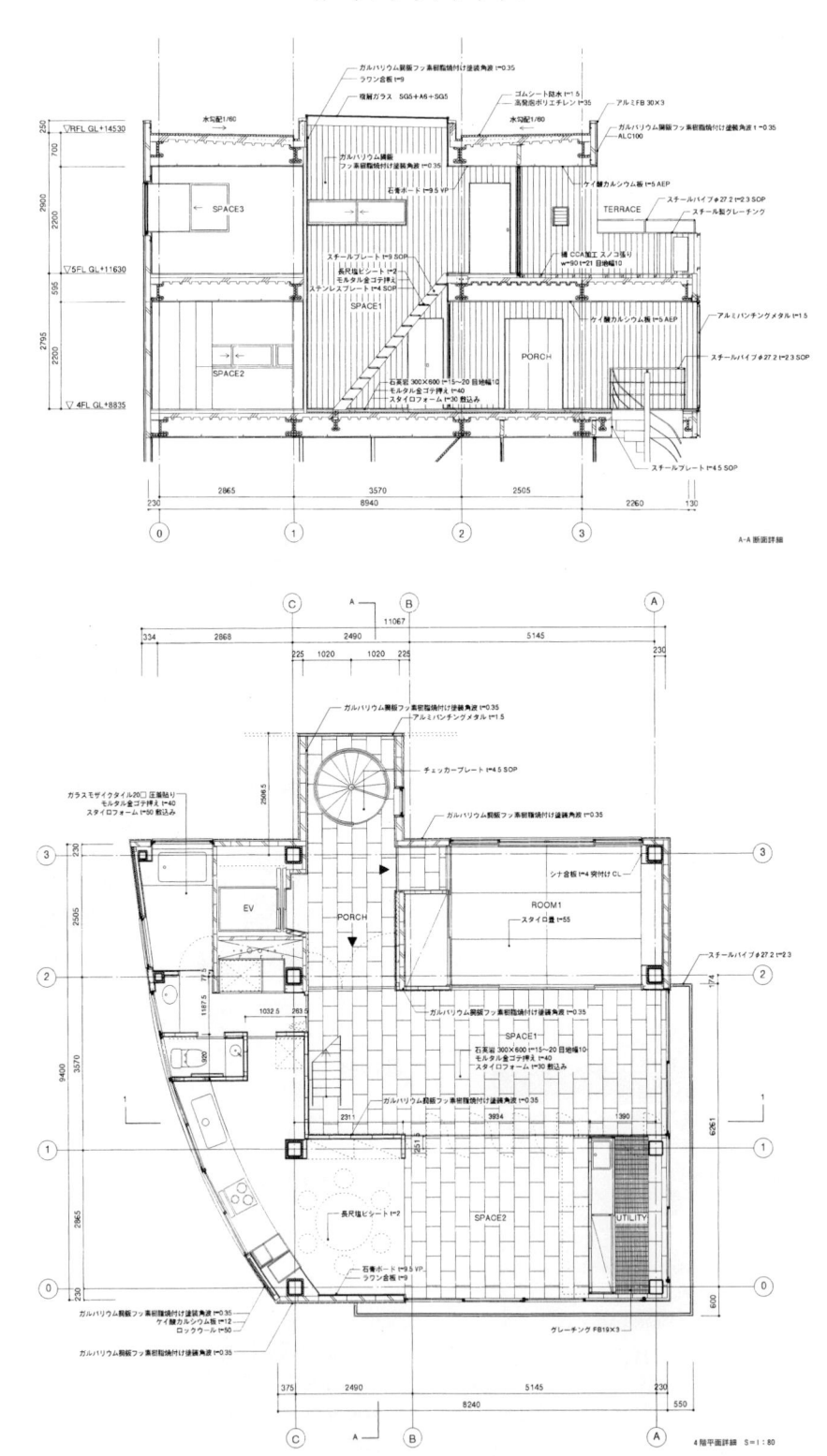

図 7.108 の平面詳細

表 7.9 タイルの使われ方[9)]

使用分類	具体的な使用箇所例	配慮すべき条件	タイルの適性条件	備考
都市の外構の壁床	舗道，地下道，地下鉄，橋，広場，公園，池，プール，塀，花壇など	寒冷，温暖，多少雨，汚染，振動，塩害，薬害などの地域性の配慮	長時間高温焼成された気孔分布のよい炻器・陶器質のタイルがよい．	外構，外装の壁床ともに自然の長年月の反復攻撃が条件となる．また，都市の人工的公害，動植物バクテリアなどの害も加わる．したがって，建築の構造とともに最高の材質と施工がいる．
建築の外装の壁床	住宅，ビジネスビル，ホテル，公官庁舎，文化施設，スポーツ施設など	上記のほか，近隣の都市環境との調和，特殊性を配慮	上質の炻器・磁器・陶器タイルがよい．	
建築の陶芸装飾として	銘板，サイン，シンボルマーク，アイデンティティ装飾，美術壁画などエントランスやロビーエリアの装飾壁	メンテナンスと危害を配慮	土器・陶器・炻器・半磁器タイルいずれでもよい．	
建築の火を使う箇所の壁床，または設備機器	炊事場，浴場，炊口，暖炉，湯沸かし，焼却炉，サウナなど	高火力による下地施工法，変色，膨縮劣化，剥離，よごれに配慮	陶器・炻器タイルがよい．	下地が木材，鉄などは禁物．タイル張り接着剤に注意．
建築の水を使う箇所の壁床，または設備機器	WC，洗面，浴室，洗濯場，台所，手洗，散水場，屋内プールなど	浸透水による下地の腐食，薬品洗浄，衛生，すべりなどに配慮	半磁器・磁器・炻器タイルがよい．プールは炻器がよい．床にはすべらないものがよい．	下地に腐敗，シロアリ，かびなど非衛生な条件が生じるので，モルタル充填を十分に，また木材，金属下地に剥離を注意．

困難なので，その生成を促進する処理が行われる．また，家電製品のパネルは，塗装した亜鉛めっき鋼板かプラスチックである．吸水，給湯管として以前は亜鉛めっき鋼管が多用されたが，腐食による赤水の問題があり，耐久性も限られるため，給水管にはプラスチック管が多くなり，一部に内面塩ビライニング鋼管が，給湯管には銅管，ステンレス鋼管，塩ビライニング鋼管が用いられるようになった．

こうした特徴をもつ金属材料は材料の種類によってさまざまな色や性状をもったテクスチャーが得られるので，建築や家具などの仕上げ材にも用いられている（図 7.108）．

7.9.5 タイル

粘土を板状に形成して焼いてつくった建築材料の1つである．こうした材料の仲間にはレンガや瓦なども含まれる．言葉自体はフランス語の tuile に由来する．

タイルの歴史は紀元前のエジプトにさかのぼることができる．もともと宗教的な飾りや紋章として墓や宮殿，寺院に使用されていた．タイルが世界中で普及したのは，その材料となる粘土（カオリンと石英，雲母や鉄などの鉱物を多く含むもの）が世界中至るところに豊富に存在していることにもよる．そして，日本にも古来からタイルは存在していた．呼び名は「磚（せん）」である．磚は大陸からもたらされ，その時期は仏教公伝（538年）からまもなくと推定されている．しかし，磚というタイルの文化は大陸ほどの興隆を日本ではみせなかった．日本の建築物の壁が非耐力壁であるために，仕上げの美しさを追求することが可能であったことが，わざわざ表面仕上げをタイルに頼る必要がなかったこと，高温多湿な日本の風土にあって開放的な形が好まれたこと，また，大陸の寺院のように土間であれば床にタイルを敷く必要も出てくるが，高床で床座の起居様式をとればその必要はない，などが理由としてあげられるといわれている．

タイルに求められる性能には，耐摩耗性，耐水性，耐衝撃性，耐熱性，衝撃音が小さいことやメンテナンス性などが考えられる．タイルの実際の使用には性能やタイルがおかれる環境状態をよく把握する必要がある（表 7.9）．タイルには施釉タイルと無釉タイルとがある．焼くとセメントのように硬くなる粘土は釉（ガラスの成分に金属酸化物を加えて着色したもの）をかけて焼くと粘土に含まれているケイ酸と化学結合し，つややかな表面になり，装飾性が高くなるだけではなく，耐久性が増す．タイルは，内装，外装，床，モザイク用，装飾など多様な

表 7.10 タイルの種類と品質 [10]

呼び名による区分	呼び名と生地の組み合わせによる区分	生地の質による区分	吸水率(%)	生地の状態
内装タイル		磁器質タイル	1.0 以下	生地が溶化して吸水性がほとんどなく，白色，半透明で硬い，叩けば清音を発する．
外装タイル		炻器質タイル	5.0 以下	生地がほとんど溶化または半溶化して吸水性が少なく，有色，不透明で硬い．
床タイル				
モザイクタイル		陶器質タイル	22.0 以下	生地は溶化せずだいたい有色で多孔質，吸水性がある．叩けば濁音を発する．

表 7.11 板ガラスの性能と使用箇所 [19]

種類	性能			省エネルギー			安全					装飾			使用箇所											その他
	遮光透視性	遮光不透視性	防眩性	日射遮蔽	断熱結露防止	冷暖房負荷軽減	耐衝撃性	飛散防止性	耐貫通性	防犯性	防火性	防音性	色彩	デザイン性	切断加工性	屋根	トップライト	窓	カーテンウォール	出入口	フェンス	ファサード	天井	建具	間仕切り	防煙壁	家具	什器	照明器具	その他
フロート板ガラス	○														○		○	○	○			○		○	○		○	○		
すり板ガラス		○													○			○						○				○		○
型板ガラス		○												○	○									○				○		
網入板ガラス 型板		○					△		△	○				△	△	○		○							○					乙種防火戸
磨板	△							△		△	○			△	△	○		○							○					乙種防火戸
線入板ガラス 型板		○					△		△					△	△	○		○							○					
磨板	△							△		△				△	△	○		○							○					
熱線吸収ガラス	△		○	○		○							○		○			○												
熱線反射ガラス			○	○									○		○			○												
複層ガラス					○	○								△	○			○												
強化ガラス							○											○												
合わせガラス								○	○	○						○	○	○												水槽

○：優れている，△：普通．

目的に利用されている（表 7.10）．

7.9.6 ガラス

ガラスは，特性や用途によって板ガラス，強化ガラス，合わせガラス，複層ガラス，接線吸収ガラス，熱線反射ガラス，ガラスブロックに分類される．また，成分の違いから酸化物ガラス，単酸化物ガラス，ケイ酸塩ガラス，リン酸塩ガラス，ホウ酸塩ガラス，ゲルマン酸塩ガラス，オキシナイトライドガラスに分類され，多種多様な性質を示す．材料としてのガラスの特徴には，透光性，光沢性，色調，不燃性，耐久性などがあげられる．建築用ガラス製品は主として，板状ガラス，成形ガラス，ガラス繊維である．個々の製品のもつ個別の特徴から，これらは状況によって使い分けられる．

板状ガラスの中のフロート法による板ガラスは平滑で透明性がよく，建築用ガラスの主流である．けい砂などでこすると，すりガラスになる．ロールアウト法による板ガラスは，網入り，線入りの板ガラスにもなる．急冷によって破壊強度を向上させた強化ガラスは，窓，玄関ドア，ガラステーブルなどに使用される．また，2枚以上の板ガラスに透明で強靭なプラスチックフィルムの中間膜を入れた合わせガラスは衝突時の亀裂発生が少なく，飛散もないので高層ビルの窓，トップライトなどに使われる．層状にした2枚以上の板ガラスの間に乾燥した空気

層があるものを複層ガラスといい，断熱性が高いので冷暖房費を軽減できる（表7.11）．

また，成形ガラス製品としてガラスブロックがあるが，これは透光透視型，透光不透視型，透過光に方向性をもたせた指向型，熱反射型などがある．間仕切りやトップライトとしても用いられている．

ガラスウールは熱硬化性樹脂を結合材としてフェルト状に加工したもので不燃，熱伝導率が小さいこと，音のエネルギーを吸収しやすいことから，断熱材，吸音材として用いられている．　〔古賀紀江〕

参考文献

1) 今里　隆：これだけは知っておきたい　建築用木材の知識，p.8, 鹿島出版会，1985.
2) 宮本茂紀：原色インテリア木材ブック，p.141, 建築資料研究社，1996.
3) インテリア編集委員会編：インテリアのテクノロジー　プロが求めるインテリアシリーズブック3, p.56, 産業調査会デザイン情報センター（産調出版），1993.
4) 栗山　寛：建築材料―材料別―，p.22, 共立出版，1972.
5) 武井吉一，中山　實：石と建築―材料と工法―，p.25, 鹿島出版会，1992.
6) 小野博宣，他：建築材料―その選択から施工まで―，理工図書，1989.
7) 埼玉県立近代美術館企画展カタログ "Plastic Age : Art and Design"（プラスチックの時代：美術とデザイン），017「チューリップチェア」，2000.
8) 建築文化，2000年5月号，「石田敏明　1984-2000」，pp.94-95, 98.
9) 芝辻政洋，山内史郎：これだけは知っておきたい　建築超セラミックタイルの知識，p.23, 鹿島出版会，1985.
10) 仕入豊和，為替清孝，地濃茂雄：建築材料，pp.187-202, 216, 理工図書，1996.
11) 寺内　伸，本村雅俊：これだけは知っておきたい　建築用プラスチックの知識，鹿島出版会，1988.
12) N. デヴィー：建築材料の歴史（山田幸一訳），工業調査会，1969.
13) J. モスグローヴ編：フレッチャー世界建築の歴史―建築・美術・デザインの変遷―（飯田喜四郎，小野武久監訳），西村書店，1996.
14) 小西敏正：知っておきたいインテリア材料の話，彰国社，1993.
15) 阿木　香，新見　隆，日野永一，山本正之：日本タイル博物史，INAX出版，1991.
16) R. シーゲル：デザイナーのためのタイルブック―タイルの使い方のすべて―（塩谷博子訳），TOTO出版，1991.
17) インテリアデザイン教科書研究会編著：インテリアデザイン教科書，彰国社，1993.
18) 清水紀夫，上原　勝：デザインと材料，技報堂出版，1998.
19) 島津孝之，他：建築材料，p.58, 森北出版，1994.

7.10　インテリアの構法

7.10.1　構法と構造

まず初めに，和風住宅の構造の概略を図7.109に示す．

住居はシェルターによって，室内空間（インテリア）を自然のままに変化する外部空間（エクステリア）から分離して，安全，健康，効率，快適かつ経済的な居住空間を実現させている．シェルターは，生物の骨格のように，躯体構造によって自重や外力（地震力，風力など）に耐えてその形を保ち，また，皮膚のように，外殻部位（屋根，天井，壁，床，開口部）によって外部からの風雨や光を調節している．

躯体構造や部位構造となる構造材料には，木，鉄，コンクリートなど強度と耐久性の大きい材料が使用される．部位による空間構成法は構法といい，通常は，下地材料と仕上材料の組み合わせで構成される．

柱，梁や屋根，壁，床，階段などの部位は，構造上，防火上，重要なので主要構造部と呼ばれ，住居はこれらを構成する材料から，木造（軸組構造，枠組壁構造），鉄骨造，鉄筋コンクリート造，鉄骨鉄筋コンクリート造，補強コンクリートブック造などの構造に分けられる．インテリアの構法は，躯体や部位の構造によって，また，各部位の異なった要求性能に応じて，さまざまな下地と仕上の方法が採用される．

木造や鉄骨造などの架構式工法では，床，壁，天井などの部位には，骨組を組み合わせた組下地が，一般に使用される．鉄筋コンクリート構造などの一体式構造や壁式構造では，コンクリート面にそのまま仕上げる直下地か，骨組により下地をつくる組下地が使用される（図7.110, 7.111）．

7.10.2　造　作

室内の仕上構法は，伝統的には，構造の軸組をみせる和風真壁の造作と，構造が壁と一体あるいは壁に隠れる洋風大壁の造作の2つに大別される．しかし，土蔵造りのような和風大壁やハーフティンバーと呼ばれる洋風真壁など，さまざまなバリエーションもあり，現在では，洋風の大壁構法が一般的である．

床，壁，天井や開口部，床の間廻り，出隅・入隅などを丈夫で美しく仕上げるために，幅木，畳寄，面取り，アール，コーナービードなど，特別の納まりが工夫されている．これらは，インテリアのデザ

7. インテリアデザイン

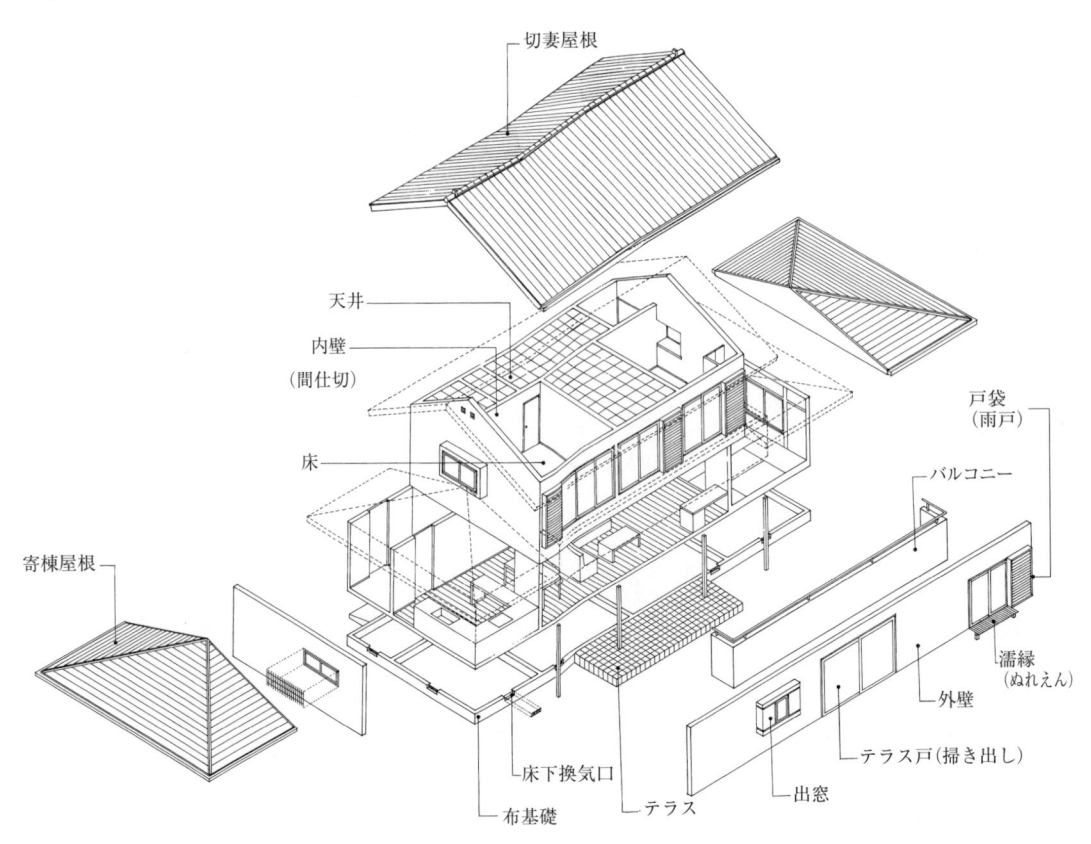

図 7.109　住宅の構成部位[1]

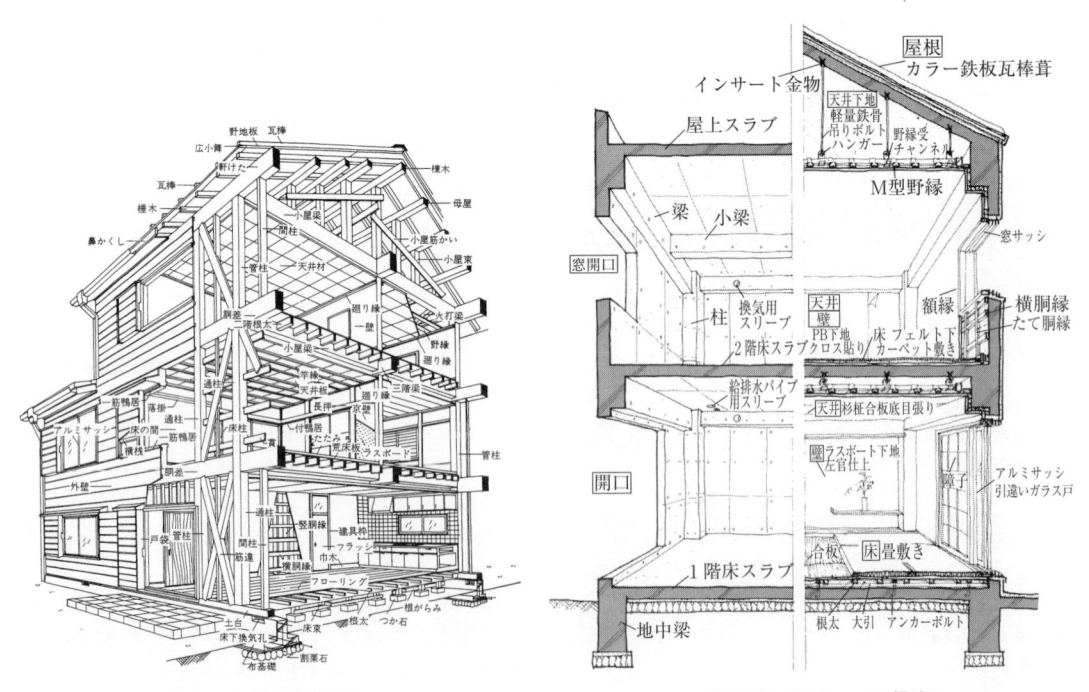

図 7.110　木造軸組構法[2]

図 7.111　RC ラーメン構法[3]

7.10 インテリアの構法

図7.112 和風真壁造作[2]

図7.113 洋風大壁造作[1]

図7.114 回縁，幅木，畳寄[3]

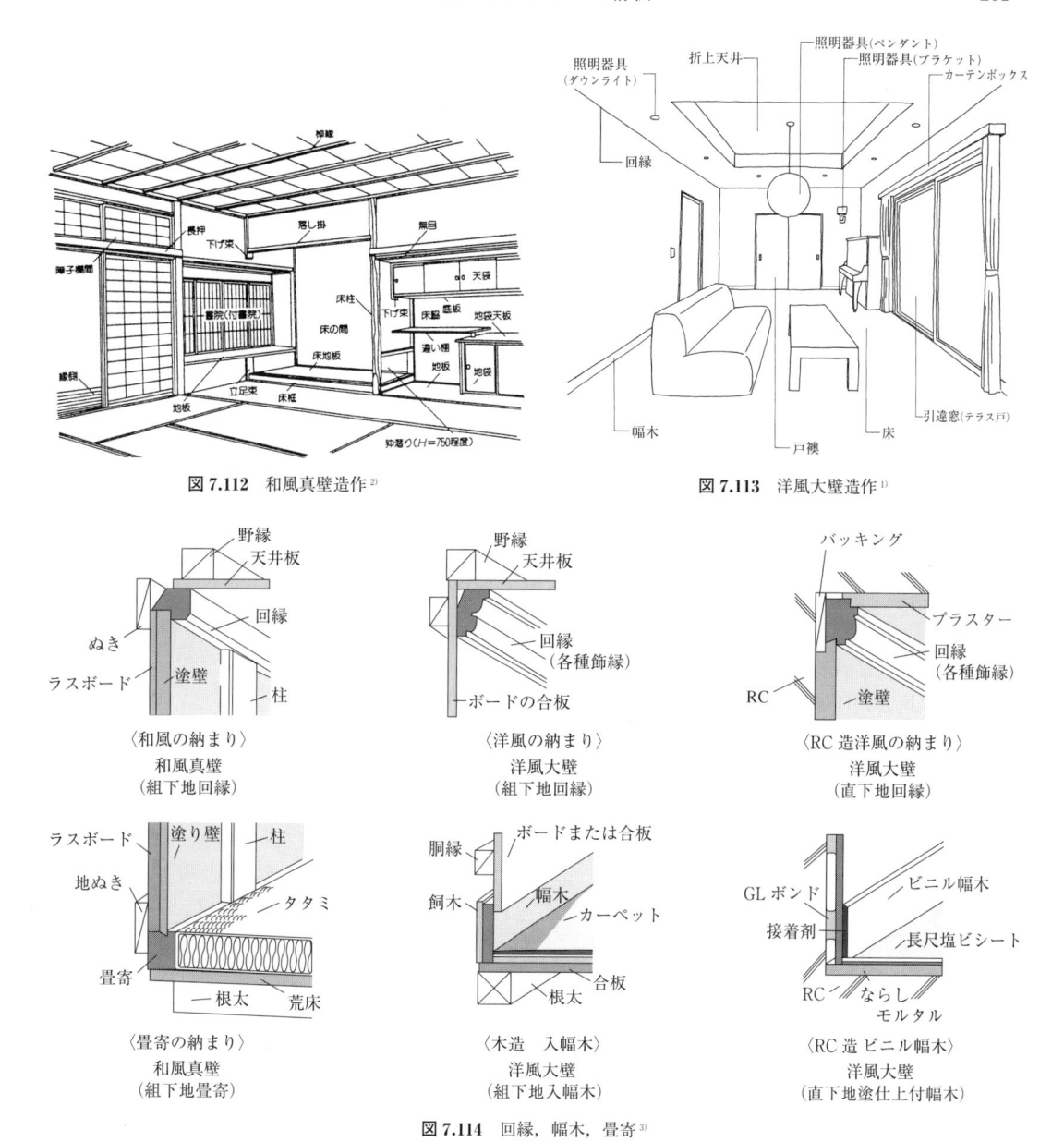

インを決定づける，意匠上，あるいは納まり上，重要なノウハウでもある．

また，部材を接合する場合に，あばれたり隙間ができたりするのを防ぐためには，その仕口にさまざまな工夫がなされている．水を使う左官工事などの湿式構法は，継ぎ目なしに納まるが，施工に技術が要求され，工期もかかるために，ボード類を使用する短工期の乾式構法へと変わりつつある（図7.112〜図7.114）．

7.10.3 床

床の要求性能は，耐衝撃性，耐摩耗性，耐水性，対汚染性，耐薬品性，美観性，耐久性などが重要である．床の仕上材料はいつも足で踏んでいることから，感触がよく，丈夫で長持ちであることが大切で，クッション性と暖か味のある畳やカーペット，水や汚れに強い縁甲板，フローリング，コルクタイル，ビニルタイル，長尺ビニルシート，あるいは割れ，傷や磨耗に強い磁器タイル，レンガ，自然石，人造石（テラゾーともいい，塗り仕上と張り仕上が

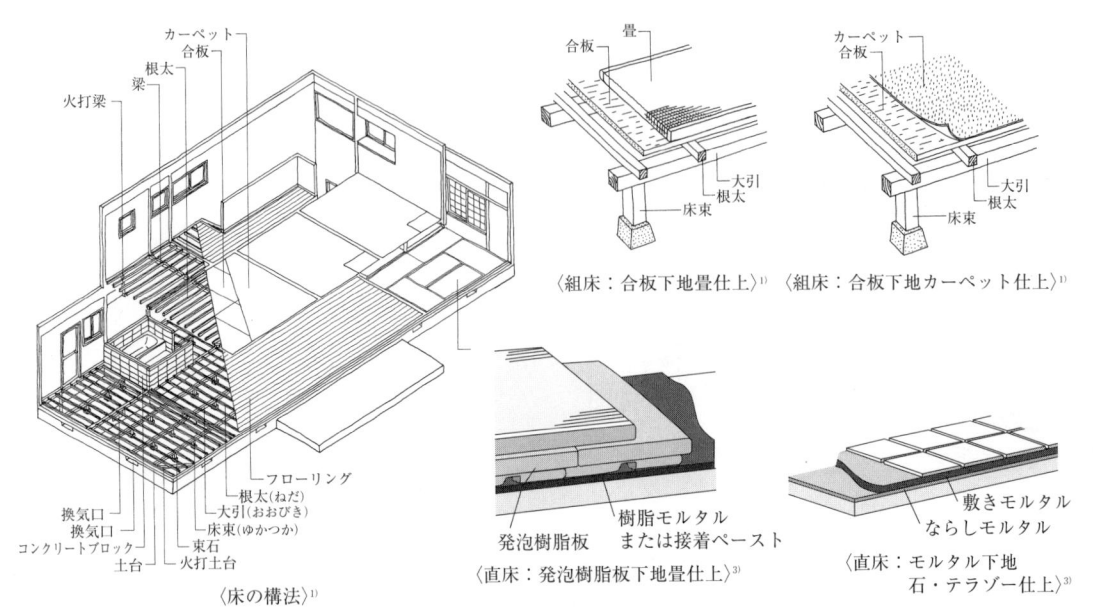

〈組床：合板下地畳仕上〉[1]　〈組床：合板下地カーペット仕上〉[1]

〈床の構法〉[1]

〈直床：発泡樹脂板下地畳仕上〉[3]　〈直床：モルタル下地石・テラゾー仕上〉[3]

図 7.115　床構法

ある）などが一般的である.

　床の下地は，大引，根太などを組み合わせた木造下地のような組下地と，コンクリートあるいはモルタルを下地とする直下地とがある．床の下地と仕上の組み合わせとして，代表的なものを図 7.115 に示した．

　床の納まりとして，畳の敷き方（図 7.116）や石，タイルの目地には特有のパターンがあり，床のデザインの基本となっている．

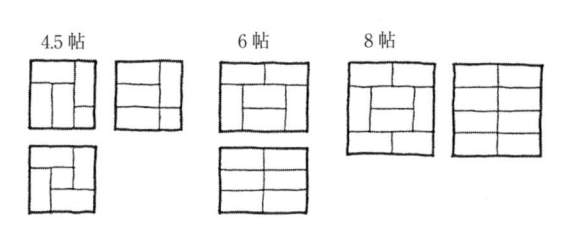

図 7.116　畳の敷き方

伝統的には，床の間または出入口の前の畳を長手方向に平行とし，以外を遣り送り（畳の合せ目をTの字型）に敷く．近年では遣り送りにこだわらなくなっている.

7.10.4　壁

　壁の要求性能は，耐衝撃性，耐磨耗性，難燃性，耐汚染性，美観性などが重要である．壁の仕上材料は，手で触れる位置にあり，いつも目に入ることから，汚れや磨耗に強く，みた目のよいものが好まれ，色柄やテクスチャーの美しいクロス貼や塗装，自然な質感の板壁や土壁，火や水に強いしっくい，モルタルの塗り壁，タイル，自然石の張り壁などが一般的である.

　壁の下地には，柱，間柱，胴縁，縦胴縁などを組み合わせた組下地と，コンクリートあるいはモルタルによる直下地とがある．壁の下地と仕上の組み合わせとして，代表的なものを図 7.117 に示した．

　壁の納まりとして，大壁，真壁の違い（「造作」の項参照），目地のデザイン（「床」の項を参照）があり，壁のデザインの基本となっている．

7.10.5　天井

　天井の要求性能は，難燃性，吸音性，軽量性，美観性などが重要である．天井の仕上材料は，頭上で，火の手が回りやすい位置にあるため，軽くて，吸音性のあるものが好まれ，火気使用室では燃えにくい不燃材料，準不燃材料が使用される．自然な感触で木目の美しい杉の柾目板や板目板，燃えにくい石膏ボードやロックウール吸音板，継ぎ目のないプラスター塗，浴室では湿気に強い合成樹脂成型板なども一般的に使用される．

　天井の下地は，吊木，野縁などを組み合わせた組下地と，コンクリートやモルタルを下地とする直下地とがある．天井の下地と仕上の組み合わせとして，代表的なものを図 7.118 に示した．

　天井の納まりとして，格天井，竿縁天井，敷目張天井，打上天井，あるいは塗りまたは張り天井などの違いがあり，天井のデザインの基本となってい

7.10 インテリアの構法

図 7.117 壁構法

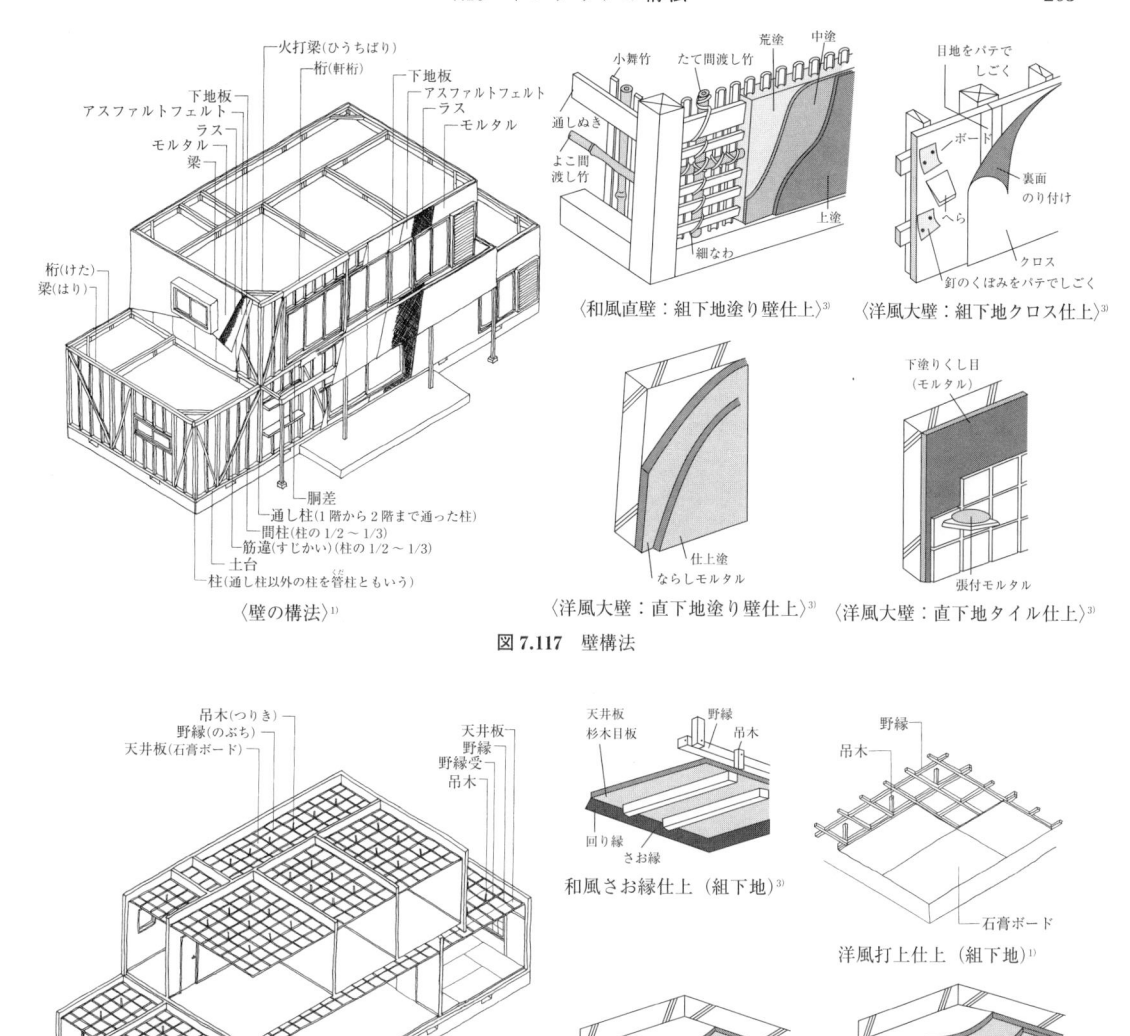

図 7.118 天井構法

7.10.6 階 段

階段は，高さの変化する床（踏面）により上下の階をつなぐ空間で，その形により図 7.119 のように，直階段，曲折階段，螺旋階段などに分けられる．いずれも中間に踊り場を設けると安全であり，安心感が得られる．スロープは，なめらかに変化する床により上下階をつなぐので，スペースは必要となるが，車椅子などの使用には適している．

階段は，転落事故の起きやすい空間であるため，安全性の配慮が必要で，図 7.120, 7.121 のように，踏面，蹴込板，ノンスリップ，手摺，手摺子，あるいは照明などの細かい計画が，階段のデザインには重要である．

階段は段板の支持方法から，図 7.122 のように側桁式，ささら桁式，カンティレバー式などに分類される．また，踏面（段板）は，安全性や昇降のしやすさなどを考えて下地と仕上が計画される．

図 7.119　階段のタイプ

図 7.120　階段造作

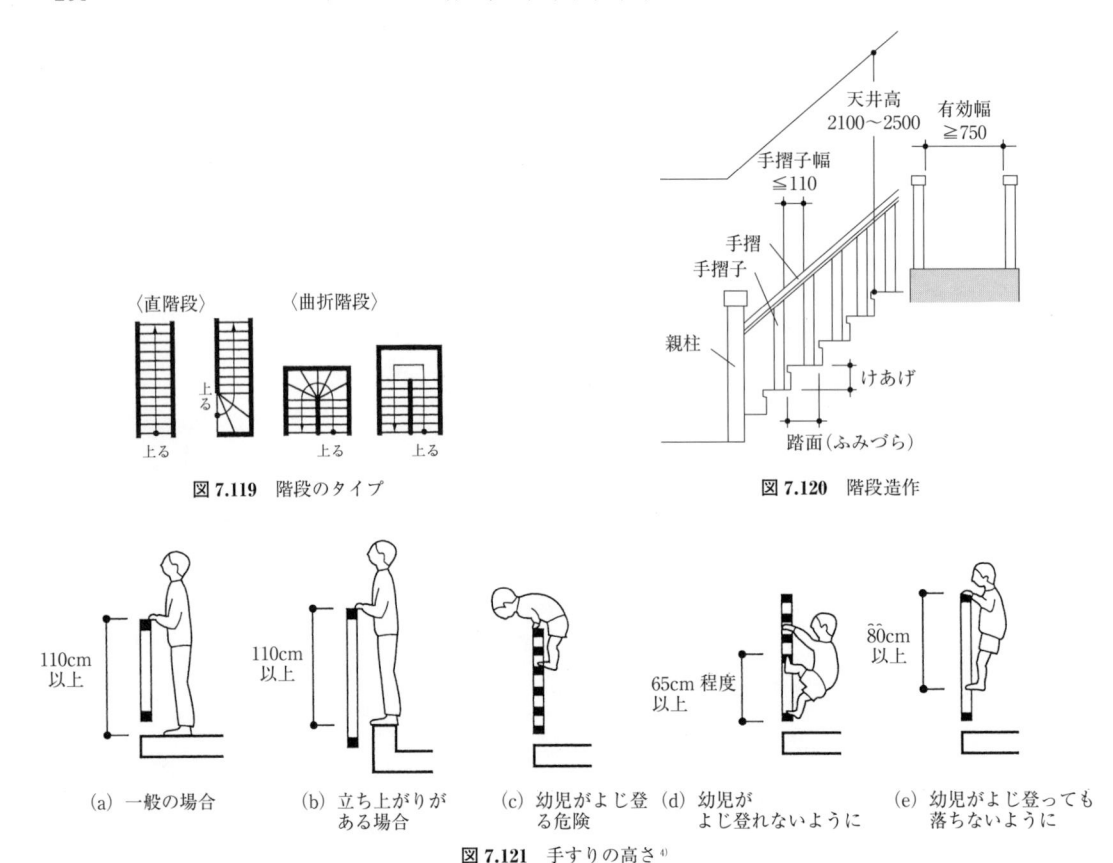

図 7.121　手すりの高さ[4]

7.10.7　開口部

　開口部は通常，壁や天井に設けられ，光と風を取り入れる窓と，人や物の出入りする出入口に分けられる．窓も出入口も，開閉は容易でなくてはならず，閉じた状態では，気密性や防犯性が高いことが求められる．

　窓は，開閉するため図 7.123 のような機構を持ち，取り付け位置から図 7.124 のような種類がある．とくに，外部に張り出した出窓は，室内を広く感じさせ，屋根面につくトップライトは，効率よく光を採り入れることができる．

　開口部の納まりは，真壁（和風）構法と大壁（洋風）構法では異なり，また，内部の開口部はなじみやすさから木製，外部の開口部は耐候性からアルミニウム製が多く使用される．その代表的な納まりを図 7.125 に示した．

　出入口は図 7.126（p.266）に示すように，回転により開閉する扉（ドア）と，水平に引くことにより開閉する戸（スライディングドア）とがあり，いずれの場合も，小壁部分に設ける開口は欄間と呼ぶ．

　ドア，障子，ふすまなどの建具は，図 7.127（p.266）に示すようにさまざまなデザインがあり，インテリアの要素として重要である．　〔川島平七郎〕

図版出典

1) 川島平七郎監修：住宅設備プロフェッショナルマニュアル，キッチン・バス工業会．
2) 日本住宅・木材技術センター監修，林材新聞社（企画・製作）：簡易構造設計基準．
3) 小宮容一：図解 インテリア設計の実際，オーム社，1989．
4) 直井英雄，他：住まいと暮らしの安全，理工図書，1996．
5) 川島平七郎，他：住まいとインテリア，インテリア産業協会，2001．

7.10 インテリアの構法

〈側桁式直通階段〉　〈ささら桁式矩折階段〉　〈カンティレバー式螺旋階段〉

図 7.122 階段の構法[3]

引違窓　両開窓　　掃出窓　欄間付掃出窓　肘窓
　　　　　　　　（テラス戸）（テラス戸）

滑出窓　突出窓　　腰窓　　高窓　　　　　天窓
　　　　　　　　　　　（ハイサイドライト）（トップライト）

図 7.124 窓の種類[5]

上下窓　オーニング窓

縦軸回転窓　ジャロジー窓

図 7.123 窓の開き勝手[5]

〈アルミサッシと障子〉（木造大壁真壁）
窓開口幅　モルタル　柱

〈アルミサッシ（RC造大壁）〉
サッシ窓幅　モルタル

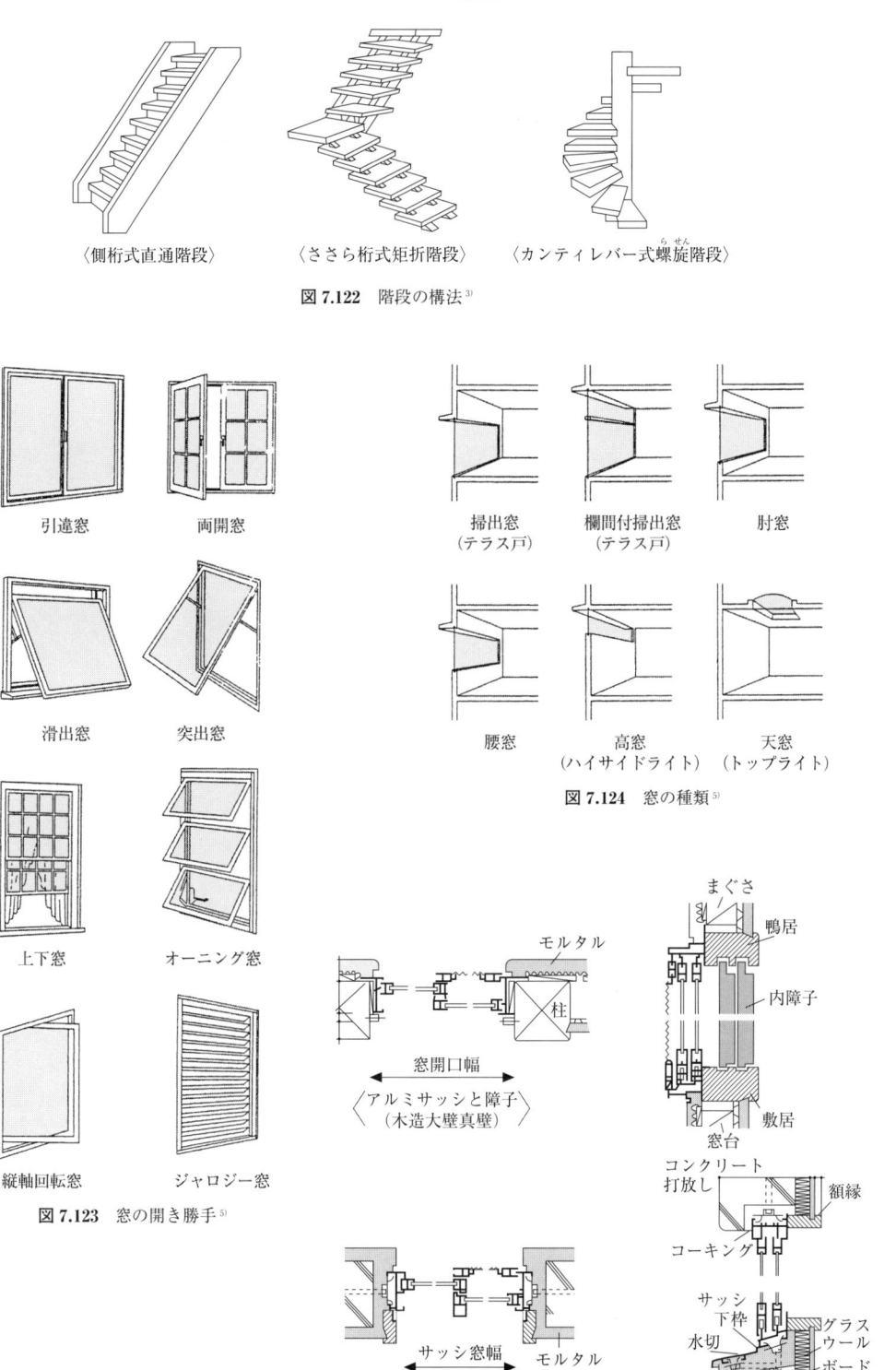

まぐさ・鴨居・内障子・敷居・窓台
コンクリート打放し・額縁・コーキング
サッシ下枠・水切・グラスウール・ボード・胴縁

図 7.125 開口部[3]

7. インテリアデザイン

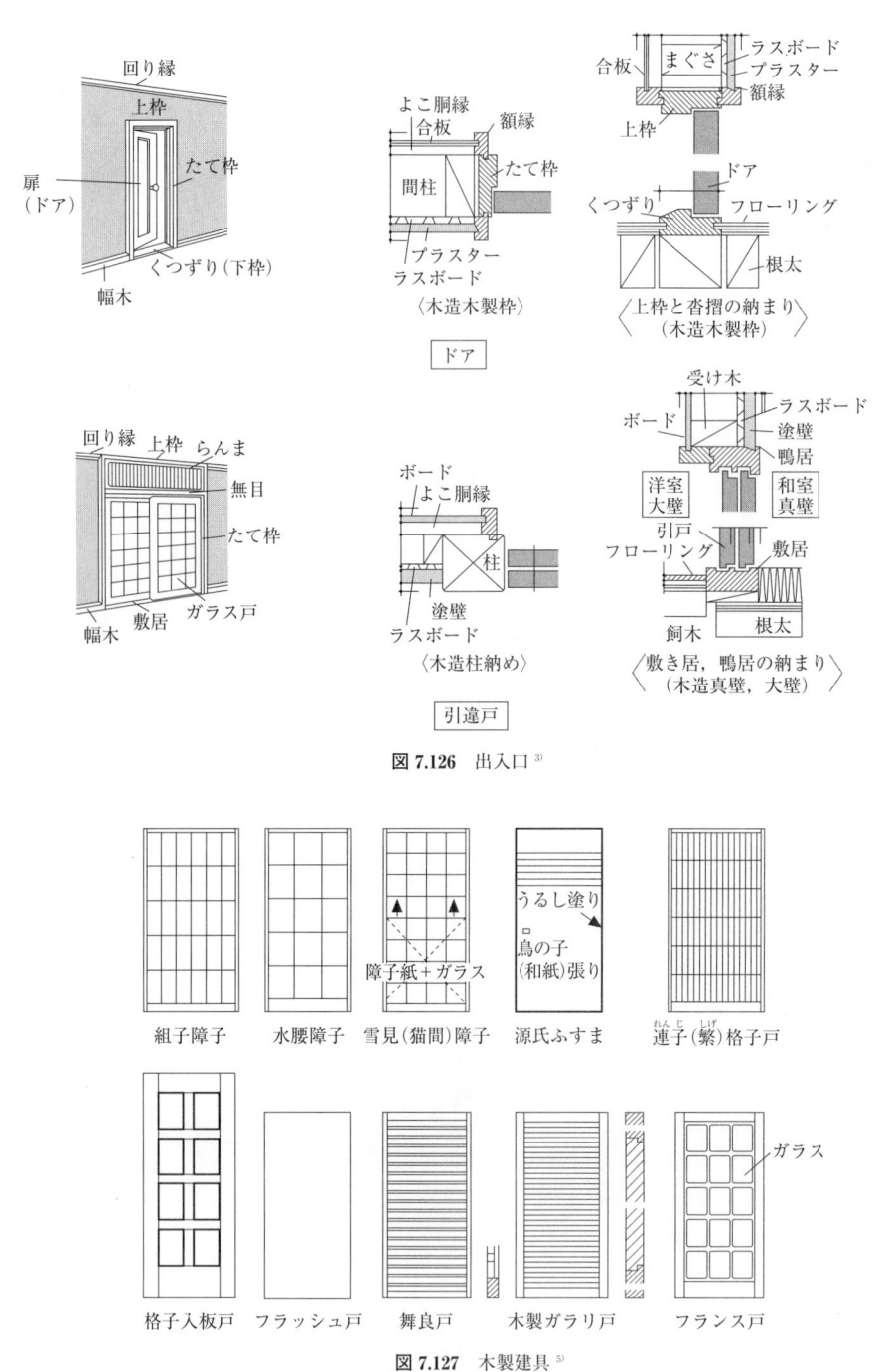

図 7.126 出入口[3]

図 7.127 木製建具[5]

8

住 居 管 理

8.1 住居管理とは

8.1.1 住居管理の概念
(1) 住居管理の目的

住居管理は建設過程で築造された住環境の「安全,保健,利便,快適」の4条件を居住過程で適正水準に維持または回復し,住居の利用価値と財産価値を保全する行為である.そればかりでなく,さらに居住者自身の管理行為が住環境に多義性と愛着をもたらし,独自の居住性を育てる創造行為でもある.

(2) 住居管理行為の分類

①維持管理: 居住環境の整備に必要な作業を伴う行為(たとえば清掃,整理整頓,点検,手入れ,修繕,改良,一部更新,植栽など)

②運営管理: 管理主体者や対象が拡大すると効率面,経営面および主体間の意思の統一をするために組織が必要となる.運営管理は管理のための組織を結成し,運営する行為(たとえばマンションの管理組合,建築協定)

③経営管理: 主に経済的・経営的側面から行われる管理行為(たとえば家賃管理,生計費の住居費管理)

④調和管理: 集住化の進行により生活領域を共有し合う人々が居住環境の快適性を平等に享受できるような生活秩序立てが必要となる.そのための社会的行為(たとえば楽器演奏時間の規制,駐車場や集会所の利用,これらの規則の運用調整)

⑤住生活文化の継承: 住様式,立ち居振舞い,生活技術,通過儀礼,住居観など住生活の中で構築されてきた文化を継承する行為

⑥居住環境政策: 国民が等しくすぐれた居住環境を享受できるように政策を整える行為

次に,住居管理の及ぶ空間は責任と影響から次の4段階がある.

①個人空間: 管理の責任は居住者ならびに所有者にあり,管理の影響が及ぶ範囲は各戸内

②準個人空間(庭,ベランダ): 管理の責任は個人にあるが,影響は個人を超えて及ぶ(たとえば庭の手入れの状態と街路の景観との関係)

③共有空間: 管理の責任と影響が個人を超えて及ぶ共有生活領域の範囲(Common)

④公共空間: 市民がナショナルミニマム(国がすべての国民に保障する最低の生活水準.ここでは,健康で安全な住環境を無理をしなくても得られる水準を指す)を受けるために公的機関が管理の責任をもつ範囲(Public)

8.1.2 住居管理の現代的課題
(1) 住居管理の意義と必要性

今日,住居管理は住宅の安全性,環境保護,住文化の再構築と継承,良質の住宅を常に供給することにより住宅事情を安定させるという4つの意義から必要性が高まっている.阪神・淡路大震災の家屋倒壊の原因にはプラン・構造的弱点,手抜き工事,老朽化に並んで,アリ害が発見され,管理状態の良し悪しが被害の程度を左右したことは周知の事実である.このように,大災害に結び付くシロアリや腐朽菌は高湿度の日本における木質系住宅の老朽の大原因に挙げられる.防朽対策は常に部材の乾燥を心がけ,かつ早期発見,早期修理を心がけることに尽きる.

地震のみならず,日本列島は災害列島と呼ばれるくらいに台風,集中豪雨,豪雪,津波などに襲われる機会が多く,さらに崖崩れ,洪水などの2次災害も多発している.これらの災害の中には個人の努力を超えるものもあるが,大半は日頃の管理のありように負うところが大きい.

一方,住居管理と住宅内事故も見逃せない.イギ

リスでは住宅内事故の8割以上は使い方と日ごろの管理不行き届きであるともいわれている．管理が命と財産を守ることを周知させる住教育が必要である．

また，環境保護の面からも住居管理への期待が増している．日本の住宅の平均寿命は約30年で，アメリカの1/2，イギリスの1/3以下である．第2次世界大戦後に大量供給された劣悪な住宅を払拭する政策と地価の暴騰から，高密利用を促進する更地の評価が高まり，中古住宅市場が育たなかった．その結果，日本の住宅は，経済的な効率を優先した耐久消費財的性格をますます強めてきた．

しかし住宅は，建設時に大量の地球資源とエネルギーを消費すること，除去時にも大量の産業廃棄物を発生する（戸建住宅の寿命が30年の場合，廃棄物の量は生活ゴミの3倍になる）ことから，その寿命の長短は環境への影響が大きい．したがって，住宅の長寿化を図る必要がある．

(2) 住宅政策における管理政策の現状

戦後一貫してきた住宅の質の向上政策は，持ち家に関する限り受容できる範囲を達成し，今後は安定した住生活を実現する時代に入ってきた．良質かつ良好な管理状態の住宅ストックは，質・量ともに社会財の豊かさを増幅させるに違いない．したがって今後，成熟社会の形成のために，できる限り快適に長く住み続けられる対策が不可欠である．その住宅の長寿化の基本になるのが，住宅の維持管理政策である．

従来，住宅管理政策は，公営住宅の管理と住環境整備事業に限定されていたが，近年高齢者対応の住宅改良への融資制度が実現し，マンションの管理認識を広めるなど政策の拡大がみられるようになった．

しかし，単独所有（借家も含む）の住宅に関する管理政策は非常に遅れている．阪神・淡路大震災を契機に，やっとその必要性が認識され始めたところであり，資金，税制も含めた新築住宅政策以上の政策が待たれる．また，管理を手がける技術者の育成政策を開発すべきである．そして適切に管理された住宅を正当に価格に反映することができる中古住宅市場の整備が必要である．〔山﨑古都子〕

8.2 住宅の選択と取得

住宅の取得形態は，20世紀後半以降に大きく変わってきている．かつての住宅取得が，注文建築による持ち家取得と既成の借家取得であったものが，注文建築による住宅取得の比率は減少し，既成の住宅の内容，供給方法，種類等も数多くなってきている．さらに住宅は，単体として考えるだけでなく，集合体として近隣，周辺環境を考慮の中に入れざるをえない状況になってきており，これらの組み合わせで取得形態は多様化しているのが現状である．

8.2.1 住宅の種類

住宅を取得しようとする場合，さまざまな種類の住宅が市場にある．一般的選択の基準となる指標を中心に分類を行うと以下のようになる．

1) 所有形態からみた種類 大きくは持ち家と借家に分けられる．さらに持ち家には，1戸建て持ち家と，共同住宅の持ち家とがある．前者は伝統的形態であるが，後者は都市化の進展に伴って現れた居住形態で，1960年代以降都市部において急速に普及し現在に至っている．1つの建物を複数の世帯が利用するため，その使用と管理についてのルールが重要な意味をもっている．また，建て替えに際しての合意形成も大きな問題になっている．持ち家は，現在では持地持ち家が多いが，借地借家法の改正で，最近定期借地権付き住宅がみられるようになってきている．借家には，その供給者によって民営借家，公共借家，給与住宅がある．

2) 建て方構造からみた種類 建て方は，1戸建て，長屋建て，共同住宅に分けられる．共同住宅は，大都市では半数を超え主要な居住形態になっており，高層化の傾向が近年顕著にみられる．共同住宅は，増改築建て替えについて個人的決断のみでは行えないことから，世帯の成長段階に対する配慮，とくに加齢対応を考えておく必要がある．このほか，木造と非木造，在来構法住宅と工業化住宅などがある．

3) 新築住宅と中古住宅 住宅市場には新築住宅と中古住宅があるが，日本の場合，中古市場はあまり大きくない．一般に中古市場は住宅の1次取得者によるとされていたが，近年では必ずしもそうではない．中古住宅をリフォームする需要が増加しつつある．

4) 公的支援による住宅の種類 日本の公的住宅供給は公営住宅，公庫住宅，公団公社住宅を中心に行われてきたが，現在では転換期を迎えている．公営住宅は低所得層（25％以下）に限定し応能応益家賃を行い，その上の階層（25～50％）には民間とのパートナーシップでアフォーダブル住宅（特定優良賃貸住宅）を供給しようとしているが，多くの問題をかかえている．大都市では老朽化した公的

住宅ストックの建替えに際して，民間との連携でインナーシティの再編に向かおうとしている．

5) 生活を考慮した住宅づくり　近年に至って生活のあり方から考えた家づくりの動きがある．コミュニティをつくりながら住宅をつくる「コーポラティブハウス」や，生活の内容を，世帯を超えて豊かに形成する「コレクティブハウス」である．また高齢者対応のケア付住宅，福祉行政と連携したシルバーピアなどがある．

8.2.2　住情報の入手

20世紀前半までの住宅の取得は，在来木造構法による注文生産によるものが大部分を占め，情報は施工者を中心にもたらされるものがほとんどであった．また，借家選択のための情報も需要が地域的に限定されるため，情報量は多くを必要としなかった．20世紀後半に入ると，人口の社会移動が増加し，需要が広域化して住み替えによる住宅流通が増加するなど，需要の動きが活発化してきた．住宅生産からは，工業化の進展による設備・部品の高度化と多様化は著しいものがあり，材料や構法の進展も大きい．供給方法からみても，注文生産の住宅取得と既製品の住宅購入の間に需要者が参加するさまざまな供給方法も用意されるようになった．また住宅取得のための資金も，公共・民間ともに多くのものがあり，公的な支援策もいっそうきめ細かく用意されるようになった．一方，需要者側の住要求も多様化し，望ましい住宅のために求める情報の種類と量は多くなっている．住情報の種類を挙げると以下のようになる．

- 敷地：都市計画上の土地利用の情報，道路都市施設などの計画の情報，地盤・地質・敷地の経歴に関する情報，土地家屋の権利関係の情報
- 周辺環境：学校・商業施設や交通環境の情報，近隣関係に関する情報
- 住宅価格：住宅流通価格，住宅建設価格，土地価格，家賃に関する情報
- 住宅資金：融資，工事費，税金手数料，公的援助などに関する情報
- 住宅建設：構法・建材・部品・設備，性能，瑕疵に関する情報，建築基準法など法律に関する情報，住宅の間取りやデザインに関する知識
- 供給，施工など：施工業者に関する情報，供給主体，設計業者の情報
- 契約，手続き：建設関係契約および建設手続きに関する情報，売買契約・賃貸借契約に関する情報，登記など権利関係情報，
- 住宅の維持管理：性能保証に関する情報，管理組合などの情報（規約，活動，生活ルール，修繕積立金など）
- その他：住様式・町づくり・インテリアに関する知識，情報提供媒体に関する知識

情報の入手先は，もっとも一般的なものとしては，①雑誌，情報誌など出版物，②インターネット，③住宅展示場，ショールーム，住宅フェア，④パンフレットやカタログ，⑤知人や友人，親戚からの口コミなどがあるが，公正で信頼できる情報提供とともに一元化された情報入手の場が整備される必要がある．

8.2.3　住まいの法律

住宅の選択と取得に関連する法律は数多くある．住宅の供給，住環境整備・所有等権利関係別にみると，表8.1のようなものがある．

表8.1　住宅に関する法律

1. 住宅供給

1950年	住宅金融公庫法
	宅地建物取引業法
1951年	公営住宅法（1996年改正）
1965年	地方住宅供給公社法
1966年	住宅建設計画法
1966年	日本勤労者住宅協会法
1975年	大都市地域における住宅及び住宅地の供給の促進に関する特別措置法
1980年	農住組合法
1993年	特定優良賃貸住宅の供給の促進に関する法律
1998年	優良田園住宅の建設の促進に関する法律
1999年	都市基盤整備公団法
1999年	住宅の品質確保の促進等に関する法律
2001年	高齢者の居住の安定確保に関する法律

2. 住環境整備

1950年	建築基準法
1954年	土地区画整理法
1960年	住宅地区改良法
1961年	宅地造成等規制法
1963年	新住宅市街地開発法
1967年	新都市計画法
1968年	都市再開発法
1997年	密集市街地における防災街区の整備の促進に関する法律

3. 土地住宅の権利

1899年	不動産登記法
1962年	建物の区分所有に関する法律
1989年	新借地借家法
	土地基本法
1999年	マンションの管理の適正化の推進に関する法律

住宅供給に関するものとしては，公営住宅法，住宅金融公庫法，住宅公団法，住宅建設計画法が戦後の公的住宅供給の中心をなしてきた．住宅公団は，現在では住宅都市整備公団を経て1999年に都市基盤整備公団となり（都市整備公団法），賃貸住宅の供給管理も行うが，民間との協力で都市活動の活性化を図るための市街地の整備改善に軸足を移したが，2004年には都市再生に民間を誘導する新たな独立行政法人都市再生機構としてスタートした．公営住宅法も1996年改正で収入階層を限定し，応能応益家賃制度の導入のほか，借上げ公営住宅，買取公営住宅が可能になり，建替えに関しても土地の有効活用を図るなど大きく変化してきている．特定優良賃貸住宅の供給の促進に関する法律は，良質な民間貸家ストック形成を助成するとともに，中堅所得層に家賃政策補助を行うことにより，アフォーダブルな住宅を確保しようとするものである．21世紀に入ってからは，高齢者の住宅確保を図るための賃貸住宅の登録制度，高齢者向け賃貸住宅供給促進を図るための高齢者の居住の安定確保に関する法律が定められている．

供給住宅の質的水準を確保するための法律は，建築基準法の単体規定や住宅金融公庫法の融資条件にも規定があるが，住宅建設計画法により定められた5カ年計画では，最低居住水準，誘導居住水準が1976年より示されるようになっている．5カ年で到達する目標水準を明示したものである．このほか，1999年制定の住宅の品質確保の促進等に関する法律がある．住宅の性能に関する表示基準，評価制度を設け，住宅の品質確保の促進，住宅購入者の利益の保護を図っている．

住環境整備に関する法律としては，建築基準法と都市計画法が土地利用の基準を定めることにより環境の大枠を規定している．用途地域制，建蔽率・容積率・斜線制限・日影規制等があるが，このほか地区計画制度，総合設計制度，一団地認定制度等の環境を保持するための規定がある．また，不良住宅が密集する地区の改良を定める住宅地区改良法，道路・公園等都市基盤整備の不足する地域に等価交換による換地により良好な市街地をつくる区画整理法等がある．大都市人口が増加した時期には新住宅市街地開発法が定められ，人口集中の著しい市街地周辺において全面買収方式により計画的に大規模な宅地や住宅の供給を行っている．これによりスプロールによる低水準の住宅地形成を防ぎ，良好な住環境をもつニュータウンがつくられている．また地震等の災害を予測し，防災上危険な密集市街地の再開発等を促進するための密集市街地における防災街区の整備の促進に関する法律が1997年に定められている．

土地住宅の権利に関するものとしては民法があるが，共同住宅の持ち家（マンション）という新しい居住形態の権利関係を規定するものとして建物の区分所有に関する法律が定められ，これを根拠法としてマンションは増加してきた．さらに，ストックの増加とともに建替えや管理をめぐる問題が顕在化し，マンションの管理の適正化の推進に関する法律が定められている．また1921年以来の借地法，借家法が大きく改正され新借地借家法となり，定期借地権，定期借家権が創設されたことは大きい．定期借地権付住宅が供給され始めている．

日本の住宅関係法には，住居法あるいは住宅基本法というものがないといわれているが，実質的には各法律内に規定されているともいえよう．地方が重視され，自治体による住宅政策が展開されるようになってからは，大都市の多くの自治体では，住宅マスタープランとともに住宅条例，住宅基本条例が策定されている．

8.2.4 住宅の選択

消費者の合理的住宅選択行動を可能にするための条件としては，まず良質な住宅ストックがあることであり，次いで住宅土地価格・性能などをはじめとする比較のための各種情報が必要である．また，住宅取得関連の専門家による指導相談体制の整備も必要である．

住宅取得に至るプロセスをみると，住宅に対する不満や必要性から住要求をもつことに始まる．住要求の内容は，立地条件，間取り，設備，住戸形式などに関するものを中心とするが，1つの理想像としてもつ現実性の低い潜在需要の段階のものから，実現を前提とした計画的なものまである．経済的準備を行って住宅市場に登場し顕在需要となるが，各種の供給住宅からその需要者にとって適切な住宅を選択し住宅取得に至る．選択においては，住要求や経済的に準備されたものによって決まるものが大きいが，世帯構成員それぞれが快適に居住できるか，近隣，地域社会と良好な関係を保っていけるかということなども重要な要素になる．

以上は住み替えによる住宅需要の場合であるが，居住の場を移動せずに住要求を満たす方法として，模様替え，増改築，建て替えによるものがある．これらのニーズは増加傾向にあり，リフォーム市場，建て替え市場は拡大してきている．住み替えによる

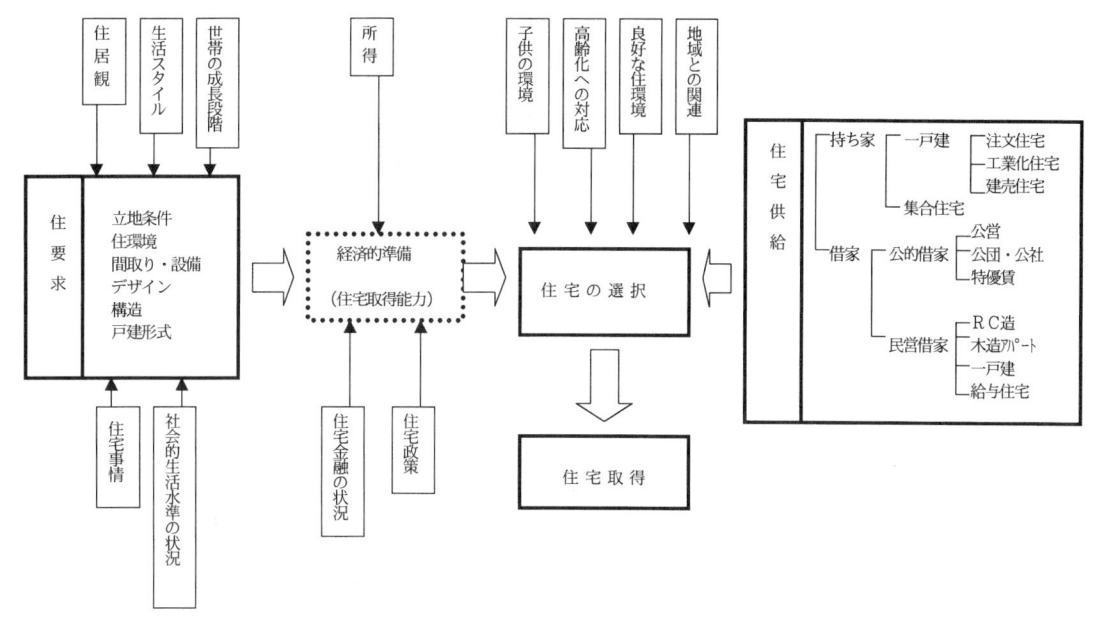

図 8.1 住宅の選択と取得

住要求の充足は個人的判断による選択で行われ1戸建てでも共同住宅でも差はないが,建て替えを選択しようとすると,共同住宅の場合,コミュニティの存続等の利点がある反面,共同住宅居住者の合意形成に年月がかかるなど,選択のもつ意味や幅が大きく異なり,意思決定にはさらに多くの専門的情報を必要とする.共同住宅ストックの増加とともに,共同住宅居住者の住宅選択の意味は大きくなる(図8.1).

8.2.5 住宅の取得

住要求を満たすための住宅取得は,借家入居によって達成される場合と,持ち家取得によって達成される場合とがある.経済的側面からみると,若年層は持ち家取得のための資金調達が及ばないため借家取得が多く,世帯年齢が増加するに従い持ち家取得が増加するのが一般的であるとされてきた.前者は世帯の家賃負担能力内で世帯に必要な住宅規模,間取り,設備の住宅が用意されていれば問題はない.しかし,現状では一般にファミリー層を対象とする規模の借家供給自体が不足している.とくに大都市内部地域ではファミリー層を対象とする規模の借家家賃は,その地域の一般勤労者の支払い可能家賃を上回る.その結果,居住水準を切り下げるか大都市周辺地域に居住の場を求めざるをえない状況にあり,都市内部地域からファミリー層が流出する現象が起きている.

持ち家取得は経済的準備の完了,言い換えるなら住宅資金調達額と,必要とする水準の住宅価格が等しくなった段階で行われる.その世帯の住宅資金調達可能額は,貯蓄額と借り入れ金の合計として算出される.貯蓄額は金融資産と不動産(住宅取得のために処分を予定する不動産)の合計として計算されるが,経済不況の時期には,不動産価格は低下傾向にあり,2次取得に際して有利な条件とはなりえない.近年では2次取得による居住水準のステップアップという取得方法は減少し,若年層からの持ち家志向が高くなっている.借り入れ金は,実収入の25%をローン返済に当てることを基準にして決定されることが多いが,世帯の所得,借り入れ金の金利,借り入れ期間によって定まってくる.資金調達可能額の住宅価格に対する比を住宅取得能力というが,所得水準が上昇傾向にあり,金利水準の低い場合,また公的融資等でより長期の融資が可能になる場合は,借り入れ可能額は上昇する.住宅価格は住宅建設費と土地価格よりなるが,バブル後の地価下落を反映して,とくに大都市では住宅価格が低下傾向にある.近年の金利水準の低下もあり,住宅取得能力は上昇傾向にあるといえよう. 〔加藤由利子〕

8.3 住宅資金と住生活経営費

8.3.1 資金の調達

住宅を取得するためには資金が必要である.調達

表 8.2 住宅取得費内訳

持ち家	借家	
	民間借家	その他
住宅取得のため	住宅取得一時金	公的借家
土地代金	仲介手数料	給与住宅
住宅代金	敷金	
関連費用	権利金	
仲介手数料	礼金	
登記用費用	その他	
税金		

すべき資金の内訳は，取得住宅の所有関係によって異なるが，住宅所有関係別に住宅取得のために必要となる資金の内訳を整理すると，表 8.2 のようになる．以下，所有関係別にその内訳，金額の大きさ，調達方法などについて説明する．

(1) 借家取得の場合

住宅の賃貸慣行は，地方により独特の方法があり一律には論じられない．関西での一般的な慣行は，民間住宅の場合，契約時に家賃，管理費のほか，家主に対して家賃の数カ月分の敷金（権利金）が必要である．この敷金は，借家を退出するとき原則として返済される．しかし，敷金の一部は，入居期間中に入居者の居住によって破損などのあった住宅の補修費補填や，各種のトラブルに備え使用され，その残高が返済されるのが一般的である．預り金の利息は家主で利用する（ただこのシステムは近年，トラブルを引き起こしているケースもあり流動的である）．敷金を権利金という場合は，その用語に関連して居住権などの問題がからむ場合もある．一方，関東では 2 年間に 1 度程度の割合で，家主に礼金（更新料）が支払われる．これは家賃の 2 カ月分程度であり，家主の収入となる．住宅取得時の一時金には，このほか仲介業者に支払う仲介手数料もある．これらの一時金のほとんどが，地域の慣行として継続されてきており複雑である．契約終了解約時，または途中契約解消時，トラブルにならないよう契約内容は家主，借家人の双方で，できるだけ明確にしておく必要があろう．

公的借家についても，金額は少ないものの敷金などの一時金の支払いについては，民間借家のシステムが踏襲されている．

(2) 持ち家取得の場合

持ち家取得の場合，必要となる資金は住宅（土地を含む）そのものの購入費と，購入に関連して必要となる経費の 2 種類に区分される．後者の関連費には，業者に支払う仲介手数料，登記料，取得関連税金がある．また支払いにローンを組む場合には，支払い当事者の生命保険料，火災保険料などが加わる．

借家取得時に比べ，持ち家取得時の必要資金は格段に多くなる．すべてを手持ち資金で賄うことができればそれに越したことはないが，たいていの場合は，一部の頭金の準備後，借金に依存し，ローンを組んで長期間の返済に備えることになる．住宅取得者の収入が少ない場合，頭金を多く準備し，月々の返済は可能な限り少なくする必要がある．

借金にあたっては，公的資金，民間資金を含め，各家計の返済能力に見合った利用をすることが必要である．例外もあるが，一般的に公的資金利用の方が，利子率も低く有利な場合が多い．

住宅取得関連諸費用は，上記の主費用に追加して必要である．住宅取得費のだいたい 3〜5%（中古の場合は，5〜10%）が必要であるといわれている．これも頭金と同様，現金で準備しなくてはならない．

借家の場合と同様，持ち家でも，結局イニシャルコストで現金調達分以外は，ローンや管理費として月々の支払いをしていくことになり，いずれの場合でも，住宅取得関連諸費用はよく似たパターンをとり区別がつきにくくなってきている．

8.3.2 住宅関連融資

住宅関連融資は，とくに利子率の低下で近年利用が容易になってきている．住宅融資には，表 8.3 のような種類があるが，借り手に条件がある．

近年，融資の条件は緩和されてきているが，借りた金は返済が必要であり，将来の各人の返済能力や，不確実性の高い将来の経済変動を見越し，無理のない返済計画を立てる必要がある．

表 8.3 の中で住宅金融公庫の融資は，①自分で所有し，居住する予定の住宅を建設，あるいは購入しようとしている人，②借り入れようとする金額の 5 倍の収入のある人（家族の合算でもよいなど緩和条件あり），③年齢制限 70 歳（親子で借りる場合は緩和条件あり），④公庫融資保証協会の保証を利用す

表 8.3 資金調達に利用可能な金融機関

・住宅金融公庫
・年金住宅融資
・財形住宅融資
・自治体融資
・民間住宅融資

ること（原則），⑤国籍条項（日本人）などの条件をクリアできる人ならだれでも利用することができる．一般的には，まず住宅金融公庫の融資を限度額まで借り，その後で他の融資を組み合わせることになる．住宅金融公庫の融資は2001年12月の閣議決定「特殊法人等整理合理化計画」により，融資内容の重点化，スリム化，民間住宅ローン債権の証券化支援事業の創設等が採用されている．

借り入れ金の返済方法には，元利均等払い方式と元金均等払い方式の2通りがある．勤労者など定期的な一定収入で生活している人たちには，返済金はある程度決まっていることが必要であるが，元利均等払い方式では，利子＋元金の返済金総額を返済期間に均等に割り振った返済方法になっている．また元金均等払い方式では，元金のみを返済期間に均等に割り振り，その後各返済期に見合った利子を支払っていこうとする方式である．この方法では，初期の利子の金額が大きくなるため，毎会計期の収入が一定額に決まっている人の場合は，返済しにくい面をもっている．しかし，返済総額はこの方法の方が少なくてすむ．とくに返済金利が高い場合はその差は大きい．

8.3.3　住生活経営費

これは，住宅取得のみに費やされる費用のことではなく，住生活をしていくうえで必要となるすべての費用のことを指す概念である．表8.4は，その内容を持ち家世帯，借家世帯別に整理したものである．これによると，両者間には，その内容にずいぶん大きな違いがあることがわかる．しかし，いずれの場合も各世帯が「住生活を営むために必要な費用」であるから，「住生活経営費」あるいは「住居費」であることには違いはない．

さて，この「住生活経営費」は当該世帯の住生活水準を計る指標と考えることができ，たいへん重宝な情報となる．「住生活経営費」データを検討することで各種集団や階層の住生活の内容や問題などを抽出することができ，ひいてはそれらの問題点に関連して定量的コントロールを伴う形で，地方自治体や国の住宅政策にその結果を生かしていくことができる．対象となる集団の「住生活経営費」の支出を促し，あるいは躊躇させる要因とその数量的程度がわかれば，その結果を住宅政策をはじめ国民の住生活水準をコントロールする必要のあるあらゆる場で使用することができる．医学における病理学のように，住生活経営費支出行動の解明は，われわれの住生活の向上のために必要な基礎科学であるということができよう．

住生活経営費の支出決定要因を検討した結果，これまでの検討ではその要因として，家計の所得，物価の上昇，家族人数，住宅の古さなどが抽出されている．住生活経営費の大きさとこれらの要因との関係は，次式による重回帰分析から，「所得弾力性係数」「価格弾力性係数」「家族規模の弾力性係数」などで計測され示されることになる．

$$y = f(x_i)$$

ここで，y：住生活経営費，x_i：yの支出決定要因，$i = 1, 2, 3, \cdots$を表す．

これらの係数（パラメータ）は，要因となる変数が1単位（あるいは%）増えたとき住生活経営費がどれだけ増減するかを示すもので，その要因が住生活支出行動に働きかけるインパクトの強さを端的に示している．

ところで，住生活経営費によく似た概念として住

表8.4　住生活に必要な費用

持ち家世帯	借家世帯
土地取得費	地代
住宅取得費	家賃
住宅ローンの支払い	—
修繕費	—
固定資産税	—
住宅関係火災保険	—
家具・家事用品費	家具・家事用品費
光熱・水道料	光熱・水道料

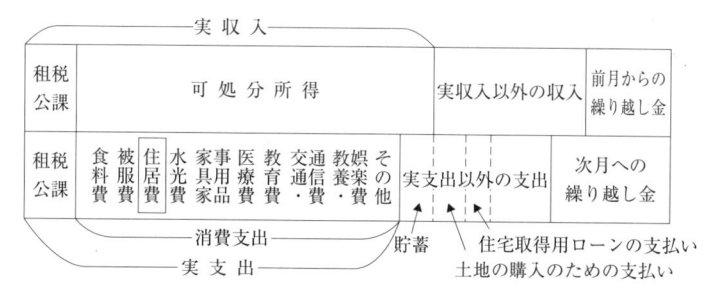

図8.2　家計の収入と支出

居費という用語がある．住居費は，これまで2通りの意味で理解されてきている．1つは住生活経営費と同義である．もう1つは会計学専門用語としての意味で，「家計費の実支出項目・消費支出の大項目の一つ」を示す概念である（図8.2参照）．この図を表8.4に重ねてみると，「住生活経営費」の方がずっと広い概念であることや，住居費はとくに持ち家の内容と乖離が大きいことなどがわかる．家具・家事用品，光熱・水道料を除くと，住居費概念は，借家の住生活経営費により近いことが理解される．

これまで日本では，「住居費を問題にする」ということは「借家の住生活経営状況を検討することである」という暗黙の了解があったことが読み取れる．しかしながら，戦後は戦前に比べ持ち家率が6割前後で推移しており，借家の家賃，地代のみを検討する研究方法は，時代を反映していないといってよい．

住生活経営費に対する日本の家計の支出行動については，借家，持ち家で所得弾力性係数がそれぞれ「－」，「＋で1以上」になる傾向があることや，価格弾力性係数は「－」になるが，公営住宅などに限定すると「＋」に転ずる．また，家族規模弾力性係数は，借家家計で「－」に，持ち家家計で「＋」で1～3程度になることなどが計測されている[1]．

8.3.4 住まいの税金

住宅の取得・所有・売却時などに，国税および地方税がかかる．住宅の取得時に支払う税金としては，不動産取得税（地方税），印紙税，登録免許税（国税）がある．これらは，取得建物および土地別にそれぞれ税率が決められ課税される．この中では，不動産取得税のウエイトがいちばん大きい．

住宅所有時にかかる税金には，固定資産税，都市計画税（地方税）がある．これは毎年1月1日に各市町村の固定資産台帳に記されている土地物件にかかる税金で，所有者が支払う性格のものである．都市計画税は，都市計画法による市街化区域内の住宅用地および建物にかかる税金である．売却時（譲渡時）にかかる税金には，取得税（国税）と住民税（地方税）がある．いずれも一定の条件があれば若干の減額措置がある．内容はケースバイケースである．

〔関川千尋〕

参 考 文 献

1) 関川千尋：住居費・住居費関連支出の分析的研究，p.215，京都大学学位論文，1984．

8.4 住宅の維持管理

8.4.1 住宅の損耗

住宅は竣工のときを頂点に，しだいに汚れそして傷みが増してくる．木造住宅では構造部材の腐朽とシロアリの被害がもっとも大きな損傷である．鉄筋コンクリート造では，コンクリートの中性化と酸，塩類との接触に加え，水の介在が鉄筋の錆を招き，構造耐力の減退となる．一般に，住宅の損傷にかかわる要因としては，水の関与が挙げられる．住宅は水によって徐々に劣化が進行するので，それを防ぐことが重要となる．

住宅にかかわる水には，主として次の4つが挙げられる．①雨水，②生活で使う水，③地面から蒸発する水，④結露で生じる水である．

①雨水： 屋根瓦の破損とずれから生じる雨漏り，外壁の亀裂や接合部からの雨水の浸入，樋のつまりや破損によってあふれた雨水の外壁への供給，2階以上のベランダの排水不良や防水機能の低下から内部の材料への雨水の浸入などが，また，雪国では屋根に積もった雪が，暖房で暖められた屋根に接した部分からとけるいわゆる「すがもり」による屋根裏や軒先への水の供給が考えられる．

②生活水： 生活水は，浴室，台所，洗面所，トイレなど水回りで多く使われる．中でももっとも傷みが早いのは，浴室であるといわれている．とくに窓がなく換気の悪い浴室では，蒸気の逃げ場がなくカビの温床になりやすく，また敷居などの木部が腐朽しやすくなる．台所，洗面所，トイレもたくさんの水を使うので，それらの水が排水管から下水道にうまく流れているかが大切であり，こぼした水の後始末もきちんとしておかねばならない．

③地面から蒸発する水： 床下がかかわりをもつ．布基礎になった現在の住宅の床下通風は，床下換気口が頼りである．風の通りやすい換気口計画など，設計時点での配慮に加え，住み手は換気口の前にものを置かないように，草が繁らないように気をつける必要がある．床下が湿っていると，とくに木造では土台，大引き，根太，床束など木部が腐朽したりシロアリの被害を受けやすくなる．

④結露で生じる水： 冬の朝，ガラス窓についた水滴がもっとも身近で，これを表面結露という．これは，暖かい室内と寒い外気の温度差から生じるが，この水を放置しておくと，敷居に水が溜まり，木部に伝わって腐朽の原因になる．浴室の窓に溜まった水も同じことである．外壁に面した内壁，とく

に北側では結露が生じやすいので，風通しを遮らない家具の置き方や，押入れの中の収納の仕方に工夫が必要である．結露水でもっとも問題になるのは，外壁と内壁の間，天井裏，床下などで生じる内部結露である．住み手が直接みることはできないので，知らない間に腐朽が進みがちである．これについては，住宅を建てるときの壁の構成や施工法が重要になってくる．とくに断熱材の誤った施工法が，内部結露を生じさせることが多い．防湿層が室内側になっているか，空気層が正しく設けられているかは重要であり，施工途中でのチェックが必要である．

鉄骨造では，水に加え，地域の空気の汚染状態が鉄骨の錆の進行に影響を与える．化学工業地帯など地域によっては，耐食性の鋼材を選ぶことのほか，塗料などによるコーティングで材料を守ることが必要になる．

その他，構造体に直接被害を及ぼすものではないが，年月を経るにつれ，階段，床板，造作材や建具材に人為的損傷である摩耗が生じてくる．また，長期間にわたり紫外線や風雨，塵埃などの影響を受けて徐々に材料が風化していく現象もある．これは材料の表面から劣化が進行し，内部に深く局部的に進行することはない．

8.4.2 耐用年数と点検・修理

住宅の耐用年数とは，住宅が建ってから住宅のもつ種々の機能が果たせなくなるまでの年数をいう．日本の住宅の耐用年数は諸外国に比べるとかなり短い．老朽化が進み，住宅の主要な部材が物理的に寿命に達し，技術的にはこれ以上修理が不可能で，大地震や大型台風などの外力に対して耐えることが限界である時期を構造的耐用年数という．一方，機能的耐用年数といわれるものもある．技術の進歩により新しい設備機器が住宅に導入されたり，生活様式が昔とは変わってきたのに建物がその変化に対応しきれなくなるときである．家族構成や人数の変化，子どもの成長や家族の高齢化による住要求の変化，家電製品の導入による電気容量不足，台所や浴室設備の改善などその要求はさまざまであり，それらは家族周期や社会的時代背景により変化する．この要求に対して，まずは増築や改造，修理によって機能を更新させることを考えるのであるが，そうするよりも建て替えた方が経済的であるとか，より便利に快適にするためには建て替えた方がよいという判断が下されると，構造的には耐えられるけれども壊されることもある．また，ある地域の再開発計画や道路，ダムをつくるためなどの社会的要求から住宅が終末を迎えることもあり，これらを社会的耐用年数という．

統計によると，日本において平成9年度には約24万棟の住宅が除去された[1]．その内訳は33％が老朽化のため，すなわち構造的耐用年数によるものであり，残りはその他の理由によるものである．社会の変化が目まぐるしくなった現代では，機能的耐用年数や社会的耐用年数は構造的耐用年数よりも短いことが多く，日本ではその傾向が強い．

構造的限度に至らず使用可能なものを壊すのは，資源や社会資本のむだ使いであるとともに生活文化の継承も断ち切られる．時代の変化による機能低下への対策として，将来の変化をできるだけ予測し，柔軟に対応できるように計画しておくことが大切であり，メンテナンスを繰り返しながら，長もちさせる努力が必要である．

住み手によるメンテナンスは日常の清掃にはじまり，定期的な点検と，劣化している場合には修理が必要となる．点検は，住宅に入居する前，住宅の保証期間が切れる前，台風や大雨の前後，あるいは毎年日を決めるなど，意識的に行う方がよい．点検箇所は，屋根，樋，外壁など雨水に関係するところ，敷地内の水はけ，浴室や台所など水回りを中心に行う．また，修理が必要であれば早い方がよい．建築後1,2年目は施工不良などをみつけやすい時期である．5年目ごろには木部や鉄部の表面が傷み始めるので，塗り替えの時期でもある．以後塗り替えは短いサイクルで周期的に行う必要がある．10年目ごろは設備類の故障が起きやすい時期であると同時に，外壁の塗り替え，樋の交換など，外部も視野に入れ，住宅全体の総点検をしたいときでもある．以後節目節目に点検，修理を繰り返しながら住宅の耐用年数を延ばすことは環境保全の意味からも大切なことである．住宅内部についての予防策としては，窓を閉め切った生活をせず，しっかり換気をし，通風を図ることが大切である．

8.4.3 清掃と手入れ

清掃は，汚れを除去し傷みを防ぐとともに，快適で健康的な環境を維持するという重要な役割をもっている．住まいの汚れは，ほこりが付着したり，水や油などが原因となるほか，手すりやスイッチ回りなどのように人が触れることによる場合などさまざまである．

昔の日常清掃法は，はたきでほこりをはたいて箒で掃き出し，敷居や床板を雑巾で水拭きするのが常であった．1960年代になると家電製品が暮らしの

中に普及し，家事労働が機械化されて，時間と労力が軽減された．洗濯機，炊飯器，冷蔵庫は家事労働の省力化に大いに貢献した．掃除機は時間や労力の面での大きな改善はみられなかったが，ほこりを舞い上がらせない衛生的な方法であるという質的な面が向上した．1960年前後の清掃に関する研究は，電気掃除機がほこりを舞い上がらせないことを証明する報告[2,3]が多かった．電気掃除機の普及率が90%を超えたのは1970年代であったが，1990年代には普及率が100%を超え，1家に2台の時代になってきた．現在日常的な清掃は掃除機が中心になっており，床を雑巾がけすることは少なくなった．

清掃を短時間に手間をかけずにしかもまんべんなく行うためには，計画を立てて実行するのが効果的である．家族が毎日使用するところ，汚れやすいところは毎日掃除をし，日常あまり使用しないところは週単位で，金属，ガラス磨きなどは月1回を毎日の掃除に加えて行うなど，計画は，家庭の生活状態や汚れの度合いを考えて，毎日，週，月，年間の掃除に分けて組み合わせる．

効率のよい清掃は，まずは汚さない工夫をすること，汚れたらすぐ拭き取ることが原則である．初期であれば簡単に除去できる汚れでも放っておくと化学変化を起こして強力な洗剤や道具が必要となり労力もかかる．汚れを溜めないこと，しかも無理をしないことが長続きの秘訣である．

掃除機が普及した1970年代ごろから大掃除の習慣がしだいにすたれてきた．昔に比べ密閉型の住居になり，ものが増え家具が壁面を覆うようになった現代こそ，年に一度は大掃除をして，家中に風を通すことが必要である．それは，結露やカビ，ダニの発生を抑制する意味からも，また住宅の傷みを発見する意味からも効果的であるので，春，秋の晴天日または夏休みに家族そろっての大掃除を計画することを勧めたい．

最近，住宅の洋風化に伴って吹き抜けやはめころし窓，片開き窓などが取り入れられているが，手が届かず清掃ができないケースが散見されるようになった．とくに2階以上の窓の場合にはただガラスが汚れていくのをみつめるだけとなる．また，狭い空間での洗浄装置のついた洋式トイレの床もかなり清掃が困難である．手が届かない場合は，当然のことながら清掃ができないので汚れは溜まる一方である．快適を求めて設計したものの，数年経つと不快な空間になるということは避けたいものである．

従来，オフィスの清掃が中心であったハウスクリーニング業が，しだいに家庭に入りつつある．建築材料の多様化，前述のような構造の複雑化による清掃困難なども普及を促していると考えられる．他人に日常生活をみられる点，費用が安くはないという点などまだ抵抗感もあろうが，家全体の清掃のほか，部分的な清掃も可能であり，忙しい人，高齢者，掃除が不得意な人などには利用の仕方によってはメリットがあろう．

8.4.4 リフォームと増改築

住宅のリフォームも増改築も住宅の老朽化だけではなく，家族構成やライフスタイルの変化に対応して，住生活をグレードアップさせるために行われる．住宅の中でリフォームの要求が高いのは水回りである．水回りは，水を扱うので汚れや傷みが早く，ある年月が経つと設備や配管の故障や寿命がくること，一方，機能が向上しさらに使い勝手のよい設備が出現することなどがその関心を高めるきっかけになっている．そのうえ，生活をエンジョイする気風の高まりで，機能面だけではなく，デザイン的にも満足されるものであることが求められている．

居室を模様替えするのも，壁紙など内装材のはがれや汚れがきっかけになることが多い．畳や建具の交換もある．

子どもの成長や独立，家族の高齢化に伴って起こる住まい方やライフスタイルの変化は，間取りの変更や増築の必要性を生じさせる．それらの要求は住宅の年数より家族の年齢との関係が深い．家族の高齢化によって起こるリフォームには浴室やトイレ，長い廊下などに手すりをつけたり，玄関や住宅各所の段差の解消などの要求が生じる．

増改築の費用は，新築のときよりかさむ場合がある．取り壊しの作業に加え既存部分を補強しながら進めていくので，その分の材料や手間代がかかるからであるといわれている．増築では平屋に2階部分を乗せる場合がある．この場合には，基礎，土台，柱などが2階部分を乗せても耐えられるかどうかの確認が必要で，工事担当者との十分な打ち合わせが大切である．また，増築の場合には，既存部分と接合部との関係がデザイン的にも構造的にも配慮が必要なところである．

リフォームはたとえ一部分の改造であっても，生活の仕方を見直すチャンスである．家族で家に対する考えや不満を出し合って，間仕切りを替えたり，窓をつけたりなど，予算内での実現に向けて，建築家と相談しながら理想の住まいに近づけられるよう楽しみながらの工夫ができるとよい．リフォームは基本的には住みながら行われる．騒音やほこり，職

人の出入りなどで日常生活は落ち着かない．そのため，できるだけ短期間での完成が望まれ，雨の多い季節は避け，晴天の続くころを選ぶのがよいと思われる．

最近問題になっている化学物質過敏症は，新築時のみならずリフォーム後にこの症状を訴える人も多い．そうしたおそれのない内装材や施工法を選ぶことが大切であるが，でき上がった後の十分な換気が不可欠である．

従来，集合住宅での増床は一般的にはむずかしいとされてきたが，公営・公団住宅では，2戸の住宅を1戸にして増床することが行われている．住宅のグレードアップのためには，建て替えも考えられるが，構造体に支障がなければ，リフォーム，増改築で部分的に対応した方が経済的であるし，環境保全の点からもよいと思われる． 〔疋田洋子〕

参考文献

1) 建設省建設経済局調査情報課監修：住宅統計年報（平成10年度版），pp. 504-505, 1998.
2) 奥山 静：浮遊塵埃の研究．家政学研究，4(1)：2-6, 1957.
3) 市川一夫・深瀬亀美：家庭用電気掃除機に関する研究—その1—，電気掃除機と箒による畳掃除の比較．家政学雑誌，13(5)：381-385, 1962.

8.5 住生活の管理

8.5.1 住生活管理の意義とその変遷

住宅を人の生活の場として，その機能を発揮させ維持していくためには，①住居を能率よく，気持ちよくして住みやすくする，②住宅をできるだけ経済的に運営する，③住宅をできるだけ長もちさせることが必要であり，これらの行為をまとめて一般的に住居，あるいは住生活の管理といっている．これら行為のうち，住居を能率よく，気持ちよくして住みやすくするための行為が生活管理であるが，ここではこれを住生活管理と捉える．この住生活管理は，これまで個人的な住居内の管理を対象としていたが，今日では集合住宅居住が一般化することにより，集まって住むという住生活に対する管理も含まれるようになった（現在では，集合住宅の管理として扱われている：8.7節参照）．

なお住生活の管理は，日本では農村の生活改善や不良住宅地区の改良などを通して明治時代から実施されてきている．たとえば農村の生活改善としては，冠婚葬祭の簡素化，作業服の改良，かまどの改良，食生活の改善，台所の改善など，生活の向上を考える農民を育てることを目的としていた．その後新しい住環境（団地生活）の出現により，新しい生活様式への誘導，定着のための住生活管理が建設供給者により運営され，とくに集合住宅では戸建て住宅とは異なる管理方式が必要となり，住生活管理もその一部として実施されている．

住生活管理の目的である快適な住環境を確保するには，住生活の能率化と調和化が挙げられる．

(1) 住生活の能率化

住生活で行われる各種生活行動を，円滑にむだなく行うためには，作業能率の上がる設備や機器を導入する，住居内の各空間における設備や器具などの配置を効果的にする，すなわち作業環境をよくすることが必要である．これらの能率化を計る基準となるのが時間であり，われわれが消費するエネルギーである．これら時間やエネルギーをいかに有効に管理するかが，住生活管理のポイントといえる．

● 時間： われわれは1日24時間という時間をもって生活をしている．一般的に生命を維持するための必需行動時間，仕事，家事，学業などの拘束行動時間と趣味・娯楽，行楽，スポーツなどの自由行動時間から1日の生活時間は構成されている．この生活時間の配分は，性別，年齢，時代などにより異なるが，この3つの時間のバランスがとれていることが望ましい．

● エネルギー： 「住宅は，消費されたエネルギーを再生産する場である」といわれているように，食べものの形で摂取した化学的エネルギーを身体の中で熱エネルギーに替え，そのエネルギーを消費することによって，人間は生活している．生活行動がきつい労働であるほど，また時間がかかるほどその消費量も多くなる．したがって生活空間，設備，器具などの配置が（垂直的にも，水平的にも）適切でないと作業量が多くなり，消費するエネルギーも多くなる．

時間，エネルギーを有効に使用し，住生活の能率化を図るには，作業の単純化の原理を応用するのが望ましい．

(2) 住生活の調和化

住生活管理の目的を果たすもう1つの側面である住生活の調和化とは，多くの人々が共有する居住環境を快適にするために，おたがいの生活に秩序をつくる行為のことである．

住宅は1戸だけで存在しているのではなく，近隣とのつながりの中で存在している．これまでの日本の住生活は，血縁や地縁によってつくられてきた人

間関係により形成された居住地域において，相互に助け合いながら生活するという関係で成り立ってきた．しかし今日，生活行動の広がりや住戸形態の集合化などにより，地域とのつながりも変化してきている．したがって，これまでのおたがいの気配りや相互扶助意識による地域とのつながりはむずかしくなってきたことにより，住生活上のルールをつくり，地域あるいは住宅の規約に明文化する必要性が出てきた．すなわち住生活のルールは，生活様式の異なる近隣間の相互迷惑を調整するために欠かせないものとなっている（たとえば騒音，ペット，生活廃棄物の扱い，共用部分の使用など）．

この住生活上のルールによる住生活の調和化の達成は，その地域あるいは住棟の居住者の交流をいかに円滑にするか，また交流しているかに関係する．

8.5.2 暮らしの四季と住生活
(1) 四季と住生活

日本の住宅が蒸し暑い夏をむねとして考えられてきたように，住生活においても日本特有の自然環境とは切り離せないことから，住むための多くの智恵を生み出し，四季感のある住生活が行われてきた．

とくに，日本人は視覚，聴覚，嗅覚，味覚などすべての感覚から四季の変化を感じ，それに対応することにより生活を潤いのあるものとし，また豊かさを味わっているといえよう．しかし冷暖房の普及や新建材の発展などにより，日本の住生活は，急速に季節感とは無縁な生活へと変化している．時間に追われた生活，限られた住空間（もので取り囲まれた）など多くの人々が，貧しい住環境におかれている今日，人間らしい生活を確保するためにも，再度季節感を見直すことが必要であろう．

●春：春は草木が芽生え，気分的にも明るくなる季節である．それと同時に，室内の汚れが急に気になる季節でもある．したがって，暖房器具や暖房により汚れた壁などの手入れが必要となるが，その他春の湿気をとり，夏の害虫の発生を防ぐための大掃除も欠かせない生活の管理の1つである．これまで隣近所などそれぞれの地域で一斉に大掃除が行われてきたが，床材の変化や畳の部屋の減少，つき合いの変化などにより，最近ではほとんど行われていないのが現状である．しかし，うっとうしい梅雨どきを快適にすごすためにも，外回りの点検（とくに水はけ）が必要である．

●夏：夏は涼しく住む工夫と湿気対策が必要である．この季節の生活に当たっては，ガラスの食器に食材を盛り付けたり，襖を外して簾や暖簾をつったり，打ち水をしたりなど涼しさを演出する工夫が種々なされてきている．とくに食生活，衣生活においては，この季節感への工夫は比較的簡単になされているが，住生活に関しては冷房機器や除湿器など電気機器に頼る傾向が強く，季節感のある住生活をしようとする意識は，都市住宅では希薄になっているといえる．まず住空間を埋め尽くしているものを整理することが，暑さをしのぐための簡単な対策といえる．

●秋：秋は台風の季節であり，毎年風水害による住宅の被害は多大である．したがって台風への備えが重要となる．またこの時期は乾燥する時期であることから，昔から衣類の虫干しや畳の表替え，大掃除などによる管理がよく行われてきた．一方，読書や音楽など落ち着いてできる季節でもある．したがって家族の交流が落ち着いてできる雰囲気づくりも重要である．壁の材質や色彩を暖色系統にしたり，全体照明と部分照明を適宜組み合わせて，空間に適当な明暗をもたせるような工夫をすると効果的である．

●冬：この季節は寒さを防ぐことが住まい方のポイントとなるが，今日では暖房機器，断熱材の発達によりかなり快適な生活が可能となった．しかし換気などにより新鮮な空気の流入を怠ると窒息などによる中毒死という事故も生じる．冬の寒さは温度だけでなく，風や湿度，室内の色彩，食べものなどとも関係が深い．とくに，殺風景になりやすい住空間を暖かい雰囲気に演出することが必要である．たとえば，暖色で暖かい感触をもったカーテンやカーペットの利用，観葉植物やドライフラワーなどのルームアクセサリーの利用が挙げられる．

(2) 年中行事と住生活

四季折々に生活のリズムを与え，家族のきずなを結ぶものとして年中行事が行われてきた．表8.5に示すように，日本の年中行事にはかなりいろいろなものがあるが，大きく，伝統的な行事，新しい行

表8.5　年中行事の分類

伝統的な行事	人生節目の行事	新しい行事
正月，七草	子どもの日	バレンタインデー
節分，ひな祭り	母の日	クリスマス
花見，花祭り	父の日	ホワイトデー
お盆，彼岸	敬老の日	ハロウィン
月見，七夕	還暦	結婚記念日
冬至	命日	
大晦日	誕生日	
小正月	成人の日	
	七五三	

事，人生節目の年中行事などに分けられる．

そのうち9割の家庭が行っているものは正月のみで，次に多いクリスマスが約8割，節分とお盆，子どもの誕生日が約6割の家庭で行われているのが目立つ程度で，その他の行事の実行率は非常に少なくなっている．とくに伝統行事は年間の節目に神を迎える行事，すなわち神と人のきずなを結ぶ機会として行われ，それぞれの家のやり方で室礼(しつらい)の準備や後片づけがなされ，伝承されてきた．しかし今日，その行事の意味や技術の伝承意識が薄れ，西洋に由来する行事や，人生節目の行事の方が手軽に実施されつつあるのが実状である．なお年中行事の由来としては，健康，成長，宗教観，人間関係などが挙げられるが，いずれも暮らしを円滑にしたり，住まいのメンテナンスをする機会を与えたりする配慮がなされていることを考えると，一概に否定するものであるとはいえない．したがって年中行事の利点を見直し，それぞれの家庭に合った年中行事を確立，維持していくことが必要であろう．

8.5.3 家事労働の合理化と外部化
(1) 家事労働とは

家事労働とは，家族それぞれが日常生活を円滑に営むことができるように行われる労働である．労働することにより収入を得られる職業労働とは異なり，無償の労働であるというのが特徴である．しかし家族の安全や健康の確保，家族生活に快適性をもたらす重要な労働である．

一般に洗濯，アイロンがけ，調理，後片づけ，掃除，乳幼児の世話，つき合い，買い物，家庭事務などその内容は多様である．しかもその作業量は，家族構成や生活条件，家族それぞれの考え方，居住地域などにより異なる．

これら家事労働は，これまで主に主婦が支えてきたが，昭和30年代からの耐久消費財，とくに家事労働を合理化する電化製品の普及および女性の社会進出の一般化などにより，家族の家事参加はかなり容易になってきた．その結果，家事労働に対する意識も変化しつつある．しかしその反面，家事労働行為そのものを疎んずる考えもまだ根強く残っているのも事実である．すなわち，家事労働そのものは毎日同じ作業の繰り返しであり，また経済的価値が評価されない無償の労働であることなどがその理由となっている．

(2) 家事労働時間と生活時間

「国民生活時間調査」（NHK放送文化研究所，2000年）によると，家庭婦人の家事労働時間は平日7時間12分，日曜5時間52分であり，女性有職者は平日2時間53分，日曜4時間21分である（図8.3）．女性有職者の家事労働時間は家庭婦人に比べ非常に短い．また家庭婦人は平日に比べ休日の家事労働時間が短いのに対し，女性有職者は休日の家事

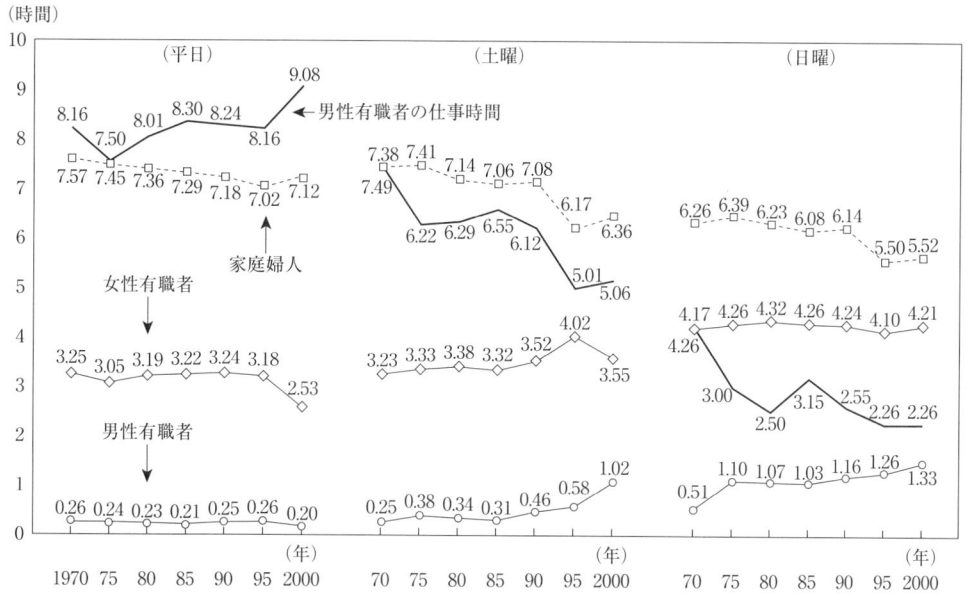

図 8.3 家事労働時間の変化（国民生活白書，平成9年版，p.84．2000年のデータはNHK放送文化研究所「国民生活時間調査」による）
女性有職者の1995年のデータは調査方法が異なるため，直接比較はできない．

労働時間の方が長くなっており，かなり負担がかかっていると考えられる．しかも 2000 年の国民全体の家事労働時間は 1990 年に比べやや減少傾向にあるものの，それほど大きな変化はみられないのが実状である．一方，2000 年の成年男性（全員平均）の家事労働時間をみると，平日 36 分，休日 1 時間 21 分であり，1990 年の平日 33 分，休日 1 時間 16 分に比べ若干ではあるが増加している．この家事時間の増加分は家事雑事，買い物，子どもの世話など，補助的・周辺的家事労働によるものとなっており，男性の家事参加はまだ非常に少ないのが実状である．しかしこれからの家事労働は，これまでのように単に家庭内の家事作業だけではなく，消費者としての活動，情報の取捨選択作業など新しい作業が加わってくる．すなわち女性だけでなく，家族のすべてが参加していかなければならなくなっているといえよう．

(3) 家事労働の合理化

家事労働の合理化は，個人的に解決できるものと社会的に解決しなければならないものとに分けられる．

個人的に解決する方法としては，①家事技術を習熟する，②家事労働の計画を立てる，③作業方法，作業条件を改善する，④家事労働を分業，協業するなどが挙げられる．一方，社会的に解決する方法として，家事労働の共同化，社会化がある．家事労働の社会化は，たとえばインスタント食品や冷凍食品の利用，電気機器の利用，クリーニング店の利用など，今日では既にこれらの利用は一般化している．この社会化をどこまでするかは，それぞれの家庭の経済的条件，生活時間，生活に対する考え方により異なってくる．

また家事労働の共同化としては，たとえば共同保育，大量炊飯，ランドリーの共同利用などがある．共同保育はかなり行われてきているが，社会化に比べ共同化は遅れているといえる．家事労働作業を共同化した生活を主体とするコレクティブハウスなどは，これからの社会的解決の 1 方法として考慮すべきであろう．

最近ではコンビニエンスストアや外食産業の発達により，家で調理をしない，すなわち家事労働を外部化する家庭も増えつつある．

(4) これからの家事労働

今日われわれは多くの情報に取り囲まれて生活しているが，これら情報を取捨選択し，行動を決定していくことが重要となる．とくに電子技術の発達によるコンピュータにより効率的にコントロールできるホームオートメーションの出現は，われわれの生活をより安全に，快適に，さらに能率的にしてくれる．家事労働も簡略化されていくと思われる．しかし，家庭として備えておくべき機能が失われる危険性もあることを忘れないようにしなければならない．

8.5.4 居住関連施設とサービスの利用

「東京で学んで遊び，長野に職を求め，子育ては北海道で」という新国民生活指標が経済企画庁の調査で発表されている（1997 年）．この指標は，暮らしの豊かさを 8 分野で数量化し，単純平均した総合評価から都道府県別の順位を出したものである．この 8 分野というのは住む，働く，育てる，遊ぶ，癒す，費やす，学ぶ，交わるなどにそれぞれ該当する 140 を超す経済社会指標を利用しているが，その多くに居住関連施設やサービスに関連する指標が挙げられている（たとえばコンビニエンスストア数，図書館数，救急病院数，大学数など）．これら居住関連施設・サービスは，図 8.4 に示すように，住宅の質を構成する重要な要素の 1 つである．

(1) 居住関連施設

生活するに当たっては，住宅だけでなくさまざまな施設が必要である．これら施設としては，学校教育施設，文化施設，医療保健施設，社会福祉施設，商業施設，レクリエーション施設，保安・防災施設，情報施設など種々様々な施設があるが，これらの施設を総称して居住関連施設と呼んでいる．

これまでは日常生活に必要な品物やサービスを提供する施設だけが居住関連施設であると考えられてきたが，住生活の社会化，生活時間の変化（余暇時間の増加），高齢化，豊かな生活など，生活環境の変化に伴い居住関連施設の概念が広がり，その内容も変化してきている．

● 学校教育，文化施設： 幼稚園，小・中・高校といった教育施設と，住宅地内の集会所から図書館，劇場，美術館，音楽ホールなどの文化施設が挙げられる．文化，教養，娯楽を享受する傾向にある今日，地域住民にとって充実の要求が強い施設といえる．

● 医療・保健施設，社会福祉施設： 医療・保健施設としては診療所，病院，保健所，保育所などが設置されてきているが，社会福祉施設としてのデイケアセンターやリハビリテーションセンター，ケア付居住施設の充実が望まれているのが実状である．とくに高齢社会の到来により，高齢者やハンディキャップをもった人々が安心して住める住環境を提供す

8.5 住生活の管理

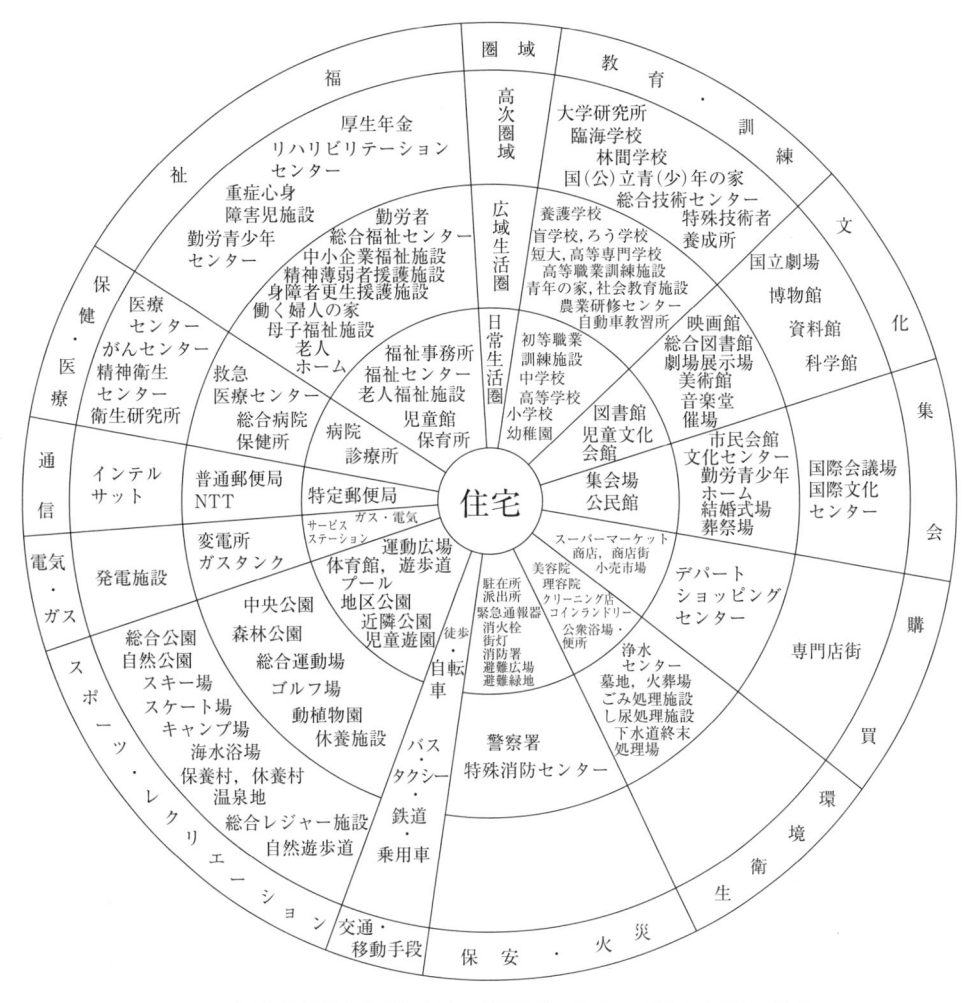

図8.4 生活圏と関連施設（林 知子・浅見雅子：住まいと暮らしを楽しく学ぶ，p.90, 彰国社, 1988 より作成）

るためにも，これらの施設は欠かせない重要な施設として挙げられる．
● 商業施設：商店，市場，スーパーマーケット，コンビニエンスストアなど，日常生活に欠かせない重要な施設である．一般に近隣的商業施設の場合は，徒歩や自転車による利用圏内に設置されるのが望ましいが，自動車の利用により利用域は広がっている．
● レクリエーション施設：地区公園，児童公園，プレイロット，緑地など種々の施設が挙げられる．その他最近では健康への関心が高まってきたことにより，室内プールやアスレチックジムなどの施設も充実してきているが，都市におけるオープンスペースはまだ不足の状態にある．精神的な豊かさを確保するためにも，これら施設の充実が望まれる．

人間が人間らしい生活を営むことができる良好な居住環境をつくっていくためにも，これら居住関連施設を総合的な見地をもって整備することが必要であろう．

(2) 居住関連サービス

われわれの生活は，上下水道，ガス・電気，電話，放送，郵便などさまざまなサービスをもとに成り立っている．しかも家庭内で行われていたことを，外部のサービスに依存するいわゆる生活の外部化も盛んになってきている．これは女性の社会進出，家族の生活行動の変化，単身世帯や共働き世帯の増加などの社会，生活様式の変化による影響が強いが，利便性や快適性という面から，これらサービスを利用する者はますます増加していくと思われる．

居住関連サービスの提供範囲は広く，衣・食・住など生活全般にわたっている．たとえばケータリングサービス，あるいは惣菜の宅配利用，コンビニエンスストアでの調理ずみ食品の購入，掃除業者への委託（ハウスクリーニング），さまざまな物品のレンタル，通信販売の利用，セキュリティサービスの利用など個人的に利用できるものも多いが，多数の人が共同で利用するほど充実したサービスができることから，集合住宅を中心に取り入れられつつある．そのサービスの範囲，内容は住戸数，価格，家賃などによって異なるが，取り次ぎサービス，情報提供サービス，防犯管理，健康管理サービスなどにまで広がっている．

なおこれらサービスをどこまで利用するかは，居住者がそれぞれ住生活の管理をどう考えるかにかかるといえる．
〔沖田富美子〕

8.6 生活財の収納と管理

われわれの暮らしは，何千という数の生活財に支えられている．生活財は人の要求を満たし，生活を営む手段であるが，同時に，人の情緒と深く結び付いている．たとえば，しまい込んだ古いものから，忘れていた当時の記憶が蘇り，しばし思い出に耽るという経験はだれもがもっていよう．生活財が暮らしの場面と密着しているからである．

生活財のもち方にはある程度の法則性が認められる．すなわち，家族人数が多いほど身のまわり品を中心に持ちものは増え，ライフサイクルでみると，子どもたちが巣立つ直前に家庭の持ちものは最大になる．また住戸面積が大きいほど，客用品や予備のストック，大型家具などの所有が増え，生活水準が高くなればもちものの種類は多様になるという傾向が認められる．しかし，持ちもの総量をコントロールする最大の要因は，スペースに対するものの量のバランスを家族がどう意識するかによる．

各家庭で必要とされる生活財は，家族の価値観により一様でない．わが家の宝物も，他人にとってはがらくたという例は多い．したがって，生活財の量や質の組み合わせは家族の暮らし方によって決まり，それをどのように秩序づけて住まいに配置するかで，「わが家の風景」が表現される．生活財の管理とは，それを家庭に取り入れ，廃棄するまでのプロセスをいう（図8.5）．

8.6.1 生活財をめぐる諸問題

家庭の生活財は，高度経済成長期以降飛躍的に増えた．用途に合わせた機能の細分化が進み，掃除用洗剤を例にとっても，トイレ用，タイル磨き，ガラス磨き，換気扇用，ワックス類，じゅうたんのしみ抜きなどその種類は十指にあまる．また，個室の普及によって持ちものの個人所有化が促進された．かつては1家に1台しかなかったテレビ，掃除機，ドライヤーも，いまでは2台以上もつ家庭は多い．生活の洋風化の進展で和洋2重のもちものが併存し，ベッドや椅子といった大型耐久消費財も多くの家庭に普及した．

生活財によって暮らしの利便性や快適性は向上したが，半面，スペースの限界を超えた過剰な生活財に悩む家庭は多く，生活財をめぐる問題は家庭生活

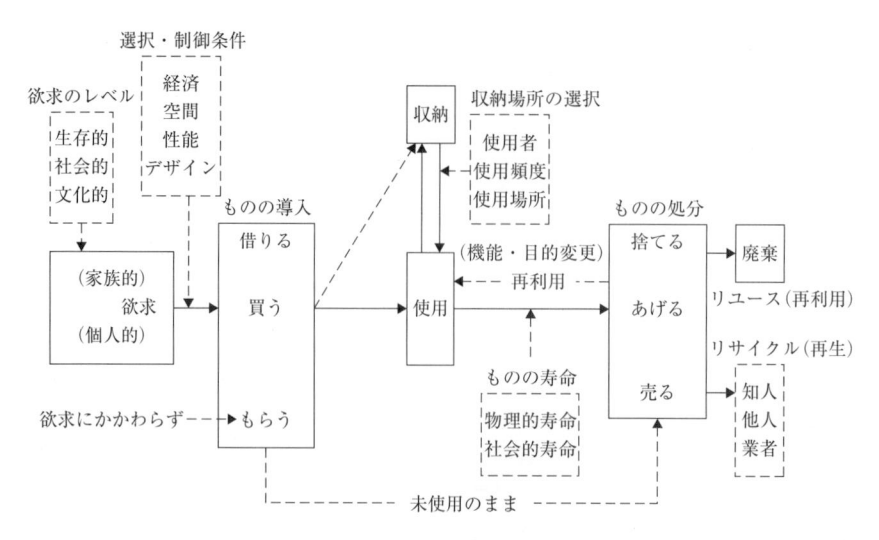

図8.5 生活財管理のプロセス

にさまざまな影響を与えている．

(1) 収納スペースの不満と住宅の評価

住宅需要実態調査によれば，1988年度以来1993年度まで「収納スペース」は住宅の不満項目のトップを占めてきた．1998年度では「高齢者への配慮」「遮音性や断熱性」に次いで不満の順位は3位に下がったが，依然として55.4%の世帯が「収納スペース」に不満を抱いている．収納スペースの改善は，量の拡大だけでなく，効率よく使える収納が要求されている．居住面積が狭い借家において不満が62.3%と大きいのは当然であるが，持ち家でも54.3%と決して小さくない．

収納の不満は「片づけてもものがあふれる」「もの探しに時間がとられ，いらいらがつのる」といった形でストレスが増大し，住まい全体の評価を左右する．「住まいの使い勝手がよくない」と答えた世帯でその原因をみると，大半が収納に関する不満であったという調査も報告されている．

(2) 生活財と家族関係

家族による家事の分担は，男女共生を実現する第1歩である．若者だけでなく，近頃では定年退職した男性が料理を習うなど，家事に対する男性の意識も変わりつつある．だが，家事の分担や自立には，ものをコントロールできることが前提である．子どもにとって家事は数少ない生活体験の場，生活技術や文化を伝える貴重な機会でもある．「自分のことを自分でやる」，その自立を助けるためには，もののありかがわかりやすい収納が基本条件となる．

(3) 生活財と暮らしの安全

1995年の阪神・淡路大震災では，生活財が災害時に人の生命を脅かす存在であることをまざまざとみせつけられた．たとえ住まいそのものが倒壊しなくても，家具や大型機器，積み重なった生活財が人を襲い，凶器になったのである．生活財の配置の仕方が生死を分けた．何も置かない空間の確保と，ものの置き方について安全性への配慮が改めて問われている．

8.6.2 収納計画と整理のルール

収納とは，「暮らしに応じて必要なものを秩序づけ，空間に位置づける」ことである．生活の混乱を防ぎ一定の居住水準を確保するために，小住宅ほど収納スペースの確保が重要であるが，実際は居住面積を大きくみせるために収納が削られることが多く，矛盾が集中的に現れやすい．現実に設けられた収納スペースの配置，形態と容量には相当の差がある（表8.6）．

表8.6 収納面積と特性，持ち家独立専用住宅の収納スペース

収納空間面積率	ばらつきが大きいが，納戸のない住戸で約10%，納戸のある住戸で約15〜20%程度	
収納空間増加の特性	大きな住戸は収納空間も多様化しその面積も増えるが，各室付属の収納空間面積の増加率は低く，納戸，廊下などにおけるそれが大きいのが一般的である	
納戸の設置	大きな住戸ほど納戸は多く，160 m² 以上の住戸では半数以上ある．130 m² 未満では7 m² 程度，それ以上の住戸は10 m² 前後の納戸が多い	
収納空間配置のパターン	寝室，書斎などに属する収納空間が50%を超える集中型	納戸がない住戸に多く，住戸面積の増大につれてこのタイプは減る
	納戸がなく，各室付属収納空間も分散した分散型	
	納戸，予備室，廊下などの収納空間が50%以上の集中型	納戸を有する大きな住戸に多いタイプ
	納戸を有し，各室付属収納空間も分散した併用型	

収納スペースの計画には，わが家のものの動きを「用途」「使う人」「使用時期と頻度」「使用場所」「収納方法」の点から観察する．台所，水回りのように使う場所が限定されたり，個人的なものは収納場所を決めやすいが，皆で共用するものや使用場所が決まっていないものは，家庭によってものの重視度が違うため，置き場やしまい方も変わってくる（図8.6）．したがって，家族の生活実態に応じたわが家の収納ルールが必要になる．収納スペースは使う人が自分でものを出し入れすることが原則であるから，「どこに何があるか」がだれにでもわかることを基本に考える．

ものを使いやすく，効率よく収納するためには，収納スペースの奥行きと高さを検討する．奥行きは深すぎると収納容量は大きくなるが，奥のものが取り出しにくく，死蔵されやすい．入れたものが一目で見渡せるよう，奥行きはできるだけものの寸法に合わせたい（図8.7）．高さは人体の寸法と動作を基準とする（図8.8）．もっとも収納しやすい腰から肩の範囲には日常頻繁に使うものを，肩より上やかがむ姿勢の範囲はその次によく使うものを，大型のもの，重いものは下方へ，その他あまり使わないものは上方へと振り分ける．収納内部の仕切りは，ものの変化に備えたフレキシビリティがほしい．

8.6.3 死蔵品と生活廃棄物の増大

各地に設けられたリサイクルセンターには，粗大

8. 住居管理

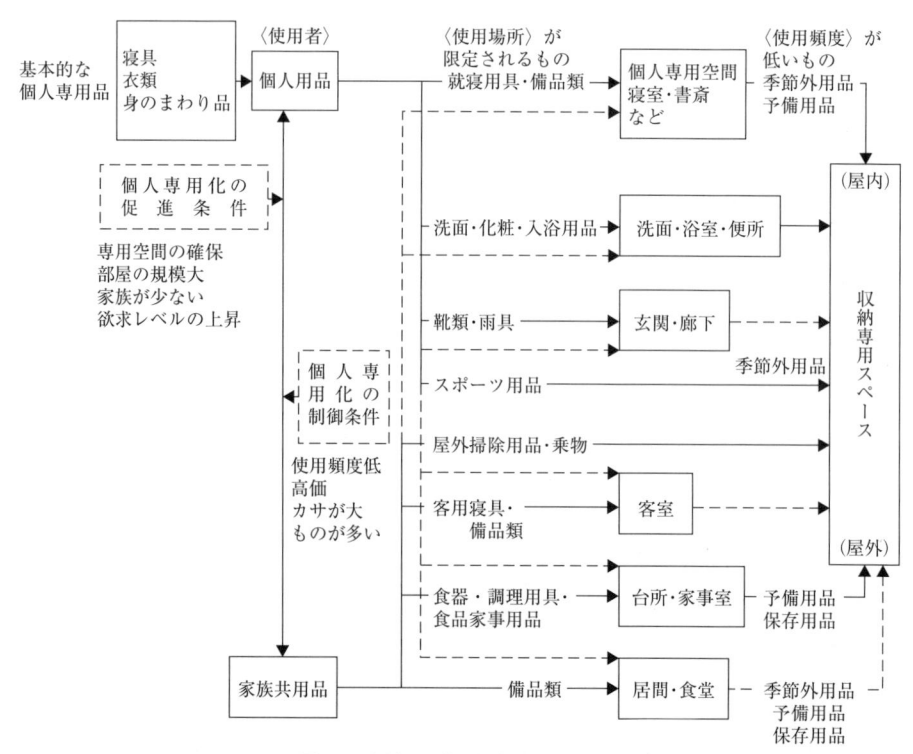

図8.6 生活財の使用と収納場所との関連

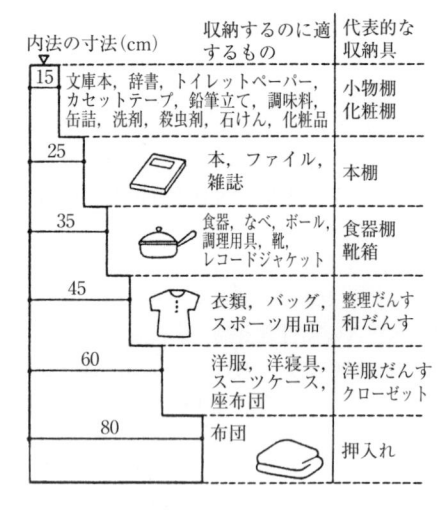

図8.7 棚の奥行き

図8.8 使いよい高さと収納位置

ごみから集められたとは思えない，立派な生活財が数多く展示されている．大量消費の結果は大量廃棄であり，これらは物理的な寿命が尽きないうちに，「古くなった」「使うチャンスがない」「流行遅れ」「新品に買い換えた」「置き場がない」と捨てられた生活財である．廃棄物は大半が焼却処理されて海や山を埋めてきたが，今後の処分地不足は深刻な問題となっている．焼却プロセスで生成されるダイオキシンや，生態系になじまない有害ごみの増加により，水質汚染，大気汚染，自然環境の破壊が進み，処理コストも増加の一途をたどっている．

一方，家庭では多かれ少なかれ死蔵品を抱え，「使っていないものが収納スペースの半分以上を占めている」と評価する世帯も多い．死蔵品の内容は衣類，身のまわり品がもっとも多いが，家具類，食器類，電化製品などあらゆる分野にわたり，贈答品など「未使用・新品同様」の生活財が多く含まれている[1]．このように死蔵品は，もの本来の機能が生かされず，場所ふさぎでもある．

8.6.4 生活財とスペースの有効利用
——リユースとリサイクル——

ものとスペースを有効に活用するためには，居住者自身のもちものに対する自覚が第1であるが，同時に①バザー，ガレージセール，フリーマーケット，リサイクルショップといった死蔵品の活用方法について，身近に情報が得られるようなインフォメーション機関の常設，②儀礼的な贈答習慣の見直しと不要なものをもらったときの交換システムの確立，③地域におけるものの共同利用など，新しいシステムとその利用方法を考えるなど，社会的な受け皿としてのネットワークの整備が大切である．

かつて地域で一斉に行った大掃除や虫干しは，住まいやもちものを年中行事として点検，維持するためのシステムで，すぐれた生活の知恵であった．いまでは，引越し以外に，自宅のもちものを見直す機会は減っている．そのきっかけを意識的につくり出せるかどうかが，死蔵品活用のポイントになる．たとえば，家族や友人どうしが誘い合ってガレージセールやバザーに積極的に参加することも有効であろう．

さらに，資源の有効活用と環境保護を図る立場から，居住者自身が日ごろからスペース感覚とコスト意識を培っておく必要がある．今後は，ものが生産，使用，廃棄されるまでのコスト，いわゆるライフサイクルコストをしっかりと把握することが大切である．「死蔵されるようなもの」「ごみとしてすぐに廃棄するようなもの」をもたないシンプルライフこそが，豊かな空間の創出につながるといえよう．

〔一棟宏子〕

8.7 集合住宅の管理

8.7.1 集合住宅管理の特徴

集合住宅とは，1棟の建物の中が壁や床によっていくつもの区分に区切られ，そのおのおのが独立した住戸となっている住宅である．集合住宅の種類には，長屋やタウンハウスのような低層の接地型のタイプと，賃貸アパートや分譲マンションのような中・高層の共同住宅タイプがある．これらの集合住宅は大都市部の土地の有効利用を図ることを目的に建設されてきたもので，その供給量は年々増加し，いまや全住宅供給量の約3割を占めるまでになっている．

1戸建て住宅と比べると，集合住宅は共用部分を有し，その所有と利用が複雑化しているという特徴があるため，管理のシステムが複雑になる問題がある．その問題の1つは空間的なことで，1棟の建物の中に多くの住戸があり，また壁や床，屋根などの構造部分や設備，施設などの共用部分があり，それを居住世帯全員で共同利用しているということから発生する複雑さである．2つめには，所有の複雑さが挙げられる．すなわち，賃貸住宅では，住宅を所有しているのは大家（オーナー）であり，居住しているのは賃借人であるという，所有と利用の不一致がみられる．分譲住宅の場合には，各住戸は居住者の専有部分，共用部分は居住者全員の共有という複

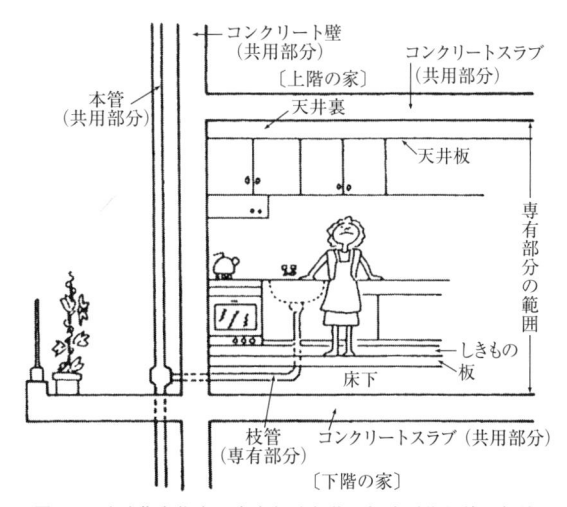

図8.9 分譲集合住宅の専有部分と共用部分（井上博，梶浦恒男，他：マンション点検，日本放送出版協会，1986を一部改変）

雑さがある（図 8.9）．

分譲集合住宅の専有部分というのは，特定の居住者が専用に使う部分であり，住戸の内部で部屋の仕上げの部分までをいう．共用部分は，居住者全員が使用，利用しているところで，たとえば構造体（柱，壁，屋根，床など）のほかに，共用の廊下，玄関，エレベーター，電気設備，給排水管などである．また，集会室や管理人室は，独立した用途をもっているため，規約で共用部分と定めておく必要がある．

また，施設，設備にはさまざまな種類があり，管理を行うには電気や水道などの知識や技術が求められるが，これらを住宅や建築についてはほとんど素人の居住者が管理していかねばならないのであるから，専門家の協力は欠かせない．

3つめの特徴は，集合住宅には多くの居住者が住んでいるということである．それらの居住者は，さまざまな家族構成をもち，異なった生活スタイルや考え方などをもっている．集合住宅の管理は，それらの人々の合意形成を図りながら進めていかなければならないため，科学的，理論的，合理的であることが厳しく求められる．

8.7.2 管理の内容と形態

集合住宅管理の内容には，4つの側面がある．まず維持管理である．これは，建物の性能を維持していくために必要な行為である．自動車でいえば法定点検のような技術的な管理行為である．2つめに運営管理がある．集合住宅の管理方針を決める頭脳的な行為であり，管理費用の徴収と使途の決定などの管理の舵とり行為である．3つめに経営管理である．賃貸集合住宅の場合の居住者の募集・決定，退居の手続き，家賃の徴収などの営業的仕事である．最後に生活管理がある．複数の世帯が1つの建物でともに暮らすことから発生するトラブル処理や人間関係の調整，コミュニティ活動の展開などである．

運営管理を進めていくための管理システムは，賃貸集合住宅と分譲集合住宅とでは異なる．また，賃貸住宅の中でも，その供給主体が公共であるか民間であるかによって管理の方式が異なる．公的な賃貸住宅では，入居者の募集や決定，家賃の徴収などは家主である公的機関が行うが，維持管理などの仕事は外郭団体の管理組織に任せるやり方が一般的である．民間賃貸住宅の場合には，家主が自分で管理をしている場合（自己管理）と，不動産仲介業者や管理専門会社などに委託している場合（委託管理），管理専門会社に転貸して賃貸経営を任せてしまう方式（転貸方式）などがある．

賃貸集合住宅は所有者である個人（大家）または団体によって統一的な管理が行われ，分譲集合住宅に比べると管理しやすいといわれている．管理行為の内容は入居者の募集や家賃の徴収といった経済的・経営的管理を中心に，維持管理や生活管理が行われるのが一般的である．しかし，賃貸集合住宅の管理責任はすべて家主側にあるとは限らず，居住者が使用する専用空間の日常的な管理については，居住者自身が行うという自覚とモラルが求められる．また，共用空間についても，よりよい空間につくり上げていくために，居住者の方から家主に対して住要求を示していくこともできる．たとえば，公的賃貸住宅の場合には，自治会が共用部分の清掃や草抜き，共益費の管理などにかかわっていることが多い．

一方，分譲集合住宅の場合には，建物の区分所有等に関する法律（一般的に区分所有法と呼ばれている）の適用を受け，専有部分は所有者が自分で管理するが，共用部分は管理組合をつくって居住者が共同管理をしていく必要がある．複雑な施設や設備をもつことから，専門家の援助が必要になり，管理責任主体が専門家や管理会社などに業務を委託することもある．管理にかかわる主体は，管理組合（居住者の組織）や居住者個人のほかに，管理会社，管理人，各種業者などがある．

管理形態は，具体的に管理業務を処理する形態のことをいい，管理にかかわる主体の関与の仕方によって，委託管理と自主管理がある．委託管理とは管理業務の全部または一部を管理会社に委託するもので，自主管理は管理会社をまったく介さず管理組合が自主的に管理を行うものである．大きくは表 8.7 のような4つのタイプに分かれる．

管理を進めていく上での専門家の相談，助言，指

表 8.7 分譲集合住宅の管理形態（建設省：平成11年度マンション総合調査結果より）

委託管理 (85.0%)	全部委託管理：管理業務のすべてを管理会社に委託 (69.9%)
	一部委託管理：管理業務の一部を管理会社に委託 (15.1%)
自主管理 (8.2%)	全面自主管理：管理組合が自主管理を行っている (6.7%)
	管理人雇用：管理組合が管理人を雇う (1.5%)

数字の比率は全体を100%とした割合で，100%に満たないのは不明分があるためである．

導などのかかわりについて規定する法律として，マンションの管理の適正化の推進に関する法律（いわゆるマンション管理適正化法）が2000年に制定され，その中でマンション管理士制度とマンション管理業者の登録制度が新たに設けられた．

8.7.3 居住上の問題と生活ルール

集合住宅には多くの居住者が住んでいるので，さまざまな共同生活上の問題が生じやすい．また住宅の構造上，上下左右の住戸の物音や気配が伝わりやすいという物理的な面もある．トラブルになりやすいのは，生活騒音，駐車場の問題，ペットの害，水漏れ，子どものいたずらなどである．騒音の種類には，ピアノやステレオの音，子どもの飛び跳ねる音，深夜の水音などがある．これらの音は，固体伝播音と空気伝播音に分けられ，固体伝播音はスラブを振動させながら伝わるので，シャットアウトしにくい音である．

トラブルの解決方法を考えると，いくつかの方法がある．1つは，徹底した禁止である．明快な方法であるが，ものごとによっては禁止できないこともあるので，どうしてもやむをえない事柄に限られる．2つめには技術的な対処がある．たとえば，ピアノの音を外に漏らさないために，防音シートを敷くとか2重窓にするといったやり方である．3つめに利用の制限が挙げられる．ペットの問題であれば，飼えるペットの体重制限をするとか入居時に飼っていたペットに限るなどの制限を設ける方法である．4つめにしつけや指導を行うことである．子どものいたずらなどには重要な方法である．5つめの方法は，人間関係上の工夫である．たとえば，小さな子どもを抱える家庭から，「育ち盛りの子どもがいるので，いつもうるさくして，申し訳ありません」というあいさつが一言あれば，おたがいの事情がよくわかり大きなトラブルに発展することが妨げるのである．

これらの近隣生活上の問題を解決する対応策の1つとして，生活ルールを定める方法がある．一般には，「住まいのしおり」や「生活ガイドブック」と呼ばれ，冊子の形になっていることが多い．諸外国の事例では，ルールを細かく設定し，違反者には罰金を科すなどの厳しい措置を講じているところもあるが，日本の場合には，そこまで厳しい措置を定めている例は少ない．生活ルールについての居住者の考え方を尋ねると，「必要だと思うので最小限のルールは決めておくべきだ」という意見が多く，集合住宅での生活を円滑に維持していくためにルール設定は必要だと考えてよいであろう．

さて，こういった方法をいろいろ組み合わせて，できるだけ不愉快な生活を生み出さないよう努めるのであるが，大切なのは，生活ルールを設定するときには管理組合が中心となり，どのような事柄が問題となっているのか，またどんな内容のルールを定めるのかを，居住者の納得のいくよう説明をしながらまとめていくことである．そのためにも，管理組合などの居住者組織のまとまりや組織を運営していく力量の増加が求められる．

8.7.4 修繕計画と建替え

集合住宅を構成している材料や設備は，それぞれに異なった耐用年数をもっている．この耐用年数を知って，適切な時期に手入れをしてやれば長もちするし，その一方，手入れの時期を間違えると早々と傷みがくる．維持管理の体系は，大きく分けると「保守・点検」「修繕」「改良」に分けて考えることができる．「保守・点検」は建物や設備の状態を点検し，清掃や注油を行うなどの日常的な行為である．「修繕」は，比較的小規模な工事で，故障の発生するたびに対処する経常修繕と，より大規模な工事で費用もかかり，一斉に計画的に行う計画的修繕（大規模修繕），そして災害など予期せぬ事態に対処する特別修繕がある．また，維持管理というと傷んだ箇所を直すというそれまでの住宅の機能を維持する行為だと考えられがちであるが，それだけではなく建物の設備関係の機能更新や戸外の施設関係，植樹工事などの機能を向上させる「改良」工事もある．しかし，その工事時期は望ましいと考えられる修繕周期からは遅れがちであり，そのことは建物の性能や居住性の低下につながると考えられる．また，機能向上を目的とする改良工事は，公的賃貸住宅の場合には，居住者の要求と家賃値上げの必要性といった社会的な背景とのかかわりで実施されることが多いようである．

分譲集合住宅の計画的修繕は，多額の費用を要し，生活上の不便が生ずることがあるので，居住者の理解と合意形成が欠かせない．そのためにも，項目ごとに工事の実施時期と費用を明確に示した長期修繕計画を作成しておくことが必要となり，それによって資金の準備もあらかじめ目途を立てることができる．大規模修繕の主な項目には，ベランダなどの鉄部塗装や，外壁補修・塗装替え，給排水管の取り替えなどがある．大規模修繕工事は，総会による議決が必要となるため，必要に応じてデザインの選定や費用の見積もりなどの準備をした上で総会を開

催し，居住者の同意を得ることが求められる．

また，修繕のその先のこととして，建て替えの問題がある．日本の場合，集合住宅の建て替えは，築後かなり早い時期から話題になることが多い．それは諸外国と比べると日本の特殊性である．どうして早くから建て替えようということになるかというと，陳腐化が生まれるからである．古くなって構造的に安全性が保たれなくなったわけではなく，住宅水準が低いこと，つまり住戸面積が狭く，設備が古くなったことによっているケースが多い．今後は地球資源の問題があり，手入れや補修の方法を考えて，もっと長もちさせながら住み続けていくという視点が重要である．

しかし，築後年数の長い分譲集合住宅のストック数が増加するにつれて，現実問題として居住環境整備の観点から建替えの必要な分譲マンションが生じていることもあり，事業が安定的に進むよう法的整備も進められ，マンションの建替えの円滑化等に関する法律が2002年に成立した．

その内容をみると，分譲集合住宅の建て替えにともなう事業の流れとしては，建て替え組合は建て替え合意者5人以上で知事の認可により組合を設立できること，認定に当たっては建て替え合意者の3/4以上の同意が必要であること，総会における4/5以上の多数決議により，区分所有権や抵当権などの権利変換計画を定め，知事の認可を受けて再建された分譲集合住宅に移行することなどが定められた．また，賃借人や転出区分所有者の居住の安定に対する措置の必要性についても定められている．

分譲集合住宅の建て替えは，さまざまな生活事情や経済条件を抱えた区分所有者がいる中で合意を図っていかねばならないため，非常に難しい事業である．そのため，国や地方自治体の支援は受けられるものの，実現するためには区分所有者自身の多大な努力と労力が必要となる事業であることはいうまでもないことである．

8.7.5 管理への居住者参加

集合住宅の管理には，財産として住宅を所有することから生ずる所有面の管理と，生活する場としての居住面からの管理がある．一般に，管理責任は所有面の責任主体からみられているのが現状である．しかし，住宅の管理がうまくいく方法を考えてみると，住宅の所有者と居住者の両方がそれぞれ住宅を長もちさせ，生活に適合するように努めることによって両者に利益が得られるようなシステムになっていること，また，借家であっても持ち家であっても，居住者が管理主体として管理に参加し，管理行為へのかかわりをもち，管理への理解を深められるようなシステムが望ましい．

ところで，ここで問題となるのは，「所有にかかわる管理」と「居住にかかわる管理」のそれぞれの範囲，すなわち両者が分かれる賃貸住宅（住戸）における家主と居住者の分担範囲である．この分担範囲が明確でなく，定まったところがないことから，具体的な管理担当の形態は多様になり，またそこに混乱が生じることになる．たとえば最近，分譲集合住宅の中では，賃貸住戸が増えているが，この賃借人はどのような管理行為に責任があり，また参加の権利があるのか，また，住戸の所有者ではあるがそこに居住していない不在区分所有者は，どのようなかかわりが適切なのかといったことが問題となる．

現実問題としては，分譲集合住宅では，賃借人の管理参加を考えざるをえなくなってきている．区分所有法は，賃借人が利害関係を有する場合，集会への参加と発言を認めているし，また個々のマンションの管理組合においても，日常的管理への賃借人の参加を進めていく方向にある．役員会メンバーに含める方法や，区分所有者の代理人として認める方法などが採用されている．不在区分所有者が増えると，連絡がとりにくかったり，居住している所有者だけによる管理が負担になるという問題が生じ，そして何よりも日常的には居住にかかわる問題が多いことから，賃借人の管理への参加が求められてきている．

公的な賃貸集合住宅における賃借人の管理行為の担当をみると，入居者の募集や決定，家賃の決定など経営的なことには賃借人の参加はみられないが，日常的な清掃や，共用施設の運営に関することなどに参加がみられる．その内容は，居住者の共同生活にかかわること，居住者に管理を任せた方が適切に進むとみられることに多い．

このように考えてくると，居住者（賃借人）が管理に参加する意義は，所有者からみると，短期的には管理の負担が軽減され，また居住にかかわる問題の発生に対してすばやい対応が期待できるという点が挙げられる．さらに，居住者が管理に参加することを通して，建物に愛着をもち，大切に扱うことにより長期的には経済的メリットが生まれる．参加の意義を居住者側からみると，管理活動を通して居住者間のコミュニティの育成を図ることができ，また共同施設の運営などに意向が反映できることなどが挙げられる．

公的賃貸住宅の先進国であるイギリスでは，居住

者の管理への参加を積極的に進め，入居者の選定や，一定の管理費用の運用も任せて管理の水準を高めようとする管理コーポラティブの方法が採用され始めている．このような居住者参加型の管理方法を実施することで，環境の改善や居住者間のコミュニティ形成が良好になるという長所がみられる．一方，所有者と居住者の管理分担範囲を明確にすることが課題として残されている．

　日本においても，管理コーポラティブ方式のように，居住者の管理参加の範囲を広げた方法を実施していくことも考えられ始めている．そのためには，日本の諸条件を考慮したうえで，居住者の管理参加の方法や，そのための条件は何であるのかを検討していくことが求められている．　　〔平田陽子〕

8.7.6 諸外国の集合住宅管理

　諸外国のマンション管理の特徴を比較し，日本に取り入れるべき点をまとめると以下のようになる．
　筆者が行ったのは事例調査であるので，呼称を簡略化するため，調査対象の管理会社の名称およびマンションを国ごとに総称した場合は，〈アメリカ〉〈ドイツ〉〈フランス〉〈イングランド〉〈スコットランド〉などと表示する．なお，イギリスは，イングランドとスコットランドはおのおの異なった管理制度，管理に関する法律などがあるので，イングランド，スコットランドと分ける．

(1) 管理組合

　組織は，大きく理事会型と管理者型に分けられる．
　①理事会型：〈アメリカ〉〈日本〉〈韓国〉
　②管理者型：〈旧西ドイツ〉〈フランス〉〈イタリア〉
　③その他：〈イングランド〉〈スコットランド〉〈香港〉

　①理事会型では，区分所有者全員から組織される管理組合が議決機関であり，区分所有者の代表者からなる理事会が執行機関である．区分所有者に住宅の管理に関しての管理責任があり，民主的にことを進めるのに時間がかかるという特徴が見出せる．
　②管理者型では，住戸所有者の集会が議決機関であり，住戸所有者の代理人である管理者が執行機関である．このタイプは，大規模修繕や管理面からいえば実施しやすい管理組織の形態である．しかし住戸所有者の管理への参加度が低く，管理者任せになりやすい．一方，管理者側にとっても住戸所有者との意志疎通がしにくい面がある．
　日本の中高層分譲共同住宅における，区分所有者の不在化，住戸の事務所化，賃借人の増加傾向の状況に照らして，区分所有者の意志決定の方法が十分に検討されなければならない．すなわち日本においては，理事会型に管理者の強力な権限を管理者型に組み込んで，管理者へ管理費の取り立てなどの執行権限の一部を委譲した第3の型が考えられる．

(2) 維持管理費

　アメリカのカリフォルニア不動産局が委託管理費や修繕積立金に関して詳細で標準的な積算を行っている．日常の管理費の金額は，国による差はほとんどなかった．管理費の徴収の仕方は，月決め前納，年3～4回の分納，年1回の一括徴収，請求書がくるたびに計算して各戸徴収とさまざまである．
　しかし，管理費の徴収は管理組合，もしくは管理者の責任である．管理費の滞納の場合，裁判に訴えることになる．旧西ドイツのある管理会社では，管理費の滞納問題はないとのことであるが，その他の国では問題になっていた．

(3) 修繕積立金制度

　法律で定めているのは，カリフォルニア州法，韓国の共同住宅管理令である．しかしスコットランドを除いた他の国では，すべて何らかの修繕積立金を積み立てていた．もっとも整備された形で修繕の部位，費用などを決めているのは，カリフォルニア州不動産局によるマニュアルである．また制度的に厳しく定めているのは韓国の共同住宅管理令で，竣工後1年を過ぎると修繕積立金を強制的に韓国住宅銀行に積立てしなければならない．

(4) 中高層分譲集合住宅

　生活トラブルの内容には国による差はないが，対応の方法が異なる．日本は情緒的対応がなされやすいことと比べて，調査事例ではルールが守れない人は退去する取り決めが徹底している．

(5) 調査した管理会社の業務

　総合管理型とコンサルティング型に分けることができる．
　①総合管理型：〈日本〉〈イングランド〉
　②コンサルティング型：〈アメリカ〉〈旧西ドイツ〉〈スコットランド〉〈フランス〉〈イタリア〉〈韓国〉

　①総合管理型は，管理のすべてについて委託契約を管理組合と締結するものである．コンサルティング型の管理会社は，日本のようにフロントマンからドアマン，修理人などの現場の作業員まで抱えた形態はない．あくまでコンサルティング業務という分業化の中で行っている．これは，管理責任問題の処理をすべて保険で賄うので，保険料金の支払い負担が大きくなるのを恐れて分散化しているのであろ

う．

　②コンサルティング型というのは，事務管理業務に加えて，金融管理，資金管理を主な業務としており，管理人，設備管理，清掃業務などの要員は，外部の専門業者から雇い入れる管理会社のタイプをいう．

〔藤 本 佳 子〕

9

住居の安全防災計画

9.1 住居の性能と構造の安全性

9.1.1 住居の機能と性能

建築や室内空間は,人間の行動や目的に適合するようつくられるものであるが,この行動や目的を満たそうとすることを,人間の要求という言葉で言い直すことができる.一方,建築や室内空間側からみた場合,その要求に応える働きを機能という概念で捉えることができる.この機能が要求を満足させる割合を,性能と呼ぶ.用語の用い方として機能と性能との間に明確な線引きをすることはむずかしいが,機能とは働きそのものがどのようなものであるかを示す表現であるのに対し,性能はその働きの程度を定量的に表す性格が強い.これに対して,定性的にしか要求条件を表現できない部分や,定性的にしか言い表しようのない部分に関しては性能の考え方に含めにくいところである.したがって,性能の考え方を明確にするためには,可能な限り要求条件を定量的に表現し置き換える必要があり,また表現できない部分については,その部分を明確にする必要がある.なお,性能や機能というものとしばしば同じように表現されるものとして,品質や性質といったものがあるが,品質にはその語の中に「良い」「悪い」といった概念が既に含まれているのに対し,性質はもの本来が有している属性をその中に言い表していることが多い.

建築や室内空間に対する人間の欲求は,初めは生命維持や安全確保といった最低限のものであった.その中で生活が始まるとその環境そのものが生活を制限し,人間の行動を制約するに至った.そこで人間はその制約に立ち向かうべく,新たな欲求をもつようになる.マズローの欲求の階層論によると,人間の欲求とは段階的に発生するものであるという.低次にある「生理的欲求」が満たされれば,次の欲求が起こってくるという趣旨によっている.

そして,その基本的な諸欲求を適度に満たすことができれば,人間はますます成長し,心理的に健康になっていくと考えた.以下が6つの基本的欲求である.

①生理的欲求:空気,水,食物,睡眠,性.
②安全への欲求:安全,安定,秩序.
③所属と愛の欲求:愛されること,家族の中に居場所があり自分が愛されること.
④承認の欲求:自尊心,尊敬.
⑤自己実現の欲求:自分がなりたいものへの欲求.
⑥自己超越の欲求:自分自身を超えたいという欲求.

(1) 住居の機能とは

先に述べた6つの項目の中で,住居の機能として大きく求められたことは,最初の3つであろう.①の生理的欲求は,生活を営むためのロケーションに大きな影響を与えたであろうし,②の安全への欲求は,住居が風雨といった自然環境から身を守り,外敵の侵入を防ぐといった機能に影響を及ぼしたと考えられる.しかし,現代の住居でもっとも求められ多くが語られているものは,③の所属と愛の欲求の部分ではなかろうか.どのような住まい方をして,どのように家族とコミュニケーションを図るかといった,より精神的な欲求を満たすように,住居は変わっていったと思われる.

(2) 住居の性能とは

性能とは機能が要求を満足させる割合のことと先に述べた.ということは,住居の性能を表すためには,要求条件を定量的に示す必要がある.しかし,現実問題として本当にそれが可能なのだろうか.たとえば,静かでありたいという要求に対し,自分の子どもが立てている足音と共同住宅で他人の立てている足音では,たとえ同じ騒音レベルでも感じ方が

違うことはままある．測定方法も確立されており騒音レベルも定量化できるにもかかわらず，人間の要求が定量化できないため，その求められている性能が，場合によって変わってくることがありうる．

しかしその一方で，後を絶たない欠陥住宅の紛争に対応するため，住宅の品質確保の促進等に関する法律が1999年6月に公布され，その中で「瑕疵担保責任の強化」と「住宅性能表示制度」の2つの項目が定められた．現在では，既存住宅や新築，または戸建住宅や集合住宅にかかわらず，現存する建築基準法の基準に加えて「構造の安定」「火災の安定」「劣化の軽減」等9項目に関し，住宅性能評価機関において住宅の性能を客観的に評価することが可能となっている（表9.1）．制度としてはまだ始まったばかりで今後の普及が待たれるが，興味深い動きといえる．

9.1.2 構造と安全性

構造と安全性を考える前に，構造とは何を示しているのか考える必要があると思われる．『建築大辞典』をみると，「建築物を構成する要素のうち，自重・積載物をはじめ風圧力や地震力を抵抗することを主要目的として空間を形成するもの．例えば柱・梁・壁などを指し，また骨組みと同じ意味に用いられることもある」とある．確かにこれらの意味をもつものであるが，一般的に使われる場合，もう少し広義な意味をもつものと思われる．火災時においては，構造的に欠陥があったなど空間構成を示す場合やラーメン構造，膜構造，アーチ構造のような構造形式を言い表す場合もある．また，構造と構法についても，はっきりとした区分がむずかしい場合もある．以上のように，構造という言葉が何を示すのか明確にならないと，個別の安全に関し述べることはむずかしい．しかし，どのような構造にかかわる設計においても，安全をにらんだ理念がある．

以下，『コンクリート系構造の設計』（建築学大系41, p.25）に記述されたものを，ここに引用する．

> 構造設計には，独自の明白な目的がある．それは，構造物がその使用期間内に受けると予想されるあらゆる荷重作用に対して安全でなければならないということである．具体的には，これは2段階に分けて考えられる．
>
> 第一に，使用期間中に常時作用している荷重や，ひんぱんに作用する荷重に対しては，破壊しないことはもちろん，使用上障害となる過大なたわみや，外観を損ない耐久性を失うような過大なひび割れも生じてはならない．普通，これを

表9.1 住宅性能表示制度の評価分野と表示事項

1. 構造の安定
   耐震等級（構造躯体の倒壊等防止）
   耐震等級（構造躯体の損傷防止）
   耐風等級
   耐雪等級
   地盤または杭の許容支持力等およびその設定方法
   基礎の構造方法および形式等
2. 火災の安全
   感知警報装置設置等級（自住戸）
   感知警報装置設置等級（他住戸）
   避難安全対策
   脱出対策
   耐火等級（開口部）
   耐火等級（開口部以外）
   耐火等級（界壁および界床）
3. 劣化の軽減
   劣化対策等級
4. 維持管理への配慮
   維持管理対策等級（専用配管）
   維持管理対策等級（共用配管）
5. 温熱環境
   省エネルギー対策等級
6. 空気環境
   ホルムアルデヒド対策（内装）
   全般換気対策
   局所換気設備
7. 光・視環境
   単純開口率
   方位別開口比
8. 音環境
   重量床衝撃音対策
   軽量床衝撃音対策
   透過損失等級（界壁）
   透過損失等級（外壁開口部）
9. 高齢者等への配慮
   高齢者等配慮対策等級（専用部分）
   高齢者等配慮対策等級（共用部分）

> 使用性（serviceability）の確保と呼ぶ．
>
> 第二に，使用期間中にごくまれに起こるような荷重作用に対しては，修理できる程度の部分的破壊は許され，特に，数百年に一度というようなまれな天災に遭遇してしまった後では，建築を解体，改築するという事態もやむを得ないが，どんなときにも崩壊して人命を損なうような大崩壊は絶対生じてはならない．これが狭い意味での安全性（safety）の確保である．

9.1.3 構法と安全性

世の中では，「構法」と「工法」を意識的に区別せず用いることが多く，設計者側からみるのか施工者側からみるのかといった視点の違いにより，同じ建築に対し「構法」と「工法」を使い分けていたりする．ここでは世の中での慣用の言葉を用いることとし，区別することなく用いることにした．なお，一般的に「構法」とは鉄筋コンクリート造や鉄骨造，木造というような構造方法のこと，「工法」とは施工方法のことと解釈されることが多く，「構法」と安全性を語る場合，その構造方法の特徴とその安全対策を述べるべきであろうし，「工法」と安全性を語る場合は，施工者の安全性に関し述べるのがふさわしいと思われる．しかし，本項の求められている性格からいって，ここでは前者についてとくに述べることとする．

鉄筋コンクリート造や鉄骨造，木造といった構造種別により，安全性に優劣があるわけではなく，その建築の特徴に合わせた適材適所の使用が大切である．逆にいえば，その使用方法を誤れば，建築としての安全が担保できないということである．そこで，まず初めに，各構法における特徴を述べたうえで，安全性確保の留意点を述べることとする．

(1) 木質構造

日本の木造建築は古くから高い水準にあったが，戦後，火災や地震に弱いという理由により，用途や規模，階数などが厳しく制限された不遇な時代が続いた．しかし最近になって，木材や木造の欠点を克服する技術的な試みがなされ，ドームや体育館のような大空間建築が可能となっている．木造建築の主な工法として，①在来軸組み工法，②枠組み壁工法（ツーバイフォー工法），③丸太組み工法，④大断面木造，等がある．この中で，住宅として主に普及しているのは，①と②である．①の在来軸組み工法の定義は，時代の流れとともに変わってきているが，木質構造を大きく軸組み式と壁式に分け，軸組み式の中でも集成材やプレハブ工法を用いない工法と解釈するのが妥当である（図9.1）．この工法は現在でも住宅でもっとも多く用いられている工法であり，地面の上にコンクリート製基礎をつくりその上に土台を設け，柱を建て，梁や桁を横架材として用いるのが特徴である．また，地震や風などの水平力に抵抗して，筋かいを入れる場合が多い．この工法の特徴は，柱梁といった線材を，仕口や継ぎ手，金物を用いて端部を接合することにより構造的に成り立たせており，その複雑で精度の高い技術を持ち合わせなければ，建築としての強度が得られないことである．

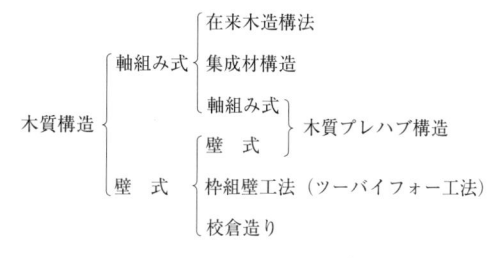

```
              ┌ 軸組み式 ┬ 在来木造構法
              │         └ 集成材構造
木質構造 ─────┤         ┌ 軸組み式  ┐
              │         │           ├ 木質プレハブ構造
              │         └ 壁式      ┘
              └ 壁 式 ┬ 枠組壁工法（ツーバイフォー工法）
                      └ 校倉造り
```

図 9.1 木質構造の種類[1]

②の枠組み壁工法（ツーバイフォー工法）は床板と壁板とによって建物を一体化し，一種の箱を組み立てることを基本とした工法で，北アメリカから輸入されたものである．日本では，ツーバイフォー工法とも呼ばれているが，これは 2″×4″ と称される断面の製材を多用するためである．この工法の構造的特徴は，一定の断面寸法をもつ少ない種類の枠材でつくられた枠組みに決められたピッチに従って面材を釘打ちした水平構面と壁構面の2種類の構面が主体となって形成されていることである．屋根面や床面といった水平構造は，枠材に面材を釘打ちして接合するが，水平構面の面内剛性が高く，水平力を均等に耐力壁に伝えるため，集中荷重が発生するおそれが少ない合理的な構造ではある．しかし，荷重は釘の1本に至るまで細かく伝達されるため，接合は確実に実施される必要がある．また，使用する材は面材が多く，その構造的な特徴から，壁内結露や床下の湿気に関して十分に配慮する必要がある．

どのような工法かを問わず木造建築の寿命を短くし居住者の安全性にまで影響を及ぼす一般的な原因は，木材の生物劣化といわれる腐朽菌害ならびにシロアリによるアリ害と火災である．菌害やアリ害が木造建築にとって恐ろしいのは，被害の多くが建築の足下部分に集中していることであり，土台，柱，筋かい等の下端部およびその接合部に被害を受けて，材の強度が低下したり欠損を起こすことである．これらの原因に，水分の流入や湿気の滞留があり，それを防止するためには，雨仕舞，水仕舞，結露防止，換気等に留意した設計を心がけるとともに，被害を受けやすいところには，防腐処理等を行うべきである．

また火災に対する対処方法としては，木材を難燃処理加工することで可能になるが，それ以前に火気使用箇所に対して，適切な材料を使用し，壁天井の表面には不燃材料もしくは準不燃材料で被覆を施し，区画ごとに防火戸などを用いるなど，材料の使用方法や防火計画による考え方が必要である．

(2) 鉄筋コンクリート（RC）造

鉄筋コンクリート造は RC 造ともいい，RC (reinforced concrete) とは，鉄筋により補強されたコンクリートという意味である．コンクリートは，セメント骨材および水の混合物であり，その長所は型枠に流し込みつくるため，自由な形をつくることができ，また水や火に強く耐久性にすぐれていることである．しかしその一方で，型枠をつくったり固まるまでの時間がかかるなど，作業時間が他の構造に比べて長くかかること，引っ張り強度が小さいこと，自重が重いこと，ひび割れが発生することが欠点として挙げられる．そこで，強度に関しては，鉄筋を使用することによりその欠点を補っている．

コンクリートは，セメントと水の化学反応により硬化するが，水が少ないほど強度のコンクリートができる反面，水が少ないとその分，流動性が悪く施工作業がしにくくなる．そこで施工性も考え水の量を決めることになるが，その分量を多くしすぎると，強度の出ない低質なコンクリートとなる．また，適切な水量でコンクリートを打設したとしても，十分な乾燥のあと内装工事を行わないと，コンクリートから発生する水分により下地材や壁面が腐り，それに従ってカビが発生，アレルギーを誘発するなどの可能性がある．また，コンクリートそのものから発生するラドン（ラジウムから発生する放射性ガス）は，肺の細胞に付着して，発がん性を高めるとも指摘されている．

(3) 鉄骨（S）造

鉄骨（S）造は，骨組みに鋼材を用いた構造のことをいうが，他の構造材料に比較しより明快で安定した性質をもっているため，理論的に取り扱いやすい性質をもっている．さらに，建築物の目的や用途により，ラーメン構造，トラス構造，アーチ構造などあらゆる架構に対応できる素材でもある．これは圧縮強度と引張強度がほぼ等しいことや加工性が高いといったことが，関係している．しかしその一方で，鉄骨構造は建築の自重に比べて耐荷能力が非常に高いため，逆にいえば個々の部材断面は細く，ねじれや座屈が起こりやすい．設計時には風荷重や雪などの積載荷重に関して細心の注意が必要である．また，鋼材自体は耐食性に乏しく防錆処理が必要であり，また耐熱性にも乏しいため，原則として耐火被覆を施す必要がある．

(4) 組積造

建築基準法における組積造とは，れんが造，石造，コンクリートブロック造その他の組積造の建築物のことをいい，補強コンクリートブロック造や，鉄筋または鉄骨によって補強されたものについては適用を免れているが，広く組積造を解釈するうえにおいて，上述したすべての構造に関して当てはまると思われる．組積造は，壁を耐力壁として鉛直荷重ならびに水平荷重を支える構造形式であり，構造的な理由から，地震力などの水平荷重に弱く，他の構造に比べると基準が厳しい．

(5) プレハブ造

プレハブとはプレファブリケーション (prefabrication) の略で，現場で組み立てる前に，あらかじめつくっておくことを示す．すなわち現場での作業を別の場所に移すことである．量産と混同されることもあるが，必ずしも量産されるとは限らず，1品生産のものでもプレハブ化されることがある．1960年代当時，化学，鉄鋼などの建材メーカーが主導となり開発し，主に鉄骨系，木質系の工場生産住宅に対する呼称として用いられることが多かった．しかし，住宅においてはどのようなものであれ多少はプレハブの手法を取り入れているため，現在のプレハブ住宅といえば，見本があり，定価が示されている程度の認識であろう．

プレファブリケーションのメリットとして，①工場で材料を加工するため施工精度が高い，②高所など作業環境の悪いところでの作業が減る，③スケールメリットによるコストダウンが図れる，等がある．逆に，デメリットとしては，①現場での対応がむずかしい，②早い段階から準備を行わないといけない，③標準的なものを多くつくらないと，コスト的なメリットが出ない，などがある．本項に関連する安全性に大きくかかわってくるのは，①と②であろう．①の場合，工場で材料を加工するため施工精度が高く，また部品が標準化されていることも多いため，その部品の強度など十分な試験が施されていく可能性が高い．②の場合，とくに施工作業者に関しては高所などの手作業が減り，その分安全に作業できる．

(6) 混合構造（ハイブリッド構造）

建物の構造種別は，鉄筋コンクリート造や鉄骨造，木造というような区別がされているが，異なる構造種別を組み合わせて用いるものの総称を，混合構造という．混合構造の種類としては，①柱や梁といった部材を構成する材料が複数であるような単一部材型，②柱はRC，屋根は鉄骨といった異種構造を組み合わせた架構型，③同一平面上の柱で，外周部はRC＋内部はSといったような組み合わせ型等がある．混合構造にする目的はさまざまであるが，

表 9.2　部位の性能（JIS A 0030 より）

性能の種別	作用因子	性能項目	測定項目	性能項目の意味
作用因子を抑制するための性能	光	反射性	光反射率	光を反射する程度
		光沢性		光沢の程度
	日射	日射反射性	日射反射率	直接日光による屋根面の熱されにくさ
	熱	断熱性	熱貫流抵抗	常温における熱の貫流に対する抵抗の程度
		蓄熱性	熱容量	温度の変動しにくさ
	音	遮音性	透過損失	空気伝ぱん音を遮る程度
		吸音性	吸音率	音を吸収する程度
		発音性	衝撃音レベル	たたいた音または衝撃音が発音しない程度
		衝撃音遮断性	標準曲線上の音圧レベル差	歩行などによって起こる発音が直下階に伝わらない程度
	水	防水性（透水性）	水密圧力	雨水などの水を通さない程度
		（吸水性）		水を吸水しない程度
		はっ水性		水をはじく程度
		排水性		水が円滑に排水される程度
		防湿性	透湿抵抗	湿気を通さない程度
		調湿性	単位吸湿量	湿気を吸収または発散する程度
	空気	気密性（透気性）	気密抵抗	気圧差によって生じる空気の透過に対する抵抗の程度
		小屋裏換気性		小屋裏空気の換気性
	振動	防振性		振動が伝わらない程度
	人・物	帯電防止性		静電気がたまらない程度
	放射線	放射線遮断性	放射線吸収率	
建物の存続と安全に関する性能	力	耐分布圧性	単位荷重	各部位にかかる分布荷重による曲げ力に耐える程度
		変形能	許容変形能	性能を劣化させずに変形に追従する能力
		耐せん断力性	面外せん断耐力	面外せん断に耐える程度
			面内せん断耐力	面内せん断に耐える程度
		耐局圧性	局圧荷重	局圧に耐える程度
		耐ひっかき性		ひっかきに耐える程度
		耐衝撃性	安全衝撃エネルギー	衝突物などによって起こる衝撃力に耐える程度
		耐摩耗量	摩耗量	摩耗に耐える程度
	熱	耐振動性		振動に耐える程度
		耐熱性		熱によって起こる変質，変形，破壊などに耐える程度
		耐寒性		寒さによって起こる変質，変形，破壊などに耐える程度
	水	耐水性		水によって起こる変質，変形，破壊などに耐える程度

(表9.2 続き)

性能の種別	作用因子	性能項目	測定項目	性能項目の意味
建物の存続と安全に関する性能	水	耐湿性		湿気によって起こる変質，変形，破壊などに耐える程度
	薬品	耐薬品性		①油脂類によって起こる変質，変形などに耐える程度
				②酸，アルカリによって起こる変質，変形などに耐える程度
				③アルコールによって起こる変質，変形などに耐える程度
				④塩類によって起こる変質，変形などに耐える程度
				⑤その他，化学性物質によって起こる変質，変形などに耐える程度
	火	耐火性	加熱時間	火災に耐える程度
		難燃性	防火材料の種別	燃えにくさの程度および燃焼によって起こる煙や有害ガスを発生させない程度
		耐引火性，着火性	引火着火温度	引火または着火のしにくさの程度
	紫外線	耐紫外線性		紫外線によって起こる変質などに耐える程度
	ほこりなど	耐汚性		①汚れの付着しにくさの程度
				②汚れの目立ちにくさの程度
				③汚れの落ちやすさの程度
	虫	耐虫性		虫に侵されたり発生させない程度
	ねずみ	耐そ性		ネズミに侵されない程度
	菌	耐食性		菌などに腐食されない程度
	耐久	耐久性	耐久年数	経年によって起こる変質，変形などに耐える程度
人間などに対する感覚又は作用に関する性能	(ふれる)	感触性		人が触れたときの肌ざわり感覚の程度
				①硬さ，軟らかさ
				②滑らかさ，粗さ
				③暖かさ，冷たさ
	人・物	防傷害性		人間に対して傷害を与えない程度
		防衝撃性		物を落としたとき，それを安全に保つ程度
	(歩行)	防滑性		滑りにくさの程度
	(見る)	意匠性		人がみたときの意匠感覚の程度
				①色
				②質感
				③模様
				④光沢
				⑤形状・寸法
	人	防振動性		人に不快な振動を与えない程度

備考：括弧内の作用因子は，人間の行為及び感覚についてのものである．

その適材適所に使用することにより，短工期，低コストで高い性能をもつ建物を建設するという目的で混合構造を採用することがほとんどである．鉄と木の混構造を一例に挙げると，鉄を引っ張り材として使用する場合，座屈の心配がなく最小の断面で使用することができ，またその一方で，木は圧縮や曲げに強くその接合方法も比較的簡単なため，それらの利点を組み合わせることにより，大空間を無柱で構成することが可能となる．

混合構造は異種構造を組み合わせたものであるため，力学的にみて異種構造間の力の伝達が明確になっているであろうか，地震や風などの繰り返し荷重に対する性能が確かめられているであろうか，法律的に満たしているであろうかといった注意が必要であり，どれが欠けても，安全性を確保することはできない．

9.1.4 材料と安全性

材料と安全性について考える場合，その材料そのものを用いることによって安全を確保するといった要求性能的観点と，逆にその材料が人間に何らかの危害を及ぼすような危険要因的観点があると考えられる．日常災害の分類の中にもあるように「ぶつかり」「挟まれ」「こすり」「鋭利物による傷害」といった接触型の事故に対する安全性や化学物質等の放散防止は後者であると考えられる．しかしこれらの事項は，他の項に詳しく述べられているのでここでは譲り，前者についてのみ述べることとする．

JIS A 0030 では，建築物の各部位における要求されている性能について定めている．その中には，「日射や熱といった作用因子を制御するための性能」「触れる，歩行，みるといった感覚または使用感に関する性能」とともに，「建物の存続と安全に関する性能」が定められている（表9.2）．〔布田 健〕

参 考 文 献

1) 杉山英男，他：新建築学体系 39，木質系構造の設計，彰国社，1983．

9.2 住宅室内における事故・災害と安全対策

9.2.1 安全とは

人間の生活環境が備えているべき条件として，安全，健康，効率，快適の4つがあげられるが，安全は他の条件成立の前提となる．建築や住宅の安全を脅かすさまざまな現象をまとめてみたのが図 9.2 である．ここで示す5つの安全性のうち構造安全性を除く，家財の安全性，防火安全性，内装・設備の安全性，化学物質汚染の安全性，の4つは室内計画で配慮すべき基本的問題といえる．これらはおのおの異なる原因に起因するため，個別の対策が求められる．家財については地震時における対応が問題となり，火災については内装材料の防火対策，内装・設備の安全性については家庭内事故の防止，化学物質の汚染については建築材料の選択や換気量の確保，という視点からの対策が重要になる．

9.2.2 住宅内事故の防止策

(1) 住宅内事故

厚生労働省の人口動態統計資料を基に，日本にお

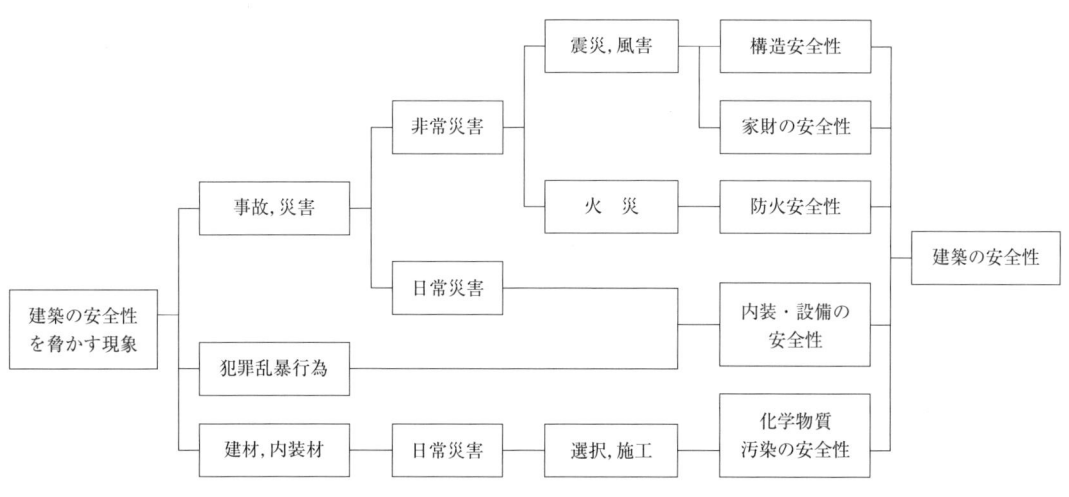

図 9.2 建築の安全性とそれを脅かす諸現象

ける事故や災害の内訳を統計的にまとめたものが図9.3である．近年では交通事故に次いで建築の事故，災害が多いことはあまり知られていない．しかもそのほとんどが家庭内で起きたものであることがわかる．

家庭内での建築にかかわる事故は日常災害と非常災害の2つに分けて考えられる．日常災害は建築の設計や施工，使い方の不備などによって日常的に起こるレベルのもので，地震や風水害，火災などの突発的原因による建築の非常災害とは防止策を立てるうえでも区別されている．

建築にかかわる事故，災害の中身を原因別にみると，日常災害が全体の約9割を占め，1割強が非常災害となっている．事故の内訳は最近の特徴を表しており，もっとも多い事故が溺水，次いで転倒，墜落，転落，火傷の順である．

住宅内での溺水事故を年齢別に比べると図9.4に示すように，乳幼児が少なく高齢者が圧倒的に多い．1970年代に比べて乳幼児の溺水事故が激減し，高齢者が溺水事故を起こしやすくなった理由はまだ明らかにされていないが，単身または夫婦のみの高齢世帯の増加が原因ではないかと推測されている．

(2) 落下型事故

日常災害を事故原因によって分類すると，図9.5に示すように落下型，接触型，危険物型の3つになる[1]．落下型事故の典型が「墜落」で，バルコニーなどの高所から落下する事故をいう．

対策としては，幼児が乗り越えられないような手すりの高さ（110 cm以上）や，デザイン（子どもがよじ登れないこと．横桟は不可），手すり子の間隔（子どもの頭がすり抜けられないように11 cm以下），手すりの強度（ベランダでは300/kg以上，窓では150/kg以上）などの配慮が求められる．

「転落」は階段やスロープなどの高いところから，身体をぶつけながら転げ落ちる事故である．住宅の専用階段の勾配は蹴上げ23 cm以下，踏み面15 cm以上と建築基準法で決められているが，この基準では日常の使用には急勾配で危険である．したがって，$2R + T = 60 \sim 65$ cm（自然歩幅）（Rは蹴上げ寸法，Tは踏み面寸法）という関係を満たす階段にすると，足の動きに比較的無理がなくなる[2]．

段表面の仕上げについては滑りやすいものが問題となるが，引っかかりの強いものも，逆に危険を伴う．図9.6に示すように，緩やかな勾配，仕上げ材の滑り防止，手すりや踊り場の設置などが安全に役

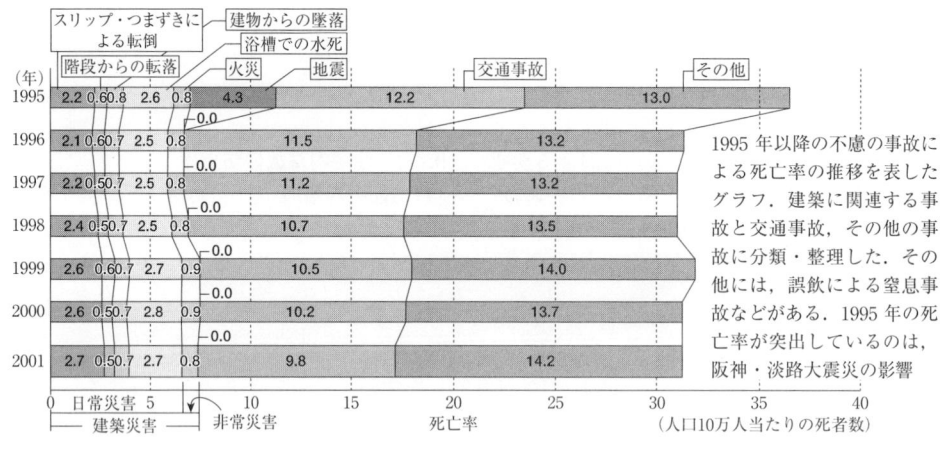

図9.3 日本における不慮の事故による死亡率の内訳（厚生労働省労働省「人口動態統計」より作成）

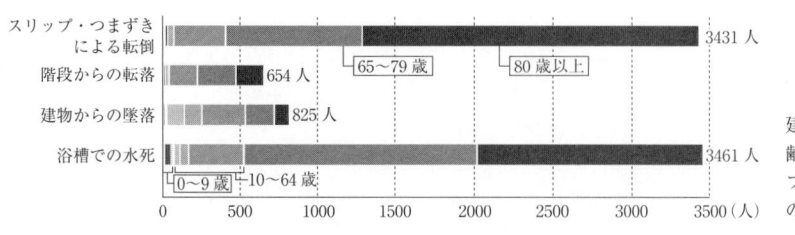

1995年以降の不慮の事故による死亡率の推移を表したグラフ．建築に関連する事故と交通事故，その他の事故に分類・整理した．その他には，誤飲による窒息事故などがある．1995年の死亡率が突出しているのは，阪神・淡路大震災の影響

図9.4 建築の日常災害からみた年齢別死者数（2001年）

建築事故の種類別に，年齢別死者数を示したグラフ．いずれも65歳以上の高齢者に死者が多い

立つ．スロープは勾配（建築基準法では 1/8 以下，車椅子では 1/12 以下）が大きいと滑りやすくなり危険である．

　同一面での身体バランスの崩れによる「転倒」は，わずかな段差や滑りやすい床，じゅうたんの端や敷居などのつまづきが原因となりやすい．滑りにくい床材を選ぶことはもちろんであるが，硬くて滑りやすい材料には表面に目地や小さな溝をつけて滑りにくくすることも必要である．高齢者はドアの沓ずりやカーペットのしわなどに足を引っかけて転倒するおそれがあるのでさらに注意が必要である．

　「落下物による打撲」は天井材や照明器具などが重力，振動などの影響で落下することが原因である．重いシャンデリアを取り付ける際には，天井下地を補強したり，取付方法を十分に検討する．また，高層住宅のベランダに置いてあるものが落下し，凶器と化すこともある．ベランダから物を落下させない工夫と，積雪も含めて，落としても危険のないように計画する必要がある．

(3) 接触型事故

　接触型事故では「衝突，挟まれ」は，動線の交錯する場所での扉の開き勝手の検討や，ゆとり寸法の問題，仕上げ材料の選択などが関係してくる．スチール扉に挟まれる事故も多い．見通しのきく扉の設定とデザイン上の工夫が必要になる．狭いところや動作の激しいところ，ゆとり寸法の不足するところでは周辺の荒い壁に人間の体の一部が触れて「こすり，すりむき」などが生じる．

　「鋭利物による傷害」の代表はガラスである．ガラスの大型化はガラス自体の存在を消すことが目的であるため，衝突事故を多発させる．負傷や出血多量で死に至ることもあるため，ガラスの存在を認識させる設計や，ガラスの前面に手すりや観葉植物を置いて直接ぶつからないように工夫する必要がある．とくに階段下や，浴室では転倒事故が多い．ガラスに激突すると大事故になるため，割れないガラス，割れても安全なガラスを使用することである．強化ガラス，合わせガラスなどの安全ガラスを使用することを勧めるが，網入りガラスではこれらに準ずる効果は期待しにくい．

(4) 危険物型事故

　その他の危険物に起因する事故がある．コンロなどの熱源による「火傷，熱傷」，電気設備による「感電」，ガス設備による「中毒，酸欠」，浴槽や洗濯機による「溺水」などの事故があげられ，これらについては各事故の原因に対する配慮が必要となる．とくに高気密・高断熱化している現状の住宅では自然換気は期待できないため，中毒や酸欠事故を防ぐために，適切な換気量を確保できるようにして

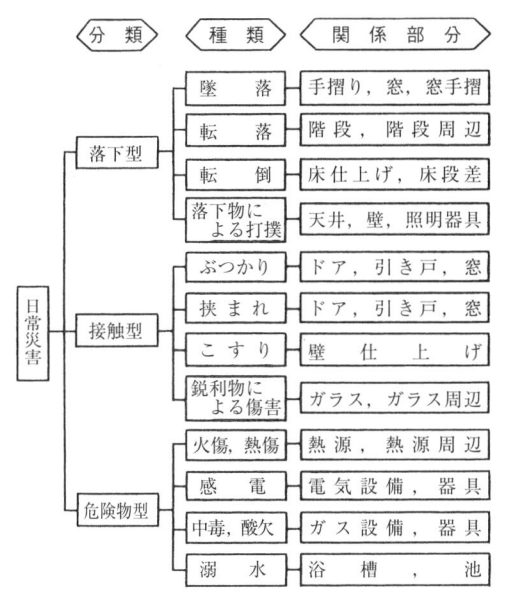

図 9.5 日常災害の種類

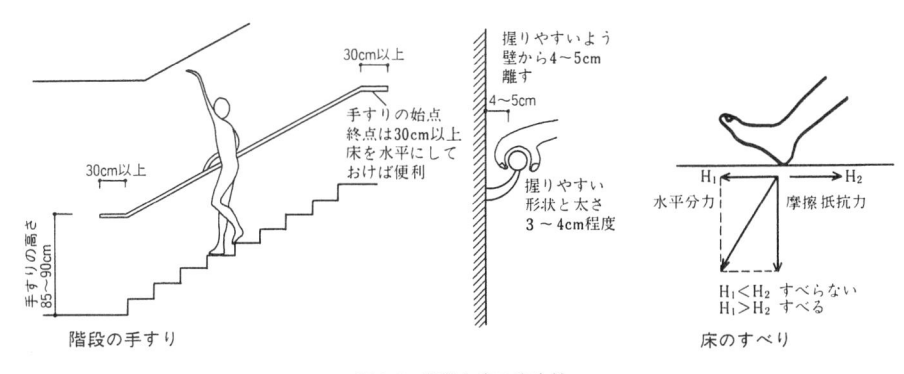

図 9.6 階段と床の安全性

おくことが重要である．

9.2.3 室内地震対策
(1) 室内被害の傾向
　阪神・淡路大震災では建物に被害がなくても家具が倒れたり，家電製品が飛んだり落下したりして大散乱を引き起こした．室内の安全の確保を考えるには，まず室内被害調査[3〜5]で得られた結果などから住まいに潜む危険を把握しておくことが重要である．

　それらをまとめたものが図9.8〜9.15である．室内被害を最小限にするには，以下に示す8項目を考慮した対策を実施していく必要がある．

　① RC集合住宅では独立住宅よりも，家具や家電製品をはじめとする室内被害は大きく多発する傾向がある（図9.7）．

　② 中高層のRC集合住宅では一般的に居住階数が高くなるほど家財の室内被害が多く，被害も大きくなりやすい（図9.8）．建築の内装被害は逆に集合住宅の下層部に多い．

　③ 身辺にモノが多い暮らしは危険である．できる限りモノを多くもたない住まい方や暮らし方をすると身軽で安全である（図9.9）．

　④ 家具類を造付けや固定にすると被害が少ない．住宅設備機器の被害が比較的少なかったのは，それらが固定されていたためである（図9.10）．

　⑤ 家具やモノの積み重ねは危険．家具の上に置かれていた重量物やガラスの人形ケースなどが一瞬にして落下し，凶器となった（図9.11）．

　⑥ 家電製品なども高いところに置くほど危険．テレビや電子レンジなど高いところに置かれていたものほど，飛んだり倒れたりしていた（図9.12）．

　⑦ じゅうたんや畳のような表面が柔らかい床材料は，家財を転倒させやすい．とくに重い家具は長い年月のうちに沈み込みを起こし，さらに倒れやすくなる（図9.13）．

　⑧ 扉の開き防止対策は重要である．家具が倒れなくても，陶器やガラスなどの飛び出しによる破損は散乱被害を拡大し，2次災害の主因となっていた（図9.14）．冷蔵庫や電子レンジの扉や引出しの開き防止対策はあまりなされていなかったが，重要な課題である．

(2) 室内地震対策
　具体的な地震対策としては，図9.15に示すようなさまざまなレベルでの対応が考えられる．家具を積み重ねない，高いところにモノを置かないなどのソフト面での対応は，簡単で実施しやすい反面，時間とともにすぐ風化しやすいのが欠点である．また免振や制振などの建築レベルでの根本的解決や，モノをもたない暮らしなどソフト面での徹底的対策は実施もむずかしい．

　結局，実用上からいえば家具や家電製品の固定や転倒防止，扉の開放防止など永続効果の期待できる個別対策が重要になってくる[6〜8]．

(3) 固定と転倒防止
　家具の地震対策としては，家具を建物の壁と一体に動くように固定する金具が望ましい．このような金具を「固定金具」と称し，図9.16に示すL型金具がそれに該当する．しかし，ネジ釘が打てない，適切な位置に下地桟が入っていないなど，壁下地（図9.17）の都合で，固定金具が取り付けられなかったり，借家であるため壁に傷がつけられないなど，やむをえない場合の対策として図9.18に示すようなさまざまな止め方が考案されている．これらを総称して「転倒防止具」という．

　家具固定の場合の注意点はまず，①家具は壁を背にして置くこと．②止める位置は足もとより頭で止める方が効果が大きい．③柱や壁の下地に家具の桟部分をL型金具で固定する，の3つが基本となる．転倒防止具についての注意事項はタイプによって異なるが，よく使われるベルトタイプでは，①ベルトの角度を小さくし，②その緩みをなくすることが重要である（図9.19）．

(4) 扉の開放防止
　扉の開き防止やガラスの飛散防止など，家具の転倒とともに破損や散乱防止対策が必要である．扉開き防止金具には手動タイプと施錠開錠が自動のタイプがある．手動式は構成が単純で効果はあるが，日常の開閉が面倒で必ず掛け忘れがあるため自動タイプが実用的である．扉の形状や隙間で金具の種類が規制される．使い勝手がよく開放防止効果が期待できるものとして図9.20に示すラッチ式と振動感知式があげられる．

(5) 家電製品の対策
　テレビやコンピュータは安定した形態であるが重く飛びやすい．冷蔵庫は大型化しており，100kg前後と重いため被害も大きい．電子レンジは高いところに置かれているので落下しやすい状況になっている．テレビや電子レンジ，冷蔵庫など精密な家電製品は安全性を重視してメーカーに止め方を問い合わせるのが望ましい．

　しかし，これらの製品についてはメーカーの対応は鈍く，未対策のものや具体的な部品や対策を示していても効果の薄いものがみられる．

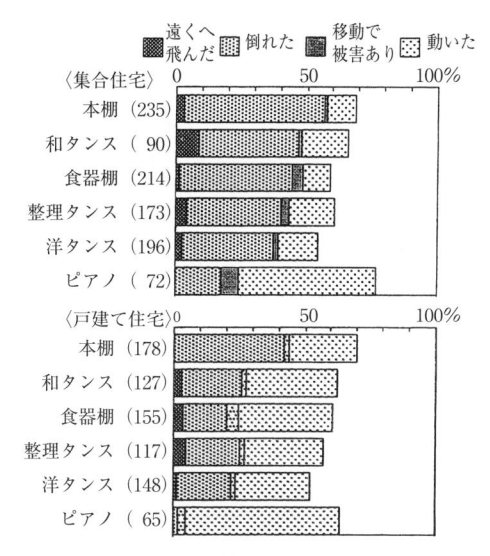

9.2 住宅室内における事故・災害と安全対策

図 9.7 住宅形式による家財被害の差（阪神地区の住宅 455 件の調査）
戸建住宅より集合住宅の方が室内の家具被害は大きかった．
（ ）内はサンプル数．

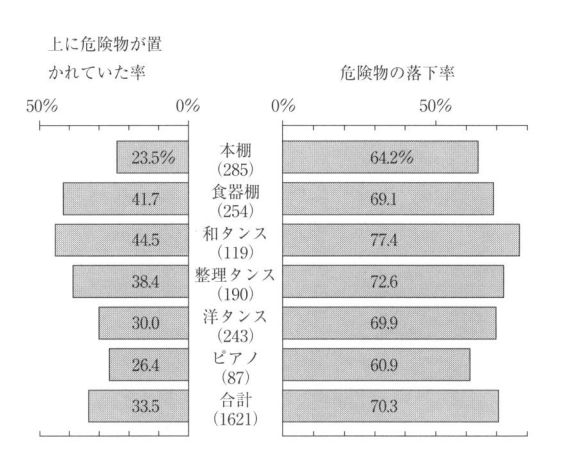

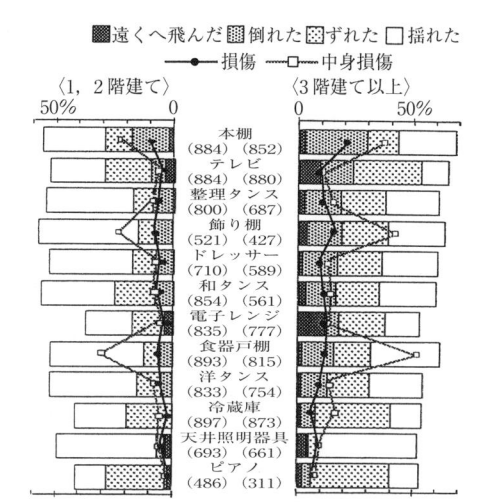

図 9.8 住棟高さによる室内被害の差（建築学会近畿支部会員 2122 件の調査）
高い建物では，家具・家電製品の転倒や散乱・損傷が多くみられた．

図 9.9 室内の散乱
木造 2 階建ての 1 階座敷．60 年前からのもっとも古い平家だった部分．畳の上にじゅうたん敷き．リビングボードが倒れ，ステレオや額，テレビが飛んでいる．

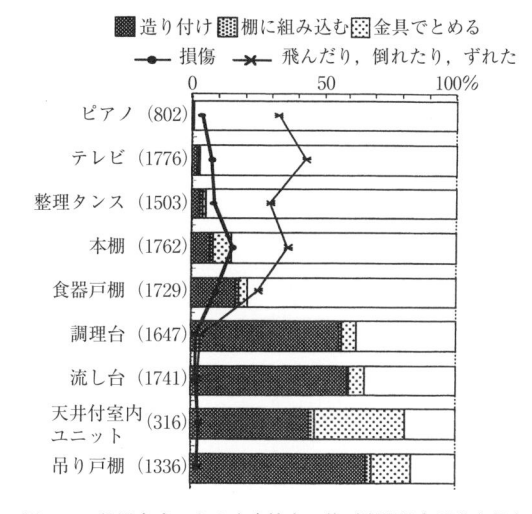

図 9.10 設置方式による室内被害の差（建設学会近畿支部会員 2122 件の調査）
造り付けや固定した家具では被害が少なかった．

図 9.11 家具の上の危険物の落下（阪神地区の住宅 455 件の調査）
家具の 3 割以上にガラスや陶器など重くて危険なものが置かれていて，そのうちの約 7 割が落下した．

302   9. 住居の安全防災計画

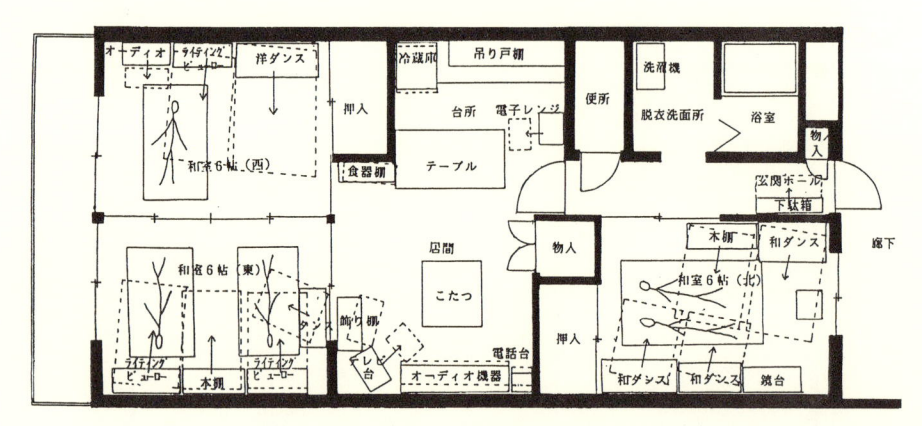

図9.12 高層集合住宅の室内の被害

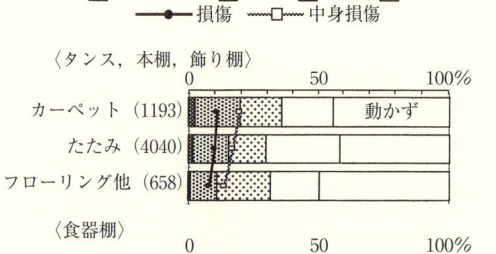

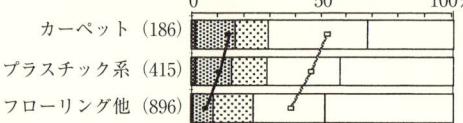

図9.13 床材料による家具の被害の差（建築学会近畿支部会員2122件の調査）
柔らかく滑りにくい床材は転倒しやすく，フローリングのような堅い床材は滑る．

図9.14 扉が開放したことによる被害
マグネットしかついていない食器棚はすべて開いて，食器が壊れた．冷蔵庫も倒れて扉が開き，引き出しが出ている．

図9.21〜9.23は市販の止め具を含めた家電製品の固定や転倒防止対策である．これらのほかに地震時に問題になる家財として，ピアノがあげられる．ピアノはアップライト型でも250 kg前後あるうえ，重心が高いので非常に危険である．独立住宅ではピアノなどの重い家財を2階に置かない配慮が必要である．

平面計画としては生活する居室に置く物を少なくすることが有効である．身辺で使うモノはまとめて家具室や蔵，納戸などに収納する伝統的な日本の住まい方，集中収納方式の有効性が見直される．

さらに自由な発想をすれば，従来各室内に設けられていた収納庫をすべて通路側に設置することによって室内の安全性を得るとともに，それを除去すれば，将来車椅子対応が可能な通路幅を得ることもできる．

9.2.4 室内防火対策
(1) フラッシュオーバー

家屋を火災から守ることは，人の生命と安全と財産の保護の面からきわめて重要である．また，家屋や家財の焼失のみならず煙や有毒ガスによる窒息死，火傷，避難時の怪我なども人命に深いかかわりをもつため，防火対策は建築基準法や消防法，さらに条例などさまざまなレベルで規制されている．

火災の成長は，一般的には図9.24に示すようにしばらくは燻焼状態が続くが，やがて室内の温度が上がり可燃性ガスの濃度が増すと，急激に火勢が拡大する．この現象をフラッシュオーバーという．この段階になると室内は火の海となり，手のつけられない状態になって，高温状態が継続し可燃物がなくなるまで燃え続ける．

フラッシュオーバーの激しさは内装材料の種類のほか，火源の規模，可燃物の量によっても異なるが，それに至るまでの時間は通常3〜8分といわれ

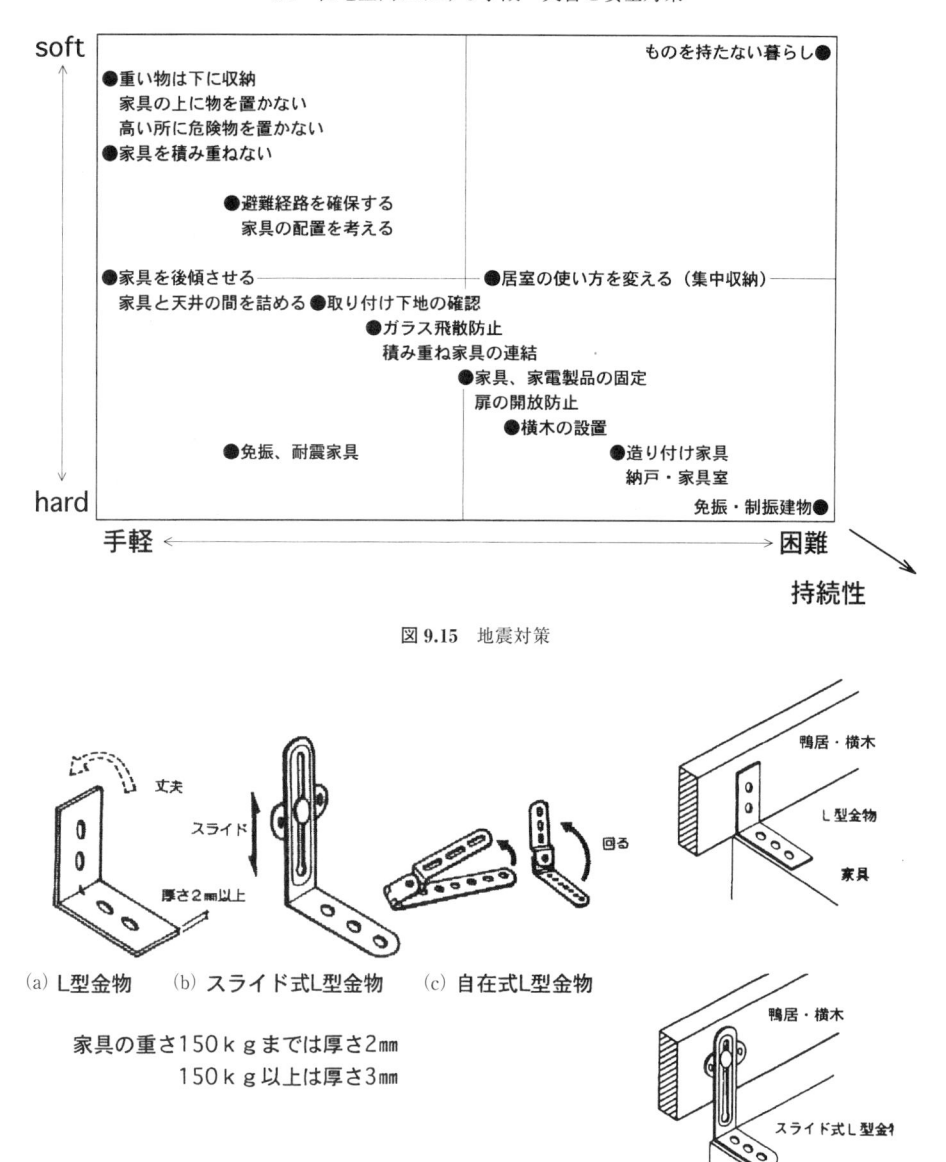

soft
●重い物は下に収納
　家具の上に物を置かない
　高い所に危険物を置かない
●家具を積み重ねない

●ものを持たない暮らし

●避難経路を確保する
　家具の配置を考える

●家具を後傾させる　　　　　　●居室の使い方を変える（集中収納）
　家具と天井の間を詰める●取り付け下地の確認
　　　　　　　　　　　　　●ガラス飛散防止
　　　　　　　　　　　　　　積み重ね家具の連結
　　　　　　　　　　　　　●家具、家電製品の固定
　　　　　　　　　　　　　　扉の開放防止
　　　　　　　　　　　●免振、耐震家具　●横木の設置　●造り付け家具
　　　　　　　　　　　　　　　　　　　　　　　　　納戸・家具室
hard　　　　　　　　　　　　　　　　　　　　免振・制振建物●

手軽 ←　　　　　　　　　　　　　　　　　　　　→ 困難

持続性

図 9.15　地震対策

(a) L型金物　(b) スライド式L型金物　(c) 自在式L型金具

家具の重さ150ｋｇまでは厚さ2mm
150ｋｇ以上は厚さ3mm

鴨居・横木／L型金物／家具

鴨居・横木／スライド式L型金物／家具

図 9.16　固定金具

ている．

(2) 火災の拡大と防火対策

居住者による自力消火はフラッシュオーバーになった後では不可能となる．したがって防火対策は初期の対応がもっとも重要とされている．まず火災を起こさないこと，①出火防止である．火気管理や使用制限によって火災の発生を防止することが何よりも重要である．

次いで，②早期発見伝達で，火災をフラッシュオーバーになる前にできる限り早く発見することである．発見後は居住者や消防機関に知らせることが大切である．火災の発生を発見する手段としては，煙感知器や熱感知器，火災報知設備の設置が求められる．暮らしの中に，火災時に多量の有毒ガスを発生させるプラスチック製品が増加したため，消防法ではカーテンやじゅうたんなどに防炎性能をもつ製品を用いるよう規定している．

火災を小規模な段階で食い止めるための③初期火災拡大防止の対策としては，消化器やスプリンクラーの設置とともに内装の不燃化が重要な決め手とな

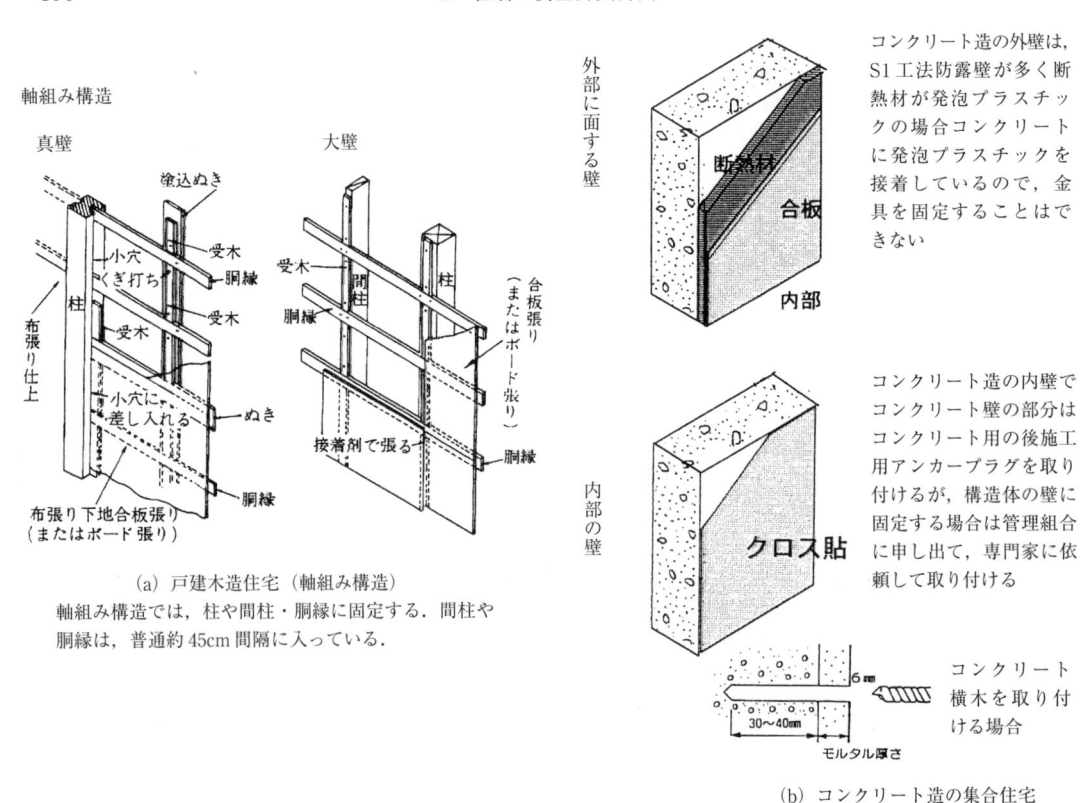

図 9.17 木造住宅とコンクリート造住宅の壁下地の構成

る．建築基準法による内装制限では建物の規模，構造，用途などによって内装に不燃材料，準不燃材料，難燃材料といった防火性のある内装材を用い，木材や紙などの可燃材料を使用することを制限している．表 9.3 に防火性のある内装材の区分を示す．

④煙にまかれないように居住者を安全に避難させるためには，避難路の設定や出入口，通路の幅など建物設計時の計画の問題が浮かび上がってくる．避難計画に当たっては表 9.4 に示すような，人間の本能的行動特性を配慮することが重要である．防火対策といった視点から，以上のことをまとめてみたのが表 9.5 である．

9.2.5 室内化学物質汚染対策
(1) 化学物質過敏症

住宅の建材や接着剤，壁紙，塗料などに含まれている化学物質による室内空気汚染の人体への影響が懸念され，その原因や発生のメカニズムの解析と対策が大きな問題となっている．表 9.6 に示すように，従来から人体活動や建材，機器類の使用によって，室内で発生する主な汚染物質は非常に広範囲にわたり，さまざまな問題を引き起こしてきた．最近では環境ホルモンの指摘などと相まって，その中でも化学物質過敏症が注目を浴びている．

化学物質過敏症とは，今までの概念では考えられないきわめて微量，すなわち 10 万分の 1，あるいは 1 億分の 1 g 以下の単位の科学物質で起きるとされている．不定愁訴様の症状をきたすとともに，アレルギー疾患的な特徴と中毒的な要素をもつ後天的症候群といわれている．欧米では「多量または長期にわたって化学物質に暴露されると体内の受容体が過敏性を獲得し，その後はきわめて微量の同系統の化学物質に接することにより種々の症状を呈する状態」と定義されている．

症状は一度に身体のあちこちの臓器で多発的に現れ，アレルギー様症状と自律神経系の症状を主体とする表 9.7 に示すようなものが挙げられる[9]．

原因物質は，建築材料や家具材に使われている合板・ボード類の接着剤や，壁紙・塗料の接着剤，溶剤，可塑剤，防かび材をはじめとして表 9.8 に示すようなものがあげられる．なかでもホルムアルデヒド，トルエン，キシレン，VOC（揮発性有機化合

(a) Z型

(b) ベルト式, チェーン式

(c) ストラップ式

(d) マット式

(e) ポール式

図 9.18 転倒防止具

ベルトの角度は小さいほどよい

家具の側面で取り付けた方がビスが抜けにくい

拡張式アンカーで固定しない

図 9.19 ワイヤー, ベルトタイプ

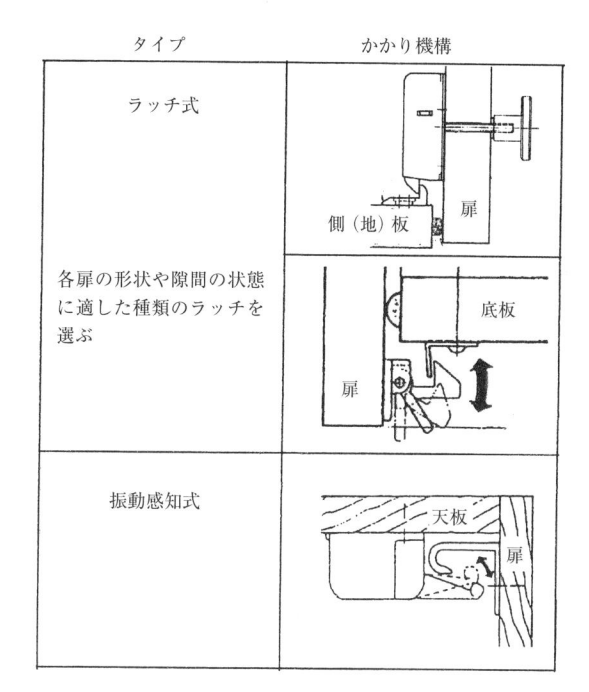

タイプ	かかり機構
ラッチ式	
各扉の形状や隙間の状態に適した種類のラッチを選ぶ	
振動感知式	

図 9.20 扉の開放防止具

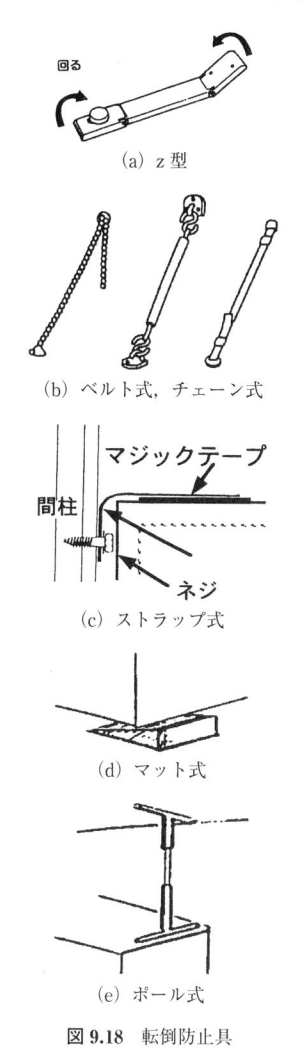

物), 有機リン系薬剤などが原因物質になりやすいと考えられている.

(2) 建築基準法に基づくシックハウス対策

目がちかちかする, 喉が痛い, めまいや吐き気, 頭痛がするなどの「シックハウス症候群」の直接の原因は, 建材に使われている化学物質や, 住宅の気密性が高くなったこと, ライフスタイルの変化による換気不足などがあげられ, 個人の生活の仕方の改善も重要である.

しかし, こうした問題を避けるための対策としては, 「材料選択」「換気設計」「注意表示」の3点が設計・施工・工事監理時における最も重要な注意事項である.

2003年7月1日からシックハウス対策のための法規制が導入され, 建築基準法が改正された. シックハウスの原因となる化学物質の室内濃度を下げるため, 建築物に使用する建材や換気設備を規制するもので, 対象は住宅, 学校, オフィス, 病院など, すべての建築物の居室である. 主な対策としては, 建材や家具, 日用品などから発散する化学物質を減らすことと, 換気設備を設けて室内の空気を清浄に保つことが目的である.

改正建築基準法に基づくシックハウス対策は, 以下のようなものである.

1) ホルムアルデヒド対策

①内装仕上げの制限: ホルムアルデヒドは刺激性のある気体で木質建材によく使われているため, 内

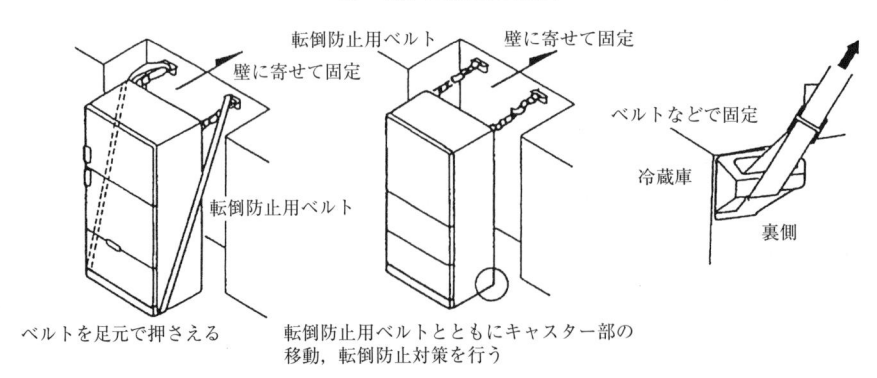

図9.21 冷蔵庫の転倒防止対策

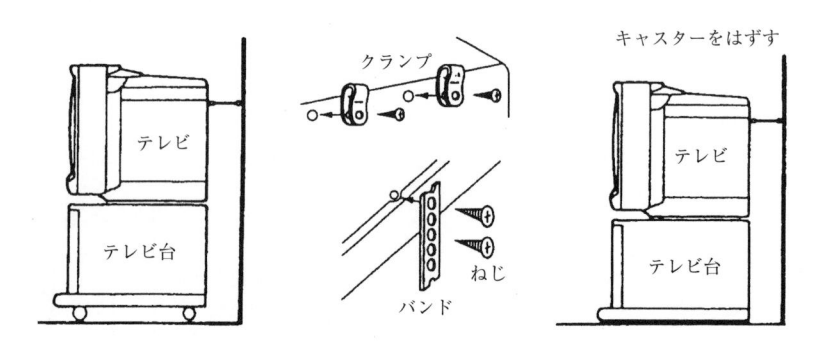

図9.22 テレビの転倒防止対策

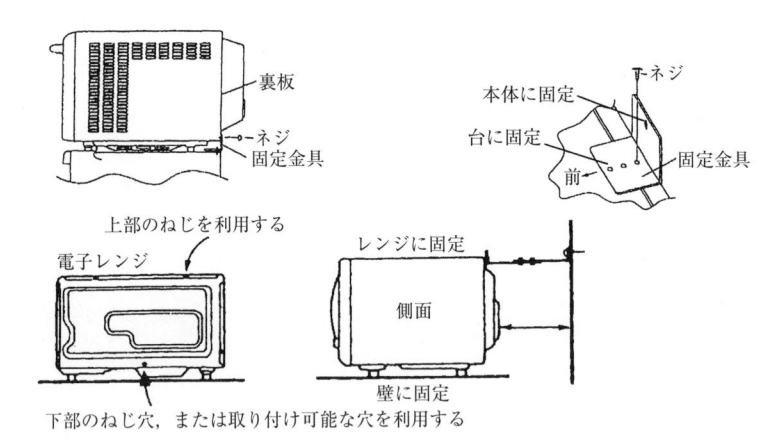

図9.23 電子レンジの転倒防止対策

装仕上げに使用する建材には表9.9のような制限がされている．原則として JIS，JAS または国土交通大臣認定による等級づけが必要である．木質建材（合板，木質フローリング，パーティクルボード，MDFなど），壁紙，ホルムアルデヒドを含む断熱材，接着剤，塗料，仕上塗材などが対象である（図9.25）．

②換気設備設置の義務づけ：　ホルムアルデヒドを発散する建材を使用しない場合でも，家具からの発散が考えられるため，原則としてすべての建築物に機械換気設備の設置が義務づけられている．例えば住宅では，換気階数0.5回/h以上の機械換気設備（24時間換気システムなど）の設置が必要となる．

③天井裏などの制限：　天井裏，床下，壁内，収納スペースなどから居室へホルムアルデヒドの流入を防ぐため，表9.10の①～③のいずれかの措置が必要とされている．

2) クロルピリホスの使用禁止

9.2 住宅室内における事故・災害と安全対策

表 9.3 防火材料

種　類	性　状	例
不燃材料	まったく燃焼せず，有害なガスも出さない（無機質材料）	コンクリート，石綿スレート，モルタル，鉄板，アルミ板，石綿ケイ酸カルシウム板など
準不燃材料	木，紙などを含んでいるが，まず燃えない．煙も微量しか発生しない（無機質＋有機質）	木毛セメント板，石膏ボードなど
難燃材料	もともと燃える材料を難燃処理したもの（有機材料＋難燃処理）	難燃合板，難燃繊維板，難燃プラスチック板など

表 9.4 本能的行動特性

1. 帰巣性：パニック時には，もときた道に引き返そうとする傾向
2. 指光性：明るい方向へ逃げる性質
3. 退避性：炎や煙など危険のある場所から遠去かる方向に逃げる傾向
4. 追従性：付和雷同性．多くの人々の逃げる方向へ逃げる傾向
5. 左回性：右手，右足が発達し，暗中での歩行は左回りとなる傾向
6. 向開放性：開かれた感じのする方向へ逃げようとする傾向
7. 至近距離選択性：なるべく近道して行動しようとする性質

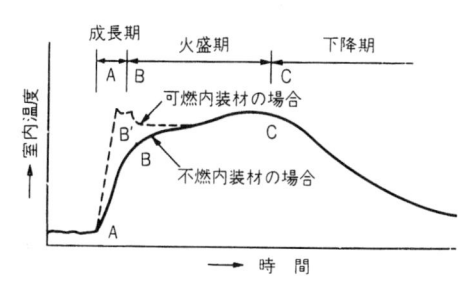

図 9.24 火災の進行モデル

表 9.5 火災の発生・成長プロセスと成長

火災の段階	出　火		成　長		拡大・延焼	
火災現象	燃　焼 発　煙	着火・着炎 発煙増大	炎の拡大 （一面，多面）	フラッシュオーバー 発煙急増	拡大，延焼	類焼
火災箇所	火　源	周囲可燃物 室内調度品	内装 （天井，壁，床）	室内全体 建具	火元階，建物全体	隣家
防火対策	①火源，着火物などの出火防止対策自己消火性，防災加工などの処理 ②感知器，報知設備の設置 ③消火器，スプリンクラーなど消火設備の設置 ④避難誘導灯，誘導標識などの設置 ⑤教育・その他		①内装の不燃化，フラッシュオーバーの延ража，発煙速度の低減など ②建物内への警報伝達，消防署への通報 ③安全な避難経過の確保と避難 ④屋内消火栓による消火 ⑤その他		①防火区画，防火扉，防火ダンパーなどの設置 ②防煙区画，防煙扉，防煙タレ壁などの設置 　排煙対策 ③屋外消火栓による消火 ④屋外への安全な避難 ⑤その他	

　クロルピリホスは有機リン系の白蟻駆除剤で，居室を有する建築物には使用が禁止されている．
　以上のように建築基準法に基づく対象物質としては，ホルムアルデヒドとクロルピリホス対策の2つが課せられているが，トルエン，キシレンなどの他の揮発性有機化合物 VOC もチェックする必要がある．また，家具や防虫剤，化粧品，タバコ，ストーブなども化学物質の発生源となる．総揮発性有機化合物 TVOC も室内空気の汚れの指標として検討していく必要があり，身のまわりの日用品の材質や換気など，住まい方に気をつける必要がある．
　化学物質の室内濃度はそれを放散する建材や施工材の使用量と正の相関がある．そのため，換気量を増加すれば室内濃度は減少する．室内濃度は竣工時

表9.6 室内で発生する主要汚染物質

発生源	種類	発生物質
人体	呼吸	二酸化炭素，水蒸気，臭気
	くしゃみ，せき，会話	細菌粒子
	皮膚	皮膚片，ふけ，アンモニア，臭気
	衣類	繊維，砂塵，細菌，かび，臭気
	化粧品	各種微量物質
人の活動	喫煙	粉塵，タール，ニコチン他
	動作	砂塵，繊維，細菌，かび
	燃焼器具	二酸化炭素，一酸化炭素，酸化窒素類，酸化硫黄類，炭化水素類，臭気
	事務機械	アンモニア，オゾン，溶剤類
	殺虫剤散布・塗布	噴霧剤（フロンガス），殺虫剤，消毒剤，防虫剤
建物自体	合板類	ホルムアルデヒド
	耐火材	アスベスト（石綿）
	断熱材	ガラス繊維
	石材・土壌	ラドンおよびその壊変物
	壁紙・塗料	接着剤，溶剤，可塑材
	生物	かび，細菌，ダニ，動物の毛
	殺虫剤など再揮発	殺虫剤，殺菌剤，殺鼠剤，防かび剤，防蟻剤
維持管理機器類	作業材料	砂塵，粉塵，洗剤，かび，細菌
	事務機械	オゾン，アンモニア，悪臭，電磁波，騒音，振動
	空調機器	かび，オゾン，騒音，振動
非常時	火災	一酸化炭素，青酸ガス，各種有毒ガス

表9.7 化学物質過敏症の主症状[9]

自律神経障害	発汗異常，手足の冷え，頭痛，易疲労性
精神障害	不眠，不安，鬱状態，不定愁訴
気道障害	咽頭痛，口渇
消化器障害	下痢，便秘，悪心
眼科的障害	結膜の刺激障害，調節障害，視力障害
内耳障害	めまい，ふらつき，耳鳴り
運動器障害	筋力低下，筋肉痛，関節痛，振せん
循環器障害	動悸，不整脈，循環障害
免疫障害	皮膚炎，喘息，自己免疫異常

表9.8 化学物質過敏症の原因物質[9]

化学薬品	殺虫剤，除草剤，抗菌剤，可塑剤など
有機溶剤	塗料，クリーナー，シンナー，芳香剤など
衣料	じゅうたん，カーテンに含まれる防炎・可塑剤
金属	貴金属，重金属
その他	タバコ煙，家庭用ガス，排気ガス，大気汚染物質，医薬品

表9.9 内装仕上げに使用できる建材

建築材料の区分	ホルムアルデヒドの発散	JIS, JASなどの表示記号	内装仕上げの制限
建築基準法の規制対象外	少ない ↑	F ☆☆☆☆	制限なしに使える
第3種ホルムアルデヒド発散建築材料		F ☆☆☆	使用面積が制限される
第2種ホルムアルデヒド発散建築材料		F ☆☆	
第1種ホルムアルデヒド発散建築材料	↓ 多い	旧 E_2, F_{C_2} または表示なし	使用禁止

表9.10 天井裏などから居室へのホルムアルデヒド流入防止措置

①建材による措置	天井裏などに第1種，第2種のホルムアルデヒド発散建築材料を使用しない（F☆☆☆☆以上とする）
②気密層，通気止めによる措置	気密層または通気止めを設けて天井裏などと居室とを区画する
③換気設備による措置	換気設備を居室に加えて天井裏なども換気できるものとする

にもっとも高く，時間の経過とともに減少する．室温が高くなると放散量は増加するため，冬季に竣工した場合には夏季に向けて増加することがある．

高気密高断熱化が進んでいる現状では，自然換気による化学物質の低減は期待できないため，強制換気をするか，積極的に窓を開け放つ必要がある．工事期間中や入居までに換気を行うことが有効である．家具や戸棚，システムキッチンなどの扉も入居までの間開放しておくのが望ましい．

引き渡し時の注意の表示や情報提供は，引き渡し後の問題発生やトラブルを未然に防ぐためにも特に重要である．

〔北浦かほる〕

参考文献

1) インテリアデザイン教科書研究会編：インテリアデザイン教科書，彰国社，1993.
2) 建築技術教育普及センター編：インテリアプランナー講習テキスト，建築技術教育普及センター，2002.
3) 阪神大震災住宅内部被害調査研究会（代表北浦かほる）：阪神大震災住宅内部被害調査―中間報告―，1995.
4) 日本建築学会建築計画委員会兵庫県南部地震調査研究部会，建築内部空間における被害WG：阪神淡路大震災住宅内部被害調査報告書，1996.
5) 兵庫県南部地震に関する日本建築学会近畿支部所属会員アンケート調査 第1次～第3次集計結果，1995, 1997.
6) 関西インテリアプランナー協会：地震時における室内の安全設計の普及に向けて，1997.
7) これで安全 室内の地震対策，大阪建築防災センター，1998.
8) 北浦かほる編著：インテリアの地震対策―家具と家電製

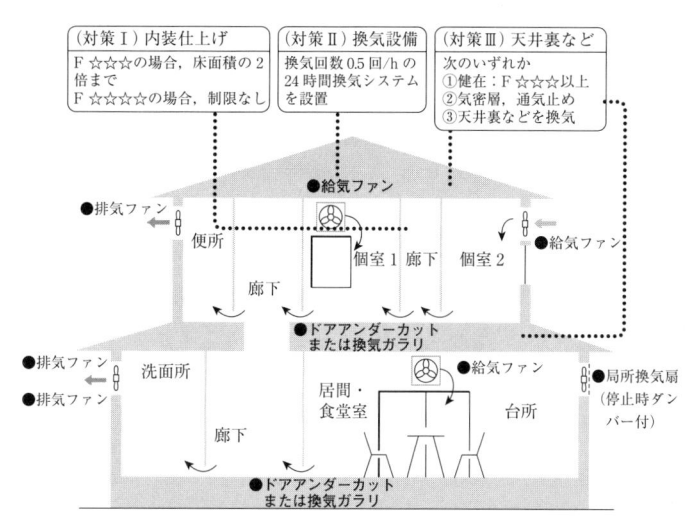

図 9.25 戸建住宅におけるホルムアルデヒド対策

品から人をまもる―, リバティ書房, 1998.
9) 建築雑誌, **113**(1421), 1998.

9.3 居住計画と防災・安全

9.3.1 安全な立地条件

地震や風水害などの自然災害に対する住宅の安全性を考える場合，まずその立地条件が重要な要素となる．このときの立地条件としては，地形，地盤そして標高などがあげられる．

基本的な地形は，山地，丘陵地，台地，沖積平野，谷底低地，海岸平野などに区分されるが，これらは表層地盤の性状と密接なかかわりをもつことが知られている．すなわち，山地は第三紀層の岩盤であるのに対し，上記のそれ以外の地形は第四紀の地層に属する．そして，丘陵地，台地は洪積層の比較的固い地盤であり，大きな地震被害の発生しにくい相対的に良好な地盤であるのに対して，谷底低地や砂泥質な沖積平野である三角州や自然堤防では，粘土，シルトの軟弱な土質からなり，地震動を増幅させ地震時に振動被害を大きくする危険性がある．

また，海岸平野は砂を主相とした地盤からなるが，緩く堆積していたり地下水位が高い場合には，大きな地震動を受けて地盤の液状化を引き起こすこともある．また，液状化は溜め池などを砂で埋め立てた場合にも発生することがある．このように，地形は地下数 m 程度までの地盤性状を知るための目安となり，地震被害の形態をある程度予測することができるので事前に対策を講ずるための参考になる．

一方，地震や豪雨によって引き起こされる災害として斜面崩壊がある．斜面崩壊の一形態である崖崩れは傾斜が 40〜80°の間の崖で発生しやすく，直角に近い崖や 30°以下の斜面が崩れることは少ない．崖崩れの被害に会わないようにするためには，崖下は崖の高さの 2〜3 倍，崖上は 0.5〜1 倍程度崖端部から離して家屋を建てることが望ましい．

また，峰と谷が複雑に入り組んだ山腹斜面の人工改変地では，峰の地山部分を削り，谷を埋め立てて道路を通したり，斜面上位部分を削り，下位に盛り土をして平坦化し宅地造成をすることが多い．この場合には，地山の切り土部分は無被害であることが多いが，盛り土の箇所は不等沈下や地滑りを起こす危険性が高い．また，切り土と盛り土の境界付近で地割れに伴って家屋被害を生じやすいことが指摘されている．

ところで，自然堤防は比較的軟弱な地盤からなるために地震動による被害には不利であるが，沖積平野の中で比高が数 m 高い部分に相当することから，頻発する程度の規模の水害に対しては安全である．人々は経験的にそのことを知っており，自然堤防上には集落が多く立地してきた．しかし，戦後の高度経済成長と相まった都市周辺への人口集中とともに新たな宅地化が進み，過去の災害時に被害を被った立地条件の悪い土地に人々が住むようになって，災害発生の潜在的なポテンシャルを高めているとみることができる．

日常的な，あるいは地震時の市街地における防災

としては，大規模な火災に対する安全性の確保が重要である．とくに，大都市の老朽化した木造建物が密集している地域では，建物の不燃化や道路の拡幅などによる延焼遮断帯を設け，居住環境の防災性能を高める努力が行われている．

9.3.2 防犯対策と集合住宅の住棟計画

防犯計画におけるキーワードは「監視性」と「領域性」である．すなわち，領域性の乱れによる私的空間と公的空間の区分の不明確化が第三者の侵入を容易にし，犯罪発生を喚起する．一方，犯罪を企図した侵入は監視性を高めることにより抑止することができる．つまり，人間の目による具体的な監視や，絶えずみられているという圧力による実質的な効果を与える自然的監視，あるいはカメラやセンサによる機械監視によって侵入を未然に防いだり，検知することにより犯罪発生を防止することが可能となる．

日本におけるこれまでの犯罪情勢をみていくと，領域性と監視性の欠如によって犯罪が引き起こされる状況が明らかである．たとえば，容積率と犯罪発生率との関係によれば，大都市駅前の繁華街でもっとも高く，中小都市の駅前と続き，下町でもっとも低くなる．このことは，大都市中心部では多目的空間の複合と不特定多数の人々の集合により，領域性と監視性が極端に低下するのに対し，下町では濃密な近隣関係のもとに長年にわたって居住を続けてきている地域特性が犯罪発生を抑制していることを示している．

このような視点からすれば，防犯対策として領域性と監視性を付与する計画が大切であることが容易に理解される．たとえば集合住宅の住棟計画においては，敷地へのアプローチに向けた住棟配置をとることにより監視性を高め，犯罪目的の侵入を抑止することが可能となり，さらに周辺道路と敷地内の舗装を材質や色で明確に区分することで領域性を明らかにすることなどが考えられる．領域性の付与については，塀や植え込みによる方法もあるが，高い塀など見通しの悪いバリアがかえって犯罪者の身を隠すことにもなるので注意を要する．

監視性においては，在宅時間の長い高齢者住宅を敷地へのアプローチに面して配置したり，監視カメラによる映像を防災センターや管理人室でチェックするなどさまざまな方法が考えられる．ここで大切なことは，死角をつくらないような計画を心がけることである．集合住宅における死角で，意外な盲点になるのがエレベーター内や屋上である．高層住宅のエレベーターや屋上は，時間帯によっては利用率が低く，監視性が極端に低下する危険性がある．

したがって，エレベーターは内部が見通せる構造のものにしたり，監視カメラを設けたりする工夫のほか，深夜の防犯運行方式がある．これは，ある時間帯になると防犯運行ボタンを押すことにより，2人以上は乗れない状態になり途中階には停止せずに目的階に直行する方式である．また，屋上の利用については機械監視のほか，利用時間の制限や施錠による管理などの対策がとられている．

9.3.3 防災と平面計画

地震時の建物の耐震性を考えるとき，基本となるのは耐力壁の量と平面的および立体的な配置である．1950年の建築基準法と同施行令の制定により木造建物の設計法が大きく変わった．すなわち，木造建物には耐震要素として重要な筋違(すじかい)を用いることが義務づけられ，耐震性は向上した．さらに1959年の建築基準法施行令の改正では「必要耐力壁量」（建物平面の単位面積当たりの壁長さ）および「軸組倍率」（筋違の太さなどによって決まる壁の耐力係数）が導入され，その後もいくつかの地震を経験してさらにそれらは強化された．

このように，在来の軸組構法による木造建物は，基本的に柱や横架材からなる線の部材の構面を筋違やボードなどで補強し，面に近づけて抵抗する形式に変わってきた．すなわち，地震動には面で抵抗するのが有効であるが，耐力壁が建物のある部分に偏在すると局部的に大きな変形が生じて建物にねじれが発生し，マイナス効果を与えることがある．したがって，耐力壁は平面的に，また2階建ての場合には1階と2階の関係において立体的にもバランスよく配置することが必要である．

次に，火災に対する防災について考えてみよう．建物火災全体の中で住宅火災による死者は約9割を占めており，とくに高齢者層の死者発生率が著しく高い．住宅火災に対する防災設計上の要点としては，初期拡大の防止のために安全性の高い火気器具を使用することや，居住スペースを広くとり，空間の整理を図るなどの生活上の改善が必要になる．

また，住宅火災の死亡原因の多くは「逃げ遅れ」によるものであることから，火災の覚知や発見を早め，避難を容易にする方策として感知器の設置や避難経路の確保が重要となる．避難計画には，フェイルセーフやフールプルーフという2大原則がある．フェイルセーフとは，1つの方法が失敗しても他にバックアップが存在することであり，たとえば2方

図 9.26 ホームセキュリティ概念図[9)]

向避難の原則が挙げられる．具体的な事例としては，多くの集合住宅のように出入り口が玄関の1カ所のみの場合，ベランダの戸境い壁を破って隣家への避難が可能になるような工夫が用いられている．

フールプルーフは，災害時にパニックに陥ったとしても自動的に保護されるような原則をいう．このためには，避難施設はわかりやすく使いやすいシステムにする必要がある．すなわち，避難時の人間行動特性のうちの1つである直進性を考慮して，廊下の突き当たりに避難階段を配置し，身体で押して開くことができる外開きのドアにすることや，人間の向光性を利用して，避難施設を配色や照明で明るくすることで誘導を図ることができる．

9.3.4 住居のセキュリティ

現在の住居ではエアコン，電話，ファックス，テレビつきインターホーンなど数多くの機器を取り入れたホームオートメーションは当たり前のようになっているが，その中でホームセキュリティへの関心が高まっている．ホームセキュリティの概念は図9.26に示すようなものであるが，その基本的な内容は防犯，防災，救急にあるといわれている．

まず防犯は，各種の電気・電子機器を用いたセンサ機能による監視システムを基本として，侵入などの異常を検知した場合には音や光で警報を発すると同時に威嚇を行う．さらに，あらかじめ設定された場所へ通報を行うこともできる．

次に防災を目的としたセキュリティシステムとしては，熱感知器や煙感知器を用いた火災発生検知システムやガス漏れによる火災，爆発，中毒を防止するためのガス感知器などがある．ガス感知器を大きく分けると，空気より比重が軽いため天井面に取り付ける都市ガス用のものと，空気より比重が重く下にたまるため床面近くに取り付けるプロパンガス用感知器の2種類がある．防災用としては他に漏水センサ，酸欠センサや地震による大きな揺れを感知して，自動的にブレーカーを落とす震動センサなどがある．

また，救急用のホームセキュリティシステムでは，主に高齢者用住宅設備として用いられているもので，健康を害して緊急を要する場合に自宅内の家族や自宅外の家族の家，知人宅，警備会社や病院などに通報するための非常用押しボタンが一般的である．さらに最近では，赤外線を用いてトイレや浴室，寝室などで一定時間以上動作を行わなかった場合，異常を検知して通報するシステムが開発され，独居老人の健康異常検知に役立てられている．

〔宮野道雄〕

参 考 文 献

1) 今村遼平：安全な土地の選び方，鹿島出版会，1985.
2) 田治米辰雄，望月利男，松田磐余：地盤と震害，槇書店，1977.
3) 湯川利和：不安な高層・安心な高層，学芸出版社，1987
4) 湯川聰子，井上洋子：新版 住居学入門，学芸出版社，1997.
5) マヌ都市建築研究所：防犯環境設計ハンドブック・住宅編，都市防犯研究センター，1997.
6) 伊藤 滋：都市と犯罪，東洋経済新報社，1982.
7) 消防庁：平成7年版消防白書，大蔵省印刷局，1995.
8) 堀内三郎，保野健治郎，室崎益輝：新版 建築防火，朝倉書店，1994.
9) 竹中新策：ホームセキュリティ，電気書院，1990.

10

エクステリアデザインと町並み景観

10.1 町並み景観とエクステリアのデザイン

　町並み景観といった場合，1軒の家だけでなく連続した町の家並みの景観を，意味している．そして，最近では，それは建築物としての家並みだけではなく，エクステリア（外部空間）としての塀や庭並みも含むと考えられている．さらに，家や庭を越えた町の道や広場，そして公園の景観も広く町並み景観に含めて考えた方がよいと思われている．
　さて，ここではエクステリアデザインを建築物としての住宅の外観――増築を含む――，および敷地部分――塀や庭等――のデザインと考えて，そのあり方について考えてみたい．

10.1.1 身近な3つの景観問題

　そこで，最近，住宅街を歩いて町並みを眺めてみると，エクステリアの構築物でとくに目につくものが3つほどあると思われる．それらは，自動車ガレージ，物置小屋そして空調の室外機である．それらが文字通り無造作につくられる結果，町並み景観が崩れてきているのではなかろうか．よく考えてみると，それら3つは現代文明の特徴を色濃く反映しているものである．まず自動車のガレージは，「マイカー時代」を反映している．否応なしに自動車が住宅街に入ってきて，個々にガレージをつくらざるをえなくなっている．次に，物置小屋は，「ものあふれ時代」を反映している．大量生産，大量消費ということで，どんどんものが住宅にもたらされあふれている．物置小屋をつくらざるをえなくなっている．そして，最後に，空調の室外機は，「環境の人工技術依存時代」を反映している．昔は，打ち水，すだれ，風鈴，団扇，せいぜい扇風機で涼をとっていたが，クーラーさらには暖房も含むエアコンの普及によって，必然的に室外機も表に現れてきたのである．それらの傾向は，今や根本的に批判，再検討の時代になってきているといってもよいだろう．
　まず，ガレージについて考えてみたい．個々のガレージについて，現在はまったく自由に設置，デザインすることになっている．そのことによって屋根のあるガレージ，ないガレージ，シャッター等のついたもの，つかないもの等々町並みにおいてばらばらが一般的である．しかし，単純な機能のみに傾いたものではなく，町並みに配慮してシャッターの代わりに格子をデザインしたもの等も現れている．たとえば，奈良市の「ならまち」等でみられる．このような流れは重要である．個々のガレージの他に，町でまとめて外部等にパーキングをつくり，個々の家とは徒歩で結ぶことにより個々の家の町並みデザインでガレージのことを考えなくてもよい，という方法も考えられる．
　次に，物置小屋であるが，もともとの住宅に組み込んでしまうことも考えられている．さらに，空調の室外機も格子や植栽等で囲いをして目立たなくしている事例も出てきている．また，正面にではなく，少し無理をしても側面にもっていく事例もある．
　これらは，それらをむき出しにしないで町並みに配慮した工夫であろう．さらにマイカーやものそのもののセーブ，人工環境の自然依存への回帰によって，上記の3つの目立つものが住宅外にほとんど現れなくなることが，これらの場合のエクステリアデザインの究極の解決方向かもしれない．

10.1.2 住宅本体の外観問題

　次に住宅本体について考えたい．まず外壁について考えてみる．外壁の線を敷地境界線から一定のところに統一すれば，町並みの線が揃ってくる．昔の町家はほとんど道路に接して外壁が連なっている．

この線ががたがたすると町並みが乱れてくると一般的にはいえるであろう．昔の町家，町並み等は，その時代（封建時代等）の強い規制のもとでそうならざるをえなかった面もある．現在は，「自由の時代」であり，個々の住宅は建築基準法等の法規を守れば，その範囲で自由に計画できる．そのため「町並みの乱れ」になる場合が多いのである．しかし，「多様性の中での統一」といった自由の中に町並み形成意志をもった計画の仕方もあるのではないだろうか．つまり，個々ばらばらに計画するのではなく，既にある隣近所の景観を分析したうえで，それらとの連携，またはよい緊張を保った計画をしていくのである．その場合，外壁の線だけでなく，高さ，材質，色彩等の面でも考えなければならない．この考え方は，外壁においてだけでなく，「町並み景観とエクステリアデザイン」全体にいえることであろう．この手法については，さらに開発の課題であろう．

窓は，壁にくり抜かれ外に面している．中からは外からの光や空気，眺望等が問題となるが，外からは景観の1要素としても意味をもつ．ル・コルビュジェが近代建築の5原則の1つに「横長の窓」を挙げたのは，中からのみえ方が一義的かもしれないが，外からもそれ以前の「縦長の窓」が形成する景観の転換を図ったものでもあるだろう．窓の形，大きさや数は，まわりの地域との「つながり」の強さも示唆していると考えられる．

10.1.3 境界と塀

ここでは戸建住宅地を想定して，境界を隣家との関係，塀を道路からの景観で考えてみる．隣家との境界が，最初からしつらえられている建売分譲住宅団地の場合は，それを前提として，住み出してから，どう維持し改善していくか，が問題となる．この最初からのしつらえについて，たとえば，ロンドン郊外のハムステッド田園郊外では低い生け垣としている．これは，緑の環境の実現ということの他に隣家に低い高さで空気が自由に流れるということである．ところが境界が，単なる土地境界だけが存在するといった状況から出発する場合，境界を接する住民どうしで，境界のしつらえ（塀，垣根等）をどうするか決めなければならない．各戸の境界に対する「思い」が異なっていると，統一的な境界になりにくい．

塀は，道側の境界であり，側面や裏面の境界よりも道からよくみえる景観要素である．また道に沿って連続した空間であるので，町並み景観そのものでもある．これについては，側面や裏面の境界はおいても，できる限り調整を計るべきではないだろうか．たとえば，無粋で，地震時に倒壊すると危険なコンクリートブロック塀をなるべくやめて，生け垣や板塀にする等である．

10.1.4 庭並み景観

戸建住宅地において，表の町並みだけでなく裏の庭並みにおいても景観を問題にしたらよいと考える．庭には多面的な機能，意味があるが，その景観を楽しむという意味も大きい．その場合，狭い自分の庭の範囲内で，あれこれリッチに植採するのはむずかしい．その場合，たがいに隣近所の庭の「借景」を楽しむ精神で臨んだらどうだろうか．

そういうつもりで近所の庭の景観も楽しむことを前提に自分の庭の庭造りをすれば，連なって大きな空間全体の庭並み景観ができる可能性が大きいのである．たとえば，戸建住宅の個々の庭に皆で相談して桜を1，2本植えれば，春になると個々の家にいながら，連なった満開の桜並木を満喫できるというものである．

10.1.5 町並み景観とエクステリアデザインコントロール

町並み景観を整えていくうえでのコントロール手段について若干触れておきたい．1つには，建築基準法により住民自身がつくる「建築協定」がある．多くの住民の意見を集め1つの協定にできれば，それに越したことはない．しかし，こういう「自由な」時代に町並み景観のありかたについて，それはとりもなおさず個々の住宅（地）景観を規制するものだから，なかなかまとめるのがむずかしいのも事実である．それに対して，住宅地の開発当初に開発主体みずからが建築協定つきで売り出す場合がある．そういう協定は，開発主体1人でつくったものなので「1人協定」と呼ぶ場合もある．

建築協定以外に地方自治体等による「補助金交付」がある．たとえば奈良市の中世以来の伝統的「ならまち」の場合，道に面してみえる範囲の改修，改築，新築に当たって，奈良市が決めている一定の要件を満たせば，補助金を出そうという制度がある．当初，個々の個人的財産である住宅の改修等に公的資金を与えるのは問題では，との意見もあったが，町並みは市民全体が享受する公的な空間である，ということで，発足し，効果を上げている．歴史的景観等，だれもが認めるような場合は，こういう補助金制度によって町並み景観のコントロールも

可能であろう．

　町並み景観（ここでは表の景観だけでなく裏の庭並み景観も含める）を整えて行くうえで住宅や建築本体だけでなく，エクステリアデザインが大切であることが，以上の説明で明らかになったと考える．たとえば，昔から，庭に住宅本体の1割のお金をかければよくなるのに…といわれている．それは囲われた敷地内だけの個人的な事柄としてのみではなくて，隣り近所，ひいては町全体に連なるものとしてひとつひとつの場合においても考え，個々に，また町としても共同して実行していくことが，今後，必要があることを最後に強調しておきたい．

〔西村一朗〕

10.2　町並みのエクステリアデザイン

10.2.1　緑とエクステリアデザイン
(1)　緑が生活に果たす役割

　住まいを選ぶとき，その地域に緑が豊かなことや公園が近いことなどが条件の1つとして挙げられる．これは，オープンスペースや緑の存在が，快適な住まいを保障するという重要な意味をもつことを示している．

　そもそも，かつての自然の中では人間と緑は共存していた．現在，地球環境問題として大きく取り上げられている地球温暖化や砂漠化，野生生物種の減少という事柄に象徴されているように，熱帯雨林の減少など，地球上の緑は人間の強い干渉によって少なくなっている．このようなことに対して身近なところでは，都市のヒートアイランド現象に対して，建築物にも壁面緑化や屋上緑化など緑の導入が試みられつつある．

　一般的に，緑が私たちの生活に果たす役割は，大きく3つに分けられる．1つは，環境問題にみられるような植物の環境調節の役割であり，2つ目は，緑があることによる私たちの感覚に働きかける心理的な役割である．そして3つ目は，緑と人間とのかかわりとして注目されてきている園芸の役割である．

(2)　植物のもつ環境調節の役割

　植物が生理的にもっている固有の役割である環境調節の役割には，気候調節や大気の浄化，災害防止，公害緩和などがある．気候調節は快適な気候条件を作り出すことであり，昔から防風のための植栽が風の強い沿岸地方などにみられる．出雲地方や砺波平野の防風林，関東地方の屋敷林などがその例である．樹木は風速を弱めたり熱を遮断する効果がある．冬の北風を遮り，夏は太陽の熱を遮る．また，植物の呼吸により夏冬ともに気候を穏やかにする作用がある．土や芝生の表面は気温とほぼ同じであるが，アスファルトでは気温より10℃以上高くなる．建物の外壁に沿って植えられた常緑樹は，その間に，移動しない空気塊をつくり，急激な温度変化から建物を防ぐことになる．

　大気浄化とは，植物は太陽光線の下で空気中から二酸化炭素を吸収し，酸素を空気中に放出する光合成を行うことをいう．大気汚染された空気が，樹林など植物からの酸素の多い空気の中を通過するとき，酸素に富んだ空気と汚染された空気とが混合して希釈される．また，汚れた空気が樹林や樹木の中を通る間に，その汚染物質の粒子が樹林内に沈降したり，植物の葉が汚染物質を吸収し蓄積する濾過作用により汚染した空気が浄化される．

　騒音の防止や延焼防止の役割もある．騒音防止については，樹木が吸音しての遮音材としての大きな役割は期待できないが，音を消散・拡散させ，大きな音を弱める効果はみられる．実質的な音の減衰より，心理的な効果にかなりの期待ができる．また，樹木は騒音をマスキングする働きをもつ．つまり，樹木が風にそよぐ音，樹木に集まる鳥や小動物の鳴き声などが，不快な音をマスキングする点で有意義でもある．

　防火性および耐火効果については，樹種によって大きく異なる．並木や樹林地となっている場合や，緑葉を有する場合に防火効果は高い．また，樹木の高さが延焼建物より高い場合，樹林地が延焼建物から離れている場合にはより効果が高い．

(3)　植物が人に与える心理的役割

　心理的役割とは，植物が私たち人間の五感に働きかけ，視覚，聴覚，触覚，味覚，嗅覚を通して快適さを感じさせてくれるという感覚的な役割である．

　都市における建築物がもつ人工的な冷たさ，堅さの中で，植物の存在は，人間の努力によって創り出すことのできない自然の素材・象徴として，重要な存在である．

　植物は形態やテクスチャーが多種多様であり，とくにその色彩は豊富である．季節に応じてさまざまに変化し，私たちに季節感や生命感を与えてくれる．春の浅い新緑，夏の濃い緑，秋の紅葉にみる黄色や赤，冬の落葉という季節変化を感じさせてくれる．また，植物は発芽，生長，結実，枯死というサイクルを繰り返す．1年で枯れるもの，長い年月を生長し続けるものなどがあるが，私たち人間と同じ

ように生きていることを感じさせ，生長していく姿を楽しむことができる．

植物は，その時々の温度や湿度や日照条件によっても表情を変える．太陽の光の下で木陰は穏やかな柔らかい日影であり，建物の影は固い．木洩れ日があり，日溜まりができ，また，風によって影は動き，景観に変化を与える．自然との触れ合いの機会としての役割は大きい．

また，高架道路や大きな建物という巨大化した現在の建築物の中で，樹木はヒューマンスケールを感じさせる役目を果たす．樹木は，人間が感覚的に接しやすいスケール感を導き，大きな構造物を，視覚的に人間的な尺度を感じさせ，圧迫感を和らげる役割を果たす．

(4) 植物と人間とのかかわり——園芸の役割——

園芸の役割とは，植物と人間とが直接かかわり，植物を育てることから生まれる効果である．

植物は，毎日の水やりや肥料を与えるという育てることが必要となる．この育て方が直接植物の生長にかかわり，植物の美しさに反映している．自分が手をかけることでよりよく生長し，美しい成果が現れる．また，植物があることで花をほめたり，苗や情報の交換というような人々の交流が生まれることにもなる．

このように，美しい植物の存在，つまり，空間に花や緑が美しく存在することは，快適な空間づくりにつながる．また，花の手入れをすることが，空間を美しくすることから，地域間の交流へと発展し，質の高い心地よいまちづくりにもつながることになる．

近年，園芸は療法として注目されている．とくに，高齢者や障害をもつ人々にとって，屋外で作業をする行動，自分で世話をして育てる達成感など，楽しみや生きがいをみつけながら身体や脳を働かせるきっかけとなる．また，心の問題をも含めて医療の分野でも研究が進められてきている．

このように，緑のもつ多くの効用を，エクステリア空間の中で十分に導くためには，その空間を利用する人々の行動や行為と緑との関係性を重視したデザインが求められる．

10.2.2　住宅庭園の計画

個人住宅の庭園は，かつては，樹木や石で眺めるための情緒的な自然風の庭園であったが，明治期以来，芝生の導入により，戸外生活の空間が重視された．また，近年は，公道を意識して美しい多種多様な花を利用したものも多くみられるようになってきている．

庭園の計画は，居住者の意向，庭そのものの環境条件と住宅を取り巻く周辺の環境条件をもとに，経済的条件を考慮して行われる．

庭の環境条件には，土地の状況である面積や方位，日照や通風の他，建物の形や間取りがあり，また，ベランダや屋上などの特別な環境もある．

周辺との関係では，好ましくない周辺の建物などを遮蔽するか，好ましい周辺の景観を取り入れるのか，外の人々にみせるようにするのかなどの観点も必要であり，同時に，住宅地としての基本的原則である町並み景観との調和や家屋との調和が求められる．

庭の機能には，慰安・休養，戸外生活の場，運動や遊び場，園芸や植物栽培の場，物置など「利用する場」としての機能と，気候の調節や防塵，隔離や遮蔽など「存在する場」としての機能がある．

庭園計画の具体的な設計展開にあたっては，居住者の意向に加えて，家族構成，庭に対する希望や趣味，予算と完成後の管理の方法などを明らかにする必要がある．土地や建物に関する物的環境に関しては，地形，地質，気候，周辺の景観，住宅の間取り，通路などを考慮する．

住宅庭園は，前庭，主庭，サービスヤード，駐車場などに分けられるが，近年，住宅敷地面積が狭くなり，前庭しかない場合も少なくない．

前庭は，住宅の表情をつくる趣きと，門と玄関をつなぐ通路としての実用性とが求められる．また，公道に対しての景観演出は，町並みづくりに大きな影響を与えるものである．樹木を配する場合には，樹木の生長を考慮し，公道の通行の障害にならないよう考える．駐車場をつくる場合は，使い勝手のよい配置とともに来訪者の一時停車の空間も考えておくべきである．

主庭は，住宅の間取りを考慮する．客間からの眺めを考慮すること，居間の延長としての戸外室の役割もある．鑑賞の要素と休養生活や子どもの遊びなどの利用の要素が考えられる必要がある．また，中からの眺めとともに近隣からの視線も考慮する．

サービスヤードは，台所から公道につながる部分である．勝手口からの動線を重視し，前庭や主庭からの視線が遮られていることなどを考慮する必要がある．自転車やゴミ箱や不用品を置く場所や洗濯物を干す場などにもなるので，日照や通風の考慮も必要である．

10.2.3 集合住宅の屋外空間の計画
(1) 集合住宅の屋外空間

集合住宅地の屋外空間には，住戸まわり，住棟まわり，遊び場，公園，歩行者路，広場などがあり，それぞれの性格や機能をもちながら，良好な環境を求めて計画されている．

そもそも，集合住宅の住棟のまわりの空間は，日照や通風など物理的に快適な環境を形成するために計画された空間であったが，居住者にとっては，家のまわりにある空間として，多様な利用がなされ，ここに，「共同の庭園」としての機能的役割が見出されることになる．とくに子どもの遊びは，決められた空間で行われるだけでなく，あらゆるものが遊びの対象となり，あらゆる場所が遊びの空間となる．

集合住宅地の屋外空間は，公共の空間であり私的な空間ではない．この空間を，個人の庭のように意識することに問題はないが，多くの人々がそれぞれに多様な利用することになると多くの問題が生じる．利用には，通行するとか眺める行為や遊びという一時的なものと，園芸などのように固定的で長期にわたるものがある．人々の行動や意識，地域の現況は，たとえば，1日の中でも朝，昼，夕の時間によって，また，平日，休日という曜日，春夏秋冬という季節によって異なる．また，男性と女性という性別，幼児，子ども，青年，成人，高齢者という年齢別など人々の側面によっても異なる．さらに，1人の人間をみた場合も，加齢により考え方や感じ方や行動が変化し必要な空間も変化する．

このように，多様な人々が多様な生活をしているなか，屋外にこれらの多様な生活形態を受け入れることのできる空間としての共同の庭園が求められる．

共同の庭園では，居住者による約束事を明確化することが大切である．共同庭園の存在を，住民どうしの交流を深め，地域景観を考え，居住地に愛着をもつよい機会として生かすことである．つまり，「公」である景観や維持管理の側面と，「私」である楽しみの側面という両者を充たすような共同庭園を形成することが重要である．

(2) 共同庭園の計画

共同庭園では，地域住民による自主的な管理組織により管理されることが予測され，この地域住民の管理組織が行政が多面的に協力し住民どうしが協力し合うこと，これらが管理を円滑に進めるうえでの重要な点である．

共同庭園の計画過程は，企画−計画・設計−施工−管理の4つの段階で考えることができる．

企画段階は，住民要求の認識や評価や予測を通して，どのような共同庭園にするのかという内容や規模などの目標を決定する段階である．計画の前提として「地域性」「共同性」「社会性」について具体的な検討が必要となる．地域性については，自然的な条件として，その土地の高低差，駅やバス停の周辺の道路状況などを把握する．社会性，共同性については，人的・時間的・経済的の3つの関連性を通しての目標を決定することが大切である．つまり，居住者の要望を知ることが原点となる．共同庭園の維持管理・運営管理にかかわることのできる時間はどのくらいあるのか．また，管理費の負担はどのくらいが見込まれるのかなどについて調査を行い，その結果から予測をしておくことも大切である．

計画，設計段階は計画案を策定し設計を行う段階である．具体的には企画段階での調査結果や予測を踏まえた後，その敷地の自然条件に地域的条件を考慮し，与えられた計画地に遊びの広場，交流や休憩の場，園芸の場などの空間構成（ゾーニング）を行い，そのゾーニングに合ったデザインを行う．

子どもたちには遊び場や，幼いころの原風景ともなる環境が求められる．人々の交流や休憩のためには落ち着きやゆったりできる雰囲気が求められる．園芸には，自分でデザインし育てる楽しみとともに，多くの人々の目を楽しませ，私たちの領域であるという意識をもつことのできる景観を創造する役割も求められる．また，居住者の経年的変化つまり，居住者の年齢構成による要求の変化に伴い空間構成を変化させることも考慮する必要がある．

施工の段階は，造成工事や大がかりな工事は施工業者によって行われるが，共同庭園の場合，花壇などは住民自身で造り上げていく場合も多い．居住者の経年的変化に対応して空間構成を変化させることもある．この段階は居住者の交流という地域づくりの重要な契機となる．

管理段階は，経済的条件については企画当初から検討される必要がある．施設や植物の初期の投入費用（イニシャルコスト）とともに，植栽や花壇については，その後に続く維持管理や運営管理に対する費用（ランニングコスト）も忘れてはならない重要な点である．とくに園芸の場合の灌水施設についての検討は重要である．

公共空間の管理は行政によって行われる．しかし，住民たちの共有のセミプライベートな空間はその住民たち自身によって行われることが大切である．自分たち自身が管理にかかわることによって，

質の高い景観や環境を保つことができる．共同庭園の管理は，対象とするのは自然の植物であり，四季それぞれの対応が必要である．この四季という時間軸を基本に年間計画が立てられることが必要であり，また，将来の長い間継続されるものであるから，そのときそのときの自然的条件や社会的条件の変化に対応して計画されていくべきである．管理の目的は，その地域としての快適性を保つこと，つまり，景観的美しさ，休息の場，遊びの場，人々の交流，園芸の楽しみなどが快適に行われるような状態に保つことである．

管理組織には全員が参加することが条件であるが，実際の管理運営については，住民の中から自主管理組織のメンバーを選び，計画を立てて運営していくことが望ましい．

また，運営資金の確保がないと，質の高い管理はできない．資金は，公園などの公共空間で委託管理である場合には地域自治体からある程度は得ることができる．私的な共有空間であれば，居住者全員から徴収されることが基本である．

維持管理としては，水やり，植え替え，施肥，除草などの年間予定を，その時々の作業者，作業手順なども含めての計画をしておく必要がある．また，花壇の整備，植物の購入，肥料，水やりなどの作業にも，資金計画の配慮が必要である．

住民全体の積極的なかかわりがなければ質の高い共同庭園は存在しえない．ただし，かかわり方にもさまざまな形がある．積極的に作業などに参加する場合と，意識的（精神的）に応援する場合である．

共同庭園のあり方について，居住者全員で共通に理解することが重要であり，とくに，居住者全員が参加し続けることが重要な点である．

〔北口照美〕

10.3　都市環境とエクステリアデザイン

10.3.1　道と広場のデザイン
(1) 道のデザイン

「道」には，道路，道，街路，路地などさまざまな用語が用いられている．『広辞苑』によると，道路は「一般公衆の交通のために設けた地上の通路」であり，道は「人や車などが往来するための所」である．「街路」は「市街の道路」であり，「路地」は「人家の間の狭い通路」とされているが，いずれも人間が日常生活のさまざまな局面で関与する環境であることが表現されている．また，古代から中世，近代に至るまで「道」は都市形態の骨格を形成する重要な要素となっている．このため，道のデザインにおいては求められる機能や目的に応じたデザインを考えていく必要がある．

人間の歩行を中心とした道は歩行者専用道路や歩車共存道と呼ばれる．歩行者専用道路は「歩行者の一般交通の用に供する道路，または道路の部分」と道路法で指定することができ，歩行者の安全な通行が確保される．歩車共存道では車道をジグザグに曲げることや，ハンプと呼ばれるかまぼこ状の突起を設けることによって車の速度を減衰させ，車と人の通行を共存させている．いずれも車の危険性から開放されて，人間の快適な歩行を目的とした道である．人の歩行速度は一般に時速4kmとされており，車と比較すると，かなりゆっくりした速度である．このため，歩行者中心の道のデザインにおいては，歩行速度に合わせて緩やかな曲線を描くものを考えるなど，自由な発想が求められる．また，舗装材，植栽，休息のためのベンチなどの小工作物，照明灯などそれぞれの部材のきめこまかな検討とともに，それらの全体の調和が必要とされる．また，歩行者のための道では，健常者だけでなく，ハンディをもった人が安全で快適に歩行できることが不可欠である．車椅子でも通行できる幅員やスロープを確保すること，点字ブロックを連続して設置することなどが重要である．

都市の骨格を構成する道では，交通量によって幅員構成が道路構造令で定められている．こうした都市の骨格的道路における歩道のデザインでは，街の景観形成に寄与するとともに，歩行者に緑陰を与える機能が求められる．また，骨格的道路の街路樹がその都市の個性を表現する重要な要素となるのは，仙台のケヤキ並木，大阪御堂筋のイチョウ並木など各地の事例をみても明らかである．

高速道路や自動車専用道路では，車の安全走行を確保することがもっとも重要な要素であるが，道路本線に付帯して沿道環境への負荷を軽減するため環境施設帯が設けられることがある．環境施設帯のデザインにおいては，騒音や大気汚染の軽減に寄与する樹木を植栽するとともに，沿道住民の利用に供するポケットパーク的な空間の確保も必要とされる．また，高架道路では，高架下を活用するための公園的デザインや庭園的なデザインがみられることがある．この場合，日照条件，降雨条件などに制約が多く，デザインに工夫が必要とされる．一方，高速道路などのサービスエリアのオープンスペースデザインでは，運転者や同乗者の休息のための空間形成が求められる．近年は，サービスエリアに幼児のため

の遊具を設置することや，ハーブなどの香りの植物を中心とした庭園的な空間を確保した事例もみられる．

さらに伝統的な都市や歴史的な都市における路地は現代でも生活に密着した貴重な空間である．京都や尾道では自然発生的にできた路地を保全，活用して，その都市の地域性を確保している．このように，道のデザインにおいては新しい空間を創造するだけでなく，伝統的・歴史的空間としての道を現代社会に活用していくことも重要な視点である．

(2) 広場のデザイン

ギリシアの市民広場（アゴラ），イタリアのカンポ，イスラムの建築的広場，アメリカのベストポケットパークなど欧米の諸都市には多くの広場がみられるが，広場とは，建築群で囲まれ，集会，交通，美観などのために設けられる公共的オープンスペースであると規定される．ヨーロッパ諸都市の歴史的広場では，都市の軸線が広場を貫き，その中心にランドマーク的な建築物やモニュメントが配置されている軸線型広場と，複数の軸線が広場に集中する囲み型広場が典型的な形態としてみられる．一方，日本ではヨーロッパ型の広場は成立しなかったと一般にいわれている．しかし，平安京の条坊制によって秩序づけられた大路，小路などは交通の機能のみならず交易，交流機能をもつ日本的広場として機能しており，江戸には火除け地と呼ばれる広場的空間がみられるなど，ヨーロッパ諸都市と形態は異なるものの，公共的な利用がなされた広場的空間は存在していたといえる．このため，日本の都市における広場をデザインしていくうえでは，求められる機能，立地，土地所有形態などを勘案しながら，日本的伝統と都市的要請に応えることが必要とされる．

日本の諸都市では公共施設となる広場として駅前広場や道路用地内の街園，広場公園などがみられるほか，民有地では総合設計制度などを利用して大規模建築物に付帯した公開空地が広場として機能している．また，建築物の上階や屋上などに人工地盤上の広場が設けられているが，高密度な土地利用が展開する都心部では広場の発展形態としての空間を確保する有効な手段として大きな可能性をもっている．さらに公共用地，民有地を問わず，都市内の小規模な広場はポケットパークと呼ばれ，都市の憩いの場，コミュニティ空間として機能していくものである．このため，市街地整備事業や再開発事業にあたっては，都市の快適性を確保するため，このようなポケットパークを積極的に配置していくことが求められる．また，これらの小規模広場のデザイン

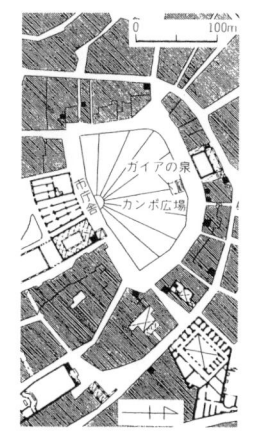

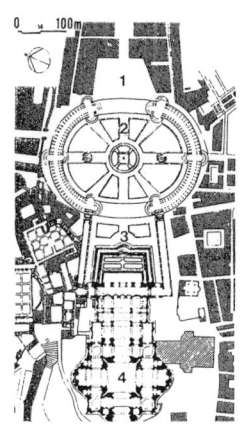

図 10.1 広場の形態
左：シエナのカンポ広場[1]，右：ローマのサンピエトロ広場[2]．1：ルスティクッチ広場，2：オブリークァ広場，3：レッタ広場，4：サンピエトロ寺院．

においては快適な空間を創造するためのディテールデザインに意を払う必要がある．

10.3.2 公園のデザイン
(1) 公園の成り立ちと公園の制度

公園の一般的な概念は，休息，散策，遊戯，運動などの屋外レクリエーションの場として開放された空間を指す．また，公園は大別すると営造物公園と地域制公園に大別されるが，営造物公園は都市公園法に基づく都市公園に代表される．営造物公園とは，国または地方公共団体が土地を取得し一般に公開する空間である都市公園に代表される．一方，地域制公園とは，自然公園法に基づく国立公園に代表され，土地所有の別なくその区域を公園として指定し，土地利用の制限や行為の禁止または制限をすることによって自然景観などを保全することを主な目的としている．ここでは，営造物公園である都市公園について以下では詳述する．

日本の公園制度は1874（明治6）年の太政官布告によって始まったといえる．それまでの日本にもいわゆる公園的空間はあったが，これを制度として確立したのがこの太政官布告であった．それ以来，日本の公園は，東京市区政条例，旧都市計画法などを経て，現在の都市計画法によって規定されている．さらにその管理については統一した法規がなかったことから，1956（昭和31）年4月に，都市公園の設置および管理に関して必要な事項を定めた都市公園法が制定されたが，このことによって公園制度が確立したといえる．

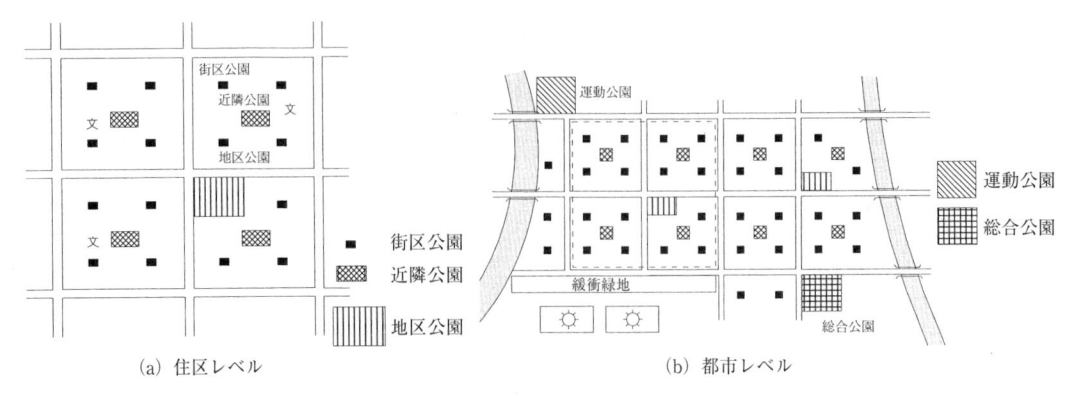

図 10.2 公園の種別（文献 3 より作成）

(a) 住区レベル　　(b) 都市レベル

(2) 公園の機能と種別（図 10.2）

公園にはさまざまの機能があるが，都市公園はその機能，目的，主たる利用者，誘致圏域などによって，表 10.1 に示すように基幹公園，特殊公園，大規模公園，国営公園，緩衝緑地，都市緑地，都市林，緑道，広場公園などに大別される．都市公園施行令が改正された 2003 年までは，住区基幹公園は誘致圏に基づき，街区公園では誘致距離半径 250 m の範囲内で 1 カ所当たり面積 0.25 ha，近隣公園では誘致距離半径 500 m の範囲内で 1 カ所当たり面積 2 ha，地区公園では誘致距離半径 1 km の範囲内で 1 カ所当たり面積 4 ha を標準として配置することとしていた．しかし，日常生活の身近な公園である住区基幹公園の配置は，誘致圏にとらわれることなく整備されることがのぞまれるため，配置の標準規定は廃止された．一方，都市基幹公園は都市民全般の利用に供することを目的としていることから，誘致圏をとくに設けず，1 カ所当たりの面積を総合公園では 10～50 ha，運動公園では 15～75 ha を標準としている．基幹公園以外の公園は，風致公園や歴史公園および動植物公園などの特殊公園など目的や機能に応じた種別が設定されている．また，大規模公園として，市町村の区域を超える広域的レクリエーション需要を充足することを目的とする広域公園と，自然環境が豊かな地域を主体に大規模な公園を核として各種のレクリエーション施設が配置されるレクリエーション都市，都府県の区域を超える広域的な利用に供する目的で国が設置する国営公園がある．

(3) 公園のデザインアプローチ

公園のデザインは基本構想–基本計画–基本設計–実施設計という手順で進めていくことが一般的である．こうした一連の手順の中で，調査，分析はデザインアプローチの中でしだいに深めていくことが求められる重要な局面である．基本構想では，公園の立地する区域の歴史，植生などの自然条件，公園への到達条件，公園にかかわる緑の基本計画など行政的な上位計画などを調査，分析したうえで，公園の主な機能やデザインの基本的な考え方を設定する．基本計画では，求められる機能を空間構成するゾーニングや動線計画，概略の造成計画と排水計画，主な施設計画や植栽計画の基本方針などを定め，これらを図化する基本設計では，基本計画を受けて，それぞれの計画にかかわる条件を精査して，詳細な設計やデザインを行うとともに概略の工事費を算出する．実施設計では，施工が可能となるよう詳細にわたるデザインを行うとともに施工費も算出する．このような一連の流れを経て公園がデザインされていくが，それぞれの段階で重要な点は，利用者のニーズをいかに捉えるか，あるいは社会的な課題にいかに答えていくか，経済的合理性をいかに確保するかなどの視点である．まず，利用者ニーズの把握であるが，公園利用者は幅広い．このため，利用者に対するアンケート調査や類似公園の利用実態について観察調査を行うことによって空間構成上の課題，あるいは管理運営上の課題を抽出してデザインの検証を行う必要がある．また，公園が少子高齢化，情報化，成熟化，市民社会化などの社会の動向に応えるためには，公園の空間的可塑性，施設の可変性などをもったデザインが求められる．さらに公園は公益施設であることから，そのデザインは求められる機能を満足させながらも経済的合理性を勘案したうえで，時間の経過とともに風格が醸し出されるデザインが求められる．さらに公園の重要な要素である植物が本来の機能を発揮できるよう，植栽基盤と呼ばれる土壌，水などの環境整備にも配慮することが重要である．

表10.1 都市公園の種類[3]

種類		種別	内容
基幹公園	住区基幹公園	街区公園	主として住区に居住する者の利用に供することを目的とする公園
		近隣公園	主として近隣に居住する者の利用に供することを目的とする公園
		地区公園	主として徒歩圏内に居住する者の利用に供することを目的とする公園
	都市基幹公園	総合公園	主として一の市町村内に居住する者の休息,観賞,散歩,遊戯,運動等,総合的な利用に供することを目的とする公園
		運動公園	主として一の市町村内に居住する者の主として運動の用に供することを目的とする公園
特殊公園			風致公園,動植物公園,歴史公園,墓園等,特殊な公園
大規模公園	広域公園		主として一の市町村の区域を超える広域のレクリエーション需要を充足することを目的とした公園
	レクリエーション都市		大都市その他の都市圏域から発生する多様かつ選択性に富んだ広域的レクリエーション需要を充足することを目的とした一団の地域
国営公園			主として一の都道府県の区域を超えるような広域的利用に供することを目的として国が設置する大規模な公園
緩衝緑地			大気汚染,騒音,振動,悪臭等の公害防止,緩和もしくはコンビナート地帯等の災害の防止を図ることを目的とする緑地
都市緑地			主として都市の自然的環境の保全ならびに改善,都市景観の向上を図るために設けられている緑地
都市林			主として動植物の生息地または生息地である樹林地等の保護を目的とする都市公園
緑道			災害時における避難路の確保,市街地における都市生活の安全性および快適性の確保等を図ることを目的として設けられる緑地で幅員10〜20 mを標準とする
広場公園			主として商業・業務系の土地利用が行われる地域において都市景観の向上,周辺施設利用者のための休息等の利用に供することを目的とする

10.3.3 水辺のデザイン

(1) 都市における水辺の意義

都市における水辺空間には,海浜,河川,湖沼などの自然が作り出した広大な水辺から,噴水池や修景池,せせらぎなどの人間が作り出した小規模な水辺までであるが,いずれの水辺空間も非建蔽地であること,つまりオープンスペースであることが都市における水辺の重要な意義である.水辺のオープンスペース性は,眺望を楽しむ,水に触れるなどレクリエーション空間,休息空間としての機能を有するほか,井戸端など水を媒介としたコミュニティ形成の場としても機能してきた.また,水辺をわたる風の効果などによってヒートアイランド現象など都市気象の緩和効果も有する.さらに水鳥や昆虫類などの生き物たちの住処も提供している.水辺のデザインを進めていくためには,このような都市の水辺の多様な意義,機能を的確に把握したうえで進めていくことが重要である.

(2) 水辺の自然環境保全とデザイン

水辺のデザインでは,その豊かな自然環境を保全することも重要な視点となる.自然環境としての水辺は大きく区分すると,海浜部と内陸部に分けられる.海浜部では自然海岸と人工海岸にさらに区分することができる.自然海岸のデザインに際しては海浜特有の干潟やクロマツ林に代表される樹林など自然環境の保全が主要な目的となる.一方,人工海岸においては砂浜などの再生にみられるような自然環境の回復が主要な目的となる.いずれの場合においても水辺の自然環境の保全を目的としたデザインに際しては,環境を維持するための管理が継続的に行われるよう配慮することが重要である.

一方,内陸部の自然環境としては,河川,ため池,湿地などが挙げられる.日本では都市を代表する河川が数多く挙げられるが,かつては治水を第一義的な目的として「三面貼」と呼ばれるコンクリートで護岸や底面を固める工法が一般的であった.1990年代以降,河川の自然環境の保全,再生を目的とした多自然型工法,近自然型工法が導入され,自然環境の維持と治水を両義的な目的とする方向に施策が進められている.こうした施策を受けて,護岸に自然石を用いることや流路を蛇行させるデザインがみられるようになってきている.また,ため池

は農業用水を確保するために築造されたものであるが、都市化の進展とともに農地転用が進み、本来機能が失われるにつれて、埋め立てなどが進められている。しかし、都市における自然環境としての意義が再認識されるにつれて、公園などに利用されることによって保全される事例もみられるようになってきている。この場合、ショウブなどの湿性植物を鑑賞する空間やデッキ状の園路を設けるなどのデザインによって自然環境の保全とともに人間の利用に供するデザインが進められている。

(3) ウォーターフロント開発と水辺のデザイン

水辺はさまざまな人々がその空間を楽しむ場となっている。都市においては、積極的な水辺のデザインがウォーターフロント開発とともに進められてきた。1900年代以降、ヨーロッパやアメリカではロンドンのドックランズ地区、ボストンのハーバーパーク地区などでみられるように、商業業務施設と水族館や美術館などの文化施設が一体となった空間としてデザインされてきた。一方、日本でも大都市圏を中心に欧米諸国と同様の空間が作り出されている。こうしたウォーターフロント開発に伴う水辺のデザインでは、その立地する都市の歴史や文化、空間の魅力など水辺環境の資質を生かし、水や水環境を媒介として新しい都市環境を作り出すことが重要な視点となる。このため、デザインに際しては水辺の開放性の確保、都市との連続性、景観活用を考慮する必要がある。水辺の開放性の確保とは特定の機能が水辺を占有するのではなく、より多くの機能を導入して公共財である水辺空間を開放することであり、水辺に近づく、水に触れる、憩う、散歩する、食事を楽しむなどの活動が広がるデザインを進めることである。都市との連続性とは当該都市の構造や水辺の履歴、都市の成長動向などを踏まえて水辺と都市を分断することなくデザインしていくことであり、水面を見通せる街路構成、歴史や文化を継承したデザインコンセプトの検討などが求められる。景観活用とは夕日や朝日の景観、水に映る夜景、船や水鳥などの動きなど水辺ならではの景観を活用するデザインを進めることであり、眺望の確保、テラスの設置、建築物のセットバック、広場の確保などが必要とされる。

(4) 人のかかわりと水辺のデザイン

都市の水辺空間はさまざまな人のかかわりがみられる。伝統的なかかわりである灯籠流しや七夕祭り、芋煮会などが継続されている地域もあれば、船下りや鵜飼などを観光資源としている地域などもみられる。日常生活の局面では、現在でも野菜や食器の洗い場として水路が利用されている地域もある。さらに、ボート遊びや魚釣り、凧上げ、花火などのレクリエーション的なかかわりは普遍的にみられる。このように人間生活に密着している水辺のデザインにおいて重要な点は人が水辺に求める要素を正確に把握することである。人が水辺に求める要素には、水量の豊かさ、美しさなど水そのものを対象としたもの、水際への近づきやすさなど空間的な要素、魚など水辺の生物が生息していることなど環境的要素、さらにゴミなどが散乱していないこと、悪臭がしないことなどマイナス要因がないことなどが挙げられる。これらの要素のうち、水量の豊かさや美しさなど水そのものを対象とした要素について河川を例にとれば、上流から下流まで流域全体として検討すべき要素であり、地域的・都市的なグランドデザインが必要とされる。一方、空間的な要素については即地的な対応が求められ、護岸の形状の緩斜面化、階段化などのデザインがみられる。一方、環境的要素については前述の流域的全体の対応に加えて、対象とする生物が生息可能な環境を保全、回復するためのビオトープづくりなどのデザインが求められる。さらにマイナス要因の軽減については、人間の諸活動に深く関係している要素であるため、人々の水辺への愛着を高めるイベントを行うなどのソフトデザインが必要とされる。　〔宮前保子〕

参考文献

1) 都市図集編集委員会編：都市図集,彰国社,2001.
2) 加藤晃規：南欧の広場,プロセスアーキテクチュア,1990.
3) 建設省都市局公園緑地課監修：公園マニュアル(第6版),日本公園緑地協会,1998.

10.4　歴史的町並み景観の形成

現代みることのできる町並み景観の基本的特徴が形づくられたのは、近世半ばから近代初頭と考えてよい。この時代は幕藩体制のもと地域の文化が洗練された時代であった。大小の城下町が各地に繁栄し、独自の文化のもと、武家屋敷地、町人地、寺社地の景観が形成された。さらに急速な農林漁業の発達によって、各地の町場や集落に固有の景観が生まれるとともに、交通の経路となる街道筋には数多くの宿場町が成立し、水運の活況は港町を発達させた。門前町の発達も同じ背景からである。ここでは、町並み景観の保存と活用を考えるうえで重要な視点を、近世から近代初期を中心に解説する。

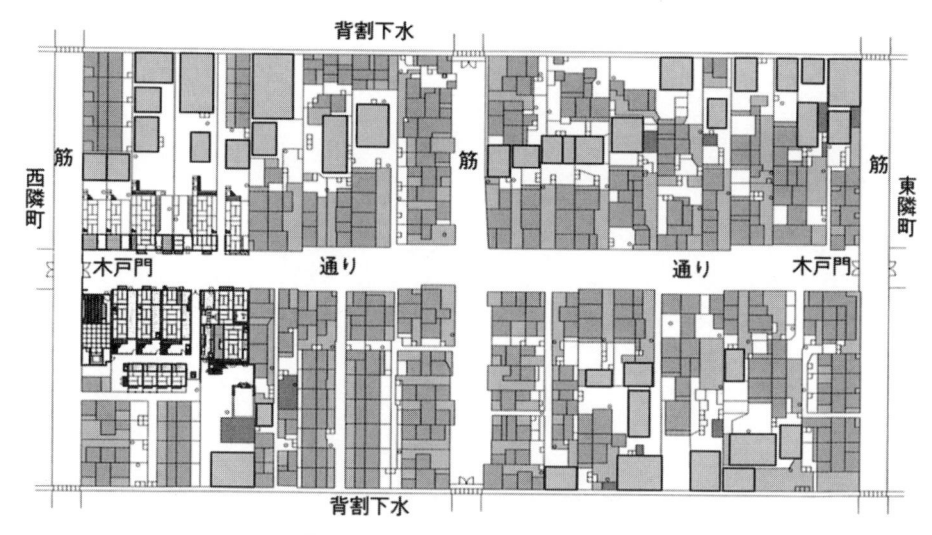

図10.3 近世大坂の「町」連続平面図[1]

10.4.1 都市・集落の形成と町並み景観

　日本の伝統的都市は近世城下町に起源をもつものが多い．その近世城下町の空間構成を特徴づけるものとして明確な計画性があげられる．なかでも，町並み景観に深くかかわるのは町人地の町割りと宅地割りである．一般に近世城下町の町割りは，間口が狭く，奥行きの長い短冊状の宅地が通りを挟んで並び，通りの両側どおしの町家がいわゆる「町」を形成した（歴史学では「両側町」と称する）．間口が狭く奥行きが長い宅地割りは「鰻の寝床」などと呼ばれるが，後述する伝統的町家の形態と深くかかわっている．また，間口の違いこそあれ宅地奥に背割りの下水を通すため，奥行きは同じとなるのが普通である．大阪の場合は奥行きが20間となり，奥に太閤下水と呼ばれる下水道があった．町人地は矩形または方形の街区で構成され，街路は辻あるいはT字路となって交わるが，そこに建つ建物は，入母屋の屋根や通りに面した蔵（見世蔵という）など，景観に配慮したものが多かった（図10.3）．

　さらに街路割りに町並み景観を重視した計画性がみられる城下町がある．たとえば街道筋から城下町に街道を引き込む際にその延長線上に天守が位置するように計画すると，通りの景観の中で天守を正面に仰ぐ形になる．この場合，町並み景観の中で天守は，大名の支配力をシンボル化したものとなっている（静岡県駿府）．また，山上に天守をもつ城下町では同じ構成をとることができないが，天守の代わりに大規模な石垣を通りの正面に配置する例も知られる（奈良県大宇陀町松山）．

　さらに，通りの正面に天守や石垣などをシンボル的に配するだけでなく，その通りを特別なものとして扱い，とくに景観形成を図った例もあった．たとえば，京都二条通は正面に二条城天守をみることになるが，通りの両側には他の通りではみられない本2階建ての町家が立ち並んでいた．江戸では江戸城の天守の他，富士山や筑波山が通りの景観の構成要素であったが，一部の重要な辻には3階建ての櫓が建てられて，特徴ある景観を作り出していた．こうした，いわばバロック的ともいうべき景観形成手法は，近代の都市整備にも受け継がれている．明治期および関東大震災後における東京の都市計画は有名である．

　このほか，近世城下町は町人地，武家地，寺社地に3分される明確なゾーニングがあって，1つの都市の中でさまざまな町並み景観をもつことになる．なかでも武家地は宅地の規模が大きく，明治以降，建物更新が盛んであった都市では公共施設用地に当てられることが多かった．

　城下町と異なる系譜をもつ都市に在郷町がある．街道筋に発展した宿場町，寺院門前の門前町，港町，市場集落などがあげられる．自然発生的要素が強いものと，もともと城下町として建設されたものや，中世に浄土真宗や日蓮宗の寺院を中核として成立した寺内町のように，強い計画性をもったものもある．計画性をもったものの景観的特徴は城下町のそれに共通するが，自然発生的なものは，景観の特徴を一般化することがむずかしく，農業集落とともに後述の景観形成の社会的要因で触れたい．

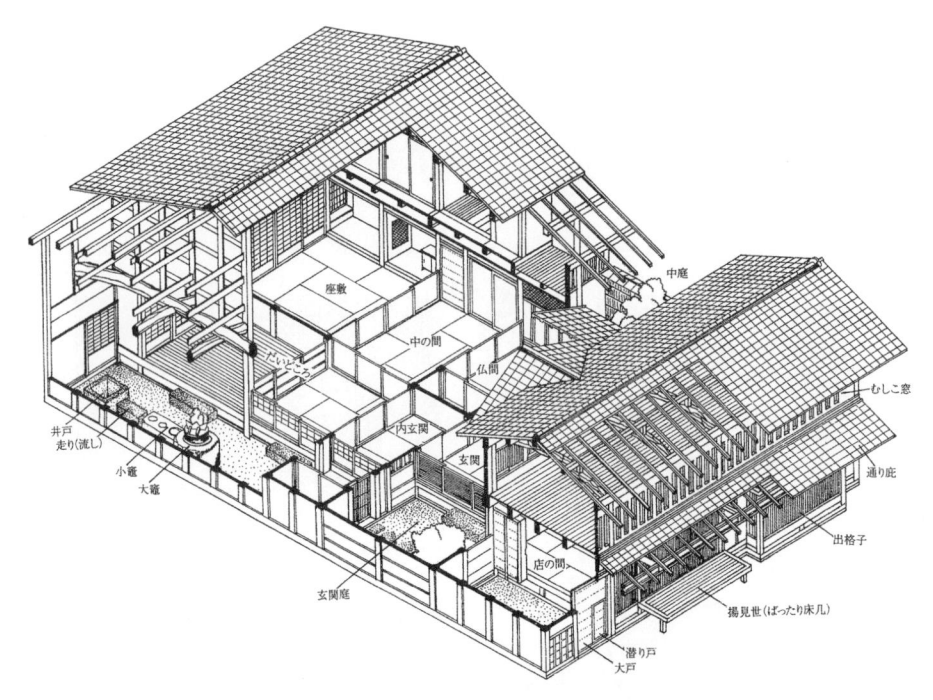

図 10.4 表屋造りの京町屋[2]

10.4.2　町家と町並み景観

町並み景観を構成するもっとも重要な構成要素はいうまでもなく住居であり，都市景観においては伝統的都市住居・町家である．その代表例である京町家の特徴を整理すると，通りに面して間口いっぱいに建ち，トオリニワ（通り庭）と呼ばれる土間が宅地奥側に通る．居室はトオリニワに沿って，間口の狭い場合は1列に，広い場合は2列ないし3列に奥に室が並ぶ．通りに面する室はミセ（店）と呼ばれ，通り側に揚げ店が設けられて商売の場となり，宅地奥側がオク（奥）と呼ばれる居住部分となっていた．階高は明治中期まではツシと呼ばれる中2階建てがほとんどで，それ以降に2階のタチが高い本2階建ての町家が現れる．また，規模が大きい町家はミセとオクを別棟とする場合があり，表屋造り（図10.4）と呼ばれている．

後述するように町割りの相違や業態にかかわる形態の差異があるが，ここにあげた特徴は各地の町家に共通し，歴史的都市における職と住が一致した普遍的な住居形態となっている．ただ，京町家の屋根は棟が通りに平行となる，いわゆる平入りであり，全国的にもよくみられる形態であるが，それに対して妻入り町家が一般的な地方もある．

こうした町家の連担によって町並み景観が生まれる．表側では屋根が重なり合い，庇の軒先が段状に連なることになる．また表構えの格子やムシコ窓など，それぞれの町家に共通する意匠要素によって町並みの連続性が生まれる．

次に屋敷構えについてみると，標準的な町家では通りに面して主屋が，敷地奥に土蔵が建つ．主屋と土蔵の間には裏前栽がつくられたり，小規模な附属屋が建つこともある．規模が大きな表屋造りの町家では，通りに面する表棟と主屋の間に中庭をとるが，主屋と奥の土蔵との間に前栽を設けることは共通する．これを街区単位でみると，相互に隣り合う町家どうしの屋敷構えが基本的に共通しているので，裏前栽や中庭が主屋の裏で連続し，高密度な街区にあって，採光通風などの居住環境の維持に役立っている．隠れた部分ではあるが，見過ごすことができない歴史的町並みの特徴である．

10.4.3　生業と町並み

町並み景観は地域の生活の中で形成されていったことはいうまでもないが，地域の生業が直接的に景観形成にかかわっている例がある．生業のために独特の住居形態が形成されたり，独特の設備が景観の構成要素となっていたり，さらには実際の作業のための空間が景観を特徴づけている場合もある．

例をあげると，宿場町における旅籠の連担がわかりやすい．旅籠という独特の建築形態が町並み景観

の主たる構成要素となっているのである．多数の京町家が残る京都でも，生業による町家の地域的差異がみられる．京都の西陣では織屋建てと呼ばれる，中京，下京の町家とは異なる様式の町家がみられるし，祇園新橋地区では御茶屋の建築がみられる．酒どころ伏見では，規模の大きな酒蔵が諸処に建つ．有名な白川や五箇山にある合掌造りの民家の形成過程には諸説があるが，養蚕と切り離しては考えにくい．近江商人の本宅が集まる滋賀県には，ミセノマをもたないシモタヤ（仕舞屋）の集積する町並みがみられる．

生業にかかわる設備の例として，河川や水路に設けられた河岸空間があげられる．近代まで物流の中心であったのは水運であり，荷揚げ場としての河岸空間をもつ町は多かった．岡山県倉敷の倉敷河畔にみる町並み景観は，川と川沿いの通り，柳の並木，そして豪商の蔵，町家が織りなす町並み景観である．このほか，福岡県柳川，北海道小樽などの町並み景観も，ともに人工の運河沿いの町並み景観である．

集落景観は都市景観よりも直接に生業とかかわってくる．屋敷地まわりの田，畑，周囲の山々につくられた棚田やだんだん畑が景観の構成要素となる．農作物も重要な景観の構成要素で，ヨーロッパの景観保全のための特定品種生産は有名であるが，日本でも京都嵯峨野の広沢池の景観は，池と遠景の寺院に加えて，稲田があって初めて完結する景観である．農業の生産基盤である用排水路，溜池も重要である．大和盆地を中心に分布する環濠集落は，集落のまわりに環濠をめぐらせた集落である．この環濠はもともとは中世末の戦乱期に防御のために設けられたものだが，近世に入ると農業用の施設として拡充され，現在でも特徴的な景観をみせている（図10.5）．

ただ，こうした例は生業自体が退潮となると，都市や集落自体に活気がなくなるだけでなく，特徴ある町家，施設，設備が放棄されて，町並み景観の特徴も失われてしまうおそれがある．町家の更新の他，大きな施設が除却されたりすると，景観は大きく変化してしまう．伏見の酒蔵跡地の集合住宅化，各地での水路の埋め立てはその例である．近年注目を集めている産業遺跡や近代化遺産も，生業にかかわる景観の構成要素といえる．九州の炭坑町のように，設備やボタ山が重要な景観構成要素として保存されている例もある．

図10.5 大和盆地の環濠集落（大和郡山市番条）

10.4.4 景観のコントロール

美しい景観を維持し，作り出していくために，何らかのコントロールが必要であることは時代を越えて共通する．近世では，幕府や各藩が景観規制と誘導を行った．本2階建てや奢侈の建築禁止はよく知られているが，その他にも庇の軒下（「おだれ下」といった）を自分の家に取り込んでしまうことが，各地でみられ，そのため幾度となく禁令が出た．また，天明の大火後の大阪では，焼け跡に一定期間内に家を建てることを強制し，それができなければ宅地を没収するとした触れがでている．宅地と建家の不分離が原則であった大阪の不動産管理の制度とも関係するが，災害後の復興促進の意味が大きい．近世半ば以降，各都市で瓦葺きを奨励したり，茅葺き，板葺きの新築を禁止したりする触れがみられるが，これらは都市の不燃化対策である．

こうした為政者の側によるコントロールの他，近世には「町」を主体としたものがあった．近世都市で居住地の単位となったのは両側町における「町」共同体である．「町」共同体は，中世に平安京が解体されていく中で生まれた京都の「町」をはじめとする．京都の「町」はもともと自然発生的なものであったが，計画的都市においても居住地の単位として援用されることになった．日本の近世都市，とくに町人地において，高密度でありながら，比較的成熟した都市生活が営まれてきたが，それは，居住地や住宅の形態によるものだけではなく，「町」を主体とした共同体に代表される空間構造と社会構造によって支えられてきたとみることができる．町内や町どうしの付き合い方や紛争を解決するためのさまざまな取り決め，橋などの公的施設の管理方法，職人町の分布にみられる土地利用に関する規制と誘導などはその例である．

各町では，「町定」と呼ばれる成文規定をもって

いた．その内容は，自治的な取り決め，職業規制，生活管理，「町」の共用施設の管理など，多岐にわたるが，景観の形成に直接かかわったものとして，「町」による建築規制がある．例を挙げると，京都ではいくつかの「町」で，家屋敷の売買に際してみだりに敷地を分筆したり，合筆することを禁じ，また隣町への売却も禁じている．家の新築に際して土地の高低差を配慮し，「町並能き様」に家を建てるように求めている「町」もあった．同時に通りに面して蔵を建てることを禁じた町もあった．大阪では町並みの軒高を合わせることはもちろん，通りが不景気にみえるような造作を禁止し，規定に添わなかったものには建て直しを命じている．土蔵や釣格子は，町年寄（「町」の責任者）や近所の了承を受けたうえで造ることを成文化した町もあった．

このような「町」を単位とした居住地管理は町並み景観のコントロールに深くかかわってきたのである．「町」を単位とした町並み景観のコントロールの仕組みは，明治に入って失われていった．近世の町並みに関する規制は幕府の意向に即したものではあったが，地域独自に規制手段を講じることが環境を維持し保全していく手段でもあった．ところが，近代以降，規制は国家の制度として整えられ，急速な近代化に適応した建築規制の法制化が積極的に進められ，効果を発揮するようになった．そのためこうした「町」のもっていた規制の必要はなくなった．ただ，こうした「町」を単位とした規制のように，それぞれの地域に合い，そしてきめ細やかなコントロールのシステムに代わるものは，長く生まれなかった．

一方，農村集落は，成文化した建築規制をもつことはまれであった．都市に比べて住民の異動が少なく，農業生産を媒介とした共同体であり，住民どうしの生活上の競争的色彩が乏しかったことも関係している．

10.4.5 都市の気風と嗜好

同じような気候条件，宅地，材料などの物理的条件があまり変わらないのに，町並み景観が大きく異なる場合がある．たとえば，近世に三都と呼ばれた江戸，京都，大阪では町並み景観にそれぞれ特徴があったことは，当時の識者が既に指摘しているところである．成立の背景，物理的条件，景観コントロールの方法に違いはあるが，それだけでは説明しきれない部分がある．ここで考えられるのは，それぞれの都市そして住民の気風と嗜好である（図10.6）．

京町家に例をとると，一文字瓦の軒庇，京格子，揚見世（ばったり床几）などで構成される表構えはきわめて定型化されている．江戸時代初期までの「洛中洛外図」をみると，町家の意匠は多種多様で，およそ定型をもたない．こうした定型化が顕著になるのは，近世半ば以降で，格子のプロポーションや壁の仕上げなど，きめ細やかでより洗練されてものになっていった．江戸では箱棟の大屋根で重厚な意匠の塗屋（川越や佐原などでみられる土蔵風の外観をもつ）が防災上奨励され，商人の富を誇示するような意匠として大いに建てられたが，京都や大阪では幕末まで建てられなかった．近世の京都では他都市と比較して，地域社会にあって「目立つ」ことをよしとしない気風があり，甍を競うような建家のあり方が流行らなかったようである．周囲の町並み意匠に合わせることに重きをおき，構成要素のプロポーションや内部の造作に力を入れたのである．その中で，京町家の表構えの意匠が定着していった．こうした京都の気風は，平安京の解体以来培われていた「町」共同体を媒介とする，住民どうしの交渉の中で育ったものであろう．ここで触れた関東地方の塗屋もその地方の気風と嗜好の結果である．例を加

図10.6 近世大阪の町並み「大阪市街図屏風」（サントリー美術館蔵）

図10.7 二重うだつの町並み（徳島県貞光町）

図 10.8 町並みと祭りのしつらい（大津市大津祭）

えると，徳島の牟岐街道沿いの町並みは，袖うだつが特徴的であるが，うだつの意匠は町々で競い合うように異なる（図10.7）．

10.4.6 ハレの日の町並み

伝統的な祭りでは，曳山や御輿などのシンボルが通りや辻におかれ，人々の目を引き付けるが，それと同時に通りに面する町家は提灯，幔幕を軒下に釣り，表の格子を開け放して美しくしつらえられる．しつらいは，それぞれの町の通りや町家の特徴をうまく生かしている例が多い．このようなハレの日のしつらいは，祭りの日に限らず，貴人が表通りを通る際に，通りを清め町家を飾り立てる習慣が近世にはあった．京都の貴人や朝鮮通信使の東下，あるいは将軍の上洛の際のしつらいの記録が残っている．今は，祭りの日のしつらいにその伝統をみることができるのである．

たとえば，京都祇園祭宵宮にみられる屏風祭は，町家のミセノマに屏風を立て回し，飾る行事であるが，表の格子をはずし，続き間を活用して奥行き感を演出するなど，京町家の特徴をよく生かしたしつらいである．

京都祇園祭をモデルにした曳山祭は全国にみられるが，滋賀県大津では曳山巡行を迎える席を町家の2階表の間に設ける．町家では1階奥の間に床を設けるのが普通であるが，大津では2階表の間に略式ながら床の間をつくり，通りの眺めをよくするために，とくに大きな開口をもつ町家がみられる．普通，しつらいは町家の形態と深くかかわり，町家の形態の変化が祭礼時の空間利用を変化させるのだが，大津ではその逆に，祭りのしつらいが町家の形態に影響している（図10.8）．

滋賀県日野は近江商人の故郷として知られている．その民家の主屋は四間取り農家の形態をとるが，通りからすこし奥まって建て，通りに面して板塀をつくる．この板塀には桟敷窓と呼ばれる窓が設けられて，祭りの日にはこの窓が開かれ，主屋とこの窓とをつなぐ桟敷が設けられ，通りを巡行する曳山を迎える．祭りのための設備が，民家の形態に影響した例をいえる．

富山県城端では，祭りの際に当番の町家に町内のご神体を祠り屏風でしつらえる．現代的に改造された町家でも，伝統的なトオリニワと続き間がある形式に復原される．新築に当たっても将来担うべき祭りのしつらいを考慮にいれた造作となっている．しつらいの当番は約30年ごとに回ってくるが，城端では祭りのための家々の集積が町並みを形成している．このように，祭りや特別な儀礼などのハレの日の演出も町並み景観を考える大切な見所である．

〔増井正哉〕

参 考 文 献

1) 大阪市立住まいのミュージアム編：住まいのかたち 暮らしのならい，平凡社，2001.
2) 谷 直樹，増井正哉編：まち祇園祭すまい 都市祭礼の現代，思文閣出版，1994.

10.5 町並み景観の整備

10.5.1 景観整備を取り巻く問題

国民の景観に対する関心は，高度経済成長等によって自然環境や生活環境が悪化し，地域固有の歴史文化を示す建造物等が急速に破壊されていった昭和30年代末ごろからしだいに高まってきた．今日，成熟社会にさしかかって，量の豊かさの追求から質の豊かさの追求へと価値観が大きく転換する中で，地域の景観の保全や整備についての人々の関心や欲求は高まりをみせている．

わが国ではこれまで景観が公共の価値であるという認識に乏しく，最近まで社会的規範や法令などにおいて十分位置づけられてこなかった．そのため建築物の配置やデザインなどが，事業主や設計者の恣意と斜線制限や日影規制などの機械的・一般的な基準によって決定され，周辺景観との調和への配慮等がなされないことが多かった．そのことが都市景観の混乱を生じさせてきたのみならず，今後の景観整備に当たっても，それを適切に判断し，実行しうる専門家が設計者側にも行政側にも育たなかった．建築や土木教育においても，景観専門家の養成コースはいまだほとんど確立していない．

しかし，上記の関心の高まりに合わせて，しだい

に都市景観は地域の歴史文化を表現するとともに，地域の生活環境の質を示すものであり，美しい都市景観は経済的にも価値があることが広く理解されるようになり，各地で景観整備の取り組みが進められている．

10.5.2 景観整備の手法

景観の整備は，まず①景観整備計画の立案がなされ，これを実現するために②景観整備のための規制，誘導と，③景観整備事業が実施される．

(1) 景観整備計画

景観整備計画は，景観構造の把握，景観資源の調査，市民意見の把握等による景観整備目標の設定，景観整備の具体的手法の検討等により策定される．

景観の構造は都市全体など対象地域の地理的条件や市街地状況などから把握される景観特性の骨格をいう．そしてこの景観構造に沿って対象地域をいくつかの小地域に区分し，街路，街区，建築物・工作物，広告物，その他公共施設等の現状調査を行い，景観上保全または整備，強化すべき要素を抽出する．これに合わせて地域のまちづくりの動向や住民，事業者の意向把握等も行われる．

こうした種々の景観調査を踏まえて，まず市町村全体の景観形成の目標を定める景観基本計画（景観マスタープランともいう）が策定される．既に全国の300以上の自治体で都市景観基本計画を策定ずみという．これらの都市景観基本計画はそれぞれの自治体の特性を反映して内容はさまざまである．たとえば1994（平成6）年に東京都が発表した「都市景観マスタープラン」は，①東京の景観特性，②景観形成の構想，③景観形成基本方針，④景観形成の展開の4章で構成されている．1997（平成9）年12月には東京都は景観条例を制定，翌年以降，①景観づくり基本方針，②公共事業の景観づくり指針，③一般地域の景観づくり基準，④景観基本軸等の策定を進め，また⑤東京都選定歴史的建造物の選定を行っている．

このように景観整備計画では，全体的な景観整備方針，地区別の景観整備方針等を明らかにするとともに，整備目標に応じて景観ゾーン，景観軸，景観拠点等の設定を行い，歴史的建造物など，地域の歴史文化と景観のシンボルとなっている景観資源を指定し，その保全整備を図る等の方針を定める．景観整備指針は，良好な都市景観の形成を目的として，建築物などの形態や色彩などを規制，誘導するための指針で，景観ガイドラインとも表現される．景観形成モデルは，景観整備指針に基づいて景観の具体的な整備方向，内容を図等で示したもので，立面図や平面図，パースやイラスト等で示される．

(2) 景観整備のための規制，誘導

景観整備のための規制，誘導としては，従来より美観地区制度や地区計画制度，建築協定制度等の活用，また自治体の景観条例等による規制，誘導策が実施されてきた．

美観地区制度は市街地の建築景観の保全整備のために都市計画法，建築基準法に基づき定めるもので，東京都，大阪市，京都市等で地区指定されているが，これまで京都市を除いては規制誘導の具体的基準をもたず，十分な効果を上げてこなかった．地区計画は一定地域について通常の都市計画に加えて固有の都市計画を定めるもので，敷地の規模や建ぺい率・容積率，建物の高さ，壁面位置等を必要に応じて決めることができ，活用によっては環境の確保や景観整備に効果を発揮する．建築協定制度は建築基準法によるもので，一定地域の地権者等の全員の合意により地区計画と同様に建築物等のあり方を決めることができ，主に住宅地の環境や景観保全に活用されている．

景観条例は景観の保全や整備を目的として自治体が定めるもので，昭和40年代初めごろに歴史的集落・町並み景観の保存のために制定されたのが最初である．1968（昭和43）年の金沢市伝統環境保存条例，倉敷市の伝統美観条例がその代表である．昭和40年代後半には，京都，高山，萩等でやはり歴史的市街地景観の保全を主な目的として制定された．その後，後述のように横浜市，世田谷区などで都市デザイン行政が始まった．昭和50年代後半より，建設省による都市景観の保全形成についての指導や事業が種々行われるようになり，各地で景観基本計画の策定や景観条例の制定が盛んに行われるようになった．このように全国で続々と景観の規制誘導のための枠組みがつくられていった．

景観条例は，一般的にまずそれぞれの自治体の景観整備の基本方針を掲げ，その実現のための住民や民間事業者，公共事業体の努力義務を唱う．次に景観の保全や形成上重要な地区について重点的に景観誘導を図るため景観形成地区等の制度を設けている．景観形成地区等はその対象地域や対象建築物等に応じて2〜3種類の地区制度を設け，さらにそれぞれ数種に区分して規制基準を備えることもある．一定の高さや面積を超える建築物や工作物の建築等について，事前の届け出義務を課し，基準に基づき，景観形成を誘導する．また景観資源として景観重要建造物や歴史的建造物を指定し，一定以上の現

状変更について届け出させ，適切な保全，活用を促す．そのための独自の補助制度をもつものも少なくない．また，地域住民等による景観形成を促す景観協定制度や景観形成市民団体支援制度を組み込んでいる条例も最近は目立っている．

規制誘導の内容は条例によってさまざまであるが，建築物等の位置，高さ，階数，外観の意匠・形態，色彩等についてきめ細かい基準を定めているものも少なくない．その規制誘導に当たっては，フォトモンタージュやコンピュータグラフィックス等による景観シミュレーションも一部で行われている．これにより事業者，行政担当者，周辺住民等が事前に行為後の景観を共通に認識することが可能となり，効果を上げている．

しかし，景観条例による規制，誘導は，一般的には，①都市の開発等を著しく妨げることがないよう制限が比較的緩く，②法に基づかない制度がほとんどで，現状変更の規制が届け出制度であること等により，景観形成上不適切な行為であっても行政指導にとどまる．届け出者が景観条例上の規制，誘導に納得しない場合，建築確認との関係でトラブルとなることもある．③補助制度が薄く，税制上の優遇や建築基準法上の特別措置等もない，こと等により，規制誘導の効果には限界がある．

景観条例は市民，行政担当者とも具体的効果を常に点検し，場合によっては条例上の制度や基準を見直す必要があろう．すぐれた都市景観の形成は市民，行政双方が景観に対する見識を磨き，その見識を信頼し合えるような条件があってこそ初めて可能となるものといえよう．

(3) 景観整備のための事業手法

新規開発事業や再開発事業等においては，建築物と道路，公園等の配置やデザインを総合的に計画することが可能であるため，全体としての景観整備が比較的容易であり，これまで多くの事例がある．これに比べて，既存の街の景観の改善は上記の規制，誘導策と景観整備事業を組み合わせて，住民，事業者，公共団体等の共同作業として長期的・継続的に実施していくことが必要である．

国の景観関連施策の流れをみてみると，まず，1982（昭和57）年に歴史的地域の街路整備と歴史的景観の共存を図る歴史的地区環境整備街路事業が創設された（1996（平成8）年に身近なまちづくり支援街路事業として改編）．同年，都市景観形成モデル事業の創設により各地の景観形成事業と前述の景観マスタープランの作成，景観条例の制定等の支援が始まった．また，翌1983年には地域住宅計画（通称HOPE計画）事業が創設され，これまでに全国で380以上の市町村で計画が策定され，地域固有の住宅づくり推進の中で個性ある景観形成が図られている．さらに1984（昭和59）年より都市や地方の顔となる道路について，とくに都市景観整備の面に留意して地域性のある並木の形成，歩道の拡幅，舗装改善，また電線類の地中化等の計画策定と，これに基づく事業をシンボルロード整備事業として補助している．このようにとくに昭和50年代後半より都市景観の形成，整備にかかる事業が各地で展開されてきた．

これらに加えて，1986（昭和61）年には建設省の都市景観懇談会の指摘に基づき，総合的な都市景観の形成を図るため都市景観形成モデル都市制度が設けられた．1994（平成6）年には街並み・まちづくり総合支援事業が創設され，まちづくりに関する基幹的な事業の実施に併せて，地区計画等を活用し公共施設と建築物の調和した美しい町並みの形成と個性豊かなまちづくりを目指す事業が進められている．さらに平成11年度より建築規制の弾力的運用等との連携による良好な町並み・建築景観の形成推進整備事業が始まっている．また電線類地中化事業もしだいに広がり，都市景観の向上に効果を上げている．

こうした都市景観事業は，当初は建築物の一部にレリーフを付加してよしとしたり，地域らしさを表現するため地域ゆかりの産物や物語をそのまま具象化して橋等の公共施設のデザインの一部とするようなものもあり，そのデザインがかえって見る人に異和感を与えることもあった．それは現在もなきにしもあらずではあるが，しだいに景観形成の事業手法が充実し，事業範囲が大規模，広域，総合的になって，高品位な公共施設，ゆとりのある公共空間が整備され，建築群も全体として調和のある事例が多くなってきている．

10.5.3 景観整備の実際

ここでは，都市全体として景観整備に取り組んできた自治体の事例を紹介する．まず，「都市デザイン行政」を掲げ，積極的に景観整備事業を推進してきた横浜市，次に市民参加を促しつつ都市デザイン事業を進めてきた世田谷区，最後に景観にかかわる法律や条令を駆使して早くから総合的な景観施策を続けてきた京都市を取り上げる．

(1) 横浜市

横浜市は日本で最初に「都市デザイン」を掲げ，先進的な実績を上げてきた都市である．昭和40年

代の初め人口の爆発的増加と基盤整備の遅れから都市としてのアイデンティティを失おうとしていた横浜市は，その再生と都市行政の総合性の回復を求めて企画調整局を発足させ，1971（昭和46）年には都市デザイン室を設置した．横浜の都市デザインの最初の業績は，都心部を高架で通過することが都市計画決定されていた高速道路について，その一部を地下化し，残りを迂回するよう変更することにより都心部の都市景観，都市環境を守るとともに，その従前ルートの地上に魅力的な大通り公園，地下に高速鉄道を整備し，都心の大緑地軸，公共交通軸を形成したことが挙げられる．これを皮切りに，多くの広場・公園，プロムナード，ショッピングモールの整備を始め，公共建築物のデザインや色彩の調整，市街地環境設計制度・景観保全整備要綱の運用，ニュータウンのデザインコントロール，さらに「歴史を生かしたまちづくり構想」「水と緑のまちづくり構想」などを発表し，都市空間整備の原則を示しつつ，具体的な事例やモデルを示し続けている．行政のイニシアチブによる都市デザインの努力が具体的な形，空間となって市民の前に提示され，市民はそれを都市魅力の増進として直接的に享受でき，その市民の支持を得て，さらに新たな挑戦を続けている．馬車道やMM21地区等における景観誘導や煉瓦造り倉庫等の歴史的建造物の保存活用の努力もその一環である．

横浜市の事例は，景観条例による，主として民間事業に対する規制，誘導ではなく，緩やかな要綱やガイドラインに沿って，その原則を守りながら創意工夫を重ね，地元商店街を巻き込み，外部専門家を活用して，これに行政内部の高度な判断能力を重ねて，果敢に総合的なまちづくりを進めたものである．

(2) 世田谷区

東京都の世田谷区は都市デザインをとくに市民参加に重点をおいて進めている自治体として知られている．1979（昭和54）年に都市デザイン担当組織が発足し，まず，ある地区の地区センター施設と公園，遊び場づくり等について地元住民らと建設協議会をつくり，その議論を踏まえて多くの事業主体と施設内容，予算，建設プログラム，デザインなどを総合調整し，完成させた．これに続いて，鉄道駅と美術館のある大規模公園の間を結んだプロムナード，市民へのデザイン募集で親しみやすいデザインを採用した清掃工場の煙突，その他数多くの公共施設のデザインに市民参加を実現している．また，市民による「せたがや百景」の選定，「せたがや界隈賞」の実施，各種のまちづくり，公共デザインに関する書籍の発行など，都市形成に向けての市民啓発事業も活発に進められている．

(3) 京都市

京都は1200年の古都であるが，一方では現代に生きる大都市の1つであり，その両立をめぐって，その中でもとくに景観の保全と創造について，さまざまな議論と施策が積み重ねられてきた．三村浩史の指摘するように「京都は都市景観の政策論と実践の先進地帯」（京都の都市景観問題の拡がり，第1回京都の都市景観シンポジウム資料，1999）なのである．

京都の景観対策は主として法律や条例等による規制，誘導策により進められてきた．京都における景観保全の具体的な制度としては，昭和初期の風致地区の指定が最初である．風致地区制度は今日まで約70年間にわたって地区拡大を重ねながら維持され，市街地周辺の自然的景観，歴史的景観の保全に実績を上げてきた．市街地周辺の山麓部の住宅地や社寺等が今も緑多い落ち着いた環境と景観を保っているのは，風致地区における市民と行政の努力の結果に他ならない．この風致地区に重なる形で，1966（昭和41）年にいわゆる古都保存法が制定され，東山，北山，西山の歴史的風土の凍結的保存が始まった．

市街地景観対策が具体化したのは1972（昭和47）年の市街地景観条例の制定である．この市街地景観条例をはじめとする昭和40年代後半からの総合的な景観行政の展開は市民の大きな支持を得，また，全国の自治体の先導役ともなった．

市街地景観条例により歴史的市街地を中心に美観地区，工作物規制区域，巨大工作物規制区域，特別保全修景地区等が指定され，独自の景観保全事業が進められた．歴史的町並みの保存については上記の特別保全修景地区制度により産寧坂地区，祇園新橋地区が指定された．1975（昭和50）年に文化財保護法による伝統的建造物群保存地区制度ができると上記2地区が重ねて指定されるとともに，後に嵯峨鳥居本地区，上賀茂地区が加わった．なお，1968（昭和43）年の新都市計画法制定により容積制度が導入され，建物の高さ制限が原則として撤廃されたが，京都市では市街地の大部分に高度地区を指定して環境と景観の保全を図った．

しかし，このようなさまざまな制度により景観行政を進めたにもかかわらず，バブル経済等をきっかけに京都では景観の混乱や都市の魅力の減退が深刻さを増し，新たな対応が迫られた．このため「京都市まちづくり審議会」の答申等を踏まえ，1995（平成7）年3月，景観保全関連の条例等が再整備され

10.5 町並み景観の整備

表10.2 京都市の景観整備制度

種別		施策名称	根拠法・条例名称
ゾーニング型	歴史的風土	歴史的風土保存区域	古都保存法
		歴史的風土特別保存地区	古都保存法, 都市計画法
	自然景観	風致地区	都市計画法, 風致地区条例
		自然景観保全地区	自然景観保全条例
		近郊緑地特別保全地区	近畿圏の保全区域の整備に関する法律, 都市計画法
	市街地景観	美観地区	都市計画法, 建築基準法, 市街地景観整備条例
		建造物修景地区	市街地景観整備条例
		沿道景観形成地区	市街地景観整備条例
施策型		歴史的景観保全修景地区	市街地景観整備条例
		界わい景観整備地区	市街地景観整備条例
		歴史的意匠建造物	市街地景観整備条例
		伝統的建造物群保存地区	文化財保護法, 都市計画法, 伝統的建造物群保存地区保存条例
市民活動支援型		市街地景観協定	市街地景観整備条例
		市街地景観整備活動団体支援	市街地景観整備条例
		(財) 京都市景観・まちづくりセンター	

た. まず, ①自然景観の保全のための自然景観保全条例の新規制定, 次に②風致地区条例の大幅改正, そして③市街地景観条例を全面的に改正した市街地景観整備条例の制定である.

これらの条例は, 従来の景観制度に比べて施策の対象となる地域や対象物件を大きく広げ, かつきめ細かな区域分け, 種別分けとなっており, 市民の支持と期待を受けて, 京都市のこれまでの景観行政をさらに何歩か進めたものとなった. 表10.2にその概要を示した. なお, 表中の (財) 京都市景観・まちづくりセンターは, 景観整備やまちづくりにおける市民, 事業者, 行政のパートナーシップを目指し, 情報提供や調整, 計画策定支援等を行う組織として1997 (平成9) 年に設けられたものである.

京都市の新たな景観制度による景観形成の効果はまだ十分にはみえていないが, 京町家の保存活用は活発に行われ, 都心再生の議論も深まっているようである. 市民, 事業者, 行政が目標を1つにして保全, 再生のまちづくりの努力が続けられれば, やがて歴史都市・京都のよみがえりと美しい未来が期待できよう.

10.5.4 景観整備の課題と展望
(1) 景観問題の克服と市民参加
このように景観整備の取り組みが各地で進んでいるが, 一方ではいわゆる景観問題もいまだ頻発しているのも事実である. しかし, その景観問題の多くは実際は近隣の環境問題であることが多く, これも含めてその基本的な課題は都市計画にあると思われる. 用途地域や建ぺい率・容積率, また高さ制限等が地域の特性に応じて過不足なく適切に定められているかどうか, 市民, 住民がその内容を熟知して合意しているかどうかが問われる分野である. 実際には市民は近所に中高層ビル計画が持ち上がって初めて, 都市計画上許容される建築規模の大きさ等に驚くことが多い. また, 大規模開発計画や大規模な建築計画でしばしば適用される特定街区や総合設計制度による特例的な制限緩和が都市環境の形成にとって本当に妥当であるかが問われる. たとえば, 京都で京都ホテルや京都駅の改築, 多数の中・高層マンション建設などに対して激しい景観論争が起こったのは, 単に高さや形態の問題だけではなく, 既存の都市計画とその運用を問い直す動きであったといえる. 都市空間が, 時に景気浮揚のための道具とされ, 規制緩和がなされて, 地域の実状とかかわりなく集合住宅や商業施設等の建築が集中的に行われるという不幸もある.

景観整備の進展は, 一方では基本的な都市計画やまちづくりとの乖離を生じさせることもある. 景観整備施策が道路空間等のいわゆる現代的な整備やお

化粧直し，また建築物の外観デザインの誘導など部分的な施策となると，かえって長期的な都市形成の妨げとなりかねないのである．景観整備を量から質への都市政策の変換を促すものとして位置づけ，総合的な行政施策の中で推進する必要がある．

また，現状の都市景観はまちづくりの結果でありその具体的表現であることから，市民，住民はまちづくりの主体者として，景観整備への参加が不可欠である．そのためにはたとえば，世田谷区で進めているようなさまざまな市民参加のしかけや京都市が（財）京都市景観・まちづくりセンターと共同で行っている市民ボランティアによる町家悉皆調査や各種シンポジウムの開催など，各種の参加の動機づけ，また十分な情報提供が必要である．そして，市民の景観についての自主的な学習活動や協定づくりへの支援，市民意見を確実に施策に反映できる制度的保証などが欠かせない．市民の都市景観に対する関心と理解を深め，景観形成の主体としての自覚と美意識の向上のために行政がすべきことは多い．

都市景観整備を担当する行政関係者の意識や能力向上も重要である．行政にとって都市景観整備は比較的新しい分野の仕事であり，専門家は少ない．景観行政の担当者は理想的にいえば，都市空間全体を把握しながら，市民や事業者その他多くの関係者に対して具体的な景観デザインの方向を説得力をもって示しうる人材，また市民等の多様な価値観を排除することなくより高度な次元で具体的デザインとしてまとめうる人材であることが期待される．景観条例等に基づく届け出等を審査するに当たっても，単に基準により判断するだけではなく，よりよい景観形成への提案を受け止め，また自ら提案できる力量や見識が必要である．

(3) 「豊かさに美しい形を与えよ」

「毎日新聞」の1998（平成10）年元旦の社説は「豊かさに美しい形を与えよ」と題して，美しい景観の形成を論じている．記事は，不況にあえぐ日本社会ではあるが世界的水準からみれば日本は十分豊かであり，これ以上の豊かさを求めることはないとして，「私たちは，新しい景観作りに，鋭い審美眼を向け，自然に対して慎みを保った日々の暮らしが，景観あるいは町並み全体の美しさの一部であるような姿を探さなくてはいけない．（中略）歴史的景観は，それぞれの時代の人々が，それぞれの富に，美しい形を与えたものである．私たちはそれを守るとともに，私たちの豊かさにも美しい形を与え，次代以降に残したい」と結んでいる．実際，われわれは現在，美しい景観を実現する手段も豊かさも既に確保している．ただ，いまだ不足しているのは，美しい景観を個々の人生にとっての価値，そして社会全体の価値と捉える感性とその実現に向けた意志ではないだろうか．

〔苅谷勇雅〕

10.6 歴史的町並みの保全とまちづくり

10.6.1 町並み保全の意義

歴史的な町並みの保全を推進していくことの根拠は以下に示すようにいくつか挙げることができる．また，その論拠は時代とともに力点の置き方を異にしている．なお，本節においては歴史的建造物等を保存しつつ，改善を加え，積極的に利活用するという意味で「保全」の語を使用することにする．

(1) 貴重な文化財としての町並み

歴史的な町並みとは，個々の建物は必ずしも文化財に指定されるようなものではないとしても，それぞれの建造物が周辺環境と調和して一定の歴史的風致を形成しているものをいう．このような町並みは多くの場合，地域のかつての経済的繁栄の歴史を反映したものであり，近代化の過程で多くの町並みが改変されていった中で今日まで残された貴重な文化遺産である．

同時にそうした歴史的町並みは，多くの場合，一定の建築技法の枠内で工夫を凝らし，創意を競い合った結果，総体としての統一感と細部における多様性とを同時に実現した美しい街路景観を実現している．その意味で，歴史的町並みは美観の1つの表象として評価することができる．

(2) 地域アイデンティティの源泉としての町並み

歴史的な町並みはまた，地域のかつての経済活動の成果でもある．したがって，その町並みは，文化財的な価値とは別に，歴史の表象としての意味を有している．地域固有の独自性の表現として重要な役割を担っている．地域アイデンティティの源泉として，まちづくりの貴重な手がかりの1つなのである．まちづくりの戦略の中で，歴史的な町並みは観光資源としても評価されることになるだろう．

(3) 調和した環境の総合指標としての町並み

上記の論拠はいずれも居住者の視点を欠いている．いかに歴史的な町並みが貴重であるとしても，それが住居として不適格であるとするならば，博物館的な保存以外に方途はない．しかるに，その地域に住み続けていけることが町並み保全の前提条件であるならば，住みよさと保全にかかわる制約とが決定的に矛盾することがあっては不都合である．

本来，歴史的な町並みは特定の時代の技術的制度

的な制約の中で，1つの合理的な集住形態の解を求めた結果であったといえる．つまりその時代の環境調和の指標を体現しているのである．これを現代まで敷衍すると，歴史的な町並みの改造はそれが環境調和を保持する限りにおいて，許容されることになる．また，そうした環境調和の総合指標として歴史的な町並みを捉えることに行き着く．環境調和の指標の中には，もちろん美観や文化財的な価値基準も含まれている．

生活様式が変化した現在，歴史的な建造物にかつてのしつらえのまま住み続けることは不可能に近い．しかし，歴史的な町並みの調和を保ちつつ，建造物を住みやすく改造することは可能である．環境との調和と住みやすさとの両立は可能なのである．したがって，環境調和の指標は同時に総合的な住みやすさの指標ともなりうる．

(4) 共有された価値としての町並み

歴史的な町並みは単に過去の遺産であるだけでなく，居住者にとっても住みやすいものであることが可能であるとするならば，その価値は居住者だけに享受されるものであることを越えて，現代における望ましい集住型式の1つの原形として評価することができるといえる．したがって歴史的な町並みはこれからの都市デザインの源泉の1つとしての価値を有しているといえる．

また，歴史的な町並みが提起する集住の様式は屋内外での生活様式や地域コミュニティの一定のあり方を前提に成立している．このような前提が近代化の進行とともに揺らいできている現在，歴史的な町並みを評価することは，前提として存在していた旧来のライフスタイルの側から今日の生活を逆照射し，今後の生活様式のあり方に対して示唆を与えるという文明批評的な役割を果たすこともできる．

10.6.2 町並み保全の歴史
(1) 初期の動き

単体の建造物を越えた群としての歴史的町並みを評価する視点はごく一部の例外を除いて1950年代まではほとんど存在しなかった．例外的に橡内吉胤が1929（昭和4）年に関宿（三重県）の保存を訴えたことなどが知られている．歴史的町並みを守るための制度も存在しなかった．

1950（昭和25）年に制定された文化財保護法においても，歴史的町並みは文化財の範疇には加えられていない．わずかに，萩城城下町（1967（昭和42）年）や越中五箇山相倉集落ならびに菅沼集落（1970（昭和45）年）が史跡の指定を受けて保存された例があるのみである．

民間では大原総一郎が1938（昭和13）年，外遊を終えて倉敷に戻り，郷土を日本のローテンブルグにしようと決意して町並みの整備に取りかかったのがほぼ唯一の例である．

歴史的町並みが保全の対象として取り上げられるようになるのは1960年代に入ってからである．高度経済成長の中で，「開発か保存か」という対立が各地で起きてきた．京都では双ヶ岡開発や京都タワー建設をめぐる反対運動が勃発し，東京では丸の内に計画された高層ビルをきっかけに美観論争が展開した．鎌倉，鶴ヶ丘八幡宮裏山の宅地造成問題に端を発する保存運動が直接のきっかけとなって1966（昭和41）年に古都における歴史的風土の保存に関する特別措置法，いわゆる古都保存法が成立した．

古都保存法は，京都や奈良，鎌倉などの古都の周辺環境を無秩序な開発から守るための立法であり，都市も限定されていた．保存対象も歴史的風土保存区域，歴史的風土特別保存地区に指定された都市周縁部の緑地であり，歴史的町並み自体でなかった．古都保存法は歴史的町並みの保全を直接の目的とした法律ではなかった．しかし，歴史上重要な都市の保存を目的とした立法であることは明白であり，歴史的環境保全のうえで特記すべきマイルストーンであった．

1960年代後半から高山や妻籠などにおいて歴史的町並みを守る住民運動が活発になっていった．1968年は明治百年に当たり，日本の過去を見直す機運が高まったことも要因として挙げられる．

行政上の制度としては，1968（昭和43）年に制定された金沢市伝統環境保存条例が最初であった．以後，倉敷，柳川，京都，高山，萩，横浜，平戸，津和野，松江，南木曾などの市町で歴史的環境保全のための条例ないしは要綱の制定が相次いだ．

(2) 伝統的建造物群保存地区制度の制定

各地で起こる歴史的町並みの保全の施策や運動を眼前にして，1975（昭和50）年，文化財保護法が大幅に改正され，新たに伝統的建造物群が文化財の1つとして認められ，初めて国レベルで面としての地区保全への道が開かれた．伝統的建造物群とは「周囲の環境と一体をなして歴史的風致を形成している伝統的な建造物群で価値の高いもの」（第2条第1項5）と定義されている．伝統的建造物群およびこれと一体をなしてその価値を形成している環境を保存するために市町村が定める地区を伝統的建造物群保存地区という（第83条の2）．同地区は市町村が条例によって定めると規定された（第83条の

3)．伝統的建造物群保存地区のうち日本にとってその価値がとくに高いものについて，文部科学大臣はこれを選定し，重要伝統的建造物群保存地区とすることができる旨が定められた（第83条の4）．2004年6月現在，国の重要伝統的建造物群保存地区として選定されているものは，全国で64地区に上っている（答申含む）．

(3) 近年の状況

1980年代に入り，歴史的町並みの問題は，たんに保全の課題としてだけでなく，より広く都市景観整備や地域環境整備の課題の1つとして捉えられるようになってきた．

数多くの市町村で景観条例が制定され，景観整備は地方自治体の重要な施策の1つとして認識されるようになってきた．多くの景観条例において歴史的な地区だけでなく，景観上重要な建造物についても指定・登録制度が導入され，従来の文化財指定建造物を越えたより多くの建造物を守ることが可能となった．景観条例の制定は1990年代の半ばにピークを迎えた．

国の補助施策も歴史的町並み保全に関連する事業制度は1980年代にほぼ出そろった．

1990年代に入ると，文化財の範疇がさらに広がりをみせ始める．明治以降の近代化に貢献した産業・交通・土木遺産等の歴史的遺産を近代化遺産として文化財の概念に含められるようになったほか，1996（平成8）年には文化財保護法が改正され，建造物に関して登録有形文化財制度（いわゆる登録文化財制度）が発足した．これによって歴史的町並みの評価基準と保全手法はより広がっていった．公共事業においても文化や自然環境の保全を重視するようになってきた．

2004年には景観法が制定され，従来の景観条例に法的根拠が与えられて，地方公共団体による景観施策は大きく前進することになった．景観法により，良好な景観を保全するために景観地区を都市計画で定めることができるようになった．さらに，景観重要建造物の指定も可能となった．

10.6.3　歴史的町並み保全制度の概要

(1) 伝統的建造物群保存地区制度

伝統的建造物群保存地区の制度は現在，歴史的町並みの保全に当たってまず第1に目標とされる制度である．

伝統的建造物群保存地区の決定に当たって保存計画を策定することが義務づけられるほか，地区内の現状変更行為はすべて地元教育委員会の許可が必要となる．一方，重要伝統的建造物群保存地区内で市町村が実施する修理修景事業，防災施設整備事業等に対して補助対象経費の通常1/2の国庫補助がある．

重要伝統的建造物群保存地区選定の最大の特徴として，他の文化財指定とは異なり，地元市町村の意向を最大限に尊重していることを挙げることができる．一般の文化財の場合，文化財指定は，国，都道府県，市町村の3層構造になっているのに対して，伝統的建造物群保存地区の場合，国と市町村の2層となっている．また，国の重要伝統的建造物群保存地区は市町村が決定した伝統的建造物群保存地区の中から選定される仕組みになっており，市町村指定の伝統的建造物群保存地区のほとんどがそのまま選定されている．

代表的な重要伝統的建造物群保存地区として，武家町の角館町角館（秋田），萩市堀内地区および平安古地区（山口），日南市飫肥（宮崎），知覧町知覧（鹿児島），商家町の佐原市佐原（千葉），高山市三町（岐阜），近江八幡市八幡（滋賀），倉敷市倉敷川畔（岡山），脇町南町（徳島），宿場町の下郷町大内（福島），上中町熊川（福井），南木曾町妻籠宿（長野），楢川村奈良井（同），関町関宿（三重），港町の函館市元町末広町（北海道），小木町宿根木（新潟），神戸市北野町山本通（兵庫），長崎市東山手および南山手（長崎），山村集落の平村相倉および上平村菅沼（富山），白川村萩町（岐阜），美山町北（京都），門前町の京都市産寧坂および嵯峨鳥居本（京都），鉱山町の大田市大森銀山（島根），成羽町吹屋（岡山），寺内町の富田林市富田林（大阪），橿原市今井町（奈良），製塩町の竹原市竹原地区（広島），製蝋町の内子町八日市護国（愛媛），製磁町の有田町有田内山（佐賀），社家町の京都市上賀茂（京都），島嶼集落の竹富町竹富島（沖縄）などがある．

(2) 伝統的建造物群保存地区以外の町並み保全施策

日本の歴史的町並みがすべて伝統的建造物群保存地区に定められているわけではない．逆に圧倒的多数の町並みが伝統的建造物群保存地区とは別の枠組みの中で保全が図られているか，地域住民の任意の努力に任されている現状である．

たとえば，歴史的町並みの保全制度を日本で最初に実施した金沢市では，1989（平成元）年に新たに，金沢市に於ける伝統環境の保存及び美しい景観の形成に関する条例を制定し，従来の伝統環境保存区域に加えて近代的都市景観創出区域を新設して，

市内の総合的な景観施策を実行する態勢を整えている。2004年6月現在，金沢には重要伝統的建造物群保存地区は東山ひがしの茶屋町の1カ所のみであり，その他の町家，武家屋敷群は市条例による伝統的建造物群保存地区，または伝統環境保存区域，まちなみ保存区域等に指定されることによって保全されている．

都市景観全般を規制誘導するための条例や要綱の制定は，とくに1980年代の後半から各地の自治体で相次ぎ，その数は2004年6月現在500を超えるに至っている．この中で歴史的な町並み地区は地域固有の景観の代表的な存在として重要視され，歴史的景観地域（函館市）や歴史的景観地区（小樽市），都市景観形成地区（神戸市，那覇市），都市景観形成地域（川越市），景観形成地区（福岡市，長崎市，熊本市），街並景観形成地域（日光市），市街地景観保存地区（高山市），歴史的町並み保存地区（名古屋市），美観地区（倉敷市，松江市，柳川市），保全地区（臼杵市）などの名称で地区指定されている．これらの地区指定の中には高山や神戸，倉敷のように伝統的建造物群保存地区との2層構造になっているものもある．

市民の参加を得て，迅速かつ柔軟に町並みの保全を進めていくために条例によって基金を設置している市町村として，函館市，佐原市（千葉），上中町（福井），南木曾町，白川村，高山市，関町（三重），京都市，神戸市，奈良市，大田市（島根），萩市，脇町（徳島），内子町，有田町，臼杵市，杵築市，竹富町などがある．

都道府県レベルでも歴史的な町並みの保全に関連した景観整備の地域指定や助成措置を定めた条例をもつものがしだいに増加している．滋賀県，兵庫県，岡山県，熊本県などがそのもっとも早い例である．とりわけ岡山県は独自に町並み保存事業を創設しているほか，ふるさと村として八塔寺（吉永町），真鍋島（笠岡市），石火矢町（高梁市），大高下（阿波村），越畑（鏡野町），円城（加茂川）吹屋（成羽町）などの地区を指定し，町並みの整備を進めている．

このほか，長浜（滋賀）の「黒壁」，江刺（岩手）の「黒船」，倉吉（鳥取）の「赤瓦」などのように市民と行政との共働によるまちづくり会社が設立され，これを中心とした町並み保全の試みが行われているところもある．小布施（長野）や足助（愛知），飛騨古川（岐阜），出石（兵庫）などでも官民の協力による町並み保全が行われていることがよく知られている．

歴史的町並み地区の境界を越えて，その背景となる景観や特徴的な眺望を守っていこうという試みも始まった．倉敷では1990（平成2）年に倉敷川畔伝統的建造物群保存地区背景保全条例が制定され，さっそく伝統的建造物群保存地区周辺に背景地区が指定された．岡山県では県景観条例のもとで1992（平成4）年に後楽園，吹屋，閑谷の3背景保全地区を指定している．加えて倉敷市の場合，重要伝統的建造物群保存地区周辺の景観保全を確実なものにするために，美観地区規制を強化した美観地区景観条例を2000年に制定している．これによって指定された美観地区は，建築基準法を根拠とする建築規制を受けることになった．

眺望景観の保護に関しては，松本市において松本城から北アルプス他の眺望を守るために従来の手引書によるマンロールから一歩踏み出し，2001年より高度地区規制が開始されたのをはじめとして，富士宮市では富士山や周辺の山々の眺望を守るために富士山等眺望景観保全地域を設定している．こうした試みはこのほか小樽市や盛岡市，横浜市，小田原市などでも実施されている．

先述した景観法は，自治体のこうした独自の試みを支援する法的仕組みとして期待される．

10.6.4 欧米の場合

面としての町並みの保全が全国レベルで制度化されたのはいずれも1960年代であった．

フランスでは1962年に制定されたいわゆるマルロー法によって保全地区（les secteurs sauvegardés）が創設された．1996年現在，同法によって指定されている保全地区は88地区，合計5000 ha に上り，地区内に50000人が居住している．また，1983年以降より広範な文化的景観を保全するために地方政府も立案可能な地区制度が導入され，現在は建築・都市・景観的文化保護区域（les zones de protection du patrimoine architectural, urbain et paysager, ZPPAUP）と呼ばれている．1999年現在277地区の計画が承認され，538地区が計画策定中である．

イギリスでは1967年のシビックアメニティーズ法（Civic Amenities Act）によって保全地区（conservation areas）が導入された．1999年現在保全地区はイングランドだけで9300地区を上回っている．

アメリカでは1930年代より地方政府によってゾーニング制度の一環として歴史地区が地区制の1つとして定められるようになっているが，全国規模で歴史的町並みの保全制度が整えられるのは1966年の

国家歴史保全法（National Historic Preservation Act）による．同法のもとで歴史遺産の登録制度であるナショナルレジスター（National Register of Historic Places）が発足し，その中に建築物，史跡，工作物，物品とともに地区（district）が挙げられた．2001年現在のナショナルレジスターへの登録総数は73000件を超えており，うち歴史地区は約13%を占めている．一方，地方政府がそれぞれゾーニングで指定する歴史地区の総数は約2000地区である．

イタリアには全国を統括するような制度的な動きは少なかったが，それぞれの都市ごとに保全計画が立案されていった．1950年代後半から1960年代前半にかけて，都心部の歴史的地区を保全する考え方が芽生え，さらに都市構造そのものが都市の歴史を体現したものとして貴重であるという視点が確立していった．1970年代に入ると，建造物や街区の歴史的な型による分類（ティポロジア）を分析の中心とした地区整備の方針が各都市に浸透していった．1985年には，都市や集落だけでなく，周辺の農地や海岸部，山岳部を含めた風景を保全するための法律，いわゆるガラッソ法が制定された．同法によって州政府は景観保護が必要とされる地区に関して「風景計画」を策定することが義務づけられた．現在，イタリア全20州で風景計画が策定されている．

10.6.5 町並み保全とまちづくり

ここまで町並み保全の制度を中心にその概要をみてきたが，法的制度が整えば町並みの保全が完遂するわけではない．町並みを構成している個々の建造物はそれぞれ異なった私有物であり，これらを同一の基準のもとにコントロールしていくには居住者の自主的な合意の存在が不可欠である．また，現代の生活様式は歴史的な町並みが形成された時代のそれとは大きく異なっているので，いかなる基準に準拠して町並みの保全を実施していくかに関して居住者の合意を形成していくことは容易ではない．

そのためには歴史的な町並み景観を保全していくことと，そこでより住みやすい生活が実現することが矛盾なく重なり合うみちを追究することが前提となる．一定の変化を許容する姿勢も必要になってくる．とくに，インテリアに関しては建造物の空間的な特色を活かしつつ，現代生活にも対応できる柔軟な工夫が要求される．ただし，これは単に現代人の生活欲求をすべて肯定することではない．歴史や地域文化や身近な自然を尊重したこれからのライフスタイルを提起していくような改善案が提案されなければならない．エクステリアに関しては，個人の専有物だと考えるのではなく，公共の財産として，周囲と協調しながら育成していくという姿勢が必要である．

こうした活動を継続していくためには，民主的な計画立案体制の確立と市民参加による合意形成の仕組みが必須である．そのためのひとづくりが欠かせない．町並み保全は以上のような活動を絶え間なく続けていくまちづくり運動なのである．

〔西村幸夫〕

11

コミュニティ

11.1 コミュニティとは

11.1.1 向こう三軒両隣

「向こう三軒両隣」とは，自分の家を中心にして前面道路を隔てた向かい側の家3軒と，自分の家の左右2軒の隣家のことで，最も近い近隣を指し，コミュニティの最小単位と考えられる．

ところで，コミュニティという言葉は，もともと社会学で用いられたものであり，「地域社会」「地域共同体」などと訳されている．社会学者として知られるマッキーヴァーは，その著書『コミュニティ』[1]の中で，「共同生活が営まれているあらゆる地域，または地域的基盤をもったあらゆる共同生活」と曖昧に定義している[2]．その後，さまざまな定義づけが試みられたが，コミュニティの基礎が，地域性と共同性にあるという点では多くの意見が一致しているといわれている．

日本でコミュニティという言葉が一般的に使われるようになったのは，1969年に国民生活審議会調査部会が「コミュニティ——生活の場における人間性の回復」と題する報告書を出してからである．ここでは現代社会が目指すべきコミュニティの概念を，「生活の場において市民としての自主性と責任を自覚した個人および家庭を構成主体として，地域性と各種の共通目標をもった，開放的でしかも構成員相互に信頼感のある集団」と規定した．そして新しいコミュニティ形成の必要性と方策が示された．この報告書は都市計画におけるコミュニティプランニングにも影響を及ぼし，その後の行政のコミュニティ施策の原点となった[3]．

さて，「向こう三軒両隣」であるが，この言葉は戦時中の「隣組」制度の基になったものである．「遠くの親戚より近くの他人」ということわざに表現されるように，「いざと言う時には近所で助け合う」ことを前提とした社会システムの中で使われた．そして「隣近所とは常日頃から仲良くしておかなければ」という場合の「隣近所」とは，少なくとも「向こう三軒両隣」であり，そこでは生活の相互扶助を伴う親しいつきあいが行われていたに違いない．向こう三軒両隣は「日頃から親しく交際するべき範囲」と捉えられていたわけである．

「向こう三軒両隣」とは，接地型住宅における言い方であるが，積層型の集合住宅に置き換えてみると，中廊下型以外は「向こう」がない場合が多いので，「上下二軒両隣」となるのではないだろうか[4]．集合住宅のうち，階段室型では，階段を共有することにより上下階の家との接触の機会は多いが，廊下型の場合は，上下の家に行くには自宅のある階以外でエレベータを降りなければならず，日常的に顔を合わせることが少ない．しかし床，天井を介しての騒音など生活の影響を考えると，上下階も「近所」として考えるべきであろう．また，引っ越し時の挨拶まわりなどは「向こう三軒両隣」に対して行われることが多いが，集合住宅では上下階の住居も含めるようにしたい．

近隣とのコミュニケーションは，自宅から出て近所の人たちと顔を合わせることから始まると考えると，向こう三軒両隣は自然に顔を合わせやすく，近所づきあいの基本になると考えられる．図11.1は，向こう三軒両隣とのつきあいに関するものである．対象となる集団Aは一般的な戸建て住宅[5]の居住者で，集団Bは京都市内の私立幼稚園，集団Cは同じく短期大学，それぞれの保護者（母親）である．BとCは住んでいる住宅の形式はさまざまで，戸建て住宅の割合は，Bが73%，Cが85%である．B，Cの集合住宅居住者については，向こう三軒両隣を，上下階も含めた近くの家とした．現状として，男性のグループでは挨拶する程度が多く，全体的にみると，中には立ち話をする人がいたり，親

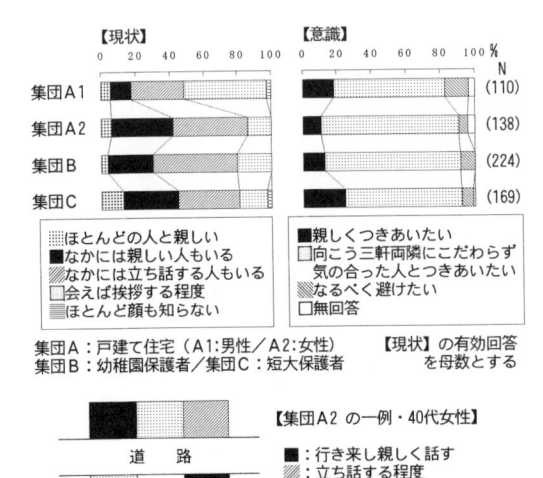

図 11.1　向こう三軒両隣とのつきあい

しい人もいるという状態である．家が近いにもかかわらず，必ずしもそれほど親しいつきあいがあるとはいえない．また意識としては，多くが，向こう三軒両隣にこだわらず，気の合った人とつきあいたいと考えている．集合住宅に住む若い世代が増えている現在，「向こう三軒両隣」は死語になりつつあるようにも感じられるが，それでもまだこの言葉自体は知られている．ただ，かつては必然的に親密な近所づきあいのあった，向こう三軒両隣におけるつきあい方も時代とともに変わってきているといえる．

11.1.2　町　内

「町」という言葉は，京都の碁盤の目状の街区構成の原型である，平安京の「条坊制」にみられる．それは基本街区である 40 丈（約 120 m）四方の「町」をユニットとし（方一町），4つの町で「保」，4つの保で「坊」が構成された．「坊」を囲んで大路が配され，「町」は小路により区画された．

中世後期，京都の商業区では道路に面して町家が軒を連ね，道路を挟んで向かい合う家々がひとつのコミュニティを構成する「両側町」と呼ばれる町割りを作り上げていた．通りの両端の辻には，自衛のため木戸門が設けられた．「町」は共有財産として町会所をもち，固有の町掟を定めるなど，地理的な場所を示すとともに，地縁的な自治組織として機能していた[6]．そして両側町を単位とする集合体の「町組」が形成され，明治初期には小学校をつくるまでの力をもった．

また，祇園祭の山や鉾を出すことで知られる山鉾町では，100 m あまりの通りと，その両側に連なる建物からなる「町」空間は祭りの舞台となる．そしてそれを支えるのは「町」の成員，いわゆる「お町内」であり[7]，その共同体的慣習は現在も京都市中心部に残っている．「町内」という言葉は場所的な意味合いのほかに，コミュニティそのものを指す場合があるが，これは以上のような「町」の成立の経緯によるのであろう．中世から近世にかけてのこのような自治組織は，現在の「町内」に対応する地域コミュニティ組織である「町内会」の原型であるといえる．

都市部の町内会と同様に，村落部では部落会が形成されていたが，日中戦争下の 1940 年，政府はこれらの組織の中に 5〜10 戸を単位とする「隣組」制度を敷いた．それによって国民を統制し，配給制，回覧板による上意下達などの体制を徹底させた．町内会は軍国主義行政下の末端組織として機能したわけである．第 2 次世界大戦終結後の 1947 年に，これらのシステムは法制度上は廃止されたが，その後も性格は変わったものの，現在でも根強く住民組織として機能している．名称は町内会，自治会，町会などさまざまであるが，普通は地名としての町を単位に，ほとんど世帯の自動加入方式で形成されている[8]．今日，町内会などに対して，わずらわしさを感じることがあるとすれば，このような歴史も影響しているのではないだろうか．また，似たような近隣組織は，中国の居民委員会，韓国の班常

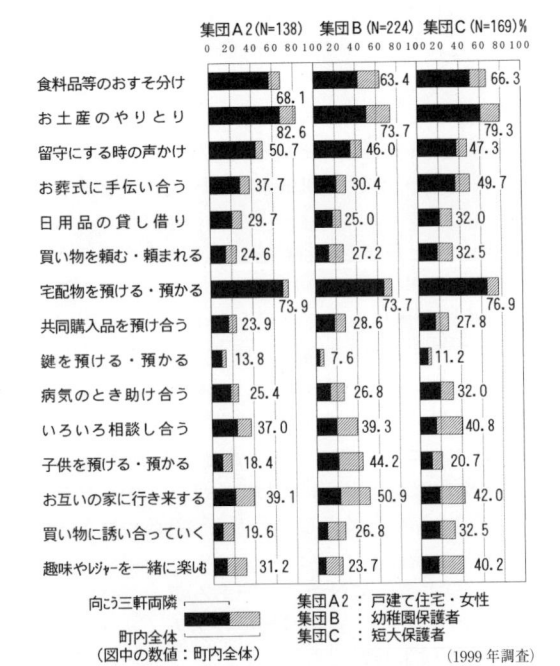

図 11.2　近所づきあいとして行っていること

会，フィリピンのバランガイなど，アジア諸国にもみることができる．

個人主義が重んじられる現在，町内会は形骸化しつつあるともいわれるが，それでも親睦，広報，祭礼（地蔵盆など），環境保全，行政への協力など，多岐にわたる機能を果たしている．そして町内では図11.2にみられるように（集団は図11.1と同じ），おすそ分けやお土産のやりとり，留守にするときの声かけなど，昔ながらの近所づきあいが行われている．宅配物の預りなど，現代ならではのものもあるが，最近ではトラブルを防ぐためみられなくなった．また，これらは向こう三軒両隣の近い範囲で行われているのに対して，おたがいの家に往き来したり，いっしょにレジャーを楽しむなどは，それ以外の離れた家との間で行われている割合が高い．これらの親しいつきあいは，子どもを通してなど他の要因が必要で，家が近いだけでは生じにくいようである．町内における近所づきあいも，昔の隣組のようなあり方ではなく，選択性のあるものになってきているといえるであろう．　　　　　〔久保妙子〕

参考文献

1) MacIver, R. M. : Community, A Sociological Study, 1917. ［中 久郎，松本通晴監訳：コミュニティ，ミネルヴァ書房，1975］
2) 松原治郎：コミュニティの社会学，p.7，東京大学出版会，1978.
3) 日笠 端：コミュニティの空間計画（市町村の都市計画 1），pp. 32-36，共立出版，1997.
4) 住環境の計画編集委員会編：住まいを考える（住環境の計画 1），p.108，彰国社，1992.
5) 久保妙子：接地型住宅地における近隣コミュニケーションの現状と意識．日本家政学会誌，**54**（1）：27-37, 2003.
6) 週刊朝日百科 日本の歴史，No. 56, 67，朝日新聞社，1987.
7) 谷 直樹，増井正哉編：まち祇園祭すまい 都市祭礼の現代，思文閣出版，1994.
8) 岩崎信彦，他：町内会の研究，pp. 98-100，御茶の水書房，1989.

11.1.3 近隣住区論

『近隣住区論』（*The Neighborhood Unit*）は，クラレンス・A・ペリー（アメリカ）が1924年に発表したもので，現在の都市計画，コミュニティ計画に関するもっとも基礎的な計画論である[1]．

都市を構成するものとして，住宅，公共施設，交通施設，商業施設などがある．それらをどのようなまとまり，1つの単位として計画するかは，都市計画上，きわめて重要である．ペリーの近隣住区論の最大の特徴は，小学校区を単位とした近隣住区を提唱したことにある．その原則は以下の6点である（図11.3）．

①規模：近隣住区は1小学校区を単位として計画される．小学校の望ましい児童数から逆算すると，近隣住区の人口は4800～9000人程度になる．面積は人口密度によって異なるが，160エーカー（約64ha）が望ましいとしている．方形の場合だと1辺が1/2マイル（約800m）になる．

②境界：近隣住区はコミュニティの基礎的なまとまりであり，その内部を幹線道路が通過するのは望ましくない．むしろ通過交通を排除するため，近隣住区の周囲を幹線道路で囲む．

③オープンスペース：近隣住区の内部には，小公園とレクリエーションスペースの体系を計画する．

④公共施設：小学校およびその他の公共施設は近隣住区の中央部か公共広場のまわりに配置する．

⑤地域の店舗：商店街地区を近隣住区を取り囲む幹線道路の交差点部に，隣接する住区の店舗とまとめて配置する．

⑥地区内街路体系：住区内をスムーズに移動でき，かつ通過交通を排するように計画する．

ペリーの近隣住区論は，アメリカのラドバーンやイギリスのハーロウに取り入れられ，世界的に広がっていく．日本では千里ニュータウン（大阪府）に取り入れられ，その後，各地のニュータウン計画に大きな影響を及ぼした．この近隣住区論は，ハワードの田園都市論と並んで，今日の都市計画にもっとも大きな影響を与えた計画論である．

しかし近隣住区論に対する批判も後を絶たない．また近隣住区論に基づいて計画されたニュータウンが，人々の行為との間に齟齬をきたしていることも事実である．たとえば近隣住区論では，商業施設を近隣住区との関係で設定している．そこでは，専業主婦が徒歩で買い物をするということが前提になっていた．ところが最近では，女性の社会進出が進み，そのような前提が成り立たなくなっている．そのため大型ショッピングセンターやコンビニエンスストアが次々と立地し，近隣住区論に基づいて設置された商業施設が成り立たなくなっている．

また近隣住区論は，物的な計画にとどまらず，コミュニティの形成に着目した社会学的側面の強い計画論である．具体的には小学校区を単位としてコミュニティ形成を図るという考え方である．しかし実際はそのようなコミュニティ形成はあまり進んでいない．日本では，都市計画マスタープランの作成を

る.

さて日本で近隣住区を基礎として，都市の構造を図った最初の計画は千里ニュータウンである．そこで近隣住区と地区，都市がどのような関係になっているかをみよう．

千里ニュータウンは，面積が1160 ha, 30000戸, 15万人の計画人口でスタートした．このニュータウンは段階的な構成をとっており，その中心に位置しているのが近隣住区である．何度か修正されたが，最終的には人口10000人の近隣住区が12区設定された．この近隣住区の中心には，近隣住区内の市民生活を支えるため，近隣センターが設けられている．

この近隣住区はおおむね2つの分区に分割される．また12の近隣住区を3つにグループ化し，それらを1つの地区としてまとめている．そのため地区は3つ，もしくは4つ，5つの近隣住区から成り立っており，人口は30000～50000人である．そしてその地区ごとに，地区センターを配置している．ただし中央部分に位置する中央地区センターは，千里ニュータウン全体の中心的なセンターも兼ねている（図11.4）．

都市全体をいくつかの段階で構成するのは，生活のまとまりがいくつかの段階を構成しているからにほかならない．たとえば子どもの場合，年齢が上がるにつれ，行動範囲が広くなる．そのため幼稚園，保育所は，おおむね分区に1カ所，小学校は近隣住区に1カ所，高校は地区に1カ所設置される．中学校は，2～3の近隣住区に1カ所である．また児童公園は分区に1カ所，近隣公園は近隣住区に1カ所，地区公園は地区に1カ所である．また商業施設も段階的に配置されている．日常的に買う生鮮食料品などは近隣センターで充足できるように計画されている．一方，百貨店，ホテルなどは中央地区センターに立地している（表11.1）．

千里ニュータウンは，1つの独立した都市のような形態をとっているが，その構成は，（分区）-近隣住区-（中学校区）-地区-全体という段階構成をとっている．また，より広域的な視点からみれば，千里ニュータウンは大阪府の北部に位置している．そのため千里ニュータウンの中心である中央地区センターは，大阪都市圏の副都心として位置づけられており，大阪都市圏全体の，1つの段階を構成している．

〔中山 徹〕

図11.3 近隣住区の概念[1]

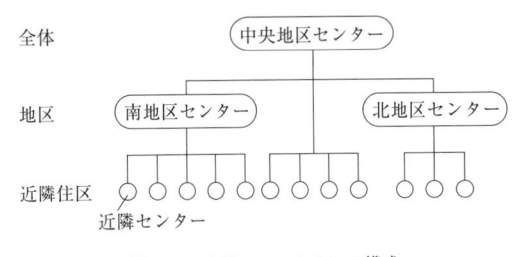

図11.4 千里ニュータウンの構成

小学校区程度の単位で取り組もうとしている．小学校区程度の単位で，市民が参加して町づくりを担えるようなコミュニティ形成が可能かどうかは，これからの課題であろう．

参考文献

1) ペリー，クラレンス・A：近隣住区論─新しいコミュニティ計画のために─（倉田和四生訳），鹿島出版会, 1975.

11.1.4 近隣住区と都市

近隣住区は都市を構成する基礎的な単位であるが，それだけで都市を構成するわけではない．通常は，近隣住区がいくつか集まって地区を構成し，その地区がさらに集まって1つの都市を構成する．またいくつかの都市が集積して1つの大都市（メトロポリス）を構成し，その大都市どうしが密接に関連して連旦都市，巨大都市（メガロポリス）を形成す

表11.1 施設配置と都市の構成

	人口(人)	戸数	面積(ha)	学校等	公園	医療	商業施設	官公署 警察	官公署 消防	官公署 郵便	コミュニティ施設
(分区)	5000	1000~1400		幼稚園[1)]保育所	児童公園						
近隣住区	10000	2000~2800	53~138	小学校	近隣公園	診療所	近隣センター(20~30店舗)	巡査派出所		特定郵便局	集会室
(中学校区)	20000~30000			中学校							
地区	30000~50000	11000~13000	355~437	高校[2)]	地区公園		地区センター(5000~7000m^2)	警察幹部派出所			集会所(600~700m^2)
全体	15万	37330	1160		周辺緑地	病院(200床)	中央センター(20万m^2)		消防署	普通郵便局	公会堂文化会館

1):必ずしも分区で1カ所ではないが,おおむねそのようになっている.
2):当初3校の予定であったが,最終的には2校.

参考文献

1) C. A. ペリー:近隣住区論(倉田和生訳),鹿島出版会,1976.

11.2 コミュニティ生活とコミュニティ空間

11.2.1 コミュニティ生活

コミュニティ生活とは地域社会における生活,共同体における生活,もしくは生活の共同といった意味である.コミュニティという用語の定義は1つに定まったものがない.日本では「共同体」という訳がつけられ,1950年代後半から「地域社会」という訳語が用いられている.

コミュニティの意味するところは,マッキーバー(R.M.MacIver, 1882-1970)によれば,共同生活が展開される一定の範囲の地域ということであり,彼はそれを,特定の利害,興味に基づいて組織されるアソシエーションと対置させた.

コミュニティはもともと,前近代社会において,生産と消費が同じ範域で展開されるような生活単位を指す経済史的概念であった.それは,たとえば村落共同体や中世の都市をイメージすればよい.そこには,生産,消費の両面で人々を結び付ける紐帯が存在し,文字どおり共同体をなして生活せざるをえなかったのである.まさに,一定範囲の地域内で自給自足的な共同の生活が存在していた.それがコミュニティ生活の原型であろう.

しかし,商品流通が徐々に拡大すると,生活は自給自足ではなく他地域との依存関係に入る.しかし,それでも流通を専門に担う人々の介在でコミュニティは自立的な生活を維持できるが,資本主義的生産様式が発達すると,労働市場が広がり,都市に資本と人口が集中し,生産と消費は一定の地域内では完結しなくなる.人々の移動は狭い地域社会を越えて,ついには地球規模にまで拡大する.こうして,経済史的概念としてのコミュニティは実態を失っていく.それとともにコミュニティという語は,地域概念を離れ,共同性を意味するものとして変容していく.たとえば,宗教や特定の思想をもつ集団の共同体を指す場合に用いられる.もちろんそれらも,共同体を実体化しようとして,特定の地域(空間)に共同生活を営むことが少なくない.宗教団体の研修施設や,コミューン,コロニーなどがそれである.しかしいずれにしても,それらは特定の利害,関心を核として結び付けられた集団である点で,前近代における社会一般の共同体とは異なる.

他方,資本主義的生産様式,生活様式の発展は,前近代のそれとは異なった,新しい共同性の創出を2つの分野で促す.その1つは,労働の現場における共同であり,生産過程における共同性や労働組合などにおける共同性として現れる.これらは,アソシエーションの一形態である.今一つは,地域社会における生活面での共同性である.

前近代におけるコミュニティは大家族を単位とし,村落共同体や町内会が1つの社会をなしていたが,大家族制は崩壊し核家族となり,今日ではそれもしだいに減少しつつある.こうした中で,日本における地域社会生活の共同性の必要性は,2つの段

階を経て高まってきている．第1は，戦後の高度成長期を通じて地域社会における生活困難を共同で克服するという必要性に迫られ，発展してきたものである．地域における防犯活動や各種生活施設の要望，公害・環境悪化に対する反対運動など，地域社会の共同性は不可避的に高まり，コミュニティをみずからの生活拠点として確立していく過程が進行した．具体的には，公害反対運動や都市計画事業の反対運動，保育運動，消費者運動，歴史的環境（町並み）保全や自然環境保全の運動，さらには地域福祉活動などがある．これらは，いずれも特定の課題から出発しながら地域を基盤に運動を展開し，コミュニティの拠点として構築していくところに，単なるアソシエーションの運動と異なる点がある．つまるところ，個別課題の解決は，地域社会における生活の良好な状態の確保を目標としなければ解決にならないことがこの過程を通して明らかとなっていったのである．

第2に，近年の少子・高齢化の進行は，単身世帯を増加させ，核家族だけが普遍的な形態でない状況を生み出し，結婚や家族形態についての価値観も多様性を増している．そのもっとも重要な特徴は，家族的結合とは異なる成員による共同生活の広がりである．コーポラティブ住宅はかつての大家族とは異なる，血縁関係のない家族集団の集合住宅であり，コレクティブ住宅，グループハウスは他人どうしのより緊密な共同生活である．家族形態の変化，福祉的需要の増大，価値観の多様化が，前近代的村落共同体とはまったく違い，高度成長期とも異なった新しいコミュニティ生活を不可避的に生み出してきている．

11.2.2　コミュニティ空間

生活空間は，住宅を出発点として，地球全体に至る段階構成をもっている．すなわち，生活の拠点は住居であり，住居は生活空間の最小単位である．そこから，地区，都市，地方，国土，さらにはアジアやヨーロッパといった地域や地球全体に及ぶ空間のヒエラルキー（段階構成）をなしている．こうした空間の広がりは，今日では決して抽象的なことではなく，一般的市民が体験することのできるものとなっている．

コミュニティ空間とは何らかの共同性を帯びた集団の生活空間であり，もっとも普遍的なものとしては，日常生活圏の居住空間であろう．また，コミュニティ空間を私的空間と公的空間の中間に存在する共同空間と解する場合もある．

日常生活圏の捉え方も一様ではない．長距離に及ぶ通勤を伴う日常生活は単に住宅の存在する地域だけでは完結せず，職場や文化，スポーツ，趣味，娯楽の場も住宅の所在地と異なる場合が多い．その意味で，現代の生活空間は居住地を核としながら多方面にアメーバ状に拡大したものとなっている．しかし，その中でも居住地はやはりコミュニティ空間の中心であり，その良好な形成が生活の豊かさを築くうえで不可欠である．居住地では，住宅が個々人にとっての生活拠点であるが，都市地域であれ，農村部であれ，大なり小なり，集まって住むことが不可避である．住宅の建て方についてみれば，長屋や共同建ての割合は42%に達しており，いわゆるマンションは増加の一途をたどっている．このことは，居住地における共同性が，好むと好まざるにかかわらず避けがたいものとなっていることを示しており，居住地をコミュニティ空間として形成していくことの重要性が増している．

良好なコミュニティ空間を形成するためには，何らかの意識的取り組みを必要とする．そこでは，コミュニティそのものの組織化（コミュニティオーガナイゼーション）と空間の計画的整備の両面が必要であり，両者は相互に密接な関連をもっている．

日本では，地域における全生活を包括するコミュニティ組織というものはほとんどないといってよい．通常は，伝統的な町内会，自治会とアソシエーション的な各種の組織が重層的に存在しており，問題ごとに活動するといった状況にある．空間設計に深く関与する「まちづくり」活動において，まちづくり協議会などの組織が存在する場合でも，それが全生活を包括するわけではない．したがって，地域の生活空間の形成にとっては，各種のコミュニティ組織を相互に連携させながら，地域空間の望ましいあり方について合意形成を図っていくことが求められる．そのリーダーシップをだれがとるのかは一様ではないが，いわゆるまちづくり協議会などの組織が生み出す経験は重要である．しかしいずれにしても，決定的に重要な点は，成員の多数者が（全員とまでいわなくても），コミュニティ空間のあり方に直接関与し，参加するということである．参加によって，コミュニティ組織が活性化し，空間のイメージが共有される．そして，できあがる空間についての合意の存在は，その空間の管理や維持といったその後の活動をよりスムーズなものにするのである．コミュニティ空間は単に建設だけでなく，その後の利用，維持管理がきわめて重要であり，それがコミュニティ自身によって行われることが決定的に重要

なのである．こうしたコミュニティ空間の形成には当然，専門家による支援が必要であり，コミュニティ組織は専門家との緊密な連繋関係を取り結ぶ必要がある．このような専門家支援活動は，アメリカでは，コミュニティデザイン，イギリスではコミュニティアーキテクチュアと呼ばれ重要な役割を果たしているが，その存立には，公共，民間による支援システムが機能している．日本では，1998年に特定非営利活動促進法（NPO法）が制定されたが，こうした活動の展開は今後に委ねられている．

他方，住宅および住戸まわりにおけるミクロなレベルのコミュニティ空間も，共同住宅の増加，家族以外の成員による共同居住の増加などにより，重要性を増している．たとえば，集合住宅におけるコモンスペース，コレクティブ住宅やグループホームにおける共同生活空間（食事室，団欒スペース）などである．そのあり方は，共同生活そのものを左右する．タウンハウスにおける共同の内庭，中・高層集合住宅における共用スペースなどが計画されるが，必ずしも適切に利用，管理されない例がある．コモンスペースの必要性が十分に突き詰められていない，設計上のミス，維持管理問題などに原因があると思われる．こうしたコミュニティスペースの計画には，それを利用する居住者の関与が欠かせない．ここでも，利用者の参加によってできあがる空間の質は向上し，利用や管理がスムーズにいく．この点では，いわゆるコーポラティブ住宅の経験が大いに参考になる．そこでは，将来の共同居住者が自分たちの空間について議論を尽くすことによって，納得のいく結果を生み出すことができる．そして，そのプロセスが自分たち自身によるコミュニティオーガナイゼーションの過程となっているのである．コレクティブ住宅やグループホームが今後，日本でも発展していくと思われるが，コミュニティ空間の計画・設計過程に利用者・居住者参加を導入することが決定的に重要であろう． 〔塩崎賢明〕

11.2.3　コミュニティ組織とコミュニティ文化
(1)　コミュニティ組織とは

コミュニティでのさまざまな生活に対応してコミュニティでのさまざまな空間がある．たとえば，子ども遊びに対して遊び場，集まり生活に対して集会所，歩行に対して歩道，屋外スポーツ等に対して公園といった具合である．これらの生活は，人間によって行われる限り，人間集団（1人も含む）によって行われるのが一般的である．家族で行われたり，子ども集団で行われたり，サークルで行われたり等々，である．それらがすなわち，地域における人間集団＝コミュニティ組織である．それをもう少し整理してみよう．普通，コミュニティ組織というと，地域の自治会，町内会を思い浮かべる．たしかに公的なイメージとしてはそうであろう．しかし，地域に根ざす文化活動やスポーツ活動などの地域住民が加入自由の組織（普通，サークルと呼ばれる）も存在している．マンションの管理組合のように目的が限定され，法的に支持されている組織もある．地方自治体行政と草の根住民との橋渡しとして社会福祉協議会とか消防組織等もある．さらに最近では，町づくり等に関係するNPO等の組織も現れている．それらコミュニティに存在する人間集団，人間のつながりとしてのコミュニティ組織が，コミュニティ生活を円滑に進め，コミュニティ空間を利用，管理しているのである．

(2)　コミュニティ組織の活性化とコミュニティ空間

コミュニティ生活は，多様化し広がりをもってきているといってよい．それは，高齢化や余暇化に伴って定年後の生活が長くなり，また週休や年休が長くなり，すなわち人々が居住地で，コミュニティで過ごす時間が長くなってきたからであり，一方，町づくり等における情報公開や住民参加が徐々にではあるが進んできているからである．それらに伴って，それらのコミュニティ生活を受けとめるコミュニティ空間が豊かに発展する必要がある．そのためには，コミュニティ空間を計画し，実現し，管理するうえで住民参加を前提にコミュニティ組織が活性化しなければならないのである．一口にいって「三人寄れば文殊の智恵」なのである．その中でコミュニティの老若男女の気持ち，意見，アイデアが出され，思いもかけぬコミュニティ生活やコミュニティ空間につながるのである．たとえば，近隣住区論でも中心施設に据えられている小学校のあり方を考えてみよう．少子化に伴って児童の数が減っている．そうすると小学校で空き教室ができてくる．一方，高齢化が進むとコミュニティの高齢者の数も割合も増えてくる．そこで，空いている小学校の教室をコミュニティの高齢者の「溜まり場」等にできないかという自然な考え方が出てくる．また，阪神・淡路大震災のときも小学校が身近な避難所になったことを考えると，最初からそのような機能を兼ね備えるように計画できないか，となろう．ところが，コミュニティにある公共的な空間は，もともとどこかの省庁に関係があり，公立小学校の場合は地域の市町村の教育委員会であるが，補助金のおおもとは文部

科学省である．高齢者施設は，厚生労働省関係，避難所は総務省（消防庁）関係である．つまり，コミュニティの公共的空間は「縦割り」で計画，管理されているのである．だから，上に述べたように小学校に複合的機能をもたせるのが住民にとって好ましくとも，現行制度ではなかなかむずかしいのである．しかし，住民生活は別々の省庁のためにあるのではなく，コミュニティにおいて生活のため総合的によければよいのである．だから，草の根のコミュニティ組織の活性化と自主的調整がコミュニティ空間をよりよくしていくうえで決定的なのである．一般に，コミュニティの公共的空間は複合的な価値，機能をもっている．小学校はもちろん，道路にしろ水路にしろ公園にしろそうである．これらを草の根から総合的に編み上げていく力は，コミュニティ組織の力量にかかっているといっても過言ではない．

(3) コミュニティ組織の活性化とコミュニティ文化

コミュニティ組織の活性化と相互連携がコミュニティ生活とコミュニティ空間の充実のために決定的に重要なことは述べた．それらの人間集団が活性化し相互連携が進んでいくと当然いろいろな「まとまるためのイベント」，たとえば，祭のようなものも生まれてくる．すでにあったものはより活性化していく．コミュニティ組織とかコミュニティ文化のような目にみえにくいものも，実質的な目にみえやすいコミュニティ生活やコミュニティ空間を介して活性化し高まっていくものである．〔西村一朗〕

11.3 都市コミュニティと農村コミュニティ

11.3.1 都市コミュニティ
(1) コミュニティの意義と再生の必要性

2000年初夏，3人の17歳の少年によって恐るべき殺人事件が引き起こされた．凶行に及んだ少年たちの住まいはいずれも都市近郊の戸建て住宅であった．入母屋造りの御殿のような家，藁葺き屋根の上にアルミ板の覆いをのせた家，袋小路に建つ均質な建売り木造戸建て住宅であった．

その前年に起こった小学生殺害事件の犯人の住まいは，井戸の底のようにみえる中庭を囲む高密高層集合住宅であった．戸建て住宅か集合住宅かといった住宅形式や密度の差異を超えて，これらの犯罪の背後には住み手間の関係の崩壊にある．いずれの事件にも共通して，家庭崩壊と地域の中で孤立した生活とコミュニティ衰退が潜んでいる．

ところで，コミュニティの概念をジェシー・バーナードと鶴見和子にならって整理するならば，それは次の3要素にくくることができる．

第1に「限定された場所」(locale)で，定住地，定住者，定住性に通じる．第2に「共通の紐帯」(common ties)で，共通の価値，目標，思想等に置き換えられる．第3に「社会的相互作用」(social interaction)で，居住者間の相互作用と周辺地域社会の人々との相互作用である．

こうしたコミュニティの3要素を念頭におくと，コミュニティとは，居住者どうし，居住者と地元および周辺居住者とが相互作用することによって，集住生活における新しい共通の紐帯を作り出す可能性をもった集住空間・場所（戸建ても集合も）であると再定義することができる．

日本では戦後「コミュニティ」は素敵なものだという捉え方をされ，「コミュニティ」という言葉は，それぞれの人が望ましいと思っている世界のこと＝期待概念として捉えられた．しかし産業社会化，匿名社会化，管理社会化の全体的な進行の中で，先にみたように現代のコミュニティの崩壊は目を覆わしめる状況にある．したがって，これから大切なことは，住宅地におけるコミュニティ概念をどのように意図的に創出，再構築するのか，ということが課題であり，何を積極的に作り出していくかという創造的視点で捉えることである．

コミュニティの喪失した現代社会にあって，新しい状況のもとでコミュニティを創出，再構築することの社会的必要性がすこぶる高い要因として次の3つを挙げることができる．

第1に，少子化．少子化であろうと多子化であろうと，子どもはいつの時代にもまわりの人間や自然との生きた触れ合いを通して身体的・精神的・社会的に成長していく存在である．戸外空間のリスク回避や学びと遊びのスタイル面等から子どもたちは建物内生活に閉じがちであるという生活の閉鎖化が進行する状況のもとでは，子どもの育つ環境におけるコミュニティの役割の回復と再創造は，いくら強調しても強調しすぎることはない．

第2に高齢化．高齢者のためのバリアフリー，ユニバーサルデザインなど生活空間の改善，充実に加えて，高齢者の安心居場所づくりにとってもっとも大切なことは，高齢者を取り巻く多世代の人間交流である．高齢者は人間関係を棲み家にしているからである．

第3に余暇化．週休2日の休日など各世代とも余暇を居住地で過ごすことが多くなる中で，居住地に

おける共遊びだけでなく，身近な環境の管理・改善を創造的レクリエーションにする必要性と可能性は高い．

(2) プライバシーとコミュニティの連続性

少子化，高齢化，余暇化の進行に伴って，戸建てであれ集合であれ住宅形式を越えてあらゆる住宅地においてコミュニティの再編，強化が高まってきているとはいうものの，その現代的な展開のためには，留意しておかねばならない課題がある．それはプライバシーへの十分な配慮である．コミュニティ，共同性，社会性を重視するからといって，歴史的負荷を帯びて理不尽な紐帯のなかに絡めとられる保守的・排他的なものではなく，コミュニティをめぐる新しい別の思考のベクトルを開かなければならない．

そこで提案したいことは，個の自律性と，他者との開かれた関係としての社会性，拘束的でない軽やかな共同性を同時的に実現しうるには，プライバシーとコミュニティの連続スペクトルとして，次の7つの帯が一つながりとなる住まい方である．

① 1次的私秘性の厳守：排泄，入浴，睡眠などのもっともプリミティブな私的ふるまいを守る，適切な状況の中での安定した私秘性が必要とされる．

② 2次的私秘性の保証：家族と団欒，個人的作業などを他者の眼にふれさせたくないときは，他者の視線がさえぎられる．あるいは，まわりの人々がのぞきこまないという自制意識と他人のことを詮索しないという相互配慮が必要である．

③ 単独を楽しむことの保証：個人，家族，客人などとの楽しみを分かち合う状況を，他者に邪魔されず，単独性を享受できる．

④ 相互行為への寛容さの確保：管理的ルールを束縛的に強いることなく，状況の中でゆるやかな相互共存を図る．

⑤ 孤立感をケアする：孤立感に苛まれている子どもや老人がいたら，まわりの人々が彼らとの触れ合いと心的開放性を保証する．

⑥ 共感を楽しむ：ともに住み合う中で立ち現れる楽遊体験を自由に楽しみ合う．

⑦ 生きた人格の相互照射：住まい方の面での生きた人間性の息吹きに触れ合い，人間的輝きを相互に分かち合う．

在来的な戸建て住宅や集合住宅では①～③を機能的に「モノ」の面でのみ実現するあまり，かつ，④の「ルールありき」型の管理強化型の住まい方に赴くために，結果的に⑤～⑦を捨象しまいがちである．

しかし，これからの都市コミュニティにおいて，集まり住み合う暮らし・まちづくりという「実践共同体」にあっては，日常・非日常にわたる多様な活動の経験と相互に共感・共通理解に至る創造的わかち合いの中で，①から⑦までを相互に包み込む関係づくりがもたらされることが期待される．

(3) コーポラティブ住宅の可能性

都市コミュニティにおいて，家族群と住宅群の関係としての集住体のこれからの望ましい姿は，プライバシーとコミュニティの間にどんな分割も拒否するような，両者の連続体づくり，モノ-ヒト-コト-トキの生き生きとした関係づくりである．生彩ある開かれた人間関係づくりのうちにつつまれたプライバシー（privacy）は，都市コミュニティの住まい方のプライマシー（primacy：最高の姿）をもたらすものである．

プライバシーとコミュニティを対立的に捉えるのではなく，個々の間に適度な物理的・心理的距離を保ちつつ，両者をゆるやかに結び合わせる相反設計をもたらす「実践共同体」の実現事例としては「コーポラティブ住宅」を挙げることができる．

コーポラティブ住宅とは，近代社会がもたらす合理的な経済制度，官僚制度による「標準，効率，管理」という強力な社会的エンジンを越えるムーブメントである．それは土地の取得から計画，設計，建設，居住，管理のすべてのハウジングプロセスに専門家の支援を受けつつも，住み手たちが主人公になる住まいコミュニティづくりの方式のことである．

1974（昭和49）年，東京都心に「マイホームを捨てよ，アワーホーム主義こそ都市の理想だ」とし，OHP運動の名称で都心型コーポラティブ住宅運動が始まる．同年，都市の住宅需要と近郊農村の秩序ある土地利用開発をコーポラティブ住宅方式で統合・実現させた「柿生コープ」が成立した．

昭和50年代になり，それは関西にも広がり，その後大都市圏を中心に全国にも広がり，約410プロジェクト，約7500戸が建設されている（2002年末現在）．

コーポラティブ住宅は，都市コミュニティの崩壊に歯止めをかけ，新しい状況のもとでの，再創造をもたらす変革の力をもっている．第1に，住宅の「商品化」と「制度化」を越えて，生活者の「自発的な生命力」を回復，創造する．

第2に，プライバシーとコミュニティの柔らかい連続性を実現し，「スマートな個人主義と豊かな共同性」の精妙な結び合いを可能にする．

第3に，住宅，地域，福祉等の社会的文脈形成の

要となりうることである．コーポラティブ住宅は，居住者階層の混合性，相互扶助的生活態度，永続的コミュニティ形成志向により，居住地レベルで住むことを媒介にしつつ，子育て，老人施設，周辺町づくりへの小さな社会的コンテクストを形成しうる．

こうしてみると，コーポラティブ住宅は，住み手間の密度の高い多様な人間関係を紡ぎ出し，住み手の知，技，芸を交換する中で，ともに住み合うライフスタイルのデザインを高め合いつつ，都市コミュニティの再構築をもたらす．

しかし，コーポラティブ住宅は新規の住宅供給面にのみ限られることではなく，その特質である住み手参加－住み手主体の原理は，既存住宅地環境のハード・ソフト両面にわたる管理，改善過程にも応用できるものである．たとえばマンションや住宅団地の管理，改善，建て替えに，すでにコーポラティブ方式が適用されることにより，コミュニティの継承，発展が図られているケースもみられる．

大切なことは，新しい状況における都市コミュニティを次のように能動的・創造的に捉え柔軟に実践していくことである．すなわち，都市コミュニティは「全体共同」ではなく「自発協働」であり，それは，連歌のように相互に触発し合いながら，個とまわり（環境）とのいろいろな関係を紡ぐ活動（コモン）がどんどん豊かに創造されるプロセスのことをいう．

人間関係が冷めていく都市化と，世界各地の多様で豊かな暮らし方情報を日常的に見聞しうる国際化の中で，日本人の中にも，新たな個人主義と共感主義の信念を強く求める層が潜在的に増加してきている．今日ほど都市コミュニティの創造に向けて，住むことと地域に生きることにおける生活者の想像力やビジョンが真正に発揮されることが待たれている時代はないといってよい．〔延藤安弘〕

参 考 文 献

1) 延藤安弘，他：これからの集合住宅づくり．晶文社，1995．

11.3.2 農村コミュニティ

コミュニティという言葉は，学術用語であると同時に日常生活用語でもあり，多義的に使用されている．それゆえ，この言葉を明確に定義することはできない．むしろ概念自体が時代とともに変化しており，固定的な概念として捉えることが困難であることに留意する必要がある．

コミュニティという用語は，本来社会学の概念で，R.M.マッキーバーの『コミュニティ』（初版1917年）で提起された．マッキーバーのコミュニティ概念は，ゲルマンの中世的村落共同体をモデルとした古典的コミュニティ概念として社会学では理解されており，「一定の地域のうえの共同生活であり，一定の広がりの範域の中で人々の全体的な共同体感情が満たされる自然発生的な空間単位」と定義されている．しかし，マッキーバー自身のコミュニティ概念も，時代とともに変化しており，「初版と晩年の版ではその定義に推移があり，はじめは広く国家も含めた範域とか制度的枠組みを問題としていたのに対して，後には人々の心とか一体感情を中心に据えるに至った」と社会学者の奥田道大は指摘している．またヒラリーのコミュニティの定義に関する分析（1955年）では，代表的定義が94もあり，それらの共通項は，「人々」と「場所」の2点だけであるという指摘もある．このようにコミュニティという概念自体，生きた用語であり，歴史的に変化する相対な地域概念なのである．

また，コミュニティという言葉は，社会学の学術用語として用いられるだけでなく，住居学，建築学，都市計画，農村計画の分野でも多く用いられる．それは，コミュニティが，空間と社会の結び付いた概念だからである．社会学，人類学では人間関係，人間集団そのものを研究対象としているのに対して，建築学，住居学，地理学では人間関係，人間集団と生活空間の対応に着目しながらも，空間に研究対象の重点をおいている．また，社会学では空間面への投影した人間関係，社会関係のまとまりの単位としてコミュニティに着目しているのに対して，建築学では空間生成の主体としてコミュニティに着目している．それが両者の相違点である．

コミュニティは，家族と社会の中間の「社会の縮図」「社会モデル」と捉えられることが一般的である．とくに住居学や建築学では，住居から近隣，地区，自治体，地方，国土へと広がる生活空間の段階的な構成を念頭において，住居の集合体から地区までの空間スケール，すなわち「マチ」や「ムラ」と呼ばれる空間領域をコミュニティに対応させて捉えることが多い．あえて筆者なりに概念規定するならば，「一定の範域において地縁性と地域社会への共属意識を共有する人々の空間的累積体としての社会的・空間的な地域単位」がコミュニティということになる．

また，コミュニティづくりやコミュニティ活動など，コミュニティという言葉は，地域づくり，行政

の各種計画づくりの現場や日常生活の中でも多く用いられている．その場合のコミュニティの用語には，地域社会への共属意識に支えられた地域住民の自律的社会単位という期待感が含まれている．つまり社会の実態分析のために明確に定義されたコミュニティではなく，地域づくりのモデル的な規範概念としてのコミュニティなのである．

農村コミュニティというと，都市コミュニティに対峙する農村地域におけるコミュニティということになる．その前提となるのは，都市と農村という地域区分である．しかし，都市と農村の境界が曖昧になり，さらに農村自体，農村＝農業者集団の居住地という古典的な地域概念も現代では通用しなくなっている．

農村コミュニティの実態を全国的な統計として把握しているのは，世界農林業センサスである．2000年，世界農林業センサスでは「農業集落」が「市区町村の一部において農業上形成されている地域社会のことであり，もともと自然発生的な地域社会であって，家と家とが地縁的，血縁的に結びつき，各種の集団や社会関係を形成してきた社会生活の基礎的な地域単位」と定義されており，これが農村コミュニティの基本となっている．この農業集落は，農村集落，集落，ムラ，部落，組や，地域によっては「郷（ごう）」「作り（つくり）」「地下（じげ）」「村内（むらうち）」などと呼ばれるものである．さらにセンサスでは，農業集落の性格，機能が「具体的には，農業・用水施設の維持・管理，共有林野，農業用の各種建物や農機具等の利用，労働力や農産物の共同出荷等の農業経営面ばかりでなく，冠婚葬祭その他生活面にまで密接に結びついた生産及び生活の共同体であり，さらに自治及び行政の単位として機能してきたものである」と説明されている．

こうしてみると，伝統的な農村コミュニティの姿がイメージされるが，現代の農村コミュニティは大きく変貌している．

20世紀は近代化，都市化の時代であり，最近は地球環境時代ともいわれる．その間，都市と農村の関係も，①都市と農村の併存の時代（両者の区分が明快），②国土全域における都市化の時代（都市の拡張，農村の包摂，農村自体の都市化，農家の離農，兼業化，混住化）から，③都市－農村の共生が課題となる時代へと展開している．

2000年の世界農林業センサスによれば，全国に13万5163の農業集落が存在している．1集落当たりの総戸数は，213.2戸なので，国民の約3分の2がこの「農業集落」に居住していることになる．また農業集落における農家・非農家の内訳をみると，農家戸数は22.8戸，非農家数は190.4戸であり，農村コミュニティといっても，農家の構成比率は10.7%にすぎないのが現実なのである．

建築学や社会学の分野では，終戦直後に農村（共同体）が大きく注目された．この時期には，社会紐帯として強固な緊縛性をもち，封建遺制を温存し，近代化を阻む要素として伝統的なコミュニティが標的とされ，その解体が唱えられた．とくに戦前の本家－分家関係，地主－小作関係という家的・経済的な従属関係の解体が新たな社会建設の課題とされた．1955年ごろまでは，農村の階層性，前近代性が問題視され，階層社会のモデルとして農村コミュニティは捉えられていた．その後，高度経済成長期に突入し，農村の都市化が急速に進行する．この時期には，農家の兼業化や離農が進行し，地域社会が大きく変貌する．農村の都市化に伴い農家の兼業化や離農，非農家の農村居住が顕著になり，農家と非農家の混住化が新たな課題となった．以後，国民経済における農業の比重が低下し，農業生産空間としての農村認識も大きく変貌を遂げ，その傾向は現在も続いている．

このような状況の中で，農村のもつエコロジカルな暮らしや田園環境，伝統文化が地球環境時代の環境形成やライフスタイルのモデルとして新たな注目を集めている．それが現代である．

比較的生活スタイルの同質な構成員からなる伝統的なコミュニティと現代のコミュニティでは，その性格を異にしている．さらに現代のコミュニティは地域という空間的な限定性・閉鎖性を超越した，地域外との人間関係をも包摂した人と人，人と環境の結び付き，共同感情，コミュニティ空間感覚の共有という理念的，規範的要件によって支えられている．とくに現代の農村においては，共通の農的環境を生活環境の基盤とした農家と非農家，時として地域外の地縁者や環境と文化の価値を共有する都市住民との連携によって，新たなコミュニティディベロップメントの可能性が大きくなっている．

現在，次の時代を誘導する新たな農村コミュニティの規範概念が求められている．それは，地域区分の1類型としての農村ではなく，農村の伝統的な生活文化や環境を基盤としながらも，従来の閉鎖性から脱却した新たな農村コミュニティであり，その形成が，地球環境時代の社会建設の大きなテーマとなっている．　　　　　　　　　　　　〔山崎寿一〕

参考文献

1) 奥田道大：都市型社会のコミュニティ，勁草書房，1993.
2) 農林水産省統計情報部：2000年世界農林業センサス（第9巻），農業集落調査報告書，農林統計協会，2002.
3) 日笠 端：市町村計画1，コミュニティ計画，共立出版，1997.
4) R.M.マッキーバー：コミュニティ（中 久郎，松本通晴監訳），ミネルヴァ書房，1975.

11.3.3 都市コミュニティ間の交流

コミュニティの基本単位は小学校区とする場合が多い．しかし小学校区程度の範囲では，立地できる公共施設，商業施設の種類，数が限られる．そのため3～5程度の小学校区が集まって地区を形成し，その地区に，より大きな公共施設や商業施設を立地させる．そのため通常，地区の人口は30000人から数万人程度となる．日本の場合，自治体として市を形成する下限が，おおむねこの程度の人口である．つまりこの程度の人口規模があれば，日常生活を充足させる程度の施設立地が可能となる．

しかし国際的なスポーツ試合をするための競技施設，1000人以上の観客を収容する文化施設，蔵書数が数十万冊を越えるような図書館，高度な医療行為を行う病院，総合大学等，こういった大規模な施設を，人口数万程度の都市にすべて立地させることは不可能である．

通常，日本の大都市は，基礎自治体である市町村が複数個集まって形成される．このような大都市には，先に述べたような大規模な施設を立地させる必要がある．

大都市の都市構造をみると，中心部にその大都市の中心市が位置し，その周辺に衛星都市が立地している．人々の行為と大都市の空間的な関係をみると，中心市の場合，通勤，日常的な生活行為とも市内で充足される場合が多い．それに対して，衛星都市の場合，通勤は中心市に依存し，それ以外の日常的な生活行為は市内で充足される場合が多い．そのため交通網も中心市と衛星都市を結ぶ放射状に形成される場合が多い．

大都市に，先に述べたような大規模な施設を立地させる場合，人々のアクセスの容易さを考えれば，中心市に立地させることが望ましい．しかし大都市の規模が大きくなればなるほど，中心市にさまざまな公共施設，業務施設，商業施設が集中することになる．その結果，中心市の市民は郊外への移転を余儀なくされ，通勤ラッシュ等がひどくなる．このような現象をドーナツ化現象と呼び，一点集中型の都市構造という．

そのような一点集中型都市構造の弊害を緩和するため，大規模な施設を中心市だけに立地させず，周辺の各衛星都市に立地させようとする計画が立てられる．たとえば，A市には大都市全域を対象とするような大規模なスポーツ施設を，B市には大規模な図書館，C市には高度な医療機関，D市には郊外型のレクリエーション施設を，というような具合である．各都市は主として自市内市民の日常的な生活を充足させる程度の施設をもちつつ，一方では大都市に住む全市民を対象とした大規模な施設をいくつかずつもつことになる．そのような各種の大規模施設が立地することで，衛星都市に居住地以外の特徴がもたらされる．そういった特徴のある各都市が連携することで，大都市に必要な施設を全体として確保することができる．

この場合，放射状の交通網に加え，各衛星都市をつなぐ環状の交通網が必要となる．

コミュニティは小学校区，地区，都市，大都市とさまざまな段階で形成される．たとえば都市コミュニティが集まって大都市コミュニティを形成する．衛星都市の都市コミュニティどうしはほとんど関連がなく，大都市コミュニティの一部を占めているにすぎない場合がある．先に述べた一点集中型都市構造の場合，都市コミュニティが居住地以外の特徴をもたない場合が多く，このような傾向になりがちである．

それに対して，後で紹介したような都市構造の場合，すなわち衛星都市の都市コミュニティが居住地以外の特色をもち，都市コミュニティどうしが緊密な関係をもちつつ，大都市コミュニティを形成している場合もある．

大都市の規模が大きくなればなるほど，巨大都市の弊害を除去するため，一点集中型ではなく，都市コミュニティ間の交流と連携が望まれる．

〔中山 徹〕

11.3.4 都市と農村の交流
(1) 戦後の農村変化と都市

戦後の日本では，都市の拡大・過密化と農村の過疎化という対立的な関係が進行し，都市問題，農村問題を激しくしてきた．都市と農村が相互にかかわるこれらの問題を解決して共存していくうえで，交流し連帯することが求められる．その意味で，交流，連帯は主としてこれからの課題であるが，これまでの経緯は次のように概観できる．

1960年代の高度成長とともに労働力が農村から都市に吸引され，農村に対しては，米麦中心の農業から青果物，畜産物への生産の拡張や経営規模の拡大を図ろうとする農政が進められた．農業人口の急激な減少のもとで農業生産を増大させるために，農業の機械化と合わせて農薬，化学肥料が大量に使用され，都市住民からも食糧の安全性を求める声が強まった．また，国土の大規模な開発による自然・環境破壊に対する批判も高まった．

1970年代には過疎対策が始まるが，同時に減反政策や農産物の輸入拡大で農村が大きく揺れ動いた．1970年に制定された「過疎法」に基づく対策の重点は，自動車交通のための道路整備であった．農村と都市を結ぶ道路や農村内の集落をつなぐ道路が整備され，自家用車は都市を上回る勢いで農村に普及した．その陰で鉄道やバスの路線が縮小・廃止され，子どもや高齢者の交通問題を惹起しながらさらなる過疎化が進行した．

今日，過疎市町村は面積で国土の半分近くを占めていて，これらの過疎地域では死亡数が出生数を上回る「人口の自然減少」がみられる．また，農業従事者をはじめ，農村居住者の高齢化も進行している．農業生産による食料供給力も低下し，国内の食料自給率は諸外国と比べても異常に低い状態となっている．

こうした中で，「食料・農業・農村基本法」が1999年に制定された．国内の農業生産を食料供給の基本に位置づけ，その維持・拡大を図っていくこと，また，農業・農村が有している多面的な機能の十分な発揮を図っていくことなどが法律の理念とされている．そして国は，都市と農村との間の交流の促進等に必要な施策を講ずると記されている（第36条）．これを契機として都市と農村の交流が発展するとともに，農業・農村にとっても転機となることが期待される．

(2) 都市と農村の交流活動

住民の交流活動として以前から行われてきたものに「産直」がある．畜産物や野菜，果物，加工品を生産者と消費者が直接取り引きするものであり，個別農家または農業者グループと消費者グループの交流である．「産直」が生まれたのは，農家が畜産物や青果物の生産を拡大したこと，大量の農薬や化学肥料を使用した農産物，輸入食料が氾濫し，それが健康問題をも引き起こしたためである．今日では，「産直」だけでなくさまざまな直売活動が行われるようになっている．

個別的な交流と同時に，地域的な農村と都市との交流もみられる．それには地域住民の共同活動の発展が関係している．農村地域では，過疎・高齢化や生産の制約など厳しい状況があり，そのために住民が「村づくり」に取り組むようになってきた．国でも1970年代半ばから，住民の自主的な地域づくりを援助するようになり，都市住民との交流を目的とした事業も進めてきた．こうして，「道の駅」などの直売所や農産物の加工所が設置され，旅行者の受入環境も整備されて，地域ぐるみで都市との交流が進められている．

交流活動の形態は多様になっていて，各種イベントの開催や直売活動，市民農園，体験学習，学校間交流，「グリーン・ツーリズム」などがみられる．「グリーン・ツーリズム（農村滞在型余暇活動）」は，農家民宿などに滞在して，自然，文化，人々との交流を楽しむものであり，全国的に推進されている．また，農業，農村が子どもの教育にとっても大きな効果をもたらすことから，田んぼやため池，里山などを利用した環境教育（「田んぼの学校」と呼ばれる）も盛んになっている．

(3) 交流の発展のために

世界の食料需給や貿易が不安定になってきているもとで，食料供給の基本を国内の農業生産に据えて，食料の自給率を格段に高めることが重要になっている．まずもって，この面から農業，農村が見直されなければならない．それに加えて，農業生産活動を通じて，国土や自然環境が保全され，水資源がかん養され，緑や美しい景観が提供され，文化が伝承される．都市と農村住民の学習的な交流を強めて，多面的な農業，農村の役割についての理解を深める必要がある．さらに，地域でのさまざまな共同活動の進め方を学び合い，町づくりや村づくりに生かしていくこともこれからの課題である．

〔山本善積〕

11.4 福祉とコミュニティ

11.4.1 「福祉国家」から「福祉社会」へ

第2次世界大戦以降，日本は福祉国家の道を標榜してきた．これは，狭義には，社会保障，保健・医療，福祉サービスを国家の介入によって制度的に保障することを意味し，広義には，経済過程への国家の介入によって国民の雇用をも確保することを意味する．

福祉国家を可能にしたのは，いうまでもなく，先進資本主義国の高度経済成長であった．右肩上がりの経済成長は，「拡大再生産のための資本蓄積」「各

家計への分配所得」「国家財政」の3つを同時に成長させることを可能にした[1]．

ところが，高度経済成長期の終焉によって日本社会は構造的転換に直面することになる．1980年代後半に経済のバブル現象が社会の表層を覆っていたことが，このような問題の顕在化を遅らせはしたものの，バブル崩壊以降，すなわち1990年代に至って，誰の目からみても世の中の状況は一変した．これは単純な経済危機現象ではなく，日本が都市型社会の初期段階を終えて，いよいよ成熟型社会へと移行しつつあることを意味している[2]．

世論としては，超高齢社会の到来に対する危機意識から，「大きな政府」から「小さな政府」へと，国家政策の転換を迫る論調が高まりつつある．「大きな政府」を標榜する福祉国家においては，国民に対する課税も増大せざるをえないのだが，これまでにも福祉国家の模範とされてきた「高負担・高福祉」型の「北欧モデル」が危機的な状況に陥っているのを目の当たりにするに至っては，「小さな政府」への移行は必然性を帯び，かつ説得力をもつようにさえ思える．「あらゆる工業社会において，社会的ニーズや，社会的な要求や，社会的な期待が急速に高まりつつある．しかし同時に，それらの社会的挑戦を満足させるための政府の能力は，ますます限界に達しつつある」というドラッカー（Peter F. Drucker）の指摘は実に的を射ているといえよう[3]．

しかし，このことは，福祉政策への公的機関（国家や自治体）の介入をまったく否定するという短絡的な結論を導き出すものではない．むしろ，公的機関はこれまで以上に重要な役割を演じることが期待される．加えて，企業や非営利組織を含むさまざまなセクターが相互に連関し合いながら，パートナーシップ型の福祉サービスが供給されることによって，従来型の「福祉国家」を超えた，成熟型システムとしての「福祉社会」が形成される時期に差し掛かっているのである[4]．

このような点において，川口清史の指摘は示唆に富んでいる．川口は「国家システムとしての福祉国家が崩壊したわけでも放棄されたわけでもない．問題は国家を含む社会システムをどう位置付けるかである」と指摘したうえで，福祉供給という視点からの社会システムが，図11.5に表されるような混合福祉のトライアングルで議論されていることを紹介している．これは，「公的か私的か，営利か非営利か，そしてフォーマルかインフォーマルかの三つの視点から分析される．そして，フォーマルで公的で非営利の機関としての国家，フォーマルで私的で営

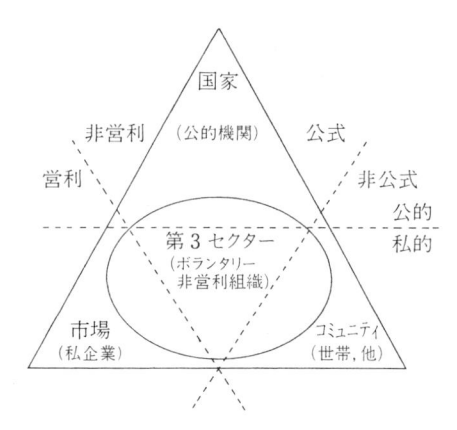

図11.5 Pestoffによる混合福祉のトライアングル[1]

利の機関として市場（私企業），インフォーマルで私的で非営利の組織としてコミュニティ（地域，家族），最後に，フォーマルで私的で非営利の組織を中心に各境界領域に存在するボランタリー・非営利組織等の第三セクターが社会を構成するセクターとして捉えられている」ことを明らかにしている[5]．

11.4.2 コミュニティの可能性

あえて乱暴ないい方をするなら，「『低負担・高福祉』型の福祉サービスが提供されるのならそれに越したことはない」というのが受益者たる国民もしくは地域住民の素朴な心情であろう．あるいは，福祉サービスのシステムがどうであれ，要は，地域住民の生活の安定が保障され，トータルとして「暮らしやすい地域社会」が形成されさえすれば問題はない．一見，無責任で都合のよい論理のようではあるが，実は，コミュニティ活動との接点から福祉サービスのあり方を捉えることによって，このような論理に現実性と可能性とが付与される．たとえば，先に紹介した図11.5に若干の修正を加えることでそのことの意味が浮き彫りになる．図中の「コミュニティ」の位置を，図の中心部に据えられた「第3セクター・非営利組織」の位置へと移行させる．すなわち，コミュニティ自体が，非営利組織の構成要素であったり，あるいは独立した非営利組織そのものとなりうることを意味する．ドラッカーが指摘するように，日本のコミュニティには，古くから非営利組織として機能しうる土壌があるのである[3]．

これまでの福祉サービスは，上意下達方式で動く「縦割型行政システム」から供給される「対人的サービス」であった．このようなシステムのもとでは，地域住民は自治体（行政）に依存し，自治体は国に依存するという，いわば，行政依存主義的体質

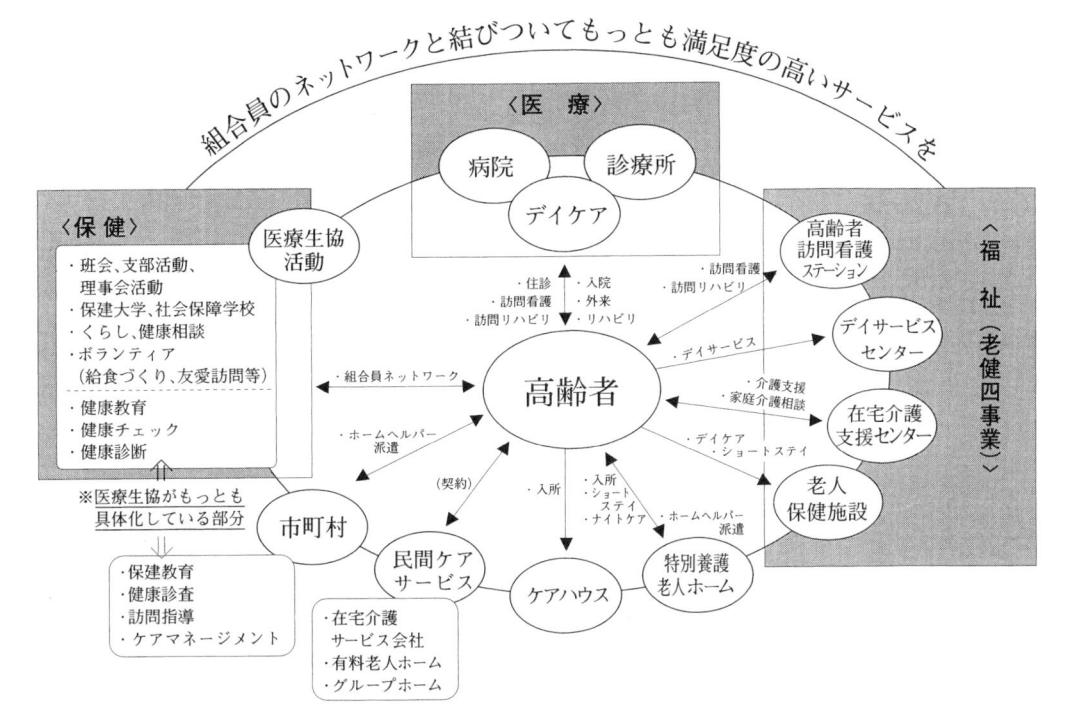

図 11.6 医療生協の目指す高齢者保健・医療・福祉のネットワーク（日本生活協同組合連合会医療部会資料より）

を生み出した．同時に，あらゆる権限が国に集中することによる行政万能主義的体質と官僚主義とを生み出した．これに対して，コミュニティレベルの福祉サービスは，地域政策の一環として，地域の固有性を前提に展開されるものとなる．自治体の行政システムも，部局横断的で総合的な生活改善サービスを供給することのできる機関へと変貌することが求められる．福祉サービスとコミュニティの関係は地方分権の到来とも軌を一にしているといえよう．

福祉サービスをコミュニティレベルで捉えることのもう1つの意義は，住民みずからがソフト，ハード両面での生活環境改善に自律的かつ直接的に参画する機会をうる点にある．この場合，「取り組み姿勢としての住民主体」「行動様式としての住民参加」を原則とすることが重要な意味をもつ．そして，コミュニティ（非営利組織），自治体，市場（私企業）などが連携し，すぐれたパートナーシップを発揮すれば，福祉サービス面でのさまざまな創意工夫が生まれる．「低負担，高福祉」の実現にリアリティをもたせるゆえんである．

以下では，実際にこのような課題に先進的に取り組み，大きな成果を上げている医療生協の活動事例を紹介する．

11.4.3 健康文化とまちづくり
——医療生協運動に学ぶ——

医療生協は，非営利組織でありながら，同時に地域住民にとっての1種のコミュニティ組織でもある[5]．福祉サービスの核心をなすのがなんといっても医療活動であるが，市民の医療機関へのアクセスのしやすさでいうと，日本は世界でも有数の先進国である．したがって，病院，診療所等の医療機関を拠点としつつ質の高い福祉サービスをコミュニティ活動を通じて供給することによって，地域住民の暮らしと健康を支える取り組みを実践することができるのである（図11.6）．このことを，本項では「健康文化政策」と呼ぶ[6]．医療生協では「地域まるごと健康」をスローガンに，「まちづくり」運動とリンクした健康文化政策を展開し，これまでに多くの経験とノウハウとを蓄積してきている．医療生協運動は，コミュニティレベルでの健康文化政策を展開するのに有利な条件を備えている．診療圏という具体的な空間イメージをもちつつ，物的施設（ハード）と組合員活動（ソフト）とが結合する健康づくりをコミュニティを舞台に展開しているのである．

医療生協のもう1つの特徴は，組合員たちが日常的に医師や看護婦などのプロ集団と接触することによって，保健・医療・福祉サービスについて「セミプ

ロ」並の知識と実践能力とを，活動を楽しみながら修得している点にある．たとえば，「尿検査」「血圧測定」などの健康チェック技術，社会保健学習，高齢者ふれあい事業，障害者の看護，デイサービスなどのボランティア活動がある．このように，医療生協運動は，病院，診療などの医療機関の経営を中軸に据えてはいるが，狭義の医療や福祉サービスにとどまらず，ここから派生するさまざまな取り組みを展開しているのである．

それらは，おおむね次の4つの分野に整理することができる．1つは，「地域福祉活動」の展開である．たとえば，群馬県の「利根医療生協」では住民の7割を組合員として組織し，診療所づくりや福祉サービスを自治体から依頼されるほどの力量を備えている．2つは，「環境アメニティ活動」である．たとえば，埼玉県の「さいわい診療所」では，診療所の建設に計画段階から組合員たちが参画し，木造建築の暖かさを最大限に活かしたユニークな建築物を完成させた．また，名古屋の「みなと医療生協」では，ドブ川と化していた工業用水路を綺麗な小川のせせらぎに変貌させ，ホタルを呼び戻し，広く市民から喜ばれている．3つは，「危機管理活動」である．本来，医療という行為自体が人体に対する危機管理という機能を備えているのであるが，医療生協の日常活動が，結果的には地域社会の危機管理をも担っていることになる．たとえば，阪神・淡路大震災の際に，甚大な被害を被った神戸市の長田区で医療生協の神戸協同病院が被災者の救援活動で主導的な役割を演じたことは記憶に新しい．そして4つは，「人権啓発活動」である．医療生協が経営する病院，診療所では，「患者の権利章典」という理念を掲げ，検査漬け・薬漬けの防止，インフォームドコンセントの実施等にもいち早く取り組み，同時に訪問看護などの地域活動をも地道に展開している[6]．

〔リム ボン〕

参 考 文 献

1) 川口清史：非営利セクターと協同組合，日本経済評論社，1994.
2) 松下圭一：政策型思考と政治，東京大学出版会，1991.
3) ドラッカー，P.F.：非営利組織の経営（上田惇正，他訳），ダイヤモンド社，1991.
4) 正村公宏：福祉社会論，創文社，1989.
5) 桜井泰平：21世紀の日本の医療生協の運動を展望して．ブラジル・ウメニド：第Ⅲ・千年期の健康会議報告資料，1997には次のように記されている．
　医療生協とは，「地域の人々が，それぞれの健康・医療と暮らしにかかわる問題を持ち寄り，組織をつくり，医療機関を持ち，運営し，その医療機関に働く役職員・医師をはじめとする医療専門家との協同によって問題解決のために運動する，生協法に基づく住民の自主的組織」である．
　日本生活協同組合連合会医療部会に全国から加盟する医療生協の合計規模は，1997年3月31日の時点で，単位生協数124生協，組合員数約200万人，出資金357億円，医療収入2450億円／年，医師数1697人，看護婦数11303人，その他職員数10738人，病院数79カ所，診療所数266カ所，訪問看護ステーション等62カ所，病床数約13000ベッド，外来患者数約1645万件／年，延べ入院患者数約425万人／年もの規模に達している．
6) リム・ボン：医療生協のまちづくり，日本生活協同組合連合会医療部会，1996.

いま，なぜ「健康文化」というコンセプトが重要なのか．この点について若干の説明を付け加えたい．たとえば，政治運動であれば，「保守」対「革新」といった図式が存在する．しかしこれでは，地域住民としては結果的にはどちらかを拒絶せざるをえないし，あるいはどちらも拒絶する場合もある．コミュニティの構成員の大多数の賛同を得ることは不可能に等しい．ところが，「健康」という目標については，思想信条，老若男女を問わず，だれもが肯定的に受け入れる下地が今の日本社会では形成されている．近年の健康食品ブームなどがその端的な例であるし，このような健康に対する関心はますます高まる傾向にある．

11.5　防犯・防災とコミュニティ

11.5.1　災害時におけるコミュニティの果たす役割

既成市街地において大規模な災害に見舞われた際に，コミュニティの果たす役割は大きい．1995年に発生した阪神・淡路大震災では，そのことが思い知らされる結果となった．また，大震災だけでなく，大雨による洪水・浸水，火山の噴火，地域住民を脅かす犯罪事件などが続発している．ここでは，とくに災害時におけるコミュニティの重要性についていくつかの視点から整理する．

(1)　災害による被害を軽減する

大地震等の災害直後において，同時多発的な火災が発生する中では，自治体の消防車の数が間に合わず，かつライフラインが分断されるため，公共による消防活動が十分機能しなくなる．コミュニティとしてのまとまりのない地域では，安全確保のために避難する者，自分の家に延焼しないことを願い立ちつくす者など行動が統制されず，燃えるにまかせる結果となる．しかし，日常より活発なコミュニティによる主体的な町づくり活動を展開している地域においては，コミュニティのリーダーの統率のもとに，防火槽や水源からのバケツリレーを行い，延焼をくい止めることが可能となるのである．実際に，

阪神・淡路大震災では，地域住民の消火活動により被害が軽減された事例がある．また，既成市街地において，老朽した木造家屋が密集している地域では，大規模な災害により一瞬にして家屋が倒壊し，多くの住民が倒壊家屋の瓦礫の下敷きとなる．幸いにして，2階にいて助かったり，隙間から這い出した家族は，レスキュー隊や自衛隊に救出を要請することになるが，瓦礫の下敷きになった人を助け出すのは，時間との戦いである．この建物の下に確実にだれかいるという情報のもとに救出活動が展開される．それでは，1人暮らしの者はどうなるのだろう．近隣コミュニティの者がどこに1人暮らしの人が居住しているかを十分把握できていない場合には，救出される可能性はほとんどなくなる．事前にコミュニティが1人暮らしの高齢者など地域の災害弱者についての情報を把握していれば，円滑な救出活動を行うことが可能となるのである．

(2) 災害情報の伝達

大雨による洪水の危険性，火山の噴火，土石流の発生など，災害の発生する直前に，避難勧告などの重要な情報が発せられる場合が少なくない．マスメディアによる放送，広報車による地域を巡回しながらの放送など，災害情報の伝達が緊急に行われることになる．しかし，聴覚障害者，高齢者，定住外国人など情報弱者が地域に居住していることは少なくない．避難の緊急性が高ければ高いほど，早く，正確に情報を伝えることが求められる．地域のコミュニティがあらかじめ近隣に居住する情報弱者を把握し，助け合いながら避難することがきわめて有効な情報伝達手段として求められる．阪神・淡路大震災を経験した市民の体験メッセージに以下のようなものがある．「…市民が求めるものは，地域ごとの詳細な情報であろう．それには行政当局からの迅速な情報がどれだけ必要であり，かつ心強いものかということである．それにもまして，住民どうしの情報も重要である．そのために，日ごろから，地域住民の融和と親睦をもつ自治会などの組織の活動に参加することも，大いに役立つであろう．平時から，災害時の情報をいかに，正確かつ迅速に地域住民に伝達できるかを心がけておく必要がある」（61歳，男性）．

(3) 避難所の運営

阪神・淡路大震災のような大規模な災害が既成市街地を襲った場合には，大量の被災住民が緊急に避難することとなる．避難所には，避難住民があふれパニック状態に陥りかねない．高齢者，障害者，妊婦，乳幼児など避難を優先すべき人たちがどのくらいいるのか，食料，水など緊急に必要な救援物資の数量はどのくらいか，どこから調達すべきかなど，行政による救援活動を待たずして避難住民自身がすべきことは多数ある．その際に，平時からのコミュニティ活動やコミュニティリーダーの存在がもっとも重要となる．いざ，災害が起こってから，避難住民の中からリーダーとなる住民がコンセンサスを得て選ばれ，自主的な避難所運営を行っていくようになるまでには多くの時間を費やすことになる．その間に，避難所の生活環境が悪化し，体調を悪くする避難住民が発生する可能性もある．実際に，阪神・淡路大震災直後の避難所では，平時から活発なコミュニティ活動を行っていた地域の避難所とそうでないところでは，混乱の程度が大きく異なっていた．

11.5.2 防犯・防災のコミュニティ活動の事例

日本においては，1970年代から大都市既成市街地の木造密集地域において，不燃化の促進，避難路の確保を目指した，修復型のまちづくりがコミュニティの主体的な参加に基づき取り組まれるようになった．自治会やまちづくり協議会が中心となり，住民自身の防災意識を高めながら，地域としての防災に向けた取り組みを行っている．このような取り組みは，単に既成市街地だけに必要なものではなくなってきている．計画的に開発された1戸建住宅地，高層集合住宅団地，開発から20～30年経過しオールドタウン化したニュータウンなど，それぞれの地域の特性に応じて，コミュニティとしての防災，防犯への取り組みが必要となってきている．ここでは，さまざまな地域に参考となる先進的なコミュニティ活動の事例を紹介する．

(1) 墨田区一寺・言問地区

東京の下町として歴史と風情のある地区であるが，老朽化した木造住宅が密集しており，災害時の危険性はきわめて高かった．1980年代半ばに，東京都の「防災生活圏モデル事業」の対象地区として取り上げられたのをきっかけに，市民が主体的に参加した防災町づくりが進められるようになった．地域住民による「一寺言問を防災のまちにする会（一言会）」という組織が立ち上げられ，防災イベントや瓦版（ニュース）の発行，コミュニティの地図の作成，配布などにより，住民の防災意識の向上，啓発活動に努めた．さらに，雨水を利用した防火水槽である「路地尊」（1号基，2号基）を町角に設置したり，行き止まり路の解消と合わせてリサイクル広場を設置した「会古路地」などの整備を行っている．コミュニティによる防災まちづくりの取り組み

を，地域住民の目にみえるまちの環境として具現化し，防災意識の向上につなげているところに特徴がある．

(2) 京都市春日学区

京都市の中心に位置する春日学区では，地区の社会福祉協議会と自治会が連携し，コミュニティによる地域福祉活動を展開している．活動の拠点として，コミュニティ自治会館兼デイケアセンターを設置しているのが特徴である．この拠点を中心に，高齢者，障害者の見守り，触れ合い，訪問活動を住民のボランティアにより幅広く提供している．また，防災と日常の福祉活動に役立てることを目的として，「福祉防災地図」を作成している．このような日常的な取り組みが，災害が起こったときの高齢者，障害者への対応の備えになっているのである．

(3) 神戸市，市民安全まちづくり大学

神戸市では，阪神・淡路大震災の教訓から，地域住民の主体的な防災まちづくりを支援する取り組みを平成9年度より始めている．「こうべ市民安全まちづくり大学」というもので，「入門講座」と「防災まちづくり講座」からなっている．とくに，「防災まちづくり講座」では，神戸市内各地域で自治会，協議会や防災福祉コミュニティなどの組織で活動しようとする人たちが多数参加し，防災まちづくりの実践的な手法，技術について学んでいる．具体的には，地域の防災，防犯上の課題を住民みずから点検し，マップにまとめる「安全マップづくり」，具体的な災害を想定し，地図上でコミュニティとしての災害への対応を訓練する「災害図上訓練」，コミュニティとして防災，防犯のまちづくりにどう取り組むかを検討する「コミュニティ安全計画」などを6カ月，7回にわたるワークショップ形式での講座として行っている．この講座を受けた住民が，それぞれの地域において具体的な実践活動を展開している．たとえば，「コミュニティ安全マップ」は，3年間で，すでに数十地区のコミュニティが取り組み，それぞれがオリジナリティのあるマップを完成させている．

11.5.3 コミュニティによる防犯・防災マップづくりの意義と方法

コミュニティが防犯・防災活動に取り組むうえでは，さまざまな活動が想定される．防災訓練，講習会，フェアなどのイベントもその重要な1つである．さらに，日常的に身近なまちの環境への関心をもち，その改善への取り組みを行うことも重要である．日常的な防災まちづくり活動を行う基礎となる防犯・防災マップを住民みずからの手でつくることは，その第一歩として位置づけられる．以下に，防犯・防災マップづくりをコミュニティが取り組むことの意義とその具体的な方法について整理する．

(1) コミュニティによる防犯・防災マップの意義

自分たちの居住する地域の防犯・防災上の課題を住民みずからが把握するところに，まず第1の意義がある．防犯・防災上の危険な箇所を把握することにより，事前に改善への取り組みが行われれば，災害による被害を軽減することになる．また，実際に避難する際に，マップづくりを行った経験をもとにより安全な経路選択を住民一人一人が判断することが可能となる．

第2の意義としては，近隣住民どうしの関係づくりに役立つ点である．日ごろ顔を合わすだけの住民どうしが，いっしょに自分たちの住む町を点検し，共同作業でマップを作成していくことにより，住民どうしが理解し合える関係になり，緊密なコミュニティの形成につながる．万が一災害が起こったときにも，気軽に相談し，助け合える関係がつくりやすくなる．

第3には，コミュニティによるまちづくり活動へと展開できることである．防犯・防災上の課題が明らかになれば，コミュニティとして具体的な活動を行う手がかりになる．具体的には，日常的に夜回りをする，違法駐車や放置自転車を取り締まるといったソフトな活動から，行き止まり路の解消，狭隘道路の整備，建物の不燃化といったハードなまちづくりに至るまで，コミュニティとしてのまちづくり活動を検討する基礎としてマップを生かすことが可能となる．

(2) 防犯・防災マップづくりの方法

1) 参加者を集める まず最初に，できるだけ多くの地域住民に参加してもらうことが重要である．小学校区を1つの単位として，小学校の生徒とその父兄に呼びかけることや，地域の各種団体の協力を得て実施することなどが参加者の拡大には効果的である．

2) グループに分かれて地域を歩く 50人や100人といった人数がいっせいに列をなして歩くよりは，10人前後の小グループに分かれて，住民どうしがおたがいに話し合いながら，地域を点検して歩くと効果的である．点検に際しては，まちの問題や課題を具体的に記録できるように，各自が地図と筆記用具をもつとともに，カメラなどを活用することもマップをまとめる作業を行ううえで役に立つ．

3) 町を点検する内容 各地域の特性に応じて，どのような項目を点検するかについて，あらかじめ住民どうしで話し合っておくことが必要である．災害時の危険を中心に調べるのか，日常の犯罪や事故の危険を中心に調べるのか，また，高齢者や障害者の移動の安全性について調べるのかなど，さまざまなテーマの設定が可能となる．また，危険な個所，安全性について調べるだけでなく，災害時に利用する消火栓や防火水槽の位置や管理の状況のチェック，災害時に利用できる水源や役に立つ機材の有無などについて調べることも重要な視点である．

4) 防犯・防災マップにまとめる 点検してきた内容を整理し，1つのマップにまとめる．グループごとに点検してきた内容を詳細に記述し，写真などで解説したマップをまず作成する．そのうえで，小学校区全体として，総合したマップにまとめていく．その際には，地域の特性に応じて独自の凡例を作成し，同じような危険や役に立つ物などを，色，絵文字やマークによって示していくと，みやすいマップにまとめることができる．

5) マップを活用する 小学校区で1つにまとめられたマップは，印刷して住民全員に配布することによりコミュニティとして情報を共有し，有効に活用することができる．まちの状況や課題は年々変化していくので，何年かに1度は，コミュニティで点検し直し，マップの情報を更新していくことが望ましい．

〔児玉善郎〕

11.6 コミュニティの形成とまちづくり

11.6.1 旧来型コミュニティから核家族型コミュニティへ

戦後，日本のコミュニティは大きく変化した．まずその点からみよう．日本では1955年から高度経済成長が始まった．この時期は日本全体の人口が増加しただけにとどまらず，都市部に人口が集中した．いわゆる過疎と過密である．

都市部に集中してきたのは若者が中心であり，家族形態も大きく変化した．1世帯当たりの平均人員をみよう．1920年は4.99人，1955年は4.97人であった．ところが10年後の1965年は4.08人，1975年は3.48人と急減している．核家族の進展である．

一方で，産業構造も大きく変わった．第1次産業就業者数をみると，1955年では全体就業者数の36.1%，それが1970年では16.5%に半減している．とりわけ都市部では農業を中心とした伝統的な地域コミュニティが存立基盤を失った．従来は，用水路の維持管理，里山の管理等々を介在して地域コミュニティが形成されていた．そのような必要性が失われることで，旧来型の地域・血縁的なコミュニティが都市部では衰退した．

そして都市部では，比較的若年層の核家族を中心としたコミュニティが誕生することになる．

さて，このコミュニティの特徴をみておこう．

1つ目は，都市的な共同生活に必要な新たなサービスがコミュニティレベルで発生したという点である．たとえば，かつての農村的な生活様式のもとでは，日常的にゴミの収集が要請されるということはなかった．しかし都市的な生活様式を維持するためには，日常的なゴミの収集が不可欠となる．旧来型コミュニティでは，生産と関係した内容が多かったが，核家族型コミュニティでは，生活に関連した内容が大半を占めるようになる．

2つ目は，主婦がコミュニティの中心的な担い手という点である．旧来型コミュニティは第1次産業との関連で形成される場合が多い．そのためコミュニティの中心的な担い手は男性であった．ところが第1次産業が衰退し，男性の職場が居住地から離れ出す．その一方で，コミュニティが生活との関係で形成されるようになると，主婦が担い手の中心とならざるをえない．

3つ目は，コミュニティの広がりが小学校区になるという点である．核家族にとって最大の関心事は子どもであろう．そのため生活に関することでも，子どもの学校，とりわけ小学校との関係でコミュニティが形成される．旧来型コミュニティは集落単位，また水系単位で形成されるが，核家族型コミュニティは小学校区を中心に形成されやすい．

11.6.2 核家族型コミュニティから新たなコミュニティ形成へ

20世紀の後半から，コミュニティに関係して新たな変化が起こり出した．その1つは，女性の社会進出が進み，専業主婦が減少し出したことである．女性の就業率の変化をみたのが図11.7である．

もう1つは，高齢化が急速に進んだことである．1980年の国勢調査で65歳以上の人口が初めて1000万人を超えた．構成比では9.1%である．ちなみに500万人を超えたのが1960年であり（構成比5.7%），500万人増えるのに20年かかっている．ところが1500万人まで増えるのに10年程度しかかかっておらず，20年後の2000年では2200万人（構成比17.3%）にまで増えている．一方，少子化も急速に進んだ．1960年では15歳未満の子どもが2800

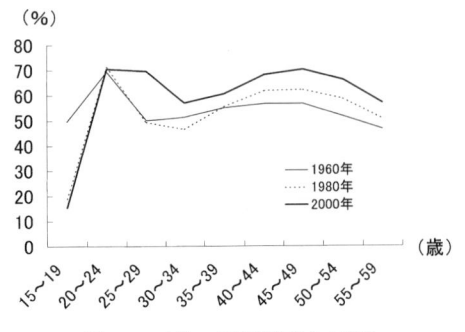

図11.7 女性の年齢別労働力の変化

万人，1980年では2750万人であった．ところがそれ以降，急速に少子化が進み，1997年には子どもの数が高齢者の数を下回り，2000年には1850万人まで減っている．このような変化の結果，子どもと主婦を中心とした核家族型コミュニティが成立しにくくなり，新たなコミュニティ形成が進みつつある．その特徴を次にみよう．

まず1つ目の特徴は，生活を支えるための社会的サービスに対する需要が急増したことである．核家族型コミュニティにおいても，生活を支えるためのさまざまなサービスが必要とされていた．しかし最近になって，要介護高齢者の急増，女性就業率の向上を受け，それまで家庭内で担っていた子育て，介護などが，多くの家庭で担い切れなくなった．そのため子育てについては，主として保育所の整備，介護については各種施設の整備，在宅介護の支援という形でニーズが急増している．

2つ目は，コミュニティの担い手が，主婦だけでなく高齢者に広がったという点である．女性の就業率が向上したため，主婦の数そのものが減少した．それに対して，高齢化の進展とともに，元気な高齢者が増えてきた．定年退職後は比較的時間があり，中には地域活動に生きがいを見出す高齢者も登場してきた．急増する介護需要に対して公的なサービス供給が追いつかない．そのため元気な高齢者が，要介護高齢者へのサービスを担う例が増えている．すなわち核家族型コミュニティとは異なり，コミュニティの担い手が広がっているといえよう．

3つ目は，コミュニティがさまざまなレベルで形成され出したという点である．子どもの減少とともに，子どもを中心としたコミュニティの形成が相対的に弱くなる．それに対して，高齢者の介護を軸に，高齢者自身がコミュニティの形成を始めている．ただし高齢者を対象とした介護には，小学校区のような明確な境界がないため，コミュニティ形成の境界が，地域，内容によってまちまちとなっている．たとえば配食サービスなどは小学校区を越える範囲で取り組まれているが，安否確認などは町内会程度で実施されている．

11.6.3 コミュニティに影響を与える今後の大きな変化

戦後のコミュニティという視点でみれば，核家族型コミュニティを経て，今は新たな段階に入りつつある．今後はその方向性が強まりながら，さらに次の変化を迎えるだろう．

将来人口予測によると，少子化と高齢化は今後も続く．子どもの数は今後も減り続け，2050年には1080万になると予測されている（中位推計，以下同様）．一方，高齢者は増え続け，2013年には3000万人を超え，2050年では3590万人とされている．

このような傾向は今後も続くが，人口全体をみると大きな変化が予想される．一貫して増え続けてきた人口は2006年をピークに減少に転じ（1億2774万人），2050年には1億60万人になると予測されている．すなわち21世紀では，いまだかつて経験したことのない，長期間にわたる人口減少を経験することになる．

コミュニティの形成にも大きな影響を与えるだろう．従来，大半の都市部では人口が増え続けてきた．そのためコミュニティをめぐっては，従来から居住する市民と，新たに転入してきた市民との間に，いわゆる旧住民-新住民間の軋轢が生じていた．ところがこれからは，転出入が沈静化し，そのような軋轢はあまり生じなくなるだろう．その代わり，コミュニティの担い手が全体として減少するようになる．コミュニティを維持していくためには，一定の構成員が必要である．ところが地域によってはそのような構成員の確保が困難になるだろう．

また少子化は今後も続く．14歳以下の子どもをみると，1980年には2750万人，それが2000年には1850万人まで減少している．今後の予測をみると，2016年には1600万人を割り込み，2050年には1080万人まで減少するという．1980年と比べると1/3近くまで減ることになる．今後の学級定員削減等を考慮しても，小学校の統廃合が相当数発生するだろう．日本では，従来から小学校を基礎単位としたコミュニティ形成が図られてきた．ところがその小学校区が大幅に変更されそうである．そのため基礎コミュニティの広域化，コミュニティの統合などが新たな課題としてクローズアップされるだろう．

（日本の将来人口予測については，「国立社会保障・人口問題研究所」のホームページ，http://www.ipss.go.jp を参照）

〔中山　徹〕

12

子どもと住環境

12.1 現代住居と子ども

子どもを取り巻く現代住居の問題について，ここでは概要的に述べることとする．

(1) 子どもたちは家を選べない

子どもと住居の関係を考えるときに，「子どもたちには家を選ぶことができない」ということがきわめて大きな事実として認識する必要がある．そして子どもたちはその家から，その子ども時代，成育過程の中で圧倒的な影響を受ける．いま日本の乳幼児をもつ家庭では小さな居住空間をダイニングセット，ベッドやリビングセットなどの家具によって占められ，わずかな場しか子どもたちが自由に遊ぶことのできる空間はない．子どもたちは「はいはい」を十分にすることもなく，つかまり立ちしてしまう．それは子どもたちの身体的発育にも影響しているといわれている．かつて愛知大学教授であり，帰化ドイツ人のおばあさん，佐野エンネさんは日本の伝統的な民家の空間が，どんなに小さな子どもたちのために大切であるかを強調していた．ドイツ，ヨーロッパの家に比べ，日本の紙と木と畳でできた家が，子どもたちにとって育ちやすく，遊びやすく，安全であるかを自分の体験を通して述べていた[1]．ちゃぶ台は小さな子どもたちがみんないっしょに会話に参加できるすばらしい机なのだと，畳は清潔で柔らかく安全なマットで，縁側は外と内とがいっしょになる，子どもたちにとっては重要な遊びの空間なのだといっていた．

(2) 空間も含めてよい子育ての伝統が失われつつある

いま私たちの生活は戦後50年，駆け足で佐野エンネさんのいう日本のよさのある家からヨーロッパ型の生活のスタイルの住居に変えていってしまった．たしかに高密度で住まなくてはいけない日本の都市住居は，伝統的な住居スタイルでは対応できなくなっていることも事実である．畳や縁側での，のびのびした子育ての伝統を私たちは急速に失いつつある．しかしこの25年間に日本の住宅の75%は建て替えられてしまっている．その多くは快適な住居を目指したものであるはずなのだが，子どもたちにとって必ずしも望ましい方向にいっていないようにみえる．

(3) 縁側のある家がなくなった

筆者の研究室（東京工業大学仙田研究室）で20歳代から5世代20人ずつ合計100人に，子どものころの家の構造，縁側，廊下の位置とそこでの生活行為をヒアリング調査した（1996年）．その結果，縁側や外廊下のある住宅は，この40年ほどで85%から15%へ激減していることがわかった[2]．その代わり，中廊下タイプの住宅が増えている．この縁側の空間は古代から子どもたちにとっても重要な遊びの空間であった．そして『源氏物語』でも明らかなように，大人にとっても対面の場という公式の場だけでなく，恋のような私的な交流の場でもあった．このような縁側空間は内部空間と外部空間の中間領域的な空間として，その存在は平安時代から現代まで受け継がれてきた．昭和期においても交流遊びの空間として機能していたものであるが，この良い伝統がほんの40,50年の間に外部に対して閉鎖的な住空間に変化したのはまったく不幸なことといわなければならない．家を中心とした遊びと交流の空間が失われてしまったのである．

(4) 子どもたちだけの空間の出現

昭和期における庶民の家には子ども部屋というものはほとんどなかったが，家そのものがすべて佐野エンネ流にいえば，子ども用にできていた．ところが子ども部屋がつくられ始め，ほとんどの住宅に子ども専用のスペースがつくられると，大きく2つの傾向がみられるようになった．第1に子ども部屋の

みが子どもたちの自由な空間となり，親たちはその他の部屋で子どもが友達を連れてきて遊ぶのを嫌がるようになった．「自分の部屋で遊びなさい」というわけである．そのことは子ども部屋だけが子どもたちが許される遊び場になってしまったことを示している．第2は，子ども部屋がきわめて自己完結型になっていってしまったことである．着替えも，遊ぶことも，寝ることもすべてが子ども部屋で完結されてしまうような傾向，それはとくに1982年にテレビゲームが発売されて，その傾向は著しくなったように思える．親とも兄弟とも顔を合わせない生活が可能になってしまったのである．これはいまの子どもたちのさまざまな自閉化傾向を促進しているように思える．

(5) 計画集合住宅地の新しい方向

住宅そのものが地域コミュニティについて積極的に参加，あるいは関係していく傾向が現代の住居にはない．家族そのものが地域とかかわらない方向が顕著である．それは女性の社会進出によってさらに加速されているようにみえる．少子化傾向も厳しく兄弟，姉妹も少ない子どもたちは孤立している．孤立し，孤独に陥っている子どもたちを現代の住居は，より自閉化への傾向を進ませているように思える．

そういう意味では，計画された集合住宅地が現代の子どもたちの環境としては望ましいものなのかもしれない．安全で広がりのある空間が内庭や外縁的な空間として用意され，また集合化されていることによって，子どもたちの人口密度もある．自然も適度に残されている場合も多い．しかし集合住宅でも3階建てくらいが子どもたちが住むのにふさわしい階数であろう．超高層住居などは子どもたちをさらに閉じ込めようとする以外の何ものでもない．

多摩ニュータウンでの子どもの遊び環境を調査したところ，一般市街地の子どもたちよりも計画された集合住宅地の方が約3倍も多い遊び空間を所有していた[3]．現代の子どもたちにとっては，計画された集合住宅地の状況はよい傾向といえるだろう．

(6) 快適は子どもたちにとってプラスだろうか

「子どもは風の子」という．冬の寒さの厳しいときでも子どもたちは元気に外で遊んでいたものである．現代そういう元気のよい子にめぐり会うことが少ない．その原因は数多くあるに違いないのだが，その重要なファクターの1つは住居の快適化である．いままで私たちは住居の快適さのみを追求してこなかっただろうか．あまりにも快適な居住空間は人を内にとどめ，外に出ることを疎外していないだろうか．快適さはほどほどでなければならない．地球環境の時代に私たちは子どもが元気に外で遊び，すこやかに育つという点においてもほどほどの快適さを設計しなければならない．

(7) 子どもといっしょに遊ぶ家族が必要

いま，小学校，中学校でも子どものいじめ，不登校，成人病，暴力などさまざまな問題が吹き出している．その大きな部分は，家庭にあると思われる．いま子どもたちは自由に遊ぶ機会を家でも，地域でも，学校でも疎外されている．子どもたちは昔のように家庭がなくても地域社会が育ててきた時代とは異なる．子どもたちは家庭，家族のみがそのよりどころとなっている．親はこのことを理解しなければならない．親が子どもたちともっと時間を過ごすこと，いっしょに遊ぶこと，スポーツをすること，そうすることによって地域と交わり，地域に参加できる．家の重要な機能は子どもを育てることである．そのためには，子どもたちと遊ぶことができる，工作したり，スポーツをしたりすることができる住居でなければならない．

(8) 遊び場としての住居

子ども時代に家でどんな遊びをしましたかというインタビュー調査を1989年に行った[4]．子どもにとって，家は①屋内運動場，②工作場，③劇場，④隠場であったと分類した．このような要素が住宅にますます込められる必要があるのではないだろうか．それは決して住居を遊具のようにつくることを指すのでなく，開放的でどこででも子どもたちにとって遊びやすく，活動しやすい家が望ましいことなのである．

〔仙田　満〕

参考文献

1) 佐野エンネ：日本に住むと日本のくらし，樹心社，1988．
2) 高木真人，小川一人，仙田　満：昭和期住宅の廊の空間における機能に関する研究．日本建築学会計画系論文集，第507号，pp. 95-101, 1998.
3) 仙田　満，他：計画集合住宅地におけるこどものあそび環境に関する研究．日本建築学会第16回地域施設計画研究シンポジウム，pp. 307-316, 1998.
4) 仙田　満：こどものあそび環境，筑摩書房，1984．

12.2　子どもと住居

12.2.1　子どもの健康と住居

(1) 子どもの健康とは

子どもは，健康に育つことが期待されている．健康な状態とは，病気にかかっていないことも1つの

条件であるが，これだけは不十分で，世界保健機関（WHO）の定義では，心身ともに，さらに社会的にも良好な状態にあるとしている．これを，子どもにあてはめた場合，次の3条件がまっとうされる必要があると考える．すなわち，① 個々の子どもの条件に応じて順調な発育発達が認められる，② それぞれの成長段階において可能な生活を支障なく営む，③ その生活によって次の段階の発育発達が促進される，である．

子どもの健康は，子ども自身の要因と養育要因との影響を受けることが知られている．その養育要因の中に，子どもの育つ環境も加えなばならない．さらに，子どもの健康状態は，個人差が大きく，成長段階によって健康状態を示す所見に差異も認められるという特徴もある．

(2) 子どもの生活史と生活環境

まず，出生前の子ども（胎児）は母胎内で育つ．それゆえ，環境因子は母体を通じて影響し，住居の影響も同じことがいえる．今日，99%の出生児にとっては，助産所を含む医療施設が環境因子となり，出生後の数日間はその施設で過ごす．乳幼児期やその後の子どもの基本的な生活の場は家庭であり，家庭の条件に応じて保育所・幼稚園，その後成長に応じた学校などの施設が環境因子として加わる．もちろん，地域という重要な環境はいずれの時期にも存在し，成長につれて，その地域は拡大し複雑になる．ある子どもたちは，家庭で過ごすことができず，児童福祉施設に入所して生活する場合もある（別に述べられる）．

(3) 子どもの健康に影響する環境因子

子どもの健康に影響する因子は，物理学的因子，化学的因子，生物学的因子，さらに心理学的因子があり，これらは住居にも存在する．これらの因子が，子どもにとってよくない方向に作用しないことが望まれるが，同時に，住むことによって健康の保持増進が図られることも期待される．温度，湿度，換気，照度などの建築衛生学的条件を望ましくする配慮が必要であり，その際，子どもの成長段階に適した条件が確保できることは不可欠である．

健康増進は，栄養，休養（睡眠）や運動（遊びに読み換えてもよい）が成長に応じて適切に実践され，より生活リズムが確立できることも必要である．また，発達の促進も育児の重要事項である．これが適切に確立される場が家庭に確保できることが望ましい．これは，何も家が広いこと，部屋数が多いことを意味せず，子どもの成長に応じた整備をする配慮が必要である．たとえば，乳児と思春期とは

異なることを認識し，住環境の整備が家族の責務で，これが育児そのものであることを忘れてはならない．子どもの成長に応じた改造は理想であろうが，むしろ成長に応じた適切な住まい方が必要である．

住居が健康の保持増進の場であると同時に，住居そのものや建材が健康障害の原因にならないようにすることも大切である．有害な建材の除去はいうまでもないが，健康障害を起こさないように生活を注意することが必要で，たとえば清掃の徹底など，衛生管理を家族全体で実践できる住まい方が望まれる．

子どもの事故は，子どもの健康上非常に重要である．第9章に事故や安全に関する記述があるので，ここでは総論的な内容にとどめる．事故の発生は，子どもの発達状態と密接な関係があるが，環境条件も無視できない．発達段階に伴って主な事故の発生場所が変化する．成長に伴い，住居内から庭などの戸外での事故が増え，さらに家庭の外へと拡大する．その意味で事故防止は，子どもが未熟なほど，住宅などの環境整備が不可欠であり，これは家族の責任である．たとえば，階段に滑り止めをつける，階段の降り口に柵を設ける，家具の角に布などで緩衝物を取りつけるなどの工夫をしたい．

(4) 心の健康と住居

今日，子どもの心の健康の重要性が強調されている．快適な住まいは，子どもの情緒の安定をもたらすことはいうまでもない．先に述べた，適切な栄養，休養，遊びの場の確保は，心の健康にも有効であり，さらに心身症などの疾病の発生も防ぐことができる．たとえば，睡眠に影響する住居の条件として，騒音，振動，明るさが挙げられる．睡眠障害をもたらすような条件は積極的に除去し，改善できるように家族は考慮することが必要である．よい睡眠が，子どもに日中の積極的な行動をもたらし，心の安定や発達を促し，健康増進にも役立つ．また，家族そろった団欒の場所が確保されていることは，とくに今日の子どもの精神保健の観点からみて非常に重要である．そこに，食事やテレビなどの娯楽が媒体であってもよいだろう．

近年，子どもに個別の部屋を提供することが望ましいという考えがある．これが子どもの心の健康増進につながるべきで，子どもにとって独立国的，治外法権的な場所であってはならないと思われる．少子時代では，容易に個室を提供できる家庭もあろうが，成長に応じて，家族そろった団欒と個人の生活のバランスを適切に考えられることが大切な住まい

(6) 子どもの疾病と住居

先に述べた建築衛生の条件は，子どもが未熟であるほど，疾病異常の原因になりやすい．たとえば，呼吸器系の疾病には住環境の条件が関与する．暖房方法，換気方法などは，呼吸器系の症状の発生と密接に関係があることはよく知られている．石油ストーブ使用家庭と，電気暖房器具使用家庭における子どもの咳や喘鳴の発生頻度差は，前者に多く認められた．さらに，家族の喫煙が加わると，その発生は明らかに増える．

今日，アレルギー性疾患が問題視されている．住宅が喘息の発生誘因の1つとして指摘され，その中でもとくに，室内に棲息するダニが原因として重要視されている．さらに，ペットを家で飼うことも多くなり，その毛やフケ，アカなどもアレルゲンとして挙げることができる．今日，住宅の気密性が高いためにカビの発生も多く，これも喘息の原因となる．

ダニ，カビの棲息を防ぎ，ペットの毛，フケやアカを除くためにも，徹底した清掃が必要であり，とくにじゅうたん，カーペットの清掃には細心の留意が不可欠である．忘れがちなのは，家具やカーテンを清潔にすることで，単に，電気掃除機ですませないことが多い．アトピー性皮膚炎やアレルギー性疾患の原因に食物だけに気をとられてはならないことを認識したい．　　　　　　　　　　〔髙野　陽〕

12.2.2　家族と住まい

しばらく前までは，家族が居住の単位であると考えられ，「住居は家族生活の器」といわれてきた．では家族とは，どのような関係を指すのかということになると，今日では定義はきわめて困難である．近代家族は「同居，同財，血縁」と定義されてきたが，今日ではこの定義に当てはまらなくても家族意識を共有する人もいるし，この定義に当てはまっても家族意識を共有しない人もいる．収入と支出を共有する単位としての世帯という概念で居住の状態をみると，1人暮らし世帯がもっとも多いが，家族は関係を表す言葉だから，1人暮らしの人を家族の概念に含めることはできない．

家族には，子どもを出産・養育し，それを通じて親も人格的に成長するという機能と，精神的な安定を含む毎日の健康な生活を営むという機能と，家財を保全するという機能がある．今日家族意識を共有する関係には，子どもを出産しない場合も，1人親の場合も，祖父母を含む場合も，血縁のない複数の大人の場合もある．いずれの場合も人格的かかわりによる成長はある．

住宅計画のうえでは，複数の人間のかかわりを良好にとるためにコミュニケーションとプライバシーを考慮する必要がある．子どもの性別や年齢によって，プライバシーに対する考慮の程度には違いがある．

住宅政策では，家族構成や子どもの年齢を考慮して，最低居住水準と誘導居住水準の中で個室の数や広さを示している．寝室について最低居住水準では，①夫婦の独立寝室を確保，満5歳以下の子ども1人までは同室，②満6歳以上17歳以下の子どもは夫婦と別寝室，1室2人まで，満12歳以上の子どもは性別就寝，③成人は個室，と規定している．誘導居住水準では，①夫婦の独立寝室を確保，満3歳以下の子ども1人までは同室，②満4歳以上11歳以下の子どもは夫婦と別寝室，1室2人まで，③満12歳以上の子どもは個室，と規定している．

家族観の違いが住宅計画に違いを生み出すことを，個性的な例を挙げてみてみる．

図12.1の住宅は，家族を自立した個人の集まりと捉えている．この住宅を設計した山本理顕は，「これまでの住宅のプランは，家族を住宅単位と考え，さらに社会⇔家族⇔個人という図式に対応するように空間を配列したものだった．しかし，これでは現実の生活とはずれが生じてしまう．個人という住宅単位をベースに，社会⇔個人⇔家族といった空間の配列を行ったプランが求められている」と語っている[1]．

この住宅の外部（社会）との接点は個室である．家族の共同の行為は何だろうか．どの空間で行われるのだろうか．どの空間を使うとしても，共同の行為は一度外部空間を通過して行われる．もっともプライバシーを必要とする排泄，入浴，洗面も個室から離されている．不便ではないのだろうか．

全く逆の考え方をしているのが，図12.2の住宅である．家族が住まいの中で可能な限り出会うように考えている．この住宅を設計した山本厚生は，住まい手と話し合って設計した経過を次のように語っている．

「ここでは勉強も着替えも，家族皆が一緒の部屋ですることになっている．勉強は，必ずしも1人で閉じ込もってするのがよいとはいえない，と打合せの中でも話し合った．時には，熱心に勉強に励む雰囲気を皆でつくることによって，いっそう身が入り，効果も上がる．また，皆が着替えを更衣室です

12.2 子どもと住居

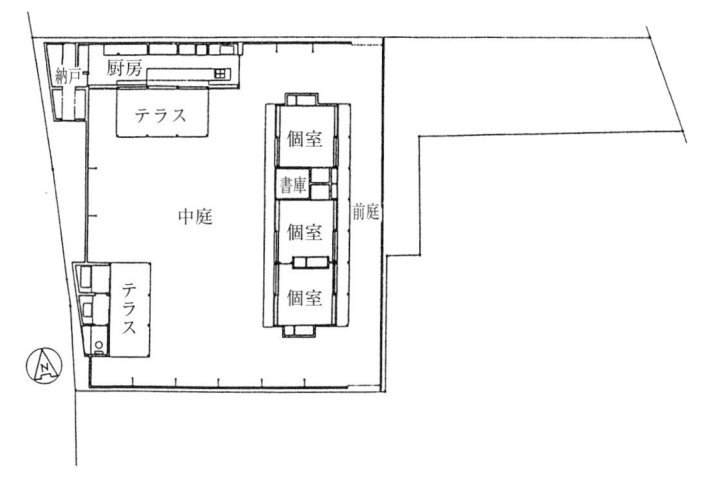

図12.1 岡山の家（設計：山本理顕）

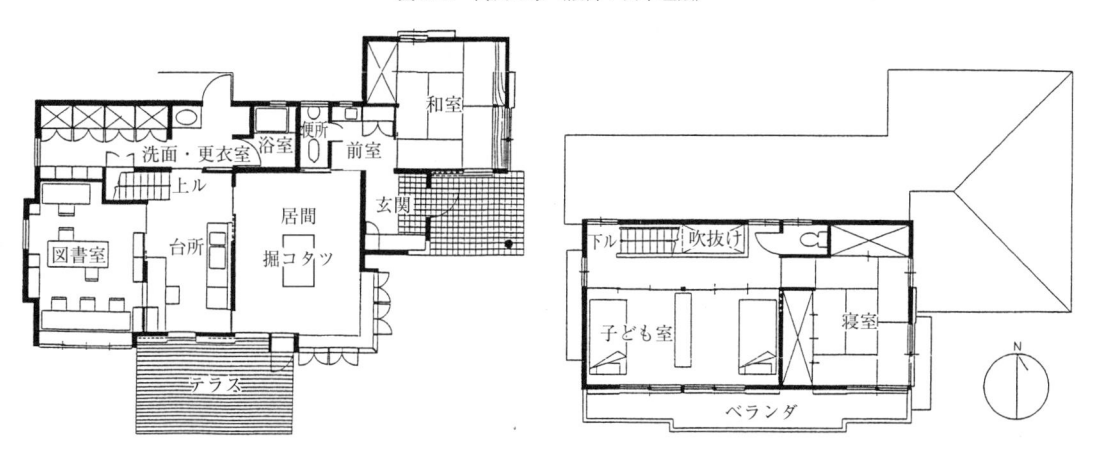

図12.2 E邸（設計：山本厚生）

ることは，毎日の洗濯で回転する下着なども各室にばらまかないで済み，衣類の管理もしやすい．それに，着替えの折りの触れ合いで，整理や清潔のしつけをしたり，健康な成長を確かめたりすることが自然にできていく．ここでは台所を南の中心に置いた．そこに家中のすべての動線が交差している．家族の生活が，あたかも夫人を心棒にして皆が囲んでいるように，住まいも，台所を中心に東の居間，西の図書室，北の更衣室，そして2階の寝室へと広がっている」[2]．

この住宅が設計されたとき子どもは小学生であったが，思春期においても図書室は活用されたであろうか．更衣室は時間差で使っているのではないだろうか．子どもの行為が常に母親の視野の中にあることに，子ども自身はどのように感じていただろうか．

家族の間でどの行為を共同の行為と考えるのかによって，住宅計画は違ってくることがわかる．

高齢者とともに住む場合は，日常生活活動能力によって援助の程度を決める必要がある．高齢者自身が精神的・生活的に自立できるような援助をしていくことができる住宅のあり方が求められる．

家庭経済の事情によっては，望むような住宅に住むことができない場合もある．プライバシーが保障されない場合，家族の間にストレスが生じることもある．家具やカーテンで間仕切りするなどの当座の対策だけではのり切れない．家族と住まいが不調和のために社会全体でみてマイナスが生じていることを考えて，住宅政策によるサポートが必要である．

〔田中恒子〕

参考文献

1) 家族像の変化を予見し"逆転プラン"に取り組む—山本理顕氏の近作に見られるユニークな発想法—．日経アー

キテクチュア, No.466, pp.172-177, 1993.
2) 山本厚生：育みの住い論―人々と，かかわり―. ガラス GA, No.302, pp.9-12, 1983.

12.2.3 子ども部屋

はじめから子ども用にしつらえた部屋という意味の子ども部屋が住居プランに登場するのは，大正時代からのようである．当時考案された中廊下型住宅や居間中心型住宅に児童室，子ども室などの名称で設けられることがあった[1]．しかしそれがそのまま普及したわけではない．家父長権に基づいた旧民法のもとでは，子どもの居場所を家の中に確保するという民主的な思想はそれほど簡単には市民一般のものとはならなかったのであろう．それ以前からの，部屋数に余裕があれば座敷のいずれかを子ども部屋にあてるというやり方（たとえば森鷗外の妹，小金井喜美子が書いた文章に「…勉強部屋になっている四畳をそっと覗くと，…」という表現がある[2]）がずっと続いたのである．そして第2次世界大戦後，アメリカの家族空間をモデルとして個室を子どもに与えることが望ましいとされたが[3]，今度は住宅難がそれを許さなかった．

しかし1960年代半ばになって，住宅産業が子ども部屋を付加価値にして住宅供給を始め，子ども部屋が急速に普及することとなる[4]．その背景には，1968年の住宅統計調査で全国的には住宅数が世帯数を上回ったことを踏まえ，第2期住宅建設5箇年計画（1971～1975年）において1人1室規模の住宅建設を目標としたこともあずかっている．ところが1970年代後半になって，個室に閉じ込もる家庭内暴力児が社会問題となり，個室が子どもをだめにするとまでいわれるようになった[5]．

しかし，個室や子ども部屋が非行や犯罪の現場となったり，家庭内暴力児や登校拒否児の閉じ込もりの場となったりすることはあっても，個室が原因で家庭内暴力や登校拒否，非行になることは検証されていない．登校拒否と個室への閉じ込もりの関係でいえば，登校拒否になると閉じ込もる場合があるのであって，閉じ込もるから登校拒否になったのではない[6]．そういう意味で，健全育成のために子どもに部屋を与えるべきであるという主張[7]は間違ってはいなかった．ただ，与えられた個室に子どもが込もってしまうために，家族の間のコミュニケーションが不足するという問題が生じないわけではない．したがって，他方では，子ども部屋によって抽象的な心の持ち主が育ってしまうのではないかという，今和次郎（1888-1973）の心配[8]はあながち杞憂であったとはいい切れないのである．そういうこともあってこのごろは，幼い間は大部屋とし，年齢が上がるにつれて個室化するやり方や，子どもの占有空間は最小限にして，家族で共有する空間を居間とは別に設けるやり方，居間と動線的なつながりをもたせる工夫などが試みられている[9]．

こうして，開放的な座敷を子ども部屋として使うものから壁とドアで仕切られた個室の子ども部屋まで，さまざまなタイプの子ども部屋がある．また，住宅事情によっては敷地内に建てられたプレハブの子ども部屋や，借家の子ども部屋といったものも登場している[10]．しかし問題は，個室のある家族空間での子どもの育て方のノウハウなしに個室の子ども部屋が普及してきてしまったことであろう．もともと家の中でも群れをなして暮らすのが私たち日本人の暮らし方であった[11]．そういう家族空間で子どもはしつけられ，成長発達してきたのである．個室のある生活になれば当然子どもの育て方は家族のコミュニケーションの図り方ともども変わってこなければならない．

では，どう変わればよいのか．その手がかりは日本人にとっての自立とは何かであり，それを住空間の問題として捉えたのがテリトリー形成能力の発達である[12]．テリトリー形成能力とは，自己と人間関係，あるいはものとの関係を空間的に統合する能力で，乳幼児期には親（庇護してくれる存在）に依存しながら，行動力の発達につれて自己の周辺から始まり，しだいに社会的な環境にまでテリトリーを広げていき，園や学校でのテリトリー形成の体験を経て，やがて家庭の庇護を離れて自立的にテリトリー形成ができるようになっていく．

そもそも登校拒否は個室への閉じ込もり以前に家への閉じ込もりであり，学校に自分の居場所（テリトリー）を見出すことができない状態にあるということである．閉じ込もることによって自分のテリトリーを確認しなければならない精神状態に陥っているということである．このことは，1998年度から文部省（当時）の学校基本調査における「学校ぎらい」が「不登校」に改められて以来，「登校拒否」に代わって広く使われるようになった，より包括的な「不登校」においても本質的に変わりはない．

このように，登校拒否児あるいは不登校児の閉じ込もり行為は，家族空間のテリトリーとしての側面を改めて私たちに気づかせてくれる．家はそこに住む家族の生活の拠点となるテリトリーであり，子ども部屋は家の中の子どものテリトリーなのである．子ども部屋が居間に限らず住まいの他の家族空間と

のかかわり（位置関係や広さのバランスなど）において考えられねばならないのは，そのような意味においてである．

したがって子ども部屋はその家族の暮らしぶりに従う一方で，子どものテリトリー形成能力の発達機序にも従う必要がある．その子どもがどのようなテリトリー形成能力の発達段階にあり，どのようなテリトリー形成を求めているのかによって，子ども部屋のあり方は当然変わってくる．また，その子どもをどう育ててきたか，その子どもがどう育ってきたかによっても選択されなければならない．

また子ども部屋がテリトリーであるということは，その使い方にその子どもの性格や精神状態，またその家の家族の人間関係，ひいては力動が現れるということである．現れるばかりでなく，子ども部屋の使い方，子どもの居場所の与え方によって家族関係を修正したり，子どもの内面に働きかけ，発達を促す契機とすることもできるのである[13]．

〔外山知徳〕

参 考 文 献

1) 太田博太郎編：住宅近代史，pp. 109-139，雄山閣，1969（現代のエスプリ，No. 210，pp. 28-41，1985に所収）．
2) 山崎正和：鷗外—闘う家長—，p. 219，新潮社，1980．
3) 久保喜勇：住居学について．現代のエスプリ，No. 210，pp. 48-58，1985．
4) 外山知徳：概説・子ども部屋をめぐる問題，子ども部屋．現代のエスプリ，No. 210，pp. 8-17，1985．
5) 松田妙子：住まいが人をつくる．現代のエスプリ，No. 210，pp. 89-93，1985．
6) 外山知徳：住まいの家族学，pp. 9-26，丸善，1985．
7) 小川信子・一番ヶ瀬康子：子どもと住居，子ども部屋．現代のエスプリ，No. 210，pp. 65-73，1985．
8) 今和次郎：子ども部屋不要論．住居論，今和次郎集，第4巻，pp. 208-214，ドメス出版，1971．
9) 子供を救う子供部屋のつくり方．AERA，**50**：6-10，1997．
10) 中島明子：子どもの居場所空間を考える．教育，**560**：61-66，1993．
11) 中根千枝：適応の条件，p. 101，講談社，1972．
12) 自立の発達の観点からの調査研究として，北浦かほる：子供の個室保有が自立の発達と家族生活に及ぼす影響(1), (2)，住宅総合研究財団，1989, 1995；北浦かほる：世界の子ども部屋—子どもの自立と空間の役割—，井上書院，2004がある．テリトリー形成能力の発達については，渡辺光雄，高阪謙次編：新・住居学，pp. 102-106，ミネルヴァ書房，1989．
13) 外山知徳：錯綜するシンボリズム．室内記号学，pp. 65-80，INAX出版，1992．

12.2.4 集合住宅と幼児期の子ども
(1) 住宅の集合化・高層化の進行

この2, 30年の間に，集合住宅の占める割合は顕著に伸びている．いまでは，生まれたときから集合住宅に居住し，1戸建て住宅に居住経験をもたない人々も明らかに増加している．近年日本では，人口の都市への集中，核家族化，また技術の進歩に伴い，いちだんと住宅の集合・高層化が顕著となった．住宅統計調査によると，この30年間に，共同住宅の占める割合は一貫して拡大を続け，現在では3分の1以上が共同住宅に居住している．大都市についてみてみると，1998年には東京特別区で7割近くに，大阪では6割以上，名古屋で5割以上と，共同住宅の占める割合がとくに都市部で高いことが理解できる．

また，30年前には2階建て以下の占める割合が圧倒的であり，高層住宅といわれる6階建て以上はほとんどなかったのが，現在では高い伸びを示し，とくに大都市では6階建て以上の住宅の増加率が著しく，高層住宅は一般的な住まいとなりつつある．さらに昨今では，20階を超す超高層住宅が，都心部ばかりでなく郊外の住宅団地にも建設されており，1つの住宅形式として位置づけられるようになってきた．

いまや，集合住宅は一般的な住まいとなり，高層住宅も特殊な住宅ではなく，だれもが普通に住みうる住宅であり，これらの住環境が人間に，とくに環境の影響を受けやすい子どもの生活や発達にどのような影響を与えているかについて，さまざまな視点から研究が進められている．

(2) 集合住宅と子どもの生活

集まって住むことを積極的に捉えることができれば，集合住宅には，一般的に同じような世帯が集まって住んでいるので，育児に関する情報が得やすく，困ったときに助け合える相互扶助のネットワークができやすいという利点がある．

しかし，集合住宅に居住する幼児や低学年の学童をもつ家庭では，壁や床を共有しているために，子どもの出す音が隣家や下階の家に迷惑をかけていないかと非常に気にしている場合が多い．子どもは，跳んだり，走ったり，ときには友達と相撲をするなど，一見あたりまえのことのような行動に，母親は敏感に反応し，子どもたちの行動を厳しく規制する傾向がみられる．それでも，隣近所との交流がうまくいっている場合は，「おたがいさま」といった相互の了解がストレスを緩和させてくれるが，そうでないケースにおいては，母親による厳しすぎる行動

規制は，母子間の大きなストレスの原因になってくる．

また，昨今の高級マンションでは，オートロックシステムの完備，宅配便の取次やベビーシッター，家政婦の斡旋などの付帯サービスを受けられるところも多く，従来は隣近所の相互扶助で成り立ってきたものが，まったくお隣を知らずとも生活できるようになっており，それを好む人も増えている．しかし，近隣の人々による自然な監視が，危険に遭遇した子どもを助ける場合が少なくない．

(3) 子どもの生活環境としての高層住宅の問題

従来の研究によると，低・中層住宅では3歳ともなると，友達を求めて屋外に遊びに出かけていくなど，母親から離れて自立行動の範囲を広げている[1]．これに比べ，高層住宅に居住する幼児は，1人で屋外まで遊びに出かけて行きにくく，それだけ屋外で遊ぶ時間や頻度が少なくなる[2]．さらに，超高層住宅では，高層住宅よりも1人で屋外まで出て行けない子どもの割合は高まることが観察されている[3]．

一方，高層階居住であっても，1人で自由に外遊びに出している場合もみられる．この場合は逆に，子どもがどこで，だれと何をして遊んでいるのかなど，親は子どもの行動を認知していないことが多い．これは，高層階ほど，屋外で遊ぶ子どもの姿を眺めたり，声を交わしたりすることがむずかしくなることや，容易に子どもの様子をみに行くことができないことが関係している[3]．

成長期にある幼児の自立の形成に対する1つの阻害要因として，高層住宅という生活環境の問題を捉えてみると，アクセス，母親の意識，コミュニティの問題が挙げられる[5,6]．

第1に，アクセスの問題として，住棟が巨大化すればするほど家と屋外というように単純に捉えられず，その間には住棟内の廊下，階段，エレベーター，エレベーターホール，共用玄関，ホール，住棟まわりなど多用な共用空間が存在し，それらは大人にとって単なる通路としての機能でしかないものが，子どもたちにとっては生活の場ともなりうるとともに，行動を規制する物理的な障壁にもなっている．たとえば，高層階になるほど，エレベーターに依存することになる．エレベーターに1人で乗れる幼児の割合は，4歳でも5割に達していない．また，オートロック管理が多くなっているが，この操作はエレベーターよりも，幼い子どもにとってむずかしく[3]，子どもの行動を規制している（図12.3）．

次に，母親の意識の問題として，母親が住まいの環境に対して不満や不安を感じている場合には，そ

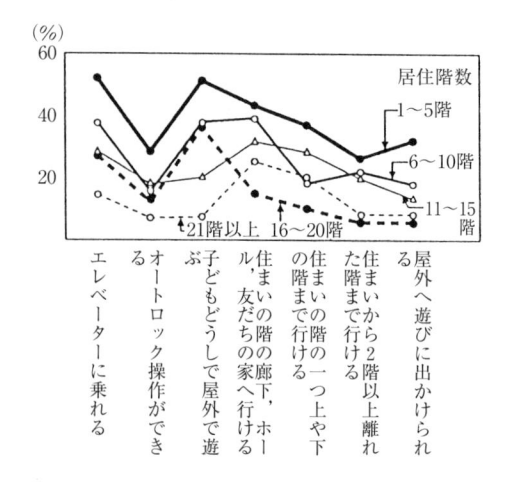

図12.3 幼児（3～4歳）の行動達成率

の意識が子どもの行動に反映してくる[6,7]．たとえば，高密度居住で犯罪の危険性を感じる親は，1人で遊びに出すことを心配し，子どもは親の付添いなしには外に出られなくなる．超高層住宅では，エレベーターに対する危険性や匿名性の高さなどに不安を感じるため，子どもの行動を規制していることが少なくない．

さらに，コミュニティの問題として，都心立地の超高層住宅には，単身者，子どものいない若年夫婦，熟年世帯などにターゲットを絞って開発されたものも多くみられ，これまで子どもを核としたコミュニティ形成のあり方がくずれてきている．1住棟の中に幼児および低学年の子どもをもつ世帯は多階に散在し，とくに高層階には少ない傾向である．子どもが自立的に行動するには，友だちの誘いかけも大きな要因であり，中高層住宅では，階段を使用しながら他階の友だち宅に遊びに出かける幼児もかなりみられるが[2]，超高層では住棟内垂直方向の移動の困難さに加えて，子どものいる世帯の少なさとその散在性が，子どもの自発的な行動を抑制している．

(4) 子育て支援と共用空間

昨今，働く母親の増加，ライフスタイルの変化，少子化などの社会環境の変化の中で，女性が安心して子どもを生み，育てることができるような環境整備が叫ばれ，子育てを支援する集合住宅が注目されている．子育てのための共用スペースを設けた集合住宅がみられるようになった．このような集合住宅には，おのずと同世代の子どもをもつ世帯が多く，共用スペースの利用を通して，母親はさまざまな情報を得ることが可能となり，子どもたちは多くの他者と触れ合う機会をもつことができる．

とくに高層住宅においては，共用空間の適切な計画が望まれる．そこで，低層階に幼児や低学年の子どもをもつ世帯が居住しやすいように，低層階部分や住棟まわりの共用空間を子どもや居住者のコミュニティのスペースとして配慮して計画することができれば，子どもをもつ世帯が低層階に積極的に住むことになり，これまで高層住宅の問題となっていた，外出の困難も多少緩和され，子どもどうしの触れ合いや，親どうしの情報交換の機会も増えることが期待できる．　　　　　　　　〔定行まり子〕

参考文献

1) 谷口汎邦，定行まり子，森保洋之：住宅地における幼児の自立生活空間領域について—幼児の生活空間計画に関する研究（その2）—．日本建築学会学術講演梗概集，pp. 1309-1310, 1982.
2) 谷口汎邦，定行まり子：高層住宅における幼児の自立行動の発達特性—都市集合住宅における幼児の生活空間計画に関する研究（その2）—．日本建築学会論文報告集，No. 385, pp. 25-32, 1988.
3) 住宅・都市整備公団：超高層住宅の今後の展開に関する研究（その1）．超高層住宅居住実態調査報告書，p. 98, 1988.
4) 谷口汎邦，定行まり子：高層住宅の物的条件と居住者（母親）の意識からみた居住環境の特性—都市集合住宅における幼児の生活空間計画に関する研究（その1）—．日本建築学会論文報告集，No. 379, pp. 39-49, 1987.
5) 定行まり子：幼児の生活環境としての高層住宅—幼児の自立行動に着目して—．住宅，**40**：21-26, 1991.
6) 谷口汎邦，定行まり子：高層住宅に居住する幼児の自立行動を規定する環境要因の抽出—都市集合住宅における幼児の生活空間計画に関する研究（その3）—．日本建築学会論文報告集，No. 397, pp. 20-26, 1989.
7) 定行まり子，谷口汎邦：高層住棟の監視性・防犯性と幼児の行動について—住宅地における幼児の生活空間計画に関する研究（その12）—．日本建築学会学術講演梗概集，pp. 197-198, 1991.

12.3　子どもと地域・コミュニティ

(1)　地域における子育ての知恵

子どもの生活は，ほとんど地域，コミュニティ（以下，地域という）で展開され，地域は発達の主要な場である．子どもとの関連では地域の範囲は小学校区とされることが多い．小学校区は都市計画では主として住宅地の計画単位として位置づけられており，近隣住区（1km四方，人口8000～10000人）にあたる．地域は歴史や文化を引き継ぐ日常生活や人が人として発達し生命の継承を行う重要な場で，生活共同や自治の基礎的な単位として機能してきた．後継者を育てることが地域の重要な責務であった時代は，日々の地域生活の営みの中に子どもの発達を支える「子育ての知恵」を受け継いできた．子どもの発達の節ごとの祝いや祭りは親族内に限らず，地域の中で祝われたので，子どもは自分の存在と成長を地域の中で自覚できた．また，子ども組など地域には子どもの独自世界も保障されていた．さらに，地域住民は明治時代の学校教育制度の導入時には，小学校の建設と運営になみなみならぬ努力と愛着を示した．地域は学校という子育ての核をもつことで，それを中心にした新たな地域の連帯と生活圏を形成し，それは今日の地域へと継承されてきた．一方，地域の中の「子育ての知恵」は，学校のような明確な評価を得ないまま，習慣や風習として何となく残ってきた．

(2)　子育ての知恵喪失の重大さ

しかし，高度経済成長期以後の大量消費生活様式への変化と地域開発・再開発による地域空間の激変によって，生活の共同性や連帯，地域の自治力が希薄になった．同時に，何となく残っていた「子育ての知恵」も地域崩壊の過程で無自覚のうちに貧困化してしまったのである．現代社会はいままでの地域子育て力・知恵の喪失の重大さに気づくとともに，新たな子育ての問題に直面する中で，子どもの生活圏の重要性や再生が叫ばれるようになった．

(3)　地域子育て支援を

ようやく政府レベルでの社会的子育て支援策，自治体による児童健全育成計画の策定などの取組みが始まった．それは，女性の労働参加支援施策が不十分な中で少子化が深刻化したこと，また高齢化率の増大とともに女性労働の必要性が高まり，母親だけに子育てを依存できなくなったという背景もある．一方，従来の地域子育て力に代わって前進した点をみれば，児童相談所，児童館，児童図書館，養護施設，保育所，幼稚園など子どものための専門機関が存在し，さらに地域には子育ての要求に基づいた自主的な子育て組織と活動が生まれていることである．これら子育て組織のそれぞれの活動とともに，ネットワーク化を進めれば，子どもたちの発達環境や施策がいっそう豊かになり，地域教育力の新たな再生と創造の可能性が増大するだろう．地域での子育てのさまざまな実践の花が競い咲くような支援策が望まれる．

(4)　地域子育て力とは

地域の子育て力は，地域空間資源，地域人的資源，子ども自身の中に存在し，社会はその力が発揮される条件を整える必要がある．以下，それぞれど

のようなものであればよいかについてみてみよう．

1）地域空間資源　地域空間資源そのものが豊かであることはもちろんのこと，それを子どもが主体的に探索したり，創造的にかかわれる自由が保障されていることなどが条件である．子ども専用施設だけでなく，里山，川，池などの自然空間，田んぼや畑などの農業空間，家のまわりや店先などの近隣空間，寺・神社，学校などの公的空間など至るところを遊び場にできる条件があり，それが地域に許容され見守られていることが必要である．地域空間が地域住民に自分たちの空間として意識され，町づくりが主体的に取り組まれている地域は，子どもを育てる力も大きい．

2）地域人的資源　地域の人的資源の子育て力とは，子どもの専門機関が有する人的資源から，暮らしの中の人間関係やその中でつくり出してきた生活文化などの教育力も含まれる．子どもの成長を祝う行事や祭り，また，地域の維持・管理などに関する仕事に子どもの役割や出番があるなど，子どもたちが豊かな生活者になっていく基盤が用意されていることが大切である．魚屋のおばちゃんから元気かと声をかけられたり，いたずらして肉屋の店先から怒声がとんでくることもある．住居と職場の分離が進む前は，子どもたちは下の子の面倒をみること，家業や家事の手伝いをし，地域の大人の労働にも日常的に直に接していた．こうした日常の触れ合いの中で，労働の厳しさや社会の矛盾を直接体験することができ，目当てになる年上世代や大人に接する機会をもてた．地域の中で自分の存在が認められる体験ができれば，子どもは生きる意欲，生きる方向性をつかむことができる．地域の人間的絆が子どもを育てる．人々が自然に集まれる場づくりが大切である．地域の暮らし方を考え直し，大人と子どもの関係を豊かに築き直したいものである．

3）地域における子ども自身の発達力　これは，子ども集団のもつ力である．子どもは放っておいても遊ぶし，育つという楽天的な発想ではのり切れない深刻な発達上の疎外状況が生じている．現在の子どもたちは1人かせいぜい2人くらいで遊び，多くの友だちや近隣の異年齢集団で遊ぶことがほとんどない．子どもの発達は仲間との遊びにかかっており，地域の異年齢など，近隣の友だち集団で遊べるような生活と居場所を作り出さなければならない．

(5) 地域子育て力の創造

地縁的コミュニティのもっていた教育力の再生を図るには，封建的な要素を残した地縁をそのままの状態にしておくことではない．さまざまな人間としての自由な権利を保障したうえで出てくる，責任をもった自由な人間関係の中での新しいコミュニティの再生である．今日の地域，コミュニティがよりよく子どもを育てる場になるかどうかは，大人が地域の主権者として自治の力を取り戻し，子ども（子ども集団）が主人公として復活する取組みにかかっている．

〔室崎生子〕

12.4　子どもの福祉空間──児童福祉施設──

敗戦後，まちに戦災孤児があふれ，乳児のミルクにこと欠くなど，子どもが育つ，いや生きる環境すらおぼつかない社会の混乱を背景に，1947年12月，18歳に満たない児童を対象とする児童福祉法が成立した．その施策体系は，①要保護児童，②障害児，③保育，④児童健全育成，⑤母子家庭，⑥母子保健から成り立っている．

それから50年を経て，豊かになったかにみえる日本は，1998年4月に改正児童福祉法をスタートさせた．具体的には，施設福祉，地域福祉などに対する社会的取組みの変化や現状を踏まえ，①養護施設，教護院などの要保護児童，②保育所などの保育，③母子寮，児童扶養手当て，母子福祉貸付金などの母子家庭の3つの施策を中心に見直しており，現在児童福祉にかかわる施設は，14種（表12.1）に改正された．

それらは，乳児院，児童養護施設，精神薄弱児施設，肢体不自由児療護施設，児童自立支援施設，母子生活支援施設などの居住施設，子どもが1日の大半を過ごす保育所や知的障害児通園施設のような準居住施設，児童厚生施設，児童家庭支援センターのように，地域で暮らす児童や母子の生活を支えるその他の施設に大別される．

(1) 居住施設

居住施設は，親との死別や離別，心身に障害をもつなど，中でも重い問題を抱える児童が対象である．社会の基礎的単位である家族による養育を奪われている児童に対し，代替的な機能を果たす，また心身に障害をもつ児童の発達や自立を目指し，生活をともにしながら日常的に援助するなど，住まいとしての機能が要求される施設であり，次の点を考慮，あるいは確保し，居住施設にしていくことが必要となろう．

①大規模な施設での生活は，一人ひとりの児童の多様な要求や願望などに対する配慮が行き届かない．家族や近隣の人々との人間的なかかわりや児童

の心身の発達に応じた支援を，家庭に代わって保障する場とするには，これらの施設をより家庭に近い，しかも地域にも溶け込む可能性が高いグループホームのような小規模施設にすること．

②乳児院にいる乳児は，1歳以上になると児童養護施設へ，身体不自由児療護施設にいる児童は，18歳を超えると身体障害者療護施設へと，生活の場を移すことになっている．生活の依存度の高い乳児や障害をもつ児童にとり，環境の変化が心身に与える影響は大きい．施設間の継続性を保つことができる体系化を図ること．

③児童自立支援施設や児童養護施設（虚弱児施設を含む）の場合，改正された最低施設基準では，児童の居室は「1室15人以下，1人当たり3.3 m^{2}以上，児童の年齢に応じ男女別にする」となっている．

国の第6期住宅建設計画法（第7期（1996～2000年）では，各居住室ごとの詳細な規定を簡略化しているためここでは使用しない）にある寝室の最低居住水準では，「満6歳以上17歳以下の子どもは，夫婦と別の寝室を確保，1室2人まで，満12歳以上の子どもは性別就寝，副寝室の規模は7.5 m^2」とある．一般家庭では，実際に2人部屋となるのは同性の兄弟・姉妹の場合で，それ以外の6歳以上の児童は個室をもつことになる．一方，個室のほしい年齢で居住施設に暮らす児童は，この基準すら満たされず，しかも机や私物を置くスペースさえ十分にはない．プライバシーを確保し，自分の場をもつことは，その児童にとって自分らしさを表出し，暮らしの場に愛着をもつ，生活に対する自立意欲や積極性をもつなどに通じる．一定年齢以上の児童には，一般家庭にある児童と等しく，最低個室を確保すること．

また，改正最低施設基準では，「調理室，浴室，男女別便所，医務室，30人以上入所にあっては静養室を設けること」とあるが，食堂や洗濯室，娯楽室，尋ねてきた縁者の宿泊室などは，現状では含まれていない．実際の施設生活に最低限必要な諸室や設備を確保し，マイナスイメージの入所ではなく，入居する場としていくこと．

④施設では，決められた生活時間に従い，ものや金銭の管理などは，規則上みずからできない場合が多い．時間，もの，金銭などに関する規則を年齢に応じて緩やかにし，自由度を高め，自己決定や自己責任をもって行動する状態を，児童に保障すること．

⑤施設は，高騰する土地取得費や地域住民の理解を得られないことなどにより，人里離れている場合が多い．施設で生活する児童が，多様な経験をし，健全に育つよう，地域住民との交流の機会を増やすこと．

(2) 準居住施設——保育所——

改正前，保育に欠ける児童に対する保育義務は市町村にある，という措置制度をとっていた．しかし，今後も市町村は保護者から申し出を受け，同様の義務をもつものの，親による利用選択制を導入している．このことは，各保育所が多様に特徴を競い，さらに公立と私立，無認可保育所などの間に，同じ土俵での競争が活発化するであろう．そして，いずれは公立保育所の民間化が進み，保育所を福祉施設から外す方向をたどる不安がある．

一方，文部科学省管轄の教育施設である幼稚園との関係もある．少子化のなか，2歳児を対象に親といっしょの保育をする，英語や習字，自然体験などを取り入れる，子育て支援を盛り込むなど，幼稚園は生き残りをかけて工夫をし，多様化している．親の選ぶ厳しい目は，送り迎えのバスと給食があり，長時間過ごせることに向かい，終園後あずかり保育を行う園もある．その場合，幼稚園での生活は長時間化するが，保育園のように昼寝の場はなく，また子どもが残されたと感じるなど，マイナス面もある．

就学前の子どもにとって，管轄は異なっていても，幼稚園も保育所も，仲間と生活をともにする場である．少子化時代の現在，親の仕事や収入がどうあろうと，どの子も保育に欠けていると考え，幼稚園，保育所のあり方を考える必要があろう．さらに，障害をもつ児童との共生を原則とし，いかなる児童も保育に欠ける状態におかない，という社会福祉の原理を確認したい．

(3) その他——児童厚生施設——

「遊びは発達の土地を耕し，勉強は発達の種をまく」といわれる．遊び仲間や時間の減少，遊び道具や遊具の人工化，費用の増大化など，遊び環境が大きく変化し，子ども時代を失っているかにみえる児童にとって，厚生施設の役割は大きい．

学童保育を含む児童館は，主に小学生が放課後過ごす生活の場である．今回の改正にはない市町村への設置義務を今後は盛り込み，さらに児童にとって生活の場になるよう，遊戯室や静養室，居間のような生活室などを，最低基準に入れる必要があろう．また児童厚生施設は，児童の生活や発達段階に合わせ，しかも児童が遊具の選択や管理運営に意見を述べ，参加することを通し，「親も育つ，子どもも育

表12.1 児童福祉施設の種類と最低施設基準（文献1より作成）

A. 乳児院（目的：乳児（2歳未満の幼児を含む）を入院させて，これを養育すること）
  10人以上 寝室と観察室（各々1.65 m² 以上/人），診察室，病室，ほふく室，調理室，浴室，便所
  10人未満 乳児養育専用室（9.91 m² 以上/室，1.65 m² 以上/人）

A. 母子生活支援施設（目的：配偶者のない女子，またはこれに準ずる事情にある女子，およびその者の監護すべき児童を入所させて，これらの者を保護するとともに，これらの者の自立の促進のためにその生活を支援すること）
  母子室（1室以上/世帯，3.3 m² 以上/人），集会・学習等の室，調理場，便所，浴室（付近に公衆浴場があるとき不要），保育所に準じる設備（乳幼児が入所している場合で，付近に保育所，児童厚生施設が利用できないとき），静養室（乳幼児30人未満入所の場合），医務室と静養室（乳幼児30人以上入所の場合）

A. 児童養護施設（目的：乳児を除いて，保護者のない児童，虐待されている児童その他環境上養護を要する児童を入所させて，これを養護し，併せてその自立を支援すること）
  居室（1室15人以下，3.3 m² 以上/人，児童の年齢に応じ男女別），調理室，浴室，便所（男子用と女子用），医務室および静養室（30人以上入所の場合）（除自閉症児施設）

A. 知的障害児施設（目的：知的障害のある児童を入所させて，これを保護するとともに，独立自活に必要な知識技能を与えること）
  居室（1室15人以下，3.3 m² 以上/人，年齢に応じ男女別），調理室，浴室，便所（男子用と女子用），静養室（必置），医務室（30人以上入所の場合）
  第1種自閉症児施設（病院収容必要なもの対象）の場合は，医療法に規定する病院として必要な設備と観察室，静養室，訓練室および浴室
  第2種自閉症児施設（病院収容不要だが入所は必要なもの対象）の場合は，居室（1室15人以下，3.3 m² 以上/人，児童の年齢に応じ男女別），調理室，浴室，便所（男子用と女子用），医務室および静養室（必置）

A. 重症心身障害児施設（目的：重度の知的障害および重度の肢体不自由が重複している児童を入所させて，これを保護するとともに，治療および日常生活の指導をすること）
  医療法に規定する病院に必要な設備，観察室，訓練室，看護婦詰所，浴室

A. 児童自立支援施設（目的：不良行為をなし，またはなすおそれのある児童および家庭環境その他の環境上の理由により生活指導等を要する児童を入所させ，または保護者の下から通わせて，個々の児童の状況に応じて必要な指導を行い，その自立を支援すること）
  学科指導を行う場合，学校教育法規定準用
  居室（1室15人以下，3.3 m² 以上/人，男女別），調理室，浴室，便所（男子用と女子用），医務室および静養室（30人以上入所の場合）

A. B. 盲ろうあ児施設（目的：盲児（強度の弱視児を含む）またはろうあ児（強度の難聴児を含む）を入所させて，これを保護するとともに，独立自活に必要な指導または援助をすること）
  A. 盲児施設は，児童居室（1室15人以下，3.3 m² 以上/人，児童の年齢に応じ男女別），講堂，遊戯室，訓練室，職業指導に必要な設備，音楽に関する設備，調理室，浴室と便所（手すり，特殊表示等身体の機能の不自由を助ける設備を設ける，便所は男女別），緩やかな階段の傾斜
  A. ろうあ施設は，児童居室（1室15人以下，3.3 m² 以上/人，児童の年齢に応じ男女別），講堂，遊戯室，訓練室，職業指導に必要な設備，映写に関する設備，調理室，浴室，便所（男女別），医務室および静養室（30人以上入所の場合），緩やかな傾斜の階段
  B. 難聴幼児通園施設には，遊戯室，観察室，医務室，聴力検査室，訓練室，相談室，調理室および便所，緩やかな階段の傾斜

A. B. 肢体不自由児施設（目的：上肢，下肢または体幹の機能の障害のある児童を治療するとともに，独立自活に必要な知識技能を与えること）
  A. 肢体不自由児療養施設（病院に収容する必要がなく，家庭での養育が困難な児童対象）には，医療法に規定する病院として必要な設備の他に，ギブス室，訓練室，屋外訓練場，講堂，図書室，特殊手工芸等を指導するのに必要な設備，義肢装具を製作する設備（他に適当な設備があるときは不要），浴室，緩やかな傾斜の階段，児童居室，医務室，静養室，訓練室，屋外訓練場，調理室，浴室と便所（手すりなど身体の機能を助ける設備を設ける），緩やかな傾斜の階段
  B. 肢体不自由児通園施設（通所による入所者対象）には，医療法に規定する診療所として必要な設備，訓練室，屋外訓練場，相談室及び調理室，緩やかな傾斜の階段

B. 知的障害児通園施設（目的：知的障害のある児童を日々保護者の下から通わせて，これを保護するとともに，独立自活に必要な知識技能を与えること）

指導室（定員おおむね 10 人，2.47 m² 以上/人），遊戯室（1.65 m² 以上/人），屋外遊戯場，医務室，静養室，相談室，調理室，浴室またはシャワー室，便所

B. 保育所（目的：日々保護者の委託を受けて，保育に欠けるその乳児または幼児を保育すること）
　　乳児・満 2 歳未満幼児入所　　乳児室（1.65 m² 以上/人）またはほふく室（3.3 m² 以上/人），医務室，調理室および便所
　　満 2 歳以上幼児入所　　保育室または遊戯室（1.98 m² 以上/人），屋外遊戯室（付近にある屋外遊戯場に代わるべき場所を含む（3.3 m² 以上/人）），調理室および便所

B. 情緒障害児短期治療施設（目的：軽度の情緒障害を有する児童を，短期間，入所させ，または保護者の下から通わせて，その情緒障害を治すこと）
　　児童居室（1 室 5 人以下，3.3 m² 以上/人，男女別），医務室，静養室，遊戯室，観察室，心理検査室，相談室，工作室，調理室，浴室，便所（男女別）

C. 児童厚生施設（目的：児童遊園，児童館等児童に健全な遊びを与えて，その健康を増進し，または情操豊かにすること）
　　児童遊園等屋外施設には，広場，遊具および便所
　　児童館等屋内施設には，集会室，遊戯室，図書室および便所

C. 児童家庭支援センター（目的：地域の児童の福祉に関する各般の問題につき，児童，母子家庭その他の家庭，地域住民その他からの相談に応じ，必要な助言を行うとともに，規定による指導を行い，併せて児童相談所，児童福祉施設等との連絡調整その他の援助を総合的に行うこと）
　　相談室

C. 助産施設（目的：保健上必要があるにもかかわらず，経済的理由により，入院助産を受けることができない妊産婦を入所させて，助産を受けさせること）
　　第 1 種助産施設は，医療法の病院である助産施設
　　第 2 種助産施設は，医療法の助産所である助産施設

A：居住施設，B：準居住施設，C：その他．

つ」地域づくりに結び付けたい．

いずれの施設も，現在は点として整備されており，しかも地域間格差が大きい．児童の福祉施設だけでなく，障害をもつ人や高齢者の施設など，暮らしの場に基盤をおく施設は，そのあり方や配置だけでなく，道や交通機関のあり方も含め，面として総合的な整備を図る必要があろう．

そして，児童はみずから環境を選ぶことができないゆえに，日本のどこに暮らしても等しい権利が保障され，しかも権利行使の主体者となり，生まれてきてよかったと思える生活環境づくり，地域づくりを目指したい．児童のおかれている状況は，日本の未来を左右し，文化度のバロメーターを示すのだから．

〔阿部祥子〕

参 考 文 献

1) 大阪ボランティア協会編：福祉小六法（2001 年版），中央法規出版，2001．

12.5　子どもの遊びと遊び場

12.5.1　「遊び」とは

多くの時間眠っている赤ちゃんも，「はいはい」ができるようになると，手あたりしだいつかんで確かめる探索が始まる．歩けるようになると，家の中だけの探索に飽きたらなくなり外に出たがる．沿道の植込みの縁石の上を歩いてみたり，雨あとの水溜りに入ってみたりなど，こういうさりげない行為も「遊び」である．

だれでもそれぞれに独自の力をもっている．遊びは，自分の潜在能力に気づき育てる機会である．遊びは自発的な行為である．「好きこそものの上手なれ」という言葉もあるように，自分が「こうしたい」という意欲に基づいている遊びは，その子の適性に合う何かを含んでいる．遊びが自分の力に気づき育てる機会となるためには，さまざまなことが体験でき，自分を試せる場が身近なところに必要である．

12.5.2　遊び場づくりのおおまかな流れ

かつて，子どもは，家の前の道路，寺や神社，空き地などで遊んでいた．やがて，空き地の宅地化が進み，道路は車の走る場となり子どもの交通事故が増え，街中のどこででも遊べた時代から「遊び場」という特定の場を設けなければならない時代に移行する．

(1)　児童公園と児童遊園

東京では遊び場設置への都民の要望が強まり，

1960年代から1970年代前半期に,"子どもの利用を目的とした都市公園"「児童公園」と,児童厚生施設「児童遊園」が数多くつくられた.しかし,「雑草が生えるままにしてあったときには子どもたちが集まったのに,整地して公園にしたら寄り付かなくなった」といった利用者からの声もあり,1970年代から1980年代にかけて,タイヤ公園,親水公園,子ども動物園,フィールドアスレチック公園,昆虫公園といった特色ある公園がつくられた.

また,児童福祉法によって児童厚生施設と位置づけられている「児童遊園」は,時代の流れの中で,「〜広場」となったところや,「〜公園」となり「街区公園」(後述)に位置づけられるようになったところもある.

(2) 児童公園から街区公園へ

都市公園法施行令にあった「児童公園」という言葉は,1993年の施行令改正によってなくなり,"主として街区内に居住する者の利用に供することを目的とする都市公園"「街区公園」となった.それに関連して,旧施行令第7条「児童公園には,公園施設として少なくとも児童の遊戯に適する広場,植栽,ブランコ,すべり台,砂場,ベンチ及び便所を設けるものとする」が,新施行令では削除された.役所が子どものための公園を設ける法律上の義務はなくなった.

これからは,その町に住む人たちが子どもの遊びを重視し,「公園にこのような遊び場を設けたい」との意見をもち,それを役所の担当課に要望するだけでなく,自分たちも相応の役割を担う必要がある.そうしないと,遊び心をかきたてる楽しい遊び場は実現しなくなる.

(3) 住民による遊び場から官民協働の遊び場へ

前述の特色ある児童公園づくりが役所によって行われる一方で,地域住民が自分たちの手で,子どもがのびのび遊べる場をつくろうという「冒険遊び場」づくりが1975年に東京都世田谷区で始まった.地域住民による冒険遊び場は3年ほど断続的に運営された後,国際児童年の1979年に住民と行政の協働運営によるプレーパークに発展した.その後3カ所増設され,2004年現在,5つめのプレーパークづくりが進められている.

世田谷区内のプレーパークを見に各地の人が訪れる.その住民グループや行政の人たちの中には,「プレーパークを自分たちの地域につくろう」と動き始める人が少なくない.そして,これまでに東京都の墨田区や国分寺市,埼玉県川口市で,それぞれの地域のニーズに応じた特色あるプレーパークが実現している.

12.5.3 「身近な場を遊びに活用する」実践例

1959年の国連の児童権利宣言第7条に,「子どもの遊ぶ権利」を盛り込んだヨーロッパでの遊び場づくりの先駆者たちが,2年後の1961年に「遊ぶ権利」を実現するためにIPA (International Playground Association:国際遊び場協会)を創設した.その日本支部は,前述の冒険遊び場づくりにかかわる人たちの呼びかけで,1979年に発足した.

やがて,遊び場づくりだけではなく,近所の公園,道路,校庭を遊べる場にする活動,病院での遊びの活動,遊びにかかわる研究調査など,子どもの遊ぶ権利を保障するためのさまざまな活動も守備範囲に含めるようになる.その動向を反映して,1981年に会の名称をInternational Association for the Child's Right to Play(子どもの遊ぶ権利のための国際協会)と改名.さらに,2002年にInternational Play Association — Promoting the Child's Right to Playと改名されるが,日本語名表記は「子どもの遊ぶ権利のための国際協会」であり,略称もIPAを継承している.現在,約50カ国の会員を擁し,3年に一度,世界大会を開催している.そのIPAのネットワークによる情報の中から,道路や公園など「身近な場を遊びに活用する」実践例をいくつか紹介する.

(1) 遊べる道路

スウェーデンのイェテボリには,団地内の道路を遊べるように工夫している団地がいくつかある.道端に人工の水辺を設け,子どもの水遊びの場にした.緩やかに傾斜した道路はローラースケートがしやすいように縁を盛り上げてあり,雪が降ると長いすべり台になる.団地内のどこででも車と出会わずに遊べる.道路に車が入れないように設計されているからである.団地に住んでいる人も,団地の入り口にある駐車場に車をとめてから,自宅まで歩くようになっている.

すでに形成されている街の中でも,道路のある区間を車が徐行して走るよう工夫し遊べるようにしている例は,デルフトをはじめとしてオランダ各地でみられる.

ドイツのフライブルクには,電車と人は通れるが,自動車は通れないようになっている区域がある.そこの道路の端を人工の小川が流れ,暑い日には涼感をただよわせ,子どもや犬の水遊びの場にもなっている(図12.4).

図12.4 車は通れない道に流れる人工の小川（ドイツ，フライブルク市）

図12.5 室内と屋外をつなぐ半屋外の遊び場 "テラス"「川口アドベンチャー・プレイパーク」（埼玉県川口市）

（2） 屋外おもちゃ箱

スウェーデンやスイスの公園の片隅にプレーボックスと呼ばれる木製のおもちゃ箱がおいてある．大きさは幅2m，高さと奥行きがそれぞれ1mくらいである．箱の中には，木製ブロック，板，シャベル，ホースなどが収納され，錠がかけられ，鍵を管理している近所の人の名前が書いてある．このおもちゃ箱がベンチや遊具としても使われる．

（3） プレーバス活動

スタッフが工作道具や遊びの素材，仮装用の衣装や装身具，大きなゴム風船などを自動車に積んで，公園や広場を巡回し，子どもたちと遊ぶ「プレーバス」活動がドイツのミュンヘンで盛んである．水曜日にはこの公園に，木曜日にはあの公園に現れる，というようにスケジュールが決まっている．似たような活動が，東京都国分寺市や立川市内の公園でも行われている．

12.5.4 縁側やテラスの効用

室内と屋外の中間領域にある「縁側」が遊びに果たす力は大きい．住宅の縁側は，そこの戸があけてある状態では，外気に触れながら遊べる半屋外の遊び場として機能するが，それだけでなく，室内と庭や住宅まわりのちょっとしたスペースをつなぐ機能も果たす．室内で遊んでいた子が，外の土の地面，草花，木，生き物などに誘われて，縁側から外に出て遊びを展開する．遊びを広げるのに役立ちそうなものを室内から持ち出すのも容易である．縁側は，大人がお茶を飲んだり，本を読んだり，ひなたぼっこするのにも役立つが，こうした大人の存在は，遊んでいる子どもがけがをしてしまったときなどに迅速に対応できるというよさもある．

かつてのように，少なくとも日中は縁側の戸を開け放しておいた時代とは違ってきているが，防犯の工夫をするなどして，子どもの成育にとって大切な「遊びの機会」を豊かにする縁側の利点を活かしていくことが望まれる．

埼玉県川口市内の前川第6公園の一角にあるプレーパークには，いろいろな機能を備えたユニークなプレーリーダーハウスが設けられている．この建物は，スタッフや地域プレーリーダーの活動拠点であり，事務作業，行事の準備，会合などに活用されている．入口の扉を開け閉めして出入りするが，その反対側に設けられた幅広の縁側のような「テラス」は，屋外の遊び場に面した出入り自由な空間となっている（図12.5）．屋外の遊び場で遊んでいた子どもがやってきて腰掛けたり，上がりこんでヨーヨーやビー玉パチンコを楽しんだり，あたりを眺めたりなど思い思いに過ごせる融通のきく場である．屋外と室内のスペースをつなぐ空間として機能し，地域の大人も活用している．スタッフの居場所とつながっている半屋外の場に大人の目があることは，けがなどの事態にすばやく対応できるという利点がある．さらに，犯罪行為を防ぐのにも役立ちうる．

日本建築学会が設けた子どもと高齢者に向けた学会行動計画推進特別委員会が，子どもと家族のための建築・都市環境づくりガイドラインとして「子どものための建築・都市12ヶ条」をまとめた．前述の，室内と屋外のスペースをつなぐ縁側やテラスのような空間を創出することは，その第8条「建築・都市は子どもが孤立しないよう，住宅をはじめ子どもの育つ空間を屋外の刺激や交流性に富む大地に近

接させて設ける」を実現させていくことにもつながる．

〔大村璋子〕

12.6　子どもの安全と居住環境

都市化の進展や居住環境の高密度化によって，子どもは日常災害，交通事故，犯罪などのさまざまな危険と隣り合わせの状況にある．こうした危険を回避するには，生活者に対する安全な住まい方についての啓蒙だけでなく，安全な環境づくりへの配慮も欠かせない．以下では，子どもの安全と住まいに関する主要な課題を取り上げる．

12.6.1　幼児に多い日常災害

表12.2は，国民生活センターが協力病院から得た事故情報を被害者の年齢別に取りまとめたものである．これによると，1996年度の事故の総数は9516件で，そのうち10歳未満の子どもの事故の割合は37.4％ときわめて高く，幼い子どもは心身が未発達なために身近な危険に十分に対処できず，さまざまな事故に巻き込まれることがわかる．

とりわけ周囲の環境に対する認識が未熟な「0～2歳」では，タバコなどの危険物の誤飲，階段・椅子などの高所からの転落，また風呂場の浴槽への転落，茶わん・ストーブなどによる熱傷・火傷などには細心の注意が必要である．行動が活発化する3～9歳の年齢層では，事故原因の1位は自転車となるが，依然，階段の事故も多い．また，ブランコ，滑り台，鉄棒など屋外遊具も主要な事故原因となっている．

これらの事故が発生した場所は必ずしも住宅に限られるものではないが，子どもの滞在時間を考慮するなら住宅および住宅周辺を含む日常の住環境において，多くの危険が存在することは否めない．

12.6.2　住宅の高層化に伴う問題

都市において幼い子どものいる世帯が集合住宅に居住する機会は多いが，住まいの高層化によって以下の危険性が高まることに留意しなければならない．

(1)　高所からの墜落

子どもは何ごとにも好奇心が旺盛で，バルコニーや窓から身をのり出して周囲の様子をうかがおうとする．ところが，身体の重心が高い位置にある子ど

表12.2　事故が発生した上位10商品の年齢別発生順位および件数（文献1より作成）

商品＼年齢	階段	自転車	自動車	スキー	包丁	風呂場	道路	椅子	タバコ	ドア	その他				合計発生件数（構成比）
0～2歳	2位 153	6位 50	5位 62		7位 45			4位 67	1位 180		3位（茶わん）79	8位（ストーブ）44	9位（電気ポット）41	10位（テーブル）39	1898件（19.9％）
3～5歳	2位 65	1位 79	3位 43		5位 34		7位 32			8位 31	4位（ブランコ）37	6位（滑り台）33	10位（テーブル）25	10位（遊具）23	962件（10.1％）
6～9歳	3位 38	1位 72					8位 17				2位（ブランコ）40 / 7位（カッターナイフ）19	4位（遊具）32 / 9位（机）16	5位（鉄棒）28 / 10位（茶わん）16	6位（滑り台）21	703件（7.4％）
10歳未満小計	1位 256	2位 201	4位 120			7位 93		6位 110	3位 183	10位 82	5位（茶わん）116	8位（滑り台）87	9位（ブランコ）86		3563件（37.4％）
10歳代	2位 64	1位 135		4位 41	10位 21		7位 23				3位（野球）46 / 9位（オートバイ）21	5位（バスケットボール）37	6位（サッカー）34	8位（バレーボール）22	1089件（11.4％）
20歳代	2位 122	6位 35	4位 47	1位 206	3位 63		9位 27			8位 28	5位（オートバイ）37	7位（コップ）32	10位（カッターナイフ）23		1327件（13.9％）
40歳代	2位 50	6位 23	4位 28	10位 15	1位 57	8位 18	7位 19				3位（食用油）32	5位（コップ）25	9位（製造業用機械）16		743件（7.8％）
60歳代	1位 63	2位 41	10位 19		8位 21	5位 26	3位 30	6位 23			4位（脚立）28	7位（床）21	9位（農林用機械器具）20		686件（7.2％）
全体	1位 736	2位 558	3位 311	4位 310	5位 253	6位 227	7位 219	8位 195	9位 187	10位 183					9516件（100.0％）

上段：年代別順位，下段：発生件数．空欄は，10位までに入らない項目．年齢別データは一部のみを掲載している．

もはバランスを崩して墜落に至ることがある．こうした事故を防ぐには，家具，古新聞の束，遊具など足がかりとなる物品をバルコニーや窓際に置いたりしないよう，日常の住まい方に注意を払う必要がある．また，バルコニーは，腰壁や手すりの高さ・強度，手すり子の間隔が安全基準を満たすように設計されていることはもちろんであるが，まったく外の様子がうかがい知れないような腰壁のデザインとするのではなく，幼児の心理を考えて，ところどころにスリットを空けておく配慮も必要である[2]．

(2) 落下物

冒険心旺盛な子どもは，さまざまな場所を遊び場に替えてしまうエネルギーをもっている．高層階居住の子どもは，高さへの恐怖心が麻痺しているかのような行動をとることが報告されている[3]．これは高所平気症といわれており，高層階のデッキから別のデッキに飛び移る「肝試し」や，ビニール袋に水を入れた「爆弾」や小動物を上階から落下させる「実験」などはその例である．1995年，大阪の19階建てのマンションで2人の男子小学生が上階からいたずらで落とした消火器が，地上にいた女子小学生を直撃し，死亡させるという痛ましい事件が起きた．この事件は，高層環境は子どもが加害者にも，また被害者にもなりうる危険性をはらんでいることを示すと同時に，子どもの成長発達を保障するさまざまな体験の機会を奪っている現在の都市環境を象徴するものである．

(3) エレベーターが原因となる事故

高層住宅において，エレベーターは不可欠な移動手段である．ところが，幼児の場合，自宅と屋外の遊び場との間を，低層階または中層階なら階段だけで行き来できても，エレベーターを使って行き来するのは困難なことが多い．押ボタンの位置がよくわからなかったり，そもそも押ボタンに手が届かない場合もある．また，誤って途中の階でエレベーターを降りてしまって住棟内で迷子になることもあるからである．こうした事情が幼児の外出行動の自立を遅らせる一因となっているが，それ以外の理由によっても，母親は子どもにエレベーターを使わせることを不安に思う．エレベーター内でいたずらをしないか，その結果，中に閉じ込められるいわゆる「缶詰事故」が起きるのではないか，またエレベーターの扉に挟まれてけがをするのではないか，などの心配である．実際に事故も起きている[4]．また，犯罪に巻き込まれる心配もある．エレベーターは，住棟内で性犯罪がもっとも多く発生している場所であり，成人女性だけでなく女児が被害にあうケースも

表12.3 高層住宅団地における性犯罪の発生場所（割合）[5]

住戸内		1.2
住棟内共用スペース	廊下	24.1
	階段	8.2
	共用階エレベーターホール	2.5
	エレベーター内	35.4
	屋上，屋上入口付近	2.5
屋外共用スペース	住棟入口付近	5.7
	自転車置場	0.6
	駐車場	0.6
	路上	11.4
	公園・広場	5.1
	その他	2.6
計		100.0（％）

高層17団地対象の調査による．

表12.4 高層住宅団地における性犯罪被害者の年齢（割合）[5]

10歳未満	19.0
10歳代	12.0
20歳代	34.8
30歳代	21.5
40歳代	2.5
50歳代	0.6
不明	9.5
計	100.0（％）

高層17団地対象の調査による．

多い（表12.3, 12.4）．そのため母親が子どもにエレベーターの1人乗りを禁止することもある．エレベーターを使わなくても，幼児の外出が容易な住環境の提供，安全で使いやすいエレベーターの開発，またエレベーターを含む住棟全体の防犯性の向上が課題といえる．

(4) 死角の場所

高層住宅ではエレベーター，避難階段，屋上，ピロティ空間などの住棟内共用空間とともに，屋外においては広いオープンスペースが設けられることが多い．これらの場所が居住者以外の人が容易に出入りできる場合には，子どもが性犯罪などの被害に巻き込まれる危険性が高まる．死角をなくし，領域性を高めるなど，屋外空間を含む団地全体の安全性を高める方策が検討されなければならない[6]．

12.6.3 屋外空間における犯罪不安

犯罪は，集合住宅の住棟やその屋外空間だけでなく，居住地全体の問題となってきている．最近の衝撃的な事件としては，1997年に神戸で発生した小

学生連続殺傷事件があり，それ以前には1989年に東京，埼玉で起きた連続幼女誘拐殺害事件が思い出される．これらの事件の舞台となったのは，主にニュータウンや高層団地の歩行者専用道路，公園・緑地などである．とりわけ過密な日本の都市環境において，人々に潤いを与える貴重な資源であるはずのオープンスペースが犯罪の危険にさらされ，子どもが近づくのを制止しなければならない状況は不幸といわざるをえない．

東京，千葉で行われた調査によると，小学校高学年の約4割の子どもが何らかの犯罪被害を受けていた．その被害は，女子では性的いたずらや公然わいせつなどの性犯罪が多く，男子では脅迫，恐喝，暴行などの粗暴犯が多い．特別な場所に出かけたときではなく，遊んでいるときや塾，習いごとの行き帰りに，公園，道路，建物の中など普段の生活の中で犯罪に遭遇しているケースが多いという[7]．

従来，公園や道路の計画にあたっては防犯性について十分に考慮されてこなかった．今後，歩行者路は，住宅・住戸，公共施設，商店等からも見守れるような配置とすることが望まれる．公園も同様に，周囲の住宅等から視線が通るように，公園の敷地形状や樹木の形状に注意を払うとともに，ひと気を誘導してできるだけ死角をなくすなどの配慮が重要である．

12.6.4 求められる安全な遊び場

都市の中では交通事故や犯罪などの危険性が高まり，子どもがのびのび遊べる空間はいっそう減少している．また，遊びの時間や仲間の減少によって，子ども自身屋外で遊ばなくなっている．そこで子どもの屋外遊びを回復しようと各地でさまざまな試みがなされており，20年前に世田谷区で始まった冒険遊び場づくりはその代表例である[8]．プレーリーダーの常駐によって，子どもの日常的な遊びの場が重大な事件や事故から守られると同時に，子どもの成長発達に欠かせない遊びを支援する遊び場の設置も，今後の住環境整備における重要な課題である．

〔瀬渡章子〕

参 考 文 献

1) 国民生活センター編：消費生活年報（1996年度，協力病院19病院から得られた事故情報），p. 87, 1997.
2) 直井英雄：日常安全性の計画と日常災害．新建築学体系12 建築安全論，彰国社，1983.
3) 日本住宅会議編：住宅白書（1986年版），p. 107, ドメス出版，1985.
4) 田中智子，湯川利和，瀬渡章子：集合住宅環境における幼児のエレベーター利用と外出行動．家政学研究，**37**(1)：46, 1990.
5) 瀬渡章子：高層住宅環境の防犯性能に関する研究．奈良女子大学審査学位論文，1988.
6) 湯川利和：不安な高層 安心な高層，学芸出版社，1987.
7) 中村 攻：子どもたちをとりまく都市犯罪の空間．都市計画，**46**(2)：39, 1997.
8) 羽根木プレイパークの会編：冒険遊び場がやってきた，晶文社，1987.

12.7 子どもの心を奪う共感飢餓

12.7.1 親や自分を描かない子どもの現実

いま私たちは子どももおとなも共感飢餓の真っただ中にいる．情報化社会を享受するとともに互いに向き合い語り合う日常生活が薄れてきたが，これほど寄り添い響き合う人間関係がもろく浅くなってしまうとは，だれも考え及ばなかったのではないか．いじめ，不登校，引きこもりなど，人間関係につまづいた子どもの悲劇が後を絶たない．

けれども1997年の神戸連続児童殺傷事件や，2003年に4歳児が殺害された長崎事件など，触法少年事件の悲惨さに社会の目が奪われ，子どもの生活にとってもっとも根源的で日常的な共感飢餓への関心が高まらない．たとえば近ごろの幼児は自由画や落書きにゲームの迷路やアニメのキャラクターを好んで描くのに，親や自分の生活を描かなくなっている．家族とともに生活しながら共生共感の実感に乏しく，家族をテーマにした生活表現の意欲が薄いでいるからである．

もともと向き合い見つめ合う姿勢は，小さく弱い生命や存在を受けとめる感覚を鋭くし，その対象に寄り添う感性や優しい心情をつちかってきた．それは目を凝らす，耳をそばだてる，ほのかな匂いを嗅ぐ，そっと触れるなどの細やかな五感活動の土壌であった．しかしテレビゲームなどの擬似体験がすっかり日常生活に溶け込み，子どもの経験学習を阻んできた．たしかに刺激的な映像がバーチャルリアリティの世界に子どもを誘ったが，ファンタジーは現実の感性や葛藤経験があってこそ，自分の生活経験を生かした個性的な発想が生き生きと弾む．

けれども五感経験が浅いと春の空想に花の匂いがなく，葛藤経験が乏しいとチャレンジの空想に痛みを「バネ」にした胸のときめきを欠く．ヒーローごっこがテレビドラマの世界から抜け出られないのは，自分の生活をくぐり抜ける発想がわき上がらないからではないか．五感や感性を磨きながら認識を

深める経験学習は，教育現場に広がる危機意識にもかかわらず，情報化の波にほんろうされたまま終焉しつつあることを実感させる．

12.7.2 裸眼視力の低下と自ら死を選ぶ孤独

文部科学省の学校保健統計によれば，学習になんらかの支障があるとされる裸眼視力1.0未満の子どもは，2000年で小学生約25％，中学生約50％，高校生約62％と学校段階が進むにつれて高くなっている．また視力矯正が必要な0.3以下の子どもが高校生では3人に1人と増えている．視力低下の原因は日常的に遠くの景色を眺めなくなったことや，テレビやパソコンに毎日長時間かかわっている生活が指摘されている．

しかし裸眼視力の低下で支障をきたすのは，学校の学習だけではない．おそらく生命に寄り添う優しいまなざしも失せているから，心の視力も低下しているに違いない．大声・早口の呼び掛けが増えて穏やかで多彩な口調が減っている会話のように，目の働きにも相手に寄り添わない警戒，反発，拒絶，無視などの表情が増えているのではないか．

まさかと信じがたいけれど警察庁の統計によると，自ら死を選ぶ小中学生が毎年全国で数十人から100人近くに上る．ほとんど遺書がないが，いじめなどによる不幸な人間関係が原因と見られている．つらい，悔しい，悲しいとか，どうしてよいかわからないという深い悩みがあったに違いないが，子どもが自死するという事態はただごとではない．

ある中学生は悩みを訴えられる相手が先生にも友だちにもいなかったと書き遺し，母親の問いかけには心配することは何もないと答えて自死している．互いに向き合い語り合う日常生活が薄れた中で，計り知れないほどの孤独感に沈んでいたのか．人間関係の希薄さによる子どもの悲劇を断ち切る社会的な努力の一方で，人や身近な動植物の生命の不思議さに気づき愛おしむ感性教育が問われる．

12.7.3 荒々しい言葉と表情不足

「うるせーんだよ，クソばばあ」「死ねっ」「ぶっ殺すぞ」などと荒々しい言葉を3歳児でも使うようになった．ゲーム慣れした子どもたちにとっては日常茶飯の遊び言葉だとしても，その口調にはかかわり合う心地よさをたっぷりと味わっていない生活を感じさせる．なかには保育者が怖さを感じるような目つきで黙ってにらむとか，威嚇するような口調が目立つのは，孤独な不安に耐えている姿なのかもしれない．

幼い生命はだっこのぬくもりに包まれながら成長する．ところが近ごろの子育てのだっこにぬくもりが欠落しているらしい．母親が赤ちゃんを抱いて授乳するときに，7割がテレビをつけっぱなしにしているという．母親の表情や語りかけが，母乳とともに赤ちゃんの心に届くぬくもりが忘れられている．だっこや授乳のぬくもりが欠落し，子どものふだんの会話に影響しているように思われる．

親は子どもにどうしても言わなければならない言葉がある．乳児にはけがを怖れて制止語が増え，幼児には成長を促す指導，命令，禁止語が当たり前になる．さらに子どものチャレンジ，挫折などの葛藤を見るようになれば大声で早口の激励語も増える．

親子の日常会話の中には家事をしながら親の文化を伝える話，子どもの生活を支える共感や肯定の語りかけなどもある．けれども指導や命令でもない天候，景色，身近な動植物などについてのむだ話のような日常会話は，どうしてもという意識に乏しく時間に追われるようになると少なくなる．1960年代のころから家庭のリビングやダイニングルームにテレビが定着し，家族の向き合う会話が減る一方，家庭でも忙しさを嘆く時代になると，テレビがもたらす刺激的で新鮮な情報に日常会話が圧倒され，親子のむだ話のようなぬくもりの会話が激減した．

子どもたちのイライラや奇声，自己中心的な言動など気になる姿がよく報告されるようになったのは1980年代であるが，その根源的な要因を探っていくと1960年代ころからの生活文化の変容にたどり着く．おそらく子どもの表情不足も，このころからの家庭生活に起因するのではないか．ことに心地よいコミュニケーションから生じる微笑み交流が薄れたまま，次の世代に遺されたのが子どもの表情不足であった．

12.7.4 孤独な子育て

乳児を殴りけがをさせたり，食事を与えず餓死させたなどの児童虐待は実母によるものが多いが，傷害罪や保護責任者遺棄致死罪を問われた裁判では，母親自身が被虐待の成育歴を認定された執行猶予の有罪判決例がある．このように親による虐待やネグレクト（育児放棄）には，すでに2世代にわたる連鎖が起きているうえに，だれにも相談できない密室の孤独な子育てに悩んでいる場合が少なくない．共感飢餓は子育てにも及んでいたのである．

孤独な子育ての不安や焦りは，親子のかかわりを軽視したまま知的早期教育の傾向に拍車をかけ，会話もままならない乳児のころからビデオやテープに

よる独り学習を強いたりした．おしゃべりおもちゃのロボットが売れるのも，親が子どもの独り遊びを歓迎したからである．子どもの表情，言葉，口調，しぐさ，描画など自己表現の未熟さや荒々しさには，だっこ，微笑み交流，語らいなどのチャンスが少ない人間関係不足の生活が垣間見える．けれども向き合う心の子育て文化を継承してこなかった親には，乳幼児期からの独り学習や独り遊びが共感飢餓を加速するという危機意識につながらなかった．

12.7.5 ユビキタス社会のコミュニケーション

いつでもどこでも多様な情報を入手できるユビキタス社会が到来した．これからは行政や産業経済界だけでなく，子どもたちは学校で従来型のパソコン教室から抜け出し，イントラネットを活用して地域住民や家庭とのコミュニケーションを深めた学習を展開できるようになる．またあらゆる家庭用品にもコンピュータが組み込まれ，家事のロボット化とともに家庭もネット社会に組み込まれ，家族の人間関係にも影響を強めていく．

けれどもいま子どもたちがユビキタスをもっとも身近に感じるのは，おそらくゲーム，テレビ，カメラ，時計などの機能を備える携帯電話である．携帯でメール交換し，さまざまな情報を気軽に入手できるようになって，子どもたちの生活意識は大きく変化している．なかでも「メル友」とのメール交換や，出会い系サイトなどと接続する未知な世界との情報交流が，共感飢餓の現実を忘れさせ，犯罪に巻き込まれる悲劇を生んでいる．

孤独な子どもの拠りどころとされた「いのちの電話」に10歳代の相談が激減しているという．それは10歳代の自殺が減ったからではなく，顔を見ないですむ電話ですら苦手になり，口調や表情を感じさせないメールに頼るようになったのが原因と見られている．

携帯電話の出会い系サイトで誘い出され，4人の小学6年生が渋谷で監禁された衝撃的な事件が象徴するように，出会い系サイトがらみの犯罪が急増し，事件に巻き込まれる被害者の8割強が18歳未満の少女であった．少女たちは語り合う経験不足で人の心を感じとるのが未熟な上に，口調も表情も見えないメール言葉に相手の真意が読み取れない．しかし中にはその危険を承知しながら，なお何かを共有できる相手を求めてやまない切実さが痛ましい．

向き合わない，語り合わない心の現実は子どもだけの問題ではなくなっている．学校の教師が学級崩壊に悩み親との対話に苦しむなど，精神的な病気による休職数もふえている．患者とのコミュニケーションが重視される医師でさえ言葉遣いが未熟と指摘され，医学生への対話教育をカリキュラム化した医科大学のように，教育現場でも共感飢餓に揺さぶられている．

12.7.6 四角四面にビオトープの風が吹く

学校の卒業式を卒業証書授与式と呼ぶことがあるように，共生共学をモットーに小中学校で教壇を取り外したいまでも，なお授与思想は教育理念の1つとして残っている．学問や文化の授与をめざす授業の使命感は，教師の大声・早口と厳しい口調を日常化してきた．

けれども小さな生命と響き合う感性や心地よく語り合う人間関係を包み込んできた家庭や地域が，四角四面の硬い空間と授与の授業をやんわりと支えてきたように思われる．それがいまでは，地域も家庭も共感飢餓の潮流に流され，個室化する住居の中で家族のぬくもりの会話は途絶えがちになり，すれ違い家族は携帯のメールを頼りにするという．四角四面や個室化に象徴される生活空間から，脱出を試みている子どもが悲劇に巻き込まれているのだろうか．

学校のビオトープづくりが広がっている．子どもの日常的な生活圏で自然に触れる機会が減ったうえ，園や学校での飼育栽培経験の衰えなどが，ビオトープへの関心を高めてきたと思われる．学校内外に小規模でも雑木林や水辺をつくると，メダカやアメンボがすいすいと泳ぎ，トンボやチョウが羽を休め，野鳥が飛んできてさえずるようになる．それは生態系の理解に役立つばかりか，五感や感性を磨く絶好の場面になるに違いない．

1960年代以降，家庭や地域での生活環境が激変し，安らぎや温かさといった子どもの人間関係を包み込んだ生活機能が衰弱していく．小さな生命に寄り添う五感や感性が弱まり，いじめ，暴力，不登校，学級崩壊など，人間関係のつまずきによる子どもの悲劇が，学校内外で絶え間なく発生することになった．

生活機能の衰えによって教育機能が孤立し，共生共学の危機が年ごとに深刻になり，学校にも安らぎの生活機能が求められてきたと言える．学校ビオトープはこのような時代の要請に応える感性教育の場として，学校に新しい表情をもたらすと期待される．

子どもが都会や山村にかかわりなくゲームに熱中できたように，自然と向き合い小さな生命とも触れ

合える住居システムができたら，これからの家庭にどのような風が吹くだろうか． 〔寺内定夫〕

12.8 子どもと自然環境

12.8.1 子どもを取り巻く環境問題

5歳までに死亡する子どもの数は，世界中で1100万人に上り，とくに最貧国では5人に1人が死亡しているという．その原因は，大気や水の汚染，環境変化による感染症の拡大によるものである．こうした直接的な環境問題はもとより，人間の体内に取り込まれて変調をきたしたり男子の精子数を半分に減少させるなどの作用が指摘されている．500種を超える内分泌攪乱物質（通称「環境ホルモン」）による間接的な環境問題に，子どもたちの健康さらには生存そのものが脅かされているといってよい．

一方，現代っ子を取り巻く偏差値一辺倒教育，潔癖症や生きもの嫌いの傾向，そして学校でのいじめ，ナイフ殺人事件，銃乱射事件などの諸状況は基本的には教育上の，あるいは社会的な環境問題として捉えられる．しかしその背後には都市の過密化，人工環境化による自然環境の悪化，自然との触れ合い不足など都市環境問題があることを忘れてはならない[1]．

たとえば，都市の緑被率の減少と呼吸器系疾患の増加の関係や，高層アパート居住と自閉症児童の相関などについては研究報告もあり，いずれも自然（緑）との体験の大切さを示唆している[2]．

このほか柴田敏隆ら[3]自然観察会を長年主宰し子どもたちの変化をみてきた関係者の指摘では，単に動植物への知識量の減少のみならず，みずからの生命保全への注意力減退とか積極性や創造性不足，いわば「幼衰現象」がみられるという．

12.8.2 自然基調の原風景が感性をつくる

環境を改変するのが人間であるが，人間もまた環境によってつくられる．文学者の作品が幼少時の環境に大きく影響されていることを，奥野健男が論じている．その環境を「原風景」と呼び，その定義を次のように述べている．「父母や家の中や遊び場や友だちによって無意識のうちに形成され，深層意識の中に固着する，いわば魂の故郷のようなもの．単なる風景ではなく，時間と記憶が累積して，血縁地縁が複雑にからまる，同時に懐しく，悲しい，安息の母胎である」[4]．

7, 8歳ごろまでに過ごした自然的・社会的環境がその者の成人以後の価値感や嗜好を左右し，感性に影響を与えるという考え方は，文学者のみならずだれもが納得するものであろう．もちろん，その人間を100％形成するものではないし，原風景で一生が決まるといった環境決定論は成り立ちえない．ただ，感受性に富んだ年代においてどのような自然を体験し，どのような環境で暮らしたかが，その人間のものの考え方や好み，感性に無影響であるはずもない．

そこで，筆者は緑（自然）の環境デザインを専門職として選んできた東京農業大学の造園学科生で私の研究室に在籍した約100名（約30年間の延べ人数）に対して，「私の原風景」というタイトルで作文または作図を書かせてみた．この結果から，彼らの感性や環境計画設計分野への志向性の原点が読めた[5]．

結果の一例を，原風景の「場所」とその場の「心情」的イメージについて紹介してみる．場所について多い順に，雑木林，田んぼ，神社，山，原っぱ，公園，庭，川，収穫後の田んぼ，空き地，海辺，団地内，町内，畑，道路，芝生地，竹林，池，駐車場となっている．基本的には自然性豊かな，時に歴史性，人間性も感じられるオープンスペース（緑地）が圧倒的に多いことがわかる．心情的なイメージとしては，心がなごむ，安心，暖かさ，親しみ感などといった日常環境として好ましそうなイメージの言葉，またその反対の恐ろしい，怖い，冒険心，不思議，神秘的などといった非日常性を感じさせる言葉が抽出されている．とくに原風景で印象深いものとして，木洩れ日，雑木林，夕日，自然の音などが指摘され，さらに木登り，昆虫採集など自然体験への記憶が強調されている．以上「原風景」となった環境や景観は，ただ走り回れる広場や原っぱがあればいい，というものでもない．スピリチュアル・ランドスケープとでもいうべき民俗的で風土的な景観質が求められているように思われる．

以上は最近までの約30年間のランドスケープ・アーキテクト志望の学生諸君の原風景の実際とイメージであって，必ずしも好ましいものと価値づけることはできないかもしれない．ただ，そこに自然環境から多大のインスピレーションを受けている若者群が存在していること，とくにそれは五感で感じるようなイメージや体験が卓越していることを知ることはできる．

12.8.3 公園デビューから環境教育へ

子どものころの原体験や原風景が，感性の発達に影響を与えると推論してきたが，自然環境を体験し

表12.5 小学校の教科書で登場する生物的自然

分類	種類
木　本	サクラ・イチョウ・カシ・カエデ・タケ・マツ・ツツジ・アジサイ・モモ・モミジ・ヤシ・ユズリハ・ツタ
草　本	ヒマワリ・アサガオ・タンポポ・ホウセンカ・チューリップ・アブラナ・コスモス・ススキ・スイセン・オシロイバナ・パンジー・キク
農作物	リンゴ・ヘチマ・ジャガイモ・イチゴ・イネ・ミカン・インゲン・トウモロコシ・キャベツ・ナシ
ほ乳類	イヌ・ウサギ・ネコ・サル・ウマ・キツネ・ウシ・ゾウ・リス・タヌキ・ネズミ
鳥　類	ツバメ・カラス・アヒル・ガン・スズメ・カモメ・カッコウ・ツル・ハト・ニワトリ
昆虫類	モンシロチョウ・アリ・テントウムシ・カブトムシ・アゲハチョウ・エンマコオロギ・トンボ・アブラゼミ・ミノムシ・バッタ
魚　類	メダカ・フナ・キンギョ・イワシ・アジ・カツオ・グチ・コイ・サケ・スケトウダラ・ドジョウ・マグロ
その他	カタツムリ・ガマガエル・アメリカザリガニ・ヒキガエル・カブトガニ・タニシ・ヘビ・ミジンコ

学習することはこれからの時代を生きる市民にとって不可欠の環境教育でもある．

1924（大正13）年から1967（昭和42）年まで日比谷公園の一角で，東京市（都）による公園での児童指導がなされた．関東大震災後の混乱の中で少年の不良化防止のねらいもなくはなかっただろうが，その基本理念は「公園における nature study（自然学習）」にあった．これをリードしたのは1923（大正12）年，アメリカ留学から帰ったばかりのレクリエーションリーダーの末田ます女史であり，サポートしたのは当時の東京市公園課長井下清であった．「都市に生活する子どもたちは本当に可愛想である．電車が走っており映画館が軒を並べていても，自然環境を失っていては幸福な場所とはいえない．子どもは自然の懐の中で育てたい」．関東大震災からの復興を契機として東京の都市化は急速に進み，その中で子どもの環境も激変していくのだが，当時すでにその問題の大きさを以上のように末田は指摘しているのである[6]．

末田ますの自然学習は，銀座，京橋，虎ノ門の子どもたちを日比谷公園の樹木，草花，野鳥，昆虫と園内散策，園内探険という遊びを通じて親しませかつ愛情をもたせようとした．子どもにとっては，公園の緑や花はみなやさしく美しいもので，いわば家畜やペットとつき合うようなものである．野生のたくましい自然との触れ合いは，年に二度の遠足で奥多摩や湘南に出かけるときまで待たなければならなかった．こうした子どもと自然環境のかかわり方は，現在も何ら変わっていない．むしろ悪化の度を深めているといってよい．

母親たちが「公園デビュー」を果たそうとするのも，現代都市のなかで健全な子育てをしようとするとき自然と触れ合い人と触れ合う唯一の場が「公園」でしかないことを何となく感じているからではなかろうか．しかし実際には，身近な公園が十分な自然性を有していないことも多い．生物の多様性，生物連鎖，水や大気，動植物の循環，資源リサイクルなど，環境や自然生態のことが読めるようになること（エコ・リテラシー）は，環境時代を生きる市民の常識でなければならない．その第一歩は，ベランダ園芸，学校での園芸クラブ，学校農園，公園での自然観察など身近な環境体験である[7]．これからは身近な学校の屋上や公園にもビオトープ（biotop：生物が生きられる場所，（通称）トンボ池をつくっていかなければならない[8]．水があり草があれば魚や昆虫が生きられる．やがて野鳥や小動物も戻ってくる．筆者は，小学校の5教科に登場する生物的自然をリストアップしたことがある（表12.5）[9]．学校で教わった生きものを，身近に自分の目で確かめられるような自然環境を回復したいものである．それがたとえ都市の中であろうともである．

〔進士五十八〕

参 考 文 献

1) D.モリス：人間動物園（矢島剛一訳），新潮社，1970.
2) 進士五十八：緑のまちづくり学，学芸出版社，1987.
3) 柴田敏隆：私の愛鳥講座，東京書籍，1984.
4) 奥野健男：文学における原風景，集英社，1972.
5) 進士五十八，鈴木　誠，服部　勉：原風景の研究，東京農業大学出版会，1996.
6) 末田ます：児童公園，清水書房，1942.
7) 進士五十八：都市になぜ農地が必要か，実教出版，1996.
8) 杉山恵一，進士五十八：自然環境復元の技術，朝倉書店，1992.
9) 進士五十八：アメニティ・デザイン—ほんとうの環境づくり—，学芸出版社，1992.

12.9　子どもの空間

12.9.1　学　校

個性豊かな文化の創造を目指す教育の根拠として，教育基本法は制定された．その理念は，世界の平和と人類の福祉に貢献できる「人」の育成にあるとしている．基本法では，「人」を育てるためには，個人の尊厳を重んじ，心理と平和を希求する人の育

成を期し，普遍的で個性豊かな文化の創造を目指す教育を普及・徹底することを誓っている．

日本の経済は，戦後の荒廃から飛躍的に発展し，先進諸国の中でももっとも豊かな経済力を身につけたが，その成果として，これまでの学校教育の果たした役割は大きかったと一般に評価されている．しかし，進学競争，受験戦争，偏差値教育といった教育の負の部分が社会問題として今日まで議論され続けてもいる．とくに，偏差値で人を評価する風潮への疑念が各方面で指摘されているのは周知の事実であろう．

本来，教育とは一人ひとりの個性，能力をみつけ，励まし，伸ばすことであり，「ほめる」教育観が求められる．

一方，「物的環境のもつ力」をあまり重視してこなかったことも，今日大いに反省しなければならない課題の1つである．

また，戦後の一時期まで，良きにつけ悪しきにつけ，マナーや振舞いは，社会的ルールとして一般に守られてきた．しかし，いつのころからか，ものを大切にする「こころ」や慈しむ「思いやり」が失われた感が強い．学校が荒れた時期，窓ガラスを割ったり，校舎や家具を壊したり，廊下をオートバイで走ったりした生徒も現れたという．また，不登校の子どもたちが全国至るところでみられるようになり，子どもたちのストレスをどのように取り除いてやれるかが課題と思われる．これは一種，子どもたちが大人社会に警告を発したシグナルと受けとめなければならない．その解決の1つに，環境のもつ教育力を生かす必要性を強調したい．

今日，学校を生活環境としてみた場合でも，子どもや先生のくつろげる空間がいったいどこに用意されているのか，はなはだ疑問である．学校はだれにとっても楽しく，あこがれの場でなければならない．朝起きて今日も楽しくと思えなくては元気が出ない．子どもも先生も，元気の出る学習・生活空間を提供することが，われわれ大人の努めであろう．

もともと，「学校の機能」は「いえ」の中にあった．親が子どもに生活の知恵を授けることから教育は始まったが，社会が成熟するにつれ，「いえ」の諸機能が専門的に組織化，機能化され，学校となった．図書館や病院，ホテル，結婚式場，劇場・ホール，葬儀場，老人ホームなど，地域に密着した施設は同様である．それゆえ，これら施設のありようを考える際，「いえ」がもつ，暖かさ，優しさ，豊かさを感ぜられる，いやしの空間が求められることになるのである．

ここで，教育環境がどのように形成されてきたか，大まかに振り返ってみたい．

近代的な教育制度は，学制が制定された明治初期にさかのぼるが，物的環境としての施設設備は，初めは国からの資金より篤志家や地域住民の浄財が中心で，教育のシンボルとして整備されたところが多い．松本市の開智学校などはその典型である．外観は擬洋風だが，立派な講堂があり階段や手すり，教室の造作は，伝統的な木造技術に裏打ちされた空間がそこにはあった．インテリジェントな先生，家ではみたこともないピアノやオルガン，理科の実験設備，そして教科書は最先端の情報誌であり，「学校」はまさに地域の中心で，文化・教育の発信基地でもあった．しかし，いつのころからか，学校施設は無味乾燥な，ただ機能的な箱物になり下がった．グラウンドには，1本の木も植えず，校舎むき出しの学校風景をつくり出した．風景として「鎮守の森や屋敷林」は存在するが，「学校の森」という熟語は日本では存在しない．これらは明治の富国強兵の政策が質実剛健の教育精神をよりどころに，虚飾を廃する思想へと結び付いた．また，自由民権運動抑制のため，学校施設を利用させない政策とも結び付き，学校は狭い意味の教育の聖域空間として隔離されることになった．そして40人のための学級教室といくつかの特別教室，職員室など管理諸室を1列に南面させ，北側に廊下を配した一文字型の校舎スタイルを全国に定型化させたのである．

さて，日本の学校建築の基本は，4間×5間（約$7m \times 9m = 63m^2$）の大きさの学級教室であるが，これは，1895（明治28）年，文部省建築掛から出された学校建築図説明及設計大要が今日の教室を定型化したルーツといわれている．この形態は，木造校舎から鉄筋コンクリート造校舎に建て替わった現在でもまったく変わらなかった．明治のころは，この教室に80人，現在は40人が入る．1人の教師が学級単位で一斉授業を合理的に行うには，都合のよい空間であり，今日に至るまで連綿と続いている．手洗いやカバンを収納するロッカー，掲示板，テレビなどの教育機器類が時代に合わせ設置されたが，4間×5間の大きさは変わらなかった．その大きな理由は，むりなく教師の肉声が届き，黒板の字が判読でき，教卓から，教室全体が自然に視野に入り，しかも閉じた教室は他の視線や音など気にせずできるからである．

しかし，今日，一人ひとりの子どもたちの個性を引き出すことが求められる教育では，教授方法，学習形態等多様な方法を行う空間として，また，子ど

もたちの生活や心理面から考えると，まったく違ったクラスルーム，教室像が求められるのである．

1970年，欧米で試みられた教育改革の一環としての教室環境の見直しは，日本でも注目された．アメリカではソフト，ハード両面で「壁のない学校」が提案された．いわゆる，オープンスクールである．一方イギリスでは，戦後の復興計画と相まって，プラウデン・レポート（1963～1968年に，膨大な調査に基づきまとめられた，イギリスにおける「子どもたちのための学校」という表題のプラウデン委員会の報告書．その内容は，①子どもの成長・発達のための幅広い社会的位置づけ，②幼児教育の拡張，③年齢別集団によらない活動，④教育を移る年齢，⑤学習集団プロセスにおける，教師，家庭の役割，⑥望ましい学校のあり方などについて，初等教育全般の問題としてその見解を示したものである）をよりどころに，クラスルームをクラスベース，プラクティカルスペース，クワイエットスペース，ホール，中庭・テラスなどの外部スペースを含め，さまざまな大きさや性格の異なる空間に分解し，それらを有機的に連結する工夫を行っていた．

これらの動きを参考に日本でも昭和40年代の後半から新しい形態の学校建築が建てられ始めた．これは，これまでの教授方法を見直しインフォーマルな教育を目指す教育と一致した．私立加藤学園（静岡）が最初の試みで，昭和50年代に入り，富山県福光町の中部小，愛知県東浦町の緒川小が相次いで出現した．ここでは，「ティームティーチングや個別指導など」多様な教育方法が可能な教室空間をつくり出した．今日みられる多目的オープンスペースを先取りしたものである．教室と廊下の間仕切り壁を可動にし，廊下部分を広げ，学年に対応した共通の学習空間がそれである．

今後は，小学校低学年では体験学習を伴う生活科の導入により，クラスまわりのあり方が高学年とは異なる学習空間として求められ，一方高学年では，コンピュータなど情報機器の発達で，みずから学ぶ，個別学習が可能であり，とくに，メディアスペースとしての図書室・資料室，各特別教室との連携とそのあり方の工夫が求められよう．

一方，いままでの既存施設では，少子化に伴い空き教室の利用，すなわちリニューアル化も教育の現代化に対するこれからの課題となるであろう．

中学校では，教科担任制となることから，これまであまり顧みられなかった教科（国語，数学，社会，英語など）の学習環境の充実が求められ始めた．現在，これらの教科は学級教室で授業が行われており，教師がそれぞれの学級に出かけ，手にもてる範囲の教具と教科書しか準備できない授業を行わざるをえない．これまで音楽や理科，家庭，技術，体育など実技，実験のために特別教室が用意されていたのと同様，それぞれの教科スペースの充実が求められている（教科教室型の学校運営方式）．今後，生徒自身が学びたい教科を選択していく時代になれば，これまでの学級教室だけでは成り立たなくなるからである．

生活指導のあり方も再考しなければならない課題の1つで，その際，教師の居場所，すなわち，職員室（公務室）の位置が重要になる．これまでのような閉じた管理諸室ではなく，生徒に開かれた，いつでも相談に行ける，学校の中心に位置する必要があろう．

高等学校は戦後，新制度に移行した際，高校3原則（男女共学，小学区制，総合制）が強く求められた．しかし，その後の高進学率に伴い，大学進学に有利な普通科高校へのニーズが高まり，より多くの学校が選択できる方向に推移した．したがって，偏差値による学校間の序列化が進み社会問題化した．九十数％が進学するようになった今日，学力に合った個別教育の必要性が求められ始め，総合選択制高校や単位制高校，総合学科をはじめとする職業科の見直しなど「特色のある高等学校」づくりが1990年代に出現し始めた．公立の中高一貫教育（宮崎県五ヶ瀬中・高等学校）の試みもその1つである．

〔吉村　彰〕

12.9.2　図書館
(1)　図書館の現状

図書館は，国，都道府県，市町村，学校関係（公立，私立，各種専門），病院関係，民間の事業所など多種存在する．自動車図書館などの移動型，家庭文庫，地域文庫など，民間が行っている小さな図書館もある．

最近の図書館では，コンピュータが活躍し，貸出し手続きや蔵書管理の簡略化，迅速化が進められ，利用者開放の端末で目録検索やさまざまな情報収集が簡単に受けられるようになった．その他，本のリサイクル（不要になった本を希望者にあげる）やさまざまなテーマで行う教養講座，講演会，学習会，映画会など，現代社会のニーズが反映された活動も行われている．

高度情報化社会，高齢化社会，子どもたちの心の教育などの現代社会の問題において，図書館が担う役割は大きい．図書館において扱う情報の種類，量

は多くなるばかりで，インターネットなどをフルに活用し，図書館ごとの専門性を限定して図書・情報収集を限定し，図書館機能が楽に運営されるようにする必要もあるだろう．高齢者の増加も，図書館の施設としての利便さ，必要とされる情報の収集など図書館の機能の見直しが必要になる要因である．そして，未来社会を担ういちばん大切な子どもたちに対して，ハード面の充実ばかりでなく，人がかかわり，図書がかかわることで，子どもたちの心の安定，人生を考える指針となることもできるのではないだろうか．

(2) 子どもの図書館事情

1960年代，子どもの読書に対する関心，要求が高まり，公共図書館において，児童室，児童コーナーの設置，蔵書数の増加などの量的な伸びとともに，内容面の充実にも力が注がれた．子どものための本選び，そのための図書評価の勉強会，読み聞かせやストーリーテリングなど子どもと本を結び付けるための研究会が開かれ，成果を上げた．それまでの「公共図書館は成人教育の場であり，子どものことは学校図書館に任せておけばよい」といったころに比べ，大きな進歩であった．

一方，図書館行政の不足分を肩代わりしたのは，家庭文庫，地域文庫と呼ばれる民間の活動である．児童文学者石井桃子の「かつら文庫」のように個人が浄財を投じ，自宅の一室を解放してつくられたものもある．

1970年代，「すべての子どもに読書の喜びを」「ポストの数ほど児童図書館を」の2つの標語の広まりとともに図書館は増え，子どもの利用者，児童書の貸出し冊数は飛躍的に増大し，児童図書館や子どもの読書への関心も高まった．独立した児童図書館も増えた．

児童図書館（室），文庫，読書運動の発展に伴い，関係者や研究者の間に，児童図書資料センター（子どもに貸出しはしない）を要求する声も出てきている．この要求に応えるため，都立日比谷図書館は児童室のほかに児童資料室を設けて研究者にサービスを始めた（2002年度より都立多摩図書館へ移行）．児童図書，雑誌，視聴覚資料など児童文化に関する資料，児童図書館，学校図書館，文庫，親子読書など読書施設と読書運動に関する情報，資料の収集，保存，提供，児童図書の創作，普及，書評活動への協力と援助，児童へのサービスと読書調査，作家，出版社と子どもの交流などを行った．

しかし，児童書の貸出し量の増大に伴い，図書館でのサービスの問題も出てきた．児童図書館に必要な職員に，知識も経験もない人が配属されたり，子どものリクエストだけに力を入れ，低俗な本をそろえ，利用数だけを誇る勘違いも起きたりした．

また学校図書では，教科学習の資料，読書指導，図書館利用指導などの目的があるが，その活動は停滞気味である．学校司書，司書教諭の任務に対する軽視，一般教師の読書教育に対する認識不足，受験・学力重視の教育傾向などが，学校図書館の活動を停滞させているといえる．

1990年代，都市部を中心に子どもたちの放課後に塾やおけいこごとが多くなり，子どもの読書離れ，図書館離れが問題になってきた．1994年10月の全国図書館大会の児童の分科会は，「児童書の品切れ絶版問題」をテーマにし，本の魅力や価値を見抜けない図書館員の責任や，なくては困る本を買い支えていく必要性が提言された．

1997年6月，学校図書館法改正に「政令で定める小規模校（11学級以下）を除く学校に2003年までに司書教諭を発令する」とあるが（全国で42000校のうち18000校の小・中・高校で，43％が11学級以下にあたる），教員定数の増加はなく，授業・学級担任教諭のうち司書教諭の有資格者が行うことになり，現状はなんら変わらないばかりか，現職の専任学校司書，自治体が独自に進めてきた専任職員の配置もあやぶまれる．

新しい図書館の活用方法，とくに中・高校生に進めたいものがある．教科の枠を超えて総合的学習を行うために，みずから発見，設定した課題を捜すために新聞記事を活用する学習（newspaper in education, NIE：教育に新聞を活用する）も行われている．コンピュータを通してインターネットで関連記事をみたり，新聞の縮刷版で捜したり，コンピュータを導入した図書館の有効利用の1つの形となるだろう．

東京，上野公園内に国立の「国際子ども図書館」が2000年度に一部開館した（2002年全面開館）．国立国会図書館支部上野図書館が改修を行ったものである．国が初めて児童書の収集，整理を専門的に手がける機関となり，将来は，児童サービス，児童書担当司書の研修機関の拠点としての期待も高まっている． 〔菊池貴美江〕

参 考 文 献

1) 日本子どもを守る会編：子ども白書，草土文化，1975，1989，1995，1997．
2) 朝日新聞，1998.1.27（朝刊）．

12.9.3 子ども文化施設

1989年に国際連合が採択し，1994年に日本でも発効した「子どもの権利条約」では，子どもの遊び，ならびに芸術活動，文化活動の保障は色濃く尊重されている．第31条では，「児童が，休息し及び余暇を持つ権利，年齢に適した遊び及び娯楽活動を行う権利並びに文化的生活及び芸術に自由に参加する権利を認める」というように，①子どもが休息し余暇をもつ権利，②遊び，娯楽を行う権利，③文化的生活や芸術に自由に参加する権利など，以上3点がきちんと保障されることになった．

1959年に国連で採択された児童権利宣言にさかのぼっても，子どもの諸活動の中でもとくに，文化活動や遊びが尊重されている．第7項では「児童は遊戯及びレクリエーションのための十分な機会を与えられる権利を有する」として，子どもの遊びを全面的に支援している．そして子どもの遊びは「教育と同じような目的に向けられなければならない」と，子どもの活動の中でも遊びに対する軽視はまったくみられない．

しかし，今日の日本における子どもたちがおかれている文化活動の環境は，こうした法や憲章の示すものとの間に大きなギャップがあることは否めない．

子どもの文化施設を社会的に確保しなければ子どもの生活は満たされず，その発達が脅かされるという不利益が起こる．また，子ども文化施設の発展により，子どもみずからが経験することのできなかったより豊かな生活を享受することができ，この点でも地域における子ども文化施設の重要性は高い．

子ども文化施設の中で「おもちゃ」をテーマにしているところは多くみられる．東京のおもちゃ美術館は，おもちゃを「みる」「借りて遊ぶ」「つくる」「調べる」といった4つの特徴をもたせている．たとえば，日本全国のおもちゃや世界各国のおもちゃをみることによって，おもちゃの文化，芸術性，歴史を読み取ってもらう．多くの書籍が町の図書館で借りられるように，おもちゃも家にもって帰れて遊ぶことができるようなシステムを取り入れる．木や紙，布，さまざまな自然物を利用して，いつでも手軽におもちゃがつくれるような教室を開く．さらに，おもちゃ・遊び関連の書籍や資料などを，希望に応じて閲覧できるようにする．こうした機能を展開できる総合的な文化施設を目指している．近年は，高齢者福祉施設や障害児施設などに姉妹館をつくり，「おもちゃ」をかけ橋にした世代間交流，地域交流をはかっている．参考として，図12.6, 12.7にはそれぞれ，「おもちゃコンサルタント養成講座」および「高齢者の遊びデザイナー養成講座」のカリキュラムの一例を示す．

また，おもちゃメーカーがつくったおもちゃの文化施設も多い．ツクダがつくった「日本玩具資料館」（東京都）は，90年にもわたる金属おもちゃの歴史を中心に展示施設を開設し，縫いぐるみメーカーのサンアローも「伊豆テディベア・ミュージアム」（静岡県）で，長年子どもたちに親しまれた総合縫いぐるみ文化を紹介している．

科学の分野も子どもたちのための文化施設は全国に数多くある．盛岡市子ども科学館や横浜子ども科学館などは体験，参加型の施設を目指している．絵本の分野も「いわさきちひろ絵本美術館」（東京都）をはじめ「えほん村」（山梨県），「絵本の森美術館」（長野県）など絵本文化を支える施設が各地で多数開館している．また，演劇，音楽の領域は人形劇団「プーク」（東京）や人形博物館の「人形の家」（神奈川県）の専用劇場などわずかながらつくられている．しかし，文化施設のハード面の立ち遅れが目立っており，全国的な組織ネットワークをもつ「親子劇場」などが，市民文化センターや公民館を利用して子ども対象の演劇文化を支えている．

最近，大人の文化施設や団体が，子どもたちの文化活動，芸術活動を応援していく動きも出てきている．地域の芸術，文化活動を支える博物館，美術館が変わりつつある．子ども向けの企画展やワークショップを開く美術館，博物館が増え始めている．

東京の世田谷美術館では1988年から子ども向けプログラムに力を入れてきている．年に数回，小グループの小中学生が設問に従って館内を歩き回る．かつてのシーンと静まり返っていて，大人たちの独占空間であった美術館を，子どもたちにも親しみをもってもらおうと努力している．

また，目黒区美術館でも「ワークショップ・手と目の冒険広場」というプログラムの中で，子ども向けの内容も取り入れている．芸術家や学芸員などの専門家が参加者に教え，さとすといった技術の伝授型教室ではなく，参加者みずからが主人公になり，専門家と参加者の美術を通したコミュニケーションを楽しむことに重点をおくものである．

また，他の動きとして能や狂言，歌舞伎などの日本の伝統芸能の子ども向け教室を積極的に開催するようになってきている．感性の豊かな子ども時代から，日本の伝統芸能に触れさせようといった試みである．1978年から伝統芸術振興会は毎年夏に親子能楽教室を開いている．

12.9 子どもの空間

1	オリエンテーション 多田千尋（おもちゃ美術館・館長） 「おもちゃコンサルタント」に求められている役割やその現状を説明しながら、受講生にそれぞれ自己紹介をしてもらいます。	**2**	おもちゃ学入門 多田千尋（おもちゃ美術館・館長） 教育や福祉、一般生活の中でのおもちゃの価値や意義を、作り手、使い手、広め手の3つの視点から捉え、広く考えていきます。
3	日本のおもちゃ文化 多田千尋（おもちゃ美術館・館長） 日本の郷土玩具、伝承玩具をベースに子育て感や子ども文化を探り、現代玩具から見た子ども学も加え、遊びのルーツに迫ります。	**4**	世界のおもちゃ文化 多田千尋（おもちゃ美術館・館長） おもちゃ五大国であるアメリカ、ロシア、ドイツ、中国、日本のおもちゃを比較検証し、各国の生活文化の違いを浮き彫りにします。
5	流行玩具と子どもの世界 森下みさ子（聖学院大学教授） 子ども心理や子ども社会と人気おもちゃとの関係を多角的に考察、おもちゃ文化と子ども文化の「現代」を捉えていきます。	**6**	世界の教育玩具論 豊泉尚美（東京都立短期大学講師） フレーベル、モンテッソーリ、シュタイナーの三大教具からおもちゃの意義・活用方法を学び、現代の教育現場で活かすヒントを探ります。
7	おもちゃメーカー・ぬいぐるみの開発論 前原節子（ナカジマコーポレーション・企画開発部） 素材からデザインまでにこだわり、時代のニーズに合わせたぬいぐるみの創作・開発論をトイパーソンとしての視点から展開します。	**8**	おもちゃ作家・木製おもちゃのできるまで 野出正和（無垢工房） 木にこだわっておもちゃを制作している若手作家。企画開発、製作、販売までを一人で担当するおもちゃ作家のすべてがわかります。
9	バリアフリーのおもちゃ論 星川安之（トミー・E&Cプロジェクト） おもちゃの世界にもバリアフリーを。障害のあるなし、年齢に関係なく誰もが楽しめる「共遊玩具」について話し合い考えます。	**10**	おもちゃリサーチ研究報告 多田千尋（おもちゃ美術館・館長） 既製品のおもちゃをリサーチして、自分にとっての「グッド・トイ」を探します。その結果をレポートにまとめ発表してもらいます。
11	手作りおもちゃ実践編 菊池貴美江（おもちゃ美術館・指導室長） おもちゃ創作活動は脳を活性化させてくれます。子どもから高齢者まで楽しめるおもちゃを実際に作り、柔軟な活用方法を体得します。	**12**	おもちゃコンサルタント実践編 宮森美里（グランパパ・おもちゃコンサルタント） 津川雅彦さん主宰のおもちゃショップ「グランパパ」でのコンサルティング術とおもちゃマインドを、世界のおもちゃを前に学びます。
13	おもちゃコンサルタント実習 デパート・幼稚園・おもちゃ美術館などの実習地を選択し、講座で学んだことを実践で活かします。受講生は自分のペースで最低56時間以上の実習をし、実習ノートの提出後「おもちゃコンサルタント」認定書を交付いたします。		

図 12.6　芸術教育研究所における「おもちゃコンサルタント養成講座」カリキュラムの一例

―――― タイムテーブル ――――

【1日目】

13:00		15:15	15:30	17:30	18:00〜19:30
受付	特別講演 桜井里二		休憩	第1講座 中田光彦	懇親会

【2日目】

9:00	9:30		10:50	11:00		12:20	12:40	13:30		14:50	15:00		16:20
受付	第2講座 レクリエーション (第1グループ)		休憩	第2講座 レクリエーション (第2グループ)		昼食準備	昼食	第4講座 おもちゃ (第1グループ)		休憩	第4講座 おもちゃ (第2グループ)		
	第3講座 フラワーセラピー (第2グループ)			第3講座B フラワーセラピー (第1グループ)				第5講座 おしゃれ (第2グループ)			第5講座 おしゃれ (第1グループ)		

【1日目】6月11日(木) 13:30〜17:00

基調講演　13:30〜15:15
豊かな遊び文化で21世紀の高齢者福祉施設を目指すには
桜井里二（日本福祉文化学会副会長）

人は芸術やスポーツなど様々な遊びを通して生活を活性化しています。高齢者の世界でも周りにいる人々が遊びのデザイナーとして関わり、豊かな楽しい生活を演出していきましょう。

第1講座　15:30〜17:30
入門・老人介護の遊び学とは何か
― 高齢者のいきいきした生活をデザインする ―
中田光彦（淑徳大学講師・鎌倉市社協登録ヘルパー）

「介護」と「遊び」の融合は、これからの新しい日本の介護技術でもあり、介護マインドでもあります。介護の中に、お年寄りの目線に立った遊びのエキスをアドリブでどのように盛り込んでいくのか。長年の介護体験と豊かな感性を持った専門家が新鮮な息吹をもたらします。

懇親会（参加費:6,000円）18:00〜19:30
立食パーティー形式の楽しい懇親会です。さまざまな地域から集まった方々と交流を深め、夜のひとときを楽しみましょう。

【2日目】6月12日(金) 9:30〜16:20

第2講座　第1グループ 9:30〜10:50　第2グループ 11:00〜12:20
高齢者のための楽楽レクリエーション
― 痴呆性老人から在宅老人までの遊びを考える ―
高橋紀子（福祉レクリエーションワーカー）

指導することが楽しくなる、レクリエーションの実践を学びます。さまざまなお年寄りにマッチした遊びのエッセンスを覚えながら、自分の中に眠っている遊びのセンスをみがきます。

第3講座　第2グループ 9:30〜10:50　第1グループ 11:00〜12:20
高齢者のためのフラワーセラピー入門
― 花がもたらすコミュニケーションと心の癒し ―
田村記子（フラワーセラピー研究会代表）

花と楽しくつき合うことで、リハビリから心のセラピーまで効果が期待できます。福祉の世界で、今、注目されているフラワーセラピーを体験して、お年寄りとの素敵な時間・空間作りに生かしましょう。

第4講座　第1グループ 13:30〜14:50　第2グループ 15:00〜16:20
高齢者をいきいきさせるおもちゃ・ゲーム・遊び
― 遊びのカロリー計算ができる栄養士を目指す ―
多田千尋（芸術教育研究所所長・おもちゃ美術館館長）
菊池貴美江（芸術教育研究所企画室室長）

高齢者の遊びの栄養失調状態が深刻です。世界各国のおもちゃから手作りおもちゃまで、お年寄りにマッチするおもちゃ、ゲーム、遊び、年中行事を紹介しながら実践を学びます。身近にあるものを使った簡単なアイデアグッズも作ります。

第5講座　第2グループ 13:30〜14:50　第1グループ 15:00〜16:20
カラーコーディネイトで介護を彩る
― お年寄りはみんなオシャレをしたがっている ―
岩井ますみ（カラーコーディネーター）

ちょっとした装いの気配りやオシャレのセンスでお年寄りの表情は変わり、驚くほど元気になります。ホームや在宅のお年寄りに誰でもできる簡単オシャレテクニックやオシャレの精神を学びます。

図 12.7　芸術教育研究所における「高齢者の遊びデザイナー養成講座」カリキュラムの一例

さらに、羽根木プレーパーク（東京都世田谷区）に代表されるように、子どもたちと大人たちの協同参加による公園づくりも、全国に大きな刺激を与えている。行政側に懇願して公園をつくってもらうのではなく、住民自治によって子どもたちが本当に望んでいるオリジナルの公園をつくり上げていく過程の大切さも説いているものである。

現代は、一市民として、大人たちが子どものことをまじめに考えなければならない時代ともいえる。そして、子育てや子どもたちの文化活動、芸術活動を通して崩れかかったコミュニティを取り戻すよいきっかけにもなるのではないか。

1990年代には子どもの文化・芸術関連施設の今後のヒントになる研究成果がいくつかみられる。「子育て新時代の児童館ビジョン」（京都市社会福祉協議会、1991年）では、地域における今後の児童館の役割や位置づけが現状報告とともに提言書としてまとめられている。子育て新時代における児童館として、子育てのセンター機能および子育て支援システムを有し、子育てネットワークの担い手として展開していくことが求められている点は特筆すべきものである。『おもちゃのフィールドノート』（多田千尋、中央法規出版、1992）は、おもちゃを子どもの文化活動の大切な道具と捉え、障害児、病児の遊びを豊かにし、高齢者と子どものコミュニケーションのかけ橋となる可能性を追い、おもちゃというフィルターを通した児童福祉と文化の結合を説いている。

次に地域文化のソフトに力点をおいた『地域文化ネットワーク』（日本演劇教育連盟編、晩成書房、1993年）とハードを中心にまとめた『子どもがはばたく地域・施設ハンドブック』（子どもの文化研究所、1994年）は、日本全国で注目されている子どもの文化・芸術活動や子どもの文化施設を細かく取り上げ、全国的な児童文化の広がりをみるうえで貴重な資料といえる。また、最近脚光を浴びているアメリカの子ども博物館の動向を探るテキストとして『子どものための博物館』（染川香澄、岩波書店、1994）はわかりやすい。さまざまなタイプの子ども博物館を知ることができ、財政、マンパワーなどの博物館を支える屋台骨についても情報は豊富である。また今後の日本における新たな子どもの文化施設を構想するうえで大いに参考となる。

〔多田千尋〕

12.10 障害児と居住空間

12.10.1 居住空間のバリアフリー化、ハウスアダプテーション

障害児の発達と自立を促すために、生活の器である居住空間のバリアフリー化は不可欠であり、その生活支援策として、医療、福祉、教育、建築分野の協働、連携のもと、地域におけるハウスアダプテーション支援システムの整備が求められる。ハウスアダプテーションとは、身体障害者がその身体的不自由によって住居からこうむるハンディキャップを軽減するための治療的かかわりであり、新築、増改築、改造・改修、福祉用具活用のみならず、転居も含まれる。

事故や疾病によって障害を負った成人の場合であれば、受障以前に獲得していた生活を継続し、できるだけ自分で身のまわりのことは行いたいと願うことは普通であり、このため、リハビリテーションの一貫として、居住空間のバリアフリー化、ハウスアダプテーションの重要性については、障害者自身も家族も専門職も理解し要求・実施しやすい。しかし、幼少時から障害をもつ重度肢体不自由児の場合、初めから介助による受け身の生活を展開しているため、親子ともども、意欲的、積極的に生活を構築するという発想は生まれにくく、ハウスアダプテーションの要求に結び付かない場合が多い。

1974年、養護学校義務制によって、それまで就学猶予または免除とされた重度障害児の就学が実現し、すべての障害児が、盲・聾・養護学校、小中学校の特殊学級または普通学級で学ぶ体制が確立した。特に、養護学校に在籍する児童生徒の障害の重度化、重複化、多様化の傾向は顕著であり、生活自体が学習と位置づけられ、教師が介助指導を実施している。学校と家庭における生活・学習の一貫性を重視したバリアフリー環境整備は教育効果を上げるために不可欠であり、ハウスアダプテーションの必要性はよりいっそう増大している。さらに、特殊教育から特別支援教育への転換期において、養護学校教師がコーディネーターとなってハウスアダプテーション支援に参画していくことも重要課題である。

12.10.2 障害児の居住空間、生活状況をめぐる実態

筆者らが実施した養護学校に在籍する重度肢体不自由児33名の自宅訪問面接調査結果から、多くの住宅において共通的に展開されていた特徴的な生活状況をまとめる。

屋外ではバギーまたは車いす介助移動していたが，狭い住宅内では母親による乳幼児のときからのだっこ移動をそのまま継続し行っていた．住宅の規模，室数，バリアフリー性能の有無にかかわらず，日中の子どもの居場所は，母親の目の届きやすい居間か食堂の一角であり，医療的ケアが必要なケースでは，調理流しの一角には医療器具の洗浄・保管コーナーが設けられ，子どもの居場所の周辺には電源を必要とする吸引・吸入器具，経管栄養のための経管スタンドなどが置かれ，固定的コーナーを形成していた．ほとんどが座位保持いすや車いすなどを所持していたが，床座の和風と，食堂や居間における椅座位の洋風の生活形態が混在する中でその活用は部分的なものにとどまり，多くの時間，子どもたちは寝たきりの状況であった．便所は狭いため，おむつ換えは日中の居場所，パブリックスペースの一角で行われ，また，そこで脱衣後，浴室までそのままだっこ移動し，2人がかりで入浴介助されていた．腰痛を患う母親が，リフター導入を希望しても，適切な製品情報を得られなくて整備できない状況もみられた．

12.10.3 居住空間と福祉用具活用の課題

多くの保護者は，ハウスアダプテーションの必要性を感じていたが，どのようにするとどのような効果が得られるのかわからず，適切な相談窓口もなく，かつ経済的問題も抱えていた．これに対して，発達段階にある障害児のための居住空間のあり方やハウスアダプテーションに関する十分な情報提供・相談・計画施工の支援体制整備が求められており，さらに母子一体の生活を余儀なくされ，問題を見えにくくさせている状況を改善する家族支援体制の整備も重要課題である．

重度肢体不自由児の居住空間においては，介助しやすさへの配慮が不可欠であり，家族との交流を促進できるパブリックスペースに連続して，プライバシーを確保できる個室，そこに近接するおむつ換えもできる広いサニタリースペース（便所，洗面脱衣室，浴室）を確保するとよい．また，望ましい移動方法と姿勢保持を行えるように，歩行器，車いす，座位保持いす，リフターなど福祉用具活用に配慮し，移動・出入り・避難しやすさに留意する．

福祉用具を活用するためには，個別ケアが基本になる．学校や居住施設において，移乗介助のためのリフターを導入する場合，一斉プログラムでは，教室や便所に1台のリフターが整備されていてもまったく役に立たない．スウェーデンの重度重複障害児の教室では，便所や教室内には天井走行リフターが1台ずつ設備され，パーソナルアシスタントが個別にリフターを操作し移乗を介助していた．これに対して，日本の多くの肢体不自由養護学校のように，時間割に沿った活動がいっせいに展開されていると，便所使用のピークに合わせた広い便所を確保しなければならないが，これは設計上不可能である．また，休み時間にいっせいに介助しようとすると，便所は混雑するので室内での排泄介助も起こるが，これは非教育的，非衛生的といえる．介助が必要な人々をどのように介助していくのか．個別化しなければ，福祉用具もスペースの有効活用も図れない．個々の発達段階に対応しプライバシーを確保できるように，ハウスアダプテーションと同時に学校や福祉施設にもアダプテーションが必要である．

12.10.4 ハウスアダプテーションの基準と支援制度

ハウスアダプテーションを推進するためには制度の整備が不可欠になるが，わが国では住宅は個人財と捉えられ，個人の資産である住宅に対する修繕，改造を推進する公的支援システムは未確立である．一方イギリスでは，住宅は社会資本，公共財として位置づけられ，税金を投入して住まいの修繕，改造が推進されてきた．この場合，住宅の修繕は良好なストック確保，すなわち住宅のための施策であり，これに対してハウスアダプテーションは，人のための施策と位置づけられている．

イギリスでは，ハウスアダプテーションは自治体に義務づけられ，具体的な援助の権限は，社会サービス局と住宅局にある．援助の内容は最低限の工事でなく，より一層の快適性，利便性，安全性を求める工事とされている．社会サービス局は，日常業務の中でハウスアダプテーションにかかわる評価をみずから，または代理店に委託して行わなければならず，そこには資金・金融援助も含まれる．また社会サービス局は，手すり設置など簡単な工事や福祉用具活用，援助者の派遣などを担当し，必要に応じて住宅局や保健局と連携して支援を進める．これらを遂行するために，社会サービス局においては作業療法サービスが整備された．住宅局の役割は，住居法のもとでの，補助金の給付とみずから所有管理する公営住宅の構造にかかわる工事の実施である．たとえば，日本では認可されていない，天井をぶち抜いてかごが昇降するスルーフロアリフトもリサイクルされているなど，適切な福祉用具活用もきめ細かな個別的支援システムの中で実現できている．

1996年，Housing Grants, Construction and

表 12.6　障害者施設補助金 DFG の必須の改造工事

・住宅の内外の出入りをより容易にできること．たとえば，ドアの拡幅，スロープの設置
・障害者とその他の居住者の安全性を確保すること．たとえば，付き添いのない障害者が 1 人で安全に過ごせるように特別に改造された居室，またはより見やすく改良された照明を提供すること
・居間により容易にアクセスできること
・寝室，キッチン，便所，洗面器や浴槽またはシャワー設備へのアクセスを提供，または改善すること．たとえば，階段昇降機の設置，または 1 階にバスルームを用意すること
・障害者のニーズに合う自宅の暖房システムを改善，または用意すること
・障害者がより容易に使えるように，暖房または照明操作を改造すること
・障害者が介護する配偶者，子ども，またはその他の人など，同居人の介護を障害者ができるように，住宅まわりのアクセスや移動を改善すること

Regeneration Act によって，ハウスアダプテーションのための障害者施設補助金 DFG（Disabled Facility Grant）の必須の改造内容は，表 12.6 のように改正された．作業療法士がこの性能基準にのっとって工事内容，補助金額などの査定を担当する．通常は上限約 400 万円であるが，自治体の裁量によって上限なしで実施することもできる．

このように，ハウスアダプテーションを公的支援に位置づけるためには，性能基準の明確化，査定専門職の確立，補助制度の整備などもまた必要になる．

〔野村みどり〕

12.11　子ども参画のデザイン

(1) 子どもの参画とは

現在 100 カ国以上で批准されている「子どもの権利条約」に，子どもの意見表明権と表現の自由が唱われている（国連「子どもの権利条約」第 12, 13 条）．子どもを独立した人格と認め，子どもの社会への参画を保障するものである．この条約の意味は深いが，実際に子どもの参画は真剣に考えられていないのが実状であろう．まだ考えがはっきりしない子どもに，社会のだいじな事柄の判断などできはしない，というような考え方をする人が一般には決して少なくない．

しかし，子どもに必要とされる情報を与えて，また考えるプロセスを用意すれば，子どもたちは自分たちにかかわる事柄に正当な判断を下していくものである．子どもの参画はそういう意味でも，教育（学習）と民主（主体性）の 2 面をもっている．

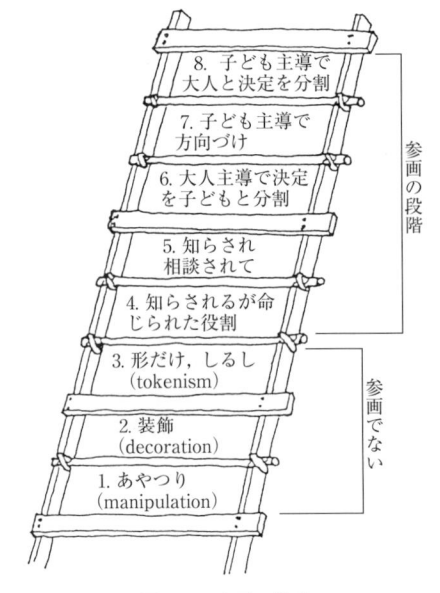

図 12.8　参画の梯子

（梯子の段：
8. 子ども主導で大人と決定を分割
7. 子ども主導で方向づけ
6. 大人主導で決定を子どもと分割
5. 知らされ相談されて
4. 知らされるが命じられた役割
3. 形だけ，しるし（tokenism）
2. 装飾（decoration）
1. あやつり（manipulation）
——4〜8 は「参画の段階」，1〜3 は「参画でない」）

(2) 参加から本質的参加「参画」へ

「参画」とは，一般には自分たちの生活に影響を与える事柄の意志決定をともにする過程を意味する．それによって民主主義が確立する手段でもあり，またそれに照らして民主主義の度合いが計られる基準でもある．重要なのは，子どもたちが自分たちの生活に直接影響を与えるプログラムに参画して学ぶ機会が用意されることである．このような考えのもとに，ロジャー・ハートはユニセフの依頼によって世界各地における子どもの参画の場面を調査して，それをレポートにまとめた[1]．そこでは子どもの参画のレベルを 8 段の梯子になぞらえて説明されている．この梯子は，アーンスタインによる住民参画の 8 段階の梯子を応用したものだが，ハートが子どもならではの視点を織り交ぜ，子どもの参画に関して鋭い洞察力をもって独自の枠組みを示している（図 12.8）．

この 1〜3 段目までは，参画といいながらも，本質的に参画でない部類とされている．1 段目は「あやつり」，2 段目は「お飾り」，3 段目は「みせかけ」である．たとえばよく，ある子どもたちに絵を描いてもらい，都合のよいように扱ったり，「子ども会議」と銘打って代表の子どもを集め，その成果の扱いも曖昧であるようなことなどがこの部類である．

本当の参画は 4 段目からであり，大人から役割を命じられたり，内容を相談されたりする段階から，上位は子どもに主体性があり，頂点となると子ども主導で，決定を大人とともに行うという段階であ

る．

(3) 子ども参画による施設づくり，まちづくり

では住まいづくりから公共施設の計画，そしてまちづくりなどの場面で子どもの参画はどうであろうか．子ども参画がこれまで行われている施設ではまずは公園が挙げられる．公園はその形態からいって柔軟で参加しやすい施設の代表格といえる．初期の時代には子どもたちに絵を描いてもらうものから，最近では神奈川県横浜市や東京都世田谷区をはじめ，大人と交じり，住民参加のワークショップに参加する形で行われている例も増えてきた．参画のレベルも上がってきたといえる．続いて，学校施設が挙げられる．学校施設のうち，校庭はもっと子ども参画が考えられてしかるべきであろう．イギリスでは「アウトドアクラスルーム」という考え方，つまり校庭の環境を環境教育のみならずさまざまな教科の学習の単元で利用することが可能なほどに，豊かな環境に改造する動きが生まれてきた[2]．少ない予算の中では，徐々に改変を加えていく長期的取組みでもよく，各学期ごとに1つずつ計画を立てて，徐々に長期にわたって改変を加えている小学校もある．改造のプロセス自体が教育的意味をもっているからである．子どもたちは，自分たちの手で環境を変えることができたという実感をもつことで，環境に対する認識を深めていく．

学校の校舎や，コミュニティの集会施設，児童館などの建築物については屋外空間よりも参画の場面は狭められるだろうが，構想・計画段階における参画の方法はもっと工夫されてよいだろう．デザインゲームなどの設計支援のワークショップメニューも参考になろう[3]．デザインゲームのようなメニューは，家族で住居を設計する場合にももっと工夫されるとよい．また集合住居の場合，コーポラティブハウスはそのプロセスの中で，後に居住者になる関係者に理解を深め，子育ての近隣関係が築かれていく可能性がある．

道路や河川の土木空間になると，子ども参画とは無縁の世界のように考えられるが，もっと考えられてよいだろう．道路となると長野県飯田市のりんご並木が希有な例といえる．1948（昭和23）年の市街地大火の後に中学生がりんご並木をつくり，その後代々中学生が管理をしている著名な例である．40数年経た後の再整備も中学生参画で行われ，歩行者優先の並木道へと生まれ変わった．住戸前の道路は子どもが遊ぶ場でもあり，そのあり方や整備を考えるのに子ども参画や子どもの視点が考慮されてしかるべきである．コミュニティ道路の規範となったオランダのボンネルフェンやドイツなどの交通抑制策の道路においては，子ども参画により，遊びの場としても豊かな道路へと生まれ変わっている例がみられる[4]．河川は子どもが親しめる多様な自然空間の代表的な存在である．かつて水遊び，魚とりなど遊び親しんでいた環境が変化して疎遠な空間となってしまった河川に，今日，環境教育的な意味からアプローチがされつつある．横浜市に事例が多くみられるが，水質や生き物の観察調査を子ども発見団というように学校や地域で連携して河川の浄化や再整備に子どもたちがかかわっている例がみられるようになった．とくに河川をはじめとする自然型の空間は後々の管理が重要であり，その点の意識づけと継続した仕掛けに工夫が求められる．

これらの個別の空間を含めて地域全体のまちづくりに子どもたちがかかわることも重要なことである．子どものときから大人が地域づくりに取り組んでいる場面に接していることは将来のまちづくりの担い手形成としても重要なことであり，また子どもが参画することで住民参加の輪が広がるという利点がある[5]．だが，もっとも重要なことは子どもの権利条約の基本のように，子どもたちの意見表明の場が地域にあることである．それは，心理的に環境変化の影響をもっとも受ける多感なティーンエイジャーにとってなおのことである．

環境づくりへの子どもの参画の事例は，そのほか，環境学習の段階のものを含めて全国で多種多様なタイプがみられる[6]．しかしながら，参画の梯子の頂点にあるようなものは決して多くはない．子どもの主体性のもっとも発揮されるのは遊びであり，その遊びが子どもたちから欠けている今日，まずはいかに子どもたちの自由な遊びを促すかという総合的な施策が緊急な課題である．次に遊びを阻害することなく補完し発展させるようなプログラムのデザインも必要である．遊びに近いアート，ファンタジーなどの要素も子どもたちが生き生きと参画する仕掛けとなる．その成果を発表し，それを基に大人と子どもとが対話し，次のプログラムに展開していくような長期的な取組みが，梯子のステップを徐々にあがっていく参画となる．　　　　〔木下　勇〕

参　考　文　献

1) R. A. ハート：子どもの参画（木下　勇，南　博文，田中治彦監修，IPA日本支部訳），萌文社，2000.
2) 英国教育・科学省：アウトドアクラスルーム（IPA日本支部訳），公害対策技術同友会，1994.
3) H. サノフ：まちづくりゲーム（小野啓子訳），晶文社，

1993.
4) 木下 勇：遊びと街のエコロジー，丸善，1996.
5) 子どもの遊びと街研究会編：街がぼくらの学校だ，子どもの遊びと街研究会，1991.
6) こどもとまちづくりの研究会編：こどもとまちづくり，風土社，1996.

13

高齢者・障害者と住まい

13.1 高齢者と高齢期の生活

13.1.1 高齢者とは

　高齢者とは現在のところ，統計的・制度的に 65 歳以上の人を指すことが多い．人間は生命誕生の瞬間から死に至るまで，加齢現象と呼ばれる一生を通じての変化をし続けているのであるが，高齢になると心身機能の多くの面が低下する．寿命の伸びによって高齢期が長期化しているため，75 歳を境に前期高齢者と後期高齢者に分けて捉えられることもある．後期高齢者になると心身の老化が進み，生活の各面で援助を必要とする人の率が高まることが明らかになっている．高齢者対策の緊急性は，この後期高齢者の増加率がより急であることにも起因している．

　住まいを考えるときも，心身機能が低下するという面に着目して，高齢者を障害者として捉えがちである．しかし，高齢になって生じる障害は個人差が大きく，必ずしも年齢に対応しないこと，また障害が複合的であり，進行的であるという特徴をもつことについての配慮が必要である．障害がある部分のみであるなら，それを自助具と呼ばれる福祉機器を用いてみずから補うこともできるが，複合的であればそれはむずかしく，人による介助の必要性が増す．介助のしやすさは住まいの要件の 1 つであり，福祉機器も含めた住まいによる対応は，生活の自立を支えることに加えて，介助者を助ける役割を担うことになる．また，障害の進行性は，住まいをある時点の状態に対応させても，時間の経過に応じて，さらなる対応の必要性が生じるということを意味している．住まいには，この時間的変化への対応が求められる．

　住生活とは，住空間によって影響を受けたり規制されたりしながら，しかし主体的に住空間に働きかけるという，人と空間の相互関係の中で営まれる生活である．心身機能が低下すると，生活は空間による規制をより受けやすくなる．このことを考慮に入れた住空間でなければ，安全面，健康面などの基本的な問題に加えて，移動に困難を生じることによって生活圏を狭められ，人や社会や自然との接触の機会が失われるなど，高齢者は住生活上のさまざまなハンディキャップをもつことになる．

13.1.2 高齢期とは

　生活や住まいについて考えるとき，高齢期を規定するのは，年齢よりも各個人の心身機能の低下や，それに伴う生活の自立性の低下であり，加えて，家族周期によるいくつかの契機である．一般的には，すべての子どもが（結婚して）独立した後，いわゆるエンプティネストと呼ばれる時期が高齢期ということになろうが，住まいについては，最初の子どもの結婚のときから，どのように住むかが課題となる．かつての同居を基本とした住み方の規範は薄れて，結婚後は別居することが一般的となり，高齢者のみの世帯が増加している（表 13.1）．しかし一方で，近年の日本的特徴として，結婚せずに，いつまでも親と同居している子どもの増加が指摘されており，このことは同居率の低下に少しの歯止めをかけているものとみられる．

　配偶者の死去も高齢期の生活変化の契機である．別居の増加と寿命の伸びは，その後の長い 1 人暮らしの期間をもたらし，このこともまた，高齢者対策の必要性を高める要因となっている．一方，配偶者の死去は，要介護になったときとともに，子どもとの同居の契機となる．このような別居後の同居は，後期高齢者の同居率を高めるとともに，同居しても生活は分離する住み方を増加させている．

　高齢期を規定するもう 1 つの契機が，退職である．これまでの日本の高齢者の特徴の 1 つが就業率

表 13.1 高齢者の生活の場（単位：千人（％））

区　分	1980 年	1990 年	1995 年
1. 普通世帯，一般世帯	10,196.0（95.8）	14,233.4（95.7）	17,498.4（95.8）
(1) 子らと同居世帯	7,101.8（66.7）	8,454.9（56.8）	9,564.2（52.4）
うち，3 世代世帯	4,781.0（44.9）	5,129.0（34.5）	5,230.6（28.6）
(2) 老夫婦のみの世帯	1,922.7（18.1）	3,589.9（24.1）	5,068.9（27.8）
(3) 兄弟姉妹その他の世帯	336.6（3.2）	565.2（3.8）	663.1（3.6）
(4) 1 人暮らし老人	835.0（7.8）	1,623.4（10.9）	2,202.2（12.1）
2. 準世帯，施設などの世帯	427.4（4.0）	640.1（4.3）	762.4（4.2）
(1) 病院など入院者*	90.3（0.8）	388.1（2.6）	428.5（2.3）
(2) 老人ホーム入居者	150.5（1.4）	233.7（1.6）	299.6（1.6）
(3) 他の社会福祉施設	10.5（0.1）	13.0（0.1）	26.2（0.1）
(4) その他	176.1（1.7）	5.3（0.0）	8.1（0.0）
3. 65 歳以上人口	10,647.0（100.0）	14,873.5（100.0）	18,260.8（100.0）

* 1980 年については，3 カ月以上の入院者に限定（厚生省「患者調査」による）．
資料：総理府統計局「国勢調査」，厚生省「社会福祉施設調査」．

の高さであったが，経済状況や年金の充実，価値観の変化などが今後の状況を左右することになろう．いずれにしてもこの時期を「子育てや仕事から解放されて自由に生きる新しい人生の時期」と捉える人は増えていくのではないだろうか．しかしながら，これまでの日本の高齢者は，退職後，地域との関係を新しくつくることが苦手で，地域に友人が少なく，地域活動参加率が他の国々に比してきわめて低かった（表13.2）．地域の近隣関係はさまざまな支え合いの基盤であることを考えると，これは日本の高齢社会ならびにそこでの住まいのあり方を考えるうえでの大きな課題である．

かつては，隠居慣行が高齢期にふさわしい役割と住み方を決めてくれていた．どのように高齢期を住むかは，高齢期をどう生きるかの問題であり，これからの高齢者みずからの選択，あるいは創造にかかっている．

表 13.2 近所の人たちとの交流状況（％）

		日本	韓国	タイ	アメリカ	ドイツ
週 4～5 回以上話をする	男	19.6	66.1	62.4	38.1	52.6
	女	27.7	64.4	63.2	42.5	54.2
	計	24.0	65.1	62.8	40.7	53.6
週 1～3 回話をする	男	49.4	23.3	21.4	34.4	34.0
	女	48.2	25.4	19.0	38.6	32.2
	計	48.8	24.5	20.2	36.1	32.9
親しく話をすることはない	男	31.0	10.6	16.2	22.3	12.1
	女	23.8	10.2	17.7	21.3	12.4
	計	27.0	10.4	17.0	21.7	12.3

資料：総務庁高齢社会対策室「高齢者の生活と意識に関する国際比較調査」，1995．

13.1.3 誰とどこに住むか

どう住むかの選択肢は広がっている．一生を通してどう住まいとかかわるのか，ライフコースとしての選択肢もさまざまある．誰と住むのか，住み続けるのか，あるいは住み替えるのか，ケアサービスをどう受けるのか．この選択に，在宅ケアの推進を前提として 2000 年に導入された介護保険制度とその運用は大きく影響すると考えられる．いずれにしても，住宅双六の結果獲得された郊外 1 戸建て持ち家は，長い高齢期を想定した住居ではないので，さらなる「あがり」の姿が必要とされることになる．

高齢者のみの世帯の急増は，核家族化による家族観の変化（とくに親と子は別の家族であるという家族単位の認識の変化），高齢期の経済的自立や自立意識の高まりなどによるものといえよう．このような背景は同居においても変わらず，また，別居してからの同居が増加していることから，生計は別，食事は別，といった住み方が増加している．しかし，その実態の把握はむずかしい．たとえば，「2 世帯住宅」は商品化されてから 4 半世紀を経て，一般用語として定着したようであるが，これが統計上どこに分類されているのかは必ずしも明確ではない．世帯とは「住居と生計をともにする生活の単位」なので，玄関も台所も独立した 2 世帯住宅であれば完全な 2 つの世帯ということになり，統計上は別居に含まれるはずであるが，むしろ多くの居住者には同居の一形態と認識されているようである．さらに距離をおいた住み方は一般に近居と呼ばれる．なかでも，同じ電車の沿線などに住んで，緊密なコンタクトをとりながら住む住み方はネットワーク居住とも呼ばれる．かつて日本の高齢者は家族と一体の同居

が多い一方で，別居をすると親子が疎遠になるという生活ぶりが報告されていたが，現在では，家族ともつながりをもちつつ，公的サービスに期待しながら自立して住み慣れた住まいに住むというのが基本的な方向となっているといえよう．

高齢期のための住まいのもう1つ選択肢が，老人ホームなどの施設居住である．ケアサービスを受けて施設に住む高齢者が全体に占める比率は，実数の倍増や施設の多様化にもかかわらず，この10年来ほとんど変化していない（表13.1参照）．しかし，介護保険法施行後，予想外の施設需要の伸びが報告されている．病院入院者の比率の変化は把握しにくいが，これについては今後も，高齢者自身の状態にも増して，長期入院の政策的な扱いや在宅看護サービスをはじめさまざまな要因の影響を受けて変化するものと思われる．濃密なケアサービスの必要性が高まるほど，施設居住は重要な選択肢となる．グループホームへの転換も含めて，より住まいらしいあり方が求められるところである．

住宅対策の中では，高齢者向け公営住宅がスタートして40年近く，これにケアサービスを連携させたシルバーハウジングは制度化されて20年になる．これらは量的にはわずかであるが，公営住宅に住む高齢者の率は少しずつ高まって，厳しい住宅事情におかれている1人暮らし高齢者に対して一定の役割を果たしつつある．また，公団，公社でもケアサービスを連携させた集合住宅がわずかな特殊解として供給されている．

これら公的サービスと組み合わせた住まいの量的な限界，あるいは住まいとしての質的な限界を踏まえ，ともに住み，支え合う新しい住まいの形が模索されている．コレクティブハウジング，コーポラティブハウジングなどが求める生活の共同化と住むことへの主体的な参加は，一般の住まいや地域においても，それぞれのあり方でつくり出すことが求められている課題である．〔在塚礼子〕

13.2 高齢者・障害者と居住福祉

「居住福祉」とは，生活の基盤である住宅が確保され，命の安全，健康，人としての尊厳が守られ，安心して豊かな暮らしが営める状態やそれを目指したさまざまな社会的な努力を意味する．居住福祉の実現は，疾病の予防，福祉施設需要の逓減，在宅ケア負荷の逓減という結果をもたらす．

13.2.1 高齢者・障害者の特徴

高齢者や障害者は健常者と異なり，暮らしの中でさまざまな支援を必要とする身体機能の低下と多くの場合，低所得という特徴を有している．そのため，住宅問題の議論の中で高齢者や障害者はまとめて取り扱われる場合が多い．しかし，高齢者と障害者の違いを踏まえておく必要もある．障害者の機能低下は，特定で比較的固定化している場合が多いが，若ければ障害者でも他の機能を活用するなど環境への適応力がある．高齢者は加齢とともに機能が低下し，環境適応能力も低下する．そのため，加齢とともに機能を補完し続ける必要が生じることもある．高齢者も障害者もその身体機能の低さで通常の労働市場から阻害され低所得であるが，若年時の就労や人生経験の違いによって，高齢者の居住状態には大きな違いがみられる．

心身機能の低下はだれにでも起こりえ，そのことのみを取り上げて特別視することは，高齢者・障害者を社会から排除する結果を招きかねず，注意が必要である．心身機能が低下したとしても人としてふさわしい暮らしを営めるよう保障することが居住福祉であり，高齢者・障害者のケースはそれを考える典型例の1つといえる．

13.2.2 人の暮らしを支える居住福祉

人としてふさわしい暮らしとは，その人が属している社会の備えているさまざまな可能性や資源を活用して豊かな暮らしを享受することを意味する．そのためには適切な広さと水準の住宅，豊かな地域社会の存在が不可欠である．適切な広さの住宅とは，身体機能が低下した場合にそれを補完する補助器具・機器（たとえば，手すり，昇降機，エレベーター，リフトなど）の導入やリハビリテーションや介助・介護を無理なく行えるスペースを有することを意味する．身体機能を補完する器具，機器が設置されることによって排便，入浴などきわめてプライバシーの高い行為の自立が助長され，人としての尊厳が守られ，介助・介護負荷も軽減される．適切な水準の住宅とは，適正な室内空気の質や室温，水質，電気やガスなどの供給，汚水や廃棄物などの適正処理を意味し，居住者の健康を守ることを意味する．こうした住宅は，高齢者が便所や浴室・脱衣室などで急激な温度変化を受け循環器系の疾患を発症すること，鈍くなった感覚による調理時の失火による火災の発生などを未然に防ぎ，健康で安全な暮らしを提供する．

このような適正な住宅は，居住者自身の暮らしの

自立を助けるだけでなく，高齢者・障害者が訪問しやすいことを意味する．人の暮らしは，私的な部分と社会的な部分から成り立っており，住宅も居住者のプライバシーを守る空間であるとともに，親しい人々と交流するコミュニケーションの場としての性格を備える必要がある．高齢者や障害者が何の不安もなく訪れることができる住宅であってこそ，いつでも趣味や茶飲み話などができ，さまざまな人との交流のある人にふさわしい暮らしが実現する．

豊かな地域社会との関係確立は，豊かな暮らしを実現するために社会資源を活用し，社会が備えているさまざまな可能性を引き出すことによって実現される．人の暮らしは住宅を基盤とするが，買い物，文化，レクリエーション，医療，地域との交流などさまざまな社会とのつながりの総体として成り立っている．社会とのつながりは，住宅と社会資源との距離，居住地域内の環境，さらに社会資源を利用可能とする社会の仕組みによって規定される．

第1の住居と社会資源との距離の問題は，高齢者・障害者の移動能力の低下に起因する．たとえば，阪神・淡路大震災の直後，仮設住宅の多くが既存の居住地を離れた郊外に立地した．移動手段をもたない多くの人々はそうした仮設住宅になかなか住もうとしなかった．なぜなら，仮設住宅に住むといままでどおりの買い物，医療，友人・知人との触れ合いなどを維持できないからである．たとえ適切な広さと質の住宅に住むことができても，徒歩圏内の暮らしを支えるさまざまな社会資源の欠如や利用可能な（バリアフリーの）交通機関の欠如は，居住者が社会的資源を活用できず，人としてふさわしい暮らしが実現できない．

第2に居住地域の環境である．移動能力の低い高齢者・障害者が自由に居住地内を移動でき，さまざまな社会資源を利用できることが社会の備えている可能性を活用できることを意味する．豊かな自然や公園での散策・スポーツ，ゆったりと落ち着いた街並み，近所の人々との語らい，道行く人々との会話，絵画や音楽などの鑑賞，ショッピングやレストラン，カフェなどでの飲食．こうした日常生活をすべての人々が何の障害もなく行えるような居住地環境が必要である．

第3にハードな環境だけではなく，困ったときにそれを解決する方法を手にできる社会の仕組みが必要である．たとえば身体機能が低下し，自立生活を維持するための住宅改造が必要となった場合，それをアドバイスできる人を容易に探せることである．また，そうした専門家が支援の必要性を抱えた人々を直ちに把握できる，そうした地域社会でなければならない．さまざまな給付金や器具の貸与などの制度を知ることができ，利用できなければならない．社会が備えているもっとも優れた技術や機器を活用し，暮らしの質を上げられなければ，機能が低下し，限られた所得の高齢者・障害者が人にふさわしい暮らしを享受できない．

13.2.3 居住福祉を支える現実

ところが，「居住福祉」を実現する条件は，以下に掲げる住宅の状況，居住地や地域社会・人口構造の変化などによってその実現が脅かされている．

まず，住宅そのものが高齢者・障害者の暮らしを十分に支える状況ではない．日本の住宅政策は，自助努力によって持ち家を取得し，居住水準を上昇させるという持ち家政策である．したがって一般的に高齢者は持ち家率が高く，居住水準も高い．ところが持ち家を取得する前に病気，事故，失業，災害など何らかのトラブルに見舞われると住宅を確保することすら困難になる．そこで持ち家の代替として民間借家を選択せざるを得ないが，民間借家の多くは，以下の問題を抱えている．

第1に適正な広さではない．民間借家は，国土交通省が努力目標として掲げている最低居住水準に満たない住宅が多い（住宅・土地統計調査（1998年）によると，広さだけに着目した最低居住水準未満世帯の比率は，総数で5.1%，民営借家（木造・設備共用）で51.5%．

第2に設備が整っていない．住宅・土地統計調査（1998年）によると，全住宅の約4割（40.7%），高齢者のいる主世帯の約6割（56.6%）で高齢者などのための設備が整備されている．高齢者がいる主世帯の持ち家で約6割（59.9%），借家では35.8%である．借家の場合，身体機能に合わせた改造が，家主の同意や金銭の負担という困難性によって実施されず，そのまま住み続けられる場合が少なくない．

第3に安全性が確保されていない．阪神・淡路大震災が劣悪な賃貸住宅の危険性を白日の下にあぶり出した．倒壊した住宅の多くは，老朽化した木造住宅であった．ほとんど収入のない高齢者・障害者は，きわめて安い家賃の借家に住んでいたが，そうした住宅は，十分な維持・補修がなされておらず倒壊した．低所得者層ほど大きな地震の被害を受け，復興も進まなかった．

第4に，そのうえ高齢者・障害者は借家市場から排除されている．身体機能の低下による事故や火災，低所得による家賃滞納，疾病時などの介護問

題，死亡時の葬儀や納骨の問題など，家主の手を煩わす問題が多々ある．家主はそうした問題に巻き込まれないように，高齢者・障害者に住宅を貸すことをためらう．

こうした住宅市場の欠陥を補完するため，公営住宅が供給されている．しかし，公営住宅の全住宅ストックに対する比率は4.7%（住宅・土地統計調査，1998年）で，さらに高齢者・障害者のために確保される住戸数は限られ，多くの居住支援の必要な高齢者・障害者が民間賃貸住宅に暮らしている．

居住地の変化が，高齢者・障害者の暮らしを支えづらくしている．居住地域の人口構造の変化が，高齢者の集中を招いている．人口移動は，10歳代の後半から30歳代にかけて多く，40歳代以降の中高年齢層で少ない．高等教育機関への進学や就職が人口移動を促し，結婚後の子どもの就学がそれを止める．ところが高齢者は移動が少なく，結果として高齢者の集中する地域が生まれる．人口流入地域で高齢化率が低く，人口流出地域で高くなる．市街地中心部のインナーエリアと農山村地域で人口流出による高齢化が進展する．また次々と新しい住宅地が市街地の最前線につくられ，そこに若年世帯が住むため，数十年経過した（1970年代半ば以降に建設された）大規模住宅団地（いわゆるニュータウン）でも高齢化が進展している．

さらに産業構造の変化が，人口移動をより増幅させた．労働者の雇用者化は，居住者を雇用者として企業社会に組み入れ，企業の都合による転勤・転居を余儀なくさせた．子どもの就学時期とそれが重なり，単身赴任というきわめていびつな家族形態が誕生した．また，産業構造のサービス化が若年女性の雇用者を増やし，従来女性に頼ってきた介護・介助が家庭で行えなくなってきた．その結果，高齢者が高齢者を介護するという老々介護が生じている．国民生活基礎調査（1998年）によると，寝たきり高齢者の主な介護者が60歳以上である比率は54.4%である．

社会が備えている可能性を引き出す仕組みは，人々の協力がなければ各々の暮らしが成立しなかった時代には存在した．ところが，科学技術や社会・経済の発展がその存続を困難にした．貨幣との交換によって情報，機器，食べ物，サービスを手に入れられ，個々人の欲求を満たす豊かな暮らしが実現した．隣に誰が住んでいるか，家族が何をしているか知らなくても困らず，これまでの人と人とのつながりが急速に弱まってしまった．経済的な困難にさえ直面しなければ社会の備えている可能性を最大限に引き出せ，豊かな暮らしが実現できる．その半面，経済的な困難を迎えると人にふさわしい暮らしすら維持できない社会となった．

また，都市圏の拡大も人と人とのつながりを弱めている．就業地と居住地の分離は，関係のある大人と子どもが同一地区で過ごすことを困難にした．人と人との関係が希薄になり，世代間で共有すべき価値観やモラルの喪失が容易になった．こうした地域社会の関係性の弱まりが，地域社会が居住者の状況を把握し，暮らしを支える社会的仕組みを必要としている．

さらに，世帯規模の縮小と高齢化の進展という人口構造の変化が，高齢者・障害者の暮らしの質に大きな影響を与えている．

世帯規模の縮小は些細なことに世帯が対応できない状況をもたらすが，平均世帯規模は1960年の4.14人から2000年の2.71人（国政調査報告）へと縮小した．家庭内事故死が年々増加する傾向にあり，年間1万人以上（人口動態統計）が住宅内での事故を直接の原因として亡くなっている．そのうち高齢者の占める比率は6割程度であり，その比率は年々増加傾向にある．とりわけ「不慮の溺死および溺水」の増加が際立っている．住宅内の他の居室と脱衣室・浴室との室温の差をもたらす住宅の構造や設備の問題，事故が発生した場合に対処できない世帯規模が，こうした問題を引き起こしていると考えられる．

急速かつ高水準であると推定されている日本の高齢化は，着実に進展している．全国の65歳以上の人口比率は17.3%，75歳以上のそれは7.1%を占め（国勢調査報告，2000年），2002年1月の国立社会保障・人口問題研究所の中位推計によれば，2050年における65歳以上の人口比率は35.7%に達する．65歳以上で健康上の問題により日常生活に影響を受けている者は419万人（人口千人当り203.3人：国民生活基礎調査，1998年）であるが，要介護の比率は加齢とともに高くなるため，高齢化がさらに進展し，後期高齢者（75歳以上）が増大すると要介護者が増大する．また身体障害者も年々増加している．

このように，人口構造の高齢化によって暮らしの支援ニーズをもった高齢者・障害者が増大する一方，暮らしの基盤である住宅の不十分性，世帯規模の縮小による脆弱性，地域協同社会における紐帯の希薄化が，経済的な困難を抱えた人々や高齢者・障害者を含むすべての人々が人としての尊厳を守り，豊かに暮らすために「居住福祉」の実現をますます

必要としている. 〔岡本祥浩〕

13.3 高齢者・障害者と住宅施策

13.3.1 居住施策の考え方の歴史的展開

高齢や障害などにより，市民が居住の場を失ってしまった場合，多くの国において，第1次世界大戦前あたりまで，救貧院（workhouse）などの施設に収容することが主流であった．少数ではあるが，ヨーロッパにおいては，慈善住宅（almshouse）などが宗教的・慈善的，ないし労働者の互助的な背景のもとに，一部の団体によって供給されていた．

救貧院などの収容施設（institution）での処遇は，自立した生活への意欲を多少でももっている人ならば，二度と滞在したくなくなるほどの劣悪なものであった．衣食住すべてにわたって，社会の中でもっとも悪いレベルの処遇が，そこでは提供された．これは劣等処遇（less-eligibility）の原則に基づくものである．ここへの入居は入居者に社会的な「恥辱の烙印（stigma）」を押す結果になった．

第1次世界大戦後あたりからの収容施設では，それまでさまざまな種類と症状の人が「混合処遇」されていたのを，症状別や階層別などに分離するなどの改善がみられた．とはいえ，劣等処遇やスティグマが伴うという特徴には基本的に変わりはなかった．

第2次世界大戦後，とくに近年，福祉の考え方が慈善としての福祉から権利としてのそれに転換するに従って，劣等処遇の考え方は徐々に後退し，代わってノーマライゼーション（normalization）の原則が前面に出されるようになってきた．ノーマライゼーションとは，心身に障害を負っても，だれもが同じ地域の同年代の一般的な市民と同じような生活ができるよう，できる限り通常な手段でもって，環境条件を整えることである．この原則は，北ヨーロッパにおいて1950年代の終わりころから精神障害者の処遇をめぐって提唱され，近年，対人処遇全般に普遍的に適用されるようになってきた考え方である．

こうした転換により，高齢者や障害者が居住の場に恵まれない場合でも，できる限り施設収容主義（institutionalism）によるのでなく，在宅ケア（domiciliary care）でいく方向が強くなってきた．

しかし，高度な専門的処遇が求められるケースなどでは施設に頼らざるをえない．その場合には，ノーマライゼーションの実現のうえからも，その施設を次のような方向で整備することが求められる．

① 施設の立地や全般的なセッティングを，社会から隔離（segregation）するのではなく統合（integration）すること．
② 大規模なものを集中するような，いわゆるコロニー形式にするのではなく，できる限り小規模なものにし，それを地域に分散させること．
③ 施設内においては，その生活単位をできる限り小規模なものにすること．
④ 入居者のプライバシーを守り，個人的な生活領域を確立すること．
⑤ インテリアなどは収容施設的ないし病院的なセッティングにするのではなく，家庭的な雰囲気をかもし出すこと．

13.3.2 在宅福祉と住宅

在宅福祉の考え方は，前に述べたような理念的な転換によって確立されてきたばかりでなく，高齢者や障害者の要求に合致するものでもある．多くの高齢者は，加齢（aging）によって自立性が衰えてきた場合でも，施設に転居（relocation）するのでなく，住み慣れたところにできる限り住み続けたいという要求をもっている．また障害者の多くも，施設での生活ではなく，一般社会，一般住宅地の中での自立生活（independent living）を望むようになってきている．

これらの理念やニーズに加えて，社会的費用の面でも，施設よりも在宅の方が効率的であるという有力な考え方もある．在宅生活を支える福祉・医療サービスの地域的整備状況にもよるが，それが進んだものになればなるほど，より高い障害のレベルの高齢者・障害者まで在宅での処遇が可能になるし，またこうした条件のもとでは，社会経済的に言っても在宅の方が一般的により効率的なものになるであろう．

在宅福祉の推進のためには，ホームヘルプや在宅看護，給食サービス，入浴サービスなどの在宅生活支援サービスやそのサービスステーション，デイセンターなどの通所施設の整備が必要である．それと並んで，住宅の改造や整備が，とくにわが国の場合，緊要な課題である．

従来，施設においては，前述のような歴史的に引きずってきた問題点や，後に述べるようないくつかの問題点があるとはいえ，物的なバリアフリー（barrier-free：障壁除去）の環境づくりはかなりの程度達成されてきている．物的な面のみを見れば，車椅子などでの生活にかなり適合した住環境が，施設では用意されているのである．

これに対して日本の住宅は，以下に述べるように，高齢者・障害者にとって不都合な要素がかなり多い．

①高齢者・障害者居住に不適な住宅が大量にある．日本の高齢者の 85% ほどは持ち家に住んでいる．この多くは，わが国の住宅の耐用性の短さもあって，すでに老朽化が進んでいる．また，高齢期への配慮のされていないものが大多数である．

②構造的に，車椅子などの利用に不便な箇所，高齢者に危険な箇所が多い．1 階の床高が高く（建築基準法では原則的に 45 cm 以上），板床と畳床の間にミニ段差がある，などがそれである．また，床仕上げ材の多様性による滑りやすさの差異などが転倒の原因になる．廊下や階段の基準尺を 3 尺（約 90 cm）にすることが多いのも，車椅子利用の際，とくに曲がり角部分などで不都合になりやすい．さらには，住宅内の階段が急勾配のものが多いのも問題である．これには，建築基準法が住宅内階段の踏み面を最小 15 cm，蹴上げを最大 23 cm までというように，急なものを許容しているという背景もある．

③日本の住様式の側面での問題がある．日本人の住生活は，床座と椅子座という「起居様式の二重構造」や，床の上にさまざまな物をおいて床に依拠して生活する「床上展開型住生活」を特徴としている．さらには近年，多くの家具，道具，装置に依拠する住生活になってきている．これらにより，屋内は複雑化しており，高齢者にとって危険な状況をつくっている．また，湯船に浸かるという入浴様式も高齢者・障害者にとっての危険要因となっている．

したがって，在宅福祉を目指そうにも，その「宅」に多くの問題点があるのであり，これらのマイナス要因に十分な配慮を払い，改善することが，在宅福祉の推進の前提条件になるのである．

加えて，現在高齢者などが住んでいる住宅が改造に値しないほど劣悪な場合や環境が悪い場合には，その高齢者が一定のケアやサービスによって自立的生活が可能であるならば，現在高齢者が住んでいるところの近くにケアつき住宅の供給を考える必要がある．

ケアつき住宅とは，高齢者や障害者を配慮した設計になっており，ケアやサービスとそのスタッフが手近にセットされており，かつ高齢者などの緊急事態をできる限り早く感知し，すぐに手助けできる仕組みになっている住宅である．スウェーデンのサービスハウスやイギリスのシェルタードハウジングなどが先進例である．わが国でもシルバーハウジングなどが供給されているが，まだ量的に少ない．

13.3.3　高齢者の家族生活と住宅施策

日本における高齢者の世帯とその子どもの世帯の関係は，しばらく前までは「同居」が主流であったが，近年それが崩れ，単身や夫婦での高齢者のみの世帯の数が同居世帯数を上回ってきた．それとともに同別居意識も変化しつつある．強かったといわれる同居志向は近年低下し，2 世帯住宅や離れなどでの「隣居」や，日常気軽に行き来できる範囲での「近居」に対する志向が強くなってきた．

高齢者とその子どもの世帯が「少し離れてかつ親密に（intimacy but at a distance）」交流するという，こうした隣居，近居の居住形態は，ヨーロッパの都市部では普遍的にみられるものである．ちなみに，イギリスのピーター・タウンゼント（Peter Townsent, 1928– ）はこうした親族網に拡大家族（extended family）という名称を与え，そうした親族網から高齢者を切り離す結果になりがちな施設収容型福祉に反対し，在宅福祉を提唱したのである．

ところで日本では，こうした隣居，近居が，必ずしもうまく実現しているとはいえない．日本の単身高齢者は，欧米に比べて，家族交流が際立って少ないというデータ（Shanas, E. et. al., *Old People in Three Industrial Societies*, Atherton Press, 1968）にもみられるように，日本の高齢者とその子どもの世帯は，別居した場合は往々にして，隣居，近居よりも「遠居」状態におかれがちである．これには，高度経済成長期以降の「労働力流動化」など，社会経済構造が影響していると思われる．したがって，日本で隣居，近居を全般的に実現するには，多くの困難を伴うであろう．とはいえ，条件の許すケースにおいてはそれが実現できるよう，誘導的な住宅施策が望まれる．一部，公営住宅などにおいて近居促進施策がみられる．

〔髙阪謙次〕

13.4　高齢者の障害特性と ADL

高齢者に多い障害原因としては，脳血管障害，パーキンソン病，骨・関節の変性，骨粗鬆症，糖尿病などといわれている．以下，おのおのの原因による障害特性およびそれらへの空間的対応について概述する．

13.4.1　脳血管障害

脳血管障害とは脳内の血管の病気で，血管が破れると脳出血に，血管が詰まると脳梗塞となる．高血圧や高コレステロール，糖尿病などが引きがねとなる．いずれの場合も，その場所から先の脳組織に血

液から酸素や栄養が送られなくなる．このような状態が約5分間続くと，脳細胞は機能を停止するといわれている．その結果，その細胞が司令を送っていた体幹や上下肢の運動障害や言語障害などが生じたり，感覚器官からの情報処理に支障をきたし認知障害が生じたりする．脳のどの部分で脳細胞の機能が停止したかによって，現れる障害に違いが生じる．

一般に，脳神経が脳幹部で交差しているために，脳の右側に機能障害が生じると左半身に麻痺が生じる．しかし，脳の構造は非常に複雑なために，具体的に現れる症状は千差万別である．また，身体機能の障害だけでなく，何らかの高次脳機能の障害を伴う場合が多い．これには，注意力障害，精神反応遅延，視覚・聴覚・体性感覚・運動の高次障害，計算能力・音楽能力の障害，記憶障害，身体意識の異常などがある．

また，寝たきりの生活が長期にわたることなどから，起立性低血圧，筋や骨の萎縮，関節の骨化や拘縮，褥瘡など，あるいは嚥下障害や排泄障害などの合併症を伴うことがある．

以上のような障害は日常生活動作の自立に多大な影響を与える．上下肢のみの機能障害では，環境改善が動作の改善につながることが多いが，脳血管障害では運動機能障害が軽度な場合でも，動作の指示や監視が不可欠なことが多い．

運動の特性としては，麻痺のある方（患側）とない方（健側）との差が大きいことで，身体の転回方向，支持物の配置，建て具の勝手などに大きな制約を与える．たとえば，便器へのアプローチでは入ってから出るまでの間に180°身体の向きを変えなければならないこと，段差や階段の昇降動作では行きと帰りで支持物を変えなくてはならないこと，入浴や就寝後の排泄動作では患側下肢の変形防止や歩行動作改善のための装具を外した状態で動作を行わなくてはならないことなどであり，注意が必要となる．

注意力障害や半側空間無視などの高次脳機能に問題がある場合は，環境改善を実施しても効果が期待できない場合も多い．したがって，周囲からのたび重なる刺激や注意喚起が与えられなくてはならない．

高血圧症の人では，急激な温度の変化が再発作を生じさせるおそれがある．居室や寝室と廊下，便所などの温度差が大きくならないように暖冷房を考えることも重要である．

13.4.2　パーキンソン病

脳中の神経伝達物質であるドーパミンの分泌が低下する進行性の病気で，原因と治療方法は未開拓である．手足の震顫（ふるえ）や運動性の発話障害を生じる．運動の起始と停止が困難となり，動き出しにくく，いったん動き出すと止まることがむずかしい．そして歩幅が狭く，小刻みに動かす歩行となり，歩行につれて速度が速まり危険が生じる．さらに，手指の細かな動作が困難となり緩慢となる．関節拘縮や抑鬱状態，褥瘡，痴呆症などを併発することがある．

薬による改善が可能であるが，状態の変動が大きく，突然無動の状態に陥ることがある．

環境面では，安全に行動ができる場所を確保することが重要である．歩行路の短縮や歩行経路へのアクセントの付加，滑りにくくクッション性のある床材の選定，段差の解消などが配慮項目としてあげられる．症状の進行につれて車いすを利用するようになることも配慮しておく．

13.4.3　骨・関節の変性

膝や股の関節炎は疼痛を与え，歩行や段差昇降だけでなく，可動域にも著しい制限を与える．たとえば，床上の物を拾い上げる動作や，遠くに手を伸ばす動作は膝や股の関節にも影響を与える．炎症が長期に及ぶと関節に変形をきたし，姿勢や歩容が異常になる．人工関節への置換によって痛みや容姿は改善できるが，関節に無理な力が加わらないように日常の注意が必要となる．

環境面では，関節に加わる負担を軽減する目的で，段差の緩和や手すりの設置，生活の洋風化，椅子や便座のかさ上げ，風呂では大きめの浴槽や出入り方法の工夫などが必要となる．

関節リウマチは，全身の関節が侵され崩れる病気で，末梢の関節から中心部へと進行する．疼痛と関節の変形から，可動域が著しく制限される．また関節の崩壊に伴い，筋と腱の配向から指先に著しい変形を生じる．さらに，物を支えたり操作するための関節に加わる力が痛みを与え，結果的に動作を困難にする．しかし，運動の随意性は高いので，道具を含めた環境条件が障害の進行に合わせて整えられれば，自立が可能である．

たとえば，軽い力で開閉が可能な建て具や，電動化された設備機器などは，操作部位の配置や方式，操作力が検討されていれば有効に活用できる．また，リーチャと呼ばれる棒の先端にフックやプッシュピンを備えた道具や，ブラシや歯ブラシ，食器な

ど各種生活用具の柄を長くしたものは，軽量であれば可動域の制限を補ってくれる．関節リウマチの人が自立した生活を送るには，建築的配慮だけでなく，各種の道具（自助具という）が適切に提供されなくてはならない．

13.4.4 骨粗鬆症

骨粗鬆症は骨の中のカルシウムが減少し，骨密度が低下する病気で，中高年から高齢の女性に多い．骨の強度が著しく低下をするため，わずかな衝撃で骨折してしまう．また，骨折が治癒しにくい．建築面では，段差の解消や床材の選定など，転倒の予防と衝撃の緩和に配慮する．

13.4.5 糖尿病

肝臓の糖代謝に異常をきたす病気であり，インスリンの分泌が生来少ない遺伝形質によるものと，糖摂取量が多い生活習慣によるものがある．贅沢病という異名から軽視されることが多いが，進行に伴い多くの合併症を引き起こす全身性の機能障害の原因となる恐ろしい病気である．

合併症には，糖尿病性網膜症による失明や視野狭さく，腎機能障害，血流障害による末梢の壊死と切断，脳血管障害などがある．また，感覚麻痺をきたすことが多く，やけどやけがを負いやすい．住環境を考える際に，糖尿病が原因疾患となっている場合は，これらの感覚障害にも注意を払っておくべきである．

以上のような特別な原因疾患はなくとも，加齢に伴い消化吸収，呼吸・循環，排泄，内分泌系，感覚，神経伝達，支持・運動などの各種機能の全般的な低下と調整能力の不良が生じる．その程度が著しい者を虚弱高齢者という．加齢による場合は予防や治療は困難であるが，日常生活の中の適度な運動は機能低下を遅らせ，2次的障害を防ぐ効果がある．このためには，安全に行動できる環境の提供が不可欠となる．

また，寝たきりなどで筋肉や関節を使用しない状態が長期間に及ぶと，筋肉中の筋繊維密度の低下や，骨の萎縮，関節の拘縮や変形，軟骨の骨化などが進み，筋力や関節可動域の著しい低下が生じる．これを廃用症候群という．日常生活の中での適度な運動が，予防の唯一の方法である．

この，「使わない機能は低下する」という理由から，「住宅内の段差はあった方がよい」とか，「住環境の改善はやりすぎない方がよい」といった意見が出され，「頑張ればできる」環境が提供されることがある．しかし，高齢者では能力の変動が大きく，よい状態と悪い状態とで行動が変化してしまう．もし環境がよい状態を前提に頑張ればできるように整備されていたら，能力が低下した場合には適応できないものになってしまう．このような環境は寝たきりをたやすく生じさせてしまう．「頑張らなくともできる」環境が計画されていれば，体調が不良なときでさえ自立して日常を過ごすことができ，ひいては長期にわたって自立した生活を送ることが可能となる．「楽をしても自立できる」環境が提供されることがより重要である．

また，廃用症候群に対立して，過用症候群という現象もある．無理をして使いすぎることによって身体に変調をきたすことで，身体の局所に偏った使いすぎは悪い結果を導く．このことからも，普通にゆったりと生活を送ることが重要であり，それを可能にする住環境が提供されるべきである．

〔相良二朗〕

13.5 高齢者と室内環境

13.5.1 光環境

(1) 加齢に伴う視機能の低下

加齢に伴い，さまざまな視機能の低下が生じる．物の細部の識別能力や立体視能力の低下，散乱現象の増加による視対象の見かけの対比の低下や，不快グレアの増加，水晶体の混濁・黄変化による明るさおよび色の識別能力の低下，明るさの変化に順応する時間の増加，視線を移動させ対象を捉えるまでに要する時間の増加，有効視野の減少などである．また，焦点調節力が低下するため，物がみやすい視距離が限定され，視距離が変化した場合のピント調整にも時間がかかるようになる．

視機能の低下は20代からすでに始まっており，遅くとも40代後半からは環境的配慮が必要となるが，同一年齢層内での個人差が年齢差よりも大きい場合もある．

視認能力は各種視機能が総合されて決まり，視認能力を表す代表的指標の1つに視力がある．図13.1に年齢と視力および近点距離（ピントの合う最短距離）の関係を示す．加齢に伴い視力が低下し[3]，近点距離が長くなり焦点調節機能が低下する[4]．図13.2は，高齢者と若齢者の環境条件（背景輝度と視距離）の変化に伴う視力変化の様相を示したものである[5]．視力の絶対値は個人によって大きく異なるが，背景輝度が変化することによる視力の変化率

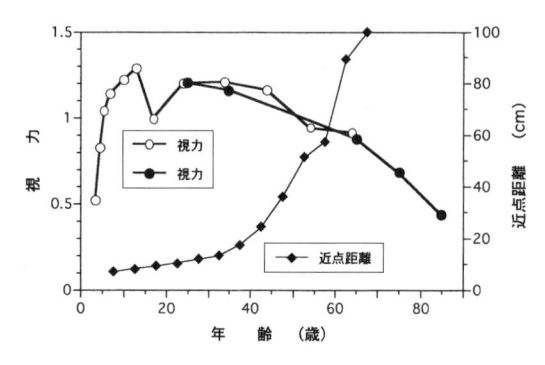

図 13.1 年齢による視力と近点距離の変化[3,4]

は，高齢者も若齢者も等しいとみなせる．近視矯正が正しくなされている若齢者は視距離による視力変化は認められないが，高齢者は視距離によって視力が大きく変化する．

(2) 高齢者のための光環境計画の方針

　明るさ，グレア，光の分布などすべての照明要件に対する適応範囲が若齢者に比べて狭くなっているため，量と質の両面から向上させるということが基本的方針であり，視対象そのものの大きさや対比，その設置位置などにも配慮した視環境全般からの取り組みが求められる．

　また，視機能はもちろんであるが，その他の生理・身体機能の低下，心理的欲求も総合して考える必要がある．たとえば，段差をなくし，注意力や集中力が衰えていることに起因する事故の防止に配慮した平面計画，スイッチの取り付け位置，点灯方法などの操作性，掃除やランプ交換などの維持管理に対する配慮などであり，安全性，快適性をより考慮して光環境の計画を行う必要がある．

　活動のためには明るさが，やすらぎには暗さが求められるが，高齢者は若齢者以上に活動のための明るさが必要となる．どの程度の明るさが必要なのかは，何のための照明であるかによって異なる．視作業を目的とした照明であっても，必要な明るさを視力確保の観点から一律に若齢者に対する倍率で考えることは，散乱光によるみやすさの低下や，不快な明るさの原因となるので注意が必要である．明るさの分布は順応機能の低下を考慮すると一様であることが望ましいが，読書などのようにかなりの明るさを必要とする場合は，局部照明を併用することが散乱光を低減するためにも，エネルギー消費の点でも望ましい．

　読書や家事のための手元灯，歩行のための足元灯，枕元照明，開閉に連動した収納スペース内の照明，鏡のための照明，常夜灯，点灯スイッチの位置を知らせるランプなどのきめ細かな計画が望まれる．

　階段，玄関，廊下など，一般に暗くなりがちな部分への配慮が安全性の意味でとくに必要であり，影が生じないよう取り付け個数や位置に注意する．また，明るさの急激な変化がないようにしておくことも大切である．

　窓は日中主たるグレア源となり，またセキュリティ面でも問題となるが，窓の効用は採光，通風のみではなく，屋外との心理的接点である．さらに，自然の日照リズムに常に接することは，高齢者にとって健康上とくに重要である．

13.5.2　音環境
(1) 高齢者の聴覚

　年齢とともに聞こえにくくなり難聴に移行する人が多く，聴力の低下は加齢に伴う感音系の老化に加え，さまざまな病因による障害が重なって生じるという場合がもっとも多い．

　加齢とともに小さな音が聞こえにくくなり，この聴力の低下は高音域で 20～60 dB と顕著である．一

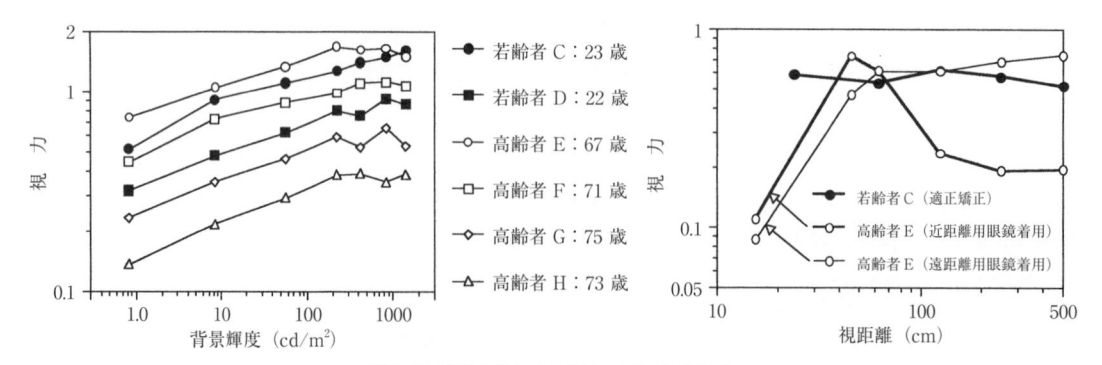

図 13.2　環境条件による視力の変化と年齢[5]
左：背景輝度（視距離 5 m），右：視距離（背景輝度 0.83 cd/m²）．

方，音が大きすぎると異常に大きく感じるようになり，不快聴取レベルが下降する．すなわち，音として聞くことのできる音の強さの範囲が狭くなり，また，音の弁別能力も低下する．とくに，言葉が弁別しにくくなるという点が特徴的であり，早口や不明瞭な発語，雑踏や電話での会話が聞こえにくくなり，聴力低下が比較的小さい低周波での妨害があるときに明瞭度がいっそう低下する．

(2) 高齢者のための聞こえの保障計画

音声や信号に加わるひずみを極力少なくすることが必要であり，会話の場合には相手の目をみながら明瞭に話をすることが基本となる．補聴器による残存聴力の利用と強化，視覚などの他の感覚を併用する工夫も必要である．チャイム，電話のベル，子どもの泣き声，火災報知器などの種々の呼び出し音はセンサーでキャッチし光のフラッシュや振動で知らせることができる．高齢者の聴覚特性に配慮した電話も開発されている．家族でともにテレビをみるときはスピーカーの音量が問題になるが，音声信号を変換した信号を個人用補聴器で捉え楽しむことも可能である．しかし，これらの生活福祉機器には価格，使いやすさ，訓練など多くの問題が伴っている．

室内音響計画としては，反響や残響による聴取妨害を抑制するために部屋の吸音率を大きめとし，低音域から高音域で偏りなく吸音することが望ましい．低音域の音が不自然に聞こえないように部屋の寸法比にも注意する．

騒音対策としては，低音域の遮音に努める必要がある．壁の重量を大きくし，独立した2重壁にし，空気層を厚くすることが基本的手段であり，廊下やサンルームの設置が有効である．個体伝搬音を低周波域まで防止するには，構造体に十分な質量と剛性をもたせる．しかし，一方では孤立感を与えないために高音域生活音の導音などの工夫も必要である．また，高齢者はちょっとした大きな音にも不快感を示しがちであるため，環境騒音の規制に当たってこの点に対する配慮が望まれる． 〔井上容子〕

参考文献

1) 日本建築学会編：高齢化社会における環境工学の役割と課題．1991年大会環境工学部門研究協議会資料，1991．
2) 日本建築学会編：高齢者のための建築環境，高齢化社会環境整備特別委員会，彰国社，1995．
3) 大江謙一：日本人の視力．照明学会雑誌，**47**(4)：17-24，1963．
4) 江原勇吉，田上満年：眼屈折状態と調節力．日本眼科学会雑誌，**42**：604-610，1983．
5) 秋月有紀，井上容子：個人の最大視力に対する視力比の概念の導入―個人の視力に配慮した視認能力評価における背景輝度と視距離の影響の取り扱いについて―．照明学会誌，**86**(10)：819-829，2002．

13.5.3 温熱環境

温熱環境は直接人体に生理的な影響を直接及ぼすため，体力の衰えた高齢者にとって，体調をくずしたり健康を損なう危険性を含んでいる．人間は周囲の温熱環境に適応して，体内での熱産生と環境への放熱量が平衡状態を保つように体温調節を行っている．放熱量は主に血管拡張収縮による身体皮膚表面温の変化と発汗により調節されており，循環器機能の低下が著しい高齢者は，体温調節反応に衰えがみられ，暑い環境や寒い環境では適応できず，低体温や熱中症のおそれがある[1]．また，温度そのものに適応できないというよりも，急激な温度変化に対応できないという報告もあり，温度変化による血管の拡張・収縮に伴う血圧の変化などが生理的な負担となり[2]，寒冷環境では脳血管障害などの原因にもなることが知られている．さらに，高齢者は青年に比べ温度感覚が鈍く，温度の変化を関知しにくくなり，それに伴い冷暖房機器などの温度調節が適切にできなくなる傾向も認められる[3]．

高齢者が長年居住している建築年数が古い住居の場合は，冷暖房設備を導入しても，住居自体の断熱性や気密性が悪いため，温熱環境の調整が難しい．しかも，冷暖房設備として，夏期は冷房の使用は比較的少なく，冬期も住宅全体を暖房しているのではなく，こたつなどで採暖していることが多い[4]．その結果，一般の住居に比べ，夏暑く冬寒い傾向にあり，生理機能の衰えた高齢者にとっては劣悪な環境であるといえる[5]（図13.3）．また，住居内全体が冷暖房されていることは少ないため，住居内の温度差も大きく，冬期にはトイレや浴室など寒冷な環境でのコールドショックの影響が懸念される．

トイレは，住宅のもっとも日当たりの悪い場所にあることが多く，暖房されていないため，戸建住宅では外気に近い温度であることが多い．暖かい居間やこたつなどから急に寒いトイレに立つと，急激な温度差にさらされることになり，血圧上昇の危険性がある．とくに，高齢者は就寝時の電気毛布の使用時期は早く使用頻度も高いが[6,7]，これは夜間のトイレ回数が増える高齢者[6]にとって，35℃程度の暖かい寝床内と10℃以下の廊下やトイレとの30℃もの温度差を夜間に何度も体験することになり，生理

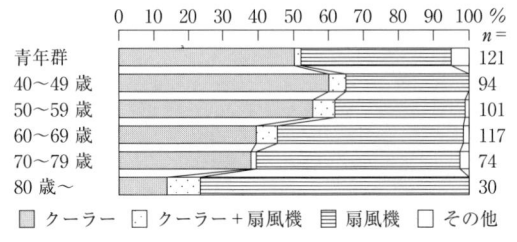

図 13.3 夏期において日常もっともよく使用する冷房器具[4]

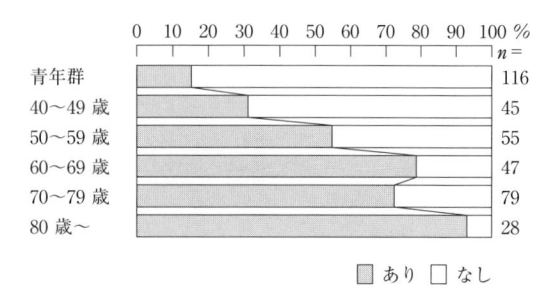

クーラー／クーラー＋扇風機／扇風機／その他

図 13.4 冬期における寝床内暖房器具の使用の有無（電気毛布，あんか）[4]

あり／なし

的負担が大きい．実際に通常ではほとんど変化しない軀幹部の胸の皮膚温が，夜間にトイレに立つと，急激に低下している実測例もあり[5,8]，身体への多大な負担が危惧される．

浴室も住宅内でもっとも寒い場所の1つであるが，冬期には，暖かい居間から10℃近いこともある寒い脱衣室，浴室に移動し脱衣するため，体感温度で20℃にも及ぶ温度差となる[9]．さらに入浴時には約40℃の熱い浴槽で温まり，その後裸のまま再度10℃近い脱衣室に戻る温度変化は，急激な血圧や体温，心拍数の変化などを引き起こし，生理的な影響は大きい[9〜11]．高齢者の家庭内事故のうち浴室での事故死は多いが，冬期に圧倒的に多く，地域差もある[12]ことからも，温熱環境との関連が示唆される．

このような廊下やトイレ，脱衣室，浴室の冬期の劣悪な温熱環境を改善するには，暖房器具を設置するなどの対策が必要である．しかし，狭小な空間であるが，換気量が多いため暖房には不利である．特にトイレでは不定期で短時間のみの使用であるため，節約意識の強い高齢者では暖房使用が難しい．さらに小空間であるが動作が複雑で物が多く，水を使用するので，機器の安全性には十分な注意が必要である．これらのことから，暖房装置のみに頼るのではなく，住居自体の断熱性能の確保など温熱的性能の向上が望まれる．

冬期のこたつやホットカーペット，睡眠中の電気毛布などの採暖器具は，感覚機能の衰えから温度を適正に調節できず，高すぎる温度設定の場合もあり，夜間の電気毛布の使用温度が40℃を超えている例もみられる[8]．低温やけどを負う危険性もある（図13.4）．

夏期は冬期に比べ環境の温度差は小さいが，薄着で身体表面が露出されているため，冷房のききすぎによる体温の低下が懸念される．また冷房室内と室外の温度差が5℃以上あれば，身体的負担が大きく健康を害することもある．冷房器具の使用には，28℃程度の冷やしすぎない適正な温度調節が重要である．

13.5.4 空気環境

高齢者になると咳や痰に悩まされることも多くなり，呼吸器機能の低下は明らかで，空気環境の適正化も健康な生活には重要である．70歳代以上の死亡率が冬期に高いことから，冬期の低温による健康への影響が言及されることが多いが[13]，低温だけでなく低湿度も感染症への抵抗力を弱めている可能性があり，冬期の湿度コントロールや換気不足による空気汚染をなくす努力も必要である．換気は，冷暖房効率や温熱環境の保持とも密接な関係があるが，気密性の高い最近の住居室内での冷暖房の使用は，換気不足による空気汚染の原因となるため，とくに高齢者の使用割合が高い開放型の暖房器具[4]の場合には，十分な換気が必要である．さらに，エアコンの使用は室内の湿度を過度に低下させ，のどや鼻の粘膜を痛めたり，皮膚病悪化の原因となる．

嗅覚は，個人差や訓練による差が大きい感覚であるが，年齢による感覚機能低下が知られている[14]．このため，直接生命の危険性にまで及ぶおそれのあるガス漏れや不完全燃焼などの空気汚染に気がつかないおそれがあるので，ガス漏れ警報機を設置するなどの対策が必要である．また，高齢者の生活能力が低下した場合，排泄物や生活臭による室内の臭気が強くなることがある．これは，手伝いや介護の有無やその質，家族関係，経済状態とも関係しているといわれている[15]．高齢者施設での臭気の調査では，排泄物臭が目立つなどの結果もみられ，低減させるには換気回数が通常の1.5〜2倍になるので[16]，脱臭のための工夫や臭気軽減のための対策が望まれている． 〔久保博子〕

参考文献

1) 入来正躬：老化と体温調節．空気調和・衛生工学，**54**：969-975, 1980.
2) 榎本ヒカル，他：加齢による温熱環境の生理・心理反応の違いに関する実験的研究．人間工学，**31**(2)：161-168, 1995.
3) 榎本ヒカル，他：高齢者の夏期における選択気流速度に関する研究．空気調和・衛生工学会論文集, No.56, pp.69-76, 1997.
4) 榎本ヒカル，他：高齢者の居住温熱環境の特徴—関西地区における夏期及び冬期の住まい方に関する調査研究—．日本家政学会誌, **46**(11)：1091-1100, 1995.
5) 久保博子，他：高齢者の室内温熱環境に関する実態調査—その2 住宅温熱環境の実測調査—．日本人間工学会関西支部大会講演会論文集, pp.79-82, 1994.
6) 梁瀬度子，他：高齢者の温熱適応能力と居住環境に関する研究（第1報），日常生活行動に見られる特徴．日本家政学会誌, **43**(8)：781-790, 1992.
7) 久保博子，他：夏期と冬期における高齢者の睡眠の寝室・寝床環境に関するアンケート．第26回人間-生活環境系シンポジウム報告集, pp.105-108, 2002.
8) 五十嵐由利子，他：高齢者の温熱環境に関する研究（第1報），日常生活行動に見られる特徴．日本家政学会誌, **46**(6)：587-596, 1995.
9) 久保博子，他：単身者の住宅及び高齢者施設における浴室環境の実態調査．第29号ハウスクリマ研究ノート, pp.1-10, 2003.
10) 輿水ヒカル，他：湯温及び室温が入浴にともなう人体反応に及ぼす影響に関する実験的研究．日本建築学会学術講演梗概集, pp.367-368, 1996.
11) 河原ゆう子：冬期入浴中の水位と湯温が生理・心理反応に及ぼす影響．人間と生活環境, **9**(2)：79-86, 2002.
12) 栃原 裕編著：人工環境の健康影響と快適性, 弘学出版, pp.123-137, 1997.
13) 澁谷達明：新生理科学大系9, 感覚の生理学（勝木保次，内薗耕二監修）, pp.537-545, 医学書院, 1989.
14) 佐藤都喜子：生気象学の辞典（日本生気象学会編）, pp.96-97, 朝倉書店, 1992.
15) 日本建築学会編：高齢者のための建築環境, pp.63-65, 彰国社, 1994.
16) 光田 恵，他：高齢者施設の居室における臭気発生量に関する研究．日本建築学会大会学術梗概集, pp.983-984, 2001.

13.6 長寿社会における住空間の計画と改善

13.6.1 計画の基本的な考え方

1995年6月に建設省が長寿社会対応住宅設計指針を公表し，1996年度から住宅金融公庫が基準金利適用として「バリアフリータイプ」を導入したことで，高齢化と住宅との関係が一気に変わった．それまでは，高齢者用住宅，あるいは高齢者対応住宅設計といった，いわば特殊解によることが当然視されていたものが，一般解であることが要求されるようになって，どの住宅メーカーも大昔からやっていたかのように「バリアフリー」をうたっている．

一言でいえば，それはよいことであるが，本当の使い勝手はまだ達成できていない．それに至るまでにはもうしばらくかかるであろう．ただし，確実に道筋はつきつつある．新築に比べて既存の改修はかなり手間どるであろうが，それは費用，制度，意識といった側面それぞれに問題がある．とくに，使える金と直さなければならなくなるであろう住宅の戸数とを見比べれば，費用の問題が最大の難点である．

それを含めて，課題を解決するのに役立つのが，ユニバーサルデザインという思想である．

(1) 長寿社会対応住宅設計指針ができるまで

1986年の長寿社会対策大綱を受ける形で1987年に開始された建設省のプロジェクト，長寿社会における居住環境向上技術の開発の実施にあたっては，それまでの「高齢者・障害者対応」という思い込みに別れを告げることを最大の目標とする必要があった．なぜなら，この「高齢者・障害者対応」は，どう考えても「あの人たちのために」という発想から出発していることは疑いなかったからである．問題はそうではなくて，ほぼ確実にくる自分の将来のことでなければならない．この課題設定からは，すべての住宅が満たすべき基本的な設計要件こそが，長寿社会のためのものだという結論が導かれる．

したがって，長寿社会対応住宅設計指針が成果物としてでき上がるのは当然と思われた．もちろん，その達成に至るまでにはさまざまな障害があったのであるが，実際には4年目の成果として長寿社会対応公共集合住宅設計指針（案）が，公営住宅の建設基準の参考資料とするためにつくられ，5年目の最終年度には長寿社会対応戸建住宅設計指針（案）がつくり上げられた．この案という言葉を取り外すための議論が数年にわたってなされた結果，長寿社会対応住宅設計指針が公表されたというわけである．基本的な考え方は，建設省住宅局長通達，やや具体的な数字などは住宅整備課長通達というように2つの段階に分けられた．

(2) 「指針」が求めていること

指針ではかなりの項目が記述されているが，そのポイントは3つある．段差の原則解消，要所の手すり設置，動線の幅員確保である．これらのポイントは，新築の際に当初から対応しておかないと後から

では実施がむずかしい内容である．それ以外の指針の内容も重要ではあるが，上記の3つに比べれば割合にやさしい．これらの判断は，それまでの住宅と高齢者との関係，とくに不都合が生じ改修が必要となった数多くの経験事例を踏まえてなされている．

なお，指針においては，これまでと異なって，家族に介護・介助提供者がいるということをほとんど前提としていない．これは，それまでの高齢者に向けての住宅の提案の多くが高齢者同居住宅という発想であったのに比べて画期的な大転換である．たとえば，住宅金融公庫がそれ以前にもっていた割増制度だと，高齢者同居割増などというものがあったが，指針からはそういった思想は排除されている．念頭におかれているのは，室内でも介助車椅子を使うことになるかもしれない，その際に移動経路が確保できないのは困るということであり，その介助者は実際の場面ではたいてい家族であり続けるであろうがそうとは限っていない．これまでは家族介護を当然のこととして，その分だけ物理環境側の要求水準を下げることがなされていたのに対して，その不合理さを是正するためである．

また，長寿社会に向けてできるだけ「すべての」住宅が満たすべき水準としたことから，通達の前文にあるように，「障害者対応」としては必ずしも十分なものではないことは認めざるをえない．ただ，住宅の取得を自助努力に委ねてきた戦後の住宅のありようからすれば，あるべき姿を明示したという意味で大きな方向転換である．少なくとも，住宅の「長寿社会対応」は福祉の問題ではなく住宅そのものの問題であると宣言したわけである．

しかも，それがいいっ放しの空念仏では終わらなかったのも画期的であろう．見方によっては，住宅政策の根幹である住宅金融公庫の融資制度の見直しに合わせて，指針の精神が取り込まれたからである．また，有利な基準金利で借りようとすれば，「バリアフリー」か，「省エネルギー」か，「高耐久」かのいずれかを満たさなければならなくなったし，しかも1998年度からは耐久性は当然の前提となり，バリアフリーか省エネルギーかのいずれかが要求されているからである．なお，年金住宅融資にも基本的にはほぼ類似の要件が採用されている．

(3) 既存住宅のための取組み

指針は新築（建て替え）に適用されることを前提につくられた．しかし，いまや住宅のほとんどはすでに完成しており，容易に建て替えが行われる状況ではなくなりつつある．すると，既存住宅の物理的条件が居住者の生活行動能力と整合しなくなったら，改修しなければならない．このためのガイドは，新築の指針ができるより先につくられていた．

それは，住宅金融公庫が高齢化対応改造の融資制度を導入したからであるが，指針ができたのを受けて1998年春に改訂された．これで，基本的な考え方がそろったことになる．ただし，改修のための資金が手軽に使えるかというと，そうはなっていない．住宅金融公庫はあくまで貸すだけであって返済しなければならないし，一方，福祉の側から出されていた改造助成資金は，依然として不都合が生じた後でなければ手が届かない．いまのままでは問題が起こってからの後追いにしかならない．これは，大騒ぎの末に導入された公的介護保険でも事態は変わっていない．旧態依然たる対処療法のままである．

(4) バリアフリーからユニバーサルデザインへ

上に述べたように，現時点では指針の思想の基本を踏まえた住宅金融公庫融資は「バリアフリー」と呼ばれている．しかし，指針に立ち戻って考えると，これはバリアフリーではない．むしろすべての人のためのデザインを要求しているのである．その概念は，一般にユニバーサルデザインと呼ばれている．

ユニバーサルデザインの基本概念は，何も目新しいものではない．それが近年クローズアップされるようになったのは，バリアフリーデザインの意味することがどうしても障害と切り離せないことから，その一歩先に到達するための思想として導入されたからである．

アメリカで成立したADA（Americans with Disabilities Act：障害を持つ米国人に関する法）とFHAA（Fair Housing Amendment Act：公正住宅修正法）が，そうした動きのきっかけとなった．ノースカロライナ州立大学のロン・メイス博士を中心としたグループが提唱した「ユニバーサルデザインの7原則」は，以下の7項目である．①だれにでも公平に使用できること，②使ううえでの自由度が高いこと，③簡単で直感的にわかる使用方法となっていること，④必要な情報がすぐ理解できること，⑤エラーや危険にうっかりつながらないデザインであること，⑥無理な姿勢や強い力なしで楽に使用できること，⑦接近して使えるような寸法と空間となっていること．

これらの原則はそうした動きの焦点であるが，ここで指摘されている内容の多くは，本来的なデザインの前提ではないか，という反論も時としてなされる．それに対しては，より幅広い利用者層を念頭において「安全，使い勝手，アクセシビリティ」の3

要素を満たしていなかったのはデザイナーの方である，デザインのイロハも知らないデザイナーが多すぎるなどと反論できる．建築は「用，美，強」の3つがそろって初めてまっとうなものになるのであるが，デザイナー，建築家が行ってきたのは「美」の偏重である．使い手を切り捨てた芸術性など，住宅ではありえないのであって，ユニバーサルデザインはその本来あるべき姿に戻すための基本思想であるということができよう．

(5) 高齢社会の住宅のあり方に向けての動き

ここ数年の間，この分野における変化は非常に急速である．1つは住宅品質確保法に基づく住宅性能表示制度に「高齢者等への配慮」が項目として取り入れられたことであり，もう1つは「高齢者居住安定確保法」の導入とそれによって「高齢者が居住する住宅の設計に係る指針」が制定されたことである．

前者は欠陥住宅問題への対策として，住宅の備えるべき性能を定め，その水準を設定したもので，その中に高齢者等への配慮が取り入れられた．表示は義務ではないので，純粋に市場に選択を任せたといえるが，よりよい住宅とは何か，という視点からみれば，"高齢期に住めない住宅は住宅にあらず"，という主張を明確に示したものといえる．

後者は，急速な人口高齢化に対応して住宅を確保しようとすれば，民間賃貸住宅をもっと増やすしかないこと，そうした住宅の満たすべき要件は以前の指針とほぼ同様な水準であること，を示したものである．指針の名称からは高齢者が住んでいない住宅は無関係，とみえるが，実際には以前の指針と同様，すべての住宅がこうあってほしいという立場は変わっていない．もはやそれ以外の選択肢はない，というのが偽らざるところであろう．〔古瀬　敏〕

参 考 文 献

1) R. Mace, G. Hardie, J. Place : Accessible Environments : Toward Universal Design. In : Design Intervention : Toward a More Humane Architecture. (W. Preiser, J. Vischer, E. White, eds.), Van Nostrand Reinhold, 1991.
2) 古瀬　敏：人にやさしい住まいづくり―長寿社会対応住宅の手引き―，都市文化社，1995.
3) 増改築相談員テキスト作成委員会編：高齢化対応住宅リフォームマニュアル，日本住宅リフォームセンター，1998.
4) 建設省住宅局住宅整備課監修：長寿社会対応住宅設計マニュアル（戸建住宅編，集合住宅編），高齢者住宅財団，1995.
5) 特集・バリアフリーからユニバーサルデザインへ，えびすたら，No. 18，建設省建築研究所，1997.
6) W. Preiser, E. Ostroff, eds.: Universal Design Handbook, McGraw-Hill, 2001.

13.6.2 建築物の計画

(1) 長寿社会と建築物の計画

日本において，長寿社会をイメージした住宅，公共的建築物の整備が本格的にスタートした時期は1970年代後半である．日本も含め諸外国でも，その発祥は障害者のための環境改善から始まる．アメリカでは，傷痍帰還兵のリハビリテーション対策から1968年にバリアフリーデザイン法（Architectural Barriers Act）が成立（アメリカでは，バリアフリーデザインの表現をaccessibility, usabilityと表現し，ユニバーサルデザインには，これにadaptabilityなどの概念が加わる），北ヨーロッパではノーマライゼーションを社会目標に，地域へ障害者がインテグレートする有効な手段としてバリアフリーデザイン法が成立する．スウェーデンでは，1969年から車椅子使用者を対象に「建築基準法」（SBN）の改正が順次行われた．

日本では1974年，東京都町田市が「車いすで歩けるまちづくり」を標榜し，福祉環境整備要綱を制度化した．この制度の目的は，車椅子使用者を含むすべての市民が安心して暮らせる町づくりであり，当然高齢者や子どもも含まれている．実はこのことが福祉の町づくりの基本概念であった．1980年代以降，さまざまな住宅，建築物にかかわるバリアフリー対策，長寿社会対策が進展し，バリアフリーデザインが長寿社会対策の領域まで拡大することになった．高齢化・障害者対策を目的とした戸建て住宅のバリアフリー商品化は早く，1980年代初頭から始まった．1990年代後半の痴呆性高齢者のグループホーム事業も，もともとは知的障害者の住まいづくりが出発点である．1990年，神奈川県で建築基準法施行条例に福祉規定（基準法第40条）が盛り込まれ，バリアフリーデザインが日本で初めて法制度化された．

その後1992年，大阪府で福祉の町づくり条例（以下，福祉条例）が制定され，国においても1994年，ハートビル法（高齢者，身体障害者等が円滑に利用できる特定建築物の建築の促進に関する法律の通称）が制定され，長寿社会に向けた建築法制の基盤が形成された．とくにハートビル法は，対象建築物や範囲など一定の限界はあるが，戦後一貫して歩み続けた経済効率優先の建設行政から，子ども，高齢者，障害者，女性などに視点を転換したわが国で

は画期的な法制度である．ハートビル法の制定を契機に，鉄道駅舎，空港，ホテル，公園，道路など多方面で長寿社会づくりのためのガイドラインが策定されている．

(2) ハートビル法と福祉の町づくり条例

町田市によって制定された要綱以降，1980年代には，全国の主要都市で数多くの要綱が制定された．また要綱のほか，バリアフリーデザインの技術的指針を策定した自治体も少なくはない．この段階までの法制度の特徴は，以下のようなことが挙げられる．

第1に，福祉の町づくりは，「障害のある人のまちづくりを行うことはすべての人に住みやすいまちをつくることになる」という原則であるが，要綱自体は，障害者の社会参加基盤づくりにとどまった．その結果，環境整備の基本単位が建設部局ではなく福祉部局におかれ，障害のない人の環境整備が市民全体を巻き込むまでには至らなかったといえる．

第2に，各地でつくられた要綱基準（指針）が自治体によってばらつきがあり，市町村に指導の格差が生じたり，設計者や事業者に対しては法的拘束力もなく，指導力を発揮する建築法制度が求められていた．

第3に，整備対象となる建築物が大規模な公共的建築物で，生活に密着した生活関連施設が除外されていた．さらにまた，既存建築物の改善に言及できない，そして公的支援や必要な財源確保が欠如していた．

こうした課題に対して，法的拘束力，整備基準の統一，障害者の社会参加，社会全体のコンセンサス，高齢社会への対応などを主題に登場したのが福祉条例である．福祉条例は地方自治法第14条に根拠をおき，地域広域圏域における統一した拘束力を有するようになった．障害をもつ市民の差別を禁じた障害を持つ米国人に関する法（Americans with Disabilities Act）の影響を受けて成立した大阪府の福祉条例は，各県が福祉条例を制定する際のモデルとなり，ハートビル法の検討にも影響を与えた．しかし福祉条例は，基本的にはお願い条例にとどまった．罰金などの刑罰はなく，障害のある当事者からもっとも強く問題視される側面である．

一方ハートビル法は，急激な少子高齢化を背景に，福祉条例が要綱と同じ問題を抱えないためにとられた技術基準法である．ハートビル法の意義は次の2点である．

第1は，建設行政の転換を具体的に示したことである．ハートビル法の成立を促した建築審議会の答申（1994年1月）では，「だれもが必然的に老いを迎え，障害をもつ可能性を有するという基本的考え方に立って，高齢者・障害者等を例外的弱者としてとらえ，特別な措置を実施するのではなく，(中略)すべての国民が一生を通じ豊かな生活を送ることができるような施策体系の確立に向けて積極的に取り組んでいくことが必要である．(中略)とりわけ，建築物の建築に当たっては，建築物が人々の生活の基本で中心的な場であるという点を再認識し，従来のように経済活動中心，成人中心といった効率優先の考え方から，高齢者から幼児まですべての人々が共生する場の創出という考え方への転換が求められている」と述べている．

第2に，日本で初めてのバリアフリーデザインを目的とした「アクセス法」であるということ．技術基準自体は「努力義務」を建築主に課すものではあるが，初めて2つのバリアフリーデザイン基準を法的に位置づけた．2つの基準は，基礎的基準と誘導的基準と称し，事業主が計画する場合，もしくは知事が指導，助言する場合の判断基準として利用される．

基礎的基準とは，高齢者，身体障害者などの利用を不可能としている建築物のバリアを除去する基準であり，誘導的基準は，高齢者，身体障害者などが特段の不自由なく建築物を利用できる基準である．そして，誘導的基準に適合した建築物をハートビル法の認定建築物とし，予算補助，税制上の特例，低利融資などの支援措置を行っている．

ハートビル法と福祉条例，建築基準法施行条例の対象建築物には若干の相違があり，第三者によるカバーが必要で，第三者が一体的に運用して初めて制度が有機的に機能する[1]．

(3) 住宅の計画と法制度

住宅については，一定規模以上の共同住宅は福祉条例で規定されているが，戸建てや公共住宅は，住宅金融公庫の融資条件（基準金利適用住宅「バリアフリータイプ」）で規定されているほか，福祉条例でも努力義務化されている．福祉条例では町田市における9戸以上の共同住宅が最小規模である．いずれも，1995年に公表された長寿社会対応住宅設計指針によって基本的な技術基準が規定されている．主な設計基準は，戸建て住宅では段差の解消，手すり設置，通路幅員の確保，共同住宅では，共用通路，共用階段，エレベーターなどである．また戸建て住宅では，「長寿社会対応住宅工事」（内容は基準金利条件）や「高齢者等対応設備設置工事」（ホームエレベーター，移動リフト，階段昇降機，車椅子

対応キッチンなど),「高齢者等同居住宅」で割増融資が認められる.このほか,年金福祉事業団でもバリアフリー住宅融資が行われている.

これらの住宅対策は,住宅取得の多様化,ライフスタイルへの対応,良質の住宅ストックづくりを基本としている.しかし,今後の問題は,住宅というハードと在宅福祉に対応する生活支援サービスというソフトの結合にある.この点で,1990年代後半から,公営住宅にグループホームの導入が認められたが,まだまだ地域限定の住宅施策となっている.住宅都市整備公団や住宅施策を展開する市町村の決断が求められる.

(4) 今後の課題

まず第1に,圧倒的なストックである既存建築物の改善対策である.福祉条例では,いまのところ大阪府をはじめいくつかの自治体で言及されてはいるが,有効な方策が見出せていない.ハートビル法では既存建築物が除外されている.地域や生活圏単位の柔軟な基準適用を基に,事業者の理解を求める必要がある.第2に,公共的施設改善における市民参加である.改善の計画,実施,点検と評価という4つのプログラムのいずれにも「参加」が不可欠である.第3に,町の個性を演出するデザインへの昇華である.ハートビル法は地域のボトムアップに一定の成果を上げているが,これからは町が憩いの場となるような魅力ある施設づくりが必要である.第4に,さまざまな計画の整合性である.都市マスタープラン,住宅マスタープラン,障害者計画,介護保険計画など,町には計画があふれており,市民にはそれらの具体的な意味について皆目見当がつかないであろう.関連する各領域間のバリアをつくらないこと,自立と介護しやすい生活空間をつくることに傾注したい.最後に,さまざまな差別や偏見への教育の必要性である.長寿社会は,多くの障害を出現させる.すべての事業者,市民が,個々の人権に配慮し,差別のない社会環境をつくる強い意志が必要である. 〔高 橋 儀 平〕

参 考 文 献

1) 高橋儀平:高齢者・障害者に配慮した建築設計マニュアル,福祉のまちづくりの実現に向けて,彰国社,1996.

13.6.3 地域の計画
(1) 地域空間のユニバーサルデザイン

ここでは,住宅,職場,施設以外の公共的空間としての地域空間を取り上げる.

住宅や施設は,利用者が主に高齢者や障害者などのハンディキャップをもつ人に特定されることもあるが,一方それ以外の地域空間は,ありとあらゆる人に利用されるため,住宅以上に多種多様な機能が求められる.地域空間は利用者と機能という二重の意味でユニバーサルな空間であり,その設計原理はバリアフリーデザインにとどまらず,ユニバーサルデザインでなければならない.また,たとえば高齢化は,都市市街地でも農村でも,そしてニュータウンでも進行しており,地域的普遍性という意味においても,また高齢化はだれにでもやってくる未来であるという人間的普遍性という意味においてもユニバーサルである.

ところが従来は,地域空間のもつ不特定,多様という性格が災いして,バリアフリーなどの配慮が遅れてしまっていた.というよりも,ハンディキャップをもつ人たちは住居や施設に収容して庇護する対象であって,わざわざ危険な地域空間に出かけるという発想に乏しかった.そこには,世間の目にさらしたくないという差別問題もあった事実を見逃すことができない.

しかし現代では,地域空間のバリアフリー化,さらにユニバーサルデザイン化が強く求められている.その理由としては,以下のことが挙げられる.

①ハンディキャップをもつ人たちは社会から隔離して庇護する対象ではなく,人権として可能な限り自立した生活を送る主体者と考えるノーマライゼーションの考えが発展し,消費生活はもちろん,労働,学習,文化,恋愛,スポーツなどあらゆる社会的活動の舞台としての地域空間に,対等な自立した人間として彼らが躍り出てきた.

②高齢社会にあっては,増大するハンディキャップをもつ人たちを隔離,収容,庇護することは家庭でも社会でももはや不可能である.彼らが社会の欠くことのできない構成員として共生することが求められている.このことが彼らの人権を保障し,能力を高め,障害を克服する道でもある.

③ハンディキャップをもつ人たちを考慮したユニバーサルデザインは,多くの場合,子どもや妊婦など弱者,さらには一般人にも優しいものである.

④近代化の過程で地域空間が危険,不快,不便,醜悪,没個性といったゆがみを蓄積し,環境にも悪影響を与えるものになってしまった反省から,地域空間をより人間的なものに,よりエコロジカルなものに修復していくことが求められているが,ユニバーサルデザインはこうしたプロセスとも重なっている.

2000年の「交通バリアフリー法」により，街路や公共交通の駅とその周辺のバリアフリー化を進める制度が整備され，ユニバーサルデザインを実現する条件も整えられてきている．

(2) 地域空間の計画原理

まず，地域空間の大きな構成＝都市構造の問題がある．モータリゼーションによる野放図な拡散化，都市機能純化による職住などの分離，大規模商業施設による近隣商店街の衰退といった都市空間の変貌から，生活空間としてのコミュニティ空間の再生へと転換しなければならない．買い物，病院，文化，行政などの都市施設も，地域コミュニティ空間の中に配置される必要がある．

具体的な地域空間要素である街路や公園，それらに付帯する施設，設備などについては，技術的にもデザイン的にも日進月歩で進んできており，デザインマニュアルも整備され，われわれが利用できるメニューはそろいつつある．しかし，その実現化はマニュアルからメニューをピックアップして組み合わせればすむといった容易なものではない．ハンディキャップといっても，視覚障害，聴覚障害，上肢障害，下肢障害，知的障害，内臓障害などその内容や程度はさまざまであり，求められる空間デザイン要素も異なる．なかにはたがいに矛盾する要素もある．たとえば，車いす利用者にとっては歩道の段差はない方がよいが，視覚障害者にとっては段差がなければ認識できない．美観的理由から点字ブロックを歩道と同色にしたところ弱視者に不都合であったり，視覚障害者のために立体的な触知地図を設置したが使いものにならなかったり，あるいは内臓障害者にとっては途中にトイレがあることが最重要課題であったり，途中で一服できるベンチや喫茶店が重要といったことも多い．

一つの空間に，たがいに矛盾することもある多様な要素が求められ，さらに一般的な利便性，美しさ，快適さも求められる．それを空間的にまとめること，ここにユニバーサルデザインのむずかしさとともにその真髄がある．

つまり，地域空間のユニバーサルデザインは一人のデザイナーだけでできることではなく，ハンディキャップをもつ人たちの参加が欠かせないのであり，さらに地域に生きる者として広く住民参加によるまちづくりとの協同の，ユニバーサルな取組みが欠かせない．そのことによってよりよいデザインの解が得られるだけでなく，その利用や管理に協同の責任感が生じることによって，たとえばバリアフリー施設がバンダリズム（公共物の破壊，いたずら）の対象になったり，点字ブロック上に駐車，駐輪したりすることを防ぐことができる．また，ハンディキャップをもつ人たちがユニバーサルな町づくりに参加するためには，バリアフリーな地域空間がいっそう必要となるのである．

もう一つ，計画原理として重要なことがある．それは地域空間の安定性である．阪神・淡路大震災において一変してしまった町の中で，「心の地図」に頼っている視覚障害者は途方に暮れてしまった．彼らは，自分の体で作成した，心にストックしている「心の地図」がなければ一歩も外出できないのである．高齢者にとっても，慣れ親しんだ空間という安心感が重要な意味をもっている．高齢者が環境が変わったために痴呆になってしまったとか，寝たきりになったという例は多い．大切な地域のランドマーク（音や匂いも含む）さえ次々とスクラップされていくまちづくりでは，たとえでき上がった空間が立派なものであったとしてもその目的は達成されない．この安定性の中には，地域空間の名称，地名や通りの名称なども含まれるべきであろう．

(3) 交通のユニバーサルデザイン

ハンディキャップをもつ人たちにとって地域空間においてもっとも重要なことがらは，移動の自由＝交通権の保障である．バリアというとき，その多くは段差など移動を妨げる障害である．

われわれの住む都市は，モータリゼーションによって大きく変貌した．いまや車なしには暮らせない「車社会」といわれる．障害者の中にも車を活用することによって自分の世界を大きく広げている人も多く，そのような人たちにとっては車の効果は大きい．しかし，それは一部の障害者に限られ，徒歩空間や公共交通が車の増大によって圧迫されることに起因してバリアが増えてしまうこと，そして何よりも交通事故によって多くの障害者が生み出されることから，車に依存した「車社会」のいっそうの進展は望ましくない．脱「車社会」は行き詰まりをみせている都市交通全体の課題でもある．

ハンディキャップをもつ人たちの交通権を保障するには，たとえば特別の通路やエレベーターを用意するとか，福祉タクシーの利用など専用のルートを別に設けることもある．しかし，できる限り隔離せず一般のルートをバリアフリーにしていくノーマライゼーション＝ユニバーサルデザインの原理が重視される必要がある．そうでなければ，地域空間全体の質を向上させることができない．

(4) 街路空間の計画

ハンディキャップをもつ人が街路を移動する場

合，徒歩，杖，松葉杖，白杖，義足，車いす，電動車いす，シルバーカー（老人車），電動三輪車，自転車などさまざまな移動手段が使われる．これらについては技術開発が進んできているが，それらに必要なスペース，路面形状（段差，溝，舗装，点字ブロックなど），付帯設備（信号，標識，照明，ストリートファニチャーなど）もさまざまであることから，これらを一つの街路空間に実現するためには，十分なスペースとよく考えられたデザインが求められる．

往々にして車いすのことさえ考慮しておけばよいと考えられることが多い．たしかに車いすに適していればバリアの多くは克服できるが，矛盾する場合もあることは前に述べたとおりである．このようなユニバーサルなデザインをされた街路空間は，美しさ，快適さの面でもすぐれており，年齢，障害の有無を問わずさまざまな人の，まさにユニバーサルな交流の場，都市に活力をもたらす場とすることができる．

(5) 公共交通の計画

電車，バスを中心とした公共交通はモータリゼーションの進展によって衰退傾向にあったが，再生への努力もされている．その中で高齢者や障害者など車を利用できない交通弱者が乗客のかなりの割合を占めており，公共交通のバリアフリー化が進められてきている．鉄道については，駅のエレベーター設置や改札口改良など，バスについては，低床バス，停車時の車高低減装置，車いす用リフト，乗降口や座席の改良などの工夫がなされている．技術的には相当な進展がみられるが，それを普遍化することが課題である．

一方，中規模都市の基幹交通システムとして，1990年代ころより路面電車がヨーロッパの経験から再評価されてきている．1970年代に相次いで廃止されたが，多くの地方都市で，改良，拡張，復活，新設の計画が進められている．なかでも高性能の路面電車であるLRT（ライトレールトランジット）が注目されている．LRTは交通性能が高いことや環境にやさしいだけでなく，超低床でプラットホームから直接車いすで乗降でき，混雑時以外は自転車や乳母車の乗車も可能である．路面電車がすぐれているのは，そのほかに，乗り心地がよく弱者にも安全であること，路線や運行が安定していて信頼性が高いことなどもある．今後，ユニバーサルトランジットとして期待される． 〔松本　滋〕

13.7 高齢者・障害者対応の住まい

13.7.1 高齢者向け住宅施策の現状

高齢化の進展に伴い，わが国においては高齢者に質の良い住宅を供給するためのさまざまな施策が講じられている．最も新しいものでは，高齢者居住法が2001年4月6日に公布され，その中に「高齢者の居住の安定確保に関する法律」がある．そこでは基本方針として「高齢者に対する賃貸住宅の供給の促進」「高齢者が入居する賃貸住宅の管理の適正化」「高齢者に適した良好な居住環境を有する住宅の整備の促進」「保健医療サービス又は福祉サービスを提供するものとの連携」に関する事項が定められている．これらの法律に基づく施策や，さらに具体的な目標数値なども定められているが，その中で，高齢者向け優良賃貸住宅については，シルバーハウジングやケアハウスに続く新しい高齢者向け住宅を2005年度までに11万戸供給する計画が進められており，本格的な高齢社会を迎えて居住分野においても総力戦でそれに対応しようとする意気込みが感じられる．これにより，高齢者向け住宅の効率的な供給を促進し，高齢者が安心して生活できる居住環境を実現するための仕組みが整えられたといえる．高齢者向け集合住宅制度は1987年にシルバーハウジング・プロジェクトとして発足し，この間，公団，公社建設による各住宅や民間借上住宅などにより多様な住宅が提供されるようになってきている．

本節では，その中の「保健医療サービスまたは福祉サービスをを提供するものとの連携」に関連する住宅について述べる．

加齢による身体機能の低下や障害が生じた場合でも，可能な限り自立かつ安心して生活を営めるようにするためには，住宅や設備等のハード面の配慮に加えて，医療・福祉サービスなどのソフト面からの生活支援を行っていくことが重要であることから，福祉施策との連携をはかりつつ高齢者向け住宅の整備が推進されている．主な高齢者専用住宅施策を表13.3に示す．

また，近年の高齢者の新しい住まい方として，震災復興事業の一環として兵庫県や神戸市などにより高齢者向け集合住宅が建設されている．実際には公団や公社によるものよりも各都道府県や地方自治体による公営住宅が大多数を占めているのが現状である．

表 13.3 主な高齢者専用住宅施策

施策名	施策の内容
シルバーハウジング (建設省) 1987 年開始	単身および夫婦のみ高齢者で健康で自立した生活が可能（収入制限あり） 10〜30 世帯に 1 人の生活援助員（ライフサポートアドバイザー）の配置 高齢者向けの設備・構造・緊急通報システムを有する 老人デイサービスセンターなどと密接な連携をもつ 公営，公団，公社などの公的賃貸住宅 全国で 172 団地，4100 戸（1997 年 3 月）
シニア住宅 (建設省) 1990 年開始	60 歳以上の単身および高齢者夫婦世帯 入居時の費用一括払いなどにより終身の居住費負担を考慮 さらに各種生活・医療・介護サービスが利用料負担で受けられる 公団，公社，認定を受けた民間法人による終身利用権または賃貸住宅 公社 10 団地，公団 2 団地，民間 4 住宅（1998 年）
シルバーピア (東京都) 1987 年開始	単身および夫婦のみ高齢者で健康で自立した生活が可能（収入制限あり） 都営，公団，公社，公立（区市町村）の公的住宅と民間賃貸住宅の借り上げ 高齢者在宅サービスセンターを併設あるいは隣接の義務あり，身体機能の低下に伴いケアサービスを地域の高齢者と同様に受けられる ワーデンを配置 4900 戸運営（1997 年 3 月）
優良民間賃貸住宅 (福祉型借上住宅) (建設省) 1992 年開始	土地所有者などが一定基準を満たす賃貸住宅を建設し，区市町村が 20 年間公共住宅として借り上げる場合，その住宅を優良民間賃貸住宅として認定・登録，建設費に対して大幅な利子補給や一定の共同施設整備費などの補助が受けられる
高齢者向け優良賃貸住宅制度 (建設省) 1998 年創設	単身，夫婦のみ高齢者世帯など（収入分位 25〜40％以下の中間所得層） 原則として民間による供給が主であり，公団や公社も可とする 新設と既存住宅の改良工事が対象（管理期間は 20 年が原則） バリアフリーと緊急対応サービスを義務づける 建て主側に建設費補助，入居者に家賃補助を行う．入居一時金など高齢者の資産状況に適した家賃の設定

13.7.2 シニアコレクティブハウジング

コレクティブハウジングのコレクティブとは，集合の，集団の，共同の，などを意味し，コレクティブハウジングとは，居住者同志が生活の一部を共同して行うことを目的としてつくられた集合住宅をいう．この住まい方はデンマークで生まれ，1988 年にアメリカ合衆国に紹介された．北ヨーロッパ諸国において早くから取り組まれ，高齢者向けのシニアコレクティブハウジングにおいても定着している．日本においては，1995 年 4 月に国土庁の住宅宅地審議会から，「高齢社会に対応した住宅政策」についての最終報告書が提出された．それによると，高齢社会にふさわしい住宅政策全体を視野に入れて，多様な居住ニーズの一つとして血縁に基づかない共同居住ニーズへの対応として，公共賃貸住宅での対応のあり方を検討することが述べられている．

この居住システムがつくられた最初は，親が働きながら安心して子どもを育てることができるような住まいづくりをすることが第一の目的であったことから，日常的な食事の一部，または全部を共同で行うことを重視し，居住戸に割り当てられるスペースの一部を出し合い，そのスペースに共同の食事や厨房を設けるようなプランになっていた．

その後，少子，高齢化など社会の変革とともに家族，仕事のあり方にも変化がみられるようになってきている中で，既成の家族概念や住宅概念にとらわれず，人と人との新しいかかわりをつくりながら，安心，安全に住み続ける暮らし方が提案されるようになった．中高年齢者や身体に障害をもった人，子育て中の家族や一人暮らしの人など，さまざまな家庭事情をもった人たちがプライバシーを確保しながら助け合いによる暮らしの豊かさを求めて住み，あくまでも自立を前提としたコミュニティであり，それぞれが独立した占有の住戸といくつかの共有スペースをつくり，生活の一部を共同化する住まい方となっている．アメリカではコ・ハウジングと呼ばれている．

この考え方を高齢者向けに採用したのがシニアコレクティブハウジングであり，家族を越えて助け合う新しい住まい方は阪神・淡路大震災が契機となって実現したのである．そのプランの一例を図 13.5 に示す．

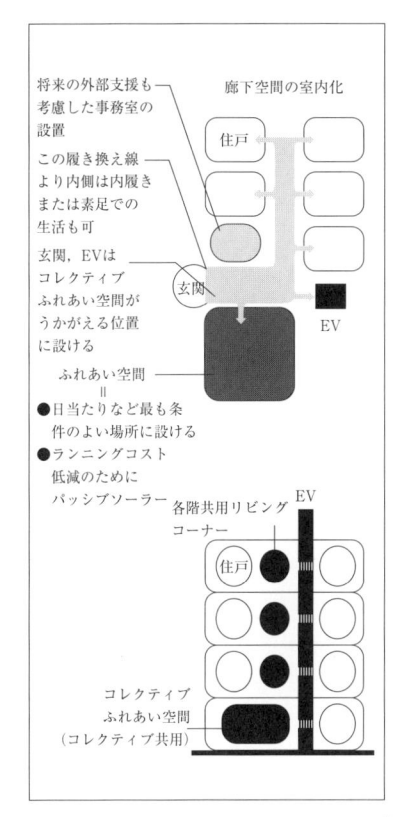

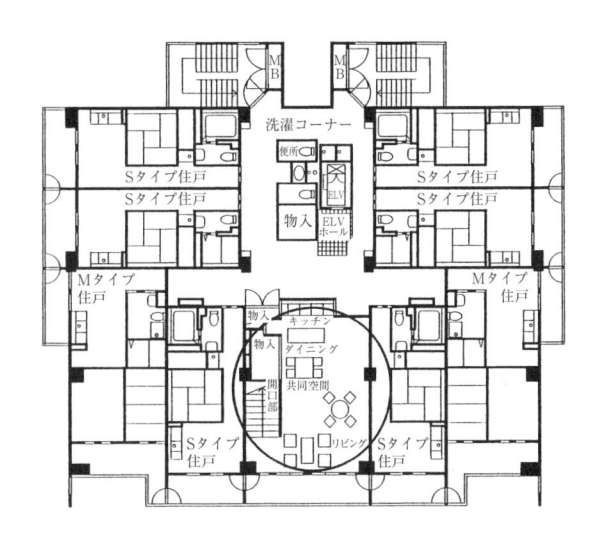

図 13.5 コレクティブハウジングの例（HAT の神戸・脇の浜住宅の協同空間）
資料：左；兵庫県都市住宅部，右；兵庫県「コレクティブハウジング」パンフレットより．

13.7.3 シルバーハウジング

シルバーハウジングは，わが国における最初の公的な高齢者向け集合住宅制度として発足したもので，高齢者が安全に自立した生活ができるように，バリアフリーに設計された公営住宅である．シルバーハウジングに隣接，または近接しているデイサービスセンターに在住している生活援助員（ライフサポート・アドバイザー：LSA）によって生活相談や安否の確認，発病のときの一時的な介護などの日常的なサービスを提供している．

入居資格は 60 歳以上の単身者およびどちらか一方が 60 歳以上の夫婦のみの高齢者世帯で，年間所得 200 万円以下，身体にやや不安はあるが自炊は可能な高齢者に対して提供される高齢者住宅である．

この住宅は，1987 年から建設が始められ，2003 年 3 月末までにに全国で 634 団地 1 万 7409 戸が建設，管理されている．このうち東京都では「シルバーピア」という名称で 1987 年開始，第一号は民間借上げアパートを利用して開始し，2003 年までに 180 団地，4795 戸を設けている．また，兵庫県では 96 団地，4377 戸と東京都に次いで多いが，なかでも阪神・淡路大震災の翌年の 1995 年には 70 団地，696 戸という大量の住戸の建設が行われている．

シルバーハウジングの概念図を，図 13.6 に示す．一人暮らしの高齢者が最も不安とする緊急時の対処や発病時の介護など，日常生活での問題を家族に代わって LSA がやることで安心して自立した生活が続けられるよう計画された，公的賃貸システムの集合住宅である．もちろん，住宅の内部は高齢者の生活特性に配慮した安全設備や緊急通報システム装置などが完備されている．

13.7.4 シニア住宅

中堅勤労者の高齢期を想定し，当時の建設省が 1990 年度から公営住宅等関連事業推進事業制度要綱に基づいて創設され住宅である．創設当初は当時の住宅・都市整備公団（住宅公団）および地方住宅供給公社が事業主体であったが，その後，法の改正などにより，現在は高齢者住宅財団の任意事業として継続されている．

高齢期における居住・生活ニーズとして，安心して暮らせる居住形態が重視されるが，シニア住宅は

13. 高齢者・障害者と住まい

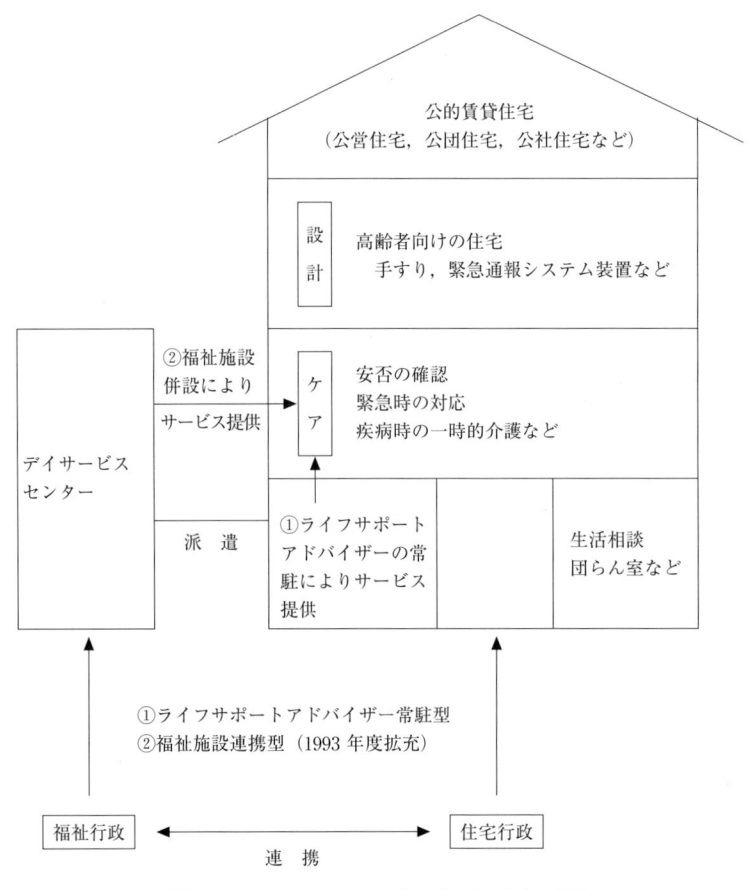

図 13.6 シルバーハウジング・プロジェクトの概念

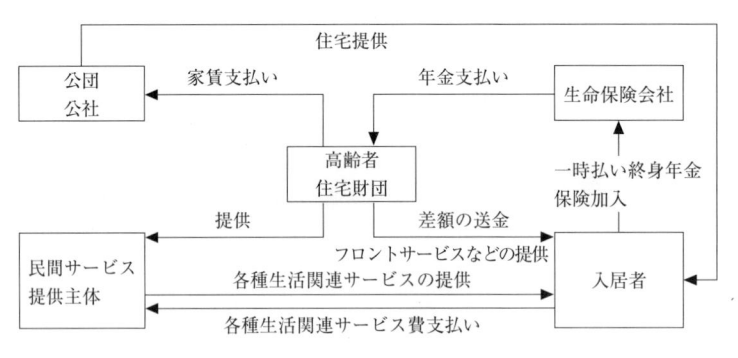

図 13.7 シニア住宅の仕組み

多様なライフスタイルを保ちながら可能な限り住み続け，安定した老後を過ごせるよう配慮が施され，さらに健康期から入居可能なことや多様なサービスが提供されるような仕組みになっている．サービスの一例として，生活関連サービスでは取次や緊急時の対応，年金や健康の相談などの基本サービスや，加齢に従い利用する可能性が高いサービスなどが提供される．これらを含むので，住居費はかなり高額になる場合が多い．

入居対象は60歳以上の単身および高齢者夫婦世帯（どちらか一方が60歳以上）とされ，入居時に入居想定期間の家賃の全額または一部を一括支払い方式の終身年金保険に加入することが義務づけられており，年金を担保として終身居住保証がされている．シニア住宅の仕組みを図13.7に示す．

13.3.5 グループホーム

いま，高齢者に対する住環境整備施策に最も関心を集めているのは，サービス付き住宅（ケア付き住宅）とグループホームであるといわれている．

グループホームは，痴呆性高齢者が入居する居住システムである．5～9人の少人数の家族的な雰囲気の中で独立した部屋をもち，家族のようにかかわり合いをもちながら生活するシステムとなっており，十分に訓練を受けたスタッフが24時間支援する．日常の日課として洗濯，食事の支度，買い物など，本人の能力に応じてできることは自分ですることが基本になっている．できるだけ慣れ親しんだ生活習慣や生活様式が守られながら生活することにより痴呆の進行を穏やかにし，家庭に戻ったときに家族の負担軽減に資することが目的とされている．高齢者がもてる力を出し合いながら助け合う新しい居住形式で，老人ホームでもなく，独立住宅でもないという特徴的な住まいの形式である．ボランティアもホームヘルパーも入っていかない．

ヨーロッパにおいては，このような高齢者の小規模居住に対する福祉サービスが10年あまり前から実施されている都市（アイスランドのレイキャビック市）もあり，欧米先進諸国ではすでに成功をおさめているところが多い．日本でも2000年から始められたゴールドプラン21の中で，グループホームの更なる充実が明示されている．今後，さらに高齢化が進み，後期高齢者の増加が見込まれていることからも，痴呆性高齢者への対策が大きな課題となることは避けられない．グループホームのようなコミュニティを基盤とした福祉サービスの充実がはかられていく必要があるだろう．　　〔梁瀬度子〕

参　考　文　献

1) 高齢者居住法研究会：高齢者居住法の解説，大成出版社，2001．
2) 三浦文夫編：図説 高齢者白書2002，全国社会福祉協議会，2002．
3) 榎本和子：高齢者の小規模居住に対する福祉サービス，行路社，1997．
4) 内閣府編：高齢社会白書（平成15年版），ぎょうせい，2003．
5) 外山　義編著：グループホーム読本，ミネルヴァ書房，2000．
6) 小谷部育子：コレクティブハウジングの勧め，丸善，1997．
7) 阿部祥子：高齢時の住まい，一橋出版，1998．

13.8　高齢者・障害者対応の居住施設

現在，日本で法的に認可された「社会福祉施設」は120種を超える．この中には保育所，心身障害者福祉作業所，老人福祉センターなどのように「通所」型の施設も含まれるが，約半数が「入所」型の施設，すなわち，そこで一定期間あるいは長期にわたって「居住」することを想定した施設である．そして，母子寮などの一部の施設を除いて，その大半は障害者あるいは高齢者の生活に対応する施設であり，たとえば自閉症児施設，肢体不自由児療護施設，知的障害者更生施設，特別養護老人ホームなどのように，行政制度が児童，成人，高齢者に大きく分けられ，さらに障害種別・程度別に施設種が細分化されている．

このように，多様な施設種が存在するにもかかわらず，その中には歴史的役割を終えつつある施設から生成期で絶対的に不足する施設までが混在し，なおかつ「時代の大きな転換期」といわれる現代において，一方では「行政改革」が叫ばれ，また一方では「ノーマライゼーション」などの新しい理念が導入されつつある中で，これらの居住施設については根本的な見直しが求められている．限られた紙面の中で個々の施設に論究することは困難であり，ここではこれらの居住施設に共通する基本的な課題を提示することにしたい．

13.8.1　居住施設の歴史的性格

障害者や高齢者の居住施設に限らず，すべての地域施設は歴史的な存在であり，直接的には「生活の社会化」の空間的反映とみることができる．たとえば，建築計画学の基礎を築いた西山夘三は，1960年の論文「住宅の将来像」の中で「社会の発展と住宅の機能の分化，都市と農村の構造変化」と題する図13.8を示し，「建築の歴史をその始源から現在までながめてみると，最初はただシェルターとして単一空間＝住宅であった段階から，生活の複雑化に対応して住空間の複雑化を生んできたけれど，同時に住宅の中から多くの生活過程を排出して他の建築型を分離させ，あるいは住生活の多くの部分を社会化して新しい建築型をつくりだし，それによって住生活を《純化》してきた」と述べている．建築計画の分野における「社会化」論の核心はここに言い尽くされているということができるが，さらに経済学，社会学，家政学などの知見をもとに，「生活の社会化」の構造を筆者の判断で仮説的に示したものが図

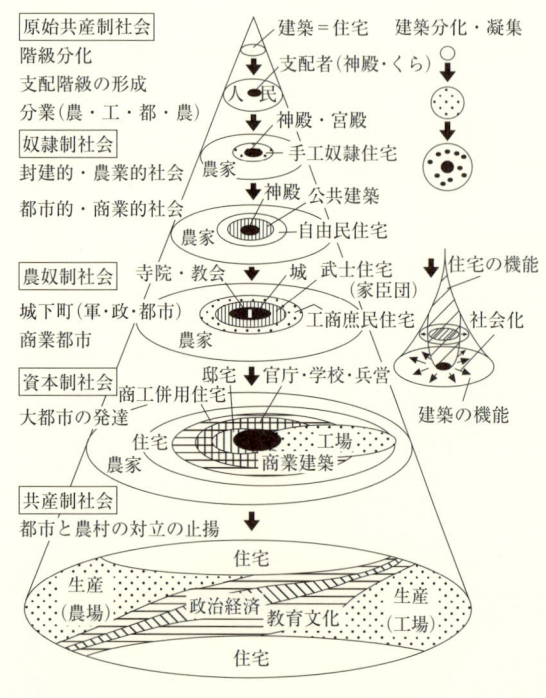

図 13.8 西山夘三の「社会化」概念

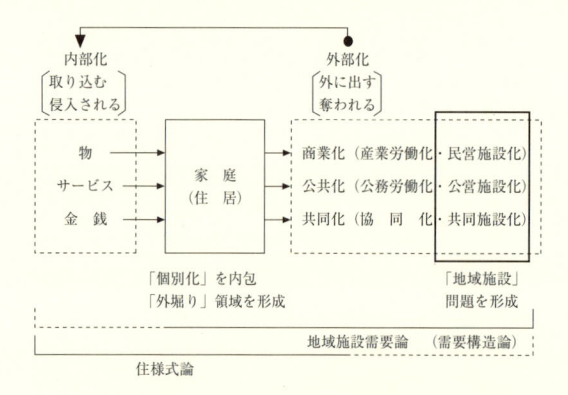

図 13.9 生活の社会化の構造

13.9 である．

図 13.9 は大きくみて 3 つのことを示している．第 1 には，「生活の社会化」の進展は必ずしも「外部化（家庭生活や住居の機能の一部を外部に出す）」の側面のみでなく，何らかの形での「内部化（いったん外に出したものが形を変えて再び家庭の中に入り込む）」の側面を合わせ持ち，［外部化→内部化→外部化→…］という循環を繰り返しながら生活様式を変化・発展させていくという点である．図では「内部化」の形態として「物（補助器具など）」「サービス（在宅ケアなど）」「金銭（年金など）」の 3 要素に区分しているが，現実にはさまざまな細分類や組合わせが存在する．

第 2 には，「生活の社会化」を推し進める主体はさまざまであるが，大きく分けると「公共化」「商業化」「共同化」という 3 つの形態の補完・対立関係がみられ，このような主体の違いによって循環構造の仕組が異なり，家庭（住居）にとっての「社会化」の意味も異なってくるという点である．また，「生活の社会化（外部化）」の空間的反映として各種の地域施設を位置づけることができるが，そこにも「公営施設」「民営施設」「共同施設」の補完・対立関係が存在するということである．

そして第 3 には，研究的側面からみると，このような「社会化」の循環構造とそのメカニズムを総合的に解明することを通して，住宅計画研究（とりわけ住様式の発展構造の解明）と施設計画研究（とりわけ施設需要の発生・発展構造の解明）が連関するという点である．

以上のような視点からみると，社会福祉施設の歴史は聖徳太子の時代の四箇院（敬田院，施薬院，悲田院，療病院）にまでさかのぼることができるが，現代的な意味での原型が形づくられたのは，日本が資本主義的経済発展の中で農業国から工業国へと転換し，勤労者の都市への集中と社会問題が顕在化し始めた明治中期から大正期にかけての時期であり，この時期に形づくられた「劣等処遇，隔離収容（さらには治安維持）」的性格を現在も色濃く残しているのが実状である．戦後の民主化に伴い，憲法とともに各種の法体系が整備されたことも事実ではあるが，残念ながらその質的内容において戦前からの基本的性格を払拭するほどのものではなかった．そして現代，このような不十分さを残したまま進められつつある「行政改革」では，家庭（家族）の役割を強調して「生活の社会化」そのものを抑制したり，「社会化」の中でも「商業化」や「共同化（とりわけボランティア）」の役割を強調して「公共化」を抑制しようとする論調が強まっている．

これに対して，もう一つの歴史的事実は共同保育所や共同作業所に代表される「無認可施設」の存在である．施設経営的にはきわめて厳しい条件の中での「共同化（当事者と家族，職員，地域住民による運動的実践）」を通して質的内容の向上を実現し，「公共化」の不十分さをただ補完するだけではなく，本来あるべき「公共化」の役割を先導的に，そして具体的に描き出してきた実践の意義はきわめて大きなものである．なお，無認可施設の中には「商業化」の立場から営利のみを目的とした劣悪な施設が登場しているのも事実であり，無認可施設の中にも「共同化」と「商業化」の補完・対立構造が存在し

ている点に注意を要する．

13.8.2　居住施設の計画的課題
　上記のような「共同化（運動的実践）」の事例に学びつつ，また，一方ではデンマークで生まれた「ノーマライゼーション」の理念に学びつつ，居住施設の今後の基本的課題を提示したい．

(1)　地域の中での小規模分散
　「ノーマライゼーション」の基本は，地域の中で普通の生活ができることである．その第1の課題は，居住施設そのものが普通の地域の中に地域と共生できるスケールと形態で存在することである．さらに，居住者が慣れ親しんだ地域を移らないこと（居住の継続性）を基本とすれば，居住施設の小規模分散が必然的な課題となる．残念ながら，土地取得に対する財政的援助のない現行制度のもとではきわめて困難な課題であるが，遊休施設の転用や既存施設との合築，あるいは民間建築や民家の借用・転用などを含めて，地域の特性に応じた立地とデザイン（規模，形態，景観）の可能性が追求されるべきである．

(2)　施設の地域化
　地域の中に存在することに加えて，第2の課題は，施設のもつ機能を地域に開放したり，コミュニティ施設として地域に本来あるべき機能を内部化することによって地域との交流を図り，地域の普通の生活との連続性を維持・発展させることである．このためには，保健，医療，福祉といった関連分野の連携にとどまらず，行政諸分野の総合的な連携（タテ割行政の克服）と地域住民の計画への参加（地域の知恵の創出）が必須のこととなる．

(3)　ノーマルな生活リズムの保障
　「劣等処遇，隔離収容」の思想のもとでは，居住者の人間的な生活が顧みられることはなく，施設管理的な観点から非人間的な生活が組み立てられ，それが「施設病」ともいわれる生活意欲の低下を生み出していた．「普通の生活」の第3の課題は，普通の時間に普通の仕方で食事をしたり入浴したりという，まさに「普通の生活リズム（1日のリズムだけではなく週間のリズムや季節のリズムなどを含む）」の実現である．残念ながら現代においても，個々の職員の意志でなくとも，職員体制の不十分さが非人間的な生活を余儀なくさせる場面が多々みられる（逆にそれを乗り越えようとする職員の努力は過重労働としてのしかかってくる）．その意味で，小規模化と並んで職員体制の制度的拡充（量的拡充のみでなく，資格，研修制度を含めた質的充実）や地域の支援（NPO活動などボランティアをのり越える地域の知恵の結集）が必須の課題となる．一方，このような職員体制の不十分さは，前述のような施設の細分化・多様化にもかかわらず「どこにも入居できない」高齢者や障害者を現実に生み出す背景となっている点にも注意を要する．

(4)　プライバシーと豊かな共同空間の保障
　「普通の生活」の第4の課題として，生活時間の流れに合わせた生活空間の変化が必要である．少なくとも「寝たきり」ではなく日中と夜間の生活空間を分けることと，生活経歴や価値観を異にする居住者がたがいのプライバシーを尊重するために個室を確保することは，人間の基本的な生活要求としてきわめて「普通」と考えられてしかりである．しかし，現行制度では必ずしもそれを認めていない．さらに，施設の空間条件と補助金額を具体的に規定する社会福祉施設最低基準は，面積基準の低さに加えて建築単価の低さのために豊かな生活空間を創出することをきわめて困難にしている．本来ならば，個室の対極に豊かな共同空間が多様に用意され，コミュニティとプライバシーが相乗的に形成されていくのが自然の姿であるが，現行基準のもとでは二者択一を迫られることがしばしばである．その意味で「社会化」の制度的・空間的到達点ともいえる「最低基準」の改善が急務の課題である．なお図13.10には，大規模施設ながら個室と多様な共同空間を確保したグループホーム型特別養護老人ホームの先駆的事例を示した[2]．

(5)　アイデンティティと選択性の保障
　「普通の生活」の第5の，そしてもっとも本質的な課題は，個人の意志と個性が最大限に尊重され，時間的にも空間的にも自らの生活リズムと生活スタイルを確立しうることである．そして，居住施設においてこれが実現され，一方，住宅における在宅サービスが十分に整備された段階においては，前節で扱われている「高齢者・障害者対応の住まい」と本節の「居住施設」の違いは，ある意味で本質的な事柄ではなくなる可能性が生じてくる．すなわち，「住まい（そこにはグループホームやコレクティブハウスも含まれる）」と「居住施設」のいずれを選択しても，平等な権利とサービスが保障される条件下（デンマークやスウェーデンではそのような条件を確立しつつある）では，そこで得られる権利やサービスの適否ではなく，まさに個人の価値観やライフスタイルの違い（どういう仲間と，どういう生き方をしたいか）によって，居住形態を選択することが可能となるからである．

〔桜井康宏〕

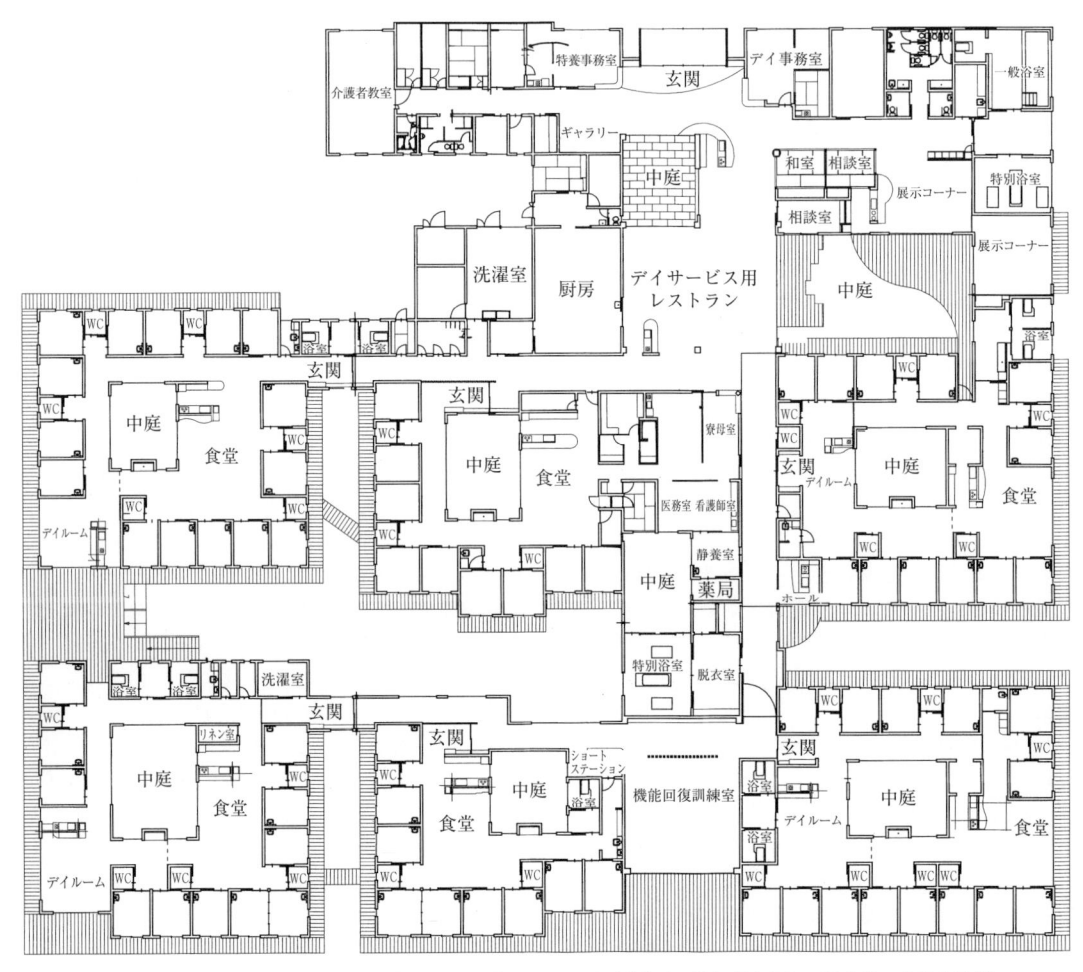

図13.10 グループホーム型特別養護老人ホーム「あやめの里」（所在地：滋賀県中主町，設計者：莫設計同人）

参 考 文 献

1) 桜井康宏：発達保障と生活空間の計画（講座発達保障3 障害者福祉学），全障研出版部，1998.
2) 松村正希，桜井康宏：グループホーム型特別養護老人ホームの仮説と検証―特養A施設の実践報告―．日本建築学会技術報告集，第19号，2004.

13.9 高齢者・障害者の住環境をめぐる国際的動向

13.9.1 社会の高齢化と住環境施策の動向

それぞれの社会において，その社会構成員が抱える居住ニーズの量的・質的変化に対応していく施策展開は，決して一様ではない．

社会の高齢化を共通に経験する諸国間で，高齢者世帯の増加，家族機能の変化，高齢者の心身機能低下に対応するための福祉分野，医療分野との連携など，高齢化に伴う諸課題への取り組みを概観しても，諸施策の導入時期や強調点には違いがある．さらに，各施策内容について細かく比較していけば，施策の適応範囲や条件などが異なる．また，障害者や家族が抱える居住ニーズへの施策対応についても同様である．

しかしながら，社会の高齢化のステージとの関連において，ごく大ざっぱな傾向を読み取ることはできそうである．以下は，そうした社会の高齢化を経験する国々に共通して読み取れる2つの方向性である．

その1つは「住宅と施設の歩み寄り」という動向であり，いま1つは「特殊解対応から一般解対応への施策の重心移動」である．

本節では，主としてこの2つの動向について概説を加えながら，高齢者・障害者の住環境をめぐる国際的動向を概観してみたい．

13.9.2 高齢者住宅成立の背景
――住宅と施設の歩み寄り――

かつて医療の役割が急性期疾患の治療にもっぱら集中していたころ、医療施設は、診察、処置、治療の場であり、患者は、在宅での日常生活からかけ離れた施設での入院生活を、時間を限られた非常事態として経験し、疾病の治癒回復を待って再び在宅の日常へと戻った．

在宅と医療施設は、生活の場と治療の場、日常の場と非日常の場という明確な境で分かたれた2つの対峙する世界であった．

また福祉施設についても同様であった．福祉施設が救貧対策の色彩を帯び、社会の中で公的救護の対象としてカテゴライズされた人々を、端的に表現すれば、社会の外としての施設の中に措置し、処遇してきたのである．その個人が措置入所に至るまで生活してきた住居や地域、さらにいえば、人生と、施設の中のそれとの間には、容易に越えて戻ることのできない境界が存在したのである．これもまた在宅と施設は、明確に分離され対峙する2つの世界であった．

しかし社会の高齢化は、この2つの世界、在宅と施設のあり方にそれぞれ影響を及ぼし、その結果、在宅−施設の2項対立の図式は双方からその境界が切り崩されてきている．

福祉施設系の受け皿としての老人ホームも、医療施設系の受け皿としての慢性病棟も、ともに初期においては住宅とはまったく隔絶された収容、あるいは療養の場であったが、質の向上の過程の中で住居化し、地域社会に開かれた施設へと変容してきている．

一方、在宅の側からも、高齢者の居住継続を支援すべく、安全性や自立生活支援サービスの付加が進められ、一般住宅の障壁除去（バリアフリー）化や、ケア付き住宅の供給が進められてきた．ひとことで要約すれば、施設と住宅が、高齢者の居住性へのニーズと安全性、自立支援性へのニーズとの双方に応えながら、しだいに歩み寄りをみせてきたといえるであろう．

日本の施策動向も大筋こうした展開をみせているが、ここでは日本に30年以上先立って高齢社会へ突入し、住宅と施設の歩み寄りの変容プロセスが非常に明快な、スウェーデン社会のプロセスを紹介してみよう．

スウェーデンでは住宅−施設という2項対立の対応から、一方では安全性や自立支援が付加された住宅へ、他方では住居化し地域社会に開かれた施設へと、政策の流れが明確に転換されてきている．この流れを、それぞれ住宅、老人ホーム、慢性病棟を起点とし、さまざまな小規模ケア付き住宅の形態へと収束する3つのベクトルとして要約できるであろう．

①住宅からケア付き住宅へ： 1950〜1960年代の年金者世帯を対象とした、単なる住宅供給施設としてなされた初期の「はこ」のみの供給対応から、1970年代には自立生活支援サービスの付加されたケア付き集合住宅や、それがデイセンターと合築されたサービスハウスなどのケアサービス付きの「はこ」の供給へと対応が変化していった．さらに1980年代に入ると、地域への統合化やノーマライゼーション理念に基づき、サービスハウスの小規模化、グループ住宅へと移行し今日に至っている．

②老人ホームからケア付き住宅へ： 高齢化率10%を超えた1950年当時、高齢者の施設的受け皿として盛んに整備された老人ホームは、その雑居で貧しい居住環境や、閉鎖的で拘束の多い処遇状況が批判され、1960〜1970年代を通して居室の個室化や施設の地域化が進められ、老人ホームは高齢者向けケア付き集合住宅に近づいていった．1974年には、老人ホーム建設資金融資がサービスハウスへの改築資金に切り替えられ、ケア付き住宅の流れへと合流していった．

③慢性病棟からケア付き住宅へ： スウェーデンでは1954年に医療保険制度の改革が行われ国民皆保険となったが、高齢化率が10%を超えて急速な高まりをみせる．1959年には、老人性慢性疾患患者を対象とする慢性病棟が一般病棟から特化された．1960〜1970年代にこの慢性病棟は大量に建設されたが、その貧しい療養環境や疾病治癒にばかり注意を集中した医療であったため、「寝たきり」などの廃用症候群の患者が多く発生した．1979年には、生活リハビリを中心とし、個室化の進んだ新しい慢性病棟"Lokala sjukhem（ロカーラシュクヘム）"が登場し、住居化した慢性疾患療養の場として全国に整備された．1980年以降、このLokala sjukhemは全国の自治体で広く整備され、今日の経済的不況下においても、過去に建設された慢性病棟の改築によって拡充されている．老人医療が県から地方自治体に移管された1992年1月以降は、この個室化された居住化の進んだLokala sjukhemは、ケアサービスの付加された居住形態（service boende）として、ケア付き住宅、老人ホームなどと一本化された扱いになっている（図13.11）．

④日本の動向： それでは、こうした住宅と施設

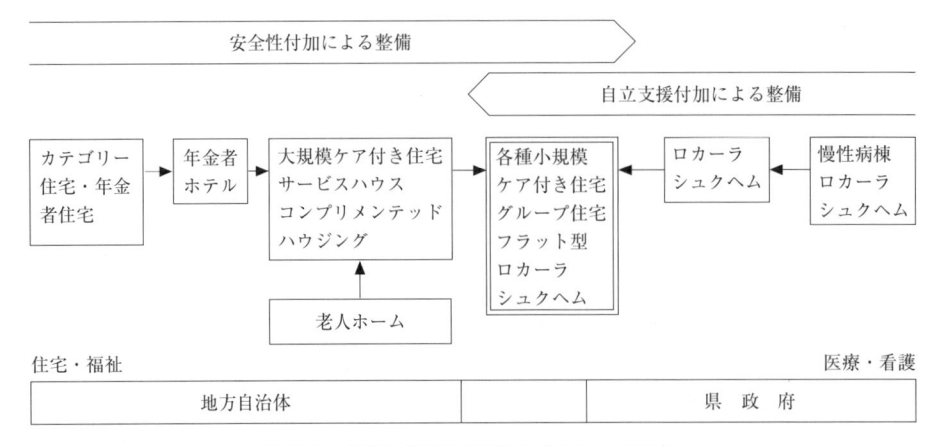

図 13.11 住宅と施設の歩み寄り（スウェーデン）

の歩み寄りをめぐる日本の状況はどうであろうか．総じていえば，日本においても，近年の急速な施策展開の中で，住宅，施設の双方からの歩み寄りの傾向を認めることができる．とくに，住宅と福祉の境界領域においては，高齢者向けケア付き（サービス付き）住宅のいくつかの形態が登場し，一方，福祉施設の流れから住宅に接近してきたケアハウスの登場など，住宅と施設への単純分類を不可能にする中間的な居住形態が登場してきている．しかし，医療施設側からの居住化傾向の動きに関しては相当立ち後れている．

13.9.3 高齢者住宅を越えて
——特殊解対応から一般解対応へ——

社会の高齢化の初期においては，個別的に問題に対応する各種施設を，社会の中でのいわば特殊解対応として整備し，そこにニーズを抱える人々を集めることによって対応してきた．これは，慢性疾患をもつ高齢患者の場合も，自立生活が困難になった単身高齢者の場合も，さらに重度の心身障害を負った子どもの場合も同様であった．

これは，住み慣れた住宅の中で，地域の中で居住を継続するには，ハード条件としての住宅・住環境の質も，ソフト条件としての在宅へ届けられるべきケアサービスの供給システムも不十分であったからである．そして何よりも，そうしたニーズを抱える人々を，あるいはそうした状況をその社会が日常性の中に位置づけることができずに，特殊な事態として扱ってきたという人々の意識が，そうした特殊解対応を支えてきたという側面も見逃すことはできないであろう．

今日，社会の高齢化が進み，大多数の社会構成員にとって，老後のライフステージがみずからのものとしてごく普通に視野に入ってくるようになると，老化による心身機能の低下に対応し，生活の自立を支援するさまざまなケアサービスの仕組も多面的に求められるようになり，それを受ける意識も，社会的救護から利用へと変化していく．また，ハード条件としての住宅や都市環境も，以前は施設内でのみ生活していた心身機能の低下した人々が，住み慣れた住宅や地域に継続して生活，移動することが前提となるようになり，一般住宅や地域住環境，交通システム整備の視点として，安全性やアクセシビリティ（近接性），そして使い勝手といった質の向上が求められるようになる．これが，高齢化が進んだ社会において，住環境のバリアフリー化やユニバーサルデザインの視点が重要視されるようになるゆえんである．

こうした一般解対応の基盤は，良質な住宅である．先にふれた高齢化先行社会のスウェーデンでは，住宅政策は総合的な社会政策の中で中心的位置を占めている．政府は，全国民に良質な住宅を供給するため，税制，融資制度，公的住宅会社，非営利住宅事業体，家賃統制などの総合的な対策を実施し，地方自治体にはさらに，住宅供給五箇年計画の策定と実現および住宅手当の支給を義務づけている．また，供給される住宅自体の質を確保するために，「建築基本法（Building Act（BL））」，「建築法（Building Ordinance（BS））」，「建築基準（Building Code（SBN））」および「住宅建設資金国庫融資基準」などによって，住宅の質の誘導，規制を行っている．とくに，1975年の「建築法（BS）」の改訂によって導入されたバリアフリー（障壁除去）条項は，加齢，障害あるいは疾病により，移動

能力や方向感覚などの低下した居住者にも住みこなせるようにすること，3階以上の住宅や集合住宅には昇降機の設置を義務づける画期的なものであった．

〔外山 義〕

14

住宅問題，住居経済，住宅政策

14.1 住宅問題

　住宅問題とは，一口にいえば，住宅が貧しい状態や無権利な状態に据えおかれ，それによって人々の生命や生活が脅かされていることを指している．とはいえ，住宅が「貧しい状態」や「無権利な状態」という内容を理解することは簡単ではない．人類が地球上に現れてから今日まで，外界から身を守り生活を支える基礎となってきた住まいは，社会全体の生産力の発達とともに物質的な意味では確かに豊かになってきていることは間違いない．にもかかわらず，難民やホームレス，そしてスラムの存在，高負担を強いられる住居費や遠距離通勤など，住宅問題はなお深刻な様相を呈している．住宅問題はすべての国々や地域の人々に等しく立ち現れるわけではなく，地域性，階層性をもって現れることに注意する必要がある．ここでは，住宅問題とは何か，どのように理解すればよいのか，その基本的な視点を考えてみよう．

14.1.1 居住水準問題としての住宅問題

　まず第1に，もっとも直接的な住宅問題は住宅そのものが劣悪な状況に陥っている場合である．人間居住にふさわしい住宅は，家族構成に見合った規模，安全で衛生的な構造と設備を備えていなければならない．狭小過密居住，老朽住宅，欠陥住宅などの問題はいまだに日本において大きな問題であり続けている．この絶対的・物理的な住宅問題に対して，それぞれの国でさまざまな対応策がとられてきた．一定基準以上の住宅建設に向けての規制・誘導・支援，公的住宅の直接供給などである．日本では住宅建設計画法（1966年）に基づく住宅建設五箇年計画において，1976年以降すべての国民が確保すべき居住水準として「最低居住水準」が設定されてきた．この他に半数の世帯が確保できるようにする居住水準として「誘導居住水準」も設定されている．この居住水準の内容は，われわれの生活の実態に合わせて改善していくべきものであるが，水準設定とその実現に向けた政策はその時々の政治経済の状況に左右されている．したがって，居住の実態と問題を明らかにする住宅問題研究の持続的な取り組みが重要であるし，国民の求める豊かな住まいを実現するための枠組みとしての住宅政策を確立させていくことが重要である．

14.1.2 貧困問題としての住宅問題

　住宅そのものの劣悪な状態という以上に深刻な住宅問題は，難民問題やスラム，そしてホームレスなどの問題である．これらの問題は，現代社会に存在するさまざまな不平等，不正義，侵略，収奪の結果，貧困問題として発生する住宅問題である．低開発国における飢餓や難民問題，あるいは先進諸国においても発生するスラムやホームレスの問題などの多くは，先進諸国の植民地政策による侵略や，多国籍企業，大資本などの産業・経済活動による収奪の結果である．日本における住宅の貧困は，企業による雇用の不安定化，そしてあまりにも大きな地域的な格差や階層的な格差の結果として発生している．さまざまな国際機関や政府，自治体による諸政策は，人々の生活を豊かにしていくことこそが究極の目的であるべきなのに，それが経済活動の犠牲になることによって生じる住宅の貧困は，いつでも弱い立場の人々に集中的に現れるのである．

14.1.3 地域問題，社会問題としての住宅問題

　第3には，住宅問題はただ単に住宅そのものの問題に限ったものではないということである．それは都市問題，土地問題，環境問題，労働問題，医療・福祉問題，教育問題，家族問題など，およそわれ

れの生活を取り巻く諸問題と密接な関連をもっている．都市再開発などのために住まいを追われる事例，高齢者やハンディキャップを抱えた人々が住宅そのものの水準に悩まされたり賃貸住宅から締め出される事例，非行や虚弱児あるいは孤独死を生み出す住宅，ローン地獄に悩まされる事例，地域社会と隔絶したワンルームマンションの建設など，枚挙にいとまがないほど，住宅問題はさまざまな地域問題，社会問題と結び付いている．1990年代後半以降，全国的に市街地空洞化が大きな課題として認識されるようになってきた．ここでも都市における居住空間の減少とそれによる地域社会の衰退が，大きな課題となっている．

14.1.4 人権問題としての住宅問題

第4に，住宅問題は人々が望んでいる住宅に安心して住み続ける権利を奪われている状態をも含んでいる．たとえば，賃貸住宅における入居拒否や家主からの追い立て，家賃，地代の高騰などによる圧迫，家庭内暴力や地域における差別や嫌がらせなどによって，居住ひいては人権を脅かされる事態がさまざまな形で発生している．これまで，日本では住まいの安全性という場合，一般的に地震，風水害，火災などの災害に対して物理的に安全であることを中心に考えてきており，居住の権利が脅かされる問題について住宅問題として認識することは十分ではなかった．今後，国際化が進み，日本で生活をする外国人が増えるであろう．また高齢者，障害者あるいは欠損家族など，いろいろなハンディキャップをもった人々が等しく地域で生活できることが望まれている．このような社会の中で，居住差別を払拭していくことも重要な課題である．

以上述べてきたように，住宅問題を捉える視点は社会の発展とともに複雑になってきている．豊かな住まいを実現するための住宅政策を確立するためにも，その時々に生起する住宅問題を科学的・総合的に把握する住宅問題研究はいっそう重要になってきていることを改めて確認しておきたい．

〔鈴 木　　浩〕

14.2　住宅事情と住宅問題

14.2.1　住宅事情，住宅階層，住宅統計

住宅事情とは，ある時代，ある地域の住宅のあり方の全般的状況，およびその評価を示す概念である．居住水準，住環境，住宅入手条件の難易，住宅の型，住宅立地など幅広い内容を含んでいる．住宅事情の善し悪しには，多様な指標のチェックをするのが一般的である．しかし，簡便な住宅事情の把握の方法としては，「住宅の型」構成をみるのがもっとも端的なものと考えられる．

図14.1に明治以降の住宅ストックについて，型別の量的構成を示した．この変化と特徴を図中に示したが，この全体が130年間の住宅事情の主要な変化を示すものといえる．統計の制約もあり，指標として，①農家と非農家，②住宅所有関係，③建て方，構造，工法などの住宅形態，④設備専用・共用の別，などによって，「住宅の型」を示した．

住宅統計調査（1948年以降）をメインとして，統計値を利用できる部分は実線で示し，筆者らによる推計部分は破線で示した．また，過去の時代を4区分しているが，筆者としては，近々に第5の時代が来ると判断している（多分2000年をその区切りとしてよいだろう）．以下，この図に従って，日本の住宅事情の大きな流れを概観してみる．

(1) 第1期（1940年まで）

明治初期には，日本人の8.5割以上が農民であり，残りの1.5割弱が都市住民であった．その後農家の数は，ずっと約550万戸で一定値が継続したので，増加し続ける人口は，都市に吸収され新しい型の都市住宅が供給されていったことになる．戦前には，持ち家層は少なくて，圧倒的部分が民営借家居住であった．東京では，新支配層としての官僚・富裕層さらに勤労市民の中間層は，概して山の手の1戸建てが多く，工場労働者などの下層は下町の長屋建てが多かった．最下層のスラムに至る，上下の階層差が明白であった．大阪では，上・中層が少なく，江戸時代の町家の伝統のうえで，長屋建てが中心の型となった．

(2) 第2期（1940〜1950年）

この時期は戦時体制下での地代家賃統制令の10年間であった．建築資材を含んで全物資の軍需産業への傾斜のもとで，住宅需要が住宅建設につながらず，需給のミスマッチが家賃の高騰の危険性をはらんでいた．それが労働運動，反戦運動へとつながることをおそれて，政府は地代家賃統制令を発令した（1939年）．それにより借家建設は止まった．

1945年敗戦までのアメリカ軍の空襲はすさまじく，日本の諸都市の木造住宅を焼き尽くしていった．戦後も，社会不安対応のため統制令は維持されたが，逆に固定資産税は強化された．戦前の主要な住宅型の民営借家は，物理的（戦災）にも，システム的（統制令と税の強化）にも破壊されてしまっ

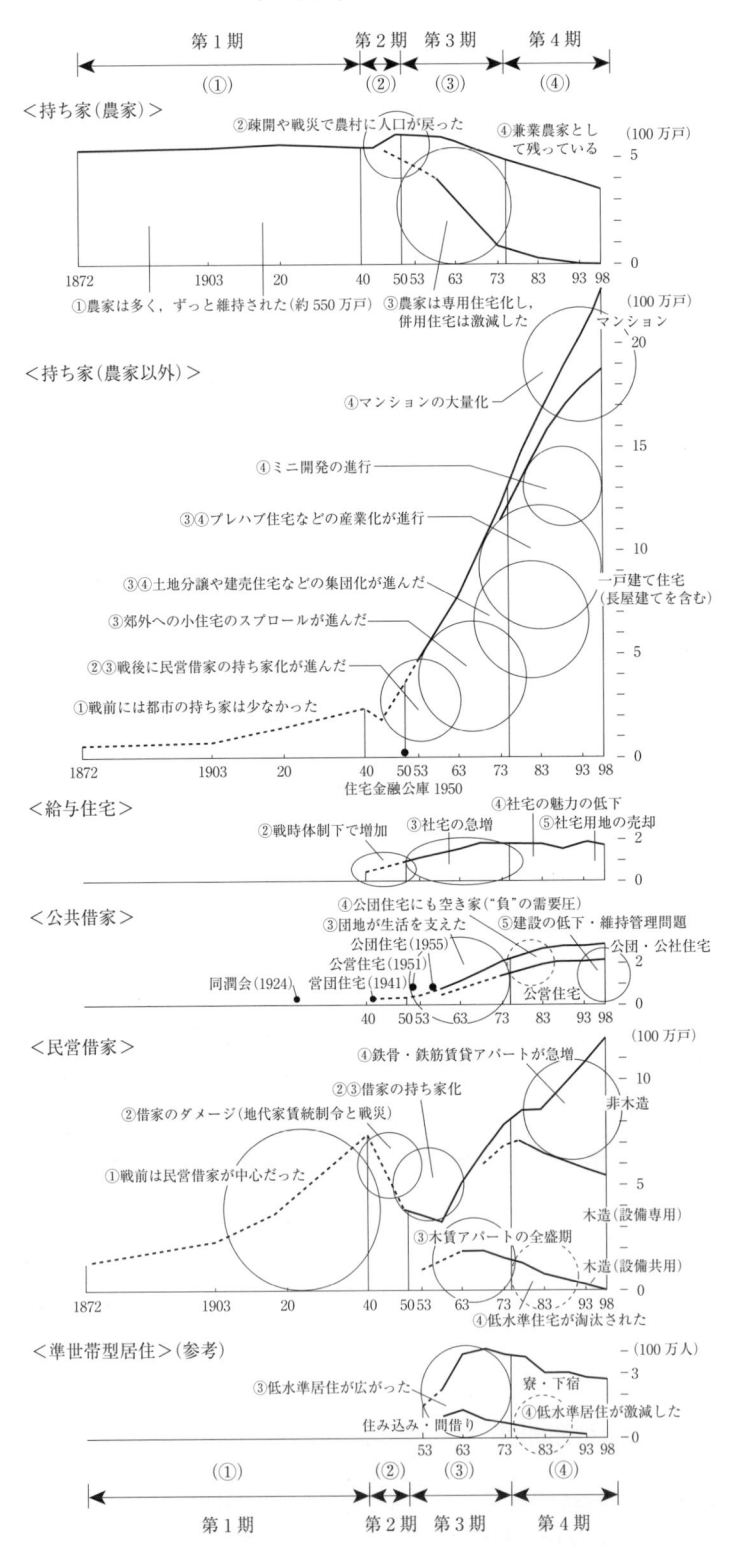

420   14. 住宅問題，住居経済，住宅政策

第1期　　　　　　　　　第2期　第3期　第4期
（①）　　　　　　　　　（②）　（③）　（④）

＜持ち家（農家）＞
②疎開や戦災で農村に人口が戻った　　　④兼業農家として残っている　（100万戸）
　　　　　　　　　　　　　　　　　　　　　　　　　　　－5

　　　　　　　　　　　　　　　　　　　　　　　　　　　－0
1872　　　1903　　20　　40　50 53　63　73　83　93 98
①農家は多く，ずっと維持された（約550万戸）　③農家は専用住宅化し，併用住宅は激減した

＜持ち家（農家以外）＞　　　　　　　　　　　　　　　　（100万戸）
　　　　　　　　　　　　　　　　　　　　　　　マンション　－20
④マンションの大量化

④ミニ開発の進行　　　　　　　　　　　　　　　　　　　－15

③④プレハブ住宅などの産業化が進行
　　　　　　　　　　　　　　　　　　　　　　　　　　　－10
③④土地分譲や建売住宅などの集団化が進んだ　　　一戸建て住宅
③郊外への小住宅のスプロールが進んだ　　　　　　（長屋建てを含む）
　　　　　　　　　　　　　　　　　　　　　　　　　　　－5
②③戦後に民営借家の持ち家化が進んだ
①戦前には都市の持ち家は少なかった
　　　　　　　　　　　　　　　　　　　　　　　　　　　－0
1872　　　1903　　20　　40　50 53　63　73　83　93 98
　　　　　　　　　　　　住宅金融公庫 1950

＜給与住宅＞
　　　　　　　　　　　　　　　④社宅の魅力の低下
②戦時体制下で増加　③社宅の急増　⑤社宅用地の売却　－2

　　　　　　　　　　　　　　　　　　　　　　　　　　　－0

＜公共借家＞
　　　　　　　　　　④公団住宅にも空き家（"負"の需要圧）
　　　　　　　　　　③団地が生活を支えた　　⑤建設の低下・維持管理問題
　　　　　　　　　　公団住宅（1955）　　　　公団・公社住宅　－2
同潤会（1924）　　　公営住宅（1951）　　　　公営住宅
　　　　　　　　　　営団住宅（1941）　　　　　　　　　　　　－0
　　　　　　　　　　40　50 53　63　73　83　93 98

＜民営借家＞　　　　　　　　　　　　　　　　　　　　　（100万戸）
　　　　　　　　　　　　　　　④鉄骨・鉄筋賃貸アパートが急増　－10
　　　　　　　　　　　②③借家の持ち家化
②借家のダメージ（地代家賃統制令と戦災）　　　　　非木造
　　　　　　　　　　　　　　　　　　　　　　　　　　　－5
①戦前は民営借家が中心だった　　　　　　　　　木造（設備専用）
　　　　　　　　　　③木賃アパートの全盛期
　　　　　　　　　　　　　　　　　　　　　　　木造（設備共用）
　　　　　　　　　　　　　　　　　　　　　　　　　　　－0
1872　　　1903　　20　　40　50 53　63　73　83　93 98
　　　　　　　　　　　　　　　　④低水準住宅が淘汰された

＜準世帯型居住＞（参考）　　　　　　　　　　　　　　　（100万人）
　　　　　　　　　　　　　　　　　　　　　　　　　　　－3
　　　　　　　　　③低水準居住が広がった　　寮・下宿
　　　　　　　　　住み込み・間借り　　　　④低水準居住が激減した
　　　　　　　　　　　　　　　　　　　　　　　　　　　－0
　　　　　　　　　53　63　73　83　93 98

（①）　　　　　　　　　　（②）　（③）　（④）
第1期　　　　　　　　　　第2期　第3期　第4期

図14.1 住宅所有関係別，ストックの時系列変化（全国，国勢調査・住宅統計調査・農業調査等）
　　　　実線：統計値，破線：推計値．

た.

新たな代替システムのないままに，混沌の中で，第3期を通じて持ち家中心へと変わっていった.

人口は農村に還流していたが，1950年の朝鮮戦争による経済復興を期に，大都市への流動が始まった.

(3) 第3期（1950～1975年）

高度経済成長下で大都市圏への人口集中が続いた．中卒レベルの若年層は，住み込み，寮などの準世帯型居住に吸収された．次いで，これからの脱出層に対応して木賃アパートの供給が大量化した．さらに，これらの住宅からの住み替え先として，公共住宅の需要が一気に膨んだ．

借家はなべて低水準であったので，人間らしい暮らしを求めようとすると，持ち家の選択しかありえなかった．終戦直後は，背に腹を替えられない借家の持ち家化が進んだが，1960年前後から小住宅の郊外へのスプロールが広がった．1965年ころよりいちだんと需要が増し，地価が上がっていった．1968年には目にあまるスプロール対策としての「市街化区域・調整区域」の区分が新都市計画法に盛り込まれた．

持ち家需要の拡大により，住宅のプレハブ化が進み，大手ハウスメーカーが成長し始めた．デベロッパーが，土地分譲，建て売り住宅団地，マンションなどの開発に乗り出してきた．

(4) 第4期（1975～2000年）

1975年には，ベビーブーム直下の層（長男長女時代）が，大学卒業のころとなっている．地方中心都市へのUターン，Jターンが盛んになり，大都市圏への人口集中が低下した．ベビーブーム層と比べれば少ない人口であり，住宅需要圧も減った．1975年ころからの10年間は，低水準借家，不人気団地に空家が続発し，淘汰されていった．公団住宅の大量空家もこのころで，10年たって，若者の増加で需要を盛り返した．

地価の上昇につれて，1975年ころから建て売り住宅，1980年ころからマンションが中心の住宅型となっていった．持ち家需要の急増による地価の急騰が「土地神話」を植え付けたのだが，バブル崩壊後の長い地価の低下がみられる．

マスハウジング期は，ほぼ第3期で終了しているのだが，第4期は多様な展開のあった時期で，次の第5期以降は，少ない建設を確実に，よいストックにしていくべき新しい時代に入ってきている．

〔三宅　醇〕

14.2.2　住宅の所有形態

住宅の所有形態（housing tenure）は，住宅政策上もっとも重視される住宅分類指標の1つである．大きく，住宅の所有者と居住者が一致する持ち家と，両者が一致しない借家がある．

所有形態と訳出される英語のテニュア（tenure）は，保有，保持（holding, possession），またその権利（act, right）や様式（manner），地位（title）を示す包括的な概念である．住宅センサス先進国のイギリスでは，持ち家を「完全な持ち家」と「ローン支払中の持ち家」に，借家を，供給・管理主体や賃貸借関係の性格により，「民営借家」「給与住宅」「住宅協会の借家」「地方自治体の借家」「ニュータウン公社の借家」等に区分している．また近年，住宅協会，地方自治体，ニュータウン公社の借家を併せて「社会住宅（social housing）」とする場合がある．社会住宅とは通常，市場で適切な住宅を確保することがむずかしい一定額以下の所得階層に対して供給される，何らかの公的支援が組み込まれた住宅を指す．イギリスではこれまで公営住宅がその主翼を担ってきたため，「社会住宅」という概念は必ずしも定着していなかった．しかし，1980年代以降，民間非営利部門の住宅を積極的に位置づけようとする傾向が強まり，これと呼応して，公営住宅を包摂する「社会住宅」という区分が定着するようになった．このように，テニュアの区分方法やその支配的な形態は，時代性や政策潮流の変化を鋭く反映している．

住宅の所有形態は一般に，立地や建て方，規模等で示される質水準，居住する世帯の特性等と結び付いている．たとえば，大都市都心部では借家が，農村部や地方都市，大都市郊外部には持ち家が多い．また，共同住宅には借家が，戸建て住宅には持ち家が多い．アメリカでは，持ち家の典型は郊外に立地する戸建て住宅である．規模，設備の水準が高く，居住者の所得は借家人のそれよりも高い．借家は往々にして，持ち家に移るまでの仮住まいとみなされ，単身者や低所得者の受け皿として機能している．オーストラリア，カナダなど他の英語圏諸国においても類似した状況がみられる．

しかし，詳細にみれば，持ち家/借家比やそれらの存立形態は，国や地域，また時代によって異なる．都市化が進んだ19世紀のヨーロッパでは，富裕層の持ち家を除けば，都市では借家が一般的であった．しかし，営利追求を目的とする家主によって供給される民営借家の居住水準の低さや不衛生居住の実態，また高家賃問題が顕在化し，これに対する

公共介入が拡大されると，民営借家の新規供給は減退し，慈善団体等の民間非営利組織や国，自治体が，直接，間接に賃貸住宅を供給するようになった．またこれと並行して，中間所得階層に照準を合わせた分譲住宅も供給された．さらに時代が進むと，政府が積極的に住宅建設を促進，支援する一方，民間事業者による戸建て分譲住宅建設が進んだ．都市の外延的拡大は，戸建住宅を中心とする持ち家所有の大衆化を促した．

欧米諸国における近年の持ち家率は，50％に達していないドイツ，スウェーデンから，50％台前半のデンマーク，オランダ，フランス，50％台後半のオーストリア，フィンランド，60％を上回るアメリカ，イギリス，スペインまで大きな幅がある（表14.1）．持ち家率が相対的に低いドイツ，スウェーデン，デンマーク，オランダ等のヨーロッパ大陸諸国はいずれも，社会住宅政策を推進してきた．これらの国には，費用家賃を原則とする良質で低廉な借家ストックが存立している．また都市のスプロール的拡大を抑制し，借家部門に中間所得階層を含む幅広い階層が包摂されている．これに対してアメリカのように，住宅市場を重視し，金融や税制面から持ち家取得のための条件整備を進める一方，公共賃貸住宅や社会住宅を残余層の福祉住宅として位置づけてきた国では持ち家率が高い．アメリカでは，都市居住機能は主として郊外部が受け持っている．一方，持ち家率が7割近くに達しているイギリスでは，公営住宅の売却政策によって持ち家所有の大衆化が促進されてきた．

そもそも，近代資本主義社会における理念としての「所有」は，「人とモノとの個別的に特定された直接的・排他的な関係」であり，これに付随する「自由」をもつことに特徴づけられる．しかし，都市では，住宅所有の「自由」が都市空間の利用を秩序づけようとする社会要請と衝突する．そこで，両者を調整するために，住宅の所有，利用，居住をめぐる諸法制が整備されてきた．分譲集合住宅における区分所有権が戸建て住宅のそれと比べてより多くの制約を受けるのはその端的な例である．各種の都市居住法制，またその実効性は，個々の地域社会における住宅所有の社会的含意や，持ち家，借家とされるテニュアの存立形態を規定している．持ち家のあり方やその普及の度合いには，各国の住宅事情や住宅制度，また住宅政策の特徴が反映されているのである．

個人にとっても住宅所有の意味は多義的である．持ち家は，資産としての経済的価値に加えて，家族

表14.1 諸外国の持ち家率（％）

年　度	1980	1990	1995	2000
スペイン	73('81)	78('91)	80	83('98)
アイルランド	76	79	79	78
ベルギー	59('81)	67('91)	—	74
ルクセンブルク	60('81)	64	70('97)	70('01)
イギリス	58('81)	65	67	69
イタリア	59	68('91)	—	—
アメリカ	65	64	65	68
ポルトガル	52('81)	67('91)	—	64('98)
日本	60('78)	61('88)	60('93)	60('98)
フィンランド	61	67	62	58
フランス	47('78)	53('88)	54('96)	—
オーストリア	52	55	54	56('98)
オランダ	42	45	48	53
デンマーク	52	52	50	51
ドイツ	43('81)	—	42('93)	43('98)
スウェーデン	42	39	—	—

調査年度が表上段に示した年次と異なるものについては，括弧内に調査年を示した．

持ち家率は，原則として住宅数を分母として計算したものである．データは，日本は住宅統計調査，アメリカはセンサス，ヨーロッパ諸国はCIRIEC：Housing Statistics in the European Union 2002, p. 35による．

の絆を強め，精神的安定をもたらす装置であったり，自己表出の場であったりする．「所有」に象徴される社会的ステイタスや，利用に対する相対的自由度の高さが評価される一方，取得や保有，また売却や相続のコストが持ち家取得を回避する動機となる場合もある．持ち家主義は多分に，持ち家に偏向した住宅政策や，資産としての持ち家を重視する社会意識によって醸成されてきた．

先進資本主義社会では今日，従来の持ち家や借家とは異なる新しいテニュア形態が生まれつつある．たとえば，時間の経過とともに借家から持ち家に移行する住宅や，定期借地権をもつ持ち家，また，北アメリカ型コーポラティブのように，借家人を住宅管理にかかわるさまざまな決定に参加させ，利用権を最大限尊重しようとする借家等がそうである．また，借家から持ち家へのテニュア転換や共同建て分譲集合住宅の大量供給とその賃貸化，公営住宅の払い下げ，老朽持ち家市場の形成等により，テニュアと建て方や立地，居住者の階層性との対応関係は複雑化している．成熟した都市社会におけるテニュアの意味は，ますます相対化されつつあり，持ち家であれ借家であれ，住宅の利用価値を重視し，居住を保障する社会制度の構築が求められている．

〔檜谷美恵子〕

14.2.3 ホームレスの人々

(1) ホームレスの定義

ホームレスとは，ホームのない人のことであり，狭義には，野宿をしている人，言い換えれば，路上生活者を指す．つまり，軒のない人々のことである．しかしながら，広義には，低い水準で居住している人を指す．近代社会の尺度からみて，人間的な最低限度の家に住んでいないということである．これには，家の所有権や家の賃貸契約による居住権をもたない人，つまり居住権によって保護されない人や，一定水準の人間らしい広さや設備さらには衛生や安全性の基準を満たさない住居に住む人が含まれる．この定義では，住み込みや間借り，給与住宅・寮生活者，旅館住まい，さらには病院・福祉施設・刑務所入所者も含まれる．また，ホームレスとハウスレスとを区別して，一定の家族的人間関係に包まれずに孤立した居住者をホームレスと定義することもある．

(2) ホームレス問題の浮上

日本ではこれまで，低水準住宅の居住者が多いと指摘され，その住宅はうさぎ小屋と酷評されてきた．事実，国土交通省が示している最低居住水準未満の住宅に居住する世帯が多い．しかしながら他方で，路上生活者については，終戦直後の一時期を除いて，他の先進諸国と比べて目立って多くはなかった．ところが1990年代に入ると，バブル経済の崩壊とともに，こうした居住最低辺層が急速に増えだした．

一般に国民の平均的生活水準が向上し安定することにより，居住水準も向上し，広義のホームレスは減少するが，その一方で，狭義のホームレスは，必ずしも減少しない．むしろ，増大することすらあり，いまや先進諸国で大きな社会問題となっている．

(3) 路上生活の実際

自分から望んで路上生活するというのは，特別のライフスタイルを追求する者などを除けば，普通は考えられない．路上生活を，管理社会から解放されたライフスタイルとして注目する見方もある．しかし，多くの人が想像できるように，路上生活の実際は過酷で，風雨に曝され，暑さ寒さ，とりわけ冬の寒空に生死をさまよい，栄養を満たすこともままならず，人々の侮蔑的な視線を浴び，さらには襲撃される恐怖を味わうとともに孤独感にさいなまれるという厳しくかつ危険な生存状況なのである．

ある調査によれば，路上生活の現実は，仕事をしたくても仕事がなかったり，あるいは仕事ができる心身状態でない人が多い．また，かつての日雇い労働者が高齢化，企業のリストラなどと相まって，中高年の路上生活者の層が分厚くなっている．その生活は1日1食食べるか食べないかの人も多く，雨や雪や台風にぬれる人も大半で，路上生活を開始してから体調が悪化した人が多く，若者や粗暴なグループの暴力による被害を受ける人も少なくない．そうした中で，不安で眠れない，寒くて眠れないなど，夜の不眠を訴える声を多く聞く（東京都山谷地区でのアンケートから）．路上で死を迎えるケースも決して少なくない．

(4) 路上生活へと至る要因

路上生活に至るのには，相応の生活の事情があり，社会的にみれば，一定の層の人々を路上生活へと押し出す社会的要因がある．実態的にみると，最低限度の生計の維持が困難になったからである．困難になったのは，賃金低下や仕事日数の限定による減収あるいは失業による収入の途絶え，さらには高齢化，疾病化による就労困難など，総じて収入の減少や途絶えが，直截的に生計維持を危険にさらす．他方で，居住費の高騰により居住費負担が大きくなるという問題も生計維持に影響を与える．日本における1990年代の路上生活者の急増は，第一義的には，バブル崩壊後の就労機会の減少とバブル開発により低家賃住宅が減少したことなどが重なって作用した．

以上が促進要因ならば，抑制要因が働かなかったことも問題を拡大させている．路上生活への歯止めとなる私助や互助の機能が社会的に低下したこと，つまり，家族や親戚が歯止めとなるとか，親方や会社が温情を差し向けるとか，地域で助け合うとかが，ますますみられなくなった．他方で，最低限度の生活を保障する社会政策も有効に機能しなくなり，また福祉政策的な対応が遅れた．就労機会を保障するシステムが有効に機能していないばかりか，ある一定の層は公的保健制度や年金制度の枠組みからはずれるという結果となった．また，路上生活層を福祉の対象とする取り組みが不十分であった．むしろ，1980年代以後に日米でみられた新保守主義へのおおまかな政策転換により，福祉の出費は抑制され，この時期に路上生活者予備群が拡大し，バブル経済崩壊後に至って，社会の平均水準とはかけ離れた極貧層を増大させる結果となったとみることができる．

(5) 新たな都市問題

かくして，路上生活者が急増し，その生活は固定化，長期化するとともに路上生活者の生存エリアは

拡散し，新たな問題を迎えることになった．路上生活者の心身，とりわけ精神の問題や，路上生活者と地域住民との緊張の問題という側面が加わったのである．これは，新しい都市問題的側面，あるいはアノミー的状態と位置づけられる．こうした事態を打開するためには，社会の新たなまとまりや調整，また働かせていくメカニズムを強化し，こうした社会の分裂状態を解決することが求められている．

(6) 路上生活の周期

路上生活は，その期間や周期により，いくつかのパターンに分類できる．「一時的路上生活層」は一時的な生計維持困難により路上生活している層で，一時的苦境を乗り切れば路上生活を脱することができる層であり，「固定的路上生活者」は就労困難や行政による救済の対象にならなかったりあるいは忌避したりする層であり，「回帰的路上生活者」は生計維持困難が周期的に訪れ，また福祉的救済を断片的にしか受けられなかったり，福祉的救済の枠組みに入るもののそこから周期的に離脱する層のことである．この最後の周期的に離脱する要因が，当人の精神の不安定性との関連で，いま対策の要点となっている．

(7) 行政とボランティアの連携

行政がとるべき対策としては，就労保障対策や，緊急保護宿泊・シャワー対策，生活保護対策，精神のケアを含めたケースワーク対策など多様である．

他方で，彼らの生活状態や社会的背景への無理解や，路上生活者への惰民感などの差別意識により高まっている社会的緊張を放出し，社会の新しい調和や町づくりを模索する取組みが必要となり，またその際，人間らしい生活の回復の一環としての住宅の保障が不可欠の要素となっている．また，路上生活者の自立支援のための多様な主体のかかわりが求められ，ボランティア団体をはじめ，地域内外のさまざまな社会的資源の活用が求められている．

〔麦倉　哲〕

14.2.4 外国人居住

日本における外国人居住者とは戦前，戦後を通じ，数世代にわたり暮らす在日韓国・朝鮮人，台湾人，中国人を中心とする永住外国人と，主に1980年代以降来日したアジアおよび南アメリカ諸地域の出身者を中心とするニューカマーズで構成される．在留資格上永住者と非永住者としてみた場合，永住者は戦後ほぼ60万人前後で一貫しているが，割合としては，1959年の9割から2000年には4割にまで減少している．ニューカマーズは100万人以上へと増加し，1990年代に入り，過半数を占めるようになる．ニューカマーズについてはアジア出身者が50万1640人，南アメリカが29万5000人あまりを占める．このほかに超過滞在（オーバーステイ）状態の外国人が約22万人いる．外国人居住の面で1980年代は大きな転換点となった．居住地では，永住外国人としての在日韓国・朝鮮人が大阪，京都，兵庫など関西圏を中心に居住しているのに対し，ニューカマーズは東京圏および中京圏に居住する傾向がみられる（表14.2）．

外国人の居住形態にはいくつかの特徴がある．まず何よりも入国の経緯と在留資格により，居住地および居住形態が大きく異なる点が指摘できる．来日当初の居住地は就学，留学の場合には学校の所在地とアルバイトなど雇用機会との関係，研修の場合には受け入れ企業の所在地，就労の場合には雇用企業の所在地により決められる．研修，就労の場合には

表14.2　外国人居住の地域別，在留資格別割合

年　次	1959	1969	1974	1984	1994	1996	2000
総数（人）	674315	696405	749094	840885	1354011	1415136	1686444
在留資格別割合（％）	100.0	100.0	100.0	100.0	100.0	100.0	100.0
永住者の割合	89.9	88.0	85.4	79.7	46.6	44.2	39.0
非永住者の割合	10.1	12.0	14.6	20.3	53.4	55.8	61.0
地域別割合（％）	100.0	100.0	100.0	100.0	100.0	100.0	100.0
東京圏	17.0	20.9	23.9	25.9	34.2	33.6	34.0
大阪圏	36.9	42.0	42.3	40.7	26.9	25.7	21.5
中京圏	6.2	7.3	8.8	8.5	11.1	11.8	12.3

東京圏は東京，埼玉，千葉，神奈川の1都3県，大阪圏は大阪，京都，兵庫の2府1県，中京圏は愛知，静岡の2県．ただし，1959，1969年の割合には埼玉，千葉，静岡の数字を含まない．

1986年以前については，入管統計研究会編：我が国をめぐる国際人流の変遷，1990，1994年以後については，（財）入管協会：在留外国人統計　各年版より作成．

住宅が企業により用意されたり，斡旋されるケースが一般的である．たとえば，日系ブラジル人のように，来日前から就労先が決まっている場合には地方中小都市（群馬県大泉町，静岡県浜松市など）への集住がみられる．それ以外の場合には個人により住宅が確保される．とくに個人で住宅を確保しなければならない場合，日本における住宅供給の制約のもとで居住地なり，居住条件が決定される．1980年代以降，東京圏でみられたニューカマーズとしてのアジア系外国人の居住問題に関していえば，就労目的のケースを除き，独自に住宅を確保するうえで，外国人に対する居住差別がみられた．このため，ニューカマーズの場合には友人，親族から同郷，同国といった同一エスニック関係を利用して居住地を選択あるいは確保することが一般的である．外国人居住者自身の経済面あるいは言語面での制約もこうしたネットワークを利用せざるをえない要因である．経済的な制約から，6畳1間に4人あるいは5人で暮らすといった雑居生活を余儀なくされるケースも移住プロセスの初期段階にはみられた．居住差別の背景には，民族的偏見というよりも，受け入れ側におけるニューカマーズらの生活習慣への無理解と同時に，ニューカマーズ自身が日本の生活習慣および賃貸契約を理解していないなどの点が指摘できる．

ニューカマーズとしてのアジア系外国人の場合，東京ではインナーエリア地域に形成された木造賃貸住宅地区が来日当初の一時受け入れ地として機能している．安価で，かつ同じエスニックグループに属する人々が多い地域ではその結びつきの中で居住地選択が行われており，これら木造賃貸住宅地区への緩やかな集住化傾向をもたらした．ただし，一定の地域が外国人居住者だけで占められる状況はみられず，地域住民との「混住」が一般的である．

滞在期間の長期化に伴い，日本での生活への適応が進むにつれ，居住地選択にあたっての経済面あるいは言語面での制約が減少するため，居住地域は郊外の公的住宅や都市住宅整備公団の賃貸住宅に広がる傾向を示す．同時に，居住条件の面でも，当初の雑居生活は解消され，向上していることが指摘できる．

エスニック・ネットワークの働きは独自の生活圏を形成する要因ともなる．住宅の確保に当たって，社会的・文化的背景の違いによるさまざまな制約は来日当初の一時期あるいはその後の生活面での利便施設の必要性を高める．既に，東京のインナーエリアにあっては，外国人居住者が1割から2割前後と高い比率を占める地域が形成されている．こうした地域には外国人居住者対象の生活利便施設が地域内に点在し，外国人専門不動産業者をはじめとして，飲食・食材店，宗教施設，美容院から娯楽関連の施設まで幅広く，外国人居住者を対象とする生活世界が形成されている．新たな流入が継続する中で，民族，宗教，言語など社会的・文化的背景の違いによって，それぞれの居住地傾向が示される．

永住外国人については，戦前より一部地域への集住化傾向が示されている．たとえば，大阪市生野区，川崎市桜本，東京都荒川区日暮里などいくつかの比較的大きな居住地がみられる．しかし，2世，3世と世代が下るにつれて，エスニック関係は希薄化し，居住地，居住形態においても，基本的にエスニック・グループの結びつきは弱まる．このため，居住地域は分散化する傾向にある．また，ニューカマーズの居住地域と永住外国人の居住地域は必ずしも重ならない．エスニック・ネットワークの直接的な結びつきも弱く，雇用・被雇用関係など一部に限られている．

日本における外国人居住の特徴は「混住」にあり，必ずしも外国人居住者だけが暮らす地域が形成されているわけではない．そこでの課題は単に物理的に混在するだけではなく，社会的ネットワークの開かれた回路を地域社会レベルでどれほどもちうるかにあるといえる．とりわけ，住宅差別の解消などの面での法的整備は遅れており，人種差別撤廃条約への加入に応じた新たな制度的対応が求められている．

〔田嶋淳子〕

参 考 文 献

1) 田嶋淳子：世界都市・東京のアジア系移住者，学文社，1998.

14.3 住 居 経 済

14.3.1 家　賃

借家人が払う住宅借り上げ賃料のことを家賃という．住宅経済の中で，家賃は借家の供給と需要の動きを代表する指標としての役割を果たし，その意味でキーワードである．

本来家賃は，他の財やサービスの購入時と同様，その価格は，需要と供給の均衡点で決まり，その大きさは，居住効用の質や量の指標である，と考えたいところであるが，日本における家賃事情は，必ずしもこのようになっておらず，このため日本の住宅経済の全体的把握やその理解を困難にしている．

一般に，われわれが「家賃」という用語を用いる場合，用語の意味する概念は，必ずしも一意的統一概念とはなっていない．たいへん曖昧な概念であり，日常生活上では，多くの解釈ができる用語である．住宅経済学上，厳密な話をするような場合は，用語の定義をしてから用いる必要がある．

さてそこで，われわれが「家賃」という場合，一般に次の2通りの意味合いで使っている．いわゆる「費用家賃」と，「市場家賃」である．

費用家賃とは，借家供給主体が決める家賃のことで，その決定基準に，借家供給のため要した費用を考慮して算定されるものをいう．

谷重雄は，この種の家賃試算式を次のように定義している．

$$H = I + F + K + D + R + M + L + V + W$$

ここで，H は家賃額，I は利潤，F は火災保険料，K は固定資産税，D は減価償却費，R は修繕費，M は管理費，L は地代，I は空き家引き当て金，W は賃料不払い引き当て金，である．

費用家賃の考え方は，民借，公借を問わず，借家経営者の理論家賃としてそのガイドラインとなる．とくに，市場機能に期待しない家賃額決定をする公的借家や，最終借家市場の未発達なところでは，この費用家賃が即，消費者の家賃額になることも多い．

公的借家の家賃は，上記のような費用家賃を試算した後，その一定部分を公的資金で肩替わりし，一般的費用家賃と比較すると，「安い家賃」で貸す，という方式をとっている．

民間借家経営の場合でも，借家の経済的耐用年限や，資本の回収等の必要性から，新築借家経営に参入するような場合，採算のとれる家賃として費用家賃が採用される場合も多い．

また，近郊農家の借家経営で「地代」を算入しない家賃算定の場合や，減価償却費や修繕費を家賃に算入しない「食いつぶし型」の家賃算定の場合も，一種の費用家賃であると考えてよいであろう．

そして，これらの費用家賃が，最終需要者に受け入れられるのは，借家市場の発達が未熟で，不完全な場合に限定される．

次に市場家賃であるが，これは，民間借家を中心として，借家市場で決まる家賃のことをいう．市場家賃は，したがって，借家の需要と供給の均衡点で決まることになる．

上述の2通りの「家賃」は，一見まったく異質のようにみえるが，より広い視点からみれば，費用家賃も結局，市場機能から解放され独立，自由なわけではない．たとえば，安い公共借家の家賃が，民間借家家賃を低く抑えたり，独立採算性から相対的に高く算定された公団住宅家賃が，消費者から敬遠される，という対応などにより，おたがいに競合し，市場の一部を形成する結果になっている．

この他，日本の借家市場には，上記とは性格を異にする「統制家賃」が存在していた．戦前（1939（昭和14）年）の地代家賃統制令による政策家賃である．1961（昭和36）年ごろまでに，家屋の自然滅失や統制令の段階的廃止で，この物件の市場への影響はなくなったが，日本の家賃事情，ひいては借家市場は，まだたいへん複雑で，前述もしたとおり全体的把握やその理解がたいへん困難である．

ところで，市場家賃の場合，その金額は，居住者が享受できる居住サービスの，市場における相対評価額を示すものであり，居住者が受け取る居住効用水準の指標として理解することが可能である．

個人，あるいは家計が支出している「家賃」額を，彼等の享受する居住効用，ひいては住生活水準の指標とすることができれば，意図する住生活政策は，この「家賃」額，ひいては，持ち家家計の住生活も考慮に入れた，抱括的な「住居費」をキーワードに組み立てることが可能となる．各政策対象個人（家族）の居住効用取得費の再配分政策であり，一種の所得再配分的政策でもある．

近年の住宅政策は，いわゆる「石に対する援助から，人に対する援助」にその流れが変化してきている．日本の住宅政策においても，従来の住宅ストックの充足を目指す，「石」の補強に視点をおいた「住宅建設計画」や，「第 n 次5カ年計画」等の住宅政策が，国民の住宅水準のガイドラインになりえていても，実際の各家計の一定水準の居住効用確保を保証する政策とはなっていないのが現実である．より効率のよい住宅政策を実施するため，今後，「家賃」等に視点をおいた居住効用確保のための住宅政策が目指されるべきであろう．〔関川千尋〕

14.3.2 住宅金融

住宅金融の特徴は，消費者・個人金融，超長期金融，不動産担保金融ということである．事業金融がその事業活動からの収益で返済するという性格をもつ生産金融であるのに対し，住宅金融は家計の所得によって返済される，将来の所得予見に基づく金融であり，いわば不生産的金融という特色をもっている．さらに，個人（家計）への消費者金融ではあるものの，調達された資金が資産形成に向けられる点で，単なる消費支出の補填に用いられる消費者信用

とも異なっている.

戦後の住宅金融は,不動産金融を専門に行ってきた特殊銀行である日本勧業銀行が,戦前から引き続き戦後直後も不動産金融の一環として住宅金融を行っていたことに始まる.しかし,特殊銀行廃止後は,戦後の経済復興のため産業金融の促進が重点化されたことで,民間ベースの住宅金融はほとんど断絶してしまった.こうした住宅建設の資金不足の中で,戦後の絶対的な住宅不足を解消するために,1950年,住宅金融の専門政府系金融機関として住宅金融公庫が設立され,戦後日本の住宅金融を先導することとなった.その後,雇用促進業務と社宅建設資金融資を行う雇用促進事業団(1961年),療養施設,厚生福祉施設および社宅の建設資金融資を行う年金福祉事業団(1961年)が相次いで設立,その後,財形貯蓄勤労者や年金被保険者への還元融資として住宅資金の融資を行った.

民間金融機関の住宅融資は,1960年代後半に労働金庫がその会員である勤労者向け融資に始まるが,企業提携方式から出発したものであったため,企業金融の補填という位置づけであった.しかし,日本経済が安定成長に入り産業資金の需要が減退し,大量事務処理のためコンピュータが急速に普及,融資条件も改善された1960年代後半～1970年代にかけては,民間住宅金融が拡大することとなった.

1980年代,民間金融機関は新商品の投入および変動金利住宅ローンの開発を行い,一方,住宅金融公庫は国民の多様なニーズに対応した融資制度を創設しつつ内需拡大のための住宅投資促進の役割を担った.

1994年,大蔵省の民間住宅ローン金利規制の撤廃以降,民間住宅ローンは,低い金利が設定できる短期プライムレート連動型の変動金利住宅ローンや金利スワップを活用した固定金利期間選択型ローンが登場することになり,現在も主流となっている.さらに,金融機関独自の商品開発も進み,借り換えに対して担保評価以上に融資する商品や保険と組み合わせて,失業中や入院中の返済を保証する所得補償保険付き商品,高品質の住宅について金利を優遇する商品なども開発されている.企業向け貸出が低迷する中で,住宅ローンは家計のメイン化に向け個人顧客獲得戦略の中心となっており,競争も激しさを増している.

住宅金融の市場規模を住宅ローン新規貸出額でみると,2002年度では25兆393億円,民間金融機関は21兆481億円(シェア84.1%),公的金融機関は3兆9912億円(シェア15.9%),うち住宅金融公庫は3兆3180億円(シェア13.3%)である.また,住宅ローン融資残高は,2003年3月末に183兆4104億円,民間金融機関は113兆7565億円(シェア62.0%),公的金融機関は69兆6539億円(シェア38.0%),うち住宅金融公庫は60兆5289億円(シェア33.0%)である.近年の民間金融機関の融資残高に占める住宅ローン残高の割合は年々上昇しつつあり,18～20%程度となっている.

住宅金融の現状と課題をみると,政策金融を支える財政投融資制度は,「政策金融機関の肥大化,民業の圧迫」といった指摘を背景に,民間金融市場との調和という観点での抜本改革が行われ,全額資金運用部への預託を廃止し,市場原理にのっとった資金調達(財投債,財投機関債の発行)が行われるようになった.さらに,2001年12月,特殊法人等整理合理化計画において,戦後の住宅金融を先導してきた住宅金融公庫の抜本改革が閣議決定された.住宅金融公庫は,直接融資を段階的縮小および民間住宅ローンの証券化支援事業を立ち上げ,2007年3月までに新たに設立される独立行政法人にその業務を引き継ぐとされている.

一方,景気低迷の長期化および企業の直接金融の拡大による産業資金需要の減退といっそうの金融緩和政策により,民間金融機関は,住宅金融市場で3年または5年の短期固定金利ローンをメイン商品に据え,激しい借り換え,金利の引下げ競争を進めているが,他方で金利上昇リスクに代表されるリスク管理の緻密化,厳格化がますます求められている.

住宅金融は,家計に配慮しつつ,長期,固定金利のローンを安定的に供給し,住宅政策上の課題に的確に対応する必要があるため,民間金融機関による住宅融資を基本とする中で,公的金融機関による民間住宅金融の支援と補完のあり方が喫緊の課題となっている.

こうしたなか,住宅金融公庫は特殊法人等整理合理化計画により,2003年10月,長期固定金利の民間住宅ローンを買い取る証券化支援事業をスタートしている.

〔安齋俊彦〕

14.3.3 住宅予算,住宅財政,住宅税制

(1) 住宅予算

国の住宅予算は,公共事業関係費の住宅都市環境整備費に住宅対策費として含まれる.2003年度当初予算では,一般会計の住宅対策費は9296億円で一般会計予算全体81兆2300億円の1.14%である.

一般会計の住宅対策費の内訳は,公営住宅等(特

定優良賃貸住宅と高齢者向け優良賃貸住宅を含む）に対する補助が3739億円，住宅地区改良に対する補助が260億円，住宅金融公庫補給金等が3759億円，住宅宅地関連公共施設等整備促進事業等の補助が478億円，住宅市街地整備総合支援事業の補助が668億円，都市基盤整備公団への出資金等は当初予算では241億円，密集住宅市街地整備促進事業費補助が146億円等となっている．都市基盤整備公団に対しては補正予算で賃貸住宅の利子補給金がつけられ，これは2001年度の場合，955億円（2000年度は1087億円）になっていて，毎年，しだいに減少しながら補助が補正予算でつけられてきたが，2003年度から廃止された．

住宅対策費としては，一般会計のほかに財政投融資の5兆6117億円（2002年度）があり，このうち，約5兆円弱により公庫住宅が50万戸，1兆円弱により公団住宅が1万2000戸，建設が計画されている．

公的住宅としては，公団，公庫のほかは，公営住宅等（特定優良賃貸住宅と高齢者向け優良賃貸住宅を含む）が9万7000戸，その他の住宅（厚生年金住宅，雇用促進住宅，地方公共団体単独住宅等）が6万戸，建設される予定である．

住宅都市環境整備事業費は全体で1兆4633億円となっていて，住宅対策費のほかに都市環境整備事業費5367億円があり，再開発事業等に支出される．

日本の住宅予算は，欧米と比較してどのような位置づけにあるのか．各国の資料が入手できる年度に合わせてみると，日本は1999年度予算では住宅対策費は歳出総額の1.4％を占める．イギリスの住宅対策費は1.7％（1998年度），フランスは6.3％（1996年度予算），アメリカの住宅都市開発省の予算は1.5％（1999年度見込み），ドイツの住宅関係費は2.3％（1997年度）となっている．イギリスやアメリカでは住宅対策は基本的には国の費用負担で賄われているが，ドイツでは州政府が住宅関連の予算を多く支出している．

(2) 地方の住宅財政

地方財政白書により地方の住宅費（公営住宅等への支出額）を見ると，2001年度の住宅費の歳出額は1兆6838億円であり，内訳は都道府県7915億円，市町村9313億円となっている．これらの大部分は公営住宅への支出であり，収入に相当する公営住宅使用料は5697億円（都道府県2627億円，市町村3070億円）である．国からの公営住宅等への補助金は約4000億円であり，公営住宅は，国，地方公共団体，入居者が費用を分担している．

地方の歳出総額104兆3000万円に占める住宅費の割合は1.6％である．地方の土木費としては，道路橋梁費の6兆3628億円や都市計画費の6兆3971億円，河川海岸費の2兆3934億円が住宅費を上回っている．

公営住宅等の戸数は，2001年度末現在240万5000戸で，都道府県が96万6000戸，市町村が144万戸を管理している．住宅の種類別にみると，公営住宅が全体の90.3％と大部分を占めていて，改良住宅が6.6％，単独住宅が3.1％となっている．前年同期と比べて8000戸（0.3％）の増加であるが，単独住宅は4.2％増となっている．2001年度中の公営住宅および単独住宅の入居公募戸数は12万8000戸（10.7％減）で，応募件数は91万6000戸（4.3％増）となっている．入居競争率はこの数年急増していて，全国平均で7.2倍（1997年は3倍程度），大都市では14.1倍（1997年は5倍程度）となっている．

(3) 住宅税制

住宅に対する税としては，固定資産税，都市計画税，不動産取得税，登録免許税，消費税がある．住宅への消費税は家賃および共益費，土地購入費，事業として行われない個人間の売買，管理費等については非課税であるが，住宅譲渡代金のうち建物分や工事については課税される．

イギリス，ドイツ，フランスでは家賃や中古住宅の譲渡は非課税，イギリス，ドイツでは新築住宅の譲渡についても非課税（EU指令では課税を求めている），イギリスでは住宅の新築工事も非課税（EU指令では課税を求めている）となっている．

住宅投資を促進するため，税制が利用されている．住宅を取得した場合の所得税の減税額6010億円や，住宅用家屋等の登録免許税590億円等の住宅関連減税の合計は7080億円（2002年度見込み）となっている．日本の住宅関連減税額は住宅対策費の4分の3程度になる．

アメリカでは，持ち家（セカンドハウスまで）の住宅ローン利子の所得控除（債務限度額は100万ドル）や持ち家の不動産税の所得控除等で952億ドル（2000年度）が減免され，これは，住宅対策費の3倍程度の大きさであり，イギリスでは，新築住宅および賃貸住宅の付加価値税の免税540億ポンドと持ち家の住宅ローンの利子控除160億ポンドの合計700億ポンドの減額は住宅予算を上回り，フランスの住宅ローン利子の税額控除と修繕費等の税額控除など263億フランは，住宅予算の4分の1程度，ドイツでは，持ち家取得促進税制（住宅取得費の5％

等が8年間，助成）で52億マルク（1997年）が支出され，これは住宅対策費の約2分の1である．

固定資産税の減税は日本において，かつては一般宅地について2分の1，200m²以下の小規模敷地については4分の1に軽減されており，その減税額は1988年度で1兆4000億円と推計されている．当時の約5兆円の固定資産税の収入額が2001年度には9兆円になっており，200m²以下の小規模敷地について6分の1に軽減されている現在は，減税額はさらに膨らんでいると思われる． 〔海老塚良吉〕

参 考 文 献

1) 国土交通省住宅局住宅政策課監修：住宅経済データ集（2002年度版），住宅産業新聞社，2002.
2) 財政調査会編：国の予算（平成14年度版），はせ書房，2003.
3) 総務省編：地方財政白書（平成15年度版），国立印刷局，2003.
4) 高橋　誠：土地住宅問題と財政政策，日本評論社，1990.

14.3.4　住宅市場

市場とは財またはサービスが取り引きされる場のことである．それゆえ住宅市場とは住宅もしくは住宅サービスが取り引きされる場を指している．市場経済が支配的になる以前の社会においては，住宅づくりは住み手みずから建設したり，あるいは少数の専門家や地域共同体等の協力によって行われており，住宅市場と呼べるものは成立していなかった．しかしながら資本主義社会の発展につれ都市に集中してきた労働者の住宅需要の高まりは，借家市場の成長となってまず現れた．商品という視点からみた住宅は，その使用期間が長く，一般に高額であるという特性から，初期においては住宅サービスを切り売りする借家市場がまず発展したのである．しかしながら，賃貸借に伴う借家人と家主，地主との間に生じる対立は，住宅をめぐるさまざまな紛争を生むことになった．借地借家に関しては，借り手の権利を保護する各種法制度の制定や，住宅供給を国や自治体の手で直接行うような施策が多くの国で採用されることになった．

一方，社会の発展とともに都市居住者の住まいに対する要求や住居費支払い能力が上がってきた．住宅建設・購入を目的とした協同組合や住宅金融の発展に伴い，需要者の購買能力も高まり，農家や商家とは異なる，専用の持ち家市場が拡大することになった．とりわけ第2次世界大戦以後は世界的にみて持ち家市場が大きく成長してきた時期であるということができる．

この持ち家市場の発展については，地価の上昇との関連を見落とすことはできない．戦後ほぼ一貫して地価の上昇がみられた日本では，1980年代後半に土地，住宅を含むあらゆる資産が投機的な対象となるというバブル経済を体験することになった．バブルの崩壊前までは，住宅や土地を所有するということが，資産選択や生活の安定性を確保するという面で有利であると考えられる状況が存在した．しかしながら1990年代から21世紀に入った時点において，地価の傾向的下落が生じている．10年以上も続く地価下落が日本の持ち家志向の強さにどのような影響を与えるかは，たいへん興味深い問題となっている．

ところで住宅市場と呼ぶときには，公的直接供給を除いた民間の住宅市場を指すことが多い．

この民間の住宅市場において「市場の失敗」が生じる場合には，公的な関与が必要になると考えられてきた．国民の間に大きな所得の格差がある場合，低所得層の住まいとその環境が，社会的にみてあまりにも貧困な場合には，公共が直接的に賃貸住宅を供給したり，家賃補助をしたりする政策が必要となる．また住宅の取り引きにおいて，消費者に正しい住情報が提供されないような場合や，住宅の欠陥や安全性にかかわる被害を生じるおそれがある場合には，供給側に正確な情報を提供させたり，性能保証や保険の仕組みを作り出す政策が必要となる．さらにマンション建設をめぐる日照紛争等の例が示すように，住宅建設活動が周辺に対して外部不経済をもたらすような場合にも社会的なコントロールをすることが求められる．これらはいずれも「市場の失敗」を根拠とした住宅政策の具体例である．

しかしながら1980年代後半から，これまで積み重ねられてきた公的関与や制度的な枠組みが，民間の住宅市場を歪めているという指摘もみられるようになってきた．容積率規制，都心居住問題，公営住宅の管理問題，公団や公社の役割論，定期借家制度問題など，住宅に関連したさまざまな公的施策や社会的規制のあり方についての議論がなされてきた．これらの問題は「公共の失敗」と呼ばれ，規制緩和が多くの分野で進められた．現在ではそれらの検証が必要な段階となっている．

さらに住宅市場の動向を考える場合，人口や世帯の将来動向が大きな影響をもつことが予想されている．2000年代の早い時期には日本の人口が頭打ちとなるだけでなく，高齢化社会に突入し，世帯数は

なお増大するものの，世帯規模の縮小傾向は続くと予測されている．それに伴う住宅需要の変化はきわめて大きなものがあると考えられる．とりわけ高齢者世帯の持ち家率が高いことから，住宅や宅地を新しく供給する新築市場から，建替えや増改築などのリフォーム市場が拡大していくものと考えられている．

このように近い将来における住宅問題をより具体的に議論する場合には，住宅市場をいくつかのグループに区分して行うことが実際的である．借家市場と持ち家市場という区分は，その代表的なものであるが，その他に新築市場とリフォーム市場，住宅建設市場と住宅流通市場，注文住宅市場と分譲住宅市場，戸建て住宅市場とマンション（共同建て）市場，ワンルーム賃貸マンション市場とファミリー向け賃貸マンション市場などの区分がされる場合が多い．また大都市の都心と郊外，さらには大都市と地方都市あるいは農村部での住宅市場はそれぞれに独自のものをもっている．住宅市場を的確に区分して分析することは，住宅政策における基礎自治体の役割がより強まりつつある今日，ますます重要になっている．

〔森本信明〕

14.3.5 住宅生産と流通
(1) 住宅生産とは

住宅生産にはいくつかのレベルの捉え方が存在している．もっとも狭義のレベルではプレハブ部品などの工場生産過程に限定するもの．より広いレベルは住宅プロジェクトの物的生産過程，すなわち施工を意味する．その上位のレベルとしては個々の住宅の企画，設計，発注契約，施工，維持管理といった住宅を作り上げていく一連の諸行為の全体を指す場合がある．さらに広い捉え方としては住宅生産活動を産業レベルでマクロに捉えたレベルである．

(2) 住宅生産の産業化，工業化

さて，産業レベルでいうと日本の住宅生産を支えてきたのは，いわゆる大工，工務店による地域的な職人型住宅生産システムであった．図14.2に示すように1963年の日本の住宅生産は大工，工務店による木造住宅がそのほとんどを占めてきた．一方，その約30年後の1994年の住宅生産の一断面を示しているが，多様な住宅生産主体によって担われていることがわかる．これをみても日本の住宅生産が大きく変容してきたことがみてとれる．住宅難や人口の都市集中による大量の住宅需要に対して，いかに良質で安価な住宅を効率的に供給するかが，日本の住宅生産の工業化，産業化の歴史であった．

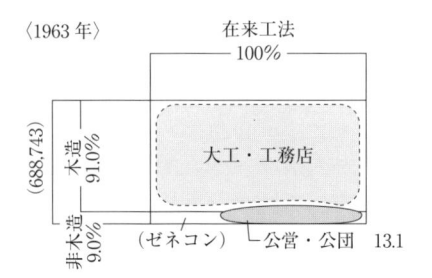

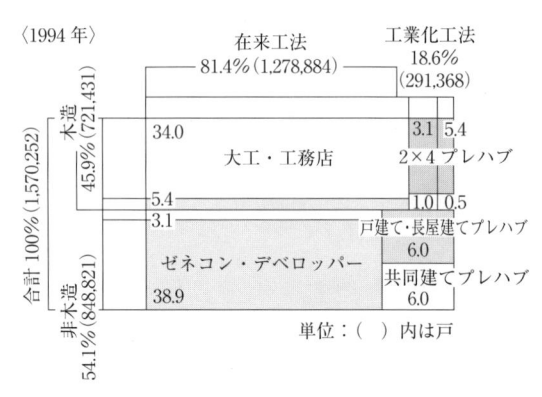

図14.2 住宅生産の構造変化（積水ハウス構法計画研究室資料より）

低層住宅における住宅生産の工業化に目を向けると，1959年には軽量鉄骨造プレハブ住宅「ミゼットハウス」が発売され，それを契機に木質系，軽量鉄骨系，コンクリート系などのさまざまな民間プレハブ住宅メーカーが設立された．1960年以降の人口の都市集中に伴う大量の住宅需要，建築費の高騰，政府による工業化住宅のバックアップといった諸条件のもとでこれらの低層量産住宅生産技術は確立されていく．技術的にみると，1970年ごろには工場生産化を高めるためにコンポーネントの大型化，すなわち，ユニット化の試みを目指した開発に主眼がおかれてきた．1970年以降に住宅供給戸数が世帯数を上回り，住宅に対する要求が量から質へと変化するとともに，多様な需要に対応する必要が生じ，コンポーネントの小型化が進み，工場生産化自体はその後低下しつつある．

木造在来工法も工業化工法の普及に対応して合理化の努力が払われ，プレカット工法やパネル化など，良質で安価な住宅の開発や供給システムの整備に力を注いでいる．また，木材輸入に伴い，北アメリカの住宅工法であるツーバイフォー工法も国内で採用されるに至っている．

一方，中・高層住宅の住宅生産の工業化は，日本住宅公団（現独立行政法人都市再生機構）によって推進されてきたといっても過言ではない．1960年

以降には，中型・大型パネル工法などのさまざまな試行建設が行われ，1970年には大型PC版工法，あるいはHPC工法として中・高層住宅生産技術が成熟する．しかし，1975年以降には，中・高層住宅においても低層住宅と同様に多様な要求への対応を迫られ，技術的な集約化が進んでいた量産工法の一部には不適合を起こすものもみられるに至った．そのような中で，在来工法とPC版との多様な組み合わせによる複合化工法の開発が行われている．

最近の住宅生産の重要な課題としては，阪神・淡路大震災を踏まえた耐震技術の再構築やコスト削減のための技術開発の取り組みが盛んに行われている．一方で，地域に根ざした材料や技術の再評価も進んでいる．さらに，建築基準法の性能規定化，住宅の品質確保の促進に関する法律（品確法）の制定，ISO 9000シリーズやPL法による住宅の品質管理や生産者責任に対する要求の高まりなどから，品質システムの整備が急がれている．

(3) ストック社会における住宅生産，住宅流通

ところで，世界にまれにみる年間150万戸を越える新築住宅市場によって支えられてきた日本の住宅産業が大きな転換点に差しかかっている．今後，急速に進む高齢化などに伴って，住宅市場が大きく縮小するという指摘が盛んに行われている．また現在，全建築投資の14%を占めるリフォームなどストック改良型工事がその割合を大きくするともいわれている．大都市圏の市場と地方圏の市場では状況が違うとは思われるが，大量生産，大量消費を前提にしてきた生産体制の転換の必要性が指摘されている．

成熟社会のイギリスは，人口が日本の半分で住宅の建設戸数は日本の1/6〜1/7である．売買される住宅のうち中古住宅が90%以上を占めるといわれている．新築住宅建設より中古住宅の流通を活性化させる必要性が高いことがわかる．そのためには中古住宅の品質確保や品質保証など中古住宅市場活性化の基礎となる条件整備が必要である．中古住宅市場が活性化すると中古住宅の市場価値を高めるため住宅リフォームやメンテナンスに対する適切な投資が促進される．

フロー中心社会の日本では，住宅生産は建設業，住宅流通は不動産業と異なる産業として捉えられがちである．ストック型社会では生活サービス産業とのかかわりを強めながら住宅生産と住宅流通は密接不可分の関係になっていく． 〔秋山哲一〕

参考文献

1) 金沢良雄，西山夘三，福武　直，柴田徳衛編：住宅生産，有斐閣，1970.
2) 古川　修，永井規男，江口　禎：新建築学大系44，建築生産システム，彰国社，1982.
3) 松村秀一監修：工業化住宅・考，学芸出版社，1987.
4) 彰国社編：平成建築生産事典，彰国社，1994.
5) 松村秀一，田辺新一：近未来住宅の技術がわかる本，PHP研究所，1996.

14.3.6　住宅需要と住宅供給

(1)　住宅需要（ニーズとデマンド）

人々が住宅を新たに入手しようとすれば，住宅市場の中から，自分の要求と能力に合わせて，水準，立地，価格（または家賃）などを検討して，ある物件を選択（購入，賃借）する．これが住宅需要であるが，市場（マーケット）への供給がなされた商品を，購入（または賃借）する行為がデマンドである．デマンドは，サプライとの対をなす狭義の住宅需要であるが，日本語の「住宅需要」は，ある住宅を必要とするニーズも包含して用いられることがよくある．地方自治体の住宅マスタープラン策定に際しての，需要量算定は，むしろニーズの算定であるケースが多い．

最終のデマンドも，前提としてのニーズがあって，経済の好・不況などとともに，前倒しもあれば後倒しもある形で，デマンド化してくることはよく理解できる．この意味で，ニーズの評価，デマンドの発生などを一連のものとして捉えることが重要である．住宅需要には，人口移動とか，新しい世帯形成とか，災害による滅失などを原因とする新規型需要と，現在の不満を解決するための改善型需要の2つがある．住宅市場は，これらの需要に対して，適正水準，適正価格で待機しているわけではないから，いつも「不良」状態や「アブレ」状態が起こりうることになる．

(2)　住宅供給

住宅供給は，そのモチベーションにかなりの差のある形で行われている．

①持ち家・自己建設（いわゆる注文住宅）：　みずからの要求を満たすためであるが，当然所得差が住宅のレベルに反映される．

②持ち家・分譲住宅：　人々の住宅需要を予測し，ある空間と価格を設定して供給するもので，ディベロッパーが登場することになる．戸建て系の建て売り住宅とアパート系のマンションがある．

③民営借家：　家主が家賃収入による利益を目的

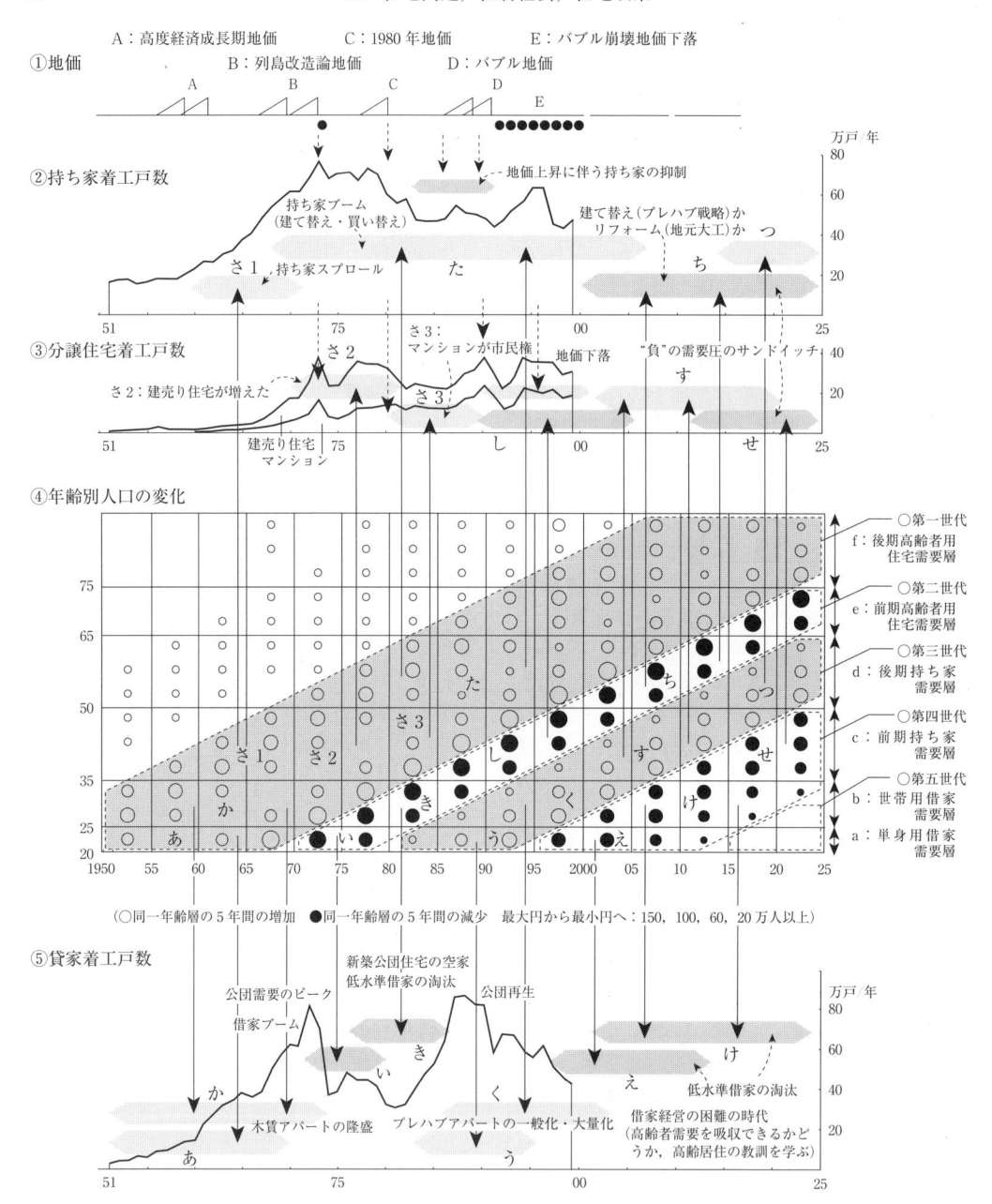

432   14. 住宅問題，住居経済，住宅政策

図14.3 地価，建設フロー，年齢別人口の変化（全国）

に，賃貸住宅の供給を行うものである．

④**公共借家**：　地方自治体などが，住宅難緩和などの社会政策を目的として行うものである．

⑤**給与住宅**：　企業の労働政策として供給されるもので，日本的特殊性から，相当の量を示してきたが，このところ比重を低めている．

このように，目的の異なる住宅供給によって住宅市場が構成されるのであるから，トータルの調和を実現するのは，そう容易なことではない．上記の5区分は，居住者にとってみれば，①②は持ち家，③〜⑤は借家ということになる．

(3) 年齢別の住宅需要

現在の日本の住宅事情のもとでは，次のような年齢別の需要に区分できる．年齢別の賃金のあり方，世帯形成のあり方，持ち家・借家の水準格差などが前提として存在しているからである．

a：単身用借家需要層（24歳以下）
b：世帯用借家需要層（25～34歳）
c：前期（第一次）持ち家需要層（35～49歳）
d：後期（第二次）持ち家需要層（50～64歳）
e：高齢者用住宅需要層（65歳以上）

図14.3の中央に，人口の5年ごとの増減を示した．過去の実績（国勢調査）と，将来の予測（人口問題研究所）に基づく値を示している．図中で白丸は，当該年齢層が5年前より増加の部分，黒丸は減少の部分を示す．日本人の年齢構造の特徴から，⊕30年，⊖10年，⊕15年，⊖20年が1セットのシリーズとして継続しており，左下から右上へとシフトしていく．

この当該年齢層がプラス基調の時代は，年齢特有の住宅需要圧（a～e）が強化され，マイナスのときには需要圧が弱まる（「負」の需要圧と称す）．この需要圧はニーズを示すものであり，これに対応してデマンドが発生する．これを毎年の住宅着工戸数で，住宅利用関係別に示した．図中，②持ち家（注文住宅中心で建て替えを含む），③分譲住宅（建売り住宅とマンションに2分），⑤貸家（公共借家も一部分に含まれ大半が民営借家である．この区分をしていない）で，ここでは給与住宅は省略している（①～⑤は前項参照）．

この着工住宅戸数は，デマンドに反応したサプライであり，時々供給過剰もあったと考えられる（筆者の判断で破線の小円で示した）．

(4) 住宅需要の変動

再度繰り返せば，図中の④のような年齢別のニーズが存在し，白丸や黒丸に従って需要圧にプラス・マイナスの変動をもたらす．これが，実際の市場の住宅供給として，②③⑤のような変化を引き起こした．さらに，地価①が，住宅入手の難易を変えていったということである．

戦後，借家需要圧がきわめて強かったことがわかる．1975年ころより世帯用借家の需要圧が弱まり，これが公団住宅の大量空家につながったと考えてよい．同時に低水準借家の淘汰が生じている．持ち家需要は1960年ころより強くなり，まず郊外スプロール（さ1），次いで建売り住宅団地（さ2），マンション（さ3）と変わっていった．

2000年を越えると借家需要に改めてかげりが発生するであろう．2010年を越えると，c層，d層の上下に黒丸がサンドイッチ状となり，持ち家需要の大きな減圧が予測される．少なくとも，今後は，よりよい住宅をきちんとつくっていくことが重要な時代となってくる．

〔三宅　醇〕

14.4　住宅政策

14.4.1　居住基準

日本の住宅の質に関する基準としては建築基準法があるが，これは主に建てるときの基準で建物が最低保有すべき耐震耐火，衛生・安全の性能に関する基準である．建てた後は建物の使用・管理状況によってこれらの性能は変わるが，建てた後の状態を規定し担保するための法律（いわゆる住居法）は未整備の状態といってよい．土台が腐食，破損すれば耐震性が損なわれる．建築基準法第8条では維持管理が記されているが持ち主に努力義務を課したにすぎず，建物の保全に実質機能していない．住まい方との観点では，たとえばワンルームマンションに1人で住めば快適でも4人家族で住めばまともな家族生活を送るのが困難である．しかし，このような住まい方を規制する法律はない．

ところで，建てた後の居住水準を担保しようとする論議は建築基準法の前身である市街地建築物法，都市計画法が制定された1907（大正8）年以前からあり，「建築学会雑誌」大正7年6月号では，学会で行われた都市計画に関する講演会の内容を報告しているが，11人の報告者のうち，藤原俊夫医学博士ら3名がきわめて短文ながらそれぞれの講演の中で住居法，あるいは住宅監視制度の必要性を訴えているのが見受けられる．この講演以前に建築学会，社会科学の学会誌，雑誌においても住居法に触れた文献がなく，市街地建築物法，都市計画関連の法律制定を日程に組み込んだ時期から建築前，築後の両輪の輪として論議されたようである．1911（大正12）年の関東大震災はスラム対策が緊急を要すると考え，政府は不良住宅取り締まり法の作成を急いだ．1914（大正15）年6月14日の「朝日新聞」は社会局長官談話として，法案の要綱を掲載しているが，その骨子は次のごとくである．

一，住宅に対し，居住不適合の最低標準を与ふること

即ち，湿気，通風，採光，給水，排水その他の衛生設備，並びに間数等に就いて，衛生上適合の最低標準を示すこと．

一，住宅検査に関すること

即ち，地方庁に特定の検査員を置き，常時所管地内の住宅を巡察せしめて，その報告をなさしむること

一，住宅に関する行政官庁の警告，修繕命令，除去命令，並びにその修繕の執行に関する件

以下略
一，住宅所有者に対する資金の貸付に関する件
一，集団的不衛生地区の改善に関する件

このうち，最後に記述した「集団的不衛生住宅地区の改善に関する件」は1927（昭和2）年に若干の変更を加えて国会の議決を得て施行されるが，それに先立って，前記4つの項目は社会事業調査会で付帯決議のうえ見送られている．「不良住宅密集地区の改良事業は，地区外の散財不良住宅の改良並びに小住宅の適当な維持管理と相俟って，其の効果完きを得るを以て政府に於いては更に住宅監督制度を立案せられんことを希望す」．

イギリスの住居法，監督制度を理想と考えた内務省の先進的もくろみは実現しなかったものの，戦時下の住宅難時代にも論議の若干の高まりをみた．ただし行政的に取り上げるにはあまりにも余裕がなかった．住居法あるいは住宅監督制度が行政の場で再び検討課題として取り上げられたのは，戦後も20年以上経てからであり，1965（昭和40）年9月に厚生大臣の諮問機関の公害審議会が発足してからである．「健康な居住水準」と「多数人の利用する建築物の衛生水準の設定」の2つをテーマとしたが，1970年後者の答申，いわゆるビル管法のみが国会に提出可決され，前者テーマは見送られた．1966年8月の中間答申では住居法という文言はみられないが，生活者のかかわりでの基準をつくり，監視，指導，援助を含む達成手段を示している．これは現行の建築基準法が単に建築時に物理的な性能確保を目的とするのと異なっている．

1975（昭和50）年に建設大臣の諮問機関である住宅宅地審議会では，居住水準の目標を答申するとともに，目標を達成する法的手段として住宅基本法答申されたが，ここでも答申以上にならなかった．戦後数多くの居住基準が示されてきたが，第3期5カ年計画（昭和51～55年度）では従来の住宅難指標と異なる最低居住水準および，平均水準という概念が初めて打ち出され，1985（昭和60）年に平均水準に代わる概念として都市居住型誘導水準および一般型誘導居住水準の2種類の基準を設定した．これらはいずれも政府の住宅政策立案の目標として利用されたにすぎず，いずれも強制力を伴わず，今日に至っている．　〔松本恭治〕

14.4.2　国の住宅政策

住宅政策の目的は，その時代における住宅上の社会的課題を克服することである．Aaron[1]は住宅政策の目的として，①悪質居住水準住宅の減少（住宅地改善事業），②過密居住の減少，③住居費軽減，④経済的諸階層の融和，⑤持ち家促進（住宅金融公庫融資），⑥コミュニティの活性化，⑦特定住宅弱者階層向き住宅供給増大（公営住宅），⑧安定的住宅建設（住宅供給計画）を挙げている．ただ，現在の国の住宅政策における課題はさらに多く，住宅市場環境の整備（建築規制，消費者保護，供給体制の合理化，住宅取得促進税制），住宅・建築ストックの整備（関連公共施設整備，特定優良賃貸住宅），快適な都市居住の実現（建築・都市計画規制，まちづくり事業，都心居住推進，建替え促進，都市再生機構，住環境整備），長寿社会対応（モーゲージ制度，バリアフリー化，高齢者用住宅），地域活性化（住宅マスタープラン，HOPE計画）などがある．

従来，国の住宅政策の3本柱は公庫，公営，公団だった．第2次世界大戦後の住宅の量的不足により，住宅建設戸数の増大が最重要課題となった．1950年に住宅金融公庫法が成立し，住宅建設に必要な資金を個人，住宅組合，法人等に低利にて融資する公的機関が設置された．1951年には公営住宅法が成立し，低所得者向けに低家賃賃貸住宅の建設を行う地方公共団体に国庫補助ができるようになった．朝鮮動乱によって日本の景気が上向き，高度成長期に入ると大都市に勤労者が集中するようになり，その受け皿としての住宅建設機関として，1955年に日本住宅公団が設立された．これらの政策の特徴は，国の出資によって，住宅の建設を促し，住宅不足の解消，住宅の質の向上を図るというものである．公的に住宅を供給すると，住宅の価格や家賃水準が低下するため，公共介入によって供給者の利益を減じさせ，供給意欲がそがれる．このような市場の歪みを防ぐには，民間市場では供給が十分でない種類の住宅を公的に供給する方が望ましい．近年では公的主体の家賃設定や居住者管理も大きな課題となっている．1996年の公営住宅法の改正によって，一部の問題点は解消されたものの，いまだ改善の余地がある．

別の大きな流れに住宅地改善事業の系譜がある．1927年に制定された不良住宅地区改良事業に始まり，1960年の住宅地区改良事業以降，住宅地の居住環境を事業によって改善する制度が生まれた．当初は居住環境の点で著しく問題があるとされる住宅地の改善事業が中心であったが，近年では街なみ環境整備事業，密集住宅市街地整備促進事業など，適用範囲を広げて，住環境全体を整備していく形で展開している．1997年には防災上危険な密集市街地の整備を図る制度（密集法）が出された．借家法上

の正当事由が不要になるなど，建替え事業が円滑に進む工夫がある．一般的に公的支援事業が必要な地区の実態と制度体系とに不整合があるため，密集市街地の整備はなかなか進まず，より多様で包括的な事業制度が提案されていく傾向にある．ただ，他方で財政上の制約もあり，むしろ自主更新を促進しつつより良い住宅市街地に誘導する制度が求められている．

近年の市場を活用した公共政策のあり方を進める風潮によって，国の住宅政策は大きな変革期に入った．行政改革により公的団体は民間でできない事業のみに事業内容を縮小すべきであるとの考え方が示され，公団，公庫は役割を変えて新法人となった．また，市場の活性化を目指して，定期借地・定期借家の制度が導入された．借家法については，旧法制下では定期借家契約が困難で，借家を一定期間経営したいというニーズに応えられないために，大規模借家について本来よりも供給過小になっている可能性が指摘されていた．また，地方分権化の流れから，国の役割は地方自治体における独自の住宅政策を支援する立場に移りつつある．ただ，福祉的な施策，住宅情報の整備などは1自治体でできるわけではなく，国の役割が期待されている．

1990年以降，特定優良賃貸住宅制度の創設（1993年）などにみられるように，持ち家との格差が大きい賃貸住宅の質向上対策や賃貸住宅の家賃軽減が中心的な課題になってきた．ただし，家賃補助的な施策は財政負担が大きくなるという問題や，それを回避するための補助額の経年的な減額制度とすると補助率の大きい時期のみに入居する世帯がいるなど，制度の効果や公平性が疑問視されている．

人口が頭打ちになり，低成長時代になり，既存ストックをいかに維持更新・整備するかが問われている．とくに，中・高層共同分譲住宅（マンション）の多くが今後，建て替え期となるが，建て替えに当たっての備えの不完全性，既存不適格問題，合意形成の困難さなどが相まって今後大きな課題となるだろう．2000年のマンション管理適正化法はその第1歩で，マンション管理業者の質を高めようとしている．さらに2002年には，マンション建替え円滑化法が成立，区分所有法が改正され，建替え決議の手続きが明確になった．また，狭小な戸建て住宅が多く供給されているが，これが将来に住環境の悪い市街地ストックとなることが懸念されており，その対策が問われている．

住宅関連税制も大きな影響を与える住宅政策の1つである．住宅税制には，大きく分けて，保有税と譲渡・取得税がある．保有税に関しては，固定資産税が住居系や低・未利用地での優遇や建物への課税が大きいことで，土地の有効利用に妨げになっている点が指摘されている．また，譲渡・取得税に関しては，買い替え特例によって地価高騰の波及効果が大きかったこと，相続税の評価に関して土地が借家経営を行うと低めに評価されるため土地市場に歪みが生じていること，都心部において相続税が高すぎ，居住継続が困難になったり，過小に細分化される傾向があることなどが問題提起されている．

住宅政策を計画的に進めるために，住宅建設五箇年計画の他，大都市圏においては住宅供給計画を定め，また市区町村において住宅マスタープランを策定して，安定的に住宅政策が実施されるように図られている．2001年からの第八期住宅建設五箇年計画では，住宅マスタープランにおいて，地区ごとの住環境整備目標を具体的な指標として定めることを提唱しており，住宅政策のアカウンタビリティ向上もねらっている（浅見[2]）．また，建築基準法によって住宅の最低限の質を確保するだけでなく，最近では消費者保護の観点から，情報開示の徹底，瑕疵担保責任の徹底なども進められている．

なお，住宅政策史については，志賀[3]，小泉[4,5]，を，また住宅政策の効果や課題，問題点については，Asami[6]，金本[7]，八田・岩田[8] などを参照されたい．

〔浅見泰司〕

参考文献

1) Aaron, H. J.: Policy implications: A progress report. In: Bradbury, K. L. and Downs, A. (eds.): Do Housing Allowances Work? pp. 67-111, Brookings Institution, 1981.
2) 浅見泰司編：住環境：評価方法と理論，東京大学出版会，2001．
3) 志賀 英：入門住宅問題，ドメス出版，1977．
4) 小泉重信：住宅政策論，新建築学大系14，ハウジング，pp. 155-244，彰国社，1985．
5) 小泉重信：「住宅・宅地・都市計画行政」建築行政の100年．建築雑誌，**101**：21-31，1986．
6) Asami, Y.: The effects of housing policy. In: Department of Urban Engineering, University of Tokyo, Contemporary Studies in Urban Planning and Environmental Management in Japan, pp. 37-58, Kajima Institute Publishing, 1994.
7) 金本良嗣：都市経済学，東洋経済新報社，1997．
8) 八田達夫，岩田規久男編：住宅の経済学，日本経済新聞社，1997．

14.4.3 自治体住宅政策

戦後の住宅政策の基本は，公営住宅，公団・公社住宅，住宅金融公庫の3つを合わせて「3本柱」と呼ばれてきた．これらはいずれも中央政府が制度の枠組みをつくり，実質的に細かい運用も決めてきた．それによって住宅の大量供給を効率的に達成する一種の「フォーディズム」の政策といえる．

こうした中央主導の住宅政策が大きな困難に直面したのは，バブルによる地価高騰の大波を受けた1980年代の東京特別区であった．とりわけショッキングであったのは，暴力的な地上げが横行し，高齢の借家人が長年暮らした木賃住宅から追い立てられ，路頭に迷う事態を招いたことである．こうした生存権の危機に対し，既存の住宅政策はまったく解決手法をもたなかった．

こうした危機に対し，1990年1月に東京都江戸川区は「高齢者住替え家賃補助」制度を区独自の施策として開発した．この制度は，住替えで高額化する家賃を区が負担するという画期的なものであった．こうした施策の必要性・有効性は明らかで，同様の制度を23区ほとんどの区がすぐに採用したほか，まもなく東京都が補助事業として一般化した．

つまり中央主導の住宅政策が機能しなかったゆえに，基礎自治体が独自財源のもと固有の住宅政策を創設したのである．さらにファミリー向けの家賃補助制度，オフィスビル建設時に住宅建設を義務づける住宅付置義務制度など，多様な施策が展開する．

さらに，基礎自治体の中で住宅政策を自治体政策としてきちんと位置づけるために，「住宅条例」もつくられた．世田谷区（1990年），中央区（1990年）も早いが，住民の直接請求によってつくられた新宿区（1991年）のような瞠目すべきものも現れた．東京都も，「住宅建設条例」をもっていたが，1992年同条例を廃止，「住宅基本条例」を制定した．東京都23区のうち現在住宅条例をつくっていないのは4自治体である．

本間によると，「公的機関が国による戦後の住宅政策の破綻を指摘した最初の例」は住宅・まちづくり施策の先進自治体である東京都世田谷区で1989年に出された「土地・住宅問題懇談会報告書」である．同報告書では，「区レベルでこれまでの権限にとらわれず，地域独自の問題に対応していくという姿勢が重要」と指摘している[1]．

同じころ，東京都は当時の企画審議室に「住宅政策懇談会」を設置，1990年の最終報告には，「戦後住宅政策の枠組みが成り立ちにくくなった」と，自治体として，国の住宅政策に対して「引導を渡す」ような表現が織り込まれ注目された．

住宅政策におけるフォーディズム批判は，住田が的確に行っている．中央主導の住宅政策は量的な供給を基本に据えたため，「公的賃貸住宅は，より戸数確保の容易な周辺地域に偏在していった．一方，持ち家助成も大都市ほど潜在需要が多いはずであったが，実際の貸付運用は，地域的公平性にこだわるあまり，地方都市や農村においてきわめて有利に展開した」．こうしたことから，住宅政策は「階層対応」から「地域対応」にならねばならない，とする[2]．

中央主導のフォーディズムは，敗戦直後420万戸といわれた絶対的住宅不足の解消には役に立ったが，住宅政策が量から質へ変わって久しい．ちなみに政府の住宅宅地審議会が「量から質へ」を打ち出したのは1975年にもかかわらず，フォーディズムの住宅政策の構造転換は容易には図れなかったのである．

しかしながらこの間，国も自治体に住宅政策を積極的に担わせようとする制度を創設してきた．1983年に始まったHOPE計画，1987年からの地域高齢者住宅計画などである．

これらの制度は，自治体が地域の住宅をどう良くしていくか，その方針を決定することに対する補助事業で，1994年に創設された自治体住宅マスタープラン策定補助事業へと統合された．また1992年の都市計画法改正に伴って導入された「都市マスタープラン」とともに地域の住宅・まちづくりに確実に貢献している．

2003年末と2004年春，戦後住宅政策を総括する2つの画期的な著作が発表された[3,4]．住宅研究史に残る著作であるが，自治体住宅政策に関しては記述が相対的に薄い．実のところ2000年周辺の時点において，学会の動向でも住宅問題・住宅政策は必ずしもホットとはいえない状況にある（たとえば，建築学会における住宅問題の発表数）．バブル崩壊を経て，自治体住宅政策への注目度も下がっている．

しかしながら，実態は住宅を軸にかなりの構造改革が起こりつつある，というのが筆者の見方である．

それを示すのは，自治体において「住宅予算」に分類されうるものを合算すると，かなりの規模になっている．たとえば20年前と比較すると少なく見積もっても3～5倍に大きくなっている．理由は簡単である．以前は，自治体の住宅施策は，20年前は市町村営住宅しかなかったが，この間先述した理

由から自治体が独自に行うメニューが飛躍的に増えた．さらに 2003 年からは介護保険がらみの住宅メニューも生まれている．

これらは必ずしも「住宅予算」として認識はされていない．しかし住宅に関連するものを集め，意図的に合算するとかなりの規模になっているのである．

さらにこの間の地方分権一括法の成立，それによる課税自主権の確立，景観法の制定など，自治体が自主的に政策を行えるポテンシャルが飛躍的に高まっている．そうした中で重要なのは，各自治体内部でややもすればバラバラに行われている「住宅」施策を，意識的に総合的に束ねてみることであろう．

そして「域内の住宅の良化」という目的から，合体した政策資源を再配分するような試みが必要である．財政自主権に向かう分権化の流れは，以上の方向を強力に後押しするであろう．また，景観法が住宅がらみで面白いのは，われわれが目にしている都市景観の大部分は「住宅」に他ならないからである．

そういう目で見ると，実はいろいろなことに気がつく．たとえば，日本において家賃補助政策はないといわれていた．それに風穴をあけたのが 1990 年の特定優良賃貸住宅制度，というのがわれわれ研究者にとっても"常識"であった．ところが自治体の財政を検討していると，生活保護の住宅扶助費というのは相当な額がつぎ込まれ，これを住宅予算として計上してみると相当な割合となることに気がつく．これを考慮すると実は，「住宅手当」は諸外国並みに支払われてきていたのではなかろうか，ということに気がつく．

しかも，最近では給付に面積規定を加える東京都など，明らかな「住宅政策的」運用さえもなされており驚かされる．われわれ研究者も建設省＝国土交通省的見方＝中央集権的フォーディズム思考に捉えられていたのかもしれない．　　〔前田昭彦〕

参考文献

1) 本間義人：自治体住宅政策の検討，日本経済評論社，1992.
2) 住田昌二：自治体住宅計画の現状と課題―市町村計画の策定を中心に―．都市問題，**84**(1)：15-26, 1993.
3) 住田昌二：マルチハウジング論―住宅政策の転回―，ミネルヴァ書房，2003.
4) 本間義人：戦後住宅政策の検証，信山社，2004.

14.4.4　日本の公共住宅

日本の公共住宅（公共が供給する賃貸住宅）は，関東大震災後に供給された同潤会住宅に始まり，戦時中の住宅営団住宅を経て，戦後に公営住宅，公団賃貸住宅，公社賃貸住宅の三本柱が確立した．

公営住宅は地方自治体が国の補助金を得て建設し，住宅に困窮する低所得世帯向けに低廉な家賃で供給する賃貸住宅で，1951 年から全国で始まっている．住戸数は約 208 万戸で全住宅に占める割合は約 5% である．

公団賃貸住宅は主に大都市圏で良好な住宅を供給するために，都市基盤整備公団（旧日本住宅公団）が国の財政投融資資金や補助を受けて建設し，中堅所得世帯を対象に供給する賃貸住宅で，1955 年から供給され約 70 万戸を抱える．市街地の不燃化に寄与するために耐火構造の住宅を採用していることも特徴の 1 つである．近年では再開発に伴う既成市街地での住宅供給に役割が移りつつある．

公社賃貸住宅は都道府県などの地方自治体の住宅供給公社が建設する勤労世帯向けの賃貸住宅で，全国で合わせて約 14 万戸になる．

これらの中で，都市基盤整備公団は 2004 年に都市再生機構となり，都市の再開発を推進することが中心となり，公共賃貸住宅の新たな供給は基本的に行わないこととなった．また，各地方の住宅供給公社も同じく，新たな住宅供給は取りやめる方向になりつつある．わが国の公共賃貸住宅の供給は，公営住宅のみに限定されてきている．

戦後から高度成長期の住宅不足の時代に公共住宅は大量に供給されてきた．その時代に，公共住宅の果たしてきた役割は次のように評価できる．

①合理的な住戸計画を行うために標準設計の型を開発したこと．公共住宅は不特定多数の居住者を想定したために，汎用性のある住戸を開発する必要があった．そこで，家族構成や人数を基に住戸の型を設定し，大量生産にも対応できる標準設計を開発した．食寝分離の考え方を基にダイニングキッチン（DK）を設けたことも大きな特徴で，標準設計 51C 型はその代表例である．公団賃貸住宅ではステンレス流し台を標準装備し，椅子による洋風の生活様式を取り入れるなど，集合住宅でのライフスタイルを広め，その後の民間集合住宅のモデルともなった．

②中層や高層集合住宅の工業化工法を開発し，各種部材の部品化により住宅生産の合理化を進めたこと．標準設計を基に住宅の工業化を積極的に推進し，PC 版（プレキャストコンクリートパネル）を用いる工法を開発するなど，公共住宅の大量建設が

可能になった．大規模な工業化住宅団地の例として芦屋浜シーサイドタウンが挙げられる．

③良好な住環境の集合住宅団地を建設してきたこと．近隣住区理論を基に生活関連施設を配置し，住宅団地の基本的な構成を作り上げた．また，住棟を南面平行配置にし，冬至の4時間日照を確保し，通風などの衛生上の問題も解決するなど，良好な居住環境を提供してきた．

これらのことは同時に画一的な住宅団地の形成にもつながった．1973年の住宅統計調査においてすべての都道府県で世帯数よりも住宅戸数が上回ると，公共住宅政策は量から質へと転換し，住宅の広さや住環境が重視された．公共住宅は次のように多様化し始めた．

①公共住宅のデザインの多様化：地方都市では画一的な公共住宅のデザインに対する反発があった．茨城県営の水戸六番池団地（1976年）では低層の準接地型の集合住宅が提示され，地方の公共住宅のモデルともなった．公営住宅優良モデル住宅街区建設プロジェクト（1980年〜）では，一流建築家が地域性を考慮して新たな公営住宅のデザインを全国24団地で提示した．そして地域住宅計画（HOPE計画；1983年〜）において，地域性を重視した公営住宅の計画が全国で展開する．地場の木材を公営住宅建設に活用した山形県金山町，地域ぐるみで住宅建設の仕組みづくりに取り組んだ佐賀県有田町など，住宅にかかわる地域独自のテーマで計画が策定され，推進事業ではモデル住宅として公営住宅が建設された．HOPE計画は2001年度までの18年間に414市町村で策定されている．さらに北海道では複数の市町村が共同で策定するリージョナルHOPE計画が取り組まれている．

公団住宅では居住者の要求に対応できる住戸プランも開発されている．フリープラン賃貸住宅は，躯体を公団が所有したまま内装や間仕切りは居住者が所有し，内装を自由に変更できる．センチュリーハウジングシステム（CHS）は住戸内を水回りなどの固定ゾーンと居室などのフリーゾーンに分け，後者の部分に可動間仕切りを用いて家族のライフサイクルに対応した間取りを実現するものである．また，接地階の住戸に離れを設けて，趣味の部屋や店舗などとして利用するプラスワン住宅，マルチ住宅も開発されている．

公共住宅の新しいデザインシステムも試みられている．ベルコリーヌ南大沢（1990〜1992年）ではマスターアーキテクト制を導入し団地景観づくりのためのデザインコントロールを行っている．くまもとアートポリス（1988年〜）やクリエイティブTOWN岡山（1991年〜）では，コミッショナー制を導入し建築家による公営住宅の新たなプロトタイプが提示されている．

世田谷区深沢環境共生住宅（1997年）では環境共生型の公営住宅が試みられた．屋上庭園や壁面緑化，ビオトープの設置，風力発電の利用など，環境に配慮した計画内容は多彩である．さらに建替え団地であったため計画づくりから住民の参加を求め，居住者が育ててきた樹木を保全し，コミュニティを生かした住宅づくりが進められた．単に自然環境のみでなくコミュニティの形成も含めて，持続可能な住宅団地のモデルである．

②福祉住宅としての多様化：高齢者や障害者，母子世帯などの生活弱者を入居対象または優先入居とする，特定目的住宅は1960年代から供給されている．これにより高齢者や身障者を対象とした設計基準が発展する．1991年からは新設の公営住宅すべてに，住戸内の段差解消や住棟のアプローチをスロープにするなどのバリアフリー化が進められ，民間住宅のバリアフリー化のモデルともなっている．さらに，高齢者の生活をLSA（ライフサポートアドバイザー）が人的にも支援するシルバーハウジングや，生活支援サービスが受けられるシニア住宅など，高齢者福祉の公共住宅は多様化している．

高齢者にとって居住の安定性はもっとも大きな関心事である．高齢者が安心して住み続けられる賃貸住宅への需要はますます増えるであろう．高齢者優良賃貸住宅は，低所得の世帯に限らず，民間資金を導入して高齢者世帯に公共賃貸住宅を供給するものである．さらに高齢者の生活に対応して，緊急通報システムや居住者のコミュニティ施設を備えている．高齢者世帯の住要求といえども多様であり，今後は高齢者優良賃貸住宅も様々な住宅タイプが供給されてくることが望まれる．

また，知的障害者が地域の中で自立して生活できるよう公営住宅をグループホームに活用したり，高齢者などが共同で生活するコレクティブハウジングとして公営住宅を供給する試みも始まっている（詳細は13.7節参照）．

③供給方式の多様化：従来は，公共が住宅を建設して供給する直接供給方式がほとんどであった．しかし，地価の高騰や住宅建設コストの増大により，公共が新たに用地を取得して住宅を建設することは困難になりつつある．一方，中堅所得層の持ち家取得が困難になり，良質な賃貸住宅の供給が求められている．そこで，住戸面積や設備，躯体の構造など

に関する基準を満たす民間集合住宅を公共が借り上げ，家賃を補助して賃貸住宅を供給する間接供給方式が行われている．民間資金を導入することで，公共は直接供給方式よりもイニシャルコストを抑えて良好な賃貸住宅を供給することが可能となった．低所得世帯向けには借り上げ型公営住宅，中堅所得世帯向けには特定優良賃貸住宅があり，地方自治体や住宅供給公社などが事業主体となって国と地方自治体が家賃補助を行う．

間接供給方式は遊休地の再開発や既成市街地内の住環境整備にもつながるため，単に住宅供給を進めるだけでなく，まちづくりとも連携して考えられるべきである．上尾仲町コープ愛宕（1989年）では民間が建設した賃貸住宅に，埼玉県住宅供給公社が家賃補助を行って良質な賃貸住宅を供給するとともに，地区の住環境整備を進めている好例といえる．

民間賃貸住宅が少ない地方小都市では特定公共賃貸住宅が供給されている．これは自治体が中堅所得世帯向けに直接賃貸住宅を建設，管理するもので，学校の教職員などの転勤世帯や若年単身世帯に人気がある．

④都心居住やまちなか居住の推進：既成市街地の再開発や住環境整備に合わせて，公団を中心として公共住宅が供給されている．大規模跡地などに公団の再開発住宅をはじめとする公共住宅が供給され，都心部の定住人口の回復に寄与している．光が丘パークタウンやリバーシティ21などはその代表例ともいえる．

地方都市では，居住人口が減少しつつある中心市街地の再生に向けて「まちなか居住」を進めるために，公共住宅が積極的に供給されている都市もある．函館市や金沢市では独自の条例を定め，中心市街地の居住人口回復のために，まちなかに公共住宅の供給を誘導している．

公共住宅自体の更新も行われている．高度成長期に大量に供給された公共住宅は近年になって躯体や設備の老朽化が著しい．公営住宅では50万戸が耐用年数の半分を過ぎ，公団住宅では17万戸が昭和30年代に建設されている．それらの住宅は住戸面積が狭小なため居住環境の改善が必要とされ，公共住宅ストックの改善が必要となってきている．公営住宅では1969年から，公団住宅では1986年から住宅の建替えが進められている．公団緑町団地（東京都武蔵野市）は居住者の要求が建替え計画案に反映されたものとして評価されている．

以上示したように，公共住宅の供給はわが国の民間住宅建設のモデルとなってきたと同時に，公共住宅としての役割を明確にすべき時期となっている．今後の公共住宅のあるべき役割として，①住宅に困窮する世帯のための住宅セーフティネットとしての役割，②高齢者が安心して住み続けられる賃貸住宅，③高齢者等が都市の郊外で孤立しないなど，中心市街地に公共住宅を供給する「まちなか居住」の推進，④民間活力を導入した公共賃貸の供給，⑤環境に配慮した環境共生型集合住宅の推進が求められている．

〔瀬戸口 剛〕

14.4.5 非営利組織の住宅

現代の欧米諸国における住宅供給の動向をみるとき，その1つの特徴として，民間の非営利セクターが勢力を伸ばし，新たな潮流を形成していることがわかる．アメリカではコミュニティ開発法人（community-based development corporation, CDC），近隣住宅サービス（neighborhood housing services, NHS），住宅組合（housing cooperative）などの多様な非営利組織による住宅供給が急速に成長した[1]．近年のイギリスにおいて注目される傾向は住宅協会（housing association）の台頭であろう[2]．西欧・北欧諸国では非営利住宅会社，住宅組合などが歴史的に実績を重ね，今日に至るまで，住宅供給の重要な部分を担ってきた．これらの地域では，非営利組織に対して，法人格の付与，税制上の優遇措置，公的プログラムの適用などの制度基盤が準備されている．西欧・北欧の非営利組織は伝統的なセクターを構成しているのに比べ，アングロサクソン系のイギリスやアメリカでは1980年代以降における非営利組織の発展がめざましい．

これらの非営利組織の活動内容は，地域ごとにきわめて多彩であるが，あえて一般化すれば，①コミュニティ参加を重視していること，②低所得者，高齢者，単身者，母子世帯，障害者，ホームレスなどの特別のニーズをもつ世帯を対象化すること，③アフォーダブル住宅の供給を基軸として，社会サービス，経済開発，雇用創出，文化保全などのプログラムを組み合わせ，包括的なコミュニティ開発を実施すること，④新規建設・ストック修復，持ち家・借家・組合所有，集合住宅・タウンハウス・1戸建て住宅など，あらゆる形態の住宅供給を手がけること，⑤共用空間の豊富化，多様な世帯の協同生活，および社会サービスの結合を特徴とするコハウジング，セントラルリビング，シェアドハウジングなどの新たな型の住宅建築を開発してきたこと，⑥政府，企業，投資家，金融機関などとパートナーシップを形成し，そこから資本を収集して事業を行うこ

と，などの特徴を有している．

　非営利セクターの発達を促す現代的な条件としては，次の3点が指摘される．第1は，福祉国家による住宅政策の後退である．両大戦間期から戦後にかけて，住宅問題は社会的に解決すべき状態として認識され，住宅市場に対する政府の集権的な介入が開始された．住宅事情の改善に向けて政府の関与が果たした役割は大きい．しかし，1970年代になると，経済成長の減速，国家財政の逼迫，国際競争の激化のもとで，福祉国家への批判が噴き出し，住宅政策は不安定な状態に陥った．1980年代に「新保守主義」が台頭する中で，「大きな政府」による住宅への介入は合意を失った．「小さな政府」が指向され，民間市場の役割を重視する方向性が現れている．このような状況は非営利組織に出現の機会を与え，その活動領域を拡張するように作用した．

　第2は，フォーディズムの衰弱とポストフォーディズムの生成である．戦後の経済発展を支えたフォーディズムの生産様式は，均質性が高い社会の存在を前提として成立し，大量需要と大量供給の調節，資本投入と労働力編成の安定性などに特徴づけられていた．これを反映する住宅供給はマスハウジングを基調としていた．しかし，1970年代を迎え，社会の均質性は弱まり，そのフラグメンテーションが進行し始めた．資本と労働力のグローバリゼーション，情報テクノロジーの革命，産業のサービス化，ハイテク化，これに伴う中産階級の縮小と社会階層の分解，標準世帯の一貫した減少，人種・エスニシティ・ジェンダーへの注視など，これらすべてはフラグメンテーションを拡大した．フォーディズムの前提条件は掘り崩され，マスハウジングは機能不全に陥った．こうした過程から生じてきたポストフォーディズムは，資本移動の高速性，特化需要に対する機敏性，資本回収の短期性，労働力編成の柔軟性などに特徴がある．非営利組織の住宅供給にみられる特質はポストフォーディズムの反影として理解することができる．

　第3は，「新しい社会運動」の担い手としての非営利組織の位置である．福祉国家の枠組みにおける社会運動は，階級関係に価値前提を見出す大規模な組織をつくり，特定の政治勢力を経由して国家との交渉を行い，それを通じて成果を獲得しようとするものであった．社会運動と国家の関係はフォーディズムの秩序を安定させる装置を形成していた．住宅事情の改善を目指す運動は，公共住宅の大量供給の要求に代表されるように，国家介入の請求に主眼をおいていた．これに対して，1970年代以降に出現した「新しい社会運動」は，福祉国家の動揺が深まる状況のもとで，コミュニティ運動，フェミニズム，エコロジー運動，対抗文化運動など，伝統的な階級概念では説明できない多彩な動きとして生起した．従来の社会運動は労働場面に起因する問題に関心を集中し，支配層と被支配層のシンプルな対抗関係に向けて方向性を定めてきたのに比べ，「新しい社会運動」は主に生活場面から現れ，運動ごとに多元的な目標を設定し，自己決定，自主管理，アイデンティティを重視する．非営利組織の住宅供給は，階級関係だけではなく，コミュニティ保全，人種，エスニシティ，ジェンダー，社会福祉などの多面的な側面に価値前提を据えている．

　日本では住民参加の住宅・まちづくりが展開され，少しずつ成果を蓄積しているが，非営利組織は一般的に弱体であり，住宅事業に参入するための能力と条件を十分には備えていない．しかし，非営利組織の制度基盤を求める市民運動が広範に展開され，その影響のもとで特定非営利活動促進法が1998年3月に成立したことは，新たな局面として注目されてよい[3]．この法制は「まちづくりの推進を図る活動」を含む12項目を「特定非営利活動」として定義し，「特定非営利活動を行う団体に法人格等を与えること等により，市民が行う自由な社会貢献活動の健全な発展を促進し，公益の増進に寄与すること」を目的としている．法人格が一定要件のもとでの認証とされたこと，所轄が都道府県知事とされたこと，非営利組織は情報公開を行うこと，などが法律の特徴である．福祉国家による社会統治の限界，地方への分権化，市民活動の発達などの流れを読み取ることができる．　　　　　〔平山洋介〕

参 考 文 献

1) 平山洋介：コミュニティ・ベーストハウジング―現代アメリカの近隣再生―，ドメス出版，1993．
2) 平山洋介：住宅の新しい選択肢―イギリス・アメリカにおけるノンプロフィット住宅の展開―．住宅総合研究財団研究年報，**21**：5-31，1994．
3) 山岡義典：住まいづくり・街づくりにおけるNPOの課題と役割．すまいろん，**46**：44-47，1998．

14.5　海外の住宅問題と住宅政策

14.5.1　欧州連合諸国の住宅問題と住宅政策

　住宅問題，住宅政策はそれぞれの国の歴史的・社会的状況により大きく異なる．欧州連合（EU）諸国では人，物，サービスの自由化を目指してさまざ

まな制度の共通化が進められている．しかし，住宅・都市の分野では，都市再生の補助金がEU政府から域内の衰退地区に対して出されるなどの一部の例外はあるものの，住宅政策は国により多様な展開をみせている．ここでは，イギリス，ドイツ，フランスの3カ国を取り上げて，その概況を紹介する．

(1) イギリス

イギリスの住宅戸数は約2473万戸，持ち家率が69%，民営借家率が10%，地方公共団体が管理する公営住宅（ニュータウン開発公社の住宅を含む）が14%，住宅協会（housing association）が6%となっている（2000年）．

イギリスでは，地方自治体が所有して管理する公営住宅（council housing）が1980年ごろのピーク時には30%と多くを占めていたが，1979年のサッチャー政権以来，居住者への払い下げを進めて現在は14%以下になった．公営住宅の払い下げは人気のあるテラス住宅などの接地型の住宅で数多く行われ，高層住宅などの不人気の住宅が残って公営住宅のストック全体の水準が低くなり，また，同一棟内で持ち家と公営住宅が混在することに伴う管理上の問題が生じている．

政府はこれまで，公営住宅に代わって低所得者向けの賃貸住宅を供給管理する組織として住宅協会（housing association）を手厚く補助してきた．住宅協会は社会的な目的で設立された非営利民間組織である．ピーボディ財団などの歴史のある大規模な住宅協会の多くは，19世紀に設立されているが，住宅協会の大半は，1960年代以降に設立されたものである．都市部での住宅問題に取り組むために地方自治体は各地でスラムクリアランスを行ったが十分な問題解決をすることができず，住宅協会がこのような問題地域で数多く設立された．1964年，住居法で住宅公庫（Housing Corporation）が設立され，公営住宅と民間賃貸住宅の間にある住宅としての住宅協会へ補助を開始した．住宅協会は住宅公庫からの住宅協会補助金（Housing Association Grant）や地方自治体からの用地提供の便宜などの支援を得て，新規の住宅を供給してきている．既存の公営住宅を住宅協会の組織に一括して移管する大規模自主移管（large scale voluntary transfer）が1988年より始まり，1996年，住宅法で地方住宅会社（local housing company）の制度をつくり，地方自治体の団地を住宅協会に移管する動きが進められてきた．

公営住宅の数を減らす動きは，1997年に労働党政権になって以降はさらに加速し，大規模自主的移管は保守党政権下では年間3万戸前後であったが，近年では急増して2000年には14万戸が移管され，2001年以降は毎年20万戸を移管することを目標としている．しかし，2003年4月に行われた移管の賛否を問うための公営住宅入居者による住民投票は，グラスゴーでは賛成されたが，バーミンガムでは否決されるなど，政府の計画どおりには進んでいない．

(2) フランス

フランスの住宅戸数は約2329万戸，持ち家率が53%，民営借家率が21%，社会賃貸住宅が18%（HLM住宅16%），その他が8%となっている（1996/97年）．

フランスには地方自治体が供給管理する公営住宅はなく，代わって適正家賃住宅（HLM）組織が低所得者向けの社会住宅の供給を担っている．HLM組織は1950年に戦前のHBM（低廉住宅）組織を改めて，再スタートをしたものであり，国が金利1%で45年償還という低利長期貸付けの融資制度を整備することで社会住宅の大量建設を進めた．これには，1953年に創設された民間企業による1%住宅拠出金制度の果たした役割も大きい．従業員を10人以上有する企業に，給与総額の1%を拠出することが義務づけられ，集められた基金は，持ち家を建設する従業員に貸し付けられるか，HLM組織に融資され，社会賃貸住宅の建設を促した．

1977年に「石」から「人」への援助の移行が出され，住宅制度は大きく転換した．この改革で，国の補助金や低利貸付けの融資対象がHLM組織以外にも広げられた．その後，HLM組織は水準の高い住宅の供給やストックの改善事業に転換して活路を見出してきた．1981年に社会党政権が発足し，社会住宅政策に多額の財政支出が投じられ，これがHLM組織の立て直しに大きく貢献した．

しかしその後，社会経済環境が悪化して，財政支出が抑制される中でホームレスをはじめとする住宅困窮世帯が増大し，HLM組織は現在，より多くの困窮世帯を受け入れるよう求められる一方で，補助の削減に対応するためにいっそうの経営の合理化を進めることが必要となっている．1997年に社会賃貸住宅の新規供給戸数の促進策が講じられたものの，1998年の5万戸から2000年には4万戸に減少している．

住宅予算の7割余りを占める住宅手当は，住宅費対人助成（APL）と高齢者等向け社会住宅手当（ALS）に大きくは区分され，その予算総額は2001年当初予算では53億ユーロとなっている．

(3) ドイツ

ドイツの住宅戸数は約3300万戸，持ち家率が39％，民営借家率が53％，社会賃貸住宅が8％となっている（1993年）．ドイツは個人のプライバシー問題から新しい住宅調査ができていない．

ドイツの場合も地方自治体が供給管理する公営住宅はなく，代わって公益住宅企業と呼称された非営利民間組織が，主に低所得者向けの社会住宅の供給を担ってきた．社会住宅の供給主体は，宅地を所有し事業能力と信用力のあることが条件になり，公益住宅企業以外にも，個人，民間企業等が社会住宅の3分の1を供給管理している．

ドイツで最初の公益住宅企業は，1847年に設立されたベルリン公益建築会社であり，その後，1867年の免税特権の付与や1889年の労働者年金保険により資金財源が確保されたこと，また同年の新協同組合法により有限責任が導入されたことなどから，公益住宅企業は急増していった．

公益住宅企業は法的形態により種類が分かれ，企業数では登録協同組合がもっとも多く，保有している住宅戸数では有限会社が194万戸でいちばん多い．出資者別住宅数では，協同組合，自治体出資会社，自治体関連会社の戸数が多く，全体では330万戸であり，その3分の2の220万戸が公共助成を受けた社会住宅である．

ドイツでは，公的資金を用いている社会住宅については，1950年の第一次住宅建設法の中で規定されてから約45年の歴史を有し，その間，幾多の変遷を経てきた．公共助成を受けた社会住宅には，第一促進住宅（1950年から），第二促進住宅（1965年から），第三促進住宅（協定促進とも呼ばれる，1989年から），第四促進住宅（1994年から）があり，それぞれ賃貸と分譲がある．対象所得階層別に建築費等の低利融資や補助が行われ，その見返りとして家賃や分譲価格が細かに規定された原価に制限される．しかし，2001年末で第二次住宅建設法が廃止されて，2002年1月より社会的居住空間促進法が施行され，社会住宅の性格は急には変えないものの，市場の重視と民間ストックの活用がうたわれるようになった．

〔海老塚良吉〕

参 考 文 献

1) 都市基盤整備公団居住環境整備部：主要先進国の住宅政策と住宅事情等の現況調査, 2002.

14.5.2 アメリカの住宅：マーケットデモクラシー社会の住宅問題と政策

(1) ハウジングの社会経済政治的位置づけ

政策はある社会の統治の理念と統治の方法を示すものである．民主主義社会においては，この理念と方法を社会の成員が考え，決めることができるわけであるが，多くの政策分野の中で，ことに住宅政策は，ある社会を動かしている，ないしはその根底にある理念を理解するための格好の，最も有効な鏡といえる．なぜなら，住宅はある時代の人間の生活を現実に形作っているものであり，時代と社会を検証できる有効な素材であるからである．

アメリカ社会において日本でいわれる住宅問題，住宅政策の「住宅」は「ハウジング」として呼称される．ハウジングは物理的な住宅（ハウス）の意味を超えて人々の生活，暮らし，家族，コミュニティ，経済社会の主要な課題として重みをもった存在といえる．それはアメリカ社会が「ハウジング」をアメリカンドリーム，すなわちアメリカがそこに来た者，そこに生きる者に約束しようとする，個人の基本的人権と自由，機会均等，選択の自由，個人の財産所有と経済発展の自由といった理念の最も端的な象徴であり，具体的な達成と考えていることを示している．

ハウジングは人々の居住の権利として，時代とともに変化する生活，暮らしの，個人と家族の基本的・物理的基点であり，そして基本的満足と充足の基点である．同時に，住宅は資本主義経済においては個人にとって最大の消費と負担の要素であり，国の経済にとっては建設産業と労働雇用の重要な市場であり，住宅ストックとしても国家資産の主要な部分を占め，金融と投資の対象であり，国家財政と公共投資の対象となるものである．

(2) 住宅問題と政策対応の変遷

アメリカの場合，ハウジングは基本的には（その短い歴史においては）個人とコミュニティが解決すべき問題とされてきた．これを国家が介入すべき問題として政策的な対応を始めたのは，1930年代の経済大恐慌後の住宅モーゲジ市場の再建のための機構整備からである．住宅金融制度は個人の住宅所有を理想とするアメリカの社会理念に適合する，きわめて資本主義的制度，政策対応であって，世帯の住宅所有が脅かされた恐慌時にその安定を図る貸付金融制度の整備が，国家介入の契機であったことは当然といえる．基本的にはこの時期に形成された住宅金融制度によって，アメリカの家族の住宅所有は着実に促進された．1970年代の，ことに国際的

な金融市場の変化に対応するための金融制度改革の影響を受けて，住宅金融も危機的状況を経た．しかしその障壁を払い，住宅金融を全金融に組み込む過程を経て，住宅モーゲジ制度はアメリカのハウジングを市場経済の主流におくことに成功している．この住宅金融制度と合わせて，個人の住宅所有と購入保持を促進しているのは，いくつもの優遇税制措置である．この税制による政策対応は住宅への国家の間接的援助であり，実は大きな介入であり，結果として中・高所得層への厚い援助となっているのである．

1949年，アメリカ社会はその住宅法において，すべてのアメリカ人に適切な住宅を整えるという国家目標を掲げた．1950年代の都市化に伴う住宅不足と不良住宅の解消に，公共住宅の建設と供給が進められたが，1960年代には福祉型大型政府の政策として多数の公共住宅がつくられた．しかしこの公共住宅供給と管理は，アメリカの風土に容易に馴染まなかった．そしてこの公共による住宅供給のあり方が，1960年代以降のアメリカのハウジングの研究と政策の主要課題を占めてきたといえるのである．

アメリカの住宅問題は，住宅の数量の確保から不良住宅の解消，住宅水準，住宅の質の向上へ向かった後に，もちろんそれらを完全に解決したわけではないが，その過程を経て，1980年代には，住宅取得の可能性（アフォーダビリティの問題），すなわち所得，貧困，人種，福祉の問題へと展開せざるを得なくなった．ことに1980年代にはホームレス人口の増大があり，さらに高齢者や障害者など，特別なニーズをもつ人々の住宅問題などが顕著な政策課題となった．

(3) 何を達成したか

アメリカは21世紀初頭において，歴史的にみてもっとも高い住宅水準と高い住宅所有を達成した．2002年現在，居住戸数は1億854万戸で，このうち持ち家は7371万戸，持ち家率は67.79%となり，住宅の面積（中位値）は161 m^{2}を超えるものとなっている．しかし一方で借家世帯のうちの4割を超える世帯は，連邦政府の住宅補助を受ける資格のある低所得層であるにもかかわらず，連邦の補助は約490万世帯にしか届いていない．そしてホームレス人口は50万人ともいわれ増加している．借家賃貸住宅に居住する貧困層，低所得層向けの住宅政策は，ここ30年公共住宅の建設供給運営という直接補助から顕著に変化した．現在は需要者側補助政策である住宅バウチャーがほとんどを占め，この傾向は当分変わらない．供給促進は，住宅ブロックグラント制度と，低所得住宅タックスクレジット（Low-Income Housing Tax Credit, LIHTC）が現在の中心である．

(4) 住宅産業と民間の住宅活動と対応

1990年代，アメリカは住宅市場の改革が進み，産業と市場にかかわる法的な整備があり，ここに多彩・多様な参加者，民間プレーヤー，機関を巻き込んだ．ことに金融機関（バンキング）と住宅産業，そして第二次市場政府保証機関が，低所得層やマイノリティ，若年層，移民層などに住宅所有の機会を拡大し，新たな住宅需要者として市場に参入させるための貸付けの増加を図り，かつ広範な主導と，政府機関（FHA）自身の改善，成長がなされた．アメリカのハウジングは，既存の住宅需要者と供給者の概念から進んで，住宅購入者の層を広げるとともに，住宅開発建設業者，不動産屋，設計計画技術者，住宅維持管理サービス業者，貸付金融機関，法律・保険業者，産業技術者，労働者，ノンプロフィット開発者など，さまざまな異なる意図と意欲をもった多くの人間，プレーヤー，参加者，利害関係者，ステークホルダーと，それらの雇用機会を増やし，住宅産業を強化した．住宅の需要と供給は不況経済においても地域経済を下支えしている．

しかしアメリカの市場経済の進行は，住まい方の選択の自由を拡大しながら膨大な住宅の質の格差を

表14.3 アメリカの住宅事情

- 占有住宅総戸数（2002年） 108,539,000戸
  - 持ち家住宅　　73,713,000戸（67.79%）
  - 借家住宅　　　34,826,000戸（32.08%）
- 住戸当たり面積（中位値）（2001年）
  - 持ち家住宅　　161.46 m^2
  - 借家住宅　　　116.28 m^2
- 住宅価格（中位値）（2002年）
  - 新築住宅　　　187,600ドル
  - 既存住宅　　　158,100ドル
- 世帯当たり所得（中位値：2003年）　43,318ドル
- 貧困率（世帯）　10.0%（760万世帯）
- 低所得層向け補助住宅受益世帯（1998年の月平均）
  - セクション8（住宅バウチャー）　3,001,000世帯
  - パブリックハウジング　　　　　1,295,000世帯
  - その他のプログラム　　　　　　　607,000世帯

U. S. Census Bureau, American Housing for the United States, Housing Inventory, Housing Market Conditions, National Data, US Department of Housing and Urban Development, Office of Policy Development and Research, Summer 2001, US Census Bureau, Statistical Abstract of the United State, 2003 などより作成．

生み出し，ホームレスの問題をもたらし，この解決ができないこともまた確かである．しかしこうした住宅問題の解決にあたっては，政府の施策の前に，人々，民間の動きが先発し，政府の助けを待たないことがアメリカの社会の特徴といえる．ここ 10 年余りホームレスの問題に関してみれば，民間組織と団体による食事サービスからシェルターの提供まで，その活動の数，規模と運営，効率，知恵と生産性などは，驚嘆すべきものがある．政策施策は，それらを後追いするものであることが少なくない．結果として，住宅問題の解決に取り組む布陣と能力を強くした．

低所得層向け住宅のノンプロフィット組織による建設供給も特筆に値する．現在全国でコミュニティ開発にかかわる 3600 ほどのノンプロフィット組織が存在するが，その 8 割は民間デベロッパーとして住宅開発を活動の中心としている．コミュニティにおける開発金融機関も，伝統的な金融機関と低所得の借り手をつなぐ仲介機関としてマーケットの中で重要な役割を果たしている．住宅産業の一部を公共と民間市場の中間に位置づけ，地域コミュニティの自立自助努力と経済力につなぐ，画一的でない，公共に依存しない試行が多様に展開している．またそうした動機を促す施策がなされている．

アメリカ社会は市場経済とデモクラシーという，いずれも完璧で固定的な社会経済像や固定的な体系・枠組みや正解をもつことのないシステムを，いわば車の両輪とし，これを操作し均衡させながら，永遠に未完の過程を動き続けるかを追求する社会となっている．この動くことの過程により多くの人間が関与することがデモクラシーであり，その関与が自己の生存と創造と幸福の享受，資産の享受になると考える社会である．この中で，ハウジング，ことに「問題」をどう解決できるかはこの社会にとっての課題であり続けるであろうが，またその問題の存在が，試行錯誤と変革更新を旨とするマーケットデモクラシーのダイナミズム，マーケットデモクラシーを動かすエネルギーにもなっている．1970 年代以降積み重ねられた，ハウジングにかかわる政策分析や評価，そしてハウジング政策の議論は，いわばこの燃料を提供してきた．

これらの直接的，間接的な政策対応を行いながら，現在アメリカは 1 億 661 万戸の居住用住宅をもち，このうち持ち家は 9472 万戸，借家 3347 万戸，持ち家率は 64.7 ％に達している．そして全村としてみれば，現在多くのアメリカの世帯は世界でも最も高い水準の住宅を個人の可能な負担において享受し，その意味でアメリカの住宅政策は成功しているということができる．しかし一方で借家世帯のうちの約 41 ％（1381 万世帯）は所得水準において連邦政府の住宅補助を受ける資格に合う低所得層であり，高い家賃負担と貧困問題の悪循環から抜けられない．そしてこのうち連邦政府の住宅援助は，約 407 万世帯にしか届いていない．そして近い将来にもアメリカの「ハウジング」は残された問題の解決を図ることはできない．

住宅問題と住宅政策は時代の思潮と経済社会の現実の中で，国家と公共が人々の居住にいかにかかわるかという問いである．アメリカ社会は，資本主義経済，市場経済と民主主義をいずれも過程にあるものとして，その変革，修正を行う中で，人々の暮らしの原点を時代と経済に即して確保するための理念と実際の試行錯誤を繰り返している．アメリカのハウジングに学ぶものがあるとすれば，その「偉大な実験」であり，そしてそこに優れた特徴があるとすれば個々の政策は優れていても相互にはさまざまな論理矛盾をもちながら，しかし総体としては豊かな暮らしを生み出すことに「機能している」ということ，そして今後も改良・改革し続けられるものとして存在することにあるであろう． 〔上野真城子〕

14.5.3 アジア諸国の住宅問題と住宅政策
(1) 国により多様な住宅問題，住宅政策

日本を含むアジア諸国の住宅問題，住宅政策が論じられる場合，もっぱら都市部，とくに首都をはじめとする大都市域のそれに対象が限定されてきた．農山漁村部の生活の変容も急激であり，そこにも独自の住宅問題が存在するが，一部の住宅改善施策を除けば，地域振興がもっぱら課題とされてきた経緯がある．

アジア諸国の住宅問題，住宅政策は国や地域によって大きな差異が存在する．第 1 に社会体制による差異が指摘される．今日でも中国や朝鮮民主主義人民共和国では居住地選択の自由は制約されている．第 2 に経済発展の程度による差異が存在する．一部の新興工業経済地域（NIES）の国や地域では都市集中の勢いは弱まりつつあるが，一般的には農村の衰退，都市産業の発展に伴い都市部への人口集中が著しく，この趨勢は経済発展の形態と相関している．また個人や政府が負担しうる住宅への投資額も国民 1 人当たりの国民総生産（GNP）によって異なっている．第 3 にシンガポールや香港などの農村をもたない都市国家（地域）はいささか状況を異にする．とはいえこれらの都市国家も今日では国際的

な人口移動の波に洗われている．

(2) アジア諸国の住宅問題

アジア諸国では人口の急増，大都市への人口集中が続いており，都市部ではしばしば「ロウ・インカム・セツルメント」「スラム」と称せられる低所得者階層が居住する低層高密度居住地の拡大が社会的な問題となっている．日本でも戦前における長屋が密集した地区やいわゆる木造賃貸アパート密集地区はこのカテゴリーに属するといえよう．これら低所得者居住地では道路や上下水道といった居住地の基盤施設が未整備のうえ，家屋が密集し，住宅の質も悪く，同居などの過密居住も一般的である．そのうえ，アジア諸国を含む発展途上国の諸地域では，これらの低所得者居住地では土地の所有権や利用権の曖昧なことが多く，しばしば近代法上では居住者はスクォッター（不法占拠者）とみなされている．今日，これらの低所得者居住地は大都市の縁辺部（フリンジ）に立地することも多くなっている．

経済発展の著しい国や地域の大都市では，都心部の地価の上昇は著しい．そのため大都市に住む中産階層の住宅問題も深刻化している．

(3) アジア諸国の住宅政策と住民の運動

アジア諸国の政府は，大都市の都市問題に対応すべく，①道路，電力，上下水道などのインフラ整備，②公共セクターによる住宅供給，③不良住宅地区の住環境改善，④土地区画整理事業などを含めた宅地供給，を試みてきた．今日では，⑤住民登録制度，不動産登記制度，税徴収制度の整備といったよりソフトな分野の充実にも力を入れている．

政府の住宅政策としては，①公共住宅の供給，②不良住宅地区のクリアランスと再開発住宅（改良住宅）の供給，③路上生活者や都心部のスクォッターの地方再定住，などが試みられた．アジアの諸国では借家権が法的に保障されていない（借地は一般的にランドリースである）．また個人に対する住宅金融は未発達で，低所得者階層への公共融資も最近まで無きに等しい状態であった．政府による住宅産業振興は一部の国や地域を除きほとんど実効性に乏しい．しかも上記の公共住宅の供給や不良住宅地区のクリアランスと再開発住宅の供給も，政府や地方政府の財政上の制約から小規模にとどまったこと，公的な住宅の家賃や分譲価格が高くなり，住宅にもっとも困窮する階層が入居しえないという限界も存在した．

一方，住民もスクォッター居住地の強制撤去に強力に対抗し，自前での環境整備に努力したが，土地に対する法的権利の曖昧さが常に桎梏となってきた．この過程で，代替地を提供することなくスクォッター居住地から一方的に強制撤去することを政治的に制限させることに成功したり（インド，フィリピン），スクォッター居住地を地主，居住者で分割所有（分割利用）するタイの土地分有制度なども考案されるなど一定の成果をみた．しかし，都心部の地価上昇，民間資本による不動産の活発な展開もあり，状況は厳しくなっている．ただしこの間，政府や民間の一連の試みの中で，セルフヘルプや相互扶助による住宅建設の試み，水回りと1室のみを当初供給し，あとは自力建設に任せるコアハウスの試み，簡易式のトイレの利用など適正技術の適用が進んだことが注目される．

(4) 住民と行政のパートナーシップのまちづくりの追求

住民が自力で積極的にまちづくりを進める一方，その成果を行政に突き付けて協力を要求するというパキスタンのオランギ低価格下水設備事業（15.5.4 (3) 項参照）の試みや，低所得世帯の主婦に住宅改善や生業のための少額の資金を融資することにより生活改善を保障するというバングラデシュのグラミンバンク（民衆銀行）の試みが契機となり，今日では住民と行政とのパートナーシップによるまちづくり，住宅改善が注目されている．パートナーシップによるまちづくりとしては，従来よりインドネシアの一部のカンポン（不良住宅地区）改善事業が注目されてきたが，今日では，①コミュニティを法人化させコミュニティに対し土地を担保にまちづくりや住宅改善の資金を融資するフィリピンのコミュニティ融資事業，②政府と住民代表によって運営される政府系住宅金融機関がコミュニティに対し，住民個々人の住宅資金やまちづくり資金を融資するタイの都市貧困コミュニティ開発事業，③行政がカウンターパートとなりうるコミュニティの形成を積極的に働きかけ，これとともにまちづくりを行うスリランカのコミュニティアクション事業，など多様な活動が展開されている．

ところで，国際的にみれば，世界銀行が主導する「イネーブリング戦略」（enabling strategy とは，政府による助成を最小限にとどめ，民間資本の活動やコミュニティの自助努力を重視する政策のこと）のもとで，各国政府とも公共セクターによる住宅の直接供給を手控え，民間資本と民間活力（住民の自発的な建設活動，住民運動も含まれる）を活用した住宅政策を採用している．しかし都市産業の活性化，地価の高騰に伴い，都市の土地利用をめぐる民間資本と低所得者居住地住民，コミュニティとの対

立は厳しくなりつつある．また，イネーブリング戦略のもとではアフォーダブルな住宅（質や住居費が適正な住宅）を取得できない低所得者階層の存在も明らかである．アジア諸国の住宅問題，住宅計画をめぐる状況も流動化しつつある．　〔内田雄造〕

14.5.4　開発途上国の都市
(1)　現　状
　途上国の都市が抱える最も大きな問題は，急速な都市化とそれに伴うスラムの増大である．2004年，世界の都市人口の3分の1（約10億人）はスラム住民といわれ，その割合はアジアのスラム住民が60％，アフリカが20％，ラテン・アメリカが14％である．

　2003年に国連が出版した"Global Report"は，都市問題を解決するための革命的な変革が行われない限り，2030年までに世界のスラム人口は20億人に達するだろう，と報告している．

　途上国の大部分の都市では人口の1/4～1/2の人々が貧困ライン以下の生活をしており，そのような都市ではスラムが当たり前のように存在する．

　農村では生活できなくなった貧しい人々が絶え間なく都市へ流入し，路上で生活したり，不法占拠したところに一時しのぎの小屋を建てスラムを形成する．彼らが小屋をつくるところは急な斜面や湿地帯，河川際や線路沿い，砂漠地帯，洪水の起こりやすいところなど，住むには適さない危険性の高いところしか残っていない．ひとたび地震や洪水が起きれば，前例のない規模で都市災害が発生する．

　スラムには安全な飲み水や適切な下水設備がない．種々の社会的サービス（ゴミ回収，道路，交通機関，学校，医療施設など）も受けられない．そこでは麻薬や犯罪が横行し，行き場のない若者が路上にたむろしている．結核やマラリアのような過去の病気が復活し，エイズも猛威を振るっている．スラムは不法占拠地であるから，スラム住民は都市の一員とはみなされない．

　1980～1990年代頃から途上国の貧困は厳しさを増した．国際機関が推し進める構造調整政策や，市場の自由化，民営化などが促進されるにつれて，物価は上昇し，労働市場が悪化し，公共事業は削減され，その結果，貧しかった者はさらに貧しくなり，次々と新たな貧困者を生み出している．

　土地は商業目的に開発され商品化されて投機の対象となっている．政府は公有地を商業用に開発するために，不法占拠者（スクォッター）を強制退去させ遠隔地へ再定住させる．再定住地は都市の中心から遠く離れているため，都市のインフォーマルセクターで新聞売り，人力車夫，露天商などをして生計を立てている移住者にとって，往復運賃や通勤時間が大きな負担となる．

　途上国の都市は，かつてはみられなかったような富める者と貧しい者との二つの区域にはっきりと分けられている．金持ちはコンピュータシステムを備えた武器をもつ守衛に守られた特別に隔離された区域に住んでいる．自由化が進むにつれて富める者のみが享受できる消費文化が促進されている．

(2)　インフォーマルセクター（非公式部門）
　途上国の大部分の都市では，政府の政策は最貧困層のところまで届かない．そのためインフォーマルセクターに属する人々が政府に代わってインフラ設置，社会サービス，雇用，土地取得，ゴミリサイクル，交通，住宅，融資などを自分たちで行っている．このようなインフォーマル活動は法律に違反しており，搾取されるなど問題も多いが，少なくとも貧困者の最低限のニーズに応えている．

(3)　政府の政策
　1970年代頃から国連や多くの研究機関が，途上国都市のスラム問題について解決策を提言してきた．各国政府はそうした提案に賛同しながらも，実行を怠ってきた．政府の役人の多くは上層階級に属しており，貧困者に対して偏見をもっている人がいる．先進国の教育を受けている彼らは貧困者の生活様式や固有の文化に理解が及ばず，貧困層のための対策に真剣に取り組む熱意がない．

(4)　底辺からの改革
　しかしながら途上国の現状は，草の根民衆の強い結束力によって少しずつ変化している．長い間途上国の国々はそのほとんどが軍事政権と独裁政権によって制覇されていた．しかし，そのような政府は民衆運動によって次々と覆されている．近年，民衆は政治家の汚職に対しても厳しい目を向けている．

　また，都市開発にかかわるNGOとCO（コミュニティ・オーガニゼーション）の活動もめざましく，その重要性も認められてきた．国連などの国際機関は都市開発のための計画立案とその実施にNGOも参画するよう呼びかけている．

　途上国の多くの都市ではNGOが貧困層のための融資プログラムをスタートさせ，貧困者が収入を得るための融資活動を行い，彼らが住宅を取得できるよう手助けしている．そのうちのいくつかは政府がサポートしている．また，たくさんの都市で女性の貯蓄クラブがスタートし発展している．貯蓄したお金を担保にグループで土地を購入するなど，貧困者

が融資のフォーマル市場に参入している．

こうしたプログラムはまだその国全体のスラム問題を解決するには至っていないが，少なくとも解決への道筋を示している．

(5) 変革へのアプローチ

途上国の全都市の発展状況をみるならば，フォーマルな都市計画による発展は全体の一部を占めているにすぎない．行政当局がこれから取り組む都市計画には貧困者のニーズを考慮して，貧困者の積極的な活動を計画の中に柔軟に取り込むことが肝要である．

すでにいくつかの都市では草の根住民と専門家による創造的な開発戦略を取り込んだ都市開発が行われている（たとえば，土地所有権取得，インフラ設置，相互扶助住宅建設など）．各都市には現実を把握し理解するための専門家と行政担当者を対象とした養成機関の設立が求められる．

また，いくつかの都市では貧困者のコミュニティ，NGO，インフォーマルセクター，フォーマルセクター，および政府が都市を改善するために連携し協力し合える場をつくり，それを制度化する試みが始まっている．

多くの国で困難な問題を抱えながらも，コミュニティとNGO，政府が協力し合い成功しているいくつかのすぐれたプログラムがある．そのような具体例から多くを学んで，途上国の都市の改善に活かすための研究と活動がもっと真剣に行われなければならない．同時に，各国政府は強い決意をもってこの問題の解決に取り組むことが必要である．

〔ホルヘ・アンソレーナ〕

14.6 居住の権利

14.6.1 概念としての権利

住まいは私たちが生活するための大切な生活空間である．その意味で住まいはすべての人たちにとって，欠くことのできない存在であるし，所得や出身，あるいは所属集団等によってその水準が左右されることがあってはならないといえる．また，住宅は個人的に使用される私有財産としての側面をもつと同時に，その集積は町並みを形成し一定の生活環境を形成する存在でもある．そして，私たちは好むと好まざるとにかかわらず，その住環境のもとで家庭生活や日常活動を送らざるをえないという意味では，社会資本としての側面も強くもつ存在である．したがって，住まいの確保を個々人の資力や甲斐性に委ねた場合，人たるにふさわしい住宅の確保ができない人たちが発生したり，都市機能や都市居住にとって好ましくない住環境が出現することが危惧される．このため住まいは，すべての人たちに基本的人権の一部として，社会的に保障される必要がある．

14.6.2 居住権の法的根拠

ところで，適切な居住の確保を生存権として要求することの法的根拠はどこに求められるのであろうか．残念ながら，現在の日本においては実定法として「居住の権利」が制定されているわけではない．しかし，そのことは私たちが「居住の権利」に対してまったく無権利状態にあることを意味しているわけでもない．むしろ，住まいに対する権利保障は，理念的には既存の法律等によって，かなりの部分整えられているとみられる．

憲法第 25 条はすべての国民に「生存権」を基本的人権として認めている．また，その生存に必要な水準は「健康にして文化的な最低限度の生活」であることが定められており，時代差や地域差はあるにしても，今日の日本の社会で人間らしく生活するために必要な最低限度の衣食住と文化，健康は，生存権として享受できることを保障しているとみることができる．確かに第 25 条は「住宅」ないし「居住」という表現は用いていないものの，現代の社会で人間生活が住まいを欠いて成立しえないことを考えれば，生存権保障の対象として，住まいの概念を含まないとする主張自体には，現実離れした矛盾が生じる．加えて，日本が批准している国際規約の「国際人権規約」（1977 年批准）では，条約締約国のすべての国民に「衣食住の全ての領域における不断の改善要求の権利」を認めている．このことは，生存権保障の対象として住まいが，理念法としては十分に担保されていることを意味している．

14.6.3 実定法化

しかしながら，生存権にかかわる人権内容が具体的に保障されるためには，そのことの実現に向けて直接的に国家権力が介入することを義務づける制度の確立を待たねばならない．このことは，「居住の権利」は，それを内容とする個別の法律を制定することによって初めて，実質的に権利として機能することを意味するものである．したがって，「居住の権利」の早急な実現のためには，何よりも実定法としての具体化が急がれるが，その点では国民の側からの要求が，政策を具体化するまでには至っていない．

たとえば「住居法」としての成立を目指した場合に，その中にどのような事項が組み込まれる必要があるのか，そうした「居住の権利」を具体化するための議論や合意形成が，現段階では研究者の間でも不十分なことは否めない．ただ，住居法に求められる骨格的なことについては，①住居法が居住の権利に関する理念法ではなく，実質的な実効力を伴う内容でなければならないこと，②その中で住まいを保障する第一義的責任主体は国家であること，③保障される住まいのミニマムスタンダードが具体的に示されていること，④負担可能な住居費であり，それに対する経済支援策が対置されていること，等が示される必要があるという点では，大方の理解は共通していると思われる．

14.6.4 現実のプロセス

住居法の制定の実現は現段階での政治的環境を考えると，きわめて厳しい環境にあるといえる．それは，政府の住宅政策の基本的方向が，「居住の権利」を認めることとはまったく逆の方向に進もうとしていることから明瞭であろう．住宅・宅地審議会の答申（1995年）を受けた近年の住宅政策理念は，「市場原理」「自己責任」「公共機能の縮小」に転換しており，競争的環境における自由な選択と自己責任を人々に求めようとしている．こうした住宅政策理念の延長線上からは，すべての国民に生存権として「居住の権利」を認める制度の確立は望みようもない．そのため，市民の側からの居住権侵害の実態を告発する取り組みや，市場原理の住宅政策の矛盾を具体的に立証する取り組み活動が，今後強く求められることになろう．また，国際連合の社会権委員会が2001年8月に，日本国政府に示した最終所見を根拠に，国際的に日本の「居住の権利」の未確立状態を告発する取組みも，重要な意義をもつことになると思われる．

14.7 住宅運動

14.7.1 住宅運動と政策

国民の住宅水準が好ましい状態を確保するためには，そのことについての社会的担保を保証する住宅政策の確立がぜひとも必要となる．しかも，その住宅政策が充実しているためには，その成立から実施にかけての過程で，住み手の側の要求の正確な反映が必要であるが，その1つの効果的なアプローチとして，住宅運動の役割を位置づけることができよう．もちろん，個々の住宅運動は具体的で個別な要求を掲げて活動しており，1つの要求運動の取り組みが住宅政策全体を展望しているわけではない．しかし，歴史的に振り返ると，少なくともさまざまな住宅運動の活動成果は，住み手の求める住宅に対する諸要求を，制度や政策として社会や国家に保証させる重要な基盤となってきたことは事実である．したがって，私たちが住宅政策を拡充発展させようと願うならば，住宅運動がそれを可能にするだけの力量をもって組織化されているのか，個別な要求課題を政策レベルに収斂できる理論的力量が備わっているのかが問われることとなる．その意味で，今日の住宅運動がどのような発展段階にあるのかを整理することは，今後の住宅政策充実の可能性を探るうえで重要な意義をもつものとなる．

14.7.2 住宅運動のタイプ

産業革命以降の住宅問題の深刻化は，労働者階級の悲惨な居住状態の救済や改善を求める取り組みを社会的に発生させてきた．初期のころには，厳しい居住環境にある労働者の住宅改善のための慈恵的運動が，篤志家や宗教家によって取り組まれることになる．それは同時に，社会的な解決策としての「住宅政策」の登場を促す役割を果たすことになった．不衛生で健康障害の温床となるスラムの衛生状態の改善や，防災上の構造的強化を求める運動も，同じ視点からの取り組みとして位置づけられよう．

さらに，労働者住宅，とくに賃貸住宅の家賃高騰に対する厳しい抵抗は，住宅運動としての1つのタイプを形成している．住宅市場における無政府的な家賃値上げに対する住み手の側からの規制を求める運動は，家賃統制や家賃値下げにしばしば大きな成果を果たしてきたし，その成果の発展として家賃補助政策や公共賃貸住宅供給策の充実などを実現させてきた歴史をもっている．

終戦直後の絶対的な住宅不足の状況にあって，発生した「家よこせ」運動に代表されるごとく，住宅そのものの支給を要求課題として掲げる運動形態をとることも考えられる（このタイプの運動としては，阪神・淡路大震災における被災者の住宅復興要求として国に出された「住宅保障要求」が共通するものである）．このように，住宅問題の解決に向けて，多くの住宅困窮層に共通する課題を取り上げ，政策立案として要求の実現を求めるのが従来型の住宅運動の姿であったといえる．

14.7.3 運動の今日的課題

ところで，今日の住宅運動はそうした従来の形態

からみると，かなり多様化しているといえる．すなわち，住宅困窮層全体に共通するメジャーな課題に加えて，もう少し個別的な地域的な課題に関心が向かっているといえる．また，住まいの改善や家賃抑制の要求に加えて，居住環境を保全する内容に変化している．たとえば「欠陥住宅をただす運動」「居住地の再生を求める運動」，さらには「シックハウス問題」の解決に向けての取り組みなど，新しい要求を掲げた住宅運動も増えてきている．こうした問題の多様化は，従来型のメジャーな要求課題を全面的に解決する運動から，マイナーな個別な居住問題に焦点化した課題を掲げる基となっている．今日の住宅問題が抱えるこうした問題の多様化現象について，統一的な政策追求を掲げることを困難にしているとの見方も聞かれる．しかし，問題の多様化はむしろ解決策を本質的課題に収斂する条件を整えつつあるという見方も可能なのではなかろうか．すなわち，あらゆる要求課題に対して統一的に応えることが可能な，政策理念の確立が本質的課題になりつつあるともいえる．それはすべての国民に健康で文化的な住まいを「基本的人権」として保障する政策理念の構築にあるといえよう．

14.7.4 運動と政策の新たな担い手

最近の住宅運動の新しい傾向は，前述のように要求課題が個別化していると同時に，問題解決の主体についての意識変化もみられる．従来の要求運動では，問題解決の主体は当然行政側にあり，住み手は公共の作為介入を求める形での運動論を展開してきた．しかし，最近の住宅運動では，運動主体自体が解決主体としての機能を備えていることが多くなっている．町づくりや環境問題の運動組織は，セルフアップやNGOあるいはNPO組織として，住宅供給や環境改善を担っていくケースが世界的にも一般化してきている．「住宅運動から居住運動へ」，そして「獲得運動から参加運動へ」「個別要求から権利要求へ」と，今日住宅運動はその目標や機能を変容させながら，それらの活動成果の総和として，住宅政策の人権的保障への転換や補完に迫る機能が求められているといえる．

14.8 研究動向

14.8.1 住宅運動の特徴

住宅運動には，個々の運動ごとに固有な要求や回答が存在しており，そのことの実現を迫って，行政や責任主体に働きかけることが多い．そして，それらの要求が居住者の居住問題を正しく反映したものである限り，当然の活動として位置づけていくことが必要である．しかし，個別な要求の単なる集積が，必ずしも住宅問題解決の全体的課題を正しく展望することになるとは限らない．今日のように，居住をめぐる諸問題の現象形態が多様化すると，要求自体に相互の対立や矛盾をもつことも考えられる．大局的にみれば公共住宅の水準の引き上げと供給量の拡大は，住宅要求の共通課題であることは多くの人たちが合意できる点である．しかし，若干の規模縮小を容認してでも早急に大量の公共住宅の供給の実現を迫るか，それとも，現在の狭隘な公共住宅水準の改善のため，高水準の公共住宅供給こそが大切とする要求とは，表面的には対立することになる．どちらの要求も正しいのであるが，運動の求める本質的課題が何であるのか，そのことへの科学的・客観的なアプローチは，個別要求運動からは抽出しにくく研究領域の課題となることが多い．また，個別な要求運動はきわめて具体的で今日的な課題を提起している．したがって，問題は具体的で要求内容も鮮明である．しかし，その問題が今日の住宅問題のどの部分に位置づけられるのか，また，どのような問題との連鎖の中で発生しているのかはわかりにくい．このため，対処療法的解決は引き出せても，問題の本質的解決はむずかしい面がある．2001年12月に運動9団体と日本住宅会議によって「国民の住まいを守る全国連絡会議」（「住まい連」）が結成され，「住居法」の制定を求める国民運動が登場したことは，わが国の住宅運動の新たな展開といえよう．

14.8.2 実践と研究

ところで，研究活動や理論構築作業は，現実の突き付けるさまざまな課題に対して，そのことの本質的背景を明らかにし，問題の論理的解明と本質的解決策の提言を模索することになる．しかし，その理論や提言が机上の空論に終わることも多い．今日のように，社会のシステムや経済環境が急速に変化している時代にあっては，現実の居住問題も新たな課題を生みつつ多様に拡大している．したがって，政策提言や政策理念が実態から乖離することも危惧される．その意味では，理論は常に実践と結び付いて，その有効性が検証される仕組みが必要となってくる．また，個別要求運動は個々の経験や主観的な解決策をもっているが，その解決策が他の問題とも共通する解決策として適応できるとは限らない．新しい展望や展開を切り開くためには，個別な体験を

共有化する検証がぜひとも必要となるが，そこに「個別解」の「普遍解」化を目指す研究活動の大切さがあるといえよう．その意味で，居住問題における実践と研究の相互の有機的関連は，要求運動の発展にとっても，また研究活動の進展にとっても欠くことのできない条件だといえる．

14.8.3 研究運動組織としての日本住宅会議

1982年に日本住宅会議が設立された．これは住み手の側から，現在の居住問題の実態を明らかにしその解決を目指す研究運動を標榜した研究学術組織である．居住問題の影響が国民生活の幅広い分野に及んでいる現状を考えると，問題の解決は建築学や住居学の専門家だけの取り組みでは不十分である．たとえば，福祉政策や公衆衛生対策も住宅や居住環境が貧困な中では，本来の政策機能を発揮することすら困難になっている．逆にいえば住宅問題の解決に，行政学や財政学あるいは法律学の専門領域のかかわり抜きに，政策提言をすることも不可能だといえよう．こうして居住問題の実態解明と問題解決は，学際的な視点からのアプローチを必要としており，日本住宅会議はその性格から多様な専門領域が参加した学際的研究活動を展開する組織となっている．また，居住問題の現場に研究課題を求め，住み手の側に立って問題解決のあり方を探るために，会議の構成者には専門家，研究者だけでなく消費者や一般市民の参加を認めており，いわゆる一般の専門家集団とは異なる特性を有した研究組織となっている．居住問題の解決を目指す研究組織であること，学際的な組織であること，住み手と専門家が連係した組織であること，こうした点が日本住宅会議の研究組織としての特色とされている．また，日本住宅会議の発足以来の研究活動の成果は「講座 現代居住」（全5巻，東京大学出版会）として刊行されており，近年の居住問題に関する運動と研究の連携の到達成果がまとめられている．

14.8.4 今後の課題

研究活動は個別な現象の客観化にとって不可欠な存在である．また，問題解決への全体像を描くためにもぜひともなくてはならない存在である．しかし，現代社会での居住問題の現象形態と多様化と多発性をみると，研究活動は常に問題発生の現場と有機的な連携なくしては，現状から乖離した理論構築に陥る危険性が高くなってくる．研究活動が，問題の「解釈学から解決学」に発展できる基礎は，問題の現場にどれだけ多くの研究の足場を築いているのかにかかっているといえよう．そうした視点の確率が居住問題を扱う研究展開の，もっとも重要な課題であるといえよう．

〔岸本幸臣〕

14.9 土地問題，土地政策

土地問題はさまざまな都市問題として現れているが，大きくは3つに分けられる．第1点は，地価の異常な高騰によって，深刻な住宅問題を招いていることである．第2点は，土地所有権に対する社会的制約が弱いため，無秩序な土地利用が行われ，その結果，劣悪な都市環境が形成されていることである．第3点は，都市生活に不可欠な公共施設の整備が遅れていることである．

このような土地問題の原因は，土地の自由な利用，収益，処分を認められた土地所有権の存在に求められる．日本の土地問題が他の先進国に比して，とりわけ深刻なのは，こうした土地所有権の不可侵性をうたう絶対的土地所有権の観念がまだ色濃く残っているためである．したがって，土地問題の解決はどこまで土地所有権を制限できるかにかかっている．この点はほぼ共通した認識になっているが，土地所有権をどのように押さえていくかという点になると意見は分かれる．土地の商品化を促進し，市場メカニズムを強化することによって土地所有権を克服していこうとする方向と，さまざまな社会的規制を強めていくことによって土地の商品性を弱め，それをなそうとする方向である．

前者は，土地問題は土地の所有権が強いため，市場メカニズムがうまく働かないから生じるのだと考える．つまり，地価の変動に反応して，すみやかに土地の需給が調整されないという点に問題の原因をみるのである．したがって，いかに土地の商品としての性格を強めるかというところに政策の力点がおかれることになる．こうした考え方はこれまで土地政策の基調として一貫して流れていたが，1980年代初め中曽根内閣の登場によって，前面に押し出されることになる．いわゆる民活規制緩和の都市政策がそれである．その帰結は周知のように激しい土地投機と乱開発，そしてそれによる地価の狂乱であった．バブルの崩壊後，こうした失敗を2度と繰り返さないためにということで，土地政策の体系的な整備が目指されたが，新たに打ち出された土地政策はむしろ市場メカニズムのいっそうの強化を狙うものであった．すなわち，新たな土地政策は，①固定資産税の強化，地価税の創設による土地所有権の流動化＝商品化促進，②都市計画の規制緩和による，地

価に対応した効率的土地利用の保証，③借地借家法改正による土地利用権，借家権の流動化，の3本柱からなっているが，これらが一体となって，市場原理をより強力に作動させることがもくろまれているのである．

しかし，市場原理を強化する方向では決して土地問題は解決しえない．この点を容積率の規制緩和を例に説明しよう．現在，都市計画によって容積が制限されているために，地価に応じた最適な利用が妨げられ，その結果住宅供給が抑制され，住宅価格の高騰を招いている．したがって，容積を緩和しさえすれば，市場メカニズムが働き，住宅供給はおのずと増え，住宅価格と地価は下がるだろう，というのが規制緩和論の考え方である．

しかし，はたしてそうであろうか．たとえば，容積率が2倍に緩和されたとしよう．住宅は2倍の面積が供給される可能性ができたわけであるが，住宅価格は下がるとはいえない．土地は特殊な商品であり，したがって一般の商品とは異なる特殊な価格メカニズムが働くからである．すなわち，同じ土地を使って2倍の住宅面積の供給が可能になるということは，マンション業者等が2倍の収益を上げることができるようになることを意味する．しかし，この容積の緩和によって得られる利益も最終的には，地価に吸収されてしまう．結局，地価は2倍に上昇することになるが，地価が2倍の水準に上昇してしまえば，収益は元の水準に戻ってしまうだろう．したがって，マンション業者等の住宅供給を刺激する効果は失われてしまうため，供給の増加は期待できなくなる．さらに供給を促進しようとすれば，さらなる容積率の規制緩和をやらざるをえない．規制緩和の効果は一時的なのである．一方，容積率の規制緩和は周辺の居住環境を悪化させざるをえない（これを外部効果という．土地は他の商品と異なり，その利用の効果は敷地内で完結せず，外部にも何らかの影響をもたらすのである）．増えた供給だけ，住めない住宅をつくれば，全体として供給増にさえならない．容積率の規制緩和の結果は，地価の上昇と環境悪化のみである．

今の例からもわかるとおり市場のメカニズムを強化することによっては，決して土地問題は解決しえない．そもそも土地問題の根本原因は土地ないしは自然という再生産できない特殊な財が私的な所有と利用に委ねられているという点にある．端的にいえば，土地が商品となっている点に求められるのである．したがって，土地問題の解決はいかに土地の商品性を弱めていけるかにかかっているのである．すなわち，土地所有・利用の社会的なルールを確立強化し，公共的利益の観点から規制を強化していくことこそが正しい土地政策の方向である．これはまさしく都市計画の課題に他ならない．いかに真の公共性を体現した都市計画の創造していくかが，そのポイントとなろう．その意味で，内発的な都市計画，住民参加のまちづくりの促進こそが土地政策の中心に据えられねばならない．

〔岩見良太郎〕

15

環境保全，エコロジー

15.1 自然環境の悪化

屋外の空気は新鮮で，河川の水は清いものと考えられていたわれわれの自然環境は，急激な工業化，高度経済成長によって環境の汚染および破壊が進行している．この環境汚染をくい止める改善策が講じられながらも，なお新たな汚染を引き起こしている．環境汚染の発生源としては，工場，交通機関，家庭生活に関するものなど，日常生活に直接かかわる原因が数多くみられる．

工場や自動車などによる大気汚染，産業や生活排水などによる水質汚濁，工場や交通機関による騒音・振動問題，高密度のエネルギー消費による都市部のヒートアイランド現象などが，現在までに問題視されてきた．近年，新しいタイプの環境問題として内分泌攪乱物質（endocrine disrupting chemicals，いわゆる環境ホルモン）およびダイオキシン類の生成などが問題となっている．

15.1.1 水質汚濁

われわれの生活にとって淡水は欠かせないものであり，河川，地下水脈，人工池などが主な水源である．水資源は量的かつ質的に満たされなければならないが，水量の面においては世界的に減少の傾向にある．また水質の面においても，産業排水，生活排水，その他の人間活動による汚染，富栄養化などにより水質は汚濁の傾向にある．

(1) 公共用水域など

上水道水源の約70％は河川の表流水で，残り30％が地下水である．したがって，河川など公共用水域の水質汚濁は日常生活に大きな影響を与える．また，地下水については良質と考えられてきたが，1982（昭和57）年にトリクロロエチレンなどによる汚染がみられて以来，良質とはいえない状況にある．平成8年度に水道水源の汚染事故により影響を受けた水道事業体は全国で77に達している．また，貯水池の富栄養化により藻類が繁殖して異臭味が生じる被害が発生し，1996（平成8）年には81の水道事業体で被害を受けている（被害人口約1000万人）．

水源となる公共用水域の水質汚濁は，下流の広範囲な地域への汚染をもたらし，とくに有害化学物質の蓄積により，長期間の健康被害をもたらすことがある．公共用水域の水質を維持するため，達成することが望ましい基準として，「水質汚濁に係る環境基準」が定められており，人の健康の保護に関する環境基準（健康項目）および生活環境の保全に関する環境基準（生活環境項目）からなっている．

人間の健康の保護にかかわる健康項目は，全公共用水域および地下水について定められている．汚染物質としてカドミウム，鉛などの重金属類，トリクロロエチレンなどの有機塩素系化合物，シマジンなどの農薬，その他1999（平成11）年にフッ素，ホウ素などが追加され，現在計26項目について基準値が設定されている．平成9年度の公共用水域調査によると，鉛，ヒ素，ジクロロメタン，トリクロロメタンなどについて環境基準値を超える場所がみられた．

日常生活の環境の保全にかかわる生活環境項目については，河川，湖沼，海域ごとに利用目的に応じた水域類型を設け基準値が設定してある．調査項目は，BOD (biochemical oxygen demand：生物化学的酸素要求量)，COD (chemical oxygen demand：化学的酸素要求量)，pH，全窒素，全リンなど計9項目であり，それぞれ環境基準が定められている．水域の生活環境は有機汚濁による影響が大きいため，代表的な有機汚濁の指標であるBOD（河川），COD（湖沼，海域）などの項目について環境基準の達成率をみることが一般的評価法である．図15.1

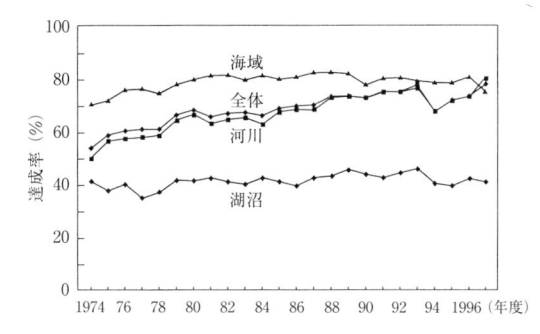

図 15.1 環境基準（BOD または COD）達成率の推移[1]

に平成9年度までの生活環境項目（BOD または COD）環境基準達成率の推移を示す．河川の達成率は改善の傾向にあるが，湖沼の達成率は低い値で推移しており，湖沼における水質汚濁の程度は悪いといえる．これは湖沼や内海などの閉鎖性水域では，外部の水との交換が少なく汚染物質が蓄積しやすいため，河川などに比べて基準値達成率が低いことによる．

(2) 排水など

工場などから排出される水については，水質汚濁防止法および各都道府県の条例により基準値が設定されているため，この法律に基づく排水規制に従うものとする．

一方，日常生活に伴う生活排水が環境へ及ぼす影響も大きい．生活排水についての BOD 負荷量を発生源からみると，台所排水より40％，浴室排水より20％，洗濯排水より10％，し尿より30％となっている．生活排水による汚濁防止は，生活者の創意工夫により期待できるため，各家庭への意識啓発と実践が必要である．また，生活排水の水質を悪化させないために，公共下水道や合併処理浄化槽などの施設整備が重要である．

(3) 今後の対策

水資源の安定的な確保のために，森林と渓流が一体となる良好な森林水環境の整備を推進する必要がある．河川の水環境改善事業の1つとして汚泥の浚渫があり，また，ダム湖における汚濁，富栄養化現象を軽減するためには，ダム周辺に樹林の植栽を行う方法もある．われわれの身近な水辺の環境を整備するため，ヨシなどの水生植物を活用する，すなわち生態系を活用する水質浄化方法は水辺環境の整備に適切である．

15.1.2 大気汚染

大気汚染の発生源は，工場などの固定発生源および自動車など交通機関による移動発生源である．代表的な大気汚染物質としては，窒素酸化物（一酸化窒素，二酸化窒素），硫黄酸化物（二酸化硫黄），一酸化炭素，浮遊粒子状物質，光化学オキシダントおよびダイオキシン類などがある．

(1) 窒素酸化物

窒素酸化物（NO_x）には一酸化窒素（NO）および二酸化窒素（NO_2）などがあり，化石燃料などの燃焼によって発生する．窒素酸化物は光化学大気汚染や酸性雨の原因となる物質であり，光化学オキシダントの主体である．また，高濃度の二酸化窒素は呼吸器系に悪影響を及ぼす物質である．二酸化窒素についての環境基準は，「1時間値の1日平均値が 0.04 ppm から 0.06 ppm までのゾーン内またはそれ以下であること」と設定している．二酸化窒素の年平均濃度はこの20年間ほぼ一定の状態にあり，基準値達成率においても不十分である．

(2) 二酸化硫黄

二酸化硫黄（SO_2）は硫黄分の多い化石燃料の燃焼により発生し，四日市ぜんそくなどのような気管支炎の病気の原因になるほか，酸性雨をもたらす．企業では，低硫黄原油の輸入，重油の脱硫，排煙脱硫装置の設置などの対策を行った結果，昭和50年代に比べ二酸化硫黄の年平均濃度は減少している．二酸化硫黄の環境基準「1時間値の1日平均が 0.04 ppm 以下であり，かつ，1時間値が 0.1 ppm 以下であること」の平成8年度の達成率はほぼ100％に近い．

(3) 一酸化炭素

一酸化炭素（CO）は自動車の燃料などの不完全燃焼により発生し，大気を汚染している．血液中のヘモグロビンと一酸化炭素が結合すると，酸素の循環を悪くし健康への影響が大きい．一酸化炭素の環境基準「1時間値の1日平均値が 10 ppm 以下であり，かつ，1時間値の8時間平均値が 20 ppm 以下であること」により，自動車の排出ガスを規制している．一酸化炭素の年平均濃度は近年低い値となり，基準値をほぼ達成している．

(4) 浮遊粒子状物質

浮遊粒子状物質（suspended particulate matter, SPM）とは，大気中に浮遊する粉じんおよびエーロゾルなどのうち粒径が $10\,\mu m$ 以下のものを指す．工場から発生する煤じんやディーゼルエンジンからの排出ガスの粒子状物質などのような1次粒子，および硫黄酸化物や窒素酸化物などのガス状物質が粒子状物質に変化する2次生成粒子の2種がある．浮遊粒子状物質は微小であり，吸気から肺や気管に沈着し，高濃度の場合に呼吸器に悪影響を与える．日

本ではディーゼル車の使用頻度が高いため，ディーゼル排気微粒子は発がん性や気管支ぜんそくなどの健康への影響との関連で調査している．浮遊粒子状物質についての環境基準は「1時間値の1日平均値が 0.10 mg/m³ であり，かつ，1時間値が 0.20 mg/m³ 以下であること」と設定し，工場の煤じんや自動車の粒子状物質の排出規制を行っている．しかし，基準値の達成率は平成9年度においてもまだ低い状態である．

(5) 光化学オキシダント

工場や自動車などから排出される窒素酸化物や炭化水素（HC）を主体とし，太陽光線を受けて光化学反応により生成されるオゾンなどの総称を光化学オキシダントと呼び，光化学スモッグの原因になる．光化学オキシダントは，高濃度の場合，眼やのどを刺激し呼吸器へ影響を及ぼすほか，強い酸性であり作物にも被害を与える．人の健康を保護するための環境基準では「1時間値が 0.06 ppm 以下であること」が設定されている．光化学オキシダント濃度の1時間値が 0.12 ppm 以上の場合，都道府県知事等が注意報を発令し，周知徹底するとともに，工場煤煙などの排出量の自主規制を求める．1998（平成10）年の全国の注意報発令延べ日数は135日で，首都圏，近畿圏，中・四国圏地域に集中している．

(6) ダイオキシン

ダイオキシン類は廃棄物焼却炉で炭素，水素，塩素を含むものが燃焼し生成されて排出されるものが全体の約 90% であり社会問題となっている．その他，金属精錬や塩素漂白などさまざまな工程からも排出されている．ダイオキシン類はポリ塩化ジベンゾパラジオキシン（PCDD）とポリ塩化ジベンゾフラン（PCFD）の総称であり，PCDD の中では塩素原子がついた 2,3,7,8-TCDD が人工物としてはもっとも強い急性毒性があり，かつ発がん性をもつと WHO は評価している．1997（平成9）年，環境庁のダイオキシンリスク評価検討会は「健康リスク評価指針値」として体重 1 kg 当たり 1 日の許容摂取量 5 pg（5 pg/kg/day）を設定しており，また 1998（平成10）年，WHO の専門家会議では 1～4 pg/kg/day が提案された（1 pg は 10^{-12} g）．ダイオキシンについては大気や食物などを通じて体内に取り込まれるが，まだ調査研究の段階であり，十分な対策には至っていない．

(7) アスベスト

アスベスト（石綿）は耐熱性にきわめてすぐれているため，鉄骨造の耐火被覆などによく使用されてきたが，発がん性など健康への影響が危惧されるため，現在では使用禁止になったものが多い．しかし，アスベストが使用されている建築物の解体のときに飛散するアスベストによる空気汚染を防止するため，解体作業基準を定めている．

15.1.3 騒音，振動

生活環境を保全するため，大気汚染，水質汚濁，騒音，振動，悪臭など多くの課題が指摘されている．典型的公害に対する苦情の面からみると，騒音に対する苦情件数の推移が他のものに比べかなり多い（図 15.2 参照）．このため，騒音に対しとくに注目しなければならない．

地方公共団体に寄せられた騒音に対する苦情件数は，1997（平成9）年度には 14011 件に上りきわめて多く，日常生活に関連深い発生源も数々ある．苦情の内容は，工場，建設作業，商業，交通機関，家庭生活などわれわれの身近な問題に起因するものが多い．一般居住環境，道路交通騒音，航空機騒音，新幹線鉄道騒音などについては環境基準があり，一方，工場，建設作業および自動車については騒音規制法と振動規制法による基準が定められている．全国で道路交通騒音の環境基準を達成できなかった比率は 1997（平成9）年度で約 87% となっており，交通騒音は依然厳しい状態である．

1998（平成10）年「騒音に係る環境基準」が改正され，一般地域および道路に面する地域の類型，区分と時間区分ごとの基準値を定めている．表 15.1 に新しい環境基準の一部を示す．この改正によると，①評価手法として，これまでの中央値 L_{50} から国際的な等価騒音レベル L_{Aeq} へ手法が変更された，②とくに道路に面する地域のうち幹線道路近接空間では，主として窓を閉めた生活が営まれると認められた場合には，屋内へ透過する騒音にかかわる指針値を適用できるとした．しかしながら，この環境基準は本来その道路で解決していた道路騒音を建物構造に依存して解決しようとする，消極的解決方法で

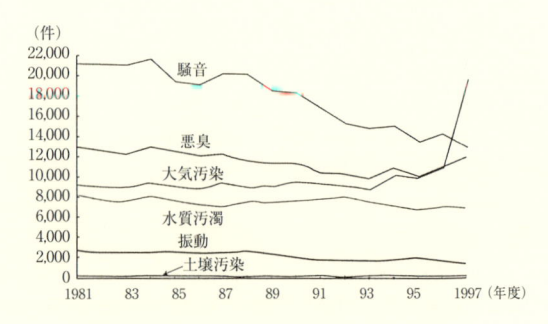

図 15.2 典型7公害の種類別苦情件数の推移[1]

表15.1 騒音に係る環境基準（環境庁）（L_{Aeq}）

地域の類型	基準値	
	昼間	夜間
AA	50デシベル以下	40デシベル以下
A及びB	55デシベル以下	45デシベル以下
C	60デシベル以下	50デシベル以下

注）1．時間の区分は，昼間を午前6時から午後10時までの間とし，夜間を午後10時から翌日の午前6時までの間とする．
2．AAを当てはめる地域は，療養施設，社会福祉施設などが集合して設置される地域など特に静穏を要する地域とする．
3．Aを当てはめる地域は，専ら住居の用に供される地域とする．
4．Bを当てはめる地域は，主として住居の用に供される地域とする．
5．Cを当てはめる地域は，相当数の住居と併せて商業，工業等の用に供される地域とする．
ただし，次表に掲げる地域に該当する地域（以下「道路に面する地域」という）については，上表によらず次表の基準値の欄に掲げるとおりとする．

地域の区分	基準値	
	昼間	夜間
A地域のうち2車線以上の車線を有する道路に面する地域	60デシベル以下	55デシベル以下
B地域のうち2車線以上の車線を有する道路に面する地域及びC地域のうち車線を有する道路に面する地域	65デシベル以下	60デシベル以下

この場合において，幹線交通を担う道路に近接する空間については，上表にかかわらず，特例として次表の基準値の欄に掲げるとおりとする．

基 準 値	
昼間	夜間
70デシベル以下	65デシベル以下

備考：個別の住居などにおいて騒音の影響を受けやすい面の窓を主として閉めた生活が営まれていると認められるときは，屋内へ透過する騒音に係る基準（昼間にあっては45デシベル以下，夜間にあっては40デシベル以下）によることができる．

あるとの批判も多数ある．振動については，騒音に比べて苦情も少なく，日常生活から発生することはまれであるためここでは省略する．

良好な音環境を保全するための近隣騒音対策として，深夜店の営業騒音，スピーカー騒音，生活騒音などの近隣騒音が騒音苦情全体の約30%を占めていることを考え，カラオケ，ピアノ，ペットの鳴き声，自動車の空ぶかしなど，生活における一人ひとりのマナーに期待し解決する必要がある．

15.1.4 ヒートアイランド

大都市圏では化石燃料を中心とする高密度のエネルギーが消費される．また，都市部の地表面のほとんどはコンクリートやアスファルトで舗装されているため，雨水を地中へ浸透させる地面および保水能力が少ない．また雨水は市街地から早急に流れ去るため，地表からの水分の蒸発による気温の低下もない．このため，都市部は郊外に比べ気温が高くなる現象がみられる．この都市の温度分布を等温線で描くと都心を中心に島状にみえるため，ヒートアイランド現象と呼ぶ．夏は冷房による排熱が屋外の気温を高くし，また日中に建物が熱を蓄え夜間排出するため，この現象は夏の夜間に著しく現れる．温湿度調節の役割を担う都市部の地表浸透水が年々減少していることは，長期的視野に立ち解決すべき重要な課題である．

15.1.5 内分泌攪乱物質

内分泌攪乱物質（endocrine disrupting chemicals, EDC）はいわゆる環境ホルモンと呼ばれ，環境の中に存在するある化学物質が動物の体内のホルモン作用を攪乱するため，生殖機能などを阻害する可能性があると報告されている．野生生物へ影響を与えると推定されている内分泌攪乱化学物質の例を示すと，有機スズ化合物，ノニルフェノール，DDT，PCB，植物エストロゲンなどが挙げられている．人間の健康に対する影響については精子数が減少する傾向を指摘する報告があるが，最終的な結論とはなっていない．内分泌攪乱化学物質については，まだ科学的知見が不十分であり，今後とも環境汚染状況や環境汚染を通じた人間や野生生物への摂取量，影響が現れるメカニズムの解明などの研究を進める必要がある．〔岩重博文・宮沢モリエ〕

参 考 文 献

1) 環境庁編：平成11年版環境白書総説，大蔵省印刷局，1999.
2) 環境庁編：平成11年版環境白書各論，大蔵省印刷局，1999.
3) 日本建築学会編：建築環境工学用教材環境編，丸善，1995.

15.2 世界的規模の環境変化

1972年にストックホルムで国連人間環境会議が開催され，環境問題が初めて国際舞台に登場した．その席で，「公害は先進国の贅沢である．開発途上国はむしろ公害が発生するほどの経済成長を達成したい」という意見が出された．ところがその後，開発途上国において経済と環境の悪化が加速し，環境保全と開発の調和の必要性が認識された．1982年，国連で「環境と開発に関する世界委員会（WCED）」の設置が決まり，1987年の会議で「持続可能な開発」という概念が提唱された．1992年リオデジャネイロで開催された「環境と開発に関する国際会議（UNCED）」には，約180カ国が参加し，地球サミットと呼ばれた[1]．

15.2.1 地球温暖化[1〜7]

1) 温室効果 地球の温度は，太陽光から受ける放射エネルギーと，地球が宇宙に放つ放射エネルギーのバランスで決まる．太陽光の約70%が地表面に吸収され地表を暖め，赤外線の形で宇宙に放射される．大気中に「温室効果ガス」があると，地表面からの放射エネルギーの一部を吸収して再び地表面に返す．そこで，地表面の温度は高い状態に保たれる．これを温室効果と呼んでいる．温室効果ガスには自然に存在するものと，人為起源のものがある．人為起源の温室効果ガスの中でもっとも多いのは二酸化炭素（CO_2）で，全体の63.7%を占める．次いで，メタン（CH_4）19.2%，フロン（CFC）10.2%，亜酸化窒素（N_2O）5.7%である[2]．水蒸気のない地表では，平均気温が約$-18°C$と予想され，水蒸気は自然起源の温室効果ガスとして働き，夏と冬，日中と夜間の寒暖の差を和らげる効果をもっている[3]．

2) 地球温暖化の原因物質 近年，地球は温暖化の傾向にあり，過去100年間に年平均気温が0.3〜0.6°C上昇し，海面も10〜25cm上昇している[4]．これらの変化は，化石燃料の消費や二酸化炭素の排出量と相関している．産業革命以前280ppm程度であった二酸化炭素濃度は1992年には360ppm，2002年には374ppmまで増加している．現在，1年当たりの増加量は約1.5ppmである[2]．また，大気−海洋−陸地−森林の間のエネルギーや物質の移動を考慮した大気大循環数値モデル（GCM）の計算結果が，実際の気象の様子と合っている[5]．これらのことから，二酸化炭素増加が地球温暖化の原因であるとする考えが強い．しかしこれに対して，地球温暖化へのエルニーニョの影響や[6]，モデル計算の不確定さを指摘する議論もある[7]．

3) 取組み 1988年11月，国連環境計画（UNEP）と世界気象機関（WMO）の共催により，「気候変動に関する政府間パネル（IPCC）」が設置され，「気候変動に関する枠組条約（UNFCCC）」が1994年3月に発効した．UNFCCCは，活発な議論を踏まえ，二酸化炭素による地球温暖化は起こる可能性の高い現象であり，被害が出たときには手遅れであることから，「いずれにしろ後悔しない対策」「どんな場合でも実施する価値のある対策」を提唱した[4]．1997年12月に京都で開催された第3回締約国会議（COP3）では，先進38カ国は2008年から2012年の間に，代替フロンを含めた人為起源の温室効果ガス6種類の排出を，1990年水準から全体で約5.2%削減することに合意した．日本の削減率は6%で，アメリカ7%削減，EU8%削減である．

4) 地球温暖化の将来予測 IPCCの第2次レポートはいくつかのシナリオ（IS 92a〜IS 92f）を設定して，将来の二酸化炭素排出とその影響を予測している[4]．それによれば，2100年ごろに地球全体の平均気温は現在より1〜3.5°C上昇し，海面水位は15〜95cm上昇するという．海面が1m上昇した場合，エジプト1.0%，オランダ6%，バングラデシュ17.5%，マーシャル諸島のマフロ環礁では80%の土地が水没するという．マラリアの流行可能地域が10〜30%拡大することも予想されている．日本への影響の予測については参考文献に詳しい[2,5,8]．

5) 温暖化防止技術 「いずれにしろ後悔しない対策」として，温暖化防止の第1の対策は省エネルギーである．第2は，1次エネルギーの投入量を少なくすることで，熱エネルギーのカスケード利用とコ・ジェネレーション（熱併給発電）である．第3に，投入するエネルギーの種類を二酸化炭素の排出量の少ないエネルギーに転換することである．天然ガスなどの低炭素化石燃料，太陽エネルギー（太陽電池，バイオマス）への転換が考えられる．ここで，原子力の利用も選択肢の1つに入っている．しかし，IPCCは，原子力エネルギーへの転換は「安全性，放射性廃棄物輸送・処理，核拡散といった関心事項について一般に広く受け入れられる対応策が見出されることが条件」としている[4]．その他，炭素税，排出権取り引きなどの政策的な対応策も考えられている．

15.2.2 オゾン層破壊 [1~3,9]

1) オゾン層の役割　大気上空の成層圏の中に，オゾンに富んだオゾン層がある．太陽光には紫外線が含まれている．紫外線は波長によりUV-A（315～400 nm），UV-B（280～315 nm），UV-C（100～280 nm）に分類される．生体にとって危険なUV-CおよびUV-B領域の紫外線を，オゾン層が吸収してくれる．成層圏オゾンが多少減少しても，吸収係数の大きなUV-Cは地上に到達しない．オゾン層破壊によって増加する紫外線の大部分はUV-Bである．一般に，UV-Aは日焼けを，UV-Bは皮膚の炎症を引き起こす．また，生体の遺伝子を構成するDNAはUV-Bの増加によって損傷を受ける[3]．オゾン量の1%の減少により，地上に到達するUV-Bの紫外線量は約2%増加し，皮膚がんの発症を2%，白内障の発症を0.6～0.8%増加させるという[1]．

2) フロンによるオゾン層破壊　1980年代になって，毎年春，南極にオゾンホールが現れた．先進諸国が放出したフロンによって，オゾン層が破壊されたのである．フロンは炭化水素の水素を塩素やフッ素で置き換えた物質の総称で化学的に安定であり，生物には無毒である．また，容易に気化，液化し，油をよく溶かすので，冷蔵庫やエアコンの冷媒，電子回路などの洗浄剤に広く用いられてきた．気化したフロンは対流圏ではほとんど分解されず長期間（～100年）滞留し，一部が成層圏に達する．成層圏で太陽からの強い紫外線を受けて分解し，塩素原子を放出する．オゾン層におけるオゾン分解の機構の1つが，この塩素原子が関与するClO$_x$サイクルである．このサイクルにおいて1個の塩素原子は数万個のオゾン分子を連鎖的に分解するため，多数のオゾン分子が次々に破壊される[3]．

3) 取組み　オゾン層破壊に対するフロンの実態が明らかになり，ウィーン条約（1985年）およびモントリオール議定書（1987年）が締結され，日本でも1988年に「特定物質の規制等によるオゾン層の保護に関する法律（オゾン層保護法）」が制定された[2]．フロン規制前には，世界で年間100万tを超えるフロンが放出されていたが，主要なフロンは1995年末にその生産が全廃された．今後，現在使用途中のフロンなどの回収，破壊が必要である．また，オゾン層を壊しにくい代替フロンの開発も進められているが，代替フロンの多くは大きな温室効果をもつので，この点にも注意を払うべきである．

15.2.3 酸性雨 [1,2,10~13]

1) 降水中の汚染物質　酸性雨とは，大気中の汚染物質によって酸性化した降水をいう．現在，大気中には370 ppm程度の二酸化炭素が存在する．この二酸化炭素と平衡になった純水のpHは約5.6であり[10]，現在，世界中でみられるpH4台の雨は，二酸化炭素の影響だけでは説明できない．降水を酸性にする主要物質は硫酸と硝酸であり，化石燃料の燃焼によって生じた硫黄酸化物（SO$_x$）や窒素酸化物（NO$_x$）が光化学反応を受けて生成したものである．一方，pHが7付近であるからといって，その雨が清浄なわけではない．pH7付近の雨の多くは，酸性化物質である硝酸や硫酸と，それを中和するアンモニアやカルシウムを含んでいる．日本のように海に面した地域では，海水の波しぶきから生じた海塩粒子も大量に降水中に溶け込んでいる．ナトリウムイオン，塩化物イオン，マグネシウムイオンのほとんどは海塩由来である．そこで，降水中に溶けている汚染物質を海塩由来（ss）と非海塩由来（nss）の寄与に分けて解析することが多い[11]．

2) 湖沼の酸性化と被害　湖沼が酸性化すると，pH5あたりから急速に魚類が減少し始める．pHに敏感なプランクトン類や水生植物が影響を受けるためで，pH4.5より下がると卵がふ化しなくなり，成魚はエラをおかされる．スウェーデンでは，85000ある湖沼のうち，21500の湖沼が酸性雨による影響を受けた．また，カナダのオンタリオ州ではアメリカ国境に近い4000の湖沼が酸性化し，隣のケベック州でも1300の湖沼が酸性化した[1,12]．

3) 森林への被害　酸性雨は，直接的に，葉の表面を保護しているクチクラのワックス層を破壊し気孔を痛め，光合成や呼吸を阻害する．一般に針葉樹林の方が被害が大きいのは，広葉樹は毎年落葉して葉が新しくなる種類が多いためである．一方，雲や霧は粒が小さいので酸が高濃度に濃縮される場合があり，樹木への直接被害の点から注目されている[11]．酸性雨の間接的な影響は土壌の変質である．土壌中の粘土はイオン交換性をもち，粘土表面に水素イオンを吸着して，カルシウムイオンなどを溶かし出す．さらに，酸が加わるとアルミニウムイオン（Al^{3+}）が溶出する．カルシウムやマグネシウムが洗い流されると，樹木が栄養不足になる．また，Al^{3+}には毒性があり，0.1 ppm以上になると根の先端が被害を受け，細胞分裂と成長が抑制される[12]．森林への被害はヨーロッパや北アメリカに多い．

4) アジアの酸性雨　中国で酸性雨は「空中死神」と呼ばれて恐れられている．とくに，蘇州，広

州，南昌，貴陽，重慶，貴州などでは，pH 3～4という酸性度の高い雨が測定されている．中国ではエネルギーの70％以上を石炭に依存しており，硫黄含量の高い石炭が火力発電所や各家庭の炊事や暖房に使われている．これが，中国全土で年間1500万 t の SO_2 を排出している[12]．中国の大気中の酸性ガスは，中国国内にとどまらず，日本海を経て日本まで越境汚染している．

5) 日本の酸性雨　環境庁による第1～3次酸性雨対策調査（1983～1987，1988～1992，1993～1997年）によれば，ほぼ全国的にpH4台の雨が降っている．非海塩の硫酸イオン濃度（$nss-SO_4^{2-}$）の分布に全国的な差はないが，NO_3^- は都市部で高い値を示した[11]．硫酸の先駆体である SO_2 は主に発電所や工場などの大規模固定発生源から，硝酸の先駆体である NO_x は自動車などの排気ガスとして排出されている[13]．

6) 取組み　酸性雨の被害の広がりに，ヨーロッパ各国は加盟国間の研究協力を目的に「長距離越境大気汚染条約」を1979年に採択した．その後，SO_2 の削減に関しヘルシンキ議定書（1985年）が，NO_x の削減についてはソフィア議定書（1988年）が締結されている[13]．日本では，現在，酸性雨の明確な被害の兆候はみられないが，将来的な影響が懸念されている[2]．季節風による中国大陸からの越境汚染があることから，東アジア地域における酸性雨物質排出の調査や，排煙中の脱硫，脱硝などの技術の普及を図る必要がある．こうした考えから，「東アジア酸性雨モニタリングネットワーク」を1998年から試行稼動，2001年1月から本格稼動している．

15.2.4 熱帯林減少と砂漠化 [1, 2, 6, 12, 14]

1) 砂漠化とは　砂漠化という用語は，自然植生の多様性の減少，土地の塩化など，土地資源の潜在力の減少・劣化を指す[1]．1991年のUNEPの報告書によれば，砂漠化の影響を受けている土地は約36億haで，全陸地の1/4に相当し，砂漠化の影響を受けている人口は約9億人で，世界人口の1/6に相当する．地域的にみると，アフリカとアジアの両地域で砂漠化の影響が大きく，両地域の耕作可能な土地の70％以上で砂漠化が起きている[2]．

2) 森林伐採による砂漠化　砂漠化を引き起こす1つの過程に，熱帯林などの森林減少がある．近年，熱帯林の減少は著しく，1981～1990年に毎年1540万haの割合で減少している．これは商業伐採や放牧地，農地への転用が原因である[1]．よく発達した森林の表層土壌は空隙の多い構造をもち，土壌中に水が浸透しやすく，降雨時にも浸食を起こさない．また，森林の内部や周囲では穏やかな気象条件が形成される．森林は土地からの水分吸収と葉からの水蒸気の蒸散，降雨というサイクルを通して，内陸地への水蒸気の補給を行っている．その森林が伐採されると水の補給が減少し，地面が裸地状態になり，乾期の風食，雨期の浸食を受けやすくなる．栄養分に富んだ表土が流出すると，植物の生育できない砂漠になってしまう．熱帯林は，種の多様性に富んだ貴重な環境であるが，砂漠化しやすい脆弱な環境でもある．この例をインドネシア，ブラジル，エチオピアなどにみることができる[12]．

3) 過放牧，過耕作による砂漠化　人口増，穀物の需要増に伴う草地の再生能力を超えた家畜の放牧（過放牧），休耕期間の短縮など（過耕作），薪炭材の過剰な採取によっても砂漠化が起こる．スーダン北部のサヘル地域では，年平均5 km の速度でその北縁がサハラ砂漠に飲み込まれている[12]．中国でも砂漠化は大問題である．とくに砂漠化の深刻なのは，北部から北西部の内蒙古，新疆などの地域である．黄河流域でも6680万haのうち，4300万haで表土が流失している．風で巻き上げられる黄土は，春先に遠くハワイまで飛んでいくという．最近，長江でも土砂流失が急速に進行している[12]．

4) 灌漑による砂漠化　砂漠化を阻止するために灌漑が行われている．しかし，塩濃度の高い地下水を用いたり，下層土から塩類が上昇しやすい場合には，塩類が蓄積し，農地が劣化する．表土中の塩分濃度が2000 ppm 以上になると，ほとんどの作物は育たないという．古代においてメソポタミアの古代文明を崩壊させたのも，塩類集積であるといわれている．現在，インドやエジプトのデルタ地帯で，塩類集積が進行している[12]．中央アジアにある内陸閉鎖湖のアラル海周辺でも，不適切な灌漑のために地表面に塩類が蓄積し，砂漠が拡大するとともに，アラル海の湖水面積は53％に縮小したという[6]．

5) 環境難民　現在進行している砂漠化の多くは，人間活動によって引き起こされている．砂漠化は，土地の劣化による牧草地や農地などの食糧生産基盤の低下をもたらす．食料がなくなり，家畜を売り払った住民は次々と村を捨てる．このような人たちを「環境難民」と呼ぶ．彼らは新しい耕作地を求めて移動し，森林破壊，過耕作，過放牧，薪の過剰摂取など，新たな居住地における砂漠化，土地の荒廃を引き起こす．最終的に荒廃した土地から追われた人々は都市に流入し，スラムの膨張を引き起こ

す．また，この環境難民の移動が民族間紛争をもたらす原因にもなっている[12]．

6）日本への影響 日本の国土に占める森林の割合は70％と高く，年間降水量も全国平均で約1800 mmと多く，国内には砂漠化問題は存在しないといわれている[1]．しかし，日本は食糧の多くを輸入に頼っており，世界の食糧事情の悪化は，そのまま国民の生活に跳ね返ってくる．世界的な砂漠化を防止し，農地の保全を図ることは，日本の食糧安全保障からみても重要である．

地球の環境破壊は相当に進んでいる．そして，複数の環境問題がおたがいにリンクしている．現在の日本で生活している限り，もの不足も食糧不足も実感として感じない．環境破壊もマツ枯れなどを目にするくらいで，切迫した問題になっていない．しかし，その日本の豊かさの陰で，環境が疲弊化している地域が世界中に存在する．すべての環境破壊は，最終的には土地の劣化をもたらす．われわれの家庭はものの流れを通して世界につながっている．そこで，世界的規模の環境破壊を防止するうえでもっともだいじなことは，各家庭における省エネルギーやものの有効利用など，日常生活の小さな心配りである．

〔尾関　徹〕

参考文献

1) 環境庁地球環境部編：地球環境キーワード事典，中央法規，1997．
2) 環境庁編：平成9年度版環境白書総説，大蔵省印刷局，1997．
3) 田中俊逸・竹内浩士：地球の大気と環境（地球環境サイエンスシリーズ），三共出版，1997．
4) 環境庁地球環境部監修：IPCC地球温暖化第二次レポート，中央法規，1997．
5) 環境庁地球環境部編：地球温暖化 日本はどうなる？ 読売新聞社，1997．
6) 塚谷恒雄：環境科学の基本 新しいパラダイムは生まれるか，化学同人，1997．
7) 環境庁「地球温暖化問題研究会」編：地球温暖化を防ぐ，NHKブックス，日本放送出版協会，1996．
8) 環境庁地球環境部監修：地球温暖化の我が国への影響 地球環境の行方，中央法規出版，1994．
9) 環境庁地球環境部監修：オゾン層破壊 紫外線による健康影響，植物・生態系への影響，中央法規出版，1995．
10) 西村雅吉：環境化学，裳華房，1991．
11) 村野健太郎：酸性雨と酸性霧，裳華房，1993．
12) 石　弘之：地球環境報告，岩波新書33，岩波書店，1997．
13) 環境庁地球環境部監修：地球環境の行方 酸性雨，中央法規出版，1997．
14) 環境庁地球環境部監修：地球環境の行方 熱帯林の減少，中央法規出版，1996．

15.3 住生活にかかわる資源

ここでは住生活に使用される水資源，鉱物資源，生物資源，エネルギー資源などについて述べる．また，それらの資源のうちとくにエネルギー資源については枯渇，再生およびリサイクルの視点からも述べることとする．

15.3.1 水資源

日本の水資源を量の面からみると，平水年の水資源賦存量は約4200億 m^3 であるのに対し，渇水年では約2800億 m^3 である．しかも渇水年の賦存量はしだいに減少の傾向にある．近年，関東から中国・四国地方にかけて渇水状態が発生しており，水道水については全国で約636万人が影響を受けている．この量は人口100万人の約22.5日分の水道水が供給できないことに相当し，深刻な事態である．2000（平成12）年の日本の水使用実績は約887億 m^3 であり，その内訳は，生活用水約164億 m^3，工業用水約137億 m^3，農業用水約586億 m^3 となる．生活用水の使用量は1日1人当たり平均320（l/人・day）である[1]．

これらの状況を克服するため水資源の開発も進んでいる．2001（平成13）年3月末現在の都市用水の開発水量は約166億 m^3/年である．また，河川水が豊富なときだけ取水可能な都市用水の不安定取水量は全国で約17億 m^3/年であり，都市用水の約5.7％に相当する．一方，平成12年度に完成した都市用水や農業用水を目的としたダムなどの施設は22件である．それらによる開発水量は都市用水として約82600万 m^3/年，また農業用水として約5700万 m^3/年である（国土交通省「日本の水資源」による）．

水資源を確保するため，河川や湖沼などの水質を保全する目的で環境基準が設定され，工場などからの排水規制がなされている．また，下水道の整備，河川などの浄化対策も必要である．水資源開発施設の建設とともに，施設周辺の生態系を保全するため，たとえば魚道の設置なども行われている．

15.3.2 鉱物資源

日本は，鉱物の博物館と呼ばれるほど多くの種類の鉱物資源を埋蔵しているが，その埋蔵量は非常に少ないため需要量の多くを外国からの輸入に依存している．国内の鉱山は資源の枯渇，採鉱条件の悪化などのため，金属企業の多くは外国で事業を行って

表15.2 日本における主要資源の輸入依存度

資源	1980年			1997年		
	生産	輸入	輸入依存度(%)	生産	輸入	輸入依存度(%)
石炭 (1000 t)[1]	18095	72711	80.1	3974	132473	97.1
原油 (1000 kl)	503	256833	99.8	842	271701	99.7
石油製品 (〃)[2]	217563	15047	6.5	232061	35584	13.3
天然ガス (100万 m³)	2197	22854[3]	91.2	2279	63477[3]	96.5
鉄鉱石 (1000 t)	477	133721	99.6	3.6	126600	100.0
ボーキサイト (1000 t)	—	5708	100	—	1995	100
銅鉱石 (〃)[4]	53	867	94.2	0.9	1163	99.9
亜鉛鉱 (〃)[4]	238	410	63.3	72	512	87.7
木材 (1000 m³)	34051	43892	56.3	21545	24900	53.6
塩 (1000 t)[1]	1268	7266	85.1	1358[5]	7983[5]	85.5[5]

通商産業省「エネルギー生産・需給統計年報」,同「資源統計年報」,同「通商白書」,農林水産省「木材需給報告書」および総務庁「日本統計年鑑」による.
輸入依存度=輸入÷(生産+輸入)×100で算出.1:会計年度,2:燃料油のみ,3:液化天然ガスの輸入量,4:金属含有量,5:1996年度.

いる.表15.2に日本の主要資源の輸入依存度を示す.石油,石炭,天然ガスなどの化石燃料の多くと,鉄鋼石,ボーキサイト,銅鉱石,亜鉛鉱などの鉱物資源のほとんどを輸入に依存している.鉄鋼石の多くはオーストラリア(54%),ブラジル(22%)などから輸入している(1999年値)[3].このように鉱物資源の乏しい日本では,すべての資源についてそのリサイクルが重要な課題である.

15.3.3 生物資源

主な生物資源としては,食料および木材などがある.木材については表15.2の輸入依存度を参照されたい.また,世界の食料事情をみると,世界の栄養不足人口は約8億人以上と推測されている.発展途上国では5人に1人が食料不足の状態にあり,とくにアフリカのサハラ以南の国々にこのような状態が多くみられる.これを解消するためには,食料の増産や人口の抑制などが必要である.表15.3に食料貿易と穀物自給率を示す.表より,日本の穀物自給率が諸外国に比べてきわめて悪いことが認められる.今後の日本の食料事情について十分検討する必要がある.

15.3.4 エネルギー資源に対する認識

二酸化炭素は空気中360 ppmと微量含まれるが,江戸時代は280 ppmであった.20世紀に入ってからの急速な二酸化炭素の増加は,確実に平均気温を上昇させている.化石エネルギーの消費などによる1997年における世界の二酸化炭素の総排出量は約

表15.3 主な国の食料貿易と穀物自給率

	食料貿易[1] (1996年) (100万ドル)			穀物自給率 (1999年) (%)
	輸出額	輸入額	差引	
日本	782	28921	−28139	27
中国[2]	9714	9840	−126	100
インド	2939	1737	1202	99
ロシア	1092	8670	−7578	88
ドイツ	18297	31522	−13226	123
アメリカ合衆国	46718	21996	24722	134
カナダ	11739	6730	5009	155
アルゼンチン	7026	847	6179	202
ブラジル	7264	4727	2536	77
フランス	28640	18563	10077	194
オーストラリア	11254	1773	9481	344

FAO生産年鑑(1997年),農林水産省「食料需給表」による.
1:魚を除く,2:台湾を含む.

63億t(炭素換算)で,アメリカ(23.6%),中国(14.5%),ロシア(6.2%),日本(5.0%)の順である.

1997年12月に行われた地球温暖化に関する京都会議(COP 3)では,2008~2012年の5年間で1990年当時よりも温室効果ガスを先進国で5.2%減らす目標を決めた.この京都議定書では,日本6%,アメリカ7%,EU全体で8%の削減が唱われている.

日本の場合,2000年度の最終エネルギー消費は4億2500万 kl(原油換算)であった.二酸化炭素の総排出量の9割以上はエネルギー消費に伴って発生

している．1995年度の二酸化炭素の総排出量は3億3200万t，1999年度で3億1370万tとあまり変化はない．内訳は，産業部門が44.2%（1999年度）ともっとも大く，民生部門が28.0%と次ぐ．

二酸化炭素削減の第1の対策は，いかに化石燃料の使用を減らすかという1点に尽きる．二酸化炭素総排出量の22%を占める運輸部門にとっては，自動車対策は大きな鍵である．公共交通機関（クリーンバスの増加，路面電車の復活など）に投資する，ハイブリッド車のように燃料効率を上げる，電気自動車の積極的な開発などの対策が考えられる．われわれの日常生活にもっとも関連する民生部門では，家電製品の待機電力が問題になっている．不必要な器具の電源プラグを抜くだけで消費電力は約1割削減できるといわれる．

第2の削減対策としては，二酸化炭素の呼吸源の増加が必要である．森林の保護，植林，砂漠の緑化などの陸上での対策のほかに，海洋生物を利用したバイオリアクター，鉄分施肥による微細藻類の増加（微細藻類の二酸化炭素の固定），サンゴ礁の再生のような海上での二酸化炭素の削減対策である．

15.3.5 枯渇するエネルギー資源
(1) 化石燃料

枯渇する資源の代表はいうまでもなく天然ガス，石油，石炭といった化石燃料である．日本では1951（昭和26）年のエネルギー使用量で，石炭約52%，石油約7%であった．1957（昭和32）年には，石油のエネルギー使用量が石炭を追い抜き，1965（昭和40）年では石油71%，石炭21%となっている．しかし，世界的には石炭は石油以上に重要な化石燃料である．また，日本の火力発電所における石炭の需要の割合は年々増加している．石炭火力発電所の燃料に使用される一般炭は2000年度の5894万tから，2010年度は7065万tに増加する見込みである．日本では約6割をオーストラリアから輸入している．

石炭は化石燃料の中でもっとも多く二酸化炭素を排出する．同一の熱量を得るための二酸化炭素排出量は，石炭を1とすると，液化天然ガス0.54，ガソリン0.74，重油（A重油）0.77となる．2000年度は1次エネルギー総供給量に占める石油の比率は52%である．現在の日本は依然，原油の輸入を中東に頼っている．2000年度の輸入先は，アラブ首長国連邦（25.8%），サウジアラビア（21.6%），その他の中東（39.7%）であり，8割以上を占める．

日本の高い中東依存の原油輸入は，再び湾岸戦争

表 15.4 原油，天然ガスの確認埋蔵量（1996年末現在）

	原　油	天然ガス
中東	6760億バレル	46兆 m³
カスピ海周辺	160億バレル	7兆 m³
シベリア，サハリン	490億バレル	49兆 m³

などの紛争があればその影響を受けるという意味でも決して望ましいことではない．カスピ海周辺など新たな産油地域からの輸入拡大や，天然ガスの輸入具体化が進むサハリン沖開発，イルクーツクのガス田など新たなエネルギー供給圏との関係強化，エネルギー外交が望まれる．

天然ガスは現地で冷却して液化天然ガス（LNG）として海上輸送される．輸入の割合は97%であるが，年々輸入量は増加している．日本では77%が発電用，残りは都市ガス用である．総発電量の54%（2001年度）を占める火力発電の中で，二酸化炭素発生量が少ない天然ガスへの切り替えは，既に現実のものとなっており，火力発電による電力量の約半分を占めるようになった．表15.4に原油，天然ガスの確認埋蔵量を示した．原油は全世界で約1兆バレル，天然ガスは全世界で164兆 m³である．

(2) 核燃料

原子力発電にはウラン（^{235}U）の核分裂反応が利用されている．この^{235}Uは天然に存在するウランには0.72%しか含まれないため，通常は数%に濃縮する（これを濃縮ウランと呼んでいる）．ウランは世界各地で採掘されているが，その寿命はあと数十年といわれ，まさに枯渇する資源である．

日本では1970（昭和45）年に初めて原子力発電所が完成し，その年大阪万国博覧会に送電された．現在，発電量の34%を原発に頼っているが，これは平均的なEU諸国と同等である．なお，日本と同様に資源の少ないフランスは電力の75%をも原発に頼っている．一方，スウェーデンでは，稼働中の2基の発電所を2001年に廃止にする法案が成立した．豊富に得られる北海の天然ガスによる発電が原発よりも安いためである．1990年以降原発の新規建設がまったくなかったドイツでは，原発の建設を容易にする法案が1997年議会を通過したが，その後再び脱原発の方針をとっている．

日本ではCOP3の後，二酸化炭素排出削減のため，原発推進策がとられた．1998年に国は，2010年までに原発16～20基を新増設する方針であった．しかし，動力炉・核燃料開発事業団の不祥事，核燃料加工会社（JCO）での臨界事故等の影響で2000年には原発の新設を大きく下方修正し10～13

現在，原子力発電は第2段階に入ろうとしている．つまり，原子力発電の使用ずみ核燃料を捨てないで，プルサーマルとして再利用するという政策である．プルサーマルについては次項で述べる．COP3等の温暖化防止策の影響もあって，二酸化炭素を排出しない原発に対する関心はますます増加している．先に述べたように，エネルギーをすべて1つの方法で賄うのは危険である．石油を用いる火力発電における問題点は，中東への高い依存率である．天然ガスはアジア，オセアニア地域から約8割であり，比較的安定供給されてはいるが，日本近辺には期待できる油田，ガス田がない．このためエネルギー供給の安全性には，石炭，石油，天然ガスのバランスが重要である．

今後予想される中国，東南アジアにおける驚異的なエネルギーの大量消費も，エネルギー獲得のための未知の点である．石油，ガスの争奪戦になるのか，あるいは原発の建設ラッシュが起こるのかは依然予想がつかない．

15.3.6　再生可能な資源I（自然エネルギーを利用しないもの）

温暖化の原因となる二酸化炭素を出さない資源は，「新エネルギー」と呼ばれる．プルサーマルやコ・ジェネレーション（発電と発熱を同時に利用）も新エネルギーの1つと考えられるが，自然エネルギーを利用しないため本節で述べる．

(1) プルサーマル

ウランは枯渇する資源であるため，原子力発電の燃料維持のためにはその対策が必要である．プルサーマルとは，原子力発電の使用ずみ核燃料から回収したプルトニウムをウランとの混合燃料である「MOX燃料」に加工し，既存の原子炉（軽水炉）で燃やす発電であり，フランス，ドイツなど8カ所で実績がある．しかし，現在欧米では消極的である．資源のない日本では，プルトニウムを準国産エネルギーと位置づけ，再利用化路線が1997（平成9）年に確認された．プルトニウムを使うことで，ウラン資源の利用効率が現在より数割増加し，余分なプルトニウムをもたないという国の原則を国際的に示すことができる．しかし，原発の新設と同様，電力会社のトラブル隠しなどの影響でプルサーマルに対する風あたりも急に強くなってきた．当初2002年から稼動予定であったプルサーマルも2003年初めでも全く進展していない．

(2) コ・ジェネレーションとその関連エネルギー

ごみ焼却施設に隣接した発電システムによるエネルギー回収の拡大は，厚生労働省によって積極的に推進されているが，通常のごみ発電ではそのまま燃やすため発電効率は10〜15%と低い．しかし最近，ごみ固形化燃料を用いて発電することにより，発電効率がかなり高い（35%）実証試験が開始されている．また，ダイオキシン，SO_x，NO_x，重金属などの有害物質をほぼ完全に除去する装置を備えている．ごみ発電施設数は全国200弱である．また近年，「スーパーごみ発電」が実用化されている．これは焼却場の排熱で蒸気タービンを回し，さらにガスタービンを組み合わせて高い発電効率を実現する方法である．群馬県高浜発電所，堺市東第2工場，北九州市新皇后崎工場等の例があるが，施設数は増えていない．

(3) 燃料電池

水素と酸素を反応させて発電する新しいタイプのクリーンエネルギーである．燃料としてメタノールが使用でき，このメタノールは二酸化炭素から合成できるという，エネルギー循環型燃料として注目されている．燃料電池を使用した自動車の試作車は2002年に登場した．今後コストを下げるなどのさらなる開発などが期待されている．

15.3.7　再生可能な資源II（自然エネルギーを利用するもの）

自然エネルギーとして，太陽光発電，風力発電，地熱発電，波力発電，潮流発電，バイオマスなどがある．しかし，現在のところ規模，発電コストから考えて水力，火力，原子力に替わる発電形態ではない．

(1) 太陽光エネルギー

太陽光発電の原理はシリコンに光が当たることによる光電効果により，直流が得られるクリーンエネルギーである．まず太陽光発電コストであるが，1993年当時，210円/kWであったものが，2000年では60円/kWとなった．これは家庭用電気料金22〜26円の約2.5倍である．欠点は太陽光の不安定性や必要な時間に応じた発電ができない，あるいは設置面積の制約である．太陽光発電は1年（8760時間）のうち，約1000時間しかフル活動しないといわれ，原子力発電の設備利用率80%とは比較にならない．日本の1戸建て住宅は2500万戸あるが，設置限界は住宅では1400万kW，その他を含めても2000万kW程度と見込まれている．これは2030年の電力需要量の1〜2%にすぎない（中央電力協

議会).

日本では1974年以降，国家プロジェクト（サンシャイン計画）として研究開発が進められたが，政府は「新エネルギー利用促進等に関する特別措置法案」を提出し，旧通産省の住宅用光発電システムモニター事業を1994年からスタートしている．1996年度末の累積合計で約3500件である．一般家庭での太陽光発電が急速に普及しており，1997年からは住宅用太陽光発電導入基盤整備事業として，補助予算を1996年の3倍に増額したが，応募家庭は補助件数の6倍と増加した．補助制度はその後も継続し太陽光発電は年々増加している．1994年当時約3万kWであったが，2000年には10倍に増加している．2010年には住宅用システムの設置件数は100万軒に達すると予測されている．

今後，設備コストの削減を図るには，①太陽電池の発電効率と信頼性の向上，②低コストの大量製造技術の開発，建材と一体化した太陽電池の開発を積極的に進める必要がある．さらに需要を開拓して，市場を形成，拡大し製造量を増やしてコストの削減を図るには，①国や自治体が積極的に太陽光発電を設置する，②太陽光発電の利用企業が結集して共同企業体をつくり，大きな需要を開拓かつ保障してコスト削減を図る，③途上国の電化を進める際に太陽光発電を活用する，④国や自治体の補助金を思い切って拡大する，⑤新エネルギーの利用を促すための法案の制定，⑥部品，装置の標準化，規格化を進める，⑦太陽電池充電式ハイブリッド車や電気自動車の普及促進が必要である．

地球規模でのエネルギー供給プロジェクトとしては，砂漠での太陽光発電や，南方洋上での発電などがあり日本の主導的な役割が期待される．電気のない山間部や離島の集落など人口の少ない地域では電線を引くよりも費用が安いため，徐々に太陽光発電を拡大させている．NEDOでは中国内陸部の学校校庭への太陽電池パネルの設置，自動車バッテリーを電源としているタイ農村部における太陽光発電によって充電できるステーションの建設，モンゴル遊牧民への携帯用太陽光発電装置のモニターなどがあり，大手電気会社でも中国西部に大規模な太陽光発電システム建設予定がある．

(2) 木質発電

木材の利用はバイオマスエネルギーの1つである．木炭や薪が燃える際の二酸化炭素の排出量は，自然に朽ち果てた場合と同じである．伐採地の樹木の成長分に見合う薪を燃料に使うと，燃えて生じる二酸化炭素を成長する樹木が吸収し，収支は0となる．スウェーデンでは電力供給量の約8%を木質発電に頼るという．日本のある製材所では電力を木質発電から得ており，電力消費量の約8割を供給している例がある．木炭の消費量は1956年で年間約190t，1960年にピークを迎え，1995年では約7tにまで減少している．現在もっとも木炭を使用しない国が日本である．

15.3.8 資源のリサイクル

家庭生活からのごみである一般廃棄物は，1年間で東京ドーム135杯分に相当するという膨大な量である．約8割が焼却処理されている．リサイクルの基本は分別回収であり，アルミ缶の82.8%，スチール缶の85.2%（いずれも2001年度）という高い回収率は分別回収の徹底にほかならない．一般ごみの体積の多くを占めるものがプラスチック，紙容器といった容器包装材である．ペットボトルは平成7年度わずか回収率2%弱，容器包装リサイクル法が施行された平成9年度でも，ペットボトルの分別回収を行う自治体数の伸び悩みのため回収率はまだ10%に満たなかったが，その後順調に伸び2001年度は40%に達した．トレーを除くと他のプラスチック包装材は焼却あるいは埋め立てられる．2001年4月からは「資源有効利用促進法」の施行により，新しいリサイクルマークがすべてのプラスチック製品につけられることとなった．消費者へは分別排出への協力やリサイクル商品の積極的な購入を期待したい．大量生産，大量消費，大量廃棄の時代は確実に終わったと認識すべきである．

〔福田光完・岩重博文〕

参 考 文 献

1) 日本情報教育研究会編：日本の白書（平成10年），清文社，1998．
2) 阿部貴世英編：日本国勢図会，国勢社，1999．
3) 年鑑事典編集部編：朝日年鑑，朝日新聞社，1999．

15.4 エネルギー資源の活用と住生活

15.4.1 エネルギーの有効利用

われわれの先祖は，紀元前数百万年前火を使うことを覚え，それによって人類の文明は始まったといわれている．火のエネルギー（熱エネルギー）は，寒さの折に暖をとり，獲得した食糧に火を通すことで味がよくなり，消化吸収をよくし，また保存に役立つことも認識するようになった．人間が火のエネルギーを利用したのに対して，他の動物は火を恐れ

たので，弱小動物であった人間が彼らに襲われることも防ぎえた．

住まいにおいても，太古の竪穴の住居にはほぼ中央に炉があり，そこで木や草を燃やし，寒さを防ぐとともにほのかな明るさを得て原始的な家族集団の団欒の場としての雰囲気を醸し出していた．人々の生活基盤である住まいでは，快適さ，便利さ，安全性，経済性が追求されるが，これらの実現には大量のエネルギーが必要である．今日，われわれは住生活で各種のエネルギーを消費しているが，とくに化石燃料（石炭，石油，天然ガス）は資源が有限であり，燃焼生成物は空気汚染の原因物質となる．いま，日本のみならず多くの文明国は大量生産，大量消費，大量廃棄型の社会であり，そのために地球温暖化，オゾン層の破壊などが起こっている．1997年12月，地球規模での温暖化防止京都会議「気候変動枠組条約第3回締約国会議（COP 3）」が世界159カ国から，政府代表団，非政府組織や国際機関，報道機関など20000人に及ぶ参加者が集まって開催された．ここでは，2000年以後の二酸化炭素削減目標などの取り決めがなされた．民生用のエネルギー消費についても，限りある資源の有効利用を心がけなければならない．

15.4.2　冷暖房における省エネルギー

高齢化の進展や女性の社会進出など多様な生活スタイル，価値観の多様化などが進む社会における住生活も，それらに対応できるものでなければならない．家庭で消費されるエネルギー量は1973年の第1次石油危機が発生したときに比して約2倍になり，今後は快適さを求めてエネルギー消費はさらに増大するものと思われる．とくに冬季の暖房は家庭の全消費エネルギーの約30%を占めるといわれる．夏季の冷房についてもほぼ同様である．

外気温の影響を緩和するためには，建物の断熱性を強化し，気密化を図ることが大切である．屋根や外壁，窓，天井や床にグラスウールなどの断熱材を使用することで，図15.3に示す省エネ効果がある．さらに，カーテン，反射ガラス，ペアガラスの使用，床の敷物などによる熱の授受の調節も効果がある．表15.5は，1992年に定められた「新省エネルギー基準」である．

15.4.3　化石エネルギー

石炭，石油，天然ガスは太古の動植物やプランクトンなどが数百万年間，無酸素状態の高圧力下で埋蔵され変成されてできたものであるといわれてい

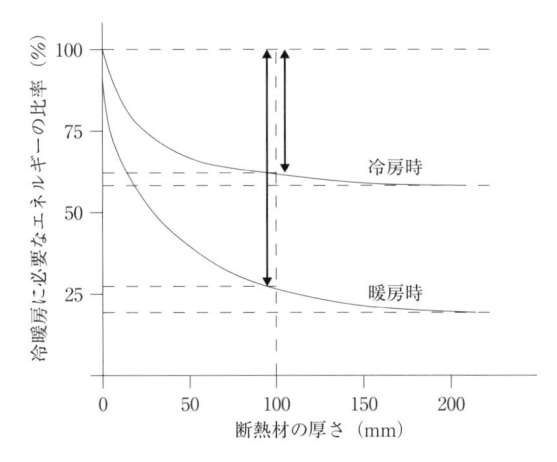

図15.3　断熱化した場合のエネルギー節約量（出典：住宅・建築省エネルギー機構）[1]

表15.5　省エネルギー基準と住宅各部位の断熱材の厚さの比較例（単位：mm）[1]

地域	基準名	外壁	天井・屋根	床
II 青森県 岩手県 秋田県	新省エネルギー基準（平成4.2.28告示）	10 K, 100	10 K, 150	10 K, 100
	次世代省エネルギー基準（現在検討中）	16 K, 100	10 K, 180	16 K, 150
III 宮城県 山形県 福島県 新潟県	新省エネルギー基準	10 K, 100	10 K, 100	10 K, 100
	次世代省エネルギー基準	16 K, 100	10 K, 180	16 K, 100

10 K は住宅用グラスウールの密度（10 kg/m^3）を表し，数値が大きいほど断熱性能が高い．右の数値は厚さを表す．窓は，複層ガラス入りの樹脂サッシや2重サッシが必要．

る．このほかにオイルシェル，オイルサンドなどの石油類似物質も化石燃料であるが，これらは個々の住まいでも炊事や暖房用の熱源として利用されてきた．しかし，前述のとおり二酸化炭素（CO_2），二酸化硫黄（SO_2），窒素酸化物（NO_x）などの有害な燃焼生成物を発生するので，使用時の換気にはとくに注意を要する．このような理由から，今日の住まいでは，クリーンで便利な電気エネルギー利用の住宅設備が多くなってきた．日本の電力供給の主力である火力発電には化石燃料が使用されているが，ガス化複合サイクル発電（石炭をクリーンなガスに転換して，ガスタービンを回して発電する）の開発が進められており，石炭のまま燃焼しても粉じんの発生がなく，また酸性雨対策など環境にも有効とされている．

15.4.4　自然エネルギーの有効利用

自然現象のもつエネルギーの利用は，先人の生活活動の知恵の物産といえる．第2次世界大戦直後ま

では，豊富な小川の水を利用して山村のあちこちで水車を用いた米の精白や米麦，大豆などの製粉も行われていた．今日では，水は日本の石油，石炭，天然ガス，原子力に次ぐ電力供給方式である水力発電のエネルギー源である．しかし，水力を発電に利用することは燃焼生成物など環境汚染につながる心配はないが，ダム建設などによって自然環境破壊が懸念される．日本の場合は，既にかなりの水資源開発が進んでおり，未利用の中小河川に小型ダムをつくり，小規模の発電施設の建設が考えられるのみである．

オランダでは古くから風のエネルギーが利用され，風車が上述の水車と同様な働きをしてきた．最近では風力は発電に利用されている．

さらに，河川水や井戸水，地下水などのもつ熱を利用するヒートポンプ方式の冷暖房装置，太陽熱利用のサンルーム，温水器，暖房装置などが実用化されている．

住生活でもっとも多用されている安全で便利，クリーンなエネルギーである電気も今日では太陽光，風力，地熱，波力，潮力など燃焼生成物がなく，無料のエネルギーを利用して発電するシステムの研究，開発が盛んであり，太陽光発電は一般の住宅でも実用化されている．以下に各装置やシステムの概要を述べる．

太陽熱温水器は，住宅の屋根や屋上など太陽熱を受けやすい場所に，太陽熱コレクターと蓄熱槽からなる装置を設置して，給湯，浴室用の温水を供給するものである．これには「汲みおき式」と「自然循環式」があるが，前者はコレクターとタンクが一体になっており，安価であるが放熱が多いので効率は低い．後者はコレクターの上部にタンクがあるため，温められた温水はタンクへ移動し放熱は防げる．コレクターは，年間の太陽放射の50～60%を利用することができる．

パッシブソーラーシステムとは，特別な設備や大がかりな機械などの装置を用いずに建築的な工夫によって，太陽エネルギーを利用する住宅設計の方法である．住宅の屋根そのものを集熱面として活用する．つまり，屋根に断熱性の高いガラス張りの太陽熱コレクターを設置し，取り入れた外気を温めてそれを室内に送り込み，室温を上昇させたり，壁内に設けられたダクトを通して床下に送り込んで床面を温めながら，床下のコンクリートなどに蓄熱させる．日没とともに冷え込む夜間に，床下から放熱して室温の低下を防ぐように工夫されている．また，南面に大きな窓を設け，太陽光を室内に導き入れ室温を上昇させ，壁や天井，床面などに熱容量の大きい材料を用いて蓄熱させる．また，取り入れた太陽熱を対流と放射によって住宅内を効率よく循環させるよう，熱の移動についても配慮しなければならない．このシステムでは，集熱，蓄熱，断熱など熱収支のバランスを図るようにすることが大切である．

太陽エネルギーを各種機器を用いて，能動的に冷暖房や発電にまで利用することをアクティブソーラーシステムという．

15.4.5 新エネルギー利用の発電とその利用状況

1） 太陽光発電　太陽光発電は，太陽からの光エネルギーを受けると太陽電池によって電気エネルギーに変換するシステムである．太陽光は無尽蔵で

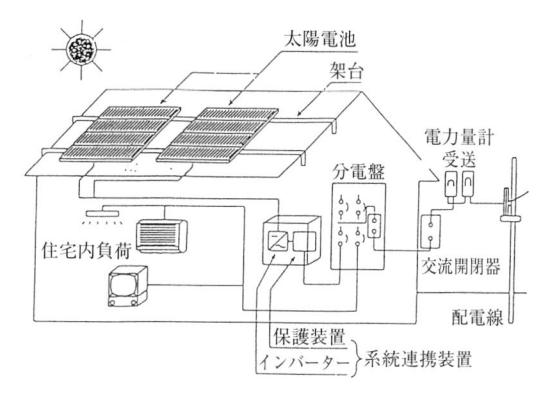

図 15.4　住宅用太陽光発電システムの構成[2]

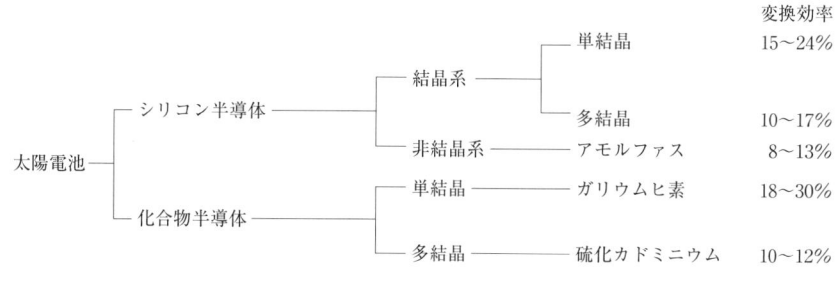

		変換効率
結晶系 — 単結晶		15～24%
結晶系 — 多結晶		10～17%
非結晶系 — アモルファス		8～13%
化合物半導体 — 単結晶 — ガリウムヒ素		18～30%
化合物半導体 — 多結晶 — 硫化カドミニウム		10～12%

図 15.5　太陽電池の種類

あり，快晴時に地上に達するエネルギーは約1000 W/m²である．地球全体が受ける太陽エネルギーの20分間の量が，世界全体の年間エネルギー消費量に匹敵するといわれている．太陽光発電システムは図15.4に示すが，太陽電池パネルで発生する直流の電力を交流に変換するインバーターおよび保護装置を介して住宅内の配線および電力会社の配電線に接続されている（系統連携）．

太陽電池の種類と変換効率（入射太陽エネルギーに対する出力電気エネルギーの割合）は図15.5のとおりである．なお，シリコン系が現在多く使用されている．図15.6には，天候別の時間帯による発電量の変動例を示す．

太陽光発電は1973年のオイルショックで化石燃料の資源枯渇が懸念され，日本では，サンシャイン計画，電力会社への売電の法制化などを経て，1994年に太陽光発電システムモニター制度が整えられ一般住宅で実用化されるに至った．太陽光発電の特徴は，まず清浄であること，太陽エネルギーは一応，無限で永久的に存在するものであること，装置をデッドスペースである屋根に設置できることなどが長所である．短所としては，日射量は季節や毎日の天候によって大きく変わるので出力変動が激しいこと，エネルギー密度が低く，装置がかなり大きな面積になることなどがある．本システムの日本での導入状況は，1995年に公共施設，一般住宅と電力会社を合わせて27000kWであった．目標としては2000年に40万kW，2010年に460万kWである．日本では，住宅用太陽光発電システムモニター事業（旧通産省）で個人住宅へのシステムの設置に対して費用の約1/2相当の補助が行われた（1994年度）が，普及するにつれて価格が低下していくことから，補助金の割合も小さくなっている（2002年度末で終了）．奈良県下の平坦部の個人住宅に設置した容量4.2kWの装置での発電量の実例を示すと，冬場（10～3月）の6カ月で約1950kWである．

2） 風力発電　風力発電は風の力でブレードを回し，発電機を回転させて発電する方式である．風はクリーンで尽きることのないエネルギー資源であるが，5m/S以上の風力が必要であり（ただし，風速が25m以上になると自動的に停止），一般的には風速や風向が不安定で適地が限定されること，エネルギー密度が低く，設備利用率が低いためコストが高くなるなどの欠点がある．風力発電装置はブレードとナセル（増速機，発電機など）がタワーの先端に取り付けられている．このほか発電した電気を配電線系統に送り出す設備などが必要である．日本で

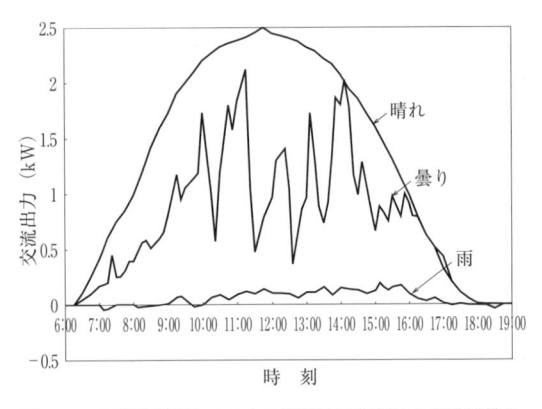

図15.6　太陽光発電システムの天候別時間帯による発電量の変動例[2]

出力 3.2 kW，北緯 34.5°，方位角 0°（真南），傾斜角 30°．

の設置状況は1995年末で青森県三厩村龍飛ウィンドパークの2875kWをはじめとして，約10000kWである．2000年には20000kW，2010年には15万kWを目標としている．

3） 地熱発電　火山地帯の地下の水蒸気を取り出してタービンを回転させる発電方式である．火山国である日本では，1924年に岩手県に出力1kWの地熱発電所がつくられたのが最初であるが，実用規模の発電が行われるようになったのは1966年になってからである．オイルショック後，開発が進み現在主なものでは大分，秋田，岩手，福島県など全国14カ所で44万kWの地熱発電設備がある．世界を見回しても，火山のあるところでは地熱発電が盛んに行われている．これもまた，クリーンで無尽蔵，安定したエネルギー源である．

4） その他の新エネルギー　燃料電池，海洋の波力，海流，潮流のエネルギーを利用した，波力発電，潮汐発電などが，環境汚染のないエネルギーとして期待されている．　　　　　　　〔松井静子〕

参考文献

1) 東北電力：家庭での冬場の省エネルギーについて．ALLE, **93**, 1997.
2) 関西電力資料，1997.

15.5　住宅生産にかかわる資源

15.5.1　木　材
(1) 木材資源

中部・西日本地域では50%以上が人口林の針葉樹で覆われており，森林資源は以前と比べ減少しているとはいえない．しかし，1990年時の生産量が，

その30年前に比べると半減している．これは，日本の森林は急斜面が多く，材木として搬出する手間がかさみコスト高となり，安価な輸入材に替わってきたためである．現在では，製材用と合板用に消費される木材のうち70%が輸入されている．そのうち，約半数は北アメリカ産であり，北洋材，南洋材，ニュージーランド材がこれに続いている．北アメリカでは，米松が植樹管理生産され大量に日本にも輸入されている．

一般構造下地材，合板用ベニア，パルプ用として用いられる，フタバガキ科の南洋材は，初めフィリピンから多量に輸入され，現地語からラワン材と呼ばれたが，その後伐採し尽くし，同質のものがインドネシア，マレーシアなどから輸入され，現地語からメランティ材と呼ばれている．さらに最近ではパプアニューギニア，ミャンマーなどからも輸入されている．

東南アジアにおける森林開発は，現地での生活エネルギーとしての木材の需要増，さらに先進国の合板用や紙パルプ用需要増のため，開発速度が速ぎ森林資源の枯渇化が進み，地球全体の環境のバランスに影響を与えていることが指摘されている．

(2) 木質材の種類と主な用途

国産の檜や杉，あるいは輸入材の米栂などの針葉樹は，主として構造材や仕上げ材として使用される．また北アメリカ産の米松は，主として構造材に用いられている．

一方，木材から加工，接着して性能を向上させた合板，集成材，LVL（laminated veneer lumber）等がある．これらは原木を板にし，欠点を除いて接着するもので，大断面材や曲線を自由につくることができる．

また小径材，製材廃材，解体廃材などを解繊したり，チップ状にして固めた繊維板，パーティクルボート，木毛セメント板が製造されている．

15.5.2 石　材
(1) 石材資源

日本の国会議事堂の建設（1936年俊工）の際には，全都道府県からそれぞれ名産の石材が寄せられたように，その種類は豊富である．しかし，採石場が小規模で量産できないことや，人件費が高騰したことなどにより生産性が低く，最近では，世界各国からの輸入材が大半を占めるようになってきている．大理石はイタリアから，花こう岩は韓国，中国，ブラジル，インド，ヨーロッパなどから輸入されている．これらの石材の大半は板材に加工され，内外装材として使用されている．

(2) 利用されている岩石

石材の基となる岩石は，火成岩，堆積岩，変成岩に大きく分けられる．火成岩では，花こう岩が幅広い地方で産出し，用途も広くよく知られている．そのほかに安山岩，流紋岩，玄武岩などがある．堆積岩には，砂岩，粘板岩，凝灰岩，軽石，石灰岩などがある．大谷石のような堆積岩は軟らかく加工しやすいのでよく利用されてきた．また粘板岩は，薄い層状になっており，薄板に剥がすことができるので，敷石やスレートとして屋根葺きに用いられてきた．変成岩には，大理石，結晶片岩，蛇紋岩，蛇灰岩などがあり，研磨すると美しいので仕上げ材として用いられる．

15.5.3 コンクリート
(1) セメント

セメントの主原料である石灰石は，国内に豊富に産し，セメント工場はその産地に近く，かつ輸送の便のよい海岸・河川近くに立地している．ポルトランドセメントは，石灰石に粘土と成分調節用原料を加えて，焼成製造される．その焼成のためには，燃料として多量の石炭と重油が必要である．1tのセメントの生産には，1.1tの石灰石と0.1tの石炭が必要である．なお，セメントの生産量は，中国，ロシアが多い．

また，耐食性の向上のため製鉄の廃材である高炉スラグを混ぜた高炉セメント，さらに，コンクリートの流動化に効果のある火力発電所の廃棄物である微粉炭の灰分を混ぜたフライアッシュセメントなどが生産されている．さらに，汚泥などの廃棄物を一定量以上混入して焼成したものが「エコセメント」として製造されている．

(2) 骨　材

コンクリートは，大まかに，体積比で，セメント1に対し，水2，砂3，砂利4を混ぜて製造される．粗骨材である砂利は，最大径20mm程度の大きさで，現在では川からの採取は少なくなってきており，岩石を破砕して製造された砕石が多く使用されるようになった．また砂は，直径5mm以下のもので川砂が一般的であるが，とくに瀬戸内海地域では川砂が少なく，海砂が多く用いられてきた．しかし，環境破壊の観点から，海砂採取も限界がきており，これに代わって，砕石を砂状に砕いた砕砂や，風化花こう岩を破砕し粒度を整えた加工砂の利用が増えてきている．

また，軽量の骨材には火山岩など天然のものもあ

るが，骨材としては品質が劣るので，比重 1～1.5 の人工軽量骨材が，粘土，高炉スラグ，フライアッシュ，あるいは膨張頁岩から焼成製造されている．

15.5.4 鉄鋼，非鉄金属
(1) 鉄鋼

金属材料のうち，鉄鋼は形鋼，軽量形鋼，鋼管，鋼板，鉄筋コンクリート用棒鋼などとして，建築用にもっともよく使用されている重要な材料である．

製鉄において，銑鉄の生産には，鉄鉱石（70％），コークス（20％），石灰石（10％）が必要であり，このうち鉄鉱石は，ロシア，ブラジル，オーストラリア，アメリカ，中国，カナダ，インドなど世界で幅広く産出するが，日本国内では産出しないので，オーストラリア，インド，ブラジルなどの国々から輸入している．また，コークス用の原料炭もその大半を，オーストラリア，カナダ，アメリカなどからの輸入に頼っている．なお銑鉄の生産は，中国，日本，アメリカの3国が多い．

転炉製鋼法の発明により，銑鉄から不純物の少ない均質な鋼を迅速につくることができるようになり，また，ステンレス鋼などのような合金の生産も可能にした．製鋼時には，銑鉄のほかに 10～30％ のくず鉄，石灰石，ドロマイトが副材として必要である．

(2) ステンレス鋼

ステンレス鋼は，鋼と，クロム（18％程度），ニッケル（8％程度）との合金で，さびにくい性質を有する．日本では，原料は輸入され，多くの製品が生産される．

(3) 銅

銅は，アメリカ，ロシア，チリ，カナダなどで生産される黄銅鉱などの鉱石を輸入し，これから粗銅をつくり，電解精錬により純銅が生産される．

(4) アルミニウム

アルミニウムは，オーストラリア，ギニア，ジャマイカなどに産出するボーキサイトを原料とし，アルミナを経て大量の電力を用い電解して精錬する．日本ではオーストラリア，インドネシアから鉱石を輸入している．アルミニウムは本来，軽量ですぐれた展延性を有するが，マンガン，銅，マグネシウム，シリコン，亜鉛などの元素を加え，耐食性，耐熱性，強度，硬度などを向上させたアルミニウム合金として用いられる．

(5) 亜鉛

亜鉛は，鋼材の耐食めっき用金属として重要な金属であるが，日本はその原料の 85％ をオーストラリア，ペルー，アメリカから輸入している．

(6) チタン

チタンは，アメリカなどに多くの鉱石があり，日本ではこれを精錬し，アルミニウム，スズ，バナジウム，モリブテンなどの金属を加え，チタン合金を生産している．性能面では，鋼に比べ軽量で温度変化による伸縮が小さく，耐食性にすぐれている．

15.5.5 セラミックス
(1) セラミックスについて

セラミックスは，古くからの陶磁器類，煉瓦および近代窯業製品であるセメント，ロックウールなどのクラシックセラミックスと，非金属の純粋な微粉末原料を焼成してつくられるニューセラミックスに大別できる．ニューセラミックスはまだ安価に量産できないが，炭素繊維やシリカタイルなどが建築分野にも利用され始めている．

(2) 陶磁器

陶磁器は，日本でも幅広く産する粘土，陶石，ケイ石，長石，石灰石を原料として，1200～1400℃ の温度で焼成製造される．一般には，吸水防止や美観のためにガラス質の釉薬（ゆうやく）が施される．

JIS では，陶磁器を吸水率の違いにより，①土器，②陶器，③せっ器，④磁器の4つに分類される．また製品には，陶器瓦，陶磁器タイル，衛生陶器類，建築用テラコッタ，煉瓦などがある．

(3) ロックウール

ロックウールは，廃材である各種スラグに石灰石を加え，高温溶融して遠心力，圧縮空気などで繊維状にしたものである．不燃性の仕上材としてはこれまで天然の石綿（アスベスト）を混ぜ，セメントで結合硬化させた石綿スレートが普及していたが，この製品は磨耗や老朽化により空中に飛散した石綿繊維が，呼吸器障害の原因となることが最近になって明らかとなった．これに伴い，ロックウールを用いた製品は，ノンアスベスト製品と称され住宅用断熱材や仕上げ材として利用が増えている．

15.5.6 ガラス

ガラスの主原料は，ケイ砂（45％），ソーダ灰（10％），苦灰石（10％），ガラスくず（30％），その他（5％）である．ケイ砂，苦灰石は日本でも産出するが，ソーダ灰は輸入された塩から生産される．ガラスはこれらの原料を混入して溶解し，以下の2つの方法で成型する．まずフロート法は，溶解したガラスを溶融したスズの上に浮かばせながら流す方法で，連続的に両面とも平滑な建築用板ガラスが量

産できる．またロールアウト法は，2本の水冷ロールの間に溶解したガラスを通して製板する方法で，型板ガラスや網入り板ガラスが製造される．

このように，容易に量産が可能となり，建物外壁に多用され，自然光を利用する建物が増えてきた．さらに，繊維状に加工したものは断熱材として利用されている．

15.5.7 高分子材料
(1) 高分子材料について

天然に得られる高分子材料には，天然ゴム，漆，油脂，あるいはアスファルトがある．しかし現在では，石炭や石油から合成化学によりつくられる合成高分子材料が主流である．石油は中近東で多く生産されているが，その埋蔵量は世界的にみると採掘可能年数50年程度ともいわれている．これらはプラスチック，合成ゴム，合成繊維，塗料として多用されている．

(2) プラスチック

プラスチック材料を大別すると，熱可塑性樹脂と熱硬化性樹脂に分類される．建築に用いられる主な熱可塑性樹脂には，塩化ビニル樹脂，ポリエチレン樹脂，ポリスチレン樹脂，アクリル樹脂，メタクリル樹脂板，炭酸エステル系樹脂（ポリカーボネート），四フッ化エチレン樹脂などがある．

一方，熱硬化性樹脂では，フェノール樹脂，メラミン樹脂，尿素樹脂，不飽和ポリエステル樹脂，エポキシ樹脂，ウレタン樹脂などが用いられている．

(3) ゴム

ゴムのうち天然ゴムは東南アジアで生産されているが，現在ではゴムの60％は合成ゴムで，建築にもウレタンゴム，ブチルゴム，クロロプレンゴムなど多種類の合成ゴムが使用されている．

(4) アスファルト

アスファルトには天然のものもあるが，現在では石油精製の副産物である石油アスファルトが，アスファルト使用量の大部分を占めている．

15.5.8 しっくい，ドロマイトプラスター，石膏
(1) しっくい，ドロマイトプラスター

しっくい（漆喰）は，左官用消石灰とも呼ばれ，伝統的な漆喰壁や瓦葺きなどに使用される．これは，石灰石（$CaCO_3$）または貝殻を焼いて製造される．

ドロマイトプラスターは，マグネシア塩を含む石灰石の1種である，苦灰石（$CaCO_3 + MgSO_3$）を焼成して製造される．栃木県では良質の苦灰石を産出し，左官用プラスター工場が立地している．

(2) 石膏

原料となる二水石膏には，天然石膏のほかに石油，石炭を燃やした煙を脱硫するときに発生するものや化学肥料などの製造の副産物である副産石膏があるが，日本では後者が大半である．二水石膏を焼成してつくられた半水石膏を微粉砕したものは，石膏プラスターなどに用いられる．一方，オートクレーブで湿式加熱をして製造されるものは，強度も高く石膏ボードやセルフレベリング材として用いられている．

15.5.9 建設副産物や廃棄物の再利用，未利用木材の活用
(1) 廃棄物の少量化

日本において，鋼材廃棄物のように混じりものがなく再生しやすいものは再利用されてきたが，建設廃材はこれまで，その大半が埋め立て投棄されてきた．これらは，全体廃棄物の1/4を占めるといわれている．一般に廃棄物には，多種類のくずが混じり，これを選別することは困難であるが，その義務化が法制化されてきた．

そこで，できるだけ廃棄物を出さないために次のような工夫がなされてきている．①コンクリート用型枠材は数回の使用後，使い捨てにする合板に代わって，多数回繰り返し使用できる金属板のようなものにする．②コンクリート製型枠を用いて，そのまま構造体にする．③解体時に，再利用しやすいよう配慮するなど，廃棄処分経費を含むライフサイクルコストに基づく設計を行う．

(2) コンクリート再生骨材

コンクリート構造物を解体したコンクリート塊は，粉砕されて主として路盤材として使用されている．再生骨材は，コンクリート用骨材として使用する場合は，乾燥収縮率が大きいため乾燥しにくい部位である地下部構造体への適用が考えられている．しかし，強度など原コンクリートの性質が不明なことや，煉瓦，アスファルト，あるいは木くずなどが混入していることなど品質確保には問題点もある．

(3) 木くずの再利用

木造家屋の解体廃材は，強度的には構造的に再利用できるものが多い．しかし実際には，廃材に多くの釘が残され，かんな仕上げやのこぎり加工ができなかったり，ペンキなどの付着物の除去に手間がかかるなど直接の再利用は困難である場合が多い．したがって，燃料として再利用されたり，チップにされダンボール紙，木質系ボードの原料として利用さ

れている．また，伐採時の小木や枝，製材時に生じる端材，のこぎりくずは，チップにしてパルプの原料としたり，合板や繊維板の製造に利用されている．

(4) 未利用木材の活用

植林した樹木の成長に応じて伐採される間伐材は，山からの搬出時の機械化が困難なため人件費が膨大にかかる．しかし，省資源化と森林資源保護の立場からその利用が図られ，ログハウス風の内外装材や，公園の遊具，あるいは遊歩道などへの適用が進められている．　　　　　　　　〔福原安洋〕

15.6　都市生活と廃棄物

15.6.1　廃棄物の分類と処分場の問題

廃棄物とは，人間の活動に伴って発生する不要物で，個体状または液状のものをいう．また，廃棄物のうち「廃棄物の処理及び清掃に関する法律（廃棄物処理法）」で規定された産業廃棄物以外の事業系一般廃棄物と生活系廃棄物を一般廃棄物といい，一般廃棄物は，ごみとし尿に分類されている．さらに，ごみは可燃物と不燃・燃焼不適物の一般ごみと，家具などの粗大ごみに分けて処理されている．なお，危険性および/または有害性がきわめて高い廃棄物を特別管理廃棄物として，取扱いや処理に特別な注意が払われている．

日本では，1960年以降の経済の高度成長によって産業活動と消費が拡大し，廃棄物発生量が激増したので，1970年に従来の清掃法が廃棄物処理法に全面改正され，廃棄物対策の施策が進められるようになった．しかし，生活様式の多様化，大型化がその施策でも対応できず，1990年代になって廃棄物最終処分場が枯渇するとの危機感が生じて，2000年から資源を有効に利用して廃棄物の発生を可能な限り抑制するための資源循環型社会の形成が推進されている．

15.6.2　一般廃棄物の状況

ごみの減量化施策の推進とバブル後の経済不況のために，ごみ発生量の増加が鈍化したものの1990年代は微増が続き，2000年の総排出量は5236万t（東京ドーム140杯分）に達した[1]．しかし，資源循環型社会形成のための施策が実施されるようになった2001年から，ごみ発生量が減少する兆しがみえ始めた．

2001年に排出されたごみの構成内容は，生活系ごみが3480万t（66.8％），事業系ごみが1730万t（33.2％）である．市町村によって収集されたごみの90％以上が焼却などの中間処理に付され，埋立てなどによる最終処分量が995万tになっている．その一方で，直接資源化量が229万t，中間処理後再生利用量が312万tであり，住民団体などによる集団回収量の284万tと合わせて，825万tがリサイクルに向けられている[1]．

一般廃棄物最終処分場は全国で2059施設あり，2001年における残余容量が1.53億m^3で10年前と変わらないが，最終処分量が経年的に減少しているため，残余年数が12.5年と横ばいで推移している[1]．しかし，新規の最終処分場の確保がしだいに困難になっており，ごみの更なる減量化が望まれている．

15.6.3　産業廃棄物の状況

全国の産業廃棄物の排出量は，1996年の4億2600万tをピークに微減を続け，2001年に4億tになっている．種類別では，汚泥（排水処理などで分離された含水率の高い固形分）が1億8690万t（46.7％）ともっとも多く，動物の糞尿が9010万t（22.5％），がれき類が5010t（14.3％），鉱さいが1640万t（4.1％）と続いている[2]．

排出された産業廃棄物のうち，直接再生利用量8200万tと中間処理による減量化後の再生利用量1億100万tで，合計で1億8300万tがリサイクルされ，直接最終処分量2100万tと中間処理後の最終処分量2100万tで，埋立ては合計で4200万tに抑えられている．しかし，最終処分場の不足は一般廃棄物の場合よりも深刻であり，2002年4月現在の産業廃棄物最終処分場の残余年数は，全国で4.3年，首都圏で1.1年，近畿圏で2.2年である．

したがって，産業廃棄物のリサイクルの推進がさらに必要であり，種類別の最終処分率（カッコ内）が比較的高いゴムくず（65％），ガラス・コンクリート・陶磁器くず（55％），廃プラスチック類（44％），燃え殻（43％）はいうに及ばず，最終処分率が中程度でも絶対量が多いがれき類（16％），鉱さい（20％），金属くず（15％）の再生利用先の開拓が望まれる．

最終処分場が不足するにつれて問題になるのは，不法投棄などの不適正処理である．不法投棄件数は1990年になって増加を続け，1998年に1200件，42万tとピークに達し，その後わずかに減少傾向を示している[3]が，残存件数と残存量はわかっているだけでも1200件，1000万tあまりで，建設系廃棄物が総件数の67％，総量の56％を占めている[4]．

15.6.4 廃棄物処理にかかわる環境汚染

廃棄物最終処分場は，①コンクリート塊，金属くず，廃プラスチック類などの，腐敗せず有害物質が溶出しないものを埋立てる安定型，②燃え殻，汚泥などの地下水汚染のおそれのあるものを埋立てるために，ゴムやビニルシートを内張りした管理型，③通常の方法では無害化が困難な廃棄物を隔離するために，上部に屋根のある鉄筋コンクリート製構造物の遮断型，の3つがある．法規制が不備であった時代に，安定型に相当する処分場に埋められた有害物含有廃棄物による地下水汚染が問題になることがあった．また，埋められた食品残渣などの有機物が嫌気性分解して，硫化水素などの有害ガスが発生するおそれもある．

廃棄物焼却炉におけるダイオキシン類の発生については，米国の事例[5]によって1980年代から一部の識者で知られていたが，日本では1997年まで水面下の問題であった．しかし，廃掃法の改正による応急的な措置がとられ，また「ダイオキシン類対策特別措置法」が2000年に施行され，原因物質である塩素化ポリマーの焼却炉への投入が回避される一方，800℃以上の焼却温度を保持できるように焼却炉の改造，新設が官民あげて実施されるようになって，1997年に推定排出量が約6500gであったのが，2002年には635gと90%以上削減されている[6]．

また，廃プラスチック類などが再生資源として開発途上国に輸出されるなか，病院などから排出された血液のついた注射針などの感染性廃棄物が混入していて，国際的な問題を投げかけたことがある．

15.6.5 廃棄物対策のための行政の施策

廃棄物減量化の基本的な考え方と目標，施策は，「環境基本法」に基づく「環境基本計画」に示され，大量生産・大量消費・大量廃棄型の経済システムから脱却し，循環型経済システムの構築を図るために2000年に施行された「資源循環型社会形成推進基本法」に廃棄物発生抑制の枠組みが示されている．

その要点は，一度使用されたもの，使用されずに収集・廃棄されたもの，製品の製造・加工・販売や工事などに伴って副次的に得られるものの3つを廃棄物と位置づけ，①原材料を効率的に利用したり，製品はなるべく長期間使用することなどにより廃棄物になることを抑制すること，②再使用できる廃棄物はそのまま使用する，③再使用できない廃棄物は再生利用する，④再使用・再生利用はできないが，焼却できるものは熱回収熱回収する，ことの4点を

原則として規定している．さらに，循環型社会形成のための国の施策として，廃棄物の発生抑制のための措置，排出者責任の徹底のための規制などの措置，拡大生産者責任（生産者による廃棄物の引取り・循環利用の実施・製品に関する事前評価）を踏まえた措置，再生品使用の促進，を明示している．

この基本法の施策を実施するために，8つのリサイクル関連法（いずれも一般に用いられている通称で記す）を個別法に位置づけている．それらは，すでに制定されていた「廃棄物処理法」「容器包装リサイクル法」「家電リサイクル法」と「リサイクル法」を全面改正して名称変更した「資源有効利用促進法（改正リサイクル法）」，新規に制定された「食品リサイクル法」「建設リサイクル法」「グリーン購入法」「自動車リサイクル法」である．

国の施策とは別に，ごみ処理の費用を排出者に負担させることによって，廃棄物の排出抑制を促そうとする施策は，廃棄物最終処分場の確保が困難な一部の市町村で1980年代から実施されており，2000年度には，全国3246市町村の80.2%が生活系ごみ手数料を，また，88.2%が事業系ごみ手数料を徴収するようになっている[1]．しかし，料金の適正化などの改善を要する課題が残されている．

15.6.6 廃棄物のリデュース・リユース・リサイクル（3R）

3Rは，前述のように，「資源循環型社会形成推進基本法」に基本原則が規定されている．

リデュース（廃棄物の発生抑制）については，「資源有効利用促進法」に家電製品などの指定省資源製品の設計における配慮，鉄鋼業やパルプ・紙製造業などの特定省資源業種における副産物の発生抑制の枠組みが規定されているが，まだ実績についての公表資料はない．

しかし，1980年代から一部の事業者が省資源の観点から包装紙などの包装材の使用量を抑制しており，また，2002年度から「容器包装リサイクル法」の適用を受けることになった紙製およびプラスチック製の容器包装材の利用事業者が委託料の節減のために使用量の削減を図っており，結果として廃棄物の減量化につながっている．

リユース（部品・製品の再使用）については，牛乳瓶，ビール瓶や一升（1.8l）瓶の再利用が古くから行われていたが，流通段階での輸送・保管面でガラスより軽量の紙，プラスチックなどの方が利点が多いとして，しだいにこれらに置き換えられてきた．この状況は，資源循環型社会形成に向かってい

る現在でも変化がみられない．

また，「資源有効利用促進法」で自動車やパソコンなどの特定再利用促進製品のリユース配慮設計，複写機へのリユース部品使用についての枠組みが規定されており，施策の実施のために「自動車リサイクル法」が制定され，また「資源有効利用促進法」にパソコンのリサイクルの条項が追加されているが，まだ実効のあがる段階に至っていない．

リサイクル（再資源化）については，鎖国のために国内資源だけで生活を営む必要のあった江戸時代には完全に近い資源循環型社会であり[7]，明治以降も，紙，金属などのリサイクルがビジネスとして成立していたが，高度成長期以降，前述の瓶類のリユースと同様に，不要物のリサイクルが廃れていた．

一般ごみには飲・食料品や日用品の容器，包装紙，袋の割合が多く，1994年度の内訳では，重量で約25%，容積で約60%を占めることから，これらの減量化を目的に「容器包装リサイクル法」が制定された．この法律の枠組みでは，容器包装廃棄物のうち①ガラス製容器，②PETボトル，③プラスチック製容器包装・発泡スチロールトレイ，④紙製容器包装，の4種別に分別して排出することを住民の責務，分別収集と保管を市町村の責務，再商品化を容器包装の製造・利用事業者の責務としている．なお，上記の①と②は1997年4月から，③と④は2000年4月から適用され，スチール・アルミ缶，紙パック，段ボール，の3種別はリサイクルが進んでいるという理由で適用が免除されている．

実際の運用では，再商品化には指定法人の（財）日本容器包装リサイクル協会が関与しており，製造・利用事業者から容器包装の種別に応じて定められた委託料を徴収して，再商品化事業者に必要な経費を支払う仲立ちの役割を担っている．また，再商品化方法は法の枠組みで定められており，①はガラス製容器，建築・土木材料など，②は繊維，シート，ボトルなど，③はプラスチック製品，高炉還元剤など，④は再生紙，建築ボードなど，に限定されている．

容器包装材のリサイクルの実績は，2002年度の市町村による分別収集量の合計が243万tであり，分別収集を実施している市町村の全市町村に対する割合が，ガラス製容器とPETボトルが85%以上であるが，プラスチック製容器包装が40%，紙製容器包装が16%と低率である．このように容器包装リサイクルが十分に機能していない廃棄物種別があるのは，分別収集・保管のための市町村の経費負担が過度であること，分別基準適合物の要件が複雑で厳しいこと，再商品化商品に任意性がないこと，などが挙げられ，法改正が望まれている．

「家電リサイクル法」では，テレビ，冷蔵庫，洗濯機，エアコンが対象になっており，販売店を通じて廃棄する仕組みになっている．また，パソコンは，メーカーのリサイクル受付センターに連絡のうえ，郵便局を通じて廃棄する仕組みになっている．これらの製品のリサイクル費用の一部を，利用していた者が負担する．

「食品リサイクル法」では，年間100t以上の廃棄物を排出する食品製造・加工・販売業者，飲食店などが対象となり，廃棄物を飼料，肥料，燃料（メタン）などにリサイクルすることが課せられ，「建設リサイクル法」では，一定規模以上の建築物などを解体するときの建設廃棄物のうち，コンクリート，アスファルト，木材がリサイクルの対象になっている．

15.6.7 廃棄物のサーマルリサイクル

2001年度末の一般ごみ焼却施設は，全国で1680施設あるが，その65%が廃熱を利用しており，温水利用が1022施設，蒸気利用が234施設，発電が236施設，その他が83施設（以上，複数回答あり）である[1]．ダイオキシン類発生のおそれが前述のように解消しており，いままで廃プラスチック類を埋め立てていた市町村でも，廃棄物発生抑制の第4の原則に従って，焼却して熱回収する動きが出始めている[8]．

15.6.8 諸外国における廃棄物の状況と対策

諸外国でも，廃棄物処理は重要な課題になっている．2000年におけるOECD加盟27カ国の年間1人当たりの一般廃棄物処理量の平均が560kgと，日本の410kgよりも多い．国・地域別では，アメリカが760kgと多く，EU諸国が300〜600kgと平均して日本と同程度である[9]．

廃棄物最終処分場不足の問題は，国土面積に対して人口の多い国で共通しており，ドイツ，フランス，イギリス，オランダ，スウェーデン，デンマークでは，ごみ処理の有料化をごみ減量の手段として採用している[10]．家庭ごみは一律，事業系ごみは排出量に応じた金額の設定の国が多いが，ドイツでは，地方自治体が各家庭に配置するごみ収集用ポリ容器を80lと200lの2種類にして，年間それぞれ1万3000円，5万円徴収する（1997年実績）ことで，ごみの減量化のインセンティブとしている．

上記の国々では，ビールや清涼飲料水の瓶を販売

店に返すと預り金を戻してもらえるデポジット制度を1990年代初期から採用して，瓶の回収率を高めている．日本でもビール瓶については同様であるが，ドイツの場合には，2002年施行の新しい「容器包装廃棄物令」によって，飲料缶・ワンウェイ瓶・PETボトルが0.25ユーロ（27円），1.5l以上では0.5ユーロ（55円）と，高額の預り金が定められている．

全体の容器包装廃棄物のリサイクルについても，ドイツが先行しており，1991年から輸送用包装材，1992年から二重包装材が規制対象に指定された「包装廃棄物規制令」に基づいて，商品を直接入れたり包んだりする瓶，缶，箱，シートなどの販売包装材が，1993年から民間出資で設立されたデュアル・システム・ドイチュランド（DSD）の事業で，地方自治体による生ごみと別のルートで収集され，リサイクルされている．収集・素材別選別に要する経費は，商品の製造・販売会社が販売価格に上乗せを前提にDSDに一括して支払い，その商品の包装材にグリューネ・プンクト（GP）と称するマークが表示される．消費者は，このロゴマークが付いた廃包装材をDSD指定の黄色い袋に入れて排出したり，街角に設置している専用コンテナーに入れることができる．

DSDは設立当初には財政危機状態にあったが，「包装廃棄物規制令」の改正（1998年）による非参加企業の排除，GP使用量の値上げの結果，黒字体質へと好転している．2000年の収集量は570万tで，プラスチック製包装材のリサイクルが不十分であるものの，瓶，紙類，金属類のリサイクルは十分に運用されている．DSDは独占企業であると裁判で判決を受け，競合企業が参入するようになり，総合的なごみ減量化が期待されている[11]．

フランスでも「包装廃棄物令」に基づいて，1993年からエコ・アンバラージュ社が商品の製造・販売業者から包装廃棄物の収集・再生に要する費用の支払いを受け，収集に当る地方自治体と再生業者に必要な経費を支払っている．製造・販売業者は，包装材にGPと同じロゴマーク（フランス名：ポアン・ベール）を付けている．なお，GPはドイツ，フランスのほか，オーストリア，ベルギーなど13のEU諸国で採用されている（2000年5月現在）．

また，1996年からドイツで施行されている「循環経済・廃棄物法」は，ドイツの廃棄物処理の基本原則を規定している法律であり，廃棄物の徹底的な削減と資源循環型社会の構築を目的としている．同法は，①廃棄物処理の責任主体の明確化，②廃棄物発生の徹底的回避と再利用の義務づけ，③製品の全ライフサイクルにおける環境への責任を規定するなど，廃棄物の処理や経費を社会・経済システムの中に取り込むことを指向し，外国の関係者からも注視されており，日本の「資源循環型社会形成推進基本法」の制定において参考に資されている．

〔上埜武夫〕

参考文献

1) 環境省報道発表資料：一般廃棄物の排出及び処理状況等，平成16年3月1日．
2) 環境省報道発表資料：産業廃棄物の排出及び処理状況等，平成16年3月1日．
3) 環境省報道発表資料：産業廃棄物の不法投棄の状況について，平成15年12月22日．
4) 環境省報道発表資料：不法投棄等産業廃棄物の残存量調査結果について，平成16年4月28日．
5) 紙パルプ技術協会編：紙パルプ技術便覧（第5版），p. 679，紙パルプ技術協会，1992．
6) 環境省報道発表資料：廃棄物焼却施設の排ガス中のダイオキシン類濃度等について，平成15年8月7日．
7) （たとえば）石川英輔：大江戸えねるぎー事情，pp.247-257，講談社，1990．
8) 東京都廃棄物審議会答申資料，平成16年5月18日．
9) 総務省統計局資料．
10) 田口正巳：ごみ問題の政策争点，pp.154-155，自治体研究社，1996．
11) 有田俊雄：Interpack 2002 視察報告，平成14年6月6日．

15.7 住環境保全と住宅

15.7.1 環境と住居の関係

私たち人間が「住宅」をつくってきたそもそもの理由は，自然の脅威や外敵などから自らを守り，安らぎを享受するためである．哲学者ボルノウが『人間と空間』の中で述べているように，「家屋は，まず，第一に，一般的には安全に庇護するための一手段，すなわち雨露をしのぐところ」である．

住宅とは，本来，自然の脅威から身を守るための手段であった．長い間，それはあくまでも防御的な意味合いが強いものであった．しかし，時代が下り，科学技術が発達するにつれて，私たち人間はより積極的に環境を制御するようになっていく．そして，より快適な生活が保障されるようにみえた．しかしながら，それは公害問題や近年の地球環境問題のように，やがて人間の存在をも脅かす副作用を呈し始めるのである．

人間の環境制御技術が環境そのものの存在の質を

変質させない間は、とりわけ環境の保全を意識する必要がなかった。かつて私たちの生活はあたりまえのように環境に適合し、環境と共生していたのである。しかし、現在の私たちは強大な技術を手中にした。そこでは、環境への影響を意識して技術を用いなければならなくなった。

環境の仕組みや営みをよく理解し、私たちはそれにどのように適応すべきかを考えながら、「住宅」づくりやその中での「住生活」を行わなければならない。

15.7.2 環境共生の意味を考える

近年、「環境共生」ということばがよく使われるようになったが、その内容やレベルはさまざまである。ここで改めて環境共生の意味を考え、整理を行ってみよう。

ある時期、私たちは合理性や効率性など、画一的な価値観や評価尺度によってものごとを判断するきらいがあった。こうした判断は一見わかりやすい。しかし、ものごとにはさまざまな側面があり、それらの均衡関係を考慮しながらの判断が求められるのである。一人ひとりの要求にあるさまざまな観点を考慮することから、さらに、複数の人間の異なった要求をどのように調整していくのかを考えることが必要となる。環境への配慮では、さらに進んで、環境という主体の要求をも考慮することが要求される。

このことに関して、内藤正明は、「保健性」や「快適性」から判断する従来の環境規範は「自己の満足規範」であり、それに代わってこれから必要とされる新たな環境規範は、「持続性」「自立性」「共生性」であってこれらは「他者の満足規範」であるとしている[1]。そして、前者が時に他者の犠牲による、後者が時に自己の犠牲によるものであり、それぞれ ego-life norm、eco-life norm と名づけている。

環境との共生を考えるとき、こうした自己の犠牲、言い換えれば我慢をどれほど認めるのかによって、とるべき方策の質やレベルは異なってくる。環境先進国ドイツでは、計画や開発に対する評価尺度として、近年は、生物種の多様性がいわれるようになっている。開発によってどの程度生物種の種類が増減するのかが、開発の是非の重要な評価軸になっているのである。

15.7.3 環境共生技術の類型

また、環境共生の方策のレベルや質についても整理、検討しなければならない。整理はいくつかの観点から行うことができる。

『環境共生住宅宣言』[2] では、「ローインパクト (low impact)」と「ハイコンタクト (high contact)」という整理を行っている。ローインパクトは「環境への負荷をなるべく小さくしよう」ということ、また、ハイコンタクトは「人と自然との接触を多くしていく」ことである。

環境への負荷の軽減策は、さらに分類、整理することができる。私たちが行う諸活動で用いられる資源やエネルギーは、使用に供された後、廃棄物や廃熱となって環境に廃棄される。こうした資源、エネルギーの流れから環境への負荷を考えると、大きくは資源、エネルギーの環境からの搾取を少なくすることと、環境への廃棄量を少なくすることの2つに分けることができる。前者はいわゆる「省資源」「省エネルギー」であり、後者は「廃棄物削減」である。

また、人工的な技術をどの程度使用しているかによっても、整理可能である。太陽熱利用では、パッシブソーラーシステムとアクティブソーラーシステムがあるが、これはこうした技術の度合いによって分類、整理したものである。機械的な装置を積極的に活用する仕組みがアクティブソーラーシステム、太陽熱を大がかりな機械設備に頼らないで有効に活用する仕組みがパッシブソーラーシステムである。実は、伝統的な民家は、それぞれの気候、風土に適応させて発展してきたものであり、そうした意味では大がかりな機械設備を用いない形の「環境共生住宅」である。

15.7.4 資源循環を通して環境共生を考える

このように環境共生といってもさまざまな形態、質、レベルがあり、みずからが用いようとするものがどのようなものなのか、また、何によってどのように環境共生を達成するのかを十分に検討する必要がある。とくに、環境負荷の低減という観点では、ものの生産から流通、消費、廃棄までを一貫して検討する「ライフサイクルアセスメント」の観点からのチェックも行わなければならない。ある段階、ある側面で環境負荷が低減できるようにみえても、全体としては環境負荷が低減できていない場合もあり、注意を要する。

さらに省資源、廃棄物削減を検討する際によくいわれる3つのR、すなわち reduce（削減、リデュース）、reuse（再利用、リユース）、recycle（リサイクル）の検討も必要である。一般にはリサイクル

という言葉を安易に使用しがちであるが, 省資源, 廃棄物削減の観点からは reduce, reuse, recycle の順に検討しなければならない. リサイクルする, リサイクルできるから省資源, 廃棄物削減になるだろうという発想ではなく, まずは資源, エネルギーの使用量そのものを削減することを検討することが大切である. そして, いったん使用したものを別段のエネルギーを加えることなくそのままの形で再利用することを検討する. そして, 最後にリサイクルなのである.

資源の循環という意味でのリサイクルでは, 循環の環が閉じてこそ完全な資源循環が達成される. 国連大学が提唱している「ゼロエミッション計画」は, こうした発想を技術的に実現しようとするものである.

15.7.5 環境共生の手法

さて, 以上の基本的考え方を念頭におきつつ, これからは具体的な環境共生の方策や技術についてみていくことにする. 以降では冒頭に述べた「ローインパクト」の観点と「ハイコンタクト」の観点に分けて手法を紹介する.

(1) 環境負荷の削減手法

まずは, ローインパクトの観点, すなわちさまざまな環境負荷を低減する手法についてみていく.

1) 省エネルギーの工夫 エネルギーとしての環境負荷の低減, すなわち省エネルギーの工夫では, 住宅の構造, 設備, 間取りなどの工夫によってエネルギーの使用量そのものを減らすことと, 現在廃熱として捨てられているエネルギーや自然エネルギーなど広い意味での未利用エネルギーを有効に活用することが考えられる.

①エネルギー使用量の低減: 先にも述べたように, 伝統的な民家はそれぞれの地域の気候, 風土にうまく適合させた環境共生住宅である. 風通しのよい間取り, 庇や縁側による直達日射の調整などいろいろな工夫から学ぶ点も多い. こうした工夫を現代的にアレンジしたものの1つに, パッシブソーラーハウスがある. 昼間に屋根や温室で太陽光を集熱し, 床や壁に蓄熱した後, それを夜間に放熱し暖房に利用する. 夏季は熱で暖めた上昇気流を活用し, 冷気を呼び込むことで冷房効果を発揮することができる.

また, 都市部では少なくなった水分を取り戻すことで, 潜熱利用による温度調節が可能となる. 古くから行われていた打ち水の習慣はこうした工夫の1つである. 室内や屋外に池をつくる, 樹木や土の面からの蒸発散を利用するなどの工夫が考えられる. さらに, 外壁や床, 天井などを高気密化することでエネルギー損失を少なくし, 全体のエネルギー使用量を低減する工夫も行われている.

②未利用エネルギーの有効利用: 現在, エネルギー効率の点で問題があるものの1つは, 発電時のエネルギー損失である. 石油や石炭などの化石燃料の燃焼によって蒸気をつくり, その力でタービンを回すことによって発電する. このとき一部は熱として廃棄される. この熱を廃棄するのではなく熱のまま利用することでエネルギー効率を高めようとするシステムがコ・ジェネレーションシステムである. 電気と熱を同時に発生させるという意味でコ・ジェネレーション (co-generation) と呼ばれる.

熱はあまり遠くに運ぶことができない. したがって, コ・ジェネレーションシステムは, 利用される場所のすぐそばで稼働させなければならない. そこで必然的に小規模分散型になる. 発電に限らず従来のような大規模システムでは, 環境負荷の低減はむずかしい面が少なくない.

また, さまざまな都市活動によって発生する廃熱を有効に活用する方策もとられるようになった. その代表例は清掃工場の廃熱利用である. ほかに地下鉄や下水処理場の廃熱の活用も行われている. こうした低温熱源を活用するには, ヒートポンプが利用される. 廃熱ではないが都市における低温熱源としては河川水があり, ヒートポンプによる河川水温度利用も行われるようになった.

コ・ジェネレーションシステムやヒートポンプによる廃熱利用システムは比較的大規模なものであり, 戸建て住宅レベルでの活用はむずかしい面もあるが, 集合住宅団地では積極的な活用が検討されてよい.

③自然エネルギーの活用: 太陽エネルギーや風力, 水力といった自然エネルギーの利用も, 化石燃料の使用量低減とそれに伴う二酸化炭素発生量の削減には効果が高い. 風力や水力の利用といえば, 風力発電などが頭に浮かびがちであるが, 古くから用いられている風車や水車, 帆船なども自然エネルギー利用の方策の1つである. 化石燃料に依存する以前は, こうした自然エネルギーを活用した生活が行われていたはずである.

太陽エネルギーの利用については, 先ほども述べたように, 機械的な装置を使用して積極的に太陽エネルギー利用を図るアクティブソーラーシステムと, 大がかりな機械設備に頼らず太陽エネルギーを活用するパッシブソーラーシステムに分けることが

できる．パッシブソーラーシステムの事例としてはパッシブソーラーハウスを取り上げたが，アクティブソーラーシステムには，太陽熱を集熱し給湯や冷暖房に利用する太陽熱利用システムと，太陽電池で発電した電気を利用する太陽光発電システムがある．

2) 水資源活用の工夫

水，とりわけ上水システムの課題は，まずその使用量をいかに低減できるかにある．水の使用に当たって考えなければならないのは，その質の問題である．現在日本では，上水は飲用できる質が保たれている．しかし，実際の水使用に当たって，飲料水としての水質を要求するものは一部である．そこで，上質の水質を必要としないものについては，上水道以外からの水供給を行うことで，上水の使用量を低減することができる．

比較的簡単に利用できるのは雨水の利用である．建物の屋根に降る雨を水槽に溜めることで，ポンプアップしてトイレの洗浄や植木の水やり，洗車などに利用できる．また，コミュニティ単位で公園，広場などの地下に貯水し，防火用水や非常時の水利用に利用することもできる．さらに，住宅団地では噴水やせせらぎなど修景用の水として雨水利用が考えられる．こうした雨水の一時貯留は，洪水防除にも役立つ．

また，水の使用量を減らすには，風呂の残り湯を洗濯に使用するなど，同じ水を水質の低下に従って使い回すいわゆるカスケード利用も効果的である．カスケード利用とよく似た考え方をシステムとして取り入れたものに，中水道システムがある．上水と下水の間の水質ということで，中水と呼ばれる．これは大規模ビルや住宅団地などの排水をビルや団地内で簡易に処理し，それを再びビルや団地のトイレの洗浄水などに利用するものである．中水道システムは，排水処理施設や中水用の配水管敷設の必要があるため，コストもかかり，そのため大規模ビルや団地といった一定規模以上の水利用があるところでの利用が望ましい．

(2) 自然環境を生かす

自然との接触機会を増やすハイコンタクトの観点では，住宅敷地内や住宅地内で自然をいかに確保するかが課題となる．

1) 既存の自然を活かす造成

住宅敷地や住宅地内に自然を取り込む手法では，すぐに緑化が思い浮かぶ．しかし，緑化は次善の策であることを念頭におかなければならない．そもそも人が住宅を建てる前には，そこに自然が存在したはずである．それをいったんなくし，その後改めて自然を取り込む手法が緑化なのである．そうではなくて，造成段階からできるだけ既存の自然を残す工夫を施すべきである．

樹木があれば造成工事の際に大型建設機械が作業しづらくなる．そのため，従来はいったん樹木を伐採して造成工事を進めてきた．そこに樹齢何十年，何百年という大樹があっても，工事の簡便さだけでそれを伐採してきたことが多かったのである．環境共生を目指すのであれば，当然こうした既存樹木を大切にした造成工事を行わなければならない．また，造成工事の際には表土の保全も考慮する必要がある．樹木の生育は土壌条件に左右されるが，造成工事はその土壌を操作する工事である．いったん樹木を移転，あるいは伐採する場合でも，表土の保全を検討することが大切である．

2) ビオトープ

ビオトープ（Biotop）はドイツ語で，bio は生物を，また top は場所を意味する．すなわち biotop とは，「生物が生息する場所」という意味である．もう少し厳密にいえば，動植物が一定範囲で共生のシステム，つまり生態系を構成している場合，その空間の単位を指してビオトープと呼ぶ．

ビオトープは生態系の単位であるから，それを保全，創造していく場合には当然生態系の原理に基づいて考えることが必要である．生態系の骨格をなすのは食物連鎖である．食物連鎖は，太陽エネルギーを固定化する生産者，すなわち植物からスタートし，消費者としての草食動物，小型肉食動物，大型肉食動物へとつながり，そして動植物の死骸を分解し土に戻す分解者としての微生物を経由して，再び植物へとつながる循環の系を構成している．

ここで大切なのは，まず，生産者としての植物の生育条件である．その中で大きな鍵をにぎるのが土と水である．たとえば，チョウやトンボといった昆虫類の生息を促すためには，そうした小動物が餌としたり生息環境とする植生を保全したり創造しなければならないが，その植生を生育条件としての土壌と水の条件とともに考慮することが必要である．また，とくに小動物は穴を住処(すみか)にするものが多く，そのため多孔質な空間が望まれる．起伏に富んだ地形，生け垣などはそこに透き間をつくり出し，それによって多孔質な空間が形成される．

多様な生物の生息を可能にするには，当然，多様な空間が必要である．水では川などの流水だけでなく，池などの静水が必要であり，また，川にも流れが急な部分とよどみが必要である．土壌も乾燥した部分と湿った部分など，多様性が確保されなければ

ならない.

このように,生物の生息環境としてのビオトープを保全,創造するためには,動植物の生育条件を十分に検討し,生態系を形成する工夫を行うことが必要である.

3) クラインガルテン クラインガルテン (Kleingarten) もドイツ語であり,klein は小さい,Garten は庭のことである.ドイツでは,庭をもてない集合住宅居住者などに,都市近郊の緑地帯を貸し農園として賃貸しているが,それがクラインガルテンである.貸し農園といっても1区画が $300 m^2$ 程度もあり,日本の市民農園に比べてきわめて広く,小屋もついている.市民はそこで花や野菜,果樹などを栽培し,収穫期には休日に小屋で料理をしてパーティなどを開いたりする.都市住民のレクリエーションと農産物生産,農地保全が組み合わされた好事例だといえる.都市計画によって地区詳細計画で「長期貸し農園(Dauerkleingarten)」に指定することで,継続性を確保することができるようになっている.

4) 建物の緑化 限られた空間の中で自然をできるだけ多く取り入れるためには,建物の緑化も有効である.ベランダや窓台に鉢植えなどを置くだけでなく,壁面や屋根,屋上など建物本体を緑化することも考えられる.建物本体を緑化する場合には,当然,設計段階から緑化を前提とした設計が必要である.とくに,植物の生育条件として,光と土,水への配慮が大切である.たとえば,屋上を緑化する場合,十分な生育を可能にするためには高木で 90 cm 以上,中木で 60 cm 以上,低木で 45 cm 以上,芝・草でも 30 cm 以上の土壌厚が必要であり,当然その重さに耐えることができる構造にしておかなければならない.現在は土に代わり水分を確保する材料として不織布やロックウールなども使用されているが,こうした材料だと土よりも軽量にすませることができる. 〔久 隆浩〕

参考文献

1) 内藤正明:エコトピア,日刊工業新聞社,1992.
2) 地球環境・住まい研究会編:環境共生住宅宣言,1992.

16

住宅と消費者問題

16.1 現代の住宅と消費者問題

16.1.1 消費者問題の発生

1956年，経済白書で「もはや戦後ではない」と報告されたが，このころから日本の消費者問題が出現した．すなわち経済の高度成長の中で，大量生産，大量販売が一般化し消費生活はたいへん豊かになった半面，消費者は事業者に対し技術力や経済力，情報量などの面の格差から相対的に立場が弱く，多様な消費者問題が発生してきた．

住宅の分野においては，高度成長期以降，都市部を中心とする大量の住宅需要に対応する新しい供給形態として，従来の建築請負い契約による住宅のほか，建売住宅，分譲マンションといった売買契約に基づくものなど住宅の商品化が急速に進展した．こうした中で1970年以降，住宅の消費者問題が顕在化してきた．

1972年，台風20号によりプレハブ住宅に被害が続出し，マスコミで大きく取り上げられた．またマンション建設のピークとなった1976年には，欠陥マンションが社会問題化し，「マンション問題を考える会」が発足している．加えて，近年は悪質な事業者による販売方法関係の消費者問題も顕著になってきた．たとえば架空の物件をえさに，問い合わせてきた消費者に高額の物件を紹介するなどの「おとり広告」，交通の利便性，建築経過年数，広さといった物件の内容に関する「不当な表示・広告」，また「原野商法」や「見本工事商法」をはじめとする詐欺的な商法などがある．

さらに1995年1月に発生した阪神・淡路大震災を契機に，当該地域の各消費者センターには住宅関連の相談が急増し，住宅の消費者問題を普遍化させた．

16.1.2 最近の住宅被害・トラブル

図16.1は，兵庫県立神戸生活創造センター等で受け付けた，阪神・淡路大震災の年を含む9年間についての，住宅の苦情件数の推移を示したものである．消費者の住宅取得方法別に，①新築住宅など住宅を「建てる」ことに関して発生した相談，②建売住宅，分譲マンションなど住宅を「買う」ことに関して発生した相談，③賃貸マンション，借家など住宅を「借りる」ことに関して発生した相談，④瓦の一部葺替え，壁の部分塗装など部分的な請負い工事「改築・改修する」ことに関して発生した相談，の4種類に分類のうえ，まとめている．

16.1.3 震災関連トラブル

1994年度は約16万戸の住宅が全・半壊という震災の影響をもろに受け，1月17日から3カ月半に「借りる」相談を筆頭に，「建てる」「買う」「改築・改修する」のいずれにおいても相談が殺到した．

震災直後，被災した家屋の補修や建替え需要が高かったにもかかわらず，地元業者が被災して営業できなかったり，工事依頼が集中して断られるなど売り手市場であった．こうしたなか，補修を焦る消

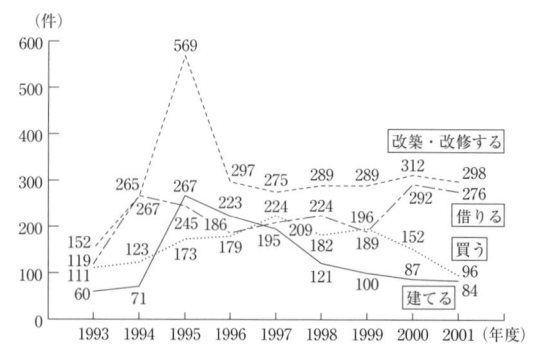

図16.1 兵庫県立神戸生活創造センター等における消費者苦情の年度別件数

費者心理を悪用し「いまなら格安，すぐ着工」などとおとり広告や虚偽の説明で契約させるケース，悪質な訪問販売業者の横行もあり詐欺のケースが目立った．工事内容では，信用や技術の裏づけのない業者によるトラブルが多発している．

16.1.4 「建てる」場合のトラブル

兵庫県立神戸生活創造センター等での相談は，品目別では1995年度以降，「建てる」「改築・改修する」相談である「工事・建築」が第1位を占めるようになった．また4割が「建てる」「改築・改修する」で多い．

主な事例は，「新築住宅で雨漏りし，何度修理してもらっても直らない」「予定日を2カ月過ぎても新築工事が完成しない」「完成したが請求金額が見積り額より50万円ほど高い」「新築工事は一応終わったが，基礎や配管が設計図と違う．図面どおりの施工を求めたが応じない」「屋根のコーティングをしたが雨漏りする」「補強工事を勧められたが本当に耐震になっているか不安だ」など多種多様な内容である．震災をきっかけに消費者の住宅への関心が高まったこともあり，欠陥・不良工事や工期の遅延といった相談が常態化している．

16.1.5 「買う」場合のトラブル

建売住宅では「雨漏りし業者に申し出たが対応してくれない」「土台にひびが入ったが業者の対応が悪い」，また分譲マンションでは「購入したが図面や説明と実際が違う」「入居したがドアの締りが悪く湿気も多く困っている．業者に申し入れているが修理してくれない」などさまざまな部位にわたって品質不良が発生しており，それに対する業者のクレーム処理やアフターサービスが問題となっている．

16.1.6 「借りる」場合のトラブル

震災時を除けば比較的少ないが，消費者が契約や法律を熟知していないと，業者のペースにのまれ不利益をこうむることもあり注意を要する．

事例として，「賃貸マンションを申し込んだが他の物件がみつかり断ったところ，"預かり金"として支払った10万円を返してくれない」とか「退去時に"敷引き"のほかにクロスの張替えと畳の代金を請求された」といったトラブルが急増している．また「神戸に引っ越してきたが，賃貸マンションの保証金が120万円と聞きびっくりした」というケースもみられる．

敷金，礼金，保証金，更新料などさまざまな言葉があり，民間と公的住宅の違いや地域によって商習慣が異なることからトラブルが生じている．

16.1.7 住宅トラブルへの対応

もっともクレームが多く内容も深刻な「建てる」「改築・改修する」場合について，消費者の対応方法の7つのポイントをあげてみる．

①口約束など工期や設計，工事内容が曖昧で不安な場合：途中からでもきちんとした内容を覚書きなどで交わす．

②工事途中にずさんな工事を発見し，手直しを頼んでも応じない場合：他の業者に手直しさせ，その代金を請求する旨通知し交渉する．

③消費者の都合で工事途中に解約する場合：業者に生じた損害を負担して解約できる．損害内容の内訳を要求し交渉する．

④工事の遅れで消費者に損害が発生する場合：契約書に記載があればその額に基づいて交渉する．仮住まいの家賃等，実損額の方が大きければその額で交渉する．工事請負約款は，日本建築学会，日本建築協会，新日本建築家協会，全国建設業協会の4団体で作成した「四会連合協定」が広く用いられている．この約款では遅延料金は1日につき契約金額の1000分の1と定めている．

⑤工事内容について技術的な判断が必要な場合：状況写真や設計図，契約書を持参し，都道府県の住宅相談窓口で専門家の助言を得る．現場確認，鑑定が必要であれば建築士に事前に料金を確かめ依頼するとよい．建築士事務所協会に尋ねると，地元の建築士を紹介してもらうことができる．

⑥弁護士など法律の専門家の助言が必要な場合：法律扶助協会に相談し処理を依頼する．行政機関の法律相談窓口にも相談して問題を整理しておく．

⑦交渉したが納得できない，あるいは相手が交渉の場に出てこないなど解決が困難な場合：簡易裁判所の調停を利用する．

16.1.8 欠陥・不良住宅発生の背景

住宅トラブルは，「建てる」「改築・改修する」「買う」において品質に関する問題が4～5割を占め，他の商品に比べてかなり高い．この理由として，第1に住宅が土地に定着する工作物であり，現場で1品ごとに生産されるため一定の品質管理が困難な特性をもっていることが挙げられる．一方，建設に携わる事業者も，総合建設業や専門工事業，全国的業者や地場業者，規模も超大手から零細業者まで多種多様ななか，技術水準も「ピンからキリ」

で，そのうえ，現場担当者に資格制度や法定研修制度がないことも，工事を行う際の技術水準を低下させている．また消費者が大手業者に発注しても実際には下請け業者に回され，その下請け業者によって完成度が大きくばらついたり，現場生産のため，建築材料などの自由な変更や手抜きすら容易にできる現状にある．さらに住宅は多くの材料，職種の組み合わせで成り立っている総合製品であり，それぞれの業界間で連携がとられにくいことも欠陥・不良住宅の発生を多くしている要因といえる．

16.1.9 業者の選び方
(1) 「建てる」「改築・改修する」
信用できる業者を選ぶのが何より重要であり，信用性の判断には建設業法の登録の有無が1つの目安となる．行政の窓口で備え付けの業者名簿を閲覧して，基礎的な情報を収集したり助言を得ておく．またその業者を訪ね接客の態度をチェックしたり，過去に手がけた物件を聞き取りその場所をみることも効果がある．地元で実績のある業者は技術レベルや価格面を把握しやすいうえ，アフターサービスも受けやすい．

(2) 「買う」「借りる」
地元の不動産業者や住宅情報誌などで情報を収集する．広告の曖昧な表現，誇大な表現に注意したうえで，売買や賃貸借の仲介を行う宅地建物取引業者の信頼性をチェックする．行政の窓口で業者名簿を閲覧し，過去の営業実績や業界団体への加入や苦情相談の有無などについても確認したい．

16.1.10 契約する場合の注意
住宅の取得に当たってはさまざまな契約行為が伴うが，契約はもっとも注意を要する手続きである．トラブルの多くは，きちんと契約をすることによって回避できることも少なくない．

(1) 「建てる」「改築・改修する」
建設業法により，請負契約の内容については着手時期や完成時期，代金や支払い方法などを記載することが定められている．これらを十分に読むとともに，事前に細部までよく話し合い，きちんと契約書などの書面にして残しておくことが肝要である．おたがいの信頼関係でなどと曖昧にしておかず，書面で細かく規定するようにする．見積書ももらっておく．

(2) 「買う」
管轄の法務局へ出向き登記簿を自分の目で閲覧し，売り主と所有者が同一人物か，広告の場合，登記簿との記載事項が一致しているかなどの点をよく確認する．業者から口頭で重要事項説明を受け，納得したら重要事項説明書に署名，押印し契約を結ぶ．よく考えずに宅地や建物を購入したときにも，事務所以外の場所での契約など一定の条件のもとで，クーリング・オフ制度により申込みの撤回，契約の解除を書面で無条件に行うことが可能である．

(3) 「借りる」
契約をする前に，間取り図だけでなく必ず現地で物件を確かめておきたい．家賃のほか敷金や値引き額も考慮し，数社の物件を比較・検討する．契約にあたっては宅地建物取引主任者から重要事項説明を受け，十分に納得したうえで賃貸借契約を結ぶ．重要事項説明書と契約書の内容が一致しているかどうかを，しっかり確認することが大切である．入居前に家主や不動産業者とともに，部屋の状況をおたがいに確認しておくこと，また入居者の修理義務の範囲が細かく定められていることもあるので，契約書をよく確認することもトラブル防止に役立つ．

16.1.11 住宅の被害・トラブルの防止
住宅は生存，生活の基盤である．良好な環境のもとで人間にふさわしい住宅に住むことは，すべての市民の基本的人権であり，人間らしい本当の豊かさの前提となろう．ひるがえって，さまざまな住宅の被害，トラブルを検証すると，こうした視点とはあまりにかけ離れた深刻な状況が認識される．「建てる」「改築・改修する」「買う」「借りる」のいずれにおいても，住宅を確保するにはたいへん高額な出費を伴う．やっとの思いで入手したわが家が欠陥・不良住宅であれば，大きな経済的損失をこうむると同時に精神的苦痛をもたらし，それがもとで家族崩壊を引き起こしたケースもある．また欠陥・不良箇所が一向に直らず，居住者の健康を害した例もみられる．

住宅は消費者保護対策が進みつつあるが，建築という専門領域に，一般消費者はもとより多くの消費者センターも知識が及びにくく，被害救済が不十分な状況である．行政や住宅業界には，多発するトラブルを教訓にトラブル発生を防止するシステムの構築が望まれるところであり，第三者による建築チェックシステムや苦情処理体制の整備，原因究明機関の設置，さらに消費者への教育機会の提供が課題であろう．

消費者も一生に一度程度の大きな買物だけに，住宅に関する知識を高め，業者任せの安易な契約を避けることが基本である．

広告，宣伝をうのみにしたり，業者のブランド名，セールスマンの言動に左右されないとともに，うまい話には裏があると肝に銘じなければならない．もし被害にあっても諦めず，問題解決に向けて業者と交渉することが大切である．マンションなど集合住宅の場合は，住民間で力を合わせて解決のために運動を展開するのが効果的であろう．

住宅の被害，トラブルには，消費者センターの相談窓口にも申し出て，決して泣き寝入りしない断固とした姿勢で臨み，住宅における消費者主権の早期実現を目指したいものである．〔酒居淑子〕

16.2 住宅の新改築・購入時のプロセスと消費者問題

16.2.1 新改築・購入時のプロセス

住宅を新築する，改築する，購入するプロセスは一様ではない．図16.2の左のフローは土地を購入し，戸建住宅を個別注文で新築する場合のプロセスである．敷地についての情報を収集し，選択・決定，契約・取得し，その後住宅設計，請負契約を行い，建築確認の手続きを経て着工する．完成までの間に3回程度の中間検査を実施し，完了検査を終え，住宅の引き渡し，入居となる．そこから管理過程が始まり，将来は売却もある．なお，中間検査や完了検査は，2階以下の木質戸建て住宅の場合には実施されない可能性が大きいので，施工業者以外の第三者による検査を必ず受けることが重要である．

図16.2の右のフローは中古マンションを購入する場合のプロセスである．やはり物件の情報を収集し，選択・決定，契約・取得し，鍵の引渡しを受け，入居が始まる．マンションの場合には，戸建て住宅と異なり，建物形態が複雑でかつ高度な設備をもち，またその所有の範囲がわかりにくい．持ち家といえども所有権の制限があること，住戸の購入者（区分所有者）による共同管理が必要であるなどの特徴から生じる消費者問題がある．

16.2.2 情報入手・契約時の問題
―――適正な情報のもとで住宅を選択し契約するむずかしさ―――

住宅やその敷地などの不動産は，取引き額が高額なうえに，複雑な権利関係や多様な施工過程・構造となっている．しかし現状では，一般消費者にはそれについての十分な知識がなく，経験が乏しいにもかかわらず，客観的でわかりやすい情報を入手して消費者が主導的に住宅の新築や購入を選択し，契約する仕組みが日本では不充分である．

(1) 重要事項説明

住宅などの不動産の売買・賃貸などにおいては，契約成立までに，宅地建物取引主任者が購入者の意思決定に重大な影響を及ぼす項目について，説明することになっている．しかし，1996（平成8）年に建設省（現国土交通省）および都道府県に寄せられた，不動産取引きなどに関する苦情・紛争（10918件）の中で，もっとも多いのが重要事項説明に関するものである（17.3％）．「敷地内の都市計画道路の計画決定が知らされなかった」「建蔽率や容積率に虚偽の説明があった」などが挙げられているが，重要事項説明の内容そのものが制限的であり（表16.1），一般消費者には理解しにくいという現状がある．

(2) 住宅建設・修繕履歴

一般に住宅の選択段階において，その住宅の建設時の履歴やその後の修繕・改善履歴が明らかでない．契約段階に入り，ようやく重要事項説明の中で一部建物概要は説明されるが，おおむね住宅選択段階では建物概要の情報は入手できず，とくに修繕履歴は明らかにされない．1998年の建築基準法の改正では，工事別の建物台帳の整備が特定行政庁に義務づけられ，計画概要，建築確認，検査履歴（中間，完了），許可の有無などについては，閲覧が可能になった．アメリカ，オーストラリアではすべての住宅の新築，増築，改造，大規模修繕に許可申請が必要で，それに基づく現場検査を行い，その結果を住宅ごとに記録し，正当な理由があればだれでも閲覧できる．さらに，アメリカでは売買時に，売り手が知りうるあらゆる情報を買い手に伝えることが，法的にディスクロージャー制度として定められている．このように，日本でも消費者が検討住宅の適正な情報をみずから入手できる体制が望まれる．

(3) 住宅購入前検査

中古戸建て住宅の売買成立後，その住宅が取り壊され，新築されることがある．その背景には「資産価値は土地のみにあり中古住宅にはほとんどない」「人が使ったものは嫌」といった考え方もあるが，「この住宅は安全にどのくらい使えるのか，どのくらい傷んでいるのか」といった住宅の安全性，耐久性の客観的判断をしたうえで，質の良さを価格に反映させる取引きが行われていないためでもある．この点について参考になるのは，アメリカ，オーストラリアなどで実施されている住宅購入前検査（pre-purchase home inspection）である（表16.2）．この検査は不良箇所や改善，補修すべき箇所を指摘

	住宅を注文建設する場合（戸建住宅の場合）		住宅を購入する場合（中古マンションの場合）
	土　地	建　物	
情報収集	敷地の選定 ・情報収集 ・宅地の実測 ・宅地の権利関係の確認 ・法制限などの確認 ・重要事項の説明を受ける　　　（書面にて）	建築計画 ・住宅の情報収集 ・日影，眺望，境界など相隣関係の考慮 設計者，建設業者選定 設計図作成，見積り 基本設計図完成 ・将来の増築，改造を考慮した計画 ・アフターケア，メンテナンスのしやすさを考慮 建築確認申請 建築主事の確認 建築確認の通知 基本設計の確定 実施設計の完成 最終見積り完成 ・別途工事など内容の確認 工事請負額決定 ・資金の支払い（手付金，中間金などの時期，金額，返却条件など）の確認 ・契約内容および契約解除の条件の確認（たとえばローン不成立など）	不動産情報収集 ・広告内容と実物の照合 ・広告に載っていない物件に関する情報の収集 住宅の選定 ・環境，便利性，法規制の確認 ・管理状態の確認 ・実物の確認 ・補修・改善経歴や計画，資金計画の確認 重要事項の確認 ・重要事項の説明を受ける（書面にて） ・専有部分と共用部分の確認，管理形態と管理費，積立金など，管理ルールの確認 ・管理規約や使用細則の確認 ・資金の支払い（手付金，中間金などの時期，金額，返却条件など）の確認 ・契約内容および契約解除の条件の確認（たとえばローン不成立など）
契約	契約 土地取得 ・宅地の所有権移転登記	請負工事契約締結 ローンの手続き 着工 中間検査（特定行政庁によって異なる） 上棟 竣工 ・不満，注文などは常に相談，解決 工事完了届 ・建築主が竣工後4日以内に建築主事に工事完了届を出す義務 建築主事の完了検査 検査済書交付 （工事完了届出後7日以内に交付） 住宅完成 ・竣工検査立会い，手直しを依頼	売買契約の締結 ・所有権移転登記日，物件引渡し日，代金完済日の確認 ・固定資産税やガス，水道，電気使用料の区分負担の確認 ・パンフレット，入居のしおりなど，マンションに関する資料の引渡し ローンの手続き ・ローンの手続き，貸付け承認 ・保証委託契約，金銭消費貸借契約
引渡し		住宅引渡し ・鍵と瑕疵保証やアフターサービスの保証書の引渡し ・竣工図の引渡し 建物表示登記 建物保存登記 ・登記簿謄本 税金支払い	住宅引渡し ・管理組合に入居の連絡 ・物件引渡し，鍵と保証書などをもらう ・残金支払い，代金完済 所有権移転登記 ・瑕疵保証やアフターサービスの確認
管理		入居 管理 ・瑕疵の補修 ・住宅のメンテナンス	入居 管理 ・瑕疵の補修 ・住宅のメンテナンス
売却	売　　　　却		売　　　　却

図16.2　住宅の新築・購入のプロセス

表 16.1 重要事項説明の内容（説明すべき事項）

1. 登記簿の内容：所有権などの権利の種類，所有権者
2. 法令に基づく制約：
   市街化区域，市街化調整区域など
   用途地域，地域・地区，建蔽率，容積率，前面道路，その他
3. 私道負担
4. 飲用水，電気およびガスの供給施設，排水施設の整備状況
5. 未完成の場合のみ：
   宅地（平面図，道路からの高さ，擁壁，階段，その他）
   道路（宅地周囲の道路幅，道路舗装の状況，側溝などの構造，その他）
   建物（平面図，構造，屋根の種類，階数，主要構造部の材質，内外装の材質・塗装の状況，その他）
   設備の状態（設備配置図，電気設備，ガス設備，給排水設備，給湯設備，冷暖房換気設備，消火設備，衛生設備，厨房設備，照明器具，備え付け家具，門扉・門塀，その他）
6. マンションの場合のみ：
   敷地の権利，規約の内容，専用使用権，修繕積立て額，管理費用，委託先，維持修繕の実施状況など
7. 代金以外の必要な金額とその理由
8. 契約解除について
9. 損害賠償額の予定または違約金
10. 手付金の保全措置
11. 支払い金，預り金の保全措置
12. ローンの斡旋
13. その他（割賦販売など）

表 16.2 住宅購入前検査の役割と普及要因（オーストラリアクィーンズランド州ブリスベンの場合）

1. 住宅購入前検査の役割
   ①中古住宅の売買時に建物の検査ができる
   ②売り手が住宅を売りに出す前に，改善や補修をする契機になる
   ③不良箇所や改善，補修すべき箇所を指摘し，買い手に価格の正当性を判断する材料を与える
   ④住宅の契約トラブルを避けやすい
   ⑤買い手が改善や補修をする具体的な計画が立てやすい
   ⑥維持管理のよさが住宅価格に反映することを社会的に明示できる
   ⑦消費者の維持管理に対する関心や知識を高める
2. 住宅購入前検査の普及要因
   ①建物検査の有無およびその内容を契約条件に入れる。なお，契約解除の条件ともなる
   ②金融機関や保険会社が検査書の提示を条件づけることがあり，これは増加傾向にある
   ③契約トラブルが減るので不動産業者が推奨する
   ④行政が制度の普及活動を行っている（2000年7月1日に免許制度新設）

し，買い手が価格の正当性を判断する材料を与えることを第1の目的としているが，この検査の存在が，売り手が住宅を売り出す前に改善や修繕をする契機にもなる．この検査書をもとに，売買契約内容の見直しや契約解除をすることができる．

(4) 不動産取引の第三者的専門家

不動産取引にもクーリング・オフ制度があり，一部契約解除も認められる．しかし，日本には住宅購入には専門的知識や多面的情報の検討が必要であるにもかかわらず，消費者を助けて客観的に適正な情報を収集する専門機関や専門家集団が整備されておらず，消費者が不利になっている．この状態を回避するために，アメリカやオーストラリアでは，住宅購入に必要な情報を消費者に代わって収集し，売買契約に責任をもつ専門家（アメリカではエスクロー，オーストラリアではソリシター）が存在している．このように住宅の売買契約に先立って，中立的な立場で情報を収集し，コンサルティングできる専門家が身近に必要である．

(5) マンションの場合の特殊性

戸建て住宅でも適正な情報を得て住宅を選択することは困難であるが，マンションの購入者が将来起こりうる管理問題を予測して，契約条件や付帯条件を検討することはきわめてむずかしい．たとえば，「駐車場は共用部分であるのに専用使用権が分譲された」「元地主の住戸の管理費や修繕積立て金が安い」などのように，マンション管理のしやすさを前提とした企画，計画，設計，分譲が行われていない．マンションの開発，分譲には，消費者保護の視点からの行政対応が望まれる．国土交通省は分譲会社や管理会社に通達を出し，マンションの管理の適正化の推進に関する法律を制定したが，消費者への積極的な取組みが少ない．アメリカのカリフォルニア州では，マンションのようにコモンスペースのある住宅については，入居後の管理への行政対応とは別に，不動産局の職員による物件別の現地調査に基づいて，情報公開のためのパブリックレポートを発行し（表 16.3），消費者に情報を提供している．

16.2.3 引渡し・入居後の管理上の問題——住み手自身によるメンテナンスのむずかしさ——

建設業者による住宅のアフターケア，アフターサービス基準が見直され，住宅保証制度も充実されつつある．しかし，業者主導の体制となりがちで，住宅の引渡しを受けた後に，住み手みずからが管理を行うことに対しては，体制が整っていない．

表16.3 パブリックレポートの内容（米国カリフォルニア州の場合）

① 開発業者，対象物件，開発の種類，一般的注意事項
② 一般説明
　・管理組合契約，管理費などの説明
③ 特記事項
　・共用部分の範囲・対象
　・管理費用
　・管理組合の義務，開発業者による未売却住戸の管理費負担
　・住戸を賃貸にする自由
④ 建物概要および管理方法
　・立地と規模
　・管理と運営（管理は制限約款，法人規約，規約に従って行われる）
　・維持管理と運営費用（不動産局によって審査され，予算案に基づいたもの）
　・財産所有権，用益権（基本設備，排水，下水に対する権利などは行政に記録されている）
　・税金
　・購入資金取扱いの手順
　・土壌の状態
　・地質学的にみた自然災害の可能性
　・水道，ガス，電気，電話，上下水道，道路，販売状況，不在所有者が支払うべき基本設備費用
　・学校の立地など

（A4，計11ページにわたる）

(1) 重要書類の引渡しと実物との一致性

新築の場合には，建物竣工図や保証書などの重要書類の引渡しを受けることになるが，それが引き渡されていないことがある．戸建て住宅には完了検査を経ていないものが多く，マンションでも施工現場対応の結果，実際にでき上がった建物と竣工図が一致していないことがあり，メンテナンスがしにくい．

(2) メンテナンス部材などの入手

現在の戸建て住宅の設計，施工，維持管理に至るほとんどが，「専門家による体制」を基本としている．日本の住宅産業には，全国を市場とする大手住宅メーカーが存在し，その影響力が大きい．プレハブ住宅にも多くの種類があり，メーカーブランドやメーカー内の商品ブランドごとに寸法や形状が違う部材が使用されて互換性がなく，むしろこの個別性を売りものに発展してきている．また，市場は非常に閉鎖的で，一般消費者が部材，資材，設備などをメーカー直販で入手できないのが現状である．

(3) メンテナンス技術とその社会的体制

耐震診断の実施率が徐々に上がっているが，阪神・淡路大震災で被害を受けたマンションでは，「適正で客観的な被害実態のデータがない」「補修では安全性が心配」「建替えの方が経済的支援が多い」などと，修繕よりも建替えを選ぶ傾向にある．現状では，建物診断・修繕技術やそれを支えて安全性を確保しながら建物を長持ちさせる社会的体制が未整備である．

16.2.4 売却などの流通活性化の問題と今後の課題

今後は，以上述べてきたことに関する消費者問題を改善するために，制度の整備や行政による建設，分譲，管理，不動産などの業者コントロールが必要である．さらにこれからの住宅は，地球環境の保全などを考えると，よい住宅を建設し，それを良好に維持管理し，管理状況が適正に評価されて，市場に流通していくことが重要になる．

(1) 情報開示の重要性と自己責任を高めるための消費者教育

住宅選択・購入に必要な適正で客観的な情報を，アメリカのディスクロージャー制度のように開示することが日本でも必須である．その基本は，購入者自身がそれを必要と考えて情報を収集し，より正確かつ適正に判断する能力を養うことである．先述のアメリカ，オーストラリアの場合，住宅購入前検査を実施するのは買い手側であり，自己の利益を熟慮した購入者の意思決定に任される．日本においても，自己責任を高めるための消費者教育が必要である．1998年の建築基準法改正で，中間検査や建物建設台帳整備閲覧制度が導入され，その後も新制度の整備や検討が行われている．しかし，中間検査は一般的な2階以下の木質戸建て住宅は適用外になる可能性が大きい．さらに，不動産，住宅に対するPL法も未整備であり，基本的な住宅の安全性と消費者保護に立脚していない．そこで，消費者自身が住宅保証制度などを積極的に活用し，自らの権利を守ることが重要になる．

(2) よい住宅をつくりそれを長もちさせるための社会的なトータルシステムへ

住宅のメンテナンスを促進していくために，住宅の良質な維持管理を住宅融資や保険制度と連動させて，現在のように築何年以上の住宅は融資対象にできないといった制度を改めるべきである．たとえば，住宅金融公庫の中古マンション購入に一部導入されているように，管理状態を評価し，それにより融資額と年数が決まるように，社会システムをトータルに見直すことが今後ますます重要である．

〔中野迪代・齊藤広子〕

16.3 賃貸住宅における消費者問題

16.3.1 賃貸住宅に関する苦情の動向

国民生活センターと全国の都道府県・政令指定都市の消費生活センターをコンピュータのオンラインで結ぶネットワークシステム（PIO-NET）に入力されている苦情のデータ（1992年4月〜2003年3月のデータ．ただし，以下の②，③については2002年までのデータ）から，賃貸住宅における消費者問題をみていくことにする．

住宅に関する苦情相談を，①賃貸マンション，アパート，借家など住宅を「借りる」ことに関して発生した苦情，②建売住宅，分譲マンションなど住宅を「買う」ことに関して発生した苦情（中古住宅の購入を含む），③新築住宅など住宅を「建てる」ことに関して発生した苦情に分けてみてみると，もっとも多いのは「借りる」ことに関して発生した苦情で，11年間に14万3949件も発生している．しかも，図16.3にみるとおり年々急増しており，1992年度の4508件に対して，2002年度は2万7003件と6倍近い件数となっている．この増加の原因は必ずしも明確ではないが，最近建築される賃貸住宅において，大家と入居者の関係が大きく様変わりしてきたこと，つまり多くの場合，二者間の関係から不動産業者を仲介とした三者間の契約関係になってきたことも，その増加と無縁ではないと思われる．

苦情内容では，敷金，礼金，家賃など「価格，料金に関するもの」が圧倒的に多く，全体の約7割を占めている．賃貸住宅契約は，敷金，礼金，更新料，権利金，保証金，仲介手数料等，他の商品やサービスに比べてあまりに多くの名目の料金があり，さらにその料金体系も不明瞭なため，入居者にわかりにくいものとなっている．

(1) 敷金，礼金をめぐる問題

「入居前に解約したのに返金されない」「契約更新時にも請求された」「退去したのに返金されない」など，入居前，契約更新時，退去時のあらゆる場面で苦情が発生しているが，大半は退去時に返金されるはずの敷金が返金されないというものである．貸す側の返金しない理由は「畳，襖の交換費用や壁紙の張り替え費用にあてる」「ハウスクリーニングの費用にあてる」というものが多く，「敷金では足りない」として追加請求されるケースも多い．敷金とは，借家人が家賃や「入居者が負担すべき修繕費」など入居者が当然支払うべき費用を支払わない場合などの担保のために，契約時にあらかじめ家主に支払われるものである．したがって，家賃を滞納していれば返金されないのは当然であるが，苦情相談で問題になるのは「入居者が負担すべき修繕費」の範囲である．「畳が日に焼けて黄色くなる」といったような通常の使い方で生ずる劣化は，家賃算定の基礎として含まれているので，基本的には入居者が負担しなければならないものではない．しかし，現実には「入居者が退去時に現状回復する」という契約を根拠に「通常の使用」で生じた畳，襖，壁などの劣化の修復費用を敷金から差し引く家主が多く，問題といえる．

また，賃貸契約を結ぶときに，敷金とは別に家賃の1カ月分くらいの「礼金」と称する金銭を請求されることがある．法律上の根拠はないが，家賃の上のせ分として，入居者が不本意ながら家主の要求に応じて支払っているもので，通常は原則として退去時に返してはもらえない．

(2) 家賃をめぐる問題

敷金，礼金の次に多いのが，家賃の値上げに関する苦情である．家賃は，家主と入居者との契約で自由に決められるが，問題は，家主の値上げの要求に入居者が納得できないときである．法律では，「土地や建物に対する税金などの負担が増えた」「土地や建物の価格が上がった」「付近の家賃と比べて不相当に低い」などの場合に，家主は値上げを要求できると決めている．値上げ額について話合いがうまくいかなかったり，立退きを求められたりして，家主に受取りを拒否されることがありトラブルになっているが，この種の苦情をどう考えるかはなかなかむずかしいところである．ただし，一定期間家賃を

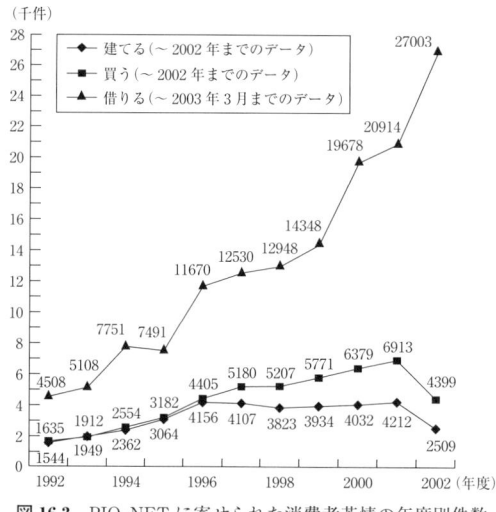

図 16.3 PIO-NET に寄せられた消費者苦情の年度別件数

値上げしない旨の取決めがある場合や，契約直後の値上げ，前回の値上げから日をおかない値上げの請求は認められないので応じる必要はない．話合いで決まらない場合は，裁判所に対して調停の申立てをして決めてもらうことになる．

(3) 更新料をめぐる問題

関東，とくに東京では，家賃のほかに，契約期限がくると家賃の1カ月分くらいの契約更新料をとるところが多くなっている．法律上は支払う義務はなく，また，更新料を支払わなかったことを理由に，家主は更新の拒否はできない．ただし，契約書の中であらかじめ更新料の支払いを約束している場合は，この約束を有効とする裁判例もあるので，注意する必要がある．

(4) 修繕費をめぐる問題

家主は建物を提供し，入居者は家主に対して家賃を払うわけだから，家主は建物を使用可能な状態に整える義務がある．入居者の故意，過失によるものでなく，建物や建具などが普通の使用によって破損したとか，経年変化で傷んだ場合は，原則として家主が修繕しなければならない．修繕が必要になった場合は，家主に連絡して修繕を求めるが，家主が必要期間内に修繕してくれないときは自分で修繕し，その費用を家賃と相殺することも可能である．

(5) 仲介手数料をめぐる問題

不動産業者が消費者に請求できる仲介手数料は，原則として「家賃1カ月分の2分の1」の範囲内であり，消費者の了解が得られれば1カ月分請求してもよいことになっている．しかし，相談をみると1カ月分を支払っている消費者が多い．契約時に1カ月分と告げたなどで「了解を得ている」と解釈しているのであろうが，形式的な了解にすぎない．「原則は1カ月分の半分でよい」ということを知らない消費者には選択の余地はない．

16.3.2 賃貸住宅標準契約書

前項で述べたようなトラブルの原因として，貸し主や借り主が法律をよく知らないことや，契約書の内容が不明確であることが挙げられる．1993（平成5）年，住宅宅地審議会は，賃貸借に関係する法令や判例などに基づいた，合理的で明確な契約書をモデルとして提供する必要があるとの答申を行った．それを受けて国土交通省は「賃貸住宅標準契約書」を作成し，地方自治体や関係業界などに通達して，協力を呼びかけている．

貸し主，借り主の権利義務を明らかにし，また，立場の弱い借り主の権利が不当に制約されないよう

表16.4　貸主の承諾なしで行える修繕

・畳表の取替え，裏返し	・ヒューズの取替え
・障子紙の張替え	・給水栓の取替え
・襖紙の張替え	・排水栓の取替え
・電球，蛍光灯の取替え	・その他費用が軽微な修繕

に配慮されている．ただし，これは契約書のひな型であり法律そのものではなく，その使用を強制されるものではないが，賃貸住宅標準契約書の普及によって，賃貸住宅の消費者問題が軽減されることを期待したい．主な内容は次のようなものである．

①賃　料：　借地借家法に基づき，貸し主，借り主が協議のうえで改定できるとしている．従来の契約書には，貸主が一方的に改定できるものもあり，トラブルも起きている．

②敷　金：　借り主は債務の担保として敷金を貸し主に預け入れ，明け渡す際に返還を受けるが，借り主に家賃の不払いなど債務の不履行があれば，貸し主は敷金から不履行分を差し引けるとしている．ただし貸し主は，その内訳を明示しなければならないとなっている．従来の契約書は内訳の明示義務を記入していないものが多く，トラブルになっていた．

③禁止または制限される行為：　借り主が賃借権の譲渡，転貸，増改築などを行うときは，貸し主の書面による承諾を必要とし，その他の禁止，制限される行為については別表に列記するとしている．従来の契約書は，「近隣に迷惑な行為」のような不明確な内容のものが多く，紛争の原因となっていた．

④修　繕：　借り主の故意や過失以外は，修繕は貸し主の義務としている．また，表16.4に列記した畳表の取換え，襖の張替えなどの経費の修繕は，借り主が貸し主の承諾なしでもできるとしている．いままでの契約書には，どちらが負担するか不明確なものがあり，負担をめぐるトラブルが多かった．

⑤契約の解除：　貸主からの解除については，解除できる事由（家賃の不払いなど）を明確にしている．また，家賃不払いの場合は催告を必要としているが，従来の契約書には解除の理由が不明確であったり，貸し主が催告なしに解除できるとするものもある．

⑥明け渡し：　明け渡すときは元の状態に戻す（原状回復）義務があるが，畳の日焼けなど，通常の使用で生じる損耗については義務を負わないとしている．また，実際に原状回復するときの内容や方法については，当事者間で協議するとしている．これまでは，通常の使用による損耗を借り主の義務と

するものもあり，紛争の原因になっていた．

⑦立ち入り：貸し主は原則として借り主の住宅内に入れない．このため，管理上立入りができる場合とその手続きを明確に規定している．

〔森　千恵〕

16.4　不動産の広告規制

16.4.1　不動産の広告規制の背景

1960年のいわゆる「にせ牛缶事件」（クジラの肉を牛肉と称して販売）を契機として，消費者保護の観点から不当表示に対する適切な規制を求める声が高まり，こうした声に応える形で，1962年に，消費者向けの商品・サービス全般の表示を対象とする不当景品類及び不当表示防止法（以下，景品表示法）が制定，施行された．当時，不動産取引の広告についても，実際と大きく異なる表示が行われていることに対して社会的に厳しく批判されており，不動産取引における表示は同法の主要な規制対象の1つとなった．

同法制定後，公正取引委員会はただちに各種の不当表示，過大景品に対して活発な法運用を開始したが，法運用開始直後の1962年度および1963年度の排除命令，それぞれ8件および4件は，すべて不動産の取引の表示に対してであった．

これらの排除命令で違反とされた表示の中には，「駅から徒歩で6分」のように表示していたが，実際には同駅から徒歩で1時間10分の距離にあったものや，造成工事完了とあたかもただちに住宅が建てられるかのように表示していたが，実際にはがけ地であって，30°ないし60°傾斜しており，整地工事などがなされておらず，そのままでは住宅を建築することができないものなど，著しい不当表示が多くみられた．

以後，不動産取引に関しては毎年のように排除命令が行われ，1993年3月までに227件の排除命令が行われた（1993年4月以降は0件）．これは，同じ期間の不当表示に対する排除命令件数462件の約半数を占める．このほかに，排除命令という法的措置ではないが，景品表示法違反のおそれがあるとして警告を行ったケースも数多くある．

また，1967年には宅地建物取引業法に誇大広告等の禁止規定（同法32条）が設けられ，これに違反した事業者に対しては，業務停止命令（同法65条）又は免許の取消し（同法66条）の措置がとられることとなり，景品表示法に基づく排除命令を受けた事業者は，併せて宅地建物取引業法上のこれらの措置を受けることとなった．

このように，不動産広告の不当表示に関しては活発な法適用が行われてきたが，不動産広告の不当表示がとくに問題となりやすい原因としては次の点が考えられる．

①個々の消費者にとってきわめて購入頻度の低い商品であること，商品が一つひとつ異なるものであるため個々の商品についての評判に関する情報が得られないこと，また，不動産取引に関する消費者の法律上または実態上の知識が乏しいことから，商品選択にあたっての情報がきわめて限られている．

②商品が一つひとつ異なるものであるため，セールスにおいては，現地に案内するなど顧客に対面して説明することにより購入を働きかける必要があり，そのためには，なにしろ顧客を来店させようとして，ともすると誇大な広告をしやすい．

③不動産取引を行う事業者の数が多く，その規模，態様もさまざまであり，また，同じ顧客に反復して販売するものではなく，1回の取引額が高額なことから，事業者によっては長期的な信頼よりも短期的な利益を優先させるケースがみられる．

④消費者が生活するうえで必要性の高い商品であり，また高額の商品であるため，購入した個々の消費者にとって不当表示による被害が大きい．

なお，不動産取引と類似したものとして有料老人ホームがあり，居室のほか食事，各種生活サービス，介護サービス等を提供している．有料老人ホームについても上記の不動産広告における問題と類似した問題があるうえ，顧客が高齢者であり，かつホームに生活全般の面倒をみてもらっており，権利確保のための交渉力がきわめて劣ること，将来どのような介護サービスが必要となるかについて予備知識が乏しいことなどから，入居の際に適正な広告，表示が行われることが重要となっている．有料老人ホームの不当表示について，公正取引委員会は，1993年以降繰り返し問題となる表示について警告を行ってきており，2003年4月には有料老人ホーム（中部地区の3事業者）に対する初めての排除命令を行った．また，2004年4月には，「有料老人ホーム等に関する不当な表示」が告示された（同年10月施行）．

16.4.2　景品表示法の規制
(1)　優良誤認表示

景品表示法第4条第1号では，「商品又は役務の品質，規格その他の内容について，一般消費者に対し，実際のものよりも著しく優良であると（中略）

表16.5 分譲住宅における必要表示事項（販売区画数が10未満のものを除く）

事　項		媒体	新聞折込ビラ等 新聞記事中 雑誌記事下	新聞案内 新聞雑報 雑誌雑報	インターネット	パンフレット等
1	広告主の名称又は商号		○	○	○	○
2	広告主の事務所の所在地		○		○	○
3	広告主の事務所の電話番号		○	○	○	○
4	宅建業法による免許証番号		○		○	○
5	所属団体名及び公正取引協議会加盟事業者である旨		○			○
6	取引態様（売主，代理，仲介等の別）		○	○	○	○
7	広告主と売主とが異なる場合は，売主の名称又は商号及び免許証番号		○			○
8	売主と事業主（宅地造成事業又は建物建築事業の主体者）とが異なる場合は，事業主の名称又は商号					○
9	物件の所在地		○	○	○	○
10	①	鉄道，都市モノレール又は路面電車（以下「鉄道等」という）の最寄駅（停留所）の名称及び同駅等からの徒歩所要時間	○	○	○	○
	②	鉄道等の最寄駅からバスを利用する場合は，最寄駅名，物件の最寄りの停留所までのバスの所要時間及び同停留所からの徒歩要時間				
	③	①及び②以外の場合でバスを利用するときは，バスの停留所の名称及び同停留所から物件までの徒歩所要時間又は公共・公益施設，商業施設その他の著名な施設からの道路距離及びその施設の名称				
	④	①から③以外の場合は，鉄道等の最寄駅名及び同駅から物件までの道路距離				
11	鉄道等の最寄駅又は停留所の路線の名称		○			○
12	開発面積		○			○
13	総区画数		○			○
14	販売区画数		○	○	○	○
15	区画面積及び私道負担面積		○			○
16	地目及び用途地域		○	○		○
17	建蔽率及び容積率		○			○
18	市街化調整区域に所在する場合は，その旨及びその制限に関する事項		○	○		○
19	規約第5条は規定する許可等の処分を要するときは，その許可等の番号		○			○
20	道路の幅員及び舗装の有無		○			○
21	設備等の概要		○			○
22	工事の完了予定年月		○	○	○	○
23	①	価格（入札の場合は最低売却価格）	○	○	○	○
	②	取引の対象が定期借地権であるときは，保証金，敷金等の額				
	③	価格のほかに施設等に関する費用を要するときは，その旨及びその額				
24	取引の対象が借地権であるときは，当該借地権の種類，内容，借地期間及び1カ月当たりの借地料		○	○		○
25	国土法による許可又は届出を要するときはその旨		○	○	○	○

(表16.5続き)

26	共用施設の維持費等（管理費を必要とするときはその旨及びその月額）	○			○
27	宅建業法に基づく手付金等の保全措置を講ずるときはその機関の名称又は商号，講じないときはその旨及びその理由				○
28	取引き条件の有効期限（インターネットの場合は情報登録日又は直前の更新日及び次回の更新予定日）	○		○	○

注) 1. 19, 21及び22の事項については，当該物件の工事が完了している場合には，記載しないことができる（ただしパンフレット等を除く）．
2. 顧客から依頼を受けて遠隔地等を案内する場合において，案内料を要するときは，その旨及びその額を記載すること．
3. 次の事項については，パンフレット等に記載すること．
　(1) 物件の日照その他の環境条件に影響を及ぼすおそれのある建物の建築計画又は宅地の造成計画（規約第5条の規定に適合しているか否かを問わない）であって，自己に係るものがある場合は，その旨及びその規模
　(2) 物件の静寂さその他の環境条件に影響を及ぼすおそれがあり，かつ公表されている道路建設計画，鉄道建設計画その他の都市計画がある場合は，その計画が存在する旨
　(3) 団地全体の見取図又は区画配置図等を表示する場合において，当該団地内に他人の所有に係る土地があるときは，その旨及びその位置

示すことにより，不当に顧客を誘引し，公正な競争を阻害するおそれがあると認められる表示」を禁止している．

こうした優良誤認表示に該当するものとしては，たとえば次のようなものがある．

・交通の便に関するもの
　① 駅からの距離や交通の便について，実際よりも利便性が高いように表示
　② 計画されていない交通機関が計画されているように表示

・不動産の規模・形質等に関するもの
　③ 敷地面積に私道のための面積が含まれているにもかかわらず，これが含まれていないかのような表示
　④ 急斜面のため宅地とはならない部分がかなりあるにもかかわらず，これを含めた面積を宅地として表示
　⑤ 中古住宅について，実際よりも築年数が相当少ないような表示

・土地の利用の制限に関するもの
　⑥ 市街化調整区域のため，住宅の建築ができないにもかかわらず，あたかも住宅が建築できるかのように表示
　⑦ 高圧送電線の下に位置し，大幅な建築制限を受けるにもかかわらず，その旨の記載がない表示
　⑧ 道路に接する部分の状況から，再建築ができないにもかかわらず，その旨の記載がない表示

・環境に関するもの
　⑨ 分譲地の周辺は畑と林のみであるにもかかわらず，付近に各種の商店や公立病院があるかのような表示
　⑩ 近隣にあった温泉はすでに枯渇しているにもかかわらず，当該温泉が出るかのような表示

(2) 有利誤認表示

景品表示法第4条第2号では，「商品又は役務の価格その他の取引条件について，実際のもの（中略）よりも著しく有利であると一般消費者に誤認されるため，不当に顧客を誘引し，公正な競争を阻害するおそれがあると認められる表示」を禁止している．

こうした有利誤認表示に該当するものとしては，たとえば次のようなものがある．

・価格に関するもの
　① 従来販売した実績がないのにもかかわらず，分譲地の価格について，全区画3割引と表示
　② 実際の1m^2当たりの価格に比べ，相当低い価格であるかのように表示
　③ 賃貸物件の賃貸料，管理費について，実際よりも相当低いかのように表示

・その他の取引条件に関するもの
　④ ローンで購入した場合の月々の支払い額について，実際の金額よりも相当低い金額ですむかのような表示
　⑤ 仲介物件であって仲介手数料およびこれに課される消費税相当額が必要となるにもかかわらず，社有別件であって，これらの費用が必要ないかのような表示

(3) 不動産のおとり広告

景品表示法第4条第3号では，「商品又は役務の

取引に関する事項について一般消費者に誤認されるおそれがある表示であって，不当に顧客を誘引し，公正な競争を阻害するおそれがあると認めて公正取引委員会が指定するもの」を禁止しており，同号の規定に基づき，「不動産のおとり広告に関する表示」（1980年公正取引委員会告示第14号）が定められている．同告示は，次の表示を不当表示としている．

① 取引の申し出に係る不動産は存在しないため，実際には取引することができない不動産についての表示

② 取引の申し出に係る不動産は存在するが，実際には取引の対象となりえない不動産についての表示

③ 取引の申し出に係る不動産は存在するが，実際には取引する意志がない不動産についての表示

実際には存在しない不動産で顧客を釣るような表示は，比較すべき「実際のもの」がないことから，「実際よりも」優良または有利な表示とはいいにくい面がある．しかし，前述のように不動産の販売を図るためには，現地に案内するなど顧客に対面して説明することにより購入を働きかけることが効果的なことから，実際には存在しない優良・格安の物件で顧客を来店させ，「たったいま，買い手がついてしまったが，ほかにもっといい物件がある」などと説明して，取扱い物件の紹介を行うことがある．不動産のおとり広告に対する告示は，このような表示を規制するものである．

(4) 消費者信用告示に違反する表示

前述の不動産のおとり広告についての告示と同様に，景品表示法第4条第3号の規定に基づき，「消費者信用の融資費用に関する不当な表示」（1980年公正取引委員会告示第13号）が定められている．同告示は，アドオン方式や月利などの年建て以外による利息の表示，あるいは返済事例による表示などを行う場合に，実質年率が明瞭に記載されていない表示を不当表示としている．

16.4.3 不動産の公正競争規約

不動産の広告に関しては，景品表示法により規制を受けるのみでなく，不動産業界の自主規制として，景品表示法に基づく公正競争規約が定められており，広告表示の適正化に寄与している．広告，表示は，顧客を獲得していくうえでたいへん重要な手段となるものであり，仮に不当表示がかなり広範な形で行われている場合に，1社だけ適正な表示を行うことは短期的には競争上相当不利になる面がある．このため，業界全体として適正表示に取り組むことは，業界全体の健全化のためにも有意義と考えられる．

不動産の表示に関する公正競争規約は，1963年に首都圏および近畿地区で設定されて以来，現在では，全国各地区で同一内容の規約が設定されており，これの実施主体として，首都圏不動産公正取引協議会のほか全国各地区の不動産公正取引協議会が設けられている．

公正競争規約では，不当表示を規制するという観点のみではなく，より表示を適正化する観点から，消費者にとって必要な表示事項やその表示基準を定めており，その概要は次のとおりである（詳しくは規約およびその施行規則を参照されたい）．

(1) 広告などの開始時期の制限

宅地造成工事や建物建築工事の完了前においては，宅地建物取引業法第33条により，都市計画法の開発許可，建築基準法の建築確認など一定の法令に基づく許可などが必要な場合は，これらの許可などがあった後でなければ，その宅地や建物についての広告をしてはならないこととされている．これを受けて公正競争規約では，法令に基づく許可などのほか，地方公共団体の条例に定める確認などを含め，これらの許可，確認などを広告・表示（広告以外の口頭説明，説明資料などによる表示を含む）の開始の要件としている．

(2) 物件種別，広告媒体別の必要表示事項

分譲住宅や分譲マンションなど，不動産の種別ごとに消費者の選択上重要な事項が異なること，また広告媒体についても，新聞折込みチラシやテレビ広告，パンフレットなど，それぞれの媒体の性格や態様ごとに表示すべき内容も異なることから，公正競争規約では，物件種別，広告媒体別の必要表示事項を定めている．

物件の種別としては，①分譲宅地，②現況有姿分譲地（山林，原野等で分譲地，売地以外），③売地・貸地，④新築分譲戸建住宅，⑤売家（中古住宅），⑥新築分譲マンション，⑦中古マンション，⑧新築賃貸用マンション，⑨賃貸マンション，賃貸アパート，⑩リゾートクラブ会員権がある．たとえば分譲住宅の場合の必要表示事項は，表16.5のとおりとなっている．

(3) 特定事項の明示義務

一般消費者が通常予期することができない不動産形質，環境等に関する事項や取引の相手方に著しく不利益な取引条件にあたるものとして，特定の事項については，見やすく，わかりやすい形で表示する

ことが義務づけられており，たとえば，次のようなものがある．

① 市街化調整区域内の土地については，「市街化調整区域．宅地の造成及び建物の建築はできません」と表示する．

② 法令等により再建築又は建築ができない土地については，「再建築不可」又は「建築不可」と表示する．

③ セットバックを要する土地については，その旨，その部分の面積がおおむね10%以上のときは，その面積．

④ 土地取引において，その土地に古家，廃屋等がある場合は，その旨表示する．

⑤ 傾斜地の割合がおおむね30%以上の場合は，その旨及びその面積を表示する．

⑥ 土地の販売において，一定期間内に建物を建築することを条件とする場合は，その条件の内容，建築しない場合の措置及び取引の対象が土地であることを明らかにして表示する．

(4) 二重価格表示の禁止

特定の場合を除き，実際に販売する価格にこれよりも高い価格を併記するなど，なんらかの方法により，実売価格に比較対照価格を併記することをしてはならない．

(5) 節税効果等の表示

節税効果について表示する場合，節税効果があるのは，不動産所得が赤字になる場合であり，黒字の場合は納税額が増加し，不動産所得に係る必要経費が減少した場合は，節税効果も減少する旨表示することが義務づけられている．

(6) リース方式のマンション販売の表示

また，リース方式のマンションの販売について，以下のことが定められている．

① 売主が賃料収入を保証する旨を表示するときは，その保証の内容，期間等の明示

② 売主が購入者から当該物件を転貸目的で賃借し，賃料を支払う旨を表示するときは，権利金，敷金，賃料等についての条件の明治

③ 具体的，客観的な根拠なく，将来にわたって確実に安定した賃料収入が確保されるかのような表示などの禁止

(7) 表示基準

公正競争規約では，事業者によってまちまちな解釈・判断により表示がなされることのないよう，一般的に表示される事項または用語について具体的な表示基準を定め，表示内容の統一をはかっている．

定めている事項は多岐にわたるが，例えば次のような事項を定めている．

① 通勤時の所要時間について，平常時の所有時間を著しく超えるときは，通勤時の所要時間を表示する．

② 徒歩による所要時間は，道路距離80mにつき1分間を要するものとして算出した数値を表示する．

③ 土地の面積は，水平投影面積を表示する．

④ 間取りは，各室ごとの畳数を明らかにしてその室数を表示する．洋室等の場合は，和室の基準寸法（1畳当たりの面積は$1.62 m^2$以上）により換算した数値を表示する．

⑤ LDK（リビング・ダイニング・キッチン）という用語は，その部屋が居間，食事室兼台所として使用するために必要な広さ及び機能を有している意味で用いる．

⑥ 新築という用語は，建築後1年未満であって，使用されたことがないものという意味で用いる．

⑦ 学校，病院，スーパーマーケット等は，現に利用できるものを物件までの道路距離を明らかにして表示する．

⑧ 分譲マンションで，そのすべての価格を表示することが困難な場合には，最低価格，最高価格，販売戸数が10以上のときは最多価格帯及びその戸数を表示する．

(8) 不当表示の禁止

公正競争規約では，景品表示法に違反するような表示についても，交通機関とその所要時間，面積，利用の制限，環境，価格，その他の取引き条件など各種の項目別に，より不動産取引に即した形で禁止される表示を規定している．

(9) 規約違反に対する調査，措置

公正競争規約では，規約の実行性を確保するため，規約に違反する表示の調査手続き，違反した場合の警告，違約金，会員資格の停止，除名処分，さらには公正取引委員会への措置請求などの措置，これらの措置をとる場合の手続きなどについて定めている．

〔野口文雄〕

16.5 住宅ローン

16.5.1 住宅ローンとは

住宅ローンとは，個人，世帯が居住用の住宅を建設，または増改築などを行うことに伴って，金融機関などとの間に金銭消費貸借契約を結び，融資対象物件に抵当権を設定し，交付を受ける資金に対して，割賦返済方式による定期的返済を行う借入れ金

である．契約にあたっては，かつて必要とされた保証人に代わり，借入れ側は保証機関との間に保証委託契約を結び，期間中の返済を保証してもらうための保証料を支払うのが近年の一般的傾向である．合わせて損害保険会社との間に火災保険契約を結び，融資対象物件の質権を設定し，加えて借り主の万一に備えての団体信用生命保険にも加入する．

16.5.2 住宅ローン利用の現状

個人，世帯の住宅ローンの保有状況を全国の勤労者世帯についてみると，過去十数年間はほぼ30%台で推移し，2001年のそれは33.9%である．借入れ額や返済額，収入に占める返済比率などの統計上の把握は，総務省統計局の「貯蓄動向調査」および「家計調査」によって可能となる．貯蓄動向調査は，「持ち家」世帯の「住宅・土地のための負債」を借入れ先機関別に特掲し，家計調査は，住宅ローン借入れを「実収入以外の収入」，住宅ローンの返済を「実支出以外の支出」として特掲している（ただし貯蓄動向調査は2001年以降公表されていない．調査は方法を変えて継続されているが，公表の仕方についてはまだ決まっていないとのことである）．家計費中に占める住宅ローン返済の割合を2001年の全国勤労者世帯平均でみると，実収入中の7%ほどが充当されている．ただし，これは住宅ローンの有無を問わない平均である（2001年）．費目の性格上，住宅ローンの重圧はそれを抱えている世帯の性格，収入や年齢，どこの地域のどんな住宅のローンか，ローンを組んで何年経過しているかなどによって大きく異なる．

土地，住宅のための負債保有世帯の負債現在高は1513万9000円，うち住宅，土地のための負債が96.5%を占め，年間収入の1.64倍に相当している（貯蓄動向調査，2000年）．住宅ローンの返済額は，1世帯当たり年額143万円である．この返済額は，1989～1992年の4年間は名目対前年比2～5ポイントの増加で推移したが，バブル崩壊後の1993年には16.4%と大幅な増加に転じ，1996年に4.5ポイント増に戻るまでの数年間の負担増は，住宅ローン負担に跡を残したバブル期の後遺症である．その後1997年に対前年比で-2.7ポイントとなったが，その後はすべて前年の返済額を超え，2001年は5.1ポイントの増加である．

住宅ローン負担の過重性はよく知られているが，その特徴は収入や可処分所得に対する返済割合の高さと，返済期間の長期性にある．とりわけ住宅ローン契約を結んだ直後の負担の過重性はよく知られている．いわゆるバブル期，1990年前後に購入した世帯の負担は甚大であり，その後の同一団地やマンション物件の値下げ販売，ローン利率の軽減などが先行取得者の不利益につながる点や，高利率のローンを低利のものに借り換えようとしても担保物件の値下りにより不可能となるなど，多様な問題を惹起している．その1つが政府の住宅金融政策としてとられたステップ償還制度である．バブル崩壊後，ローン負担を少しでも緩和し，かつ住宅需要を喚起し，国民の持ち家取得欲求にも応えようとする意図によってとられた5年間の返済軽減措置である．この措置が機能している間に景気も回復し，勤労者の収入も右肩上がりに変わっていくだろう．そうすれば返済も楽になる．これがこの政策の意図であった．しかしバブルの後遺症は回復するどころか深刻さを増すばかりであり，収入は上がらないどころではなく賃金切下げ，企業倒産，解雇などと，収入そのものが途絶する人もめずらしくはない．いきおい住宅ローンの最大の問題点である延滞や破綻が急増せざるをえず，資産価値の目減りや不良債権問題として個々人の問題から社会問題へと転化させたのである（持ち家取得を容易にするために導入されたステップ償還制度は，住宅ローン破綻者急増の要因の1つともなり，2000年に中止された）．

16.5.3 住宅ローンの延滞・破綻

住宅ローンの返済が一定期間滞る現象が「延滞」であり，それが6カ月以上継続すると，ローン契約当初に行った保証委託契約に基づく，保証機関による弁済が金融機関に対して行われる．これが「破綻」である．住宅ローンによる破綻・保証事故は，その実態がほとんど明らかにされず，全体としての数値も明確に発表されないまま経過している．そのため，断片的なデータにより類推するしかない．住宅金融公庫融資分についてはその96.3%を保証している公庫住宅融資保証協会の数値でみる．同協会の1999年末の保証債務残高は66兆2000億円，555万1000件，このうち同協会が保証債務を履行した件数は1万7800件，2476億円である．保証債務履行率は1990年当時ももちろん存在したが，数値でいえば0.00%であった．しかしこの10年間で徐々に増え，1999年には0.32%となった．これをいまひとつの公的保証機関である年金住宅福祉協会の数値でみると，1990年は同じく0.00%であったものが1999年には0.64%にまで上昇している．保証債務はおおむね連続6カ月以上の延滞者に対して履行されるが，機械的な適用はしていない．それにもか

表16.6 自己破産件数の年次別推移（件）

	破産総数	うち法人を除く自然人	自然人のうち	
			自己破産	貸金業関係
1988年	10094	9610	9415	6182
1989年	10319	9433	9190	6328
1990年	12478	11480	11273	6388
1991年	25091	23491	23288	18150
1992年	45658	43394	43144	34934
1993年	46216	43816	43545	34674
1994年	43161	40614	40385	32188
1995年	46487	43649	43414	34452
1996年	60291	56802	56494	45613
1997年	76032	71683	71299	57028
1998年	111067	105468	103803	82366
1999年	128488	123915	122741	97334
2000年	145852	139590	139280	110964
2001年	168811	160741	160457	137168

資料：最高裁判所事務総局：司法統計年報，全国地方裁判所新規破産届けの受理件数．貸金業関係は信販関係事件を除く．
2002年の速報値による破産総件数は22万件を突破したと伝えられている．

かわらず，不気味な増大が続いているのである．2002年3月末の全国レベルでの個人向け住宅信用供与（住宅ローン）残額は240兆4000億円（日本銀行）であるから，この増大の影響は甚大である．しかも上記データを発表している機関はいずれも，比較的雇用条件などの安定した利用者を多く抱えている．多くの住宅ローン契約の中には，銀行などが契約したがらず，いわゆるノンバンク系の機関に回した返済条件の不安定なものも多い．この種の契約の保証料は当然割高である．つまり，信用供与側の求める契約条件の整わない契約者ほど，より厳しい契約条件と高額な負担を受け入れている．したがって，上記の延滞や事故はローン破綻の全体像からすれば過小であるといえる．その一端は自己破産件数の急増に示されている（表16.6参照）．加えて担保価値の目減りが破綻後，住宅を手放してもなおローンだけは残るといった事態を出現させている．

16.5.4 住宅ローン問題の今日的様相

バブル期以降，住宅ローンをめぐる問題点の噴出は，日本の住宅政策の矛盾を一気に顕在化させたばかりでなく，新たな複合的問題をも露呈させた．日本の住宅政策の中心が持ち家政策にあり，しかも住宅政策でありながら一種の経済政策，景気対策であるような扱いに対する批判は数多い．住宅ローンをめぐる以下のような現象はその端的な例証である．

1) 住宅ローン契約者にもたらされた問題
① 過重負担のいっそうの深刻化（収入の減少，雇用の不安定化・喪失）
② 延滞・破綻など保証事故に陥る危険性のさらなる増大
③ 低金利ローンへの借替え行動とそれに伴う問題点の発生
・担保物件評価額の下落＝買替え不能，同一団地またはマンション価格の値下げ販売による資産価値の下落
・借替えを口実とする消費者被害の発生＝訪問販売などによる借替え手数料の詐取など

2) 住宅ローン問題の社会的波及
① 住宅ローン破綻の急増は不良債権の堆積として金融機関などの経営を揺るがし，保証機関を含めて倒産を引き起こしている．
② それが景気回復の強い足かせとなっている．
③ 雇用と強く結び付いた企業内融資制度の問題点が露出
④ ステップ償還制度利用に伴う破綻が多く，制度自体を廃止
⑤ 借替えや繰上げ償還により政府系融資機関の損失拡大

住宅ローン問題は，個人の「不幸」や「無計画性」だけに解消できなくなっている．住宅ローンの返済を引金とする破産も急増しているはずである．原因を特定した破産件数は把握できないが，司法統計上の法人を除く自然人の自己破産件数は，過去十数年間急増中であり，2002年の発生数は22万件を突破したと報道されている（表16.6）．こうした深刻な事態への対策や政策転換はいまだ行われず，個別の金融機関が猶予付きローンを商品化したり，従来の政策路線上でのローン減税期間の延長や限度額の引上げ，金利の引下げにとどまり，従来の住宅政策という名の景気対策の実態を変えてはいない．住宅ローン破綻者やいま返済に呻吟している人々は，こうした政策の問題点を一身に引き受けた人々である．

〔小林 綏 枝〕

16.6 欠陥住宅

16.6.1 欠陥住宅の意味

昔から「建付けが悪い」とか「安普請の家」とかいう言葉はあったが，「欠陥住宅」という言葉が生まれたのは昭和40年代の高度成長期以降のことである．前二者は建物の欠点や不具合のあり様をそのまま表現し，もともと安物の家で消費者も納得で注

文し買ったというニュアンスがある．しかし，後者すなわち「欠陥住宅」という言葉には，材料や手間を不当に切り詰め，より多くの利潤を上げるため，故意に手抜き施工されたという意味合いが濃厚で，「手抜き」と「欠陥」とは連語として意識されている．

16.6.2　欠陥住宅が生まれた背景
(1)　以前の生産システム
以前の住宅は町であれ村であれ住民の結び付きである共同社会の中で，そのメンバーの一員である大工や棟梁に注文し，その大工が直接施工する形でつくられていた．住宅の様式も田の字型を基本とし，間取りや様式も簡単で定型化されていた．村人たちも幼いときから近所の工事現場で遊んだり大人になれば他人の家の棟上げにも参加し，大工仕事の手伝いをすることも多かった．そこで人々は素人なりにも家についての商品知識を持ち合わせていたし，家についての自分の希望を具体的に言葉にできて相当な指示注文も与えることができた．つまり文字どおりの「注文者」と呼べる人たちであった．それに当時都市の大多数の庶民は，自己所有の自宅をもたず，多くは収入や社会的地位に応じて多様に用意されていた借家に住まっていた．その結果，住宅注文者の多くはいわゆる大家という貸し家経営者であった．この「注文プロ」とでもいうべき大家は建築の知識にすぐれるとともに，請負い人である大工や棟梁に対しては財力的にも社会的にも強者であり，住宅注文も大家が材料支給する場合が多かった．それで請負い契約ではあっても，大工や棟梁の労務提供契約的色彩が強く，請負い人である大工や棟梁の方が社会的には弱者であった．

(2)　民法の請負規定
民法の請負規定（同法第632～642条）はこのことを反映し，社会的弱者であった当時の請負い人の保護とみられる以下のような規定をおいている．

① でき上がった家にたとえ欠陥があっても，それが重要で無い場合で，補修に過分の費用を必要とするときには，補修をしなくてもよい（民法第634条第1項）．

② 建物に欠陥があってそのために注文者が契約の目的を達することが出来ない場合でも，注文者は契約の解除をすることが出来ない（民法第635条）．

③ 瑕疵担保期間（欠陥補修担保期間）は「木造建物で5年，それ以外の鉄骨造など堅固な建物では10年」（民法第638条）と法定されているけれども，当事者の合意があればこれを短縮することができる（現に，この規定を現在の請負い人である住宅会社はフルに活用し，通常は木造で5年，その他の建物で10年の欠陥保証期間を契約で1年または2年という短い期間にしており，これが現代の消費者を泣かせている）．

ただしこの瑕疵担保期間短縮の合意はこのたびの品確法で排除され，2000年4月1日以降に請負いまたは売買によって引渡された新築住宅については，引渡しの日から10年間はたとえこの短縮の合意がされていても請負い人または売り主は瑕疵担保責任を負わねばならないこととされた（同法87，88条）．ただしこの責任の対象となる瑕疵は，基礎や骨組みなどの「構造耐力上主要な部分」と屋根や外壁などの「雨水の浸入を防止する部分」（いわゆる「雨仕舞い」）に限られている．したがって美匠や仕上げなど他の種類の瑕疵については短縮の合意は有効である（16.6.6項参照）．

(3)　高度成長期以降の住宅生産システム
しかし，1960（昭和35）年以降の高度経済成長政策とこれによる人口の都市への集中は，村落のコミュニティはもとより，町の中のコミュニティをも崩壊させた．コミュニティから切り離された多くの消費者は頼るべき棟梁や大工またはその後裔としての工務店を失った．

そして高度経済成長政策に伴う住宅金融政策，すなわち社会安定化のためのマイホーム政策は，この膨大な国家資金をあてこんだ数多くの住宅会社を生んだ．その多くは他の業種でブランドイメージをもち，消費者に知られている既成の大資本が住宅産業界に進出したものである．それは「大きいことはよいことだ」としか思っていない消費者に対し，マスコミ媒体をフルに動員して，「一切合切お任せの注文」をとることを特色としている．メーカーと自称しているものの，みずから大工や左官などの職方をもつことはなく，地域ごとにおかれた特約店と称する地場工務店に施工の一括下請けをさせている．さらにこの特約店から2次の一括下請け店に，そこから大工，左官などの個別下請店にと施工は孫請けに出されている．このような「重畳的下請けシステム」の結果，直接施工をするのは消費者とは請負い契約関係に立たない下請けや孫請業者があたることとなり，この直接施工にあたる者に契約者である消費者に対する契約上の倫理感を失わせているのが現状である．そして，数次の下請けを経る結果中間マージンは累積され，実際に施工する者の生産代金または受取り代金は消費者の支払う請負い代金よりも大幅に切り詰められることとなっている．巷間で

は，その生産原価は請負代金の半値8掛け，すなわち4割程度であるといわれている．

(4) 欠陥住宅が生まれた原因

上記のように，実際に施工をするものが消費者に対する倫理観を喪失したことと，極端な生産原価の切詰めが迫られることから，故意に材料や手間を節減しようとするいわゆる「手抜きの意図」を生み，欠陥住宅という言葉が生まれたのである．まさしく欠陥住宅は住宅が他の商品と同様，「つくられるもの」から資本主義社会の単なる「商品」となったときに生まれたものである．

16.6.3 手抜きの対象と内容

生産原価を切り詰めてしかも注文代金で予想されるようなイメージをもつ家をつくろうとすれば，消費者でも単に見分けられる内外装や設備などを手抜きすることはできない．したがって，手抜きは素人である消費者には通常目につかず，目についても手抜きだとはわかりにくい内外装や屋根で覆われた基礎地業や構造躯大に集中する．その他素人にはわからない水切り金物や屋根勾配，瓦の重ねの手抜きなどの雨仕舞いの（対候性能）も手抜きの対象となりやすい．その代表的なものが，型枠施工なしの基礎底盤コンクリートの「垂れ流し」施工であり，柱や梁などの構造部材の接合部（仕口，継ぎ手）の木口加工を手抜きした，突き付け釘打ちのいわゆる「イモスケ」仕口である．また，通常目視されない内外装で覆われた部分の構造部材，すなわち野物材には他現場での残材や規格外品の使用も多い．鉄骨造建物では，接触両母材の全断面にわたって溶肉を溶け込ませる「突き合わせ溶接」を，部分的にしか溶肉を盛らない「隅肉溶接」をして鉄骨柱と基礎との緊結を手抜きしたり，鉄筋コンクリート造では，コンクリートの被り厚や鉄筋の太さ，本数の手抜きが多く，あらゆる構造において火打ち材やブレース，帯筋などの構造補強材の手抜きが顕著である．

このように，手抜き対象が建物構造に集中している結果，住宅にとって本質的な性能要件である安全性が手抜きされるという由由しい結果を招いている．これが顕著に示されたのが，1995年1月の阪神・淡路大震災である．巷間では震度7地帯の大多数の家が倒壊したかのように報じられているが，これは正しくない．むしろ倒壊した家は倒壊しなかった家よりも少ない．倒壊した建物では，相当耐用年数が経過し，木材などの建材自体が相当な材料耐力を失っていたもののほか，新築間もない住宅でも法定の構造基準，たとえば筋かい入り軸組などの耐力壁や基礎や地業，溶接の手抜きをされたものが多い．

このように，欠陥住宅の多くは構造の安全性能が手抜きされたもので，家屋倒壊だけではなく人身の危ömも生ぜしめたのである．このような地震による倒壊は免れてはいても，基礎地業の手抜きによる建物の不等沈下，それに伴う建具の開閉不良や内外装のひび割れ，補修を重ねてもとまらぬ雨漏りなど，欠陥住宅は全国的に多発している．

16.6.4 欠陥住宅被害の本質

欠陥住宅被害は，建物の性能不良という点では財物被害であることは当然であるが，家が家庭の器であるところから，欠陥住宅被害が早急に解決されないことと相まって，その住宅に住まう家族の心に暗い影を与え，業者に向けられるべき苦情が家族どうしの不和に転嫁されているケースが多い．この趣旨からは，欠陥住宅被害はむしろ精神被害の側面が濃厚である．被害救済までの長い期間を通じて継続する長い精神被害である．法律的には継続的不法行為とみることもできる．時として欠陥被害が回復されても，失われた家族関係はもとに戻らないことも多い．

16.6.5 欠陥被害の救済
(1) 救済を阻む隘路

いまや欠陥住宅被害はマスコミにも大々的に報道される社会問題となっている．にもかかわらず，被害者の救済はなかなかはかどらない．その原因としては，以下の事実が挙げられる．

① 弁護士や裁判官などの法律関係者が技術的知識を要求されるこの種の問題にはなじみが薄く，「拒絶反応」または「技術アレルギー」があること．

② 16.6.2項で述べたように，欠陥被害救済のもととなる民法が，100年前の大工・棟梁保護時代のものであり，現在の住宅注文者または買い手にあたる消費者保護にはもともと不向きで，いくら消費者のために頑張ってもこの業者保護の法律の壁に阻まれること．すなわち現行民法の請負い人保護規定から消費者の補修請求はきわめて制限されていること．なかでも現在横行している基礎や骨組みの手抜きなど，当初の約束どおりの状態に補修しようと思えば結局は取り壊し建て替えるほか相当な補修方法がない場合でも，「建物ができ上がれば契約の解除は出来ない」との規定があるところから，もとの請負い代金にさらに取壊し費用などをも加えなければならないこの種の請求は，「法律解釈上できないという

説」が実務界において有力であったことなど，法律上被害者救済の幅が制限されていることが法律家に初めからやる気をなくさせているのである．

③ 建築専門家である業者を相手にして，欠陥の原因を具体的に主張し証拠立てるのはたいへんなことであり，これに協力する建築士などがなかなかみつからないこと．すなわち，業者が建築士を雇用し建築士事務所までを併営することを認め，設計施工請負契約をすることを認める現在の法制下では，建築士が実質的に業者に従属しており，消費者サイドの仕事に協力しないこと．

④ 住宅はさまざまな土地の上にさまざまな様式で建てられ個別契約性が強く，自動車などの他の商品のように同一商品の被害者が多数あって，被害者が団結して大衆交渉にあたるということができないこと，すなわち個別紛争性が高いこと．

(2) 隘路打開への努力と裁判上の成果

以上のような隘路に対し，近年まず法律解釈の面では，現在横行する手抜き欠陥は16.6.2項で述べた100年前の民法が予定する瑕疵（欠陥）ではなく，その手抜き行為そのものに着目して，それは手間や材料を不当に節減して不当な利益を得ようとする不法行為（民法第709，715条）だとする消費者サイドの解釈努力もされている．この不法行為説や手抜きは，請負い人または売主が債務の本旨である設計図書どおりの施工をしまたはさせるべきなのに，これをすることを少なくとも怠ったという債務不履行（民法第415条）であるとの説も出てきている．旧来のいわゆる「瑕疵担保責任説」では，原則として補修代金の請求しか認められないとしていたのであるが，これらの説によると欠陥と相当因果関係にあるいっさいの損害，たとえば上で述べた取壊し建替え補修費相当損害や，関連する補修期間中の他住居のレンタル費や弁護士費用，補修期間中の営業損や登記登録税のような諸雑損など，広く消費者の被害が救済されることとなる．この不法行為責任説や債務不履行説に立った判例も多々出はじめてきている（大阪高判昭58.10.27判タ524号231頁，神戸地裁判昭61.9.3判時123号118頁，大阪地判昭59.12.26判タ548号181頁他）[1]．

16.6.6 住宅の品質確保の促進等に関する法律

1) 1995年の阪神・淡路大震災を契機に，行政サイドでも欠陥住宅問題が真剣に取り上げられ，1997年初頭から建設省（現国土交通省）では，住宅の欠陥と紛争の予防および早期解決を図ることによって住宅生産を活性化しその流通を促進することが，結果的には低迷する経済再生の積極的な原動力となるとして，住宅の品質を確保するための新しい法律を策定するに至った．そして，学識経験者や業界代表者，弁護士，建築士らを交えての研究会，審議会で慎重討議のうえ，1999年6月15日に国会で住宅の品質確保の促進等に関する法律（品確法．同年法律第81号，2000年4月1日施行）が可決され，同月23日に交付された．

この策定準備の過程では，住宅のトラブル発生が当初の契約内容の不特定，特に住宅の品質の表示に問題があることから，日本住宅性能表示基準を定め，住宅の品質について特定可能な性能項目を選び，その項目の中でレベルを法定することが提案され，法律で採用された．従来，わが国では住宅の品質を「美しい」とか「快適な」「老人に優しい」といった感覚的な形容詞でとらえ表現されてきたことが，注文者の要望が十分に設計や施工に盛り込まれない原因となっていたことから，この日本住宅性能表示基準では，その性能項目とそのレベルの表示を法定し，この日本住宅性能表示基準にたとえば住宅の品質内容が何人にも具体的に特定できるように試みられた．いわば住宅の品質を形容詞から普通名詞に変える試みがなされたのである．そして，この日本住宅性能表示基準については，私的にこれを改変できないこととした（同法3，4条）．

2) 同法では，任意，有償ではあるが，第三者性を有する指定住宅性能評価機関によって設計住宅性能評価と建設住宅性能評価を行うこととして，注文者が希望した品質を有する住宅がまず設計の段階において表現されているかどうかを調査し，その相当性を評価して，住宅性能評価書を交付するとともに，住宅施工段階において設計住宅性能評価書添付の設計図書どおりの施工がされているかどうかの検査を実施することとした．これは，建築基準法令の確認申請手続上の検査とは別個に行われる．

以上は新築住宅性能評価制度であるが，設計住宅性能評価を受けなかった住宅（既存住宅と呼ぶ）については，指定住宅性能評価機関によって現況確認を中心に相当な性能を有するか否かを評価し，構造の安定性能など一部の評価項目については，申請者の希望によって破壊検査など施工の実際を確かめる検査も実施し，その性能を客観的に確かめることもできるとした．これが既存住宅性能評価である．

今後の住宅生産販売の市場では，新築住宅性能評価を受けている住宅は，客観的に施工時の性能が担保されているものとして，交換価値や流通性を高めることとなるものと思われる．また，既存住宅性能

評価に関しても，設計図書等が原則としてなく，しかも施工途中における検査員の目視確認等がないため，客観的判断に欠けるうらみはあるものの，設計施工に練達した建築士等の有資格者等によって現況検査がなされることにより，かなり蓋然性の高い住宅の品質についての推認がなされることとなり，いわゆる中古住宅市場の活性化につながるとともに，消費者に対し購入の積極的目安を与えることとなるものと思われる．

3) また，住宅品確法では，この新築住宅性能評価を受けたものにしろ既存住宅性能評価を受けたものにしろ，その評価住宅について品質の瑕疵といった技術クレームがある場合はもとより，代金や契約前提等についてのいわゆる契約のクレームについても，この法律に基づき定められた指定住宅紛争処理機関（各地の弁護士会に設置）によるあっせん，調停，仲裁が廉価な手数料で受けられることとして，住宅紛争の早期解決を図っている．

当初，この住宅性能評価制度をすべての住宅を対象に広げることが提案されたが，経済的な面と，住宅の建築基準法に基づく行政チェックやコストとの兼ね合いから，すべての住宅に強制的に評価を受けさせる制度は見送られ，任意的に施工者や消費者からの申請によりその費用負担で行われることとなったものである．

16.6.7 取壊し建替え損を認めた最高裁判決

先に16.6.5（1）で述べたように，民法635条の「建物の契約は，たとえ目的を達しなくてもその解除はできない」とする規定の解釈から，基礎や骨組みなどに致命的な欠陥があって，結局は取り壊し建て替えるほか技術的にも経済的にも相当な方法がない場合にも，消費者は取壊し建替え相当費用を損害として賠償できないとの見解が有力であった．1983年ごろより地方裁判所や高等裁判所（下級審）段階ではこれを認める判例も徐々に現れてきてはいたが，裁判実務の中ではこれを否定する見解も根強かった．これに対し，2002年9月24日，最高裁判所はこれを認める判決を出した．今後この最高裁判決が下級審に対する指導的役割を果たすこととなり，このようなひどい欠陥では，取壊し建替え損を認める判決が定着することとなろう．

従来，民法635条による瑕疵（欠陥）の補修についての相当な補修方法の規定は，先に16.6.2（2）で述べた「少々の欠陥があっても，修理費用が過分に要るときには補修をしなくてもよい」という民法634条の規定と相まって，補修の方法や金額を制限する見解に対しても影響を及ぼし，新築契約性を捨象した「補って足りる」とのつぎはぎ的な補修方法が相当なものとされる見解が強かった．また，民法570条は売買の場合には契約の解除を認めているが，この解除原因にあたる契約目的達成不能の解釈についても，それを制限する見解が根強く，請負いの場合の契約解除不許の規定と足並みをそろえる解釈をしてきた．いずれも，民法は大工や棟梁などの生産者の保護に重点をおいているとの解釈から生まれたものであったが，このたびの最高裁判決の消費者サイドの解釈は，これらの消費者にとって不利な解釈に対しても有利な方向に流れを変える原動力となるものと思われる．

16.6.8 今後の展望

前項で述べたように，欠陥住宅被害の個別性，専門性，技術性の高いことと，100年も前の民法の請負い人保護規定が修正されずかえって社会的弱者の消費者が法律上保護されていないことなどの法制の不備や，さらに紛争解決にあたるべき法律家や建築家の紛争処理体制の不備などから，欠陥住宅被害の早期かつ完全な救済が阻まれている．しかし，欠陥住宅問題は単なる住宅紛争ではなく，いまや社会的弱者となった注文者の消費者被害であるとして，近時この救済運動が消費者問題として体系づけられるに至っている．欠陥住宅を正す会などの在野民間の消費者団体のほか，1996年に至り日本弁護士連合会がその外郭団体として欠陥住宅被害全国協議会を組織し，被害救済の受入れにあたる欠陥被害処理専門の弁護士や建築士の育成と全国情報ネットづくりに着手している．その下部組織も各地に結成され始めている．この被害者救済受入れ体制の整備のほか，本来，欠陥被害を適正な設計や工事監理をすることによって防止すべき建築士が，現実にはその役割を果たしていない現状にかんがみ，建築士制度にも改革すべき問題があることが指摘されている．すなわち，建設業者にも，建築士を雇用しさえすれば施工と合わせて設計や工事監理をすることを認め，いわゆる設計施工一貫の請負契約制度を認めている現在の建築士制度に問題があり，設計や工事監理は建築士のみの専業として建築士に三者性，独立性を付与することが何よりも欠陥住宅発生防止に役立つとの議論が識者に定着しつつある．これと並んで行政検査の強化も提唱されてきている．さらに，欠陥防止のためには施工業者の技術力の拡充や，重畳的下請けシステムに対する適正な規制も必要であろうと思われる．また，被害者救済や欠陥予防の意味か

ら，庶民に関係し実需の多い小規模住宅については，具体的な選材や工法までも特定した安全性確保のための構造方法の法定が必要であるとも考えられている．これは，比較的技術レベルの低い町の工務店にも安全性の確保を容易にさせるとともに，他面，欠陥発生の場合，被害者側に欠陥の立証を容易にさせる効果もある． 〔澤田和也〕

参考文献

1) 澤田和也：欠陥住宅紛争の上手な対処法，民事法研究会，1996．
2) 田中稔子：建築・近隣紛争の法律相談，青林書院，1997．
3) 澤田和也，鳥巣次郎：欠陥住宅の見分け方，民事法研究会，1997．
4) 日本弁護士連合会編：欠陥住宅被害救済の手引き，民事法研究会，1996．

16.7 住宅の価格

住宅の取得の形態としては，①土地，建物を一体として売買で取得するもの（いわゆる建売住宅），②実質は土地，建物の売買であるが，先に売買契約を締結しておき，後で間取りや部材などについて買主の希望をある程度取り入れて建物を建てるもの（しばしば「売り建て」と呼ばれる），③土地は取得者が別途入手し，建物のみを請負いによって建築させるものがあるが，いずれについても，住宅を取得しようとする者にとって最大の問題は，住宅の価格の問題である．

なお住宅には，いわゆる分譲マンションも含まれるが，ここでは主として戸建て住宅を念頭において論じることにする．

16.7.1 住宅の価格設定方法の問題点

いうまでもなく住宅の価格は，土地の価格と，建物の価格によって構成される．しかし，現在の住宅の価格設定の仕方には，いろいろな問題がある．

(1) 建売住宅の価格設定の問題点

①まず，建売業者が土地の仕入れ価格を明らかにしたくないため，土地と建物の価格の内訳を明示しないで販売することがある．ただ，土地の売買には消費税が課税されず，建物の売買には消費税が課税されるため，表示された消費税額から逆算して土地と建物の価格の内訳がわかることもあるが，「内税」で「消費税込み」と表示される場合は，内訳はまったくわからない．

②次に，とくに都市部ほど土地の価格が高いため，土地を仕入れて建物を建てて販売する業者は，付加価値を相対的に高めて利益を大きくするため，建築基準法が定める建蔽率や容積率の規定（いわゆる集団規定）に違反してでも，建物の容量を大きくしがちである．

③さらに，建築費用を抑えて利益を少しでも大きくするために，建築基準法や各種法令，建設省告示などの通達，公庫仕様書などに違反して手抜き工事を行うケースが非常に多い．

②，③のようなケースでは，建築基準法の定める完了検査（建築基準法第7条第2, 3項）をパスできないために，完了届（同法第7条第1項）をあえて行わないのが通常である．その結果，建築確認を受けた建物とは形状もまったく異なり，かつ，手抜き工事のなされた建物が堂々と売りに出されている．これがいわゆる欠陥住宅問題である．

(2) 売り建て住宅の価格設定の問題点

売り建て住宅の場合も，基本的には上記の建売住宅の①～③と同じ問題がある．この場合には，業者が買い主に対し，新築する建物が建築基準法の建蔽率や容積率に違反していることを理由に完了届をしないことを了承させ，それをよいことに手抜き工事をする例がしばしばみられる．

(3) 請負住宅の価格設定の問題点

請負住宅の場合も，上記の②，③のケースがしばしばみられる．

16.7.2 住宅の価格（とりわけ土地価格）に対する規制

資本主義社会においては，すべて価値あるものは商品として扱われ，その価格は「市場」において決せられる．土地とてその点において例外ではない．しかし土地は，国民一人ひとりが生活を営むために必要不可欠なものである．人はいずれは自分の家を必要とし，その敷地として土地を求める．「衣食住」という言葉があるが，まさに土地こそは国民生活の基盤をなすものであり，それが他の商品と決定的に異なる点である．しかも，土地という商品には，他の商品にみられない以下のような特色がある．

① 資源が有限で供給に限界があり，需要の増加に対応できない（特に国土の狭い日本ではそうである）．

② 面積・形状・立地条件など，どれ1つとして同じものは存せず，きわめて個性的な商品であって，「相場」が形成されにくい．

③ 価格が高額であり，かつ「土地神話」（いまや

死語であるが)という言葉に象徴される絶対に値下がりしないという安心感から，投機の対象とされやすい．

このようなことから，こと土地に関しては，需要と供給のバランスによる市場の自己調整機能＝「市場原理」が働きにくく，ともすれば価格の暴騰が生じ，深刻な社会問題が惹起される危険性が常に存在する．

そこで，土地の価格については，他の商品の場合と異なり，「自由市場」にすべてを委ねておくことはできない．その価格を適正な水準に維持するため，強制力を伴う公的な規制，すなわち「法」の果たすべき役割が決定的に重要となる．このような使命を帯びて制定されたのが，1974年制定の「国土利用開発法」(国土法)であり，1989年制定の「土地基本法」であった．

しかしながら，まだ記憶に新しい，いわゆるバブル経済とその崩壊 (1986 (昭和61) 年頃から東京の都心部ではじまり，その後タイムラグを経ながら全国に波及し，1990 (平成2) 年頃にピークを迎えた，土地価格における未曾有の異常な高騰とそれに伴う土地投機ブームおよび1991 (平成3) 年以降の極端な下落) において，これらの法律は，期待された役割を十分に果たすことはできなかった．

(1) 土地基本法の理念と限界

土地基本法は，「土地は，現在及び将来における国民のための限られた貴重な資源であること，国民の諸活動にとって不可欠の基盤であること，その利用が他の土地の利用と密接な関係を有するものであること，その価値が主として人口及び産業の動向，土地利用の動向，社会資本の整備状況その他の社会的経済的条件により変動するものであること等公共の利害に関係する特性を有していることにかんがみ，土地については，公共の福祉を優先させるものとする」(同法第2条)と宣言し，「土地は，投機的取引の対象とされてはならない」(同法第4条)とし，「事業者は，土地の利用及び取引 (これを支援する行為も含む) にあたっては，土地についての基本理念に従わなければならない」(同法第7条第1項)と規定する．

しかし同法は，制定の時期が遅れたばかりでなく，土地政策の基本方向を示すにとどまり，具体的な規制を内容とするものではなかった．

(2) 国土法の趣旨と限界

国土法は，国土利用の基本理念を，「国土が現在及び将来における国民のための限られた資源であるとともに，生活及び生産を通ずる諸活動の共通の基盤であることにかんがみ，公共の福祉を優先させ…(略)…健康で文化的な生活環境の確保と国土の均衡ある発展を図る」点に求め (同法第2条)，土地取引の規制などを通じて，その基本理念を実現しようとした．

国土法の取引規制は，土地の投機的取引及び地価の高騰が国民生活に及ぼす弊害を除去し，かつ，適正，合理的な土地利用を確保するため，全国にわたり土地取引の規制の強化が図られるべきであるとの基本的考えのもとに，以下のように定めている．

1) 一定要件を充足し緊急に地価の抑制を図るべき地域として都道府県知事が指定した区域 (規制区域) 内については土地取引は許可制とされ，無許可の取引は無効とされる (同法第12～22条)．不許可とされるケースの1つとして，その取引価額 (土地に関する権利の移転又は設定の予定対価の額が，①「土地に関する権利の相当な価額」に照らし，②「適正を欠く」場合があげられている (同法第16条第1項第1号)．

2) その他の地域については，一定規模 (地価の抑制を図るため小規模な取引についても監視を強化する必要がある地域〔監視区域〕については，都道府県知事又は指定都市の長が定める面積) 以上の取引 (一定規模以上の一団の土地を構成する個々の部分の取引を含む) について，届出及び勧告制 (契約締結の中止その他必要な措置の勧告及び従わない場合の公表) がとられている (同法第23条～27条の6)．このうち監視区域制度は，1987年8月の改正で取り入れられ，1990年4月に強化されたものである．これにより勧告ができる場合の一つとして，①届出に係る土地に関する権利の移転又は設定の予定対価の額が「土地に関する権利の相当な価額」に照らし，②「著しく適正を欠」き，③その取引を承認することが「当該土地を含む周辺の地域の適正かつ合理的な土地利用を図るために著しい支障があると認めるとき」があげられている (同法第24条第1項本文及び第1号)．なお，分譲住宅地については，届出・勧告制の例外 (事前確認制) が認められている (同法第23条第2項第3号，令第17条第7項)．

しかし，1)の①，②，2)の①～③の要件はいずれも抽象的で，実際の運用上も，地価の高騰や投機的取引を効果的に抑制することができなかったばかりか，結果的にこれらを追認し，お墨つきを与えるものとさえいいうるものであった．

16.7.3 住宅の価格の見通しに関するセールストークの規制

上記の土地価格の規制の不十分さもあって，バブル経済がピークに達した1990年から，急激な下落を開始した1991年以降にかけて，客観的には土地価格は下落に向かっているにもかかわらず，一般の消費者の間ではまだ根強く「土地神話」が残り，売り手市場となっている状況を利用して，購入希望者に「今後絶対に値下げはしません」「値下げしたら差額を返還します」などのセールストークを駆使して高値で住宅を売りつけ，その後頃合いを見計らって大幅に値下げにふみ切るという事例が全国各地で発生した．

これらのうちには，既購入者らによる集団交渉や示談によって売買代金の一部を返還してもらうケースも相当あったが，そのうちいくつかは集団訴訟に発展した．その主なものは，次のとおりである．

・学園前ガーランドヒル訴訟（奈良市，原告15世帯 対 西松建設，1993年4月提訴．大阪地裁1998年11月30日判決，大阪高裁1999年8月6日判決）
・木津川台住宅訴訟（京都府京田辺市，原告19世帯 対 近鉄および近鉄不動産，1993年7月提訴，大阪地裁1998年3月19日判決，大阪高裁2000年1月13日判決）
・北登美ヶ丘住宅訴訟（奈良市，原告24世帯 対 近鉄不動産，1993年9月提訴，大阪地裁1999年4月16日判決）

これらの訴訟では，原告らは①被告の設定した価格は暴利をむさぼるものであり，公序良俗に反して無効（民法第90条）である，②被告は原告らの買い焦りに乗じて，不動産の価格動向について正確な説明をしなかったばかりか，「今後値下げ販売することはない」「もし値下げ販売する場合は差額を返還する」などと虚偽のセールストークを行ったものであり，売主としての説明義務に違反する，などの主張を行ったが，結局すべて購入者側の全面敗訴で終わった．

このうち，木津川台訴訟の大阪地裁判決は，①の主張について，暴利行為とされるためには，(a)他人の窮迫・軽率・無経験に乗じて事由な意思決定を不当に妨げ，(b)自己の給付に比して著しく均衡を失する過大な財産的給付を受けたことが必要としたうえで，本件では，(a)と(b)のいずれの点でも，暴利行為性は認められないとした．すなわち，(b)については，住宅地の適正価格は原価との関係で一律に算定されるのではなく，その販売価格は自由経済・市場経済の中で原則として当事者の合意によって形成されるもので，需要と供給の相互関係，契約時の経済事情などに大きく影響される，本件では当時の周辺地域の市況と比較しても，本件分譲住宅地のみが著しく高額であったとはいえない，分譲価格は被告が知事に国土利用計画法に基づく事前確認申請をし，確認された価格内で販売している，などとし，物件の価値と販売価格との間には，社会的相当性を逸脱するような対価的不均衡は存在しないとした．また(a)についても，被告の行為態様には社会的相当性を逸脱した点はみられないとした．

次に②の主張については，「不動産売買契約において売主側に信義則上の保護義務というものが観念されるとしても，不動産の価格が近い将来急激に下落することが確実で，そのことを専門の不動産業者である売主側のみが認識し，現に大幅な値下げ販売を予定しているのに，買主側には右事実を一切説明しないか，あるいはことさらに虚偽の事実を申し向けて不動産を高値で販売したような事情があればともかく，このような事情がないのに，売主において売買契約締結以後の地価の動向や将来の値下げ販売の可能性などにつき，当然買主に説明すべき法的義務があるとは考えられず（不動産の価格が需要と供給の関係や経済情勢などにより変動すべきものであるだけになおさらである），右説明をなさなかったとしても，説明義務違反などの責任を負うものとは解し難い」とした．

しかし，「不動産の価格が近い将来急激に下落することが確実で，そのことを専門の不動産業者である売主側のみが認識し，現に大幅な値下げ販売を予定しているのに，買主側には右事実をいっさい説明しないか，あるいはことさらに虚偽の事実を申し向けて不動産を高値で販売した」ような場合は，端的に詐欺が成立するのであって，説明義務違反の要件としてはあまりに狭すぎるといわなければならない（この点，学園前ガーランドヒル事件の地裁判決では，①売主が大幅な値下げ販売を予定していた場合のほか，②地価が近い将来に下落することを売主が容易に認識できた場合には，売主には説明義務が課されるとしてやや緩やかな要件を定立したが，結局は原告らを敗訴させた）．

以上のような現在の法律や判例の枠組みのもとでは，住宅を購入しようとする者は，国土法などをパスしているだけでは安心できず，住宅販売業者の甘いセールストークに惑わされることなく，みずからのリスクと判断において，その住宅価格が適正かどうかを判断して購入するしかないことになる．

なお，上記の訴訟以外に特筆すべきものとして，1998年来，分譲空家住宅について値下げ販売を行った旧住宅・都市整備公団を被告として，それ以前に高い価格で分譲住宅を購入した1700名以上が原告となった大規模集団訴訟が行われ，この訴訟で原告らは，同公団は「住宅事情の改善を特に必要とする大都市地域などにおいて，健康で文化的な生活を営むにたりる良好な居住性能と居住環境を有する集団住宅の供給」という高い公共目的を課せられているので，民間業者とは異なり，原価に基づき適正な譲渡価格を決定する義務があると主張しているが，値下げ分の損害賠償を認めない判決が続いている．

〔岩城　穰〕

16.8　住宅の相談・紛争処理システム

16.8.1　住宅の相談
(1)　住宅と契約
民法において住宅に関する契約は，住宅を売り買いする売買契約と住宅の建築を注文する請負契約の2種類が存在する．売買契約とは，土地だけの売買および建売住宅，マンション，中古住宅など，土地と建物をいっしょに売り買いする場合である．請負い契約とは，土地の所有権または借地権等の利用権を有する者が注文者になり，建設会社等の請負人に住宅を施工させる契約をいう．したがって，同じ住宅であっても売買契約と請負契約とでは，民法の条項とそれによる法律効果が下記のとおり異なる．

1)　民法における売買契約の瑕疵担保請求の内容
①土地に関する瑕疵は数量を指示して売買したときは面積を不足することを知らなかった買い主に対してのみ，契約の解除又は代金の減額請求と合わせて損害賠償請求ができる（民法第565条）．買い主が土地等に地上権や他の権利が設定されていることを知らない場合で目的を達成できないときには契約を解除し，損害賠償請求ができる（民法第566～578条）．

②建売住宅とは特定物であるため，買い主は契約解除と代金減額請求と損害賠償請求権のみが認められ，補修請求権はない（民法第566，570条）．

ただし，2000年4月1日以降に新築住宅の契約をした場合，「住宅の品質確保の促進等に関する法律」（品確法）によって売買契約にも修補請求権が認められた．

建物が8cmの沈下した事例につき，建物の取壊し費用，地盤改良工事費，新規建築費用，建替え中の仮住居の費用，引越し費用，建築士の調査費用，慰謝料，弁護士費用を認めた判例がある．

2)　民法における請負契約の瑕疵担保請求の内容
瑕疵とは，完成した仕事の内容が契約で決めた内容と異なり，使用価値や交換価値を減少させる欠陥をいう．第1に，契約時の設計図や仕様書や見積書に決められているものは，約束したのであるから施工，提供しなければならない．第2に，品質が仕様書や見積書に書かれていない場合は，通常有する品質，性状，効用がないものが瑕疵である．第3に，建築基準法令，今日建築学会編の標準使用（JASS），住宅金融公庫の標準仕様は重要な判断基準となる．

請負人の瑕疵担保責任は無過失責任である．また，瑕疵は隠れた瑕疵である必要はない．これは民法の条文に「隠れた瑕疵」とは規定されていないからである（同法第634，635条）．

3)　民法における瑕疵担保期間　売り主または請負人が瑕疵を修補したり損害賠償金を支払ったりする責任を瑕疵担保責任といい，この責任を追及できる期間を瑕疵担保期間という．売買契約では，瑕疵担保期間は瑕疵を知ったときから1年，売買契約のときから10年と解される（民法第566，570条）．

請負契約では，民法は引渡しを受けてから①木造の建物では5年，②鉄筋コンクリート造，鉄骨造の建物は10年と定められている（同法第638条）．しかし民法には，瑕疵担保期間を契約で伸長，短縮できる規定（第639，640条）があるため，請負業者が持参する契約書はほとんどが引渡しを受けてから木造で1年，鉄筋コンクリート造で2年と民法の約5分の1に短縮している．売買契約においても2年に短縮されている契約書が多い．したがって注文者は，①契約に際し契約書を，民法どおりに5年または10年に訂正し，訂正印を双方で押す，②瑕疵を発見したときは，ただちに建築専門家に全調査を依頼し，修補または金銭による賠償請求をする，③請求は瑕疵部分を内容証明郵便で特定しておく，④請負人が修補に応じないとき，または瑕疵が重大であるときはできるだけ早く裁判を提起することなどがだいじである．

4)　品確法における瑕疵担保期間　品確法は，売買契約も請負契約も2000年4月1日以降に契約がなされた新築住宅に限って，基本構造部分と雨漏りについて同期間を最低10年と定めた．そして契約において10年より短い期間を定めても，その条項は無効になると規定された．逆に当事者間の合意で同期間を20年まで延長することができるようになった．

基本構造部分とは，住宅の構造安全性を確保する

ための部分であり，木造住宅の場合では基礎，土台，床，柱，壁，屋根版，斜材（筋かい，火打ばり），横架材（はり，けた），小屋組みなどをいう．ただし，基本構造部分および屋根，外壁，窓等の開口部からの雨漏り以外の瑕疵は，民法の規定の担保期間が適用される．

(2) 住宅相談の具体的内容
1) 売買契約

①土地，建物住宅，マンションは手付け金の返還に関する紛争が多い．手付け金とは，民法では買い主が売り主に手付けを支払ったとき，契約の履行に着手するまでは買い主は手付けを放棄して契約を解除できる，あるいは，売り主が買い主から手付けを受領したとき，履行に着手するまでは，手付けの倍額を買い主に返還して契約を解除できる，と定めている（第557条第1項）．契約はひとたび締結すると，解約は自由にできない．解約できるのは債務不履行がある場合，合意解除する場合に限られる．手付け金額は民法では制限はないが，宅地建物取引業法で，宅建業者が売り主となるときは代金の2割を超えてはならないとの制限がある（第39条）．

②クーリングオフの制度とは，8日間は特別な理由をつけないでも自由に契約の解除や買受け申込みの撤回をすることができる制度である（宅建業法第37条の2）．宅建業者が土地や建物を売買する場合で買受けの申込みや契約が宅建業者の事務所ではない場所で行われたときは，書面で解除通知を出すことによって解約となる．

③建売住宅では，不相当な軟弱地盤に建てられるためか建物の沈下が多い．マンションにおいても瑕疵の相談は後を絶たないが，分譲会社においてアフターサービス基準を設定して対応している場合が多い．この基準とは，一定の期間内は売り主が無償で補修するという約束である．共用部分の瑕疵修補について補修代金を管理組合が請求したケースにおいて，原告は区分所有者でなければならないとする判決が出され，管理組合で対応できないためきわめて困難な事態が惹起された（東京高判，平成8.12.26判時1599号79頁）が，2003年6月1日施行の区分所有法の改正によって，管理者が共用部分に関し，修補費用等の金銭賠償を請求できることとなった．

④中古住宅においても，沈下や危険をはらんだ古い擁壁が問題となっている．売買契約書において，特約条項に「現状有姿のままとする」と記載されていることが多く，瑕疵を主張できるかどうか疑問であるが，隠れた構造上の瑕疵については建物の重要な瑕疵であるので，上記特約には含まれないと考える．

2) 請負契約
請負契約では，建物完成まで工事期間が長いため，すでにトラブルが発生している場合があるので，注文者が残金の支払いを拒否する場合が多く，請負人から未払い請求代金を請求され，それに対して注文者は，請負人に対し瑕疵担保に基づく損害賠償請求を行うのが通常である．

16.8.2 紛争処理システム
(1) 交渉による解決

建物に構造上の欠陥が存在し，建替えが必要な場合は交渉で解決することはむずかしいが，修補が可能な瑕疵については交渉により解決可能である．交渉では，後日の紛争を回避するために，建築士による調査を行って全瑕疵を明確にし，修補方法，修補期間を決め，下記の内容の確認書または示談書を作成し，両当事者が署名，捺印する．

①修補方法を具体的に明示し，修補方法の図面なども添付する．

②工期を明確にした修補工程表を添付する．

③たとえば，わずかな建物の沈下のためでも補修方法が大規模となるので，一部分のみ補修して観察を続ける場合，補修した時点より10年の長い保証期間を定めておく．

④注文者側または第三者的で公平な立場にある建築士を選び，両当事者ともにその建築士の指示監督に従うことを費用負担も含め確約する．

(2) 紛争解決処理システム

売買契約においては，簡易裁判所における民事調停および通常の裁判所における裁判に訴えを提起して行う．請負契約においては，契約書に建築工事紛争審査会と指定されているか，当事者間の合意書があるときは審査会に，指定や合意がない場合には簡易裁判所の調停を申し立てるか，地方裁判所に裁判を提起する．裁判所に修補請求を提起する場合は，修補方法を強制執行できるような請求の趣旨を書かなければならずむずかしいので，修補費用を見積り，損害賠償請求をする方法が簡易である．

また，品確法の適用を受ける契約は，裁判所外の紛争処理機関であっせん，調停，仲裁を行うこととなっており，各地の弁護士会が指定を受けている．弁護士のほかに建築士等の専門家が委員として国土交通大臣が定めた技術的基準に基づき紛争処理にあたる．
〔田中峯子〕

16.9 住宅保証制度

16.9.1 住宅取得における消費者のリスク

一般の国民にとって，住宅の取得（建設，購入）は人生最大の事業の1つであるので，平穏かつ適切に行われなければならない．そのためには，取得に伴うリスク（危険）を十分に小さくする必要があり，万一，消費者に損害が発生した場合は，通常，生産者側の責任で確実に救済する（損害を保証する）ことが求められる．

消費者の住宅取得におけるリスクは，住宅の引渡し前と引渡し後に分けることができる．
・引渡し前のリスク：建設業者や倒産による建築物の引渡しの不履行など（第1のリスク）
・引渡し後のリスク：土地や建築物の品質，性能の欠陥，選択の誤りなど（第2のリスク）
（土地や中古住宅の取得については，上記以外に権利上の瑕疵がある場合もある．）

前者のリスクは，住宅の取引き（売買，請負工事）が契約を締結してから完了するまでに長時間を要すること，建設工事は契約を同時に履行できないことなどの原因で発生する．

後者のリスクは，契約前に建築物の重要な品質，性能を確かめることができないこと，また引渡し後であっても容易には確かめられないこと，あるいは期待に反した状態であっても，欠陥かどうか必ずしも明確ではないことなどに起因する．いずれのリスクも建築物固有の性質に根差しているので，根本的に解決する（リスクをゼロにする）ことはできない．

16.9.2 住宅保証制度の構成

問題の実質的な解決には，まず，生産者側においてリスクの発生を可能な限り予防，抑制する．次に消費者に対しては，リスクや損害の救済の内容を明確にする．そしてリスクをプール（危険分散）することにより，損害が発生した場合にこれを確実に救済する．このような制度的な仕組みが必要になる．制度全体の構成は，おおよそ次のようになる．

1) リスクの予防・抑制　内容は，経営的側面と技術的側面とに分けることができる．前者に関しては主として住宅供給業者の審査・登録制度によって，業者の経営状態が健全であるかどうかを審査するとともに（第1のリスク予防），業者が十分な品質を実現できる技術力を有するかどうか，あるいは経営姿勢が消費者重視であるかなどを審査し（第2のリスク予防），適切な者を登録することにより一応実現できる（生産者の「審査登録制度」）．後者に関しては主として設計審査，現場検査などを実施する，あるいは実施体制を監視することにより実現できる（第2のリスクの直接的予防，「品質管理制度」）．

2) リスクおよび救済の内容の明確化　リスクの種類，損害の救済内容をあらかじめ消費者に具体的に示して，生産者の責任を明確にする（「品質保証及び履行保証制度」）．

3) リスクのプール　損害救済のためのリスクのプールは，通常，「保険制度」または「履行保証制度（surety bond）」が利用されている．リスクのプールがない場合は，高額の救済費用の調達が困難になり，救済が実行されない，あるいは不十分な救済しか受けられない．とくにリスクのプールを実現するためには，リスクの内容が明確であり，発生確率が十分に小さくかつ公平に抑制されていなければならない．上記1) および2) が必要となる．さらに，事故の処理に関しては，責任の所在，救済の内容などについて紛争の発生が不可避である．この処理のために「紛争処理制度」を用意する必要がある．

以上により制度全体の直接目的は，2つのリスク，すなわち，契約不履行と隠れた瑕疵による損害の「予防と救済」である．前者は「履行保証」と呼ばれ，後者は「品質保証」と呼ばれる．制度の中心的な目的は，通常，リスクの大きさからみて品質保証である．

制度全体は，①保証責任制度，②審査登録制度，③品質管理制度，④保険（履行保証）制度，⑤紛争処理制度の5つの要素的制度から構成され，有機的に連携して機能させる必要がある．

この制度が普及すると，住宅市場において公正な競争が実現されるので，制度の間接目的，あるいは波及効果は，すぐれた生産者の育成でもある．現在，これらの要素制度を統合し1つの制度として運営している国もあるが，それぞれ独立した制度が連携して機能している国もある．また，制度の目的を品質保証（中心的な目的）に限定している国もある．制度の名称は，日本では「性能保証制度」と呼ぶこともあるが，欧米では一般に，home warranty scheme と呼んでいる．一般的には「住宅保証制度」と呼ぶことが適切である．

16.9.3 住宅保証制度の有効性（制度の効率）

制度の有効性を評価することは，目的および効果

が複合的で，単純な尺度では計測できないので容易ではない．住宅保証制度もその波及効果まで考慮すると目的効果を複合的に捉える必要があるが，直接目的に着目してみれば，住宅取得に伴うリスクの予防と救済である．住宅取得に伴うリスクは，取得者が住宅に一応の満足を得ているのであれば，究極的には金銭的な損害の問題と考えることができる．

そこでリスクの抑制，予防と救済のための制度の運営費用が，リスクおよびこれに伴う損失の期待値にリスクプレミアムを加えた額（消費者の「安心料」）より小さければ存在意義があると評価できる．したがって制度運営費用の抑制は，制度の基本的な目標の1つである．この観点は，制度の効率性評価ともいうべきもので，有効性を計る重要な尺度である．

16.9.4　世界の住宅保証制度

先進諸国の住宅保証制度が現在の体制を整えたのは，歴史のある国においても70年ほど前のことである．しかしここに至るまでに非常に長い歴史をもっている．現存する世界最古の成文法であるハンムラビ法典（紀元前17世紀）に，次のような有名な規定がある．「もし建設されし家屋が崩壊し，家長を死に至らしめしときは，建築家は死刑に処せられ，死亡せし者が家長の子であるときは，建築家の子が死刑に処せられる．……また，建築家は自己の費用負担で崩壊した家屋を復旧すべし」．現代の目からみるときわめて厳しい責任制度を定めていたと評価されるが，当時この法典は，神が国王に授けたものとみなされていた．

ローマ帝国時代においては，これほど厳しい責任制度はなかったが，公共建造物について建築家に対し15年間の瑕疵担保責任が定められていた．

中世において，ローマ法はイタリアやフランスなどの国に強い影響を与えた．近代になって，ナポレオン法典にその規定の多くが取り入れられ，この影響を受けて大多数のヨーロッパ大陸諸国や日本の民法が編纂された．これらの国々の住宅保証制度における品質保証は，民法に定められた瑕疵担保責任制度を基礎につくられている．

イギリスは，ローマ法の影響が少なく，ゲルマン民族の慣習法を基礎に法文化が形成され，判例を法源として法体系が発展した．この法体系においては，建造物の瑕疵担保責任については，契約自由の原則が貫かれ，特段の法的規制がなかった．イギリスでは，このような環境の中で先進的な住宅建設業者団体により自発的に住宅保証制度が創設され，今日の発展を遂げたのである．

ナポレオン法典系の諸国では，フランスの住宅保証制度がもっとも古く，1928年から行われており，ほかはまだ20年程度の歴史しかない．

英米法系の諸国では，イギリスのNHBC（National House Building Council：全国住宅建築協議会）の制度がもっとも古く，1939年にさかのぼることができる．アメリカをはじめとする他の英米法系の諸国については，すべてNHBCの制度の調査あるいはその指導に基づいて開発した制度を実施している．

なおアメリカでは，NAHB（全米住宅建売業者団体）がNHBCを調査し1973年に出資してつくったHOW会社（Home Owners Warranty Corporation）が住宅保証制度を全国的に実施していた．しかし，みずから行っていた保険業務（共済制度）の経営状態が保証事故の多発により悪化し，1995年末，州政府から業務停止命令を受けて倒産した．2003年現在，数社の企業がそれぞれ独自に住宅保証制度を実施している．

現在（2003年），住宅保証制度を実施している国は，イタリア，オランダ，デンマーク，フランス，ベルギー，スウェーデン，日本などのナポレオン法典系の国とアイルランド，オーストラリア，カナダ，ニュージーランド，イギリス，アメリカ，南アフリカなどの英米法系の国である．なお，ドイツは住宅保証制度を実施していない．瑕疵担保責任は契約により自由に設定できるので，通常2年以下の短い期間を定める．この責任をカバーする保険は供給されていない．また，フィンランド，スペインは近々実施されると伝えられているが，未確認である．

以下，代表的な国として，フランス，イギリスおよび日本の制度の概要を解説する．

(1)　フランスの保証制度

1) 民法典に基づく制度　　フランスではナポレオン法典以来，建造物の瑕疵担保責任が強行法規（契約により変更できない規定）として定められていた．1792条と2270条が，建造物が構造の瑕疵により全部または一部が滅失した場合，これを修補する責任（無過失責任）を建築家と建設業者とに課していたのである．責任期間は10年である．なお，軀体以外の工事に関しては，1967年改正で責任期間を2年とした．この責任をカバーするための保険が1928年に販売された．これが現在の制度の原型である．

また，リスクを抑制し負担を公平化するために，

保険契約の約定として設計施工基準の遵守，現場検査の義務，建設業者の資格能力の制限が課せられた．結果として，広い意味で「品質管理」「業者審査」が実施されることになっていた．しかし，保険契約要件としてのこれらの仕組みは，いずれも保険者が特別に創設したものではなく，より一般的な必要から生まれた制度を保険が利用しているのである．

品質管理の基礎となる設計施工基準は，フランス工業標準（NF）の一部となっている統一技術文書（DTU）を利用し，工事現場検査は，法令に基づく検査をはじめとしてさまざまな検査を行う民間の検査会社が実施する．また業者の技術能力の「審査，登録」は，保険ばかりでなく，金融や公共事業発注に使用されている建設業者資格審査機関（OPQCB）によって発行される資格証明を利用している．なお，紛争処理はもっぱら裁判制度を利用する．この点はフランスのきわめて重要な特徴である．

2) 制度改革 フランスの場合，実際に事故が生じると，ほとんどの事例が裁判に付される．しかし，建設工事には通常，複数の関係者が介在するので，瑕疵の責任は複数の者にまたがり，特定の生産者のみに責任を限定することは困難である．この責任分担問題を関係者が裁判で争うのである．「正々堂々とした解決」を求めるわけである．しかし，これはかえって困難な問題を発生させた．裁判で責任問題が決着するのに，平均8年を要したこと，そしてこの間，欠陥は本格的には修理されないまま放置されていたこと，この2点だけをみても問題は深刻であった．

また，フランスの特徴として建築家の設計は意匠に重点があり，品質，性能の信頼性の確保に必要な設計の見直し，あるいは実際の施工に必要な実施設計が欠落したものである．設計段階で欠陥予防の観点から十分な検討が行われにくい仕組みになっていた．

結局，消費者保護が法制度上は古くから整備されていたが，実際は欠陥の発生が多くしかも補修が遅延し，消費者保護が実質的に不十分となっていた．さらに，裁判費用を含めた損害額が増加し，保険料負担が大きくなるという弊害を伴っていたのである．そこで1978年に，欠陥の迅速な修補と制度の合理化を目的として大幅な改革が行われた．

3) 制度概要
①保証内容： 民法典の関係規定を改正し，建築主と契約で結び付いた生産者全員が，軀体の堅牢性などを損なう損害については10年間，その他の損害については2年間責任を負うと定めた．責任の分担は裁判などにより決着する．「軀体の堅牢性」とは，伝統的な民法典の規定の延長線上にあるが，その他は工業化を意識したものである．しかし品質基準的なものはなく，保証すべき損害かどうかの判定は鑑定人の調査による．この点の紛争は，最終的には裁判に委ねられている．また，履行保証を内容とする保険の加入を，建築主に義務づけている（下記③参照）．

②品質管理： 品質の確保を目的とした検査は，従来は保険会社のために行う性格が強かった点を改め，建築主のために建築主の費用負担で行う新しい検査制度を法定した．この検査は，国の認定を受けた民間の検査人が設計，施工の両段階を対象として行う品質管理的なものとなり，不特定の人の利用する建築物や大規模な建築物などについては，建築主に検査を義務づけている．

③2重の強制保険制度： 次の2種類の強制保険を設けたところに特徴がある．なお強制制度なので，保険料について紛争がある場合は，保険料率審査会が最終的に決定できる．

ⅰ）強制責任保険：民法上の保証責任（堅牢性または用途適性を損なう損害の修補責任）による損害をカバーする強制責任保険を法定した．従来の責任保険を関係者に強制したものである．

ⅱ）強制損害保険：前記保証責任の対象となる損害をカバーする損害保険の加入義務を，建築主に対し課した．これは，建築物の所有者を被保険者とする物保険（注：物保険とは物固有の危険を対象とする保険で，損害発生の責任を問わない．例；火災保険）で，まったく新しい制度である．この保険の役割はやや複雑である．まず保証事故（第2のリスク）が発生すると，責任追求を行わずに，鑑定人の調査に基づき，この保険から修補費用が滞りなく支払われて欠陥が修補される．同時に，物保険の保険者は，代位求償権を取得し，事故の責任者に支払い保険金を求償することになる．裁判などにより責任問題が決着すれば，有責者はこれを自己の責任保険から物保険の保険者に支払うのである．物保険による立替え払いといわれている．責任の確定に裁判を要しても，損害救済は早期に行われ，損害額も確定しているので旧制度の弊害は軽減される．さらにこの物保険は，契約不履行により建築主が被った損害もカバーするものである（第1のリスクの救済）．この場合は，立替え払いとはならない．なお，業者の「審査格付制度」「紛争処理（裁判）制度」は従来の制度と変わらない．

④保証事故フィードバックシステム：制度改革により，一時保険料が乱高下したこともあって，1982年に関係者団体の合意により，欠陥の予防と品質の向上を目的とした建築品質機関（AQC）が設立された．運営費は保険料への賦課金と会費，出版収入により賄われる．業務は，保証事故の分析を事故の予防に役立てるためのフィードバックを行うことであるが，次のように分類できる．

ⅰ) SYCODES事業：内容は，保証事故の統計分析結果と技術的分析結果を定期的に出版するものである．

ⅱ) 早期警告：標準設計，量産品などの連続事故になりやすい問題に関して早期警告を行う．

ⅲ) 事故予防研究：従来よく知られていない事故の分析研究．

これらにより，事故の抑制，保険料の低減という好循環を起こすことをねらっている．

⑤制度の効率：制度改正当初の保険料の乱高下は，建設費の0.2～1.5％に及んだとされている．現在では1.2％に落ち着いている．このほかに検査コストがかかりその値は検査内容によって大幅に異なるが，約1％程度である．したがって全体として建築費の2％以上に達すると推定される．

(2) イギリスの住宅保証制度

1) NHBCの住宅保証制度 「欠陥住宅問題」を背景として，公正な取引きの実現を目標に一部の住宅建売業者（house builders）が1936年に団体（The National House Builders Registration Council, NHBRC）をつくり，2年間の品質保証を始めた．1939年には，事故の処理を確実に行うために保険制度を導入した．第2次世界大戦終了後再出発し，1968年からは住宅金融機関がこの団体の保証なしには住宅購入者に対して融資しないことを決定したために，急速に普及することになった．1973年からはNHBCと改名している．

1984年の建築規則の改正により，従来自治体のみが行っていた建築許可（単体規制）を，NHBCも実施できるようになった．NHBCの保証は，本来住宅を対象としているが，現在では非住宅の建築許可も実施できる．

①保証内容：保証内容は，大きくは，短期保証（初期保証期間の品質保証）と長期保証（構造保証期間の保証），建築規制保証（建築規制保証期間の保証）に分かれる．これに加えて，履行保証（第1のリスクの救済）があるのが特徴である．さまざまな細かい条件があるが，基本的には次のように要約できる．

ⅰ) 初期保証：初期保証は，通常の損耗，収縮，結露や使用者の過失による損傷を除き，欠陥を住宅建売業者が無償で修補するものである．保証期間は，保証書発行日から2年である．ただし，何らかの理由で住宅建売業者が保証しなかった場合は，NHBCが行う．これは，制度（NHRBC）の発足当初からあったものである．ちなみに，コモンロー上は，住宅建売業者は保証責任を負わない契約を締結することができる．

ⅱ) 長期保証：長期保証は，構造上の欠陥，地盤沈下による損傷を保証（補修，再建，代替住宅の提供など）するものである．なお，単なる雨漏りは保証の対象ではない．保証期間は3年目から10年目までで，保証者はNHBCであり，住宅建売業者などの生産者は保証責任を負わない．

ⅲ) 履行保証：履行保証は，住宅が何らかの理由（主として業者倒産）で住宅が完成しなかった場合，NHBCが，前渡し金もしくは未回収金の支払いまたは工事を行う．短期保証における業者の不履行の場合の保証は，この保証と同一の性格である．

ⅳ) 建築規制保証：建築規制保証は，建築規則（日本の建築基準法に相当）に不適合の部分があった場合，これを是正するものである．保証期間は10年で，保証（違反是正）はNHBCが行う．ただし，この保証はNHBCが建築規則に基づく認定検査人として，建築規制を実施した建築物に限る（自治体の建築許可の代替）．

②品質管理：NHBCは，業者登録において業者の技術能力を審査するとともに，独自に詳細な設計・施工基準を定めて，これに従って住宅を建設する義務を登録業者に課している．さらに建設プロジェクトの実施に際しては，設計審査，現場検査を行っている．また，標準設計の登録制度，あるいは開発区域の地盤条件などについての事前相談などの技術サービスを実施して，設計審査の効率化，事故の予防を図っている．検査部門の費用は，後に述べる住宅登録料の一部から充当される．なお，現在の検査は，検査部門を別組織の検査会社として分離し実施している．これは，自治体に代わって建築規制を行う「認定検査人」となるための措置である．

③保険制度：当初は，外部の保険会社と保険契約を結んでいたが，みずから保険業務を実施している．保険料は，住宅登録料の一部があてられる．登録料率は業者の実績により等級区分され，保証事故率が小さく供給実績の多い業者は，少額になるように設定されている．

④業者登録制度：業者の登録は，住宅建売業者

と開発業者（developer）とに分かれる．後者が住宅供給を行う場合は，登録済みの住宅建売業者に建設させなければならない．前者は技術能力と経営状況が審査され，後者は経営状況が審査される．技術能力は問われない．登録業者は，毎年の登録料と住宅登録料とを NHBC に支払う．住宅登録料は，住宅価格に対する乗率として定められている．問題がある業者には，NHBC が改善命令を発するが，悪質な場合は登録を取り消す．現状では，イギリスの大部分の業者が登録している．

⑤紛争処理： NHBC の紛争処理は，制度的には 3 段階に分かれている．購入者はまず登録業者に対して書面で苦情を通知し，登録業者が処理しなければならない（第 1 段階）．登録業者が処理に失敗し両者の間に紛争が生じた場合は，NHBC の調停（conciliation）に付すことになる（第 2 段階）．調停が不調の場合または NHBC と住宅所有者の間に紛争が生じた場合は，仲裁に付すことになる．仲裁人は，仲裁協会の会長または副会長が指名する（第 3 段階）．1988 年消費者仲裁合意法によれば，住宅所有者は，仲裁ではなく裁判を選ぶことができる．実際の苦情は，第 1 段階と第 2 段階でほとんど解決される．

⑥制度の効率： 制度全体の運営費用は，住宅価格の 0.3% 程度，建築規制まで行う場合でも 1% 程度できわめて低い．また，NHBC の保証を受けた住宅の価格はそうでない住宅よりも高いが，消費者から好まれている．また，保証期間が過ぎた中古住宅に関しても，市場価格が高くなっている．これらは，NHBC の住宅保証がきわめてすぐれた成果を上げ，市場的に評価されていることを示している．

2) **地方自治体の住宅保証制度** 1984 年の建築規則の改正により，翌年から認定検査人の制度が実施され，地方自治体と NHBC は，新規住宅供給の分野で，建築許可を競争的に実施することになった．その結果，多くの住宅開発が地方自治体の建築規制から離れて，NHBC の実施する建築規制に流れた．このため，一部の地方自治体側は，保険会社と保険契約を結んで，建築許可（審査，検査）の結果を保証するようになった．結果として，地方自治体と NHBC は，建築許可行政の分野で競争している．これはイギリスにおいてのみみられる特徴的な現象であるが，きわめて暗示的である．

(3) **日本の住宅保証制度**

日本で住宅保証制度が発足したのは 1980 年である．欠陥住宅問題の解決のために建設省が 1975 年から制度の検討を開始したが，業界の反対でなかなか日の目をみなかったのである．運営機関は，性能保証住宅登録機構という．その後名称を改め住宅保証機構となっている．

制度の普及もはかばかしいものではなかったが，1996 年度から急速に普及し始めた．この制度は当初は木造戸建て住宅が中心であったが，現在は住宅全般を対象としている．また，2003 年度末現在で保証住宅の累計登録数は約 89 万戸，年間登録数は 11 万戸程度である．わが国の住宅市場の規模からすると，10% 程度の占有率である．

①保証内容： 保証内容は品質保証と完成保証（履行保証）である．品質保証は，大きくは短期保証と長期保証とに分かれる．いずれも保証機構に登録した住宅建設業者等（登録業者）が住宅の所有者に対して保証責任を負う．保証内容を明確にするために，住宅所有者に渡される保証書に詳細な品質基準が示されている．

履行保証（第 1 のリスクの救済）は，政府出資の基金により 1999 年から開始している．また 2001 年には，既存（中古）住宅の保証制度を開始した．

短期保証は，品質基準に適合しない不具合（通常の損耗，収縮，結露や使用者の過失による損傷を除く）を保証（登録業者が無償で修補）するもので，保証期間は住宅引渡し後 1～2 年間である．

長期保証は基本的性能（構造性能と防水性能）を保証するもので，保証期間は住宅引渡し後 10 年間であり，3 年目から 10 年目までは，登録業者の修補費用は，責任保険がカバーしている．保証期間 10 年は住宅品質法（次項参照）の瑕疵担保規定に基づくものである．フランスの旧制度に類似している．なお，長期保証については，登録業者が倒産した場合でも，修補工事に保険金が支払われる．

既存住宅の保証に関しては，技術的困難さから，長期保証の期間が 5 年間に短縮されている．

完成保証は，前払金にかかわる損害や増嵩工事費（倒産等により新たに生じた完成に要する費用）について保証契約の範囲内で保証金が支払われる制度である．

②品質管理： 登録業者は，住宅保証機構が定めた設計施工基準に適合するように住宅を建設する義務を負い，住宅保証機構に登録した検査員が基礎工事や屋根工事などについて検査している．

③保険制度： 登録業者が負う保証責任をカバーする責任保険で，登録業者が建築工事ごとに収める住宅登録料の中から保険料が支払われる．

④業者登録制度： 住宅登録機構が建設業者などの申請に基づいて，その技術力，実績，健全な経営

などを審査して登録する．問題がある業者には住宅保証機構が改善命令を発するが，悪質な場合は登録を取り消す．

⑤紛争処理： 住宅の所有者と登録業者との間の保証に関する紛争は，住宅保証機構に設置された「保証事故審査会」に付されて解決が図られるが，大部分は住宅保証機構の登録業者に対する指導により解決されている．

⑥制度の効率： 住宅の登録料は，建築工事費に対して0.5%である．日本の場合は，戸建住宅が大部分を占めるので，遠く離れた工事現場を1戸1戸検査しなければならない．このため移動コストがきわめて大きくなる．この点を考慮すると，制度の運営効率は悪くはない．

16.9.5 住宅品質法

2000年に「住宅の品質確保等の促進に関する法律」（住宅品質法，品確法）が施行され，保証制度の基礎になる制度が大きく変わった．

住宅品質法が創設した新しい制度は，大きくは次の3つに分けることができる．
①住宅性能表示制度
②住宅紛争処理制度
③瑕疵担保責任制度

(1) 性能表示制度

性能表示は，住宅のもつ重要な性能を公正な第三者評価機関があらかじめ審査・検査し，その結果を表示することにより，消費者が合理的に住宅を選択することを可能にするものである．言い換えれば，「第2のリスク」（16.9.1項参照）のうち，誤選択のリスクを小さくする目的のものである．新築住宅または既存住宅を取得しようとする際に，生産者，消費者等が希望すれば利用できる任意の制度である．

(2) 住宅紛争処理制度

都道府県ごとに住宅紛争処理機関を設け，性能表示制度を利用した住宅の紛争処理を円滑・迅速に行うことを目的としている．裁判外紛争処理（ADR）制度の1つである．なお，表示制度を利用しない住宅の紛争は対象にならない．

(3) 瑕疵担保責任制度

新しい瑕疵担保責任制度は，「第2のリスク」の残されたもの，すなわち欠陥から消費者を保護する目的のものであるが，2つの内容から構成されている．第1は，新築住宅の取得契約（請負契約または売買契約）において，基本構造部分の構造耐力性能と防水（対雨漏り）性能ついての瑕疵担保責任を10年間義務づけるものである（住宅品質法87，88条）．そして第2は，新築住宅の取得契約において，すべての瑕疵について，瑕疵担保責任期間を20年まで延長できることとした（同法90条）．これらは，いずれも民法が定める瑕疵担保責任の特則である．

前者は，すでに実施されていた日本の住宅保証制度（前項参照）で採用されていた長期保証責任を法制度の中に採り入れたものである．

後者は，民法が定める消滅時効の規定により，契約責任（瑕疵担保責任）の存続期間が10年と制限されていたものを（民法167，639条），新築住宅の取得契約に限り延長を認めたものである．20年を超える延長を認める案もあったが，企業の存続期間等を考慮すると，不確実性の高いもの（誇大宣伝等）を法的に保護することは，かえって法の目的（消費者保護）に適わないおそれがあるので採用されなかった．

結果として，新築住宅は，建売住宅であっても注文住宅であっても，構造耐力の瑕疵と雨漏りの原因となる瑕疵について最低10年間の瑕疵担保責任を供給者（建設業者，建売業者等）が取得者に対して必ず負うことになった．そしてその他の瑕疵に関する担保責任は，従来どおり個々の契約に委ねられる．ただし，建売住宅は最低2年間，瑕疵担保責任を建売業者が負う（宅地建物取引業法39条）．

なお，住宅が当初の所有者から他人に譲渡（売却）されると，上記の瑕疵担保責任は消滅する．この点は，住宅保証制度と比較して劣っている．

また，住宅品質法が創設した「住宅性能表示制度」と「住宅紛争処理制度」は，同一の法律の下に創設されたが，「住宅保証制度」あるいは「性能保証制度」とは直接的な関係がない．　〔松本光平〕

参 考 文 献

1) 松本光平：世界の住宅保証制度，住宅保証機構，1999. (http://www.ohw.or/jp/)
2) J. Bigot: Responsabilités et Assurances Construction, L'ARGUS, 1988.

17

住宅関連法規

17.1 総論：日本における住宅関連法規

本節では，多種多様な住宅関連法規を，住宅政策の流れの中での時系列的な整理と法規の内容による分類とを試みる．その中で，いくつかの法律について若干の解説と課題を述べ，最後にこれから求められる法規についての考察を加える．どのような規定により住宅関連法規とするかは難しい．ここでは，住宅を考える上で何らかのかかわりをもつ法律，といった程度で整理する．

17.1.1 住宅政策と住宅関連法規

法律はその時代の情勢や政策に基づき制定されることから，住宅関連法規の制定状況をみると，逆にその時代背景や住宅政策の方向をうかがうことができる．本項では，住宅政策の流れの中で住宅関連法規をながめてみる．住宅にかかわる主な出来事と合わせて住宅関連法規を時系列的に整理したものが表17.1である．

戦後のわが国の住宅政策は，住宅の絶対的不足の解消を目指す政策から始まった．1950年5月6日に「住宅金融公庫法」，1951年6月4日に「公営住宅法」，1955年7月8日に「日本住宅公団法」が制定され，住宅政策に関する法律の三本柱が出そろった．これにより，住宅の絶対的不足の解消に向けた住宅供給体制の確立が図られ，大都市圏を中心に，住宅の集団的建設，宅地の大量供給が行われた．住宅建設や宅地供給が進むなか，宅地造成のあり方が問題となり，1961年11月7日に「宅地造成等規制法」，1964年7月9日には「宅地造成事業に関する法律」が制定された．旧「都市計画法」（1919年4月5日）を全面改正した新「都市計画法」に基づく開発許可制度が確立されたことにより，劣悪な宅地造成に対する制限が行われるようになった．さらに，地方での宅地造成や住宅供給を行うために，「地域振興整備公団法」（1962年4月30日），「新住宅市街地開発法」（1963年7月11日）が制定された．信頼関係や連帯意識に基づく積立分譲住宅の供給を目指した「住宅協同組合法」が検討されたが成案とならず，代わって，「地方住宅供給公社法」（1965年6月10日），「日本勤労者住宅協会法」（1966年7月25日）が制定され，持ち家を拡大していく方向へと住宅政策が進められていった．

計画的に住宅建設を進める必要性が叫ばれ，1966年6月30日に，「住宅建設計画法」が制定された．これにより，民間自力建設を含む一体的な住宅建設計画を策定することとなり，住宅建設を計画的に推進する体制が法制度面では確立された．また，都市地域の土地利用規制等を規定した「都市計画法」が1968年6月15日に制定された．さらに，その上位計画として国土全体の土地利用規制の根拠法である「国土利用計画法」が1974年6月25日に制定され，計画に基づき住宅・宅地の供給のための法整備が行われた．

このようななか着実に住宅建設は進められ，1973年，住宅統計調査において，すべての都道府県で住宅数が世帯数を上回った．このことにより，戦後一貫して行われてきた量的な不足からの脱却は一応図られ，質的な向上へと住宅施策の重点が移行した．

経済成長が続くなか，大都市における住宅問題がいっそう深刻化した．この課題を解決するために，まず「大都市地域における住宅及び住宅地の供給の促進に関する特別措置法」（1975年7月16日）が制定された．続いて「大都市地域における優良宅地開発の促進に関する緊急措置法」（1988年5月17日），さらに「大都市地域における宅地開発及び鉄道整備の一体的推進に関する特別措置法」（1989年6月28日）が制定された．

戦後の住宅政策の転換を求めたのが，1995年7

17. 住 宅 関 連 法 規

表 17.1 住宅にかかわる主な出来事と住宅関連法規

年代		主な出来事	住宅関連法規	年代		主な出来事	住宅関連法規
1945年	1948	住宅統計調査開始	消防法（1948/7/24）	1970年	1977	住宅性能保証制度開始	雇用保険法（1974/12/28）
	1949	住宅対策審議会設置	建設業法（1949/5/24）		1979	海外から「うさぎ小屋」との指摘を受ける	大都市地域における住宅及び住宅地の供給の促進に関する特別措置法（1975/7/16）
1950年	1952	政府、住宅不足316万戸と発表	住宅金融公庫法（1950/5/6）	1980年	1983	東京ディズニーランド開場	農住組合法（1980/11/21）
	1956	神武景気	建築基準法（1950/5/24）		1984	都市の再開発をめぐる地上げ横行	住宅・都市整備公団法（1981/5/22）〔1999/6/16廃止〕
			建築士法（1950/5/24）		1985	(財)マンション管理センター設立	大都市地域における優良宅地開発の促進に関する緊急措置法（1988/5/17）
			国土総合開発法（1950/5/26）				
			公営住宅法（1951/6/4）				
			宅地建物取引業法（1952/5/31）				
			北海道防寒住宅建設等促進法（1953/7/17）				大都市地域における宅地開発及び鉄道整備の一体的推進に関する特別措置法（1989/6/28）
			産業労働者住宅資金融通法（1953/7/17）				
			住宅融資保険法（1955/7/11）	1990年	1990	リゾートマンション乱立	借地借家法（1991/10/4）
			日本住宅公団法（1955/7/8）〔1981/5/22廃止〕		1991	再生資源の利用の促進に関する基本方針策定	特定優良賃貸住宅の供給の促進に関する法律（1993/5/21）
1960年	1960	住宅需要実態調査開始	住宅地区改良法（1960/5/17）				製造物責任法（1994/7/1）
	1963	第一次マンションブーム	宅地造成等規制法（1961/11/7）		1993	環境基本法制定	密集市街地における防災街区の整備の促進に関する法律（1997/5/9）
	1964	東京オリンピック開催	建物の区分所有等に関する法律（1962/4/4）		1994	生活福祉空間づくり大綱策定	
		千里ニュータウン開発	地域振興整備公団法（1962/4/30）		1995	戦後住宅政策の転換の基本的体系を示した住宅宅地審議会答申 阪神・淡路大震災	優良田園住宅の建設の促進に関する法律（1998/4/17）
	1965	いざなぎ景気	住居表示に関する法律（1962/5/10）				都市基盤整備公団法（1999/6/16）
			新住宅市街地開発法（1963/7/11）				住宅の品質確保の促進等に関する法律（1999/6/23）
			宅地造成事業に関する法律（1964/7/9）〔1968/6/15廃止〕		1997	地球温暖化防止京都会議開催	良質な賃貸住宅等の供給の促進に関する特別措置法（1999/12/15）
			地方住宅供給公社法（1965/6/10）	2000年	2000	循環型社会形成推進基本法制定	消費者契約法（2000/5/12）
			住宅建設計画法（1966/6/30）		2001	特殊法人等整理合理化計画策定	建設工事に係る資材の再資源化等に関する法律（2000/5/21）
			日本勤労者住宅協会法（1966/7/25）		2002	シックハウス対策のための規制の導入等を求める建築基準法の一部改正	マンションの管理の適正化の推進に関する法律（2000/12/8）
			都市計画法（1968/6/15）				高齢者の居住の安定確保に関する法律（2001/4/6）
			都市再開発法（1969/6/3）				都市再生特別措置法（2002/4/5）
1970年	1970	日本万国博覧会開催	農地所有者等賃貸住宅建設融資利子補給臨時措置法（1971/4/1）				マンションの建替えの円滑化等に関する法律（2002/6/19）
	1973	工業化住宅性能認定制度発足 すべての都道府県で住宅数が世帯数を上回る（住宅統計調査）	勤労者財産形成促進法（1971/6/1）				独立行政法人都市再生機構法（2003/6/20）
			積立式宅地建物販売業法（1971/6/16）				
			国土利用計画法（1974/6/25）				

「主な出来事」については、国土交通省住宅局監修：住宅・建築ハンドブック、日本住宅協会、2003；住宅金融公庫企画・監修：住まいと文化、住宅金融普及協会、2000によっている。

月に出された住宅宅地審議会の答申「21世紀に向けた住宅・宅地政策の基本的体系について」である．民間に委ねられていた住宅市場の全体をにらんだ政策へと転換することになった．この答申に先がけて，「借地法」（1921年4月8日），「借家法」（1921年4月8日）の全面改正が行われ，新しい「借地借家法」が1991年10月4日に制定された．さらに，1993年5月21日には，「特定優良賃貸住宅の供給の促進に関する法律」が制定され，従来は補助の対象となっていなかった民間賃貸住宅を主な対象として，一定の優良な賃貸住宅に対して補助が行われることとなった．さらに，定期建物賃貸借制度の創設等を目指す「良質な賃貸住宅等の供給の促進に関する特別措置法」の制定により，住宅市場が円滑かつ適正に機能するような条件が着実に整備されていった．また，欠陥住宅問題やマンションの管理や建替えの問題に対応するために，「住宅の品質確保の促進等に関する法律」（1999年6月23日），「消費者契約法」（2000年5月12日），「マンションの管理の適正化の推進に関する法律」（2000年12月8日），「マンションの建替えの円滑化等に関する法律」（2002年6月19日）が制定された．これらの動きに合わせて，公営住宅法や住宅金融公庫法も大幅な改正が行われ，日本住宅公団法についても，「住宅・都市整備公団法」（1981年5月22日）から「都市基盤整備公団法」（1999年6月16日）へと姿を変えていった．さらに，2001年12月18日「特殊法人等整理合理化計画」が策定され，住宅金融公庫は廃止，証券化支援業務を行う新たな独立行政法人設置の方向が出され，都市基盤整備公団，地域振興整備公団も廃止，民間の都市再生を誘導する新たな独立行政法人の設置が決定され，2003年6月20日に「独立行政法人都市再生機構法」が制定された．このように，戦後の住宅政策は大きく転換することとなった．

今日では，住宅政策も他分野との連携の中で進めていかなければ根本的な解決ができない状況となっている．地球環境問題への対応から，2000年5月21日に「建設工事に係る資材の再資源化等に関する法律」が制定された．また，高齢社会への対応から，2001年4月6日に「高齢者の居住の安定確保に関する法律」が制定された．総合的な行政を必要とする法律が制定される時代を迎えている．

17.1.2 内容による分類

前項では時系列的に住宅関連法規をながめてきた．本項では法律の内容に着目して整理を試みる．各法規はそれぞれ，時代の要請を受けて制定され改正されてきているため，明確に分類することは正確さを欠くことになる．しかし，法律の内容を少し理解しやすくするために，あえていくつかの項目に分類する．分類項目は，「計画関連」「持ち家関連」「賃貸住宅関連」「団地開発関連」「宅地造成関連」「再開発関連」「大都市関連」「業法関連」「その他」とした．その整理状況は表17.2のとおりである．これらのうち，「計画関連」「持ち家関連」「賃貸住宅関連」「団地開発関連」に分類されている法律について，若干の解説と課題を述べてみよう．

まず，「計画関連」の法律である．どのような施策も実効性のあるものとするためには，先に計画を策定する必要がある．戦後の荒廃した国土をどう総合的に開発するかということで，「国土総合開発法」が制定された．この法律に基づき，5年ごとに総合計画が策定され，それぞれの時代に対応したやや開発優先の国土開発が行われてきた．住宅政策の分野では，民間の自力建設も含めた一体的な住宅建設を進めるために，「住宅建設計画法」が制定された．この法律に基づく住宅建設五箇年計画は，住宅政策の目標を具体的な数値で示しており，住宅建設を計画的に進めることを目指している．住宅建設行政の基本となる計画であり，今日では第8期を迎えている．公庫や公団の改編が進むなか，根本的な見直しが議論されているところである．市街化を促進する市街化区域と市街化を抑制する市街化調整区域を定めること（いわゆる線引き制度）を前提とするなど，都市政策の全面的な見直しが行われ，「都市計画法」が制定された．この法律に基づき，都市計画区域ごとに「整備，開発又は保全の方針」が定められる．個別法に遅れたものの，国土利用についての計画法として「国土利用計画法」が制定された．「都市計画法」「農業振興地域の整備に関する法律」などの個別法の上位計画ではあるが，制定順位などの関係もあり，後追い的な調整が行われているという厳しい現実がある．

次に，「持ち家関連」の法規である．持ち家のみに適用される法律はほとんどない．唯一「勤労者財産形成促進法」がある．勤労者が財産として持ち家をもつことを促進するための法律である．持ち家に限定はされていないが，主に持ち家を対象としている法律がいくつかある．これらは，戦後行われてきた持ち家政策を支えてきた法規である．最も重要な法律が「住宅金融公庫法」である．独立行政法人へと姿を変えることになっているが，戦後，一般庶民に至るまで持ち家を浸透させたのは，住宅金融公庫

表 17.2 住宅関連法規の内容による分類

- 計画関連
  - 国土総合開発法
  - 住宅建設計画法
  - 都市計画法
  - 国土利用計画法
- 持ち家関連
  - 住宅金融公庫法
  - 産業労働者住宅資金融通法
  - 住宅融資保険法
  - 建物の区分所有等に関する法律
  - 勤労者財産形成促進法
  - 製造物責任法
  - 住宅の品質確保の促進等に関する法律
  - マンションの管理の適正化の推進に関する法律
  - マンションの建替えの円滑化等に関する法律
- 賃貸住宅関連
  - 公営住宅法
  - 農地所有者等賃貸住宅建設融資利子補給臨時措置法
  - 雇用保険法
  - 借地借家法
  - 特定優良賃貸住宅の供給の促進に関する法律
  - 良質な賃貸住宅等の供給の促進に関する特別措置法
  - 高齢者の居住の安定確保に関する法律
- 団地開発関連
  - 日本住宅公団法〔1981/5/22 廃止〕
  - 地域振興整備公団法
  - 新住宅市街地開発法
  - 地方住宅供給公社法
  - 日本勤労者住宅協会法
  - 農住組合法
  - 住宅・都市整備公団〔1999/6/16 廃止〕
  - 優良田園住宅の建設の促進に関する法律
  - 都市基盤整備公団法
- 宅地造成関連
  - 宅地造成等規制法
  - 住宅地造成事業に関する法律〔1968/6/15 廃止〕
- 再開発関連
  - 住宅地区改良法
  - 都市再開発法
  - 密集市街地における防災街区の整備の促進に関する法律
  - 都市再生特別措置法
- 大都市関連
  - 大都市地域における住宅及び住宅地の供給の促進に関する特別措置法
  - 大都市地域における優良宅地開発の促進に関する緊急措置法
  - 大都市地域における宅地開発及び鉄道整備の一体的推進に関する特別措置法
- 業法関連
  - 建設業法
  - 建築士法
  - 宅地建物取引業法
  - 積立式宅地建物販売業法
- その他
  - 民法 (1896/4/27)
  - 消防法
  - 建築基準法
  - 北海道防寒住宅建設等促進法
  - 住居表示に関する法律
  - 建設工事に係る資材の再資源化等に関する法律

制度である．持ち家を建てたいという庶民の夢を実現させたといった点や公庫仕様といった言葉からうかがえるように，日本の住宅を一定レベルまで押し上げた点では高く評価できる．しかしその一方で，日本の持ち家のレベルを「うさぎ小屋」と称される住宅にとどめたといった点や，木造建築技術の面でも大きな制約を加えたといった点では，問題を生んだともいえる．なお，住宅金融公庫は，持ち家だけでなく賃貸住宅への融資も行っている．また戸建てだけでなくマンション形式の住宅への融資も行っている．一般金融機関が行う住宅建設資金の貸付を保護することによって，民間自力建設促進を図るために「住宅融資保険法」も制定された．そのほか，「団地開発関連」に分類しているが，「地方住宅供給公社法」「日本勤労者住宅協会法」も中堅サラリーマンの持ち家取得に大きく貢献した法律である．

都市部を中心とするマンション建設に呼応して制定された法律が「建物の区分所有等に関する法律」である．立体的な共同生活の経験がなかった日本人に対して，立体的な区画の権利関係を明確にしたのがこの法律である．その後，この法律を根拠にマンション建設はいっそう盛んになっていく．「マンションは管理を買え」といわれるように，マンションはその管理が特に重要である．当初のマンションが建替え時期に差しかかっていることもあり，マンション問題が社会問題化する中で，「マンションの管理の適正化の推進に関する法律」や「マンションの建替えの円滑化等に関する法律」が制定された．

欠陥住宅問題は持ち家に限定されるものではないが，主に持ち家にかかわる問題である．この欠陥住宅を防ぐために制定されたのが，「住宅の品質確保の促進等に関する法律」である．住宅の性能に関する表示基準及びこれに基づく評価制度の設置，住宅に係る紛争の処理体制の整備，新築住宅の請負契約又は売買契約における瑕疵担保責任の強化といった措置が講じられることとなった．この法律の問題点としては，文化的側面もある住宅が機械と同様に性能で評価され，その機械的適用により，住文化や建築技術が葬り去られる危険性があるということである．消費者の選択に委ねることを大前提とし，合わせて，住まい手教育の充実を図っていかなければ，本末転倒の結果となってしまう虞がある．関連の法律としては，「製造物責任法」「消費者契約法」がある．消費者契約法は，業者の説明が不十分であれば，当初結んだ契約も破棄されるという画期的な法律である．住まい手保護の観点から，もっと周知させるべき法律といえる．

17.1 総論：日本における住宅関連法規

「賃貸住宅関連」の法律は，「持ち家関連」と異なり，賃貸住宅に限定した法規である場合が多い．戦後の住宅不足を解消するためにいち早く制定された法律が，「公営住宅法」である．この法律は，国及び地方公共団体が協力して，健康で文化的な生活を営むに足りる住宅を整備し，これを住宅に困窮する低額所得者に対して低廉な家賃で賃貸することを目的に制定されたものである．当初は，最低限の寝食の場を確保するといった低いレベルのものであったが，地方化の波を受け，公営住宅のグレードアップが図られた．今日では，一定レベルにまで達している．1996年の大改正により，高齢者などを優先する福祉住宅としての位置づけが強くなっている．

住宅金融公庫では融資の対象外となる賃貸住宅についても市街化区域内農地に限り借入金への利子補給を可能とする法律が，「農地所有者等賃貸住宅建設融資利子補給臨時措置法」である．都市計画法の線引き制度に連動した数少ない法律である．市街化区域内農地の宅地化の促進を目的としているため，優良な賃貸住宅を建設するといった住宅政策から考えると，必ずしも貢献しているとはいえない．農家の借家経営による農業経営の安定化を進めるということもあり，臨時措置法でありながら，30年以上経過した現在も継続されている．

勤労者の雇用対策の一環である雇用促進住宅は，「雇用保険法」に基づいて建設されてきたが，現在では売却先が探される住宅となっている．借地，借家の流動化を促進するために，大正時代に制定された旧法を全面改正して，新たに「借地借家法」が制定された．これにより，定期借地権を活用した住宅供給が行われるようになった．いわゆる中堅所得者階層を対象とする賃貸住宅の供給促進のために制定された法律が「特定優良賃貸住宅の供給の促進に関する法律」である．この法律に基づく特定優良賃貸住宅制度は，建設費補助，家賃の減額などの助成を通じて，民間活用による一定規模以上の良質な賃貸住宅の供給を促進しようとするものである．再開発事業などでは行われていたが，個人の財産である賃貸住宅に直接補助をするといった画期的な法律である．しかも，従来の住宅政策の狭間といわれていた中堅所得者層への対応ということでも特筆すべき法律である．ただ，民間の賃貸住宅を公営住宅に準じて管理しようとするところに，オーナーにとっても入居者にとっても難しい側面があった．制度改善が進められているところではあるが，賃貸需要の大きな都市部でも苦戦を強いられており，地方部においては，制度への無理解と合わせて，かなり苦しい施策となっている．定期建物賃貸借制度の創設等を目指して「良質な賃貸住宅等の供給の促進に関する特別措置法」が制定されている．また，今日の高齢社会に対応して，高齢者のための賃貸住宅等の供給を促進しようと制定された法律が，「高齢者の居住の安定確保に関する法律」である．高齢者の入居が厳しい民間賃貸住宅に対して，家主の不安を公的に解消しようとした法律である．高齢者の住宅全般に対応した法律として画期的である．この法律についても，「建設工事に係る資材の再資源化等に関する法律」と同様，その運用にあたっては総合的な行政で臨むことが重要である．その意味では，これらの法律をどう目的どおり進めることができるかは，今後の行政の行き先を考える上でたいへん重要である．なお，この法律は，高齢者の持ち家のバリアフリー化も目指している．

賃貸住宅だけでなく持ち家にも適用される法律が，「産業労働者住宅資金融通法」である．産業労働者住宅を建設しようとする事業者への融資を可能としたものである．

次に，「団地開発関連」の法規である．都市部の郊外に団地開発を行うための法律が「日本住宅公団法」である．この法律は，「住宅・都市整備公団法」から「都市基盤整備公団法」さらに「独立行政法人都市再生機構法」へと姿を変えていく．地方部での団地開発のために，「地域振興整備公団法」「新住宅市街地開発法」が制定された．また，それぞれの地域での団地開発を進めるために，「地方住宅供給公社法」「日本勤労者住宅協会法」が制定された．戦後の混乱期を脱し消費生活が向上する中で，中堅所得者にも持ち家を建てる夢をかなえるようにすべきといった方向が出てきた．当初は，信頼関係や連帯意識に基づく住宅協同組合による積立分譲住宅の供給が検討されたが，金融の問題などにより，地方住宅供給公社法，日本勤労者住宅協会法へと変更されていった．この法律の成立により，日本の住宅政策は持ち家の方向へと進んでいった．一定レベルの住宅を供給してきた地方住宅供給公社の役割も終わり，新しい時代に対応した公社のあり方が問われている．現行法では破産か法令違反などに伴う認可の取消し以外解散できないことになっているが，自主的な解散もできるよう法改正が検討されている．市街化区域内農地の宅地化を促進するため，「農住組合法」に基づく団地開発が行われた．ライフスタイルの多様化を受けて，「優良田園住宅の建設の促進に関する法律」により，いわゆる田舎暮らしを可能にする地方部での小規模な団地開発ができるように

なった．この法律を運用するためには，市町村で基本方針を策定する必要があるが，市町村にとってあまりメリットがないため，基本方針を定めている市町村は少ない．まだまだ先進的な動きであり，長期的な視点が必要となるため，実施にあたっては厳しい法律といえる．

　成熟社会を迎えたわが国においては，法律の体系を根本的に見直す時期にきている．これからの時代は総合性，地域性，自主性がキーワードになると考えている．

　最近の法律は，単独の省庁だけでは施行できなくなってきている．現場での課題に適切に対応するためには，総合性を発揮する必要がある．個別の法律を制定するのではなく，住宅に対する基本的な認識を明確にし，それを実現するための手立てを総合的な視点から確立できるような法律とすることが重要である．地方分権化の進行により，地域性の視点がますます大切になっている．今日では，独自性を発揮している地域が出現してきている．国は基本的な考え方や方針までとし，具体化は，その地域で生活する人たちの考え方に基づいて進めることや地方の特性を踏まえるということを大原則とする必要がある．どう進めていき，そのための財源をどう確保するかといったことも含めて，地域に住む人たちが決めていくシステムづくりが求められている．住宅は自己責任・自己決定を基本とする必要がある．そのためにも，住宅に対するきちんとした認識を国民一人ひとりがもつことが重要であり，住教育の徹底が必要不可欠である．その上で，自主性の尊重を大前提とした法整備が求められている．

　このような観点から，住宅については，基本的には，住環境の向上を求める国民に対して文化的な生活というにふさわしい住環境を保証するということをすべてにおいて前提とすべきである．その上で，持ち家か賃貸住宅か，あるいは一戸建てか共同住宅かということを各自の嗜好により選択できることが理想的であるといえる．このような前提に立てば，少し違った法律体系ができるのではないだろうか．

〔東　孝次〕

17.2　住宅品質確保促進法

　「住宅の品質確保の促進等に関する法律」（平成11（1999）年6月23日公布．以下，品確法という）が平成12（2000）年4月1日から施行された．同法律では，住宅性能表示基準と評価方法基準を定めて一定の標章を付した住宅性能表示評価書を交付し，その住宅が住宅性能表示評価書に表示された性能を有するものと看做したり，万一，その住宅に欠陥トラブルが発生した場合，弁護士会等により設立された法人が住宅紛争処理を行うこと，瑕疵担保期間を10年に延長するなどのメリットがあると説明されている．

　しかし，性能評価書では，たとえば，構造安定性につき，耐震等級を3，2，1などとランクづけをして性能を表示する仕組になっているが，いくら高い性能評価住宅と宣伝されても実際に現場で瑕疵なく施工されているか否かを判定しなければ構造耐力上の安全は保持できない．その意味で，現場での検査体制が充実していないと消費者は高い性能を保持している住宅だという宣伝ばかりに目を奪われて，実際には手抜きされた住宅をつかまされる危険がある．

　また，評価住宅については，基礎工事の段階，構造躯体が組み上がった工事の段階，内装工事前の段階，完成段階の4回にわたって現場での検査が行われるとされているが，他方で，規格化された型式の住宅については現場での検査を「簡略化」することができるとされている．また，「現場検査」なるものがどのような検査になるのか，検査する者の資質いかんでは十分な検査が行われないまま工事が進行していく危険が残る．

　さらに，住宅紛争処理の参考となるべき基準として「技術基準」が定められた．たとえば，傾斜については，勾配が①1000分の3未満，②1000分の3以上，1000分の6未満，③1000分の6以上の3ランクに分け，①の場合は構造耐力上主要な部分に瑕疵が存する可能性は低い，②の場合は同瑕疵が一定程度存する可能性がある，③の場合は同瑕疵が存する可能性が高い，などという基準を設定している．しかし，そもそも1000分の6以上の勾配が存する建物ならば，眩暈や三半規管の狂いなど身体的異常が発生してもおかしくない．こうした酷い勾配が「技術基準」たりうるのだろうか．また基礎の垂れ流しのように基礎の形状さえなく配筋が剥き出しになっていても建物に傾きがなければ問題にしないというのもおかしい．結局，欠陥の有無を現象面からアプローチする手法それ自体が問題なのである．重要なのは欠陥現象ではなく，そうした現象が発生する欠陥原因が重要かどうかである．

　どのように補修するかも問題である．品質保証したはずの住宅に欠陥が生じているのに補修は膏薬張りの補修で足りるというのでは被害救済にはならな

い．技術力，資力等で力をつけたハウスメーカーが表示した性能と異なる住宅をつくった以上，業者に対しては初めからやり直せと命じる方針を出すべきである．また，こうした技術基準や補修基準がたとえ参考基準だと断ったとしても，必ずや「国土交通省お墨つきの基準だ」などと一人歩きし始める点も重要である．品確法が欠陥住宅被害を根絶させ，本当に消費者被害の救済に資する法律なのか，十分に吟味する必要がある． 〔吉岡和弘〕

17.3 建築基準法

建築物の敷地，構造，設備および用途について最低の基準を定めて，建築物と市街地の安全と環境の維持を図るための法律である．建築物と市街地の火災に対する安全のための法令は明治以前からあった．明治以後いくつかの府県で規則がつくられていたが，法律として整備されるのは1919年に都市計画法とともに制定された市街地建築物法以後である．第2次世界大戦後の1950年に新たに「建築基準法」が制定された．

この法は都市計画と協力して道路，水道，公園などの都市施設と居住や商工業，ビジネス等の活動とのバランスを保ち，市街地の安全と環境の保全を図る集団規定と，個々の建物の質を確保する単体規定，および実行を確実にする建築確認等の手続規定からなる．

17.3.1 集団規定

集団規定の第1は用途地域で，市街化区域（線引き，既成市街地および10年以内に市街化を図る）の中で，都市計画で指定された住居系，商業および工業系12種類の用途地域ごとに建物の用途，規模，建蔽率（敷地面積に対する建坪の割合，空地を確保して環境を守る），容積率（敷地面積に対する延べ坪の割合，都市施設とのバランスを保つ），道路との関係を制限する他，その中で研究開発地区，観光地区等11種類の特別用途地区（特別の目的のために利便を増進しながら環境を保つ，地区指定とその制限内容は市町村が定める）等がある．また，地域によっては高さ，壁面の道路からの後退および道路や隣地からみた斜線の中に収まるような斜線制限等が課せられる．斜線制限とは，敷地境界いっぱいに高い建物を建てて隣の敷地，建物や道路を谷底のようにして，ひどく視界，景観を損なったりすることを防ぐために，境界線から斜めに引いた線（面）より外（上）側に建物がはみ出さないように制限するものである．

第2は防火地域で，都市の大火災を防ぐために，建築物の密集する市街地では防火地域を集団でまたは帯状に指定する．ここでは建物をほぼ完全に不燃化することが求められる．その周辺等のより密度の低いところには準防火地区が指定され，ここでは屋内の火事が外に吹き出さず，また隣の火事が延焼してこない程度の防火性能（木造も可能）が要求される．

第3は特別の地区で，建築基準法では1建築物1敷地が原則であるが，1街区（ブロック）のような，複数の敷地を1つの敷地とみなして適用することによって，都市機能に適応し，空地をまとめて有効にとる等の合理的で環境のよい設計が可能になる制度がある（特定街区，総合設計，総合的設計）．市街地の不合理な利用を抑制し，都市機能更新を容易にするために，容積率，建蔽率の最高・最低限度および壁面の位置を定める高度利用地区，建物の高さの最高・最低限度を指定する高度地区がある．

市街地の更新や今後の市街化が予期されるところでは，建築物の形態，公共施設などの配置を一体として計画し不良な市街地の発生を未然に防ぎ，良好なものへ誘導する地区計画の他，集落地区計画，沿道整備計画等いくつもの制度がある．

都市の自然の景観を維持する風致地区に似て市街地の建築的美観を維持する美観地区は建築基準法の中で「美」を扱った唯一のもので，地区指定と制限内容は市町村が決定する．

一団の区域で，所有者・借地権者全員の同意によって建築の基準を定めることができる．

この第3の諸制度は単に個々の建築物を規制するだけではなく，アーバンデザインを目指している．

17.3.2 単体規定

敷地の安全・衛生および設備についても規定があるが，もっとも重要なのは防火と構造安全である．

防火については，①完全な耐火建築にする，②建物内で火災が広がらないようにする，③近隣どうしの間での延焼を防ぐ，④失火が火災にまで広がることを防ぐ，⑤人の避難路を確保する，⑥酸欠や有害ガス，煙から人を護る，などのことについて定める．

構造については地震，風，雪等に対して安全でなければならないこと，および小規模なもの以外は構造計算によって安全性を確かめることを定めるだけで，具体的なことは政令に委ねている．

単体規定では代表的な仕様（材質，構造，寸法

等）を示すこともあるが，原則は要求する性能の基準を示して，この水準をクリアすればよいとしている．

新しい材料や技術を用いる場合は，十分な性能がある旨の第三者機関の証明をつけて，建築確認を求めることになる．

建築基準法による安全とは，通常起こりうる地震，台風等には建物が破壊されず，超大型の地震等がきたときは，建物が修理不能なほどに壊れることがあってもやむを得ないが，そのような場合でも人命だけは守ろうというレベルを意味している．

17.3.3　確認検査の手続き

建築物の設計，工事監理は国の免許を受けた建築士だけができる．

建築に当たっては，前もって都道府県市町村の建築主事または民間の指定確認検査機関（建築主事等）に設計図書を提出して，関係規定に合っていることの確認を受け，工事が終われば完了検査を受けなければならない．大規模または重要なものにあっては中間検査も受けなければならない．建築主事等は確認に当たって消防長または消防署長の同意を得なければならない．

17.3.4　法の特色

この法律はアメリカ軍の占領下に制定されたものなので，アメリカの影響を受けてはいるが，国際的にも国内的にもたいへんユニークな法律である．西ヨーロッパにみられるような許可制（禁止の解除）と違って法規に違反しない限り建築は自由であること，基準は客観的で美の観点が排除されること，確認に当たって裁量権がないこと，そして西ヨーロッパ，北アメリカに匹敵する巨大な建築マーケットがただ1つの基準によって動いていることであり，国内的には確認，検査について建築主事等の申請を処理すべき期間が厳格に定められていること，建築主事は地方公務員であるが，確認については首長の指揮を受けないこと等である．　　　〔竹林　寛〕

17.4　都市計画法，大都市法，土地区画整理法，都市再開発法，新住宅市街地開発法

住宅の供給，住生活の安定のためには，住宅地の供給，住宅地の安定が図られなければならない．

まず住宅地の供給，維持の需要があることを前提に，それを都市の中に適切の誘導したり，他の土地利用と調整するための仕組みに「都市計画法」（昭和43（1968）法100）の土地利用規制や，「大都市地域における住宅および住宅地の供給の促進に関する特別措置法」（大都市法と略；昭和50（1975）法67）の住宅マスタープランがある．

17.4.1　都市計画法

都市計画法は「都市計画の内容及びその決定手続き，都市計画制限，都市計画事業その他……を定めることにより，都市の健全な発展と秩序ある整備を図」ることを目的とする（1条）．まず全国の市または一定の町村の中心市街地を核として「一体の都市として総合的に整備し，開発し，及び保全する必要がある区域を都市計画区域として（都道府県が）指定する」（5条）．都道府県は，各都市計画区域ごとに，整備，開発及び保全の方針を定める（6条の2）．これは都道府県都市計画マスタープランと呼ばれる．都市計画マスタープランとは，個々の開発・建築行為を規制する文書ではなく，地域地区以下の計画の策定を拘束するに留まる．当該都市計画区域において無秩序な市街化を防止する必要があるときは，都道府県都市計画マスタープランの中で，都市計画区域を市街化区域と市街化調整区域に区分することができる．市街化区域とは「すでに市街地を形成している区域及びおおむね10年以内に優先的かつ計画的に市街化を図るべき区域」，市街化調整区域とは「市街化を抑制すべき区域」である（7条）．さらに市町村は「当該市町村の都市計画に関する基本的方針を定める」（18条の2）．これは市町村都市計画マスタープランと呼ばれる．

都市計画区域内の土地をどのような用途にどの程度利用するかを定めて，個々の開発，建築行為を規制する制度が地域地区であり，そのうちもっとも重要なものは用途地域である．用途地域とは，土地利用に対して用途，形態，密度等に関する規制を定め，良好な市街地の形成と住居，商業・業務，工業等の諸機能の適切な配置を誘導しようとするものである．指定は，三大都市圏の既成市街地・近郊整備地域及び政令指定都市の区域を含む都市計画区域については都道府県，それ以外は市町村が行う．用途地域には第一種低層住居専用地域から工業専用地域まで全部で12種類あり，各地域内での建築物の用途と形態の制限は建築基準法が定める．住宅地形成の観点からみた用途地域制度の最大の問題点は，用途混在を広く認める，形態制限とりわけ容積率が緩い，さらに規制が全国一様に定められており即地性が薄い等の理由から，住宅地としての安定の保障が

弱いことである．

市街化区域と市街化調整区域の区分や用途地域の規制を担保する制度が，開発許可と建築確認である．前者は，建築物の建築等の用に供する目的で行う土地の区画形質の変更を，都道府県知事の許可のもとにおく制度である．この制度の問題点は，土地の区画形質の変更の概念が狭いこと，小規模の開発行為には適用されないこと，開発行為相互の調整が不充分であることなどである．建築確認は建築基準法が定める．

地域地区と開発許可，建築確認という仕組みが無秩序な市街地の外縁への拡大やミニ開発の抑止に有効でなかったので，それを補完するために地区計画が設けられた．これは「建築物の建築形態，公共施設その他の施設の配置等からみて，一体としてそれぞれの区域の特性にふさわしい態様を備えた良好な環境の各街区を整備し，及び保全するための計画」（12条の5）で，策定は市町村の事務である．さらに計画区域内で地区施設，建築物等の整備ならびに土地利用に関する計画を定めることができる．この計画は地区整備計画と呼ばれ，その内容は個々の土地の区画形質の変更，建築物の建築等を規制する．

なお都市計画法は，土地利用規制を積極的に実現するため，市街地開発事業や都市施設という規定も含んでいる．

17.4.2 大都市法

大都市法は「大都市地域における住宅及び住宅地の供給を促進するため，住宅及び住宅地の供給に関する基本方針等について定めるとともに……特別の措置を講ずることにより，大量の住宅及び住宅地の供給と良好な住宅街区の整備を図」ることを目的とする（1条）．この法律により，国土交通大臣は，首都圏，近畿圏および中部圏の各圏域ごとに住宅および住宅地の供給基本方針を，東京都や大阪府などとくに住宅需要の著しい都府県は供給計画を定め，さらに都市計画区域について住宅市街地の開発整備の方針を定めなければならない．この方針は一般に住宅マスタープランと呼ばれる．なお大都市法は，住宅マスタープランを実現するためのしくみとして特定土地区画整理事業や住宅街区整備事業，都心共同住宅供給事業などを定めている．

17.4.3 土地区画整理法，都市再開発法，新住宅市街地開発法

住宅地需要の誘導，調整を目的とする前述の制度に対して，公権力や公的資金を用いて積極的に住宅地を作り出すための法律が，「土地区画整理法」（昭和29（1954）法119），「都市再開発法」（昭和44（1969）法38），「新住宅市街地開発法」（新住法と略；昭和38（1963）法134）である．

土地区画整理法は，土地区画整理事業について必要な事項を規定する．土地区画整理事業は，旧都市計画法（大正8（1919）法38）以来設けられているが，現行法は「公共施設の整備改善及び宅地の利用の増進を図るため……土地の区画形質の変更及び公共施設の新設又は変更に関する事業」と定める（2条）．すなわち施行地区である未整備の市街地において土地所有者などからその土地等の面積に応じて少しずつ土地を提供してもらい（減歩という），その土地を道路や公園などの公共施設用地に充てて整備し，残りの宅地については区画形質を変更して，全体として利用価値を高める事業である．施行主体は，個人，土地区画整理組合，都道府県，市町村，国土交通大臣，都市再生機構，地方住宅供給公社である．事業前の土地に関する権利を，事業後の新たな土地に関する権利へと置き換えるか，あるいは補償によって消滅させる手続きを換地という．土地区画整理事業の要点は，換地において，事業前と事業後の権利が金銭的に等価であること，事業費は事業の中で独立採算とすることの2つの原則である．さらに換地においては，事業前の宅地と事業後の宅地の「位置，地積，土質，水利，利用状況，環境等が照応するように定めなければならない」（89条）．これを照応の原則という．また無償減歩については，私有財産の公共利用に対する補償を定める憲法29条3項に違反するという議論がある．この点について裁判所は，事業前と事業後の土地の価額が等価であるか，損失の場合の補償措置が講じられていることを理由に合憲と判断した（最高裁昭和56（1981）年3月19日判決）．この制度の利用の際には，起業利益と収用損失との相殺を認めない土地収用との間に不均衡があること，従前の土地利用を大幅に更新すること，施行区域内の土地の一部を売却して事業費に充てるため宅地需要が欠かせないことなどを考慮したうえで実施の適否を決める必要がある．

都市再開発法は「都市における土地の合理的かつ健全な高度利用と都市機能の更新とを図」ることを目的とする（1条）．東京都区部，大阪市など人口集中のとくに著しい大都市では，都市再開発方針を定めなければならない．さらにこの法律が定める市街地再開発事業とは都市計画法に定める市街地開発事業の1つで，都市再開発法の目的を図るための

「建築物及び建築敷地の整備並びに公共施設の整備に関する事業」（2条）である．すなわち，低層，老朽，小規模の木造建物の密集して公共施設が未整備な市街地において，建築物を序却し，細分化した宅地の統合，不燃化された共同建築物（施設建築物という）の建築物の建築，街路，公園，広場等の公共施設を整備を一体的・総合的に行おうとするものである．事業方式には，事業前の権利者の権利を原則として事業後の建築物に対する権利へ置き換える権利変換方式による第1種事業と，事業前の権利を施行者が原則として買収する用地買収方式による第2種事業がある．施行主体は，第1種事業については，個人，市街地再開発組合，再開発会社，地方公共団体，都市再生機構，首都高速道路公団，阪神高速道路公団，地方住宅供給公社，第2種事業については，再開発会社，地方公共団体と公団等に限られる．市街地再開発事業は，事業前と事業後の権利の等価性や事業の独立採算性など土地区画整理事業と基本的な着想は同じである．したがって問題点もまた同様である．

新住法は「人口集中の著しい市街地の周辺の地域にお（いて）健全な住宅市街地の開発及び住宅に困窮する国民のための居住環境の良好な住宅地の大規模な供給」（1条），すなわち，大都市近郊のニュータウン建設を目的とする．新住法が定める新住宅市街地開発事業は，都市計画法で定める市街地開発事業の1つで，「宅地の造成，造成された宅地の処分及び宅地とあわせて整備されるべき公共施設の整備に関する事業」である（2条）．この事業は，地方公共団体，地方住宅供給公社等を施行者とし，施行者が収用権，先買い権を背景に区域内の土地を取得して，住宅地に造成，公共施設の整備の後に売却する．日本住宅公団は，この事業の施行者として実績が多かった．2001（平成13）年12月の閣議決定により，都市基盤整備公団はニュータウン事業を行わないこととされ，その後継組織は施行者に含まれていない．この制度の問題点は，土地全面買収方式であるために，大規模開発適地が今日ではなくなったこと，公共財政への負担が過大なことである．

〔寺尾 仁〕

17.5 マンション管理に関する法律

マンションは集合住宅の1つで，集合住宅の管理については8.7節で述べられているので，本節ではマンションの管理に関する法律について述べる．

2000年から2002年にかけて，マンション居住に関連する3つの法律が続けて制定・改正された．分譲マンションに関する法律としては，1962年に制定され1983年と2002年に改正された，「建物の区分所有等に関する法律」（区分所有法と略）が唯一のものであったが，マンション管理の重要性がクローズアップされるにつれ，同法以外にもに行政法レベルのマンションの管理の適正化を図るための法律が必要との判断から，2000年に「マンションの管理の適正化の推進に関する法律」（マンション管理適正化法と略）が制定された[1]．さらに，2002年に建築後相当年数が経過したものの中で建替えの検討が必要な場合に，建替えの実施の円滑化を図ることを目的として「マンションの建替えの円滑化等に関する法律」（建替え円滑化法）が制定された．

17.5.1 法的にみたマンション管理の特徴

マンション管理の特徴を説明するために，戸建て住宅と比較する方法がしばしば用いられる．法的にみて両者の最大の差違は，マンションには管理のための法律が存在するが，戸建て住宅には存在しないということである．戸建て住宅では，1つの建物に1つの所有権があって，管理は所有者が行うであろうという前提から，管理に関して特に法的な定めはない．一方マンションでは，1つの建物に複数の住戸購入者，つまり区分所有者がいることから複数の区分所有権が存在する．さらに，建物・敷地が共用部分と呼ばれる共同で使用し所有する財産であり，それを区分所有者全員が共同で管理することが区分所有法とマンション管理適正化法で定められている．

「マンション」という言葉は，齊藤によれば，英語では大邸宅という意味で，日本の実態とは異なるということから公的に使われることがなく，区分所有法では「区分所有建物」という言葉が使われているが，マンション管理適正化法で初めて法律の名称につけられ[2]，「二以上の区分所有者が存する建物で人の居住の用に供する専有部分のあるもの並びにその敷地及び附属施設」と用語定義された（2条）．

17.5.2 区分所有法

区分所有法は，マンションの中の住戸や店舗・事務所のように1棟の建物を区分して，その各部分ごとに所有権の目的とする場合に，その所有関係と，建物及びその敷地の共同管理について定めた法律である[3]．この場合，建物の各部分が，①構造上区分されていること（隔壁，階層などにより他の部分と遮断されていること：構造上の独立性），②独立し

て建物の用途に供することができること（利用上の独立性）の2つの要件を満たす必要がある．

(1) 制定の経緯

区分所有法は，1962年に民法の特別法として制定された．戸建住宅に比べて権利関係が複雑でわかりにくい法律がつくられた背景には，1950年代後半から，わが国においても土地利用の高度化・都市の近代化に伴い，中高層ビル形式の区分所有利用，つまりマンションが建てられるようになり，区分所有についての規定を整備する必要が生じたことがあるとされる[4]．同法の制定によって，建物の区分所有における所有関係，管理関係及び団地における管理関係が体系的に明確にされた[5]．

(2) 1983年の改正

マンションの供給開始初期は高級なマンションが主流であったが，その後20年間にマンションが大衆化して急速に普及し，また大型化したことに伴い，マンション管理上，同法の改正の必要が生じたため，1983年に大改正された．改正の内容は，①登記制度の合理化，②規約の設定・変更・廃止及び共用部分の変更は特別多数決議をもってすること，③区分所有者は，全員で，建物等の管理を行う団体（管理組合）を構成して，集会，規約，管理者等の制度によって，管理を行うべきことを明らかにする規定を新設するとともに管理組合法人の制度を新設したこと，④義務違反者（共同の利益に反する行為をする者）を区分所有関係から排除するための訴訟制度を設けたこと，⑤建物が老朽化した場合における多数決による建替えの制度を設けたことなどが中心的なものである[6]．②の特別多数決議では，全員の賛成から4分の3以上の賛成に緩和された．

(3) 2002年の改正

1983年の改正からさらに20年近くを経て，2002年に同法の大改正が行われた．吉田によると，改正の目的は，区分所有建物の管理を行う上で，あるいはその建替えを実施する上で現行法では十分に対応できない場合があるという指摘を受けて，管理の適正化及び建替えの円滑化を図るためであるとされる[7]．指摘では，①分譲マンションの増加に伴い，区分所有建物の管理をめぐる紛争が増加しており，適正な管理を行う上で現行法（1983年法）には多くの問題点がある，②建替えの検討の必要なものが相当数含まれるものと推測されるが，現行制度では建替えを実施するのが困難である，③1995年の阪神・淡路大震災で，建替えに関する現行制度の不都合な点が明らかになった，の3点があげられている[8]．さらに，改正法には情報化社会に対応したIT化も盛り込まれている．

17.5.3 マンション管理適正化法

(1) 制定の背景

同法は，2000年に議員立法により制定された．同法成立の背景として，①マンションにはすでに約1000万人の国民が居住し，今後も大量供給が見込まれるなど，国民の主要な居住形態の1つとしてその重要性が増していることから，マンションの管理の適正化を図り良好な居住環境を確保することは，国民生活の安定向上のために不可欠な要素となっている，②マンションの管理については，区分所有法等の関係法令や建物構造等に関する法律・技術上の専門的知識が必要となることから，区分所有者の自己判断のみに委ねたままでは，必ずしも適正な管理が期待できない現状にある，③マンションの管理が適正に行われない状況を放置すると，マンション居住者の生活の安定を損なうのみならず，マンションを含めた周辺地域の住環境にも支障をきたすことになるなど，マンションの管理の適正化を推進し，マンションにおける良好な居住環境の確保を図る社会的要請が存在している[8]とされている．

(2) 内容

マンション管理適正化法の内容は，①国・地方公共団体の役割，②管理組合，区分所有者の責務，③マンション管理士資格の創設，④マンション管理業者の登録制度の実施等が明示された[9]．①は，国土交通大臣はマンション管理適正化指針をつくること（3条），国・地方公共団体は，管理組合や区分所有者に，必要な情報及び資料の提供その他の措置を講ずるように努力義務を課している（5条）．同法制定前までは，マンションは個人の財産であるという理由で，その管理の指導に国や地方公共団体がかかわることは皆無，もしくは距離がおかれていたが，この法律によって，マンションは都市の重要な構成要素であり社会資産であることが認知されたといえる．②は，管理組合や区分所有者は応分の負担と協力をすること，つまり管理組合はきちんと管理しなければならないことと，区分所有者は管理組合の一員としての役割を果たさなければならないことを明示している（4条）．

同法では，マンションのほかに，管理組合もマンションの管理を行う団体と定義された（2条）．区分所有法では，団体（3条）と示されただけで管理組合という語は使われていなかった．その他の用語定義は区分所有法で説明されている．しかし同法では，マンション管理とは何かを直截に定義していな

い．同法の目的（1条）に示された「マンションにおける良好な居住環境の確保を図」ること，あるいは事務面から，マンション管理業者が管理組合から委託を受ける管理事務の基幹事務の内容から，①管理組合の会計の収入及び支出の調定，②出納，③マンション（専有部分を除く）の維持，修繕に関する企画または実施の調整と解釈される（2条6）．

(3) マンションの管理の適正化のための指針

マンション管理適正化法制定後，マンション管理の基本的方向を示すものとして国土交通大臣によって「マンションの管理の適正化のための指針」が定められた．この中でマンションの管理の適正化の推進のために，管理組合と区分所有者が留意すべき事項が述べられている．管理組合については，①管理組合の運営，②管理規約，③共用部分の範囲及び管理費用の明確化，④管理組合の経理，⑤長期修繕計画の策定及び見直し等，⑥その他配慮すべき事項の6事項，区分所有者等については，マンションを購入しようとする者とマンションの区分所有者等の留意事項が示されている．

マンション管理適正化法の区分所有法に基づいているので，本節の以下では，区分所有者あるいは居住者として必要な管理にかかわる法律の根幹として，区分所有法を中心に述べる．区分所有法に基づけばマンションの管理は，建物と土地などの財産の管理と，居住者の生活の管理の大きく2つに分けられる．

17.5.4　区分所有法と財産の管理

区分所有法では，どのようにして管理を行うかは，個々の規定に委ねられるということで定められていない．法が規定しているのは，①誰が（管理の主体），②何を管理するか（管理の対象）と，③決め方である．

(1)　管理の主体——管理組合あるいは管理者——

管理組合は，マンション管理を行う団体（マンション管理適正化法2条3）のことで，区分所有者全員で構成する建物並びにその敷地及び付属施設の管理を目的とする団体（区分所有法第3条）をいう．管理者は管理の最高責任者で，管理組合代表者がなっていることが多く，平成11年度マンション総合調査によると，75.7％の管理組合で代表者が管理者となっている[10]．

管理のための規約は管理規約と呼ぶことが一般的で，区分所有法に基づいて作成される（3,18条）．なお，管理組合は区分所有者全員で構成されると定められているので，区分所有者である限り，管理組合を脱退することはできない（3条）．

(2)　管理の対象
——財産すなわち建物の共用部分と敷地——

マンションの建物は，専有部分と共用部分から成り立っている．専有部分は，住戸の境界壁よりも内側の内部空間で，建物本体は含まれない．住戸は他の住戸と壁，床，天井で構造上区分されている（1条，2条1～3）．共用部分は専有部分以外の建物の部分すべてと，専有部分に属しない建物の附属物をいう．共用部分には，法定共用部分と規約共用部分があり，壁，床，天井など建物の軀体，廊下又は階段室などは法定共用部分，建物の専有部分以外の部分とその敷地及び附属施設等で，区分所有者全員の共同所有になる（2条4, 4, 11条）．壁，床，天井，柱など住戸を取り囲む建物の軀体は共用部分であるので，釘を打ち付けたり，穴を開けることはできない．

専有部分の管理は，それぞれを所有する区分所有者各自が行い，共用部分の管理は区分所有者全員で構成された団体で行う（3条）．区分所有者は，建物の周囲のどこからどこまでが敷地なのかを把握できていないことが多く，敷地が不足しているために建築基準法違反となっていたり，敷地上にマンション以外の建物が建てられて，裁判で争われた例もある．敷地を管理するにあたっては，登記簿によって，面積の数値と実際の位置を確認することが大切である．

管理組合は管理にかかる費用を賄うために区分所有者から「管理費」を徴収し，他方，区分所有者は支払う義務がある（19条）．

(3)　決め方——議決権——

共用部分の管理に関する事項は，集会の決議で決する（18条）と定められている．集会の議事は，この法律又は規約に別段の定めがない限り，区分所有者及び議決権の各過半数で決する（39条）．

共用部分の変更（その形状又は効用の著しい変更を伴わないものを除く）と規約の設定，変更又は廃止は，区分所有者及び議決権の各4分の3以上の多数による集会の決議で決する（17, 31条）．建替えは，集会において，区分所有者及び議決権の各5分の4以上の多数で決議することができる（62条）．

17.5.5　区分所有法と生活の管理

「区分所有法」の特徴は，共同生活をスムーズに展開するために，規約で生活のルールを定める際の規範も明示しているところにある．共同の利益に反する行為があった場合に集会決議によって，その行

為の停止の請求（57条）ができ，共同生活上の障害が著しく共同生活の維持を図ることが困難であるときは，集会で4分の3以上の特別決議で，使用禁止の請求や区分所有権の競売の請求や，賃借人などの占有者に対する引渡しの請求ができる（58〜60条）.

平成11年度マンション総合調査によると，管理組合が経験した主なトラブル（重複回答）の上位5位には，音に関する問題50.2%，ペット問題45.4%，駐車場問題36.4%，管理費等の滞納34.3%，水漏れ33.8%が挙げられている．トラブルが訴訟に発展した場合，管理規約で規定されているかどうかが判断基準とされることが多いので，管理規約の内容を理解することが重要である．

17.5.6 居住とマンション管理に関する法律
(1) 宅地建物取引業法

マンションには戸建て住宅とは異なって管理のための特別な法律が存在するということは，管理の重要性と困難さを示唆している．マンションは共用部分を区分所有者全員で共同して管理することを十分に理解して購入し入居することが大切である．購入に際して，分譲業者（新築の場合），不動産業者（中古の場合）は，それぞれ重要事項説明の義務を課されている（35条）．

(2) 高齢者，身体障害者等が円滑に利用できる特定建築物の建築の促進に関する法律

2003年4月から「高齢者，身体障害者等が円滑に利用できる特定建築物の建築の促進に関する法律」（改正ハートビル法と略）が施行され，共同住宅も特定建築物部指定され，新築，増改築，用途変更，修繕，，模様替えの際に，バリアフリー化対応の努力義務が課された（2条2，5条）．

(3) 管理にかかわるその他の法令

マンション管理士資格試験は「マンションの管理の適正化の推進に関する法律施行規則」で「マンシ

表17.3 マンション管理にかかわる法令[11]

建物の区分所有等に関する法律
被災区分所有建物の再建等に関する特別措置法
マンションの建替え円滑化等に関する法律
民法（取引，契約等マンション管理に関するもの）
不動産登記法
中高層共同住宅標準管理規約
マンション標準管理委託契約
マンションの管理に関するその他の法律（建築基準法，都市計画法，消防法，住宅の品質確保の促進等に関する法律等）等

ョンの管理に関する法令及び実務に関すること」と定められている（同規則第2条）．国土交通省のホームページに掲載された「想定されるマンション管理士の試験の内容」によると[11]，3法のほかに，表17.3に示すような多種の法律あるいは規約が示されている．これらも，広義にはマンション管理に関する法律であるが，管理を業とするマンション管理士にかかわる法令については専門書を参照されたい．

区分所有法はじめマンション管理に関する法律を理解することは，快適な居住環境形成の一助となりうる．マンション管理は，それを通じて人間関係を構築し，管理組合の運営によって直接，民主主義を体験，実践できる格好の場でもあるので，管理実践の基礎として法律の理解が望まれる（本稿は，山上知裕弁護士（法制審議会区分所有法部会幹事）の監修を受けた）．〔岡　俊江〕

参考文献

1) 国土交通省マンション管理対策室監修，マンション管理センター編著：マンション管理の知識，p.17，マンション管理センター；住宅新報社，2001．
2) 齊藤広子：入門マンション管理，pp.213-214，マンション管理センター，2001．
3) 法務省民事局参事官室編：新しいマンション法，p.2，商事法務研究会，1983．
4) 同3)，p.3．
5) 同3)，p.21．
6) 同3)，pp.11-23．
7) 吉田　徹編著：一問一答改正マンション法—平成14年区分所有法改正の解説—，pp.6-7，商事法務，2003．
8) 同1)，pp.41-42．
9) 国土交通省マンション管理対策室監修，マンション管理センター編：解説マンション管理適正化指針，p.9，日経BP社，2001．
10) 国土交通省：平成11年度マンション総合調査．
11) 国土交通省ホームページ〔http://www.mlit.go.jp/kokkasiken/mansion_.html〕「マンション管理士になるには/想定されるマンション管理士試験の内容」

17.6 借地借家法

17.6.1 借地借家法の意義と沿革

1) 「借地借家法」は建物の所有を目的とする地上権および土地の賃貸借ならびに建物の賃貸借に適用される特別法であり，1991年10月4日に公布され（平成3（1991）年法律第90号），1992年8月1日から施行された．

2) 民法典の賃貸借に関する規定における賃借人

の権利は弱かった．日露戦争後頻発した「地震売買の弊風」を絶つため，1909（明治42）年に，建物保護法が制定された．明治末以降，都市の商工業者層からの借地法制定の要望が高まり，1921（大正10）年には借地法と借家法とが制定された．戦時の住宅難に対処するため，1941年に借地法，借家法が改正され，「正当事由」制度が導入された．1966年には，緊急に改正を要する点についての手直し的な改正がなされた．1991年に建物保護法，借地法，借家法を全面的に修正し統合した借地借家法が制定された．同法は借地借家人の権利を保障することにより土地建物の利用関係を安定させるという基本を維持しつつ，現代の社会経済的状況の変化に対応させることを目的とした．なお，1999年に定期借家制度が導入された．

17.6.2 借地関係

1) 建物の所有を目的とする地上権および賃借権を借地権と呼び，借地借家法施行後に設定された借地権に借地借家法が適用される．同法施行前からの借地契約には建物保護法，借地法が従前どおり適用される．

2) 借地法2条は，最低存続期間を堅固の建物では30年，非堅固な建物では20年とし，期間の定めがない場合は，堅固の建物は60年，非堅固な建物は30年の期間としていた．借地借家法3条はこの区別を廃止し，借地権の当初の存続期間を一律に30年とした．また建物朽廃による借地権の消滅（借地法2条1項但し書き）は廃止された．

一時使用の借地権には借地法2～8条の2までの規定は適用されない（借地法9条）．借地借家法25条は一時使用の借地権には適用が除外される条文を具体的に挙げている．

3) 借地権には法定更新制度がある．借地権の存続期間が満了する際，借地権者が借地契約の更新を請求したとき（借地法4条），および借地権者が借地権消滅後もなお土地の使用を継続しているとき（借地法6条）には，土地上に建物が存在している限り，貸主の遅滞のない異議に正当事由がなければ，借地権は法定更新される．借地借家法5条も同様の規定を設けている．

更新により，前契約と同一の条件でさらに借地権を設定したとみなされる．更新後の借地権の存続期間は更新の日から10年，ただし最初の更新に限り20年である（借地借家法4条）．借地法では，更新後の借地権存続期間は建物の構造によって異なっていた（借地法6条1項，5条1項）．

借地権が更新されなかった場合，借地人は建物買取請求権をもつ（借地法4条2項）．借地借家法13条も，存続期間満了の場合に，建物買取請求権を認めている．なお，建物が滅失した場合には，一定の条件のもとで，借地権の延長が認められる（借地法7条，借地借家法7, 8, 18条）．

4) 正当事由は賃貸人の解約申し入れ，更新拒絶を制限する借地借家法の基本的な要素である（借地法4条2項，6条2項，借地借家法6条）．1941年に正当事由制度が導入された当初は，自己使用の必要性は当然に正当事由をみたすと考えられていたが，戦時住宅難の深刻化に伴い，判例は両当事者の利害を比較すべきという見解をとり，戦後の判例は両当事者の利益の比較衡量原則を確立した．借地借家法6条は正当事由の内容を明確にし，正当事由判断の基本は当事者双方の土地使用の必要性の衡量であり，借地に関する従前の経過および土地の利用状況等は正当事由を補完するものであり，さらに立ち退き料が考慮されることを認めた．

5) 賃貸借契約の合意更新に際して，契約更新の対価として賃借人が賃貸人に支払う金銭を更新料という．更新料支払い約束は，更新拒絶の正当事由が具備しないことが客観的に明白であるのに，賃借人の無知，窮迫に乗じて高額な更新料の支払を約束させるような例外的な事例を除けば，借地借家法に反するとはいえず，その金額が相当である限り，有効である．

6) 借地制度の多様なニーズに応えるため，一定の期間，借地権者に土地の利用を保障しつつ，期間満了時には必ず貸主に土地が戻る定期借地権制度が導入された．存続期間を50年以上とする定期借地権（借地借家法22条），30年以上の期間を定め期間満了後に土地上の建物を借地権設定者に相当な対価で譲渡する建物譲渡特約付き借地権（借地借家法23条），もっぱら事業の目的に供する建物の所有を目的とする期間10年以上20年以下の事業用借地権（借地借家法24条）の3種類がある．

7) 契約締結時において前提とされていた諸事情に変更が生じ，従前の賃料額では不相当となった場合，将来に向かって，賃料を変更できる（借地法12条，借地借家法11条）．借地借家法の制定と同時に，民事調停法が改正され，地代，家賃の増減額に関する紛争について調停前置主義がとられた．調停申し立て後に調停委員会の定める調停条項に服する旨の書面による合意がなされた場合には，調停委員会は適当な調停条項を定めることができる．

8) 土地について賃借権登記がされることは少な

いので，建物保護法1条は土地賃借人のみでできる建物保存登記によって対抗力を取得できるとした．借地借家法10条も同様の規定を有する．

9) 契約条件の変更が必要な場合，当事者間での協議が整わないときには，裁判所は当事者の申立により借地条件を変更できる（借地法8条の2）．借地非訟事件と呼ばれる．借地借家法もこれを受けており，建物の種類，構造，規模または用途を制限する借地条件がある場合（借地借家法17条），第三者が借地権の譲渡，転貸につき承諾を求める場合（借地借家法14条）に，裁判所による許可が認められ，裁判所は当事者間の利益の公平を図るため必要があるときには借地条件の変更を命じ，またはその許可を財産上の給付にかからせることができる（借地借家法19条2項）．

17.6.3 借家関係

1) 借地借家法施行後に設定された借家契約には借地借家法が適用される．一時使用の借家契約には借家法の適用はない（借地借家法40条，借家法8条）．

2) 借家関係にも法定更新制度がある．期間の定めがある借家契約では，期間満了の6月ないし1年前までに相手方に対し更新拒絶の通知，または条件を変更しない限り更新しない旨の通知，をしない限り，前賃貸借と同一の条件で更新されたとみなす（借地借家法26条1項，借家法2条1項）．通知をした場合でも期間満了後に賃借人が建物の使用，収益を継続しているときには，遅滞なく異議を述べなければならない（借地借家法26条1項，借家法2条2項）．更新により前賃貸借と同一の条件でさらに賃貸借をしたとみなされる．期間の定めがない借家契約では，6月の解約申し入れ期間が必要である（借家法3条，借地借家法27条）．

3) 更新拒絶，解約申し入れのいずれの場合も賃貸人に正当事由（借家法1条の2，借地借家法28条）が必要である．正当事由に関する借家法上の判例によれば，賃貸人側の自己使用の必要性は正当事由判断のもっとも重要な要素であり，居住の必要性は営業の必要性よりも正当事由が認められやすい．賃借人の存在することを知りつつ購入した新家主の明け渡し請求は正当事由は認められにくい．経済的困窮を理由として賃貸人が明け渡しを請求する場合は困窮に陥った事由も判断される．建物の大修繕，改築を理由とする場合には，建物の効用喪失の度合い，大修繕，改築の必要性が判断要素である．賃借人側の事由としてもっとも重要なものは，賃借人の居住，営業の必要性である．賃貸借契約の成立，継続，明け渡し交渉の際の特殊な事情も考慮される．当事者間の信頼関係違反の事実は，解除事由に該当しない場合でも正当事由判断の要素となる．借地借家法28条は，従前の判例理論をまとめ，正当事由判断の基本は当事者双方の建物使用の必要性の衡量であり，建物の賃貸借に関する従前の経過，建物の利用状況および建物の現況は正当事由を補完するものであり，さらに，立ち退き料の提供や支払が考慮されると定めた．

4) 借地借家法は期間満了により賃貸借関係が終了する期限付き建物賃貸借制度を導入した．賃貸人が転勤，療養，親族の介護などやむをえない事情により不在となるとき，その不在の期間を確定して賃貸する場合（借地借家法旧38条）と，取り壊し予定の建物についてその期間の間だけ賃貸する場合（借地借家法39条）であった．その後，正当事由制度の適用がなく，期間満了に伴い賃貸借関係が終了する定期借家制度（借地借家法38条）が導入された．

5) 借家関係においても家賃増減額請求制度が設けられている（借地借家法32条，借家法7条）．

6) 賃借人が賃借建物について支出した必要費，有益費は賃貸人に償還請求することができる（民法608条）．造作は賃貸借の終了の際，賃借人が収去しなければならないが，賃借人に不都合なので，賃借人に造作買取請求権が認められる（借地借家法33条，借家法5条）．ただし，借地借家法では造作買取請求権は任意規定である（借地借家法37条）．

7) 借家権は1つの財産権であり，相続の対象となる（民法896条）．借家人と同居していた者が相続権者でない場合，相続権のない同居者の保護が問題となる．「借家権の相続」と呼ばれるが，判例は相続人からの明け渡し請求は権利の濫用とし，賃貸人からの解除，明け渡し請求に対しては，相続人の有する相続権を援用できるとして保護を図る．1966年改正では，判例理論を前提としたうえで，相続人のない場合，居住用建物に限って同居の家族が賃借権を承継することにした（借家法7条の2，借地借家法36条）．

8) 公営住宅の利用関係について，判例は，公営住宅法およびこれに基づく条例が特別法として民法および借家法に優先して適用されるが，法および条例に特別の定めがない限り，原則として一般法である民法および借家法の適用があるという．公団住宅，公社住宅は，当事者間の契約によりその権利義務内容が定まり，民法，借地借家法が補充的に適用される．

〔内田勝一〕

17.7 宅地建物取引業法，建築士法

17.7.1 宅地建物取引業法

「宅地建物取引業法」（宅建業法と略）は，土地や建物などの不動産の取引における，消費者保護を目的にした法律である．

宅地建物取引業務のための専門家として，知事の実施する試験による宅地建物取引主任者が定められている．宅地建物取引業を営むためには，複数の都道府県にまたがる場合は建設大臣による，一都道府県内のみに事務所をおく場合は都道府県知事による，免許交付が必要である．そして，その条件として，従業員5人当たり1名以上の専任の宅地建物取引主任者が必要となる．

宅地建物取引主任者の重要な業務として，重要事項の説明義務がある．これは，宅地や建物の取引に当たり，買い主，借り主に対し，取引物件の規模や法律関係などの重要な事項について，書面によって十分に説明しなければならないということであり，具体的な消費者保護の実行上の保証となっている．

(1) 宅建業法の歴史

第2次世界大戦後，戦前の不動産取引関連の法令が失効し，不動産取引にトラブルが増大し社会的問題となった．この問題に対応し，消費者保護を実現するため，1952年に宅地建物取引業法が制定された．この時点の法律では資格制度の規定はなく，宅地建物取引業者の都道府県知事への登録を主たる目的としたものであった．

1952年の法では，宅地建物取引業者としての専門家の知識が不足であったため，1957年に改正がなされ，知事試験による資格である宅地建物取引員の制度が導入された．さらに1964年に改正がなされ，従来の業者登録制が免許制に，宅地建物取引員が宅地建物取引主任者に，変更された．1971年の改正では，重要事項の説明の義務づけがなされた．その後の改正を経て現在に至っている．

(2) 宅建業法の評価

宅建業法の数回の改正を経て，一般的な不動産の取引にかかわる問題は，大きく減少しているようである．とくに，書類による重要事項の説明の義務づけは，消費者保護に大きい力を発揮したと考えられる．

ただし，開発にかかわる問題については，現行法は，環境保全の面からみて，不十分さがあるといえる．通常，不動産取引は，売買の当事者のみに情報が伝わり，それ以外の者には情報は非公開である．取引される不動産にかかわって大規模な開発が行われる場合などに，この情報非公開が問題となる．現在の都市・建築法規では，開発事業が動き出した段階（建設，建築工事にとりかかる前段階）で，周辺の住民に開発計画の情報公開を行う．しかし，この時点では，地価は定められており，建設工事費や諸経費を加えた事業採算計画はコンクリートなものとならざるをえない場合が多い．住民が環境保護の観点から計画の見直しを要求しても，事業者としては，わずかな手直しをする余地しか残されていないことになる．

不動産取引以前に，売買当事者に周辺住民の意向が伝わる制度とすれば，周辺状況・意向に沿った無理のない開発計画を実現できる水準の，地価設定とすることができる．不動産売買における消費者保護の水準にとどまることなく，町づくりにおける環境保護の観点を盛り込んだ制度の導入が，今後の課題となっている．

17.7.2 建築士法

「建築士法」（士法と略）とは，一面では，建築物の設計・工事監理（以下，設計・監理）を行う技術者の資格を定める，資格法としての性格をもっている．建て主の要求に基づく諸条件や法に適合した建築設計と，設計図どおりに施工が行われているかどうかを発注者の代理人としてチェックし施工の指導を行う工事監理とを，適切に実行できる専門家として力量を規定する免許制度について定めている．

また一方では，建築士法は，そのような設計，監理を，問題なく行うための業務法としての性格ももっている．建築士は，法に定められた基準に基づく設計事務所に所属して業務を行い，設計，監理の業務を適正に行い，かつ，つくられる建築物の質の向上を図る義務を負うというような内容である．

資格法としての具体的な内容は以下のとおりである．建築士の種別には，一級建築士，二級建築士，木造建築士があり，この資格を，試験により付与するというシステムになっている．

一級建築士は，建設大臣より免許を受け，すべての建築物の設計，工事監理ができる．また，学校，病院，劇場などの多人数が利用する社会性の強い用途の施設については，規模にかかわらず，一級建築士でなければ設計，工事監理ができない．

二級建築士は，規模の小さいものや，災害時などに危険性の少ないと考えられる建築物の設計，工事監理ができる．都道府県知事の免許を受け，高さ13m以下かつ軒高9m以下の建物で，木造などの

場合は延べ面積が 1000 m² 以下の，鉄筋コンクリート造・鉄骨造などの場合は延べ面積が 300 m² 以下の，建築物の設計，工事監理ができる．

木造建築士は，名称どおり，木造建築物を基本とした設計，工事監理ができる．これも都道府県知事の免許を受け，木造などの場合は 2 階以下でかつ延べ面積が 300 m² 以下の，鉄筋コンクリート造，鉄骨造などの場合は 2 階以下でかつ延べ面積が 30 m² 以下の，建築物の設計・工事監理ができる．

なお，資格がない場合でも，規模の小さいものの設計，工事監理を行うことは可能である．木造などの場合は 2 階以下でかつ延べ面積が 100 m² 以下の，鉄筋コンクリート造，鉄骨造などの場合は 2 階以下でかつ延べ面積が 30 m² 以下の，建築物の設計，工事監理ができることになっている．

建築士の懲戒処分についての定めもあり，禁固以上の刑，建築関係法令違反，業務に関する不誠実な行為を理由とし，免許を与えた建設大臣あるいは都道府県知事が，建築審査会の同意を得て，免許取り消し，業務停止または戒告の処分を行うことができる．

業務法としての具体的内容は以下のとおりである．業務として設計，工事監理などを行おうとするものは，建築士事務所の登録を行わなければならないことになっている．その場合，建築士事務所の開設者（経営的な責任者）は無資格でよいが，建築士有資格者を建築士事務所の管理建築士としなければならない．もちろん開設者と管理建築士が同一人でも支障はなく，むしろ一般的には両者を兼ねる場合が多い．

管理建築士は，その建築士事務所の業務にかかわる技術的事項を総括する役割を負う．管理建築士は，その業務に専念しなければならず，当該建築士事務所以外の他事業所の役職などを兼ねることはできない．そして管理建築士は，その業務の遂行について誠実義務を負うことになっている．

(1) 建築士法制定の歴史

現在の建築士法の制定は 1950 年であるが，それ以前に，同名の建築士法制定運動の長い歴史があった．

1914 年に全国建築士会が結成されて，建築士法制定運動が始まった．この全国建築士会は，民間建築事務所を経営している建築家たちにより結成された．そして翌年，日本建築士会に改称された．この日本建築士会（以下，士会と略）は，現存の日本建築士会連合会や全日本建築士会とは関係がない組織である．戦前の建築士は，現在の建築家に相当し，この戦前の日本建築士会を継承するのは，現在の日本建築家協会ということになる．

士会は結成後すぐに，建築士法制定運動に取り組んだ．建築士の職務，資格などについて定めようとするもので，その中で特徴的なことは，設計，工事監理の業務と，建設施工・材料業との，兼業禁止を含んでいることである．士会の民間設計事務所の会員は，欧米各国のアーキテクト制度に習って，兼業禁止の条項が必要不可欠であると考えたのである．このような兼業禁止の考え方に対し，施工請負業の側が反対し，建築学会の主要メンバーも反発し，第 2 次世界大戦前には，建築士法を法律として成立させることはできなかった．

戦後，士会はいち早く建築士法制定運動に取り組み，建築法規全体の再編の中で現行の建築士法が 1950 年に制定されたのであった．しかし，この建築士法には，士会の懸案であった兼業禁止の条項は盛り込まれておらず，設計，監理にかかわる技術者の資格と，設計，監理を実行する体制としての設計事務所を規定する狭い意味での業務について定めただけのものであった．

この建築士法に基づく建築士会ができるということで士会は解散し，1955 年に日本建築家協会（以下，家協会と略）と改称され，引き続いて建築家の職能確立に関する取り組みを進めた．家協会は，内部規約として兼業禁止を定め，さらに設計監理報酬規定を設けていたが，1975 年に，その報酬規定が独占禁止法違反であるとの警告を受けた．多くの家協会会員の実態として，報酬が規定どおり十分に支払われないという事態のもとで，このような独禁法違反とされるという皮肉な事態に直面し，建築家としての職能確立の運動は再び盛り上がった．

1980 年代後半に入り，建設省は建築の設計，工事監理にかかわる技術者，事務所団体の再編にとりかかった．兼業禁止を目指す建築家個人の集まりである家協会と，専業設計事務所の団体である設計監理協会，専業，兼業の区別なく設計事務所を組織する建築士事務所協会の体制は大きく組み替えられた．設計監理協会は一部の地域を除いて解散させられ，1987 年には，家協会を受け継ぐ建築家個人の団体である新日本建築家協会（以下，JIA と略．1996 年に日本建築家協会と改称）と，専業，兼業の別のない設計事務所の団体である建築士事務所協会との，2 団体が，行政の認める建築設計，監理にかかわる団体となった．この団体再編は，政権党である自民党の支持業界団体再編の動きに合わせ，建設業界の意を受けた建設省が，民間の自主的な運動

や取り組みを建設業界本位にコントロールするために行ったものであると推測される．

このような行政による半ば強制的な団体再編の影響もあり，その後，JIA では，戦前の建築士法制定運動を引き継ぐ職能確立の運動は，大きな盛り上がりをみせていない．

(2) 建築士法の評価

現行の建築士法は前述のとおり，設計，工事監理と施工の兼業を認めている．建て主に対し，施工業者が技術的に圧倒的に優位に立つ兼業の制度は，建て主の利益を損なう可能性が強いという主張は，家協会およびそれに近い立場から，従前よりなされてきた．

1995 年に起こった阪神・淡路大震災は，この兼業の矛盾を，具体的に明らかにした．一部の建築関係雑誌が大きく取り上げたが，設計施工一貫を主たる業務とする全国大手建設業者の建設した建築物が，集中的に大量に倒壊したのである．また，同様に伝統的な設計施工一貫体制により建設された木造住宅も大量に倒壊し，マスコミなどでも大きく取り上げられた．反対に，設計施工が分離した建築物の被害は少なかった．このような具体的例証は，第三者による施工のチェックが，国民，市民の安全な建築物をつくるうえで，必須であることを示している．すなわち，現行の建築士法の，施工のコントロールが不十分な兼業を認める内容に，何らかの改善が必要であることを示しているといえよう．

また，欠陥建築問題が永らく社会的な問題になっている．弁護士や建築家，技術者が中心となって全国的な連絡組織がつくられるまでになっている．住宅を中心に，施工の欠陥が広く蔓延しているのである．これも，建築士法に規定している施工の監理が，適切に行われていないことを表している．

さらに広く眺めれば，全国的に「建築基準法」の建築工事完了検査の検査済証取得が，全工事の約 3 割しかない状況が続いている．すなわち 7 割の新築される建築に違法建築の疑いが強いことになる．これも，建築基準法と合わせ，建築士法が適切に運用されていないこと，すなわち建築士法が施工を適切にコントロールする上で不十分な内容であり，その運用自体も不十分にしかされていないことを表している．

兼業禁止を求める建築士法制定運動は戦前からの長期間取り組まれた．それなりの正当性はあったが，大方の支持を得ることができなかった．建築士法制定運動を進める建築家が，歴史も条件も違う欧米のアーキテクト制度を，日本の事情にあまり配慮せずにストレートに持ち込もうとしたことが，支持を得られにくい 1 つの理由であろう．

もう 1 つの支持が得られにくい理由は，制定運動がごく少数のエリート建築家の運動でしかなく，国民，市民はもとより，多数の建築家，技術者の支持も得ていなかったことであると考えられる．しかし，先述のとおり，現在，建築物の設計および施工の住み手本位，建て主本位のコントロールは，国民的な課題となりつつある．

これまでの建築家主導の建築士法改善の流れのみではなく，国民，市民主導の，住みやすく働きやすい，安全で文化的な生活空間の実現を求める，建築士法改善を含めた建築行政の抜本的改善の問題が，重要な課題であることが明らかになりつつある．

〔竹山清明〕

17.8 製造物責任法（PL 法）

17.8.1 製造物責任法（PL 法）の成立過程

「製造物責任法」（以下，PL 法と略）は平成 7（1995）年 7 月 1 日に施行された．国民生活審議会が PL 法の必要性を提言してから約 20 年のときが経過している．

PL の問題は，大量生産，大量消費といった社会経済構造の中で発生するより深刻な被害をどのように救済していくかという社会問題として発生してきた．

アメリカでは，すでに 1960 年代の初頭から厳格責任の法理の基で被害者救済が実現しており，ヨーロッパでは製造物責任に関する EC 指令が発令されるなどの世界的潮流が，日本の PL 法の制定を加速させた．さらに，アメリカからの市場開放や規制緩和の求め，また，PL 法の制定を求める広範な市民の声がその背景にあったことを忘れてはならない．

17.8.2 PL 法の要点

(1) 製造物（2 条 1 項）

「製造物」とは，人為的な操作や処理がなされ，かつ引き渡された「動産」である．したがって「不動産」は除外される．ただ不動産の一部となった動産，たとえば住宅設備機器などは不動産の構成要素となっても，不動産として扱われるのではなく，動産として処理される点に注意を要する．

その判定基準は，最終的に不動産の一部となっても，そのものが流通過程におかれた時点で動産であったか否かによる．

(2) 欠 陥（2条2項）

PL法は無過失責任を定めているが，あくまでも製造物の「欠陥」の存在が大前提である．欠陥とは「通常有すべき安全性の欠如」を意味しており，安全性の伴わない品質や機能などの瑕疵にすぎないものはPL法から除外される．

欠陥を判断するに際しては，①製造物の特性，②通常予見される使用形態，③引き渡された時期などが考慮される．たとえば，表示，価格，使用期間，耐用年数などが重要な判断要素となる．

このうち「表示」の問題は，今後，もっとも重視されるテーマである．たとえば，「使用説明書」「警告表示」「仕様書」などは，事故を未然に防止するための手段であることから，もっと研究されるべきテーマとなる．住宅整備機器類は住生活の向上に果たす役割は大きく，かつ使用方法の複雑化に伴って，今後，使用方法の明確化がよりいっそう望まれる．

(3) 製造業者（2条3項）

責任主体は，直接の製造者だけでなく，輸入業者や製造物に一定の表示をした者も「製造業者」である．したがって，たとえば「製造元○○」「輸入者○○」などと表示された者も製造業者として処理される．

しかし，流通業者，販売業者，賃貸業者などは除外される．こうした業者は欠陥を創出したり，みずからの意思で製造物を市場に供給した者ではないからである．なお，施行業者や修理業者についても同様であるが，たとえば，製造業者がみずから施工まで行うような場合（材工込みという），施工上の欠陥であっても，製造業者が責任を負うこともありうる．住宅設備機器類はこうした形態が多く，今後，注意を要する点である．

(4) 無過失責任（3条）

「無過失責任」は，PL法が適用されるための「要」であるが，あくまでも欠陥の存在が大前提である．欠陥の存在および「因果関係」は被害者が立証することになる．しかし，場合によっては，立証の転換を図ったりして，立証責任が軽減されることもある．

「損害の範囲」は「生命，身体または財産」としているため，いわゆる「拡大損害」に限ることになる．したがって，当該製造物のみにしか損害が生じていない場合は除外される．しかし，拡大損害と当該製造物の両方に損害が生じている場合，両者を区別して処理することは法律上複雑さを助長する結果となるため，両者を合わせてPL法で処理されることにした．

なお，当該製造物のみの損害についても，製造物責任制度の本来の意義や役割からして，当然，PL法の対象とすべきとの見解が一部に示されており，今後の課題ともなっている．

(5) 免 責（4条）

PL法は次の2つの免責規定をおいている．

①開発危険の抗弁：製造物を流通においた時点の科学・技術知識の水準で，そこに内在する欠陥を発見することが不可能であったことを製造業者が立証した場合，責任が免除される．しかし，この抗弁の濫用には注意を要する．

②部品，部材等の製造業者の特例：部品等の製造業者であっても，製造した以上，責任を負うのは当然である．しかし，その欠陥が，ほかの製造業者が行った設計に関する指示のみに起因するものであり，かつその欠陥の発生について過失がなかったことを部品等の製造業者が立証したときは，政策的な視点からその責任が免除される．

表17.4 相談事例(件)の推移と傾向

	1995年度		1996年度		1997年度		1998年度	
身体被害	35	6%	52	11%	81	26%	111	22%
財物被害	28	4%	30	7%	25	8%	32	6%
(小計)	63	10%	82	18%	106	34%	143	28%
住宅部品のクレーム	97	16%	87	19%	79	26%	96	19%
住宅に関するクレーム	101	16%	161	36%	61	20%	70	14%
(小計)	198	32%	248	55%	140	45%	166	33%
知見相談	203	33%	104	23%	61	20%	176	35%
一般相談	155	25%	18	4%	2	1%	21	4%
(小計)	358	58%	122	27%	63	21%	197	39%
合 計	619		452		309		506	

%は内訳の割合を示す．

(6) 期間の制限（5条）

損害賠償の請求権は，損害および賠償義務者を知ったときから3年，製造物を引き渡したときから10年の経過によって消滅する．しかし，不法行為の20年と比較して，10年は短すぎるとの見解も示されており，今後の課題である．

なお，この期間は，メーカーが独自に定めている保証期間や耐用年数とは異なる点に注意を要する．

また，蓄積損害と潜伏損害に特例を設けていることは，日本のPL法の特色となっている．

17.8.3 住生活にかかわる被害の具体例

PL法施行後，（財）ベターリビングのPLセンターに寄せられた相談事例は表17.4のとおりである．

内訳をみると，まず，身体被害では，化学物質による被害が多く，その発生源としてはシステムキッチンの収納庫や建材，外壁塗装などから目の痛み，そのほか，カビ・ダニ・シロアリ，バス，トイレ，ガス器具などに端を発する被害が多い．

財産被害では，漏水による被害が圧倒的に多く，次いで，床下，給湯管破裂，暖房器具などによる被害となっている．そのほか，24時間風呂による浴槽の変色，物の落下による被害などとなっている．

住宅部品に関するクレームでは，太陽熱利用温水器，サッシ，給水タンク，レンジフード，ガスコンロ，風呂釜，バスユニット，キッチン設備，洗面化粧台，浴室ドア，開口部，建材・ガラスなどとその範囲はきわめて広く，その内容も複雑なのが特色となっている．

住宅に関するクレームでは，基礎工事の不良と施工不良に関するものが圧倒的に多く，次いで，漏水，納まり不良，ヒビ割れ，音・光に関するクレームとなっている．

知見相談では，表示・指示，PL法の運用および解釈，ホルムアルデヒトなどによる健康に関するものが多く，傾向としては企業からの問い合わせが多い．

17.8.4 今後の課題

今後の課題をまとめれば以下のとおりである．

(1) 警告表示

警告表示については，日本ではデメリット表示につながるため研究が遅れている．PL法の施行によって各分野で警告表示制度の確立がみられるものの，逆に，責任免れの意図から警告表示が行われることもあり，警告表示制度の形骸化が指摘されている．

(2) 使用説明書等

使用説明書や取り扱い説明書等に表示上の欠陥があると，製造物に欠陥があったものと同じく評価され，製造物の欠陥とみなされる．こうした説明書などは，正しい使用方法を伝え，事故を未然に防止する働きを有しているため，よりわかりやすく，かつ単純にすべきである．しかし，製品の分野によっては，考え方に差があり，説明が困難なものもあり，過去のクレームなどを十分分析して，よりよい表示方法を編み出すべきである．

なお，カタログ表示についても原則的には同じように考えるべきである．

(3) 保証期間

保証期間の経過によって，法的な責任まで免れようとする意図，また，保証期間の経過によって法的な請求権まで消滅したような印象を与える表示などがある．こうした誤解を防止するため，保証書等には，この両者は異なる旨を明記し，消費者に不利となる表示は避けるべきである．

(4) 耐用年数

耐用年数については，消費者は一般にその期間内は保証されたものと認識することが多い．耐用年数とは，十分な手入れを行って初めてその期間が保てる期間である旨を説明し，かつ十分な手入れ方法を伝えるべきである．

(5) クレーム処理体制の確立

クレーム処理体制の確立は，PL法をより効果的に運用するための担保となるものである．したがって，クレームの整理，分析，研究は欠かすことができないものとなる．平成10（1998）年4月1日から施行された新民事訴訟法のもとでは，こうしたクレームをめぐる各情報の公開が求められることになり，求めに応じない場合は，不利益をこうむることになる．

また，裁判外紛争処理機関の積極的な運用およびその活用も，PL法の存在意義をよりいっそう高めるものとして重要なな働きをするものである．

〔小林今朝夫〕

17.9 住宅部品化の進展

住宅を生産するとき，住宅の一部分——とくに製作に手間がかかり，かつ，高度な品質，性能が必要な部分——をあらかじめ部品として製作しておくことは，住宅全体の品質向上およびコストダウンのために有効である．このことは近代的な工業生産が開始される以前から，既に意識されていたことで，日

本においては畳や建具の「部品生産」が比較的早い時期から行なわれてきた．

木製規格建具（明かり障子，襖，木製ガラス戸など）は比較的早くから住宅用規格部品として生産され流通していたが，戦後，金属製建具の規格量産も開始された．1956年，三機工業の 6S 型スチールサッシが最初であり，1959年にはアルミの規格サッシ（不二サッシ，FK）が市販された．高度経済成長期の初期，東京オリンピックの開かれた1964年の統計によると，規格サッシの生産はスチール180万枚，アルミ160万枚，木製1400万枚，計1740万枚にも達していた．当時の年間住宅建設戸数は約70万戸であるから，単純計算で平均1戸当たり25枚になる．もちろん，高級住宅で，規格建具を使わないものもあったが，全体として，かなり普及していたといえる．

規格建具が普及しているということは，住宅の寸法体系，とくに開口部寸法が標準化されていることを意味する．寸法標準化なしに規格建具は普及しないし，そもそも，規格建具の量産が始められないわけである．

17.9.1 kj 部品（公共住宅部品）

1955年に発足した住宅公団は，大量に建設するアパートの品質，性能を向上させるために，また同時に生産の近代化を目指して，さまざまな住宅用部品を開発した．その代表的なものはステンレス製の「台所流し」である．公団は1958年に，それまで人造石研出しであった台所流しを，ステンレス深絞り（プレス）の製品に替えた．これは大英断とも冒険ともいわれた．当初は，ステンレス製は従来の人造石研出しのものより高価だったが，量産により将来安くなるとの見通しのもとに採用に踏み切ったのである．実際，その後，価格も安くなり，公団アパートだけでなく日本中の住宅の台所に設置されるようになり，この流し台が起点となって，台所設備・機器の規格部品化が進み，それによって，住宅の台所の使い勝手，性能は確実に向上したわけである．この例のように，最初は公団アパートという特定の住宅のために開発された部品が，その枠を超えて広く一般に普及することがある．特定の範囲，とくに特定の企業，組織内で用いることを前提とした部品を「クローズド部品」，広く一般に用いられることを前提としたものを「オープン部品」と呼ぶが，上の例はクローズド部品からオープン部品が生まれた例である．公団では，台所流しの他，玄関用スチールドア，洗面器，換気ファンなどさまざまな部品を独自に開発した．それらは，やがて公団住宅だけでなく公営住宅などにも使われるようになった．

1960年度，「kj 部品」（公共住宅用部品）という制度がつくられた．公団住宅，公営住宅，公社住宅など公共住宅に共通に使用できる部品という意味であるが，部品の設計，仕様がきちんと定められ，もちろん品質，性能も定められた．同じ部品を，いくつかのメーカーが製造することができた．アパートを建設する側（住宅部品を仕入れる側）は，そのつど，入札等により納入者を決めた．どの納入者に決まっても（価格上の競争はあるが）部品自体は設計，仕様が決まっているから同品質のものが納入された．

kj 部品が定められたものは，スチールドア，ステンレス台所流し，小型換気ファン，小型洗面器，手洗器（以上，1960年から），屋外用フラッシュドア，洗面洗濯槽，大便器，エレベーター（1961年），集合郵便受け（1962年），スチールサッシ，屋内用フラッシュドア，ステンレスコンロ台（1963年），アルミサッシ（1966年），洗面台ユニット（1969年）などがある．

17.9.2 BL 部品（優良住宅部品）

上記の kj 部品は設計，仕様が決まっているので，どのメーカーから購入してもまったく同じものしか入手できない点で，さまざまなニーズに応えることができないという欠点があった．そのため住宅に対するニーズが向上し，多彩になってくると対応しにくい状態になった．メーカー側としても新たな設計をして独自の商品をつくる必要がないという面からマンネリ化しやすいし，逆にいえば，独自に開発できないという制約があった．

しかし，各メーカーが独自に部品開発をすると，互換性がなくなり，一度設置した部品が老朽化したとき，他社製の部品が使えないなどのおそれがあった．

こうした欠点を解決するには，各メーカーが独自に部品を開発できて，しかも互換性があるような設計が必要である．それには，部品の外形寸法（および他の部品との接合部形状）を規格化し，部品内部の設計，仕様は自由にすればよい．そのような設計思想に基づいて開発されたのが「BL 部品システム」である．これは，ある部品について外形および他との接合部のみを規格化し，部品の設計，仕様から性能などすべて自由にして市場での競争に曝すというものであるが，消費者保護のため表示された品質，性能は審査を行い合格した商品には建設大臣認定の

ラベル（優良住宅部品BLマーク）を貼るという制度である．

まず1974年度に，キッチンユニット，給湯器ユニット，手摺りユニット，防音サッシュの4種の部品のBL認定が行なわれ，その後さらに，浴室ユニット，屋外収納ユニット，浴槽，洗面化粧台，収納ユニット，換気システムなどの認定が行なわれた．BL部品においては，同種の部品（たとえば浴室ユニット）でも，設計，仕様が各社独自であり，ユーザーのニーズに応じて採用でき，しかも，将来部品のみを他社製品に交換することも可能である．

17.9.3 オープン部品のための規格

上記のBL部品に限らず，住宅部品が社会的に広く適用可能であるためには，外形寸法（モジュール呼び寸法）などが全国的に（できれば国際的に）規格統一されていることが望ましい．

社会的に規格を統一すべきものにマクロな寸法とミクロな寸法調整原則（製作誤差などの扱い方）とがある．マクロな寸法とは，壁パネルとか浴室ユニットなど各部品の外形のモジュール呼び寸法であり，これはいわゆる建築モジュール体系に含まれている寸法数値である必要がある．日本においては，伝統的に3尺，6尺をベースとした建築モジュールが存在していたとはいえ，地域による相違もあり，量産部品に対応するには不完全であった．戦後，1950年代の建築界での「モジュール論争」を経て，建築学会としての標準寸法数表が一応まとまり，それが日本工業規格（JIS）の「建築モジュール」（JIS A0001）として定められた（表17.5）．この数表の数値は適当な単位をつけて用いてよいし，また，これは推奨値であって，必要ならこの数値以外を用いてもよいという意味合いである．たとえば，天井高（内装壁パネル高さ寸法）として24（2400 mm）を用い，ドア高に1800，小壁に600，というふうに用いるが，台所流し台高さのように人体との関係でとくに必要な場合は数表にない850などを用いることは許容される．

量産部品はまず外形の呼び寸法として建築モジュール数表の寸法を採用するが，それだけでは，部品どうしの組み合わせ，接合がうまくいかない．

ドア部品の高さ1800，小壁パネルの高さ寸法600として，その組み合わせで天井高2400に納まるためには，各部品の製作誤差を考慮して1800，600よりやや小さく製作指示しなければならない．呼び寸法－製作指示寸法の差を「減少値」というが，その減少値をどのように決めるか等々を含めてミクロな部分についての原則が社会的に標準化されている必要がある．

以上，寸法についてのみ述べたが，部品が普及するためには部品の機能，性能の標準化も必要である．性能を同一にするという意味でなく，同じ尺度で比較できるように性能表示をすること，そのための性能試験の標準化も必要である．これらの点もある程度，全国的に（JISで），また，国際的に（ISOで）標準化されているが，今後の課題も多い．

17.9.4 日本工業規格（JIS），国際標準化機構（ISO）

日本工業規格（JIS）は，1949年制定の工業標準化法による規格で，建築部品も含めて工業製品全般の寸法，性能，試験方法などを定めている．建築部品の寸法や性能の表示はすべてJISに沿って行われる．

国際標準化機構（ISO）は，戦前の国際規格統一協会（ISA）からの流れを汲んで，1947年に設立された非政府機構で，各国のもっとも権威のある組織各1つが加入している．日本は，1952年に日本工業標準調査会（JISC）が加入した．加入国の国内規格は，ISOの規格に合致するように定めることになっている．したがって従来のJISの諸規格も，それぞれISOの諸規格に準拠しているのであるが，最近とくに建築界でISO規格が注目されているのは，ISO-9000sおよびISO-14000sとよばれる新しいマネジメントシステム規格のためである．

従来のISO規格（したがってJIS）は，寸法，性能，試験方法など技術的なものがほとんどであったが，ISO（9000s，14000s）は企業のシステムを対象とする規格である．9000s（9000番台）は企業の品質管理システムを定めたもので，これの審査を受け，認証されれば品質管理システムが一定水準以上であることが国際的に認められたことになる．ISO

表17.5 日本工業規格の「建築モジュール（Building Module）」（A.0001-1963）

2. **建築モジュールの基礎数値およびその構成** 建築モジュールの基礎数値およびその構成は，**表1**のとおりとする．

表1

875	175	35	7	14	28	56	112	(224)	(448)
125	25	5	1	2	4	8	16	32	64
375	75	15	3	6	12	24	48	96	192
(1125)	225	45	9	18	36	72	144	288	576
(3375)	675	135	27	54	108	216	432	864	(1728)

備考 1. 太字は倍数関係を示す．
    2. （ ）内の数値は参考に示したもので基礎数値に含めない．

がこの規格を決めたのは 1987 年だが，日本がこれを採り入れたのは 1991 年であり，認証ができるようになったのは 1993 年からである．

14000 s は環境マネジメントシステムの規格で，これは 1993 年から検討が始まったが規格が完成したのは 1999 年末である．国際的な工事入札等では，これらの認証が参加条件になるケースが増えており，日本企業も認証を受けるべく努力している．

17.9.5 部品規格とシステム規格

ISO-9000 s および ISO-14000 s などは典型的なシステム規格であるが，建築部品の規格も，単にものとしての部品の規格にとどまらず，部品とその供給，施工，メンテナンス等を含めたシステム規格である必要があると考えられる．従来，建築の全体システムに対して「サブシステム」と呼ばれたものがこれに相当する．この部分は既に社会的にかなり「標準化」されてきているが，1 歩進めて JIS のような公的な規格で標準化されると，いわゆる「下請け」的状態を脱することが可能になるのではないかと考えられる． 〔本多昭一〕

17.10 諸外国の住居法

17.10.1 住居法とは何か

日本は発達した資本主義国家でありながら，人々の住まいに対する権利は法的には十分認められていない．阪神・淡路大震災で家を失った被災者への個人補償がついに認められることがなかったことに示されるように，自然災害によって生活基盤を喪失した住民に対して行政が行ったことはあくまでも住民の自助を前提とした補助的役割にすぎなかった．この大災害が開発至上主義に走って住民の生活の場としての都市の基盤整備を怠った行政の責任に由来する「人災」であった面が大きかったことを思えば，このような状態は決して軽視されてよい問題ではない．現在でも仮設住宅での生活から抜けきれないまま孤独死を迎える人々が後を絶たないのである．

日本の住まうということに対するきわめて遅れた観念が，こうした基本的使命を忘れた行政のあり方を免罪してしまっている反面，多くの人々がさしたる異議を差し挟まないまま，大銀行救済に公的資金の投入が際限なく行われているという現実をみるとき，日本の戦後社会におけるシステムの破綻といわれる現象がいったい何に由来するか，あまりにも明確であるまいか．人々の生活や生命の維持よりも先に，すでに破綻している経済成長至上政策の追求に走る開発国家型のシステムは戦前からのものであって，そこからの転換が図られない限り，日本の未来は展望を失うばかりであろう．

住居法とは，住居にかかわる法の総体をいうが，それがどのような目的で制定されるかということは，当該の国の国家政策に基本的に規定されるとともに，住まうということについてその国の社会がもつ歴史的・文化的な観念の総体，言い換えれば人々の住まうことに対する意識によって規定されている面が大きいのである．

17.10.2 住居法の歴史

今日いうところの住居法の起源となるような法体系が成立するのは，イギリスの「公衆保健」（public health）法といわれる法体系が形成されたことにこれを求めることができよう．それは，都市に集中した労働者居住地域の劣悪な居住環境の改善を中心として現代風にいえば都市のインフラ整備の前提としてのスラムクリアランスといったきわめて強権的な公的権力による介入法の形で展開するが，このような行政を委ねられたのは地方政府であって，ここから地方政府が住民の「公衆保健」の維持という特定の公共的目的のために介入する権限が発生した．

やがてこのような権限は，従来の救貧行政にかかわる地方政府の権限と合体＝再編され，福祉国家の源流を形づくることになるが，住居の提供は当初は民間の賃貸住宅市場によったのであって，イギリスにおいても公営住宅の提供が本格化するのは総力戦といわれた第 1 次世界大戦後のことであった．けれどもそこに至るまでにイギリスでは，都市における土地利用について計画的規制の必要が強く意識され，当初は中産階級以上の住民が住む郊外地が中心であったとはいえ，やがて国土の全体の土地利用規制に発展する都市計画法の原型が，公衆保健法と萌芽的な住居法の合成の形ですでに 1909 年に制定されていた（1909 年，「住宅・都市計画等法」）．

そして第 2 次世界大戦中に準備された 1947 年の「都市・農村計画法」によって，土地開発権の「国有化」ともいうべき開発賦課金（development charge）の制度が創設されるとともに，国土全体についての計画的土地利用のための法システムが導入された．開発賦課金については保守・労働の 2 大政党の対立を軸として推移していったが，地方政府による公営住宅の提供は都市計画の中でも公共主導のポジティブプランニングの中核に位置づけられ，1920 〜 1979 年のサッチャー政権の登場までの間，

実に600万戸以上の公営住宅が建設された．

このような展開は，西ヨーロッパの代表的な国でもほぼ同様にみられた．たとえばドイツでは，1919年の「ワイマール憲法」155条において所有権の自由は絶対的なものでなく法律によって制限されるものであるとされるとともに，所有権には義務が伴うという有名な規定が盛り込まれた．そしてその155条では国家の義務として「健康な住居の確保」が掲げられた．ナチスの崩壊後，西ドイツの「ボン憲法」14条はワイマール憲法の所有権規定を継承するとともに，政策面でも戦後復興期においては住宅建設は連邦と州政府の基本的責務とされた．

そして1960年には有名な「連邦建設法」が制定され，市町村の策定にかかわる「建設基本計画」，すなわち「Fプラン」という「土地利用計画」と，「Bプラン」と呼ばれる「地区詳細計画」という2段階計画システムが導入されたのである．その後，連邦建設法は1976年に大改正されて建築の自由についての制限と市町村の土地取得権限の強化が行われた．「都市の発展と秩序にとって必要」な場合に，市町村は基本計画策定義務を負うが，そのような場合とは住宅や学校の不足がある場合などであって，イギリス同様に住宅提供は公共政策の中核に終始おかれ続けてきたのである．

フランスにおいてはセーヌ県知事オースマンによって19世紀中葉に行われたパリ改造事業が先駆的なものとして有名である．けれどもそれは，中世都市のパリを商業機能を中心とした近代都市に改造するとともに治安的観点からの都市改造を目指したという色彩が濃く，現代の福祉の観点をもった都市計画が本格的に展開するようになるのは，やはり第1次世界大戦後の1919，1924年の「都市整備・美化・拡大計画」に関する法律以降のことであった．また1912年に発する「社会住宅」建設は，第2次世界大戦後において本格化していき，1957年の「住宅建設および集団設備の促進を目指す法律」で集大成された法体系によって，住宅部門に対する国家の予算的措置や適正家賃による住宅供給のための公社の設立が進められるとともに，短期的・集中的宅地開発のための都市基盤整備を実施すべき「優先市街化区域」（ZUP）の導入が行われた．

また，1953年に制定された「土地法」によって，市町村などの公的主体が住宅や工場のための用地を取得してこれを私人に再譲渡するシステムが確立され，さらに1962年には将来の開発を予定される区域（長期整備区域ZAD）における公的主体の先買権が創設された．1967年の「土地利用の方向づけの法律」で1958年法のシステムは大きく修正され，「整備・都市計画スキーム」（SDAU）と「土地占用プラン」（POS）という2段階の計画システムが確立するが，1967年法によって新設された「協議整備区域」（ZAC）は，ZUPに典型的に現れていたような公共主導型の住宅を中心とした公共事業が，民間デベロッパーに委ねられ，都市部ないしは周辺部の大規模住宅団地開発が民間主導で行われる傾向を導くことになった．

しかしながら第2次世界大戦後の社会住宅建設や持ち家を含む住宅建設に向けた国家の大規模な介入は公的主体による先買権の行使などによって支えられており，土地所有権の自由への制限とともに住宅建設における公的主体の義務はその計画権限の拡張の大きな根拠とされたのである．

アメリカの場合も，1949年の「住宅法」で住居に対する権利がすべての家庭にあることが明記され，公営住宅とスラムクリアランスを含む公的介入による再開発と住宅建設のドッキングが進められ公営住宅建設が一気に進むが，他面不良住宅のクリアランスと新規提供された公営住宅の再スラム化というジレンマに遭遇した．こうして1960年代に入ってから公営住宅政策は見直され，民間賃貸住宅への補助と福祉と雇用政策を包摂した総合的な都市・住宅政策の必要性が強調され，1968年の「住宅都市開発法」等によって連邦による低所得者層の大規模の住宅取得援助と民間賃貸住宅への家賃補助政策が導入され，他方，1966年からのモデルシティプログラムの展開によって連邦政府による全米150都市の総合的な改良政策が実施されたが，行政の間の施策の不一致やコミュニティ内部の利害対立等のためこれは必ずしも成功せず，民間賃貸住宅市場への補助と都市の総合的開発という連邦の2大施策は，1970年代初めのニクソン政権によって連邦関与の度合いが薄められ，さらに1980年代のレーガン政権によって連邦の住宅政策の大転換が行われ，連邦政府のこの分野からの撤退が際立った．

このように連邦制をとるアメリカでは，州政府の住宅政策へのかかわり方がゾーニング権限の帰属する基礎的自治体と連邦政府の間でその時々の政策の傾向に規定されて微妙に変化するのが興味深いところである．これは「ポリスパワー」が帰属する州政府の連邦憲法上の地位からすればいささか意外なことではあるが，連邦政府が住宅政策について権限を拡張してきたのが何よりもその理由であった．逆にレーガン政権以降においてホームレスの増大や低コスト住宅の減少に対して州政府の役割が増大するが

決してそれでは問題は解決せず，結局再び，連邦政府の住宅政策への関与を求める力が強まるという傾向が認められるのである．

アメリカの地方政府はきわめて複雑であって，郡・郡区のほかそれらの境界と無関係に住民がその自由意思で設立した市町村等のミュニシパリティがあり，学区などがある．州政府はこれらにゾーニング権限を授権するのであり，これに対して，たとえば都市計画上のマスタープランであるジェネラルプランやゾーニング，宅地分割規制といわれるそれに基づくサブデビジョンコントロールなどについての「モデル策定」を行うことなど，補助金による干渉以上に法システムの現実の動きに関与しうる条件が，連邦政府の側には現実的に与えられている．

このような結果，地方政府は州政府を越えて連邦政府のモデルや指導に規定されることが否めず，実際にも連邦政府の動向がアメリカにおける住居政策のあり方を決定してきたことは以上に若干概観したとおり明らかである．

それとともにアメリカにおいて特徴的なのは，低所得者向け住宅供給という目的で構築されている公と民のパートナーシップと，それによって担われる住宅政策の展開である．1980年代の連邦政府の住宅政策の撤退から州政府は自治体と協同して連邦政府からの補助金のほか民間資金の導入を求めていくが，このようなパートナーシップにおいて開発主体となるのがコミュニティベースの民間非営利開発セクター，すなわち「近隣開発組織」(Neighborhood Development Organization, NDO)，あるいはコミュニティ開発団体 (Community Development Corporation, CDC) である．これらの非営利団体は地域に密着した開発をてがけ，対立を生みやすい地域開発において基金の安定的な受け皿となるとともに，住民ニーズを汲み取った事業主体となっていく傾向を示し，人種や階級間の対立の激しいアメリカの都市部の新たな可能性を引き出しつつある存在として大いに注目されているのである．

17.10.3　住居法の現状

1961年には国民の43%ほどでしかなかった持ち家所有者は，1987年には65%にまで達した．これはイギリスの例であるが，1979年に成立したサッチャー保守党政府は，住宅供給は公共の責任であって公営住宅の提供が社会福祉政策の中心におかれるべきとするイギリスの戦後政治のコンセンサスを覆し，公営賃貸住宅居住者に対して一定の要件でそれを買い取る権利（right to buy）を認めるという1980年の「住宅法」等の制定によって，公的主体が住宅について有する責任を一方的に放棄したが，この結果イギリスでは，公営住宅が大幅に削減されるとともに，住宅供給がその権限の大きな部分を占めた地方政府の地位がいちじるしく凋落した．むしろ労働党支配下にあった地方政府を無力化することにこの大改革の狙いがあったが，この公営住宅売却政策はサッチャー政権の長期化の主要な要因となったといわれるほどこの転換の意味は大きかった．

この成功の背景には，自治体による公営住宅管理政策の官僚的・パターナリスティックな性格への居住者の反発と，地域の総合的な政策と無関係に進められた公営住宅建設の欠陥，さらには住民参加の欠落などの欠点があったことが明らかとなった．これを改善するための自治体の努力はその後も進められているが，注目すべきはアメリカにおいて展開しているようなコミュニティと密着した住宅開発が，古くからある慈善団体やハウジングアソシエーションという元来が互助的な住宅建設組織として発生した非営利団体によって進められ，こうして自治体に代わってこれらの非営利セクターが，コミュニティに密着したボランタリグループ主導型の住宅提供や旧公営住宅の修復と再提供を行っていることである．

他方，公営住宅売却政策とともにサッチャー政府が復活を狙った民間借家についていえば，たとえば1980，1988年の住宅法等によって借家保護の規定を外した新たな短期の借家形態の流通が目指されたが，結局これは機能していない．

日本でも最近，すでに創設された「定期借地」に続いて「定期借家」の創設が一部学者の「理論的」サポートも受けて自民党等によって進められようとしているが，規制緩和によって民間借家市場を活性化しようとして失敗しているイギリスの例は，借家に対する権利保護規定が彼ら「識者」のいう「市場化」を妨げる要因となっているのではなく，居住という地域とのかかわりとの関係を不可分の構成要素とする「住居」についての総合的な施策の欠落が，彼らの求める「市場化」を進めるためにも大きな障害となるということを教えている．逆にいえば，民家借家市場の活性化は，住宅に対する公共の責任を補完するものとして位置づけられるべきなのであって，反対に民間借家市場それ自体に「市場法則」の貫徹を求めても，結局のところホームレスの増大や逆に公共の責任の追求といった市場「攪乱」型の「経済効果」しか発生しないことに，経済学者がほとんどである彼らは，気づく能力がないのである．

ドイツでは1980年代末以降，深刻な住宅不足問

題が顕在化した．統一前の西ドイツでは，先に述べたように戦後復興政策の中心に住宅供給がおかれたが，それによって大量に「社会住宅」，すなわち1949～1987年に建設された1849万戸の住宅のうち約4割を占める民間を含む公的資金助成を受けた住宅，とりわけ「社会的賃貸住宅」が建設されたのであった．1984年のコール，キリスト教民主＝社会同盟政府が行ったこの「社会的賃貸住宅建設」(sozialer Mietwohungsbau) への連邦資金提供全面停止がいかにショッキングなものであったかはこれでもわかるが，西ドイツではこれに加えて住宅手当 (sozialer Wohnungsbau)，および家賃統制と存続期間保護を中心とした借家政策の3本柱が，先の住居に関する国民の権利を支えてきたのである．

これに対して1980年代に展開する社会的住宅建設からの連邦政府の撤退といわれる現象は，イギリスでみられた公営住宅の売却ほど極端ではないにせよ，公営住宅が政府にとって負担となっていることからの「退却」を意味する面があった．それにもかかわらずイギリスと異なって，持ち家取得を目的とする社会的住宅建設はその後もかえって強化されていくのであって，問題は社会的賃貸住宅建設の停止と住宅手当への国家助成の一元化ということにあるのであった．この点で注目されるのは，連邦政府の市場経済重視の政策に対し，州や自治体において住宅提供における公的主体の責任を意識した積極的対応があることであって，こうして1990年代に入って再び社会住宅への復帰ともいうべき政策展開がみられるようになっていることである．

フランスで特徴的なのは，国の直接の資金援助を受けた社会住宅，持ち家の建設が進むことはドイツと同様であるが，1960年代から1970年代の前半にかけて個人による住宅取得のための住宅貯蓄が国家政策的に進められ，同時に住宅手当制度の拡張も同じ時期に展開したことであった．1970年代の後半，石油危機後の不況期に住宅建設に促進的に機能した以上の政策が方向転換し，家賃補助と持ち家取得補助中心の住宅政策が展開することになるのであるが，1980年代に入ると1982年6月22日の「賃貸人および賃借人の権利および義務に関する法律」（いわゆる「キイヨ法」(loi Quilliot)）において，「住居 (habitat) への権利」を「基本権」とする宣言がなされたことが注目される．

この「住宅基本権」の制定は1986年の右派政権によって廃止の憂き目に遭うが，1988年に政権に復帰した社会党政権は，1989年の「賃貸借関係改善等に関する法律」（いわゆる「メルマズ法」(loi Mermaz)）によって再び，「住宅」(logement) への権利は基本権の1つであるというように定めた．ホームレスの増大や国民の住宅難に対し，その後も国民の連帯を呼びかけ，住宅基本権の実質化を図る努力が繰り返されているが，そこでも日本とはむしろ反対に借家保護規定の強化が図られていることに注意すべきであろう．

以上，概観したような欧米の代表的な国々の動向からみると，日本の住居にかかわる法の体系は，何よりも住宅は個人の「自助」に委ねられ，基本的に持ち家政策によって国家の住宅政策が担保されてきたことに由来し，きわめて不十分な内容のものとなっていること，その異常さに気づくであろう．住宅基本権の宣言などは論外とされるばかりか，都市のさらなる開発のために住民の追い出しを容易にする法改正が繰り返し行われていることが，際立ったその特徴となっている．

それにもかかわらず，バブル期にみられた極端な借家立退きのために支払われた高額の「立退き料」を例に挙げ，このような結果は非必要な規制を行っている借家法にあるとして，かつて同じ論法でついに改悪を強行した借地法に続いて借家法の中心部分の改悪をも強行しようとする勢力がある．これを学問の名において強行しようとする彼らの社会的責任は，決して看過されてよい問題ではないであろう．

〔戒能通厚〕

参 考 文 献

1) 原田純孝，広渡清吾，吉田克己，戒能通厚，渡辺俊一編：現代の都市法—ドイツ・フランス・イギリス・アメリカ—，東京大学出版会，1993．
2) 甲斐道太郎，他：所有権思想の歴史，有斐閣新書，有斐閣，1979．
3) 大本圭野，戒能通厚編：歴史と思想（講座現代居住1），東京大学出版会，1996．

18

住 教 育

18.1 住教育とは

18.1.1 住教育の概念

　住まいづくり，町づくりが多様化する中で，住教育のもつ意味は大きくなりつつある．住教育に定義めいたものがあるわけではないが，かみ砕いていうとおおよそ以下のようなものになろう．それは，「豊かな住宅，住生活，住環境（以下，住環境）を創造していくために必要な知識や技術の獲得のうえに立って，それぞれの問題について認識し，改善の方向性を理解するとともに，住環境形成の主体者となりうるための教育，学習」であり，広く，家庭，学校，社会において，子どもから大人まですべての人々を対象として行われるべきものである．

　住教育が重視されるのは，今日の社会環境における住宅，住環境の複雑化である．戦後の高度成長期を経る中で，住宅の工法は大きく変化し，集合住宅の占める割合も増え，また都市の過密と農村の過疎は，住環境の悪化に拍車をかけ，「住むためのシステム」をますます複雑化したにもかかわらず，快適に住むための健全な知識や技術は欠如したままである．また，住環境改善における担い手として住意識の向上のもとにみずからの住環境改善において，主体的に参加していく能力と態度も重要になり，こうした点からも住教育の必要性は高まっている．

　住教育の議論と並行して，同様の教育・学習論が各方面から打ち出された．類似の概念（住環境教育，都市教育，町づくり教育，環境教育）は，それぞれ背景となる学界や学校教育における教科での使い分けであり，いずれもが広く環境の悪化や都市生活の荒廃の克服を，人々の学習や教育に求めたものである．住環境教育は，「住」を主体としながら広く環境問題に焦点を当てたものであるし，都市教育は都市環境や都市生活の混迷の問題を多く取り上げ，都市計画のあり方を問うた．町づくり教育は，都市教育をさらに広げ，住民参加を含めたパートナーシップ型町づくりの方向を模索した学習・教育として展開されつつある．さらに環境教育は，地域の環境から広く地球環境までを視野に入れつつ，生活と生活環境のあり方を問いつつある．その共通点は，人間生活を取り囲む広い意味の環境であり，生活のあり方や環境改善の主体者形成という点では同じような目標を有しているといえる．

　住教育はこうした中にあって，「住」を基盤とした学習，教育を展開しているわけであるが，ほぼ同義の住環境教育を含め，ほかとはやや異なった意味合いを含んでいると思われる．それは，今日の社会環境においては，暮らしの基盤としての住宅，住生活，住環境のもつ意味がますます大きくなりつつあるからである．やや極端な言い方をすれば，住を中心とする「生活空間システム：生活の器，地域生活のシステム，移動の方法，環境とのかかわりなど」がわれわれの生活のあり方と水準を強く規定しているからにほかならない．こうした意味においても，住教育の確立は重要である．

18.1.2 住教育の対象とステージ

　住教育の対象とステージは多様である．住教育が普段のものであるとするならば，小さいときからの学習は欠かせない．家庭や地域における幼い子どもへの働きかけは，彼らの住環境に対する限りない感性と想像力を育むはずである．また，学校教育における住教育は，総合的・系統的な学習が可能であり，普遍性という点で大きな影響力をもつ．さらに社会教育における住教育は，住宅の入手や消費過程での課題を学びつつ，住環境改善の担い手として自覚的に行動する市民を育てるという点で大切なステージである．このように，家庭教育−学校教育−社会教育という連続した教育の展開により，系統的な住

教育の学習が保証される必要があろう．さらに加えるならば，今日の住環境改善にかかわる住民運動やパートナーシップ型町づくりも，広く住教育の1つと考えてよい．

ここで，とくに子どもを対象とすることの意味について言及したい．住教育は，住環境に関する知識や技術の獲得は当然としても，住宅や住環境のもつ美しさや安らぎ，温かさなどを感じ取る豊かな五感の育成がまず基本である．これらの感性は小さいときからの人と環境の働きかけによって育まれるものであり，家庭教育（幼児教育を含む）と学校教育の連携が欠かせない．また，現在の，あるいは将来の住環境改善の担い手としての位置づけも今日的な意味で重要である．それは，子どもも大人同様，住環境の主人公であると同時に，将来の住環境改善の確実な担い手でもあるからである．そうだとすると，住教育は将来に備えたものばかりでなく，住まいづくり，町づくりの中で，子どもも大人もともに実践しつつ学ばなければならない．そこに，協働して学習していく大きな意義があり，「子どもの権利条約」の登場で，こうした意味合いはさらに深まると思われる．

18.1.3 住教育の歴史

住教育を学校教育に限ってみれば，その歴史は古い．日本における第2次世界大戦前の住教育は，女子教育としての家事裁縫教育の中に含まれ，住宅の手入れや整理整頓，家事衛生など住居管理的内容が中心であった．第2次世界大戦後は，新しく誕生した家庭科を中心として，生活単元学習のもとに，小・中学校でも広く住宅，住生活の問題と改善が扱われた時期もあったが，高度経済成長の裏側で，そうした内容は逆に縮小されていった．その後，教育内容の変化により，今日では，単なる住宅教育から広く住宅，住生活，住環境にかかわる教育へ徐々にシフトしつつあるが，その質や量は依然として不十分なままである．

住教育を学校教育外，それも環境改善に関連して歴史をたどると，それはイギリスのオクタビア・ヒル（Octavia Hill, 1838-1912）の住居管理にさかのぼることができる．彼女は，住居の改善を住み手の住意識の向上に求め，居住者の広い意味での生活自立と住居管理の枠組みを示した．そこには，環境改善の担い手を育てるための教育的アプローチをみることができる．さらに，イギリス環境教育の父たるパトリック・ゲデス（Patrick Geddes, 1854-1932）の，都市の環境問題解決のための自然学習が挙げられる．彼は「子どもたちが環境の現実にかかわるようになれば，環境をよく知り，環境に対して創造的な態度をもつようになる」とし，環境にかかわる教育運動を展開した．これらの主体者形成を核とした教育のあり方のもとに，イギリス環境教育は立論されてきたわけであるが，日本の環境教育や住教育にも少なからず影響を与え，今日では教育の質と環境の質を連動させた住教育運動へと踏み出しつつある．

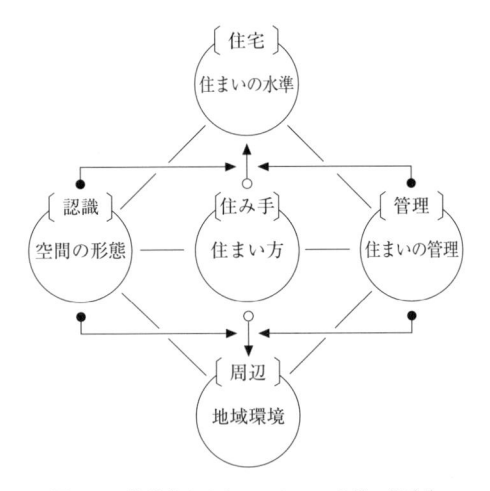

図 18.1 住教育カリキュラムの5本柱の概念[1]

18.1.4 住教育の内容

住教育の内容は対象によって変わっていくわけであるが，広く市民が享受するものとしてみていくと，その基本は学校教育にあるといってよい．現在の学校教育における住教育の内容は，時間数や教科の制限もあり十分に機能しているわけではないが，その大枠を以下に紹介する[1]．

提案された住教育の大きな柱は，住まい方，住まいの水準，住まいの管理，地域環境，空間の形態の5つである（図18.1）．「住まい方」は住み手の住意識の向上を図るために，住生活のあり方と住文化形成の基本，「住まいの水準」は快適な住生活をおくるための住宅，住環境のあり方，「住まいの管理」は住まいや環境の物的・人的・経済的維持管理の方法，「地域環境」は住生活を支える地域環境の構成と管理の方法，「空間の形態」は生活空間の立体的把握に基づく物理的・感覚的・心理的認識の仕方であり，それぞれ有機的に結び付いた内容とすべきものである．これらを基本にしつつ，消費者問題的視点，健康・福祉的視点，防災・安全の視点からの住教育が立案されなければならない．〔曲田清維〕

参考文献

1) 住環境教育研究会編：住教育―未来のかけ橋―, ドメス出版, 1982.

18.2 住空間認識の発達

18.2.1 ピアジェによる空間概念の発達理論[1,2]

ピアジェ（Jean Piaget, 1896-1980）は，子ども特有の世界観の解明に精力的に取り組み，多くの業績を残した心理学者として著名である．ピアジェ理論は，子どもの発達全般を一貫した概念で記述しようとした点で高く評価され，空間に関する知識の発達についても幅広く包括的な理論を展開している．発達の一般理論において，ピアジェは子どもの発達過程を心的構造の変化を基準として4段階に区分し，各段階の行動特性を明らかにすることで段階間の移行を説明している．子どもの空間の組織化に関しても一般理論と同様に，感覚運動的空間（0～2歳ごろ），前操作的空間（2歳ごろ～7歳ごろ），具体的操作空間（7歳ごろ～12歳ごろ），形式的操作空間（12歳ごろ～青年期）の4段階に区分している．

ピアジェによれば，各段階の空間概念の形成において決定的役割を演ずるのは行為である．たとえば，感覚運動的空間の発達に伴って幼児はさまざまな探索活動を繰り広げるが，これら積極的活動行為の発達に伴って空間概念が発達する．このような幼児の行為が幼児の頭の中で空想される状態として「イメージ」が発生し，「対象の永続性」が形成される．この段階では，物体に加えられる過去，現在，未来の行為の結果すべてが1つのイメージに含まれ，あらゆる対象が表象され始める．それらの行為が完全に協調し，調和を保つようになって初めて知覚に束縛されない空間概念が成立する．この発達を経て，幼児は限られた空間域内を自由に移動し始め，近道，後戻り，迂回などができるようになる．ピアジェは，こうした思考パターンの内面化が次の発達の下地となっていくとしている．

次の前操作的空間における子どもの表象は，自己中心性に特徴がある．空間に関する思考は自己の視点に縛られており，依然として自分にとっての知覚や活動に強く依存している．具体的操作空間の段階になると，具体的現実と結び付いてはいるものの，自分にとっての知覚に動かされずに思考することができ，論理的な一貫性をもった操作の体系を形成し始める．こうして子どもは空間に対する自己中心的定位性から解放され，知覚や活動から相対的に独立する．そして，形式的操作空間では完全に具体的な空間を離れ，空間を数学的に扱うことが可能となり，14～15歳で一応の均衡に達する．

さらにピアジェは，空間概念の発達を空間関係を表象する能力と関連させ，「位相的空間」「射影的空間」「ユークリッド的空間」の3段階を用いて空間関係の理解の発達を説明している．これら各段階の空間を表象し構成する能力は，重なり合って相互に作用し合いながら段階を追って形成されると考えられている．

18.2.2 日常生活空間の認識発達

(1) 住居内空間の認識

小学校児童が描いた自宅の間取り図を分析対象とし，空間認識の発達を扱った研究例は建築計画学，家庭科教育学などにみられる．

足立と紙野[3,4]および野田ら[5,6]は，児童による自宅間取り図の分析において，室空間をつないでいく連結的表現にみられる身体行動的把握と，内部空間が全体の輪郭と一致する表現にみられる体制的把握に着目し，連結誤謬および凸凹誤謬を指標として児童の空間把握の発達過程を検討している．

たとえば，身体行動的把握が体制的把握より優先する場合，部分的に平面図に収まり切れずに住居外部に凸凹誤謬が生じ，また住居内部の捉え方から生じる連結誤謬は，子ども自身が具体的行動的に把握しやすい部分（たとえば主要居室など）が拡大し，把握しにくい部分（たとえば便所，押し入れなど）が縮小・欠落することによって生じ，それがまた住居外部の凸凹誤謬にもつながっていくと説明している．さらに，室の連結の仕方は，1室ごとの身体行動的把握から出発して想起できることから，住居全体の体制的・構成的把握を伴わなくとも誤謬なく表示でき，一方，外部の凸凹表示については建物全体の体制的把握が充実している必要があるとしている．すなわち，低学年の子どもほど具体的で身体行動的な空間の捉え方をするのが一般的であり，高学年になるほど客観的・体制的な空間の捉え方に発達することを明らかにしている．

したがって，これらの報告では，具体的な間取り図を通して身体行動的・具体的空間把握から体制的・客観的把握へ向かう発達について考察しており，内部からの把握と外部からの把握が統一される過程として空間把握の発達を説明している．

一方，曲田[7]は子どもが間取図を描き始める導入視点に着目し，3つの視点から内部と外部が統一さ

れるまでの発達過程を示している．

(2) 地域環境空間の認識[8]

近隣・地域空間など大規模空間の地形的表象は，子どもの手が届く小規模空間の認知表象とは異なるものとして説明される．

イメージマップなどの地形的表象の発達に関しては，対象空間に事物や人を定位する方法として「自己中心的参照系」「固定的参照系」「相互協応的参照系」の3段階が示されている．自己中心的参照系は自分自身をランドマークとし，自分の身体運動によって空間内の対象を定位する方法である．この参照系は前操作期の子ども特有のものであり，身体の位置や向きが変わると空間を認知できない．固定的参照系は，教会や橋など環境内の固定的要素を手がかりに自分の位置や運動を定位する方法であり，移動ルートをたどって構成されるルートマップ型の表象として，前操作期後半から具体的操作期にわたって形成される．この参照系の子どもは，ランドマークを中心に部分的に空間を認知し，ランドマーク相互の関連は理解できるが，全体を協応させることはできない．さらに相互協応的参照系は，具体的操作期における可逆的思考の獲得に伴って出現する方法であり，サーベイマップ型の表象として個々独立した部分的空間が全体的にまとまるようになる．

しかし，これらの直線的なモデルでは，複雑な要因を含む大規模空間の移動に関する諸現象を説明し切れないことが多く，空間内での移動に関してはいくつかの空間認知発達モデルが提案されている．

以上のように空間認識の発達過程には，空間表象や空間概念，空間的思考操作，空間内における経験と学習に基づく知覚的弁別力など多くの知的諸能力の形成がかかわり，これら諸能力の形成には，ピアジェが示すように一定の段階制と順序性が存在すると考えられる．子どもの発達に関しては，生活経験や学習に加えて，人間環境や住環境，教育・文化的条件など多くの要因が複雑に影響を及ぼすことを常に考慮する必要がある．　　〔長澤由喜子〕

参 考 文 献

1) R. A. ハート，G T. ムーア：空間認知の発達．環境の空間的イメージ (R. M. ダウンズ, D. ステア編), pp. 282-285, 鹿島出版会, 1976.
2) 木村允彦：空間の概念．ピアジェの認識心理学（波多野完治編), pp. 41-43, 国土社, 1965.
3) 足立 孝，紙野桂人：小学校児童の空間構造に関する研究（1）．日本建築学会論文報告集, No. 106, pp. 44-49, 1964.
4) 足立 孝，紙野桂人：小学校児童の空間構造に関する研究（2）．日本建築学会論文報告集, No. 107, pp. 54-59, 1965.
5) 野田満智子，渡辺みよ子：子どもの住空間把握の発達過程（第一報）．日本家庭科教育学会誌, **24**(1)：60-66, 1981.
6) 渡辺みよ子，野田満智子：子どもの住空間把握の発達過程（第二報）．日本家庭科教育学会誌, **24**(1)：67-72, 1981.
7) 曲田清維：住環境教育に関する研究（大阪市立大学博士論文), pp. 43-62, 1994.
8) 同1), pp. 297-307.

18.3　家庭教育と住教育

18.3.1　家庭教育とは

今日の教育は，家庭教育，学校教育，社会教育の3つの領域から成り立っている．そのうち家庭教育は，すべての教育の出発点である．

家庭教育には2つの意味がある．1つは，家庭が人生における最初の文化的な環境として，子どもの思考や価値観に影響を与えることである．家庭の雰囲気や親の生活態度などが子どもの成長にかかわっていることは否定できない事実である．

もう1つの意味は「しつけ」であり，家庭において親やこれに準ずる年長者から，年少者である子どもに対して行われる教育的な働きかけである．その内容は，睡眠，食事，排泄，衣服の着脱など身辺処理に関する基本的生活習慣から，食事の準備や後片づけ，掃除，洗濯，ごみの始末の仕方など日常の家事労働に関するもの，衣替えや土用干し，暮れの大掃除など季節に応じた年中行事，挨拶など近隣の人々とのかかわり方まで多岐にわたる．地域の伝統や慣習，文化の影響を受けながらも各家庭でのやり方に基づいて，日常生活の具体的な場面を捉え，社会の一員として生活するために必要な知識や技能，慣習などを伝え学ばせてきた．子どもに対する温かい愛情をもって，子どもの発達の程度に応じて少しずつ気長に援助しながら，一貫性をもって生活的自立能力を育成してきたのである．

これらの家庭教育は，人間の社会化と個性化の重要な基盤を形成しているといえよう．

18.3.2　住生活と家庭教育の変容

子どもは家庭教育を中心として，大人の行動をまねることや，親や祖父母，ときには近隣の人々から教えさとされて，さまざまな知識や技能を身につけてきた．ところが，旧来の家庭教育の中には男尊女卑思想など人権侵害や迷信など非科学的な側面も含

まれており，価値観の転換が必要な部分もあった．そのうえに，戦後の高度経済成長が家族と住生活に急激な変容をもたらした．

まず，住生活の洋風化の進展がある．玄関の敷居を踏まずに入り，下駄履きの足をきれいにしてから部屋に上がり，各自が箱膳を前に正座して食事をするという風景はもはやみられない．玄関ドアには敷居がなく，ダイニングキッチンの出現によって，椅子とテーブルの生活が当たり前になった．布団の上げ下ろしからベッドメーキングへ，銭湯からシャワーつきバスへ，汲み取り式和風便所から水洗の洋風便所へと変化した．これらの変化は，従来の生活の仕方を通用しないものにしてしまった．

また，核家族化，少子化による家族員の縮小，家族構成の単純化がある．拡大家族においては自然であった異世代間の触れ合いや文化の伝承が，現在は困難になっている．

さらに，家事の社会化と家庭用機器の発達によって家事を分担する必要性が減少した．炊飯器，洗濯機，掃除機などは大半の家庭に行き渡っており，手の延長である道具からスイッチ1つの機械へ転換した生活となった．舗装道路や気密性が高いサッシ窓によって，拭き掃除の必要性は減少した．エアコンが発達して季節感あふれる暮らしから，いつも一定の快適な暮らしへと変化したのである．ものを大切に保管し続けると，狭い家では収納できなくなるので，うまく家庭外に出す必要もある．

自動車が頻繁に通る道路によって生活空間は分断され，近隣のつき合いは中高層の集合住宅だけでなく相互不干渉，没交渉が前提となってきた．テレビやラジオがない時代には家族の動向は手にとるようにわかったが，情報化社会の中で多種多様な情報が家族員それぞれに氾濫している．

このような家族や住生活の変容は，家庭教育の量と質を激変させてしまった．

子どもが誕生し，親は否応なく子どもの世話をする必要がある．乳幼児が何でも口に入れようとする時期には，親が先回りして片づけなくてはならない．さらに，子どもが家庭内の仕事をやりたがる時期には，人手を必要とする家事が少なくなってしまった現在では，失敗するような手伝いは親にとってじゃまでしかない．やり方を教える手間を惜しんでいる間に，子どもはやりたいという意欲を失ってしまう．親の方も分担させる必然性を感じる状況にはない．こうして，受験用の知識はもっているが，衣食住のすべてを大人任せにし，生活的自立の能力は乏しい子どもが増えている．学校教育の普及とともに，就学前に必要なしつけも放棄されがちであり，受験準備過重の学習だけが家庭教育の役割として意識されてしまったような感がある．現代の家庭教育は，限られた大人が手引書や教育書にすがって教え込みに変貌している場合もあり困難な状況を抱えている．

18.3.3 住教育における家庭教育の役割

住教育は，「人間生活の場として，住宅およびその周辺の環境について，現状と現在までの経緯，有るべき姿，それを実現するための手だてについて学習し，各人が，個人として，社会の構成員で住文化を担う一員として，住生活および住環境について高い見識を得，それを実現していく主体者としての基礎的な能力をつけていくこと」[1]を指しており，学校教育のみならず，家庭教育や社会教育として人の生涯にわたって必要である．

このうち学校教育は，家庭教育や社会教育と比較して，計画的・系統的に実施することができ，その時代の文化・文明水準を一様に子どもたちに伝達する方法としてたいへん有効である．また，生活経験の異なる子どもたちが自分の考えや家庭でのやり方を交流する中で新たな方法やアイデアを得る可能性も大きく，学校教育に対する大きな期待がある．

しかし，子どものしつけや教育に対して家庭のもつ意義は決して軽視されているわけではない．生活の変容が激しく情報量が多すぎて，親が具体的な家庭教育の役割に自信をもつことができないだけである．今後は，適切な住要求の形成を促し，快適な住生活を営んでいく能力を育成するために，家庭教育が積極的にどの部分を担っていくべきかを考える必要がある．まずは，社会的な共同体の一員であることをわきまえつつ，個々の家族の実状に適した「わが家」らしい家庭教育を構築することが求められるであろう．

各家庭は，長い年月をかけて独特の生活文化や雰囲気をつくり上げてきた．これを現代で捉えると，親子の温かい交流や協働[2]がわが家らしさの創出につながっていく．たとえば，親子でいっしょに料理やお菓子をつくる，犬の散歩に出かけ町をウォッチングする，子どもの友だちといっしょに釣りに行き自然のよさを感じるなど，日常の機会をうまく捉えて住生活を楽しいものにしていくことが住教育の基本となる．その機会に，生活の知恵を披露したり，住環境について親子で意見交換したりすることが住教育をするうえでも有効になる．また，親子で地域の清掃活動などへ積極的に参加したりして，近所の

子どもと高齢者との交流や協働の機会をつくっていくことも家庭教育を実り多いものにするであろう．こういうささやかな生活行為の積み重ねによって，住生活の質を高めることが可能となり，住生活を安定感のあるものにしていくことができる．

　子育ては，親自身の生き方が問われる．親が気持ちのゆとりをもって住生活を楽しみ，より豊かなものにしていくことが大切である．そのために，子育てを支える環境整備は緊急の課題となっている．子どもの権利条約が批准され，大人と子どもの対等，平等な関係づくりが必要になっている．家庭教育，学校教育，社会教育は万能ではなく限界があるが，それぞれが主体的に役割を担いながら相互に連携することが重要である．　　　　　　　　〔菊地るみ子〕

参考文献

1) 住環境教育研究会編：住教育─未来へのかけ橋─，ドメス出版，1982.
2) 柳　昌子：家族の統合におよぼす協働の影響．日本家庭科教育学会誌，30(2)：50，1987.

18.4　学校教育と住教育

18.4.1　住教育の前提

　生活諸側面の中で最も生活格差が表面化しているのが，住生活である．そのことが，子どもたちの住居学習を制約している．現在の住生活に満足している子どもも，とても改善の見込みのない経済状態の子どもも，ともに住居学習の必要性を認識していない．生活は誰かによって与えられるものではなく，自ら創造する，すなわち一人ひとりの子どもが生活創造の主体であるという自覚を育てることが，住教育の前提となる．

　住教育は，学校教育だけで完了するものではない．子どもを取り巻く住生活の実態を教師が認識したうえで，教材開発に取り組む必要がある．

18.4.2　家庭科と住教育

　住教育は，学校教育の中では家庭科で扱われ，小・中学校では2002年度から，高等学校では2003年度から新教育課程がはじまっている．文部科学省の「学習指導要領」では，住居学習に関わる教育内容は以下のように示されている．

　〈小学校〉
　住まい方に関心をもって，身の回りを快適に整えることができるようにする．
　ア　整理・整とんや清掃を工夫すること．
　イ　身の回りを快適に整えるための手立てや工夫を調べ，気持ちよい住まい方を考えること．（内容の取扱いにおいて，「イについては，暖かさ，風通し，明るさなどから選択して取り上げること」とされている．）

　〈中学校〉
　室内環境の整備と住まい方について，次の事項を指導する．
　ア　家族が住まう空間としての住居の機能を知ること．
　イ　安全で快適な室内環境の整え方を知り，よりよい住まい方の工夫ができること．
　（内容の取扱いにおいて「アについては，住空間の計画，平面図などは扱わないこと」とされている．）

　〈高等学校　家庭基礎（2単位）〉
　・住生活の管理と健康
　住居の機能，住生活と健康・安全などに関する基礎的な知識と技術を習得させ，家族の住生活を健康で快適に営むことができるようにする．

　〈高等学校　家庭総合（4単位）〉
　・住生活の科学と文化
　住居の機能，住空間の計画，住環境の整備などについて科学的に理解させるとともに，住生活の文化に関心をもたせ，必要な技術を習得して充実した住生活を営むことができるようにする．

　〈高等学校　生活技術（4単位）〉
　・住生活の設計とインテリアデザイン（選択履修）
　住居の機能，設計，管理などに関する知識と技術を習得させ，充実した住生活を営むことができるようにする．
　ア　家族の生活と住居　　住居の機能，家族の生活と住空間及び住環境と地域社会について理解させ，快適な住生活と周囲の環境や地域社会とのかかわりについて考えさせる．
　イ　住居の設計とインテリア計画　　快適で機能的な住生活を営むために必要な条件について理解させ，家族の形態や暮らし方を想定した住居の平面計画やインテリア計画ができるようにする．
　ウ　住生活の管理　　住居の選択と維持管理及び住居の安全と衛生について理解させ，健康や安全に配慮した住生活の管理ができるようにする．
　エ　生活と園芸　　草花や野菜の栽培と利用に関する基礎的な知識と技術を習得させ，園芸を用いて生活環境を豊かにする工夫ができるようにする．
　（指導計画の作成にあたっての配慮事項において，

「「家庭基礎」「家庭総合」及び「生活技術」の各科目に配当する総授業時数のうち，原則として10分の5以上を実験・実習に配当すること」とされている．）

18.4.3　学校での住教育の価値基準

上記の学習内容をみてもわかるとおり，小学校と中学校では内容が重複しており，中学校では「家族が住まう空間」を教育するとしておきながら「平面図は扱わない」という矛盾がある．さらに，高等学校では3科目の中から1科目の選択履修ということで教育内容に大きな差があり，〈生活技術〉を選択（生徒による選択ではなく学校による選択である）した場合には，住教育は食生活，衣生活などからの選択的扱いとなり，まったく学ばない可能性もある．限られた時間の中で住居学習を効果的に進めるためには，各学校段階において，児童・生徒の発達段階に合わせて学習目標を明確にする必要がある．

たとえば小学校では，健康に住むために小学生にできる方法として，換気を教材にするとよい．筆者らが実際に小学校で行った授業（大阪府吹田市小学校家庭科研究会「健康な住まい──窓はなぜあるのだろうか──」）では，換気の必要性を理解した児童たちが，学校でも家庭でも寒くても短時間窓をあけて換気する実践を継続していた．

中学校では，親子関係の葛藤がもっとも複雑な時期なだけに，教材としてさまざまな平面図を使うことにも意味がある．家族生活の器としての住居は，家族のあり方の考え方により異なる平面型を示す．筆者らが実際に中学校で行った授業（奈良教育大学附属中学校「間取りを通して家族を考える」）では，中学生の家族に対する思いが住居学習の中で噴出し，「住居の平面図を学習することによって家族について学習できてよかった」と生徒から好評を得ている．

また高等学校では，みずからの住生活を客観視し，人間の尊厳にふさわしい住生活をだれもがおくることができるようにするには，どのような社会政策が必要なのかを考えさせたい．筆者の研究室の卒業生が行った授業（大阪府立住ノ江高等学校）では，高校生が今日の住生活改善の道筋を考えた．住宅政策が規制緩和の流れの中で個人責任に置き換えられていくと，住宅弱者が生み出されることを生徒たちは他人事ではないと受け止めた．

前述の実践例にみられるように，小学校では自分自身とのかかわりにおいて健康を視点とし，中学校では家族とかかわって住まいを考え，さらに高等学校では社会とのかかわりに目を向けるところに各学校段階における学習目標の特徴がある．

18.4.4　住教育における教材開発

食生活や衣生活の授業では実習を取り入れて，児童・生徒の学習意欲を喚起することが比較的たやすい．しかし，住生活の授業では適切な教材をみつけられず，教科書をひととおり学習したという教え方に終わっていることが少なくない．住居学習では学校環境を活用したり，学校の周辺環境を活用する調査学習を導入することにより，効果的に学習意欲を喚起することができる．

たとえば，小学校における「窓はなぜあるのだろうか」の学習では，導入にかこさとし『あなたのいえわたしのいえ』（福音館書店，1972）の読み聞かせをする．住まいには，壁，屋根，出入り口，そして窓がついている．なぜ窓はついているのだろう．窓の働きを児童から引き出す．採光，採暖，乾燥，通風，換気，眺望などの働きが出てくる．それらを，資料の読み取りや実験，ビデオ視聴，生活体験の想起によって確認していく．とくに，次の簡単な2つの実験が児童に喜ばれた．1つは，クリーンチェッカーを使って室内浮遊粉塵を観察した実験．もう1つは，効率的な換気の実験で，教室内で発煙筒をたき，片方の窓を開けたときと両方の窓を開けたときの違いを比較した実験である．片方の窓を開けただけではほとんど動かなかった室内空気が，両方の窓を開けると短時間で出て行った．これをみた児童から感動の拍手が起こった．この感動が，子どもたちの学習意欲を喚起し，窓を開けて換気することを続ける実践力の源になったと考えられる．

中学校における「間取りを通して家族を考える」の学習では，構造と設備が描き込まれた簡単な平面図に，自分が考える家族関係の容器としてふさわしい間取りを描き込んでいく授業をした．面積配分がおかしかったり，開口部がなかったり，技術的なおかしさはいろいろあるけれど，クラスみんなの図面をプリントにして発表を開くと，それぞれの家族に対する思いが伝わり，おたがいを深く考えるようになった．この授業は，家庭科の授業の中でいちばんおもしろかったという評価を得た．

一方，高等学校における授業では，教室を離れての資料調べ，役所へのヒアリング，地域調査などをして，探求型の学習ができる．発表プリントの作成やわかりやすい発表の工夫を通して，学習主体，生活主体としての自分自身を含めていく．高校卒業後に働き始める人にとっては，高等学校家庭科の住居学習は，生活の基盤を保証することになる．

いずれの学校段階においても，子どもたちの学習意欲を喚起し，実践力を高めるべく，新たな授業づくりのための教材開発が求められている．

〔田中恒子〕

18.5 生涯教育と住教育

18.5.1 生涯教育としての住教育

かつては日常生活の営みや地域社会の中で，自然に住み方，住宅の管理の方法，建築材料や工法を体得していくことができたが，現在ではこのような機会が少なくなっている．そして，私たちの住まいをめぐる状況は，建物そのものに関する面ばかりでなく，住み方や住文化醸成の面から，そして，地域社会や環境とのかかわりが広がるに伴い，地域社会の面からも問い直しが必要となっている．一生を通して「住」について学び，環境醸成していくことが求められなければならない時代となり，そのために各方面からの支援活動が必要となっている．

18.5.2 生涯教育とは

生涯教育は，広義に解釈すると，家庭教育，学校教育，社会教育の3分野を包含し，対象者は年齢，性にかかわらず子どもから高齢者までを含み，一生を通してのあらゆる機会の教育ということができる．年齢ごとの3分野の教育の割合は図18.2のように表すことができる．しかし，20歳前半までは主として家庭教育，学校教育が中心であり，生涯教育として総合的に捉えられることは少ない．そのため，ここでは生涯教育を，学校教育を終えた後の成人に対する教育と位置づけ，ほぼ社会教育と同義に用いることとする．しかし近年では，学校教育においても社会人入学（リカレント教育）が認められ，また遠隔授業が奨励され，さらに公開講座の開設や学習センターなど社会人にも学校が開かれるようになり，学校教育と社会教育の垣根は非常に低くなっている．

生涯教育は，わが国では1971年，社会教育審議会答申によって，急激な社会の変化に対処するために打ち出された．都市化，情報化，産業構造の変化など社会の変化が著しく，長寿社会を迎える時代にあって，学習には終わりがなく生涯継続すべきであるという考えのもとに，生涯教育から生涯学習へと，学ぶ機会の提供と一生学び続けることが問われるようになっている．1987年の臨時教育審議会では，生涯学習体系への移行が答申され，1994年，中央教育審議会は「生涯学習の基盤整備について」の答申を出している．

(1) 生涯教育の特徴

生涯教育の特徴の第一は，対象者の年齢や職業などの幅が広いことである．第二は，学校教育が一定の年齢の集団に，一定のカリキュラムで一定の知識量を系統的に教育の専門家によって授けられるのとは異なり，生涯教育では学習者の主体的・自発的な意志に基づいて学習が展開される．そのため，まったく学習意欲をもたない者も出てくるが，一方，学習意欲のある者は何らかの問題意識や関心をもって学ぶことにより，ますます自己実現が図られ，生活経験を踏まえた学習によって自分の生活にフィードバックし，生活環境を改善できることである．そして第三は，学ぶ場や内容が広いことが挙げられる．

(2) 生涯教育の方法と内容

生涯教育は，メディアの利用，公開講座，展示・見学・体験，個人学習と集団学習，対面型と非対面型などの多様な形態をとることができる．また，内容は実経験を基に人生や生活を豊かにする教養的内容から，資格の取得や自己実現につながる専門性の高い内容もある．

(3) 生涯教育の場

生涯学習の場としては放送教育，放送大学，公民館・図書館・博物館，生涯学習センター，消費生活センターなど公的機関によるものがある．しかし，近年は各住宅メーカーによる住宅展示場，電気・ガス・衛生機器・洗剤メーカーを含めた住宅関連企業の研究所，カルチャーセンターなど民間によるものも増えている．また，まちづくり活動など地域全体が教育の場にもなるものである．多様な学習機会の提供が必要とされる．

放送大学は，1983年に開設され，現在では各県1カ所以上に学習センターを設け，全科履修生の募集が行われている．住に関する科目は，生活と福祉専攻の専門科目として「住計画論」「東アジア・東南アジアの住文化」「住まいの構造・講法」などが開

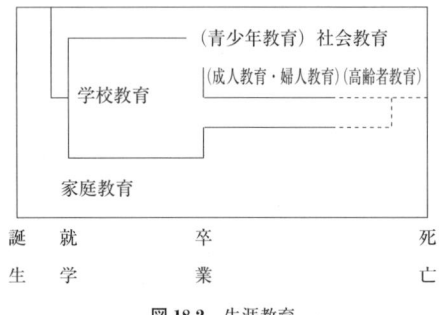

図18.2 生涯教育

講されている．放送教育，公民館，生涯学習センター，消費生活センター，カルチャーセンターでは，それぞれの目的のもとに開設されている各種講座の受講，また図書館や博物館では，資料収集や実習，見学，体験ができる．住宅関連企業や諸団体では，住生活関連のリーフレット・書籍の発行，ショールーム・住宅展示場の開設，研究所の開放，ホームページの開設などを行っている．いずれにおいても，だれもが容易に利用できるような状況と整備が必要である．

18.5.3 生涯教育として住教育に求められるもの

家庭教育，学校教育，社会教育を統合した生涯教育を通して住生活の質の向上が望まれる．生涯教育としての住教育に求められものの第一は，長寿社会を見越した住環境の整備と住み方を挙げることができる．高齢社会の到来に伴って，住宅や地域環境を高齢者が自立して住み続けていくために整備しなければならない．バリアフリーの考え方のもとに，在宅を可能にするような住環境整備と，高齢者に対する思いやりを含んだ住み方が求められる．

第二は，新技術や工法に対応した知識の習得である．建築技術の進歩や新建材の開発に伴って，新たな技術，工法，建築材料などに関する知識が容易に習得でき，住宅の維持管理や住生活に生かされ，住宅の長命化を促していけるようにすることが求められる．

第三は，新しい住み方と住文化の醸成である．集合住宅や住宅団地では，さまざまな価値観をもつ人々が集まって住んでいる．居住者の総意のもとに，それぞれの住宅地にふさわしい住み方のルールづくりが求められる．住生活では椅子座の普及に伴う和洋折衷の起居様式，また，個人住宅重視に伴う地域としての統一性の欠如などが生じている．移動社会である現代の生活では，地域に住み続けていた時代に培われていた住み方の知恵は伝わりにくくなっているが，地域の風土を踏まえながらも社会状況に対応させて，現代の生活にふさわしい住み方をつくっていくことが求められている．

第四は，地域社会の復活である．住宅の近代化に伴う家族中心の住み方は，家族以外の人々を住宅内へ入りにくくし，近隣社会を閉ざし，住宅内が家族のみの密室になろうとしている．家族形態や家族の縮小化と相まって，家庭内では社会性が育ちにくくなり，家族関係にゆがみが生じやすくなっている．家庭の中に閉じ込もるのではなく，地域とのつながりのある住生活づくりが求められる．合わせて環境との関連性を配慮して，生活改善の実践力を高めていくことが必要である．
〔冨士田亮子〕

参 考 文 献

1) 天野郁夫：遠隔教育の可能性と課題．IDE 現代の高等教育，No. 398，民主教育協会，1998．
2) 井上孝美：放送大学の全国化．IDE 現代の高等教育，No. 398，民主教育協会，1998．
3) 奥田真丈，河野重男監修：現代学校教育大事典 3, 4，ぎょうせい，1993．
4) 住環境教育研究会編：住教育―未来へのかけ橋―，ドメス出版，1982．
5) 住田昌二編：現代住まい論のフロンティア，ミネルヴァ書房，1996．
6) 奈良女子大学住生活学研究室編：住生活と住教育，彰国社，1993．
7) 西山夘三編：住居学ノート，勁草書房，1997．
8) 日本家政学会編：新版 家政学事典，朝倉書店，2004．
9) 細谷俊夫，奥田真丈，河野重男，今野喜清編：新教育学大事典（第 2～4 巻），第一法規出版，1994．
10) 山崎古都子：住環境教育．家政学シリーズ 20 住まいと住環境，pp. 120-140，朝倉書店，1991．
11) 家庭科教育 6 月臨時増刊，家庭科における住生活の教育，Vol. 69, No. 7, 1995．

18.6 住居と安全・防災教育

住まいの安全については，家庭内事故に対する安全，火災に対する安全（防火），地震に対する安全，風水害などに対する安全，犯罪に対する安全（防犯）などさまざまな問題があるが，ここでは 2 つの今日的課題を取り上げる（家庭内事故や防火の問題については参考文献[1]参照）．

18.6.1 地震に対する安全

阪神・淡路大震災は多くの貴重な教訓をもたらした．その 1 つは，住宅の倒壊を防ぐことが防災の基本であることがわかったことである．すなわち，あれほど被害が大きくなった原因は，住宅の倒壊があまりにも多かったため，1 次災害（生き埋めや圧死，とくに高齢者の死亡）が多くなり，2 次災害（救助が困難になったり，火災が発生し消火が困難になるような状況）も多くなり，さらに 3 次災害（避難所や仮設住宅における生活問題や健康破壊）が発生し，連鎖反応的に被害が拡大したのである．

住宅の被害については，鉄筋コンクリート造りの中高層集合住宅の被害も少なくなかったが，古い木造住宅に被害が集中したことが大きな特徴である．なぜ，「古い」木造住宅が壊れたのか．20 年以上前

から，木造住宅の地震被害の研究の必要性を訴え続け，多くの研究を積み重ねてきたある学者は次のように指摘している[2]．

①地震力に対する抵抗要素（筋違や壁）が少なかったから，②壁の配置（バランス）が悪かったため建物がねじれたから，③柱や梁や筋違の接合部が弱かったから，④土台や柱が水やシロアリのため腐っていたから，⑤新しい住宅に比べて屋根や壁が重かったから．もちろん，新しい建物でも①～⑤のような住宅は壊れており，古くてもそうでない住宅はあまり壊れていない．

わが国の建物の耐震設計技術は世界のトップレベルにあるにもかかわらず，これほどの大被害が起こった．その理由は，新しい建物を建てる技術は進んでいるにもかかわらず，現存の古い木造住宅の耐震補強を社会的に実施するシステム（住宅政策を含む）が欠けていたからであると考えられる．つまり，新しい住宅の供給にばかり目を奪われ，年月が経てば木造住宅の耐震性は低下することは常識であるのに，現存の古い住宅の補強は個人に任され，社会的課題として取り上げてこなかったからである．住宅被害を防ぐためには，古い住宅の耐震補強を社会的に実施するためのシステムが不可欠であり，そのためには，次のような課題を総合的に実施する必要がある．

①老朽木造住宅を耐震補強する技術の開発と普及（大工のレベルまで），②補強費用補助の実施（耐震補強が進まない最大の要因は費用の問題である），③福祉の町づくり，防災町づくり，高齢者のための住まいの改善支援システムと有機的に結合して，住宅の耐震補強を地域全体で進めるシステムづくり，④家具などの転倒による圧死や負傷の防止対策の開発とそれを社会的に実施するシステムづくり．

なお，住宅の耐震補強は，地震火災を防ぐ効果，住み慣れた地域に住み続けることを可能にする効果，コミュニティを守る効果などがあり，個人の問題ではなく，町づくりの課題であり，地域社会の問題でもある．

18.6.2 高齢者の家庭内事故に対する安全

高齢者の家庭内事故は寝たきり老人をつくる原因にもなっているからである．寝たきりを防ぐためには，住まいの安全が不可欠である．この課題は，超高齢社会を迎えつつある日本ではとくに重要である．なお，寝たきりを防ぐための原則は，日常生活行動の空間的範囲が狭くならないようにすることであるが，そのためには，①住まいの改善，②リハビリの促進，③福祉用具の活用，④社会的な介護支援サービス，⑤自立を励ますことなどを総合的に実施する必要がある．①の住まいの改善とは，手すりをつけたり段差などの障害物を少なくして，排泄や入浴をできるだけ自力でできるようにすることである（バリアフリー，アクセシブルデザイン）．住まいを改善すれば，トイレや風呂に1人で行けるようになる，車椅子や福祉用具も使えるようになる，介護者も楽になる，高齢者の前向きな意欲を優しく励ますこともできるようになる，毎日の生活の中で動くことが多くなる，リハビリも促進されるなど，次々と相乗効果が生まれる．なお，住まいの改善では，工事を伴うような改善だけでなく，工事を伴わない改善も重要である．工事を伴わない改善とは，たとえば，ベッドの利用を含む椅子座式の活用，家具の整理整頓による動線の確保，寝室の変更，食事の場所や昼間過ごす場所の変更などであるが，これらは住まい方（空間の使い方＝住生活＝居住状態）の改善であり，生活空間管理の改善であるとも位置づけられる．

将来（高齢になったとき）に備えて住まいを高齢化対応にする場合は，マニュアルを参考にすればよい（たとえば，参考文献[3,4] 参照）．しかし，現在困っている高齢者がいる場合はそうはいかない．住まいの改善に対する外部からの支援が必要である．支援のポイントは次のとおりである．

①改革案を企画する前に必ず家庭訪問し，どんなことで困っているのかをじっくり聞き，本人や家族の苦しみ，生活や家庭の様子をよく理解すること．②高齢者一人ひとりの現在の心身機能や将来的変化を予測し，それに合わせた改善案を提案すること（リハビリ関係者との連携が必要）．安易にマニュアルどおりにすると失敗しやすい．③福祉用具の活用も重視すること（福祉用具関係者との連携が必要），また，福祉用具の活用と空間の改善の両方を統合した改善案を提案すること．④前記のような住まい方の改善も重視すること．⑤高齢者や家族が悲観している場合は，住まいの改善によってその人の苦しみがどう解決されるのかを具体的に示し，前向きな気持ちになるように励ますこと（メンタルな面の重視）．⑥本人と家族の両方にメリットのある改善案を提案すること．⑦改善費用については，できるだけ自己負担が少なくなる方法を提案する．福祉制度の利用については，手続きの代行も含めて支援すること（福祉関係者や保健婦との連携が必要）．⑧和風住宅の雰囲気を壊すような改善案は受け入れられない場合が多いので，その住宅に合わせてデザイン

すること．

　以上のような改善を実現しようとすれば，施工関係者だけでは荷が重く，設計関係者との連携も必要である．つまり，福祉・医療・保健・建築関係者が連携し，できれば家庭訪問や改善案の提案の段階からチームで支援することが望ましい．また，地域ごとに住まいの改善を支援するネットワークも必要である[5]．本人や家族に対する提案を押し付けるのではなく，私たちが応援しますからがんばりましょうねというように下から温かく支援する姿勢が重要である．なお，改善後もチームで事後評価（フォローアップ）を行い，空間の使い勝手，福祉用具の利用状況なども含めて，生活の質（QOL）が向上したかどうかをチェックし，不十分なところがあれば原因を解明して再改善を図ることが望ましい．このフォローアップがなければ，各分野の専門家としての能力は向上しない．なお，痴呆性老人を抱える家庭における住まいや住み方の工夫とその効果についても，最近注目され始めている[6]．

18.6.3　防災教育

　防災教育は，学校教育で行うことも必要であるがそれ以上に重要なのは社会教育である．なぜなら，子どもの安全は母親の関心であり，高齢者の安全は家族や介護者の関心だからである．子どもや高齢者にとって安全な住まいは，妊婦にとっても安全な住まいである．なお，防災教育を社会教育として進める場合，防災教育だけを単独に進めようとしても効果は少なく，福祉の町づくりやコミュニティづくりなどの地域的取り組み（実践）と有機的に結合してこそ効果があり，それが今日的課題といえる．

〔水　野　弘　之〕

参　考　文　献

1) 日本家政学会編：住居の安全．家政学シリーズ 19 住まいのデザインと管理，朝倉書店，1990．
2) 鈴木　有：阪神大震災の教訓―住まいと暮らしを見直す―．金沢工業大学同窓会誌，ばっくあっぷ，No. 15，1995．
3) 建設省住宅局住宅整備課監修：長寿社会対応住宅設計マニュアル（戸建住宅編・集合住宅編），高齢者住宅財団，1995．
4) 年金福祉事業団監修：年金バリアフリー住宅設計マニュアルとその解説（改良住宅編，新築住宅編），全国年金住宅融資法人協会，1996．
5) 高齢者のすまいづくりシステム研究委員会：ハウスアダプテーション―高齢者・障害者向け住宅改造・在宅ケアのシステム化―，住宅総合研究財団，1995．
6) 水野弘之他：在宅痴呆性老人と共生するための住まいや住み方の工夫に関する研究．1996～1997 年度科学研究費補助金研究成果報告書，1998．

18.7　住居と消費者教育

18.7.1　住居と消費者トラブル

　最近の住宅ローンの低金利傾向や建築費の安定，地価・住宅分譲価格の下降などの条件を背景に，住宅の需給は多様化，複雑化している．土地を取得した後に住宅を新築するかつての一般的な方法のみならず，建て替え，戸建て分譲住宅や分譲マンションの購入，中古住宅や中古マンションの購入など住宅取得の方法はさまざまである．このような変化は，住宅生産の商品化，工業化の進行と軌を一にするものであった．居住者の意識にも新たな動きが顕在化しつつある．すなわち，住宅の買い替えによって居住水準の向上を図ることよりも，現住宅の増改築，リフォームなどによって定住し続けることの方が，建物のライフサイクルコストや近隣関係の継続などの点からみても得策であると考える人が増えているのである．また持ち家を取得することにこだわらず，ライフステージに合った借家を住み替えていく借家居住が再評価されている．

　このように住宅は「建てる」「買う」「借りる」の方法によって確保されることが多いが，そのいずれの局面においても消費者トラブルが多発している．とくに「建てる」場合の建築請負契約，「買う」場合の売買契約，「借りる」場合の賃貸借契約など「契約」をめぐるトラブルが後を絶たない．建築請負契約においては，雨漏り，外壁の亀裂，建具の開閉不良，床の傾斜，地盤の不等沈下など，本来住宅が備えるべき基本的性能が満たされていない欠陥住宅とでもいうべき建物の「瑕疵」にかかわる問題や，アフターサービスにかかわる問題が多い．売買契約においては，重要事項の説明，契約の解除，手付金・中間金の返還など，売買の代理・媒介に関するものが多い．賃貸借契約においては，預り金・申し込み証拠金などの返還，重要事項の説明など賃貸の代理・媒介に関するものの増加が著しい．

　こうした消費者トラブルが多発する原因としては，業者に有利な契約内容，消費者の契約に対する認識の甘さをはじめ，建築技能労働者の技術不足，建築業界の重層下請け構造による手抜き工事，建物の検査体制の不備など，さまざまな問題が挙げられる．消費者トラブルは，構造的に再生産されているといっても過言ではない．

しかし,「住宅の品質確保の促進等に関する法律」(以下,品確法)の施行(2000年4月1日)によって,新築住宅には10年の瑕疵担保責任が供給業者に義務づけられたことや,紛争処理体制の整備,住宅性能表示制度が主要な内容とされたことから,消費者保護の理念は従前よりも強化されたといえよう.品確法への確実な対応を図るために「住宅完成保証制度」が創設され,「住宅性能保証制度」が改正されたことなど,住宅の安心と安全を求める消費者の関心が高まりつつある.

18.7.2 住居に関する消費者教育の必要性

住居に関する消費者教育が必要とされる理由は,消費者の権利,消費者主権の流れから一般論的に論じられるのはもちろんであるが,住宅という商品がもつ特殊性,複雑性ゆえに,消費者教育の必要性がさらに大きいとも考えられる.

第一に住宅はきわめて高額な商品であり,他の消費財のように日常生活面で頻繁に反復購入されるものではない.そのため,消費者が経験的に修得できる知識の量に限界がある.

第二に住宅は現場生産の部分が多く,さまざまな職種の建築技能労働者の技術水準という個別性が大きく影響する.大量生産,大量販売による消費者被害の多発という図式が成り立ちにくい.住宅の消費者運動が活発化しにくいゆえんである.

第三に都道府県の消費生活センターなどによる消費者啓発の機会や,情報提供が少ない.逆に住宅メーカーやマンション販売業者などの業者側からの広告,チラシ,テレビCM,モデル住宅を媒介とした情報が圧倒的に多い.

第四に消費者問題にかかわる行政機関内に,住宅の消費者相談や苦情処理に対処できる専門家が少ない.

第五に住宅の消費者トラブルが紛争化すると,解決までに長期間を要し,当事者の精神的負担や生活設計への影響は多大なものとなる.

住宅は個人の資産であると同時に,超耐久消費財であり,社会資本の一部でもある.こうした住宅が良質な社会資本として蓄積されていくためにも,消費者に住宅の構造,工法,品質,性能,瑕疵,住宅ローン計画,契約などについて正しい情報が提供され,啓発の機会が保証されることは重要である.経済社会において,健全な住宅市場を創出するうえでも,消費者教育が果たす役割は大きい.

18.7.3 住居に関する消費者教育の実施主体,対象,内容,方法

消費者教育は,幼児期から高齢期に至るあらゆる段階において実施されることが望まれる.消費者教育の実施主体としては,学校,消費者行政機関,企業,消費者団体などが挙げられる.

学校教育の中で,衣・食・住生活に関する消費者知識・技術がもっとも多く扱われる教科は家庭科である.ただし,小学校の家庭科や中学校の技術・家庭科の住居領域では,住まい方の工夫,住居計画の初歩的テクニックが中心で,消費者教育の視点は弱いといわざるをえない.高校の「家庭一般」では家庭経済と消費,正しい情報の捉え方,消費者行政の現状などについて扱われているが,住居の学習と消費者問題,消費者教育とを結び付けた内容は乏しい.学校教育における住居の消費者教育の課題は,衣・食生活領域の内容にみられるような,安全な商品を見きわめる消費者の選択行動,正しい使用・管理,消費者問題への自覚などと関連づけられた学習内容,学習者の発達段階に対応した学習内容である.

学校教育以外の教育は社会教育であるが,今日のような高齢社会において,消費者教育が社会教育に負うところはきわめて大きい.なぜならば商品開発が急速に進み,新たな販売方法が次々に登場しているからである.

消費者にとってもっとも身近な相談機関である消費生活センターでは,住宅に関する相談や苦情を受け付けている.住宅そのものの欠陥苦情や,設備機器,材料の欠陥苦情などが多い.職員に住宅の専門家が少ない現状では,センターですべて処理することは困難なため,建築行政機関などへも紹介し,連携して処理にあたっている.相談業務は問題の解決に有効であるだけでなく,個々の相談者にとっては貴重な学習機会になっている.住宅に関する消費者啓発は,被害の未然防止に有効に働くと考えられる.「住宅についての講演会」「機器・部品の展示」などが多くのセンターでみられるが,パンフレットの作成,巡回相談は少ない.

企業の行う消費者教育は顧客政策,販売促進の観点から,さまざまな形態,方法で行われている.従来からの住宅広告,チラシ,テレビCM,カタログ,パンフレット,住宅展示場,講習会などに加え,住宅見学会,モデル住宅体験入居,インターネットのホームページやCD-ROMによる情報提供など多様である.阪神・淡路大震災以降,消費者意識の変化に対応して,住宅の耐久性,耐震性,断熱性

などに関する情報を，セールスポイントとして説明している業者が増えた．品確法に基づく住宅性能表示制度の実施後は，いわゆるシックハウスに関係するホルムアルデヒド対策，構造の安定に関する耐震性，省エネルギー対策などが，他社との差別化を図る情報として提供されている．　〔佐々木ひろみ〕

18.8　まちづくりと住教育

18.8.1　生涯学習としてのまちづくり活動

「道路，橋梁，河川は本なり．水道，家屋，下水は末なり」という1884年の芳川東京府知事の演説に象徴されるように，日本のまちづくりは長く官の仕事であった．まちづくりに地域住民が積極的にかかわるようになったのは，1960年代の公害反対闘争などの住民運動からである．やがて1970年代には，反対運動ばかりではなく住民参加のまちづくりが進められるようになる．都市近郊の住宅団地づくりや都心の再開発が住民参加のまちづくりによって実現していった．

近年は，住民と自治体とのより積極的な連携が模索され，住民主導でまちづくりを進めたり，これを自治体が支援する事例が多くなっている．

多くの自治体が住宅マスタープランに住教育の項を設け，具体的な施策を展開している．たとえば「まちづくりルールブック」「景観づくりガイド」などの副読本をつくり，ワークショップを実施している．「防災まちづくり大賞」「美しいまちなみ大賞」などの表彰，「まちなみ整備コンペ」や「まちづくり絵本コンテスト」「絵地図づくりコンテスト」も回を重ねている．

一方，住民グループが主体的にまちづくりに取り組む事例も増えている．まちなみ景観を守るためにみんなでまちを歩いて再評価したり，「建築・環境デザインガイドブック」を作って町内全戸に配布するという地道な活動を続けている住民グループもある．まちを案内するボランティアガイドや，NPO法人として活動している人々もいる．

このように，学校における住教育だけではなく，生涯にわたってまちづくりについて学習する人たちが増えている．いつでも，どこでも，だれとでも学ぶ，生涯学習としてのまちづくり活動である．

18.8.2　子どものまちづくり活動

子どもたちがまちづくり活動に直接かかわるようになったことも，最近の特徴の一つである．背景には次の二点が考えられる．まず第一に，まちづくりの主人公は地域住民であるという考え方が広がったことがある．そして第二に，子どもの権利条約が採択され，日本もこれを批准したことである．子どもの権利条約は，子どもが一人の人間として権利の主体者であることを認め，いかなる場合にも子どもの最善の利益を最優先し，最大限に尊重するという考え方に基づいている．とりわけ，子どもの意見表明権を明確にうたい，子どもが住まいや学校，遊び場，広場，道路，まちなみなど，自分が直接かかわるあらゆる空間に対して，みずから考え，意見を述べ，空間づくりに積極的に参加していくことを大切に考えている．

公園や遊び場に子どもたちの意見や希望を取り入れようという多くの試みは，これらの考え方を反映している．たとえば，東京都世田谷区の羽根木プレーパークは，住民と行政の協働によって実現した「自分の責任で自由に遊ぶ」冒険遊び場である．地元の人たちが中心になって自主的な会をつくり，区の土地を借りて冒険遊び場を運営していたが，住民だけの運営に限界を感じ，区へ粘り強く働きかけて実現したものである．子どもたちやプレーリーダー，そして地域の多くの人々による活動がまちづくりの中心になっている．

18.8.3　学校教育と住まい・まちづくり学習

学校教育の中で，教科として住生活の問題を取り上げてきたのは家庭科だといわれているが，実際には，家庭科の住領域の授業は小・中学校でも高等学校でも十分には実施されてこなかった．一方，まちの授業は，小学校3，4年生の社会科で取り上げられてきたが，自分たちの住むまちの様子を認識することが中心で，まちの問題点を分析したり，これからのあり方を考えたりする課題には積極的に取り組まれてはこなかった．つまり，家庭科における住領域の課題としても，社会科のまちづくりの課題としても，住まい・まちづくり学習は十分には取り組まれてこなかったということである．

ところが，2002年度から，小・中・高等学校に次々と「総合的な学習の時間」が導入され，住まい・まちづくり学習の実践が蓄積され始めている．子どもたちの住まい・まちづくり学習の重要性が指摘される中で，家庭科，社会科などの教科の枠を超えた学習として新たな展開をみせ始めている．

また，自治体も学校教育との連携を模索し始め，住宅行政，福祉行政と，教育委員会とが連携して住教育推進協議会を組織化している自治体もある．学校の授業にゲストティーチャーとして専門家を派遣

したり，具体的なカリキュラムを学校に提案する自治体もある．また，住まい・まちづくりの副読本を作成し，県内すべての小・中学生に配布している自治体もある．

18.8.4 「総合的な学習の時間」におけるまち歩き学習

「総合的な学習の時間」は，国際理解，情報，福祉・健康および環境などの横断的・総合的な課題を学習内容の柱として展開されている．子どもたち主体の体験学習や地域の特色を取り入れた学習が奨励されており，住まい・まちづくり学習への期待が高まっている．なかでも，子どもたちが校区内を歩いてまちを探検し，好きな場所やほっとする場所の写真を撮ったり絵を描いたりしてまちのすばらしさを発見し，問題点を点検して，これからのまちのあり方を考えるまち歩き学習が成果を上げている．具体的には「環境点検マップ」をつくったり，「理想の児童公園づくり」のワークショップに取り組んだり，わがまち紹介のホームページをつくったり，ガイドブックや絵本や紙芝居をつくる活動として展開されている．「通学路見直し」のVTRを作成している活動もある．こうした活動を通して子どもたちはまちに愛着を抱き，まちづくりに関心を示し，やがてはまちのこれからに積極的にかかわっていきたいという主体性を芽生えさせる．

ただ，まち歩きは楽しく活気にあふれた活動になるが，それだけに，子どもたちにつける力を明確にしておくことが大切である．学習全体の目標を明確にし，まち歩き活動の位置づけを明確にしておくことがとりわけ重要である．まち歩き活動は，まちのことをもっと調べてみようと思ったり，まちの様子をだれかに紹介したいと思ったり，これからのまちのあり方を考えてみようと思ったりするきっかけになるが，学習全体への位置づけが明確でなければ学習効果は得がたい．校区のボランティアガイドをゲストティーチャーに迎えてまち歩き活動に取り組む実践例も数多くみられるが，このような配慮は欠かせない．目標や位置づけが不明確な場合，ゲストティーチャーが熱心であればあるほど，内容が盛りだくさんで濃密になり，「楽しかったが忙しく，話が長くてむずかしく，メモをとることも困難で疲れた」実践になりがちである．教員とゲストティーチャーが，事前に学習の目標とまち歩き活動の位置づけに関する共通理解を図り，コースや見学のポイントなどに関する打合わせを綿密に行うことが大切である．

18.8.5 これからのまちづくり学習

日本の住まい・まちづくり学習は，学校教育としても生涯学習としても，まだ緒についたばかりであるが，まちづくりの主人公となるための学習課題は大きい．第一に，環境適応能力を育む課題である．ライフスタイルが多様化し，価値観が多様化する中で，子どもや若者の環境適応能力は著しく低下している．自然や気候・風土に根ざした生活を見直して，サスティナブルな住まい・まちづくりを目指すことである．第二に，自分の住むまちを愛し，課題を発見して解決策を模索し，まちの将来展望を切り拓いて主体的にかかわっていく力を育む課題である．

〔久保加津代〕

参 考 文 献

1) 久保加津代，田中　勝，金川久子：住宅マスタープランにみる住情報と住教育．日本建築学会計画系論文集，No. 543, pp. 231‒238, 2001.
2) 大分大学住居学研究室：おおいたの地域性を生かした住教育（自家本），2001.

18.9　環境教育

18.9.1　なぜ環境教育が必要か

緊急を要する地球環境問題の状況の打破のためには，大きく3つの方法が考えられてきている．第一に，技術の面から環境保全や環境商品を開発し，環境への負荷を極力抑えていくことである．第二に，法的な規制や誘導策により省エネルギーを進めたり，循環型社会経済システムをつくることである．第三に，豊かな自然や環境の価値についての認識を高め，環境に配慮したライフスタイルや環境に責任ある行動をとるとともに，社会の仕組みを環境に配慮したものに変革していく主体としての能力を育成していくことである．

いずれの方法も時間を要することであるが，将来にわたって持続可能な社会をつくることのできる地球市民を育成していくためには，「人づくり」こそ重要な課題である．つまり，環境教育によって環境に対する意識や価値を変革し，持続可能な社会や生活様式形成のために行動できる主体性と，豊かな感性や見識をもつ人づくりこそ，環境問題解決の確実な方法といえる．

環境教育には，都市型・生活型公害問題と地球環境問題が密接にかつ相互波及的に関連性をもち，人類生存の基盤である地球環境を危機的な状況に陥らせたという認識が求められる．さらに環境問題は確

実に次の世代につけをまわし，空間を越えてその汚染を拡大していること，生態系の破壊は人類以外の他の生き物にも影響を与えていることになり，結果としてわれわれ人間は自分自身で自分の首を締めていることにもなる．つまり，環境問題を考えるとき，われわれが被害者であるとともに加害者であることも自覚しなければならない．さらに危機的な状況にある環境問題に緊急に対処しなければならないという自覚とともに，一人ひとりがかけがえのない人類共通の財産である地球環境を保全し，次の世代に良好な環境や資源を引き継いでいく責任を自覚することが求められているといえよう．

18.9.2 環境教育の目標

一般的には次の5項目が用いられている．①気づき，関心：全環境とそれにかかわる問題に対する関心と感受性を身につけること．②知識：全環境とそれにかかわる問題および人間の環境に対する厳しい責任や使命についての基本的な理解を身につけること．③態度：社会的価値や環境に対する強い感受性，環境の保護と改善に積極的に参加する意欲などを身につけること．④スキル（評価能力を含む）：環境問題を解決するための技能を身につけ，環境状況の測定や教育のプログラムを生態学的・政治的・経済的・社会的・美的，その他の教育的見地にあって評価できること．⑤参加：環境問題を解決するための行動を確実にするために，環境問題に関する責任と事態の緊急性についての認識を深めること．

18.9.3 環境教育推進の基本的な視点

(1) 環境の概念

環境教育における環境という概念は，自然環境やその保全を示すだけでなく，物的ないし自然環境，生物的環境，文化的・人工的環境を対象とする包括的な概念である．このことは，ベオグラード憲章（1975年）の環境教育の目的で「各国民がそれぞれの文化に基づいて，全環境という文脈の中で，"生活の質"，"人間の幸福"等の基本概念の意味をみずから明確にすること．いかなる行動が人間の可能性の保全と進展を確保し，生物・物理的及び人工的な環境と調和して，社会的，個人的幸福を増進させうるかについて共通理解を明確にすること」と述べられているように，自然の生態系の仕組みを知識として学ぶだけでは理解されないことを意味している．

したがって学校教育における環境教育にかかわる教科は，理科，社会・歴史，国語，家庭科，音楽，美術，保健など全教科にわたるので，教育課程審議会の「審議のまとめ」（1998年）で答申された「総合的な学習の時間」をどのように活用していくかが重要になってくる．

(2) 環境教育の基礎：豊かな感受性

環境教育の基礎には，子どもにも大人にも，自然や身のまわりの環境の多様さ，美しさに感動し，人間も生き物として他の生き物と同様に自然の仕組みの中でともに生かされている，という環境に対する謙虚さと感受性がなければならない．とくに，次代を担う子どもたちに，人間と環境のかかわりについての関心と理解を深めさせるために，自然体験と生活体験等を積み重ねておくことが求められる．「自然は人間の苗床」といわれるが，幼児期や児童期に自然との触れ合いの機会を多くもたせ，子どものみずみずしい感受性を刺激し，さまざまな体験と発見から好奇心を育て，想像性や創造力の基礎をつくっておくことが重要な課題である．

こうした感性の育成は学校教育だけでは不可能であるので，家庭，地域，学校で連携，分担していかなければならない．つまり，地域に「開かれた学校」づくりが求められている．

(3) 代替策の立案

環境問題解決に最良の方策を求めることは困難な場合が多い．いまだ因果関係が明らかにされていなかったり，客観的・科学的な判断のためのデータがそろっていない場合もある．また，環境保全のための循環型社会経済システム構築にあたっては，パイロットモデルによって実験的に進めなければならない場合もある．そこでいくつかの次善の策（オルタナティブ）からよりよい方策を選択することと，選択する際の価値の合意に至るプロセスが重要な課題となる．つまり，まず課題や問題に照らして代替案を探求・立案する能力が必要で，次いでいくつかの代替案から目標に照らして選択する際の基準となる価値や評価基準の設定，および合意を得ていくプロセスで求められる各自の価値や意見表明のための能力が求められる．

さらに，環境問題解決は一人でできることには限界があるので，地域の人々と協力していくことが求められる．そのためには，自分の意見や考え方を仲間に伝えていくといった「コミュニケーション能力」や「他人の考えや意見に対しても公平に聞く寛容さ」，また感情に走ることなく事実に基づいて客観的に判断を下せる能力の育成も求められる．

(4) 科学的な視点からの環境教育

環境教育は環境問題解決策に対して情緒的に反応するのではなく，客観的な態度の育成が求められ

る．環境問題や事象に対する偏見や偏った情報，あるいは誤った情報で判断せず，公平な態度に基づく行動や科学的な取り組みからの行動や価値判断が求められる．たとえば，町に街路樹を植栽することや校庭の樹木を植えるにあたっても，単に好きな木を植えるのではなく，地域の気候，風土に合ったものか否かの検討が不可欠である．

(5) 反省的思考プロセスを取り入れた問題解決能力の育成

「教育は学習者と学習課題との対話的な相互プロセスとして捉え，そのプロセスを通して学習者はみずからの認識を不断に構成していく」という学習方法を取り入れたい．この方法は，反省的思考態度を育成する問題解決型学習であり，一般的なプロセスは次のようになる．問題を認識し（気づき，関心），その問題の構造や要素の相互関係を明らかにし（知識），分析に必要な，あるいは予測のための情報を収集し（意欲），それらの情報を分析して（意欲，思考力），解決のための代替案を探り（思考力），その方策がもたらす結果を予測，評価し（思考力），解決案を選択する（判断力），といったプロセスに対応できる能力が求められる．

さらに環境教育のねらいを達成するためには，次のような4ステップによるアプローチが必要である．①感性学習：フィールドなどを通しての体験による学習，②知識学習：発見したことなどに興味，関心をもち，知識を得る，深める段階，③価値学習：知識を深め，環境を評価できる能力を身につける段階，④計画・政策学習：評価・判断能力をもって環境を改善していくために主体的にかかわり，改善のための計画立案や行動を起こす段階である．こうした学習段階を経ることにより，共創する豊かな感性と想像力が育まれることになるであろう．

(6) 生涯学習としての環境教育

環境教育は学校教育だけで行われるものではない．一般市民，行政人や企業人に対しても必要である．地球市民としての環境マインドをもち，環境に配慮した消費生活ができる地球市民，生産活動ができる地球企業人，環境に配慮した施策や事業の立案，実施ができるように環境教育が必要である．

国連教育科学文化機関（UNESCO）が国連環境計画（UNEP）と協力してグルジアのトビリシ市で開催した環境教育政府間会議（1977年）で採択された宣言で，「環境教育は総合的な生涯教育を構成するものでなければならず，急速に変化している世界においてその変化に敏感でなければならない．さらに，現代の世界の主要な問題についての理解と生活向上への生産的役割をはたし，倫理的価値に配慮した環境保全を行うのに必要な技能や属性の育成を通じ個人を生涯にわたり準備しなければならない．環境教育は，広範な学際的基盤に根ざした全面的なアプローチを採用することによって，自然環境と人工環境とは深い相互依存関係にあるという事実についての認識につながるあらゆる総括的な見通しをつくり直す」「環境教育は全ての年齢層に対して，さらに正規あるいは不正規のあらゆる水準の教育において実施されなければならない」と述べているように，幼児から高齢者までのあらゆる年齢層に対し，それぞれの段階に応じて，環境教育は生涯学習として体系的に行われなければならない．つまり，環境教育は学校教育という場だけで行うのではなく，メディアを通し，社会教育の場などと連携していくことも重要な課題なのである．

18.9.4 環境適応型技術としての住まい・まちづくり

いま，地球環境問題でもっとも主要な課題は「地球温暖化」問題である．温室効果ガスには二酸化炭素（CO_2），メタン，亜鉛化窒素，フロンなどがあるが，温室効果の64％を占めているのが二酸化炭素である．二酸化炭素の増加は，石油や石炭などの化石燃料の消費と，熱帯林などの森林の減少によって起こる．また，利便性や快適性を求める生活様式に起因した自動車の利用も，地球温暖化を促進している問題で，新たな解決が求められている課題といえる．

さらに，都市への人口集中や産業の集中が，緑や土，水辺などの自然環境を消失させてきたことによる環境破壊や環境汚染の構造も認識しなければならない．都市における緑の消失は，光合成による大気中の二酸化炭素の減少を期待することができないことになり，舗装された道路では温度を下げる土がないので，大気の温度を上昇させてしまい，都市のヒートアイランド現象を促進させてしまう．したがって温暖化対策としては，先進国で二酸化炭素の排出を抑制すること，つまり省エネルギー型で，省資源の生活様式に変革していくことが求められているのである．

地球温暖化問題の解決に向けて，1997年12月，京都において気候変動枠組み条約第3回締結国会議（COP 3）が開催され，温室効果ガスの排出量を2008～2012年の平均値で1990年比6％削減が合意された．産業革命以後，温室効果ガスの大気中の濃度が著しく増加し，この100年間に，地表の平均

温度は 0.3 〜 0.6℃，海面水位は 10 〜 25 cm 上昇している．さらに 100 年後には，気温 2℃，海面は 50 cm 上昇すると予測されている．気温上昇は海水面の上昇による砂浜の消滅や小さな島国の水没だけでなく，気象の変動をもたらし，異常気象を生み，森林の破壊などによる生態系の変化や食料生産にも大きな影響を及ぼすことになる．

大気中の二酸化炭素の濃度は，化石燃料の増大に比例して上昇してきているが，日本ではここ数年，とくに増加してきている．人口比で約 2 割しかない先進国の二酸化炭素排出の割合が世界全体の約 6 割も占め，アメリカ 22.4％，中国 13.4％，ロシア 7.1％，日本 4.9％の順となっている．しかし 1 人当りの排出量でみると，日本はアメリカの約半分，中国の約 4 倍，インドの約 10 倍となっている．

日本における二酸化炭素排出の割合は，産業部門が約 40％，家庭と業務を合わせた民生部門が約 25％，運輸部門が約 20％で，産業部門が 1990 年に比較してほとんど増えていないのに対し，民生・運輸部門がそれぞれ 16％ 増えており，さらに廃棄物部門で 46％ も増えている．

家庭部門の二酸化炭素排出量の増加の要因としては，家庭における家電製品の種類や数の増加と，大型化や多機能化に伴う電力消費の増加，ファックスやコードレス電話などの待機時電力の消費の多い家電製品の増加，居住面積の増加に伴う冷暖房対象面積の増加による電気・ガス・灯油消費量の増加，家族間の生活時間や生活パターンの多様化に伴う家電製品の高頻度使用化，さらに自家用車保有台数の伸びなどが挙げられる．

したがって，今日の日本人のエネルギー多消費型の生活を抜本的に見直し，二酸化炭素の排出をできる限り少なくする住生活様式改善の視点からの内容と方法が，環境教育の推進に求められている．

本来，建築技術は気候や風土と結び付いた環境適応型技術であったはずである．アジア モンスーン気候帯に属している日本では，夏が高温・多雨・多湿で蒸し暑いために，昔から住まいは「夏を旨とする」つくりになっていた．壁を少なくし開口部を多くとり，室内の間仕切りにふすまや障子などを用いて風通しをよくして，夏に涼しく住む工夫がされていたのである．また，深い軒の出や開口部の庇で外壁に直射日光が当たることや室内に直射日光が入るのを防いでいた．そのほか，屋根と天井の間のふところ（屋根裏）を高くしたり，床を高くして床下の風通しをよくし，涼しく住むための工夫が住まいにはされていた．

しかし，こうしたつくりの住まいは寒さに対して無防備であったので，冬暖かく暮らす欲求に対応して，住まいは設備過剰になり，多くのエネルギーを消費するつくりにしてしまったのである．最近は窓の小さい，庇のない欧米スタイルの住まいが流行している．しかし，このつくりは冬の寒さが厳しい欧米の気候に対応したつくりであって，日本の気候風土に適応したものではない．

また，最近の住まいでは個室化が進み，室と室を間仕切る壁があるために，風通しが悪く夏暑い住まいが多くなってきている．そのためエアコンを入れ多くの電力が消費されることになる．

では，風通しがよく，冬でも暖かく住まうことができ，省エネルギー型の住まいはどのようなものなのであろうか．

省エネルギー型の住まいは，壁，天井，屋根，床などに断熱材を用いて断熱性の高いつくりで，かつ気密性の高いつくりであることが要件である．そのうえに，冬には太陽の日射を利用し，夏には日射を防ぐつくりで，通風のよいつくりとなっていることである．断熱材を用いることによって，冬は室内の熱を逃がさず，夏は外気の温度の影響を受けず室内の温度を上昇させないという効果がある．断熱化していない木造 2 階建て住宅では，室内の熱が 8 割も逃げているという試算がされている．断熱化することによって，冬の暖房エネルギーの 50％，夏の冷房エネルギーを 30％ 節約できるということである（省エネルギーセンター調査）．つまり，住まいの断熱化と気密化を図り，太陽や風などの自然・未利用エネルギーを利用する住まい方を再考していかなければならない．

一方，都市は人間居住の場として利便性や快適性を重視して建設されてきた．しかし，人口の都市への集中により都市は拡大・巨大化してきた．その結果，都市は周辺の自然と切り離された人工空間となり，交通騒音，大気汚染，水質汚濁，ヒートアイランド，日照や通風の不足など，さまざまな都市型・生活型環境問題を生み出し，人間の健康を脅かす状況が生まれてきている．さらに，それらの環境問題は相互に関連して環境に負荷を与え，地球環境問題を引き起こす結果となっている．

そこで，都市型・生活型公害問題の発生をより小さくし，都市的活動が持続可能で，人間と地球環境にやさしい豊かな都市づくりが求められている．土地利用，交通体系，都市内の緑や水辺といった自然の保全や創出，良好な都市景観や都市空間づくりなど，全体的な視野からの都市づくり，つまり都市デ

ザインによる都市環境の改善が求められている．

日本の都市の環境政策において，1970年代には水，緑といった各要素が重視されていたのが，1980年代後半になって都市の総合的な環境の質としてのアメニティ概念が導入されるようになり，「歴史」「文化」「うるおい」「やすらぎ」などといったスローガンを掲げた全体的な視点からのまちづくりにまで進展し，住民参加で行われるようになってきた．

1990年代に入り，公害防止，自然保護，アメニティづくりという都市の環境行政に地球環境への負荷の低減と人間性の復権をも追及する「エコポリス」の概念が導入されてきた．この概念は，日本の自然共生型の風土性にドイツなどの「エコポリス」の概念を合わせたもので，

①中心と周辺の枠組みを変える：人口集中地区と周辺諸都市とのバランス，
②気候に配慮した都市構造：インフラなど，
③オープンスペースの導入とミクロな気象の配慮，
④車優先の社会システムの見直し：大量輸送システムの優先，
⑤参加によるまちづくり，

といった視点からのまちづくりのための環境教育が求められている．　　　　　　　　　〔小澤紀美子〕

18.10　住まいの教材と学習方法・評価

18.10.1　教育実践にかかわる課題の整理

学校教育における授業を成立させる要件として，教師，学習者（子ども），教材がある．教材は学習者が教育内容を学んでいくときに直接かかわるものであると考えられる．この教育内容と教材の区別がなされるのも教育実践研究の歴史の中で登場したのであって，1960年代後半から1970年代の教科研究が盛んに行われた成果の1つである．教材に求められる条件は，学習内容を典型的に含んでおり，具体的で学習者がわかりやすく，楽しく学ぶことができるものである．

たとえば，「マンションに間仕切りをする」[1]を授業にする．この授業の展開はまず，教師はマンションの1室の平面図を学習者たちに与える．そして班で疑似家族をつくる．班の中で住まい方について各家族員の立場で要求を出し合う．この授業で教師は「マンションの間仕切り」の仕方を教育内容にするつもりはない．正しい答えが1つというわけではない．それぞれの家族員の立場での要求があること，おたがいにそれを知り，認め合い，新たな住まい方をつくっていく必要性を理解すること，実現の方法をシミュレーションすることなどが教育内容である．「マンションの間仕切り」は教材である．では，配布された平面図は何か．この場合には，学習者の学習を直接的に援助する（多くの場合は物的な）ものとして教具という．教材と教具を区別しない場合もあるが，ここではいったん区別しながら，関連して捉えることにする．

次に，学習者の学習は教師の指導だけで成立するわけではない．先の「マンションの間仕切り」では，教師と学習者の関係だけではなく，学習者どうしのかかわりを含めて自分たちの学び方を展開する．教師の指導や教育方法は，現在では学習者たちの主体的学習を保障する学習方法として提供されているといえよう．

以上を踏まえて，教材，教具，学習方法という用語を用いることにする．

18.10.2　戦後の住教育実践における教材・教具と学習方法

『戦後家庭科実践研究』[2]において，住領域の実践報告を対象に，その実践のキーワード，課題分類，学習方法，時代的な特徴などについて分析を行った．その中では，1947～1992年のほぼ10年間ごとの特徴を次のように表した．1950年代は「住宅改善の意欲と社会的解決を指向する」，1960年代は「中学校は家庭工作の中に解消された」，1970年代は「住教育の価値の追究がなされ，追試も見られる」，1980年代は「住教育の基本の定着と開拓が進んだ」，1990年代は「住教育の価値をますます高める実践の方向がみえる」というものである．次に，いくつかの例を挙げて解説する．

（1）住教育実践の教材名

小学校において，1950～1960年代では「身の回りの片づけ方，掃除，住まいの工夫，暖かい住まい方，涼しい住まい方」，1970年代には「清潔，明るい住まい」が加わった．1980年代以降になると，「家族とすまい」「ゴミを減らす工夫」「住環境とまちづくり」などがみられた．「住まいと家族」の教材名は，直接的には学習指導要領（1977年告示）によるものである．中学校の1950年代では「台所の改善，間取りの仕方，住まいの清潔」，1960年代では「製図指導の試み，室内装飾，花びん敷き，かざりだな・せいりだなの製作」，1970年代では「住空間の設計，家事作業の場—台所について」，1980年代では「台所作業台の配置，昔の住まいの教材化，人間らしく生きるための住まいと環境，非行と

家庭科教育，住まいをよりよく改善していくための主体者に」などがみられた．1990年代前半では，「住居学習を通して家族を考える，住生活の見直し，住宅事情の国際比較」がみられた．高校の1950年代では「どのような間取りがよいか，台所における動作と時間研究，ユニットキッチンを整備しつつ」，住宅問題や最低居住水準が取り上げられるようになり，1980年代では「どんな個室がほしいか，自己形成と空間，インテリアのホームプロジェクト」，1990年代前半では「家族の生活時間からみた住居の役割，環境問題と住まい方」が挙げられた．

(2) 住教育実践の内容と学習方法

実践報告にみられる学習方法でどの年代にもみられるのはQ＆Aとディスカッションである．1970年代以降，観察や課題研究が増えていたことが注目される．住居学習の困難性の提起があったのは1970年代半ばである．それは，「体験的な学習がさせにくい，児童生徒の住経験の違いから共通認識を持たせにくい，検証的な手だての実習がしにくい，現実の住生活改善に適用しにくい」などの指摘であった．しかし，1970年代半ばまでにはさまざまなすぐれた努力がなされていたことを忘れてはならない．具体的な体験学習によって学習者が問題解決を見出していくという学習方法を，すでに1974年の報告にみることができる．部屋別に「ごみ調べ」という形の具体的な体験学習を経て，掃除の仕方を建築材料別に調べる必要性に気づいていく小学校の授業実践である．同じ掃除に関する授業「ごみ調べ」をもっとも早い時期に取り上げたのは，1966年家庭科教育研究者連盟創立当初の小学校の実践報告「新産業都市における住宅不足と環境汚染を学ぶ」である．住まいの条件や環境を事前に学んだことによって，住まいの汚れの原因を「生活」「天然現象」「地域条件」「その他」に分けることができていた．そのことは問題の解決法が自分でできること，地域で進めることの区別をすることにつながっていた．このような分類，系列化という学習方法は，学習内容を具体的かつ典型化するすぐれた方法である．また，よく普及した実験の方法に「通風実験」がある．もっとも早い報告としては，1975年「夏の生活を涼しく，たのしいものにするために」がある．この通風実験は線香の煙を使って，模型の住宅の窓の開閉をして検証するなどの教具の開発の工夫が積み重ねられていった．

学習の共通基盤のつくりにくさやプライバシーに抵触する問題を克服する学習観も，1975年にはいち早く試みられている．個別学習を取り入れた実践である．「一人一人のナマの営み方に根ざした学習を展開したい，しかし私生活を教室に持ち込めるのか」との問題意識で「一人一人の生活を尊重したい．AとBの二人がよって学習することを想定したとき，Aだけ，Bだけの生活を考えるのでなく，AとBとは無関係なCの生活を考えるのでもない．Aだけ，Bだけの生活を考えるのでもない．AとBとの交流によって開かれた，生活を見つめる目でAにはAの生活を，BにはBの生活を考えさせなければならないのではなかろうか」と仮説して展開した実践である．理想形を教えるのではなく，個々の課題をみつけ追究していく学習方法である．それは，1990年代半ばの新学力観による個に応じた学習観とは異なり，現実の生活に注ぎ込まれる人々の努力に共感し，そこに生活向上の源があるとする生活観，人間観に根ざしたものである．新学力観の20年前，個と共同の学習を統一させようとした実践がなされたことは，家庭科教育，住居学習の1つの必然性を意味しているように考えられる．1970年代に中学校でも，市営団地の住民の要求，川と住まいの関係，旧家における生活の知恵や女性の地位などについて「歩いて調べる」学習をグループで追究させた実践がある．そこには学習可能性を捉えた学習者観と地域の協力が得られる教師の生き方によって可能となる，「住居を人間が生きるための場としてとらえた」教材研究の深さを示していた．

1980年代になると，「すむ」ことの定義をするために「居間」を教材にした実践がなされるようになった．「台所」を教材にしながら改善を主眼にした1950年代とは異なった教材観がみられた．住まいの働きと構成について的を絞って学習するには，家庭生活の歴史が凝縮している点と，人体と家具と空間の基本的な関係について考察できるためとあった．その学習方法の1つは，作業の能率化が作業台の配置によって左右されることを検証するための実験である．歩行計測器や作業動線を学習カードのコマに記入した数で比較する方法を導入していた．高校でも，それまでにはない住居観による教材研究「個室がほしいという生徒の要求から住居が自己形成の空間である」「住まいは家族が安心して生活する場」がみられた．このように，1970年代半ばから1980年代において，「住まいと人間の関係」に視点をあてた住居学習の基本が定着したと考えられるのである．学習の過程と方法は，現実の生活を「調べ」「観察する」，なぜそうなっているかを科学的に認識する「分類・系列化」「実験」，これからどうすればよいかを考える検証段階を「実習」「ディスカ

表 18.1 住教育の実践報告にみる教材・教具・学習方法（1990年代）

課題分類	キーワード	教材の例	教　　具	VTR	学 習 方 法
住居管理	校舎，汚れ，公共トイレ	クリーンナップ作戦（中）①			実習（清掃）
	ごみ，水	レンタルマイルーム①	資料（ごみの組成，収集量の推移，用途別家庭用水使用量）ダニ検知セット室内のかびの写真	ダニの害を防ぐダニ退治大作戦（NHK）	
		ためして合点簡単掃除②下級生に「掃除」の「仕方」を教えよう②			
	汚れ，洗剤	校舎内の汚れ調査と計画②共同で使う空間の整備と美化②	実物提示装置		
住生活	バリアフリー高齢者	（中）高齢者と住まい（高）	住居模型（市販キット）住宅広告	老人の住まい（NHK）	新聞発行老人ホームの慰問，アンケート，インタビュー高齢者疑似体験
	ノーマライゼーション	町並みウォッチング①自分の好きな・嫌いなところ	いくつものバリアフリーデザインの例	テレビ番組の録画	町並みウォッチング，建築家の解説
	賃貸物件，宣伝文づくり	レンタルマイルーム（高）①	新聞広告，不動産屋の冊子		不動産屋ごっこ，ロールプレイング，広告づくり
	生活者の視点住空間の設計	L, D, K の組合わせ	教室の床に部屋や家具の実物大の床面積の模造紙を配する①方眼用紙，立体模型，スチレンボード，ミニチュア家具，パソコンソフト，縮尺展開図（切抜き，組立て用）アイソメトリック法による個室図材料などの見本パネル，専門学校生の作品		操作活動シミュレーション立体化，組立て
	ライフスタイル	インテリアデザイン①			ライフスタイルイメージと個室図作成
	さまざまな住まい方	住まい方と生き方			ロールプレイング
	プライバシーとコミュニケーション	あなたの机をどこに置く②	略平面図，サザエさんの家，徹底的平等住宅，家族用のシール	自作ビデオ	
	住み手意識	住みたい家②			
住居一般	環境共生住宅①		平面図，住宅広告	日本の住まいと文化（住文化研究協議会）	構想図を画く環境共生住宅の見学と専門家の話を聞く見学，スケッチ
	住まいと人権			コーポラティブハウス，ユーコート（京の家創の会）	民間の住宅展示場見学，見学施設の訪問

18.10 住まいの教材と学習方法・評価

			住まいの中の安全		家庭内事故統計資料 インスタントシニアセット, 黄色のめがね	私たちの防災（防災センター）	高齢者・幼児疑似体験
室内環境	健康, 明るさ		勉強するのに適した明るさ		暗幕, 照度計, 全体照明と部分照明 ガラス（きれいなもの, 汚れたもの） 壁の色（色画用紙）, スチレンボード		実験, アンケート
	日光, 音, 風, 換気 ホームドクター②		窓		明るさ, 騒音, 室内空気の汚染原因などのデータ 点検・診断カルテ		民家見学, 県統計資料
	換気, 冷暖房設備 排水器具のトラップ		風通し, 郷土の住まい方		段ボール箱と線香, 気体検知器（内田洋行）		
住居問題					居住水準 日本の住まいの発展系譜 住宅需要, 住宅政策など 不動産屋パンフレット, チラシ		ゲストティーチャー（電力会社, 市役所, 保護者） 不動産屋ごっこ
住環境	ごみ エコマーク		調理実習後のごみ ごみの減量化		仕分けに迷いがちなごみ, 絵カード, 市政広報紙	たのしく学ぶ小学校家庭科 THE TRUTH OF ROTTEN (NHK)	
	暮らし方の工夫		生活排水をきれいに		ストッキング, 木炭, CODパックテスト		
	エコロジー		資源や環境を考えた暮らし方			きれいな川を21世紀の子どもたちへ	

①『家庭科教育』家政教育社，②"ASSET"ニチブン，また『家庭科教育の実践』（小学校，中学校）明治図書より1990〜1999年に各雑誌に収録された家庭科実践報告の中から類似のものを集めて整理した．教材名と教具には実践報告の特定の表現のまま使用したものがある．その場合に出典の雑誌の番号を付した．

ッション」で展開していると集約できよう．続いて1990年代の後半の授業報告からは，さらに進展した教材や学習方法をみることができる．

18.10.3 1990年代の住教育にみられる教材と学習方法

表18.1では，ノーマライゼーションや環境共生住宅などの現代的課題が挙げられ，教具や学習方法の多様化が注目される．かつての指摘にあった学習が現実生活の改善に結び付かない点に対して，学習者が「どうせどうにもならない」と自分でできる工夫を放棄することへの概念崩しにも力を入れるようになっている．そこでは，高齢者対応や環境共生住宅，町並みウォッチング，専門家のゲストティーチャーなどに触れることによって，学習者たちは住環境の主体形成としての社会的展望をもつという．ロールプレイング，疑似体験，シミュレーションなどの体験的方法は，問題発見や問題解決の学習段階で用いられることが多いものであり，学習者主体の学習方法が普及している様子をみることができる．

18.10.4 教育実践の評価

評価は評定とは区別し，点数で表すのではなく，学習者の学習の到達点を明らかにし，学習者にとってこれからの学習の課題や励ましを示すものとされてきた．授業における学習者の学習過程を研究対象とする中で，学習者みずからが自分の学習を振り返って，学習の意味や到達点を確認する自己評価，学

習者どうしの相互評価などがある．また評価の方法には，いつ，どんな資料を基に行うのかという点からの検討が必要である．同時に教師が自分の授業実践を評価する作業がある．自分の指導計画や教材・教具の適切さなどの振り返りの作業は，次のより適切な実践のための要件である．授業中のノートやワークシート，授業後の感想文，アンケートなどを用いる場合が多い．授業分析や授業研究では，授業のVTR記録を再生してカンファレンスを行う手法を用いる場合がある．　　　　　　　〔吉原崇恵〕

参考文献

1) 入江聡美：マンションに間仕切りをする―擬似家族を使って―．授業づくりネットワーク，学事出版，1991．
2) 吉原崇恵：住居．戦後家庭科実践研究（田結庄順子編），pp. 342-373，梓出版，1993．

18.11 住教育の実践例

18.11.1 小学校における授業実践

四季の変化に富んだ日本人の暮らしは，季節の移り変わりとともに，衣食住のすべての面において気候に応じた暮らしの工夫がみられる．日常何気なく見過ごされがちで，とくに子どもたちは，無意識で通り過ごしてきていることが多い．本題材では，「夏」の気候の特徴と暮らしの変化に着眼させ，工夫ある暮らしを考える．

題材名：「夏のくらし」第6学年
題材のテーマ：

・夏の気候の特徴を利用して，効率のよいエネルギーの使い方の工夫を知り，気候に応じた工夫のある暮らし方を実践していこうとする．
・夏を快適に過ごすために工夫のある暮らし方を考えることができる．
・涼しく住まうために必要な条件を理解し，夏のおもてなしを計画し実行することができる．
・日本の夏の気候の特徴を知り，気候の変化に応じて，日常の家庭生活が変化していることがわかる．

指導計画（全10時間）：
第一次　気候と暮らし（3時間）
第二次　夏の暮らし方の工夫をみつけよう
　　　　・夏の暮らし（4時間）
　　　　・京の町家にでかけよう（3時間）
第三次　夏のおもてなしをしよう（3時間）

本題材では冷房機器に頼るだけでなく，夏の暮らしを見つめ直し，夏を快適に過ごす知恵や工夫と，必要なエネルギーの使い方の工夫に気づかせてい

く．ここでは，一般家庭の月別電気消費量をグラフで提示してみた．クーラーなどの冷房機器に頼らない夏の暮らし方の工夫はあるのか，という問題発見から，第二次の課題追究の学習へと展開されていく．

先人の知恵として，風通しを考えた家屋のつくりや，建具の入れ替え，部屋のしつらえなどにも暮らし方の工夫がみられる．昔からの町家を見学することによって，その手がかりが得られるかもしれないということで，体験的に実際に町家に出かけてみることにした．家に入ったときの，ひんやりした感じ，風通しのよい間取り，すだれや葦戸などの建具や網代の敷物，床の間のしつらえ，縁先の板間の心地よさ，座敷からみえる庭先の緑など，実感を伴った学習によって気づくことはさまざまある．クーラーのない町家は，実際には気温も湿度も高くてたいへんであるが，夏らしい住まい方の工夫がみられる．

これらを手がかりにして，夏の暮らしの具体的な場面設定として，「夏のおもてなし」を工夫してみることにした．学習内容としては，衣食住にわたる総合的な内容となるが，発展的には，衣服の選び方や手入れの仕方に結び付けたり，「冬のくらし」でさらに，暮らしとエネルギーの使い方の工夫について考えさせることとした．

住まい方にかかわる内容の学習は，子どもたちの興味や関心をもたせにくいが，このように，実感を伴う学習を取り入れたり，食物・被服領域とも関連させた総合的な題材として扱うことにより，子どもたちに身近な学習となっていくのである．

〔岸田蘭子〕

18.11.2 中学校における授業実践

1989年告示の中学校学習指導要領で，「住居」領域は選択領域に位置づけられていたが，現場での「住居」履修率は，他の選択領域に比べ低い現状であった．しかし2002年4月実施の学習指導要領では，必修の学習内容として位置づけられている．小学校段階で求められている住居学習は，自分の持ち物を中心にした収納，整理整頓や清掃，さらに採光，照明，喚起といった住居の衛生面からの扱いであるのに対し，中学校段階では対象も自分から家族の共通の空間にまで広がり，扱いも安全面や健康的・衛生的な面がより強調されている．

ここでは室内環境の設備に関する学習として，防災の視点から中学生の自室および寝室内にある家具類の置き方などをチェックし，安全な居住空間をど

表 18.2　居間と寝室の安全度チェック

1. 家具や棚の上に物（テレビや人形ケースなど）をのせていないか
2. タンスや本棚などの家具は、転倒防止具などで固定しているか
3. 出入口や通路に家具を置いていないか（避難通路の確保）
4. 寝ている頭の近くに大きな家具を置いていないか
5. 観音開きの扉には止め具をつけているか
6. 窓ガラスは安全ガラスや飛散防止フィルムを使用しているか
7. 家具を寝室以外の1カ所に集めているか
8. 壁飾りや鏡などの取付けを強化しているか
9. 家具の中身は、重い物を下部に収納しているか
10. 天井から吊り下げた照明器具は、チェーンなどでしっかり止められているか

図 18.3　安全対策の実施例

のようにしてつくるかを考え、実践していく問題解決型学習の例を示す。

題材名：「室内環境の整備」（全4時間）

題材のテーマ：自室および寝室内の家具類の置き方を見直し、より安全な居住空間をつくろう

・問題の把握：1995年に発生した阪神・淡路大震災では、寝室に置かれていた家具類の転倒により圧死した者が多かったことや、家具類の転倒が通路や出入り口を閉鎖し、危険であったことなどが報告されている。そこで、地震により家具類が転倒したり、照明器具や壁飾りなどが落下し、散乱している写真やビデオを生徒にみせ、室内にある家具類などの危険性を知らせる。

・問題の分析：提示された問題を踏まえ、自分や家族が寝ている部屋を調査し、実態を分析する。自分や家族が寝ている部屋にはどんな家具があるのか、それら家具類の形状や寸法、配置の仕方、さらに家具類の上にのせている物や引出しの位置、鏡や壁飾りなどの状態、部屋の窓や出入り口の位置などを調べさせる。

・問題の考察：調査した内容を平面図に記入する。この作業はコンピュータのソフトを使うと、簡単に平面図を書かせたり、家具類を配置させることができて便利である。最後に自分の寝ている位置を平面図に記入させる。「もし、地震が起こったら」を仮定し、自分は安全に避難することができるかについて、チェックリスト（表18.2）に従って自己評価させる。

・問題の再認識：安全性が確認できない項目については、各自で改善策を考える。このとき、生徒ができるだけ科学的根拠に基づいて考えられるようにする。たとえば、家具模型で重心を変える実験を行い、背の低い家具の方が倒れにくいことや、重ねた家具は倒れやすいことなどを理解させる。また家具を置く床面の材質によって、倒れ方に差があることを知らせる。家具の転倒防止器具の種類をを紹介し、実際に止めた場合と止めなかった場合の違いについて知らせる（図18.3）。

・問題解決のための実践：自分の部屋や家族との部屋を安全で快適な空間にするために、改善策をおのおのが家庭で実践し、問題の解決をする。

・評　価：問題解決のプロセスについては、生徒の関心、意欲、態度を含めて教師側からも評価をすることができる。しかし、生徒がそれを実践したか否かについて、教師が確かめることはなかなかむずかしい。そこで、自己評価表に家庭からのメッセージを入れるなど工夫し、できるだけ実践態度を評価するよう心がけたい。

〔佐々木貴子〕

18.11.3　高等学校における授業実践

地球温暖化、砂漠化、オゾンホールの拡大、酸性雨など地球環境は悪化の一途をたどっている。これまでの環境問題では、消費者は被害者であったが、1980年代後半には消費者は被害者であると同時に加害者でもあるという認識に変わってきた。とくに、家庭生活に起因した環境破壊が問題になってきているいま、私たち自身が、地球環境を破壊しない暮らし方を考えていかなければならない。

学校教育における環境教育は、家庭科のみで行われるものではない。しかし、高等学校の家庭科では、省資源、省エネルギーという観点から、住居をどのように設計、整備し、どのように暮らしていく

表18.3 題材のテーマ「体にやさしく，環境にもやさしい住まい方を考えよう」

	指導内容	学習活動	指導上の留意点	備考
導入	本時の目標	環境問題の現状	大気汚染，CO_2による地球温暖化，生活排水，エネルギー問題，ごみ問題などを再確認させる	
展開	現在の生活をチェックする	チェックリストにより，現在の生活をチェックする 現在，実行していないが，努力すればできそうなことをリストにまとめる リストについて，1週間実行してみて，その感想をまとめる	チェックすることにより，現在実行できていることと，できていないことを明確にさせる いままで気づかず実行していなかったことの中に，実行できることがあるということに気づかせる 個人の生活のあり方は，地球環境の保全という観点からみても大きな問題であることに気づかせる 家族にも協力してもらって実行させる	ジ・アースワークスグループ編（土屋京子訳）：地球を救うかんたんな50の方法，講談社，1990.
	エコロジービルの紹介	具体的にどのような工夫がされているのかを知る	どのような効果があるかを知らせる 〈自然エネルギーの利用〉風車発電，ソーラー給湯器，雨水貯留，屋上菜園，太陽光発電 〈環境負荷の少ない材料の利用〉廃材利用，有害物質の少ない材料の使用	日経アーキテクチュア，3月23日号，日経BP，1998.
まとめ	本時のまとめ	どのような暮らしを今後していくか自分の考えをもつ 将来住む家，または現在の住まいに環境共生の考えを取り入れる	自分自身の生活を見直し，地球環境を破壊せず，環境と共生していく視点をもって住まいを考えさせる	

かという生活観を，住生活の主体者として自覚させることが必要である．

題材名：「地球にやさしい住生活の創造（住居の居住性と管理）」(全2時間)

題材のテーマ：体にやさしく，環境にもやさしい住まいを考えよう（表18.3参照）

・導　入：いま，シックハウス症候群「新築病」という室内環境の汚染に起因する症状に悩む人が増えている．これは，建材や家具などから発生するさまざまな化学物質が主な原因と考えられる．室内空気の汚染がいかに健康に悪影響を与えているか，やっと私たちは気づいてきたのである．では，家の中に潜んでいる有害な要素には，いったいどのようなものがあるだろうか．具体例を示すと次のようになる．

エアコンのフィルターにおけるダニ，雑菌の増殖
家具のホルムアルデヒド
窓や押入れの結露による腐朽菌の発生
換気不足による空気のよどみや有害物質濃度の上昇
畳のダニ，かび，湿気，防虫剤による空気汚染
壁体内結露によるかび，細菌の増殖
建材，壁紙のホルムアルデヒド，VOC（揮発性有機物質）
土台の防腐およびシロアリ駆除用の農薬

・分　析：提示された問題点を踏まえ，自分の家を調査し，実態を分析する．

　エアコンのフィルターの状態，窓の結露，かびなどがないかを調べさせる．
　それらの防止について各家庭で工夫していることはないだろうか．
　結露防止対策としては，次のようなことが挙げられる．

水蒸気が発生する場合は，その場で換気する（台所，浴室，脱衣所には，窓や換気扇をつける）
必要以上の暖房は控える
換気をよくする（北側には高い窓や換気扇をつける）
壁・天井，床に断熱材を使う

しかし，有害な要素を除去するには，家を設計する際に考えるべきものが多く，根本的な解決はむずかしい．

・考　察：では，体にやさしい住まい，つまり健康住宅とはいったいどのようなものだろうか．それを紹介すると，次のような条件を備えた住宅になる．

採光・通風がよい（開ければ換気，閉じれば高気密）
化学物質の影響がない（より厳しい基準 F_o（合板類），E_o（パーティクルボード，MDF）のものを選ぶ）
湿度を調節する機能（漆喰，土壁，ムクの木材，木炭を使う）

表18.4 「環境にやさしい生活」チェックリスト

リサイクル	1	資源回収に出す	
	2	リサイクル製品の利用（詰め替え商品，エコマーク商品）	
ごみを減らす	3	生ごみの堆肥化	
	4	買い物袋をもって行く（包装は簡単にしてもらう）	
	5	アルミホイル，ラップを使わず，タッパーを使う	
節水・汚濁防止	6	石けんや洗剤を選び，使用量を守る	
	7	風呂の残り湯の利用	
	8	食器や鍋の汚れは，紙でふき取ってから洗う	
	9	米のとぎ汁（1回目）を流しに捨てない	
	10	廃油を捨てない	
	11	水をこまめにとめる	
省エネルギー	12	冷暖房の温度管理をし，むだに使わない	
	13	テレビや照明をつけっぱなしにしない	
	14	冷蔵庫の開閉を少なくする	
自然エネルギー	15	雨水利用	
	16	太陽熱の利用	
	17	太陽光発電	

・木の香りとぬくもりがある
・断熱性にすぐれ，結露がない（断熱材，ペアガラスを使う）
・家の中および外（床下，小屋裏，外壁の内側）の換気ができる
・自然素材（木，紙，布，土など）を使う

シックハウスは環境問題の一部であるが，健康住宅は人にやさしいだけでなく，地球環境にもやさしい，解体後のリサイクルを考えた素材でつくられた省エネルギーの住居でなければならない．

・実　践：生活者自体が，地球にやさしい暮らし方をしているかどうかを，自分の暮らしや生活パターンに照らし合わせ見直す必要がある．

表18.4のチェックリストにより，いまの暮らし方を点検してみよう．その中に，現在は実行していないが，ほんの少しエコロジカルな暮らし方にシフトすればできそうなことを選び出してみよう．そして，1週間実行してみよう（できれば月単位で実行し，光熱，水道費などの変化をみるのもよい）．

一人ひとりの行動が大きな効果につながっていく．その積み重ねが，家づくりの大きな助けとなる．住む人の価値観を映し出すのが，本当の住まいだからである．

私たちは，私たち消費者がさまざまな資源を消費する消費行動が環境破壊に直結する社会的責任を認識する必要がある．そして，できるだけ少ない消費で充足できる暮らしを工夫し，再生産できる自然素材をなるべく多く使って家を建てることの重要性を再認識しなければならない．従来の日本の住宅に取り入れられていた，高温多湿，季節変動の激しい日本の風土に合った自然環境に負荷を与えない家づくりの技術に学び，現代の日本社会にかなった新しい環境共生住宅と呼べるような住宅が，いま求められているのである．

〔中川順子〕

18.11.4　短期大学における教育実践

短期大学の生活系学科において，住関連の専門教育部門が設置され始めたのは1980年代半ばごろである．その後，生活系学科の改組の動きに沿ってしだいに増加し，住居，生活造形，生活デザインなどさまざまな名称の住教育部門が多数設置されるに至っている．住教育部門は，おおむね住居学総合教育系とインテリア教育系とに分けられる．ここでは前者の実践例として，平安女学院短期大学生活学科住生活専攻を取り上げてみる．

本学では，1986年に住生活コースを，1989年に住生活専攻を設置した．この専攻では，「よりよい住生活，住みよい住空間の創造」をねらいとし，生活者としての視点を養いながら「住」にかかわる総合的な知識が身につくようにカリキュラムを組み立てている．学生の主体的な科目履修によって，住居・建築履修モデルやインテリア履修モデルなどが選択できるシステムとなっている．2年間の教育を通して，建築関連技術者（建築士など）やインテリア関連技術者（インテリアコーディネーター，インテリアプランナー，キッチンスペシャリスト，マンションリフォームマネージャーなど）の育成を目指している．これらのうち受験資格が必要なものについては，卒業と同時に二級建築士と木造建築士，4年以上の実務経験で一級建築士とインテリアプランナーがおのおの得られる．

教育内容については，「総合的な住居学教育」「設計の基礎をふまえたインテリア教育」「コンピュータ援用設計（CAD，CG）教育」を特色としている．総合的な住居学教育では，生活様式と生活空間

とのかかわり，住宅内外の環境，住宅設備機器，住宅構造と力学，住宅デザインなどの分野について，ビデオやスライドなどの視覚教材を活用して，教育効果の向上を図っている．デザイン基礎実習，住居設計実習，住居設計演習，構造材料実験などでは，少人数クラスによる指導の徹底や建築物の見学を通じての実践的指導を重視している．2年生の後期には卒業設計に取り組み，優秀作品を各種の卒業設計展に出品している．少人数ゼミも開講し，各自関心のあるテーマでミニ卒業研究を行い，レポート形式やパネル形式にまとめている．

「設計の基礎をふまえたインテリア教育」では，インテリアデザイン，インテリア設備，家具デザイン史などでインテリア理論や歴史を学び，インテリア基礎実習，インテリア演習などでコーディネートやプランニング，プレゼンテーションの手法を身につける．少人数クラス編成は，インテリア分野でも同じである．先に述べた住居学の知識や設計製図の技術は，インテリア分野においても大いに役立つ．

「コンピュータ援用設計（CAD，CG）教育」では，CAD，CGを単なる製図の道具として用いるのではなく，コンピュータを援用した設計手法の修得に力点をおいている．1人1台のコンピュータで基礎から応用までじっくり学び，卒業設計やゼミのパネル作成などの応用利用へと発展させている．こういったCAD，CG能力の養成は，現代の住居学教育においては不可欠となっている．〔松原小夜子〕

18.11.5 専門学校における教育実践
(1) 専門学校における建築・住居教育の現状

義務教育の後に設置されている教育機関のうちで，職能（職能学位）の得られる建築・住居教育を行っているのは高等学校（工業），専修学校専門課程，高等専門学校，短期大学，大学，大学校（学校教育法によらない）などである．ここでは，専修学校専門課程を通称の専門学校と呼ぶ．

それぞれの教育機関を卒業すればさまざまな国家試験の受験資格が得られるが，その中でももっとも代表的な職能となっている建築士受験資格については表18.5，18.6のとおりである．専門学校では，一級建築士受験のための実務経験がほとんどの場合4年以上必要となっている．実務経験2年以上（建築系）ないし3年以上（住居系）の大学など比較して中堅技術者の養成機関であるといえる．

(2) 建築士とそれ以外の資格と専門教育

専門学校において，住居教育の教育課程のある部分が建築士の資格取得にかかわる教科目となるのは，建築士の職能を考えると当然といえる．表18.7は一般的な建築・住居系専門学校の教育課程を示しており，大学の教育課程と変わらない教科目が用意されている．卒業生は一級建築士試験受験に必要な4年間の実務経験を積み，技術者としてステップアップをしていくわけであるが，日々の業務の中での合格への努力の道のりは長く困難である．まして，加速度的に新技術を生み出す時代の変化を読み取り，上級の技術者を目指すことはさらに困難なことといえよう．

インテリアプランナー，インテリアコーディネーター，宅地建物取引主任，不動産鑑定士，測量技師，危険物取扱主任，施工管理技術者，ディスプレーデザイナーなどの建築士周辺の関係資格は数多くある．職能は建築士ほどでないにしても，建設活動

表18.5 一級建築士試験受験資格

	学歴（最終卒業学校）または資格	課程	建築に関する実務経験年数
(1)	大学（新制大学・旧制大学）	正規の建築または土木	2年以上
(2)	3年制短期大学（夜間部を除く）	正規の建築または土木	3年以上
(3)	2年制短期大学	正規の建築または土木	4年以上
(4)	高等専門学校（旧制専門学校を含む）	正規の建築または土木	4年以上
(5)	二級建築士	—	4年以上
(6)	その他建設大臣が特に認める者		

(1)〜(4)に掲げる大学などは，学校教育法，旧大学令，旧専門学校令による．

表18.6 専修学校・各種学校で一級建築士試験受験に必要な実務経験

	建築に関する実務経験年数	専修学校・各種学校
(1)	2年以上	2校
(2)	3年以上	3校
(3)	4年以上	74校

1996年度一級建築士受験案内による．

18.11 住教育の実践例

表 18.7 一般的な建築・住居系専門学校の教育課程の例

1 年次配当		2 年次配当	
教　科	年間時数	教　科	年間時数
応用数理	40	特別研修	40
基礎教養	40	建築 CAD II	40
英語	40	建築 CAD III	40
企業研究	40	建築計画 II	80
特別研修	40	建築設備	80
建築概論	40	構造計画	40
コンピュータ実習	40	構造設計	40
建築 CAD I	40	構造設計演習	40
デザイン I	40	建築材料 II	40
デザイン II	40	建築施工 II	40
建築史 I	40	建築積算	80
建築史 II	40	施工管理 I	40
建築計画 I	80	施工管理 II	40
環境工学 I	40	建築法規 II	40
環境工学 II	40	建築法規 III	40
構造力学	80	設計製図 III	160
構造力学演習	80	設計製図 IV	160
一般構造 I	80	測量実習	40
一般構造 II	80	材料実験	40
建築材料 I	40	環境工学実習	40
建築施工 I	40	建築士演習 I	40
建築法規 I	80	建築士演習 II	40
設計製図 I	160	施工管理実習	80
設計製図 II	160	CAD 施工図	80
		構造演習	80
		ワークショップ	80
		建築パース	80
		卒業設計	80

の中で少なからず必要となっている．いまだ資格になっていない職種，技術も社会の変化とともに生み出されつつあるといえる．建築・住居教育を行いながら，それらに対応する専門学校もある．つまり，上記のさまざまな資格に対応した教育課程を用意するのである．表 18.8 はインテリアコーディネーター，ディスプレーデザイナーに重心を移した専門学校の教育課程の例であるが，代わりに一級建築士の受験資格がなく，二級建築士取得後となっている．

(3) 世界的な技術交流促進の動向と専門学校の今後

昨今は世界的な技術者交流を目指す流れが起こっている．関税と貿易に関する一般協定（GATT）は第 7 回までに関税率の低減を達成したが，第 8 回のウルグアイラウンド交渉で知的所有権の保護など多岐にわたる新しい課題を取り上げた．なかでも，「サービス提供者への市場アクセスの改善」を今後の交渉課題として設定した．それを受けて国際協会連合（UIA）職能実務委員会が，建築実務におけるプロフェッショナリズムの国際標準に関する UIA 協定案を 1996 年 7 月に採択している．これは，多国間協定の枠組みに建築関連プロフェッショナルサービスをはじめとするサービス貿易を含めようとする動きで，政策事項として表 18.9 に示す事項を挙げ，ある国で取得した専門資格を他の国で相互通用させることを目的としている．

表に示したうち，とくに 4，6，11 が建築，住居教育の教育課程に直接かかわってくる．4 では，すべての卒業生に建築家の役割を理解していることを保証すべきだとしており，訓練，実務経験，インターンを除き，原則として大学における最低 5 年以上の教育を受けるべきだとしている．また 5 では外部独立機関による 5 年ごとの認可・認定を義務づけている．6 は職能学位の取得後，試験に先立って体系的に建築業務を行わせるものである．11 は建築家としての能力を継続保証するための生涯学習プロセスであり，少なくとも年間 35 時間の新技術研修などを実施することとしている．実際，欧米の資格はそのような内容に近いものであり，たがいに似た制度である．アジア各国も欧米に続く傾向にあり，このままでは日本だけが孤立しかねない．もっとも，日本は独自でいくという考えもあろうが，ウルグアイラウンド交渉以後の他のさまざまな経済活動をみても，独自路線は現実的でないといえる．近いうちに UIA の協定案を取り込んだ形で，受験資格を含めた建築士制度全体の見直しが行われるであろう．

UIA の協定案は，とくに大学における建築学教育を意識しているが，大学では旧帝国大学を中心に大学の大学院大学化が進められており，修士までの 6 年間に 5 年間の建築家教育を含めることが可能である．少子化の流れの中で大学受験生が減少し，入学希望者のほとんどが入学できる時代になる近い将来，協定案は専門学校にこそ厳しい内容であるといえよう．

当面，専門学校は UIA の協定案に関しては，継続教育の場面に特化するしかないように思える．または，協定案にはないが，現在の二級建築士にあたる中堅技術者の資格が設定されるのであれば，そこに目標をおくであろう．中・長期的には，専門学校も年限を延長し，教育課程を再編成して 5 年間の専門教育に基づく，魅力ある専門教育を実施し，UIA のいう建築家職能学位を与えうる内容で対応する方策をとる必要があろう．

(4) 変化に対応するための模索

専門学校を取り巻く環境は，年々厳しさを増している．不況から，中級技術者の必要性が減り，就職

表18.8 インテリアコーディネーター，ディスプレーデザイナーに重心を移した専門学校の教育課程の例

	科目	単位	配当		科目	単位	配当
教養	外国語1	2	1	実習科目	デッサン1	3	1
	外国語2	2	1		デッサン2	2	2
	外国語3	2	2		基礎造形実習	2	1
	外国語4	2	2		デザイン製図	1	1
	特別講義	4	1		デザイン実習1A	3	1
	特別講義	4	2		デザイン実習1B	3	1
講義科目	造形理論	2	1		デザイン実習2A	2	1
	造形演習	2	1		デザイン実習2B	2	2
	色彩演習	4	1		建築デザイン実習	2	2
	近代デザイン論	2	2		インテリアデザイン実習	2	2
	現代造形論	2	1		ダンボール実習	2	1
	生活文化論	2	2		ディスプレイデザイン実習1	2	2
	造形文化研究（海外）	2	2		ディスプレイデザイン実習2	2	2
	市場流通論	2	2		インテリア計画1	2	1
	マルチメディア論	2	2		インテリア計画2	2	2
	映像概論1	2	1		建築モデル制作	1	1
	映像概論2	2	2		建築レンダリング実習	1	1.2
	印刷概論	2	1		情報処理実習1	1	1
	視覚伝達論	2	1		情報処理実習2	1	1
	サイン計画	4	1		コンピュータ造形実習1	1	1
	広告デザイン論	2	1		コンピュータ造形実習2	1	1
	空間造形論1	2	1		コンピュータ造形実習3	1	2
	空間造形論2	2	2		コンピュータ造形研究1	1	1
	社会環境デザイン論	2	2		コンピュータ造形研究2	1	2
	建築概論	2	1		コンピュータ製図	2	1
	建築造形論	2	2		ワークショップ	1	1
	住居論	2	1		ワークショップ	1.5	2
	照明概論	1	2		課題研究	5	2
	SDデザイン材料	2	1		修了制作	8	2
	建築構造論	2	1				

表18.9 建築実務におけるUIA協定案項目

1. 建築の業務	8. 登録・免許・証明
2. 建築家	9. 発注
3. 建築家の基本要件	10. 倫理綱領
4. 教育	11. 継続教育
5. 認可・認定	12. 業務の範囲
6. 実務経験・訓練・インターン制	13. 業務の形態
7. 実務能力の試験	

できる企業が少なくなっているためである．新築の減少，リニューアルの増加などの情勢の変化に対応して，いわゆるリストラクチャが進行しており，企業の構造変革についていき，求められる人材を輩出しなければ，公立学校といえども存在が危うい状況だと認識している．一方，学生にしても，いままでのビジネスモデルが変化している以上，目指すべき方向（会社など）がみえにくい．

そこで，新たな道を模索する企業と共同してデザインを生み，学生が社会の変化を感じ，自身の将来を開拓する力をつけることのできる教育システム構築を模索している．一つは，家具関係の企業と，提案型のコラボレーションである．冬季の休業中，企業に学生コンペを主催してもらう．優秀作品はムク材で製造したうえ店頭に並べて，一般客に販売できるかどうかで評価する試みである．若者の新鮮な感覚を導入したい企業と，実体験させたい筆者らとのコラボレーションで，学生の取っ付きもよい．彼らは，でき上がった家具に感動しながらも，実際は，価格とデザインのバランスが問題で，売れる物をデザインすることの困難なことを実感している様子である．もう一つは，大手電気メーカーの協力で，住宅設備のデザイン提案に関するコラボレーションを

行っている．洗面化粧台，レンジフードと現在，当該企業で進行しているものと同様のプロジェクトを進め，最終的には企業でプレゼンテーションし，企画営業，デザイン，制作の各部門の評価を受ける．実施は春季，夏季の休業中に5〜7日間で設定し，迅速なデザイン提案をする．自分たちのデザインが企業の目にどのように映るかを知ることがたいへん勉強になるようである．次回からは，選択性をもたせる意味合いで，インテリア提案，エクステリア提案をそれぞれ別の企業とコラボレーションする予定で，オーナーに認められた場合，実際に建築するかどうかを部分的に取り入れられる．

この取組みを通して，学生は伸びやかに生き生きと学習し，教師側自身も机上では成しえない内容を高密度で研修できる．今後のカリキュラムの中心となりうる手ごたえを感じる． 〔宮本昌彦〕

18.11.6 社会人における教育実践
——ある建築家の試みを通して——

(1) 住まいの実技講座の開設

1973年の第1次オイルショックは，高度経済成長にわく日本の経済事情を根底から揺るがすことになった．ようやく持ち家をもてるようになった国民が，競って戸建て住宅を建て始め，軌道にのってきたころであった．影響は大きく，建築資材の高騰や物不足に便乗した「物隠し」による工期の延長などでひどいめにあった人も多かった．

欠陥住宅の被害者があとを絶たないのは，生活者に対する住宅づくりへの適切な教育機関がないことに原因があると思われた．筆者も一級建築士として専門職と生活者との間に立って通訳のような役目をしたいと考えていたので，1975年「住まいの実技講座」を開設し，まず住まいのメンテナンス講座としての日曜大工講座を始めた．

しかし，受講者は本格的な住宅の建て方を教えてほしいと望んでいて，筆者が考えていた通訳的役割を実現するチャンスが与えられることになった．翌年から「住まいを建てる講座」を始めた．生活者に家づくりの基本を理論と実技を並行して教え，人任せの家づくりからDIYによる家づくりへの門戸を開きたいと考えた．

(2) 講座のカリキュラム

「住まいを建てる講座」は大阪のほか東京教室，名古屋教室を開いた時期もあったが，現在は大阪のみで「住まいの実技講座」と名称を変えて3〜10月の期間で行っている．カリキュラムは表18.10のような構成である．

実習は大阪市内の実習の家で基礎的な実習を行った後，8月には奈良県御杖村にある実習地で山小屋づくりを通して家づくりの実践を行っている．

図18.4は夏期山小屋実習の様子である．基礎工事から内装工事までを地元の大工さんの協力を得ながら行う．在来軸組工法で建築するので，仕口づくりも重要な作業である．

(3) 市民権を得た家づくり

講座の受講者はこれまでに2000人くらいになると思われる．単発の啓蒙を目的とした講習会もよく開いているので，それに参加した人も加えると数千人になるであろう．受講者の中には実際に自分の家づくりに取り組んだ人も多く，はなれを建てたり，子ども部屋の増築などを実現している．マイペースで何年もかけてこつこつ励んでいる人もいる．雑誌やテレビに取り上げられる人も少なくない．

自分の家づくりに取り組む人たちには，①自分でやれる範囲をわきまえる，専門家に依頼しなければならない領域を認識してきちんと守る，②作業は安全を第一にする，高所での作業は専門職に依頼した方が結果的には得策である，③自分でやることが安上がりであると考えない方がよい，と忠告している．

実際に家づくりをした人たちから体験談を聞かせてもらうのも大きな楽しみである．例を挙げると，「こだわりや思い入れが強すぎてずいぶん高いものについた」「家づくりを通して家族の協力のありがたさがわかった．やればできるということが家族みんなで体験できたことがよかった」「こんなに面白くて楽しいことを，人はなぜ専門家に金を払ってやらせるのだろうか」などである．

講座の実習に取り込んで，家づくりの現場へ出向いて皆で手伝うこともある．最近では，同期生どうしが連絡を取り合って共同で家づくりに取り組むケースが増えている．

手弁当で汗を流しながら楽しんでいる姿は，さながら社会人のリクリエーションである．人々の活力に触れるとき，DIYによる家づくりに市民権が与えられたという思いが強く，講座の主宰者として感慨もひとしおである．

(4) 参加型家づくりの定着

講座の継続も30年余りになる．建築基準法の改訂や阪神・淡路大震災の教訓もあって，業界の住宅提供の姿勢はユーザー寄りに進められるようになり，開講当初の目的は達成できたと思う．

しかしシックハウス問題が出てきたり人任せの住宅づくりへの不信感はあとを絶たない．専門家に依

18. 住教育

表 18.10 「住まいの実技講座」のカリキュラム

講　　　座	
1. 住まいの話（用語，住環境，他）	13. 内装材と各部のおさまり
2. 基礎のつくり方	14. 建具と金物の取扱い方
3. 木材の話	15. 階段のつくり方
4. 柱，梁の組み方，寸法の決め方	16. 台所のつくり方
5. 筋かいの話	17. 風呂場のつくり方
6. 床組みのつくり方	18. 便所のつくり方
7. 屋根のつくり方	19. 和室と床（とこ）まわりの話
8. 法令の話	20. 電気の配線と照明器具の話
9. 各種構造の基礎知識	21. 住まいの平面計画の話
10. 壁のつくり方（下地，窓とのおさまり）	22. 室内環境の話
11. 内装材の取扱い方	23. 門，塀，植樹
12. 天井のつくり方	24. 見積りの仕方

実　　　習	
1. 建物の水平，垂直，角度の出し方	5. クロスの貼り方
2. コンクリートの調合，打込み	6. 内装工事
3. 木材の仕口と継手のつくり方	7. 塗装
4. 左官の塗り方	8. コンクリートブロックの積み方

山小屋づくりの実習風景 　　　　基礎工事

仕口づくり 　　　　内装工事

図 18.4 家づくりの実践

頼する場合でも，自分の家づくりは納得のできる方針でやりたいと積極的に参加しようとする人たちが増えている．業界も生活者に家づくりの教育をするようになり，ユーザーの参加型家づくりは定着しつつある．筆者も大阪労働者住宅生活協同組合（通称大阪住宅生協）から依頼を受けて出張講座を行っている．

今後，建築基準法の規約がユーザーの活力を助成する方向で進められて，チェックシステムなどができれば，家づくりの相当部分にユーザーがかかわれるようになれると期待している． 〔前田邦江〕

付　録

【住居関連資格・職種】

分野 1　歴史・文化 ……………………………………………［水沼淑子］… 569
分野 2　インテリア ………………………………………………………………571
分野 3　生　活 …………………………………………………［松本暢子］… 574
分野 4　福祉・保健・医療 ………………………………………………………577
分野 5　建　築 …………………………………………………［橋本都子］… 582
分野 6　設　備 …………………………………………………［木村千博］… 584
分野 7　施　工 …………………………………………………［伊村則子］… 586
分野 8　都市・環境 ……………………………………………［加藤仁美］… 588
分野 9　行　政 …………………………………………………［重永真理子］…591
分野 10　学校教育 …………………………………………………………………595

分野1 歴史・文化

1. 概説と動向

　住居はその国の生活文化を物語るものであり，これまで培ってきた住文化を次の世代に守り伝えるのは重要なことである．諸外国では歴史的な住居を貴重な文化遺産と考え，さまざまな保存活用が試みられているが，日本では保存活用されるものよりも失われるものの方が圧倒的に多い．

　住居の歴史や文化を扱う資格として，学芸員の資格がある．ただし，博物館に採用されなければならないため，学芸員として活躍する道は容易とはいえない．

　住居の歴史や住文化に関わる資格は多くない．資格という実務的なものとは直接関係しにくい性格の分野であるからであろう．したがってそれに関わる具体的な職業もすぐには挙げにくい．たとえば，個人的に古い住居の調査をしようとすると，その依頼先は大学の研究室やそうした仕事に経験をもつ設計事務所などになる．1996年に文化財登録制度が発足し，日本の各地で多くの建築物が登録されつつあり，今後ますます文化財関連の専門職の必要性が高まるものと考えられる．イギリスやアメリカ，フランスなどでは建築家とは別に「修復建築家」などの職能が確立しており，日本でも今後この分野における資格や職能の確立が望まれる．

　住居の歴史や文化に関わる職種として，広義に捉えれば茶道家や花道家小笠原流礼法指導者などを挙げることができよう．いずれも空間と不可分に成立しているものであり，歴史的な様式を現代に伝えている要素もあるため，住文化を間接的に支える職種と捉えられよう．

2. 資格・職種

■学芸員・学芸員補

　博物館の専門職員．資料の収集・保管・展示企画・研究調査が中心であるが，館内の業務ならず，利用者への説明やアドバイス，広報活動による地域社会への文化普及活動なども学芸員の重要な仕事である．一口に博物館といっても，美術館から水族館，動物園までがその範疇にあり，各々求められる専門性は異なる．近年，歴史的住居の復元展示など住関連の展示を手がける博物館もあり，また，古民家を中心にした野外博物館なども多くつくられており，そうした点では住居学の知識を有した学芸員の存在は貴重である．しかし，学芸員の求人はきわめて少ないといえる．学芸員補は学芸員を助ける立場で同種の仕事に携わる．
【管轄】文部科学省生涯学習政策局社会教育課

■司書・司書補

　学校の図書館や市町村の公共図書館，国立国会図書館など，各種の図書館における，以下のような業務に携わる．①図書館資料を購入する際の選択，発注，受入れと，受け入れた資料の分類および蔵書目録の作成，②蔵書目録からの検索と貸出・返却業務，③図書館資料に関するレファレンスサービスと読書案内，④読書活動の推進のための各種イベントなどの企画・立案と実施，⑤自動車文庫による巡回などの館外奉仕活動．利用者がより円滑に図書館を利用できるように，図書館の管理・運営を担う役割を果たす．
【管轄】各公立図書館

■文化庁発掘調査研究職員

　文化庁の奈良国立文化財研究所で行っている平城宮跡並びに飛鳥，藤原宮跡の発掘調査及び研究に携わる考古学の研究職員である．採用数はきわめて少ない．
【管轄】文化庁長官官房総務課人事係

■伝統工芸士

　伝統的工芸品の制作には高度な技術が必要であり，その習得には長い年月が必要とされる．近年，生活様式の変化に伴い伝統工芸品の需要が低迷し，後継者の確保育成が難しくなってきている．そこで，後継者育成に際してやりがいと目標を付与するため，試験に合格した者に「伝統工芸士」の称号を送り，その社会的地位を高めるとともに伝統的工芸品産業の振興を図っている．

　業種：織物，染色品，くみひも，刺繍，陶磁器，漆器，木工品，竹工品，金工品，仏壇，仏具，和紙，人形・雛具，石工品・貴石細工，硯，筆，墨，そろばん　扇子・うちわ，毛鉤，琴，皮，将棋駒，提灯，七宝，形紙，箔，挽物木地

【管轄】(財)伝統的工芸品産業振興協会

■茶道家

　茶道は日本の伝統文化であり，茶の湯を通して伝統的な日本の住文化について学ぶものは多い．茶道家は茶の作法や実技をはじめ，茶の精神も伝授する仕事である．

　茶道家になるには，師匠に弟子入りし修業を積む．流派毎に様々な修行段階が設定されており，それをクリアする事によって，師範などの免許状が得られる．

■華道家

　華道は日本の伝統文化であり，今日なお女性の稽古事として根強い人気をもつ．伝統に根ざすものの，創造性も要求され，でき上がった作品はオブジェとしての役割も高い．華道は，主要流派だけで30を数えており，裾野は広い．

　華道家になるには，各流派で出している師範の免状を取得する必要がある．家元制度を採用していることが多いため，師匠について指導してもらいながら師範の免状を取得することになる．

分野2　インテリア

1. 概説と動向

　インテリアに関連する資格としてもっとも早く創設されたのは，インテリアコーディネーターの資格である．1983年のことであり，すでに約20年あまりの歴史をもつ．インテリアに関連する業務の中でも，コーディネートに重きを置いた業務に対応する資格としてインテリアコーディネーターの資格が創設された．その背景には，日本人の生活全般が洋風化する中で，いわゆるインテリアという概念が，日本人の生活の中に定着し始めたこと，インテリアが個性を演出する重要な要素であることが認識されるようになってきたこと，インテリア産業の健全な育成を担う人材の育成が望まれたことなどであろう．

　その後，インテリア全般に関しては，より建築との関連性を意識して業務を行うことを前提にしたインテリアプランナーをはじめとし，キッチンを対象にしたキッチンスペシャリスト，照明コンサルタント，カラーコーディネーターなどさまざまな資格が設けられている．

　これらの資格のもっとも大きな特色は，資格取得者のうち，女性が大きな割合を占めている点であろう．たしかにいずれの資格も女性に身近なものであり，女性が住宅業界や建築業界で活躍する際には役立つ資格であるといえよう．

2. 資格・職種

■インテリアプランナー

　インテリアプランナーは，インテリアデザイン事務所や設計事務所などのインテリア部門で，さまざまな建築物のインテリアを対象に，コンセプトづくり，設計図書の作成，工事管理，各種エレメントの設計などを行う．建築とインテリアは不可分であり，インテリアの専門知識と技能だけでなく，建築士の領域である設計，施工などの高度な知識も要求される．

　建築とのより密接な関わりの中で，インテリア空間そのものを計画する能力を有することを求められている．試験の中に建築一般が含まれるのもそうした要求によるものである．

　インテリアコーディネーターに比べ，後発の資格であり，知名度はコーディネーターほど高くないが，有資格者に対する優遇措置として，住宅金融公庫のトータルインテリア融資の融資条件には資格をもったものが作成した計画書の提出が義務づけられることや，他のインテリアコーディネーターやマンションリフォームマネージャの資格試験で一部受験科目が免除されることなどがある．

【管轄】(財)建築技術教育普及センター

■インテリアコーディネーター

　インテリアに直接関連する資格として日本でもっとも早く設けられた．インテリアについて専門家が関与することの重要性を一般に広めた点において，この資格のもつ意義は大きい．

　その業務は壁紙やカーテン，照明器具などのインテリアの総合的な構成について適切なアドバイスをすることである．住宅全般，インテリア用品，生活用具などに対する幅広い知識をもち，その情報量と表現力を生かして住環境をコーディネートする才能が求められる．さらに，単に，机上でインテリアをコーディネートするのみでなく，施主をはじめとし，各種施行業者などとの調整や折衝も重要であり，そうした点で多様な能力が求められる仕事であるといえよう．

【管轄】(社)インテリア産業協会

■マンションリフォームマネージャー

　主としてマンションの専有部分のリフォームについて，ユーザーのニーズなどを把握するとともに現状の調査を行い，これに基づきマンション特有の制約条件に配慮したリフォーム内容の企画提案，ならびに工事の実施に際して管理組合，近隣住戸，工事施工業者及びユーザーに対する調整・指導・助言を行うことがマンションリフォームマネージャーの業務である．つまり，リフォームユーザーと工事施工業者とのスムーズな橋渡しを行い，トラブルのない良質なマンションリフォームの実施を確保することである．

　資格者は，住宅リフォーム企業の営業・計画部門，設備請負業の設計部門および建築設計事務所，住宅部品・建材メーカーの営業・商品開発部門，建築請負業の設計・施工部門，ディベロッパーのアフターメンテナンス部門等において幅広く活動している．

【管轄】(財)住宅リフォーム・紛争処理支援センター

■キッチンスペシャリスト

キッチンスペシャリストは，キッチン空間に設置される各種の設備機器類に関する専門知識をもち，住宅のキッチン空間構成について，消費者からの相談に応じ，多様化するニーズに的確に対応する．メーカーと消費者の接点に立ち，消費者が真に求めるキッチン空間の構成を提案する．

こうした重要な仕事を受け持つキッチンスペシャリストは，キッチン空間構成要素に関する設備機器の機能や仕様，設計上の知識と経験のほか，ガス，電気，水道などの防災安全対策，建築構造との取合いなどについての法律，技術 分野の知識と経験をもち，消費者の要望に対処する．

キッチンや住宅，インテリア関連企業でキッチンのプランニングをはじめ，消費者と接する立場での活躍が期待されている．

【管轄】(社)日本住宅設備システム協会

■カラーコーディネーター

ファッション，商品開発，建築，インテリア，まちづくりなどさまざまな分野において，「色」は重要な役割をもっている．色が人間の生活に及ぼす影響は大きく，色彩環境は人間の心理や生理にも多大な影響を及ぼす．色の使い方や，色の組合せ方などについて提案したり，助言したりするのがカラーコーディネーターである．

カラーコーディネイター検定が対象とする業務内容は以下のとおりである．①ファッションおよびパーソナルスタイリングに関するカラーコーディネーション，②接客・販売に関する色彩提案と販売力開発のアドバイス，③企業の色彩戦略に関する提案とアドバイス，④商品の開発に関する色彩提案，⑤建築・インテリアの色彩計画に関するアドバイス，⑥店舗・美術館等の色彩空間演出に関するアドバイス，⑦街づくり等の色彩環境に関する調査・コンサルティング，⑧その他の色彩調査・色彩計画・色彩管理等．

【管轄】東京商工会議所

■インテリア設計士

インテリア空間，ならびにインテリアエレメントの計画，設計，施工（製造），監理などを行う．資格は（社）日本室内装備設計技術協会の行う検定試験に合格することで取得できる．

【管轄】(社)日本室内装備設計技術協会

■DIYアドバイザー

DIYとは，「自らの住まいと暮らしを自らの手で維持，補修，改善していく」という意味で，実際にDIYを行おうとする人たちに，DIYの用品やその方法などについて，的確に指導助言できる人材が求められている．この要請に応えるのがDIYアドバイザーである．

DIYアドバイザーはDIYer（住まいの補修，改善を自分の手で行う人たち）に対し，各ニーズに応じたDIY用品の選択やDIYの作業方法について相談にのるとともに，安全確保および法規などへの対応に必要な指導，助言を行う．また，DIYに関する講習会，サークルなどにおいて講師としてDIYの普及指導にあたる．

【管轄】(社)日本ドゥ・イット・ユアセルフ協会

■照明コンサルタント・照明士

照明コンサルタントの仕事は，機能のみではなく，人間にとって快適な照明環境に関する設計提案をすることである．現在試験による資格の付与はなく，(社)照明学会が行う通信教育のカリキュラムに合格すれば「照明基礎講座」を修了したことになり，「照明コンサルタント」の称号を得ることができる．

さらに，照明コンサルタント認定後5年経過した照明関連実務経験者を対象とした「専門講座」を受講することにより，高度で実践的な専門知識を有する「照明士」として認定される．

【管轄】(社)照明学会

■フラワーデザイナー

フラワーデザインは，「一定のデザイン原則，基礎技法をふまえ，生活のTPOに合わせて，花の美しさだけではなく花に託する心を表現する」花の造形活動である．

資格検定制度は，文化庁の所轄である（社）日本フラワーデザイナー協会が，「芸術文 化の普及」という観点から，フラワーデザインの普及と向上のために設けた制度であり，1級，2級，3級に区分されている．

【管轄】(社)日本フラワーデザイナー協会

■グリーンアドバイザー

花と緑を楽しもうとする人たちに適切な指導，助言などをできる園芸の精通者にグリーンアドバイザーの名称を授与し，活動してもらうものである．

そのため，①園芸店，生花店，種苗店，ホームセ

ンターなどでの業務を通して，消費者に対する指導・助言を行ってきた人や花き類や家庭園芸資材等の生産・流通業務に従事し，家庭園芸に関する知識や技術を有する人，②園芸関係の学校卒業者など園芸のプロやプロを目指している人，③学歴や職歴に関係なく園芸に精通し，園芸に関する地域活動の指導的役割を果たしている人などすでに園芸についてある程度の幅広い知識や技術を有する人で家庭園芸の健全な普及に貢献できる人たちを対象に「講習と試験」を行って，それにふさわしい人をグリーンアドバイザーとして認定するものである．
【管轄】(社)日本家庭園芸普及協会

分野3　生　　　活

1.　概説と動向

　住生活に関わる職種として，第一にマンション管理者・管理人が挙げられる。「マンションを買うなら管理を買え」といわれるように，その住み心地を大きく左右するマンションの管理に関わる仕事は重要である。また，マンションという居住形態が，都市住宅の典型の一つとして位置づけられつつある現在，その必要性は増大している。しかし，マンション居住の現場では，さまざまなトラブルが発生している。その内容は，建物の老朽化とそれに伴う修繕計画や積立方式，管理組合の運営や管理会社との管理委託契約など，複雑で高度な専門知識が必要とされる場面が多い。居住者が組織する管理組合は素人集団であるし，管理人の職能も確立されていなかった。

　建設省（現国土交通省）では，これらの状況を改善するため，2000年に「マンションの管理の適正化の推進に関する法律」を制定，国家資格として「マンション管理士」と「管理業務主任者」を創設し，マンション管理のための人材育成にのり出した。

　集合住宅供給がさらに高まり，また築30年以上のマンションの激増の最中，国や地方公共団体でも積極的にマンション管理の相談窓口の設置などを行っており，マンション管理の職能の需要は増していくものと考えられる。

　第二に，消費生活に関わる仕事を取り上げているが，近年，住宅をはじめとして，住宅内設備や家具什器類など，住生活関連の消費問題は少なくない。他の生活財に比較して，住生活関連の生活財は，高額商品であること，日常生活に影響を及ぼす比重が高いことから，取り組むべき課題は増大する傾向にある。しかし，住生活関連の消費問題に対する一般の認識は低く，欠陥住宅や欠陥商品の被害にあって初めてその対応に苦慮するのが実情である。現在，住生活関連の専門家はまだ少なく，そのため今後こうした専門職への期待が小さくない。

　第三に，レクリエーションに関わる仕事を取り上げている。高度で複雑な現代社会のもたらすストレスは大きく，その解消を求めて自然との触れ合いを期待する都市生活者が増え，自然の中でのさまざまなレクリエーションが必要とされている。NACS-J自然観察指導員，ネイチャーゲーム初級指導員といった自然との関わり方を指導する仕事も，人と自然の共生が求められている現在，新たな仕事として注目される。

　また，高齢社会を迎え，人々はゆとりあるライフスタイルを求めている。そこで，余暇時間の活用や生涯教育についての関心は高いものの，その有効な過ごし方のモデルはいまだ明確になっていない。そのため，レクリエーション関連の仕事が注目されており，以下では現在すでに何らかの職種，資格のある仕事を中心に紹介している。

2.　資格・職種

(1)　マンション管理

■マンション管理士

　マンションに関する専門知識を有し，管理組合の管理者や区分所有者などからの相談を受け，専門的観点から問題解決・予防のための助言や指導にあたる。居住者間の生活上のトラブルの調停，トラブル防止のためのマンション管理規約や使用細則の変更の提案，建物修繕にあたっての資金調達の方法のアドバイスなどを行う。マンション販売・管理会社，不動産や建設業関連会社のマンション管理部門などで活かされる資格である。
【管轄】(財)マンション管理センター

■管理業務主任者

　マンション管理を請け負う管理業者サイドで，管理事務全般をこなす役割を果たす。管理組合に対し，管理受託契約の重要事項の説明から契約書の交付，契約内容の交渉，管理業務の処理状況のチェックや報告などを行う。管理組合やマンション居住者のトラブルに対する相談やアドバイスも，業務内容となっている。

　マンション管理会社などの管理業者には，一定数の管理業務主任者の配置が義務づけられている。
【管轄】(社)高層住宅管理業協会

(2)　生活関連

■消費生活アドバイザー

　消費生活アドバイザーの仕事は，企業と消費者とを結ぶパイプ役として，企業の中で，消費者からの苦情や相談に応じたり，消費者の意見を把握して商

品開発やサービスの改善，企業経営に役立てることである．
【管轄】(財)日本産業協会

■消費生活コンサルタント
　地域の消費者のリーダーとして，消費者の苦情を処理したり，意見をまとめて各種業界に伝えるなど，消費者が感じている問題の専門的なコンサルタントである．消費者教育，商品テストやモニターを行うことなどが主な仕事である．
【管轄】(財)日本消費者協会

■消費生活専門相談員
　消費者生活センターに持ち込まれる消費者からの苦情や相談について，事業者と消費者との間に入り，専門的・公正な見地から消費者支援を行う．
【管轄】独立行政法人国民生活センター

■ファイナンシャル・プランナー・ファイナンシャル・プランニング技能士
　主に個人を対象とし，家計の収支や資産の状況，将来の収入の見通し，年齢や家族構成などの要素まで考慮して，効率的な資産運用プランの設計について，その実現に向けた助言を行う．
　ファイナンシャル・プランナー（FP）に関する資格には，国家資格の FP 技能検定，民間資格の AFP（Affliated Financial Planner），CPF（Certified Financial Planner）がある．FP 技能検定は，厚生労働省の管轄で 3 級から 1 級まであり，取得者は FP 技能士を名乗ることができる．AFP，CFP は日本ファイナンシャル・プランナーズ協会（JAFP）が認定する民間資格であり，CFP は AFP の上位資格にあたり，国際ライセンスの性格をもつ．
　不動産の運用・管理，金融，定年退職後の人生設計など，居住スタイルやまちづくりに影響が大きいだけに，注目に値する職種である．
【管轄】NPO 法人日本ファイナンシャル・プランナーズ協会，(社)金融財政事情研究会

(3)　レクリエーション関連
■NACS-J 自然観察指導員
　多くの人が自然と触れ合い，理解する機会がもてるように自然の中へ案内するのが自然観察指導員である．講習を受けると登録することができるが，あくまでも自然保護運動の一環としてのボランティア養成講習であり，自然保護に理解と熱意のある人に適している．
【管轄】(財)日本自然保護協会

■ネイチャーゲーム指導員
　ネイチャーゲームとは，五感を使って直接自然と触れ合うためのプログラムである．聴診器を使って木の鼓動を聴いたり，枯葉の布団に埋もれて森の息吹を感じたりといったさまざまなゲームを通して，楽しみながら自然を体験し，理解を深めるものである．ネイチャーゲーム指導員は，こうしたゲームの指導を通して自然との触れ合いを提供している．
【管轄】(社)日本ネイチャーゲーム協会

■リゾート管理士
　別荘，別荘地，各種リゾート施設，農村山村地区において各種のサービスを提供する専門家．不使用中の別荘や別荘地の定期的な見回り管理，報告，それらの保持，補修，使用中，あるいはその前後の清掃やゴミ処理，買物代行，貸し別荘の管理などを行う．
【管轄】リゾート管理士協会

■レクリエーション・インストラクター
　レクリエーション活動をすすめるにあたって，いちばん基本的な資格であり，地域をはじめ他の領域のレクリエーション運動において，実践的な活動が期待されている．また，余暇活動の実践者として楽しい雰囲気づくりや支援するための演出力も求められている．
【管轄】(財)日本レクリエーション協会

■レクリエーション・コーディネーター
　余暇やレクリエーションに関する理論と実技の基本的な学習を積み，レクリエーションを楽しく教える指導者として活動する．地域活動は地域，学校，企業等のあらゆる領域に渡る．資格を取得するためには，都道府県レクリエーション協会が開催する養成講習会や講座・セミナーを受講するか，日本レクリエーション協会の認可を受けた大学・短大・専門学校を修了，卒業することが必要である．
【管轄】(財)日本レクリエーション協会

■余暇生活開発士
　余暇生活開発士は，個人への余暇アドバイスから，グループ，組織，企業の福利厚生，リゾート，老人ホーム，病院などで，余暇の時間を充実させるアドバイスと指導を行う．
【管轄】(財)日本レクリエーション協会

■余暇生活相談員

　身近な余暇生活のアドバイザーを目指す．個人や家族，グループなどに余暇情報の提供や，余暇に関するさまざまな相談，さらには将来にわたっての余暇生活設計を通して豊かなレジャーライフを支援する．
【管轄】(財)日本レクリエーション協会

■生涯教育インストラクター

　全国各地の地域におけるさまざまな生涯学習活動，学習会や講習会などの企画立案やアドバイス，指導を行う．1級の有資格者は指導，2級は指導者の補助的仕事となっている．
【管轄】(財)社会通信教育協会

分野4　福祉・保健・医療

1. 概説と動向

　高齢社会を迎え，より豊かな高齢期を過ごすために，あるいは高齢者とともにその家族がゆとりをもって暮らせるために，その日常生活を支えることが重要となっている．そのため，自立した高齢者の生活を支える仕事や，介護の必要な高齢者や介護している家族を支える仕事，そして障害をもった人々の住生活の基盤としての住宅改造の仕事など，福祉・保健・医療の分野において住生活に関わる仕事の重要性が増している．こうした仕事は，高齢社会の住生活の質を向上させうるものとして期待されている．

　第一に，ハンディキャップをもつ人々の日常生活を支えるために，介護保険制度がスタートし，在宅福祉の基本であるホームヘルパーと生活援助員は不可欠な存在となっている．自立した高齢期を送る上で，社会的サービスの基本となる仕事といえる．ホームヘルパーは，家庭に訪問し日常生活の支援を行うのに対し，生活援助員の仕事は高齢者向け住宅において，その管理および居住者の安否確認や緊急時の連絡などを行うこととなっている．こうした人々の存在が，高齢者に安心感をもたらしているものと思われる．

　第二に，高齢社会における住生活は，福祉と切っても切り離せない関係にある．そこで，福祉に関わる仕事を取り上げている．福祉の仕事は，対象者ごと，仕事の内容によって細かく役割分担がなされている．また，福祉を必要とする者と直接関わりをもつことがこうした仕事の特徴であり，また難しさでもある．その多くは，専門的な知識や技術を必要としており，国家資格などに基づいている．また，主に公務員など行政と関連した仕事となっており，その責任も大きい．

　第三に，在宅福祉の基盤である住生活環境の改善・住宅改造に関わる仕事を取り上げている．長い間住み慣れた環境で，老後を送りたいという多くの高齢者の希望をかなえるためにも，住生活環境の改善，特に住み慣れた自宅の改造は，在宅福祉の要である．とくに，身体機能の低下に伴い，在宅での日常生活を可能にするためには住宅改造が不可欠である．こうした状況に対し，ハウスメーカーなどでは「バリアフリーの住宅」が注目されている．一方，多くの高齢者が居住している既存の住宅では改造が必要であるものの，いまだこうした仕事の専門家は少なく，経験に頼っているのが実態である．

　住宅改造は，リハビリテーション医療の中で，医師以外の理学療法士や作業療法士などリハビリテーションスタッフの充実した医療機関やリハビリテーションセンターなどで行われているのが現状である．作業療法士は全国で約2万人で，理学療法士と同様にリハビリテーション技術の進歩によりそのニーズはますます高く，注目されている．

　住宅改造に関わる作業療法士，理学療法士は，日常生活場面で使用する各種機器や生活しやすい住環境の整備を検討，指導，工夫すると同時に，さらに日常生活活動，社会生活に適応するために必要な応用的な生活技術や，職業訓練などに必要な自助具の活用と改造をすることなどが挙げられる．こうした改造指導を行うことで，高齢書や障害者に対して治療によって最大限まで回復できた機能を維持し，かつ生活行動の拡大を図ることができる．

　一般的に住宅改造の指導は，患者・高齢者・障害者からの相談，依頼があってから開始されるが，医療機関などに入院している場合は，退院指導の一環で面接，または家庭訪問を通して行われ，必要に応じて地域の保健・福祉施設に通所している場合は，相談や申請後の訪問で，また在宅ケアの訪問を受けている場合は，その場で指導されることが多く，医師，看護師，保健師，理学療法士，作業療法士といった多くの職種が関わる可能性をもっている．これらの指導に基づいて，建築の専門家が改造の実施にあたることになる．現状では，多くの場面で指導の可能性があるにもかかわらず，相互の連携が困難であること，実施においての課題が少なくないことなどから，今後は，住宅改善などのコーディネーターが必要として，福祉住環境コーディネーターが登場した．

　保健・医療・福祉領域における連携の必要性と，さらにリハビリテーション情報の提供をしつづけることで関心をもつマンパワーの増大が期待されている．

2. 資格・職種

(1) ハンディキャップをもつ人々の日常生活の自立を支える職業

■ホームヘルパー（訪問介護員）

身体上または精神上の障害があって日常生活を営むのに支障がある家庭に派遣され、日常生活の世話を行い、健全で安らかな生活を営めることを援助する。対象は、高齢者の場合、心身の障害および傷病などによる臥床者で、おおむね65歳以上の者がいて介護サービスを必要とする家庭である。

その役割は、①身体介護として食事、排泄、衣類着脱、入浴、身体の清拭・先発、通院などの介護、②家事に関することとして調理、衣類の洗濯や補修、住居などの掃除や整理整頓、生活必需品の買い物、関係機関との連絡など、③相談助言に関することとして生活や身上や介護相談助言などである。

特に資格はないが、介護の専門性への関心が高まる中で介護福祉士の資格が求められるようになっている。ホームヘルパーの経験3年で介護福祉士の受験資格が得られるほか、都道府県、市町村では厚生省が定めたホームヘルパー養成研修（1級～3級）を開催している。

【管轄】各都道府県、指定都市の福祉担当課または社会福祉協議会

■生活援助員（ライフサポートアドバイザー）、ワーデン

高齢者サービス付き住宅（シルバーハウジング）に居住する高齢者に対して、自立して安全かつ快適な生活を営めるように支援するために、高齢入居者の安否の確認、緊急時の対応、疾病に関する一時的な介護、関係機関への連絡などの福祉的なサービス提供を行っている。生活援助員は、在宅老人デイ・サービスセンターから派遣される。特に、東京都が単独で実施している高齢者向けサービス付き住宅（シルバーピア住宅）供給事業に市町村から派遣される特別の管理人をワーデンという。ワーデンはシルバーピア併設のワーデン用住居に居住する。

【管轄】各都道府県・市町村

(2) 福祉にかかわる職業

■社会福祉士

専門的知識および技能をもって、身体上もしくは精神上の障害がある者、または環境上の理由により日常生活を営むのに支障がある者に対して福祉に関する相談に応じ、助言、指導その他援助を行う。

地方公共団体や福祉事務所、社会福祉協議会などの公的機関のケースワーカー、病院や保健所などの医療ソーシャルワーカー（MSW）の多くは、社会福祉士である。高齢者福祉施設や児童相談所、身体障害者更生相談所などの公的機関における相談援助活動や民間企業の在宅ケアサービスや介護保険などのシルバー産業における相談援助活動に携わる。

【管轄】（財）社会福祉振興・試験センター

■社会福祉主事

各行政機関において、さまざまな保護や援助を必要とする人々の相談・指導・援助にあたる。福祉事務所などで一般にケースワーカーと呼ばれる仕事をし、福祉六法の施行に関する事務に携わる。各福祉法担当の社会福祉主事として身体障害者福祉司、精神薄弱者福祉司、老人福祉指導主事、家庭児童福祉主事の名称で呼ばれる。その役割は、①福祉事務所員に対して福祉に関する技術的指導、専門的指導を行う、②要援護者の家庭訪問、面接、資産調査、措置の必要の有無の判断などである。

任用資格とは、社会福祉関係の行政に携わるための資格で、公務員として採用され、かつ社会福祉関連の部署に配属されて初めて効力を生じるもので、社会福祉協議会など民間福祉施設の職員採用基準としても有効である。

【管轄】厚生労働省

■医療ソーシャル・ワーカー（MSW）

医療機関や保健所などで医療チームの一員として患者や家族の心理面、生活面、職業、経済などの諸問題に対して、社会福祉の立場で福祉の制度やサービス、医療制度、必要とする機関の紹介など、社会資源に関する情報提供、問題可決の援助や協力などの患者の立場にたった個別的な相談（ケースマネージメントともいう）業務を主に行う。

【管轄】厚生労働省健康政策局計画課

■介護福祉士

寝たきりの高齢者や身体障害者の誰もが信頼し、安心して介護を受けることができる専門家。介護福祉士は、専門的知識および技術をもって、身体上または精神上の障害があることにより、日常生活を営むのに支障がある者につき、少しでも自立した生活が送れるように入浴、排泄、食事その他の介護を行い、ならびにその障害のある者およびその介護者に

対して介護に関する指導を行うことを主な職務とする．
【管轄】(財)社会福祉振興・試験センター

■介護支援専門員（ケアマネージャー）
　高齢者の心身状況や生活環境，本人や家族の希望などを調査してケアプランを作成し，介護サービスを確保できるように市町村，事業者などとの連絡調整を行う介護保険制度の円滑な運用に欠かせない専門家である．主な業務内容は，介護サービス計画（ケアプラン）の作成，介護サービス提供事業者・施設との連絡調整，市町村から委託される要介護認定の際の訪問調査などである．介護保険制度には，住宅改修のメニューが組み込まれており，「住宅改修の理由書」の作成も行う．要介護者のための各種福祉施設や医療機関が職場であるが，特に，民間の「居宅介護支援事業者」には，介護支援専門員の配置が義務づけられており，保健医療や福祉などの専門知識・技量を駆使した活躍が期待されている．
　介護福祉専門員になるためには，介護支援専門員実務研修受講試験に合格した後，実務研修を修了しなければならない．
【管轄】都道府県介護保険担当課・(財)東京都高齢者研究・福祉振興財団

■生活指導員（ソーシャルワーカー）
　施設の入所者や利用者が本人の能力を生かして日常生活を円滑に送ることができるように，肉体面，精神面，経済面などあらゆる角度から援助し，指導する．「ソーシャルワーカー」とも呼ばれ，ケースワークやグループワークなどを通して相談，援助をする社会福祉の代表的な仕事．日常的には入退所の手続きをはじめ入所者やその家族の相談にのったり，生活指導の計画案をつくったり，また，福祉事務所など公的機関，入居者の家族のどと対外的な折衝にあたる．
　採用条件は，社会福祉主事の任用資格を取るための条件とほぼ同じとなっているが施設によっても異なる．ソーシャルワークの専門家として位置づけられており，一般に経験者が求められるほか，最近では社会福祉士の資格をもっていることが望まれている．
【管轄】厚生労働省

■福祉活動指導員（福祉活動専門員）
　原則として社会福祉主事任用資格をもっていること．社会福祉士の資格をもっていればなおよい．

それぞれ担当する地域の民間福祉活動を支援するために調査や研究をし，これをもとにプログラムなどを企画する．社会福祉に対する地域の理解を得るために広報活動や指導をする．地域福祉のコーディネーター役として能力と実力が問われる仕事．同様の職種で全国社会福祉協議会におかれているのが企画指導員である．
【管轄】厚生労働省

■民生委員
　民生委員法（1948年施行）によりその職務を「社会奉仕の精神をもって，保護指導のことに当たり，社会福祉の増進に勤め（第1条），常に人格識見の向上と，その職務を行う上に必要な知識および技術の修得に努める（第2条）」ことと規定されている．委員は，市町村に設置された民生委員推薦委員会が推薦した者で，地方社会福祉審議会の意見により，都道府県知事の推薦を受けて厚生労働大臣が委嘱する（任期は3年）．また民生委員は，児童福祉法による児童委員を兼務する．
　その役割は，常に調査を行い，要保護者へ適正な保護指導を行う．
　社会福祉施設と密接な連絡をしその機能を助け，福祉事務所などの業務に協力する．
【管轄】厚生労働省

■児童厚生員
　母子指導員の資格をもつ者，または遊びを通して子どもを健全に育てる児童厚生事業に関して特別の学識経験をもち，都道府県知事が認める者．しかし，自治体によって基準は異なる．また，全国児童館連合会では独自の資格制度を設けている．
　地域の子供が必要としているものに応え，さまざまな「遊び」を企画して子供たちのよき遊び相手に，また，ときには指導者，相談相手となる．日常の仕事としては，幼児を対象にしてプログラムを作るなどし，午後には学校から帰ってくる子供たちが遊べるような環境を館内で作る．このほか子供が参加できる祭りやキャンプなどの企画をして実行するのも仕事．また，これに関わる予算上の管理をするなどの実務も担当する．
【管轄】(財)児童健全育成推進財団

■児童指導員
　児童指導員任用資格が児童指導員を採用する際の基準として定められている．保育士が実質的に福祉施設の中で児童指導員と同じ仕事をしている例も多

く，保育士の資格で児童指導員的な仕事をすることが可能なのが現状である．

施設で生活する，施設を利用する子どもたちの生活を援助，指導する．養護施設の場合は親のいない，あるいは親から離れて暮らす子どもたちの自立を助けながら，日常生活全般にわたって指導，援助する．経済的な問題や学習指導面でも関わり，"親代わり"の役割を担っている．障害時間関係の施設では，子どもがその能力に応じて日常生活を円滑に過ごし，できるだけ社会に適用できるように指導，援助する．具体的には，レクリエーションを含めて毎日の生活のスケジュールを立てたり，地域社会との関係をつなぐ活動も企画する．このほか，子どもの家庭との連絡，援助もする．
【管轄】厚生労働省

(3) 住環境の改善・住宅改造にかかわる仕事
■医師/リハビリテーション専門医
　医師は，医療機関や保健所などに勤務し主として病気の予防や治療を行う．また，地域では開業医として住民の身近にいて医療保健を行っている．医師の業務の中には，住宅改造に関する考え方や指導は明らかにされていない．障害の医学とされるリハビリテーション医学のみが，高齢者や運動行動の保障や生活問題の解決策の一つとして，住宅改造指導をリハビリテーション医療の枠組みの中に取り入れている．しかし，医学教育の中でリハビリテーション講座をおいている大学はまだ少なく，卒業後に日本リハビリテーション医学会がリハビリテーション専門医の認定を行っている．

　一般的に住宅改造を進める医師の役割は，対象者の生活全般を規定する疾病管理や障害像の評価にある．往診機能を活用できればその評価のための訪問も行う．
【管轄】厚生労働省医政局医事課，(社)日本リハビリテーション医学会

■看護師
　専門的知識・技術によって患者の世話，また医師の診療の補助をすることが基本的な業務となる．しかし近年の急速な医学・医術の進歩ともに，看護の内容もより高度で複雑なものとなってきている．人口の高齢化による福祉との連携，老人に対応するため医療施設以外の正続看護や在宅看護の充実，健康教育，疾病予防，生活指導，またリハビリテーションや退院患者への継続的な教育に至るまでの対応が求められてきている．

【管轄】厚生労働省医政局医事課

■作業療法士
　医師の指示により，身体や精神に障害をもった人，高齢により心身に障害が及んだ人に対し，手芸や工作などの作業やスポーツなどを通して，心身の機能を回復し，社会に適応できるような治療を行うことを作業療法といい，これを行うものが作業療法士である．このほか，日常生活動作訓練（食事や洗面など）や生活関連動作訓練，心理的作業療法も行われている．
【管轄】厚生労働省医政局医事課

■理学療法士
　身体が不自由になった人に対し，身体機能の回復を図り，リハビリテーションを行う．医師や看護師，医療ソーシャルワーカーら専門職に携わる人とチームを組み，歩行や車椅子の訓練，筋肉増強などの運動療法やマッサージ療法など，物理的な治療を用いてリハビリテーションの指導や援助を行う．
【管轄】厚生労働省医政局医事課

■保健師
　保健所や市役所・町村役場の住民保険部署に所属し，集団検診や健康教室，家庭訪問，個人相談などを行い，地域社会の住民の健康を守り向上させるための指導，家庭内の健康上の問題を解決できるよう援助を行うなど，地域社会に根ざして活動を行う．住宅改造は，従来地域リハビリテーション・システムづくりや住宅改造に関心をもつ一部の保健師によって自主的な家庭訪問を通じて行われれきた．それは，相談窓口での面接や在宅ケア活動の進展や家庭訪問による要介助者の自立度の向上など，公衆衛生上健康を阻害する一つとして住宅問題の重要性を認識したためと考えられる．
【管轄】厚生労働省医政局医事課

■福祉住環境コーディネーター
　高齢者や障害者に対して住みやすい住環境を提案するアドバイザーである．医療・福祉・建築について体系的に幅広い知識を身につけ，各種専門家と連携をとりながら，クライアントに適切な住宅改修プランを作成し，福祉用具や諸施策情報についてもアドバイスする．2級以上の福祉住環境コーディネーターには，介護保険法で定められた「住宅改修の理由書」の作成という独占業務（介護支援専門員と作業療法士も可能）も確保されている．将来の具体的

な職能としては，新築・建替え・リフォームなどの住環境の整備，福祉用具や介護用品から家具までの選択と利用，福祉政策・施策，福祉・保健サービスなど厚生全般にわたる情報アドバイス，補助金や金融・保険商品の情報アドバイス，施設や在宅での介護・介助・介護支援の住環境整備の面からの実務的な対処，保健・福祉・医療・建築・行政・民間企業などあらゆるバリアフリー住宅への分野の職種との連携，まちづくりプランナーとしての活躍などが期待されている．
【管轄】東京商工会議所検定センター

■住宅改良（リフォーム）ヘルパー
　厚生労働省老人保健福祉局で創設された．在宅介護支援センター事業の一つとして，要介護老人世帯に出向き，住宅改良についての相談，助言，評価，施工などを行うものである．保健，医療，福祉，建築の分野の専門家からチームが構成され，在宅介護支援センターなどに所属している．
【管轄】厚生労働省，各都道府県・市町村

■増改築相談員
　住宅の新築工事，またはリフォーム工事に関する実務経験を10年以上有するものを対象として，定められたカリキュラムに基づいて実施する13時間以上の相談員研修会を履修し，(財)リフォームセンターに登録した者を増改築相談員とする．研修会は，センターが適当と認めた工務店団体に依頼して各地域ごとに実施する．相談員は，住宅のリフォームに関する事項について，消費者からの相談に応じ積極的助言ないし援助を行い，公的機関で実施する住宅のリフォームに関する相談業務に参加するなど，リフォームの普及に積極的に協力することにな

る．3年ごとに登録更新する．
　制度は1985年度から実施しているが，1990年度より研修の必須項目として「高齢者対応住宅リフォーム」を導入し，高齢者の住改造にも対応できる制度となった．
【管轄】(財)住宅リフォーム・紛争処理支援センター

■建築物環境衛生管理技術者
　特定建築物の維持管理が環境衛生上適正に行われるように監督する業務である．特定建築物とは，不特定多数の人が利用する映画館，デパート，公民館，図書館，店舗，事務所，学校，ホテルなどで，有効面積が3000 m^{2}以上（学校は8000 m^{2}以上）の建物のことであり，これらの建物には有資格者の配置が義務づけられている．
【管轄】(財)ビル管理教育センター

■環境衛生監視員
　保健所は，衛生思想の普及および向上に関する事項，住宅，水道，下水道，廃棄物の処理，清掃その他の環境の衛生に関する事項などを指導およびこれに必要な事業を行うものであり，地域の環境衛生の指導ならびに監視を行う職務にある．その役割は，環境衛生営業や建築物に関する業務である．
　ビル管理法が制定されて以来，ダニ・カビの発生，ダニによる喘息，結露，さらに赤水問題などマンションなど気密性の高い住居の衛生管理や，給水に伴う安全と衛生確保がなされている．環境衛生監視員は，このような問題・課題に対して調査研究や苦情処理などをふまえ，健康的な住環境のあり方を確立しつつある．
【管轄】各都道府県・市町村保健所

分野5　建築

1. 概説と動向

1級建築士は現在約30万人おり，過剰気味ともいわれており，成熟社会を迎え，また昨今の社会経済状況から，新規の建築行為はもとより，高齢者の住宅改修，リノベーションやコンバージョン，今後はさらに歴史的建造物の修復・保全・活用なども，建築士の仕事の範疇となっていくのではないだろうか．社会的ニーズからみても，建築士の役割は大きく変わりつつある．

建築士会では，1997年よりまちづくりなど地域貢献活動を行う団体に対し，助成金を提供している．各地域の建築士会が設立した地域貢献活動センターが，地域住民等が中心となった活動団体に対して助成する．建築士がこの団体とともに活動を行っていることが条件となる．専攻建築士制度の中に，まちづくりという区分も創設された．地域の実情や特性に即した建築，まちづくりを継続的に実現し，見守っていく職能として，地元の建築士の役割が期待されているといえる．地元の建築士が主体となったNPO法人もできつつある．

地域の景観，デザイン，市街地像を創造する個々の建築に対する住民のニーズを把握し，さまざまな利害を調整し，また専門家として先導していく力量も必要とされる．敷地単位や建築行為と街区レベルの町並みの関係，近隣環境や景観への配慮，地域特性を活かしたデザインのあり方，資産運用と住環境づくりなど，地域で解決しなければならない課題は多い．

日常の建築・まちづくりに関する市民意識の向上，主体性，地域管理や地域自治という意識の生成を，時間をかけてつくっていくことが，次世代に向けた社会的な資産としての町並みや景観づくりにつながっていくことであろう．

2. 資格・職種

■1級建築士

建築物の設計から工事監理までを一貫して行うのが建築士であり，広く建築士とは1級建築士，2級建築士，木造建築士に分類される．その職務範囲は，建築物の高さ・構造種別・用途により限定されるが，制限なしで設計・監理を行うことができるのが1級建築士である．高層建築や学校，病院などの延べ床面積が500 m^2を超える建築物の設計・工事監理は1級建築士でないと行うことができない．そのほか，1級建築士は，建築工事契約に関する事務，建築工事の指導監督，建築物に関する調査・鑑定なども行うことができる．建築物の設計および工事監理のスペシャリストとして安全で快適な建築を建設するだけでなく，環境や文化を創り出すという社会的責任も大きい．また，他の資格に関する優遇措置も多く，土地家屋調査士，技能士のうち建築大工・ブロック建築・枠組壁建築，建築設備士，建築物環境衛生管理技術者，建築施工管理技士，消防設備点検資格者，建築基準適合判定資格で学科試験の一部または全部を免除されたり，受験・受講資格が認められている．

【管轄】(財)建築技術教育普及センター

■2級建築士

1級建築士と同じく，1950年の建築士法の制定とともに始まった資格である．設計・工事監理できる建築物の規模は，主にRC造，S造，石造などの構造で延べ床面積30 m^2を超えるもの，木造で延べ床面積300 m^2を超えるもの，3階以上のものなどは，1級建築士か2級建築士でないと設計・工事監理ができないと規定されている．1級建築士に比べると範囲は狭くなるが，建設業の専任技術者となることもできる．また，インテリアプランナー，土地家屋調査士などの試験において一部の試験が免除され，建築施工管理技士検定においても受験資格の優遇措置がある．

【管轄】(財)建築技術教育普及センター

■木造建築士

建築士法の制定後，1984年から誕生した資格であり，木造建築物の施工品質の確保と向上を目的とする．木造2階建以下，延べ床面積300 m^2以下の木造建築物の設計と工事監理ができる．伝統的木造建築の技術者もこの資格を取得することにより，木造建築物の施工品質の確保と向上を目的としている．

【管轄】(財)建築技術教育普及センター

■建築積算資格者

建築における工事費用の見積りを行う積算業務に

携わる技術者を対象として，専門の知識や技術について認定するもの．1990年に建設大臣の認定となり（社）日本建築積算協会が実施する資格で，今後の活用が期待される．
【管轄】(社)日本建築積算協会

■ CAD 利用技術者

CAD技術者の知識，技術を認定する．1990年に創設された経済産業省後援の資格である．通常のCAD操作で指導的役割を果たすとともに，インストラクターとしてユーザーに操作方法を教えたり，ビジネスショーでCADの説明や実演を行うことなどもある．1993年から新たに2級の資格も創設され，さらに1994年から従来の「CADインストラクター」から「CAD利用技術者」と名称を変更した．
【管轄】(社)日本パーソナルコンピュータソフトウエア協会CAD利用技術者試験センター

■ 商業施設士

商業施設，まちづくりの構成・企画などを行うスペシャリスト．これからの商業施設のイメージ構成，空間構成などの企画，販売施設の装飾，ディスプレイのデザインやそれらの工事監理などを行い，まちづくりの仕事に携わる資格者．商業施設士の資格制度は1974年に誕生した．昭和50年代の急速な流通革新に伴い，商業施設の快適性，機能性，安全性等の総合的な技術向上の高まりとともに専門的な技術者の育成が重視され，1989年に通商産業（現経済産業）大臣および建設（現国土交通）大臣認定資格となる．
【管轄】(社)商業施設技術者・団体連合会

■ CG 検定

コンピュータの画像情報を生成処理するCG（コンピュータグラフィックス）の技術は，科学技術・医療分野，デザイン業界，教育界などをはじめ，さまざまな分野で注目を浴びている．画像処理，マルチメディアの検定も実施されているが，文部科学省認定の検定はCG検定のみであり，1994年度より実施されている．3～1級の3段階があり，合格者の水準は，3級はCG・CAD・画像処理の基礎的な理解力があること，2級はCADやCG画像・映像制作などの分野で技能者として就業できること，1級はCGの専門家として教育の指導者になれることである．
【管轄】(財)画像情報教育振興協会CG検定（画像情報技能検定CG部門）

■ 建築仕上診断技術者

1990年に創設された資格．建築物のタイル外壁やモルタル塗り外壁，屋上防水の劣化などを調査・測定して，剥落・落下などの危険防止を目的に測定したデータを評価し，報告書を作成する．講習の後，修了考査に合格し登録すると，資格称号が与えられると同時に登録証が交付され，登録者名簿が特定行政庁など関係団体に配布される．
【管轄】(社)建築・設備維持保全推進協会

分野6 設備

1. 概説と動向

近年，設備技術は急速な発展を遂げ，総工事費に占める設備関係の割合は格段に増加している．住宅で1～2割，事務所ビルで3～4割，病院建築になると4～5割ともいわれている．さらに，地球環境という視点から，環境との調和・共生が問われる今日，設備技術者の役割はより大きく，その技術力が期待される．

住居学科出身の場合でも，設備技術者というのは，人を中心として，建築・地域（都市）・環境の共存を計る総合的プランナーである．専門とする範囲は多岐にわたり，関連する資格も幅広い分野に及ぶ．

建築設備の実務は「空調・衛生」と「電気」に大別でき，建築学科および電気・機械科などの出身者によって担われているが，住居学科を含む建築系の出身者は主に「空調・衛生」を担当する場合が多いようである．しかし，仕事を進める上で両方を知っておくのが望ましいことはいうまでもない．

設備に関連する数多くの資格は，組織に所属して設備を担当する場合には必須なものはないともいえるが，設備関連の有資格者が何人いるかということが工事の受注条件となる場合があり，組織の評価につながるため，資格取得が奨励される．

所属する組織別に主な奨励資格を挙げると，以下のようになる．
1) 設計事務所に所属する場合
・1級建築士
・建築設備士
2) 施工会社に所属する場合
・1級管工事施工管理技士
・1級電気工事施工管理技士
・消防設備士

また，業務上のメリットというより，自らの技術力の証明として位置づけられる主な資格をあげると以下のようになる．
・技術士：衛生工学部門
・建築設備士（前掲であるがこちらの位置づけの方が強い）
・空気調和・衛生工学会設備士
・建築設備検査資格者

自分で設備設計事務所を開く場合は，確認申請が1級建築士の名前で行われるため，1級建築士をもっていれば建築設備士をもたなくても設備設計はできるが，その逆は真ではない．ただし，設備業を開く場合は，管工事施工管理技士が必須となる．

2. 資格・職種

■1級管工事施工管理技士

管工事には，ガス管配管工事，冷暖房設備工事，給排水・給湯設備工事，浄化槽工事，水洗便所設備工事，下水道配管工事，ダクト工事などがあり，家庭や工場，ビルなどに新鮮な水やガスを送り届けたり，汚物などを処理するのに大きな役割を果たしている．これらの工事現場の責任者として施工図の作成，品質・工程・安全管理等を行うのが一級管工事施工管理技士であり，現場に配属された人が積極的に取得する資格である．
【管轄】(財)全国建設研修センター管工事試験課

■1級電気工事施工管理技士

1級電気工事施工管理技士は，電気のない生活が考えられない現代社会で，さまざまな電気製品に対応し，電気工事の施行計画の作成，工事の行程管理，品質・安全管理などの業務を行う資格である．1級管工事施工管理技士と同様に，現場に配属になった場合積極的に取得する資格といえる．
【管轄】(財)建設業振興基金試験研修本部

■技術士（衛生工学部門）

技術士は，科学技術の応用面に携わる技術者にとっての博士号にも匹敵する，もっとも権威のある資格といわれる．技術士法によって科学技術庁に登録され，科学技術に関する高度な専門的能力を必要とする場合，計画，研究，設計，分析，試験，評価，指導を行うことができる．19の技術部門の中でも設備分野にもっとも関連するのが，衛生工学部門である．技術革新が急激に進み，しかも環境共生時代を目指す今日，非常に重要性の高い資格といえる（詳細は「分野8 都市・環境」参照）．
【管轄】(社)日本技術士会

■建築設備士

建築設備全般に関する高度な知識と技能をもち，設備の設計，工事監理に的確な対応を計るほか，建

築士に対して建築設備についての適切なアドバイスを行う，ニーズの高い資格である．

建築設備士は，資格を取得した後，技術水準の向上に対応するため，3年ごとの更新講習（1日）が義務づけられている．
【管轄】(財)建築技術教育普及センター

■消防設備士

ビルや学校，百貨店，ホテルなどに設置される消防用設備（消火栓，消火器，火災報知器，救助袋，スプリンクラーなど）を消防法に基づいて配置，維持管理をする．消防用設備はこの資格をもつ者しか扱えないため，有資格者は関連企業で優遇される．資格は甲種と乙種の2種類あり，甲種は消防用設備などの工事，整備，点検の監督ができる．乙種は工事の監督はできないが，整備や点検をすることができる．さらに取り扱う設備によって，甲種が1類から5類，乙種が1類から7類に分かれ，試験は種別，類別に行われる．免状交付後も2年以内，その後は5年ごとに，都道府県知事の行う講習を受けることが義務づけられている．

第1類：屋内消火栓設備，スプリンクラー設備，水噴霧消火栓設備，屋外消火栓設備，第2類：泡消火設備，第3類：二酸化炭素消火設備，ハロゲン化物消火設備，粉末消火設備，第4類：自動火災報知器設備，ガス漏れ火災報知器設備，消防機関へ通報する火災報知器設備，第5類：金属性避難はしご，救助袋，緩降機，第6類：消火器，第7類：漏電火災報知器
【管轄】(財)消防試験研究センター

■空気調和・衛生工学会設備士

(社)空気調和・衛生工学会が主催する建築設備における空気調和，給排水，衛生設備の設計，工事監理，環境衛生管理および調査を行う技術者のための資格検定である．民間資格であるが，関係業界において定着しており，資格取得者は行政分野においても広く活躍している．本資格をもっていると，建築設備士を受験する際に実務経験が8年以上から3年以上に短縮される．
【管轄】(社)空気調和・衛生工学会

■建築設備検査資格者

ホテル，デパート，学校，病院，事務所など，不特定多数の人が利用する建築物については，建築基準法により給排水，空調，電気などの定期的な検査が義務づけられている．この検査を行うことができるのが建築設備検査資格者で，建築物の維持保全や利用者の安全を守るための重要な任務を担っている．資格を取得するには，建設大臣の指定を受けた(財)日本建築設備・昇降機センターの講習を受け，最終日の修了考査に合格しなければならない．講習は5日間で，1級建築士，2級建築士，または建築主事で，すでに講習を受講している人は修了考査のみの受験となる．
【管轄】(財)日本建築設備・昇降機センター

■特殊建築物等調査資格者

不特定多数が使用する特殊建築物（病院，診療所，学校，劇場，ホテル，事務所ビルなど）で一定規模以上のものは，敷地，構造および建築設備について，有資格者による定期調査が義務づけられている．
【管轄】(財)日本建築防災協会

■昇降機検査資格者

エレベータ，エスカレータ，ジェットコースタ，観覧車などの昇降機および遊戯施設について，定期的に検査し，その結果を特定行政庁に報告する業務を行う．
【管轄】(財)日本建築設備・昇降機センター

最後に，設備に関連するその他の資格を名前のみ掲載する．

圧気工事施工管理士，RCCM（シビルコンサルティングマネージャー），衛生管理者，環境計量士，監理技術者，建築仕上げ改修施工管理技術者，建築設備診断技術者，高圧ガス取扱責任者，公害防止管理者，再開発プランナー，作業環境測定士，浄化槽管理士，浄化槽設備士，情報処理技術者，線路主任技術者，宅地建物取引主任者，電気工事士，第1伝送交換主任技術者，第2伝送交換主任技術者，特定化学物質等作業主任者，毒物劇物取扱責任者，特別管理産業廃棄物管理責任者，廃棄物処理施設技術管理者，VEリーダー，不動産コンサルティング，FE（プロフェッショナル・エンジニア1次試験合格），PE（プロフェッショナル・エンジニア），防火管理者，労働安全コンサルタント，労働衛生コンサルタント，ファシリティマネージャー．

分野7　施　工

1．概説と動向

施工に関する内容は，工学よりの内容が多く，住居を学ぶ学生としては内容的にあまりなじみがない．一級建築士や技術士を除く以下に述べる施工関係の資格は，現場で働く人にとっては必須の資格が多いため，現場での関与度合いに応じて，資格取得を考えるとよい．また，この分野の資格は，工事種類に応じて多岐にわたる種類の資格があることも特徴的であるといえる．最近の傾向として，造園施工管理技士は，近年の地球環境問題に対する社会の関心の高まり度合いの増加に伴い，注目を集めている資格のうちの一つであり，次世代に向けて新しい役割が期待されている．

2．資格・職種

■1級建築士

建築の意匠設計のみならず，建設現場に携わる者としてまっ先にとりたい資格である．内容その他の詳細に関しては，「分野5　建築」を参照のこと．
【管轄】(財)建築技術教育普及センター

■技術士・技術士補

技術士制度は，技術的専門知識および応用能力と豊富な経験を有する優れた技術者のための資格制度であり，技術系では評価がきわめて高い．科学技術のコンサルタントである技術士は，科学技術庁の登録を受け，技術士の名称を用いて，科学技術の高度な専門応用能力を必要とする事項について，計画，研究，設計，分析，試験，評価，またはこれらに関する指導業務を行うことができる．資格は19の技術部門に分かれており，このうち建設部門が該当する．

「分野6　設備」「分野8　都市・環境」に関連事項がある．詳細は後者を参照のこと．
【管轄】(社)日本技術士会

■建築施工管理技士

建設工事に従事する者の技術力の向上を図るため，1983年度から建設省により建設業法に基づいて行われている技術検定である．現在建設現場では作業が細分化されているが，その中でこの資格は建設一般から鉄筋，大工に至る十数種類の建設工事を取り扱っている．建築一式工事の実施にあたり，施工計画・施工図の作成，当該工事の工程管理，品質管理，安全管理など，工事の施工の管理を適確に行うために必要な技術を検定する試験であり，1級と2級（「建築」「躯体」「仕上」の種別）がある．

施工管理技士は，一般建設業，特定建設業の許可基準の一つである営業所ごとにおく専任の技術者や，建設工事の現場におく主任技術者・監理技術者の有資格者（建築一式工事，大工工事など．1級と2級とでは範囲が異なる）として認められるなど，施工技術の指導的技術者として社会的に高い評価を受けることになり，現場配属の人が積極的に取得する資格といえる．
【管轄】(財)建設業振興基金試験研修本部

■造園施工管理技士

近年のエコロジーブームによる環境問題に対する社会的な関心の高まりに伴い，急速に注目を集めている資格のうちの一つであり，特に自然が失われつつある都市部においては，緑や水を提供する貴重な役割を担っている．造園工事には一般に，公園工事，緑地工事，広場工事，遊園地造成工事などがあるが，造園施工管理技士は，これらの工事を円滑に行うために，施工計画の作成，工程・品質・安全管理など技術上の管理を的確に行うことを業務とする．

1級造園施工管理技士は，建設業法に定める造園工事業の特定，一般建設業の許可に際し，営業所ごとにおく専任技術者，工事現場におく主任技術者監理技術者になれる．

2級造園施工管理技士は，同じく造園工事業に関わる一般建設業の許可に際し営業所ごとにおく専任の技術者，工事現場ごとにおく主任技術者となることが認められる．
【管轄】(財)全国建設研修センター造園試験課

■技能士（建設関係のみ）

技能検定とは，労働者の技能の程度を検定し，国が技能を公証することで労働者の技能習得意欲を増進し，技能に対する社会一般の評価を高め，労働者の技能と地位の向上を図るものである．1959年に実施されて以来，年々内容の充実を図り，現在133職種について実施されている．合格者は200万人を

超え，たしかな技能の証として各職場において高く評価されている．技能検定には，現在，特級，1級，2級，3級に区分するもの，単一特級として等級を区分しないものがある．

133職種のうち，建設関係の職種に分類されている種類は，以下のとおりである．

- 造園
- さく井
- 建築板金
- 冷凍空気調和機器施工
- 石材施工
- 建築大工
- 枠組壁建築
- 瓦ぶき
- とび
- 左官
- れんが積み
- 築炉
- ブロック建築
- エーエルシーパネル施工
- コンクリート積みブロック施工
- タイル張り
- 配管
- 浴槽設備施工
- 厨房設備施工
- 型枠施工
- 鉄筋施工
- コンクリート圧送施工
- 防水施工
- 樹脂接着剤注入施工
- 内装仕上げ施工
- スレート施工
- 熱絶縁施工
- カーテンウォール施工
- サッシ施工
- 自動ドア施工
- バルコニー施工
- ガラス施工
- ウェルポイント施工
- 建築図面製作
- 塗装
- 路面標示施工
- 広告美術仕上げ

【管轄】厚生労働省職業能力開発局技能振興課，中央職業能力開発協会検定第一課，各都道府県能力開発協会

■木造建築物の組立等作業主任者

軒の高さ5m以上の木造建築物の構造部材の組立てまたはこれに伴う屋根下地，外壁下地の取付作業について，事業者が選任すべきと定められている主任者の資格であり，作業の方法・順序を決定し，作業を直接指揮すること，器具・工具・安全帯・保護帽などの機能を点検し不良品を取り除くことなどを業務とする．

【管轄】各地の労働安全課または(社)全国中小建築工事業団体連合会

最後に，施工に関連するその他の資格を名前のみ掲載する．

大断面集成材管理士，木材乾燥士，木材切削士，木材接着士，鉄骨（精度・超音波）検査技術者，鉄骨製作管理技術者，防錆管理士，コンクリート（主任）技士，金属屋根工事技士，建築コンクリートブロック工事士，住宅断熱施工技術者，PC工法溶接管理技術者，計装士，建設機械施工技士，基礎施工士，砂利採取業務主任者，圧接管理技士，アルミニウム合金構造物の溶接施工管理技術者，アルミニウム溶接技術者，手動ガス圧接技量資格，鉄筋ガス圧接部超音波探傷検査技術者，非破壊検査技術者技量認定，溶接技術者，溶接作業指導者，溶接作業者（溶接技能者），建設機械器具賃貸業管理技士，作業環境測定士，労働安全コンサルタント，労働衛生コンサルタント，建設業経理事務士，建築物環境衛生管理技術者．

分野8　都市・環境

1. 概説と動向

　経済成長を背景に，大型公共事業や大規模な基盤整備により進められてきた従来型の都市づくりは，21世紀に入り大きな転換期を迎えている．

　生活者の視点から身近な生活の豊かさや地域に根ざした空間の質，歴史や文化を重視した町並み，自然環境や景観資源の保全が求められてきている．

　また，地方分権一括法や特定非営利活動促進法（NPO法）の施行もあり，市民主体のまちづくり活動の実践や，行政による市民との協働型まちづくりへの転換が図られつつある．一方では，都市計画法および建築基準法の改正による相次ぐ規制緩和の影響で，各地では建築紛争が頻発し，これらを背景に2004年に景観法が成立した．法改正に基づく都市計画提案制度や地区計画の申出制度が前面に出され，これからのまちづくりや実現される空間像には，市民に委ねられる部分がさらに大きくなり，市民意識の格差による地域差も広がるであろう．

　ここにあげられた資格・職種は，従来型の都市空間の実現手段に関わるものである．これらが築いてきた職能を方向転換させながら，新たな市民の要求に根ざした職能の確立が，明らかに求められている．行政と市民の間に中立的立場になりうる専門家派遣制度，事業者に対する市民側の代替案を提案できる人材の確保，まちづくりNPOなどを支援できる地元の工務店や建築士の活躍などが大いに期待される．

2. 資格・職種

(1) 計画に関わる職業
■再開発プランナー

　再開発プランナーは，都市再開発事業に関わる企画，事業計画の作成や権利調整など，事業全般の業務に従事する．まちづくりに関する知識や技術，経験を活かし，土地の高度利用や都市機能の更新，まちの整備や再生を行う．
【管轄】(社)再開発コーディネーター協会

■不動産コンサルティング

　近年の不動産業界では，顧客の相続，不動産の有効な運用法，税金・環境問題など総合的なマネージメント能力が要求されるようになってきた．宅地建物取引業での不動産の開発・分譲，流通，不動産業での賃貸・管理，鑑定評価などといった両事業において，一定水準以上の知識と技術をもって従事する仕事である．宅地建物取引主任者資格登録を受けてから，7年以上の不動産に関する実務経験を有し，現に宅地建物取引業に従事している者，または今後従事しようとする者，不動産鑑定士の登録を受けてから，7年以上の不動産鑑定業者およびその従業者として，不動産鑑定に関する実務経験を有し，現に不動産鑑定業に従事している者，または今後従事しようとする者に受験資格がある．
【管轄】(財)不動産流通近代センター教育事業部

(2) 建設に関わる職業
■技術士（建設部門・環境部門）

　技術士は，科学技術に関する高等な専門的応用能力を活かし，各部門において計画，研究，設計，分析，試験，評価，またはこれらについての指導業務を行う技術者である．19の技術部門のうち，都市や環境に関わる部門は，「建設部門」と「環境部門」である．コンサルタント会社や建設会社等における上級技術職員として，公共事業などに関わることが多い．
【管轄】(社)日本技術士会

■測量士・測量士補

　国土開発や建設事業を実施する上で欠かすことのできない測量は，土地の境界線の設定や地図づくりなど，その仕事範囲はきわめて広い．測量士は基本測量，公共測量の計画を作製し実施する者として，測量法により，測量業者は一つの営業所に1人以上の測量士をおかなければならない決まりになっている．測量士補は，測量士の作製した計画に従い，測量に従事する．官公庁，測量会社，建築・土木会社，不動産，地図作成会社への就職のほか，独立開業も可能である．土地家屋調査士の第2次，測量士は技術士第1次の一部の試験が免除になる．
【管轄】国土交通省国土地理院総務部総務課

■土地家屋調査士

　土地家屋調査士法に基づいて設定される国家資格である．他人の依頼を受けて，不動産の表示に関する登記につき，必要な土地または家屋に関する調

査，測量，申請手続きまたは審査請求の手続きをすることがその主な業務．建築とのからみは大きく，設計者でもこの資格を取得する者は多い．1，2次試験を受け，その合格者がさらに口述試験にパスすると資格が取得できる．
【管轄】各都道府県の法務局，地方法務局総務課

■土地区画整理士
　土地区画整理法75条2項に基づく国家資格である．土地区画整理事業の専門家として，換地計画などに携わる．公正な立場で土地提供者間の利害を調整し，スムーズに土地の区画整理を行う専門家．土地の区画形質の変更や公共施設の新設・変更に関する事業において，必要な専門知識，換地計画などに関する技術・実務能力が要求される．
　この技術検定合格者は土地区画整理士と称し，土地区画整理事業の専門家として高い評価が与えられる．
【管轄】国土交通省国土地理院総務部総務課

■土地改良換地士
　国や地方公共団体などが行う農用地の整備，造成などの土地改良事業では，これまでの土地と比較して換地される土地について，適正な処分が行われなければならない．その際に専門家として，必要な意見を述べるのが主な業務である．
【管轄】農林水産省構造改善局農政部管理課

■地質調査技士
　建設工事の前段階で実施される地質調査は，建築物の安全性や耐久性に関わる重要な仕事である．近年のように工事規模が巨大化・複雑化する中で，要請される技術も細分化・高度化していく傾向にあり，地質調査技士は，ボーリングによる地質調査を行う技術士として，地質調査現場の第一線で活躍する．
【管轄】(社)全国地質調査業協会連合会

■造園施工管理技士
　環境保護や景観への配慮，緑化対策などのため，建設工事および土木工事の一環として，造園工事が行われることが多い．造園施工管理技士は，造園工事の現場において，施工計画，施工図作成，工程管理，安全管理などを行う専門技術者である．建設業法に基づく国家資格であり，各種造園施工技術・組合わせ造園施工法についての指導および監督を，的確に行う能力が求められる．

【管轄】(財)全国建設研修センター

(3) 行政手続きに関わる職業

■建築基準適合判定資格者
　都市計画区域内に建築物を建てる場合，建築主はその建築物の構造，面積，敷地，設備などが建築基準関係規定に適合するものであるかどうかについて，建築確認を受け，確認済証の交付を受けなければならない．この確認業務および建築着工後の工程における中間検査や完了検査を行うことができるのが，建築基準適合判定資格者である．従来の確認業務は，特定行政庁が命ずる建築主事（市町村または都道府県の吏員）によるものとされていたが，1998年の建築基準法一部改正により，建築確認・検査の民間開放が行われ，都道府県知事または国土交通大臣指定の民間指定確認検査機関の確認検査員も担うこととなった．
【管轄】国土交通省住宅局建築指導課

■宅地建物取引主任者
　宅地建物取引業を営む事務所には，不動産の取引に関する専門的知識をもつ者として，従業員5人に1人の割合で専任の取引主任者を設置することが義務づけられている．宅地建物業の業務である，宅地建物の売買・交換，貸借の代理・仲介において，取引主任者は，物件に関する重要事項の説明・説明書の交付と，契約書の記名・押印の仕事を行う．この資格は，不動産業以外にも，不動産関連部門をもつ一般企業や，融資部門で不動産に関する知識が必要とされる金融機関などでも取得が奨励されている．試験に合格し，2年以上の実務経験，または実務講習を受けたものが，都道府県知事の登録を受けることができ，宅地建物取引主任者として業務を行うためには，登録を受けた都道府県から主任者証の交付を受けなければならない．3年ごとの更新が必要で，その際には指定の講習を受講する．
【管轄】(財)不動産適性取引推進機構

■不動産鑑定士
　不動産鑑定士は，客観的諸条件をもとに不動産の鑑定評価を行う専門家である．宅地の価格の安定とスムーズな供給を目的に，1965年に不動産鑑定士制度が発足した．その後，規制区域内の土地の権利を移転する際などの許可申請書には，必ず不動産鑑定士による鑑定結果を明記しなければならないとする「国土利用計画法」の成立など，不動産鑑定士の社会的任務は重大になっている．

【管轄】国土交通省土地・水資源局地価調査課

■税理士

　税理士の職務は，各種税務処理，会計業務を基本とするが，税務関係の専門家として，近年は経営指導や相談を行うコンサルタント的な役割も担っている．改正の多い税法に対応し，複雑で税務処理を代行する専門的能力だけでなく，企業経営全般にわたる幅広い分野の知識と実務能力が要求される仕事といえる．税理士として業務を行うためには，資格取得後，税理士名簿に登録し，税理士会に加入することが条件である．また，会計業務全般についての指導や相談，企業経営のコンサルティングと，業務内容は多岐にわたる．
【管轄】国税庁人事課試験係

■行政書士

　官公署に提出する書類の作成，行政書士が作成することができる書類を官公署に提出する手続きの代行，その他権利義務または事実証明に関する書類（実地調査に基づく図面類を含む）を作成することを業務とする．許認可事項は増加し，複雑かつ専門化してきていることから，重要な資格である．
【管轄】(財)行政書士試験センター

■司法書士

　司法書士は，裁判所・検察庁法務局に提出する書類の作成，登記や供託の手続きの代理などを行う者で，その仕事の範囲は，不動産登記，法人登記，訴訟関係の三つの分野に大別することができる．具体的には，①不動産に関する権利を登録するために，登記の申請書類の作成や申請，手続きの代理などを行う不動産登記実務，②法人や会社設立，支店の開設，資本金・役員の変更などの際に必要とされる商業登記の手続きの代理，③訴訟や答弁書，告訴状や告発状などの訴訟関係の書類作成，④供託手続きの代理などがある．
【管轄】法務省，各管区法務局

(4) 経営・環境管理に関わる職業

■中小企業診断士

　中小企業の経営コンサルタントとして，企業の経営管理の実態を総合的に調査・分析し，具体的な改善案を立案，実施の指導を行う．国・地方公共団体などの公的機関より依頼されて行う公的診断と，民間企業と直接契約を行い，コンサルタント業務を行う民間診断の二つに大別されるが，いずれも企業経営に関する幅広い知識が求められる．民間の企業内診断士として活躍するものも多く，独立開業の道もある．工鉱業・商業・情報の3部門に分かれて登録される．
【管轄】(社)中小企業診断協会本部

■ビル経営管理士

　大規模事務所ビルなどの所有と経営の分離が進み，ビル経営の経験と知識に乏しい地権者などに代わるビルの経営管理者の要請が高まっている．このため，ビルの適正な管理計画・修繕計画に必要な関係・経営に関する知識，賃貸借の契約に関する知識から，設備管理に関する知識まで多岐にわたる知識を総合的に有し，賃貸ビルの経営を管理する．
【管轄】(財)日本ビルヂング経営センター

■ファシリティマネージャー

　人材，資金，技術，情報に続く第5の経営資源と呼ばれるファシリティ（企業・団体などの全施設および環境）を経営的視点で，総合的に企画・管理・活用できる人材の育成，普及を目指してできた資格である．
【管轄】(社)日本ファシリティマネジメント推進協会

■環境マネジメントシステム審査員

　国際標準化機構（ISO）は，製品企画やシステム規格の国際標準を作成する機関であるが，環境管理システムにおける国際規格として，1996年にISO 14000シリーズをスタートさせた．この認証の審査のため，企業などの環境保護に配慮した業務システム，経営管理システム構築の適正を監査する資格である．
【管轄】(社)産業環境管理協会環境マネジメントシステム審査員評価登録センター

■樹木医

　全国各地の巨樹，古木林などは，緑豊かで快適な環境をつくる貴重な資源である．日本緑化センターでは，農林水産大臣の認定事業として，樹勢回復，樹木の保護管理などに関わる専門家を養成する樹木医資格審査・証明事業を実地している．
　樹木医とは，樹木の診断，治療および後継樹の保護育成ならびに樹木保護に関する知識の普及および指導を行う専門家である．
【管轄】(財)日本緑化センター

分野9　行　　政

1．概説と動向

　行政の仕事は，公共の福祉の向上，すなわち，国民全体や地域住民全体が幸福を追求し，安心して生活できることを目的として，個人では解決できない課題について，議会の議決などの意思決定手続きにより国民または住民から付託されて，その解決を図る仕事である．国家の存続に関わる問題や，国土全体レベルでの基盤整備から身近な地域のまちづくりや日常生活の細部に至るまで，さまざまなスケールと多岐にわたる内容を対象としている．そこで働く職員は一般に公務員と呼ばれ，「全体の奉仕者」であることが求められる．

　従来，行政はそれぞれの分野ごとに独自の理念をもって，独自の法体系を形づくり，これに基づき施策が具体化されてきたため，行政庁の組織もそれに合わせて，国の省庁から地方自治体の部課までピラミッド状のつながりの中で運営されてきた．しかし，昨今は，少子高齢社会の対応や地球環境問題との関わりを前提とした施策の実施が強く求められている．こうした中で，居住環境や都市空間の問題を視野に入れながら，異なる分野が協調して総合的な施策を実施する動きがみられる．すでに1980年代後半から，高齢者福祉と住宅供給を結び付けた「シルバーハウジング」（国レベルでは厚生省（現厚生労働省）と建設省（現国土交通省），自治体レベルでは福祉局と住宅局の連携）などが取り組まれてきた．最近では，交通機関や公共施設のバリアフリー化，建築物や都市構造物のリサイクル，環境への配慮を推し進めた住宅建設などを施策に取り入れる動きがある．2001年には省庁が再編され，国土交通省，労働厚生省，文部科学省などが創設された．省庁再編により，旧来の組織の縦割りを越えて連携し，異なる法制度体系を調整しながら総合的な施策の立案，実施が促進されることが望まれる．

　また，高度経済成長期から情報化社会へと生活と生産の様式が変化し，旧来の地縁共同体が崩壊するとともに，女性の社会進出はいっそう進んだ．こうした中で，子育て，介護，リサイクル，防災対策など日常生活に密着した部分での行政需要が飛躍的に顕在化している．これらの分野は，住民が安心して生活できるようにするための行政の役割を明らかにしつつ，新しい時代のコミュニティづくりを目指して住民と行政が共同して行うもの，幅広いサービスの需要に対応するため民間市場を育成，誘導して活用するもの，非営利団体を育成し委ねるものなど，公的機関による直接実施にとらわれない施策化が進んできている．

　1999年，地方分権一括法の成立により，国と地方自治体の役割が再定義された．国は，「国際社会における国家の存立に関わる事務，全国的に統一して定めることが望ましい国民の諸活動もしくは地方自治に関する基本的な準則に関する事務，または全国的な規模でもしくは全国的な視点に立って行わなければならない施策および事業の実施，その他国が本来果たすべき役割を重点的に担う」こととなり，住民に身近な行政はできるだけ地方自治体に委ねる，とされた．この改正により，地方自治体はその権限と責任において施策を実施することとなった．地方自治体は，地域の実情や住民の意思をきめ細かく反映した施策立案と実施，関係機関との調整能力をいっそう求められることとなる．また，国，地方とも財政状況の激しいなか，自治体の存続をかけて，効率的な行財政運営と独自の財源確保に向けた取組みがいっそう強まると考えられ，個々の施策についてもコスト感覚が重要となる．

　注）法律に基づき，地方公共団体の長が「国の機関」として事務を行うことが決められた「機関委任事務」が廃止された．

　行政はとかく閉鎖的で内部がわかりにくいといわれている．最近ようやく，住民の求めに応じて行政の文書を公開する手続きを定めた情報公開条例の制定，政策決定プロセスでの住民の意見聴取，行政のもつ情報を積極的に提供し提案を求めるなど，情報公開と住民参画を取り入れた行政運営が広がりつつある．

2．資格・職種

■国家公務員

　国家レベルの施策の企画立案，法案の作成，事業の実施，地方自治体への支援などを行う．職種は事務系（法律，経済）と技術系に分かれる．技術系はそれぞれ専門分野により細分化され，対応する職域が限定される．

　住居・居住は生活の基礎であるから，どのような施策にも住居，居住との関連性がみられる．高齢社

会や地球環境問題などを念頭に，住居・居住と関連の深い行政を挙げる．

[建設行政]
1) 都市行政
①都市計画に関する法，制度の整備
②市街地整備事業等に関わる制度の整備，自治体，事業者への支援
③都市施設の整備
④都市環境施策
2) 河川・水辺整備
①洪水対策，水資源開発
②まちづくりと一体となった水辺整備
3) 道路整備
4) 住宅・住環境整備
①住宅政策の基本的枠組みの構築
②公共住宅建設のための法，制度の整備と供給主体への支援
③住環境整備に関わる事業手法の整備，自治体への支援
④高齢者等に対する住宅施策
⑤都市再生機構（旧都市公団），地方住宅供給公社，住宅金融公庫などに対する施策
5) 建築指導行政
①建築基準法体系の整備
②民間の指定認定機関への対応
6) 建築士，建設業，不動産業に対する指導，監督
7) 付属研究機関

[保健，福祉行政]
1) 公的扶助（生活保護の一環としての住宅扶助など），保護施設の設置
2) 高齢者福祉施策
①在宅福祉の施策，法体系整備
②施設関係
③シルバーサービスの育成
④多様な高齢者向けの多様な居住施設の整備支援（ケア付き住宅，グループホームなど）
3) 公衆衛生（ビルの衛生管理，給水施設等の衛生管理などを含む）
4) 子育て支援（保育所，託児所，保育サービスの拡充支援など）

[教育行政]
1) 研究助成
2) 文化財保護と活用
3) 環境やまちづくりなど多様な生涯学習への支援
4) 学校施設の活用と複合施設化による生活環境整備
5) 学校教育を通じた住居・住環境・まちづくりなどの学習

[産業行政]
1) 規制緩和（輸入材料の活用と規制緩和による多様な住宅供給）
2) 産業配置，活性化（地方分散型産業再配置と都市計画）
3) 地域振興策と関連した自治体のまちづくりや住宅地の整備
4) 技術革新，素材や製品開発（工業製品に関わる技術革新，人にやさしい製品開発，環境調和型素材の開発，雨水利用・都市緑化のための技術開発）
5) 消費・流通のルールづくり（リサイクル推進のための法制化など）

[情報，通信行政]
情報通信の基盤整備，通信事業の高度化促進

[運輸行政]
1) 地域交通の改善（市町村レベルでの身近で利用しやすい地域交通システム，バスなど交通機関のバリアフリー化推進）
2) 交通施設の整備（鉄道駅などのバリアフリー化，周辺の歩行者環境の改善）
3) 港湾施設，駅，道路などと都市づくりとの連携

[農林水産行政]
1) 農村環境整備（農道，集落など農村の生活環境整備，生活改善）
2) 農村・漁村の高齢化対策
3) 過疎地の環境整備（山間部・山すその農村の生活環境整備と総合的活性化）
4) 林業対策（国際競争のもとでの国産木材の活用）

■地方公務員

都道府県と市区町村（基礎的自治体）で違いがあるが，住民生活に密着した施策の具体化と実施を中心とした仕事をしている．職種は事務系，技術系（土木，造園，建築，電気，機械など），福祉系（保育士，児童指導など），保健衛生系（保健師，環境衛生など多種に及ぶ）などに分かれるが，詳細な区分と採用職種は自治体によって異なる．技術系・福祉系は職域が特定されている．実際の職場には，複数の職種が配属されていることが多く，それぞれの専門性を活かしながら協働することが重要である．

都道府県では，広域的な調整が必要な施策や大規

模な事業の実施，市区町村への指導・支援などが主な内容である．基礎的自治体は，地域の実情や住民のニーズ，意向をきめ細かく把握して施策や事業を企画立案するとともに，直接住民と対応して実施する部隊である．また，地方分権の進む中で，自治体は財源の確保も含めて，主体性を発揮することが求められている．最近は，インターネットなども活用した情報提供と住民からの意見聴取，職員にも住民にもわかりやすい施策効果の検証などの取組みがみられるが，行政への住民の参画と効率的な行政運営にいっそう努めなければならない．

住居や住環境の問題は，日常生活のあらゆる場面に影響を及ぼし，また逆にあらゆる問題の原因ともなるため，自治体の仕事は，ほとんどの分野で，住居・居住と関連するといっても過言ではない（施策をめぐる動向は国家公務員の項参照）．

地方公務員の処遇は地方公務員法に定められている．なお，最近は非常勤職員活用などが進み，職場内でも身分が多様化している．

［都市整備行政］
1) 都市計画などの策定
①マスタープランの策定
②都市計画法に基づく地域地区，都市施設，市街地開発事業などの都市計画決定
③地区計画などの活用による地域特性に応じたまちづくり
④自治体としての都市づくりの基本的な考え方を定める独自の条例の制定
2) 公共施設（道路，公園，公共建築物など）の建設と管理
①住民のニーズに合った公共施設づくり
②計画，設計段階から維持管理への住民参加
3) 公共住宅の建設，誘導，居住者支援の実施
4) まちづくり事業の実施
5) 開発・建築指導
6) 自然環境の保全
7) まちづくりに関わる第3セクターの設置

［コミュニティ行政］
1) コミュニティ活動支援
2) 地域の産業活性化
3) NPOなどの育成，支援

［保健福祉行政］
1) 高齢者，障害者，生活困窮者などへの支援
①生活保護を通じた住居費の給付
②高齢者・障害者等を対象とした住宅の確保・提供，民間での建設支援
③施設の整備
④民間施設の指導
⑤住宅改造への支援
⑥在宅生活を支えるためのきめ細かなサービスの実施
2) 保育園，児童館など
①保育園
②児童館
3) 衛生的環境確保の指導
4) 訪問活動などによる住まいの問題の発見と解決

［教育・文化行政］
1) 学校教育（「分野10 教育」参照）
2) 生涯学習への支援
3) 文化財・環境資源の保護

■警察職員（警察官）

警察官の仕事は各種犯罪捜査と犯人検挙，犯罪の予防，市民生活の安全確保，道路交通の管理など多方面にわたっている．警察官は，これらに対応するための専門知識と実技訓練を積んだ，特殊な地方公務員である．通常24時間体制の交代勤務制で，犯罪，事故に備えている．

最近は，外国人組織の侵入など犯罪のグローバル化が進むとともに，外国からの銃器，薬物の流入などが増加し，国際的かつ専門的，科学的捜査体制が求められている．その一方で，高齢化の進むなか，市民生活の安全を確保するため，住民からの相談への対応，パトロールなど日常生活に密着した業務も多くある．

地域社会の人間関係の希薄化，自主的防犯機能，相互扶助機能の低下などを背景として，身近なところで，予期しない犯罪が起こっている．犯罪捜査や防犯に取り組む警察も，住民と協力関係を築きながら，地域の生活安全上の問題に細やかに対応することが求められる．

以下，住居，居住と関わりが深いものをあげる．
［市民生活の安全］
・地域の生活安全センターとしての交番，駐在所
・住民，関係団体との協力
［防犯とまちづくり］
・都市計画，建築計画との連携
［安全で快適な交通の確保］
・交通安全施設の整備
・駐車対策
・危険な道路，渋滞する道路の改善
・地域特性に応じた面的整備
［生活環境の維持］

- 風俗営業の健全化
- 環境犯罪への対応
- ホームレス対策

［その他］
- 不動産取引をめぐる事犯
- 違反建築業者の取締り
- 建築計画に伴う事前協議

■消防職員

消防職員は，火災，危険物，自然災害，震災などあらゆる災害発生時の人命・財産への被害防止と救助，予防および救急を主な業務として，専門的知識と実技訓練を積んだ，特殊な地方公務員である．通常は24時間体制の交代勤務で，火災や救急出動に備える．

消防の業務のほとんどが，居住地や住民の安全性に深く関わるものである．高密度市街地の拡大と都市機能の高度化，複雑化に伴い，消防技術はいっそう高度化，専門化している．阪神・淡路大震災では，大都市でのライフラインの耐震化の重要性など，都市基盤整備に課題を示した．その一方で，いざというときのコミュニティの連帯による自主的な救助，消火活動が被害をくいとめることも明らかになった．昨今は地域コミュニティの変化が著しく「自分たちの地域は自分たちで守る」という地域連帯の精神の希薄化が指摘されている．特に，専門家による救助，消火活動だけではとても対応しきれない震災時を想定すると，コミュニティの再生と住民による自主的防災活動を活性化させることが重要であろう．

以下，住居，居住に直接関連する業務を挙げる．

［火災予防］
- 建築確認申請時の消防同意（防火，避難，消火活動の観点から，建築計画図書を審査し指導する）
- 多人数を収容する建物（防火対象建築物，共同住宅も対象）への指導

［消防施設の整備と防災まちづくり］
- 消防水利（防火貯水槽など），消火栓などの整備
- 災害に強いまちづくりを目指した自治体との連携した取組み

［自主的防災活動支援と住民啓発］
- 消防団，自主防災組織への指導，支援

［研究活動］
- 消防の科学技術に関して社会的要請や消防行政上の課題重点に研究する国立の機関として，消防研究所がある．地震防災，消防活動技術，延焼特性や火災性状など，建築規制，防災まちづくりにも反映されていく研究活動が行われている．

分野10　学校教育

1. 概説と動向

　住居, 居住の問題解決には, 一人ひとりの生活者が自らの住生活や地域の環境, コミュニティに関心をもち, 学習することが大切である.「まちづくりへの住民参加」の取組みの第一歩も, 地域についての学習から始まることが多い.「住」を学習する視点としては,「多様化する家族構成やライフステージに応じて工夫し選択する住まい手」「地域の居住環境やまちづくりの問題の解決策を考えるコミュニティの主体者」「幅広い視点で都市や環境を考える市民」「賢い選択で住宅を取得する消費者」「地域の住文化・生活文化の継承者」などの視点が考えられる.

　生活空間や地域社会自体が複雑化・多様化している現代においては, 意識的な取組みなくしてこうした視点を身につけていくことは難しい. これらは生涯学習の課題であると同時に, 学校教育の中でも「居住環境」や「まちづくり」を取り上げる必要性が, 住教育やまちづくりの市民参加・住民参加を実践する人々の中から指摘されてきている.

　一方, 学校教育の中では, 中学校・高校での家庭科が男女共修化され, 技術と人間生活の関わりを考えさせるとともに, 家族と家庭生活を正面から捉えようとする方向がみられる.

　また少子化, 伝統的な地域社会の解体が進む中で,「地域や家庭の教育力の低下」のもと「ゆとりの中で自ら学び考える力」を育てる学校教育の必要性が指摘され（1996年, 中教審）,「総合的な学習の時間」が創設された. これは,「各学校がそれぞれの地域の実情に応じて創意・工夫を凝らした教育実践を行うための時間」「教科の枠組みは前提としつつ, それだけでは対応できない複雑な社会問題に取り組む時間」として位置づけられており, たとえば地域社会の課題・福祉・環境問題・市民参加など幅広い課題を取り上げることが考えられる. 児童, 生徒の興味・関心, 地域特性, 教員の専門分野や問題意識に応じて, 居住, 住環境などに踏み込んでテーマを設定し, 学習することも可能であろう.

　さらに, 地域との連携, 学校開放, 体験活動の機会の充実なども指摘されており, 地域の多様な人材活用, 生涯学習, 児童施設の活動との連携などの方向性がみられる. 地域のNPOの中にも「開かれた学校」との連携を模索し, たとえば「総合的な学習の時間」についてともに研究するなどの取組みもみられる. これらは, 児童・生徒が, 市民生活の向上という現実的課題を実感しながら学習に取り組む上で重要である.

2. 資格・職種

■小学校教員

　小学校教育が対象とする6〜12歳の児童期は, 社会生活を営むために必要な知識や社会習慣, 個性や能力を発展させる基本となる学力を身につけるとともに, 友だちとの関わりや体験, 実験を通じて疑問を解決し, 自らの興味を広げ, また深める時期である. 言葉や文字の理解や表現, 数的な概念や法則などを体系的に学ぶ一方で, 豊かな遊びや体験の中からさまざまなことを学習していく. 児童の生活全般が教材となり, 教育活動となる. こうした幅広い教育活動の中心となるのが, 小学校教員である.

　小学校教育において,「住居」「居住」を正面から取り上げることは少ないが, 身のまわりの環境を整えたり, 地域についての学習に取り組んだり, 日常生活空間への関心を高めるきっかけは多くある. 各教科での学習内容にも, 住環境, まちづくりなどに関連の深いものがある. 具体的な学習内容には, 以下のようなものがある.

　生活（1〜2年）, 社会, 理科, 家庭, 図工, 総合的な学習の時間

　総合学習の取組みは, 教科学習を「現実に即してわかりやすく, さまざまな課題と関連づけてより深く」発展させるという視点から, あるいは現代の子どもたちにとって実感のある「学び」をつくり出すため独自の位置づけを与え,「身のまわりの自然や社会を教材に, 今日的課題を捉えて」「実体験を重視する」「実際に社会を担ういろいろな大人を先生として学ぶ」などの視点からさまざまな実践がされてきた.

　これらの中には, 居住やまちづくりに深く関わるものも多い. 地域の点検や聞き取り調査をもとに子どもたちからの提案をまとめる（「バリアフリー化」「地域の活性化」「雑木林を守る」など）, 環境問題に対する異なる立場の人々への聞き取り調査などでは, 環境を構成するたくさんの要素を知り実感する, まちの問題を解決する方法を考える, 行政に働

きかけ住民と行政の関係を認識する，多様な立場の意見を生かすことの重要性を理解する，などを含んでいる．

これらは，居住やまちづくりの主体者としての認識につながる．地域の中心を流れる「川」をさまざまな観点から調べるといった取組みでは，開発とまちづくり技術などの視点の学習も可能であろう．また，農業体験と農産物を活用したものづくりなどでは，「生産」の原点を体験することにより，工業製品の生産・消費への問題意識を掘り起こすことになろう．

■中学校教員

中学校教育が対象とする年代は，行動範囲が広がり，親からの自立を意識し，また，自分らしさや将来への夢を模索し，進路選択などを通じて，現実の一断面や大人世代や現代社会への疑問も意識される時期である．中学校の教育活動は，こうした生徒たちにとって，すべてが「自立に向かう体験」である．

中学校の教科は各教科専門の教員が担当し，内容も専門的になるとともに，生徒の自主性が重視される．自ら問題意識をもって調べる，体験することなどを通じて，疑問が解決されていく，問題意識が発展していくという実感がもてることが重要である．

「住居」「居住」というテーマは生活に密着したものであるから，生徒自らの身のまわりや体験に即して問題意識の掘り起こしや，実生活の中での検証が可能である．またさまざまな角度からのアプローチが可能で，法律や社会制度，科学，芸術など幅広い分野と深い関連性をもっているため，教科の枠を越えて，総合学習としての取組みにもなじみやすい．「住居」「居住」に関わる多様な職業への関心を引き出すことも重要である．

社会（地理的分野，歴史的分野，公民的分野），理科，技術・家庭，美術，総合的な学習の時間

■高等学校教員

高等学校は，義務教育とは異なり自主的に選択して進学するところとはいえ，中学校卒業後の進路としては，いわば当然の選択となっている．

しかし，多様な個性と能力が開花しつつある青年期の生徒たちは意識もさまざまで，高校に求めるものも，まさに多様である．また，現代社会の複雑さを目の当たりにしながら，職業選択や将来の展望についてかなり具体性をもって模索している．高校教員は，こうした生徒たちが自らの高校生活を自らつくり出せるよう支援するとともに，社会人としての自立を促し，専門的学問の奥深さや研究する喜びを伝えていかなければならない．

一方，少子化のもと，高校の教育内容も個性化が進み，高校のあり方そのものも，公立・私立を問わず，従来の枠を越えて多様化・個性化する方向にある．画一的なカリキュラムやクラス編成に捉われない「単位制高校」，普通教育と専門教育の枠を取り払い，現代的課題やライフプランを見据える学習内容を取り入れた「総合学科」などがその例である．

高校教員は，学校の目指す方向性，生徒の問題意識や個性をよく考慮しながら，学習内容や学習方法を研究していく必要がある．

高校教育の中で，普通教育では家庭科で住居を直接取り上げるほか，理科・社会などの専門的知識や研究成果が，住居・居住の問題解決や新たな技術の開発につながるという関わりも重要である．専門教育では，工業科（建築・建設関係）や家庭科などで直接関係するが，福祉関係の学科でも住居に対する問題意識をもつことが重要である．

［普通教育］

社会，理科，家庭，美術，総合的な学習の時間

［専門教育］

専門教育は，産業技術の発展や現代社会をめぐる諸問題からの要請，青年自身の職業選択の動向などを反映しながら多様化している．また，大学進学率の上昇，専門学校の増加と多様化の中で，高校における専門教育のあり方自体が問われている．たとえば，地場産業や地域特性を生かした個性化，普通教育との枠を取り払った総合学科への発展改組など，さまざまに模索されている．

専門教育では，各教科において以下のような住居，居住の課題を理解し，あるいは住居に関連した職業を選択するのに関連の深い科目が設定されている．各学校の学科・コース設定，教育方針などにより，科目選択，内容の重点は多様である．なお，共通するものとして課題研究がある．

農業，工業，家庭，福祉，美術

［総合学科における教育］

総合学科では，生徒自身の問題意識や進路希望によって，都市や居住への問題意識を軸にしたり，建築や住居に関連する職業選択を目指したカリキュラム編成を選択していくことも可能である．

■幼稚園教諭

幼稚園は，学校教育法に基づき設置される任意の教育施設で，3歳から就学前の幼児を対象としてい

る．近年，核家族化・少子化，あるいは生活環境の変化を背景に，子どもたちが自然発生的に集団で遊べる身近な空間が少なくなっている．加えて，女性の自宅外就労の増加などにより，入園年齢の低年齢化，保育時間の延長の傾向が進んでいる．保育園との差異が小さくなり，保育園を補完する役割も担う一方，独自の教育プログラムなどで個性を打ち出す園も増えている．

入園した子どもたちにとって，幼稚園は初めて出会う「家庭以外の社会」であり，日常の生活行為全般や遊びを通じて，友だち，家族以外の大人，自分たちを取り巻くさまざまな環境との関わりを体験する場である．幼稚園には，子どもたちが安心感をもって過ごすことができる集団と，その落ち着くスペースが必要である．また，施設自体が，子どもたちの発達段階にふさわしい豊かな体験ができる空間となっていることが望まれる．幼稚園教諭は，こうした視点をもって，教室や園庭などのスケール感，しつらえ方，遊具などを工夫することが求められる．

子どもたちは，遊びを通じて，空間認識，空間構成などの能力を身につけたり，家族・家庭に対する認識をもつ．また，地域全体を子どもたちの生活と学習の場と位置づけ，「お散歩」などを取り入れて，自然との関わりを広げ，地域への関心を引き出すこともできる．幼稚園教諭の仕事は，子どもたちとのさまざまな関わりを通じて，住教育の基礎となっている．

索　引

あ

アイランド型キッチン　187
明り障子　212
アクセントカラー　188
アスファルト　469
アスベスト　160, 454
アスマン通風乾湿球湿度計　125
遊び場　369, 374
頭金　272
厚板葺き　11
アートアンドクラフト運動　58, 223
アトピー性皮膚炎　360
亜熱帯海洋性モンスーン気候　34
亜熱帯地域　34
アフォーダブル住宅　268
アフターサービス基準　483
網代　38
アムステルダム派　59
アメリカ都市　25
アール・デコ　225
アール・ヌーヴォー　58, 223
アルミニウム合金　468
アレルギー性疾患　360
アレルギー様症状　304
アレルゲン　133
アレルベン　161
アロマコロジー　149
暗順応　122
暗所視　122
安全ガラス　190
安全教育　543
安全計画　291
安全性　292, 297, 419
安全な遊び場　374
アンチェ（内棟）　43
アンバン（内房）　44
アンピール様式　222
アンマダン（内庭）　43

い

イオニア様式　219
育児放棄　375
石囲炉　210

維持管理政策　268
椅子座　12, 65, 69, 82, 215
泉殿　3, 6
イスラム都市　23
板壁　10
板敷き　3, 12
板状吸音材　145
板葺き　11
Ⅰ列型キッチン　187
1種S型キッチン　177
一体式構造　110
一点集中型都市構造　348
一般廃棄物　470
イネーブリング戦略　445
居間　73
居間中心型　74
　　──の住宅　215
入母屋屋根　11
医療施設　280, 359
色温度　173
いろり　9
いろりかまち　10
インスラ　18, 47
陰宅風水　56
インテリアスタイル　188
インテリアデザイン　206
インテリアデザイン計画　209
インテリアの構法　259
インバータ　185
インフィル　17

う

ヴィクトリア様式　223
ヴィラ　221
ウィンザーチェア　223
ウィーン条約　457
ウォーターフロント　159
ウォーターフロント開発　322
ウォールキャビネット　186
請負規定　494
卯建　9
内井戸　214
厩　64
埋甕炉　210
ウルトラディアンリズム　155

運営管理　267, 286
運動公園　320

え

エアコン　167
エアロゾル　132
永住外国人　424
衛生設備器具　165
営造物公園　319
駅前広場　319
エクステリアデザイン　313
エクメネ　36
エクリン腺　124
エコキュート　190
エコポリス　552
エコ・リテラシー　378
エジプト都市　21
江戸間（関東間）　244
エネルギー多消費型生活　551
エネルギーの代謝　124
恵方　54
エリザベス様式　221
エルゴノミー系家具　248
エレベーター　373
縁側　33, 75, 371
縁側空間　36, 357
園芸　316
演色性　142, 173, 240
演色評価数　173
遠心力ファン　181
エンパイヤー様式　222

お

追焚機能付給湯機　190
応接間　75
大型パネル式構造　110
小川殿　7
屋外ガス設備　193
屋外給水設備　193
屋外電気設備　195
屋外排水設備　193
屋上庭　117
屋上緑化　315
屋内排水設備　165

押板　212
汚染物質　132
オゾン層破壊　457
オゾンホール　457
オープンキッチン　16
オープンスクール　380
オープンスペース　315
オープン部品　529
親のプライバシー空間　73
音圧レベル　143
音環境　398
音響環境　143
温室効果　456
温室効果ガス　456, 550
温点　124
温度差　399
オンドルパン（温突房）　44
温熱環境　127, 399
温熱的快適感　151
温冷感　151

か

臥位　245
街園　319
外観洋風内部和室・洋室混在型住宅　15
街区公園　320, 370
介護保険制度　390
臥位姿勢　233
概日リズム性睡眠障害　154
会所　6
改正児童福祉法　366
外装材　113
階段の勾配　298
快適温度　128
外部環境　34
家屋文鏡　2
価格弾力性係数　274
化学物質過敏症　133, 304
餓鬼棚　54
家具　300
核家族　355
格式尊重　67
学習空間　379
学習指導要領　540
カクトワール　221
核燃料　461
隔離　394
隔離収容　412
花こう岩　467
架構式構造　109
架構式住居　38
加算モデル　152
瑕疵　545
家事観　77
可視光線　123

家事代行業　79
瑕疵担保請求　501
家什具　4
家事様式　77
下肢領域　231
家事労働　77, 279
　　――の外部化　280
　　――の共同化　280
　　――の合理化　280
家事労働時間　280
ガス状物質　132
化石エネルギー　464
化石燃料　461
河川　321
家相説　55
過疎化　348
家族規模弾力性係数　274
家族共有空間　73
家族形態　82
家族周期　389
家族本位　68
カタルーニャ・モデルニスモ　58
学校教育　280, 540, 542
学校農園　378
カッサパンカ　220
合掌造り　8, 325
カッソネ　220
勝手口　215
家庭科　547
家庭教育　538, 542
家庭内事故　393, 400
家庭内暴力児　362
家庭崩壊　344
家電製品　300
　　――の固定　302
過電流回路遮断器　171
可動家具　65
かび　161
兜造り　8
カブリオール　222
壁代　211
カーペット　250
可変住宅　216
鎌倉　6
かまど　2, 9
竈屋　210, 212
釜屋　213
神棚　55, 56
鴨居　9
過用症候群　397
ガラス　258, 299, 468
ガラッソ法　336
瓦葺き　11
瓦屋根　33
感覚運動的空間　537
換気　162, 400, 541

雁木　11, 33
換気設備　114, 167
換気扇　181
環境アメニティ活動　352
環境汚染　218, 471
環境教育　349, 535, 548
環境共生　474
環境共生技術　474
環境共生住宅　98, 218, 559
環境施設帯　318
環境体験　378
環境調整　35
環境調節　315
環境適応型技術　551
環境デザイン　153
環境難民　458
環境の指標化　151
環境のマネジメント　153
環境評価　151
環境ホルモン　377, 455
環境要素　125
元金均等払い方式　273
環濠集落　325
監視性　310
杆状体　136
完成保証　507
間接照明　175, 251
桿体　122
乾泥工法　18
官能試験　134
韓民族　43
元利均等払い方式　273
管理組合　267, 286, 289
管理形態　286
管理行為　267
管理コーポラティブ　289
管理システム　285
管理主体者　267
管理費用　286
貫流断熱性　129
寒冷地　34

き

気温年較差　37
気温分布　37
祇園祭り　10
機械換気　134
規格サッシ　529
起居様式　28, 65, 74
規矩術　244
危険物型事故　299
気候改造　36
気候環境　36
気候風土　36
気候風土条件　34

気候変動に関する政府間パネル（IPCC） 456
椅座位 245
椅座姿勢 233
儀式様式 66
木地師の家 8
キシレン 304
季節性感情障害 156
既存住宅 496
既存住宅性能評価 496
北前船 10
几帳 211
キッチン 177
キッチンコア 216
キッチンユニット 216
キッチンレイアウト 187
輝度 126
機能的耐用年数 275
揮発性有機化合物 133, 304
キープ 19
気泡浴槽 189
キボトス 218
基本設計 115
気密性 129, 135, 399
鬼門 55
吸音 145
吸音材 113
給水設備 164, 196
給湯設備 165
給排水設備 114, 164
給与住宅 432
キュービット 243
境界塀 314
共感 345
強制換気 163
強制保険制度 505
境致 6
共同庭園 317
京都議定書 460
京間（関西間） 244
共鳴型吸音材 145
共有空間 267
共用空間 364
共用部分 285
局所換気 134, 181
局部照明 177, 185
虚弱高齢者 397
居住環境 281
　——の整備 267
居住環境政策 267
居住関連サービス 282
居住関連施設 280
居住基準 433
居住権 419, 447
居住差別 419
居住施設 366

居住水準 418
居住性 187, 267
居住福祉 391
ギリシア都市 21
切妻 32
切妻破風 38
霧除け 11
木割り 244
近居 390, 395
均斉度 138
金属材料 112
近代化遺産 334
近代都市 25
近隣開発組織 533
近隣公園 320

く

空間構成 100, 239
空間の機能分離 2
空間のヒエラルキー 342
空間配列論 103
空気環境 132
空気環境衛生管理基準 158
空気清浄器 163
空気清浄度 125
空気調和・衛生工学会換気規格 134
草葺き 11
具体的操作空間 537
九度造り 8
区分所有者 99
区分所有法 518, 520
クロスモス 219
グリッド 56
クリーネ 218
クリモグラフ 31
厨屋 212
クーリング・オフ制度 483
グリーン・ツーリズム 349
グループハウス（ハウジング） 90, 342
グループホーム 98, 367, 411
グレア 138
クローズド部品 529
グローブ温度計 125

け

褻（ケ） 5, 75
ケア付き住宅 395, 415
経営管理 267, 286
計画換気 135
計画集合住宅 358
計画的修繕 287
景観 316
景観規制 325
景観条例 328, 334

景観整備 327
景観整備計画 328
景観問題 331
蛍光ランプ 174
警告表示 527, 528
警告表示制度 528
形式的操作空間 537
景品表示法 487
啓蒙的家具 249
化粧材 10
欠陥 527
血管運動調節域 128
欠陥住宅 479, 493, 563
欠陥住宅被害 495
欠陥住宅問題 512
結露 131
気配コミュニケーション 97
権威的家具 248
厳格責任 526
健康住宅 558
健康文化政策 351
言語コミュニケーション 97
原子力発電 461
建設住宅性能評価 496
建設廃棄物 472
建設副産物 469
建設リサイクル法 472
検知管法 125
建築請負契約 545
建築化照明 175
建築基準法 134, 305, 314, 515
建築規制保証 506
建築協定 267, 314
建築構法 109
建築士法 524
建築・都市・景観的文化保護区域 335
減能グレア 138
原風景 377
建蔽率 515
権利金 272

こ

51C 型 15, 68, 100
高圧ナトリウムランプ 174
公営住宅 216, 393, 434
　——の管理 268
公営住宅法 215, 509
公園デビュー 378
公開空地 319
光化学オキシダント 454
香気環境 148
高輝度放電ランプ 174
公共空間 267
公共借家 432
公共住宅 437

公共住宅部品 529
公共用水域 452
光源の種類 172
公私室分離型住宅 30
公室 74
高次脳機能 396
公衆距離 246
高照度療法 156
高所平気症 373
更新料 486
公正住宅修正法 402
構成主義 59
高層階居住 373
構造材 111
高層住宅 363, 364
構造性能 507
構造的耐用年数 275
拘束行動時間 277
交代制勤務 156
光沢 141
公団住宅 216
高度地区 335
鉱物資源 459
高分子材料 469
構法 109, 259, 293
工法 109, 293
合理主義 59
高齢化 344
高齢期 389
高齢者 299, 389, 391
高齢者世帯 84
高齢者同居世帯 83
高齢者等対応設備 404
高齢者等同居住宅 405
高齢者向け住宅施策 407
五街道 10
五感 315, 377
呼吸器系疾患 360
国際人権規約 447
国際標準化機構（ISO） 530
国際様式 59
国際連合環境計画（UNEP） 456
国際連合気候変動枠組条約（UNFCCC） 456
国際連合人間環境会議 456
小口タイル 190
国土法 499
穀物自給率 460
心の健康 359
コ・ジェネレーション 456, 462
個室 362
個室化 107, 415
個室型便所 80
ゴシック様式 220
個室群住居 102
個人空間 267

子育て支援 364, 365
個体距離 246
古代都市 21
戸建住宅の寿命 268
国家歴史保全法 336
骨材 467
兀子 211
骨粗鬆症 397
固定家具 65
固定資産税 274
孤独死 419
コートハウス形式 53
古都保存法 333
子どもと自然環境 377
子どもの遊ぶ権利 370
子どもの遊ぶ権利のための国際協会 370
子どもの安全 372
子どもの空間 378
子どもの権利条約 382, 386, 536, 547
子どものための建築・都市12ヶ条 371
子どものプライバシー空間 72
子ども部屋 362
子ども部屋不要論 72
コ・ハウジング 61, 90
庫房（ゴバン） 45
コープ住宅推進協議会 93
個別要求運動 449
コーポラティブハウス（ハウジング） 90, 99, 269, 342, 345, 387
コーポレートフレグランス 150
ごみ発電 462
コミュニケーション 362, 392
コミュニティ 337, 341, 365, 387
　地域・血縁的な―― 355
　――の概念 344
コミュニティアーキテクチュア 343
コミュニティオーガナイゼーション 342
コミュニティ空間 341, 342, 343
コミュニティ計画 339
コミュニティ衰退 344
コミュニティ生活 341
コミュニティ組織 343
コミュニティデザイン 343
コミュニティ文化 344
コモンスペース 343
雇用促進事業団 427
孤立感 345
コリント様式 219
コールズヒルハウス 19
コルチ器官 123
コールドショック 399
コレクティブハウス（ハウジング） 61, 86, 91, 98, 269, 342
コロニー 394

コロニアル住宅 20
コロニアル様式 49, 223
コンクリート 112
コンクリート再生骨材 469
混合構造 294
混合福祉 350
コンノンバン（越房） 44
コンパウンド形式 53
コンパクター 184
コンポジット 219

さ

災害情報 353
細菌 161
在郷町 323
再資源化 472
最小限住宅 215
再商品化 472
財政投融資制度 427
最大作業域 231
在宅福祉 394
最低居住水準 95, 360, 392, 418
最低施設基準 367
彩度 140
裁判外紛争処理機関 528
在来軸組工法 293
サヴォナローラ 221
サウンドスケープ 146
竿縁 10
盃事 63
サーカディアンリズム 155
サーカニュアルリズム 156
作業域 231
作業性 186
作業療法 385
錯視効果 238
座骨結節点 233
笹葺き 11
座敷 9
座敷飾り 9, 75, 212
桟敷窓 10
差物 9
差尺 235
叉首構造 9
サダン（祠堂） 44
サニタリースペース 79, 385
サニタリー設備 189
砂漠化 458
サービスエリア 318
サービス付き集合住宅 61
サービスヤード 316
サーマルリサイクル 472
サーモスタット式 191
サランチェ（舎廊棟） 43
サランバン（舎廊房） 44

索　引

参加型家づくり　563
三角屋根住宅　33
桟瓦葺き　10, 11
残響時間　144
産業廃棄物　268, 470
3C　216
3種M型キッチン　178
3種の神器　216
山水向き建築　6
酸性雨　457
3相3線式電源　172
3波長域発光形蛍光灯　185

し

シェアーハウジング　90
自営業世帯　86
シェーカー様式　223
ジェットラグ　156
シェルター　17
シェルター系家具　248
ジェンダー　60
ジオフロント　159
磁界　127
紫外線　122, 457
市街地景観条例　330
市街地景観対策　330
市街地再開発事業　517
死角　310, 373
視感度　136
四季感　278
敷金　272, 485
色彩環境　140
色彩調和論　141
色相　140
色代　212
視機能　397
指極　243
軸組倍率　310
仕口　63
資源ごみ　183
資源循環　474
資源循環型社会　470
視交叉上核　155
時差ぼけ　156
思春期　359
視床下部　124
市場原理　451
市場家賃　426
地床炉　210
地震　300
システム規格　531
システムキッチン　179, 216
姿勢　124, 228, 233
次世代省エネルギー基準　32
施設居住　391

施設収容主義　394
施設病　413
自然エネルギー　558
自然換気　134, 163
自然環境　321
自然環境保全　321
自然観察　378
自然共生型　552
自然的家具　248
死蔵品　283
自治会　286, 338
自治体住宅政策　436
室温変動率　130
室外機　313
七境　6
しっくい　469
シックハウス　547
シックハウス症候群　37, 157, 558
シックハウス対策　305
シックビル症候群　157
しつけ　538
実施設計　115
実践共同体　345
実定法　447
湿度　400
室内化学物質汚染対策　304
室内環境　122
室内気候　153
室内空気質　133, 157
室内地震対策　300
室内被害　300
室内防火対策　302
室内芳香剤　150
室礼　4
室礼様式　66
指定住宅紛争処理機関　497
児童公園　369
児童厚生施設　367
児童指導　378
児童福祉施設　359
児童福祉法　366
児童遊園　369
蔀戸　210, 214
シニアコレクティブハウジング　408
シニア住宅　409
視認性　240
自発協働　346
地盤の液状化　309
私秘性　345
シビックアメニティーズ法　335
シーフロント　159
遮音　145
遮音材　113
社会教育　542
社会距離　246
社会財　268

社会資源　392
社会的耐用年数　275
社会的賃貸住宅建設　534
社会福祉施設　280, 411, 412
社会福祉施設最低基準　413
借地借家法　511, 521
借家　268
　　──の持ち家化　421
社家　8
斜線制限　515
尺貫法　243
斜面崩壊　309
シャワー　81
シャワー水栓　191
住意識　67
住環境　267
住環境教育　535
住環境整備事業　268
住環境保全　473
臭気　400
住居
　　──の型　98
　　──の機能　291
　　──の性能　291
住教育　514, 535, 539, 540, 547, 552, 556
住居観　67, 267
住居管理　267
住居計画　95
住居経済　418, 425
住居費　273, 274, 426
住居費管理　267
住居法　447, 531
住空間　389
住区基幹公園　320
集合住宅　16, 105, 192, 215, 300, 317, 363
集合住宅管理　285
自由行動時間　277
集住化　267
自由神経終末　124
住生活　278, 389
　　──の洋風化　539
　　──のルール　278
住生活経営費　271, 273
集成材　467
修繕　267, 481
修繕計画　287
修繕周期　287
修繕積立金制度　289
修繕費　486
住宅
　　──の維持管理　274
　　──の価格　498
　　──の高層化　372
　　──の取得　271
　　──の取得形態　268

——の種類　268
——の情報化　202
——の所有形態　421
——の選択　268, 270
——の相談　501
——の損耗　274
——の地域性　30
——の長寿化　268
——の品質確保の促進等に関する法律　496, 511, 514, 546
——の紛争処理システム　501, 508
住宅運動　448
住宅外観　30
住宅改造　394
住宅改良会　79
住宅火災　310
住宅関連法規　509
住宅関連融資　272
住宅規模　30
住宅基本権　534
住宅供給　431
住宅協同組合　93
住宅金融　426
住宅金融公庫　272, 427, 434
住宅金融公庫法　509
住宅計画　360
住宅建設計画法　418, 509
住宅建設五箇年計画　95, 362, 418, 435
住宅購入前検査　481
住宅財政　428
住宅材料　30
住宅資金　271
住宅市場　429
住宅事情　419
住宅需要　431
住宅情報化配線　204
住宅水準　448
住宅ストック　268
住宅政策　30, 268, 418, 433, 440, 509, 541
——の目的　434
住宅生産　430, 466
住宅税制　428
住宅性能表示制度　292, 547
住宅設計　115
住宅・宅地審議会　448
住宅地区改良事業　434
住宅都市開発法　532
住宅トラブル　479
住宅内事故　267, 297
住宅熱環境評価指数　153
住宅品質法　508
住宅平面　30
住宅保証機構　507
住宅保証制度　503
住宅保障要求　448

住宅マスタープラン　405, 435, 517, 547
住宅問題　418
住宅要求　449
住宅予算　427
住宅ローン　491
集団規定　515
住棟内設備　196
十二単　4, 5
収納計画　283
収納性　186
収納量　188
住文化の醸成　543
住文化論　27
住民参加　547
住要求　67
　　——の形成　539
住様式　267
　　——の発展　68
重要伝統的建造物群保存地区　334
集落環境　36
重力換気　134
就労形態　85
宿場町　322
主殿　7
取得契約　508
取得税　435
準居住施設　367
準個人空間　267
準人体系家具　248
準不燃材料　304
書院　9, 212
書院造り　96, 212
省エネルギー　169
省エネルギー基準　32, 159
生涯学習　547
生涯教育　542
障害児　384
障害者　389, 391
障害者施設補助金 DFG　386
城郭機能　40
小学校区　339
小学校の統廃合　356
城下町　322
小規模庶民住宅　69
商業施設　281
蒸気浴　81
障子　33
少子化　344, 356
消臭剤　149
蒸暑気候　32
消雪パイプ　33
情緒性　186
照度　126
照度基準　176
譲渡税　435
消費者教育　545

消費者トラブル　545
消費者問題　478, 485
障壁画　212
障壁除去　415
小便器　80, 191
情報弱者　353
条坊制　338
情報設備　202
情報用コンセント　204
照明器具　175
照明計画　184
照明設備　172
将来人口予測　356
精霊棚　54
植栽　267
食事室　73
職住近接　85
食寝分離　69, 215
食料・農業・農村基本法　349
女中室　215
女中難　79
食器洗い機　188
食器乾燥機　188
所得弾力性係数　274
自立支援　415
自律神経系　304
自立生活　394
自律性体温調節　128
視力　136
シルエット現象　138
シールド　147
シルバーハウジング　91, 409
新エネルギー　465
人感センサー　175
人権問題　419
人口移動　393
人工海岸　321
人工関節　396
人口構造の高齢化　393
人工照明　135, 139
人工的住環境　154
新国民生活指標　280
新住宅市街地開発事業　518
新住宅市街地開発法　517
新生児黄疸　123
人造大理石　189
人体系家具　232, 248
身体行動的把握　537
人体寸法　185, 228
新築住宅性能評価制度　496
寝殿造り　3, 96, 210
振動環境　143
振動感知式扉　300
振動レベル　127
進歩的家具　249
新民事訴訟法　528

索　　引

す

深夜電力　172
心理療法　124

水銀灯　174
水資源　459
水質汚濁　452
錐状体　136
垂体　122
睡眠　400
睡眠周期　155
睡眠障害　156
スカイフロント　159
スガベルロ　220
スギ花粉　163
杉皮葺き　11
スキップフロア　116
スクォッター　445
スケルトン　17
スケルトン住宅　99
筋違　310
厨子棚　211
ステップ償還制度　492
ステンレス鋼　468
ステンレス流し台　216
ストック型社会　431
ストレーナー　184
スノロス　219
スプリンクラー　303
角屋　213
スラム　418, 445, 446
スラム居住　39
スロープ　299

せ

西欧中世都市　23
西欧歴史都市　25
生活
　――の社会化　411
　――の知恵　539
　――の場　277
生活改善　215
生活改善運動　87
生活型公害問題　548
生活管理　286
生活技術　540
生活空間　379
生活圏　10
生活行動　153
生活財　282
生活サービス　86
生活的自立能力　538
生活廃棄物　283
生活排水　453

生活文化　539
生活様式　65, 333
　――の構造　65
生活領域　267
税制　268
清掃　267
製造物責任法　526
静的人体寸法　231
性能基準　386
性能表示制度　508
性能保証制度　503
生物資源　460
生物時計　154
性別役割分業　61, 85
世界気象機関（WMO）　456
世界保健機関（WHO）　359
赤外線　122
石材　252
石材資源　467
石製瓦　10
石炭　461
責任保険　505
石油　461
セクショナルキッチン　177
軟障　211
世帯規模の縮小　393
ゼツェッション　58
接客空間　76
接客様式　66, 76
設計監理　116
設計住宅性能評価　496
設計条件　115
設計図書　117
石膏　469
接触型事故　299
絶対的土地所有権　450
接地型住宅　337
折版構法　109
セミエルゴノミー系家具　248
セメント　467
セラミックス　468
線遠近法　237
全国住宅建築協議会　504
喘息　360
全般拡散照明　175
全般換気　134, 181
全般照明　177, 185
専有部分　285

そ

騒音　143
騒音に係る環境基準　454
騒音レベル　126, 143
総会　287
増改築　276

総合学科　380
総合公園　320
総合選択制高等学校　380
総合的な学習の時間　547, 549
相互行為　345
草墩　211
相反設計　345
側面型キッチン　187
組積式構造　110
組積造　46, 294
祖先崇拝　36
袖卯建　9
ゾーニング　317
ソルトボックス　20

た

ダイオキシン　454
体温調節　124
体温調節反応　399
大気汚染　453
大規模公園　320
耐久消費財　268
大黒柱　63
対人距離　246
体制的把握　537
代替フロン　457
大断面木造　293
台所改善　215
大都市法　516
体内時計　154
ダイニングキッチン　15, 28, 69, 215
ダイニングルーム　82
対屋　3
台盤　211
対面型キッチン　187
対面式カウンター　70
太陽光発電　462, 465, 558
耐用年数　527, 528
大理石　467
タイル　257
タウンハウス　285
高床（式）住居　2, 8, 53, 210
宅地造成　309
宅地建物取引業法　521, 524
ダクト　181
竹の床　9
多孔質吸音材　145
出文机　212
畳　4
畳敷き　12
橘夫人邸　2
脱衣室　400
竪穴（式）住居　1, 210, 213
建売住宅　431
建売分譲住宅　68

建替え 287
建物系家具 248
建物譲渡付定期借地権型分譲住宅 94
建物の区分所有等に関する法律 512
建物由来疾病 157
棚 9, 212
ダニ 161, 360
タバコ煙 133
ため池 321
垂木構造 9
単位制高等学校 380
単室住居 47
単身世帯 84
単相3線式電源 172
単相2線式電源 172
単体規定 515
団地サイズ 244
ダンテスカ 221
断熱材 113
断熱性 399
断熱性能 111
耽美的家具 249

ち

地域環境問題 548
地域空間資源 366
地域コミュニティ 333
地域社会 337
　　──の復活 543
地域人的資源 366
地域制公園 319
地域地区 516
地域調査 541
地域福祉活動 352, 354
違棚 212
地球温暖化 456, 260, 550
地球サミット 456
地区計画 517
地区公園 320
地形的表象 538
地代家賃統制令 419, 426
窒素酸化物 133, 453
チッペンデール 222
地熱発電 466
地方住宅供給公社法 509
地方続き間型 16
地方分権化 514
仲介手数料 486
中型パネル式構造 110
中京間 244
中高一貫教育 380
昼光照明 135
中高層分譲集合住宅 289
中古住宅市場 268
中世都市 23

注文住宅 431
中門造り 8
中門廊 3
中流住宅 214
中廊下型住宅 215
超高層住宅 363
長寿社会対応住宅 404
長寿社会対応住宅設計指針 401
帳台 211
帳台構え 212
町定 325
超低周波音 143
調度 4, 5
町内会 338
調理作業動線 186
聴力損失 123
調和管理 267
直接照明 175, 250
直接排気 181
賃貸借契約 545
賃貸住宅 485
賃貸住宅契約 485
賃貸住宅標準契約書 486

つ

通気管 165
通常作業域 231
通信設備 202
継手 63
蹲居式 213
つくば方式 94
土壁 10, 33
続き間 16, 30, 75
常御所 6
ツーバイフォー構法 49, 58, 111, 216
ツーバイフォー住宅 159
妻入り 10
妻入り民家 63
妻戸 210
釣殿 3, 6

て

低温やけど 400
定期借地 533
定期借地権 513
定期借地権制度 522
定期借家制度 523
ディスクロージャー制度 484
ディスポーザー 184
低炭素化石燃料 456
ディフロス 219
手入れ 267
溺水事故 298
テキスタイル 250

デコンストラクティヴィズム 60
デザインの3要素 236
デザイン様式 56
デジタル粉塵計 126
鉄筋 112
鉄筋コンクリート造 294
鉄筋造 294
鉄鋼 468
鉄骨 112
手抜き工事 267
デポジット制度 473
テーマカラー 188
寺内町 323
テラコッタ 38
テラス 371
テラスハウス 19
テリトリー 71, 246, 362
田園都市 25
電界 127
電化ブーム 216
電気設備 114, 171
転居 394
電磁環境 147
電磁調理機 188
電磁波 127, 146
電磁波障害 146
電磁波シールド材 148
点字ブロック 318
伝統的建造物群 333
伝統的建造物群保存地区 64, 333, 334, 335
伝統的中庭住居 45
転倒防止 300
転倒防止具 300
転倒防止対策 302
天然ガス 461
電波暗室 147
電波吸収体 147
電波無響室 147

と

ドイツ工作連盟 59, 224
同化効果 240
等価騒音レベル 126
透過損失 145
同居 389
登校拒否児 362
動作域 231
動作空間 231
動作寸法 231
動産 526
東三条殿 3, 4
陶磁器 468
同潤会 215
同潤会アパート 79

索引

統制家賃　426
動線　361
動的人体寸法　231
糖尿病　397
糖尿病性網膜症　397
等ラウドネス曲線　143
登録有形文化財制度　334
通り土間　11
通り庭　324
特殊公園　320
特定非営利活動促進法　440
特定優良賃貸住宅　268
特定優良賃貸住宅制度　435, 513
床（トコ）　9
床柱　10
土座　2, 8
土座床　213
都市LDK型　16
都市型公害問題　548
都市基幹公園　320
都市基盤整備公団　437
都市教育　535
都市計画区域　516
都市計画税　274
都市計画法　516
都市計画マスタープラン　405, 516
都市公園　319
都市公園法　319
都市コミュニティ　344
閉じ込もり　362
都市再開発法　517
都市再生機構　95, 437
都市自営業世帯　88
都市デザイン　329
都市の2重構造　46
都城の制　3
図書館　380
トスカナ様式　219
土蔵造り　8
土地基本法　499
土地区画整理事業　517
土地区画整理法　517
土地政策　450
土地問題　450
トップライト　116
隣組　337
土廂　213
土間　33, 75
ドムス　18, 47
共働き世帯　85
トラス構造　109
トラップ　165
トラペザ　218
ドリス様式　219
トリプルガラス　51
トルエン　304

トレサリー　220
トレーラー型住宅　49
ドロマイトプラスター　469
トンボ池　378

な

内装材　112
内分泌攪乱物質　455
流し板葺き　11
ながら団らん　74
長押　9, 212
ナショナルレジスター　336
ナポレオン法典　504
生ごみ処理機　184
納戸　8
難燃材料　304
難民問題　418

に

2種H型キッチン　178
2世帯住宅　390
2段階供給方式　218
日常災害　298, 372
2DK型　16
二棟造り　10
日本工業規格（JIS）　530
日本住宅公団　95, 434
日本住宅公団法　509
日本住宅性能表示基準　496
日本住宅会議　450
日本中世都市　23
乳幼児　359
入浴様式　66, 79
ニュー・ブルータリズム　60
II列型キッチン　187
庭並み景観　314
人間工学　227
認定検査人　506

ぬ

塗籠　3

ね

ねぐら型　67
ネグレクト　375
熱気浴　81
熱効果　147
熱式風速計　125
熱損失係数　129
ネットワーク居住　390
熱併給発電　456
熱ポンプ　168

寝間　8
年金福祉事業団　427
年中行事　54, 278

の

農家　8
農家住宅　96
農家世帯　87
脳血管障害　395
農村コミュニティ　344, 346
登り梁構造　9
ノーマライゼーション　83, 394, 403, 405, 411, 413

は

バイオマスエネルギー　463
廃棄物　470
廃棄物最終処分場　471
廃棄物焼却炉　471
廃棄物処理法　470
背景地区　335
排水管　165
排水設備　164
排泄様式　79
配線用遮断器　172
配電設備　171
売買契約　545
ハイブリッド構造　294
背面型キッチン　187
廃用症候群　397
ハウスアダプテーション　384
パウダールーム　80
バウハウス　59, 224
パーキンソン病　396
白内障　122
白熱電球　174
白蝋病　123
波形鉄板　38
箱木屋住宅　7
箱ベッド　247
半蔀戸　211
柱構造　56
柱材　10
バスコート　190
パチニ小体　123
バーチャルリアリティ　374
発煙筒　541
ハッスーナ遺跡　17
ハッチ　215
パートナーシップ　439, 445
ハートビル法　404
離れ　75
埴輪　2
パブリックレポート　483

ハーラ 48
パラッツォ 19, 220
原っぱ 377
バリアフリー 29, 384, 394, 401, 403, 405, 406, 415, 544
梁構造 56
晴(ハレ) 5, 75
ハロゲン電球 174
バロック都市 24
半間接照明 175, 251
阪神・淡路大震災 267, 352
半直接照明 175
ハンディキャップ 405, 406
ハンプ 318
ハンムラビ法典 504

ひ

非営利組織 350
　　──の住宅 439
ビオトープ 378, 476
東アジア酸性雨モニタリングネットワーク 458
東山殿 7
光環境 135, 397
光環境計画 398
光センサー 175
美観 332
美観地区 335, 515
美観論争 333
廂 210
非常災害 298
微生物 161
非対称の構成 57
ビーダーマイエル様式 222
必需行動時間 277
必要耐力壁量 310
ヒートアイランド現象 37, 315, 455, 550
非特異的尺度 152
ヒートポンプ 168
1人親家族 83
1人協定 314
避難計画 304
避難所 303, 353
避難路 353
非熱効果 147
檜皮葺き 11
皮膚温 400
皮膚がん 123
日乾しれんが 45
ヒューマンスケール 39
表現主義 59
標準設計 107
屏障具 4
費用家賃 426
平書院 213

ピロティ 116
広間型 8
貧困問題 418
品質システム 431
品質保証 503

ふ

ファイアピット 210
風景計画 336
風水説 56
風致地区 515
風力換気 134
風力発電 466
フェイルセーフ 310
ブオク(釜屋) 44
フォーディズム 440
不快グレア 138
吹抜け 116
複合型キッチン 184
複合環境評価 152
福祉国家 349
福祉社会 349
福祉政策 350
福祉用具 385
普請帳 9
復興住宅建設案 215
仏壇 55
不動産取得税 274
不動産取引 483
不動産の広告規制 487
不動産の公正競争規約 490
不燃材料 304
普遍的家具 249
不法行為 528
不法占拠者 445
浮遊粉塵 133
浮遊粒子状物質 453
プライバシー 17, 71, 361, 392
　　──とコミュニティ 345
プライバシー空間 71
プラウデン・レポート 380
プラスチック 253, 469
フラッシュオーバー 302
プラットフォーム構法 49
ブリアン 221
フリープラン方式 218
不良住宅 479
不良住宅地区改良事業 434
フリーランリズム 155
プルサーマル 462
フールプルーフ 310
プレイリースタイル 20
ブレーカー 171
プレス加工 216
プレハブ住宅 110, 216, 244, 478

プレハブ造 294
プレファブリケーション 294
プレーリー・ハウス 58
フロアーキャビネット 188
プロペラファン 181
フロン 457
雰囲気照明 137
文化財 333, 334
文化財保護法 333
文化施設 280
分譲マンション 68
粉塵 160
粉塵濃度 125
分棟型 10

へ

ペアガラス 51, 464
ペアハウス 99
平安京 3
平均演色評価数 173
平座位 245
閉鎖型住居 33
平地住居 2
米梅 467
米松 467
平面計画 95, 104
ベオグラード憲章 549
壁面緑化 315
ベースカラー 188
別居 389
ペディメント 220
ペニンシュラ型キッチン 187
返済能力 272

ほ

保育所 85, 359, 367
防音障壁 145
防火対策 303
防災意識 353
防災教育 543, 545
防災計画 291
防災まちづくり 353
防災まちづくり活動 354
放射 124
防水性能 507
法定更新 523
法定更新制度 522
防犯対策 310
防犯・防災マップ 354
防風林 11, 33, 36
防露タンク 191
防露便器 191
ポケットパーク 319
保健施設 280

索引

歩行者専用道路　318
歩車共存道　318
保証期間　528
保証機関　492
保証事故フィードバックシステム　506
補助器具　391
補助金制度　314
ポストフォーディズム　440
保全地区　335
ホームオートメーション　202
ホームセキュリティ　311
ホームレス　418, 423
保有税　435
ホリゾンタルキッチン　178
ホルムアルデヒド　133, 158, 161, 304
　——の国内基準　161
本卯建　9
本瓦葺き　11
ボン憲法　532
本棟造り　8

ま

前座敷型　8
前操作的空間　537
前庭　316
マクティハウス　54
曲家　8
マスキング　315
マスハウジング期　421
町共同体　325
まちづくり　98, 445, 451, 547, 552
まちづくり活動　354
まちづくり教育　535
まちづくり協議会　342, 353
町並み景観　313, 316
町家　8, 108, 153, 556
町家住宅　96
マテリアルフェミニ　60
間取り　104
マナハウス　19
マル（大庁）　44
丸岡城　10
丸太組工法　293
マルロー法　335
マンション　431, 435, 512
マンション管理適正化法　519
マンションの建替えの円滑化等に関する法律　288
慢性病棟　415
政所屋敷　7

み

御簾　211
水舟　213

密集法　434
密接距離　246
ミニ和洋館並列型住宅　13
民営借家　431
民活規制緩和　450

む

無過失責任　504, 527
向こう三軒両隣　337
無認可施設　412
棟飾り　8
無落雪屋根工法　33

め

明視照明　137
明順応　122
明所視　122
明度　140
メガロン　18
メソポタミア都市　21
メタルハライドランプ　174
メートル法　244
メラトニン　156
メラニン　123
面積効果　141

も

木材　111, 252
木材資源　466
木質構造　293
木質発電　463
木製規格建具　529
木造架構　39
木造密集地域　353
モジュール　179, 245
モジュール呼び寸法　530
モータリゼーション　406, 407
モダンリビング　15, 74
持ち家　268
持ち家型都市居住　99
持ち家主義　68
持ち家政策　68, 392
モデリング　138
物置小屋　313
物保険　505
モービルホーム　49
母屋　3
モールディング　218
門前町　322, 323
モントリオール議定書　457

や

夜間電力　190
屋敷林　33, 36
家賃　426, 485
家賃管理　267
ヤード・ポンド法　243
屋根葺材　10
大和棟　8
遣戸　212

ゆ

結　9
有効採光面積　184
融資制度　268
優先市街化区域　532
誘致圏　320
誘導居住水準　95, 360, 418
遊牧民のテント　45
優良住宅部品　529
床座　12, 28
床下換気口　274
床衝撃音　145
床の発生　2
ユーソニアン・ハウス　59
ユーティリティ機能　188
ユニットバスルーム　191
ユニテ・ダビタシオン　21
ユニバーサルデザイン　246, 401, 403, 405, 406
　——の7原則　402
輸入住宅　111
ユビキタス社会　376
湯浴　81

よ

洋館　75, 214
洋館単独和室吸収型住宅　12
容器包装廃棄物　472, 473
容器包装リサイクル法　463
養護学校　384
幼児　363
様の変化　67
幼衰現象　377
容積率　515
陽宅風水　56
幼稚園　367
用途地域　516
洋風客間　214
洋便器　80
余暇化　344
浴室　400
浴室換気乾燥暖房機　190

寄棟屋根　11
4 間取型　8

ら

ライフサポートアドバイザー　438
ライフスタイル　90, 99, 203
ライフスタイル対応住宅　100
ライフステージ　97
洛中洛外図屏風　7, 214
落下型事故　298
ラッチ式扉　300
ラーメン構造　109
ラワン材　467

り

履行保証　503
履行保証制度　503
リサイクル　472
リサイクル関連法　471
リージェンシー様式　222
立体最小限住宅　15
立体ユニット構造　110
立地条件　309
立面寸法構成　186
リデュース　471
リネンフォールド　220
リハビリテーション　384
リビングルーム　73
リフォーム　276
リフター　385
リユース　471
領域性　310
両側町　323, 338
漁家　8
緑被率　377
琳阿弥　6
隣居　395
隣棟間隔　139

る

異系感性相互作用　151
ルイ14世様式　221
ルイ15世様式　222
ルイ16世様式　222
ルネサンス都市　24

れ

礼金　485

冷暖房設備　114, 399
冷点　124
冷凍冷蔵庫　188
冷房　400
歴史的環境保全　333
歴史的風土特別保存地区　333
歴史的風土保存区域　333
歴史的町並み　332
歴史的町並み景観　322
レクタス　219
レクリエーション施設　281
レジオネラ症　157
連邦建設法　532

ろ

炉　1
漏気　135
老朽化　267
老人ホーム　415
漏電遮断機　172
老々介護　393
ローコスト住宅　52
路地　319
路上生活　423
ロックウール　468
ロドプシン　122
ローハウス　20
ローマ都市　22
ロマネスク様式　219
ローン　419

わ

ワイマール憲法　532
枠組壁工法　111, 293
ワークトップ　178
　　──の配列　186
ワークトライアングル　186
和小屋組み　9
輪中　11
和洋館並列型住宅　12
和洋折衷住宅　96
和洋折衷浴槽　189

欧　文

ADA　402
BF 型排気　162
BL 部品　529

BOD　452
BRI　157
BS　417

CDC　439
CHS　218
CIAM　20, 60
COD　452
COP3　460

DIY　563

FF 型ストーブ　162
FHAA　402

HOPE 計画　32, 438
hue-heat 仮説　151

IAQ　133, 157
IPA　370

JIS 規格　178

kj 部品　529

L 型金具　300
L 型キッチン　187
L ホール型住居　102
LRT　407

NC 曲線　144
n DK 型　96
NEXT21　100
NHBC　504
n LDK 型　101
NR 曲線　144

PL 法　227, 526

SBS　157
SPH　216

U 型キッチン　187

VOC　133, 151, 158, 304

ZUP　532

住まいの事典

2004年11月30日　初版第1刷　　　　定価は外函に表示
2006年 3 月30日　　　第2刷

編集者　瀬　度　子
　　　　梁　瀬　明　子
　　　　中　島　博　文
　　　　岩　重　勝　代
　　　　上　野　敏　江
　　　　大　森　かほる
　　　　北　浦　由　喜
　　　　長　澤　　　子
　　　　西　村　一　朗

発行者　朝　倉　邦　造

発行所　株式会社　朝　倉　書　店
　　　　東京都新宿区新小川町6-29
　　　　郵便番号　162-8707
　　　　電　話　03(3260)0141
　　　　F A X　03(3260)0180
　　　　http://www.asakura.co.jp

〈検印省略〉

ⓒ 2004〈無断複写・転載を禁ず〉　　　シナノ・渡辺製本

ISBN 4-254-63003-4　C 3577　　　　Printed in Japan

日本家政学会編

新版 家 政 学 事 典

60019-4 C3577　　　　B 5 判 984頁 本体30000円

社会・生活の急激な変容の中で、人間味豊かな総合的・学際的アプローチが求められ、家政学の重要性がますます認識されている。本書は、家政学全分野を網羅した初の事典として、多くの人々に愛読されてきた『家政学事典』を、この12年間の急激な学問の進展・変化を反映させ、全面的に新しい内容を盛り込み"新版"として刊行するものである。〔内容〕I. 家政学原論／II. 家族関係／III. 家庭経営／IV. 家政教育／V. 食物／VI. 被服／VII. 住居／VIII. 児童

武庫川女大 梁瀬度子編

健 康 と 住 ま い

63002-6 C3077　　　　A 5 判 164頁 本体2900円

豊かで健康的な住まいづくりを解説。〔内容〕人・住まい・環境（環境と人間、住まいと温熱環境）／くらしと住まい（くつろぎの空間、くつろぎ空間のインテリア、食の空間、眠りの空間、子どもと住まい、高齢期の住まい、生活の国際化と住まい）

梁瀬度子・長沢由喜子・國嶋道子著
ピュア生活科学

住 環 境 科 学

60583-8 C3377　　　　B 5 判 176頁 本体3800円

"今"の住居学を知るための必携書。〔内容〕住まいとは／どこに住んできたか／どのように住んできたか／住まいはいま／どのように住まうか―住生活、環境、室内計画、地域生活とコミュニティ、住居の管理／地球環境と住まい―環境との共生

日本女大 後藤　久・日本女大 沖田富美子編著
シリーズ〈生活科学〉

住 居 学

60606-0 C3377　　　　A 5 判 200頁 本体2800円

住居学を学ぶにあたり、全体を幅広く理解するためのわかりやすい教科書。〔内容〕住居の歴史／生活と住居（住生活・経済・管理・防災と安全）／計画と設計（意匠）／環境と設備／構造安全／福祉環境（住宅問題・高齢社会・まちづくり）／他

大野秀夫・久野　覚・堀越哲美・土川忠浩・
松原斎樹・伊藤尚寛著

快 適 環 境 の 科 学

60010-0 C3077　　　　A 5 判 200頁 本体3200円

快適性を生理、心理、文化の各側面から分析し、21世紀に向け快適性はどのように追求されるべきかを示した。〔内容〕快適について／快適の生理心理／快適のデザイン／地球環境時代はポストアメニティか／地球環境時代に求められる快適性

牧野　唯・木谷康子・郡司島宏美・齋藤功子・
北本裕之・宮川博恵・奥田紫乃・北村薫子著

住まいのインテリアデザイン

63004-2 C3077　　　　A 5 判 152頁 本体2600円

図や写真が豊富な資格対応テキスト。〔内容〕事例／計画（広さとかたち・家具と収納・設備・間取りと住まい方・集合住宅・安全で健康的な住まい）／演出（色彩と配色・採光と照明・材料）／情報（リフォーム・インテリアの仕事と関連法規）／表現法

早大 中島義明・東工大 大野隆造編
人間行動学講座 3

すまう ―住行動の心理学―

52633-4 C3311　　　　A 5 判 264頁 本体4800円

行動心理学の立場から人間の基本行動である住行動を体系化。〔内容〕空間体験の諸相／小空間に住む／室内に住む（視・音・熱環境のアメニティ）／集まって住む／街に住む／コミュニティに住む／非日常的環境での行動／子供と高齢者／近未来

前農工大 佐藤仁彦編

生 活 害 虫 の 事 典

64031-5 C3577　　　　A 5 判 368頁 本体12000円

近年の自然環境の変貌は日常生活の中の害虫の生理・生態にも変化をもたらしている。また防除にあたっては環境への一層の配慮が求められている。本書は生活の中の害虫約230種についてその形態・生理・生態・生活史・被害・防除などを豊富な写真を掲げながら平易に解説。〔内容〕衣類の害虫／書物の害虫／食品の害虫／住宅・家具の害虫／衛生害虫（カ、ハエ、ノミ、シラミ、ゴキブリ、ダニ、ハチ、他）／ネズミ類／庭木・草花・家庭菜園の害虫／不快昆虫／付. 主な殺虫剤

高知衛生害虫研 松崎沙和子・大阪製薬 武衛和雄著

都 市 害 虫 百 科

64021-8 C3577　　　　A 5 判 248頁 本体7500円

わが国で日常見られる都市害虫約170種についてその形態、特徴、生態、被害、駆除法等を多くの文献を示しながら解説した実用事典。〔内容〕都市害虫総論／トビムシ／シミ／ゴキブリ／シロアリ／チャタテムシ／シラミ／カメムシ／カイガラムシ／アブラムシ／カツオブシムシ／コクゾウムシ／シバンムシ／ナガシンクイムシ／甲虫類／ノミ／ガガンボ／チョウバエ／カ／ユスリカ／ミズアブ／ハエ／ガ／ハチ／アリ／ダニ／クモ／ゲジ／ムカデ／ヤスデ／ワラジムシ／ナメクジ／他多数

上記価格（税別）は 2006 年 2 月現在